Ghassemi-Tabar
Lieferkettensorgfaltspflichtengesetz

Lieferketten-sorgfaltspflichten-gesetz

Herausgegeben von

RA Dr. Nima Ghassemi-Tabar

Bearbeitet von

RA Dr. Nima Ghassemi-Tabar; Christian Kerckhoff;
Manon Messing; RA Dr. Jens Nusser LL.M.; Dr. Lothar Rieth;
StB Dipl.-Kfm. Dr. Matthias Schmidt; Dr. David Schneider;
Simon Schwerdtfeger; RA Dr. Thomas Voland LL.M.;
Dr. Jukka Weigel; OStA Dr. Christoph Weinbrenner

2024

C.H.BECK

Zitiervorschlag: Ghassemi-Tabar LkSG/Bearbeiter § … Rn. …

beck.de

ISBN 978 3 406 78545 0

Wilhelmstraße 9, 80801 München
Druck und Bindung: Beltz Grafische Betriebe GmbH
Am Fliegerhorst 8, 99947 Bad Langensalza
Satz: Druckerei C.H.Beck Nördlingen
(Adresse wie Verlag)
Umschlag: Druckerei C.H.Beck Nördlingen

myclimate
shape our future

chbeck.de/nachhaltig

Gedruckt auf säurefreiem, alterungsbeständigem Papier
(hergestellt aus chlorfrei gebleichtem Zellstoff)

Vorwort

Der Startschuss für die Erstellung des vorliegenden Kommentars fiel bereits im Sommer 2021 und somit mehr als ein Jahr vor Inkrafttreten des Gesetzes. Zwei Jahre für die Fertigstellung waren eine bewusste Entscheidung des Herausgebers, die zwei Gründe hatte:

Zunächst sollte das Werk als *Praxis*kommentar dem Namen gerecht werden und Erfahrungswerte der Autorinnen und Autoren aus der praktischen *Umsetzung* des LkSG wiedergeben, was durch ein früheres Veröffentlichungsdatum nicht möglich gewesen wäre. Das LkSG ist weniger ein Rechts- als ein Umsetzungsthema, auch wenn es auslegungsbedürftige Begriffe enthält. Notwendige Voraussetzung für eine ebenso effektive wie kosteneffiziente Umsetzung ist, dass man bspw. weiß, wie Konzernstrukturen funktionieren und wie Prozesse im Einkauf ablaufen. Vor allem ist Praxiswissen erforderlich, wie Risikomanagementsysteme wirksam konzipiert und umgesetzt werden, ohne die Mitarbeiter mit Policies, Handlungsanweisungen und Prozessbeschreibungen zu „erschlagen".

Die meisten LkSG-Kommentare sind zu stark rechtlich ausgerichtet und zu wenig prozess- und umsetzungsorientiert. Einen weiteren LkSG-Kommentar herauszugeben, der sich theoretisch mit den gesetzlichen Begrifflichkeiten auseinandersetzt, war nicht das Ziel. Vielmehr sollte der Kommentar eine praxisbezogene Darstellung der Umsetzung der gesetzlichen Vorschriften enthalten. So ist die Kommentierung der Risikoanalyse nach § 5 LkSG auch durch das Umsetzungsbeispiel bei EnBW in erster Linie als Anleitung für die betriebliche Praxis und weniger als eine Gesetzeskommentierung verfasst.

Weiterer Grund für die Bearbeitungsdauer war die Ausschreibung des Bundesamts für Wirtschaft und Ausfuhrkontrolle (BAFA) im Dezember 2021. Darin ging es vor allem um die Auslegung offener Rechtsfragen, die Übersetzung der gesetzlichen Anforderungen in Prüfanforderungen, die Identifikation von Themen für mögliche Handreichungen sowie die Erstellung eines umfassenden Prüfkonzeptes. An dieser Ausschreibung nahm auch der Herausgeber als Projektleiter eines Konsortiums aus mehreren Beratungsunternehmen teil, das den Zuschlag für ein wesentliches Arbeitspaket erhielt. Im Rahmen dieses BAFA-Mandats konnte ein vertieftes Verständnis für die angemessene und wirksame Umsetzung des LkSG entwickelt werden.

Die teilweise harsche Kritik an der Arbeit des BAFA, etwa in sozialen Medien, die die Ebene eines sachlichen Diskurses mitunter verließ, war überzogen und teilweise nicht fundiert. So war regelmäßig zu lesen, dass die Handreichungen des BAFA die gesetzlichen Anforderungen verschärft hätten. Diesen und ähnlichen pauschalen Aussagen kann nicht gefolgt werden. Denn von einer Verschärfung der gesetzlichen Anforderungen durch die BAFA-Handreichungen kann keine Rede sein. Vielmehr bewirken sie eine Erleichterung für betroffene Unternehmen, wie folgendes Beispiel verdeutlicht:

Eine der zentralen Herausforderungen aus Sicht der Unternehmen bei der Umsetzung der LkSG-Sorgfaltspflichten ist die oftmals enorme Anzahl unmittelbarer Zulieferer, die selbst bei klassischen Mittelständlern häufig im unteren fünfstelligen Bereich liegt. Nach dem Wortlaut des § 5 Abs. 1 LkSG müsste bei jedem einzelnen Zulieferer eine Ermittlung und Bewertung von Risiken durchgeführt werden. Erst die in der Handreichung des BAFA zur Risikoanalyse (dort S. 14) skizzierte abstrakte Risikobetrachtung ermöglichte die mitunter signifikante Reduzierung der Gesamtzahl der betrachteten Zulieferer und die Fokussierung auf Hochrisiko-Zulieferer. Somit zeigte die BAFA-Handreichung einen Weg auf, wie auf eine individuelle Analyse aller einzelnen Zulieferer verzichtet und Ressourcen risikobasierter eingesetzt werden können.

Vorwort

Schließlich sollte bei aller Kritik am LkSG die Zielsetzung des Gesetzes nicht vergessen werden: Die Verbesserung der weltweiten Menschenrechtslage entlang von Lieferketten (BT-Drs. 19/28649, 1). Nach aktuellen Schätzungen der Internationalen Arbeitsorganisation (ILO) und von UNICEF sind 160 Mio. Mädchen und Jungen von Kinderarbeit betroffen und 50 Mio. Menschen leben in moderner Sklaverei. Das LkSG sowie die erwartete Corporate Sustainability Due Diligence Directive (CSDDD) bilden aus gesetzgeberischer Sicht einen Ausgangspunkt für eine Verbesserung dieser Zustände. Die Umsetzung ist ein Lernprozess sowohl für Unternehmen als auch Aufsichtsbehörden.

Ich hoffe, dass das vorliegende Werk eine nützliche Hilfestellung bei der Umsetzung bietet. Den Autorinnen und Autoren, die das Werk neben ihrer hauptberuflichen Tätigkeit ermöglicht und ihre Erfahrungen geteilt haben, gilt mein großer Dank.

September 2023 *Nima Ghassemi-Tabar*

Inhaltsverzeichnis

Gesetz über die unternehmerischen Sorgfaltspflichten zur Vermeidung von Menschenrechtsverletzungen in Lieferketten (Lieferkettensorgfaltspflichtengesetz – LkSG)

Inhaltsverzeichnis

Geleitwort

A. Das LkSG und Unternehmen: wirksame Managementisierung des Rechts durch Wirtschaftsorganisationen?

> *„Process-based regulation also carries risks.*
>
> *One of the greatest of these is the potential for cosmetic or 'tick the box' approaches to compliance …*
>
> *There is mounting evidence, however, to suggest these concerns are well-founded.“*[1]

Selten gab es zwischen dem Gesetzgeber einerseits und der Wirtschaft andererseits einen größeren Dissens als bei der Verabschiedung des LkSG. Während Ersterer von einem „klaren, verhältnismäßigen und zumutbaren gesetzlichen Rahmen zur Erfüllung der menschenrechtlichen Sorgfaltspflichten“ spricht, der auch „international anschlussfähig“[2] sei, sind Stimmen aus der Wirtschaft vernehmbar, die das LkSG mit einem Bürokratiemonster oder einem Bürokratiekraken gleichsetzen. Das Bundesministerium für wirtschaftliche Zusammenarbeit und Entwicklung (BMZ) zitiert u. a. folgende Aussagen:[3]

- „Der Staat schiebt Verantwortung auf Unternehmen ab.“
- „Das Gesetz benachteiligt deutsche Unternehmen.“
- „Das Gesetz schafft bei Unternehmen ein neues Bürokratie-Monster und verursacht höhere Kosten.“
- „Das Gesetz belastet kleine und mittlere Unternehmen (KMU).“
- „Deutsche Unternehmen unterliegen dadurch Doppelbelastungen in bestimmten Sektoren.“

Während das BMZ diese Aussagen zu widerlegen versucht, sprechen andere weiterhin von einem Bürokratieexzess,[4] einer Ausdehnung unternehmerischer Drittverantwortung[5] oder gar von einem Paradigmenwechsel.[6] Dass tatsächlich Schwierigkeiten in der Umsetzung des LkSG bestehen, belegen erste Studien. **Eine stichhaltige Aussage findet sich im Abschlussbericht zum NAP,** in dem zusammenfassend festgestellt wird,

> *„dass die Herausforderungen im Bereich der Maßnahmen menschenrechtlicher Sorgfalt auf zwei Ebenen liegen: Zum einen bestehen Herausforderungen hinsichtlich der grundlegenden Identifikation geeigneter Maßnahmen zur Minderung von Menschenrechtsrisiken, zum anderen fällt es den Unternehmen mitunter schwer, identifizierte notwendige Maßnahmen erfolgreich operativ umzusetzen und deren Wirksamkeit zu überprüfen.“*[7]

Zieht man andere Umfragen heran,[8] stellen daneben auch Datenerfassung, Datenqualität, Lieferkettentransparenz und die entsprechende Berichterstattung ge-

---

[1] Landau, Human rights due diligence and the risk of cosmetic compliance, Melbourne Journal of International Law, 2019, 20(1).

[2] BT-Drs. 19/28649, 2.

[3] https://www.bmz.de/de/themen/lieferketten/hintergrund-lieferketten-lieferkettengesetz (zuletzt abgerufen am 2.8.2023).

[4] Passarge CB 2023, 1717.

[5] Nietsch CCZ 2023, 61 (63).

[6] Kuch, Unternehmensverantwortung in der Lieferkette. Menschenrechtspflichten in einer globalisierten Welt, Vorstudie zu einem Forschungsprojekt, Institut für Sozialstrategie, November 2022, S. 11.

[7] Abschlussbericht des NAP Monitoring vom 8.10.2020, S. 9.

[8] Umfrage des Statista Research Departement vom 14.4.2023, in der sich zeigt, dass der zeitliche Aufwand (63 %), das Erfassen und Analysieren der Lieferantendaten (47 %) sowie die Datenqualität und deren Verlässlichkeit (42 %) von den teilnehmenden Unternehmen als

genüber Dritten Unternehmen vor große Herausforderungen. Im Ergebnis scheint die Implementierung des LkSG in und durch Unternehmen tatsächlich alles andere als trivial zu sein. Vor diesem Hintergrund stellt sich die Frage, warum dies so ist.

B. Die Verrechtlichung unternehmerischer Sozialverantwortung

Will man die Mechanik und Wirkung des LkSG sowie den Umgang von Unternehmen mit diesem Gesetz und anderen gesellschaftlichen Erwartungen besser verstehen, kann man in einem ersten Schritt die in der Betriebswirtschaftslehre entwickelte sog. CSR-Verantwortungs-Pyramide heranziehen.[9]

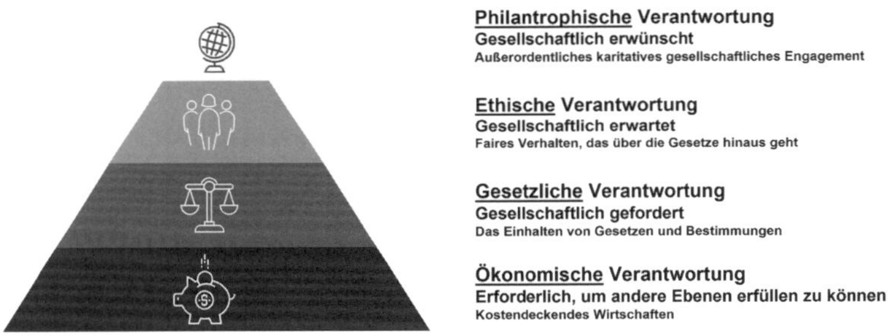

Quelle: eigene Darstellung in Anlehnung an Carroll 1991

Danach wird die gesellschaftliche Verantwortung von Unternehmen in vier Ebenen eingeteilt:

1. Ökonomische Verantwortung: Unternehmen müssen mindestens kostendeckend wirtschaften, um im gesellschaftlichen Kontext zu bestehen.
2. Gesetzliche Verantwortung: Unternehmen müssen die gesetzlichen Bestimmungen einhalten, wenn sie Verantwortung 1 nachgehen.
3. Ethische Verantwortung: Hier geht es um (gesellschaftliche) Anforderungen an Unternehmen, die über die bestehenden Gesetze hinausgehen.
4. Philanthropische Verantwortung: Diese Ebene betrifft das freiwillige gesellschaftliche Engagement von Unternehmen; dies ist teilweise sozial erwünscht, wird aber nicht im Sinne von Verantwortung 3 von der Gesellschaft eingefordert.

Mit der zunehmenden – insbesondere auch nachhaltigkeitsbezogenen – Regulierung, zu der auch das LkSG maßgeblich beiträgt, findet eine Ausdehnung der zweiten rechtlichen Ebene zulasten der anderen Ebenen statt; man könnte diesen Vorgang auch mit „Verrechtlichung unternehmerischer Sozialverantwortung"[10] umschreiben.

In Bezug auf die legislative Methodik entspricht das LkSG einem qualifiziert kooperativen Gesetzgebungskonzept, bei dem nicht nur das gesetzgeberische Ziel,

---

größte Herausforderungen iRd Gesetzesumsetzung angesehen werden. Zu einem ähnlichen Ergebnis kommt die Kurzstudie des Deutschen Aktieninstituts (DAI)/Deloitte vom Juni 2023. Auch die IHK Düsseldorf stellt nach einer Umfrage bei über 180 Unternehmen im Juli 2023 fest, dass „Bürokratie, Komplexität und Kosten" auf Unternehmen zukommen. Schließlich zitiert die Börsenzeitung unter dem Titel „Unternehmen kämpfen bei ESG-Reporting mit Komplexität" vom 15.8.2023 eine Umfrage, in der die befragten Manager angeben, mit der Nachhaltigkeitsberichterstattung zu kämpfen zu haben.

[9] Carroll (1991), The Pyramid of Corporate Social Responsibility: Toward the Moral Management of Organizational Stakeholders, Business Horizons, 34, S. 39–48.

[10] Nietsch CCZ 2023, 61 (65).

sondern auch dessen Weg vorgegeben wird.[11] Die Folge ist, dass die Implementierung und Durchsetzung des Rechts von privater Seite übernommen werden soll;[12] der Staat überwacht oder flankiert dies.

> *„Unternehmen wirken dabei durch Übernahme von Selbstüberwachungsaufgaben (interne Verhaltensregeln, Mitarbeiterschulung, Entscheidungsverfahren, Prüf- und Kontrollvorkehrungen usw) am Enforcement außer-/strafrechtlicher Vorschriften mit. ‚Selbstreguliert' werden so zwar nicht die maßgebenden Normen, wohl aber die auf deren Einhaltung ausgerichteten Prozeduren und Organisationsstrukturen. Darin kommt, da all dies auf gezielte staatliche Initiativen hin geschieht, ein arbeitsteiliges Rechtsdurchsetzungsarrangement zum Tragen, bei dem der Staat wirtschaftseigene Prozesse aktiviert, einrahmt und instrumentalisiert. Mit Blick auf das Gemeinwohl oder die staatliche bzw. regulatorische Warte wird erwartet, dass dieses funktionale Gefüge eine merkliche Eindämmung von (inner-)korporativer Delinquenz generiert."*

Es stellt sich vor diesem Hintergrund zu Recht die Frage, ob die Ziele des LkSG durch eine Indienstnahme von Unternehmen wirksam umgesetzt werden (können).[13] Dies setzt voraus, zu verstehen, wie Unternehmen tatsächlich funktionieren, was sie jenseits juristischer Begriffsdefinitionen sind und wie sie mit den vielen sich teilweise widersprechenden (externen) Erwartungen tatsächlich umgehen.

C. Kompetenz- und Rationalisierungserwartungen des LkSG an Unternehmen

Verpflichtete bzw. Normadressaten des LkSG sind Unternehmen.[14] In Bezug auf die hier zu untersuchende Frage der wirksamen Managementisierung von Menschenrechten sind folgende durch das LkSG festgelegte Vorgaben und Erwartungen an Unternehmen hervorzuheben:

- ein **strategisches, planerisches** Vorgehen in Bezug auf Menschenrechte und Beschaffung, vgl. § 6 LkSG
- eine **rationale Abwägung** auch uU konfligierender Gebote, wenn das LkSG unterstellt und verlangt, dass Unternehmen ihre menschenrechtlichen Auswirkungen auf Dritte in ihre internen Abwägungs- und Entscheidungsprozesse einzubeziehen haben, vgl. § 5 Abs. 3, § 6 Abs. 3 LkSG
- eine **organisationsstrukturelle Verankerung** von Menschenrechten im Unternehmen bzw. im Konzern, denn nach §§ 3 ff. LkSG sollen Unternehmen bestimmte formale binnenorganisatorische Strukturen aufbauen
- eine **transparente und dokumentiert nachzuvollziehende Kommunikation** über Menschenrechte nach innen und außen, vgl. § 10 LkSG
- eine **zentralisierte Überwachung** (vgl. § 4 LkSG), was einen ungehinderten Informations- und Datenaustausch voraussetzt[15]

---

[11] Der Ansatz mit detaillierten Festlegungen zur binnenorganisatorischen Ausgestaltung einer Compliance-Organisation bzw. eines Risikomanagementsystems ist in Deutschland bislang nur für einige Sonderbereiche, insbes. für den Finanzsektor, erfolgt; vgl. Schröder WissR 2019, 243 (248).

[12] Edelmann et alt., American Journal of Sociology 106 (2001), S. 1589 (1597 ff.) sprechen von „managerialization of the law".

[13] Skeptisch bereits Parker (2007), Meta-Regulation: Legal Accountability for Corporate Social Responsibility, in: McBarnet/Voiculescu/Campbell (Hrsg.), The New Corporate Accountability: Corporate Social Responsibility and the Law (Cambridge University Press, 2007) 207, S. 210-13; sie führt auf S. 209 aus: „To the extent that law focuses on companies' *internal responsibility processes* rather than *external accountability outcomes,* law runs the risk of becoming a substanceless sham, to the delight of corporate power-mongers who can bend it to their interests. Law might be hollowed out into a focus on process that fails to recognise and protect substantive and procedural rights."

[14] Daneben auch die „Unternehmensleitung", vgl. etwa § 6 Abs. 2 LkSG.

[15] So erlegt § 2 Abs. 6 S. 3 LkSG die gesetzlichen Sorgfaltspflichten für die Konzerngesellschaften, auf die die Konzernobergesellschaft bestimmenden Einfluss ausübt, allein der Konzernobergesellschaft auf. Davon zu trennen ist die Frage, ob die Konzernobergesellschaft dann

Diese Aufstellung zeigt, dass der Gesetzgeber den betroffenen Unternehmen unterstellt, die Kompetenz zu besitzen, sowohl die gesetzlichen Ziele erfüllen zu können als auch nicht nur irgendwie, sondern im Rahmen strukturierter Abwägungsprozesse rational über Menschenrechte zu entscheiden. Dies wird mit „Kompetenz- und Rationalisierungserwartung" umschrieben:

> *„Typischerweise wird Organisationen unterstellt und abverlangt, dass sie ihre Leistungen in einer nicht-gefährdenden Weise an ihre Umwelt abgeben … Diese Vertrauenswürdigkeit von Organisationen gründet vor allem in einer Kompetenzerwartung … Die zweite gesellschaftliche Erwartung, die im Hinblick auf Organisationen besteht, ist die Rationalisierungserwartung. So werden Organisationen nicht lediglich als Akteure beobachtet, denen jedwede Aktivität als Entscheidung zugerechnet wird. Vielmehr werden Organisationen gerade als solche Akteure beobachtet, die nicht irgendwie, sondern rational entscheiden."*[16]

Hinzu kommt beim LkSG, dass die betroffenen Unternehmen nicht nur aufgefordert werden, etwas zu unterlassen, sondern auch proaktiv etwas in Bezug auf Menschenrechte zu tun, also einen „positiven Impact" aufzuzeigen.

> *„Bei den Menschenrechten auf Leben oder Eigentum ist klar, dass es sich um negative Pflichten handelt, denen jeder durch Unterlassen gerecht werden kann – indem man niemanden tötet oder bestiehlt. Bei vielen anderen Menschenrechten verhält es sich jedoch anders, insbesondere bei den sozialen Menschenrechten auf Nahrung, Kleidung und Unterkunft (AEM Art. 25). Hier geht es um positive Leistungspflichten, denen man nicht durch bloßes Unterlassen nachkommen kann (O'Neill 1998). Im Kontext der Unternehmensverantwortung betrifft die schwierige Balance zwischen negativen und positiven Pflichten insbesondere das Menschenrecht auf einen existenzsichernden, menschenwürdigen Lohn, der für die eigene Familie ausreichend ist (AEM Art. 23). Diese Verpflichtung erlegt Unternehmen offensichtlich stärkere Pflichten auf als bloß negative Pflichten der Nicht-Schädigung."*[17]

Die skizzierten Kompetenz- und Rationalisierungserwartungen führen zur – für die Wirksamkeit des Menschenrechtsschutzes relevanten – Folgefrage, ob diese überhaupt mit dem De-facto-Operieren von Unternehmen in Einklang stehen.

D. Unternehmen als sozial emergente Systeme mit begrenzter Entscheidungsrationalität

Wie bereits ausgeführt stehen Unternehmen bei der Umsetzung des LkSG in der Verantwortung. Die im LkSG statuierten Vorgaben und Erwartungen sind organisational eingebettet und gehen von Unternehmen als rationale, formale Gebilde aus, die kohärent auf einen Zweck hin organisiert sind. Mit dem Bild einer nach kausalen Gesetzen funktionierenden Maschine lässt sich dieses Verständnis bildhaft umschreiben. Das LkSG reiht sich somit in die traditionelle juristische und betriebswirtschaftliche rationalistische Ingenieursvorstellung von Unternehmen ein, mit der Folge,

> *„daß ihnen zumindest alle mit dem Anspruch verbindlicher formaler Geltung daherkommende Entscheidungen und Handlungen als absichtliche, voll zu verantwortende Akte zugerechnet werden, und daß auch viele andere von ihnen verursachte Wirkungen unter dem Gesichtspunkt aufgefaßt werden, daß sie durch derartige intentionale Kontrolle beeinflußt (z. B. stimuliert, erlaubt, modifiziert oder verhindert) werden könn(t) en."*[18]

---

auch die einzelne Aufgaben selbst zu erfüllen hat; im Vergleich zum LkSG § 9 GWG; eingehender hierzu Gehring CCZ 2023, 211.

[16] Kette, Diskreditiertes Scheitern, 2014, S. 168.

[17] Kuch, Unternehmensverantwortung in der Lieferkette. Menschenrechtspflichten in einer globalisierten Welt, Vorstudie zu einem Forschungsprojekt, Institut für Sozialstrategie, November 2022, S. 9 f.

[18] Geser Zeitschrift für Soziologie 1990, 401 (406).

Aus dieser Perspektive werden Funktionsdiagramme, Prozessbeschreibungen, Planungs-, Strategie- und Ergebnisdokumentation als nützliche Instrumente zur Rationalitätssicherung angesehen.[19] Seinen Ursprung hat diese eher technische Sichtweise in der industriellen Revolution und in den Konzepten von *Weber* und *Taylor.* Um die Zeit der Industrialisierung war eine Organisation ein bürokratischer Apparat, für *Weber* und *Taylor* ein rein technisches Problem, das in die Teile Arbeitsplanung, -ablauf und -ausführung zerlegt und dann durch den Manager wieder auf effiziente Weise zusammengesetzt werden kann. Mit diesem klassischen industriellen Managementbild geht eine Gestaltungs-, Führungs- und Steuerungshoffnung einher, dass Regel-, Gesetzeskonformität, Werte und gar innere Einstellungen bei den Mitgliedern einer Organisation durch richtiges, mithin wirksames Management planvoll, führend und incentivierend zu erzielen sei.[20]

> *„Das unter Managern und Beratern populäre zweckrationale Verständnis von Organisationen hat auf den ersten Blick eine bestechende Logik. Auf der Basis der Analyse der Umweltbedingungen soll der übergeordnete Zweck der Organisation bestimmt und die verschiedenen Mittel zu dessen Erreichung abgeleitet werden. Dabei sollten die möglichen Mittel in Bezug auf Vor- und Nachteile ausführlich analysiert werden, um so den Weg bestimmen zu können, mit dem der übergeordnete langfristige Zweck am besten erreicht werden kann. Die Mittel werden dann operationalisiert, und es werden quantitative Vorgaben formuliert, Meilensteine definiert und Aktionspläne aufgestellt, deren Erreichung durch das Management regelmäßig kontrolliert wird.“*[21]

Allerdings änderte sich bereits mit der Rezeption der Soziologie Vilfredo Paretos[22] und spätestens mit dem Nobelpreis für Wirtschaftswissenschaften für Herbert A. Simon 1978 die Vorstellung von der Arbeitsweise und den Entscheidungsprozessen in und von Organisationen fundamental.[23] Infolgedessen kam man zu der Erkenntnis, dass Organisationen soziale, emergente Systeme sind, die Interpedenzen aufweisen, konkurrierenden Logiken folgen, dass das tatsächliche Entscheidungsverhalten begrenzt rational ist und dass Suchprozesse abgebrochen werden, wenn sich befriedigende Lösungen (sog. satisficing) einstellen.

> *„Die Widerspenstigkeit, Kreativität und Eigensinnigkeit, schlicht die Autonomie von Organisationen nach innen, wie im Umgang mit normativen Vorgaben der Herrschaft und Verwertung, ist eine wesentliche Erkenntnis der Organisationsforschung der letzten 50 Jahre. Organisationen, das wurde seit der Entdeckung der informalen Organisation immer wieder herausgestellt, sind widerborstiger und eigensinniger als sowohl ein instrumentalistisch-zweckrationales als auch ein ideologie- und herrschaftskritisches Organisationsmodell es sich vorstellen können und wollen. Informale Organisation (Roethlisberger/Dickson), begrenzte Rationalität (Simon/March), der Mülleimer (Cyert/March), lose Kopplungen (Weick), retrospective sensemaking (Weick), der Mythosbegriff (Meyer/Rowan), Irrationalität (Brunsson), Logik der Angemessenheit (March/Olson), die Trennung von talk und action (Brunsson), Spiele (Crozier/Friedberg), Dilemmata (Neuberger) und Paradoxien (Luhmann/Baecker) und Rekursivität (Ortmann) sind Begriffe und Konzepte, mit denen die organisationalen ‚Grenzen der Entscheidungsrationalität‘ aufgezeigt und ‚Revisionen der Rationalität‘ begründet werden.“*[24]

Unternehmen funktionieren, arbeiten und wirtschaften demnach nicht so mechanisch trivial, wie es eine klassische, naive Organisationsbetrachtung nahelegt.

---

[19] Gmür, Bilder der Organisation und ihre Bedeutung für NPO, Verbands-Management, 45. Jahrgang, Ausgabe 1, 2019, S. 44–53 (45).

[20] Jüttner, Die Kunst erfolgreicher Compliance, 2023, S. 118.

[21] Kühl, Working Paper 11/2017, S. 1.

[22] Tacke/Drepper, Soziologie der Organisation, 2018, S. 18 ff.

[23] Die Begründung für den Nobelpreis lautete: „For his pioneering research into the decision-making process within economic organizations“; vgl. Tacke/Drepper, Soziologie der Organisation, 2018, S. 33.

[24] Drepper, Die Grenzenlosigkeit des Managements. Organisations- und gesellschaftstheoretische Überlegungen, in: Drepper/Göbel/Nokielski (Hrsg.), Sozialer Wandel und kulturelle Innovation. Historische und systematische Perspektiven, 2005, S. 449–478 (462).

Unternehmen sind vielmehr soziale emergente Systeme mit begrenzter Entscheidungsrationalität. Folglich ist es für die Praxis von hohem Interesse, die vom LkSG gesetzten Kompetenz- und Rationalisierungserwartungen weniger aus einer rein rechtlichen, betriebswirtschaftlichen Sollens- als vielmehr aus einer realen organisationalen Könnens-Perspektive zu betrachten. Mit diesem realen Blickwinkel auf Unternehmen werden im Folgenden überblicksartig einige basale Unternehmensphänomene skizziert, deren Kenntnis für das tatsächliche Management des LkSG, dh für die wirksame Umsetzung in der Praxis, von hoher Relevanz ist.

E. Die Notwendigkeit von Legitimationsfassaden für Unternehmen

Das LkSG ist eine von vielen Erwartungen, denen Unternehmen ausgesetzt sind. Diese sind nicht immer miteinander kongruent, sondern widersprechen sich sogar teilweise.

> *„Unternehmen sollen Gesetze einhalten, die Umwelt schützen, Lieferketten im Blick haben, Gewinne steigern und sowieso ihre Mitarbeiter rundum glücklich machen. Diese Erwartungen sind häufig anspruchsvoller, als man sich außerhalb einer Organisation gewöhnlich klarmacht. Regulierungen verschiedener Art müssen beachtet werden und nehmen teils zu […] Unternehmen befinden sich in einem permanenten Spannungsfeld interner und externer Erwartungen.“*[25]

Wie gehen Unternehmen mit all diesen sich teilweise widersprechenden Erwartungen um?

Nach den Organisationswissenschaften bewegen sich Unternehmen auf einem Kontinuum zwischen Heldentum und Heuchelei.[26] Das heißt, dass Unternehmen nicht fortwährend vollumfänglich alle Erwartungen erfüllen können. Man spricht dann auch von „Entkopplung“, wonach die Außendarstellung („talk“), Entscheidungen („decision“) und Handlungen („action“) von Unternehmen mal mehr, mal weniger deckungsgleich bzw. gekoppelt sind. Die Entkopplung erlaubt es somit Unternehmen, Legitimationsfassaden zu errichten, die die Widersprüche bewältigbar machen, ohne die Organisationskernbestandteile fortwährend abzuändern.[27]

> *„Eine effiziente interne Organisation widerspricht häufig den von außen an die Organisation herangetragenen Forderungen nach umweltverträglicher Produktion, Rationalisierungsforderungen der Aktionäre oder dem Verlangen nach Übereinstimmung der Produktionsstruktur mit den neuesten Managementmoden. Jede Organisation […] ist deswegen darauf angewiesen, ihrer Umwelt neben ihren eigentlichen Leistungen immer auch eine geglättete Darstellung ihrer selbst zu bieten. Man kann dies als ‚notwendige Schönfärberei‘, als ‚unumgängliches Herausputzen‘ oder ‚Darstellungskniffe‘ bezeichnen. Man kann aber auch direkter – wie der schwedische Ökonom Nils Brunsson (1989) – von der Notwendigkeit der ‚Heuchelei‘ und ‚Scheinheiligkeit‘ in jeder Organisation sprechen.“*[28]

Teilt man diese Beobachtung, stellt sich die nächste Frage, ob eine wirksame LkSG-Umsetzung dann am Wollen oder am Können von Unternehmen scheitert. Brunsson würde sicherlich am Nichtkönnen ansetzen:

> *„Brunsson selbst würde wohl antworten: Wer da von Zynismus spricht, ohne zu sagen, wie denn anders Organisationen mit derartigen Double, nein: Multiple Binds fertig werden sollen, und ohne seinerseits von jenen Ansprüchen zu lassen, der begeht – Hypokrisie.“*[29]

[25] Jüttner/Schütz, Compliance zwischen Schein und Sein. Wie Organisationen viele und widersprüchliche Erwartungen managen (müssen), Konfliktdynamik, 2023, im Erscheinen.

[26] Arnold/Mormann, Zwischen Heuchelei und Heldentum. Zur Rolle von Organisationen in der sozial-ökologischen Transformation der Gesellschaft, SuN 8/2019, 158–176.

[27] Kirchner/Meyer, Entkopplung – ein folgenreicher Begriff des soziologischen Neoinstitutionalismus, Nano Papers: Institution – Organisation – Gesellschaft, 2016.

[28] Kühl, Working Paper 1/2010, S. 8

[29] Ortmann, Organisation und Moral, 2015, S. 192

Nicht nur vor diesem Hintergrund sind Meinungen vernehmbar, die Unternehmen als amoralische Kalkulatoren bezeichnen.[30] Damit ist eine relative Gesetzestreue gemeint, sodass die Sorge geäußert wird, dass *Unternehmen*

> *„sich nur an die Buchstaben der Gesetze halten, während sie gesetzliche Regelungen gezielt nach Rechtslücken durchforsten. In der Forschung ist von der Gefahr der cosmetic compliance die Rede, also einer nur oberflächlichen, schönfärberischen Regelkonformität […]“*[31]

> *„The process-based nature of HRDD [Anm. Human Rights Due Diligence] is one of its strengths, but it is also one of its weaknesses. A key feature of process-based regulation is that it seeks to require business to internalise public policy goals into its own internal systems and processes. Yet, as Black points out, these processes are inherently directed towards the firm's own objectives: that is, the production of profit and market share. The two may sometimes coincide but do not always. There is always the danger that, where there is considerable scope for managerial discretion and insufficient regulatory oversight, commercial objectives will prevail.“*[32]

Für die Wirkung des LkSG und die Einhaltung von Menschenrechten bedeutet dies, dass sehr wahrscheinlich die Anforderungen des Gesetzes minimal-formal umgesetzt werden. Es wird zu einer Gratwanderung zwischen „symbolischer Oberflächenstruktur“ und „operativer Tiefenstruktur“ kommen,[33] je nachdem wie stark das BAFA und NGOs die Einhaltung der Menschenrechte im Detail überwachen bzw. (einklagbar) einfordern.

F. Informations- und Moralentlastung als Grundprinzip arbeitsteiligen Unternehmertums

Unternehmen jenseits einer Einmann-GmbH implizieren Arbeitsteilung; diese äußert sich in einer vertikalen (Hierarchien) und horizontalen Differenzierung (Abteilungen). Damit werden Entscheidungskompetenzen und Arbeitsaufgaben exklusiv zugewiesen und Unternehmen sind in der Lage, viele verschiedene Aufgaben parallel zur gleichen Zeit zu erledigen.[34] Dies hat zur Folge, dass sich eine sogenannte lokale Rationalität bildet, sodass die einzelnen Abteilungen nur ihre jeweilige Aufgabe isoliert in den Blick nehmen (müssen). Aus einem kritischen Blickwinkel kann man in diesem Zusammenhang von „Silodenken“ sprechen. Objektiv betrachtet impliziert aber Arbeitsteilung die Zumutung des selektiven Weglassens von Informationen:

> *„Arbeitsteilung [bedeutet], dass nicht alle Organisationsmitglieder alles wissen müssen, was in einer Organisation vor sich geht. Vielmehr gilt umgekehrt, dass man von sehr wenigem sehr viel Ahnung hat, von dem meisten aber überhaupt keine oder allenfalls eine sehr oberflächliche Vorstellung. […] So beruht das koordinierte Zusammenspiel ganz wesentlich darauf, dass jede Abteilungen (und letztlich sogar jede Stelle) über mehr Informationen verfügt, als sie an andere Stellen oder Abteilungen in der Organisation weitergibt.“*

Neben einer informatorischen Zerlegung ist aber auch eine moralische Entlastung zwischen den verschiedenen Abteilungen zu beobachten. Ortmann spricht von moralischer Arbeitsteilung, mit der Verantwortung zerlegt, verteilt, zerstreut und absorbiert wird.

---

[30] Kölbel MschKrim 2017, S. 430 (432).

[31] Kuch, Unternehmensverantwortung in der Lieferkette. Menschenrechtspflichten in einer globalisierten Welt, Vorstudie zu einem Forschungsprojekt, Institut für Sozialstrategie, November 2022, S. 14

[32] Landau, Human rights due diligence and the risk of cosmetic compliance, Melbourne Journal of International Law, 2019, S. 18.

[33] Kühl, Working Paper 1/2010, S. 11.

[34] Kette GesundheitsRecht 2018, 6.

> *„Der Sachbearbeiter lebt vielleicht in und mit einer ‚Dokumentenwirklichkeit' und entscheidet nach Aktenlage, während die Leute ‚vor Ort' mit einer ganz anderen Wirklichkeit konfrontiert sind […] Mehr noch, sie können ‚moralisch Qualifizierte' an sensible Stellen in der Organisation platzieren und Abgebrühtere oder ‚Regimetreuere' dorthin, wo sie gebraucht werden.“*[35]

Für die Umsetzung des LkSG legen diese empirischen Beobachtungen dar, dass eine zentralisierte Überwachung sowie eine einheitliche Entscheidungspraxis und Datenlage Unternehmen tatsächlich vor große Herausforderungen stellen. Das ist gerade auch für größere Organisationseinheiten zu verstehen, denn diese neigen in gewissem Maße zur Invisibilisierung ihrer Entscheidungsgänge.

> *„Dies geschieht gerade nicht primär aus Gründen, die verbreitet angeboten werden – es geht nicht vordergründig um mutwillige Vertuschung oder Kumpanei. Fraglos mag und wird es das auch geben. Im Wesentlichen jedoch liegt eine gewisse ‚Vernebelung' der Organisation schlicht in dem Erfordernis arbeitsteilig und kooperativ arrangierter Entscheidungsformen. Wie eine Entscheidung durch den mitunter nicht schlank gehaltenen Instanzenzug zur anderen und dann zur nächsten führt, darüber wird nicht einfach geschwiegen. Vielmehr lässt sich oft nicht genau nachvollziehen, wie die Fäden der Entscheidungsbildung gestrickt sind, wie also das eine zum anderen führte. Entscheidungsverhalten in eindeutigen Bahnen vor- oder nachzuskizzieren, mag mancherorts dem Lehrbuchstandard entsprechen. Dies hat gleichwohl mit den gelebten Abläufen in sozialen Gebilden, die vielleicht Tausende Personen arbeitsfähig halten, begrenzt etwas (aber natürlich auch nicht nichts!) zu tun.“*[36]

G. Fazit

Die bei weitem nicht abschließende Beschreibung organisationaler Phänomene zeigt auf, warum die Implementierung und Operationalisierung des LkSG für Unternehmen nicht trivial sein kann. Die betroffenen Wirtschaftsorganisationen drohen durch die gesteigerten Transparenzanforderungen einschließlich damit verbundener (zentralistischer) Datenerfassungssysteme und die gesetzlich statuierten Vorgaben zur Organisiertheit an Flexibilität und Anpassungsfähigkeit zu verlieren. Feste, formal vorzuhaltende Organisationsstrukturen und -abläufe sind nur schwer mit einer schnelllebigen, volatilen Umwelt in Einklang zu bringen. Die Konsequenz ist entweder eine zunehmende „unbrauchbare Legalität“, die nur durch noch mehr Ressourcen, Programme und Prozesse in den nicht wertschöpfenden Abteilungen aufgefangen werden kann, oder aber eine „brauchbare Illegalität“ in Form von neuen, noch intransparenteren und informelleren Workarounds.[37] Beide Pole sind für eine effektive und effiziente LkSG-Compliance unvorteilhaft. Als Fazit bleibt festzuhalten, dass eine wirksame Menschenrechts-Compliance zunehmend organisationskluges Management verlangt, um insbesondere die – lediglich anskizzierten – Dysfunktionen der neuen Regulierung im Blick zu behalten.

Markus Jüttner

Rechtsanwalt, Partner EY
Vorstand Deutsches Institut für Compliance (DICO e. V.)
Lehrbeauftragter am Max-Weber-Institut für Soziologie der Universität Heidelberg (Forschungsbereich Organizational Crime Studies)

[35] Ortmann, Organisation und Moral, 2015, S. 107, 110
[36] Schütz/Beckmann/Röbken, Compliance-Kontrolle in Organisationen, 2018, S. 161 f.
[37] Vgl. hierzu Jüttner CCZ 3/2003, Editorial.

Verzeichnis der (abgekürzt) zitierten Literatur

Altenschmidt/Helling	Altenschmidt/Helling, LkSG, 1. Aufl. 2022
ASM	Assmann/Schneider/Mülbert, Wertpapierhandelsrecht, 7. Aufl. 2019
Bay/Hastenrath CMS	Bay/Hastenrath, Compliance-Management-Systeme, 3. Aufl. 2022
Bechtold/Bosch	Bechtold/Bosch, GWB, 10. Aufl. 2021
Beck VergabeR	Burgi/Dreher/Opitz, Beck'scher Vergaberechtskommentar, Band 1, 4. Aufl. 2022
BeckOGK	Gsell/Krüger/Lorenz/Reymann, beck-online.GROSS-KOMMENTAR, Band BGB, 44. Aufl. 2022
BeckOK Datenschutz R	Wolff/Brink, BeckOK Datenschutzrecht, 43. Aufl. 2023
BeckOK GewO	Pielow, BeckOK GewO, 58. Aufl. 2022
BeckOK GG	Epping/Hillgruber, BeckOK Grundgesetz, 54. Aufl. 2023
BeckOK HwO	Leisner, BeckOK HwO, 20. Aufl. 2023
BeckOK LkSG	Henn/Jahn, BeckOK Lieferkettensorgfaltspflichtengesetz, 1. Aufl. 2021
BeckOK OWiG	Graf, BeckOK OWiG, 38. Aufl. 2023
BeckOK UmweltR	Giesberts/Reinhardt, BeckOK Umweltrecht, 65. Aufl. 2023
BeckOK VergabeR	Gabriel/Mertens/Prieß/Stein, BeckOK Vergaberecht, 27. Aufl. 2023
BeckOK VwGO	Posser/Wolff/Decker, BeckOK VwGO, 65. Aufl. 2023
BeckOK VwVfG	Bader/Ronellenfitsch, BeckOK VwVfG, 59. Aufl. 2023
BeckOK ZPO	Vorwerk/Wolf, BeckOK ZPO, 48. Aufl. 2023
Bunte	Bunte, Kartellrecht, Band 1, 2, 14. Aufl. 2021
BWKOB	Baetge/Wollmert/Kirsch/Oser/Bischof, Rechnungslegung nach IFRS – Kommentar auf der Grundlage des deutschen Bilanzrechts, 2. Aufl. 2011
Depping/Walden	Depping/Walden, LkSG, 1. Aufl. 2022
DHS	Dürig/Herzog/Scholz, Grundgesetz-Kommentar, 99. Aufl. 2022
Dreier	Dreier, Grundgesetz-Kommentar, Band 1, 2, 3, 3. Aufl. 2013
EAS	Engelhardt/App/Schlatmann, VwVG VwZG, 12. Aufl. 2021
EBJS	Ebenroth/Boujong/Joost/Strohn, Handelsgesetzbuch, Band 1, 2, 4. Aufl. 2020
Erbs/Kohlhaas	Erbs/Kohlhaas, Strafrechtliche Nebengesetze, 244. Aufl. 2022
ErfK	Müller-Glöge/Preis/Schmidt, Erfurter Kommentar zum Arbeitsrecht, 23. Aufl. 2023
Erman	Erman, BGB, 16. Aufl. 2020
EuArbRK	Franzen/Gallner/Oetker, Kommentar zum europäischen Arbeitsrecht, 4. Aufl. 2022
EWW	Ennuschat/Wank/Winkler, Gewerbeordnung: GewO, 9. Aufl. 2020

Verzeichnis der (abgekürzt) zitierten Literatur

Fischer/Schulte-Mattler	Fischer/Schulte-Mattler, KWG, CRR-VO, 6. Aufl. 2023
Fleischer/Mankowski	Fleischer/Mankowski, LkSG, 2023
FK-KartellR	Jaeger/Kokott/Pohlmann/Schroeder/Kulka, Frankfurter Kommentar zum Kartellrecht, 101. Aufl. 2022
FS Stree/Wessels, 1993	Küper/Welp/Dencker/Marxen/Schneider/SChumann/Struensee/Vormbaum, Festschrift für Walter Stree und Johannes Wessels zum 70. Geburtstag, 1. Aufl. 1993
Fuchs	Fuchs, Wertpapierhandelsgesetz: WpHG, 2. Aufl. 2016
Gehling/Ott	Gehling/Ott, LkSG, 1. Aufl. 2022
Ghassemi-Tabar	Ghassemi-Tabar, DCGK, 2. Aufl. 2023
Ghassemi-Tabar/Cordes	Ghassemi-Tabar/Cordes, Handbuch Vorstand und Aufsichtsrat, 2. Aufl. 2023
GJW	Graf/Jäger/Wittig, Wirtschafts- und Steuerstrafrecht, 2. Aufl. 2017
Göhler	Göhler, Gesetz über Ordnungswidrigkeiten: OWiG, 18. Aufl. 2021
Grabosch LkSG	Grabosch, Das neue Lieferkettensorgfaltspflichtengesetz, 1. Aufl. 2021
Grigoleit	Grigoleit, AktG – Aktiengesetz, 2. Aufl. 2020
Habersack/Drinhausen	Habersack/Drinhausen, SE-Recht, 3. Aufl. 2022
Harings/Jürgens	Harings/Jürgens, Das Lieferkettensorgfaltspflichtengesetz, 2022
Heidel	Heidel, Aktienrecht und Kapitalmarktrecht, 5. Aufl. 2020
Hembach Praxisleitfaden LkSG	Hembach, Praxisleitfaden Lieferkettensorgfaltspflichtengesetz (LkSG), 1. Aufl. 2022
Henssler/Strohn	Henssler/Strohn, Gesellschaftsrecht, 5. Aufl. 2021
Herdegen IntWirtschaftsR	Herdegen, Internationales Wirtschaftsrecht, 13. Aufl. 2023
Herzog	Herzog, Geldwäschegesetz, 4. Aufl. 2020
HK-LkSG	Johann/Sangi, LkSG, 1. Aufl. 2023
HK-OWiG	Gassner/Seith, Ordnungswidrigkeitengesetz, 2. Aufl. 2020
HKT	Honig/Knörr/Thiel, Handwerksordnung: HwO, 5. Aufl. 2017
HK-VergabeR	Pünder/Schellenberg, Vergaberecht, 3. Aufl. 2019
HK-VerwR	Fehling/Kastner/Störmer, Verwaltungsrecht, 5. Aufl. 2021
HK-ZPO	Saenger, Zivilprozessordnung, 9. Aufl. 2021
HML Corporate Compliance	Hauschka/Moosmayer/Lösler, Corporate Compliance, 3. Aufl. 2016
HOK	Harte-Bavendamm/Ohly/Kalbfus, GeschGehG, 1. Aufl. 2020
Hölters/Weber	Hölters/Weber, Aktiengesetz, 4. Aufl. 2022
IGC Vorstand und AR-HdB	Illert/Ghassemi-Tabar/Cordes, Handbuch Vorstand und Aufsichtsrat, 1. Aufl. 2018

Verzeichnis der (abgekürzt) zitierten Literatur

Jarass BImSchG	Jarass, BImSchG, 14. Aufl. 2022
Jarass GRCh	Jarass, Charta der Grundrechte der Europäischen Union: GRCh, 4. Aufl. 2021
Jarass/Pieroth	Jarass/Pieroth, Grundgesetz für die Bundesrepublik Deutschland, 17. Aufl. 2022
Jauernig	Jauernig, Bürgerliches Gesetzbuch, 18. Aufl. 2021
jurisPK-BGB	Herberger/Martinek/Rüßmann/Weth/Würdinger, juris PraxisKommentar BGB, Band 1, 2, 3, 4, 5, 6, 9. Aufl. 2020
Karpenstein/Mayer	Karpenstein/Mayer, Konvention zum Schutz der Menschenrechte und Grundfreiheiten: EMRK, 3. Aufl. 2022
KK-OWiG	Mitsch, Karlsruher Kommentar zum Gesetz über Ordnungswidrigkeiten: OWiG, 5. Aufl. 2018
KK-StPO	Barthe/Gericke, Karlsruher Kommentar zur Strafprozessordnung, 9. Aufl. 2023
Klein	Klein, AO, 16. Aufl. 2022
Knack/Henneke	Knack/Henneke, Verwaltungsverfahrensgesetz: VwVfG, 11. Aufl. 2019
Koch	Koch, Aktiengesetz, 17. Aufl. 2023
KOS Zivil- und strafrechtl. Unternehmensverantwortung	Krajewski/Oehm/Saage-Maaß, Zivil- und strafrechtliche Unternehmensverantwortung für Menschenrechtsverletzungen, 1. Aufl. 2017
Krenberger/Krumm	Krenberger/Krumm, OWiG, 7. Aufl. 2022
Kubis/Tödtmann Vorstand-HdB	Kubis/Tödtmann, Arbeitshandbuch für Vorstandsmitglieder, 3. Aufl. 2022
Landmann/Rohmer GewO	Landmann/Rohmer, Gewerbeordnung, 89. Aufl. 2022
Landmann/Rohmer UmweltR	Landmann/Rohmer, Umweltrecht, 99. Aufl. 2022
LMRKM	Loewenheim/Meessen/Riesenkampff/Kersting/Meyer-Lindemann, Kartellrecht, 4. Aufl. 2020
Löwe/Rosenberg	Löwe/Rosenberg, Die Strafprozessordnung und das Gerichtsverfassungsgesetz: StPO, Band 1, 2, 3/1, 3/2, 4/1, 4/2, 5/1, 5/2, 6, 7, 8, 9, 10, 11, 12, 27. Aufl. 2017
MAH GmbHR	Römermann, Münchener Anwaltshandbuch GmbH-Recht, 4. Aufl. 2018
MAH PersGesR	Gummert, Münchener Anwaltshandbuch Personengesellschaftsrecht, 3. Aufl. 2019
Meyer-Goßner/Schmitt	Meyer-Goßner/Schmitt, StPO, 66. Aufl. 2023
MHdB GesR IV	Hoffmann-Becking, Münchener Handbuch des Gesellschaftsrechts, Band 4: Aktiengesellschaft, 5. Aufl. 2020
MHdB GesR VII	Born/Ghassemi-Tabar/Gehle, Münchener Handbuch des Gesellschaftsrechts, Band 7: Gesellschaftsrechtliche Streitigkeiten (Corporate Litigation), 6. Aufl. 2020
MHLS	Michalski/Heidinger/Leible/Schmidt, GmbHG, Band 1, 2, 4. Aufl. 2023
MKS	von Mangoldt/Klein/Starck, Grundgesetz, Band 1, 2, 3, 7. Aufl. 2018
MüKoAktG	Goette/Habersack/Kalss, Münchener Kommentar zum Aktiengesetz, Band 2, 6. Aufl. 2023

Verzeichnis der (abgekürzt) zitierten Literatur

MüKoGmbHG	Fleischer/Goette, Münchener Kommentar zum Gesetz betreffend die Gesellschaften mit beschränkter Haftung, Band 1, 2, 3, 4. Aufl. 2022
MüKoHGB	Drescher/Fleischer/K. Schmidt, Münchener Kommentar zum Handelsgesetzbuch: HGB, Band 1, 2, 5, 7, 5. Aufl. 2021
MüKoStGB	Erb/Schäfer, Münchener Kommentar zum Strafgesetzbuch, Band 1, 2, 3, 4, 5, 6, 7, 9, 4. Aufl. 2020
MüKoWettbR	Bien/Meier-Beck/Montag/Säcker, Münchener Kommentar zum Wettbewerbsrecht, Band 2, 3, 4, 5, 4. Aufl. 2021
MüKoZPO	Krüger/Rauscher, Münchener Kommentar zur ZPO, Band 1, 2, 3, 6. Aufl. 2020
Müller-Wrede GWB	Müller-Wrede, GWB – Vergaberecht, 1. Aufl. 2016
Musielak/Voit	Musielak/Voit, ZPO, 20. Aufl. 2023
NK-BGB	Hüßtege/Mansel, Bürgerliches Gesetzbuch: Rom-Verordnungen – EuGüVO – EuPartVO – HUP – EuErbVO, 3. Aufl. 2019
NK-SE	Manz/Mayer/Schröder, Europäische Aktiengesellschaft SE, 3. Aufl. 2019
NK-VwVfG	Mann/Sennekamp/Uechtritz, Verwaltungsverfahrensgesetz, 2. Aufl. 2019
Nomos-BR/Boch LFGB	Boch, Lebensmittel- und Futtermittelgesetzbuch, 8. Aufl. 2019
Nomos-BR/Detterbeck HwO	Detterbeck, Handwerksordnung, 3. Aufl. 2016
Nomos-BR/Laars FinDAG	Laars, Finanzdienstleistungsaufsichtsgesetz, 4. Aufl. 2017
NSH	Noack/Servatius/Haas, GmbH-Gesetz, 23. Aufl. 2022
Oetker	Oetker, Handelsgesetzbuch (HGB), 7. Aufl. 2021
Prölss/Dreher	Prölss/Dreher, Versicherungsaufsichtsgesetz: VAG, 13. Aufl. 2017
Rogall Beweismittel	Rogall, Der Beschuldigte als Beweismittel gegen sich selbst, 1. Aufl. 1977
Rössler/Troll	Rössler/Troll, BewG, 33. Aufl. 2021
Rothermel LkSG	Rothermel, LkSG, 2022
Rotsch Criminal Compliance	Rotsch, Criminal Compliance, 1. Aufl. 2015
Sachs	Sachs, Grundgesetz: GG, 9. Aufl. 2021
SBS	Stelkens/Bonk/Sachs, Verwaltungsverfahrensgesetz, 10. Aufl. 2022
Schoch/Schneider	Schoch/Schneider, Verwaltungsrecht, VwGO, 44. EL, 2023
Schönke/Schröder	Schönke/Schröder, Strafgesetzbuch, 30. Aufl. 2019
Schüren/Hamann	Schüren/Hamann, Arbeitnehmerüberlassungsgesetz, 6. Aufl. 2022
Schwark/Zimmer	Schwark/Zimmer, Kapitalmarktrechts-Kommentar, 5. Aufl. 2020
Schwennicke/Auerbach	Schwennicke/Auerbach, Kreditwesengesetz (KWG) mit Zahlungsdiensteaufsichtsgesetz (ZAG), 4. Aufl. 2021

Verzeichnis der (abgekürzt) zitierten Literatur

Staudinger	Staudinger, BGB – J. von Staudingers Kommentar zum Bürgerlichen Gesetzbuch mit Einführungsgesetz, 18. Aufl. 2018
Streinz/Meisterernst	Streinz/Meisterernst, BasisVO/LFGB, 1. Aufl. 2021
Tipke/Kruse	Tipke/Kruse, AO FGO, 171. Aufl. 2021
WBA	Weitnauer/Boxberger/Anders, KAGB, 3. Aufl. 2021
Wessing/Dann Korruptionsverfahren	Wessing/Dann, Deutsch-Amerikanische Korruptionsverfahren, 1. Aufl. 2013
WJS Wirtschafts-StrafR-HdB	Wabnitz/Janovsky/Schmitt, Handbuch Wirtschafts- und Steuerstrafrecht, 5. Aufl. 2020
WRW LkSG	Wagner/Ruttloff/Wagner, Das Lieferkettensorgfaltspflichtengesetz in der Unternehmenspraxis, 1. Aufl. 2022
Ziekow/Völlink	Ziekow/Völlink, Vergaberecht, 4. Aufl. 2020
Zipfel/Rathke LebensmittelR	Zipfel/Rathke, Lebensmittelrecht, 185. Aufl. 2023

Quellenverzeichnis

RefE LkSG vom 15.2.2021 .... Referentenentwurf zum Gesetz über die unternehmerischen Sorgfaltspflichten in Lieferketten des Bundesministeriums für Arbeit und Soziales vom 15.2.2021 (RefE LkSG vom 15.2.2021, abrufbar unter https://www.wiwo.de/downloads/26927976/3/lieferkettengesetz-sorgfaltspflichtengesetz.pdf, letzter Abruf am 6.7.2023)

RefE LkSG vom 28.2.2021 .... Referentenentwurf zum Gesetz über die unternehmerischen Sorgfaltspflichten in Lieferketten des Bundesministeriums für Arbeit und Soziales vom 15.2.2021 28.2.2021 (RefE LkSG vom 28.2.2021, abrufbar unter https://lieferkettengesetz.de/wp-content/uploads/2021/03/2021-03-01_RefE-Sorgfaltspflichtengesetz.pdf, letzter Abruf am 6.7.2023)

Abkürzungsverzeichnis

5. BImSchV	Fünfte Verordnung zur Durchführung des Bundes-Immissionsschutzgesetzes
Abfall-Rahmen-RL	Richtlinie 2008/98/EG des Europäischen Parlaments und des Rates vom 19. November 2008 über Abfälle und zur Aufhebung bestimmter Richtlinien
Abfallverbringungs-VO	Verordnung (EG) Nr. 1013/2006 des Europäischen Parlaments und des Rates vom 14. Juni 2006 über die Verbringung von Abfällen
AEntG	Gesetz über zwingende Arbeitsbedingungen für grenzüberschreitend entsandte und für regelmäßig im Inland beschäftigte Arbeitnehmer und Arbeitnehmerinnen
AGG	Allgemeines Gleichbehandlungsgesetz
AktG	Aktiengesetz
AO	Abgabenordnung
Arbeitsstättensicherheit-RL	Richtlinie 89/654/EWG des Rates vom 30. November 1989 über Mindestvorschriften für Sicherheit und Gesundheitsschutz in Arbeitsstätten (Erste Einzelrichtlinie im Sinne des Artikels 16 Absatz 1 der Richtlinie 89/391/EWG)
ArbSchG	Gesetz über die Durchführung von Maßnahmen des Arbeitsschutzes zur Verbesserung der Sicherheit und des Gesundheitsschutzes der Beschäftigten bei der Arbeit
ArbSchG	Gesetz über die Durchführung von Maßnahmen des Arbeitsschutzes zur Verbesserung der Sicherheit und des Gesundheitsschutzes der Beschäftigten bei der Arbeit
ArbStättV	Verordnung über Arbeitsstätten
ASR A4.4	ASR A4.4 „Unterkünfte"
AStBV (St) 2023	Gleich lautende Erlasse betr. Anweisungen für das Straf- und Bußgeldverfahren (Steuer) – AStBV (St) 2023 –
AufenthG	Gesetz über den Aufenthalt, die Erwerbstätigkeit und die Integration von Ausländern im Bundesgebiet
AÜG	Gesetz zur Regelung der Arbeitnehmerüberlassung
AWG	Außenwirtschaftsgesetz
BAFA Handreichung Angemessenheit	https://www.bafa.de/SharedDocs/Downloads/DE/Lieferketten/handreichung_angemessenheit.html
BAFA Handreichung Beschwerdeverfahren	https://www.bafa.de/SharedDocs/Downloads/DE/Lieferketten/handreichung_beschwerdeverfahren.html
BAFA Handreichung Risikoanalyse	https://www.bafa.de/SharedDocs/Downloads/DE/Lieferketten/handreichung_risikoanalyse.html
BaslÜ	Basler Übereinkommen über die Kontrolle der grenzüberschreitenden Verbringung gefährlicher Abfälle und ihrer Entsorgung
BauNVO	Verordnung über die bauliche Nutzung der Grundstücke
BBiG	Berufsbildungsgesetz

Abkürzungsverzeichnis

BBodSchG	Gesetz zum Schutz vor schädlichen Bodenveränderungen und zur Sanierung von Altlasten
BetrVG	Betriebsverfassungsgesetz
BewG	Bewertungsgesetz
BGB	Bürgerliches Gesetzbuch
Bilanz-RL	Richtlinie 2013/34/EU des Europäischen Parlaments und des Rates vom 26. Juni 2013 über den Jahresabschluss, den konsolidierten Abschluss und damit verbundene Berichte von Unternehmen bestimmter Rechtsformen und zur Änderung der Richtlinie 2006/43/EG des Europäischen Parlaments und des Rates und zur Aufhebung der Richtlinien 78/660/EWG und 83/349/EWG des Rates
BImSchG	Gesetz zum Schutz vor schädlichen Umwelteinwirkungen durch Luftverunreinigungen, Geräusche, Erschütterungen und ähnliche Vorgänge
BNatSchG	Gesetz über Naturschutz und Landschaftspflege
BRAO	Bundesrechtsanwaltsordnung
Brüssel Ia-VO	Verordnung (EU) Nr. 1215/2012 des Europäischen Parlaments und des Rates vom 12. Dezember 2012 über die gerichtliche Zuständigkeit und die Anerkennung und Vollstreckung von Entscheidungen in Zivil- und Handelssachen
ChemG	Gesetz zum Schutz vor gefährlichen Stoffen
ChemSanktionsV	Verordnung zur Sanktionsbewehrung gemeinschafts- oder unionsrechtlicher Verordnungen auf dem Gebiet der Chemikaliensicherheit
CSDDD-Entwurf	Vorschlag für eine Richtlinie des Europäischen Parlaments und des Rates über die Sorgfaltspflichten von Unternehmen im Hinblick auf Nachhaltigkeit und zur Änderung der Richtlinie (EU) 2019/1937, COM(2022) 71 final, 23.2.2022
CSRRLUmsG	Gesetz zur Stärkung der nichtfinanziellen Berichterstattung der Unternehmen in ihren Lage- und Konzernlageberichten
DCGK	Deutscher Corporate Governance Kodex
DS-GVO	Verordnung (EU) 2016/679 des Europäischen Parlaments und des Rates vom 27. April 2016 zum Schutz natürlicher Personen bei der Verarbeitung personenbezogener Daten, zum freien Datenverkehr und zur Aufhebung der Richtlinie 95/46/EG
EGBGB	Einführungsgesetz zum Bürgerlichen Gesetzbuche
EG-Jugendarbeitsschutz-Richtlinie	Richtlinie 94/33/EG des Rates vom 22. Juni 1994 über den Jugendarbeitsschutz
ElektroStoffV	Verordnung zur Beschränkung der Verwendung gefährlicher Stoffe in Elektro- und Elektronikgeräten
EMRK	Konvention zum Schutz der Menschenrechte und Grundfreiheiten
EU-Öffentliche-AuftragsvergabeRL	Richtlinie 2014/24/EU des Europäischen Parlaments und des Rates vom 26. Februar 2014 über die öffentliche Auftragsvergabe und zur Aufhebung der Richtlinie 2004/18/EG

FAQ zum LkSG ..... https://www.csr-in-deutschland.de/DE/Wirtschaft-Menschenrechte/Gesetz-ueber-die-unternehmerischen-Sorgfaltspflichten-in-Lieferketten/FAQ/faq.html
FinDAG .... Gesetz über die Bundesanstalt für Finanzdienstleistungsaufsicht
FPersG .... Gesetz über das Fahrpersonal von Kraftfahrzeugen und Straßenbahnen

GastG .... Gaststättengesetz
Geheimnisschutz-RL .... Richtlinie (EU) 2016/943 des Europäischen Parlaments und des Rates vom 8. Juni 2016 über den Schutz vertraulichen Know-hows und vertraulicher Geschäftsinformationen (Geschäftsgeheimnisse) vor rechtswidrigem Erwerb sowie rechtswidriger Nutzung und Offenlegung
GeschGehG .... Gesetz zum Schutz von Geschäftsgeheimnissen
GewO .... Gewerbeordnung
GG .... Grundgesetz für die Bundesrepublik Deutschland
GGBefG .... Gesetz über die Beförderung gefährlicher Güter
GHS-VO .... Verordnung (EG) Nr. 1272/2008 des Europäischen Parlaments und des Rates vom 16. Dezember 2008 über die Einstufung, Kennzeichnung und Verpackung von Stoffen und Gemischen, zur Änderung und Aufhebung der Richtlinien 67/548/EWG und 1999/45/EG und zur Änderung der Verordnung (EG) Nr. 1907/2006
Gleichbehandlungs-Rahmen-RL .... Richtlinie 2000/78/EG des Rates vom 27. November 2000 zur Festlegung eines allgemeinen Rahmens für die Verwirklichung der Gleichbehandlung in Beschäftigung und Beruf
GmbHG .... Gesetz betreffend die Gesellschaften mit beschränkter Haftung
GrCH .... Charta der Grundrechte der Europäischen Union
Grundwasserschutz-RL .... Richtlinie 2006/118/EG des Europäischen Parlaments und des Rates vom 12. Dezember 2006 zum Schutz des Grundwassers vor Verschmutzung und Verschlechterung
GVG .... Gerichtsverfassungsgesetz
GWB .... Gesetz gegen Wettbewerbsbeschränkungen
GwG .... Gesetz über das Aufspüren von Gewinnen aus schweren Straftaten

HessJuZuV .... Justizzuständigkeitsverordnung
HGB .... Handelsgesetzbuch
HinSchG .... Gesetz für einen besseren Schutz hinweisgebender Personen
HSOG .... Hessisches Gesetz über die öffentliche Sicherheit und Ordnung
HwO .... Gesetz zur Ordnung des Handwerks

IDW PS 981 .... IDW Prüfungsstandard: Grundsätze ordnungsmäßiger Prüfung von Risikomanagementsystemen
IDW PS 982 .... IDW Prüfungsstandard: Grundsätze ordnungsmäßiger Prüfung des internen Kontrollsystems des internen und externen Berichtswesens
IFG .... Gesetz zur Regelung des Zugangs zu Informationen des Bundes
ILO Nr. 29 .... Übereinkommen über Zwangs- oder Pflichtarbeit

Abkürzungsverzeichnis

Industrieemissionen-RL	Richtlinie 2010/75/EU des Europäischen Parlaments und des Rates vom 24. November 2010 über Industrieemissionen (integrierte Vermeidung und Verminderung der Umweltverschmutzung)
IntArbO Verein-RÜbk	Übereinkommen über die Anwendung der Grundsätze des Vereinigungsrechtes und des Rechtes zu Kollektivverhandlungen
IPBPR	Internationaler Pakt über bürgerliche und politische Rechte
IPWSKR	Internationaler Pakt über wirtschaftliche, soziale und kulturelle Rechte
IRG	Gesetz über die internationale Rechtshilfe in Strafsachen
Kapitaladäquanz-VO	Verordnung (EU) Nr. 575/2013 des Europäischen Parlaments und des Rates vom 26. Juni 2013 über Aufsichtsanforderungen an Kreditinstitute und zur Änderung der Verordnung (EU) Nr. 648/2012
Konfliktmineralien-VO	Verordnung (EU) 2017/821 des Europäischen Parlaments und des Rates vom 17. Mai 2017 zur Festlegung von Pflichten zur Erfüllung der Sorgfaltspflichten in der Lieferkette für Unionseinführer von Zinn, Tantal, Wolfram, deren Erzen und Gold aus Konflikt- und Hochrisikogebieten
KrWG	Gesetz zur Förderung der Kreislaufwirtschaft und Sicherung der umweltverträglichen Bewirtschaftung von Abfällen
KWG	Gesetz über das Kreditwesen
LFGB	Lebensmittel-, Bedarfsgegenstände- und Futtermittelgesetzbuch
LkSG	Gesetz über die unternehmerischen Sorgfaltspflichten zur Vermeidung von Menschenrechtsverletzungen in Lieferketten
MARPOL	Internationales Übereinkommen von 1973 zur Verhütung der Meeresverschmutzung durch Schiffe und Protokoll von 1978 zu diesem Übereinkommen
MiLOG	Gesetz zur Regelung eines allgemeinen Mindestlohns
Minamata-Übereinkommen	Übereinkommen von Minamata über Quecksilber
OWiG	Gesetz über Ordnungswidrigkeiten
POPs-Übereinkommen	Stockholmer Übereinkommen über persistente organische Schadstoffe
Quecksilber-Verordnung	Verordnung (EU) 2017/852 des Europäischen Parlaments und des Rates vom 17. Mai 2017 über Quecksilber und zur Aufhebung der Verordnung (EG) Nr. 1102/2008
Quecksilber-VO	Verordnung (EU) 2017/852 des Europäischen Parlaments und des Rates vom 17. Mai 2017 über Quecksilber und zur Aufhebung der Verordnung (EG) Nr. 1102/2008
REACH-VO	Verordnung (EG) Nr. 1907/2006 des Europäischen Parlaments und des Rates vom 18. Dezember 2006 zur Regis-

	trierung, Bewertung, Zulassung und Beschränkung chemischer Stoffe (REACH), zur Schaffung einer Europäischen Chemikalienagentur, zur Änderung der Richtlinie 1999/45/EG und zur Aufhebung der Verordnung (EWG) Nr. 793/93 des Rates, der Verordnung (EG) Nr. 1488/94 der Kommission, der Richtlinie 76/769/EWG des Rates sowie der Richtlinien 91/155/EWG, 93/67/EWG, 93/105/EG und 2000/21/EG der Kommission
RL 2002/73/EG	Richtlinie 2002/73/EG des Europäischen Parlaments und des Rates vom 23. September 2002 zur Änderung der Richtlinie 76/207/EWG des Rates zur Verwirklichung des Grundsatzes der Gleichbehandlung von Männern und Frauen hinsichtlich des Zugangs zur Beschäftigung, zur Berufsbildung und zum beruflichen Aufstieg sowie in Bezug auf die Arbeitsbedingungen
RL 2009/104/EG ...	Richtlinie 2009/104/EG des Europäischen Parlaments und des Rates vom 16. September 2009 über Mindestvorschriften für Sicherheit und Gesundheitsschutz bei Benutzung von Arbeitsmitteln durch Arbeitnehmer bei der Arbeit (Zweite Einzelrichtlinie im Sinne des Artikels 16 Absatz 1 der Richtlinie 89/391/EWG)
RL 2011/36/EU	Richtlinie 2011/36/EU des Europäischen Parlaments und des Rates vom 5. April 2011 zur Verhütung und Bekämpfung des Menschenhandels und zum Schutz seiner Opfer sowie zur Ersetzung des Rahmenbeschlusses 2002/629/JI des Rates
RL 91/689/EWG ...	Richtlinie 91/689/EWG des Rates vom 12. Dezember 1991 über gefährliche Abfälle
RoHS-RL	Richtlinie 2011/65/EU des Europäischen Parlaments und des Rates vom 8. Juni 2011 zur Beschränkung der Verwendung bestimmter gefährlicher Stoffe in Elektro- und Elektronikgeräten
Rom II-VO	Verordnung (EG) Nr. 864/2007 des Europäischen Parlaments und des Rates vom 11. Juli 2007 über das auf außervertragliche Schuldverhältnisse anzuwendende Recht („Rom II“)
Rom I-VO	Verordnung (EG) Nr. 593/2008 des Europäischen Parlaments und des Rates vom 17. Juni 2008 über das auf vertragliche Schuldverhältnisse anzuwendende Recht (Rom I)
SchwarzArbG	Gesetz zur Bekämpfung der Schwarzarbeit und illegalen Beschäftigung Gesetz zur Bekämpfung der Schwarzarbeit und illegalen Beschäftigung
SE-VO	Verordnung (EG) Nr. 2157/2001 des Rates vom 8. Oktober 2001 über das Statut der Europäischen Gesellschaft (SE)
SGB IV	Viertes Buch Sozialgesetzbuch – Gemeinsame Vorschriften für die Sozialversicherung –
StaRuG	Gesetz über den Stabilisierungs- und Restrukturierungsrahmen für Unternehmen
StGB	Strafgesetzbuch
StPO	Strafprozeßordnung
TA Lärm	Sechste Allgemeine Verwaltungsvorschrift zum Bundes-Immissionsschutzgesetz (Technische Anleitung zum Schutz gegen Lärm – TA Lärm)

TA Luft	Neufassung der Ersten Allgemeinen Verwaltungsvorschrift zum Bundes-Immissionsschutzgesetz (Technische Anleitung zur Reinhaltung der Luft – TA Luft)
Taxonomie-VO	Verordnung (EU) 2020/852 des Europäischen Parlaments und des Rates vom 18. Juni 2020 über die Einrichtung eines Rahmens zur Erleichterung nachhaltiger Investitionen und zur Änderung der Verordnung (EU) 2019/2088
Übereinkommen gegen Diskriminierung in Beschäftigung und Beruf	Übereinkommen Nr. 111 der Internationalen Arbeitsorganisation vom 25. Juni 1958 über die Diskriminierung in Beschäftigung und Beruf
Übereinkommen gegen Kinderarbeit	Übereinkommen über das Mindestalter für die Zulassung zur Beschäftigung
Übereinkommen über das Verbot und unverzügliche Maßnahmen zur Beseitigung der schlimmsten Formen der Kinderarbeit	Übereinkommen Nr. 182 der Internationalen Arbeitsorganisation vom 17. Juni 1999 über das Verbot und unverzügliche Maßnahmen zur Beseitigung der schlimmsten Formen der Kinderarbeit
UIG	Umweltinformationsgesetz
Umwelthaftungs-RL	Richtlinie 2004/35/EG des Europäischen Parlaments und des Rates vom 21. April 2004 über Umwelthaftung zur Vermeidung und Sanierung von Umweltschäden
UN-Leitprinzipien ..	https://www.auswaertiges-amt.de/blob/266624/b51c16faf1b3424d7efa060e8aaa8130/un-leitprinzipien-de-data.pdf
VAG	Gesetz über die Beaufsichtigung der Versicherungsunternehmen
VereinigungsR-Übereink	Übereinkommen Nr. 87 der Internationalen Arbeitsorganisation über die Vereinigungsfreiheit und den Schutz des Vereinigungsrechtes
VergRModG	Gesetz zur Modernisierung des Vergaberechts
VO (EU) 2019/1021	Verordnung (EU) 2019/1021 des Europäischen Parlaments und des Rates vom 20. Juni 2019 über persistente organische Schadstoffe
VO (EU) 2021/277	Delegierte Verordnung (EU) 2021/277 der Kommission vom 16. Dezember 2020 zur Änderung des Anhangs I der Verordnung (EU) 2019/1021 des Europäischen Parlaments und des Rates über persistente organische Schadstoffe in Bezug auf Pentachlorphenol sowie seine Salze und Ester
VStGB	Völkerstrafgesetzbuch
VwGO	Verwaltungsgerichtsordnung
VwVfG	Verwaltungsverfahrensgesetz
VwVG	Verwaltungs-Vollstreckungsgesetz
WaffG	Waffengesetz
WHG	Gesetz zur Ordnung des Wasserhaushalts

Whistleblower-RL ..	Richtlinie (EU) 2019/1937 des Europäischen Parlaments und des Rates vom 23. Oktober 2019 zum Schutz von Personen, die Verstöße gegen das Unionsrecht melden
WpHG	Gesetz über den Wertpapierhandel
WpÜG	Wertpapiererwerbs- und Übernahmegesetz
WRegG	Gesetz zur Einrichtung und zum Betrieb eines Registers zum Schutz des Wettbewerbs um öffentliche Aufträge und Konzessionen

Ein allgemeines Abkürzungsverzeichnis finden Sie unter
https://rsw.beck.de/verlag/redaktionsrichtlinie

Gesetz über die unternehmerischen Sorgfaltspflichten zur Vermeidung von Menschenrechtsverletzungen in Lieferketten (Lieferkettensorgfaltspflichtengesetz – LkSG)

Vom 16. Juli 2021
(BGBl. 2021 I 2959)
FNA 705-3

Abschnitt 1. Allgemeine Bestimmungen

Anwendungsbereich

§ 1 (1) [1] Dieses Gesetz ist anzuwenden auf Unternehmen ungeachtet ihrer Rechtsform, die

1. ihre Hauptverwaltung, ihre Hauptniederlassung, ihren Verwaltungssitz oder ihren satzungsmäßigen Sitz im Inland haben und
2. in der Regel mindestens 3 000 Arbeitnehmer im Inland beschäftigen; ins Ausland entsandte Arbeitnehmer sind erfasst.

[2] Abweichend von Satz 1 Nummer 1 ist dieses Gesetz auch anzuwenden auf Unternehmen ungeachtet ihrer Rechtsform, die

1. eine Zweigniederlassung gemäß § 13d des Handelsgesetzbuchs im Inland haben und
2. in der Regel mindestens 3 000 Arbeitnehmer im Inland beschäftigen.

[3] Ab dem 1. Januar 2024 betragen die in Satz 1 Nummer 2 und Satz 2 Nummer 2 vorgesehenen Schwellenwerte jeweils 1 000 Arbeitnehmer.

(2) Leiharbeitnehmer sind bei der Berechnung der Arbeitnehmerzahl (Absatz 1 Satz 1 Nummer 2 und Satz 2 Nummer 2) des Entleihunternehmens zu berücksichtigen, wenn die Einsatzdauer sechs Monate übersteigt.

(3) Innerhalb von verbundenen Unternehmen (§ 15 des Aktiengesetzes) sind die im Inland beschäftigten Arbeitnehmer sämtlicher konzernangehöriger Gesellschaften bei der Berechnung der Arbeitnehmerzahl (Absatz 1 Satz 1 Nummer 2) der Obergesellschaft zu berücksichtigen; ins Ausland entsandte Arbeitnehmer sind erfasst.

Übersicht

A. Verpflichtete Unternehmen (Abs. 1)

I. Unternehmen

1. Unternehmensbegriff

1 Der **Unternehmensbegriff** des LkSG knüpft an die „Rechtsträgerin des Unternehmens an" (BT-Drs. 19/28649, 33). Da ein einheitlicher Unternehmensbegriff nicht etabliert ist, muss die Bestimmung des konkreten Inhalts im Wege der Auslegung erfolgen (MüKoAktG/Bayer AktG § 15 Rn. 9). Das Unternehmen iSd LkSG ist ein **einzelnes Unternehmen** (so auch Gehling/Ott LkSG/Schmelzeisen Rn. 9; Depping/Walden/Walden 1 Rn. 18, der eine tiefergehende Abgrenzung zur wirtschaftlichen Einheit iSd Wettbewerbsrechts vornimmt). Anderenfalls würden die Zurechnungsregeln des § 1 Abs. 3 (→ Rn. 28 ff.) ins Leere laufen (auch Gehling/Ott LkSG/Schmelzeisen Rn. 44).

2 Auf die konkrete Tätigkeit des Unternehmens kommt es nicht an. Es kann sich um ein produzierendes Unternehmen, eine reine Holding (siehe aber → Rn. 49 ff.) oder auch um einen einzelnen Aktionär handeln, sofern die weiteren Voraussetzungen des § 1 erfüllt sind. Der Unternehmensbegriff ist somit denkbar **weit auszulegen** (zu einer ähnlichen Einschätzung gelangen auch: Gehling/Ott LkSG/Schmelzeisen Rn. 5 und wohl auch HK-LkSG/Johann/Wildfeuer Rn. 6; aA Depping/Walden/Walden Rn. 19, der aber ausnahmsweise eine (grds. abgelehnte) Zurechnung der unternehmerischen Tätigkeit von verbundenen Unternehmen vornehmen will, wenn über diese bestimmender Einfluss ausgeübt wird: (Depping/Walden/Walden Rn. 30); iErg wären also dieselben Gesellschaften verpflichtet, jedoch erfolgt diese Herleitung mit manigfaltigen Zwischenschritten).

3 Eine **Gewinnerzielungsabsicht** ist nicht erforderlich (Nietsch/Wiedmann NJW 2022 1 (5); Gehling/Ott LkSG/Schmelzeisen Rn. 5; HK-LkSG/Johann/Wildfeuer Rn. 8 mwN). Ein solches Erfordernis würde auch dem Zweck des Gesetzes entgegenlaufen, da sich nicht erst aus der Gewinnerzielungsabsicht die menschenrechtliche oder umweltbezogene Risikolage ergibt. Auch **gemeinnützige Unternehmen** fallen daher grds. in den Anwendungsbereich des LkSG (BMAS FAQ zum LkSG, abrufbar unter https://www.csr-in-deutschland.de/DE/Startseite/start.html (zuletzt abgerufen am 27.2.2023).

2. Öffentliche Hand

4 Grds. können auch öffentliche juristische Personen Unternehmen iSd § 1 Abs. 1 sein (BT-Drs. 19/28649, 33). Nicht erfasst sind aber juristische Personen des öffentlichen Rechts, die Verwaltungsaufgaben einer Gebietskörperschaft wahrnehmen und nicht selbst am Markt aktiv sind (BT-Drs. 19/28649, 33; Harings/Jürgens S. 30). Juristische Personen des öffentlichen Rechts, die sowohl hoheitliche Aufgaben wahrnehmen als auch wirtschaftlich tätig sind, sind demnach dennoch möglicherweise sorgfaltspflichtig. Besonderheiten ergeben sich allerdings bei der Arbeitnehmerzurechnung (→ Rn. 19).

3. Rechtsformen

5 Das LkSG gilt für Unternehmen **aller Rechtsformen.** Erfasst sind Kapitalgesellschaften wie **GmbH, AG, KGaA** und SE ebenso aber auch Personengesellschaften wie **GbR, OHG, KG** und Mischformen wie die **GmbH & Co. KG.**

6 Auch wenn die praktische Relevanz gering sein wird, bleibt zu beachten, dass sämtliche Rechtsformen und auch natürliche Personen vom weit gefassten Unternehmensbegriff des LkSG erfasst sind (BT-Drs. 19/28649, 33). Also können auch der eingetragene Kaufmann **(eK),** eine **Stiftung** oder auch ein eingetragener Verein **(e.V.)** vom Anwendungsbereich erfasst sein, soweit die weiteren Voraussetzungen des § 1 Abs. 1 erfüllt sind.

4. Sitz des Unternehmens

Der Anwendungsbereich knüpft an den Sitz des Unternehmens im Inland an und verweist dafür an den Sitz der Hauptverwaltung, Hauptniederlassung, Verwaltungssitz **oder** den satzungsmäßigen Sitz. **7**

a) Hauptverwaltung/Verwaltungssitz

Unter dem Begriff Hauptverwaltung ist der „tatschliche und effektive" Verwaltungssitz des Unternehmens zu verstehen (NK-SE/Schröder SE-VO Art. 2 Rn. 30; vgl. Habersack/Drinhausen/Diekmann SE-VO Art. 7 Rn. 13, 14; Schüren/Hamann/Schüren AÜG § 3 Rn. 195). Es ist der Ort, an dem sich die **tatsächliche Geschäftsführung** befindet und die Gesellschaftsorgane alle wesentlichen (internen) unternehmerischen Entscheidungen treffen und diese in Geschäftsführungsakte umsetzen (NK-BGB/Doehner Rom I-VO Art. 19 Rn. 5; vgl. NK-SE/Schröder SE-VO Art. 2 Rn. 30; vgl. Habersack/Drinhausen/Diekmann SE-VO Art. 7 Rn. 13, 14; Schüren/Hamann/Schüren AÜG § 3 Rn. 195). Verwaltungssitz und Satzungssitz müssen aufgrund der Aufhebung des § 4a Abs. 2 aF GmbHG nicht länger identisch sein (MüKoGmbHG/Hupka GmbHG § 4a Rn. 99). **8**

b) Hauptniederlassung

Die Hauptniederlassung ist der räumliche Mittelpunkt des Unternehmens, der durch den auf Dauer angelegten Ort der Geschäftsleitung bestimmt wird (EBJS/Pentz HGB § 13 Rn. 20; vgl. MüKoBGB/Martiny Rom I-VO Art. 19 Rn. 11; vgl. Schüren/Hamann/Schüren AÜG § 3 Rn. 196). Abzugrenzen von der Hauptverwaltung ist die Hauptniederlassung durch ihre Orientierung nach außen. Während die Hauptverwaltung ihren Fokus auf interne Entscheidungsfindung legt, konzentriert sich die Hauptniederlassung auf die nach außen gerichtete Geschäftstätigkeit (BeckOGK/Rass-Masson Rom I-VO Art. 19 Rn. 22, 23). Bei Handelsgesellschaften ist die Hauptniederlassung der Sitz der Gesellschaft. Bei Personenhandelsgesellschaften ist der Sitz der Gesellschaft der Verwaltungssitz (EBJS/Pentz HGB § 13 Rn. 20; Oetker/Preuß HGB § 13d Rn. 16). **9**

Ist bei der AG oder der GmbH der in der Satzung als Sitz angegebene Ort nicht identisch mit dem tatsächlichen Ort der Hauptniederlassung, ist der satzungsmäßige Sitz maßgeblich (EBJS/Pentz HGB § 13 Rn. 20). **10**

c) Satzungsmäßiger Sitz

§ 4a GmbHG definiert den Sitz einer Gesellschaft als den Ort im Inland, den der Gesellschaftsvertrag bestimmt. Mithin **ergibt sich** der satzungsmäßige Sitz **aus dem Gesellschaftsvertrag.** Er setzt keine Verwaltungs- oder Geschäftstätigkeit am Ort des Satzungssitzes voraus (BeckOK ZPO/Thode Brüssel Ia-VO Art. 63 Rn. 6, 7; MAH GmbHR/Seibt § 2 Rn. 49; Schüren/Hamann/Schüren AÜG § 3 Rn. 194). **11**

5. Arbeitnehmerzahl

Begrenzt wird der Anwendungsbereich durch die Arbeitnehmerzahl der Unternehmen. Erfasst sind seit dem 1.1.**2023** Unternehmen, die idR **3.000 Arbeitnehmer** beschäftigen. Diese Schwelle senkt sich zu zum 1.1.**2024** auf **1.000 Arbeitnehmer** herab. Schon der Regierungsentwurf sieht allerdings vor, dass bis Mitte 2024 geprüft werden soll, ob dieser Schwellenwert weiter gesenkt werden soll (BT-Drs. 28649, 32). **12**

a) Arbeitnehmerbegriff

Der Arbeitnehmerbegriff iSd § 1 ist gleichzusetzen mit dem des **§ 611a BGB.** Arbeitnehmer ist demnach, wer weisungsgebunden und fremdbestimmt seine **13**

Dienste in persönlicher Abhängigkeit erbringt (ErfK/Preis BGB § 611 Rn. 10). Eine ähnliche Konstellation wie in § 1 Abs. 1 existiert auch in § 267 HGB. Für die Frage nach der Größenklassifizierung von Kapitalgesellschaften ist u. a. die Anzahl der Arbeitnehmer im Jahresdurchschnitt relevant. Auch dort wird an den allgemeinen Arbeitnehmerbegriff nach § 611a BGB angeknüpft (BeckOK HGB/Poll HGB 267 Rn. 20). **Erfasst** sind insofern auch Arbeitnehmer in **Probezeit, Heimarbeiter,** unselbstständige Handelsvertreter, **Teilzeitkräfte, Kurzarbeiter, Aushilfskräfte** oder wegen Mutterschaftsurlaub Abwesende (BeckOK HGB/Poll HGB 267 Rn. 21).

14 **Nicht erfasst** sind dagegen **Auszubildende, Umschüler** und **Praktikanten.** Diese Personengruppen werden zwar in vielen Fällen zu ihrem Schutz nach den gleichen Vorschriften behandelt wie Arbeitnehmer (für Auszubildende: MüKoBGB/Spinner BGB § 611a Rn. 152; ErfK/Preis BGB § 611a Rn. 178; ErfK/Schlachter BBiG § 10 Rn. 3 f.; für Praktikanten: ErfK/Preis BGB § 611a Rn. 179). Relevant ist aber, ob es um die Arbeitsleistung der beschäftigten Person geht oder ob der Ausbildungs- und Lernzweck im Vordergrund steht (ErK/Preis BGB § 611 Rn. 178). Dies entspricht auch dem Ratio des Gesetzes, die wirtschaftliche Leistungsfähigkeit der Unternehmen anhand ihrer Arbeitnehmerzahl bestimmen zu können (BT-Drs. 19/28649, 34). Der Beitrag von Personen, die in einem Beschäftigungsverhältnis mit Fokus auf Ausbildung und Lernen tätig sind, zur wirtschaftlichen Leistungsfähigkeit eines Unternehmens ist aber eben nicht mit der eines ausgelernten Arbeitnehmers zu vergleichen (vgl. zum ähnlich gelagerten Fall: BeckOK HGB/Poll HGB 267 Rn. 22). Die vom BMAS bereitgestellten FAQ zum LkSG (abrufbar unter https://www.csr-in-deutschland.de/DE/Startseite/start.html (zuletzt abgerufen am 28.11.2022)) listen daneben **Organmitglieder** juristischer Personen, **freie Mitarbeiter** und **Selbstständige, Beamte** und Soldaten, **Gesellschafter,** die nicht zugleich Arbeitnehmer sind und Personen, deren Arbeitsverhältnis weniger als sechs Monate im Laufe des betroffenen Geschäftsjahres gilt, als nicht zur Arbeitnehmerzahl **zurechnungsfähig** auf (FAQ zum LkSG Ziffer III Nr. 2. (Stand: 28.11.2022)).

b) Berechnungsgrundlage („in der Regel“)

15 Maßgeblich für die Arbeitnehmerzahl ist die **Anzahl der Köpfe.** Nicht dagegen die Anzahl der Vollzeitäquivalente (full-time equivalent, FTE) eines Unternehmens. Das Gesetz und auch die Gesetzesbegründung sprechen insofern eindeutig nur von Arbeitnehmern. Insbes. da an anderer Stelle in Bezug auf die personelle Ausstattung der überwachenden Bundesbehörden von Vollzeitäquivalenten gesprochen wird, ist von einer bewussten Abgrenzung statt eines redaktionellen Versehens auszugehen.

16 Ferner ist die Zahl der Arbeitnehmer zu ermitteln, die das Unternehmen **„in der Regel“** beschäftigt. Dies ist im Vergleich zur Durchschnittbetrachtung, wie sie etwa § 267 HGB vorsieht, ein auslegungsbedürftiges Kriterium. Die Arbeitnehmerzahl soll sowohl einer rückwirkenden als auch einer vorausschauenden Betrachtung unterzogen werden (BT-Drs. 19/28649, 33). Der für die Feststellung genutzte Zeitraum soll sich am Geschäftsjahr orientieren (BT-Drs. 19/28649, 33.). Sinnvoll ist eine Betrachtung von mind. zwei Jahren: des aktuellen (zum Zeitpunkt der Feststellung laufenden) und des kommenden Geschäftsjahres (für das die Verpflichtung nach dem LkSG bestimmt werden soll).

17 Für die rückwirkende Betrachtung verweist die Regierungsbegründung auf die Rechtsprechung des BAG (BAG NJOZ 2005, 4140), die eine Einzelfallbetrachtung fordert. Relevant ist insofern, ob sich die Arbeitnehmerzahl (sofern sie knapp um die Schwellenwerte von 3.000 bzw. 1.000 Arbeitnehmern lokalisiert ist) in einem stetigen Trend auf- oder abwärts befindet. Ist dies der Fall und ist die weitere Entwicklung der Arbeitnehmerzahl etwa durch (bereits beschlossene (BT-Drs. 19/28649, 33)) Geschäftsführungsmaßnahmen wenigstens abschätzbar, kann die Ar-

beitnehmerzahl iSd LkSG von der tatsächlichen Kopfzahl der zum Stichtag der Feststellung beschäftigten Arbeitnehmer abweichen.

18 Sollte das Unternehmen befristete Arbeitnehmer beschäftigen oder größeren Personalfluktuationen unterliegen, so wird die Berechnung der Arbeitnehmerzahl arbeitsplatzbezogen vorgenommen. Die Regierungsbegründung verweist insofern auf die vom BGH entwickelten Grundsätze zum Einbezug von zeitweilig besetzten Leiharbeiterstellen (BGH NZA 2019, 1232). Das bedeutet, dass es bildlich gesprochen nicht darauf ankommt, wie viele unterschiedliche Personen im Laufe eines Geschäftsjahres „durch das Werkstor schreiten“, sondern wie viele Stellen (Teilzeit oder Vollzeit) im Unternehmen besetzt sind. Eine Stelle, die im Laufe eines Geschäftsjahres länger als sechs Monate besetzt ist, ist mitzuzählen; eine, die kürzer besteht, nicht.

19 Eine Besonderheit ergibt sich bei öffentlichen Unternehmen, sofern diese *sowohl* am Markt auftreten *als auch* hoheitliche Aufgaben übernehmen. Dann werden nur die Arbeitnehmer gezählt, die für die wirtschaftliche Tätigkeit erforderlich sind. Mitarbeiter, die ausschließlich hoheitlichen Aufgaben nachgehen, sind dann nicht zu berücksichtigen. In Zweifelsfällen, wenn bspw. die Aufgabenbereiche nicht voneinander abgegrenzt sind oder Mitarbeiter zwischen den Abteilungen regelmäßig hin- und herwechseln, ist auf den Schwerpunkt der Tätigkeit abzustellen. Dieser lässt sich anhand der Dauer der Einsätze in verschiedenen Abteilungen einschätzen. Liegt der Anteil der Tätigkeit in wirtschaftlich betätigten Abteilungen bei über sechs Monaten auf das Geschäftsjahr gesehen, so ist der Arbeitnehmer bei der Berechnung zu berücksichtigen. Ist eine zeitliche Abgrenzung unmöglich, sollte der Arbeitnehmer um Schutzlücken zu vermeiden immer hinzugezählt werden.

c) Entsandte Arbeitnehmer

20 Ins Ausland endsandte Arbeitnehmer sind bei der Berechnung der Arbeitnehmerzahl explizit **zu berücksichtigen.** Diese Klarstellung der ursprünglichen Intention des Regierungsentwurfes (BT-Drs. 19/28649, 34) wurde im parlamentarischen Verfahren aufgenommen (BT-Drs. 19/30505, 34). Die Dauer der Entsendung ist dabei unerheblich (so auch Grabosch LkSG/Grabosch § 3 Rn. 7). Entsandte Arbeitnehmer bleiben einem verpflichteten Unternehmen dauerhaft zurechenbar.

d) Leiharbeitnehmer (Abs. 2)

21 Entleiht ein potenziell verpflichtetes Unternehmen Arbeitnehmer, so sind diese bei der Berechnung der Arbeitnehmerzahl ebenfalls **zu berücksichtigen.** Der Wortlaut des Abs. 2 ist missverständlich, da er auf die Einsatzdauer der Leiharbeitnehmer anspielt. Ausweislich der Regierungsbegründung soll jedoch auch hier eine arbeitsplatzbezogene Betrachtung nach dem vom BGH aufgestellten Grundsätzen (BGH NZA 2019, 1232) erfolgen (BGH NZA 2019, 1232). Eine Stelle, die im Laufe eines Geschäftsjahres länger als sechs Monate besetzt ist, ist mitzuzählen; eine, die kürzer besteht, nicht. Es ist unerheblich, ob diese Stelle dauerhaft von derselben Person oder unterschiedlichen Leiharbeitnehmern besetzt wird.

22 Für die Praxis bedeutet das, das zunächst festzustellen ist, ob es im Unternehmen Arbeitsplätze gibt, die innerhalb eines Geschäftsjahres länger als sechs Monate mit Leiharbeitnehmern besetzt sind. Diese sind bei der Berechnung der Arbeitnehmerzahl hinzuzuziehen (vgl. Frank/Edel/Heine/Heine BB 2021, 2165).

II. Ausländische Unternehmen (Abs. 1 S. 2)

23 Das LkSG gilt nicht ausschließlich für inländische Unternehmen. Auch ausländische Unternehmen, die eine Zweigniederlassung gem. § 13d HGB in Deutschland haben und die Arbeitnehmerschwellenwerte erreichen, sind vom Anwendungsbereich des Gesetzes umfasst.

1. Zweigniederlassung

24 Zweigniederlassungen zeichnen sich dadurch aus, dass sie dauerhaft selbstständig (zum Kriterium der Selbstständigkeit näher bei: MüKoHGB/Krafka HGB § 13d Rn. 12) Geschäfte abschließen und sich sowohl sachlich als auch personell so vom Unternehmen abheben, dass sie selbst bei Wegfall der Hauptniederlassung als eigene Unternehmen weitergeführt werden können (vgl. EBJS/Pentz HGB § 13 Rn. 22, 25; vgl. MüKoHGB/Krafka HGB § 13 Rn. 9, 10; Oetker/Preuß HGB § 13d Rn. 5). § 1 Abs. 1 S. 2 Nr. 1 verweist ausschließlich auf § 13d HGB, sodass Zweigniederlassungen inländischer Unternehmen nicht unter diese abweichende Regelung fallen (MüKoHGB/Krafka HGB § 13d Rn. 2). Rechtlich sind diese aber immer Teil des Unternehmens und entfalten keine eigene Rechtspersönlichkeit (EBJS/Pentz HGB § 13 Rn. 22; Oetker/Preuß HGB § 13d Rn. 27, 28). Das hat zur Folge, dass verpflichtetes Unternehmen iSd LkSG die Auslandsgesellschaft ist, und nicht die Zweigniederlassung (so auch Grabosch LkSG/Grabosch § 3 Rn. 13).

25 Grds. nicht von § 1 Abs. 1 S. 2 Nr. 1 erfasst sind dagegen sog. Scheinauslandsgesellschaften, die zwar ihren satzungsmäßigen Sitz im Ausland haben, jedoch wirtschaftlich ausschließlich im Inland tätig sind (zu Scheinauslandsgesellschaften näher: EBJS/Pentz HGB § 13 Rn. 24 ff.; zur Wertung iSd LkSG: Grabosch LkSG/Grabosch § 3 Rn. 11). Im Handelsregister wird die Scheinauslandsgesellschaft ebenfalls als Zweigniederlassung eingetragen, da sie ja eigentlich ein ausländisches Rechtsstatut besitzt. Die Eintragung hat aber keine konstitutive Wirkung, da es auf die tatsächlichen Verhältnisse ankommt (MüKoHGB/Krafka HGB § 13d Rn. 12; iErg auch: Grabosch LkSG/Grabosch § 3 Rn. 11). Ist also der Realsitz der nach ausländischem Statut gegründeten Gesellschaft in Deutschland, liegt die Hauptverwaltung in diesem Fall weiterhin im Inland (Saenger/Dörner EuGVVO Art. 63 Rn. 6) und somit ist § 1 Abs. 1 S. 1 anzuwenden (näher zu den Folgen der kollisionsrechtlichen Sitztheorie in diesen Fällen: Depping/Walden/Walden Rn. 54).

26 Fraglich ist, ob dies auch für Scheinauslandsgesellschaften aus dem EU-Ausland oder Jurisdiktionen mit vergleichbaren Ausnahmen gilt (vgl. zur Besonderheit der Rechtslage: NK-AktR/Fischer AktG § 1 Rn. 36 ff.). Denn insofern gilt nämlich der auf europäischer Rechtsprechung basierende Unterschied, dass die Gesellschaft ihr EU-ausländisches Rechtsstatut nicht verliert. Somit scheint es wenigstens vertretbar, dass für EU-Scheinauslandsgesellschaften – abweichend vom Vorgehen bei anderen Scheinauslandsgesellschaften – § 1 Abs. 1 S. 2 anzuwenden ist. Die Unterscheidung ist insoweit relevant, als dass in diesen Fall bei der Berechnung der Arbeitnehmerzahl ins Ausland entsandte Arbeitnehmer nicht zu berücksichtigen sind (BT-Drs. 19/30505, 34) und auch eine Zurechnung nach § 1 Abs. 3 nicht möglich ist.

2. Arbeitnehmerzahl

27 Die Arbeitnehmerzahl der Zweigniederlassung berechnet sich analog zu der einer inländischen Gesellschaft (→ Rn. 15 ff.). Es gibt jedoch zwei Ausnahmen: Zum einen sind ins Ausland entsandte Arbeitnehmer nicht in die Berechnung der im Inland tätigen Arbeitnehmer einzubeziehen. Zum anderen ist eine Zurechnung von Arbeitnehmern nach § 1 Abs. 3 nicht möglich.

B. Zurechnung von Arbeitnehmern (Abs. 3)

28 Gem. § 1 Abs. 3 sind innerhalb von verbundenen die im Inland beschäftigten Arbeitnehmer sämtlicher konzernangehöriger Gesellschaften bei der Berechnung der Arbeitnehmerzahl der Obergesellschaft zu berücksichtigen. Es findet mithin eine Zurechnung statt.

I. Verbundene Unternehmen

§ 1 Abs. 3 stellt für die Festlegung der verbundenen Unternehmen vollständig auf die **Wertungen des § 15 AktG** ab. Eine Beschränkung auf Konzernzusammenhänge im engeren Sinne des § 18 AktG ist nicht gewollt (so auch die herrschende Auffassung im Schrifttum: Rothenburg/Rogg AG 2022, 257 (259); Grabosch LkSG/Grabosch § 3 Rn. 6; Frank/Edel/Heine/Heine BB 2021, 2165 (2166); Passarge CB 2021, 332 (333); Depping/Walden/Walden Rn. 108; Gehling/Ott/Schmelzeisen Rn. 53 f.; aA Nietsch/Wiedmann NJW 2022 1, (6)). In § 15 AktG wird auf die auf die §§ 16–19 AktG sowie §§ 291, 292 AktG verwiesen. Erfasst sind also in Mehrheit beteilige Unternehmen, abhängige und herrschende Unternehmen, Konzernunternehmen, wechselseitig beteiligte Unternehmen und/oder Vertragsteile eines Unternehmensvertrages. Diese Unternehmensverbindungen sind nicht trennscharf zueinander, sondern können gleichzeitig auftreten (MüKoAktG/Bayer AktG § 15 Rn. 2). 29

1. Konzernangehörige Gesellschaft

Da es in konzernrechtlichen Zusammenhängen durchaus üblich ist, untechnisch über die unterschiedlichen Formen der Verbundenheit und Konzernangehörigkeit zu sprechen (vgl. MüKoAktG/Bayer AktG § 15 Rn. 6), ist dies auch hier nicht überraschend. Der Begriff der **„konzernangehörigen Gesellschaft“** ist insoweit weit zu verstehen (vgl. MüKoAktG/Bayer AktG § 15 Rn. 6). 30

2. Obergesellschaft

Die Arbeitnehmer der konzernangehörigen Gesellschaften sollen der „Obergesellschaft“ zugerechnet werden. Im ersten Gesetzesentwurf war noch der Begriff „Konzernmutter“ vorgesehen (BT-Drs. 19/28649, 7, während die Entwurfsbegründung durchgehend auf „Mutterunternehmen“ rekurriert, BT-Drs. 19/28649, 34). Die während des parlamentarischen Verfahrens vorgenommene Änderung soll „lediglich stilistischer Natur“ (BT-Drs. 19/30505, 35) sein. 31

Fest steht, dass mit Obergesellschaft die **oberste Konzernmutter in Deutschland** gemeint ist (FAQ zum LkSG Ziffer IV. Nr. 4, Stand 5.1.2023). Eine Zurechnung der Arbeitnehmer erfolgt somit grds. nur **„von unten nach oben“** (zur Ausnahme im Gleichordnungskonzern → Rn. 54 f.). Aus dem Grundsatz der Zurechnung von unten nach oben folgt: 32

- Es findet **keine Zurechnung** von Arbeitnehmern zwischen zwei gleichrangigen **Schwestergesellschaften** statt, die unter einer gemeinsamen Obergesellschaft hängen.
- Es findet grundsätzlich **keine Zurechnung** zu **Zwischengesellschaften,** bspw. von Enkelgesellschaften zu Tochtergesellschaften, statt (eingehender dazu Ott/Lüneborg/Schmelzeisen DB 2022, 238 (240 f.); aA Herrmann/Rünz DB 2021, 3078). Somit ist eine konzernangehörige Gesellschaft nur dann selbst vom Anwendungsbereich des LkSG erfasst, wenn ihre eigene Arbeitnehmerzahl den jeweils geltenden Schwellenwert überschreitet (Passarge CB 2021, 332 (335); Gehling/Ott LkSG/Schmelzeisen Rn. 47; Depping/Walden/Walden § 1 Rn. 119). Eine (vermeintliche) Ausnahme der Zurechnung zu einer Zwischengesellschaft kann es bei Konstellationen geben, in denen die **Konzernmutter** ihren **Sitz im Ausland** (für ausländische Gesellschaften, die lediglich aufgrund einer Zweigniederlassung in Deutschland unter den Anwendungsbereich des Gesetzes fallen können, ist die Arbeitnehmerzurechnung aus anderen Konzerngesellschaften nicht relevant, da § 1 Abs. 3 insofern ausschließlich auf § 1 Abs. 1 S. 1 Nr. 2 verweist) hat (→ Beispiel in Rn. 52 f.). Hier ist die Obergesellschaft (= oberste deutsche Gesellschaft) bei Lichte betrachtet selbst eine Zwischengesellschaft. Aber auch in der Konstellation ist für die Zurechnung erforderlich, dass

die oberste (Zwischen-)Gesellschaft in Deutschland selbst wirtschaftlich tätig ist, und nicht nur als Zwischenholding die Beteiligungen der ausländischen Muttergesellschaft vermittelt (aA Depping/Walden/Walden Rn. 130). Allein die Tatsache, dass die eigentliche Obergesellschaft ausländisch ist, reicht mithin nicht aus, um zu einer unterschiedlichen Wertung zu kommen. Hat die oberste deutsche (Zwischen-)Gesellschaft dagegen weitgehende Autonomie für die Leitung des deutschen Geschäfts ist eine Zurechnung der Arbeitnehmer der unter ihr hängenden Gesellschaften vorzunehmen.

33 Im Übrigen werden Einzelheiten mit Blick auf den Begriff der „Obergesellschaft" in der Literatur kontrovers diskutiert: Teilweise wird aus der Verwendung des Wortes Obergesellschaft abgeleitet, dass eine Form von Beherrschung iSv § 17 AktG zwischen Obergesellschaft und Tochtergesellschaften vorliegen müsse (Depping/Walden/Walden Rn. 97 ff.). Dies würde jedoch – entgegen dem gesetzgeberischen Willen – den Verweis aus § 1 Abs. 3 auf § 15 AktG einschränken (dem entgegen steht auch die explizite Formulierung in den FAQ zum LkSG Ziffer IV. Nr. 1). Auch in an sich bilateralen Unternehmensverbindungen nach § 16 AktG (dh unter der Voraussetzung, dass die Vermutungen der § 17 Abs. 2 AktG und § 18 Abs. 1 S. 3. AktG nicht greifen) ist es möglich eine Obergesellschaft zu bestimmen, indem die Kette bilateraler Verbindungen einfach bis an ihr oberes Ende nachvollzogen wird (Beispiel 3 → Rn. 47 f.) (so auch Gehling/Ott/Schmelzeisen Rn. 76).

34 Da § 1 Abs. 3 von der Zurechnung zu einer Obergesellschaft im Singular spricht, wird teilweise vertreten, dass es auch nur eine Obergesellschaft innerhalb eines Konzerns geben könne (HK-LkSG/Johann/Wildfeuer Rn. 39). Dem ist insoweit zuzustimmen, als dass in der Praxis regelmäßig eine lineare Struktur vorliegen wird, in der eine Zurechnung zu einer jeweils noch höher gestellten Gesellschaft erfolgt. In einer solchen Konstellation ist es nicht möglich, mehrere (auf unterschiedlichen Ebenen eingeordnete) Obergesellschaften innerhalb derselben verbundenen Unternehmensstruktur zu haben (Beispiel unter → Rn. 42 ff.).

35 Da § 1 Abs. 3 aber auf das gesamte Bündel der Verbundunternehmensstrukturen verweist, ist auch der Gleichordnungskonzern erfasst, in dem zwangsläufig mind. zwei gleichrangige Unternehmen auf der obersten Stufe nebeneinanderstehen (→ Beispiel unter Rn. 54 f.). Handelt es sich um einen echten **Gleichordnungskonzern,** in dem kein Unterschied hinsichtlich der Leitungsmacht zwischen den Muttergesellschaften besteht, ist eine Zurechnung der Arbeitnehmer zu beiden Muttergesellschaften möglich. Da der Begriff „Obergesellschaft" lediglich den vorher verwendeten Begriff „Konzernmutter" ersetzte (→ Rn. 31), erscheint es nur richtig, in Konstellationen, in denen es mehrere gleichrangige Konzernmütter gibt, auch allen Müttern die Arbeitnehmer der konzernangehörigen Gesellschaften zuzurechnen (Gehling/Ott LkSG/Schmelzeisen Rn. 71; Frank/Edel/Heine/Heine BB 2021, 2165 (2166); Spindler ZHR 186/2022, 67 (75); Grabosch LkSG/Grabosch § 3 Rn. 6; Depping/Walden/Walden Rn. 102). Der Umstand, dass der Gesetzeswortlaut impliziert, es könne nur *eine* Obergesellschaft geben (so argumentierend: HK-LkSG/Johann/Wildfeuer Rn. 39), steht dieser Auslegung nicht entgegen. Das Gesetz ist vielmehr so zu lesen, als würden die Arbeitnehmer bei der Berechnung der Arbeitnehmerzahl der *jeweiligen* Obergesellschaft zugerechnet. Existieren aufgrund der Konzernstruktur zwei Obergesellschaften, so müssen die Arbeitnehmer auch bei beiden zugerechnet werden. Dies stellt auch den Unterschied zur gelegentlich geforderten Zurechnung der Arbeitnehmer auf sämtlichen zwischengeschalteten Konzernebenen (Herrmann/Rünz DB 2021, 3078) dar. Denn über den Obergesellschaften im Gleichordnungskonzern stehen keine weiteren Gesellschaften (und sollte dem der Fall sein, so wären diese wohl die Obergesellschaft für den jeweiligen Strang). Die in diesem Zusammenhang unter dem Stichwort „Konzern im Konzern" diskutierte Frage, ob eine Arbeitnehmerzurechnung auf mehreren Ebenen an verschiedene „Obergesellschaften" möglich sein soll, ist hier insofern nicht von Belang (WRW LkSG/E. Wagner/S. Wagner/Schuler § 1 Rn. 26). Eine Zurechnung der Arbeitnehmer der konzernangehörigen Gesell-

schaften unterhalb der Muttergesellschaften ist zu beiden Muttergesellschaften vorzunehmen, selbst wenn diese an der betroffenen Tochtergesellschaft keine eigenen Anteile hält (so auch: Gehling/Ott LkSG/Schmelzeisen Rn. 71 so auch: Gehling/Ott LkSG/Schmelzeisen Rn. 71). Denn ein Konzernverhältnis iSd § 18 AktG ist dennoch anzunehmen, auch wenn es zunächst an der Abhängigkeit noch fehlen mag (Grigoleit/Grigoleit AktG § 18 Rn. 12) (Beispiel 5 Fall 2 unter → Rn. 56 f.), Für die Bestimmung des Umfangs der Sorgfaltspflichten bleibt selbstverständlich die kumulative Voraussetzung des bestimmenden Einflusses zu prüfen.

Auch die Arbeitnehmer der Gleichordnungskonzernmütter sind der jeweils anderen zuzurechnen, da sich konzernrechtlich aus der gemeinsamen Leitungsmacht ein gewisser Einfluss auf die jeweils andere Gesellschaft ergibt (Gehling/Ott LkSG/Schmelzeisen Rn. 71). **36**

II. Beispiele

Anhand der folgenden Beispiele sollen typische Konstellationen der Zurechnung in der Praxis veranschaulicht werden: **37**

1. Beispiel: Grundkonstellation

Fall 1:

38

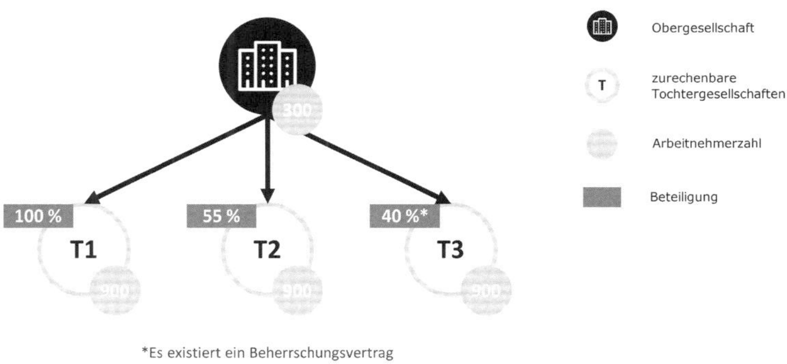

Abb. 1: Grundkonstellation 1

In dieser Konstellation hat eine deutsche Gesellschaft unterschiedliche Beteiligungen an drei ebenfalls im Inland ansässigen Tochtergesellschaften. Die Arbeitnehmer der Tochtergesellschaften T1 und T2 sind der Obergesellschaft aufgrund der Regelung des § 16 Abs. 1 AktG iVm § 15 AktG nach § 1 Abs. 3 zuzurechnen; die Arbeitnehmer der Minderheitsbeteiligung T3 aufgrund von §§ 15, 291 AktG. Daneben ist auch eine Zusammenfassung unter einheitlicher Leitung iSv § 18 Abs. 1 AktG denkbar, allerdings von weiteren Faktoren abhängig. Die Zurechnung der Arbeitnehmer erfolgt im Beispiel aber Unabhängig davon, ob ein Konzern im engeren Sinne nach § 18 Abs. 1 AktG vorliegt. Somit beschäftigt die Obergesellschaft 3.000 (300 + 900 + 900 + 900) Arbeitnehmer iSv § 1 Abs. 1 S. 1 Nr. 2 und ist ab dem 1.1.2023 nach dem LkSG verpflichtet. **39**

Fall 2:

40

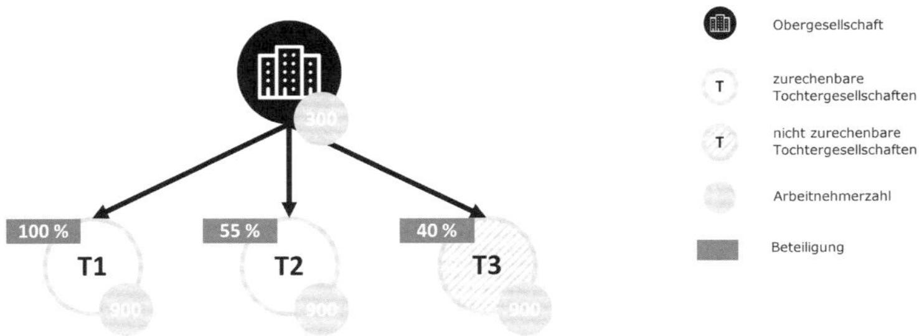

Abb. 2: Grundkonstellation 2

41 Grundkonstellation 2 ist identisch mit Grundkonstellation 1 (→ Rn. 38 f.) mit der Ausnahme, dass zwischen der Obergesellschaft und T3 kein Beherrschungsvertrag vorliegt. Eine einheitliche Leitung iSv § 18 AktG liegt nicht vor. Die Arbeitnehmer der Minderheitsbeteiligung T3 sind in dieser Konstellation der Obergesellschaft nicht zurechenbar. Somit ist die Obergesellschaft mit 2.100 (300 + 900 + 900) Arbeitnehmern iSd § 1 Abs. 1 S. 1 Nr. 2 erst ab dem 1.1.2024 nach dem LkSG verpflichtet.

2. Beispiel: Mehrstufiger Unternehmensverbund

42

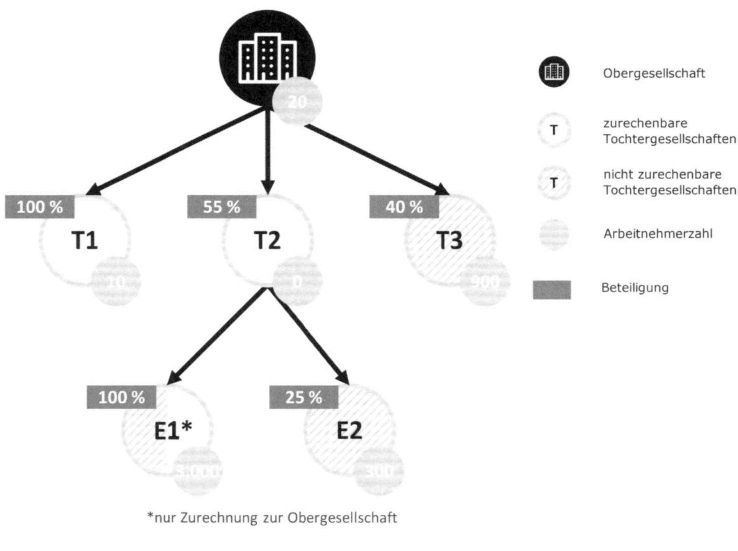

Abb. 3: Mehrstufiger Unternehmensverbund

Aufbauend auf den vorangegangenen Beispielen (Grundkonstellationen 1 und 2) erfolgt die Zurechnung der Arbeitnehmer der Tochtergesellschaften T1 und T2 zur Obergesellschaft nach § 1 Abs. 3 iVm §§ 15,16 AktG. T2 ist eine Zwischenholding, die keiner eigenen wirtschaftlichen Tätigkeit nachgeht und nur die Beteiligungen an den Enkelgesellschaften E1 und E2 für die Obergesellschaft verwaltet. Sie verfügt nur über Vorstände in Organstellung, die nicht Arbeitnehmer iSd § 611a BGB sind. **43**

Die Arbeitnehmer der Tochtergesellschaft T3 sind aufgrund der geringen Beteiligung der Obergesellschaft nicht zurechenbar. Eine einheitliche Leitung iSd § 18 AktG liegt nicht vor (vgl. Grundkonstellation 2). **44**

Eine Zurechnung der Arbeitnehmer der Enkelgesellschaften zu T2 scheidet aus, da eine höher gestellte Gesellschaft (mit Sitz in Deutschland) existiert. Die Arbeitnehmer der E1 sind aufgrund der Mehrheitsbeteiligung der T2 nach § 1 Abs. 3 iVm §§ 15, 16 AktG der Obergesellschaft zuzurechnen. Wegen der geringen Beteiligung scheidet eine Zurechnung der Arbeitnehmer von E2 analog zu T3 aus. **45**

Somit ist die Obergesellschaft genauso wie E1 selbst (!) ab dem 1.1.2023 nach dem LkSG verpflichtet. Eine gleichzeitige Verpflichtung mehrere Unternehmen innerhalb eines Konzerns ist mangels expliziter Ausnahmeregelung möglich (WRW LkSG/Wagner/Wagner/Schuler § 1 Rn. 29 ff.). **46**

3. Beispiel: Im Mehrheitsbesitz stehende Unternehmen

47

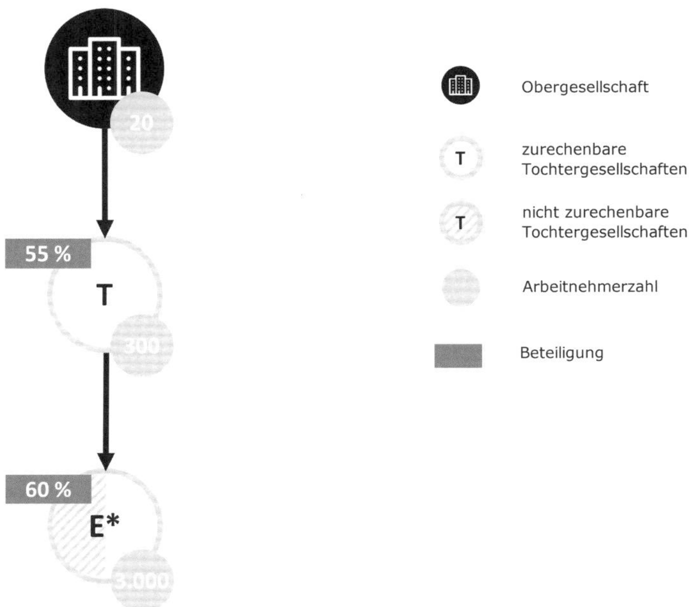

*nur Zurechnung zur Obergesellschaft

Abb. 4: Im Mehrheitsbesitz stehende Unternehmen

48 Für das vorstehend skizzierte Beispiel ist anzunehmen, dass keine über die Mehrheitsbeteiligung hinausgehende Verbindung zwischen der Obergesellschaft und T, bzw. zwischen T und E vorliegt und die Beherrschungsvermutung aus § 17 Abs. 2 AktG widerlegt ist. Die Zurechnung findet dennoch ausschließlich in Richtung der einheitlich festgestellten Obergesellschaft statt, da durch den Pauschalverweis auf § 15 AktG auch § 16 AktG mit in Bezug genommen wird (→ Rn. 33; so auch explizit die BMAS FAQ zum LkSG, Ziffer IV. Nr. 1). Solange über einer Gesellschaft (hier T), mit der ein Unternehmen (hier E) verbunden ist, eine weitere Gesellschaft (hier Obergesellschaft) in einem Verbundverhältnis steht, werden immer nur der an der Spitze des Verbundkette stehenden Gesellschaft die Arbeitnehmer zugerechnet. Folglich ergibt sich für die Obergesellschaft eine Arbeitnehmerzahl von (20+300+3.000) 3.320. Sie ist somit ab 2023 sorgfaltspflichtig. E ist aufgrund eigener Arbeitnehmerzahl ebenfalls verpflichtet.

4. Beispiel 4: Ausländische Konzernmutter

Fall 1:

49

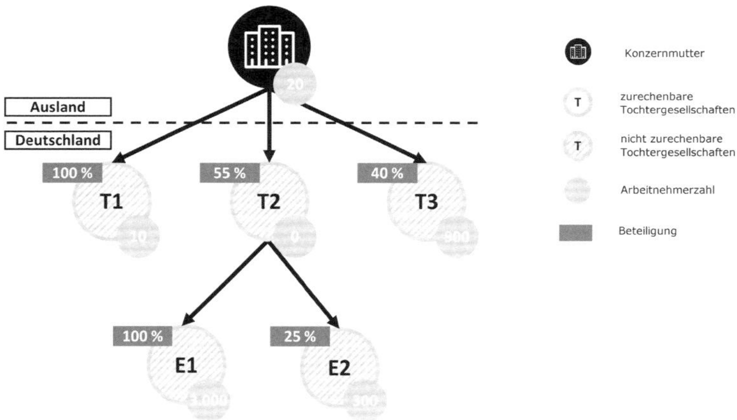

Abb. 5: Ausländische Konzernmutter Fall 1

50 Aufbauend auf Beispiel 3 (→ Rn. 47), mit der Ausnahme, dass die Konzernmutter eine ausländische Gesellschaft ist. T2 ist weiterhin eine Zwischenholding, die keiner eigenen wirtschaftlichen Tätigkeit nachgeht und nur die Beteiligungen an den Enkelgesellschaften E1 und E2 für die Konzernmutter verwaltet. Da das Gesetz nicht für im Ausland sitzende Gesellschaften gilt, ist eine Zurechnung der Arbeitnehmer der Tochtergesellschaften nicht möglich. Dies gilt selbst dann, wenn die Konzernmutter eine Zweigniederlassung iSd § 13d HGB in Deutschland unterhalten sollte. Denn die Zurechnung nach § 1 Abs. 3 bezieht sich explizit nur auf nach § 1 Abs. 1 S. 1 verpflichtete Unternehmen, nicht aber solche nach § 1 Abs. 1 S. 2.

51 Folglich ist nur die Gesellschaft E1 ab 2023 verpflichtet, die Sorgfaltspflichten des LkSG umzusetzen.

Fall 2:

52

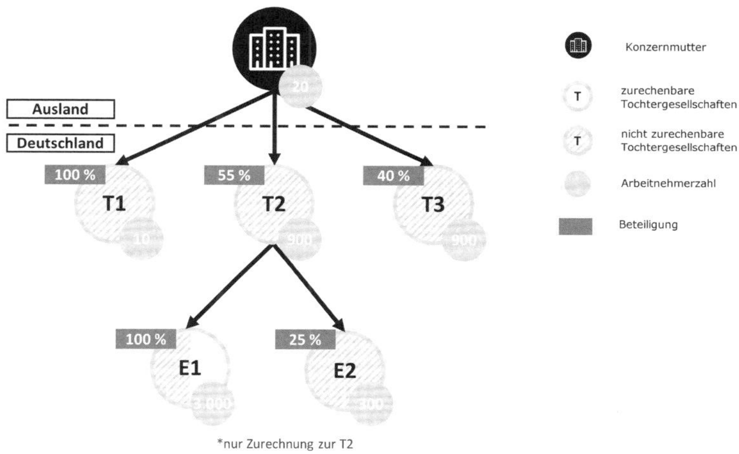

Abb. 6: Ausländische Konzernmutter Fall 2

Dieser Fall ist mit Blick auf die ausländische Konzernmutter ähnlich gelagert wie der erste Fall. T2 verfügt allerdings über Arbeitnehmer und ist selbst wirtschaftlich tätig. Die Zurechnung der Arbeitnehmer von E1 zu E2 ist durchaus denkbar, da T2 selbst einer wirtschaftlichen Tätigkeit nachgeht und nicht ausschließlich die Beteiligungen für die ausländische Obergesellschaft verwaltet. Für T2 ergibt sich also eine Arbeitnehmerzahl von (900+3.000) 3.900. Somit ist T2 ab 2023 nach dem LkSG verpflichtet. Gleiches gilt für E1, die aufgrund eigener Arbeitnehmerzahl verpflichtet ist. 53

5. Beispiel: Gleichordnungskonzern
Fall 1:

54

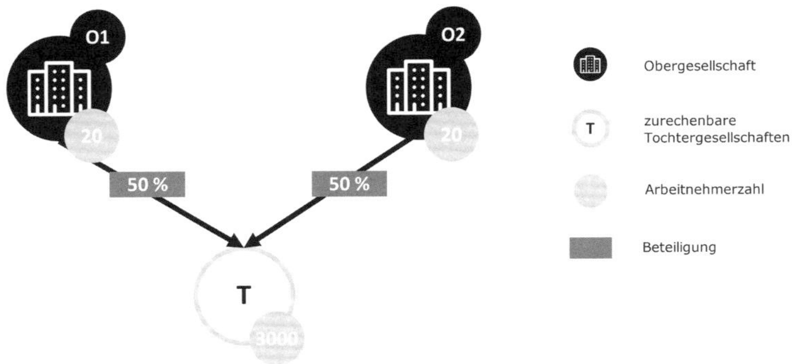

Abb. 7: Gleichordnungskonzern Fall 1

55 Die beiden Gesellschaften O1 und O2 haben einen Gleichordnungskonzern iS § 18 Abs. 2 gegründet. Sie üben gemeinsam die Leitung über T aus. Die Arbeitnehmer der T sind sowohl O1 als auch O2 zuzurechnen. Dazu kommt, dass auch die Arbeitnehmer von O1 und O2 wechselseitig zugerechnet werden (→ Rn. 36). Somit ergibt sich eine Arbeitnehmerzahl von 3.040 (= 20+20+3.000) für O1 und O2. Beide Gesellschaften sind dazu verpflichtet, die Sorgfaltspflichten umzusetzen. Aufgrund des einheitlichen Geschäftsbereiches ist es aber möglich (und sinnvoll), dass eine Abstimmung über die konkrete Umsetzung erfolgt und Doppelarbeiten vermieden werden. T überschreitet für sich genommen die Arbeitnehmerschwelle und ist ab 2023 sorgfaltspflichtig.

Fall 2:

56

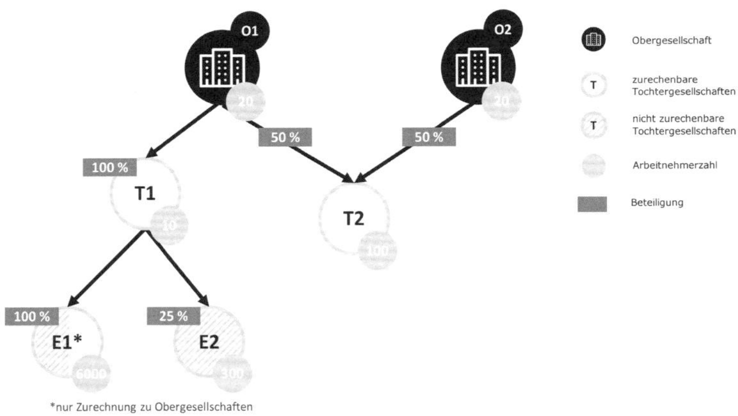

Abb. 8: Gleichordnungskonzern Fall 2

Im Grunde handelt es sich um dieselbe Struktur, wie in Fall 1 (→ Rn. 54 f.). O1 und O2 haben einen Gleichordnungskonzern im Sinne von § 18 Abs. 2 AktG begründet. Jedoch ist O1 in diesem Fall gleichzeitig Mutter eines Über-Unterordnungskonzerns, wie er bereits in Beispiel 2 (→ Rn. 42 ff.) beschrieben wurde. Es gilt zu beachten, dass die Arbeitnehmer von T1 und E2 nicht nur O1 sondern auch O2 zugerechnet werden. Das bedeutet, dass auch hier beide Obergesellschaften dieselbe Arbeitnehmerzahl von (20+20+10+100+6.000+300) 6.450 haben. Somit sind sowohl O1, O2 als auch E1 ab 2023 sorgfaltspflichtig. 57

6. Beispiel: Gleichlaufende Beteiligungen

58

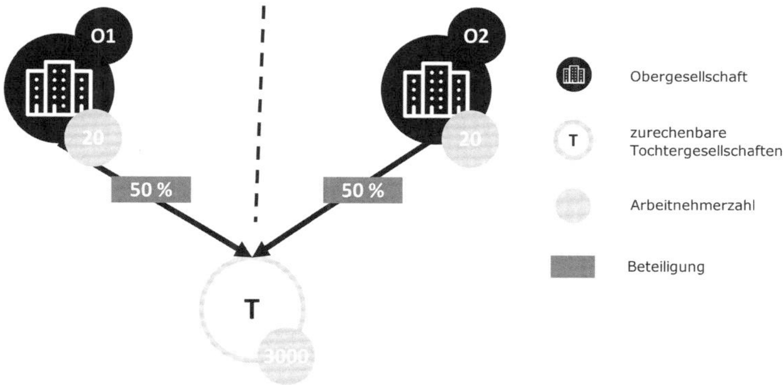

Abb. 9: Gleichlaufende Beteiligungen

O1 und O2 sind zu jeweils 50 % an T beteiligt, haben aber keinen Gleichordnungskonzern im Sinne von § 18 Abs. 2 AktG begründet. 59

In diesem Fall ist zunächst zu ergänzen, dass es sich wirklich nicht um einen Fall des oben beschriebenen Gleichordnungskonzerns handeln darf. Denn dann würden die dort beschriebenen Wertungen greifen. Für diesen Fall ist also davon auszugehen, dass es sich um zwei rechtlich absolut selbstständige Unternehmen (oder wenigstens Unternehmen aus miteinander nicht verflochtenen Konzernen) handelt. In diesem Fall sollte zunächst festgestellt werden, ob es nicht neben der 50 %-Beteiligung nicht noch weitere Anhaltspunkte für eine faktische oder kombinierte Beherrschung gibt (vgl. dazu MüKoAktG/Bayer AktG § 17 Rn. 31 ff.). Dies können personelle Überlappungen, Sonderrechte auf der Gesellschafterversammlung oder sonstige vertragliche Vereinbarungen sein. Sollte nach diesen Wertungen immer noch ein absolutes Gleichgewicht zwischen den Rechten der beiden beteiligten Gesellschaften ergeben ist eine Zurechnung der Arbeitnehmerzahl zu beiden Gesellschaften (bzw. deren übergeordneten Obergesellschaften) vorzunehmen, um Schutzlücken zu schließen. Es handelt sich auch nicht um einen Fall von zwei Obergesellschaften innerhalb eines Konzerns, der der in Teilen des Schrifttums vorgebrachten Meinung (HK-LkSG/Johann/Wildfeuer Rn. 39), dass der Gesetzeswortlaut dies verbiete, entgegenliefe. Die beiden beteiligten Gesellschaften sind jeweils zu unterschiedlichen Konzernen zugehörig; pro Konzern verbleibt also nur eine Obergesellschaft als Zurechnungsziel. Somit ergibt sich einer Arbeitnehmerzahl von (20+20+3.000) 3.040 für O1 und O2. Beide sind somit ab 2023 sorgfaltspflichtig. In diesem Fall ist es auch nicht ohne Weiteres möglich, dass eine der Gesellschaften die Sorgfaltspflichten an die andere auslagert, da keine einheitliche Leitung vorliegt. Der Einfluss auf die andere Gesellschaft ist somit gar nicht vor- 60 handen. Damit eine Auslagerung gesetzeskonform möglich ist, muss eine Einwirkmöglichkeit des Vorstandes der delegierenden Gesellschaft auf das Risikomangement bestehen. T überschreitet für sich genommen die Arbeitnehmerschwelle und ist ab 2023 sorgfaltspflichtig.

Begriffsbestimmungen

2 **(1) Geschützte Rechtspositionen im Sinne dieses Gesetzes sind solche, die sich aus den in den Nummern 1 bis 11 der Anlage aufgelisteten Übereinkommen zum Schutz der Menschenrechte ergeben.**

(2) Ein menschenrechtliches Risiko im Sinne dieses Gesetzes ist ein Zustand, bei dem aufgrund tatsächlicher Umstände mit hinreichender Wahrscheinlichkeit ein Verstoß gegen eines der folgenden Verbote droht:

1. **das Verbot der Beschäftigung eines Kindes unter dem Alter, mit dem nach dem Recht des Beschäftigungsortes die Schulpflicht endet, wobei das Beschäftigungsalter 15 Jahre nicht unterschreiten darf; dies gilt nicht, wenn das Recht des Beschäftigungsortes hiervon in Übereinstimmung mit Art. 2 Abs. 4 sowie den Artikeln 4 bis 8 des Übereinkommens Nr. 138 der Internationalen Arbeitsorganisation vom 26. Juni 1973 über das Mindestalter für die Zulassung zur Beschäftigung (BGBl. 1976 II S. 201, 202) abweicht;**
2. **das Verbot der schlimmsten Formen der Kinderarbeit für Kinder unter 18 Jahren; dies umfasst gemäß Art. 3 des Übereinkommens Nr. 182 der Internationalen Arbeitsorganisation vom 17. Juni 1999 über das Verbot und unverzügliche Maßnahmen zur Beseitigung der schlimmsten Formen der Kinderarbeit (BGBl. 2001 II S. 1290, 1291):**
   a) **alle Formen der Sklaverei oder alle sklavereiähnlichen Praktiken, wie den Verkauf von Kindern und den Kinderhandel, Schuldknechtschaft und Leibeigenschaft sowie Zwangs- oder Pflichtarbeit, einschließlich der Zwangs- oder Pflichtrekrutierung von Kindern für den Einsatz in bewaffneten Konflikten,**
   b) **das Heranziehen, Vermitteln oder Anbieten eines Kindes zur Prostitution, zur Herstellung von Pornographie oder zu pornographischen Darbietungen,**
   c) **das Heranziehen, Vermitteln oder Anbieten eines Kindes zu unerlaubten Tätigkeiten, insbesondere zur Gewinnung von und zum Handel mit Drogen,**
   d) **Arbeit, die ihrer Natur nach oder aufgrund der Umstände, unter denen sie verrichtet wird, voraussichtlich für die Gesundheit, die Sicherheit oder die Sittlichkeit von Kindern schädlich ist;**
3. **das Verbot der Beschäftigung von Personen in Zwangsarbeit; dies umfasst jede Arbeitsleistung oder Dienstleistung, die von einer Person unter Androhung von Strafe verlangt wird und für die sie sich nicht freiwillig zur Verfügung gestellt hat, etwa in Folge von Schuldknechtschaft oder Menschenhandel; ausgenommen von der Zwangsarbeit sind Arbeits- oder Dienstleistungen, die mit Art. 2 Abs. 2 des Übereinkommens Nr. 29 der Internationalen Arbeitsorganisation vom 28. Juni 1930 über Zwangs- oder Pflichtarbeit (BGBl. 1956 II S. 640, 641) oder mit Art. 8 Buchstabe b und c des Internationen Paktes vom 19. Dezember 1966 über bürgerliche und politische Rechte (BGBl. 1973 II S. 1533, 1534) vereinbar sind;**
4. **das Verbot aller Formen der Sklaverei, sklavenähnlicher Praktiken, Leibeigenschaft oder anderer Formen von Herrschaftsausübung oder Unterdrückung im Umfeld der Arbeitsstätte, etwa durch extreme wirtschaftliche oder sexuelle Ausbeutung und Erniedrigungen;**

5. das Verbot der Missachtung der nach dem Recht des Beschäftigungsortes geltenden Pflichten des Arbeitsschutzes, wenn hierdurch die Gefahr von Unfällen bei der Arbeit oder arbeitsbedingte Gesundheitsgefahren entstehen, insbesondere durch:
   a) offensichtlich ungenügende Sicherheitsstandards bei der Bereitstellung und der Instandhaltung der Arbeitsstätte, des Arbeitsplatzes und der Arbeitsmittel,
   b) das Fehlen geeigneter Schutzmaßnahmen, um Einwirkungen durch chemische, physikalische oder biologische Stoffe zu vermeiden,
   c) das Fehlen von Maßnahmen zur Verhinderung übermäßiger körperlicher und geistiger Ermüdung, insbesondere durch eine ungeeignete Arbeitsorganisation in Bezug auf Arbeitszeiten und Ruhepausen oder
   d) die ungenügende Ausbildung und Unterweisung von Beschäftigten;
6. das Verbot der Missachtung der Koalitionsfreiheit, nach der
   a) Arbeitnehmer sich frei zu Gewerkschaften zusammenzuschließen oder diesen beitreten können,
   b) die Gründung, der Beitritt und die Mitgliedschaft zu einer Gewerkschaft nicht als Grund für ungerechtfertigte Diskriminierungen oder Vergeltungsmaßnahmen genutzt werden dürfen,
   c) Gewerkschaften sich frei und in Übereinstimmung mit dem Recht des Beschäftigungsortes betätigen dürfen; dieses umfasst das Streikrecht und das Recht auf Kollektivverhandlungen;
7. das Verbot der Ungleichbehandlung in Beschäftigung, etwa aufgrund von nationaler und ethnischer Abstammung, sozialer Herkunft, Gesundheitsstatus, Behinderung, sexueller Orientierung, Alter, Geschlecht, politischer Meinung, Religion oder Weltanschauung, sofern diese nicht in den Erfordernissen der Beschäftigung begründet ist; eine Ungleichbehandlung umfasst insbesondere die Zahlung ungleichen Entgelts für gleichwertige Arbeit;
8. das Verbot des Vorenthaltens eines angemessenen Lohns; der angemessene Lohn ist mindestens der nach dem anwendbaren Recht festgelegte Mindestlohn und bemisst sich ansonsten nach dem Recht des Beschäftigungsortes;
9. das Verbot der Herbeiführung einer schädlichen Bodenveränderung, Gewässerverunreinigung, Luftverunreinigung, schädlichen Lärmemission oder eines übermäßigen Wasserverbrauchs, die
   a) die natürlichen Grundlagen zum Erhalt und der Produktion von Nahrung erheblich beeinträchtigt,
   b) einer Person den Zugang zu einwandfreiem Trinkwasser verwehrt,
   c) einer Person den Zugang zu Sanitäranlagen erschwert oder zerstört oder
   d) die Gesundheit einer Person schädigt;
10. das Verbot der widerrechtlichen Zwangsräumung und das Verbot des widerrechtlichen Entzugs von Land, von Wäldern und Gewässern bei dem Erwerb, der Bebauung oder anderweitigen Nutzung von Land, Wäldern und Gewässern, deren Nutzung die Lebensgrundlage einer Person sichert;
11. das Verbot der Beauftragung oder Nutzung privater oder öffentlicher Sicherheitskräfte zum Schutz des unternehmerischen Projekts, wenn aufgrund mangelnder Unterweisung oder Kontrolle seitens des Unternehmens bei dem Einsatz der Sicherheitskräfte
    a) das Verbot von Folter und grausamer, unmenschlicher oder erniedrigender Behandlung missachtet wird,
    b) Leib oder Leben verletzt werden oder
    c) die Vereinigungs- und Koalitionsfreiheit beeinträchtigt werden;

12. das Verbot eines über die Nummern 1 bis 11 hinausgehenden Tuns oder pflichtwidrigen Unterlassens, das unmittelbar geeignet ist, in besonders schwerwiegender Weise eine geschützte Rechtsposition zu beeinträchtigen und dessen Rechtswidrigkeit bei verständiger Würdigung aller in Betracht kommenden Umstände offensichtlich ist.

(3) Ein umweltbezogenes Risiko im Sinne dieses Gesetzes ist ein Zustand, bei dem auf Grund tatsächlicher Umstände mit hinreichender Wahrscheinlichkeit ein Verstoß gegen eines der folgenden Verbote droht:

1. das Verbot der Herstellung von mit Quecksilber versetzten Produkten gemäß Art. 4 Abs. 1 und Anlage A Teil I des Übereinkommens von Minamata vom 10. Oktober 2013 über Quecksilber (BGBl. 2017 II S. 610, 611) (Minamata-Übereinkommen);
2. das Verbot der Verwendung von Quecksilber und Quecksilberverbindungen bei Herstellungsprozessen i. S. d. Artikels 5 Abs. 2 und Anlage B Teil I des Minamata-Übereinkommens ab dem für die jeweiligen Produkte und Prozesse im Übereinkommen festgelegten Ausstiegsdatum;
3. das Verbot der Behandlung von Quecksilberabfällen entgegen den Bestimmungen des Artikels 11 Abs. 3 des Minamata-Übereinkommens;
4. das Verbot der Produktion und Verwendung von Chemikalien nach Art. 3 Abs. 1 Buchstabe a und Anlage A des Stockholmer Übereinkommens vom 23. Mai 2001 über persistente organische Schadstoffe (BGBl. 2002 II S. 803, 804) (POPs-Übereinkommen), zuletzt geändert durch den Beschluss vom 6. Mai 2005 (BGBl. 2009 II S. 1060, 1061), in der Fassung der Verordnung (EU) 2019/1021 des Europäischen Parlaments und des Rates vom 20. Juni 2019 über persistente organische Schadstoffe (ABl. L 169 vom 26.5.2019, S. 45), die zuletzt durch die Delegierte Verordnung (EU) 2021/277 der Kommission vom 16. Dezember 2020 (ABl. L 62 vom 23.2.2021, S. 1) geändert worden ist;
5. das Verbot der nicht umweltgerechten Handhabung, Sammlung, Lagerung und Entsorgung von Abfällen nach den Regelungen, die in der anwendbaren Rechtsordnung nach den Maßgaben des Artikels 6 Abs. 1 Buchstabe d Ziffer i und ii des POPs-Übereinkommens gelten;
6. das Verbot der Ausfuhr gefährlicher Abfälle i. S. d. Art. 1 Abs. 1 und anderer Abfälle i. S. d. Art. 1 Abs. 2 des Basler Übereinkommens über die Kontrolle der grenzüberschreitenden Verbringung gefährlicher Abfälle und ihrer Entsorgung vom 22. März 1989 (BGBl. 1994 II S. 2703, 2704) (Basler Übereinkommen), zuletzt geändert durch die Dritte Verordnung zur Änderung von Anlagen zum Basler Übereinkommen vom 22. März 1989 vom 6. Mai 2014 (BGBl. II S. 306, 307), und im Sinne der Verordnung (EG) Nr. 1013/2006 des Europäischen Parlaments und des Rates vom 14. Juni 2006 über die Verbringung von Abfällen (ABl. L 190 vom 12.7.2006, S. 1) (Verordnung (EG) Nr. 1013/2006), die zuletzt durch die Delegierte Verordnung (EU) 2020/2174 der Kommission vom 19. Oktober 2020 (ABl. L 433 vom 22.12.2020, S. 11) geändert worden ist
   a) in eine Vertragspartei, die die Einfuhr solcher gefährlichen und anderer Abfälle verboten hat (Art. 4 Abs. 1 Buchstabe b des Basler Übereinkommens),
   b) in einen Einfuhrstaat i. S. d. Art. 2 Nr. 11 des Basler Übereinkommens, der nicht seine schriftliche Einwilligung zu der bestimmten Einfuhr gegeben hat, wenn dieser Einfuhrstaat die Einfuhr dieser gefährlichen Abfälle nicht verboten hat (Art. 4 Abs. 1 Buchstabe c des Basler Übereinkommens),
   c) in eine Nichtvertragspartei des Basler Übereinkommens (Art. 4 Abs. 5 des Basler Übereinkommens),

d) in einen Einfuhrstaat, wenn solche gefährlichen Abfälle oder andere Abfälle in diesem Staat oder anderswo nicht umweltgerecht behandelt werden (Art. 4 Abs. 8 Satz 1 des Basler Übereinkommens);

7. das Verbot der Ausfuhr gefährlicher Abfälle von in Anlage VII des Basler Übereinkommens aufgeführten Staaten in Staaten, die nicht in Anlage VII aufgeführt sind (Art. 4A des Basler Übereinkommens, Art. 36 der Verordnung (EG) Nr. 1013/2006) sowie
8. das Verbot der Einfuhr gefährlicher Abfälle und anderer Abfälle aus einer Nichtvertragspartei des Basler Übereinkommens (Art. 4 Abs. 5 des Basler Übereinkommens).

(4) [1] Eine Verletzung einer menschenrechtsbezogenen Pflicht im Sinne dieses Gesetzes ist der Verstoß gegen ein in Absatz 2 Nummer 1 bis 12 genanntes Verbot. [2] Eine Verletzung einer umweltbezogenen Pflicht im Sinne dieses Gesetzes ist der Verstoß gegen ein in Absatz 3 Nummer 1 bis 8 genanntes Verbot.

(5) [1] Die Lieferkette im Sinne dieses Gesetzes bezieht sich auf alle Produkte und Dienstleistungen eines Unternehmens. [2] Sie umfasst alle Schritte im In- und Ausland, die zur Herstellung der Produkte und zur Erbringung der Dienstleistungen erforderlich sind, angefangen von der Gewinnung der Rohstoffe bis zu der Lieferung an den Endkunden und erfasst

1. das Handeln eines Unternehmens im eigenen Geschäftsbereich,
2. das Handeln eines unmittelbaren Zulieferers und
3. das Handeln eines mittelbaren Zulieferers.

(6) [1] Der eigene Geschäftsbereich im Sinne dieses Gesetzes erfasst jede Tätigkeit des Unternehmens zur Erreichung des Unternehmensziels. [2] Erfasst ist damit jede Tätigkeit zur Herstellung und Verwertung von Produkten und zur Erbringung von Dienstleistungen, unabhängig davon, ob sie an einem Standort im In- oder Ausland vorgenommen wird. [3] In verbundenen Unternehmen zählt zum eigenen Geschäftsbereich der Obergesellschaft eine konzernangehörige Gesellschaft, wenn die Obergesellschaft auf die konzernangehörige Gesellschaft einen bestimmenden Einfluss ausübt.

(7) Unmittelbarer Zulieferer im Sinne dieses Gesetzes ist ein Partner eines Vertrages über die Lieferung von Waren oder die Erbringung von Dienstleistungen, dessen Zulieferungen für die Herstellung des Produktes des Unternehmens oder zur Erbringung und Inanspruchnahme der betreffenden Dienstleistung notwendig sind.

(8) Mittelbarer Zulieferer im Sinne dieses Gesetzes ist jedes Unternehmen, das kein unmittelbarer Zulieferer ist und dessen Zulieferungen für die Herstellung des Produktes des Unternehmens oder zur Erbringung und Inanspruchnahme der betreffenden Dienstleistung notwendig sind.

Übersicht

A. Vorbemerkungen zu den Begriffsbestimmungen

1 Die Begriffsbestimmungen des § 2 definieren den sachlichen Anwendungsbereich des LkSG. Dabei kommt den Begriffsbestimmungen der menschenrechtlichen Risiken nach § 2 Abs. 2 einschließlich der geschützten Rechtsgüter nach § 2 Abs. 1 (→ Rn. 3), der umweltbezogenen Risiken des § 2 Abs. 3 (→ Rn. 7) und der Lieferkette nach § 2 Abs. 5 eine zentrale Rolle zu, da sie die wesentlichen Anknüpfungspunkte für die Sorgfaltspflichten nach §§ 3 ff. bilden.

2 Die Vereinbarkeit der Begriffsbestimmungen der menschenrechtlichen und umweltbezogenen Risiken mit dem **verfassungsrechtlichen Bestimmtheitsgrundsatz** werden angesichts des sehr weiten und faktisch kaum überschaubaren Pflichtenkatalogs (→ Rn. 67 ff.) zum Teil bezweifelt (Kamann/Irmscher NZWiSt 2021 249 (253); Charnitzky/Weigel RiW 2022, 12; Fleischer/Mankowski/Kolb Rn. 18 ff.; aA Grabosch LkSG Rn. 121; Klinger/Krajewski/Krebs/Hartmann Verankerung menschenrechtlicher Sorgfaltspflichten im deutschen Recht, 2016, S. 12). Darüber hinaus verweist der Gesetzgeber zur Auslegung und Konkretisierung der in § 2 Abs. 1 iVm der Anlage benannten Übereinkommen auf die VN-Vertragsausschüsse und die ILO-Sachverständigenausschüsse (vgl. BT-Drs. 19/28649, S. 34). Dies spricht jedenfalls hinsichtlich der menschenrechtlichen Risiken nach § 2 Abs. 2 Nr. 12 iVm Abs. 1 und der Anlage für eine **dynamische Fortentwicklung** der danach geschützten Rechtsgüter durch verfassungsrechtlich dazu nicht legitimierte Gremien und damit gegen deren Vereinbarkeit mit dem Bestimmtheitsgebot des Art. 103 Abs. 2 GG (ebenso Kamann/Irmscher NZWiSt 2021 249 (253)). Der Verweis auf die VN-Vertragsausschüsse geht aber auch schon deshalb fehl, als diese Ausschüsse ausschließlich zur Überwachung der Implementierungsprozesse der jeweiligen Übereinkommen berufen sind (vgl. https://www.un.org/depts/german/menschenrechte/vertragsorgane.pdf). Die von den VN-Vertragsausschüssen veröffentlichten Stellungnahmen zur inhaltlichen Auslegung der jeweiligen Übereinkommen richten sich daher schließlich an die Staaten als Parteien dieser Übereinkommen bzw. deren Verpflichtungen unter dem jeweiligen Übereinkommen, beinhalten jedoch keine Konkretisierung oder Kommentierung der Normen für deren Anwendung im Privatrecht. Auch die teilweise (Klinger/Krajewski/Krebs/Hartmann, Verankerung menschenrechtlicher Sorgfaltspflichten im deutschen Recht, 2016, S. 12) als Beleg für die Anerkennung der VN-Vertragsausschüsse und deren Auslegung herangezogene Rechtsprechung des Bundesverfassungsgerichts und der obersten Bundesgerichte zur Auslegung unbestimmter Rechtsbegriffe aus internationalen Abkommen betrifft

Rechtsfragen im Verhältnis zwischen Staat und Bürger, sodass deren Aussagekraft auf das Privatrecht und insbes. auf die Feststellung von menschenrechtlichen Risiken nach den in der Anlage zum LkSG benannten Übereinkommen im unternehmerischen Geschäftsverkehr unklar bleiben. Aus Sicht des Rechtsanwenders sind die konkreten Handlungsanforderungen aus den durch § 2 Abs. 2 Nr. 12 in Bezug genommenen Übereinkommen (→ Rn. 4 ff.) angesichts der noch fehlenden Konkretisierung als vage und daher mit Rechtsunsicherheiten verbunden.

B. Geschützte Rechtspositionen (Abs. 1)

§ 2 Abs. 1 beinhaltet die Legaldefinition der **geschützten Rechtspositionen** 3
iSd LkSG. Die Begriffsbestimmung ist missverständlich, scheint sie doch auf den ersten Blick *(„Geschütze Rechtspositionen im Sinne dieses Gesetzes sind […]“)* den sachlichen Anwendungsbereich des LkSG maßgeblich zu bestimmen und somit eine der zentralen Normen des LkSG darzustellen. Tatsächlich findet der Begriff der „geschützten Rechtspositionen“ allerdings nur iRd **Auffangtatbestandes des § 2 Abs. 2 Nr. 12** Anwendung, sodass § 2 Abs. 1 eher eine – den menschenrechtlichen Risiken der § 2 Abs. 2 Nr. 1–11 – **nachgeordnete Bedeutung** zukommt.

Geschütze Rechtsposition sind nach § 2 Abs. 1 solche, die sich aus den in den 4
Nummern 1–11 der **Anlage** zum LkSG aufgelisteten Übereinkommen zum Schutz der Menschenrechte ergeben, namentlich also aus den **folgenden Übereinkommen:**

1. Übereinkommen Nr. 29 der Internationalen Arbeitsorganisation vom 28. Juni 1930 über Zwangs- oder Pflichtarbeit (BGBl. 1956 II S. 640, 641) (ILO-Übereinkommen Nr. 29)
2. Protokoll vom 11. Juni 2014 zum Übereinkommen Nr. 29 der Internationalen Arbeitsorganisation vom 28. Juni 1930 über Zwangs- oder Pflichtarbeit (BGBl. 2019 II S. 437, 438)
3. Übereinkommen Nr. 87 der Internationalen Arbeitsorganisation vom 9. Juli 1948 über die Vereinigungsfreiheit und den Schutz des Vereinigungsrechtes (BGBl. 1956 II S. 2072, 2071) geändert durch das Übereinkommen vom 26. Juni 1961 (BGBl. 1963 II S. 1135, 1136) (ILO-Übereinkommen Nr. 87)
4. Übereinkommen Nr. 98 der Internationalen Arbeitsorganisation vom 1. Juli 1949 über die Anwendung der Grundsätze des Vereinigungsrechtes und des Rechtes zu Kollektivverhandlungen (BGBl. 1955 II S. 1122, 1123) geändert durch das Übereinkommen vom 26. Juni 1961 (BGBl. 1963 II S. 1135, 1136) (ILO-Übereinkommen Nr. 98)
5. Übereinkommen Nr. 100 der Internationalen Arbeitsorganisation vom 29. Juni 1951 über die Gleichheit des Entgelts männlicher und weiblicher Arbeitskräfte für gleichwertige Arbeit (BGBl. 1956 II S. 23, 24) (ILO-Übereinkommen Nr. 100)
6. Übereinkommen Nr. 105 der Internationalen Arbeitsorganisation vom 25. Juni 1957 über die Abschaffung der Zwangsarbeit (BGBl. 1959 II S. 441, 442) (ILO-Übereinkommen Nr. 105)
7. Übereinkommen Nr. 111 der Internationalen Arbeitsorganisation vom 25. Juni 1958 über die Diskriminierung in Beschäftigung und Beruf (BGBl. 1961 II S. 97, 98) (ILO-Übereinkommen Nr. 111)
8. Übereinkommen Nr. 138 der Internationalen Arbeitsorganisation vom 26. Juni 1973 über das Mindestalter für die Zulassung zur Beschäftigung (BGBl. 1976 II S. 201, 202) (ILO-Übereinkommen Nr. 138)
9. Übereinkommen Nr. 182 der Internationalen Arbeitsorganisation vom 17. Juni 1999 über das Verbot und unverzügliche Maßnahmen zur Beseitigung der schlimmsten Formen der Kinderarbeit (BGBl. 2001 II S. 1290, 1291) (ILO-Übereinkommen Nr. 182)
10. Internationaler Pakt vom 19. Dezember 1966 über bürgerliche und politische Rechte, (BGBl. 1973 II S. 1533, 1534)

11. Internationaler Pakt vom 19. Dezember 1966 über wirtschaftliche, soziale und kulturelle Rechte (BGBl. 1973 II S. 1569, 1570)
12. Übereinkommen von Minamata vom 10. Oktober 2013 über Quecksilber (BGBl. 2017 II S. 610, 611) (Minamata-Übereinkommen)
13. Stockholmer Übereinkommen vom 23. Mai 2001 über persistente organische Schadstoffe (BGBl. 2002 II S. 803, 804) (POPs-Übereinkommen), zuletzt geändert durch den Beschluss vom 6. Mai 2005 (BGBl. 2009 II S. 1060, 1061)
14. Basler Übereinkommen über die Kontrolle der grenzüberschreitenden Verbringung gefährlicher Abfälle und ihrer Entsorgung vom 22. März 1989 (BGBl. 1994 II S. 2703, 2704) (Basler Übereinkommen), zuletzt geändert durch die Dritte Verordnung zur Änderung von Anlagen zum Basler Übereinkommen

5 Die Regelung des § 2 Abs. 1 ist inhaltlich unklar und wird im Hinblick auf ihre Vereinbarkeit mit dem verfassungsrechtlichen Bestimmtheitsgrundsatz zum Teil in Zweifel gezogen (ebenso Charnitzky/Weigel RiW 2022, 12; Kamann/Irmscher NZWiSt 2021, 249 (253 ff.); Lutz-Bachmann/Vorbeck/Wegenroth BB 2021, 906 (908); aA Gehling/Ott/Gehling/Fischer Rn. 2; Zimmermann/Weiß AVR 58/2020, 424 (448 ff.)). Auslegungsbedürftig ist schon, welche geschützten Rechtspositionen sich aus den in der Anlage zum LkSG benannten Übereinkommen „ergeben" können. Als problematisch erweist sich insofern schon der Umstand, dass die in der Anlage zum LkSG gelisteten Übereinkommen zunächst nur das Verhältnis zwischen Staat und Bürger oder zwischen den Vertragsstaaten der Übereinkommen selbst oder die innere Ordnung von unter dem jeweiligen Übereinkommen gegründeten Organen (Etwa das Internationale Arbeitsamt nach den ILO-Abkommen oder der Ausschuss für Menschenrechte nach Art. 28 ff. IPBPR) betreffen. Nach ihrem Wortlaut sind sie auch nur für die jeweiligen Vertragsstaaten verpflichtend, dh sie passen schlicht nicht oder nur höchst mittelbar auf das Verhältnis zwischen Bürger und Bürger im Rahmen der unternehmerischen Tätigkeit (ebenso Charnitzky/Weigel RiW 2022, 12). Geschützte Rechtspositionen können sich hieraus aber nur „ergeben" iSd § 2 Abs. 1, wenn die jeweilige Norm letztlich dem Schutz eines Menschenrechts dient. Der Schutz sonstiger Rechtspositionen, die ebenfalls in den Übereinkommen angelegt sind (bspw. die Regelungen über den Ausschuss für Menschenrechte nach Art. 28 ff. IPBPR), liegt schon außerhalb der Einflusssphäre der Unternehmen und ist auch nicht von der Zielsetzung des LkSG erfasst.

6 Darüber hinaus finden sich in den Übereinkommen zum Teil auch Rechte, die der Zielsetzung des LkSG offensichtlich zuwiderlaufen und in der heutigen Zeit überholt wirken. Art. 7 ILO Nr. 29 regelt etwa das „Recht der Häuptlinge mit Verwaltungsbefugnis zur Inanspruchnahme" (sic!) „von Zwangs- und Pflichtarbeit". Bei diesem Recht handelt es sich offensichtlich um ein Relikt der Allgemeinen Konferenz der Internationalen Arbeitsorganisation vom 28.6.1930, dessen Relevanz aus heutiger Sicht alles andere als klar ist, nun aber – ausgerechnet im zuoberst in der Anlage zum LkSG genannten Übereinkommen – als geschützte Rechtsposition benannt ist und eher zu Verwirrung als zu Klarheit beim Rechtsanwender führt. Als geschützte Rechtsposition iSd § 2 Abs. 1 kann sich aber nur eine solche „ergeben", die auch der Zielsetzung des LkSG, die internationale Menschenrechtslage zu verbessern, in Betracht kommt (so schon Charnitzky/Weigel RiW 2022, 12).

7 Der Begriff der geschützten Rechtspositionen ist daher **einschränkend auszulegen.** Geschützte Rechtsposition iSd § 2 Abs. 1 kann daher nur eine solche Rechtsposition aus den in der Anlage zum LkSG aufgelisteten Übereinkommen sein, wenn **die betreffende Rechtsposition unmittelbar auf das Unternehmen bzw. die unternehmerische Tätigkeit anwendbar** ist, mithin also ein **sachlicher Zusammenhang** zwischen der in Betracht kommenden Rechtsposition und der Geschäftstätigkeit des Unternehmens besteht (ebenso Gehling/Ott/Gehling/Fischer Rn. 11). Denkbar ist dies bspw. beim Recht auf Leben, dessen Beeinträchtigung etwa beim unterirdischen Abbau von Bodenschätzen mangels

anwendbarer gesetzlicher Arbeitsschutzvorschriften ohne jegliche sachgerechte Absicherung (ebenso Gehling/Ott/Gehling/Fischer Rn. 37). Dagegen sind bloße Regelungen über die innere Ordnung von Organen nach einem Übereinkommen ebenso wie Regelungen zum Schutz von Menschenrechten, die unmittelbar nur die jeweiligen Vertragsstaaten verpflichten, keine geschützte Rechtsposition iSd § 2 Abs. 1. Zu letzteren zählen insbes. Schutz- und Förderpflichten des Staates, die schon **ihrem Wesen nach nicht auf die unternehmerische Tätigkeit ausstrahlen bzw. von Unternehmen auch im Rahmen ihrer üblichen Geschäftstätigkeit nicht beeinflusst werden können,** so etwa die Gefangenenrechte nach Art. 10, 11 IPBPR, die Rechtschutzgarantien bei Abschiebungen nach Art. 13 IPBPR, der Schutz und die Förderung der Familie nach Art. 23 IPBPR oder das Recht auf staatliche Beschäftigungsförderung nach Art. 6 IPWSKR, die allesamt keine geschützten Rechtspositionen iSd § 2 Abs. 1 darstellen (umfassende Darstellung über alle in Betracht zu ziehenden Rechtspositionen bei Gehling/Ott/Gehling/Fischer Rn. 6 ff.; Depping/Walden/Wehrmann Rn. 8 ff.).

Schließlich können nur solche geschützten Rechtspositionen iVm dem Auffangtatbestand des § 2 Abs. 2 Nr. 12 einen eigenen Anwendungsbereich haben, deren Regelungsgegenstand nicht schon vollumfassend durch die spezielleren Verbote der § 2 Abs. 2 Nr. 1–11 als **leges speciales** abgedeckt sind (ebenso Gehling/Ott/Gehling/Fischer Rn. 13). 8

In der unternehmerischen Praxis erscheinen vor diesem Hintergrund nur folgende Rechtsposition aus dem IPBPR und dem IPWSKR (aus den ILO-Übereinkommen ergeben sich dagegen wohl keine über die in § 2 Abs. 2 schon definierten Verbote hinaus weitergehende Rechte; s. dazu die umfassende Darstellung von Gehling/Ott Gehling/Fischer Rn. 14 ff., ferner die Ausführungen von Depping/Walden/Wehrmann/Bürger/Müller Rn. 151 ff.) von – stets vom Einzelfall abhängender – tatsächlicher Relevanz zu sein (vgl. aber Gehling/Ott Gehling/Fischer Rn. 33 ff. sowie HK-LkSG/Johann Rn. 7 ff. mit zum Teil abweichender Ansicht und weiteren geschützten Rechtspositionen): 9

- Internationaler Pakt über bürgerliche und politische Rechte: 10
  - o Art. 3 IPBPR – Gleichberechtigung von Mann und Frau (soweit nicht schon die speziellere Regelung nach § 2 Abs. 2 Nr. 7 Anwendung findet);
  - o Art. 6 IPBPR – Recht auf Leben (soweit nicht schon die speziellere Regelungen nach § 2 Abs. 2 Nr. 6 Anwendung findet);
  - o Art. 7 IPBPR – Verbot der Folter (soweit nicht schon die speziellere Regelung nach § 2 Abs. 2 Nr. 11 Anwendung findet);
  - o Art. 17 IPBPR – Schutz der Privatsphäre;
  - o Art. 19 IPBPR – Recht auf Meinungsfreiheit (soweit nicht schon die speziellere Regelung nach § 2 Abs. 2 Nr. 7 Anwendung findet);
  - o Art. 21 IPBPR – Versammlungs- und Vereinigungsfreiheit (soweit nicht schon die speziellere Regelungen nach § 2 Abs. 2 Nr. 6, Nr. 7 oder Nr. 11 Anwendung finden);
  - o Art. 26 IPBPR – Verbot der Diskriminierung (soweit nicht schon die speziellere Regelung nach § 2 Abs. 2 Nr. 7 Anwendung findet);
  - o Art. 27 IPBPR – Recht auf Ausübung der eigenen Religion (soweit nicht schon die speziellere Regelung nach § 2 Abs. 2 Nr. 7 Anwendung findet)
- Internationaler Pakt über wirtschaftliche, soziale und kulturelle Rechte (über die in IPBPR schon genannten Rechte): 11
  - o Art. 15 IPWSKR – Recht auf Teilhabe an Kultur und Wissenschaft, Urheberschutz.

C. Menschenrechtliche Risiken (Abs. 2)

In § 2 Abs. 2 werden die **menschenrechtlichen Risiken** definiert, die zusammen mit den umweltbezogenen Risiken nach § 2 Abs. 3 (→ Rn. 71 ff.) den Prüfungs- und Handlungsrahmen für die Sorgfaltspflichten nach den §§ 3 ff. vorgeben. 12

Der Begriff des menschenrechtlichen Risikos nach § 2 Abs. 2 bildet damit den zentralen Anknüpfungspunkt für die unternehmerischen Sorgfaltspflichten, insbesondere für die Risikoanalyse nach § 5 und die darauf aufbauenden Präventionsmaßnahmen nach § 6 sowie die Abhilfemaßnahmen nach § 7. In § 2 Abs. 2 werden damit diejenigen international anerkannten Menschenrechte definiert, die die Unternehmen im Rahmen ihrer unternehmerischen Tätigkeit nach dem LkSG zu achten haben.

13 Die **Aufzählung** der menschenrechtlichen Risiken in § 2 Abs. 2 ist **abschließend,** sodass für die Sorgfaltspflichten der §§ 3 ff. allein die in § 2 Abs. 2 definierten Verbote maßgeblich sind. Allerdings ist in § 2 Abs. 2 Nr. 12 ein **Auffangtatbestand** mit einem Verweis auf die geschützten Rechtspositionen nach § 2 Abs. 1 und damit auf die in der Anlage zum LkSG aufgeführten Übereinkommen beinhaltet (→ Rn. 67 ff.).

I. Der Risikobegriff

14 Ein menschenrechtliches Risiko iSd LkSG ist nach § 2 Abs. 2 ein Zustand, bei dem aufgrund **tatsächlicher Umstände** mit hinreichender Wahrscheinlichkeit ein Verstoß gegen eines der in § 2 Abs. 2 genannten Verbote droht. Was unter einer **hinreichenden Wahrscheinlichkeit** iSd § 2 Abs. 2 zu verstehen ist, wird im Gesetz nicht explizit definiert. Auch finden sich in den Gesetzesmaterialien dazu keine weitergehenden Aussagen.

15 Der Begriff **„Risiko“** iSv § 2 Abs. 2 ist zunächst vom Begriff der **„Verletzung“** iSv § 2 Abs. 4 (→ Rn. 159) abzugrenzen. Die beiden Begriffe werden in der Diskussion um die Achtung von Menschenrechten in der Lieferkette wie auch in den Gesetzesmaterialien selbst (vgl. BT-Drs. 19/28649, 48) zT vermengt, wenngleich beide Begriffe unterschiedliche Voraussetzungen haben und zu unterschiedlichen Rechtsfolgen und Handlungspflichten führen. Während bei der Feststellung des Bestehens eines Risikos nach § 2 Abs. 2 die Präventionsmaßnahmen nach § 6 zu ergreifen sind, um eine **drohende** Verletzung zu vermeiden, sind beim Vorliegen einer Verletzung nach § 2 Abs. 4 die Abhilfemaßnahmen nach § 7 zu ergreifen mit dem Ziel, eine **eingetretene** oder **unmittelbar bevorstehende** Verletzung zu beenden bzw. seine Auswirkungen zu minimieren. Ein Risiko setzt also voraus, dass eine Verletzung gerade noch nicht vorliegt.

16 Der Risikobegriff des § 2 Abs. 2 bezieht sich auf einen konkreten Sachverhalt, bei dem eine Verletzung entweder im eigenen Geschäftsbereich (→ Rn. 169 ff.) oder bei seinen unmittelbaren und mittelbaren Zulieferern (→ Rn. 186 ff.) droht. Rein **abstrakte Gefährdungspotentiale** insbes. aus formellen Gründen, wie etwa die **fehlende Ratifizierung oder Umsetzung internationaler Abkommen** in das nationale Recht, stellen für sich genommen keine Risiken iSd § 2 Abs. 2 dar, solange es im konkreten Einzelfall keine Anhaltspunkte dafür gibt, dass eine Verletzung eines menschenrechtsbezogenen Risikos auch tatsächlich droht (vgl. Beschlussempfehlungen und dem Bericht des Ausschusses für Arbeit und Soziales, BT-Drs. 19/30505, 40). Bloße Risikoindikatoren im Sinne einer abstrakt-generellen Eignung stellen keine ausreichende Tatsachengrundlage und damit auch kein Risiko iSd LkSG dar (ebenso Gehling/Ott/Gehling/Fischer Rn. 100).

17 Aus dem LkSG ergeben sich keine konkreten Vorgaben, unter welchen Voraussetzungen von einer **„hinreichenden“ Gefahr** iSd § 2 Abs. 2 auszugehen ist. Die Frage ist letztlich einzelfallbezogen zu prüfen. Nach allgemeinem Verständnis, die sich letztlich auch in den Anforderungen der Angemessenheit nach § 3 Abs. 2 Nr. 3 wiederspiegeln, ist von einem abgestuften Verständnis auszugehen. Je gewichtiger das potenziell verletzte und von den Verboten des § 2 Abs. 2 geschützte Rechtsgut ist und je schwerwiegender und unumkehrbarer die potenziellen Folgen für den Verletzten sind, desto geringere Anforderungen sind an die Wahrscheinlichkeit zu stellen und umgekehrt (ebenso Gehling/Ott/Gehling/Fischer Rn. 102 mwN; ferner Depping/Walden/Wehrmann Rn. 277; Grabosch LkSG/Schönfelder § 4 Rn. 8; die „Je-Desto-Formel“ findet auch beim umweltrechtlichen Wahr-

scheinlichkeitbegriff Anwendung, vgl. nur Jarass BImSchG/Jarass BImSchG § 3 Rn. 48 mwN).

Die Einordnung eines Zustandes als ein Risiko kann gerade im Zusammenhang mit den in der unternehmerischen Praxis häufig genutzten **Risiko-Assessments externer Dienstleister** schwierig zu beurteilen sein. Die derzeit marktüblichen Risiko-Assessments beinhalten häufig nur **aggregierte und abstrakte Risikobewertungen** über Länder, Regionen und/oder Industriesektoren oder beziehen die ganze Unternehmensgruppe anstelle des einzelnen Unternehmens ein. Zudem bilden sie häufig nur abstrakt-formelle Prüfungspunkte wie etwa die Umsetzung internationaler Abkommen im jeweiligen nationalen Recht oder aber des Bestehens bestimmter formeller Dokumentationspflichten als Teil des Compliance-Managements von Unternehmen eines Industriesektors ab. Im Fall einer fehlenden Umsetzung in das nationale Recht oder einer formellen Dokumentationspflicht liegt aber gerade kein Risiko für einen Verstoß gegen ein Verbot nach § 2 Abs. 2 in dem jeweiligen Land oder im jeweiligen Industriesektor vor, sondern nur ein abstrakter Risikoindikator (→ Rn. 16 zur Nutzung von Risiko-Assesments externer Dienstleister in der Risikoanalyse → § 5 Rn. 168 ff.). 18

II. Verbot der Kinderarbeit (Nr. 1)

§ 2 Abs. 2 Nr. 1 definiert das Verbot der Beschäftigung eines Kindes unter dem **Mindestbeschäftigungsalter.** Das Mindestbeschäftigungsalter bestimmt sich nach dem Alter, mit dem nach dem anwendbaren Recht des jeweiligen Beschäftigungsortes die Schulpflicht endet und beträgt idR 15 Jahre. Das Verbot nach § 2 Abs. 2 Nr. 1 hat seine Grundlagen im Übereinkommens Nr. 138 der Internationalen Arbeitsorganisation vom 26. Juni 1973 (Übereinkommen gegen Kinderarbeit), setzt dessen **Ratifizierung** im jeweils anwendbaren Recht am Beschäftigungsort schon seinem Wortlaut nach **nicht voraus.** Das Verbot der Kinderarbeit nach § 2 Abs. 2 Nr. 1 ist daher auch auf Sachverhalte in Ländern anzuwenden, die nicht Mitglieder der Internationalen Arbeitsorganisation sind oder das Übereinkommen Nr. 138 der Internationalen Arbeitsorganisation vom 26. Juni 1973 nicht ratifiziert haben (ebenso Gehling/Ott/Gehling/Fischer § 2 Rn. 110; Grabosch LkSG/Schönfelder Rn. 111). 19

Von diesem Mindestalter kann **das anwendbare Recht des jeweiligen Beschäftigungsortes** nach Maßgabe und in Übereinstimmung mit Art. 2 Nr. 4 Übereinkommen gegen Kinderarbeit sowie den Art. 4–8 Übereinkommen gegen Kinderarbeit abweichen. 20

Verbotsausnahmen sind in § 2 Abs. 2 Nr. 1 Hs. 2 vorgesehen. Im Einzelfall kann damit durch die anwendbaren nationalen Regelungen in Übereinstimmung mit dem Übereinkommen gegen Kinderarbeit, insbes. Art. 2 Abs. 4 Übereinkommen gegen Kinderarbeit und Art. 3 Abs. 3 Übereinkommen gegen Kinderarbeit, eine Herabsetzung des Mindestalters von 15 auf 14 Jahren, beziehungsweise die Herabsetzung von 18 auf 16 Jahren einschlägig sein, sodass in diesen Fällen eine Beschäftigung solcher Personen auch keinen Verstoß gegen das Verbot nach § 2 Abs. 2 Nr. 1 darstellt. Weitere Sonderregelungen sehen insbes. Art. 4 Übereinkommen gegen Kinderarbeit (Ausnahme spezifischer Kategorien der Beschäftigung und Arbeit von der Altersbegrenzung), Art. 5 Übereinkommen gegen Kinderarbeit (zeitliche Begrenzung der Regelungen zum Mindestalter bei ungenügender Entwicklung von Wirtschaft und Verwaltungseinrichtungen), Art. 6 Übereinkommen gegen Kinderarbeit (Ausnahme für Arbeit von Kindern in Schulen, Ausbildungsanstalten oder Betrieben) und Art. 8 Übereinkommen gegen Kinderarbeit (Ausnahmen für Teilnahme an künstlerischen Veranstaltungen) vor. Die Ausnahmen setzen alle eine **Ausnahmeregelung im Recht des Beschäftigungsorts** voraus (ebenso Gehling/Ott/Gehling/Fischer Rn. 110). 21

Gefährdet die Kinderarbeit wegen der Art oder der Verhältnisse der Beschäftigung, unter denen sie verrichtet wird, voraussichtlich das Leben, die Gesundheit 22 oder die Sittlichkeit der Minderjährigen, ist das Verbot des § 2 Abs. 2 Nr. 2 einschlägig (→ Rn. 23 ff.).

III. Verbot der schlimmsten Formen der Kinderarbeit (Nr. 2)

23 In § 2 Abs. 2 Nr. 2 wird das Verbot der **schlimmsten Formen der Kinderarbeit** für Kinder unter 18 Jahren definiert. Dazu gehören alle Formen der Sklaverei und Zwangsarbeit (Nr. 2 Buchst. a), das Heranziehen, Vermitteln oder Anbieten eines Kindes zur Prostitution, zur Herstellung von Pornographie oder zu pornographischen Darbietung (Nr. 2 Buchst. b), das Heranziehen, Vermitteln oder Anbieten eines Kindes zu unerlaubten Tätigkeiten (Nr. 2 Buchst. c) sowie **Arbeit** die voraussichtlich **für die Gesundheit,** die Sicherheit oder die Sittlichkeit von Kindern **schädlich** ist (Nr. 2 Buchst. d).

24 In der unternehmerischen Praxis in Industrieunternehmen kann wohl nur den Verboten nach Nr. 2 Buchst. a, d eine tatsächliche Relevanz zukommen. Fälle des Heranziehens, Vermittelns oder des Anbietens eines Kindes zur Prostitution, zur Herstellung von Pornographie oder zu pornographischen Darbietung im Zusammenhang mit der unternehmerischen Tätigkeit der vom LkSG erfassten Unternehmen sind – soweit ersichtlich – von keiner praktischen Relevanz im Zusammenhang mit unternehmerischer Tätigkeit (zu den Merkmalen der Kinderprostitution und -pornographie sowie dem Einsatz von Kindern bei unerlaubten Tätigkeiten Gehling/Ott/Gehling/Fischer Rn. 119 ff.).

25 Zu Sklaverei und Zwangsarbeit gelten die Ausführungen zu § 2 Abs. 2 Nr. 3 (→ Rn. 26 ff.) und Nr. 4 (→ Rn. 30 ff.) entsprechend. Ausnahmen vom Verbot der Zwangsarbeit insbes. nach Art. 8 IPBPR gelten indes nicht für Kinder unter 18 Jahren, die daher ausnahmslos gegen Zwangs- oder Pflichtarbeit geschützt sind (vgl. Gehling/Ott/Gehling/Fischer Rn. 117).

IV. Verbot der Zwangsarbeit (Nr. 3)

26 In § 2 Abs. 2 Nr. 3 wird das Verbot der Beschäftigung von Personen in **Zwangsarbeit** definiert. Grundlage des Verbots sind das ILO Übereinkommen Nr. 29 über Zwangs- oder Pflichtarbeit von 1930, das ILO-Übereinkommen Nr. 105 über die Abschaffung der Zwangsarbeit von 1957 sowie Art. 8 IPBPR.

27 Die Gesetzesbegründung benennt ausdrücklich **Indikatoren für Zwangsarbeit** (BT-Drs. 19/26849, 36). Demnach sollen Anhaltspunkte für die Beschäftigung in Zwangsarbeit vorliegen, wenn der **Lohn** von Beschäftigten einbehalten wird, die Bewegungsfreiheit von Beschäftigten eingeschränkt wird, **Ausweisdokumente** von Beschäftigten **einbehalten** werden, wenn **unzumutbare Arbeits- und Lebensverhältnisse** geschaffen werden durch eine Arbeit unter gefährlichen Bedingungen oder in vom Arbeitgeber gestellten unzumutbaren Unterkünften, bei einem exzessives Maß an Überstunden sowie die Anwendung von Einschüchterungen und Drohungen (BT-Drs. 19/26849, 36). In der Literatur wird ferner auf die Indikatoren des International Labour Office (Gehling/Ott/Gehling/Fischer Rn. 152 ff.) sowie die Indikatoren nach den Leitlinien des Europäischen Auswärtigen Dienstes verwiesen (Gehling/Ott/Gehling/Fischer Rn. 152 ff.). Diese Aufzählung ist inhaltlich unklar, da allein auf das Vorliegen eines tatsächlichen Umstandes ohne die Feststellung einer **Zwangslage** des Beschäftigten abgestellt wird. So stellt sich nach diesem Verständnis der Zwangsarbeit schon die Frage, wann bei gefährlichen Arbeitsbedingungen – bspw. in der Stahl-, Chemie oder Bergbauindustrie – die Schwelle zur Zwangsarbeit überschritten wird. Nach den Ausführungen der Gesetzesbegründung auch solche Arbeiten erfasst, die mit einem frei gewählten Beruf verbunden sind, und daher in aller Regel gerade keine Zwangsarbeit darstellen (ebenso zum Verbot der Zwangsarbeit nach Art. 5 GrCH: Jarass GRCh/Jarass EU-Grundrechte-Charta Art. 5 Rn. 7).

28 Der Europäischen Gerichtshofs für Menschenrechte hat in seiner Rechtsprechung zum Verbot der Zwangsarbeit nach Art. 4 EMRK Zwangsarbeit als eine

höchstpersönliche Dienstleistung körperlicher oder geistiger Art definiert, die nicht freiwillig übernommen wird und deren Verweigerung unter der Androhung einer Strafe steht (ausf. zur Rspr. des EGMR zu Art. 4 EMRK: EuArbRK/Schubert EMRK Art. 4 Rn. 7 ff.). Zwangsarbeit kann daher nur bei Vorliegen einer **unfreiwilligen Tätigkeit** angenommen werden. Neben der fehlenden Freiwilligkeit der Tätigkeit muss zudem eine **negative Konsequenz** für den Beschäftigten drohen, wenn er der Tätigkeit nicht nachgeht. Zwangsarbeit wir damit typischerweise vorliegen, wenn Zwangsmittel wie Gewalt oder Drohung gegen den Beschäftigten angewandt werden. Von einer freiwilligen Übernahme der Tätigkeit ist auszugehen, wenn der Arbeitnehmer bei der Entscheidung die Konsequenzen seiner Zustimmung, insbesondere die Arbeitsbedingungen, gekannt hat (EuArbRK/Schubert EMRK Art. 4 Rn. 8) und somit – freiwillig – darin einwilligt und ebenso, wenn der Arbeitnehmer sein Beschäftigungsverhältnis selbst aufkündigen kann (EGMR BeckRS 2016, 138665 Rn. 27 f. – Radi and Gherghina/Rumänien). Die Freiwilligkeit kann allerdings wiederum ausgeschlossen sein, wenn der Beschäftigte aus einer Notlage heraus völlig unangemessene Arbeitsbedingungen akzeptiert bzw. mangels alternativer Beschäftigungsmöglichkeiten akzeptieren muss.

Ebenso unklar ist, unter welchen Umständen eine **Unterkunft** – wie in der Gesetzesbegründung angeführt – als **unzumutbar** anzusehen ist. Zwar bestehen mit ASR A4.4 der Technischen Regeln für Arbeitsstätten nach der ArbStättV klare Regelungen zum Stand der Technik von Unterkünften (abrufbar unter https://www.baua.de/DE/Angebote/Rechtstexte-und-Technische-Regeln/Regelwerk/ASR/pdf/ASR-A4-4.pdf?__blob=publicationFile&v=3), diese finden als Verordnung nach § 18 Abs. 2 Nr. 3a ArbSchG jedoch nur in der Bundesrepublik Deutschland einschließlich der ausschließlichen Wirtschaftszone der Bundesrepublik Deutschland Anwendung (vgl. § 1 Abs. 1 S. 2 ArbSchG). Jedenfalls im außereuropäischen Ausland wird es häufig an entsprechenden nationalen Vorschriften fehlen oder aber deren Regelungen fallen deutlich hinter die der ASR A4.4 zurück. Auch wird man in vielen Fällen die Regelungen des ASR A4.4 rein faktisch nicht auf ausländische Sachverhalte anwenden können, da eine Umsetzung der Regelungen der ASR A4.4 gerade in Ländern der Dritten Welt realistischerweise nicht erwartet werden kann (so zB Wärmedämmung nach 5.3 Abs. 1 ASR A4.4, Bereitstellung von Waschmaschinen und Trocknern nach 5.4 Abs. 7 ASR A4.4, Küchen mit glattem, waschfestem und hellem Belag nach 5.4 Abs. 8 ASR A4.4). Allein der Umstand, dass eine Unterkunft nicht den Anforderungen des ASR A4.4 genügt, kann daher weder die Unzumutbarkeit der Unterkunft begründen noch – zumindest für sich genommen – ein Anhaltspunkt für eine Zwangsarbeit sein. Die Anforderungen können vielmehr von Land zu Land und auch Branche zu Branche im Detail unterschiedlich sein. Zwangsarbeit kann unter dem Gesichtspunkt der unzumutbaren Unterkünfte wohl erst bei erniedrigenden Lebensbedingungen angenommen werden (so auch International Labour Office, ILO-Indicators of Forced Labour, 2012, S. 23). 29

V. Verbot der Sklaverei (Nr. 4)

In § 2 Abs. 2 Nr. 4 wird das Verbot der **Sklaverei,** sklavenähnlicher Praktiken, Leibeigenschaft oder anderer Formen von Herrschaftsausübung oder Unterdrückung **im Umfeld der Arbeitsstätte** definiert. Das Verbot hat seine Grundlagen im Verbot der Sklaverei nach Art. 8 Abs. 1, 2 IPBPR und dem Verbot der Sklaverei, sklavereiähnlichen Praktiken und der Leibeigenschaft nach Art. 1, 3 Buchst. a Übereinkommen Verbot und unverzügliche Maßnahmen zur Beseitigung der schlimmsten Formen der Kinderarbeit von 1999. 30

Eine konkrete Definition der Sklaverei findet sich in § 2 Abs. 2 Nr. 4 nicht, es werden lediglich als Beispiele für Sklaverei die extreme wirtschaftliche oder sexuelle Ausbeutung und Erniedrigung aufgeführt. In der politischen Diskussion wird häufig der Menschenhandel zum Zweck der Ausbeutung der Arbeitskraft gerade in der Landwirtschaft als praxisrelevantes Beispiel der „modernen Sklaverei“ benannt. 31

Nach der Rspr. des EGMR wird Sklaverei als ein Zustand bzw. als eine Stellung einer Person definiert, wie sie sonst mit dem Eigentum verbunden ist, sich also jemand Eigentum und die damit verbundenen Rechte bzw. Befugnisse an der betroffenen Person anmaßt und diese damit als reines Objekt herabwürdigt (vgl. Jarass GRCh/Jarass GRCh Art. 5 Rn. 6 mwN). Sklaverei setzt damit eine auf Gewalt gestützten Kontrolle über eine andere Person zu Zwecken der wirtschaftlichen Ausbeutung voraus, ohne dass die betroffene Person sich dieser Lage eigenständig entziehen kann (vgl. Jarass GRCh/Jarass GRCh Art. 5 Rn. 6 mwN). Ausreichend kann hierzu schon das Vorenthalten von Arbeitslohn, das Einbehalten von wichtigen Papieren oder die Verrechnung des Lohnes mit – angeblichen – Schulden (vgl. MüKoStGB/Renzikowski StGB § 232b Rn. 26; Council of European, 7th General Report on GRETA's Activities, 2018, S. 32).

VI. Verbot des Verstoßes gegen die Regelungen des Arbeitsschutzes am Beschäftigungsort (Nr. 5)

32 In § 2 Abs. 2 Nr. 5 wird das Verbot des Verstoßes gegen die **am Beschäftigungsort** geltenden Regelungen des **Arbeitsschutzes** als menschenrechtsbezogenes Risiko definiert. Grundlage des Verbots sind das Recht auf sichere und gesunde Arbeitsbedingungen nach Maßgabe von ILO-Übereinkommen 155 und ILO-Übereinkommen 187. Die Regelung stellt damit ausdrücklich auf das im konkreten Einzelfall am Beschäftigungsort anwendbare nationalen Recht und die danach geltenden Pflichten des Arbeitsschutzes ab. Unklar ist insofern der Hinweis in der Gesetzesbegründung, dass die ILO-Übereinkommen auch dann zur Auslegung des Verbots nach § 2 Abs. 2 Nr. 5 herangezogen werden könnte, wenn diese gerade nicht in das am Beschäftigungsort anwendbare nationale Recht umgesetzt worden sind und damit gerade kein Teil eben jenes nationalen Rechtes sind, vgl. Begründung zum Gesetzentwurf der Bundesregierung (BT-Drs. 19/28649, 36). Beschäftigungsort ist der Ort, an dem die Beschäftigung tatsächlich ausgeübt wird (vgl. § 9 Abs. 1 SGB IV). Bei Auslandssachverhalten führen Verstöße gegen Regelungen des Arbeitsschutzes nach deutschem Recht somit nicht zu einem Verstoß gegen das Verbot des § 2 Abs. 2 Nr. 5. Sieht das nationale Recht schlicht keine gesetzlichen Regelungen zum Arbeitsschutzes vor oder bilden diese nicht einmal rudimentär die grundlegenden Arbeitsschutzstandards ab, kommt ein Verstoß gegen ein Verbot nach § 2 Abs. 2 Nr. 12 in Betracht (→ Rn. 67 ff.).

33 Das Verbot nach § 2 Abs. 2 Nr. 5 setzt weiter voraus, dass durch die Missachtung der Arbeitsschutzbestimmungen die **Gefahr von Unfällen bei der Arbeit oder arbeitsbedingte Gesundheitsgefahren** entstehen. Eine Gefahr kommt nach § 2 Abs. 2 Nr. 5 Buchst. a–d **insbes.** in Betracht, wenn

- die Sicherheitsstandards bei der Bereitstellung und der Instandhaltung der Arbeitsstätte, des Arbeitsplatzes und der Arbeitsmittel offensichtlich ungenügend sind,
- geeignete Schutzmaßnahmen fehlen, um Einwirkungen durch chemische, physikalische oder biologische Stoffe zu vermeiden,
- Maßnahmen zur Verhinderung übermäßiger körperlicher und geistiger Ermüdung fehlen, insbesondere durch eine ungeeignete Arbeitsorganisation in Bezug auf Arbeitszeiten und Ruhepausen oder
- die Ausbildung und Unterweisung von Beschäftigten ungenügend ist.

Die in § 2 Abs. 2 Nr. 5 aufgezählten Fallgruppen sind nicht abschließend, sodass auch weitere Gefahrenkonstellationen in Betracht kommen können.

34 Die Gesetzesbegründung führt **typische Gefährdungssituationen** auf. So kann eine Gefährdung von Leib und Leben bei der Einrichtung und Gestaltung von Arbeitsstätte und Arbeitsplatz beispielsweise entstehen, wenn das Gebäude, in dem Arbeit verrichtet wird, nicht genügend gegen Brandgefahren gerüstet ist oder keine Fluchtwege und Notausgänge bereithält (Begründung zum Gesetzentwurf der Bundesregierung, BT-Drs. 19/28649, 36). Das Risiko von arbeitsbedingten Gesundheitsgefahren kann sich aus einer ungeeigneten Arbeitsorganisation in Bezug

auf Arbeitszeiten und Ruhepausen etwa durch exzessive Überstunden oder fehlende Arbeits- und Pausenzeitregelungen (Begründung zum Gesetzentwurf der Bundesregierung, BT-Drs. 19/28649, 37).

Ob eine solche Gefahr vorliegt, muss **einzelfallabhängig** beurteilt werden. Der Gesetzgeber scheint insofern von einer recht weitgehenden Einbindung des Unternehmens in die Betriebsabläufe der Zulieferer auszugehen. So sind Unternehmen ausweislich der Gesetzesbegründung verpflichtet, bei der Verwendung von Arbeitsmitteln in der Lieferkette, einschließlich Arbeitsstoffen, Maschinen, Ausrüstung, Anlagen und Geräten, Gefährdungen, die sich aus deren Einsatz ergeben, zu erkennen und zu minimieren. Dabei seien auch Risiken zu berücksichtigen, die sich aus dem Zusammenhang zwischen Arbeitsplatz, Arbeitsmittel und Arbeitsverfahren ergeben. Neben der Sicherheit von Maschinen, Ausrüstung, Geräten und Anlagen müssten Unternehmen auch überprüfen, ob die Arbeiter bei der Tätigkeit Gefahrenstoffen ausgesetzt sind, welche die Gesundheit schädigen können. Als Anwendungsbeispiel wird in der Gesetzesbegründung Risiken angeführt, die sich bei landwirtschaftlichen Tätigkeiten aus Pestizidvergiftungen ergeben können (Begründung zum Gesetzentwurf der Bundesregierung, BT-Drs. 19/28649, 36). Schließlich könne sich ein besonderes Risiko ergeben, wenn Ausbildung und Einweisung der Beschäftigten für den Umgang mit gefährlichen Stoffen erforderlich sind, insbes. beim Umgang mit Chemikalien (Begründung zum Gesetzentwurf der Bundesregierung, BT-Drs. 19/28649, 37). Da letztlich jede industrielle Produktion Verwendung von Arbeitsmitteln erfolgt, müssten Unternehmen bei strenger Anwendung dieser Vorgaben alle ihre unmittelbaren Zulieferer detailliert auditieren, um überhaupt eine Prüfung der Arbeitsweisen und Arbeitsverfahren sowie dem Umgang mit den Arbeitszeitregelungen zu ermöglichen. Dies widerspräche den Prinzipien der Angemessenheit (→ § 3 Rn. 38 ff.) und der Risiko-Priorisierung (vgl. auch FAQ zum LkSG X.1) (→ § 5 Rn. 57), würde letztlich die als Abhilfemaßnahme angeordnete Kontrollpflicht (→ § 6 Rn. 41 ff.) schon in die Phase der Risikoanalyse vorziehen und ist daher abzulehnen. 35

VII. Verbot der Missachtung der Koalitionsfreiheit (Nr. 6)

In § 2 Abs. 2 Nr. 6 wird das Verbot der Missachtung der **Koalitionsfreiheit** als menschenrechtliches Risiko definiert. Grundlage der Regelung sind Art. 22 IPBPR, Art. 8 IPWSKR, ILO-Übereinkommen Nr. 87 und ILO-Übereinkommen Nr. 98 (vgl. Begründung zum Gesetzentwurf der Bundesregierung, BT-Drs. 19/28649, 37). 36

Ein Verstoß gegen das Verbot der Missachtung der Koalitionsfreiheit liegt in den in § 2 Abs. 2 Nr. 6 Buchst. a–c **enumerativ** benannten Fällen vor: 37

- Arbeitnehmer können sich nicht frei zu Gewerkschaften zusammenzuschließen oder diesen beitreten;
- die Gründung, der Beitritt und die Mitgliedschaft zu einer Gewerkschaft wird als Grund für eine ungerechtfertigte Diskriminierungen oder Vergeltungsmaßnahmen genutzt;
- Gewerkschaften dürfen sich nicht frei und in Übereinstimmung mit dem Recht des Beschäftigungsortes (einschließlich dem Streikrecht und dem Recht auf Kollektivverhandlungen) betätigen;

Ist einer der vorgenannten Fälle erfüllt, liegt ein Verstoß gegen das Verbot nach § 2 Abs. 2 Nr. 6 vor. Die **Aufzählung ist abschließend,** sodass sonstige Fälle der Beschränkung der Koalitionsfreiheit nicht unter das Risiko nach § 2 Abs. 2 Nr. 6 fallen. 38

Der Wortlaut der Regelung wirft die Frage auch, ob die einzelnen Tatbestände des § 2 Abs. 2 Nr. 6 Buchst. a–c auf unterschiedliche rechtliche Grundlagen anknüpfen. Während die Ausübung der Tätigkeiten von Gewerkschaften nach § 2 Abs. 2 Nr. 6 Buchst. c ausdrücklich nur iRd am Beschäftigungsort anwendbaren Rechte geschützt wird, sieht § 2 Abs. 2 Nr. 6 Buchst. a eine solche Einschränkung 39 für das Recht, sich frei in Gewerkschaften zusammenzuschließen, dem Wortlaut nach gerade nicht vor. Entgegen dem Wortlaut des § 2 Abs. 2 Nr. 6 unterliegt das Recht zum Zusammenschluss in Gewerkschaften aber den Einschränkungen nach den jeweils geltenden nationalen Gesetzen. Die Koalitionsfreiheit wird nach den Regelungen von Art. 22 IPBPR und Art. 8 IPWSKR gerade nicht grenzenlos, sondern eben nur iRd geltenden Gesetze gewährleistet. So sieht auch das deutsche Grundgesetz kein unbegrenztes Recht auf die Koalitionsfreiheit vor, sondern schränkt dieses in Art. 9 Abs. 2 GG ausdrücklich ein.

40 Die **Einschränkungen** der Koalitionsfreiheit, insbesondere auch ein Verbot eines gewerkschaftlichen Zusammenschlusses oder freie Betätigung von Gewerkschaften, können damit **durch nationales Recht gerechtfertigt und zulässig** sein, sofern die nationalen gesetzlichen Regelungen den Voraussetzungen von Art. 22 IPBPR, Art. 8 IPWSKR, ILO-Übereinkommen Nr. 87 und ILO-Übereinkommen Nr. 98 genügen. Zulässig sind danach Einschränkungen, die in einer demokratischen Gesellschaft im Interesse der nationalen oder der öffentlichen Sicherheit, der öffentlichen Ordnung (ordre public), zum Schutz der Volksgesundheit, der öffentlichen Sittlichkeit oder zum Schutz der Rechte und Freiheiten anderer notwendig sind. Soweit die Koalitionsfreiheit in den anwendbaren nationalen Gesetzen im Einklang mit diesem bestandsfesten Kern (Gehling/Ott/Gehling/Fischer Rn. 190) eingeschränkt wird, liegt auch kein Verstoß gegen das Verbot nach § 2 Abs. 2 Nr. 6 vor. Eine generelle Pflicht der Unternehmen *„innerhalb ihres Geschäftsbereiches darauf zu achten, Vereinigungen oder andere Gruppen in ihrer Gründung und ihren Aktivitäten nicht durch ihr unternehmerisches Handeln zu behindern und damit zu verletzen“,* wie dies explizit in der Gesetzesbegründung (Begründung zum Gesetzentwurf der Bundesregierung, BT-Drs. 19/28649, 37) ausgeführt wird, kann somit nicht bestehen. Vielmehr können Einschränkungen und damit unter Umständen auch Behinderungen der Aktivitäten von Gewerkschaften nach den jeweils anwendbaren gesetzlichen Regelungen zulässig sein, wie dies bspw. bei der (zulässigen) Abwehraussperrung gegen einen rechtmäßigen Streik im Arbeitskampf (vgl. dazu ErfK/Linsenmaier GG Art. 9 Rn. 239 ff. mwN) oder beim Streikverbot für Beamte (vgl. BVerwG NZA 2014, 616; Art. 8 Abs. 2 IPWSKR) auch in Deutschland gängige Praxis ist.

41 Nach diesen Maßstäben verstößt insbes. ein generelles **gesetzliches Verbot der Bildung von freien Gewerkschaften** (wie dies etwa in der Volksrepublik China der Fall ist) gegen den Kerngehalt der Koalitionsfreit. Daraus folgt aber nicht automatisch, dass damit zugleich ein Verstoß gegen das Verbot nach § 2 Abs. 2 Nr. 6 Buchst. a durch das Unternehmen bzw. dessen Konzerngesellschaften (eigener Geschäftsbereich) oder durch dessen unmittelbare oder mittelbare Zulieferer vorliegt, wenn diese im Rahmen ihrer Geschäftstätigkeit solche gesetzlichen Verbote befolgen. Die Koalitionsfreiheit wird in diesem Fall schließlich durch eine hoheitliche Maßnahme des Staates, nicht durch Handlungen der Unternehmen, ihrer Konzerngesellschaften oder ihrer Zulieferer verletzt (Ehrmann ZVertriebsR 2021, 141 (144)). Auch nach Maßgabe des LkSG bleiben die Unternehmen bzw. deren Zulieferer an die jeweils geltenden nationalen gesetzlichen Regelungen gebunden. Die nach dem LkSG verpflichteten Unternehmen können schlicht nicht die nationalen rechtlichen Rahmenbedingungen ändern. Von den Unternehmen kann in solchen Konfliktfällen allenfalls gefordert werden, keine über die schon bestehenden nationalen gesetzlichen Beschränkungen hinaus noch weitergehende Beschränkungen der Koalitionsfreiheit zu ergreifen bzw. zu tolerieren (ebenso Gehling/Ott/Gehling/Fischer Rn. 191). Eine Pflicht zur Analyse und Ausarbeitung von Ersatzlösungen, die der Koalitionsfreiheit bestmöglich zur Geltung verhilft und zugleich nach nationalem Recht (noch) rechtlich zulässig ist, besteht dagegen nicht (wie hier Grabosch LkSG/Schönfelder § 4 Rn. 35; Gehling/Ott/Gehling/Fischer Rn. 191; aA WRW LkSG/Rutloff/Schulga § 2 Rn. 177, wonach die Unternehmen im Einzelfall auch alternative Beteiligungsmöglichkeiten ergreifen sollten, um dem Recht auf Koalitionsfreiheit bestmöglich zur Geltung zu verhelfen).

VIII. Verbot der Ungleichbehandlung in der Beschäftigung (Nr. 7)

In § 2 Abs. 2 Nr. 7 wird das Verbot der **Ungleichbehandlung in der Beschäftigung** definiert. Grundlagen des Verbots ergeben sich aus Art. 2 Abs. 1 IPBPR, Art. 2 Abs. 2 IPWSKR und Art. 7 IPWSKR sowie den ILO-Übereinkommen Nr. 111 und Nr. 100 (Begründung zum Gesetzentwurf der Bundesregierung, BT-Drs. 19/28649, 37). Ein allgemeines Verbot der Ungleichbehandlung außerhalb des Bereichs der Beschäftigung kann sich aus § 2 Abs. 2 Nr. 12 iVm Art. 2, 3, 26 IPBPR ergeben (→ Rn. 10 und 67 ff.). Darüber hinaus ergibt sich aus § 2 Abs. 2 Nr. 6 Buchst. b ein Verbot der Ungleichbehandlung bei Gründung, Beitritt oder Mitgliedschaft in einer Gewerkschaft (→ Rn. 37). 42

Ein Verstoß gegen § 2 Abs. 2 Nr. 7 liegt vor bei einer Ungleichbehandlung von Beschäftigten im Arbeitsleben auf Grund von nationaler und ethnischer Abstammung, sozialer Herkunft, Gesundheitsstatus, Behinderung, sexueller Orientierung, Alter, Geschlecht, Religion und Weltanschauung oder anderen Merkmalen vor, sofern diese nicht in den Erfordernissen der Beschäftigung begründet ist. Zulässige Diskriminierungsgründe können sich damit aus den Erfordernissen der spezifischen Beschäftigung selbst ergeben. Zu einer Ungleichbehandlung zählt nach § 2 Abs. 2 Nr. 7 Hs. 2 ausdrücklich auch die Zahlungen **ungleichen Entgelts für gleiche Arbeit** und ergänzt damit das Vorenthalten angemessenen Lohns nach § 2 Abs. 2 Nr. 8 (→ Rn. 45 ff.). 43

Im LkSG ist nicht näher geregelt, ob und, wenn ja, unter welchen Voraussetzungen eine Ungleichbehandlung durch nationales Recht am Beschäftigungsort – insbes. aufgrund **nationaler oder regionaler kultureller Vorgaben** – als gerechtfertigt sein kann. Eine Bezugnahme auf das Recht des Beschäftigungsortes, wie etwa in § 2 Abs. 2 Nr. 5, Nr. 6 und Nr. 8, fehlt in § 2 Abs. 2 Nr. 7, sodass die Bezugnahme auf das Recht am Beschäftigungsort dem Wortlaut der Regelung nach bewusst zu fehlen scheint. Allerdings verweist die Gesetzesbegründung explizit auf die Grundlagen für das Diskriminierungsverbot des § 2 Abs. 2 Nr. 7 aus dem IPBPR, dem IPWSKR sowie den ILO-Übereinkommen Nr. 111 und Nr. 100 (Begründung zum Gesetzentwurf der Bundesregierung, BT-Drs. 19/28649, 37). Aus Art. 2 Übereinkommen gegen Diskriminierung in Beschäftigung und Beruf ergibt sich, dass die in den einzelnen nationalen Gesetzen zu verankernden Methoden zum Verbot der Diskriminierung den *„innerstaatlichen Verhältnissen und Gepflogenheiten angepasst"* sein sollen. Eine Ungleichbehandlung aufgrund **innerstaatlicher Verhältnisse und Gepflogenheiten** erscheint damit durch nationale gesetzliche Regelungen rechtfertigbar zu sein, ohne dass dadurch ein Verstoß gegen das Verbot der Ungleichbehandlung nach § 2 Abs. 2 Nr. 7 vorläge. Grenzen der danach zulässigen Ungleichbehandlung im Rahmen der innerstaatlichen Verhältnisse und Gepflogenheiten sind allerdings bislang ungeklärt. 44

IX. Verbot des Vorenthaltens eines angemessenen Lohns (Nr. 8)

Nach § 2 Abs. 2 Nr. 8 wird der Verstoß gegen das Verbot des **Vorenthaltens eines angemessenen Lohns** als menschenrechtsbezogenes Risiko definiert. Grundlage der Regelung ist das Recht auf einen angemessenen Lebensunterhalt gem. Art. 7 Buchst. a Ziff. ii IPWSKR. Der angemessene Lohn ist gem. § 2 Abs. 2 Nr. 8 HS. 2 mind. der nach dem anwendbaren Recht festgelegte **Mindestlohn** und bemisst sich ansonsten nach dem **Recht des Beschäftigungsortes.** In Betracht kommt somit nur ein nach Recht des Beschäftigungsortes gesetzlich festgeschriebener Mindestlohn. Etwaig bestehende Tarifvereinbarungen zu Mindestlöhnen sind privatrechtlicher Natur und damit nach dem Wortlaut des § 2 Abs. 2 Nr. 8 kein nach dem anwendbaren Recht festgelegter Mindestlohn. 45

Der gesetzliche Mindestlohn bildet ausdrücklich aber nur die **absolute Untergrenze** für die Angemessenheit des Lohns (Wortlaut *„mindestens"*). Damit ist nach den Umständen des Einzelfalls zu bewerten, ob die den Beschäftigten tatsächlich 46 gezahlten Löhne angemessen sind. Nach der Gesetzesbegründung sollen dabei die örtlichen Lebenserhaltungskosten des Beschäftigten und seiner Familienangehörigen sowie die örtlichen Leistungen der sozialen Sicherheit sollen dabei berücksichtigt werden. Problematisch sind damit insbes. Fälle, in denen der gesetzlich vorgeschriebene Mindestlohn unterhalb des **Existenzminimums** am Beschäftigungsort liegt. Weitergehende Leitlinien und Handlungsempfehlungen der nach dem LkSG zuständigen Behörden wäre wünschenswert (ebenso WRW LkSG/Rutloff/Schulga Rn. 191; Grabosch LkSG/Schönfelder § 4 Rn. 41), liegen bislang aber nicht vor. Nach einer teilweise vertretenen Ansicht sollen Unternehmen zu eigenen Bewertungen und Berechnungen verpflichtet sein, wobei Berechnungen von NGOs, etwa der Global Living Wage Coalition (https://globallivingwage.org/) oder der Living Income Community of Practice (https://www.living-income.com/) als Referenzwerte herangezogen werden könnten (WRW LkSG/Rutloff/Schulga Rn. 191). Angesichts der dazu erforderlichen sehr umfangreichenden Berechnungen kann sich eine solche Pflicht allenfalls im Einzelfall als angemessene Maßnahme erweisen, etwa wenn dem Unternehmen Hinweise zugehen, aufgrund derer sich im konkreten Einzelfall ein eklatantes Missverhältnis zwischen gezahltem Mindestlohn und dem Existenzminimum geradezu aufdrängt.

X. Verbot der Herbeiführung einer schädlichen Bodenveränderung, Gewässerverunreinigung, Luftverunreinigung, Lärmemission oder eines übermäßigen Wasserverbrauchs (Nr. 9)

47 § 2 Abs. 2 Nr. 9 beinhaltet das Verbot der Herbeiführung einer **schädlichen Bodenveränderung, Gewässerverunreinigung, Luftverunreinigung, Lärmemission** oder eines **übermäßigen Wasserverbrauchs.** Grundlage der Regelung sind Art. 6 Abs 1 IPBPR und Art. 11 Abs. 1 S. 1 IPWSKR, Art. 12 IPWSKR zum Recht des Lebens und der Gesundheit sowie der Gewährleistung ausreichender Nahrung, Wasser- und Sanitärversorgung (vgl. Begründung zum Gesetzentwurf der Bundesregierung, BT-Drs. 19/28649, 38).

48 Das Verbot des § 2 Abs. 2 Nr. 9 setzt voraus, dass eine schädliche Bodenveränderung, eine Gewässerverunreinigung, eine Luftverunreinigung, eine schädliche Lärmemission oder ein übermäßiger Wasserverbrauch herbeigeführt wird, die (§ 2 Abs. 2 Nr. 9 Buchst. a) die **natürlichen Grundlagen** zum **Erhalt und der Produktion von Nahrung erheblich beeinträchtigt,** (§ 2 Abs. 2 Nr. 9 Buchst. b) einer Person der **Zugang zu einwandfreiem Trinkwasser** verwehrt, (§ 2 Abs. 2 Nr. 9 Buchst. c) einer Person den **Zugang zu Sanitäranlagen** erschwert oder zerstört oder (§ 2 Abs. 2 Nr. 9 Buchst. d) die **Gesundheit** einer Person schädigt.

49 Die **Rechtswidrigkeit** der Handlung, die zu einer der benannten Folgen führt, ist dem reinen Wortlaut nach keine Tatbestandsvoraussetzung des Verbots nach § 2 Abs. 2 Nr. 9. Der Tatbestand des Verbots nach § 2 Abs. 2 Nr. 9 würde also auch dann erfüllt, wenn die Herbeiführung einer schädlichen Bodenveränderung auf Grundlage einer behördlichen Genehmigung und damit rechtmäßig erfolgt. Dies würde zu einem groben Wertungswiderspruch führen und Unternehmen letztlich zu einer Superkontrollinstanz – inländischer wie ausländischer – behördlicher Verfahren machen, was mit dem LkSG ersichtlich nicht beabsichtigt ist. Die Regelung des § 2 Abs. 2 Nr. 9 ist daher im Wege der teleologischen Reduktion auf rechtswidrige Maßnahmen zu beschränken. Die Rechtswidrigkeit entfällt damit, wenn die betreffende Maßnahme rechtlich zulässig ist, insbesondere also bei **behördlichen Genehmigungen** (ähnl. Gehling/Ott/Gehling/Fischer Rn. 219 ff., die in diesen Fällen die Schädlichkeit ablehnen). In diesen Fällen ist ein menschenrechtliches Risiko nach § 2 Abs. 2 Nr. 9 ausgeschlossen.

50 Die Begriffe der schädlichen Bodenveränderung, Gewässerverunreinigung, Luftverunreinigung, Lärmemission und des übermäßigen Wasserverbrauchs werden im LkSG nicht näher definiert, auch in den Gesetzesmaterialien finden sich nur rudimentäre Angaben zu deren Verständnis. Insbesondere ist in § 2 Abs. 2 Nr. 9 ist

keine Aussage dazu enthalten, nach welchem nationalen Recht die Begriffe im Einzelfall auszulegen sind. Zumindest für deutsche Sachverhalte können – soweit vorhanden – die allgemeinen **umweltrechtlichen Legaldefinitionen** herangezogen werden. Ob diese auch bei Auslandssachverhalten Anwendung finden können, erscheint fraglich, da dadurch u. a. allgemeine Verwaltungsvorschriften der Bundesrepublik Deutschland wie die TA Luft und die TA Lärm auf Auslandssachverhalte Anwendung fänden, was zu in der Praxis häufig kaum lösbaren Konflikten mit dem jeweils anwendbaren nationalen Recht führen wird. So nehmen bspw. die Immissionsrichtwerte nach Ziff. 6 TA Lärm Bezug auf die Baugebietstypen nach der BauNVO, die im Ausland aber angesichts völlig anderer Baugebietstypisierung und -nutzung schlicht nicht anwendbar sind. Darüber hinaus ergäbe sich durch die Anwendung deutschen Verwaltungsrechts auf Auslandssachverhalte ein Wertungswiderspruch zu den Regelungen des internationalen Privatrechts, das bei Umwelteinwirkungen auf das am Ort der schädigenden Handlung geltende nationale Recht abstellt (vgl. Art. 7 Rom II-VO iVm Art. 4 Abs. 1 Rom II-VO). Das spricht für die Anwendung der entsprechenden Begriffsbestimmungen aus dem am Ort der Handlung anwendbaren nationalen rechtlichen Regelungen (wie hier Bachmann/Vorbeck/Wegenroth BB 2021, 906 (908); aA WRW LkSG/Rutloff/Schulga Rn. 198).

Eine **schädliche Bodenveränderung** wird in § 2 Abs. 3 BBodSchG legaldefiniert als eine Beeinträchtigung der Bodenfunktionen, die geeignet ist, Gefahren, erhebliche Nachteile oder erhebliche Belästigungen für den Einzelnen oder die Allgemeinheit herbeizuführen, die insbesondere durch Einbringung von Schadstoffen oder die Versiegelung, Erosion oder Verdichtung des Bodens entstehen kann (zu den Einzelheiten wird auf die einschlägige Rechtsprechung und Literatur zu § 2 Abs. 3 BBodSchG verwiesen, insbes. BeckOK UmweltR Erbguth/Schubert BBodSchG § 2 Rn. 14 ff. mwN). 51

Eine **Gewässerverunreinigung** wird in § 324 Abs. 1 StGB als unbefugte Verunreinigung eines Gewässers oder sonstige nachteilige Veränderung der Gewässereigenschaften definiert. Gewässer idS sind oberirdische Gewässer, Grundwasser, Sumpfe und Moore sowie in- wie ausländische Meere. Verunreinigung kann insbes. durch Einbringen von Stoffen von außen aber auch Trübungen oder Aufwirbelungen des Gewässers durch mechanische Einwirkung erfolgen. Eine nachteilige Veränderung der Gewässereigenschaften kann vorliegen bei Verschlechterung der physikalischen oder chemischen Wasserbeschaffenheit, der Wassermenge, der Gewässerökologie oder der hydromorphologischen Eigenschaften des Gewässers (zu den Einzelheiten wird auf die einschlägige Rechtsprechung und Literatur zu § 324 StGB verwiesen, insbes. MüKoStGB/Alt StGB § 324 Rn. 12 ff. mwN). 52

Luftverunreinigung sind nach § 3 Abs. 4 BImSchG Veränderungen der natürlichen Zusammensetzung der Luft, insbes. durch Rauch, Ruß, Staub, Gase, Aerosole, Dämpfe oder Geruchsstoffe. Natürliche Zusammensetzung der Luft, von der durch die Verunreinigung abgewichen wird, wird durch VDI-Richtlinie 2104 bestimmt (zu den Einzelheiten wird auf die einschlägige Rechtsprechung und Literatur zu § 3 BImSchG verwiesen, insbes. BeckOK UmweltR/Schulte/Michalk BImSchG § 3 Rn. 13). 53

Lärmemissionen sind in sinngemäßer Anwendung des § 3 Abs. 2, 3 BImSchG jegliche aus einer Geräuschquelle ausgehenden hörbare Schallschwingungen, deren Zulässigkeit von den Umständen und Gegebenheiten des konkreten Einzelfalls abhängen und – bei inländischen Sachverhalten – insbesondere anhand der in die TA Lärm als normkonkretisierende Verwaltungsvorschrift definierten Beurteilungsverfahren und Richtwerte zu beurteilen ist (zu den Einzelheiten wird auf die einschlägige Rechtsprechung und Literatur zu § 3 BImSchG verwiesen, insbes. BeckOK UmweltR/Schulte/Michalk BImSchG § 3 Rn. 22 ff.). 54

Für den Begriff des **„übermäßigen Wasserverbrauchs"** gibt es keine Legaldefinition. Ausweislich der Gesetzesbegründung soll die Regelung dem Schutz der Wasserversorgung der Bevölkerung dienen, die bei der Entnahme großer Wassermengen im Rahmen eines unternehmerischen Vorhabens bedroht sein könne (vgl. 55

Begründung zum Gesetzentwurf der Bundesregierung, BT-Drs. 19/28649, 38). Unter welchen Voraussetzungen ein Wasserverbrauch danach „übermäßig" ist, bleibt allerdings offen. Zumindest behördlich genehmigte und damit rechtmäßige unternehmerische Vorhaben können den Tatbestand des übermäßigen Wasserverbrauchs nicht erfüllen (→ Rn. 49).

56 Die Umwelteinwirkungen muss weiter zu einer in **§ 2 Abs. 2 Nr. 9 Buchst. a–d genannten Folgen** führen, mithin also dazu, dass

- die natürlichen Grundlagen zum Erhalt und der Produktion von Nahrung erheblich beeinträchtigt werden,
- einer Person der Zugang zu einwandfreiem Trinkwasser verwehrt wird,
- einer Person den Zugang zu Sanitäranlagen erschwert oder zerstört wird oder
- die Gesundheit einer Person geschädigt wird.

57 Die Anforderungen und Voraussetzungen für das Vorliegen einer solchen Folge werden im Gesetz oder den Gesetzesmaterialien nicht näher definiert und ergeben sich – mit Ausnahme der Gesundheitsschädigung einer Person – auch nicht aus sonstigen gesetzlichen Regelungen. Fraglich ist insbesondere, ob die genannten Folgen unmittelbar durch die Umwelteinwirkung hervorgerufen werden müssen, oder ob auch rein mittelbare Folgen, etwa durch die Veränderung des Klimas, den Tatbestand des § 2 Abs. 2 Nr. 9 erfüllen können (zur Kausalität zwischen Emissionen und mittelbare Einwirkungen auf Rechtsgüter iRd sog. Klimawandelklagen OLG Hamm ZUR 2018, 118; LG Essen ZUR 2017, 370, 372 f.; Chatzinerantzis/Appel NJW 2019, 881 (882 ff.)).

58 Sofern auch rein mittelbare Folgen ausreichend wären, könnte man § 2 Abs. 2 Nr. 9 als Grundlage für eine **klimaschutzbezogene Sorgfaltspflicht** ansehen (so zB Gailhofer/Verheyen ZUR 2021, 402 (404); wohl auch Depping/Walden/Wehrmann Rn. 358). Rein mittelbare Beiträge zur Klimaveränderung qualifiziert das LkSG aber, wie sich aus dem Gesetzgebungsverfahren ergibt, ganz bewusst nicht als Risiko oder Verletzung, welche eine Handlungspflicht des Unternehmens auslösen, sodass eine klimaschutzbezogene Sorgfaltspflicht auf Grundlage von § 2 Abs. 2 Nr. 9 de lege lata abzulehnen ist (Ebenso Charnitzky/Weigel RiW 2022, 12 (18); Seibt/Vesper-Gräske CB 2021, 357 (328) mit Verweis auf das Gesetzgebungsverfahren, in dem der Vorschlag von Bündnis90/Die Grünen, das „Klima" in die geschützten Rechtspositionen aufzunehmen, nicht berücksichtigt wurde; mit ausführlicher Begründung auch WRW LkSG/Rutloff/Schulga Rn. 208 ff). Allerdings sieht der Entwurf des Europäischen Parlaments für eine EU-Lieferkettensorgfaltspflichten Richtlinie (Entschließung des Europäischen Parlaments vom 10.3.2021 (2020/2129(INL)), abrufbar unter https://www.europarl.europa.eu/doceo/document/A-9–2021-0018_DE.html) explizit eine klimaschutzbezogene Sorgfaltspflicht (vgl. Erwgr. 20 Richtlinienentwurf des Europaparlaments (2020/2129(INL)): „In der Praxis besteht die Sorgfaltspflicht aus einem von einem Unternehmen eingeführten Verfahren, mit dem die potenziellen und/oder tatsächlichen nachteiligen Auswirkungen auf die Menschenrechte, einschließlich sozialer, gewerkschaftlicher und arbeitsrechtlicher Rechte, auf die Umwelt, darunter der <u>Beitrag zum Klimawandel,</u> und auf die verantwortungsvolle Führung im Rahmen seiner eigenen Tätigkeiten und seiner Geschäftsbeziehungen in der Wertschöpfungskette ermittelt, bewertet, verhindert, abgemildert, beendet, überwacht, kommuniziert, angegangen und behoben werden und mit dem Rechenschaft über sie abgelegt wird." (Hervorhebung durch Autor) sowie Art. 3 Abs. 7 Richtlinienentwurf) vor, sodass zukünftig eine Erweiterung des § 2 Abs. 2 Nr. 9 im Rahmen einer Richtlinienumsetzung denkbar ist.

XI. Verbot der widerrechtlichen Zwangsräumung und Entzugs von Land, Wäldern oder Gewässern (Nr. 10)

59 In § 2 Abs. 2 Nr. 10 wird das Verbot der **widerrechtlichen Zwangsräumung** und des **widerrechtlichen Entzugs von Land, Wäldern oder Gewässern** als

menschenrechtsbezogenes Risiko definiert. Grundlagen der Regelung ist das Recht auf einen angemessenen Lebensstandard einschließlich ausreichender Nahrung, Unterbringung sowie Wasser- und Sanitätsversorgung gem. Art. 11 Abs. 1 S. 1 IPWSKR.

Die Begriffsbestimmung des § 2 Abs. 2 Nr. 10 beinhaltet zwei Verbote, zum einen die widerrechtliche Zwangsräumung und zum anderen den widerrechtlichen Entzug von Land, Wäldern oder Gewässern, die dem Lebensunterhalt einer Person dienen. Für beide Varianten muss damit eine **Widerrechtlichkeit** der Maßnahmen vorliegen, dh die rechtlichen Voraussetzungen für die Zwangsräumung oder den Entzug von Land, Wäldern oder Gewässern liegen nicht vor. Typischerweise ist dies der Fall, wenn eine nach dem am Ort der Handlung anwendbaren Gesetz erforderliche Genehmigung nicht erteilt worden ist und damit die Rechtsgrundlage für die Maßnahme fehlt (ebenso Grabosch LkSG/Schönfelder § 4 Rn. 48; WRW LkSG/Rutloff/Schulga Rn. 229). 60

Nach den Ausführungen der Gesetzesbegründung ist eine Maßnahme auch dann widerrechtlich, wenn das Verfahren zwar **prozessrechtliche Garantien** für eine Zwangsräumung wie etwa eine rechtzeige Information und Konsultation der Betroffenen vorsieht, diese aber **nicht eingehalten** werden (vgl. Begründung zum Gesetzentwurf der Bundesregierung, BT-Drs. 19/28649, 38). Damit kommt ein Verstoß gegen das Verbot nach § 2 Abs. 2 Nr. 10 auch dann in Betracht, wenn die Maßnahme etwa auf Grundlage einer behördlichen Genehmigung prima facie gerechtfertigt ist, das Genehmigungsverfahren aber rechtsfehlerhaft war. Ein Verstoß gegen das Verbot nach § 2 Abs. 2 Nr. 10 soll nach der Gesetzesbegründung ferner in Betracht kommen, wenn das Unternehmen durch sein Handeln den Zugang zu Rechtmitteln und angemessener Kompensation erschwert (vgl. Begründung zum Gesetzentwurf der Bundesregierung, BT-Drs. 19/28649, 38). 61

Bei Fehlern im prozessualen Verfahren erscheint es indes fraglich, ob allein der Umstand, dass im Verfahren ein formeller oder materieller Rechtsfehler vorlag, das Verbot nach § 2 Abs. 2 Nr. 10 erfüllt. Vielmehr müssen darüber hinaus zumindest auch die Zulässigkeitsvoraussetzungen etwa einer dann einschlägigen verwaltungsgerichtlichen Anfechtungsklage (insbesondere Anfechtungsbefugnis der Betroffenen und Anfechtungsfrist) gegeben sein. Ansonsten würde etwa eine **unanfechtbare** und damit **rechtsbeständige Genehmigung** unter dem LkSG als rechtwidrig betrachtet, was zu einem Wertungswiderspruch zum zugrundeliegenden Genehmigungsverfahren und Rechtsunsicherheit führen würde. 62

Offen ist auch, welche Anforderungen an die ausländischen prozessualen Verfahren zur Zwangsräumung oder dem Entzug von Land, Wald oder Gewässern zu setzen sind. Im Grundsatz werden ausländische Verwaltungs- und Gerichtsentscheidungen auch dann als eine rechtfertigende Grundlage anzusehen sein, wenn das ausländische Prozessrecht hinter den prozessrechtlichen Gewährleistungen des entsprechenden deutschen Verfahrensrechts zurückbleibt. Nur bei offensichtlichen und groben verfahrensrechtlichen Insuffizienzen kommt eine Anwendung der **ordre-public** Grundsätze in Betracht (vgl. Schoch/Schneider/Schoch Band VwVfG Einleitung Rn. 566 ff.), sodass im Fall der Unvereinbarkeit des ausländischen Verfahrens mit wesentlichen Rechtsgrundsätzen und der Rechtsordnung der Bundesrepublik Deutschland die Zwangsräumung oder der Entzug von Land, Wald oder Gewässern trotz formell vorliegender behördlicher Genehmigung gegen das Verbot des § 2 Abs. 2 Nr. 10 verstößt (aA wohl WRW LkSG/Rutloff/Schulga Rn. 230, wonach immer das jeweils strengere Recht den Maßstab bilden soll). 63

XII. Verbot der Beauftragung oder Nutzung privater oder öffentlicher Sicherheitskräfte (Nr. 11)

In § 2 Abs. 2 Nr. 11 wird das **Verbot der Beauftragung oder Nutzung privater oder öffentlicher Sicherheitskräfte** als menschenrechtliches Risiko definiert. Die Regelung soll ausweislich der Gesetzesbegründung dem Schutz der Betroffenen vor extensiver Gewalt, Folter und der Verletzung der Vereinigungs- 64 und Koalitionsfreiheit durch private oder staatliche Sicherheitskräfte im Dienst eines Unternehmens dienen (vgl. Begründung zum Gesetzentwurf der Bundesregierung, BT-Drs. 19/28649, 38). Grundlage der Regelung sind Art. 6, 7, 22 IPBPR sowie Art. 8, 12 IPWSKR.

65 Als Verbotstatbestand wird die Beauftragung oder Nutzung privater oder öffentlicher Sicherheitskräfte zum Schutz des unternehmerischen Projekts definiert, wenn aufgrund **mangelnder Unterweisung oder Kontrolle** seitens des Unternehmens bei dem Einsatz der Sicherheitskräfte (§ 2 Abs. 2 Nr. 11 Buchst. a) das Verbot von **Folter** und grausamer, unmenschlicher oder erniedrigender Behandlung missachtet (§ 2 Abs. 2 Nr. 11 Buchst. b), **Leib oder Leben verletzt** oder (§ 2 Abs. 2 Nr. 11 Buchst. c) die **Vereinigungs- und Koalitionsfreiheit** beeinträchtigt werden. Weitergehende Voraussetzungen oder ggf. Rechtfertigungstatbestände sind dem Wortlaut nach nicht gegeben, insbes. steht das Verbot nicht unter einem Rechtswidrigkeitsvorbehalt.

66 Das Fehlen des **Rechtswidrigkeitsvorbehalts** wirft praktische Fragen auf. So fällt dem reinen Wortlaut des § 2 Abs. 2 Nr. 10 nach etwa eine nach dem jeweils anwendbaren Recht zulässige Räumung einer im Eigentum des Unternehmens stehende Projektierungsfläche durch staatliche Sicherheitskräfte (Polizeibehörde), über die das Unternehmen per definitionem keine Kontrolle ausüben kann, unter das Verbot des § 2 Abs. 2 Nr. 10, wenn dabei ein Streik oder eine Demonstration unterbunden und so die Vereinigung- und Koalitionsfreiheit beeinträchtigt wird. Ein solch weitreichendes Verbot würde letztlich auch die Geltendmachung und Verwirklichung bestehender Rechtspositionen unterbinden und widerspräche damit fundamentalen Grundsätzen der Rechtsordnung. § 2 Abs. 2 Nr. 10 muss daher **einschränkend ausgelegt** werden, sodass **nur rechtswidrige Maßnahmen** erfasst werden. Für eine solche einschränkende Auslegung spricht auch die Gesetzesbegründung, wonach Unternehmen vor der Beauftragung von Sicherheitsunternehmen überprüfen sollten, ob gravierende Menschenrechtsverletzungen durch diese Einheiten dokumentiert sind (vgl. Begründung zum Gesetzentwurf der Bundesregierung, BT-Drs. 19/28649, 39). Der Gesetzgeber stellt damit selbst auf grobe Rechtsverstöße ab, sodass rechtmäßige Maßnahmen den Tatbestand des § 2 Abs. 2 Nr. 11 nicht erfüllen können.

XIII. Beeinträchtigung geschützter Rechtspositionen (Nr. 12)

67 Durch § 2 Abs. 2 Nr. 12 werden die **geschützten Rechtspositionen** des § 2 Abs. 1 (→ Rn. 3 ff.) und damit die in der Anlage zum LkSG aufgeführten Übereinkommen in die Begriffsbestimmung des menschenrechtlichen Risikos einbezogen. Unter den **Auffangtatbestand** des § 2 Abs. 2 Nr. 12 fällt jedes über die Verbote der § 2 Abs. 2 Nr. 1–11 hinausgehende Tun oder pflichtwidrige Unterlassen, das unmittelbar geeignet ist, in **besonders schwerwiegender Weise** eine geschützte Rechtsposition nach § 2 Abs. 1 zu beeinträchtigen und dessen **Rechtswidrigkeit** bei verständiger Würdigung aller in Betracht kommenden Umstände **offensichtlich** ist.

68 Das Verbot des § 2 Abs. 2 Nr. 12 beinhaltet mehrere unbestimmte Rechtsbegriffe, die den Anwendungsbereich der Regelung unklar erscheinen lassen. Das betrifft zum einen den Begriff der geschützten Rechtspositionen, der inhaltlich unbestimmt ist und daher auf **verfassungsrechtliche Bedenken** stößt (→ Rn. 2; vgl. Kamann/Irmscher NZWiSt 2021, 249 (253); Lutz-Bachmann/Vorbeck/Wegenroth BB 2021, 906 (908); Charnitzky/Weigel RiW 2022, 12, Stöbener de Mora/Noll NZG 2021, 1237 (1240), die sich daher für eine enge Auslegung der Norm aussprechen; aA Zimmermann/Weiß, AVR 58/2020, 424 (452); Klinger/Krajewski/Krebs/Hartmann, Verankerung menschenrechtlicher Sorgfaltspflichten von Unternehmen im deutschen Recht, 2016, S. 12, 23). Zum anderen sind auch weiteren Voraussetzungen des § 2 Abs. 2 Nr. 12 weder im Gesetz näher ausgestaltet, noch ergeben sich aus den Gesetzesmaterialen Hinweise zu deren Auslegung oder Anwendung.

69 So ist schon unklar, welche Voraussetzungen vorliegen müssen, damit von einer Beeinträchtigung einer geschützten Rechtsposition in einer „besonders schwerwiegenden Weise" auszugehen ist. Die geschützten Rechtspositionen beinhalten fast ausnahmslos Rechte, die nach deutschem Verfassungsrecht zu den Grundrechten und Verfassungsprinzipien des Grundgesetzes fallen. Eingriffe in die Grundrechte sind stets rechtfertigungsbedürftig, ohne dass es dabei auf die besondere Schwere des Eingriffs ankäme. Das Maß eines Grundrechtseingriffs kommt vielmehr erst bei der einzelfallbezogenen Abwägung mit entgegenstehenden Grundrechten und Verfassungsgütern zum Tragen (vgl. nur Sachs/Sachs GG Vorbemerkungen zu Abschnitt I Rn. 78 ff.). Eine Beeinträchtigung in geschützte Rechtspositionen ist aus verfassungsrechtlicher Sicht damit immer schwerwiegend in dem Sinne, dass sie rechtfertigungsbedürftig ist, ohne dass insofern zwischen „einfachen", „schwerwiegenden" oder „besonders schwerwiegenden" Eingriffen unterschieden würde. Eine besonders schwerwiegende Beeinträchtigung einer geschützten Rechtsposition kommt daher nur in Ausnahmefällen in Betracht, wenn etwa die Beeinträchtigung eine **besondere Intensität** aufweist und die dadurch eintretenden **Verletzung unumkehrbar** ist.

70 Weiter muss die Beeinträchtigung bei verständiger Würdigung aller in Betracht kommenden Umstände offensichtlich rechtswidrig sein, es darf also – umgekehrt – ersichtlich keinen Rechtfertigungsgrund für die Beeinträchtigung geben. Ob dies der Fall ist, hängt letztlich von den Umständen des Einzelfalls ab. **Behördliche Genehmigung** oder **gerichtliche Entscheidung** stellen unabhängig von deren formeller oder materieller Rechtmäßigkeit prima facie einen **Rechtfertigungsgrund** dar und schließen damit die offensichtliche Rechtswidrigkeit aus. Die in die Würdigung einzubeziehenden Umstände schließen nur die tatsächlich vorliegenden Umstände ein, eine Nachforschung und Prüfungspflicht insbesondere hinsichtlich der Rechtmäßigkeit behördlicher oder gerichtlicher Entscheidungen besteht für das Unternehmen nicht.

D. Umweltbezogene Risiken (Abs. 3)

71 Über die Begriffsbestimmungen des § 2 Abs. 3 bezieht das LkSG neben den menschenrechtsbezogenen Pflichten auch **umweltbezogene Risiken** in den Anwendungsbereich des Gesetzes ein.

72 In Anlehnung an das allgemeine Gefahrenabwehrrecht definiert § 2 Abs. 3 den Begriff eines umweltbezogenen Risikos als einen Zustand, bei dem auf Grund tatsächlicher Umstände mit hinreichender Wahrscheinlichkeit ein Verstoß gegen die benannten Verbote droht.

73 Im Anschluss werden **abschließend** acht konkrete Umweltrisiken aufgezählt, auf die sich die Sorgfaltspflichten des Unternehmens beziehen.

74 Die von § 2 Abs. 3 in den Blick genommenen Umweltrisiken stellen auf die Herstellung von quecksilberhaltigen Produkten, die Verwendung und Entsorgung von Quecksilber und Quecksilberverbindungen (Nr. 1–3), auf die Produktion, Verwendung und Entsorgung von persistenten organischen Schadstoffen (Nr. 4, 5) sowie auf die Aus- und Einfuhr gefährlicher Abfälle (Nr. 6–8) ab.

75 Im Unterschied zu § 2 Abs. 2 Nr. 9, in dem die Verursachung negativer Umwelteinflüsse als menschenrechtbezogenes Risiko definiert wird, bezieht sich der Abs. 3 ausschließlich auf **die dort benannten Umweltbelange.** Während § 2 Abs. 2 Nr. 9 nämlich zusätzlich die konkrete Beeinträchtigung von Menschen durch die dort aufgezählten Umweltbeeinträchtigungen – Herbeiführung einer schädlichen Bodenveränderung, Gewässerverunreinigung, Luftverunreinigung, schädlicher Lärmemission oder eines übermäßigen Wasserverbrauchs – voraussetzt, lässt § 2 Abs. 3 die „bloße" Wahrscheinlichkeit einer Verletzung der in Bezug genommenen umweltrechtlichen Verbote zur Identifizierung eines umweltrechtlichen Risikos ausreichen. Gleichwohl knüpfen nach Auffassung des Gesetzgebers auch die umweltbezogenen Risikotatbestände in sich – und somit jedenfalls mittelbar – an den Schutz der menschlichen Gesundheit an (BT-DS 19/30505, 37). Der dabei in Bezug

genommene **materiell-rechtliche Maßstab** als normative Anknüpfung für die einzelnen umweltbezogenen Sorgfaltspflichten ist allerdings innerhalb der jeweiligen Umweltrisikotatbestände durch den Gesetzgeber unterschiedlich gewählt.

76 § 2 Abs. 4 S. 2 stellt klar, dass ein Verstoß gegen eines dieser in § 2 Abs. 3 Nr. 1–8 aufgezählten Verbote die Verletzung einer umweltbezogenen Pflicht iSd LkSG darstellt. Diese Verwirklichung der umweltbezogenen Risiken ist dabei aber nicht automatisch gleichbedeutend mit einer Verletzung der in § 3 Abs. 1 aufgezählten Sorgfaltspflichten (§ 3 Rn. 12 ff.).

77 Der zu berücksichtigende Pflichtencharakter ist hinsichtlich der Umweltbelange derselbe wie mit Blick auf die in § 2 Abs. 2 geregelten menschenrechtsbezogenen Risiken: auch hier treffen die Unternehmen **keine Erfolgspflichten,** sondern die Pflicht, die **festgelegten umweltbezogenen Sorgfaltspflichten in angemessener Weise zu beachten.** Sie müssen sich also darum bemühen, den definierten Risiken vorzubeugen, diese zu minimieren oder eine bestehende Verletzung zu beenden. IdS sind die umweltbezogenen Risiken des § 2 Abs. 3 Nr. 1–8 ebenfalls Bezugspunkt für das einzuführenden Risikomanagements nach § 4 und Teil der Risikoanalyse gem. § 5. Ebenso beziehen sich das einzurichtende Beschwerdeverfahren (§ 8) und die Dokumentations- und Berichtspflichten (§ 10) gleichsam auf die umweltbezogenen Risiken nach § 2 Abs. 3 Nr. 1–8.

I. Gesetzeshistorie und materiell-rechtlicher Maßstab

78 Die Aufnahme ökologischer bzw. umweltbezogener Vorgaben als Maßstab für unternehmerische Sorgfaltspflichten waren von Beginn an Teil der Auseinandersetzung über eine gesetzlich begründete Beteiligung von Unternehmen an der Durchsetzung internationaler Menschenrechtsstandards.

79 Die Auswahl der wesentlichen Umweltbelange sowie der rechtliche Maßstab für die Bestimmung der entsprechenden umweltbezogenen Risikotatbestände, an die sich die unternehmerische Sorgfalt anknüpfen sollte, war dabei im Gesetzgebungsprozess umstritten.

80 Bereits im ersten Ressortentwurf des Bundesministeriums für wirtschaftliche Zusammenarbeit und Entwicklung (BMZ) – als Teil des Nationalen Aktionsplans Wirtschaft und Menschenrechte der damaligen Regierungskoalition aus CDU/CSU und SPD – wurde die Einhaltung grundlegender Anforderungen zum Umweltschutz und die Vermeidung von Umweltschäden als Gegenstand der unternehmerischen Sorgfaltspflichten identifiziert (einen Überblick über den Entstehungsprozess des LkSG gibt Schmidt-Räntsch ZUR 2021, 387). Die darin vorgesehenen Anforderungen an den Umweltschutz bzw. an die Vermeidung von Umweltschäden sollten sich aus dem Recht des Erfolgsorts, durch internationale umweltrechtliche Abkommen sowie aus dem „internationalen Stand der Technik“ ergeben. Die darin enthalte Begriffsbestimmung eines Umweltschadens definierte diesen noch sehr weit als nachteilige Veränderung der Umweltmedien Luft, Boden, Wasser, Klima, Bio-Diversität und der Erhaltung der natürlichen Lebensgrundlagen. Auch in von verschiedenen Auftraggebern in diesem Zusammenhang veröffentlichten Rechtsgutachten wurden Maßstab und Reichweite der umweltbezogenen Sorgfaltspflichten bzw. der darauf bezogenen Risiken diskutiert (Klinger/Krajewski/Krebs/Hartmann, Verankerung menschenrechtlicher Sorgfaltspflichten von Unternehmen im deutschen Recht, 2016; Initiative Lieferkettengesetz/Grabosch, Rechtsgutachten zur Ausgestaltung eines Lieferkettengesetzes, 2020; v. Henn/Jahn, Rechtsgutachten Zulässigkeit und Gegenstand umweltbezogener Sorgfaltspflichten in einem deutschen, 2020). Vorgeschlagen wurde die Einrichtung einer umweltbezogenen Generalklausel, wie sie etwa das seit 2017 in Frankreich geltende *loi de vigilance* kennt, oder die enumerative Aufzählung einzelner Umweltbelange mit jeweils unterschiedlichen normativen Anknüpfungspunkten: völkerrechtliche Umweltschutzabkommen, das Unionsumweltrecht, das nationale Recht des jeweiligen Herkunftsstaats – so vorgesehen zum Beispiel in der VO über das Inverkehrbringen von Holz und Holzerzeugnissen (Verordnung (EU) Nr. 995/2010 des Europäischen Parlaments und des Rates vom 20. Oktober 2010 über die Verpflichtungen von Marktteilnehmern, die Holz und Holzerzeugnisse in Verkehr bringen, ABl. L 2010 295, 23, ber. 2021 L 48, 18) – oder internationales soft law (Schmidt-Räntsch ZUR 2021, 387).

Im Ergebnis hat sich der Gesetzgeber **gegen die Einführung einer Generalklausel** zur Identifizierung der vom LkSG umfassten Risiken entschieden und stellt sowohl mit Blick auf die elf menschenrechtlichen Risiken nach § 2 Abs. 2 als auch mit Blick auf die umweltbezogenen Risiken nach Abs. 3 im Wesentlichen auf eine **enumerative Aufzählung** völkerrechtlicher Übereinkommen ab. **81**

Allerdings ist diese Bezugnahme innerhalb der einzelnen identifizierten umweltrechtlichen Risiken uneinheitlich ausgefallen: während für den Umgang mit Quecksilber auf das Minamata-Übereinkommen von 2013 und damit auf ein völkerrechtliches Umweltabkommen rekurriert wird, nehmen § 2 Abs. 3 Nr. 4, 5 bezüglich des Umgangs mit persistenten organischen Schadstoffen zwar zunächst auch auf das entsprechende völkerrechtliche Abkommen (Stockholmer Übereinkommen, POPs-Übereinkommen) Bezug. Konkret wird dann aber zum einen auf dessen EU-weite Umsetzung durch die VO (EU) 2019/1021 über persistente organische Schadstoffe abgestellt, zum anderen in § 2 Abs. 3 Nr. 5 auf nationales Recht, wenn die anwendbare Rechtsordnung nach den Maßgaben des Art. 6 Abs. 1 Buchst. d Ziff. i, ii POPs-Übereinkommen in der jeweils anwendbaren Rechtsordnung in Bezug genommen wird. Mit Blick auf die Regelungen über die Ein- und Ausfuhr von gefährlichen Abfällen ist wiederum das internationale Basler Abfallverbringungs-Übereinkommen (BaslÜ) maßgeblicher Bezugspunkt, wobei innerhalb dessen demgegenüber punktuell auf die Umsetzung als EU-Rechtsakt (VO (EG) 1013/2006 – Abfallverbringungs-VO) Bezug genommen wird. **82**

Dabei ist hervorzuheben, dass die referenzierten Übereinkommen bzw. Rechtsakte nicht in Gänze herangezogen werden, sondern abschließend nur hinsichtlich der in den im Rahmen der umweltbezogenen Risiken konkret benannten einzelnen Vorschriften. Zusätzlich wird innerhalb dieser Vorschriften – durchaus kleinteilig – im Hinblick auf die Vorgaben aus den zugrunde liegenden Rechtsakten differenziert (etwa hinsichtlich der Unterscheidung zwischen POP-haltigen Abfällen und Lagerbeständen, die nicht von den Regelungen des § 2 Abs. 3 Nr. 4 umfasst sind, → Rn. 127 ff.). **83**

Wenig ersichtlich ist, wonach sich die schlussendliche durch den Gesetzgeber **getroffene Auswahl** – oder vielmehr Beschränkung – auf die drei aufgenommenen Umweltabkommen bemessen hat. So hatte etwa die Bundestagsfraktion der Grünen noch erfolgslos in ihrem Änderungsantrag gefordert, auch das MARPOL Übereinkommen zur Verhütung der Meeresverschmutzung durch Schiffe in den Kanon der umweltbezogenen Risiken aufzunehmen (BT-DS 19/30546, 2). Aspekte des Artenschutzes, der Biodiversität und des Klimaschutzes werden in den ausgewählten umweltbezogenen Risiken überhaupt nicht direkt abgebildet. Insbes. dass Klimabelange nicht Gegenstand der umweltbezogenen Sorgfaltspflichten sind, überrascht vor dem Hintergrund der „Klimaschutzentscheidung" des Bundesverfassungsgerichts vom 24.3.2021 (BVerfG NJW 2021, 1723; Gailhofer/Verheyen ZUR 2021, 402 (402)). **84**

Auch der Entwurf der EU-Kommission einer Richtlinie über die Nachhaltigkeitspflichten von Unternehmen vom 23.3.2022 (https://eur-lex.europa.eu/resource.html?uri=cellar:bc4dcea4-9584-11ec-b4e4-01aa75ed71a1.0007.02/DOC_1&format=PDF (letzter Abruf am 27.9.2022)) verweist auf deutlich mehr völkerrechtliche Umweltabkommen, unter anderem etwa auf das Cartagena-Protokoll über die biologische Vielfalt, das Nagoya-Protokoll über den Zugang zu genetischen Ressourcen oder auf das Montrealer Protokoll zum Verzicht auf ozonschichtschädigende Stoffe (Annex to proposal for a Directive on corporate sustainability due diligence, Part II, S. 5). **85**

Vor diesem Hintergrund haben die in dem LkSG aufgenommen Umweltschutzbelange – gerade mit Blick auf die Auffangklausel des § 2 Abs. 2 Nr. 12, die ausschließlich in Bezug auf die menschenrechtlichen, nicht aber für umweltbezoge- **86** ne Risiken greift (so auch WRW LkSG/Ruttloff/Schulga § 2 Rn. 122) – **eher fragmentarischen Charakter.**

II. Begriffsbestimmungen

1. Umgang mit Quecksilber (Abs. 3 Nr. 1–3)

87 § 2 Abs. 3 nimmt in den Nr. 1–3 den **Umgang mit Quecksilber** in den Blick und bezieht sich dafür auf das internationale **Minamata-Übereinkommen,** das dem LkSG als Anlage Nummer 12 angehängt ist. Das in Genf ausgehandelte und am 10.10.2013 im japanischen Kumamoto durch die damalige Bundesregierung unterzeichnete Abkommen enthält völkerrechtliche Regelungen für die weltweite Reduzierung von anthropogen eingeführtem Quecksilber und Quecksilberverbindungen sowie der Minderung von hochtoxischen Quecksilberemissionen zum Schutz der Umwelt und der menschlichen Gesundheit (BGBl. 2017 II 610). Das Übereinkommen ist nach der Minamata-Krankheit benannt, einer chronischen Quecksilbervergiftung, die in den 1950er Jahren in der südjapanischen Küstenstadt Minamta Tausende Menschen erlitten, nachdem dort quecksilberhaltiges Abwasser in die der Stadt vorgelagerte Bucht geleitet worden war (Entwurf: https://www.bmuv.de/fileadmin/Daten_BMU/Download_PDF/Chemikaliensicherheit/minamata_gesetzentwurf_bf.pdf).

88 Die Regelungen des Minamta-Übereinkommens umfassen den gesamten Lebenszyklus des Schwermetalls, von seinem primären Abbau bis zur Entsorgung. Die Konvention trat am 16.8.2017 in Kraft; mittlerweile sind 137 Staaten dem Abkommen beigetreten (https://www.mercuryconvention.org/en/parties (Stand September 2022)).

89 In der Europäischen Union wird die Konvention seit dem 1.1.2018 durch die (VO (EU) 2017/852 – Quecksilber-Verordnung) umgesetzt. Anders als in Bezug auf die Regelungen über persistente Chemikalien in § 2 Abs. 3 Nr. 4, 5, bei der ausdrücklich die VO (EU) 2019/1021 über persistente organische Schadstoffe zugrunde gelegt wird (→ Rn. 114, 127), nimmt das Gesetz hier aber **keinen Bezug auf den unionsrechtlichen Umsetzungsrechtsakt** des Abkommens, ohne dass Gründe hierfür ersichtlich sind.

90 Dabei stellt sich die Frage, ob die entsprechenden Herkunftsländer der mit Quecksilber versetzten Produkte oder die Länder, in denen die einschlägigen Herstellungsprozesse stattfinden, das Minamata-Übereinkommen ratifiziert haben müssen, damit sich die unternehmerischen Sorgfaltspflichten auf ein Risiko iSd § 2 Abs. 3 Nr. 4, 5 beziehen können (Grabosch LkSG/Schönfelder S. 107).

91 Maßgeblich ist hier die grundsätzliche Einordnung **des räumlichen Geltungsanspruchs des LkSG** (→ Rn. 121) und dem Verhältnis zu den jeweiligen nationalen Rechtsordnungen.

a) Herstellung von mit Quecksilber versetzten Produkten (Abs. 3 Nr. 1)

92 § 2 Abs. 3 Nr. 1 stellt mit dem Verweis auf Art. 4 Abs. 1 Minamata-Übereinkommen und Anlage A Teil I Minamata-Übereinkommen **das Verbot der Herstellung von mit Quecksilber versetzten Produkten** auf. Welche Produkte genau davon umfasst sind, richtet sich nach Anlage A Teil I Minamata-Übereinkommen. Dort sind die einschlägigen Produkte jeweils mit dazugehörigem Ausstiegsdatum für die Herstellung, Einfuhr und Ausfuhr („phase-out-date") aufgelistet. Während das Minamata-Übereinkommen also auch Import und Export der Produkte in Bezug nimmt, stellt das LkSG **ausschließlich auf die Herstellung** der einschlägigen Produkte ab. Auch in der Gesetzesbegründung wird ausschließlich die Herstellung der mit Quecksilber versetzten Produkte aufgegriffen – danach sollen die Unternehmen ihre Tätigkeit in der Lieferkette dahingehend überprüfen, ob sie an der Herstellung der einschlägig aufgeführten Produkte beteiligt sind; Ein- und Ausfuhr der Produkte werden nicht benannt (BT-Drs. 19/28649, S. 39).

Ein „mit Quecksilber versetztes Produkt“ ist nach der Begriffsbestimmung des Art. 2 Buchst. f Minamata-Übereinkommen „ein Produkt oder ein Produktbestandteil, das Quecksilber oder eine absichtlich hinzugefügte Quecksilberverbindung enthält.“ 93

Unter einer Quecksilberverbindung wiederum wird „jeder Stoff, der aus Quecksilberatomen und einem oder mehreren Atomen anderer chemischer Elemente besteht und der sich nur durch chemische Reaktionen in verschiedene Bestandteile trennen lässt“, verstanden (Art. 2 Buchst. e Minamata-Übereinkommen). 94

Anlage A Teil I Minamata-Übereinkommen nennt bspw. Batterien mit Ausnahme von Zink-Silberoxid-Knopfzellen mit einem Quecksilbergehalt von weniger als 2 Prozent und Zink-Luft-Knopfzellen mit einem Quecksilbergehalt von weniger als 2 Prozent, Hochdruck-Quecksilberdampflampen für allgemeine Beleuchtungszwecke oder Pestizide, Biozide und topische Antiseptika. Für sämtliche mit Quecksilber versetzte, dort aufgelistete Produkte war 2020 das maßgebliche Ausstiegsdatum. 95

aa) Ausnahmeregelungen

Mit dem Verweis auf Art. 4 Minamata-Übereinkommen bzw. Anlage A Teil I Minamata-Übereinkommen bezieht das LkSG zugleich die dort **geregelten Ausnahmekonstellationen** für den Einsatz von Quecksilber in spezifischen Produkten ein. In Betracht kommt der gesetzliche Ausschluss bestimmter Produkte, nationale Ausnahmeregelungen sowie alternative Maßnahmen oder Strategien. 96

Über diese Ausnahmeregelungen sind die **nationalstaatlichen Vorgaben der Produktionsländer** hinsichtlich der Einordnung, wann ein Umweltrisiko iSd § 2 Abs. 3 gegeben ist, durch die Unternehmen zu berücksichtigen. Da das Sekretariat des Minamata-Übereinkommens eine aktuelle Liste der in den Vertragsstaaten geltenden Ausnahmeregelungen und der registrierten Alternativverfahren online vorhält (https://mercuryconvention.org/en/parties/exemptions (letzter Abruf am 27.9.2022)), sind diese für die Unternehmen zumindest verhältnismäßig unproblematisch einsehbar. In der Praxis dürften diese Regelungen indes einen erheblichen Mehraufwand iRd Risikoanalyse erforderlich machen, muss das Unternehmen danach doch in Bezug auf seine Lieferkette die ggf. jeweils zu berücksichtigenden nationalen Ausnahmen stets gesondert im Blick behalten. 97

bb) Ausgeschlossene Produkte

Nach Anlage A Teil I Minamata-Übereinkommen sind zunächst **ausgewählte Produkte grundsätzlich von dem Regelungsbereich der Anlage A ausgeschlossen,** namentlich für den Zivilschutz und militärische Verwendungszwecke unerlässliche Produkte; Produkte für die Forschung, die Kalibrierung von Instrumenten und zur Verwendung als Referenzstandard; für Schalter und Relais, Kalkathoden-Leuchtstofflampen und Leuchtstofflampen mit externen Elektroden für elektronische Displays und Messgeräte (sofern keine machbare quecksilberfreie Alternative vorliegt); bei traditionellen und religiösen Praktiken verwendete Produkte sowie Impfstoffe mit Thiomersal als Konservierungsstoff. 98

cc) Ausnahmeregelung auf Ersuchen des Vertragsstaats

Auch die nach Art. 6 Minamata-Übereinkommen mögliche Ausnahmeregelunge für eine Vertragspartei findet über die Inbezugnahme von Art. 4 Abs. 1 Minamata-Übereinkommen in § 2 Abs. 3 Berücksichtigung. Dort ist geregelt, dass die Vertragsstaaten **auf Ersuchen mögliche Ausnahmeregelungen** von den Ausstiegsdaten nach Anlage A Minamata-Übereinkommen und Anlage B Minamata-Übereinkommen treffen können, die dann in dem vom Konventions-Sekretariat online geführten Register veröffentlicht werden (https://mercuryconvention.org/en/parties/exemptions (letzter Abruf am 27.9.2022)). 99

Ausnahmen von den Ausstiegsdaten hinsichtlich der Herstellung von mit Quecksilber versetzten Produkten nach Art. 6 Minamata-Übereinkommen haben etliche 100

Vertragsstaaten registriert, unter anderem etwa Botswana, Ghana und Indien für sämtliche der in Anlage A Teil I Minamata-Übereinkommen aufgeführten Produkte; Peru und Argentinien bspw. für die Herstellung klinischer Thermometer.

dd) Alternatives Verfahren aus Art. 4 Abs. 2 Minamata-Übereinkommen (andere Maßnahmen oder Strategien)

101 Das **alternative Verfahren aus Art. 4 Abs. 2 Minamata-Übereinkommen,** das die Möglichkeit für die Vertragsparteien vorsieht, andere Maßnahmen oder Strategien mit Blick auf den Einsatz von Quecksilber in den einschlägigen Produkten zu treffen, ist ebenfalls von dem LkSG umfasst, denn Art. 4 Abs. 2 Minamata-Übereinkommen stellt ausdrücklich auf Art. 1 Minamata-Übereinkommen als Bezugspunkt für eine solche Alternative ab. Dies hebt auch die Gesetzesbegründung explizit hervor (BT-Drs. 19/28649, 39). Derzeit haben diese Option alternativer Maßnahmen in Bezug auf die in Anlage A Teil I Minamata-Übereinkommen aufgelisteten Produkte ausschließlich die USA wahrgenommen (https://mercuryconvention.org/sites/default/files/documents/notification/USA%2520declaration_Art%25204%2520para%25202.pdf (letzter Abruf am 27.9.2022)).

b) Verwendung von Quecksilber und Quecksilberverbindungen (Abs. 3 Nr. 2)

102 Während § 2 Abs. 3 Nr. 1 die Herstellung von Quecksilber-Produkten an sich als maßgebliches Umweltrisiko definiert, stellt Nr. 2 auf das **Verbot der Verwendung von Quecksilber und Quecksilberverbindungen bei Herstellungsprozessen** iSv Art. 5 Abs. 2 Minamata-Übereinkommen und Anlage B Teil I Minamata-Übereinkommen ab.

103 Ausdrücklich nicht umfasst werden nach Art. 5 Abs. 1 Minamata-Übereinkommen und damit auch iRd LkSG solche Herstellungsprozesse, bei denen nur mit Quecksilber versetzte Produkte verwendet oder hergestellt werden sollen, da diese Konstellation insoweit schon von Art. 4 Minamata-Übereinkommen abgedeckt wird (so auch die Gesetzesbegründung, nach der die in Art. 5 Abs. 1 Minamata-Übereinkommen selbst enthaltende Beschränkung des Herstellungsprozesses auch mit Blick auf das LkSG zu berücksichtigen ist, BT-Drs. 19/28649, 39). Anlage B Teil I Minamata-Übereinkommen beschränkt sich auf die Chloralkali-Herstellung (Ausstiegsdatum 2025) und auf die Acetaldehyd-Herstellung, bei der Quecksilber und Quecksilberverbindungen als Katalysator verwendet werden (Ausstiegsdatum bereits 2018).

104 Auch hier muss durch den Rechtsanwender nach dem Willen des Gesetzgebers und der Systematik von Art. 6 Minamata-Übereinkommen berücksichtigt werden, ob eine nationalstaatliche Ausnahme in dem Produktionsland greift, da dieser sich in Hinblick auf potenzielle Ausnahmen ebenfalls auf die Anlage B und damit auf die durch Art. 5 Abs. 2 Minamata-Übereinkommen abgedeckten Herstellungsprozesse – auf den § 2 Abs. 3 Nr. 2 abstellt – bezieht. IdS stellt auch die Gesetzesbegründung zum LkSG ausdrücklich darauf ab, ob das Produktionsland *(„das Land, dessen Rechtsordnung für die unternehmerische Tätigkeit Anwendung findet")* eine Ausnahme nach Art. 6 Minamata-Übereinkommen registriert hat. Diese Ausnahmen sind ebenfalls auf der Website der Konvention einsehbar (https://mercuryconvention.org/en/parties/exemptions (letzter Abruf am 27.9.2022)).

c) Quecksilber-Abfälle (Abs. 3 Nr. 3)

105 § 2 Abs. 3 Nr. 3 greift das Verbot der Behandlung von Quecksilberabfällen entgegen den Bestimmungen des Art. 11 Abs. 3 Minamata-Übereinkommen auf.

106 Unter Quecksilberabfällen werden gem. Art. 11 Abs. 2 Minamata Übereinkommen solche Stoffe oder Gegenstände verstanden, die in einer Menge oberhalb der von der Konferenz der Vertragsparteien in Zusammenarbeit mit den einschlägigen Organen des Basler Übereinkommens festgelegten relevanten Schwellenwerte aus

Quecksilber oder Quecksilberverbindungen bestehen, Quecksilber oder Quecksilberverbindungen enthalten oder mit diesen verunreinigt sind und die entweder zur Entsorgung bestimmt sind oder aufgrund innerstaatlicher Rechtsvorschriften oder aufgrund des Minamata-Übereinkommens selbst entsorgt werden müssen (ausgenommen sind davon Abraum, Taubgestein und Aufbereitungsrückstände aus dem Bergbau außer aus dem primären Quecksilberbergbau, es sei denn, diese enthalten Quecksilber oder Quecksilberverbindungen oberhalb festgelegten Schwellenwerte, Art. 11 Abs. 2 Minamata Übereinkommen. Die technischen Leitlinien zum Basler Übereinkommen über die umweltgerechte Entsorgung von Quecksilberabfällen führen in ihrer Tabelle 3 eine Übersicht mit Beispielen für entsprechende Quecksilberabfälle auf, vgl. S. 24 ff. der technischen Leitlinien, abrufbar unter https://mercuryconvention.org/en/documents/basel-convention-technical-guidelines-environmentally-sound-management-wastes-consisting (letzter Abruf 13.10.2022)). Diese Definition des Minamata-Übereinkommens soll nach der Gesetzesbegründung auch iRd LkSG herangezogen werden (BT-Drs. 19/28649, 39).

Art. 11 Abs. 3 Minamata Übereinkommen bestimmt zunächst grds., dass Quecksilberabfälle **umweltgerecht zu behandeln** sind und bezieht sich dahingehend auf das in § 2 Abs. 3 Nr. 6–8 auch ausdrücklich erwähnte **Basler Übereinkommen über die Kontrolle der grenzüberschreitenden Verbringung gefährlicher Abfälle und ihrer Entsorgung** (BaslÜ). 107

Das Basler Übereinkommen definiert in Art. 2 Nr. 8 BaslÜ eine solche umweltgerechte Behandlung gefährlicher oder anderer Abfälle allgemein als

> *„alle praktisch durchführbaren Maßnahmen, die sicherstellen, dass gefährliche Abfälle oder andere Abfälle so behandelt werden, dass der Schutz der menschlichen Gesundheit und der Umwelt vor den nachteiligen Auswirkungen, die solche Abfälle haben können, gewährleistet ist."*

Welche konkreten Maßnahmen im Sinne dieser Begriffsbestimmung in Bezug auf Quecksilberabfälle gemeint sind, führen wiederum die nach dem Basler Übereinkommen **erlassenen technischen Leitlinien über die umweltgerechte Entsorgung von Quecksilberabfällen** näher aus. Diese Leitlinien sind als *„Technical guidelines on the environmentally sound management of wastes consisting of, containing or contaminated with mercury or mercury compounds"* sowohl über die Website des Minamata-Übereinkommens (https://mercuryconvention.org/en/documents/basel-convention-technical-guidelines-environmentally-sound-management-wastes-consisting (letzter Abruf am 29.9.2022)) als auch auf dem Internetauftritt des Basler Übereinkommens (http://www.basel.int/Implementation/MercuryWastes/TechnicalGuidelines/tabid/5159/Default.aspx (letzter Abruf am 29.9.2022)) auffindbar. 108

Art. 11 Abs. 3 Buchst. a Minamata-Übereinkommen nimmt diese dahingehend erarbeiteten technischen Leitlinien ausdrücklich für die Anforderungen an eine umweltgerechte Entsorgung der entsprechenden Abfälle in Bezug. 109

Art. 11 Abs. 3 Buchst. b Minamata-Übereinkommen trifft weiterhin Bestimmungen über die Wiederaufbereitung von Quecksilberabfällen: nur für die angeführte umweltgerechte Entsorgung und für die nach dem Minamata-Übereinkommen erlaubten Verwendungen (nach der Begriffsbestimmung des Art. 2 Buchst. k Minamata-Übereinkommen ist eine erlaubte Verwendung „jede mit diesem Übereinkommen vereinbare Verwendung von Quecksilber oder Quecksilberverbindungen durch eine Vertragspartei, insbesondere, jedoch nicht ausschließlich, Verwendungen, die mit den Artikeln 3, 4, 5, 6 und 7 vereinbar sind.") – also insbes. der möglichen Ausnahmen (→ Rn. 96 ff.) – sollen Quecksilberabfälle wiedergewonnen, verwertet, rückgewonnen oder unmittelbar wiederverwendet werden dürfen. 110

Nach Art. 11 Abs. 3 Buchst. c Minamata-Übereinkommen ist zudem die Beförderung von Quecksilberabfällen ausschließlich zum Zwecke der umweltgerechten Entsorgung erlaubt oder in Fällen, in denen das Basler Übereinkommen auf eine Beförderung über Staatsgrenzen hinweg keine Anwendung findet, nur unter Berücksichtigung einschlägiger internationaler Regeln, Normen und Richtlinien. 111

Verpflichtete Unternehmen sollten sich im Rahmen ihrer Risikoanalyse an den technischen Leitlinien orientieren und so prüfen, ob entlang ihrer Lieferkette entstandene Quecksilberabfälle umweltgerecht behandelt werden und somit im Einklang mit den Bestimmungen von Art. 11 Abs. 3 Minamata-Übereinkommen stehen. Diese Inbezugnahme der umweltgerechten Behandlung von Quecksilberabfällen hat notwendigerweise ein **sehr weites Verständnis der Lieferkette zur Folge** (→ Rn. 160 ff.). Denn der Verweis auf Art. 11 Abs. 3 Buchst. c Minamata-Übereinkommen führt dazu, dass auch die Entsorgungskette eines Zulieferers der verpflichteten Unternehmen – sofern diese mit der eigenen Lieferkette im Zusammenhang steht – iRd Risikoanalyse mit Blick auf denkbare Quecksilberabfälle zu berücksichtigen ist.

2. Umgang mit POP (Abs. 3 Nr. 4, 5)

112 § 2 Abs. 3 Nr. 4, 5 beziehen sich für die **Einordnung als umweltrechtliches Risiko auf die Vorgaben für sogenannten persistente („langlebige") organische Schadstoffe** *(persistent organic pollutions – POP)*. Diese schwer abbaubaren Stoffe, zu denen u. a. Pestizide und Industriechemikalien, aber auch unbeabsichtigte Nebenprodukte aus industriellen Prozessen gehören, können auf lange Sicht in der Umwelt verbleiben und so zu erheblichen Umwelt- und Gesundheitsschäden führen. POP sammeln sich in lebenden Organismen an und können sich so weltweit über internationale Grenzen hinweg – durch die Nahrungsketten, Luft oder Wasser – ausweiten. Die in den Nr. 4 (Verbot der Produktion und Verwendung) und Nr. 5 (Verbot der nicht umweltgerechten Handhabung, Sammlung, Lagerung und Entsorgung von Abfällen) enthaltenen Verbote nehmen diese negativen Folgen persistenter organischer Schadstoffe in den Blick.

113 Grundlage auch für die Bestimmungen des LkSG ist das **Stockholmer Übereinkommen vom 23.5.2001** (POPs-Übereinkommen). Das Abkommen hat zum Ziel, durch Verbote und Beschränkungen der Produktion, Verwendung und der Ein- und Ausfuhr von persistenten Schadstoffen zum Schutz der Umwelt und der menschlichen Gesundheit beizutragen (https://www.bmuv.de/themen/gesundheit-chemikalien/chemikalien/pops (letzter Abruf am 28.9.2022)). Das Abkommen hat 185 Vertragsstaaten, Deutschland ist seit 2011 Vertragspartei (BGBl. 2002 II 803). Auch die EU hat das Stockholmer Übereinkommen ratifiziert und mit der VO (EG) 850/2004 über persistente organische Schadstoffe europaweit umgesetzt, die 2019 durch die neue POP-Verordnung abgelöst wurde. Auf diese unionsweite Umsetzung des Stockholmer Übereinkommens nimmt das LkSG Bezug.

a) Produktion und Verwendung von persistenten organischen Chemikalien (Abs. 3 Nr. 4)

114 In § 2 Abs. 3 Nr. 4 wird das **Verbot der Produktion und Verwendung persistenter organischer Chemikalien** iSd Art. 3 Abs. 1 Buchst. a POPs-Übereinkommen und Anlage A POPs-Übereinkommen geregelt. Maßstab für die Bestimmung der konkret umfassten Stoffe ist aber dann nicht das Übereinkommen selbst, sondern dessen unionsweite Umsetzung idF der VO (EU) 2019/1021 und der Delegierten VO (EU) 2021/277 (darin wird ein Grenzwert für unbeabsichtigte Spurenverunreinigungen mit Pentachlorphenol, seine Salze und Ester festgelegt).

115 Gem. Art. 3 Abs. 1 VO (EU) 2019/1021 zählt Anhang I VO (EU) 2019/1021 Stoffe auf, die – vorbehaltlich einer zulässigen Ausnahmeregelung – als solche, in Erzeugnissen und Gemischen verboten sind. Derzeit sind 26 Stoffe in Anhang I VO (EU) 2019/1021 gelistet, die die in Anlage A POPs-Übereinkommen aufgeführten Stoffe umfassen.

116 Für die aufgenommenen Stoffe können gem. Art. 4 Abs. 1 VO (EU) 2019/1021 allerdings **Ausnahmen** greifen: entweder weil die Stoffe für die Forschung im Labormaßstab oder als Referenzstandard verwendet werden (Buchst. a) oder in

Bezug auf Stoffe, die gemäß den Angaben in den einschlägigen Einträgen in Anhang I VO (EU) 2019/1021 oder Anhang II VO (EU) 2019/1021 als unbeabsichtigte Spurenverunreinigung (definiert als „Gehalt an einem Stoff, der unbeabsichtigt in sehr geringer Menge vorhanden ist, unterhalb dessen der Stoff nicht sinnvoll verwendet werden kann, und der oberhalb der Nachweisgrenze der zum Zwecke der Kontrolle und Durchsetzung eingesetzten Nachweismethoden liegt"; Art. 2 Nr. 12 VO (EU) 2019/1021) in Stoffen, Gemischen oder Erzeugnissen vorhanden sind (Buchst. b). Hinsichtlich der Spurenverunreinigung werden teilweise zu den jeweiligen in Anhang I VO (EU) 2019/1021gelisteten Stoffen Maximalkonzentrationswerte benannt oder auch gänzliche verwendungsbezogene Ausnahmen von den Stoffverboten getroffen.

Zudem sind nach Art. 4 Abs. 2 VO (EU) 2019/1021 mit Blick auf zukünftig neu aufgenommene Stoffe auch zeitbezogenen Ausnahmeregelungen bzw. Übergangsphasen zu berücksichtigen („Für Stoffe, die nach dem 15. Juli 2019 in Anhang I oder II aufgenommen werden, gilt Artikel 3 für einen Zeitraum von sechs Monaten nicht, wenn die Stoffe in Erzeugnissen vorhanden sind, die vor oder zu dem Zeitpunkt hergestellt worden sind, ab dem diese Verordnung für diese Stoffe gilt."). **117**

Ist eine von dem Unternehmen in der Lieferkette produzierte oder verwendete Chemikalie nicht im Anhang I VO (EU) 2019/1021 aufgezählt oder greift für sie eine der benannten Ausnahmeregelungen, besteht kein umweltbezogenes Risiko iSd § 2 Abs. 3 Nr. 4. **118**

Im Prinzip bedeutet dies, dass ein Unternehmen die ohnehin bereits existierenden EU-weiten stoffrechtlichen Vorgaben hinsichtlich der Produktion und Verwendung von persistenten organischen Schadstoffen zu beachten hat, nunmehr ergänzt um das Risiko, andernfalls auch eine umweltbezogene Pflicht iSd § 2 Abs. 3 Nr. 4 zu verletzten. **119**

Nach dieser Logik würde die Regelung einen tatsächlichen Mehrwert also erst dann entfalten, wenn das Verbot nach § 2 Abs. 3 Nr. 4 auch dort greift, wo die POP-Verordnung nicht gilt, also im Nicht-EU-Ausland. **120**

Weshalb der Gesetzgeber aber dann zur Identifizierung der einschlägigen Chemikalien im Sinne des § 2 Abs. 3 Nr. 4 den **europäischen Maßstab** über die VO (EU) 2019/1021 gewählt hat, anstelle des zugrundeliegenden völkerrechtlichen Abkommens, ist unverständlich. Dies gilt umso mehr mit Blick darauf, dass in dem Regierungsentwurf zum LkSG und der entsprechenden Gesetzesbegründung die Bezugnahme auf die unionsweite VO (EU) 2019/1021 noch nicht vorgesehen war. Die Begründung in der Beschlussempfehlung des Ausschusses für Arbeit und Soziales, die schlussendlich umgesetzte Erweiterung des § 2 Abs. 3 Nr. 4 um die Bezugnahme auf die VO (EU) 2019/1021 erfolge als *„[r]edaktionelle Folgeänderung aufgrund der Einfügung der neuen § 2 Absatz 3 Nummer 6 bis 8"* (BT-Drs. 19/30505, 36), ist dahingehend wenig erhellend.

Auch hier stellt sich also zunächst grundsätzlich die Frage nach dem **räumlichen Geltungsanspruch des LkSG** (→ Rn. 91) und – konkret hinsichtlich des Umgangs mit persistenten organischen Schadstoffen – mit Blick auf außereuropäische Staaten, die das Stockholmer Übereinkommen nicht ratifiziert haben (derzeit die USA, Israel, Malaysia und Haiti, vgl. http://www.pops.int/Countries/StatusofRatifications/PartiesandSignatoires/tabid/4500/Default.aspx (letzter Abruf am 28.9.2022)). **121**

Jedenfalls die ursprüngliche Begründung zum Regierungsentwurf, der darauf abstellt, dass die Staaten sich lediglich zur Umsetzung des Abkommens **verpflichtet** haben müssen, gibt einen Hinweis darauf, dass die Umsetzung des Übereinkommens in nationales Recht durch die Herkunftsstaaten kein zwingendes Erfordernis für die Beachtung der Sorgfaltspflichten in Bezug auf die jeweiligen Staaten sein soll: **122**

> *„Ist die Produktion und Verwendung der in Anlage A aufgeführten Stoffe in dem Staat der anwendbaren Rechtsordnung nach der Maßgabe des Artikel 3 Absatz 1a) verboten*

oder eingeschränkt oder hat sich dieser Staat durch Ratifikation zu einem entsprechenden Verbot verpflichtet, bestehen diesbezüglich Sorgfaltspflichten im Sinne der §§ 3 bis 10.“

(BT-Drs. 19/28649, 40, für ein solches Verständnis auch Grabosch LkSG/Schönfelder S. 107 und WRW LkSG/Ruttloff/Schulga § 2 Rn. 105, 279; aA Öttinger/Reidick, StoffR 2022, 2 (8))

123 Für die Bestimmung der gesetzlichen Reichweite der Vorschrift und der entsprechenden Sorgfaltspflichten heißt dies, dass sich innerhalb der EU und damit im unmittelbaren Anwendungsbereich VO (EU) 2019/1021 eine Diskussion erübrigt; hier ist das Gesetz eindeutig.

124 Ist der Geschäftsbereich eines Unternehmens betroffen – etwa über ein Tochterunternehmen, das die einschlägigen Schadstoffe in ihrer Produktion verwendet, diese Produkte aber nicht in der EU in den Verkehr bringt – und hat das entsprechende Produktionsland das POPs-Übereinkommen nicht ratifiziert, liegt kein Verstoß gegen das in § 2 Abs. 3 Nr. 4 benannte Verbot vor und folglich auch keine Verletzung einer umweltbezogenen Pflicht (so auch Öttinger/Reidick StoffR 2022, 2 (8)). Gerade mit Blick auf den Produktionsstandort USA, die das POPs-Übereinkommen bislang nicht umgesetzt haben, kann dies spürbare praktische Bedeutung haben.

125 Problematisch ist die Konstellation, die den Geschäftsbereich eines Unternehmens außerhalb der EU, aber in einem Vertragsstaat des POPs-Übereinkommens betrifft. Zwar lässt sich unter Verweis auf die angeführte Gesetzesbegründung zum Regierungsentwurf anbringen, dass auch in diesem Fall die Sorgfaltspflichten des LkSG greifen sollen (so aber Öttinger/Reidick StoffR 2022, 2 (8) und WRW LkSG/Ruttloff/Schulga § 2 Rn. 278). Gleichwohl steht eine solche Lesart im Widerspruch zu dem Wortlaut der Norm, der hier ausdrücklich auf die Fassung der VO (EU) 2019/1021 abstellt – zumal diese Referenz in dem Gesetzesentwurf, auf den sich die Begründung bezieht, noch gar nicht enthalten war.

126 Vorzugswürdig ist es hier also, den Wortlaut des Gesetzes auch tatsächlich ernst zu nehmen, sodass sich die Sorgfaltspflichten in der geschilderten Konstellation nicht auf ein Verbot nach § 2 Abs. 3 Nr. 4 beziehen.

b) Verbot der nicht umweltgerechten Handhabung, Sammlung, Lagerung und Entsorgung von POP-haltigen Abfällen (Abs. 3 Nr. 5)

127 In § 2 Abs. 3 Nr. 5 wird das **Verbot der nicht umweltgerechten Handhabung, Sammlung, Lagerung und Entsorgung von POP-haltigen Abfällen** geregelt. Wann ein solcher nicht umweltgerechter Umgang vorliegt, bestimmt sich gem. § 2 Abs. 3 Nr. 5 nach den Regelungen, die in der anwendbaren Rechtsordnung nach den Maßgaben des Art. 6 Abs. 1 Buchst. d Ziff. i, ii POPs-Übereinkommen gelten.

128 Nach den Art. 6 Abs. 1 Buchst. d Ziff. i, ii POPs-Übereinkommen sind die Vertragsstaaten zur Ergreifung geeigneter Maßnahmen in Bezug auf POP-haltige Abfälle oder Produkte und Artikel, die zu solchen Abfällen werden, verpflichtet.

129 Gem. Art. 6 Abs. 1 Buchst. d Ziff. i POPs-Übereinkommen ist die umweltgerechte Handhabung, Sammlung, Beförderung und Lagerung entsprechender Abfälle umfasst. Ziff. ii stellt auf die Entsorgung ab, die entweder so erfolgen muss, dass die enthaltenen persistenten organischen Schadstoffe zerstört oder unumkehrbar umgewandelt werden, so dass diese nicht mehr die Eigenschaft persistenter organischer Schadstoffe aufweisen oder aber die Entsorgung auf andere umweltgerechte Weise erfolgen muss, sofern die vorgenannte Zerstörung oder Umwandlung der POP nicht die unter Umweltgesichtspunkten vorzuziehende Möglichkeit darstellt oder ihr Gehalt an POP niedrig ist. Bei der Entsorgung sind zudem nach Ziff. ii Hs. 6 internationale Regeln, Normen und Richtlinien, sowie einschlägige weltweite und regionale Regelungen zur Behandlung gefährlicher Abfälle zu berücksichtigen.

Indem § 2 Abs. 3 Nr. 5 ausschließlich und ausdrücklich auf Buchst. d von Art. 6 Abs. 1 POPs-Übereinkommen verweist, wird schließlich deutlich, dass nur der Umgang mit den entsprechenden *Abfällen* als umweltbezogenes Risiko definiert werden soll, nicht etwa auch die sichere und umweltgerechte Behandlung von Lagerbeständen persistenter organischer Chemikalien, die in Art. 6 Abs. 1 Buchst. c POPs-Übereinkommen geregelt ist und ebenfalls erhebliche umweltrechtliche Relevanz haben kann (so auch Grabosch LkSG/Schönfelder S. 110 f.). **130**

Hinsichtlich des gewählten materiell-rechtlichen Maßstabs stellt § 2 Abs. 3 Nr. 5 – anders als Nr. 4 – (→ Rn. 114) auf die jeweils anwendbare Rechtsordnung ab, also auf das Recht, das nach den Maßgaben des Art. 6 Abs. 1 Buchst. d Ziff. i, ii POPs-Übereinkommen am Beschäftigungsort gilt. Dem Wortlaut der Vorschrift lässt sich auch hier nicht eindeutig entnehmen, dass im Zweifel auf die Anforderungen POPs-Übereinkommen als materielles Mindestmaß abzustellen ist, wenn in dem betroffenen Staat keine weiteren Vorgaben zur Behandlung POP-haltiger Abfälle getroffen wurden (WRW LkSG/Ruttloff/Schulga § 2 Rn. 284) – der Gesetzgeber hat sich hier vielmehr ausdrücklich dafür entschieden, **das national anwendbare Recht in Bezug** zu nehmen; im Zweifel also auch dann, wenn keine nationalen Regelungen zur Abfallbehandlung iSv Art. 6 Abs. 1 Buchst. d Ziff. i, ii POPs-Übereinkommen getroffen wurden. **131**

Auch wenn danach die Berücksichtigung der entsprechenden Vorgaben über den umweltgerechte Handhabung POP-haltiger Abfälle am Maßstab des Art. 6 Abs. 1 Buchst. d Ziff. i, ii POPs-Übereinkommen als **rechtlich** nicht zwingend zu bewerten ist, sollten sich die verpflichteten Unternehmen schon aus **Praktikabilitätsgründen** im Rahmen der Risikoanalyse an den entsprechenden Regelungen POPs-Übereinkommen orientieren. **132**

3. Kontrolle der grenzüberschreitenden Verbringung gefährlicher Abfälle und ihrer Entsorgung (Abs. 3 Nr. 6–8)

§ 2 Abs. 3 Nr. 6–8 beziehen sich auf die Verbote der Ein- und Ausfuhr von gefährlichen Abfällen. **133**

Bezugspunkt sind die Regelungen des Basler Übereinkommens über die Kontrolle der grenzüberschreitenden Verbringung gefährlicher Abfälle und ihrer Entsorgung vom 22.3.1989 sowie der EU-Abfallverbringungsverordnung (→ Rn. 143). Das Basler Übereinkommen haben über 190 Staaten – einschließlich der EU – ratifiziert (Stand September 2022), Deutschland ist seit 1995 Vertragsstaat der Konvention (BGBl. 1994 II 2703). In dem Übereinkommen werden grenzübergreifende Reglungen über die Zulässigkeit und die Kontrolle des Exports gefährlicher Abfälle getroffen. Grenzüberschreitende Abfallverbringungen benötigen danach die Zustimmung des Ausfuhrlandes, sämtlicher Durchfuhrländer sowie des Einfuhrlandes (https://www.bmuv.de/gesetz/basler-uebereinkommen-ueber-die-kontrolle-der-grenzueberschreitenden-verbringung-gefaehrlicher-abfaelle-und-ihrer-entsorgung (letzter Abruf am 28.9.2022)). **134**

Die Regelungen über die Aufnahme des Basler Abkommens als den Nr. 6–8 sind erst durch den Ausschuss für Arbeit und Soziales in dem Regierungsentwurf zum LkSG ergänzt worden (BT-Drs. 19/30505, 37). Eine Begründung für die aufgenommen Erweiterung des § 2 Abs. 3 um die entsprechenden Vorgaben liefern die gesetzgeberischen Materialien nur bedingt: dort heißt es, dass Basler Übereinkommen werde ebenso wie das Stockholmer Übereinkommen und das Minamata Übereinkommen einbezogen, weil es *„neben dem Umweltschutz auch dem Schutz der menschlichen Gesundheit dient, wie die Präambel des Basler Übereinkommens ausdrücklich klarstellt, und damit auch einen Bezug zu Menschenrechten hat."* (BT-Drs. 19/30505, 37). Weshalb dieses Auswahlkriterium allerdings gerade in Bezug auf das Basler Übereinkommen herangezogen wird, dies aber bei weiteren, ebenfalls auch dem Schutz der menschlichen Gesundheit dienenden Umweltabkommen nicht zu einer Aufnahme in den Katalog des § 2 Abs. 3 geführt hat, erschließt sich aus dieser Begründung nicht. **135**

a) Einordnung als gefährlicher Abfall

136 Die Vorschriften des § 2 Abs. 3 Nr. 6–8 stellen zunächst auf die **Definition der gefährlichen Abfälle** iSd Art. 1 Abs. 1 BaslÜ und anderer Abfälle gem. Art. 1 Abs. 2 BaslÜ ab. Diese wiederum verweisen auf die dem Übereinkommen angehängten Anlagen. Explizit gibt dies der Wortlaut des Gesetzes nur in § 2 Abs. 3 Nr. 6 her, der für die Begriffsbestimmung von gefährlichen und anderen Abfällen auf die Vorgaben des Basler Übereinkommens verweist. Dass dieses Verständnis auch für die Nr. 7, 8 heranzuziehen ist, die ja ebenfalls auf die Basler Konvention abstellen, liegt nahe. Aus Gründen der Gesetzesklarheit gleichwohl wünschenswert sowie systematisch sauberer wäre aber ein Gesetzeswortlaut, der diese Begriffsbestimmung auf Grundlage des Basler Übereinkommens allgemein für die im LkSG aufgenommen Risiken über gefährliche und andere Abfälle festlegt.

137 In dem Basler Übereinkommen selbst sind Abfälle allgemein als „Stoffe oder Gegenstände, die entsorgt werden, zur Entsorgung bestimmt sind oder aufgrund der innerstaatlichen Rechtsvorschriften entsorgt werden müssen" definiert (Art. 2 Nr. 1 BaslÜ). Diese Begriffsbestimmung ähnelt dem Abfall-Verständnis in der europäischen Abfall-Rahmen-RL (RL 2008/98/EG) sowie dem deutschen Kreislaufwirtschaftsgesetz (§ 3 Abs. 1 S. 1 KrWG).

aa) Gefährliche Abfälle nach Art. 1 Abs. 1 Buchst. a, b BaslÜ

138 **Gefährliche Abfälle** iSd Art. 1 Abs. 1 Buchst. a BaslÜ sind solche Abfälle, die einer in Anlage I BaslÜ enthaltenen Gruppe angehören, es sei denn, sie besitzen keine der wiederum in Anlage III BaslÜ als „gefährlich" aufgeführten Eigenschaften.

139 Anlage I BaslÜ listet **Gruppen der zu kontrollierenden Abfälle** – unterteilt nach Abfallart und Abfällen, die spezifische Bestandteile enthalten – auf. Insgesamt nennt die Anlage 45 Gruppen, darunter etwa Abfallarten wie klinischer Abfall, Altmedikamente oder teerhaltige Abfälle, um nur einige Beispiele zu nennen. Anlage III BaslÜ benennt zur Einstufung als „gefährlich" spezifische, stoffbezogene Eigenschaften der Abfälle (bspw. Explosivstoffe, infektiöse, ätzende oder ökotoxische Stoffe).

140 Zur leichteren Handhabung des Übereinkommens verweist Anlage I BaslÜ zum einen auf die Anlage VIII BaslÜ, die detailliert Abfälle aufzählt, bei der die Gefährlichkeit zunächst vermutet wird. Zum anderen wird auf Anlage IX BaslÜ verwiesen; bei den dort aufgezählten Abfällen wird genau andersherum die Ungefährlichkeit vermutet.

141 Nach dem Wortlaut des Art. 1 Abs. 1 Buchst. b BaslÜ sind zudem solche Abfälle erfasst, die – sofern die Definition nach Buchst. a BaslÜ nicht greift – nach dem innerstaatlichen Recht des Staates, aus dem die Abfälle ausgeführt werden, durch den diese ggf. durchgeführt wird und in das die letztendliche Einfuhr vorgenommen werden soll, als gefährlich einzustufen sind. Eine Übersicht über die jeweiligen nationalen Vorgaben findet sich auf der Website zum Basler Übereinkommen (http://www.basel.int/Countries/Countryfactsheets/tabid/1293/Default.aspx (letzter Abruf 29.9.2022)).

142 Allerdings dürfte der weite Geltungsbereich der Definition nach Art. 1 Abs. 1 Buchst. b BaslÜ durch die einzelnen Tatbestände der Nr. 6–8 teilweise wieder eingeschränkt werden, soweit diese, wie etwa Nr. 6 Buchst. a, b auf das Recht bzw. Maßnahmen des Einfuhrstaates abstellen; in diesen Fällen ist es letztlich unerheblich, wie bestimmte Abfälle etwa nach dem Recht des Durchfuhrstaates qualifiziert werden. Anders dürfte sich dies jedoch für die Tatbestände nach Nr. 6 Buchst. c, d sowie Nr. 7, 8 darstellen. Für die Unternehmen, in deren Lieferkette **grenzüberschreitend** Abfälle verbracht werden, empfiehlt sich daher, zunächst je nach einschlägigem Tatbestand die Vorgaben des Ausgangslandes, des Ziellandes und möglicher Durchfuhrländer hinsichtlich der Einordnung als gefährlicher Abfall mit Blick auf die Identifizierung möglicher Risiken iSd LkSG prüfen. Ist der betreffen-

de Abfall schon nach diesen nationalen Vorgaben als gefährlich einzustufen, kann sich eine Prüfung nach den Kategorien BaslÜ mit seiner recht komplexen Verweisungstechnik erübrigen (so auch WRW LkSG/Schulga § 2 Rn. 305).

bb) Abfälle nach der VO (EG) 1013/2006 (Abfallverbringungs-VO)

Problematisch erscheint der in § 2 Abs. 3 Nr. 6 zur Kategorisierung als gefährlicher Abfall zusätzlich aufgenommene **Verweis auf die VO (EG) 1013/2006 (Abfallverbringungs-VO).** Diese stellt nämlich zur Begriffsbestimmung des gefährlichen Abfalls wiederum auf die Richtlinie 91/689/EWG des Rates vom 12. Dezember 1991 über gefährliche Abfälle ab (Art. 2 Nr. 2 Abfallverbringungs-VO). Diese Richtlinie ist aber gar nicht mehr in Kraft, sondern wurde bereits 2010 durch die RL 2008/98/EG (Abfall-Rahmen-RL) ersetzt. Diese wiederum verweist zur Begriffsbestimmung in ihrem Art. 3 Nr. 2 Abfall-Rahmen-RL auf die in Anhang III Abfall-Rahmen-RL aufgeführten Eigenschaften (Gefahrenklassen) der Stoffe (bspw. „leicht entzündbar“, „krebserregend“, „infektiös“). Anhang III Abfall-Rahmen-RL iVm der GHS-VO (VO (EG) 1272/2008) und dem Europäischen Abfallverzeichnis bilden in der EU die Grundlage zur Einstufung von Abfällen als gefährlich oder nicht gefährlich. 143

Im Ergebnis ist die Definition des gefährlichen Abfalls nach § 2 Abs. 3 Nr. 6 schwer handhabbar und inhaltlich redundant gestaltet. Zudem ist der Verweis auf die Abfallverbringungs-VO, insbes. mit Blick auf den darin enthaltenen veralteten Verweis auf die RL 91/689/EWG wenig zielführend. Die Gesetzesbegründung trifft zu alledem keinerlei Aussage. Ob es sich also nur um ein redaktionelles Versehen handelt oder der Gesetzgeber diese Definition des gefährlichen Abfalls bewusst getroffen hat, ist unklar (WRW LkSG/Schulga § 2 Rn. 297 ff.). Die Gesetzesbegründung bezieht sich ausschließlich auf die entsprechend in der Abfallverbringungs-VO als Anlage V referenzierten Anhänge BaslÜ (BT-Drs. 19/30505, 37); dies zeugt insofern eher von redaktionellen Versehen. Für die bewusste Bezugnahme spricht aber grundsätzlich, dass im Rahmen der Begriffsbestimmung von § 2 Abs. 3 Nr. 6 explizit der Verweis auf den EU-rechtlichen Ratifizierungsakt zusätzlich zu den maßgeblichen Vorgaben BaslÜ aufgenommen wurde. Um diesbezüglich kein Risiko einzugehen, sollten betroffene Unternehmen bei der Prüfung, ob ein Risiko bezüglich gefährlicher Abfälle besteht, auch die Kriterien der Abfall-Rahmen-RL berücksichtigen (iErg auch WRW LkSG/Schulga § 2 Rn. 299; Grabosch LkSG/Schönfelder S. 112), zumal sich die Bestimmung der Gefährlichkeit innerhalb der EU eh nach diesen Kriterien richtet. 144

cc) Andere Abfälle nach Art. 1 Abs. 2 BaslÜ

Zudem stellen § 2 Abs. 4 Nr. 6, 8 neben den gefährlichen auch auf „andere Abfälle“ iSd BaslÜ ab. Als andere Abfälle gelten danach gem. Art. 1 Abs. 2 BaslÜ solche Abfälle, die einer in Anlage II BaslÜ enthaltenen Gruppe angehören und Gegenstand grenzüberschreitender Verbringung sind. Anlage II BaslÜ benennt dahingehend drei Gruppen, bei der es einer besonderen Prüfung bedarf: Haushaltsabfälle, Rückstände aus der Verbrennung von Haushaltsabfällen sowie in Anlage III BaslÜ näher bestimmte Kunststoffabfälle. 145

b) Verbot der Ausfuhr gefährlicher und anderer Abfälle (Abs. 3 Nr. 6 und 7)

§ 2 Abs. 3 Nr. 6 betrifft die Zulässigkeit **grenzüberschreitender Verbringungen** für gefährliche oder andere Abfälle. 146

Dabei rekurrieren die von Nr. 6 Buchst. a–d in den Blick genommenen Ausfuhrverbote für die nach der vorstehend erläuterten Definition einschlägigen Abfälle auf die Bestimmungen von Art. 4 BaslÜ. Die Verbringung der gefährlichen Abfälle wird danach nach den jeweiligen Einfuhrzielen differenziert: 147

- in eine Vertragspartei, die die Einfuhr solcher gefährlichen und anderer Abfälle verboten hat, Art. 4 Abs. 1 Buchst. b BaslÜ (Buchst. a));
- in einen Einfuhrstaat iSd Art. 2 Nr. 11 BaslÜ, der nicht seine schriftliche Einwilligung zu der bestimmten Einfuhr gegeben hat, wenn dieser Einfuhrstaat die Einfuhr dieser gefährlichen Abfälle nicht verboten hat, Art. 4 Abs. 1 Buchst. c BaslÜ (Buchst. b);
- in eine Nichtvertragspartei BaslÜ, Art. 4 Abs. 5 BaslÜ (Buchst. c) und
- in einen Einfuhrstaat, wenn die Abfälle nicht umweltgerecht behandelt werden, Art. 4 Abs. 8 S. 1 BaslÜ (Buchst. d).

148 § 2 Abs. 3 Nr. 7 ergänzt das Verbot um den Fall, dass der Ausfuhrstaat von gefährlichen Abfällen in Anlage VII BaslÜ genannt wird, und der Einfuhrstaat nicht in Anlage VII BaslÜ gelistet ist. Anlage VII BaslÜ verweist in der englischen Sprachfassung auf „Parties and other States which are members of OECD, EC, Liechtenstein". Art. 4a BaslÜ, auf den Nr. 7 in einem Klammerzusatz verweist, konkretisiert das Verbot dahingehend, dass aus Anlage VII-Vertragsstaaten keine gefährlichen Abfälle zum Zwecke der Entsorgung (Beseitigung oder Verwertung) mittels eines in Anlage IV Abschnitt A oder B BaslÜ genannten Verfahrens in ein Land verbracht werden dürfen, das selbst nicht unter Anlage VII fällt. Sinn und Zweck des Art. 4a BaslÜ war und ist es, eine Entsorgung gefährlicher Abfälle in Staaten zu verhindern, die hierfür nicht über die technischen Voraussetzungen verfügen (zum Hintergrund der Einführung des Art. 4a BaslÜ und Anlage VII BaslÜ, sog. „Ban Amendment" vgl. http://www.basel.int/Implementation/LegalMatters/BanAmendment/Overview/tabid/1484/Default.aspx (zuletzt abgerufen am 28.2.2023)). Diese Konkretisierung enthält Nr. 7 hingegen nicht, was im Ergebnis dazu führt, dass kein über Nr. 6 Buchst. c hinausgehender Anwendungsbereich bestehen dürfte.

c) Verbot der Einfuhr gefährlicher oder anderer Abfälle (Abs. 3 Nr. 8)

149 Schließlich bezieht sich § 2 Abs. 3 Nr. 8 auf das Verbot der Einfuhr gefährlicher und anderer Abfälle aus einer Nichtvertragspartei BaslÜ, Art. 4 Abs. 5 BaslÜ.

III. Konkurrenzverhältnis

150 Fragen stellen sich insbesondere mit Blick auf das **Verhältnis zu den produktumweltrechtlichen bzw. stoffrechtlichen EU-Rechtsakten,** die unmittelbar in Deutschland gelten (VO (EG) 1907/2006 (REACH-VO) bzw. in nationales Recht umgesetzt wurden (etwa die ElektroStoffV in Umsetzung der RL 2011/65/EU (RoHS-RL) und in denen sich ebenfalls Vorgaben zur Verwendung von Quecksilber finden. Produkte bzw. Erzeugnisse, die gegen diese Rechtsakte verstoßen – also insbesondere die einschlägigen Stoffverbote oder Stoffbeschränkungen nicht einhalten – dürfen innerhalb der EU nicht in den Verkehr gebracht werden.

151 Verstößt ein nach den jeweiligen Rechtsakten verpflichteter Wirtschaftsakteur gegen diese Vorschriften, können nicht nur Maßnahmen des unmittelbaren Gefahrenabwehrrechts durch die zuständigen Marktüberwachungsbehörden (etwa Vertriebsverbote, Produktrücknahmen oder Produktrückrufe) die Folge sein und Bußgelder verhängt werden, sondern auch wettbewerbsrechtliche Konsequenzen erfolgen. Eine schuldhafte Missachtung der im Unternehmen verantwortlich handelnden Personen gegen spezifische Vorgaben der REACH-VO bzw. der POP-VO kann sogar gem. § 27b ChemG und Art. 5 ChemSanktionsV eine Straftat darstellen.

152 Angesichts dessen ist der tatsächliche Mehrwert des § 2 Abs. 3 insbes. mit Blick auf die unionsrechtlichen Regelungen über die Verwendung von Quecksilber und persistenter organischer Chemikalien durchaus zu diskutieren.

153 Zwar mögen die Sorgfaltspflichten iSd LkSG über den konkreten produktbezogenen Regelungsbereich der einschlägigen EU-Rechtsakte insofern hinausgehen, als dass über die Lieferkettendefinition des LkSG (→ Rn. 160 ff.) der eigene Geschäftsbereich iSd § 2 Abs. 6 unabhängig vom Standort im In- oder Ausland sowie unmittelbare und mittelbare Zulieferer erfasst sind und folglich auch vorgelagerte Produktionsprozesse bei den jeweiligen Zulieferern zu beachten sind.

Zumindest in Bezug auf die VO (EU) 2019/1021, die außerhalb der EU keine 154
Anwendung finden kann, ist diesbezüglich der normative Anknüpfungspunkt aber zunächst fraglich. Auch mit Blick auf die Regelungen über den Umgang mit Quecksilber stellt sich die Frage bezüglich möglicher Produktionsländer, die das Minamata-Übereinkommen nicht ratifiziert haben (→ Rn. 91).

Sofern im Geltungsbereich der einschlägigen stoffrechtlichen Unionsrechtsakte 155
ein Verstoß gegen die Stoffverbote und Stoffbeschränkungen vorliegt, dürfte dies regelmäßig auch den **Verstoß gegen das entsprechende Verbot in § 2 Abs. 3 implizieren.** In diesem Zusammenhang stellt sich die Frage nach dem konkurrenzrechtlichen Verhältnis zwischen den umweltbezogenen Verboten aus § 2 Abs. 3 und den einschlägigen produktbezogenen bzw. stoffrechtlichen Anforderungen dann nicht nur mit Blick auf den materiellen Regelungsgehalt, sondern auch in Bezug auf die **Vollzugsebene.**

Während iRd LkSG das Bundesamt für Wirtschaft und Ausfuhrkontrolle (BAFA) 156
für die Kontrolle und Durchsetzung der Sorgfaltspflichten zuständig ist, sind für die Einhaltung der produktbezogenen regulatorischen Vorgaben die Marktüberwachungsbehörden der Bundesländer zuständig. Gerade mit Blick auf potenzielle Bußgelder, die auch das LkSG in § 24 vorsieht (→ § 24 Rn. 40 ff.) kann dies in der praktischen Umsetzung des LkSG relevant werden. Dass diese konkurrenzrechtlichen Fragen im Rahmen des Gesetzgebungsverfahrens zum LkSG problematisiert wurden, ist allerdings bislang nicht erkennbar.

Gleiches gilt im Hinblick auf Elektro- und Elektronikgeräte iSd RoHS-RL (RL 157
2011/65/EU), in der Stoffbeschränkungen als Konzentrationshöchstwerte bezogen auf das jeweils homogene Material unter anderem für Quecksilber gelten. Von diesen Stoffbeschränkungen sind Ausnahmen für spezifische Verwendungen zugelassen. Diese Bestimmungen verdrängen die Quecksilber-Verordnung, die wiederum das Minamata-Übereinkommen EU-weit umsetzt. Auch wenn das LkSG für den Umgang mit Quecksilber nicht auf die Quecksilber-Verordnung als europäischen Umsetzungsrechtsakt abstellt, sondern auf die Minamata-Konvention direkt, ist das Verhältnis der jeweils einschlägigen Rechtsakte untereinander für die praktische Umsetzung der umweltbezogenen Sorgfaltspflichten zumindest zu bedenken. So kann ein nach dem LkSG verpflichtetes Unternehmen davon ausgehen, dass ein von ihnen in der EU in den Verkehr gebrachtes, RoHS-richtlinienkonformes Elektro- und Elektronikgerät gleichsam auch die Anforderungen an die Quecksilberhöchstkonzentration in den Produkten gem. § 2 Abs. 3 Nr. 1 bzw. des Art. 4 Abs. 1 Minamata-Übereinkommen und Anlage A Teil Minamata-Übereinkommen erfüllt. Für die darüberhinausgehenden quecksilberbezogenen Anforderungen– etwa bezüglich der umweltgerechten Entsorgung von Quecksilberabfällen entlang der gesamten Lieferkette nach § 2 Abs. 3 Nr. 3 – kann dieser Schluss für dasselbe Elektro- und Elektronikgerät aber dann schon nicht mehr gezogen werden (→ Rn. 105 ff.).

Vor diesem Hintergrund – insbesondere mit Blick auf die Reichweite der 158
umweltbezogenen Risiken und auf die dahingehend teilweise erkennbaren Widersprüche zwischen Wortlaut und dem gesetzgeberischen Willen, wie er nach den Gesetzgebungsmaterialien aufgefasst werden kann – sind die umweltbezogenen Risiken wenig anwendungsfreundlich ausgestaltet. Für die verpflichteten Unternehmen ist im Rahmen ihrer Risikoanalyse kaum rechtsicher feststellbar, wann ein solches umweltbezogenes Risiko besteht. Im Zusammenhang mit der Umsetzung der angekündigten europäischen Lieferketten-Richtlinie bestünde daher die Gelegenheit für den Gesetzgeber, die bestehenden Unklarheiten zu den umweltbezogenen Risiken aufzulösen und den § 2 Abs. 3 insgesamt allgemeinverständlicher zu konzipieren.

E. Verletzung der Pflicht (Abs. 4)

159 § 2 Abs. 4 kommt **kaum eigene inhaltliche Bedeutung** zu. Es handelt sich um eine nachträgliche Einfügung iRd Gesetzgebungsprozesses, um mögliche Missverständnisse der weiteren Paragraphen zu verringern (BT-Drs. 19/30505, 37). Der Begriff der Verletzung einer menschenrechtsbezogenen (S. 1) oder umweltbezogenen (S. 2) Pflicht werden iRd Sorgfaltspflichten mehrfach (fast ausschließlich gemeinsam) verwendet. Neben der menschenrechtlichen oder umweltbezogenen Risikolage ist somit auch die Verletzung der aufgeführten Verbote im Rahmen der Sorgfaltspflichten zu beachten. Diese scheinbare Selbstverständlichkeit ist insoweit wichtig, als dass ursprünglich § 2 Abs. 2 auf die geschützten Rechtspositionen des § 2 Abs. 1 verweisen sollte. Diese werden (bspw. in § 7 Abs. 3 Nr. 1) auch im Rahmen der Sorgfaltspflichten noch einmal gesondert angesprochen. Aus dieser systematischen Verwendung der Begriffe ergibt sich, dass der Pflichtenrahmen des LkSG in den allermeisten Fällen auf § 2 Abs. 2 und 3 beschränkt und dem § 2 Abs. 1 eine lediglich subsidiäre Bedeutung über den direkten Verweis im Gesetz und zusätzlich über § 2 Abs. 2 Nr. 12 zukommt.

F. Lieferkette (Abs. 5)

160 In § 2 Abs. 5 wird der Begriff der Lieferkette (zum Begriff der Lieferkette s. auch Charnitzky/Weigel RiW 2022, 12; Schall NZG 2022, 787 ff.) definiert, innerhalb derer nach § 3 Abs. 1 S. 1 die Sorgfaltspflichten der §§ 4 ff. zu beachten sind.

161 Die Lieferkette bezieht sich nach § 2 Abs. 5 S. 1 auf alle Produkte und Dienstleistungen eines Unternehmens und umfasst nach § 2 Abs. 5 S. 2 alle Schritte **im In- und Ausland,** die zur **Herstellung der Produkte** und zur **Erbringung der Dienstleistungen erforderlich** sind, angefangen von der Gewinnung der Rohstoffe bis zu der Lieferung an den Endkunden, erfasst insofern aber nur (s. § 2 Abs. 5 Hs. 2) das Handeln des Unternehmens **im eigenen Geschäftsbereich** sowie das Handeln eines unmittelbaren **Zulieferers** (→ Rn. 186 ff.) und mittelbaren Zulieferer (→ Rn. 191) des Unternehmens.

162 Die Lieferkette beginnt damit nach § 2 Abs. 5 mit der Gewinnung der Rohstoffe und endet mit der Lieferung des Produktes an den Endkunden (beachte aber → Rn. 161 ff.). Einbezogen sind dabei alle einzelnen Schritte der Wertschöpfungskette, sodass die Lieferkette zur Herstellung eines Sachgutes typischerweise die Phase der Beschaffung (dh die Gewinnung und Lieferung von Rohstoffen für die Herstellung von Produkten), der Produktion (die Verarbeitung der Rohstoffe zu den Fertigprodukten) und des Vertriebs (Aktivitäten, die dafür sorgen, dass das Produkt seinen endgültigen Bestimmungsort erreicht, zum Beispiel mit Hilfe von Vertriebspartnern, Lagern, physischen Geschäften oder Online-Plattformen) enthält.

163 Das Kriterium der „Erforderlichkeit" iSd § 2 Abs. 5 ist **weit zu verstehen.** Nach der Gesetzesbegründung zählt zur Lieferkette auch jede Art. der **Finanzdienstleistung** (insbesondere Kreditvergaben) sowie die **(Zwischen-)Lagerung** von Waren und der **Transport** von Waren (vgl. Begründung zum Gesetzentwurf der Bundesregierung, BT-Drs. 19/28649, 39), auch wenn beides nur mittelbar dem eigentlichen Herstellungsprozess bzw. der eigentlichen Dienstleistungstätigkeit dienen.

164 Der danach gegebene eher weit zu verstehende Begriff der Lieferkette wird durch Abs. 5 Satz 2 Hs. 2 insofern **eingeschränkt,** dass nur „das **Handeln** des Unternehmens **im eigenen Geschäftsbereich**" sowie „das **Handeln** eines unmittelbaren **Zulieferers** und mittelbaren Zulieferer des Unternehmens" erfasst ist. Daraus folgt, dass die **vom Unternehmen selbst durchgeführte Auslieferung** von Produkten an seine (End-)Kunden Gegenstand der eigenen Geschäftstätigkeit und damit Teil der Lieferkette iSd § 2 Abs. 5 ist. Nach dem Willen des Gesetzgebers fällt auch die Auslieferung durch einen **vom Unternehmen** damit **beauftragten Frachtführer** unter den Begriff der Lieferkette, auch wenn der beauftragte

Frachtführer nicht bei der Herstellung der Waren oder der Erbringung einer Dienstleistung durch das Unternehmen, sondern bei deren Auslieferung an den Kunden mitwirkt (vgl. Begründung zum Gesetzentwurf der Bundesregierung, BT-Drs. 19/28649, 40; FAQ zum LkSG VI. 12; Gehling/Ott/Gehling/Fischer Rn. 337; aA Grabosch LkSG/Grabosch Rn. 50 ff., wonach „Auslieferer" zwar keine Zulieferer an das Unternehmen seien, sodass die Sorgfaltspflichten der §§ 5–9 (wohl soweit diese sich auf einen Zulieferer beziehen) keine Anwendung fänden; die Unternehmen müssten aber dennoch als Teil eines wirksamen Risikomanagements nach § 4 Abs. 1 „typische Risiken" in der downstream-Kette berücksichtigen und diesen entgegenwirken).

Aus der Einschränkung des § 2 Abs. 5 S. 2 Hs. 2 folgt auch, dass die **Absatzkette** („downstream") kein Teil der Lieferkette iSd § 2 Abs. 5 ist (wie hier Gehling/Ott/Gehling/Fischer Rn. 337; Depping/Walden/Walden Rn. 516 ff.; Schall NZG 2022, 787 788 f.); Charnitzky/Weigel RiW 2022, 12 (13); Goßler/Palder BB 2022, 906; Hermann/Rünz DB 2021, 3078 (3079); Krebs ZUR 2021, 394 (396 f.); aA Nietsch/Wiedmann CCZ 2021, 101 (103); Grabosch LkSG/Grabosch Rn. 50 ff., nach dem die Unternehmen müssten aber dennoch als Teil eines wirksamen Risikomanagements nach § 4 Abs. 1 „typische Risiken" in der downstream-Kette berücksichtigen und diesen entgegenwirken; WRW LkSG/E. Wagner/S. Wagner Rn. 649, wonach iRv anlassbezogenen Risikoanalysen die Risiken bis zur Lieferung an den Endkunden ermittelt werden müssten). Zwar umfasst die Lieferkette nach der Gesetzesbegründung auch Vertriebsaktivitäten, die dafür sorgen, dass das Produkt seinen endgültigen Bestimmungsort erreicht und benennt dabei u. a. auch Distributoren als typischen Bestandteil der Lieferkette (vgl. Begründung zum Gesetzentwurf der Bundesregierung, BT-Drs. 19/28649, 39). Gemeint sein kann damit aber nicht der Distributor iS eines Eigen- oder Vertragshändlers, der die Waren des Unternehmens im eigenen Namen und auf eigene Rechnung im Markt vertreibt und damit aus Sicht des Unternehmens einem Kunden gleichsteht. Vielmehr kann nur eine solche Vertriebsaktivität zur Lieferkette zählen, die auch tatsächlich im eigenen Namen und auf Rechnung des Unternehmens selbst erfolgt, also **eigene Vertriebsaktivität** und damit Handeln im eigenen Geschäftsbereich ist. Denn nach § 2 Abs. 5 Hs. 2 sind von der Lieferkette nur Handlungen erfasst, die im eigenen Geschäftsbereich oder aber durch Zulieferer erfolgen. Vom Unternehmen unabhängige **Kunden** sind selbstständige Vertragspartner des Unternehmens und daher nicht dessen eigener Geschäftsbereich. Sie können dem eigenen Geschäftsbereich auch nicht nach § 2 Abs. 6 S. 3 zugerechnet werden, da jedenfalls keine Konzernzugehörigkeit vorliegt (→ Rn. 173 ff.). Die Kunden sind schließlich auch keine Zulieferer des Unternehmens iSd § 2 Abs. 7, 8, da sie die Produkte des Unternehmens ja gerade abnehmen und nicht bei deren Herstellung mitwirken. 165

Nichts anderes kann für den unabhängigen **Vertriebshändler** (auch Eigenhändler oder Distributor) gelten, der die Produkte des Unternehmens im eigenen Namen und auf eigene Rechnung vertreibt. Selbst wenn dann man dessen Vertriebstätigkeit als Dienstleistung iSd § 2 Abs. 7 ansehen wollte, läge keine Dienstleistung für die Herstellung eines Produktes vor, wie dies § 2 Abs. 7 erfordert. Schließlich sind in den Präventions- und Abhilfemaßnahmen der §§ 6, 7 keinerlei Regelungen zum Umgang mit Risiken oder Verletzungen, die bei Kunden oder ihnen gleichgestellten, eigenständigen Vertriebshändlern festgestellt werden. Daraus folgt, dass Unternehmen auf Grundlage des LkSG **keine Verpflichtung** trifft, die Sorgfaltspflichten der §§ 3 ff. in der **downstream-Kette** umzusetzen (wie hier Gehling/Ott/Gehling/Fischer Rn. 337; Depping/Walden/Walden Rn. 516 ff.; Schall NZG 2022, 787 (788 f.); Charnitzky/Weigel RiW 2022, 12 (13); Goßler/Palder BB 2022, 906; Hermann/Rünz DB 2021, 3078 (3079); Krebs ZUR 2021, 394 (396 f.); aA Nietsch/Wiedmann CCZ 2021, 101 (103); Grabosch LkSG/Grabosch Rn. 50 ff.; WRW LkSG/E. Wagner/S. Wagner Rn. 649; s. aber auch den Entwurf für eine EU-Richtlinie über die Sorgfaltspflichten von Unternehmen im Hinblick auf Nachhaltigkeit (COM (2022) 71), wonach die unternehmerischen Sorgfaltspflichten die gesamte Wertschöpfungskette erfassen soll). 166

167 Denkbar wäre damit allenfalls, die **Geschäftsentscheidung** des Unternehmens über die **Auswahl seiner Kunden** als Teil des eigenen Geschäftsbereiches unter den Begriff der Lieferkette nach § 2 Abs. 5 zu subsumieren und damit die Auswahl der Kunden des Unternehmens den Sorgfaltspflichten der §§ 3 ff. zu unterwerfen. Aber auch ein solches extensives Verständnis der Lieferkette findet letztlich mit den vorgenannten Argumenten keine Stütze im Gesetz. So wäre schon völlig unklar, welche Sorgfaltspflichten ein Unternehmen einzuhalten hätte, wenn es menschenrechts- oder umweltbezogene Risiken bei einem Kunden feststellen würde, da die Präventionsmaßnahmen ja nur für den eigenen Geschäftsbereich und die Zulieferer des Unternehmens vorgeschrieben sind. Dementsprechend ist auch die Auswahlentscheidung des Unternehmens über die eigenen Kunden kein Bestandteil der Lieferkette und unterfällt somit insbes. nicht den Sorgfaltspflichten nach §§ 3 ff.

168 Unklar bleiben in diesem Zusammenhang die Ausführungen der Gesetzesbegründung zum Anwendungsbereich der Lieferkette bei der **Anbietung von Finanzdienstleistungen.** Ausweislich der Gesetzesbegründung soll in diesen Fällen auch die Beziehung zum Endkunden und die nachgelagerten Stufen der Lieferkette erfasst sein (vgl. Begründung zum Gesetzentwurf der Bundesregierung, BT-Drs. 19/28649, 40). Zur Begründung wird ausgeführt, dass bei Finanzdienstleistungen ein wesentlicher Teil der Produktion zeitgleich mit der Erbringung der Dienstleistung gegenüber dem Kunden stattfinde und damit, mittels der Investition bzw. Kreditvergabe an den Kunden, weitere Produktionsprozesse beim Kunden freisetze. Nach Sinn und Zweck des Gesetzes sei es bei Krediten, Sicherheiten oder anderen Finanztransaktionen, die so bedeutend sind, dass mit ihnen typischer besondere Informations- und Kontrollmöglichkeiten einhergehen, gerechtfertigt, den Endkunden in die Lieferkette einzubeziehen. Dies sei insbes. dann gegeben, wenn die Schwelle für Großkredite nach Art. 392 Kapitaladäquanz-VO (Verordnung (EU) Nr. 575/2013 des Europäischen Parlaments und des Rates vom 26. Juni 2013 über Aufsichtsanforderungen an Kreditinstitute und zur Änderung der Verordnung (EU) Nr. 648/2012) erreicht wird (vgl. Begründung zum Gesetzentwurf der Bundesregierung, BT-Drs. 19/28649, 40). Insofern ist schon überraschend, dass diese Vorschrift aus dem Finanzaufsichtsrecht zur Kapitalausstattung von Geldinstituten und Finanzholdinggesellschaften nach den Basel-III Regelungen den sachlichen Anwendungsbereich der Lieferkette durch einen – sonst im LkSG nicht anzutreffenden – monetären Schwellenwert näher definieren soll. Im Ergebnis wären Finanzdienstleister jedenfalls oberhalb der Großkredit-Schwelle zur Umsetzung der Sorgfaltspflichten nach den §§ 3 ff. auch gegenüber ihren Kunden verpflichtet. Da aber auch die Kunden von Finanzdienstleistern weder zu deren eigenen Geschäftsbereich zählen noch deren unmittelbare Zulieferer sind (dazu schon → Rn. 165 f.), fallen auch die Kunden von Finanzdienstleistern nicht in die Lieferkette nach § 2 Abs. 5 (ebenso Gehling/Ott/Gehling/Fischer Rn. 333).

G. Eigener Geschäftsbereich (Abs. 6)

I. Jede Tätigkeit des Unternehmens

169 In § 2 Abs. 6 wird der eigene Geschäftsbereich des Unternehmens definiert. Erfasst sind danach alle Tätigkeiten des Unternehmens zur Erreichung des Unternehmensziels im In- und Ausland. Damit soll klargestellt werden, dass das **Unternehmen als gesellschaftsrechtliche Einheit** erfasst wird, unabhängig davon, ob die Tätigkeit am Sitz der Gesellschaft, einer Niederlassung, einer Zweigstelle oder einer Produktionsstätte erfolgt (vgl. Begründung zum Gesetzentwurf der Bundesregierung, BT-Drs. 19/28649, 41). Der Begriff des Unternehmensziels ist im Gesetz nicht näher definiert und ist – entgegen dem missverständlichen Wortlaut – wohl mit dem gesellschaftsrechtlichen Begriff des **Unternehmensgegenstands** deckungsgleich (ebenso Charnitzky/Weigel RiW 2022, 12 (13)).

170 Der Begriff des Unternehmens bestimmt sich nach § 1 Abs. 1 und erfasst somit nur das Unternehmen als **selbstständige rechtliche Einheit.** Die mit einem

Unternehmen nach §§ 15 ff. AktG verbundenen Unternehmen werden nicht in den Begriff des Unternehmens einbezogen und sind daher kein Teil des Unternehmens (zur Einbeziehung konzernangehöriger Gesellschaften in den eigenen Geschäftsbereich des Unternehmens → Rn. 179 ff.).

Nach dem Wortlaut des § 2 Abs. 6 S. 1, 2 liegt dem Begriff des eigenen Geschäftsbereichs ein sehr weites Verständnis zu Grunde. Vom Begriff des eigenen Geschäftsbereichs ist nach § 2 Abs. 6 S. 2 **jede Tätigkeit zur Herstellung und Verwertung von Produkten und Dienstleistungen im In- und Ausland** erfasst. § 2 Abs. 6 S. 2 ist nicht als abschließende Aufzählung der in den eigenen Geschäftsbereich nach § 2 Abs. 6 S. 1 fallenden Tätigkeiten zu verstehen, sondern stellt ausweislich der Gesetzesbegründung nur klarstellend fest, dass alle Tätigkeiten und damit insbes. die Tätigkeiten zur Herstellung und Verwertung von Produkten und Dienstleistungen in den eigenen Geschäftsbereich fallen (vgl. Begründung zum Gesetzentwurf der Bundesregierung, BT-Drs. 19/28649, 41). Somit sind auch untergeordnete (Hilfs-)Tätigkeiten des Teil eigenes Geschäftsbereichs mit der Folge, dass auch dabei die Sorgfaltspflichten einzuhalten sind. 171

Fraglich ist, ob dieses sehr weite Verständnis des eigenen Geschäftsbereichs **einschränkend auszulegen** ist. Dafür könnte man zwar mit den Gesetzesbegründung anführen, dass das LkSG ausdrücklich der Verbesserung der Menschenrechte durch eine verantwortungsvolle Gestaltung der globalen Lieferketten gerade in den Regionen dienen soll, in denen Staaten ihrer Pflicht zum Schutz der Menschenrechte nicht nachkommen (sic!) (vgl. Begründung zum Gesetzentwurf der Bundesregierung, BT-Drs. 19/28649, 1). Die sehr weitgehende Einbeziehung der eigenen Tätigkeit im In- und Ausland einschließlich – unter den Voraussetzungen des § 2 Abs. 6 S. 3 (→ Rn. 173 ff.) – der konzernangehörigen Gruppengesellschaften führt jedoch dazu, dass Unternehmen ihre Sorgfaltspflichten in großen Maß innerhalb des eigenen Unternehmens bzw. der eigenen Unternehmensgruppe und damit gerade nicht gegenüber ihren Zulieferern umsetzen müssen. Damit führt der weite Anwendungsbereich des eigenen Geschäftsbereichs nach § 2 Abs. 6 zu hohem bürokratischem Aufwand für die betroffenen Unternehmen, ohne dass dadurch – gerade bei einer eigenen Geschäftstätigkeit überwiegend in Industrieländern – ein Mehrwert zum Schutz der Menschenrechte in „den globalen Lieferketten" geschaffen würde. Gegen die einschränkende Auslegung des § 2 Abs. 6 S. 1 und S. 2 spricht allerdings neben dem ausdrücklichen Wortlaut der Umstand, dass die Unternehmen im Rahmen der Sorgfaltspflichten nach §§ 3 ff. nur „angemessene" Maßnahmen ergreifen müssen (→ § 3 Rn. 38 ff.). Ebenso wie beim Begriff der „Notwendigkeit" beim Zuliefererbegriff (→ Rn. 190) erscheint eine Einschränkung des Anwendungsbereichs schon auf Ebene des Begriffs des eigenen Geschäftsbereichs nach § 2 Abs. 6 daher nicht zwingend notwendig, um ein etwaiges Ausufern der Sorgfaltspflichten innerhalb des eigenen Unternehmens bzw. der eigenen Unternehmensgruppe zu vermeiden. 172

II. Einbeziehung konzernangehöriger Gesellschaften

Nach § 2 Abs. 6 S. 3 zählen bei verbundenen Unternehmen zum eigenen Geschäftsbereich der Obergesellschaft auch **konzernangehörige Gesellschaften,** wenn die Obergesellschaft auf die konzernangehörige Gesellschaft einen **bestimmenden Einfluss** ausübt. Anders als für den Begriff des Unternehmens (→ § 1 Rn. 1 ff.) werden damit unter den Voraussetzungen des § 2 Abs. 6 S. 3 auch andere Gesellschaften in den eigenen Geschäftsbereich einbezogen, sodass auch die an den eigenen Geschäftsbereich geknüpften Sorgfaltspflichten nach §§ 3 ff. entsprechend auf den Geschäftsbereich der einbezogenen Gesellschaften ausgedehnt werden. § 2 Abs. 6 S. 3 stellt damit letztlich eine Aufweichung des konzernrechtlichen Trennungsprinzips dar (s. dazu etwa Grigoleit/Grigoleit AktG § 15 Rn. 6; MHdB GesR IV/Krieger § 70 Rn. 65). 173

Die Einbeziehung in den eigenen Geschäftsbereich setzt nach dem Wortlaut des § 2 Abs. 6 S. 3 voraus, dass es sich beim einbezogenen Unternehmen um (i) eine **konzernangehörige Gesellschaft** handelt, die (ii) mit dem Unternehmen, in 174 dessen eigenen Geschäftsbereich sie einbezogen wird, verbunden ist und (iii), dass das **Unternehmen als Obergesellschaft bestimmenden Einfluss** auf die konzernangehörige Gruppengesellschaft ausübt. Dem Merkmal des verbundenen Unternehmens kommt dabei keine eigenständige Bedeutung zu, da Unternehmen, die gemeinsam einem Konzern angehören, stets auch miteinander verbundene Unternehmen sind (vgl. § 15 AktG; unklar bleibt insofern der Hinweis des Bundesministeriums für Arbeit und Soziale, wonach der Begriff „konzernangehörig" ein untechnischer Sammelbegriff sei, der alle Arten von verbundenen Unternehmen iSd § 15 AktG erfasse, da dies schlicht den Wortlaut des § 2 Abs. 6 S. 3 ohne nähere Begründung verkürzen würde, vgl. FAQ zum LkSG IV. 1). Nicht erforderlich ist, dass es sich bei dem – nach dem LkSG verpflichteten – Unternehmen um die Konzernmutter oder bei der einbezogenen Gesellschaft um eine direkte Tochtergesellschaft des Unternehmens handelt. Die einbezogene Gesellschaft muss nur in einem Unterordnungsverhältnis zum Unternehmen als Obergesellschaft stehen und kann damit auch eine mittelbare Tochtergesellschaft sein.

175 Maßgeblich für die Einziehung nach § 2 Abs. 6 S. 3 ist damit, dass das Unternehmen als Obergesellschaft innerhalb eines Konzern nach § 18 AktG einen bestimmenden Einfluss auf die andere (dann nach § 2 Abs. 6 S. 3 einbezogene) Konzerngesellschaft hat. Fraglich ist insofern schon, ob der Gesetzgeber mit dem Begriff des **bestimmenden Einflusses** eine über die im Konzern ohnehin bestehende Beherrschung (vgl. § 18 Abs. 1, 2 AktG) hinausgehende Anforderung an das Ober-Unterordnungsverhältnis setzen wollte. Dies ist zu bejahen. Aus dem Wortlaut selbst wie auch den Gesetzesmaterialien ergibt sich, dass nur solche (beherrschten) Konzerngesellschaften einbezogen werden, auf die die Obergesellschaft einen bestimmenden Einfluss iSd § 2 Abs. 6 S. 3 ausübt *(„In Satz 3 wird klargestellt, dass eine verbundene Gesellschaft zum eigenen Geschäftsbereich der Obergesellschaft gezählt wird, wenn die Obergesellschaft einen bestimmenden Einfluss auf die verbundene Gesellschaft ausübt.")* (Beschlussempfehlungen und Bericht des Ausschlusses für Arbeit und Soziales zum Gesetzentwurf der Bundesregierung, BT-Drs. 19/30505, 37). Der Gesetzgeber wollte mit § 2 Abs. 6 S. 3 damit offensichtlich eine Einbeziehung aller Konzerngesellschaften erreichen, auf die das Unternehmen als Obergesellschaft bestimmenden Einfluss ausübt. Nicht einbezogen werden danach die konzernangehörigen Gesellschaften, auf die das nach dem LkSG verpflichtete Unternehmen als Obergesellschaft keinen bestimmenden Einfluss ausübt. Dazu zählt insbes. eine – nicht vom LkSG erfasste – Konzernmutter, die das nach dem LkSG verpflichtete Unternehmen ihrerseits beherrscht.

176 Die Regelung des § 2 Abs. 6 S. 3 setzt für die Einbeziehung insbes. nicht voraus, dass das Unternehmen als **Konzernmutter** bestimmenden Einfluss auf die einbezogene Konzerngesellschaft ausübt (so aber Ott/Lüneborg/Schmelzeisen DB 2022, 238 (242)). Für eine solche Auslegung gibt es im Wortlaut des § 2 Abs. 6 S. 3 schlicht keine Stütze. Darüber hinaus war der Begriff der „Konzernmutter" im Rahmen des Gesetzgebungsverfahrens eingebracht (vgl. § 1 Abs. 3 im ursprünglichen Gesetzentwurf der Bundesregierung, BT-Drs. 19/30505, 7) und schließlich durch den Begriff der „Obergesellschaft" ersetzt (vgl. Beschlussempfehlungen und Bericht des Ausschlusses für Arbeit und Soziales zum Gesetzentwurf der Bundesregierung, BT-Drs. 19/30505, 6) worden, sodass auch der Wille des Gesetzgebers gegen die Annahme spricht, dass allein eine Einbeziehung auf Ebene einer Konzernmutter erfolgen soll.

177 Nach einer teilweise vertretenen Ansicht sollen nach § 2 Abs. 6 S. 3 nur inländische Tochtergesellschaften in den eigenen Geschäftsbereich einbezogen werden (Stöbener de Mora/Noll NZG 2021 1237 (1241)). Begründet wird dies mit dem Wortlaut des § 2 Abs. 6, der zwar für das Unternehmen selbst in S. 2 ausdrücklich die Anwendung bei inländischen wie ausländischen Standorten vorschreibt, in S. 3 aber eine entsprechende Regelung gerade nicht enthalten ist. Zudem sei eine ausländische Tochtergesellschaft an das nationale Recht vor Ort gebunden, weshalb die Obergesellschaft von ihr nicht die Einhaltung etwas rechtlich verbotenem verlangen könne (Stöbener de Mora/Noll NZG 2021 1237 (1241)). Gegen diese

Ansicht spricht aber schon, dass das LkSG explizit dem Schutz der international anerkannten Menschenrechte in den Ländern verbessert werden sollen, in denen die staatlichen Organe diesen Pflichten nicht nachkommen (vgl. Begründung zum Gesetzentwurf der Bundesregierung, BT-Drs. 19/28649, 1). Die Einschränkung des § 2 Abs. 6 S. 3 allein auf inländische Tochtergesellschaften ginge damit an der grundsätzlichen Zielsetzung des LkSG vorbei. Das LkSG verlangt zudem von den Unternehmen gerade nicht, seine einbezogenen Gruppengesellschaften zu Maßnahmen anzuweisen, die diese aus den dort geltenden nationalen gesetzlichen Verpflichtungen gar nicht umsetzen kann oder darf (vgl. Beschlussempfehlungen und Bericht des Ausschlusses für Arbeit und Soziales zum Gesetzentwurf der Bundesregierung, BT-Drs. 19/30505, 37). § 2 Abs. 6 S. 3 ist daher sowohl inländische als auch ausländische Konzerngesellschaften (ebenso FAQ zum LkSG IV. 10; Ott/Lüneborg/Schmelzeisen DB 2022, 238 (244); Spindler ZHR 186/2022, 67 (77); Gehling/Ott/Gehling/Fischer Rn. 358 mwN).

Was unter dem **bestimmenden Einfluss** iSd § 2 Abs. 6 S. 3 zu verstehen ist, 178
wird im LkSG nicht näher definiert. Aus den Gesetzesmaterialien (Beschlussempfehlungen und Bericht des Ausschlusses für Arbeit und Soziales zum Gesetzentwurf der Bundesregierung, BT-Drs. 19/30505, 37) ergibt sich, dass der bestimmende Einfluss zunächst voraussetzt, dass eine **Einflussnahme** auf die einbezogene Gesellschaft **nach dem jeweils anwendbarem Recht** überhaupt **möglich** ist. Maßgeblich kann insofern nur die rechtliche Zulässigkeit der Einflussnahme – etwa durch einen Beherrschungsvertrag – sein. Der bloße Umstand, dass die Gesellschaft bzw. deren Geschäftsführung insbes. durch das auf ihre Rechtsform anwendbare disponible Recht entweder weisungsfrei (wie etwa bei der deutschen AG) oder weisungsgebunden (wie bei der deutschen GmbH) ist, spricht nicht geben die Einflussnahme. Ansonsten würde man auch eine durch einen Beherrschungsvertrag von der Obergesellschaft beherrschte Aktiengesellschaft nicht in den eigenen Geschäftsbereich einbezogen, was offensichtlich der Zielsetzung der Regelung § 2 Abs. 6 S. 3 zuwiderliefe (zur tatsächlichen Ausübung → Rn. 180).

Ob ein bestimmender Einfluss über die Tochtergesellschaft vorliegt, hängt von 179
den Umständen des Einzelfalls ab. Dabei sind alle **wirtschaftlichen, personellen, organisatorischen und rechtlichen Bindungen** zwischen Tochter- und Muttergesellschaft im Zusammenhang zu betrachten und zu gewichten (Beschlussempfehlungen und Bericht des Ausschlusses für Arbeit und Soziales zum Gesetzentwurf der Bundesregierung, BT-Drs. 19/30505, 37). In der Gesetzesbegründung werden **Regelbeispiele** für einen bestimmten Einfluss benannt (so auch FAQ zum LkSG IV. 7. ohne nähere Konkretisierung). Danach soll der bestimmende Einfluss vorliegen, wenn das Unternehmen eine hohe **Mehrheitsbeteiligung** an der Tochtergesellschaft hält oder eine entsprechende Rechtskonstellation, in der die Möglichkeit der Einflussnahme angelegt ist, ferner wenn ein **konzernweites Compliance System** besteht, die Verantwortung für die Steuerung von Kernprozessen im Tochterunternehmen vom Unternehmen übernommen wird, bei **personelle Überschneidungen** in der (Geschäfts-)Führungsebene, wenn das Unternehmen bestimmenden Einfluss auf das **Lieferkettenmanagement** der Tochtergesellschaft übernimmt, die **Einflussnahme über die Gesellschafterversammlung** oder allein der Umstand, dass der Geschäftsbereich der Tochtergesellschaft dem Geschäftsbereich der Obergesellschaft entspricht etwa, weil die Tochtergesellschaft die **gleichen Produkte** erstellt und verwertet oder die gleichen Dienstleistungen erbringt wie die Obergesellschaft (Beschlussempfehlungen und Bericht des Ausschlusses für Arbeit und Soziales zum Gesetzentwurf der Bundesregierung, BT-Drs. 19/30505, 37). Nicht erforderlich für den bestimmenden Einfluss ist demnach, dass das Unternehmen die Umsetzung der – aufgrund eigener Verpflichtungen des Tochterunternehmens nach dem LkSG – bestehenden Sorgfaltspflichten selbst übernimmt. Die vorgenannten Kriterien sind in einer **Gesamtschau** zu würdigen, wobei die Einflussnahme des Unternehmens auf die Konzerngesellschaft über die bloße reguläre Konzernleitung und Konzernüberwachung hinausgehen muss (ebenso Spindler ZHR 186/2022, 67 (77); ausf. Gehling/Ott/Gehling/Fischer Rn. 350 ff.).

180 Fraglich ist, ob das Unternehmen einen bestimmenden Einfluss **tatsächlich ausüben** muss oder ob die reine Möglichkeit, etwa aufgrund der Gesellschafterstellung bestimmenden Einfluss ausüben zu können, schon für die Einbeziehung in den eigenen Geschäftsbereich ausreichend ist. Das Gesetz spricht in § 2 Abs. 6 S. 3 – anders als etwa beim beherrschenden Einfluss in § 17 Abs. 1 AktG („Abhängige Unternehmen sind rechtlich selbständige Unternehmen, auf die ein anderes Unternehmen (herrschendes Unternehmen) unmittelbar oder mittelbar einen beherrschenden Einfluß ausüben kann.") – allein von der „Ausübung" des bestimmenden Einflusses. Die reine Möglichkeit, den bestimmenden Einfluss ausüben zu können, ist im Rahmen des § 2 Abs. 2 Nr. 6 S. 3 daher nicht ausreichend (ebenso Jungkind/Raspé/Terbrack DK 2021, 445 (447); Nietsch/Wiedmann NJW 2022, 1 (6)).

181 Rechtsfolge der Einbeziehung nach § 2 Abs. 6 S. 3 ist, dass die einbezogene Konzerngesellschaft zum eigenen Geschäftsbereich des Unternehmens zählt. Die Sorgfaltspflichten des Unternehmens nach §§ 3 ff. erstrecken sich somit auch auf den eigenen Geschäftsbereich der konzernangehörigen Gesellschaft.

182 Umstritten ist, ob die Einbeziehung einer konzernangehörigen Gesellschaft auch dazu führt, dass sich die Sorgfaltspflichten des Unternehmens auch auf die unmittelbaren und mittelbaren Zulieferer der konzernangehörigen Gesellschaft erstreckt. Insofern ist zunächst danach zu unterscheiden, ob die einbezogene Konzerngesellschaft selbst Waren an das Unternehmen (weiter-)liefert oder ihm gegenüber Dienstleistungen erbringt und damit unmittelbarer Zulieferer des Unternehmens iSd § 2 Abs. 7 ist.

183 Liefert bzw. erbringt die nach § 2 Abs. 2 S. 3 einbezogene Konzerngesellschaft Waren und Dienstleistungen an das Unternehmen, so sind deren unmittelbare Zulieferer – soweit deren Zulieferungen für die von der Konzerngesellschaft an das Unternehmen gelieferten Waren erforderlich sind – zugleich mittelbare Zulieferer des Unternehmens iSd § 2 Abs. 8 (Charnitzky/Weigel RiW 2022, 12 (13); im Ergebnis ebenso FAQ zum LkSG IV. 6). Der Umstand, dass die konzernangehörige Gesellschaft nach § 2 Abs. 6 S. 3 in den eigenen Geschäftsbereich des Unternehmens einbezogen wird, führt also nicht dazu, dass sie keine unmittelbare Zulieferin des Unternehmens iSd § 2 Abs. 7 ist.

184 Unterschiedlich wird indes beurteilt, ob sich die Sorgfaltspflichten des Unternehmens auch dann auf die unmittelbaren und mittelbaren Zulieferer der Konzerngesellschaft erstrecken, wenn die nach § 2 Abs. 6 S. 3 einbezogene Konzerngesellschaft keine Waren oder Dienstleistungen an das Unternehmen liefert. Das BMAS sowie die BAFA vertreten in ihren Fragen und Antworten die Ansicht, dass das Unternehmen seine Sorgfaltspflichten immer entlang der Lieferketten der nach § 2 Abs. 6 S. 3 einbezogenen Konzerngesellschaften erfüllen müsse, unabhängig davon, ob die einbezogenen Konzerngesellschaften Waren oder Dienstleistungen an das Unternehmen oder ausschließlich an Dritte liefert bzw. erbringt (FAQ zum LkSG IV. 6. c)). Erfasst wären damit insbes. reine Auslandssachverhalte, bei denen Zulieferungen eines ausländischen Zulieferers an eine ausländische Konzerngesellschaft des Unternehmens erfolgen, das wiederum Waren herstellt und an seine eigenen ausländischen Kunden ausliefert. In diesen Fällen sprechen nach der hier vertretenen Auffassung die besseren Gründe dafür, dass in diesen Fällen das Unternehmen keine Sorgfaltspflichten gegenüber den Zulieferern der Konzerngesellschaften hat (Charnitzky/Weigel RiW 2022, 12 (13); aA Gehling/Ott/Gehling/Fischer Rn. 356; WRW LkSG/E. Wagner/S. Wagner/Schuler Rn. 46; Ott/Lüneborg/Schmelzeisen DB 2022, 238 mit Verweis auf den FAQ zum LkSG IV. 6). Die vom BMAS und dem BAFA angewandte Auslegung des § 2 Abs. 6 S. 3 findet schlicht keine Stütze im Wortlaut des Gesetzes, insbes. § 2 Abs. 7, 8, die eine Zulieferung an das Unternehmen selbst voraussetzen, und lässt sich allenfalls aus der allgemeinen Zielsetzung des Gesetzes, die internationale Menschenrechtslage zu verbessern, herleiten (so Gehling/Ott/Gehling/Fischer Rn. 356). Würde man allein aus der – unstreitig bestehenden – Sorgfaltspflicht gegenüber der Konzerngesellschaft als Teil des eigenen Geschäftsbereichs herleiten, dass damit zugleich auch eine Sorgfaltspflicht im Hinblick auf die Zulieferer der Konzerngesellschaft begründet würde, ließe sich nicht mehr schlüssig begründen, warum das LkSG überhaupt zwischen

dem eigenen Geschäftsbereich und den (unmittelbaren und mittelbaren) Zulieferern unterscheidet. Der Begriff des „eigenen Geschäftsbereichs" würde vielmehr konturenlos, da er – je nach Situation – jenseits der Legaldefinitionen der § 2 Abs. 7, 8 die Zulieferer von Konzerngesellschaften einbeziehen würde. Nach § 2 Abs. 7, 8 werden Zulieferer aber nur dann in die Sorgfaltspflichten des Unternehmens einbezogen, wenn deren Zulieferungen für die Herstellung des Produktes *„des Unternehmens"* (sic!) oder zur Erbringung und Inanspruchnahme der betreffenden Dienstleistung *„notwendig"* sind. Zulieferungen an die nach § 2 Abs. 6 S. 3 einbezogenen Konzerngesellschaften sind dort gerade nicht aufgeführt, erst recht kann im vorgenannten Beispiel die Zulieferung nicht „notwendig" für die Waren oder Dienstleistungen des Unternehmens sein, wenn es schon keinerlei Zulieferung an das Unternehmen gibt. Die Auslegung des Bundesministeriums für Arbeit und Soziales ließe sich allenfalls mittels einer teleologischen Extension der § 2 Abs. 6, 7, 8 bzw. der darauf bezugnehmenden Sorgfaltspflichten der §§ 3 ff. erreichen, die aber angesichts der Bußgeldandrohungen des § 24 Abs. 2, 3 sowie der dadurch faktisch entstehenden, vom Gesetzgeber aber offensichtlich nicht intendierten, Konzernleitungspflicht des Unternehmens abzulehnen ist (ebenso Charnitzky/Weigel RiW 2022, 12, 13; Depping/Walden/Walden Rn. 599 ff.; zur Durchbrechung des Trennungsprinzips im LkSG Kubis/Tödtmann Vorstand-HdB/Hettich/Charnitzky § 14 Rn. 292 ff.). Zur Erstreckung der Betretensrechte nach § 16 auch auf die einbezogenen Konzerngesellschaften → § 16 Rn. 12 ff.

Problematisch ist schließlich die Frage, ob das Unternehmen bei den nach § 2 **185**
Abs. 6 S. 3 einbezogenen Gesellschaften allein die den eigenen Geschäftsbereich betreffenden Sorgfaltspflichten einhalten muss, oder ob – die Zulieferung durch die Konzerngesellschaft vorausgesetzt – auch die Sorgfaltspflichten gegenüber unmittelbaren Zulieferern anzuwenden sind. Der Wortlaut der Regelung spricht für letzteres, da die iSd § 2 Abs. 7 zuliefernde Konzerngesellschaft trotz ihrer Einbeziehung in den eigenen Geschäftsbereich des Unternehmens weiterhin die Voraussetzungen des § 2 Abs. 7 erfüllt (ebenso FAQ zum LkSG IV. 6. a)). Dieses Ergebnis steht aber letztlich im Konflikt mit dem abgestuften Pflichtenprogramm des LkSG (ebenso Charnitzky/Weigel RiW 2022, 12 (13)), wie es in den Regelungen zu den Präventionsmaßnahmen des § 6 (→ § 6 Rn. 13 ff., 29 ff.) sowie den Abhilfemaßnahmen des § 7 (→ § 7 Rn. 2) ausgestaltet ist. So erscheint es in einer Vielzahl der Konzernsachverhalte eher als übertriebene Formalie, wenn neben den Präventionsmaßnahmen für den eigenen Geschäftsbereich nach § 6 Abs. 2 auch die des § 6 Abs. 3 für unmittelbare Zulieferer (letztlich also eine vertragliche Zusicherung der Konzerngesellschaft gegenüber dem Unternehmen sowie Auditrechte) verankert werden müssen. Dessen ungeachtet sollen in diesen Fällen nach Ansicht des Bundesministerium für Arbeit und Soziales grundsätzlich alle in Betracht kommenden Sorgfaltspflichten kumulativ zu erfüllen sein (FAQ zum LkSG IV. 7. a); zustimmend Depping/Walden/Walden Rn. 607), wobei im Konfliktfall stets die dem Regelungsziel des LkSG am meisten nützenden Sorgfaltspflichten anzuwenden seien (Depping/Walden/Walden Rn. 607; hier bleibt aber unklar, welche konkreten Folgen etwa eine nicht beendbare Verletzung bei einer zuliefernden Konzerngesellschaft nach § 7 Abs. 1 S. 4 iVm Abs. 2 und Abs. 3 haben soll). Nach diesem Lösungsansatz können im Einzelfall auch konzernintern die zum Teil komplexeren Regelungen für unmittelbare Zulieferer in Betracht kommen (insbes. Pflicht zur Erstellung eines Abhilfekonzepts nach § 7 Abs. 2 und Pflicht zum Abbruch der Geschäftsbeziehung nach § 7 Abs. 3).

H. Unmittelbare Zulieferer (Abs. 7)

In § 2 Abs. 7 wird der **Begriff des unmittelbaren Zulieferers** definiert. **186**
Unmittelbarer Zulieferer ist danach ein Partner eines Vertrages über die Lieferung von Waren oder die Erbringung von Dienstleistungen, dessen Zulieferungen für die Herstellung des Produktes des Unternehmens oder zur Erbringung und Inanspruchnahme der betreffenden Dienstleistung notwendig sind.

187 Der Begriff des unmittelbaren Zulieferers setzt somit zunächst eine **Vertragsbeziehung** voraus. Nicht erforderlich ist ein auf Dauer abgeschlossener Vertrag. Einzelne Bestellung von Waren führt ebenfalls zur Vertragsbeziehung mit dem (dann) unmittelbaren Zulieferer. Natur des Vertragsverhältnisses als Dauerschuldverhältnis kann aber Auswirkungen auf die im konkreten Fall vom Unternehmen zu ergreifenden Sorgfaltspflichten nach §§ 3 ff., insbes. auf die Präventivmaßnahmen nach § 6 und die Abhilfemaßnahmen haben.

188 Vertragsbeziehungen können – und bestehen in der Praxis auch regelmäßig – mit anderen Gesellschaften des eigenen Konzerns, sodass auch konzernangehörige Gesellschaften unmittelbare Zulieferer des Unternehmens sein können. Einbeziehung der konzernangehörigen Gesellschaft in den eigenen Geschäftsbereich des Unternehmens oder die Nicht-Einbeziehung stehen der Eigenschaft als unmittelbarer Zulieferer nicht entgegen (vgl. aber → Rn. 185).

189 Der Begriff der Waren und Dienstleistungen wird im Gesetz nicht näher konkretisiert oder eingeschränkt. Die Begriffe sind damit weit zu verstehen und erfassen grundsätzlich **alle Arten von Sachgütern und Dienstleistungen,** somit neben Rohstoffen aller Art auch Finanzdienstleistungen wie bspw. Kredite.

190 Die gelieferten Waren bzw. erbrachten Dienstleistungen für die Herstellung des Produktes des Unternehmens oder zur Erbringung und Inanspruchnahme der betreffenden Dienstleistung **notwendig** sein müssen. Das Merkmal der Notwendigkeit ist nach Ansicht des BAFA weit auszulegen (FAQ zum LkSG II. 3.; ablehnend Gehling/Ott/Gehling/Fischer Rn. 337, wonach allein produktbezogene Waren bzw. Dienstleistungen erfasst werden) und erfasst auch reine Hilfsgeschäfte des Unternehmens wie etwa den Einkauf von Büromaterialien (FAQ zum LkSG II. 3), von Catering-Leistungen (aA Gehling/Ott/Gehling/Fischer Rn. 337) oder von Kulturveranstaltungen zum Zweck der Unterhaltung der Belegschaft, den Einkauf von Entsorgungsdienstleistungen (aA Gehling/Ott/Gehling/Fischer Rn. 337). In der unternehmerischen Praxis führt diese sehr weite Auslegung der Notwendigkeit mitunter zu massivem Verwaltungs(mehr-)aufwand, da quasi jede auch noch so untergeordnete Geschäftsaktivität, mag sie auch noch so fern der eigentlichen Geschäftstätigkeit des Unternehmens sein, systemisch erfasst und bewertet werden muss. Erst in einem darauffolgenden Schritt können die im Einzelfall konkret zu ergreifenden Maßnahmen durch den Grundsatz der Angemessenheit nach § 3 Abs. 2 eingeschränkt sein (so auch FAQ zum LkSG II. 3). Angesichts der grundsätzlichen Zielsetzung des Gesetzes, die internationale Menschenrechtslage zu verbessern, erscheint dies jedenfalls bei innerdeutschen Sachverhalten zu nicht sachgerechten Ergebnissen zu führen. Im Rahmen der Angemessenheit einer Maßnahme sollte in diesen Fällen daher ein hoher Ermessensspielraum der Unternehmen anzuerkennen sein.

I. Mittelbare Zulieferer (Abs. 8)

191 In § 2 Abs. 8 wird der Begriff des mittelbaren Zulieferers definiert. **Mittelbarer Zulieferer** ist jedes Unternehmen, das kein unmittelbarer Zulieferer ist und dessen Zulieferungen für die Herstellung des Produktes des Unternehmens oder zur Erbringung und Inanspruchnahme der betreffenden Dienstleistung notwendig sind. Bei missbräuchlicher Gestaltung der Lieferkette gilt ein mittelbarer Zulieferer nach § 5 Abs. 1 S. 2 als unmittelbarer Zulieferer (dazu → § 5 Rn. 65).

192 Zu den einzelnen Anforderungen gelten die Ausführungen zu den unmittelbaren Zulieferern entsprechend (→ Rn. 186 ff.). Mittelbarer Zulieferer ist somit auch der Dienstleister des unmittelbaren Zulieferers, wenn dessen Dienstleistungen (auch Finanzdienstleistungen) für die Zulieferungen oder Dienstleistungen des unmittelbaren Zulieferers erforderlich sind. Ausweislich der Gesetzesbegründung fallen hierunter insbes. auch Kredite, die der unmittelbare Zulieferer zur Finanzierung seiner Produktion aufnimmt mit der Folge, dass die kreditgebende Bank mittelbarer Zulieferer des Unternehmens ist.

Abschnitt 2. Sorgfaltspflichten

Sorgfaltspflichten

3 **(1) [1]Unternehmen sind dazu verpflichtet, in ihren Lieferketten die in diesem Abschnitt festgelegten menschenrechtlichen und umweltbezogenen Sorgfaltspflichten in angemessener Weise zu beachten mit dem Ziel, menschenrechtlichen oder umweltbezogenen Risiken vorzubeugen oder sie zu minimieren oder die Verletzung menschenrechtsbezogener oder umweltbezogener Pflichten zu beenden. [2]Die Sorgfaltspflichten enthalten:**

1. die Einrichtung eines Risikomanagements (§ 4 Absatz 1),
2. die Festlegung einer betriebsinternen Zuständigkeit (§ 4 Absatz 3),
3. die Durchführung regelmäßiger Risikoanalysen (§ 5),
4. die Abgabe einer Grundsatzerklärung (§ 6 Absatz 2),
5. die Verankerung von Präventionsmaßnahmen im eigenen Geschäftsbereich (§ 6 Absatz 1 und 3) und gegenüber unmittelbaren Zulieferern (§ 6 Absatz 4),
6. das Ergreifen von Abhilfemaßnahmen (§ 7 Absatz 1 bis 3),
7. die Einrichtung eines Beschwerdeverfahrens (§ 8),
8. die Umsetzung von Sorgfaltspflichten in Bezug auf Risiken bei mittelbaren Zulieferern (§ 9) und
9. die Dokumentation (§ 10 Absatz 1) und die Berichterstattung (§ 10 Absatz 2).

(2) Die angemessene Weise eines Handelns, das den Sorgfaltspflichten genügt, bestimmt sich nach

1. Art und Umfang der Geschäftstätigkeit des Unternehmens,
2. dem Einflussvermögen des Unternehmens auf den unmittelbaren Verursacher eines menschenrechtlichen oder umweltbezogenen Risikos oder der Verletzung einer menschenrechtsbezogenen oder einer umweltbezogenen Pflicht,
3. der typischerweise zu erwartenden Schwere der Verletzung, der Umkehrbarkeit der Verletzung und der Wahrscheinlichkeit der Verletzung einer menschenrechtsbezogenen oder einer umweltbezogenen Pflicht sowie
4. nach der Art des Verursachungsbeitrages des Unternehmens zu dem menschenrechtlichen oder umweltbezogenen Risiko oder zu der Verletzung einer menschenrechtsbezogenen oder einer umweltbezogenen Pflicht.

(3) [1]Eine Verletzung der Pflichten aus diesem Gesetz begründet keine zivilrechtliche Haftung. [2]Eine unabhängig von diesem Gesetz begründete zivilrechtliche Haftung bleibt unberührt.

Übersicht

A. Einleitung

1 Die Überschrift des § 3 lautet – wie die Überschrift zu Abschnitt 2, an dessen Beginn § 3 steht – „Sorgfaltspflichten".

2 § 3 bildet die Grundnorm der Sorgfaltspflichten und damit ein zentrales Element des LkSG. Die Vorschrift umfasst drei nebeneinanderstehende Regelungsgehalte: Abs. 1 statuiert die generelle Pflicht zur Beachtung der dort überblicksartig aufgelisteten **Sorgfaltspflichten** in „angemessener" Weise. Die einzelnen Sorgfaltspflichten werden sodann in den §§ 4 ff. näher konkretisiert und konturiert. Abs. 2 konkretisiert den Begriff der **Angemessenheit,** der sich sowohl in Abs. 1 als auch in den §§ 4 ff. mehrfach findet. Abs. 3 enthält schließlich eine Klarstellung zur **zivilrechtlichen Haftung.** Dieser Absatz wurde erst infolge der Ausschussberatungen ergänzt. Ausweislich der Begründung zu dieser Ergänzung solle Abs. 3 nur die Intention des Regierungsentwurfs unterstreichen, keine zusätzlichen zivilrechtlichen Haftungsrisiken zu begründen (vgl. Deutscher Bundestag, Beschlussempfehlung und Bericht des Ausschusses für Arbeit und Soziales, BT-Drs. 19/30505, 39). Tatsächlich war die Frage der zivilrechtlichen Haftung eines der umstrittensten Themen im Gesetzgebungsverfahren.

3 Die Sorgfaltspflichten aus § 3 Abs. 1 beschreiben einen **kontinuierlichen Prozess,** der von den Unternehmen kreislaufähnlich durchlaufen werden soll (vgl. Gesetzesbegründung, S. 41). Abs. 1 S. 2 nennt dabei die einzelnen Prozessschritte, die wiederum durch die §§ 4–10 genauer bestimmt werden. Die Vorschriften des zweiten Abschnitts des LkSG sind dabei nicht unabhängig voneinander zu betrachten. Vielmehr bauen sie aufeinander auf (vgl. Gesetzesbegründung, S. 41) und bilden so das von § 4 Abs. 1 geforderte Risikomanagementsystem (vgl. dazu eingehend → § 4 Rn. 1).

4 Ähnliche Sorgfaltspflichten wie die in § 3 Abs. 1 aufgelisteten finden sich auch in dem Entwurf der EU-Kommission für eine **Richtlinie über Sorgfaltspflichten** von Unternehmen im Hinblick auf die Nachhaltigkeit (Vorschlag für eine Richtlinie des Europäischen Parlaments und des Rates über die Sorgfaltspflichten von Unternehmen im Hinblick auf Nachhaltigkeit und zur Änderung der Richtlinie (EU) 2019/1937, COM(2022) 71 final, 23.2.2022 – sog. Corporate Sustainability Due Diligence Directive, kurz: CSDDD; im Folgenden: CSDDD-Entwurf). Art. 4 Abs. 1 CSDDD-Entwurf listet folgende **Ausprägungen der Sorgfaltspflicht** in den Bereichen Menschenrechte und Umwelt auf: (i) Anpassung der Unternehmenspolitik, (ii) Risikoanalyse (Ermittlung tatsächlicher oder potenzieller negativer Auswirkungen auf Menschenrechte oder Umweltbelange, die der CSDDD-Entwurf schützen will), (iii) Prävention (Vermeidung und Abschwächung potenzieller negativer Auswirkungen), (iv) Abhilfe (Behebung tatsächlicher negativer Auswirkungen und Minimierung ihres Ausmaßes), (v) Beschwerdemechanismus (Einrichtung und Aufrechterhaltung eines Beschwerdeverfahrens), (vi) Überwachung der Wirksamkeit ihrer Strategien und Maßnahmen sowie (vii) Berichterstattung.

5 Dabei geht auch der CSDDD-Entwurf an verschiedenen Stellen davon aus, dass nur ein **angemessenes** Handeln verlangt werden kann (vgl. zB Art. 7 Abs. 1–5 CSDDD-Entwurf, Art. 8 Abs. 3–5 CSDDD-Entwurf, Art. 9 Abs. 4 CSDDD-Entwurf, Art. 18 Abs. 5 Buchst. a CSDDD-Entwurf, → Rn. 38 f.).

B. Grundnorm der Sorgfaltspflichten (Abs. 1)

I. Überblick

Abs. 1 enthält die Grundnorm zu den Sorgfaltspflichten. Er nimmt im Wesentlichen verschiedene Klarstellungen vor: 6

- So stellt er durch die Auflistung in S. 2 klar, welche Maßnahmen als Sorgfaltspflichten zu verstehen sind. Dies erfolgt durch Verweisung auf die konkreten Absätze in den nachfolgenden §§ 4–10 und die entsprechende Kurzbeschreibung der gebotenen Handlungen (näher hierzu sogleich → Rn. 11 ff.). Die Erfüllung der Pflichten muss durch die in § 1 adressierten Unternehmen erfolgen (näher hierzu sogleich → Rn. 15 ff.). Den Sorgfaltspflichten liegen entsprechende Empfehlungen aus dem internationalen „soft law" zugrunde (näher hierzu sogleich → Rn. 7 ff.).
- Ferner unterstreicht die Vorschrift, dass sich die Sorgfaltspflichten auf die im LkSG benannten Menschenrechte und Umweltbelange beziehen und dem Ziel dienen, menschenrechtlichen und umweltbezogenen Risiken vorzubeugen, sie zu minimieren oder entsprechende Verletzungen zu beenden. Dass es um menschenrechtliche und umweltbezogene Risiken gehen muss, ergibt sich ohnehin aus den §§ 4–10 iVm den Begriffsbestimmungen in § 2 Abs. 2–4 (vgl. zB § 4 Abs. 1 S. 1, Abs. 2: das Risikomanagement muss geeignet sein, menschenrechtliche und umweltbezogene Risiken oder Verletzungen zu adressieren. § 5 Abs. 1 S. 1: angemessene Risikoanalyse,

  „um die menschenrechtlichen und umweltbezogenen Risiken im eigenen Geschäftsbereich sowie bei seinen unmittelbaren Zulieferern zu ermitteln". § 7 Abs. 1 S. 1: *„Stellt das Unternehmen fest, dass die Verletzung einer menschenrechtsbezogenen oder einer umweltbezogenen Pflicht in seinem eigenen Geschäftsbereich oder bei einem unmittelbaren Zulieferer bereits eingetreten ist oder unmittelbar bevorsteht […]")*.

- Insofern handelt es sich ebenfalls zunächst um eine bloße Klarstellung. Aus der Gesetzesbegründung ergibt sich indes, dass der Gesetzgeber Abs. 1 S. 1 nicht nur als Überblick über Regelungen sieht, die das LkSG an anderer Stelle ohnehin aufgreift und detaillierter ausgestaltet. Vielmehr räumt er der Norm – namentlich der Zielbenennung – auch einen eigenen Aussagegehalt ein (näher hierzu sogleich → Rn. 27 ff.).
- Zudem enthält S. 1 die generelle Maßgabe, dass die Sorgfaltspflichten *„in angemessener Weise"* zu beachten sind. Auch dabei handelt es sich um eine Klarstellung, weil bereits aus dem rechtsstaatlichen Verhältnismäßigkeitsgrundsatz folgt, dass der Gesetzgeber stets nur ein angemessenes Verhalten verlangen kann. Abs. 2 gibt sodann einige Hinweise darauf, wie die Angemessenheit des Handelns bestimmt werden kann (näher hierzu sogleich → Rn. 38 ff.).

II. Grundlagen der Sorgfaltspflichten

In der Gesetzesbegründung führt der Gesetzgeber aus, dass sich die Sorgfaltspflichten an dem menschenrechtlichen Due Diligence-Begriff der **UN-Leitprinzipien für Wirtschaft und Menschenrechte** von 2011 (abrufbar zB unter: https://www.auswaertiges-amt.de/blob/266624/b51c16faf1b3424d7efa060e8aaa8130/un-leitprinzipien-de-data.pdf (abgerufen am 13.12.2022), im Folgenden: UN-Leitprinzipien für Wirtschaft und Menschenrechte) sowie am Nationalen Aktionsplan für Wirtschaft und Menschenrechte von 2016 (abrufbar unter: https://www.auswaertiges-amt.de/blob/297434/8d6ab29982767d5a31d2e85464461565/nap-wirtschaft-menschenrechte-data.pdf (abgerufen am: 13.12.2022)) orientieren. Ferner weist der Gesetzgeber darauf hin, dass die Organisation for Economic Cooperation and Development (OECD) die menschenrechtlichen Sorgfaltspflichten 2011 in ihre 7

„OECD-Leitsätze für multinationale Unternehmen" (abrufbar unter: https://www.oecd-ilibrary.org/governance/oecd-leitsatze-fur-multinationale-unternehmen_9789264122352-de (abgerufen am: 13.12.2022); zu den OECD-Leitsätzen s. Kasolowsky/Voland NZG 2014, 1288) integriert hat.

8 Diese Aussagen bestätigen den großen Einfluss, den v. a. die VN-Leitprinzipien bei der Erstellung des LkSG gespielt haben. Die VN-Leitprinzipien wurden während der politischen Diskussionen immer wieder erwähnt. Der Gesetzgeber nimmt auch an anderen Stellen der Gesetzesbegründung auf sie Bezug (namentlich Gesetzesbegründung, S. 2, 23 und 34; s. auch Deutscher Bundestag, Beschlussempfehlung und Bericht des Ausschusses für Arbeit und Soziales, BT-Drs. 19/30505, 2). Diese Leitprinzipien dienen dem Ziel,

> *„die Standards und Verfahrensweisen in Bezug auf Unternehmen und die Menschenrechte so zu verbessern, dass greifbare Ergebnisse für betroffene Personen und lokale Gemeinwesen erzielt werden und somit auch zu einer sozial nachhaltigen Globalisierung beitragen." (s. VN-Leitprinzipien, Abschnitt „Allgemeine Prinzipien", S. 1). Im Ergebnis sollen die externen Auswirkungen unternehmerischer Tätigkeit auf Menschenrechte internalisiert werden. Unternehmen sollen nicht (mehr) „wegschauen" können, sondern den Einfluss ihres Handelns auf die Rechte und Rechtsgüter anderer auf eigene Kosten ermitteln und ggf. modifizieren.*

9 Der Verweis speziell auf die Empfehlungen insbes. in den VN-Leitprinzipien wirft die Frage auf, ob diese Standards auch zur **Auslegung** der Sorgfaltspflichten herangezogen werden können. Dagegen könnte sprechen, dass der Gesetzeswortlaut selbst nicht auf die VN-Leitprinzipien verweist und diese somit nicht durch Referenz oder Inkorporation ihre Natur von rechtlich unverbindlichen Empfehlungen (Soft Law) zu verpflichtenden Vorgaben geändert haben. Allerdings lässt sich nicht ausschließen, dass Gerichte bei der Anwendung des LkSG eine Interpretation im Lichte der VN-Leitprinzipien vornehmen, etwa indem sie diese als Ausdruck der Verkehrserwartung ansehen.

10 Zudem gehen auch die Regulierungsbehörden von der Relevanz der Soft-Law-Standards aus. Denn nach den FAQ zum LkSG sollen die verschiedenen Richtlinien und Prinzipien insbes. bei der Bestimmung der Angemessenheit herangezogen werden (vgl. FAQ zum LkSG Ziff. VI. 4; aE sowie Ziff. VI. 5; s. auch → Rn. 63).

III. Abschließende Auflistung der Sorgfaltspflichten (S. 2)

1. Abschließender Charakter der Auflistung

11 S. 2 benennt die verschiedenen Sorgfaltspflichten. Die Norm beginnt mit der Aussage: *„Die Sorgfaltspflichten enthalten…"*. Das Verb „enthalten" könnte dabei den Eindruck erwecken, dass die anschließenden Nr. 1–9 nicht enumerativ sind und weitere Pflichten in Betracht kommen. Das widerspricht aber zum einen der Systematik der Vorschrift. Denn aus dem Zusammenhang mit S. 1 folgt, dass das Gesetz die Sorgfaltspflichten in den §§ 3–10 abschließend festlegt. So besagt S. 1, dass es um die *„in diesem Abschnitt festgelegten"* Sorgfaltspflichten geht. Zum anderen heißt es in der Gesetzesbegründung, dass die Pflichten in S. 2 *„konkret benannt werden"*. Dies verdeutlicht, dass der Gesetzgeber für Klarheit sorgen wollte, womit eine nur beispielhafte, nicht enumerative Aufzählung kaum vereinbar wäre. Dieses Verständnis bestätigt auch die Begründung zu der Beschlussempfehlung des Ausschusses für Arbeit und Soziales. Auch dort geht es um die Erfüllung (nur) der Maßnahmen, die in Abs. 1 „aufgelistet" sind (vgl. Deutscher Bundestag, Beschlussempfehlung und Bericht des Ausschusses für Arbeit und Soziales, BT-Drs. 19/30505, 38). Folglich stellt § 3 Abs. 1 S. 2 keine Generalklausel dar, die über die §§ 4–10 hinaus weitere Sorgfaltspflichten begründen kann (ebenso Gehling/Ott/Mader Rn. 10).

2. Kategorisierung der Sorgfaltspflichten

Die Sorgfaltspflichten lassen sich **zum Ersten** in **zeitlicher Hinsicht** wie folgt zusammenfassen: (i) Benennung eines Menschenrechtsbeauftragten bzw. Bestimmung der für die Überwachung des Risikomanagements zuständigen Person(en) (§ 4 Abs. 3 S. 1). Danach hat das Unternehmen dafür zu sorgen, dass *„festgelegt ist"*, wer innerhalb des Unternehmens dafür zuständig ist, das Risikomanagement zu überwachen, etwa durch Ernennung eines Menschenrechtsbeauftragten. Das Nutzen des Perfekts im Hinblick auf die Festlegung der Zuständigkeit beschreibt, dass diese Pflicht in der Vergangenheit abgeschlossene Handlungen bzw. einen erreichten Zustand mit Gegenwartsbezug behandelt. Daher muss diese Pflicht bereits zum Zeitpunkt des Inkrafttretens des Gesetzes (1.1.2023 bzw. 1.1.2024) erfüllt sein (vgl. dazu auch die FAQ zum LkSG Ziff. VI. 2.). (ii) Einrichtung eines Beschwerdeverfahrens (§ 8). Auch § 8 Abs. 1 („eingerichtet ist") verwendet das Perfekt, so dass das Beschwerdeverfahren bereits zum Zeitpunkt des Inkrafttretens des Gesetzes (1.1.2023 bzw. 1.1.2024) bestehen muss (vgl. dazu auch die FAQ zum LkSG Ziffer VI. 2.), auch wenn freilich noch die Ergebnisse der Risikoanalyse zu Anpassungen führen können. (iii) Risikoanalyse (§ 5), (iv) Risikoprävention (§§ 6, 9), (v) Abhilfe bei Verletzungen (§§ 7, 9), (vi) Dokumentation und Berichterstattung (§ 10). Die meisten der genannten Maßnahmen sind nicht nur einmalig, sondern wiederkehrend zu ergreifen bzw. kontinuierlich sicherzustellen. 12

Zum Zweiten kommt auch eine Kategorisierung nach der **Art der Sorgfaltspflichten** in Betracht. So bestehen sie in inhaltlicher Sicht aus Governance- und Transparenzmaßnahmen und stellen damit von der Art her kein völliges Neuland dar. Nahezu alle vom Anwendungsbereich erfassten Unternehmen dürften – wenn auch im unterschiedlichen Reifegrad – über ein Compliance Management System, ein Risikofrüherkennungssystem oder ein umfassendes Risikomanagementsystem verfügen. Die Elemente dieser Systeme finden sich letztlich auch in den Sorgfaltspflichten des LkSG wieder (siehe dazu ausführlich § 4 Rn. 1). Das LkSG regelt insofern „nur", welche Risiken zusätzlich zu berücksichtigen sind. Ferner verlangt es eine kontinuierliche Erfüllung der Pflichten und es richtet den Fokus weg von den Risiken für das Unternehmen hin zu Risiken für Personen, die von dem unternehmerischen Handeln betroffen sein können **(Inside-Out- statt Outside-In-Perspektive).** Auch Transparenzpflichten bestehen bereits. Für nicht-finanzielle Informationen sind insbes. die §§ 289b ff., 315b f. HGB einschlägig. Darüber hinaus sind aufgrund verschiedener Umweltgesetze (vgl. §§ 53 ff. BImSchG für den Immissionsschutzbeauftragten, §§ 64 ff. WHG für den Gewässerschutzbeauftragten und §§ 59 f. KrWG für den Abfallbeauftragten) schon seit vielen Jahren Betriebsbeauftragte für Umweltschutz zu benennen, die zur betrieblichen Eigenüberwachung als Teil der Corporate Governance beitragen. 13

Zum Dritten unterscheiden sich die jeweiligen Sorgfaltspflichten danach, ob sie den **eigenen Geschäftsbereich** des Unternehmens im In- und Ausland, die **unmittelbaren** Zulieferer oder die **mittelbaren Zulieferer** betreffen (vgl. Gesetzesbegründung, S. 41; s. dazu auch § 2 Abs. 5 S. 2). Im Grundsatz gilt, dass ein Unternehmen umso strengere und umfangreichere Pflichten treffen, je näher der Bezugspunkt zu dessen eigenem Geschäfts- und Einflussbereich liegt. Somit kommt es zu einer abgestuften Reichweite der Sorgfalt, die sich in den einzelnen Regelungen der §§ 4–10 zeigt (vgl. am Beispiel der Pflicht zur Risikoanalyse: Grabosch LkSG/Grabosch § 5 Rn. 9; s. dazu auch die unterschiedlichen Empfehlungen für Risikoanalysen im eigenen Geschäftsbereich, bei unmittelbaren und bei mittelbaren Zulieferern in: BAFA, Risiken ermitteln, gewichten und priorisieren, 2022, S. 12 ff.). Dieser gestufte Ansatz ist letztlich Ausdruck der Angemessenheit. Beispielsweise hat ein Unternehmen weitergehende Präventionsmaßnahmen im eigenen Geschäftsbereich als bei unmittelbaren Zulieferern zu ergreifen (näher dazu → § 6 Rn. 13, 29; → § 9 Rn. 3). Ebenso sind Abhilfemaßnahmen bei Verletzungen danach gestuft, ob die Verletzung im eigenen Geschäftsbereich im Inland, im 14 eigenen Geschäftsbereich im Ausland, bei einem unmittelbaren oder bei einem mittelbaren Zulieferer (missbräuchliche Gestaltungen oder Umgehungsgeschäfte, etwa wenn fälschlicherweise ein unmittelbarer Zulieferer als mittelbarer Zulieferer eingeordnet wird, sind dabei nach § 5 Abs. 1 S. 2 unbeachtlich) eingetreten ist (näher dazu → § 7 Rn. 2, → 9 Rn. 29 sowie unten → Rn. 32 ff.).

IV. Adressaten der Sorgfaltspflichten

1. Unternehmen, nicht Einzelpersonen

15 Adressaten der Sorgfaltspflichten sind die **Unternehmen,** die in den Anwendungsbereich des LkSG fallen (→ § 1 Rn. 1 ff.). Andere Unternehmen können aber indirekt betroffen sein. So sieht etwa § 6 Abs. 4 Nr. 2 als Präventionsmaßnahme eine vertragliche Verpflichtung von unmittelbaren Zulieferern vor. Darüber hinaus kommt in der Praxis eine **faktische Betroffenheit** in Betracht, weil die unmittelbar verpflichteten Unternehmen wiederum ihre Zulieferer mit „in die Pflicht" nehmen werden, um die Sorgfaltspflichten erfüllen zu können.

16 Das LkSG richtet die Sorgfaltspflichten nur an die Unternehmen, nicht an konkrete Einzelpersonen (s. auch sogleich → Rn. 25 ff.).

2. Zuständigkeit auf Unternehmensebene innerhalb von Konzernen

17 Innerhalb von Konzernen ist grundsätzlich jedes **konzernangehörige Unternehmen,** das in den Anwendungsbereich des § 1 fällt, selbst für die Erfüllung der Sorgfaltspflichten verantwortlich. Eine Erfüllung der Sorgfaltspflichten allein durch die Konzernobergesellschaft befreit nicht automatisch auch die Tochtergesellschaften im Anwendungsbereich des LkSG von ihren Pflichten (s. dazu auch Gehling/Ott/Mader Rn. 13 ff.; Gehling/Ott/Schmelzeisen § 1 Rn. 43 ff.).

18 Allerdings schlägt das BMAS in seinen FAQ zum Lieferkettengesetz eine Differenzierung danach vor, ob ein bestimmender Einfluss vorliegt oder nicht. Sofern Konzernmutter und -tochter beide in den Anwendungsbereich des LkSG fallen, die Mutter jedoch einen bestimmenden Einfluss auf die Tochter ausübt, führt das BMAS wie folgt aus:

> *„Konzernobergesellschaft und Tochterunternehmen fallen beide unter das LkSG und es besteht ein bestimmender Einfluss (§ 2 Abs. 6 LkSG) der Obergesellschaft auf die Tochter.*
>
> *Die Obergesellschaft muss die Sorgfaltspflichten im eigenen Geschäftsbereich sowie im Hinblick auf unmittelbare und mittelbare Zulieferer erfüllen. Dies schließt auch den Geschäftsbereich und die Zulieferer des Tochterunternehmens mit ein (vgl. § 2 Abs. 6 LkSG). Die Verantwortung erfasst dabei die wirtschaftlichen Aktivitäten des Tochterunternehmens, um Produkte herzustellen oder zu verwerten oder um Dienstleistungen zu erbringen. Dabei ist unerheblich, ob ein Tochterunternehmen seine Produkte oder Dienstleistungen der Obergesellschaft zuliefert, oder ob es sie an Dritte vertreibt.*
>
> *Die Obergesellschaft verantwortet die Einrichtung eines angemessenen und wirksamen Risikomanagements bzw. die angemessene und wirksame Erfüllung der Sorgfaltspflichten in ihrem eigenen (auch nach § 2 Abs. 6 S. 3 LkSG zugerechneten) Geschäftsbereich. Der eigene Geschäftsbereich erstreckt sich also auch auf das Tochterunternehmen, auf das die Obergesellschaft einen bestimmenden Einfluss ausübt. Es liegt hierbei im Ermessen der Obergesellschaft, ob und inwieweit das Risikomanagement bzw. die Sorgfaltsprozesse eines Tochterunternehmens maßgeblich bei ihr oder im Tochterunternehmen verankert wird. Das bedeutet: Die Obergesellschaft kann entweder*
>
> - *das Risikomanagement bzw. die Sorgfaltsprozesse zentral ausgestalten, d. h. Prozesse und Maßnahmen festlegen, diese auf das Tochterunternehmen ausrollen und sich sodann auf eine Überwachungsfunktion beschränken, d. h. darauf, die Umsetzung der Prozesse und Maßnahmen durch das Tochterunternehmen zu überwachen.*

- *oder sich für eine eher dezentrale Umsetzung entscheiden, d. h. das Tochterunternehmen kraft ihrer Weisungsbefugnis in die Pflicht nehmen, Maßnahmen und Prozesse zur Umsetzung und Überwachung der Sorgfaltspflichten eigenständig zu konzipieren und zu realisieren.“*

(vgl. FAQ zum LkSG Ziff. IV. 8).

Fällt nur die Konzernmutter, nicht aber die Tochtergesellschaft in den Anwendungsbereich des LkSG, hat auch nur die Mutter die Sorgfaltspflichten zu erfüllen. Da jedoch das Tochterunternehmen zu ihrem eigenen Geschäftsbereich zählt, muss die Mutter die Sorgfaltspflichten auch mit Blick auf das Tochterunternehmen erfüllen, dh die Mutter muss prüfen, inwiefern die Tochter an Menschenrechts- oder Umweltbeeinträchtigungen beteiligt sein kann und welche Maßnahmen daher ggf. zu ergreifen sind (vgl. FAQ zum LkSG Ziff. IV. 8, IV. 11). 19

Im umgekehrten Fall, dh nur das Tochterunternehmen fällt in den Anwendungsbereich des LkSG, nicht aber die ausländische Konzernmutter, hat nur das Tochterunternehmen für die Einhaltung der Sorgfaltspflichten zu sorgen (s. dazu auch FAQ zum LkSG Ziff. IV. 10). Die Konzernmutter gehört dabei nicht zum eigenen Geschäftsbereich, weil insofern keine Pflicht zur Sorgfalt „nach oben“ besteht (zum Ganzen vgl. FAQ zum LkSG Ziff. IV. 8). 20

3. Zuständigkeit bei Niederlassungen

Gem. § 1 Abs. 1 S. 2 findet das LkSG auch auf Unternehmen Anwendung, die zwar im Ausland ihren Sitz haben, aber in einer deutschen **Zweigniederlassung** mind. 3.000 (ab 2024: 1.000) Mitarbeiter beschäftigen. Adressat der Sorgfaltspflichten ist in diesem Fall das ausländische Unternehmen, zu dem die Zweigniederlassung gehört. 21

Nach den FAQ zum LkSG solle das ausländische Unternehmen die Sorgfaltspflichten nicht nur mit Blick auf die deutsche Zweigniederlassung oder deutsche Sachverhalte erfüllen. Vielmehr müsse das ausländische Unternehmen die Sorgfaltspflichten für alle weltweiten Lieferketten, die es initiiert oder steuert, egal in welcher Niederlassung, erbringen (vgl. FAQ zum LkSG Ziff. IV. 13). Danach müsste etwa ein Hersteller oder Händler mit Unternehmenssitz in den USA und verschiedenen Niederlassungen, die jeweils (nur) lokale Märkte bedienen, das LkSG für alle Niederlassungen beachten, wenn es in seiner deutschen Filiale 3.000 (oder ab 2024: 1.000) Mitarbeiter beschäftigt. Nach den FAQ wäre das Unternehmen also gehalten, die Pflichten des LkSG im Hinblick auf all seine eigenen Aktivitäten, Niederlassungen und Tochtergesellschaften einzuhalten, zB auch hinsichtlich einer japanischen Niederlassung, die nur den japanischen Markt bedient. 22

Dadurch erlangt das LkSG eine weitgehende extraterritoriale Wirkung. So wäre es möglich, dass das ausländische Unternehmen die Sorgfaltspflichten in Bezug auf Zweigniederlassungen oder Tochtergesellschaften im Ausland erfüllen muss, ohne dass diese einen Bezug zu der deutschen Niederlassung aufweisen. Der territoriale Zusammenhang mit dem Gebiet der Bundesrepublik wäre faktisch aufgehoben. 23

Diese weitreichende extraterritoriale Wirkung erscheint im Hinblick auf das Völkergewohnheitsrecht bedenklich (zu den Grenzen der Extraterritorialität s. etwa Herdegen IntWirtschaftsR § 3 Rn. 58 ff., Rn. 60). Denn damit regelt das LkSG das Handeln ausländischer Gesellschaften allein im Ausland. Zudem liegt eine Ungleichbehandlung zwischen Zweigniederlassungen und Tochtergesellschaften vor. Hätte das ausländische Mutterunternehmen eine deutsche Tochtergesellschaft anstelle einer Zweigniederlassung im Anwendungsbereich des LkSG, müsste nur die Tochtergesellschaft die Pflichten des LkSG erfüllen. Eine Inpflichtnahme auch der ausländischen Mutter (einschließlich ihres eigenen Geschäftsbereichs und ihrer Zulieferer im Ausland) würde nicht erfolgen. Bei Zweigniederlassungen soll hingegen die bloße Präsenz der Zweigniederlassung in Deutschland zu einer globalen Geltung des LkSG für die ausländische Gesellschaft führen. Vor diesem Hintergrund scheint eine völkerrechts- und verfassungskonforme (insbes. das Verhältnis- 24 mäßigkeitsprinzip und das Gleichheitsgebot sind hierbei zu beachten) Einschränkung der Sorgfaltspflichten dahingehend geboten, dass über die bloße Belegenheit einer Zweigniederlassung in der Bundesrepublik Deutschland hinaus im Einzelfall ein weiterer Bezug zum deutschen Territorium besteht.

4. Unternehmensinterne Zuständigkeit

25 Wer **innerhalb eines Unternehmens** für die Pflichterfüllung zuständig ist, ergibt sich nicht aus dem LkSG. Dies ist anders in dem CSDDD-Entwurf der Europäischen Kommission (→ Rn. 4). Dort findet sich in Art. 26 Abs. 1 CSDDD-Entwurf die explizite Vorgabe, dass die Mitgliedstaaten sicherstellen sollen, dass die Mitglieder der Unternehmensleitung für die Einrichtung und Kontrolle der Maßnahmen zur Erfüllung der Sorgfaltspflichten (vgl. Art. 4 CSDDD-Entwurf) verantwortlich sind. Zwar sieht § 4 Abs. 3 vor, dass eine Person innerhalb des Unternehmens für die Überwachung des Risikomanagements zuständig sein soll (empfohlen wird die Benennung eines Menschenrechtsbeauftragten). Dies ist allerdings selbst eine Sorgfaltspflicht und damit Teil des umfassenderen Pflichtenkanons, den das Unternehmen zu erfüllen hat. Daher folgt aus § 4 Abs. 3 nicht, dass die betreffende Person allein- oder letztverantwortlich für die Umsetzung aller Sorgfaltspflichten ist; vielmehr soll nach der Vorstellung des Gesetzgebers der Menschenrechtsbeauftragte als prozessunabhängige Überwachungsinstanz gerade nicht in die operative Umsetzung des Risikomanagements involviert sein (vgl. dazu → § 4 Rn. 53 ff.; Göpferl/Jacobs NZA 2023, 144 (145)).

26 Die **Verantwortlichkeit (im Innenverhältnis)** ergibt sich aus dem **allgemeinen Gesellschaftsrecht.** So gebietet etwa die Legalitätspflicht von Vorständen bei Aktiengesellschaften und von Geschäftsführern von Gesellschaften mit beschränkter Haftung, dass diese unternehmensintern die Einhaltung des LkSG verantworten (vgl. auch Gehling/Ott/Mader Rn. 13). Das LkSG bestätigt (indirekt) dieses Verständnis dadurch, dass sich die Geschäftsleitung über die Arbeit der Person, die für die Überwachung des Risikomanagement zuständig ist, zu informieren hat (§ 4 Abs. 3 S. 2). Ebenso verlangt § 6 Abs. 2 S. 2, dass die Unternehmensleitung die Grundsatzerklärung abgeben muss.

V. Zielsetzung der Sorgfaltspflichten (S. 1)

1. Grundsatz: Verfahrenspflichten

27 Nach S. 1 soll die Beachtung der Sorgfaltspflichten dem Ziel dienen,

> *„menschenrechtlichen oder umweltbezogenen Risiken vorzubeugen oder sie zu minimieren oder die Verletzung menschenrechtsbezogener oder umweltbezogener Pflichten zu beenden"*

(die Begriffe der menschenrechtlichen oder umweltbezogenen Risiken und Pflichtverletzungen sind in § 2 Abs. 2–4 definiert). Dieser **Dreiklang aus Risikoprävention, -minimierung sowie Beendigung** von Verletzungen bringt die grundlegende Zielsetzung des LkSG zum Ausdruck.

28 Mit der expliziten Benennung der Zielsetzung wollte der Gesetzgeber ausweislich der Begründung zur Ausschussempfehlung zum Ausdruck bringen, dass die Sorgfaltspflichten nur eine Verfahrenspflicht, **keine Erfolgspflicht** regeln (näher dazu sowie zu den Durchbrechungen dieser Bemühenspflicht auch BAFA, Angemessenheit – Handreichung zum Prinzip der Angemessenheit nach den Vorgaben des Lieferkettensorgfaltspflichtengesetzes, 2022, S. 3. Unternehmen sollten demnach nicht zur Garantie eines Erfolges verpflichtet werden, sondern „nur" zur Durchführung der konkreten Maßnahmen, die in § 3 Abs. 1 aufgelistet sind. Unternehmen müssen im Rahmen des konkret Machbaren und Angemessenen die genannten Maßnahmen durchführen (zB eine Risikoanalyse), nicht aber garantieren, dass bspw. alle Menschenrechtsrisiken verhindert werden (vgl. Deutscher

Bundestag, Beschlussempfehlung und Bericht des Ausschusses für Arbeit und Soziales, BT-Drs. 19/30505, 38).

Diese Ausführungen bestätigen die gesetzgeberischen Vorstellungen, die bereits im ursprünglichen Gesetzentwurf wie folgt zusammengefasst waren: 29

> *„Die Sorgfaltspflichten begründen eine Bemühens- und keine Erfolgspflicht. Unternehmen müssen nicht garantieren, dass in ihren Lieferketten keine Menschenrechte oder umweltbezogene Pflichten verletzt werden. Sie müssen vielmehr nachweisen können, dass sie die in den §§ 4 bis 10 näher beschriebenen Sorgfaltspflichten umgesetzt haben, die vor dem Hintergrund ihres individuellen Kontextes machbar und angemessen sind."*

(vgl. Gesetzesbegründung, S. 41).

Der Ausgestaltung der Sorgfaltspflichten als **„Bemühenspflichten"** liegt die Erkenntnis zugrunde, dass auch das sorgfältigste Risikomanagementsystem angesichts der Vielzahl an Zulieferern, Geschäftsbeziehungen, Lebensumständen etc. keine hundertprozentige Gewissheit vermitteln kann, dass wirklich alle Risiken entdeckt werden. Darüber hinaus hat es ein Unternehmen nicht immer allein in der Hand, entdeckte Risiken abzustellen. So kann es zB sein, dass das lokale Recht bestimmte Maßnahmen nicht zulässt (zB Gründung von Gewerkschaften) oder dass ein Unternehmen keinen ausreichend großen Einfluss auf seine Zulieferer hat, um diese zu einem Ausschluss von Risiken zu bewegen. 30

Vor diesem Hintergrund sind die Sorgfaltspflichten im Grundsatz bereits dann erfüllt, wenn die Unternehmen rechtlich und tatsächlich mögliche sowie angemessene Maßnahmen ergreifen, die auf die Umsetzung der Pflichten gerichtet sind. Falls trotz derartiger Maßnahmen eine Menschenrechts- oder Umweltverletzung eintritt, folgt daraus nicht automatisch eine Verletzung des LkSG. Auch ist allein aus dem Eintritt einer Verletzung nicht die Vermutung abzuleiten, dass ein Sorgfaltspflichtenverstoß vorlag (ebenso Gehling/Ott/Mader Rn. 15). 31

2. Aber: auch Erfolgspflichten

Allerdings darf der in der Gesetzesbegründung verwendete Begriff der Bemühenspflichten nicht darüber hinwegtäuschen, dass das LkSG durchaus auch konkrete Erfolge verlangt. 32

Zum einen muss ein Unternehmen für die erfolgreiche Implementierung bestimmter Maßnahmen sorgen. So hat es bspw. einen Beschwerdemechanismus einzurichten. Ferner muss es bei der Entdeckung von Risiken im eigenen Geschäftsbereich insbes. eine Grundsatzerklärung veröffentlichen, Beschaffungsstrategien und Einkaufspraktiken implementieren und Schulungen durchführen (s. § 6 Abs. 2, 3). Es würde also nicht reichen, dass es sich etwa um die Erarbeitung einer Grundsatzerklärung bemüht, diese aber letztlich nicht abgibt, weil keine Einigung innerhalb der Unternehmensleitung über die Inhalte besteht. Gleichermaßen muss ein Unternehmen bei der Entdeckung von Risiken in der Lieferkette von seinen unmittelbaren Zulieferern eine vertragliche Zusicherung gem. § 6 Abs. 4 Nr. 2 einholen. Es kann sich nicht darauf berufen, dass sich die Verhandlungen mit dem Zulieferer als schwierig erweisen. 33

Zum anderen hat ein Unternehmen bei der Feststellung von Verletzungen menschenrechts- oder umweltbezogener Pflichten im eigenen Geschäftsbereich im Inland für eine Beendigung dieser Verletzung zu sorgen (§ 7 Abs. 1 S. 3). Sofern die Verletzung im eigenen Geschäftsbereich im Ausland eingetreten ist, muss die Abhilfe in der Regel zur Beendigung führen (s. § 7 Abs. 1 S. 3, 4). 34

3. Kontinuität der Pflichten

Die Gesetzesbegründung führt aus, dass die Sorgfaltspflichten kein einmaliger Prozess seien, sondern einen sich wiederholenden Kreislauf der verschiedenen, in den §§ 4–10 definierten Verfahrensschritte bildeten (vgl. Gesetzesbegründung, S. 41). 35

36 So sieht bspw. § 5 Abs. 4 vor, dass die Risikoanalyse einmal im Jahr und anlassbezogen durchzuführen ist. Der Bericht über die Erfüllung der Sorgfaltspflichten muss jährlich veröffentlicht und für sieben Jahre zugänglich gehalten werden (§ 10 Abs. 2). Darüber hinaus ist dauerhaft sicherzustellen, dass der Beschwerdemechanismus besteht und erreichbar ist. Dementsprechend sieht § 8 Abs. 5 vor, dass die Wirksamkeit einmal im Jahr und anlassbezogen zu prüfen ist. Ferner muss der Menschrechtsbeauftragte oder eine Person mit vergleichbarer Rolle dauerhaft das Risikomanagement überwachen und einmal jährlich der Geschäftsleitung Bericht erstatten.

37 Das BAFA geht davon aus, dass die Pflichten nicht einfach nur in gleicher Form regelmäßig wiederholt erfüllt werden, sondern dass auch eine zunehmend ambitionierte Umsetzung des LkSG geboten ist. So heißt es in der „Handreichung zur Umsetzung einer Risikoanalyse nach den Vorgaben des Lieferkettensorgfaltspflichtengesetzes", dass Unternehmen sich um eine stetige Erhöhung der Transparenz in ihren Lieferketten bemühen sollten (s. BAFA, Risiken ermitteln, gewichten und priorisieren: Handreichung zur Umsetzung einer Risikoanalyse nach den Vorgaben des Lieferkettensorgfaltspflichtengesetzes, S. 11). Das gilt ganz besonders für den eigenen Geschäftsbereich. In diesem sollen die Unternehmen mit den größten Risiken beginnen, aber die Risikoanalyse sukzessive auf sämtliche Gesellschaften/Filialen/Standorte im eigenen Geschäftsbereich ausdehnen (s. BAFA, Risiken ermitteln, gewichten und priorisieren: Handreichung zur Umsetzung einer Risikoanalyse nach den Vorgaben des Lieferkettensorgfaltspflichtengesetzes, S. 13).

C. Angemessenheit (Abs. 2)

I. Überblick und verfassungsrechtlicher Hintergrund

38 Anders als im BGB bestimmt sich der **Sorgfaltsmaßstab** im LkSG nicht nach der objektiv zu bestimmenden verkehrsüblichen Sorgfalt (s. Ehmann ZVertriebsR 2021, 141 (145)). Vielmehr wird auf ein Handeln in *„angemessener Weise"* und damit auf einen individuellen Sorgfaltsmaßstab nach dem LkSG abgestellt (vgl. Gesetzesbegründung, S. 42; BAFA, Angemessenheit – Handreichung zum Prinzip der Angemessenheit nach den Vorgaben des Lieferkettensorgfaltspflichtengesetzes, 2022, S. 3, 7, 25). Nach der Begründung des Regierungsentwurfs ist die erste Funktion des Angemessenheitsvorbehalts, eine Konkretisierung der Sorgfaltspflichten im Einzelfall zu ermöglichen (vgl. Gesetzesbegründung, S. 42; Fleischer CCZ 2022, 205 (211 f.)). Dies trägt zu einer grundrechtskonformen und ausbalancierten Anwendung der Sorgfaltspflichten im Einzelfall bei (vgl. Lutz-Bachmann/Vorbeck/Wengenroth BB 2022, 835 (840) zum CSDDD-Entwurf (→ Rn. 4)).

39 Das Erfordernis der Angemessenheit taucht in Abschnitt 2 – außerhalb von § 3 (also in §§ 4–10) – insgesamt dreizehnmal auf. Es bezieht sich sowohl auf die **Ermittlung** von menschenrechts- und umweltbezogenen Risiken oder Verletzungen als auch auf die **Auswahl der Maßnahmen** zur Bewältigung derartiger Risiken oder Verletzungen. Bereits aus dieser häufigen Verwendung wird die große Bedeutung **für alle Sorgfaltspflichten** des LkSG ersichtlich (vgl. Gesetzesbegründung, S. 42: *„Das Prinzip der Angemessenheit gilt für alle im Folgenden geregelten Pflichten und wird dort durch das Wort „angemessen" in Bezug genommen."*). Dementsprechend formuliert das BAFA in seiner Handreichung zur Angemessenheit:

> *„Mit dem Prinzip der Angemessenheit erhält jedes Unternehmen den notwendigen Ermessens- und Handlungsspielraum in Bezug auf das Wie der Umsetzung der Sorgfaltspflichten. Welche Risiken das Unternehmen wie, und in welcher Reihenfolge sowie Intensität anzugehen hat, hängt von der individuellen Unternehmens- und Risikosituation ab."*

(vgl. BAFA, Angemessenheit – Handreichung zum Prinzip der Angemessenheit nach den Vorgaben des Lieferkettensorgfaltspflichtengesetzes, 2022, S. 3).

An anderer Stelle führt das BAFA aus: 40

> *„Die praktische Umsetzung des Angemessenheitsprinzips und die damit verbundenen Abwägungen zur Intensität, Reihenfolge und zur Art und Weise des Handelns sind für alle Sorgfaltspflichten relevant: Dies gilt bei der Ausgestaltung des Risikomanagements, der Risikoanalyse, bei Präventions- und Abhilfemaßnahmen sowie der Einrichtung eines Beschwerdeverfahrens ebenso wie im Dokumentations- und Berichtswesen."*

(s. BAFA, Angemessenheit – Handreichung zum Prinzip der Angemessenheit nach den Vorgaben des Lieferkettensorgfaltspflichtengesetzes, 2022, S. 7).

Zugleich weist das BAFA auf den engen Zusammenhang zwischen der Angemessenheit und Wirksamkeit von Maßnahmen iSv § 4 Abs. 2 hin (vgl. BAFA, Angemessenheit – Handreichung zum Prinzip der Angemessenheit nach den Vorgaben des Lieferkettensorgfaltspflichtengesetzes, 2022, S. 2, 4 ff.). Die Unternehmen sollen gerade nicht unmögliche oder der unvorhersehbare Pflichten erfüllen müssen. Um jedoch zu gewährleisten, dass die angemessenen Maßnahmen im Ergebnis auch zum Schutz der Menschenrechte oder Umwelt beitragen können, dürfen die Unternehmen nur aus wirksamen Maßnahmen auswählen (vgl. BAFA, Angemessenheit – Handreichung zum Prinzip der Angemessenheit nach den Vorgaben des Lieferkettensorgfaltspflichtengesetzes, 2022, S. 4). Der Angemessenheitsvorbehalt soll dabei eine Balance schaffen zwischen der Vorgabe von konkreten Sorgfaltsanforderungen abhängig von der individuellen Situation und der Schaffung eines Handlungsspielraums für die Unternehmen (vgl. Fleischer CCZ 2022, 205 (211)). 41

Das überzeugt, denn es ließe sich nicht rechtfertigen, in die Grundrechte eines Unternehmens durch das Gebot von (Sorgfalts-)Maßnahmen einzugreifen, die keinerlei Wirkung zur Erreichung der angestrebten Ziele zeigen, mithin ungeeignet oder zwecklos sind. Derartige Maßnahmen können a priori nicht angemessen sein. Umgekehrt trägt es nicht zum Schutz der Menschenrechte und der Umwelt bei, wenn ein Unternehmen Maßnahmen ergreift, die es zwar ohne Überforderung leisten kann, die aber in keiner Weise zur Vorbeugung menschenrechtlicher und umweltbezogener Risiken beitragen. Ein Unternehmen muss daher die Wirksamkeit seiner Maßnahmen regelmäßig überprüfen (vgl. BAFA, Angemessenheit – Handreichung zum Prinzip der Angemessenheit nach den Vorgaben des Lieferkettensorgfaltspflichtengesetzes, 2022, S. 4). 42

Die Angemessenheit – auch im Zusammenhang mit der Wirksamkeit (also Geeignetheit) – greift den verfassungsrechtlich verankerten **Verhältnismäßigkeitsgrundsatz** (vgl. etwa DHS/Grzeszick GG Art. 20 Rn. 110, 112 ff., 119 ff.) auf und begrenzt den unternehmerischen Pflichtenumfang über das gesamte Pflichtenprogramm des LkSG hinweg (vgl. Eggers/Pawel, CB 2022, 339 (341)). Da sowohl der Begriff der Lieferkette (vgl. § 2 Abs. 5) als auch der Kanon an Sorgfaltspflichten weit gefasst sind, soll der Angemessenheitsbegriff als **einschränkendes Korrektiv** dienen (vgl. Fitzer/Gergen, CB 2022, 327 (328)). Dies ist letztlich eine Selbstverständlichkeit, weil der Gesetzgeber wegen des Verhältnismäßigkeitsgrundsatzes von (grundrechtsberechtigten) Unternehmen nur ein Verhalten verlangen kann, das nicht unverhältnismäßig, insbes. nicht unangemessen ist. Die Begrenzung der gesetzlich vorgegebenen Sorgfaltspflichten ist somit lediglich die Kehrseite der daraus folgenden Handlungsspielräume der Unternehmen (iErg wohl ebenso Gehling/Ott/Mader Rn. 34, auch wenn in Rn. 33 ein Gegensatz zu dem Verhältnismäßigkeitsprinzip geltend gemacht wird). 43

Aus verfassungsrechtlicher Sicht soll das Erfordernis der Angemessenheit sicherstellen, dass eine Maßnahme nicht unzumutbar ist, also kein Missverhältnis zwischen dem verfolgten Zweck und den herbeigeführten (individuellen) Beeinträchtigungen begründet. 44

Entsprechend richten sich die Anforderungen, die an eine angemessene Ausgestaltung des Risikomanagements zu stellen sind, nach der **individuellen Unternehmens- und Risikosituation im Einzelfall** (vgl. Gesetzesbegründung, S. 42). Ein Unternehmen soll seine Sorgfaltspflichten im Sinne einer Bemühenspflicht grundsätzlich auch dann erfüllen können, 45

> *„wenn es seine gesamte Lieferkette nicht nachverfolgen oder bestimmte Präventions- oder Abhilfemaßnahmen nicht vornehmen konnte, weil dies tatsächlich oder rechtlich unmöglich"*

war (vgl. BT-Drs. 19/30505, 38).

46 Ausreichend sind Maßnahmen, die in Ansehung des konkreten Risikos erforderlich und zumutbar sind. Überzogene, unzumutbare oder unmögliche Pflichtenanforderungen dürfen daher nicht gestellt werden (vgl. Fleischer CCZ 2022, 205 (211 f.)). Es besteht daher von vornherein keine Verpflichtung, alle denkbaren Maßnahmen zu ergreifen. *Fleischer* sieht insoweit

> *„eine strukturelle Parallele zu den aktienrechtlichen Compliance-Pflichten"*,

die nach ganz hM unter dem doppelten Vorbehalt der Erforderlichkeit und Zumutbarkeit stehen (vgl. Fleischer CCZ 2022, 205 (211 f.); s. ferner BeckOGK/Fleischer AktG § 91 Rn. 71; Fleischer AG 2003, 291 (300); Verse ZHR 175/2011, 401 (406 f.)). Damit besteht für Unternehmen letztlich ein **Ermessens- und Handlungsspielraum** bei der Auswahl geeigneter Maßnahmen, der letztlich situationsspezifisch zu ermitteln ist (vgl. Fleischer CCZ 2022, 205 (211 f.)).

II. Kriterien in Abs. 2 Nr. 1–4 als (nicht abschließende) Konkretisierung

47 Die Zumutbarkeit in jedem Einzelfall eindeutig zu bestimmen, ist allerdings schwierig, da subjektive Belange in die Abwägung einzustellen sind (vgl. DHS/Grzeszick GG Art. 20 Rn. 120). Um diesen Auslegungsschwierigkeiten zu begegnen, hat der Gesetzgeber in Abs. 2 die **Kriterien** benannt, die für die Ermittlung der Angemessenheit eine Rolle spielen. Zur weiteren **Konkretisierung** dieser Kriterien hat er in der Gesetzesbegründung ergänzende Hinweise auf (rechtlich unverbindliche) Richtlinien aus dem Soft Law gegeben. Dazu gehören neben den UN-Leitprinzipien für Wirtschaft und Menschenrechte und dem Nationalen Aktionsplan für Wirtschaft und Menschenrechte auch an Unternehmen adressierte branchenspezifische Leitfäden der OECD und des UN-Hochkommissariats für Menschenrechte (OHCHR) (vgl. Gesetzesbegründung, S. 42). Schließlich hat das BAFA eine Handreichung zur Angemessenheit veröffentlicht (s. BAFA, Angemessenheit – Handreichung zum Prinzip der Angemessenheit nach den Vorgaben des Lieferkettensorgfaltspflichtengesetzes, 2022 (→ Rn. 28)).

48 Es ist nicht völlig klar, ob die Kriterien in Abs. 2 Nr. 1–4 als **abschließend** zu verstehen sind. Dafür könnte der Wortlaut des Abs. 2 sprechen, der kein Indiz auf eine nur beispielhafte Aufzählung enthält (zB keine Einleitung durch „insbesondere"). Auch wollte der Gesetzgeber eine Konkretisierung der Angemessenheit erreichen (vgl. BT-Drs. 19/30505, 38: *„In welchem Umfang die Maßnahmen durchgeführt werden müssen, ist nicht starr, sondern abhängig von verschiedenen Faktoren zu beurteilen,* ***die in § 3 Absatz 2 aufgelistet sind.*** *Diese bestimmen für alle Maßnahmen, was in angemessener Weise und im Rahmen dieses risikobasierten Ansatzes getan werden muss."*). Diese würde möglicherweise aufgeweicht, wenn weitere Faktoren als die in Nr. 1–4 genannten zu beachten wären (idS auch Gehling/Ott/Mader Rn. 54). Letztlich ist der gesetzgeberische Wille aber nicht eindeutig. So heißt es in der Gesetzesbegründung, dass Abs. 2 *„wesentliche Kriterien"* enthalte (s. Gesetzesbegründung, S. 42). Es ist nicht die Rede von abschließenden oder alleinigen Kriterien.

49 Gegen einen abschließenden Charakter spricht, dass die Angemessenheit Ausprägung des Verhältnismäßigkeitsprinzips ist. Daher müssen (in Ausnahmefällen) zu Gunsten der Unternehmen auch andere Kriterien, etwa völlig unverhältnismäßige Kosten, beachtet werden, wenn sonst die geforderten Maßnahmen zur Risikoermittlung oder -bewältigung unzumutbar wären (sinngemäß auch Gehling/Ott/Mader Rn. 56 f.). IdS lassen sich auch die Überlegungen des Gesetzgebers zur grundlegenden Ausgestaltung des LkSG verstehen. So gibt der Gesetzgeber an, dass er keine zusätzlichen Belastungen für kleine und mittlere Unternehmen schaffen wolle und sich bei Großunternehmen auf Anforderungen beschränke,

„die praktikabel, verhältnismäßig und ohne übermäßigen bürokratischen Aufwand umzusetzen sind"

(s. Gesetzesbegründung, S. 23).

III. Reichweite des Angemessenheitsvorbehalts

50 Der Begriff der Angemessenheit findet sich im Rahmen der Sorgfaltspflichten zum einen im Hinblick auf die Maßnahmen, die zur Ermittlung von menschenrechts- oder umweltbezogenen Risiken oder Verletzungen geboten sind. Zum anderen grenzt er auch die Maßnahmen ein, die dem Umgang mit Risiken oder Verletzungen dienen. Darüber hinaus haben auch das BAFA und die Gerichte, die die Einhaltung des LkSG überprüfen, das Gebot der Angemessenheit zu beachten.

1. Ermittlung von menschenrechts- und umweltbezogenen Risiken oder Verletzungen

51 Zunächst spielt die Angemessenheit bei der **Ermittlung und Priorisierung von Risiken,** also insbes. bei der Beantwortung der Frage nach dem „Ob" von Risiken oder Verletzungen eine Rolle.

52 Gem. § 5 Abs. 1 S. 1 muss ein Unternehmen eine „angemessene" Risikoanalyse durchführen, um die menschenrechtlichen und umweltbezogenen Risiken im eigenen Geschäftsbereich sowie bei seinen unmittelbaren Zulieferern zu ermitteln. Für mittelbare Zulieferer können vergleichbare Anforderungen aus § 9 Abs. 3 Nr. 1 resultieren. In ähnlicher Weise verlangt § 4 Abs. 1, dass Unternehmen ein *„angemessenes und wirksames"* Risikomanagement einrichten müssen. Dieses Risikomanagement soll auch der Erkennung von Risiken dienen (s. § 4 Abs. 2).

53 Dabei dürfen (und müssen) Unternehmen schon bei der Ermittlung von Risiken priorisieren. So führen der Gesetzgeber in der Gesetzesbegründung (vgl. Gesetzesbegründung, S. 44 f.) sowie das BMAS in den FAQ zum LkSG aus, dass das Unternehmen in einem ersten Schritt ein Risikomapping durchführen und im zweiten Schritt die Risiken priorisieren solle. So könne es entscheiden, welche Risiken (und welche Lieferbeziehung) es vertieft betrachtet und zuerst angeht (vgl. FAQ zum LkSG Ziff. VIII. 3).

54 Maßgebliche Kriterien für die Priorisierung sind – ausweislich der Gesetzesbegründung – die in § 3 Abs. 2 genannten Kategorien der Angemessenheit, etwa die Einflussmöglichkeit, die ein Unternehmen auf die Minderung des Risikos hat, oder die Schwere und Wahrscheinlichkeit einer (potenziellen) Verletzung. Das Unternehmen muss die Prüfung eines priorisierten Risikos vertiefen, wenn es für die Ergreifung von Maßnahmen weitere Informationen benötigt, etwa zu der Schwere und Wahrscheinlichkeit der möglichen Menschenrechtsverletzung, zu den betroffenen Personenkreisen, zu dem Zulieferer, bei dem das Risiko besteht, sowie zu der politischen, rechtlichen und kulturellen Situation am Produktionsort. Es liegt im Ermessen des Unternehmens, eine geeignete Methode der Informationsbeschaffung und Bewertung zu wählen, je nach Risiko, Branche und Produktionsregion (so Gesetzesbegründung, S. 45).

55 IdS stellt das BAFA in seiner Handreichung fest:

„Im Rahmen der Ermittlung der Risiken steuern die Kriterien der Angemessenheit die unterschiedliche Intensität der Ermittlungsbemühungen in Bezug auf verschiedene Teile des eigenen Geschäftsbereichs und unterschiedliche Zulieferer. Je stärker die Angemessenheitskriterien erfüllt sind, umso intensiver müssen die Ermittlungsbemühungen ausfallen. So sollte ein Unternehmen bspw. bei hochrisikobehafteten Zulieferern intensiver Risiken ermitteln als bei anderen Zulieferern. […] So können zB intensive Ermittlungsmaßnahmen angezeigt sein, wenn Schwere und Eintrittswahrscheinlichkeit stark ausgeprägt sind, Einflussvermögen und Verursachungsbeitrag dagegen nur schwach. Ebenso können intensive Ermittlungsmaßnahmen angezeigt sein, wenn das Einflussvermögen hoch ist, Schwere, Eintrittswahrscheinlichkeit und Verursachungs-

beitrag aber gering. Zu beachten ist im Kontext der Risikoanalyse zudem, dass Unternehmen die Interessen (möglicherweise) Betroffener angemessen berücksichtigen müssen. Entsprechendes gilt im Rahmen der Gewichtung und Priorisierung der ermittelten Risiken."

(s. BAFA, Angemessenheit – Handreichung zum Prinzip der Angemessenheit nach den Vorgaben des Lieferkettensorgfaltspflichtengesetzes, 2022, S. 13 f.).

56 Dabei überzeugt es, dass die Ermittlungsbemühungen intensiver sein müssen, je größer Schwere und Eintrittswahrscheinlichkeit eines Risikos sind. Umgekehrt erscheint es aber fragwürdig, intensive Ermittlungsmaßnahmen auch in Fällen kleiner Risiken nur deshalb zu verlangen, weil ein Unternehmen ein hohes Einflussvermögen hat. Hier erschiene es sinnvoller, das Unternehmen würde sich auf die „echten" signifikanten Risiken konzentrieren und setzt Ressourcen nicht ineffizient in anderen Fällen ein, nur weil es dort einen Einfluss hat.

2. Auswahl von Präventions- und Abhilfemaßnahmen

57 Hat ein Unternehmen Risiken oder Verletzungen festgestellt, muss es angemessene Präventions- oder Abhilfemaßnahmen (s. insbes. § 6 Abs. 1 und § 9 Abs. 3 Nr. 2 (Prävention), § 7 Abs. 1 S. 1 (Abhilfe)) ergreifen. Folglich spielt die Angemessenheit auch bei dem „Wie" der Risikobewältigung eine Rolle. Damit bekommen die Unternehmen einen Ermessens- und Handlungsspielraum (vgl. Gesetzesbegründung, S. 42; WRW LkSG//Ruttloff/Kappler Rn. 475), um den unterschiedlichen tatsächlichen Gegebenheiten der Lieferkette im Einzelfall Rechnung zu tragen. Sie können entscheiden, welche der gesetzlich aufgezählten Maßnahmen sie konkret implementieren, ob sie im Einzelfall andere als die gesetzlich genannten Maßnahmen ergreifen, weil diese wirksamer erscheinen, ob über die im Gesetz genannten Maßnahmen hinaus weitere Maßnahmen erforderlich sind und wie sie gewählte Maßnahmen konkret umsetzen (so BAFA, Angemessenheit – Handreichung zum Prinzip der Angemessenheit nach den Vorgaben des Lieferkettensorgfaltspflichtengesetzes, 2022, S. 18).

58 Dieser Ermessensspielraum ist aber nicht unbegrenzt. Zum einen sind die Kriterien aus Abs. 2 zu beachten.

59 Zum anderen enthalten die einschlägigen Vorschriften zur Ausgestaltung der Sorgfaltspflichten konkrete Maßgaben, die insbes. nach dem Einfluss eines Unternehmens in der Lieferkette gestaffelt sind. So muss ein Unternehmen menschenrechtliche oder umweltbezogene Verletzungen im eigenen Geschäftsbereich im Inland unverzüglich beenden. Bei unmittelbaren Zulieferern muss nach Möglichkeit eine Beendigung in absehbarer Zeit erfolgen. Ist dies jedoch angesichts der Art der Verletzung nicht möglich, muss das Unternehmen zumindest ein Konzept mit konkretem Zeitplan zur Beendigung oder Minimierung erstellen und umsetzen (s. § 7 Abs. 1 S. 3, Abs. 2).

3. Behördliche Konkretisierung sowie behördliche und gerichtliche Kontrolle

60 Die Unbestimmtheit der „Angemessenheit" wirkt sich auch auf die behördliche und gerichtliche Kontrolle aus. Zur weiteren Konkretisierung der Angemessenheit und damit auch der Kontrolldichte kann das BAFA gem. § 20 S. 1 im Rahmen seiner Unterstützungsrolle branchenübergreifende oder branchenspezifische Informationen veröffentlichen. Dies ist durch eine Handreichung der BAFA geschehen (vgl. BAFA, Angemessenheit – Handreichung zum Prinzip der Angemessenheit nach den Vorgaben des Lieferkettensorgfaltspflichtengesetzes, 2022). Danach sollen die Angemessenheit und Wirksamkeit als übergeordnete und im wechselseitigen Zusammenhang stehende Prinzipien einen Rahmen für die Umsetzung der Sorgfaltspflichten setzen (vgl. BAFA, Angemessenheit – Handreichung zum Prinzip der

Angemessenheit nach den Vorgaben des Lieferkettensorgfaltspflichtengesetzes, 2022, S. 2, 4 ff.).

Der Begriff der Angemessenheit ist ein unbestimmter Rechtsbegriff. Seine Auslegung unterliegt einer uneingeschränkten Kontrolle durch die (Verwaltungs-)Gerichte (vgl. BeckOK VwGO/Decker VwGO § 114 Rn. 34; SBS/Sachs VwVfG § 40 Rn. 147). Es handelt sich also nicht um eine – nur beschränkt überprüfbare – Ausgestaltung des Ermessens auf Rechtsfolgenseite. 61

Für die behördliche und gerichtliche Kontrolle sind die in § 3 Abs. 2 Nr. 1–4 genannten Kriterien heranzuziehen und nach den allgemeinen Auslegungsmethoden zu interpretieren. Dazu gehört auch der gesetzgeberische Wille, der insbes. in der Gesetzesbegründung seinen Ausdruck findet. Insofern kann die Erläuterung zu § 3 Abs. 2 im Regierungsentwurf die Auslegung unterstützen. 62

Darüber hinaus lässt der Gesetzgeber erkennen, dass auch – rechtlich unverbindliche – „Soft-Law-Standards" als Auslegungshilfen herangezogen werden können. So nennt die Gesetzesbegründung den Due-Diligence-Begriff der UN-Leitprinzipien für Wirtschaft und Menschenrechte, den Nationalen Aktionsplan für Wirtschaft und Menschenrechte sowie an Unternehmen adressierte branchenspezifische Leitfäden der OECD und des UN-Hochkommissariats für Menschenrechte (OHCHR) (s. die in der Gesetzesbegründung auf S. 41 f. genannten Titel: UN OHCHR (2012): The Corporate Responsibility to Respect Human Rights. An Interpretive Guide, UN OHCHR (2018): Corporate human rights due diligence – Getting started, emerging practices, tools and resources, OECD (2012): OECD Due Diligence Chains of Minerals from Conflict-Affected and High Risk Areas, OECD/FAO (2016): OECD-FAO Guidance for Responsible Agricultural Supply Chains, OECD (2017): OECD-Due Diligence Guidance for Meaningful Stakeholder Engagement in the Extractive Sector, OECD (2018): OECD Due Diligence Guidance for Responsible Supply Chains in the Garment and Footwear Sector, OECD (2018): Responsible business conduct for institutional investors: Key considerations for due diligence, OECD (2019): Due Diligence for Responsible Corporate Lending and Securities Underwriting: Key considerations for banks implementing the OECD Guidelines for Multinational Enterprises). Auch wenn diese Soft-Law-Standards dadurch nicht zu verbindlichem Recht werden, können sie das geschriebene Recht stark beeinflussen. Insofern handelt es sich um „creeping law" (näher zu diesem Konzept Spießhofer AnwBl 2016, 366 (370)). 63

Nach einigen Autoren soll bei der Überprüfung des Angemessenheitsvorbehalts durch das BAFA und Gerichte die **Business Judgment Rule** zur Anwendung kommen (vgl. Fleischer CCZ 2022, 205 (213); Spindler ZHR 2022, 67 (81 ff.)). Diese betrifft jedoch rechtsdogmatisch lediglich das Innenverhältnis zwischen Vorstandsmitglied und Gesellschaft (vgl. Fleischer CCZ 2022, 205 (213); eine „lieferkettenrechtliche Business Judgment Rule" abl. Paefgen ZIP 2021, 2006 (2012)). Demgegenüber sind die Sorgfaltspflichten der §§ 3 ff. keine unmittelbaren Organpflichten, sondern Unternehmensorganisationspflichten, die Organmitglieder kraft ihrer Legalitätspflicht umsetzen müssen (vgl. Fleischer CCZ 2022, 205 (213)). 64

Maßgeblich für die Angemessenheit von Verhaltensweisen ist hingegen der Zeitpunkt, auf den bei der Bewertung abgestellt wird. So ist stets aus der ***ex-ante*-Sicht** zum Zeitpunkt der Entscheidungsfindung zu bewerten, ob das Unternehmen angemessen gehandelt hatte (s. FAQ zum LkSG Ziff. VI. 4 und XIV. 2; ferner BAFA, Angemessenheit – Handreichung zum Prinzip der Angemessenheit nach den Vorgaben des Lieferkettensorgfaltspflichtengesetzes, 2022, S. 4, 25). Eine rückschauende Betrachtung *ex post* verbietet sich daher selbst dann, wenn sich eine als angemessen prognostizierte Maßnahme im Nachhinein als unwirksam oder unzureichend erweist. Das BAFA kann also nicht die Maßnahmen zur Risikoermittlung und -bewältigung nachträglich im Detail nachprüfen, hinterfragen und seine eigene (nachträgliche) Beurteilung an die Stelle der unternehmerischen Entscheidung setzen (so auch Gehling/Ott/Mader § 3 Rn. 37 f.). Vielmehr muss das BAFA einen Beurteilungsspielraum des Unternehmens anerkennen. Das betroffene Unternehmen hat zwar plausibel und nachvollziehbar darzulegen, welche Kriterien es für die 65

Bewertung der Risiken und die Auswahl der ergriffenen Maßnahmen herangezogen hat (Fleischer CCZ 2022, 205 (213)). Solange ein Unternehmen aus *ex ante*-Sicht aber angemessene Maßnahmen ergriffen hat, kann keine Sanktionierung erfolgen, wenn sich diese Maßnahmen *ex post* als wirkungslos oder nicht ausreichend darstellen. Diese Sichtweise entspricht auch dem Charakter als Bemühenspflicht, wie beispielhaft ebenfalls der Entwurf EU-Lieferketten-Richtlinie belegt. Nach Erwgr. 15 S. 2 Entwurf EU-Lieferketten-Richtlinie wird von den Unternehmen keine Garantie erwartet, dass keine Verletzungen von Menschenrechten oder Umweltbelangen eintreten und insbes. in den Fällen, in denen eine Verletzung seitens Staaten vorliegen und die Unternehmen darauf keine Einflussmöglichkeit haben, nicht von dem Vorliegen einer Pflichtverletzung ausgegangen werden kann (dazu Spindler ZIP 2022, 765 (771)). Dies erkennt das BAFA explizit selbst an. In seiner Handreichung zur Angemessenheit führt es aus:

> *„Dabei wird der Ermessens- und Handlungsspielraum der Unternehmen anerkannt und mit Bezug auf die individuelle Unternehmenssituation berücksichtigt. Das BAFA prüft im Einklang mit der im LkSG angelegten Bemühenspflicht, ob ein Unternehmen zum Zeitpunkt der Entscheidung, also ex ante, angemessen gehandelt hat.“*

(s. BAFA, Angemessenheit – Handreichung zum Prinzip der Angemessenheit nach den Vorgaben des Lieferkettensorgfaltspflichtengesetzes, 2022, S. 25).

IV. Kriterienkatalog (Nr. 1–4)

1. Grundlagen

66 § 3 Abs. 2 verleiht dem unbestimmten Rechtsbegriff der Angemessenheit durch die Aufzählung maßgeblicher Kriterien weiter Kontur, ohne die Auslegungsbedürftigkeit zu beseitigen (vgl. VCI Diskussionspapier, S. 32). Aufgrund dieser Unbestimmtheit (vgl. DHS/Grzeszick GG Art. 20 Rn. 58, 65; BeckOK GG/Huster/Rux GG Art. 20 Rn. 182; Jarass/Pieroth/Jarass GG Art. 20 Rn. 82; MKS/Sommermann GG Art. 20 Rn. 289) muss aus Gründen der Rechtsstaatlichkeit – insbes. mit Blick auf die Sanktionierung durch Zwangs- und Bußgelder in §§ 23, 24 – den Unternehmen ein gewisser Spielraum bei dem „Wie“ der Umsetzung der Sorgfaltspflichten zugestanden werden (vgl. VCI Diskussionspapier, S. 34; krit. hinsichtlich des Bestimmtheitsgebots: Charnitzky/Weigel RIW 2022, 12 (19)). Zwar bieten auch insbes. die Handreichungen des BAFA sowie der FAQ-Katalog des BMAS den Unternehmen Anhaltspunkte, die iRd behördlichen Kontrolle zu berücksichtigen sind. Sie können zu einer Selbstbindung der Verwaltung führen, aber nicht als verbindliches Recht angesehen werden, an das sich die Unternehmen zwingend zu halten haben (vgl. Voland/Dietz, Lieferkettensorgfaltspflichtengesetz, 2023, S. 112 f.; s. auch → § 20 Rn. 2). Ebenso wenig können sie mangels ihrer Rechtsverbindlichkeit als rechtlich ausreichende Konkretisierung der Sorgfaltspflichten und der darauf gestützten Ordnungswidrigkeitentatbestände dienen. Vielmehr müssen gerade die Bußgeldvorschriften aus sich selbst heraus – in Verbindung mit den zugrunde liegenden gesetzlich geregelten Pflichten – hinreichend bestimmt sein, um dem Gebot des „nulla poena sine lege“ aus Art. 103 Abs. 2 GG zu genügen (zur Anwendbarkeit des Art. 103 Abs. 2 GG auch auf Ordnungswidrigkeitentatbestände vgl. zB BVerfGE 81, 132 (135); 87, 399 (411); BVerfG NJW 2022, 139 Rn. 154).

67 Die einzelnen Kriterien finden sich z. T. auch schon in den VN-Leitprinzipien für Menschenrechte. Das gilt insbes. für das Einflussvermögen iSv Nr. 2 und für den Verursachungsbeitrag iSv Nr. 4 (s. UN-Leitprinzipien für Wirtschaft und Menschenrechte, Leitprinzip 19b). Durch die Aufzählung in Abs. 2 gestaltet der Gesetzgeber diese Kriterien als verbindliches Recht aus (im Gegensatz zu dem Soft-Law-Charakter der VN-Leitprinzipien).

2. Nebeneinander und Wechselbezüglichkeit der Kriterien

Die in Nr. 1–4 aufgelisteten Kriterien stehen selbstständig nebeneinander. Sie **68** beziehen sich zT auf Eigenschaften oder Verhaltensweisen des Unternehmens (Nr. 1, 2 und 4) und zT auf die Art der Verletzung (Nr. 3; der Gesetzgeber spricht von der individuellen Unternehmens- und Risikosituation, s. Gesetzesbegründung, S. 42). Dabei bilden sie keine Hierarchie, sondern sollen im Einzelfall – in Kombination – eine möglichst klare Feststellung der Angemessenheit ermöglichen (s. auch BAFA, Angemessenheit – Handreichung zum Prinzip der Angemessenheit nach den Vorgaben des Lieferkettensorgfaltspflichtengesetzes, 2022, S. 4:

> *„Die Kriterien der Angemessenheit stehen in keiner Hierarchie zueinander, sondern sind stets gleichrangig zu berücksichtigen. Sie werden bei vielen Unternehmen jeweils unterschiedlich ausgeprägt sein, etwa in verschiedenen Betriebsstätten, Standorten oder Gesellschaften, aber auch in Bezug auf verschiedene Lieferketten und Zulieferer. Unternehmen müssen gemessen an den verschiedenen Risiken und Verletzungen fortlaufend entscheiden, wie und in welcher Reihenfolge und Intensität sie diese innerhalb des eigenen Geschäftsbereichs und bei verschiedenen Zulieferern angehen.“).*

Als grundlegende Vorgabe hat der Gesetzgeber in der Gesetzesbegründung das **69** folgende generell geltende Prinzip formuliert:

> *„Je stärker die Einflussmöglichkeit eines Unternehmens ist, je wahrscheinlicher und schwerer die zu erwartende Verletzung der geschützten Rechtsposition und je größer der Verursachungsbeitrag eines Unternehmens ist, desto größere Anstrengungen können einem Unternehmen zur Vermeidung oder Beendigung einer Verletzung zugemutet werden. Je anfälliger eine Geschäftstätigkeit nach Produkt und Produktionsstätte für menschenrechtliche Risiken ist, desto wichtiger ist die Überwachung der Lieferkette.“*

(s. Gesetzesbegründung, S. 42).

Dies unterstreicht, dass die in den Nr. 1 bis 4 genannten Kriterien gemeinsam zu **70** betrachten sind, um festzustellen, wie stark ein Unternehmen ein Risiko oder eine Verletzung verursacht hat oder beeinflussen kann und wie ernst die (drohende) Verletzung ist. Je näher ein Unternehmen an dem Risiko oder der Verletzung „dran“ ist und je größer der (potenzielle) Schaden ausfällt, umso umfangreichere Maßnahmen zur Risikoermittlung und -bewältigung können erwartet werden, ehe die Angemessenheit nicht mehr gewahrt ist. Mit anderen Worten kann die besonders gewichtige Erfüllung eines Elements im Zweifel die schwache Erfüllung eines vergleichbaren Elements ersetzen (vgl. Fleischer CCZ 2022, 205 (212)).

Die Bewertung der einzelnen Kriterien und ihrer Relevanz im konkreten Fall **71** muss dabei von der Perspektive des betroffenen Rechtsträgers ausgehen, also bspw. der Arbeiter vor Ort. Die eigene Reputation des Unternehmens bildet hingegen keinen Anhaltspunkt für die Priorisierung (Fitzer/Gergen CB 2022, 327 (332)).

Insbes. in den Fällen, in denen die Wertschöpfungskette zahlreiche Einheiten **72** umfasst, kann die Sorgfaltspflicht hinsichtlich nachteiliger menschenrechtlicher Auswirkungen unter Umständen nicht eingehalten werden. Dann soll eine Priorisierung dahingehend erfolgen, dass Bereiche, in denen das Risiko am bedeutendsten ist, vorangestellt werden (s. Kommentar zu den VN-Leitprinzipien, Nr. 17). Eine Auslegungshilfe bieten die UN-Leitprinzipien für Wirtschaft und Menschenrechte, wonach eine individuelle Priorisierung im Einzelfall erfolgen muss (vgl. UN-Leitprinzipien für Wirtschaft und Menschenrechte, Leitprinzip 17; s. auch WRW LkSG/Ruttloff/Kappler Rn. 483). Unternehmen müssen bei gegebener Notwendigkeit eine Priorisierung, eine Verhütung oder die Abmilderung der schwerwiegendsten Auswirkungen voranstellen (vgl. VN-Leitprinzipien, Leitprinzip 24; Grothaus/Winter DB 2022, 24 (25)). So kann im Einzelfall die Schwere der menschenrechtlichen Auswirkung besonders ins Gewicht fallen (vgl. Fleischer CCZ 2022, 205 (212) unter Bezugnahme auf OHCHR, The Corporate Responsibility to Respect Human Rights: An Interpretive Guide, 2012, Guiding Principle 14, S. 18 ff.).

3. Die einzelnen Kriterien

a) Art und Umfang der Geschäftstätigkeit des Unternehmens (Nr. 1)

73 Für die Beurteilung der Art der Geschäftstätigkeit sind primär qualitative, für den Umfang primär quantitative Merkmale zu berücksichtigen (vgl. Gesetzesbegründung, S. 42; Fleischer CCZ 2022, 205 (211); Kubis/Tödtmann Vorstand-HdB/Hettich/Charnitzky § 14 Rn. 266).

74 Die zu ergreifenden Präventions- und Abhilfemaßnahmen sind u. a. an der Risikogeneigtheit des unternehmerischen Handelns auszurichten (ähnl. Gesetzesbegründung, S. 42; Fleischer CCZ 2022, 205 (212)). Konkrete Anhaltspunkte, wie die Erkenntnisse aus der eigenen Bestandsanalyse des Unternehmens bewertet werden müssen, welches Gewicht ihnen zukommt und welche konkreten Maßnahmen vor diesem Hintergrund zu ergreifen sind, lassen sich aus dem Gesetz jedoch nicht ableiten.

aa) Art der Geschäftstätigkeit

75 Im Rahmen der Art der Geschäftstätigkeit geht es insbes. um die von einem Unternehmen hergestellten oder angebotenen Waren bzw. Dienstleistungen, die Vielfalt seiner Geschäftsbeziehungen sowie die Branche(n) und die Region(en), in denen das Unternehmen tätig ist (vgl. Gesetzesbegründung, S. 42; BAFA, Angemessenheit – Handreichung zum Prinzip der Angemessenheit nach den Vorgaben des Lieferkettensorgfaltspflichtengesetzes, 2022, S. 7; Charnitzky/Weigel RIW 2022, 12 (16); Fleischer CCZ 2022, 205 (211)).

76 Diese **produkt-, tätigkeits-, gebiets- und sektorspezifischen Kriterien** haben sowohl einen Einfluss auf die (potenziellen) Risiken als auch auf den Einfluss, den ein Unternehmen auf seine Zulieferer ausüben kann.

77 Bei dem **Produktbezug** können bspw. Komplexität und Beschaffenheit sowie die Vielfalt der hergestellten/angebotenen Produkte und Dienstleistungen eine Rolle spielen. Hochkomplexe Güter durchlaufen in der Regel eine größere Zahl an Fertigungsstufen, wodurch häufig längere Lieferketten und damit auch größere Risiken in der Lieferkette verbunden sein können. Zugleich kann der Spezialisierungsgrad einzelner Zulieferer dazu führen, dass das abnehmende Unternehmen von diesen Zulieferern stark abhängig ist und deshalb keinen erheblichen Einfluss ausüben kann.

Auch die **Anzahl an Geschäftsbeziehungen** wirkt sich unmittelbar auf die relevanten Risiken und deren Bewältigung aus. Je mehr (direkte) Geschäftsbeziehungen bestehen, umso umfangreicher sollte die Risikoanalyse regelmäßig ausfallen und umso mehr kann es auf eine Priorisierung der Risiken ankommen, um die begrenzten Ressourcen effektiv für Ermittlungs-, Präventions- und Abhilfemaßnahmen einzusetzen.

78 Darüber hinaus ist der **Sektor,** in dem ein Unternehmen tätig ist, maßgeblich für Umfang und Größe der Risiken. Einige Branchen, wie die Rohstoff- und Textilindustrie oder die Landwirtschaft, sind aufgrund der Schwere der Tätigkeit, des Einsatzes von Chemikalien (zB Pestizide in der Landwirtschaft, Quecksilber im (Gold-) Bergbau, Färbstoffe in der Textilindustrie) und der häufig vorkommenden Beschäftigung von ungelernten Arbeitern und/oder Kindern besonders risikobehaftet.

79 Deshalb gibt es für diese Sektoren auch **spezifische Leitfäden der OECD** zur Wahrnehmung der Sorgfaltspflichten (s. OECD, Leitfaden für die Erfüllung der Sorgfaltspflicht zur Förderung verantwortungsvoller Lieferketten für Minerale aus Konflikt- und Hochrisikogebieten, 2019, abrufbar unter: https://www.bmwk.de/Redaktion/DE/Downloads/M-O/oecd-leitfaden-fuer-die-erfuellung-der-sorgfaltspflicht-zur-foerderung-verantwortungsvoller-lieferketten-fuer-minerale-aus-konflikt-und-hochrisikogebieten.pdf; OECD/FAO, Leitfaden für verantwortungsvolle landwirtschaftliche Lieferketten, 2016, abrufbar unter: http://mneguidelines.oecd.org/OECD-FAO-Leitfaden.pdf; OECD, Due Diligence Guidance for

Responsible Supply Chains in the Garment and Footwear Sector, 2017, abrufbar unter: http://mneguidelines.oecd.org/OECD-Due-Diligence-Guidance-Garment-Footwear.pdf). Auch die EU hat die besonderen Risiken erkannt und Rechtsakte für Sorgfaltspflichten im Hinblick auf Konfliktmineralien (s. Verordnung (EU) 2017/821 des Europäischen Parlaments und des Rates vom 17. Mai 2017 zur Festlegung von Pflichten zur Erfüllung der Sorgfaltspflichten in der Lieferkette für Unionseinführer von Zinn, Tantal, Wolfram, deren Erzen und Gold aus Konflikt- und Hochrisikogebieten (ABl. 2017 L 130, 1); zu der Konfliktmineralien-VO und ihren Hintergründen s. Voland/Daly JWT 2018, 37; sowie zur Vermeidung der Abholzung insbes. im Hinblick auf den Anbau von landwirtschaftlichen Produkten: s. Proposal for a Regulation of the European Parliament and of the Council on the making available on the Union market as well as export from the Union of certain commodities and products associated with deforestation and forest degradation and repealing Regulation (EU) No 995/2010, COM(2021) 706 final, 17.11.2021; iRd Trilogverhandlungen erzielten die EU-Gesetzgebungsorgane Anfang Dezember 2022 eine politische Einigung, s. EU Commission, Green Deal: EU agrees law to fight global deforestation and forest degradation driven by EU production and consumption, Press Release, 6.12.2022, abrufbar unter: https://ec.europa.eu/commission/presscorner/detail/en/ip_22_7444) erlassen. Ferner erkennt auch die Kommission in ihrem **CSDDD-Entwurf** die folgenden Tätigkeiten als besonders risikogeneigt an: (i) Herstellung von Textilien, Leder und verwandten Erzeugnissen (einschließlich Schuhe) sowie Großhandel mit Textilien, Bekleidung und Schuhen, (ii) Landwirtschaft, Forstwirtschaft, Fischerei (einschließlich Aquakultur), Herstellung von Lebensmittelprodukten und Großhandel mit landwirtschaftlichen Rohstoffen, lebenden Tieren, Holz, Lebensmitteln und Getränken und (iii) Gewinnung mineralischer Ressourcen unabhängig davon, wo sie gewonnen werden (einschließlich Rohöl, Erdgas, Steinkohle, Braunkohle, Metalle und Metallerze sowie aller anderen, nichtmetallischen Mineralien und Steinbruchprodukte), Herstellung von Grundmetallerzeugnissen, sonstigen Erzeugnissen aus nichtmetallischen Mineralien und Metallerzeugnissen (ausgenommen Maschinen und Ausrüstungen) sowie Großhandel mit mineralischen Rohstoffen, mineralischen Grunderzeugnissen und Zwischenerzeugnissen (einschließlich Metalle und Metallerze, Baustoffe, Brennstoffe, Chemikalien und andere Zwischenprodukte). Denn für diese Sektoren sollen niedrigere Schwellenwerte für Mitarbeiter- und Umsatzzahlen gelten, so dass die Vorgaben der CSDDD eher zur Anwendung kommen (s. Art. 2 Abs. 1 Buchst. b), Abs. 2 Buchst. b) CSDDD-Entwurf (→ Rn. 4)).

Die Gesetzesbegründung geht indes weiter und nennt auch andere Branchen, 80
die besondere menschenrechtliche Herausforderungen in Lieferketten aufweisen:

> *„Das betrifft insbesondere volkswirtschaftlich bedeutende Branchen wie Automobil, Maschinenbau, Metallindustrie, Chemie, Textilien, Nahrungs- und Genussmittel, Groß- und Einzelhandel, Elektronikindustrie, Energieversorger."*

(s. Gesetzesbegründung, S. 23).

Zudem spielt die **territoriale Ausrichtung** der Geschäftstätigkeit (lokal, regio- 81
nal, global etc.) eine Rolle für die Wahrscheinlichkeit und Häufigkeit (potenzieller) Risiken. So lässt sich regelmäßig davon ausgehen, dass die unternehmerische Tätigkeit in Staaten mit einem funktionierenden Rechtssystem und engmaschiger Regulierung von Arbeits- und Umweltschutz keine gesteigerten Risiken für die durch das LkSG geschützten Menschenrechte und Umweltbelange hervorruft. Denn in diesen Fällen dürfte die nationale Gesetzgebung bereits für einen weitgehenden Schutz sorgen und ihre Einhaltung wird durch die nationalen Organe kontrolliert. Das gilt im Grundsatz für die Mitgliedstaaten der EU, denn die EU hat selbst zahlreiche Rechtsakte erlassen, die dem Schutz der im LkSG aufgeführten Menschenrechte (nur beispielhaft seien hier erwähnt Richtlinie 94/33/EG des Rates vom 22. Juni 1994 über den Jugendarbeitsschutz (ABl. 1994 L 216, 12); Richtlinie 2011/36/EU des Europäischen Parlaments und des Rates vom 5. April 2011 zur

Verhütung und Bekämpfung des Menschenhandels und zum Schutz seiner Opfer sowie zur Ersetzung des Rahmenbeschlusses 2002/629/JI des Rates (ABl. 2011 L 101, 1); verschiedene Rechtsakte zur Arbeitssicherheit (zB RL 2009/104/EG oder Arbeitsstättensicherheits-RL); verschiedene Rechtsakte zur Vermeidung von Diskriminierung (zB Gleichbehandlungs-Rahmen-RL und RL 2002/73/EG)) und Umweltbelange (neben den zahlreichen Rechtsakten zum Schutz der Umwelt, wie zB der Industry Emissions Directive (RL 2010/75/EU, Industrieemissionen-RL), der Grundwasserschutz-RL (RL 2006/118/EG) oder der Umwelthaftungs-RL (RL 2004/35/EG) hat die EU auch Rechtsakte zur Umsetzung der internationalen Umweltübereinkommen erlassen, die im Anhang zum LkSG aufgeführt sind; s. Quecksilber-VO; VO (EU) 2019/1021 über persistente organische Schadstoffe; Abfallverbringungs-VO) dienen. Daher können derartige Staaten oder Regionen bereits bei der Ermittlung von Risiken regelmäßig depriorisiert werden. Hingegen gibt es andere Regionen, in denen wegen (innerstaatlicher) bewaffneter Konflikte, dysfunktionaler staatlicher Organe und/oder wegen einer schwachen Wirtschaft häufig von Menschenrechtsverletzungen und/oder Umweltschäden auszugehen ist. Für bestimmte Rohstoffe ist dies bereits im EU-Recht verankert, da die Konfliktmineralien-VO Pflichten speziell im Hinblick auf solche Metalle und Mineralien statuiert, die aus Konfliktregionen stammen (s. zB Art. 1 Abs. 1 S. 2 Konfliktmineralien-VO, Art. 4 Konfliktmineralien-VO (→ Rn. 79)). Das BAFA listet in seiner Handreichung zur Angemessenheit u. a. verschiedene Quellen auf, die bei der Ermittlung von Risikoländern helfen können (vgl. BAFA, Angemessenheit–Handreichung zum Prinzip der Angemessenheit nach den Vorgaben des Lieferkettensorgfaltspflichtengesetzes, 2022, Anhang).

82 Diese und weitere Merkmale, die primär die Art der Geschäftstätigkeit betreffen, fasst das BAFA wie folgt zusammen:

- Tätigkeit in oder Beschaffung aus Ländern, in denen hohe Risiken für Menschenrechte und die Umwelt bestehen (Risikoland),
- Tätigkeit in oder Zugehörigkeit zu einem Sektor, in dem typischerweise hohe Risiken für Menschenrechte und Umwelt bestehen (Risikosektor),
- Rohstoffe, die nachweislich in Konflikt- oder Hochrisikoregionen oder in der Regel einhergehend mit Verletzungen von Menschenrechten bzw. Beeinträchtigungen der Umwelt abgebaut werden,
- Komplexe, weitverzweigte oder intransparente Lieferkettenstrukturen,
- Spezifische Beschaffungsmodelle, wie kurzlebige und wechselnde Geschäftsbeziehungen, hoher Preisdruck, eng getaktete oder kurzfristig angepasste Lieferfristen und -konditionen mit Zulieferern,
- Einsatz gefährlicher Maschinen und/oder Chemikalien in der Herstellung von (Vor-)Produkten,
- Eigene Produktion oder Vertragspartner in der Lieferkette mit einem hohen Anteil an geringqualifizierter, manueller Arbeit, Wanderarbeitenden, abgeschiedenen/schwer zugänglichen Arbeitsplätzen und/oder einem saisonalen/fluktuierenden Arbeitskräftebedarf,
- Ein niedriger Anteil an Mitarbeitenden an eigenen Standorten oder in der Lieferkette, die (gewerkschaftlich) vertreten werden,
- Mangelhafte Nachhaltigkeitsperformance bei einem Vertragspartner in der Vergangenheit, zB nachlässiger Umgang mit Giftstoffen,
- Hohe Anzahl an menschenrechtlichen oder umweltbezogenen Verstößen bei einem Vertragspartner in der Vergangenheit und
- Hohe Anzahl an Beschwerden zu einem Risiko (s. BAFA, Angemessenheit – Handreichung zum Prinzip der Angemessenheit nach den Vorgaben des Lieferkettensorgfaltspflichtengesetzes, 2022, S. 9).

bb) Umfang der Geschäftstätigkeit

83 Der **Umfang** der Geschäftstätigkeit bemisst sich insbes. nach der Größe des Unternehmens, der Anzahl und der Funktion der Beschäftigten, dem Umsatz-

volumen, dem Anlage- und Betriebskapital und der Produktionskapazität (vgl. Gesetzesbegründung, S. 42; Fleischer CCZ 2022, 205 (211 f.)).

Auf den ersten Blick erscheinen diese Kriterien einsichtig. So ist der eigene Geschäftsbereich eines Unternehmens größer, je mehr **Beschäftigte** es hat. Dementsprechend könnten auch mehr Risiken bestehen. Allerdings ist bei näherem Hinsehen ein solcher Kausalzusammenhang nicht automatisch gegeben. Denn wenn das Unternehmen die Mitarbeiter überwiegend in Deutschland oder der EU beschäftigt, dürften die Risiken von Menschenrechtsverletzungen trotz der Vielzahl an Beschäftigten gering sein. 84

Für die Bewertung, ob die Umsätze eines Unternehmens groß und die Kapitalausstattung hoch sind, kommt es in erster Linie auf einen Marktvergleich an. Zwar können auch die Größenkriterien des Bilanz- und Handelsrechts als Anhaltspunkte herangezogen werden. Danach gelten Unternehmen als „groß", die mind. zwei der folgenden drei Kriterien erfüllen: mind. 250 Mitarbeiter im Jahresdurchschnitt (diese Zahl muss ohnehin deutlich überschritten sein, damit der Anwendungsbereich des LkSG überhaupt eröffnet ist (s. § 1 Abs. 1)), Bilanzsumme iHv mind. 20 Mio. EUR und Nettoumsatzerlöse iHv mind. 40 Mio. EUR (s. Art. 3 Abs. 4 Bilanz-RL, umgesetzt in deutsches Recht in § 267 Abs. 2, 3 HGB). Diese Zahlen dienen aber nur als Indikation. Denn auf bestimmten Märkten (zB Online-Plattformen) kann ein Unternehmen zwar alle der genannten Schwellen überschreiten, aber im Vergleich zu einem dominierenden Wettbewerber eine untergeordnete Rolle spielen. 85

Zahlreiche Beschäftigte können ebenso wie hohe Umsätze ein starkes Indiz dafür sein, dass ein Unternehmen die finanziellen und personellen Kapazitäten hat, um Risikoanalysen und -maßnahmen besonders gründlich durchzuführen. So dürfte es großen, global tätigen Unternehmen häufig leichter fallen, Personal für die Umsetzung des LkSG abzustellen oder neu zu rekrutieren als einem „großen Mittelständler". 86

Ein großes Umsatzvolumen kann zudem auf einen erheblichen Einfluss auf Zulieferer wegen der entsprechenden wirtschaftlichen Stärke hinweisen. Zwingend ist dies indes nicht. So können hohe Umsätze zB durch einfache Massenprodukte (zB Bananen, Zigaretten oder T-Shirts) oder durch hochkomplexe Einzelanfertigungen (zB Spezialmaschinen) erzielt werden. Ein besonders großer Einfluss ist in keinem der Fälle automatisch gegeben. Zulieferer für Massenprodukte verkaufen oft an zahlreiche Abnehmer, so dass ein einzelnes Unternehmen keine gesteigerte Marktmacht und Durchsetzungsfähigkeit haben muss. Bei hochkomplexen Produkten kann der Abnehmer umgekehrt sogar von der Spezialexpertise seiner Zulieferer abhängen. Darüber hinaus ist es für Unternehmen nicht immer ersichtlich, wie groß ihr Umsatz hinsichtlich einzelner Zulieferer im Vergleich zu Wettbewerbern ist. Das erschwert es, die Einflussmöglichkeiten zutreffend zu bewerten (s. auch sogleich → Rn. 89 ff.). 87

Angesichts der Relativität der Unternehmensgröße und der Wechselbeziehungen insbes. zu dem Einflussvermögen und der Art des Verursachungsbeitrages erscheint es nicht überzeugend, dem Aspekt der Größe innerhalb des Kriterienkatalogs von Abs. 2 eine hervorgehobene Bedeutung zuzusprechen (so aber Gehling/Ott/Mader Rn. 71). Vielmehr reiht sich auch die Größe in das generell bestehende, hierarchiefreie Nebeneinander der Kriterien (s. dazu oben → Rn. 67 f.) ein. 88

Das BAFA sieht auch die „Anfälligkeit (Häufigkeit länder-, branchen- und warengruppenspezifischer Risiken)" als Ausprägung des Umfangs der unternehmerischen Tätigkeit an (s. BAFA, Angemessenheit – Handreichung zum Prinzip der Angemessenheit nach den Vorgaben des Lieferkettensorgfaltspflichtengesetzes, 2022, S. 10). Gemeint ist wahrscheinlich, dass ein größerer Geschäftsumfang (zB höhere Umsätze) auf eine größere Zahl an Transaktionen, ggf. auch in mehr Ländern, hindeutet. Zwingend ist dies jedoch nicht. Daher erscheint es passender, die Risikoanfälligkeit im Rahmen der Art der Geschäftstätigkeit anhand der Sektoren und Regionen der unternehmerischen Tätigkeit zu bewerten. 89

b) Einflussvermögen des Unternehmens auf den unmittelbaren Verursacher (Nr. 2)

90 In Nr. 2 geht es darum, inwiefern das dem LkSG unterfallende Unternehmen Einfluss auf den Verursacher eines menschenrechtlichen oder umweltbezogenen Risikos oder Schadens nehmen kann. Dabei erfordert ein größerer Einfluss aus Sicht des Gesetzgebers auch größere Anstrengungen zur Vermeidung oder Beendigung einer Verletzung (s. Gesetzesbegründung, S. 42).

91 Die Formulierung der Nr. 2 deutet darauf hin, dass „der Verursacher" stets eine andere (juristische) Person als das betreffende, dem LkSG unterfallende Unternehmen sein müsse. Allerdings hat ein Unternehmen selbstverständlich dafür zu sorgen, dass Risiken oder Verletzungen, die es selbst verursacht, ebenfalls vermieden bzw. beendet werden. Dies bringt bspw. § 7 Abs. 3 S. 3 deutlich zum Ausdruck, wonach ein Unternehmen Menschenrechtsverletzungen oder Umweltschäden im eigenen Geschäftsbereich im Inland stets beenden muss. Dementsprechend darf der Wortlaut der Nr. 2 nicht dahingehend missverstanden werden, dass das Einflussvermögen nur in „Dreieckskonstellationen" relevant ist.

92 Darüber hinaus geht Nr. 2 davon aus, dass ein Verursachungsbeitrag vorliegt und festgestellt wurde. Das könnte darauf hinweisen, dass das Einflussvermögen nur die **Prävention** gegen Risiken oder die **Abhilfe** im Falle von Verletzungen betrifft (idS Gehling/Ott/Mader Rn. 7). Eine solche Sichtweise griffe jedoch zu kurz. Auch für die **Risikoermittlung** kann das Einflussvermögen relevant sein. Beispielsweise kann es – etwa aufgrund von Augenzeugenberichten – offensichtlich sein, dass ein Zulieferer eine menschenrechtliche Verletzung unmittelbar verursacht hat. Das Ermitteln der Details und damit auch die Vorbereitung der geeigneten und angemessenen Abhilfemaßnahmen kann jedoch von dem Verhältnis zu dem Zulieferer und damit von dem Einflussvermögen abhängen. So erweist es sich in aller Regel als schwieriger bei mittelbaren Zulieferern oder generell bei Zulieferern, für die das Unternehmen nur ein wenig bedeutender Abnehmer ist.

aa) Verursacher

93 Um feststellen zu können, inwiefern ein Unternehmen Einfluss ausüben kann, ist es zunächst erforderlich, den Verursacher eines Risikos oder einer Verletzung zu ermitteln.

94 Die Begriffe des Risikos und der Verletzung sind in § 2 Abs. 2–4 definiert. Danach ist ein **Risiko** ein Zustand, bei dem aufgrund tatsächlicher Umstände mit hinreichender Wahrscheinlichkeit ein Verstoß gegen eines der Verbote zum Schutz der im LkSG aufgelisteten Menschenrechte und Umweltbelange vorliegt. Eine **Verletzung** ist im Falle eines Verstoßes gegen eines dieser Verbote gegeben.

95 Die Definition des Risikos weicht von allgemeinen polizeirechtlichen Begrifflichkeiten ab. Dort stellt das Risiko (nur) einen Zustand dar, der im Vorfeld einer Gefahr besteht oder der dem Schutz von Rechtsgütern in Situationen dient, in denen eine hinreichend sichere Gefahrenprognose nicht möglich ist (zu der zweiten Variante s. BVerwG NVwZ 2003, 95 (97); ausf. zur Abgrenzung zwischen Gefahr und Risiko S. Jaeckel, Gefahrenabwehrrecht und Risikodogmatik, 2010, S. 59 ff.). Das LkSG scheint hingegen mit Risiko eher die polizeirechtliche „Gefahr" zu erfassen. Nach der klassischen Definition liegt eine Gefahr vor, wenn

> *„aus gewissen gegenwärtigen Zuständen nach dem Gesetz der Kausalität gewisse andere Schaden bringende Zustände und Ereignisse erwachsen werden"*

(s. PrOVG PrVBl 16, 125 (126)). Maßgebliches Kriterium zur Feststellung einer Gefahr ist die hinreichende Wahrscheinlichkeit des Schadenseintritts (vgl. BVerwGE 45, 51 (57); BVerwG BeckRS 2004, 25030).

96 Gleichwohl spricht Einiges dafür, zur Ermittlung des Risikoverursachers oder Verletzers auf **polizei- und ordnungsrechtliche Maßstäbe** zurückzugreifen (so auch Gehling/Ott/Mader Rn. 79 f.). Denn auch das Polizei- und Ordnungsrecht befasst sich mit dem Schutz von (individuellen) Rechtsgütern und setzt entspre-

chende Verursachungsbeiträge für das Ergreifen von (Schutz-) Maßnahmen voraus. Zudem liegt dem LkSG – wie dem Polizei- und Ordnungsrecht – der Gedanke des „public enforcement" zugrunde, es handelt sich also um ein öffentlich-rechtlich geprägtes Gebiet (näher dazu → Vorb. § 12 Rn. 3 und zu → § 14 Rn. 2).

Im Polizeirecht sind Maßnahmen gegen die Person zu richten, deren Verhalten **97**
die Gefahrenschwelle überschreitet, mithin gegen den unmittelbaren Verursacher (s. etwa OVG Koblenz, NVwZ 1992, 499 (500); für einen Überblick Pietsch/Sommerfeld JA 2022, 840 (842)). Bei juristischen Personen erfolgt eine Zurechnung des Handelns ihrer Organe/Vertreter über § 31 BGB analog. Das Verhalten anderer Beschäftigter eines Unternehmens kann dem Unternehmen ebenfalls zugerechnet werden, da es sich in der Regel um Verrichtungsgehilfen handelt (s. Gehling/Ott/Mader Rn. 79).

Auch das LkSG erfasst nur die **„unmittelbare" Verursachung,** wie der Wort- **98**
laut der Nr. 2 verdeutlicht. Folglich kommt es auf den letzten Schritt zum Überschreiten der Risiko- (oder – im polizeirechtlichen Sinn – Gefahren-) Schwelle oder zur herbeigeführten Verletzung an. Diesen letzten Schritt kann das unter das LkSG fallende Unternehmen selbst, dessen Tochtergesellschaft, ein unmittelbarer oder ein mittelbarer Zulieferer gehen. Dabei nimmt das LkSG nur Unternehmen, nicht Einzelpersonen in den Blick; das Verhalten Letzterer muss einem Unternehmen zurechenbar sein, um die Sorgfaltspflichten des LkSG auszulösen (s. auch Gehling/Ott/Mader Rn. 81 f.).

bb) Einflussvermögen

Bei dem Einflussvermögen geht es darum, inwiefern das unter das LkSG fallende **99**
Unternehmen im eigenen Geschäftsbereich oder gegenüber seinen Zulieferern die Ermittlung und Prävention von Risiken oder die Beendigung von Verletzungen verlangen bzw. steuern kann.

Hingegen geht es nicht um einen Einfluss auf das **rechtliche oder politische** **100**
System eines Staates. Denn Unternehmen üben selbst keine Hoheitsgewalt aus und sie können sich nicht über politische (demokratische) Entscheidungsprozesse hinwegsetzen. Vielmehr ist es zunächst das souveräne Recht jedes einzelnen Staates, seine rechtlichen und politischen Bedingungen – im Rahmen der völkerrechtlichen Grenzen – selbst zu gestalten. Falls andere Staaten der Ansicht sind, dass insofern Defizite bestehen, ist es deren Aufgabe, durch (völkerrechtskonforme) außenpolitische Maßnahmen entsprechend einzuwirken.

Sind die einer Verletzung zugrundeliegenden Menschenrechte in einem Dritt- **101**
staat nicht anerkannt, kann es daher von einem Unternehmen nicht verlangt werden, rechtliche und politische Rahmenbedingungen in diesem Land zu verändern (vgl. Charnitzky/Weigel RIW 2022, 12 (17); BMZ, Fragen und Antworten zum LkSG). Das gilt etwa für kollektivarbeitsrechtliche Belange. So sind bspw. die ILO-Übereinkommen Nr. 87 (Anlage Ziff. 3, VereinigungsRÜbereink) und Nr. 98 (Anlage Ziff. 4, IntArbO VereinRÜbk) über die Vereinigungs- und Koalitionsfreiheit bisher nicht von China, Indien, Korea, Thailand oder den USA ratifiziert worden (vgl. DAV-Ausschüsse NZG 2021, 546 (548)).

Das Einflussvermögen ist kein statisches Kriterium und kann sich verändern, zB **102**
wenn die Erhöhung der Einflussnahme als angemessene Präventivmaßnahme nach dem LkSG geboten ist und mit dem Zulieferer entsprechend vereinbart wird (vgl. Charnitzky/Weigel RIW 2022, 12 (16)). Darüber hinaus kann neben einem direkten Einfluss auch ein mittelbarer Einfluss – etwa durch Einschaltung einer „schlagkräftigen" NGO – relevant sein (dazu Gehling/Ott/Mader Rn. 84).

Ein zentrales Kriterium für die Bewertung des Einflussvermögens ist die **Risiko-** **103**
nähe, dh wo und durch wen das Risiko oder die Verletzung unmittelbar herbeigeführt wird: im eigenen Geschäftsbereich, bei einem direkten Vertragspartner oder bei einem mittelbaren Zulieferer (vgl. Gesetzesbegründung, S. 42; Fleischer CCZ 2022, 205 (212)).

104 Im **eigenen Geschäftsbereich** kann sich der Einfluss aus (arbeits- oder gesellschaftsrechtlichen) Weisungsbefugnissen ergeben, wenn das Unternehmen selbst, durch seine Mitarbeiter oder Organe ein Risiko oder eine Verletzung verursacht.

105 **Tochtergesellschaften** können entweder Teil des eigenen Geschäftsbereichs oder (unmittelbare) Zulieferer des Mutterunternehmens sein. Die Einordnung hängt davon ab, ob das Mutterunternehmen einen bestimmenden Einfluss auf die Tochter ausübt (dann eigener Geschäftsbereich) oder ob die Tochter die Mutter ohne bestimmenden Einfluss beliefert (dann unmittelbarer Zulieferer).

106 Ein **bestimmender Einfluss** (und damit eine Zurechnung zum eigenen Geschäftsbereich der bestimmenden Gesellschaft) besteht nicht automatisch allein aufgrund der Gruppen-/Konzernstruktur. Vielmehr gilt grundsätzlich das gesellschaftsrechtliche Trennungsprinzip. Allerdings kann die Verbundenheit der Unternehmen, etwa in Gestalt einer Beherrschung iSv § 17 AktG, einer Konzernierung gem. § 18 AktG oder eines Beherrschungsvertrages nach § 291 Abs. 1 AktG in Verbindung mit weiteren Faktoren zu einem bestimmenden Einfluss führen.

107 Das LkSG verlangt somit zweierlei: zum einen muss ein Konzernverhältnis bestehen. Zum anderen sind Durchgriffsmöglichkeiten erforderlich, die zu einem „bestimmenden Einfluss" führen können (s. § 2 Abs. 6 S. 3). Dies ist ein LkSG-spezifischer Begriff, der von dem herkömmlichen gesellschaftsrechtlichen Konzept der Beherrschung bewusst abweicht und ein Mehr verlangt (idS auch Gehling/Ott/Gehling/Fischer § 2 Rn. 349; WRW LkSG/Wagner/Wagner/Schuler § 1 Rn. 52 ff.). Damit will § 2 Abs. 6 S. 3 den *„eigenen Geschäftsbereich"* enger fassen als die Konzernabhängigkeit von Unternehmen. Der Gesetzgeber führt dazu in der Gesetzesbegründung aus, dass *„zunächst"* eine Einflussnahme, in aller Regel also eine konzernrechtliche Beherrschung, erforderlich ist. *„Zusätzlich"* müssen für die Beurteilung eines bestimmenden Einflusses jedoch noch weitere Aspekte hinzutreten. Dafür seien

> *„alle wirtschaftlichen, personellen, organisatorischen und rechtlichen Bindungen zwischen Tochter- und Muttergesellschaft im Zusammenhang zu betrachten und zu gewichten."*

(s. BT-Drs. 19/30505, 388 Anhaltspunkte für eine bestimmende Einflussnahme könnten die folgenden sein: *„eine hohe Mehrheitsbeteiligung an der Tochtergesellschaft, das Bestehen eines konzernweiten Compliance Systems, die Übernahme von Verantwortung für die Steuerung von Kernprozessen im Tochterunternehmen, eine entsprechende Rechtskonstellation, in der die Möglichkeit der Einflussnahme angelegt ist, personelle Überschneidungen in der (Geschäfts-)Führungsebene, ein bestimmender Einfluss auf das Lieferkettenmanagement der Tochtergesellschaft, die Einflussnahme über die Gesellschafterversammlung und dass der Geschäftsbereich der Tochtergesellschaft dem Geschäftsbereich der Obergesellschaft entspricht, etwa, weil die Tochtergesellschaft die gleichen Produkte erstellt und verwertet oder die gleichen Dienstleistungen erbringt wie die Obergesellschaft."*).

108 Gegenüber **unmittelbaren Zulieferern** kann sich die Möglichkeit zur Einflussnahme aus der Vertragsbeziehung (über den Verkauf von Waren oder die Erbringung von Dienstleistungen) ergeben. Dies setzt allerdings voraus, dass der Zulieferer einen Einfluss des abnehmenden Unternehmens zulässt und entweder entsprechende Klauseln akzeptiert oder sich auch ohne vertragliche Regelung dem Willen seines Kunden beugt. Darüber hinaus müssen entsprechende Forderungen des Unternehmens gegenüber seinem Zulieferer auch **durchsetzbar** sein. Dies könnte sich dann als herausfordernd erweisen, wenn eine Vollstreckung im Ausland erfolgen müsste, insbes. wenn keine enge justizielle Zusammenarbeit zwischen dem betreffenden Staat und der Bundesrepublik besteht.

109 Als Beispiele für **Faktoren,** die das Einflussvermögen gegenüber Zulieferern bestimmen können, nennt die Gesetzesbegründung die georderte Beschaffungsmenge und die Größe des (einkaufenden) Unternehmens (s. Gesetzesbegründung, S. 45). Da die Größe des Unternehmens bereits den Umfang der Geschäftstätigkeit beeinflusst, geht es iRd Einflussvermögens v. a. um einen Vergleich mit Wettbewerbern. Dementsprechend verweist das BAFA auf eine eventuelle Marktdominanz sowie auf einen Vergleich des Auftragsvolumens des betreffenden Unternehmens im Verhältnis zum gesamten Umsatz des Zulieferers (vgl. BAFA, An-

gemessenheit – Handreichung zum Prinzip der Angemessenheit nach den Vorgaben des Lieferkettensorgfaltspflichtengesetzes, 2022, S. 7, 10). Je größer das Auftragsvolumen und die Marktmacht des abnehmenden Unternehmens, umso eher kann ein Zulieferer in der Regel zu Zugeständnissen über eine Einflussnahme gezwungen werden. Umgekehrt sprechen kleine Auftragsvolumina und Abhängigkeiten von Lieferanten gegen einen Einfluss.

In der Praxis kann es sich für ein Unternehmen als schwierig erweisen, den Umfang seines Einflusses außerhalb des eigenen Geschäftsbereichs zu ermitteln. Denn ein Unternehmen weiß nicht ohne weiteres, wie viele andere Kunden seine Zulieferer noch bedienen. Es kann die Zulieferer auch nicht zur Herausgabe entsprechender Informationen zwingen. Folglich lässt sich bspw. das Verhältnis der eigenen Beschaffungsmenge im Verhältnis zu den Gesamtverkäufen des Zulieferers nicht (stets) herausfinden. Die Informationsbeschaffung hängt daher oft davon ab, wie ein Unternehmen mit seinen Zulieferern verhandelt und welche Zugeständnisse es dabei erreicht. **110**

Auch eine **faktische Einflussmöglichkeit** – zB aufgrund eines vereinbarten Verhaltenskodex – kann dabei genügen (vgl. Charnitzky/Weigel RIW 2022, 12 (16)). Dies kann insbes. bei **mittelbaren Zulieferern** eine Rolle spielen, wenn diese sich in ihrem Vertrag mit dem unmittelbaren Zulieferer bereiterklärt haben, den Verhaltenskodex des abnehmenden Unternehmens ebenfalls zu beachten. **111**

Sind die einer Verletzung zugrundeliegenden Menschenrechte in einem Drittstaat nicht anerkannt, kann von einem Unternehmen indes nicht verlangt werden, rechtliche und politische Rahmenbedingungen in diesem Land zu verändern (vgl. Charnitzky/Weigel RIW 2022, 12 (17); BMZ, Fragen und Antworten zum LkSG). Beispielhaft zu nennen sind etwa die bereits oben (→ Rn. 101) genannten ILO-Übereinkommen Nr. 87 (Anlage Ziff. 3, VereinigungsRÜbereink) und Nr. 98 (Anlage Ziff. 4, IntArbO VereinRÜbk) über die Vereinigungs- und Koalitionsfreiheit bisher weder von China, Indien, Korea, Thailand, und den USA ratifiziert worden (vgl. DAV-Ausschüsse NZG 2021, 546 (548)). **112**

c) Schwere, Umkehrbarkeit und Wahrscheinlichkeit der negativen Auswirkungen (Nr. 3)

Ein wesentliches Kriterium für die Angemessenheit ist das Gefahrenpotential im Sinne der Schwere, Wahrscheinlichkeit und Reversibilität der negativen Auswirkungen. Es geht also – anders als in Nr. 1, 2, 4 – um Charakteristika der (drohenden) Verletzung, nicht des betreffenden Unternehmens(handelns). **113**

Der Wortlaut spricht von der *„typischerweise"* zu erwartenden Schwere. Dies verdeutlicht zum einen, dass nicht nur eingetretene, sondern auch drohende Verletzungen erfasst werden. Daher sind häufig Prognoseentscheidungen erforderlich, um die Schwere einer potenziellen Verletzung schon im Vorfeld des Verletzungseintritts zu schätzen. Ist die Verletzung bereits eingetreten, kommt es hingegen auf die Bewertung von deren tatsächlichen Konsequenzen an; eine Typisierung oder Prognose ist dann in aller Regel entbehrlich (idS Gehling/Ott/Mader Rn. 104). Zum anderen spricht die Verwendung von *„typischerweise"*, dass es um übliche Geschehensabläufe geht und nicht jedes theoretisch denkbare Szenario in die Bewertung einzubeziehen ist. Dies unterstreicht auch der Begriff der Erwartung. Danach muss die Verletzung mit einiger Wahrscheinlichkeit drohen; eine bloß fernliegende Möglichkeit reicht nicht (so auch Gehling/Ott/Mader Rn. 103). **114**

aa) Schwere der Verletzung

Die Schwere gibt an, wie einschneidend oder intensiv eine (potenzielle) Menschenrechtsverletzung oder Umweltschädigung ist bzw. wäre. Sie beurteilt sich insbes. nach dem Grad der tatsächlichen oder potenziellen Beeinträchtigung und nach der Zahl der tatsächlich oder potenziell betroffenen Menschen (vgl. Gesetzesbegründung, S. 42, 45; Fleischer CCZ 2022, 205 (212)). Handelt es sich also lediglich um geringfügige, kaum spürbare Auswirkungen für Einzelne ist der Ein- **115** griff weniger schwerwiegend als bei einer (drohenden) Vernichtung des Rechtsguts oder einer Rechtsentziehung bei vielen. Gleichermaßen ist eine (erwartete) lokal eng begrenzte Umweltschädigung weniger erheblich als großflächige oder migrierende Kontaminationen (dazu BAFA, Angemessenheit – Handreichung zum Prinzip der Angemessenheit nach den Vorgaben des Lieferkettensorgfaltspflichtengesetzes, 2022, S. 8, 10; ferner Gehling/Ott/Mader Rn. 101).

116 Hingegen ist es für die Schwere nicht maßgeblich, welche der geschützten Rechtsgüter oder Umweltbelange betroffen sind. Denn das LkSG sieht keine Gewichtung innerhalb der verschiedenen Menschenrechte oder zwischen menschenrechtsbezogenen und umweltbezogenen Pflichten vor (vgl. Charnitzky/Weigel RIW 2022, 12 (16); Gehling/Ott/Mader Rn. 95). Es gibt also insbes. keinen generellen Vorrang des Schutzes von Leben und Gesundheit. Dementsprechend ist es für die Schwere zB grundsätzlich unerheblich, ob eine Missachtung von Arbeitsschutzmaßnahmen vorliegt, die die betreffende Beschäftigung lebensgefährlich macht, oder ob die gewerkschaftliche Betätigung verboten ist.

117 Anders scheint dies indes das BAFA zu sehen, indem es ausführt, dass

> *„bei einigen Verletzungen – wie bei Zwangsarbeit und anderen Formen unfreiwilliger Arbeit oder den schlimmsten Formen der Kinderarbeit – immer von einer großen Verletzungsintensität auszugehen" sei*

(s. BAFA, Angemessenheit – Handreichung zum Prinzip der Angemessenheit nach den Vorgaben des Lieferkettensorgfaltspflichtengesetzes, 2022, S. 8).

118 Richtigerweise dürfte bei solchen Verletzungen oft keine Umkehrbarkeit in Betracht kommen. Die Art des Rechtsguts spielt daher bei der Bewertung der Reversibilität der Verletzung eine Rolle (dazu sogleich → Rn. 119 ff.).

bb) Umkehrbarkeit

119 Im Rahmen der Umkehrbarkeit geht es nicht lediglich darum, wie schnell ein Risiko oder eine Verletzung beendet werden kann. Vielmehr steht die Frage nach der **„Heilungsmöglichkeit"** (potentieller) Verletzungen im Mittelpunkt. Dies bringt der Gesetzgeber in der Begründung zum LkSG dadurch zum Ausdruck, dass er auf die

> *„Möglichkeit [abstellt], die negativen Auswirkungen wieder zu beheben"*

(s. Gesetzesbegründung, S. 42).

120 Dementsprechend ist auch nicht davon auszugehen, dass Risiken stets umkehrbar sind, weil die Rechtsgutsverletzung noch aussteht, eingetretene Verletzungen aber nie als reversibel in Betracht kommen. Vielmehr kommt es auch im Falle von Risiken auf eine Prognoseentscheidung darüber an, ob die drohende Rechtsgutsverletzung – wenn sie eintreten sollte – auch wieder rückgängig gemacht werden könnte.

121 Ein **vollständiges „Ungeschehenmachen"** ist denklogisch **ausgeschlossen,** weil die Vergangenheit nicht geändert werden kann. Selbst wenn „nur" wirtschaftliche Schäden, etwa der Entzug von Eigentum, vorliegen, können diese nicht vollständig revidiert werden. So wirkt etwa die Rückgabe eines zu Unrecht entzogenen Eigentumsobjekts nur für die Zukunft; sie kann nicht allein die Auswirkungen beheben, die der Entzug in der Vergangenheit hatte.

122 Allerdings können die **negativen Auswirkungen** iSd gesetzgeberischen Intention **„wieder behoben"** werden, wenn das Risiko oder die Verletzung beseitigt wird und der Betroffene wieder ohne Einschränkung in den Genuss des Rechts oder Rechtsguts kommt, wobei auch keine Einschränkungen aus der Vergangenheit fortwirken. So ist es bspw. möglich, ungleiche Lohnzahlungen durch Nachzahlungen auch mit Wirkung für die Vergangenheit zu „heilen" oder ungenügende Maßnahmen der Arbeitssicherheit zu beheben, solange noch keine Gesundheitsverletzungen eingetreten sind. Eine bereits erfolgte Verletzung von Leben oder Gesundheit wirkt hingegen selbst dann fort, wenn die Ursachen, die zu der Verletzung geführt haben, beseitigt werden. Ebenfalls kann Menschen, die Zwangsarbeit leisten müssen oder in Sklaverei leben zwar die Freiheit zurückgegeben werden. Dies behebt aber nicht die Rechtsgutsverletzung, da die Beeinträchtigung ihrer Freiheit und Würde in der Vergangenheit nicht ungeschehen gemacht werden kann.

Ähnliche Überlegungen greifen im Falle von **Umweltbelangen.** So führt etwa **123** ein (versehentlicher) Verstoß gegen die Notifikationspflicht aus Art. 6 Abs. 1 BaslÜ nicht automatisch dazu, dass die gefährlichen Abfälle eine Verunreinigung der Umwelt oder eine Gesundheitsverletzung verursachen. Vielmehr können alle anderen Anforderungen des Übereinkommens eingehalten sein. Eine Vermeidung von Verletzungen oder eine Umkehrung kann durch ordnungsgemäße Entsorgung der Abfälle bzw. deren Rückführung erreicht werden (s. etwa Art. 8 BaslÜ, Art. 9 Abs. 3, 4 BaslÜ).

Selbst wenn eine Behebung von Verletzungen theoretisch in Betracht kommt, ist **124** auch zu berücksichtigen, welcher **Aufwand** dafür erforderlich wäre. Ist dieser so hoch, dass das Unternehmen nicht in der Lage wäre, die betreffenden Ressourcen aufzubringen, spricht dies gegen die Reversibilität (idS wohl auch BAFA, Angemessenheit – Handreichung zum Prinzip der Angemessenheit nach den Vorgaben des Lieferkettensorgfaltspflichtengesetzes, 2022, S. 8).

Da der Gesetzgeber im Wortlaut des § 3 Abs. 2 Nr. 3 von der *„Umkehrbarkeit"* **125** der Verletzung spricht und in der Begründung dazu auf die Möglichkeit eingeht, die negativen Auswirkungen zu beheben, kann es nicht ausreichen, dass Verletzungen durch **Schadensersatzzahlungen** kompensiert werden könnten. Schadensersatz mag zwar unter Umständen den wirtschaftlichen Wert einer Rechtsgutsverletzung ersetzen können. Er ist aber nicht in der Lage, das Rechtsgut selbst (wieder) einzuräumen.

cc) Eintrittswahrscheinlichkeit

Wie oben bereits ausgeführt, muss im Rahmen von Nr. 3 eine Prognose erfol- **126** gen, solange ein Risiko sich noch nicht realisiert und zu einer Verletzung geführt hat. Ist die Verletzung hingegen bereits eingetreten, bedarf es keiner Beurteilung ihrer Eintrittswahrscheinlichkeit mehr. Insbesondere erschiene es nicht zielführend zu überlegen, was noch hätte passieren können, wenn der konkrete Erfolg tatsächlich bekannt ist. Vielmehr gebietet es dann die Effektivität und Verhältnismäßigkeit des Handelns, die konkrete Verletzung zu adressieren.

Das BAFA führt insofern zutreffend aus, dass sich die Eintrittswahrscheinlichkeit **127** danach bemisst, wie wahrscheinlich es ist, dass das Risiko in eine Verletzung mündet.

> *„Bedeutend ist dabei, ob und wie oft das Risiko in der Vergangenheit bereits zu einer Verletzung geführt hat. Aber auch in Fällen, in denen bislang keine Verletzung eingetreten ist, kann die Eintrittswahrscheinlichkeit eines Risikos als hoch zu bewerten sein. Wichtige Indikatoren hierfür sind das bisherige Verhalten des Verursachers und möglicherweise bereits umgesetzte effektive Präventionsmaßnahmen. Ebenfalls bedeutsam ist die grundsätzliche Risikogeneigtheit."*

(s. BAFA, Angemessenheit – Handreichung zum Prinzip der Angemessenheit nach den Vorgaben des Lieferkettensorgfaltspflichtengesetzes, 2022, S. 8.).

Gerade den letztgenannten Aspekt der Risikogeneigtheit scheint der Gesetzgeber **128** anzusprechen, wenn er folgende Kriterien für die „Schwere und Wahrscheinlichkeit" benennt:

> *„zum Beispiel die Zugehörigkeit eines Unternehmens zu einem Hochrisikosektor […], die tatsächlichen und ordnungspolitischen Rahmenbedingungen des Produktionsortes, der Umgang mit giftigen Stoffen in der Produktion oder die mangelhafte Nachhaltigkeitsperformance (potentieller) Lieferanten."*

(s. Gesetzesbegründung, S. 42 f.).

Diese Kriterien vermögen indes kaum zu überzeugen. Zum Teil betreffen sie **129** eher die Art der Geschäftstätigkeit. Das gilt insbes. für die Zugehörigkeit eines

Unternehmens zu einem Hochrisikosektor oder die Tätigkeit in einem Land mit fehlenden oder nur rudimentären ordnungspolitischen Rahmenbedingungen. Ferner führt allein die Verwendung von giftigen Stoffen nicht dazu, dass eine Rechtsgutsverletzung oder Umweltschädigung wahrscheinlich ist. Vielmehr kommt es darauf an, wie der Umgang erfolgt, ob also die gebotenen Sicherheitsmaßnahmen eingehalten werden oder nicht. Zudem erschließt sich aus dieser Erläuterung nicht, was genau mit „Nachhaltigkeitsperformance" gemeint ist.

130 Vor diesem Hintergrund hilft die Gesetzesbegründung nur sehr eingeschränkt weiter. Als plausibel erscheint es etwa, dass bei der Zusammenarbeit mit Zulieferern, die bereits in der Vergangenheit durch unzureichende Sicherheitsmaßnahmen – also in den Worten des Gesetzgebers wohl durch eine mangelhafte Nachhaltigkeitsperformance – aufgefallen sind, eine (erneute) Rechtsguts-/Umweltverletzung wahrscheinlicher ist als bei Lieferanten, die alle Vorgaben ihres Produktionsortes und die Erwartungen des abnehmenden Unternehmens einhalten. Dementsprechend ist insofern die Handreichung des BAFA überzeugender, die für die Beurteilung der Wahrscheinlichkeit darauf abstellt, ob es

> *„bereits Informationen zur mangelhaften Performance des Zulieferers – erhöhte Wahrscheinlichkeit – oder effektiven Präventionsmaßnahmen – verringerte Wahrscheinlichkeit – gibt"*

(S. BAFA, Angemessenheit – Handreichung zum Prinzip der Angemessenheit nach den Vorgaben des Lieferkettensorgfaltspflichtengesetzes, 2022, S. 10).

d) Art des Verursachungsbeitrags des Unternehmens (Nr. 4)

131 Gem. Nr. 4 kommt es auf die Art des Verursachungsbeitrages des Unternehmens zu dem menschenrechtlichen oder umweltbezogenen Risiko oder zu der Verletzung einer menschenrechtsbezogenen oder einer umweltbezogenen Pflicht an. Nach der Gesetzesbegründung sei danach zu unterscheiden,

> *„ob ein Unternehmen das Risiko unmittelbar alleine oder gemeinsam mit einem anderen Akteur verursacht hat, oder ob es mittelbar einen Beitrag zum Risiko oder zur Verletzung geleistet hat."*

(S. Gesetzesbegründung, S. 43).

132 Sowohl der Wortlaut als auch die Gesetzesbegründung verdeutlichen, dass es auf den Verursachungsbeitrag „des Unternehmens" ankommt und nicht des Letztverursachers, also der Person, die das letzte Glied in der Kausalkette einer Verletzung bildet. Das ergab sich bereits aus der Begründung zu dem ursprünglichen Gesetzentwurf. Doch hielt der Gesetzgeber eine Klarstellung trotzdem für geboten, weshalb er in der Ausschussdrucksache den ergänzenden Passus „des Unternehmens" eingefügt und wie folgt begründet hat:

„Die Einfügung der Wörter „des Unternehmens" dient der Klarstellung, dass es in § 3 Absatz 3 Nummer 4 um den Verursachungsbeitrag des Unternehmens geht, und nicht um den des unmittelbaren Verursachers." (s. BT-Drs. 19/30505, 39).

133 Allerdings kann das Unternehmen unmittelbarer Verursacher sein. Dabei kann auch der Kausalbeitrag anderer Personen eine Rolle spielen, da es nach der Gesetzesbegründung sowohl auf die alleinige als auch auf eine gemeinsame Verursachung ankommen kann.

134 Die Frage, ob ein Unternehmen schuldhaft oder rechtswidrig gehandelt hat, spielt iRv Nr. 4 keine Rolle. Vielmehr kommt es nach dem Gesetzeswortlaut und der Begründung allein auf den (Kausal-) Beitrag zu einem Erfolg an.

135 Bereits die VN-Leitprinzipien für Menschenrechte differenzieren danach, in welcher Form ein Unternehmen zu Menschenrechtsverletzungen beigetragen hat. So heißt es in der Begründung zu Leitprinzip 19:

> *„**Verursacht** ein Wirtschaftsunternehmen tatsächlich oder potenziell eine nachteilige menschenrechtliche Auswirkung, sollte es die notwendigen Maßnahmen treffen, sie zu beenden oder zu verhüten. **Trägt** ein Wirtschaftsunternehmen tatsächlich oder potenziell zu einer nachteiligen menschenrechtlichen Auswirkung **bei,** sollte es die notwendi-*

> *gen Maßnahmen treffen, um seinen Beitrag zu beenden oder zu verhüten und sein Einflussvermögen zum Tragen zu bringen, um alle verbleibenden Auswirkungen möglichst weitgehend zu mildern. Einflussvermögen gilt dann als vorhanden, wenn das Unternehmen über die Fähigkeit verfügt, Veränderungen in den unrechtmäßigen Praktiken des Schadenverursachers herbeizuführen. Hat ein Wirtschaftsunternehmen* ***nicht*** *zu einer nachteiligen menschenrechtlichen Auswirkung* ***beigetragen,*** *ist diese Auswirkung wegen seiner Geschäftsbeziehung zu einer anderen Organisation aber dennoch unmittelbar mit seiner Geschäftstätigkeit, seinen Produkten oder seinen Dienstleistungen* ***verbunden,*** *ist die Situation komplexer. Zu den Faktoren, die bei der Bestimmung geeigneter Maßnahmen in solchen Situationen zu berücksichtigen sind, zählen das Einflussvermögen des Unternehmens über die betreffende Organisation, die Frage, wie ausschlaggebend die Beziehung für das Unternehmen ist, die Schwere der Verletzung, und die Frage, ob die Beendigung der Beziehung zu der Organisation selbst nachteilige menschenrechtliche Folgen hätte."*

(Hervorhebungen nur hier).

Diese Ausführungen könnte man dahingehend verstehen, dass nur in Situationen der dritten Fallgruppe (keine Verursachung und kein Beitrag, aber Verbundenheit) weitere Angemessenheitskriterien herangezogen werden sollen. **136**

Diesen Ansatz verfolgt der Gesetzgeber des LkSG aber nicht. Vielmehr sieht er den Verursachungsbeitrag als gleichberechtigtes Kriterium der Angemessenheit – neben Einflussvermögen etc. – an. **137**

Der Begriff der Verursachung deutet darauf hin, dass das Unternehmen einen **kausalen** Beitrag zur Entstehung eines Risikos oder einer Verletzung von Menschenrechten oder Umweltbelangen geleistet haben muss. **138**

Ausweislich der Gesetzesbegründung sollen hierfür die folgenden Arten von Verursachungsbeiträgen in Betracht kommen: Das Unternehmen verursacht das Risiko **unmittelbar** allein oder gemeinsam mit einem anderen Akteur oder das Unternehmen leistet **mittelbar** einen Beitrag zum Risiko oder zur Verletzung (vgl. Gesetzesbegründung, S. 43; Fleischer CCZ 2022, 205 (212)). Den Fall der VN-Leitprinzipien, dass ein Unternehmen weder eine Ursache gesetzt noch einen Beitrag geleistet hat, aber in sonstiger Weise mit einem Risiko oder einer Verletzung verbunden ist, sieht weder der Gesetzeswortlaut noch die Begründung vor. Er kann auch nicht durch erweiternde oder analoge Auslegung in die Nr. 4 „hineingelesen" werden. Denn eine solche Interpretation würde im Ergebnis regelmäßig dazu führen, dass die Angemessenheit von Maßnahmen zur Erfüllung der Sorgfaltspflichten eher zu bejahen ist, Unternehmen also weitergehend zu einem bestimmten Verhalten gezwungen sind. **139**

Das Erfordernis eines kausalen Unternehmensverhaltens für ein Risiko oder eine Verletzung bestätigt auch ein systematischer Vergleich mit § 4 Abs. 2. Nach dieser Vorschrift muss es ein wirksames Risikomanagementsystem ermöglichen, Verletzungen menschenrechtsbezogener oder umweltbezogener Pflichten zu verhindern, zu beenden oder deren Ausmaß zu minimieren, wenn das Unternehmen diese Risiken oder Verletzungen innerhalb der Lieferkette *„verursacht oder dazu beigetragen"* hat. Diese Dichotomie von verursachen und beitragen könnte zwar zunächst insinuieren, dass es sich um verschiedene Sachverhalte handelt und der unternehmerische Beitrag zur Entstehung eines Risikos oder einer Gefahr keine Kausalbeziehung verlangt. Dem widerspricht der Gesetzgeber aber in der Begründung zu § 4 Abs. 2. Dort heißt es: **140**

> *„Unternehmen müssen im Rahmen des Risikomanagements nur solche menschenrechtlichen und umweltbezogenen Risiken adressieren, die sie verursacht haben. Verursachen bedeutet, dass das Unternehmen das Risiko unmittelbar alleine hervorgerufen hat oder durch seine Handlung zu der Entstehung oder Verstärkung des Risikos (kausal) beigetragen hat. Der Bezug zu der Lieferkette stellt klar, dass das Risiko dabei beim Unternehmen selber, dh im eigenen Geschäftsbereich, bei einem unmittelbaren Zulieferer oder einem mittelbaren Zulieferer liegen kann."*

Damit bestätigt der Gesetzgeber, dass er den „Beitrag" als mittelbaren (Mit-)Verursachungsbeitrag ansieht, der ebenfalls ein Verhalten des Unternehmens verlangt, welches für ein Risiko oder eine Verletzung kausal ist.

aa) Unmittelbare Verursachung

141 Bei der unmittelbaren Verursachung leistet das Unternehmen **selbst** einen Beitrag, der **direkt kausal** zu einer Menschenrechtsverletzung oder Umweltschädigung führt. Dementsprechend erscheint es angemessen, von dem Unternehmen mehr bzw. intensivere Maßnahmen zu verlangen, die zur Vermeidung eines Risikos oder zur Beendigung oder Abschwächung einer Verletzung führen.

142 Das Gesetz lässt indes nicht erkennen, ob es für die Kausalität von der Äquivalenz- oder Adäquanztheorie ausgeht. Für Letzteres spricht, dass die Art des Verursachungsbeitrags aus Sicht des Gesetzgebers typischerweise eng mit dem Kriterium des unternehmerischen Einflussvermögens (Nr. 1) verknüpft ist (vgl. Gesetzesbegründung, S. 43). Daraus lässt sich schlussfolgern, dass nicht jeder noch so entfernte, aber als letzter Schritt zu einer Verletzung führende Kausalbeitrag relevant sein soll, sondern nur solche Beiträge, auf die das Unternehmen Einfluss nehmen kann.

143 Als Beispiel für eine unmittelbare **alleinige Verursachung** nennt die Gesetzesbegründung die Missachtung von Arbeitsschutzstandards am eigenen Standort. Eine unmittelbare **Mitverursachung** soll zB gegeben sein,

> *„wenn ein Unternehmen durch nicht fachgerechte Abfallentsorgung einen Fluss verschmutzt – und andere Unternehmen dies ebenfalls tun – und hierdurch gegebenenfalls die Trinkwasserversorgung der Anwohnenden gefährdet."*

(s. Gesetzesbegründung, S. 43).

144 Bei Risiken und Verletzungen im eigenen Geschäftsbereich lässt sich regelmäßig davon ausgehen, dass das Unternehmen das Risiko oder die Verletzung selbst unmittelbar verursacht, da ihm die Verantwortung zur Einhaltung menschenrechts- und umweltbezogener Standards obliegt (so BAFA, Angemessenheit – Handreichung zum Prinzip der Angemessenheit nach den Vorgaben des Lieferkettensorgfaltspflichtengesetzes, 2022, S. 8).

bb) Mittelbare Verursachung

145 Die Gesetzesbegründung spricht von einem mittelbaren Beitrag und – inhaltlich identisch – von einer mittelbaren Verursachung. Da der Wortlaut der Nr. 4 auf den *„Verursachungsbeitrag"* abstellt, reicht – wie oben bereits ausgeführt – nicht irgendein Verhalten des Unternehmens, sondern es muss ein Kausalzusammenhang zwischen dem unternehmerischen Tun oder Unterlassen und der Herbeiführung des Risikos oder dem Eintritt der Verletzung bestehen (→ Rn. 134 ff.).

146 Das BAFA konkretisiert die mittelbare Verursachung wie folgt:

> *„Beitragen/(mit-)verursachen bedeutet, dass die Auswirkung das Ergebnis einer Handlung eines Dritten ist. Das Unternehmen leistet einen Beitrag, wenn die Handlung oder auch Unterlassung des Unternehmens in irgendeiner Weise die Verletzung einer konkreten Pflicht erlaubt, ermöglicht oder motiviert."*

(s. BAFA, Angemessenheit – Handreichung zum Prinzip der Angemessenheit nach den Vorgaben des Lieferkettensorgfaltspflichtengesetzes, 2022, S. 10).

147 Diese Definition bestätigt, dass ein Kausalzusammenhang bestehen muss. Nach dem BAFA soll es reichen, wenn auf *„irgendeine Weise"* ein Beitrag geleistet wird. Dagegen führt das BMAS aus, dass eine unternehmerische Handlung kausal sei, wenn sie nicht hinweggedacht werden kann, ohne dass der Erfolg entfiele. Es schränkt dann aber ein, dass ein Unternehmen nicht für solche Ereignisse einstehen müsse, die nach der normalen Lebensanschauung eines objektiven, informierten Dritten völlig außerhalb der Erfahrung und Erwartung liegen (s. FAQ zum LkSG Ziff. VI. 6). Dies entspricht der Adäquanzformel, wonach nicht jeder denkbare Kausalbeitrag eines Unternehmens genügen kann. Eine solche Eingrenzung ist auch erforderlich, weil es für ein Unternehmen möglich sein muss, seinen Beitrag

zu erkennen und ggf. abzustellen. Zudem würde der Tatbestand in Nr. 4 sonst völlig konturenlos.

Dementsprechend dürfte eine reine Lieferbeziehung bzw. der bloße Abschluss eines Liefervertrages für sich genommen noch nicht generell als Verursachungsbeitrag iSd § 4 Abs. 2 ausreichen (anders aber – und damit im Widerspruch zu der Adäquanzformel in FAQ zum LkSG Ziff. VI. 6 – → Rn. 143 – wohl Fragen und Antworten zum LkSG Ziff. VI. 6 Abs. 3; danach soll bereits die Bestellung in einer Fabrik als Kausalbeitrag ausreichen). Ansonsten läge im Hinblick auf alle Zulieferer stets automatisch eine Verursachung vor (iErg wie hier VCI Diskussionspapier, S. 35). Dann wäre Nr. 4 so weitgehend anzuwenden, dass diese Fallgruppe letztlich keinen relevanten Aussagegehalt hätte. **148**

Anders mag dies aber zu beurteilen sein, wenn besonders großvolumige oder risikobehaftete Aufträge vergeben werden (vgl. VCI Diskussionspapier, S. 37), da das Unternehmen in diesen Fällen möglicherweise besondere Aktivitäten bei dem Zulieferer auslöst, zB Überstunden oder besondere Eile bei der Arbeit, was sich ggf. negativ auf den Arbeitsschutz auswirkt. In ähnlicher Weise gibt die Gesetzesbegründung das Beispiel, dass das Unternehmen seine Produktanforderungen gegenüber einem Lieferanten kurzfristig ändert, ohne auch die Lieferzeiten oder Einkaufspreise anzupassen und der Zulieferer daraufhin gegen ILO-Kernarbeitsnormen verstößt, um den geänderten Anforderungen gerecht zu werden (s. Gesetzesbegründung, S. 43). Diese Beispiele unterstreichen den Zusammenhang zwischen Verursachungsbeitrag, Einflussvermögen und Angemessenheit (so auch Gehling/Ott/Mader Rn. 114). **149**

Hat ein Unternehmen lediglich einen mittelbaren Kausalbeitrag geleistet, können von ihm idR weniger weitreichende Maßnahmen zur Bewältigung eines Risikos oder einer Verletzung verlangt werden, so dass die Schwelle der Unangemessenheit von Forderungen gegenüber dem Unternehmen schneller überschritten ist als bei unmittelbarer Verursachung. **150**

D. Zivilrechtliche Haftung (Abs. 3)

I. Einleitung

§ 3 Abs. 3 wurde erst mit der Beschlussempfehlung des Ausschusses für Arbeit und Soziales vom 9. Juni 2021 (s. BT-Drs. 19/30505) in das LkSG eingeführt. Er führt zu einer Abkehr von dem (inoffiziellen) Entwurf des Bundesministeriums für wirtschaftliche Zusammenarbeit und Entwicklung aus dem Jahr 2019 (vgl. BMZ, Gestaltungsmöglichkeiten eines Mantelgesetzes zur nachhaltigen Gestaltung globaler Wertschöpfungsketten und zur Änderung wirtschaftsrechtlicher Vorschriften einschließlich eines Stammgesetzes zur Regelung menschenrechtlicher und umweltbezogener Sorgfaltspflichten in globalen Wertschöpfungsketten vom 1. Februar 2019, abrufbar unter: https://die-korrespondenten.de/fileadmin/user_upload/die-korrespondenten.de/SorgfaltGesetzentwurf.pdf („BMZ-Entwurf“)). Dieser seinerzeit „geleakte“ Entwurf sah vor, dass eine Verletzung von Sorgfaltspflichten Grundlage einer **zivilrechtlichen Haftung** sein sollte und dass die Sorgfaltspflichten als zwingende Eingriffsnormen zu qualifizieren sein sollten (vgl. BMZ-Entwurf, § 15 – Zivilrechtliche Haftung, Eingriffsnormen: „Im Rahmen außervertraglicher Haftungsansprüche regeln die Pflichten aus §§ 4 bis 10 die zu beachtenden Sorgfaltsanforderungen zwingend und ohne Rücksicht auf das nach internationalem Privatrecht für das außervertragliche Schuldverhältnis maßgebende Recht.“). Schon vor der Beschlussempfehlung vom 9.6.2021 wurde die Einführung eines Haftungsausschlusses daher befürwortet (vgl. Keilmann/Schmidt WM 2021, 717 (724); s. ferner DAV-Ausschüsse NZG 2021, 546 Rn. 4, 6; Schall ZIP 2021, 1241 (1250); Strohn ZHR 2021, 629 (630 f.); vgl. auch Gehling/Ott/Steinbrück Anh. § 11 Rn. 1 ff.). **151**

Bereits der Regierungsentwurf eines Sorgfaltspflichtengesetzes (vgl. BT-Drs. 19/38649, 2; BT-Drs 19/30505, 39) soll mit dem Ziel und der Vorstellung beschlossen worden sein, gegenüber der geltenden Rechtslage **keine zusätzlichen zivilrecht-** **152**

lichen Haftungsrisiken für Unternehmen zu schaffen, sondern lediglich Sorgfaltspflichten zu begründen (so ausdr. BT-Drs 19/30505, 39), ohne dies jedoch ausdrücklich anzuordnen (dazu beispielhaft Wagner ZIP 2021, 1095 (1100): „Der Elefant im Raum des Sorgfaltspflichtengesetzes ist die zivilrechtliche Haftung für die Verletzung der gesetzlich statuierten Sorgfaltspflichten […]. Umso erstaunlicher ist, dass sich im Sorgfaltspflichtengesetz kein Haftungstatbestand findet und auch die Gesetzesbegründung jedes Wort zur zivilrechtlichen Haftung vermeidet."; missverständlich Steinbrück in: Gehling/Ott Anh. § 11 Rn. 1, der verkennt, dass sich Wagner zum Regierungsentwurf, BT-Drs. 19/38649, verhielt). Entsprechend enthält § 3 Abs. 3 nach der gesetzgeberischen Intention **zwei Klarstellungen:** Zum einen soll keine zusätzliche neue zivilrechtliche Haftung geschaffen werden. Zum anderen soll, soweit unabhängig von den neu geschaffenen Sorgfaltspflichten bereits nach der geltenden Rechtslage eine zivilrechtliche Haftung begründet ist, diese unverändert fortbestehen (BT-Drs 19/30505, 39; dazu Rack CB 2022, 1 (5 f.)).

1. Zielsetzung

153 S. 1 normiert einen Haftungsausschluss, demzufolge die Verletzung der Pflichten nach dem LkSG keine (selbständige) zivilrechtliche Haftung begründen soll. Der Gesetzgeber möchte damit **vermeiden,** dass Unternehmen aufgrund des LkSG **zusätzliche Haftungsrisiken** treffen. Die Einhaltung der Sorgfaltspflichten des LkSG soll vielmehr durch behördliche Maßnahmen und Ordnungswidrigkeiten durchgesetzt bzw. sanktioniert werden (sog. ***public enforcement,*** im Gegensatz zum *private enforcement* im Wege zivilrechtlicher Schadensersatzansprüche; vgl. BT-Drs. 19/30505, 39; Keilmann/Schmidt WM 2021, 717 (724); Graf von Westphalen ZIP 2021, 435; Rack CB 2022, 1 (5 f.); Strohn ZHR 2021, 629 (630 f.); Gehling/Ott/Steinbrück Anh. § 11 Rn. 1 ff.).

154 Zugleich bestimmt S. 2, dass eine *„unabhängig von diesem Gesetz begründete zivilrechtliche Haftung"* unberührt bleiben soll. Die Gesetzesbegründung definiert diese *„Haftung"* im Übrigen nicht, sondern verweist lediglich auf die *„geltende Rechtslage"* (vgl. BT-Drs. 19/30505, 39). Die wohl hL versteht § 3 Abs. 3 jedoch als **umfassenden Haftungsausschluss,** der eine Berücksichtigung der Sorgfaltspflichten des LkSG (auch) iRd allgemeinen deliktischen Haftung ausschließen soll (so Spindler ZHR 2022, 67 (97); Fleischer DB 2022, 920 (925); Schneider ZIP 2022, 407 (412); zum Meinungsstand vor dem LkSG: Rack CB 2022, 1 (5 f.); Schneider ZIP 2022, 407 (408); vgl. ferner bereits Wagner ZIP 2021, 1095 (1102 f.) zum Regierungsentwurf, BT-Drs. 19/38649).

155 Ungeachtet dessen verbleibt jedoch ein nicht auszuschließendes (Rest-)Risiko, dass Menschenrechtsverstöße im Ausland ansässiger Lieferanten von inländischen Unternehmen durch Opfer und aktivistische Verbände in öffentlichkeitswirksamen Gerichtsprozessen verfolgt werden, deren primäres strategisches Ziel nicht die Haftung, sondern vielmehr der durch öffentliche Aufmerksamkeit vermittelte politische Handlungsdruck ist (so Gehling/Ott/Steinbrück Anh. § 11 Rn. 4).

2. Vergleich mit dem CSDDD-Entwurf

156 Der CSDDD-Entwurf sieht – im Gegensatz zu § 3 Abs. 3 – ausdrücklich eine zivilrechtliche Haftung für Schäden aus der Verletzung von Pflichten zur Vermeidung und Behebung negativer Auswirkungen auf die Menschenrechte und die Umwelt am Produktionsort vor (s. Art. 7, 8 CSDDD-Entwurf). Damit verfolgt er ein ***private enforcement*** neben der ebenfalls angelegten behördlichen Durchsetzung (S. CSDDD-Entwurf S. 18 ff., 21; → Rn. 153). Die zivilrechtliche Haftung hat dabei eine Doppelfunktion: Zum einen soll eine wirksame Entschädigung von Opfern aufgrund nachteiliger Auswirkungen geschaffen werden; zum anderen soll ein Anreiz für Unternehmen gesetzt werden, die Sorgfaltspflichten nicht zu missachten (Ergr. 56 CSDDD-Entwurf (→ Rn. 155); Lutz-Bachmann/Vorbeck/Wengenroth BB 2022, 835 (842)). Falls der CSDDD-Entwurf insofern wie von der

Kommission vorgeschlagen verabschiedet würde, ließe sich der Haftungsausschluss des § 3 Abs. 3 nur noch für Haftungstatbestände aufrechterhalten, die nicht unter den Anwendungsbereich der CSDDD fallen (d. Art. 22 Abs. 4 CSDDD-Entwurf (→ Rn. 160 f.); vgl. auch BT-Drs. 19/30505, 2, mit dem Hinweis, dass das LkSG „an eine künftige europäische Regelung angepasst werden" soll).

Ferner bestimmt Art. 22 Abs. 5 CSDDD-Entwurf, dass dessen Haftungsnormen **157** auch bei der Anwendbarkeit ausländischen Sachrechts zwingend zur Anwendung kommen sollen. Im Unterschied zu § 3 Abs. 3 begründet der CSDDD-Entwurf daher Eingriffsnormen nach Art. 16 Rom II-VO, die ohne Rücksicht auf das für das außervertragliche Schuldverhältnis maßgebende Recht zwingend anzuwenden sind. Damit müssten die mitgliedstaatlichen Gerichte die Sorgfaltspflichten aus dem CSDDD-Entwurf selbst dann berücksichtigen, wenn dies nach dem Recht des sonst maßgeblichen Erfolgsorts (Art. 4 Abs. 1 Rom II-VO) nicht angezeigt ist (s. Art. 22 Abs. 5 CSDDD-Entwurf und Erwgr. 61 (→ Rn. 199)).

3. Verhältnis zu § 11

Während § 3 Abs. 3 bestimmt, ob ein Anspruch auf Schadensersatz besteht, **158** regelt § 11 eine Sonderkonstellation der prozessualen Durchsetzung.

§ 11 führt nicht dazu, dass eine haftungsfreundliche Auslegung von § 3 Abs. 3 **159** vorzunehmen ist. Vielmehr hat § 11 auch ohne ausufernde Haftung seinen eigenen Anwendungsbereich für die Fälle, in denen entweder aufgrund unmittelbarer Schädigungen oder aufgrund des anwendbaren (ausländischen) Sachrechts ein Anspruch gegeben ist (näher sogleich → Rn. 177 ff.).

II. Haftungsausschluss (§ 3 Abs. 3 S. 1)

Ausgangspunkt des § 3 Abs. 3 S. 1 ist die gesetzgeberische Intention, dass das **160** LkSG **keine zusätzliche** zivilrechtliche Haftung für Unternehmen in dessen Anwendungsbereich begründen und die Sorgfaltspflichten des LkSG auch keine Schutzgesetze iSd § 823 Abs. 2 BGB darstellen sollten (Gehling/Ott/Steinbrück Anh. § 11, Rn. 11). Die zum Zwecke einer Verbesserung der Menschenrechtslage in internationalen Lieferketten begründeten neuen Sorgfaltspflichten sollten allein mit Mitteln des Verwaltungs- und Ordnungswidrigkeitsrechts *(public enforcement)* durchgesetzt und sanktioniert werden (BT-Drs. 19/30505, 39; Keilmann/Schmidt WM 2021, 717 (724); Graf von Westphalen ZIP 2021, 435; Strohn ZHR 2021, 629 (630 f.)). S. 1 schließt damit die Begründung einer neuen, spezifischen zivilrechtlichen Haftung auf der Grundlage des LkSG nach deutschem Recht aus (Spindler ZHR 2022, 67 (94); Wagner/Rutloff NJW 2021, 2145 Rn. 42 f.).

Eine unabhängig von den neu geschaffenen Sorgfaltspflichten bereits nach der **161** geltenden Rechtslage anerkannte zivilrechtliche Haftung soll jedoch unverändert fortbestehen und in besonders schwerwiegenden Fällen der Sorgfaltspflichtverletzung in ihrer Durchsetzung gar erleichtert werden (BT-Drs. 19/30505, 39). Entsprechend hält § 3 Abs. 3 S. 2 **bereits anerkannte** zivilrechtliche Haftungstatbestände aufrecht und nimmt diese von der Regelung des § 3 Abs. 3 S. 1 aus (Gehling/Ott/Steinbrück Anh. § 11, Rn. 4; Strohn ZHR 2021, 629 (630 f.)).

Im Zusammenspiel von § 3 Abs. 3 S. 1 und 2 besteht daher nach der gesetz- **162** geberischen Intention gerade **kein umfassender Schutz** vor jeder Art zivilrechtlicher Haftung (BT-Drs. 19/30505, 39; krit. Kieniger RIW 2021, 331 (336)). Vielmehr soll lediglich die Begründung einer neuen, zusätzlichen Haftung durch das LkSG ausgeschlossen sein; eine zivilrechtliche Haftung etwa aufgrund bereits anerkannter Verkehrssicherungspflichten bleibt vom Ausschluss des S. 1 jedoch unberührt (Gehling/Ott/Steinbrück Anh. § 11, Rn. 12; Strohn ZHR 2021, 629 (630 f.); dazu auch Habersack/Ehrl AcP 219/2019, 155 (195 f.); Rudkowski CCZ 2020, 352 (354); Weller/Kaller/Schulz AcP 216/2016, 387 (400); Wagner RabelsZ 1980, 717 (754 ff.); MüKoBGB/Wagner BGB § 823 Rn. 548 ff.; Wagner/Rutloff NJW 2021, 2145 Rn. 43). Ferner möglich bleibt eine Haftung nach ausländischem

Deliktsrecht (Ehmann/Berg GWR 2021, 287 (291), die jedoch zutreffend darauf hinweisen, dass deutsche Gerichte die Sorgfaltspflichten des LkSG nicht als Eingriffsnormen nach Art. 16 Rom I-VO heranziehen dürfen) oder aufgrund neuer Haftungsregelungen *de lege ferenda,* zB nach dem CSDDD-Entwurf (dazu vorstehend → Rn. 156 f.).

1. Keine Haftung nach § 823 Abs. 1, 2 BGB

163 Ausweislich der Gesetzesbegründung soll zunächst eine Haftung aufgrund von Verletzungen der Sorgfaltspflichten „insbesondere" aufgrund von § 823 Abs. 2 BGB ausgeschlossen sein. Zwar erwähnt der Gesetzgeber nicht auch ausdrücklich die deliktische Grundnorm des § 823 Abs. 1 BGB. Daraus kann aber nicht geschlossen werden, dass insofern auf Basis von § 3 Abs. 3 S. 2 stets eine Haftung nach § 823 Abs. 1 bestehen soll. Vielmehr zeigt die Verwendung von „insbesondere" in der Gesetzesbegründung, dass auch ein Ausschluss von § 823 Abs. 1 BGB generell möglich ist (vgl. BT-Drs. 19/30505, 39; Fleischer DB 2022, 920 (921); Koch, MDR 2022, 1 (4); Paefgen ZIP 2021, 2006 (2010); Spindler ZHR 2022, 67 (94); Strohn ZHR 2021, 629 (630 f.)).

164 Damit kommt es auf die Frage an, ob die Anwendung des § 823 Abs. 1 BGB eine neue zivilrechtliche Haftung begründen würde (dann Ausschluss nach S. 1) oder ohnehin unabhängig von dem LkSG besteht. Letzteres käme in Betracht, wenn bspw. ein Zulieferer Gesundheitsschädigungen bei Beschäftigten (zB durch mangelnde Arbeitssicherheitsmaßnahmen) verursacht, die Einhaltung der Sorgfaltspflichten durch das unter das LkSG fallende Unternehmen diese Schädigungen vermieden hätte und die Sorgfaltspflichten als **Verkehrssicherungspflichten** iSd § 823 Abs. 1 BGB anzusehen wären. Denn ordnete man die Sorgfaltspflichten des LkSG als deliktische Verkehrssicherungspflichten ein, wäre eine Haftung auch in Fällen gegeben, in denen keine direkte Verletzungshandlung vorliegt, da bei Verstößen gegen eine Verkehrssicherungspflicht auch für mittelbare Schäden gehaftet wird (vgl. MüKoBGB/Wagner BGB § 823 Rn. 22, 448). Mittelbare Menschenrechts- oder Umweltverletzungen, die am Produktionsort des Lieferanten verursacht werden, aber nicht unmittelbar auf eine Handlung des im Anwendungsbereich des LkSG ansässigen Abnehmers zurückzuführen sind, könnten dann eine Haftung dieses abnehmenden Unternehmers begründen. Auf der Grundlage der Sorgfaltspflichten des LkSG lässt sich eine solche Haftung jedoch **nicht** begründen. Zum einen würden Verkehrssicherungspflichten über den eigenen Organisationsbereich des betreffenden Unternehmens hinausgehen; zum anderen unterliefe dies auch die gesetzgeberische Wertung aus Abs. 3 S. 1, nach welcher gerade keine neue zivilrechtliche Haftung begründet werden soll (BT-Drs. 19/30505, 39; so auch Altenschmidt/Helling/Altenschmidt/Helling Rn. 27 ff.; Gehling/Ott/Steinbrück Anh. § 11 Rn. 63; Schneider ZIP 2022, 407 (415 f.); Sagan/Schmidt NZA-RR 2022, 281 (283)).

165 Ob Sorgfaltspflichten darüber hinaus eine Ausstrahlungswirkung hinsichtlich der Konkretisierung allgemeiner deliktsrechtlicher Verkehrssicherungspflichten entfalten können, ist zweifelhaft, da der Gesetzgeber ausdrücklich dem *public enforcement* Vorrang vor dem *private enforcement* eigeräumt hat (BT-Drs. 19/30505, 38; Spindler ZHR 2022, 67 (95)). Denkbar ist dies allenfalls, soweit das LkSG keine „neuen" Pflichten enthält, sondern lediglich bereits bestehende Pflichten an der Schnittstelle von Unternehmen und Lieferanten spezifiziert und konkretisiert, die bereits zum Zeitpunkt des Inkrafttretens Gegenstand einer deliktsrechtlichen Haftung sind (Spindler ZHR 2022, 67 (95); in diesem Sinne wohl auch Wagner ZIP 2021, 105 (1100)).

a) Sorgfaltspflichten des LkSG haben nicht die Eigenschaften von Verkehrssicherungspflichten

166 Die Sorgfaltspflichten des LkSG kommen systematisch nicht als Verkehrssicherungspflichten in Betracht. Verkehrssicherungspflichten treffen grundsätzlich denjenigen, *„der in seinem Verantwortungsbereich eine Gefahr für Dritte schafft oder andauern lässt und in der Lage ist, ihr abzuhelfen“*. Sie verpflichten den Verantwortlichen, *„zumutbare Vorkehrungen zu treffen, um eine Schädigung anderer möglichst abzuwenden“* (vgl. BGH NJW 1988, 1380 (1381); 1987, 1013; ähnl. auch bereits 52, 373 (379); 102, 372 (375); vgl. auch Habersack/Zickgraf ZHR 2018, 252 (267 f.) mwN). Ausreichend ist bereits die bloße Zustandsverantwortlichkeit; ein eigener Gefahrbeitrag ist nicht notwendig (BGH NJW 1988, 1380 (1381)). Eine Haftung für Gefahren, die nicht in der eigenen Sphäre des potenziellen Schädigers liegen, mithin eine **Haftung für fremde Gefahrensphären,** ist dem Deliktsrecht jedoch grundsätzlich **fremd** (vgl. Fleischer DB 2022, 920 (924); Schneider ZIP 2022, 407 (415); Spindler ZHR 2022, 67 (98); aA Paefgen ZIP 2021, 2006 (2010 ff.); Rack CB 2022, 1 (6)).

Überträgt der originär Verantwortliche die Ausübung einer gefährlichen Tätigkeit an einen Dritten, verbleiben bei dem originären Verantwortlichen lediglich Auswahl–, Instruktions- und Überwachungspflichten (vgl. MüKoBGB/Wagner BGB § 823 Rn. 527). Bei diesen handelt es sich jedoch nicht um Verkehrssicherungspflichten, die sich auf eine fremde Gefahrenquelle beziehen, sondern um eine im Grundsatz eigene, lediglich delegierte Gefahrenquelle (vgl. Schneider ZIP 2022, 407 (416); Spindler ZHR 2022, 67 (98)). **167**

Beispielhaft besteht im Bereich der deliktischen Produkthaftung nach § 823 Abs. 1 BGB keine Haftung für Gefahren, die aus der Sphäre Dritter stammen (vgl. Fleischer DB 2022, 920 (926); Spindler ZHR 2022, 67 (98)). Den Endhersteller treffen daher bspw. hinsichtlich der Einzelteile, die er von einem Dritten bezieht, keine Konstruktionspflichten (vgl. MüKoBGB/Wagner BGB § 823 Rn. 927 mwN). Ebenso wenig besteht im Regelfall kein Vertrauensverhältnis von Arbeitnehmern, Anwohnern oder sonstigen Dritten zum Abnehmer von Waren und Dienstleistungen in einer Lieferkette. Aus dem LkSG selbst lässt sich ein derartiges Vertrauensverhältnis schon deshalb nicht ableiten, weil das LkSG in weiten Teilen lediglich Bemühenspflichten und keine Erfolgspflichten begründet (vgl. BT-Drs. 19/28649, 41; Spindler ZHR 2022, 67 (99 f.)). **168**

Eine Verkehrssicherungspflicht kann auch nicht über die Figur der Schaffung einer Gefahrenquelle in Form einer „Menschenrechtsarbitrage“ begründet werden. So soll nach einer Ansicht im Schrifttum diese Rechtsfigur ihre normative Grundlage in der bewussten Ausnutzung eines Menschenrechtsschutzgefälles zB zwischen Deutschland und einem Entwicklungsland mit bekannten Arbeits- und Menschenrechtsdefiziten finden. Das Gefälle könne dabei auf einzelnen oder kombinierten Defiziten beim grenzüberschreitenden Schutz von Menschenrechten, ferner ggf. auf defizitärem Auslandssachrecht oder auf dem anwendbaren Kollisionsrecht beruhen (hierzu Weller/Nasse ZGR Sonderband 22/2020, 107 (127); aA Fleischer DB 2022, 920 (926); Schneider ZIP 2022, 407 (411 f.); Gehling/Ott/Steinbrück Anh. § 11 Rn. 68). Nach dieser Auffassung besteht ein vermeintliches kollisionsrechtliches Regelungsdefizit und ein fehlender Inlandsbezug, der eine Korrektur des defizitären ausländischen Sachrechts durch die Anwendung inländischen Sachrechts erfordere. Inländische Unternehmen könnten sonst von niedrigeren Regelungsstandards des Auslandssachrechts und entsprechenden Rechtsdurchsetzungsdefiziten profitieren, ohne für deliktische Rechtsgutverletzungen des ausländischen Lieferanten verantwortlich zu sein, sodass ein Ungleichgewicht zwischen den erlangten Vorteilen der Unternehmen und der gleichzeitig fehlenden Verantwortung entstehe (Weller/Nasse ZGR Sonderband 22/2020, 107 (129); aA Fleischer DB 2022, 920 (926); Gehling/Ott/Steinbrück Anh. § 11 Rn. 68; Schneider ZIP 2022, 407 (412)). **169**

Eine derartige Konstruktion ist jedoch abzulehnen, da deutsches Recht schon keinen allgemeinen Geltungsvorrang in Bezug auf im Ausland begangene Menschenrechtsverletzungen hat (s. dazu → Rn. 195 ff.); Gehling/Ott/Steinbrück Anh. § 11 Rn. 69; ferner Blach CCZ 2022, 13 (16) der zutr. darauf hinweist, dass „die Haftung für verletzte Verkehrspflichten kein Instrument zur Globalisierungsfolgenkorrektur ist“; aA aber Schirmer ZEuP 2021, 35 (60 f.)). Überdies läuft die Kon- **170** struktion der grundlegenden gesetzgeberischen Wertung des § 3 Abs. 3 S. 1 zuwider, wonach **keine neue zivilrechtliche Haftung** begründet werden soll (vgl. Schneider ZIP 2022, 407 (414); Fleischer DB 2022, 920 (926); Gehling/Ott/Steinbrück Anh. § 11 Rn. 6). Grenzüberschreitende Kettenlieferverhältnisse begründen im Regelfall für sich genommen noch kein entsprechendes Regelungs- und Schutzdefizit, wenn das Unternehmen den menschenrechtswidrigen Zustand nicht selbst (mit–)verursacht und/oder die Auswahl von Produktionsstandorten nicht (sachfremd) nach möglichst niedrigen Menschenrechtsstandards vornimmt (Gehling/Ott/Steinbrück Anh. § 11 Rn. 69).

171 Die Begründung eines vertraglichen Lieferverhältnisses mit einem ausländischen Lieferanten im Rahmen der – verfassungsrechtlich geschützten – Geschäftstätigkeit ist grds. zulässig und wird selbst dann nicht rechtsmissbräuchlich, wenn im Ansässigkeitsstaat des Lieferanten Defizite bei der Anerkennung oder Durchsetzung von Menschenrechten bestehen (vgl. EuGH NJW 1999, 2027 (2028); Beckers ZfPW 2021, 220 (242 f.); Fleischer DB 2022, 920 (926); Schneider ZIP 2022, 407 (414); Spindler ZHR 186/2022, 67 (101); Weller/Nasse ZGR Sonderband 22 2020, 107 (127); Schneider ZIP 2022, 407 (413 f.) verweist in diesem Zusammenhang auf die soziale Nützlichkeit internationaler Lieferketten). Denn die Ausnutzung eines internationalen Rechtsgefälles ist nicht *per se* rechts- oder sittenwidrig (Blach CCZ 2022, 13 (16 f.) unter Verweis auf BGH GRUR 1977, 672 (674) – Weltweit-Club, wonach die „Verstärkung eines bis dahin in dieser Weise nicht bestehenden Wettbewerbsverhältnisses zwischen in- und ausländischen Unternehmen, […] an sich unter dem Gesichtspunkt guter Wettbewerbssitte nicht zu beanstanden" ist und BGH GRUR 1980, 858 – Astbestimporte, wonach die „Ausnutzung eines internationalen Rechtsgefälles" wettbewerbsrechtlich nicht zu beanstanden ist). Anderenfalls würde – entgegen der § 3 Abs. 3 S. 1 zugrundeliegenden gesetzgeberischen Intention (BT-Drs. 19/30505, 39) – gerade eine „neue" Verkehrssicherungspflicht geschaffen, welche darin bestünde, präventiv keine Lieferbeziehungen mit Lieferanten aus Staaten mit entsprechenden Rechtsdefiziten einzugehen, auch wenn sich bei dem konkreten Lieferanten etwaige Menschenrechtsverletzungen noch nicht offenbart haben (vgl. Blach CCZ 2022, 13 (16 f.)).

172 Eine generelle Verkehrssicherungspflicht, keine Geschäftsbeziehung mit Lieferanten in (ggf.) menschenrechtlich problematischen Jurisdiktionen zu begründen, liefe ferner der Gesetzessystematik der Bemühenspflichten des LkSG zuwider, die mit Ausnahme der Verletzung von geschützten Rechtspositionen im eigenen Geschäftsbereich des Unternehmens gerade keine „Erfolgsverpflichtung" und erst recht keine Garantiehaftung begründen. Wenn ein Unternehmen aber schon keinen entsprechenden Erfolg schuldet, kann auch keine zivilrechtliche Haftung über die Hintertür einer zu besorgenden „Menschenrechtsarbitrage" begründet werden (Gehling/Ott/Steinbrück Anh. § 11 Rn. 68; Fleischer DB 2022, 920 (926); Schneider ZIP 2022, 407 (412)). Schließlich wäre eine solche Verkehrssicherungspflicht auch handels- bzw. globalisierungsfeindlich und könnte es daher gerade den betreffenden Zulieferern und ihren Heimatstaaten erschweren, durch Teilhabe an der internationalen Wertschöpfung den wirtschaftlichen, sozialen und ökologischen Entwicklungsstand zu verbessern.

b) Auch aus anderen Gründen keine Einordnung der Sorgfaltspflichten als Verkehrssicherungspflichten

173 Die Anwendung der ausformulierten Pflichtentatbestände des LkSG als Verkehrssicherungspflichten würde praktisch der Anwendung des § 823 Abs. 2 BGB nahekommen und der insoweit eindeutigen gesetzgeberischen Intention widersprechen (vgl. Rühl/Knauer JZ 2022, 105 (108); Schneider ZIP 2022, 407 (412 f.); Spindler ZHR 2022, 67 (100)). Die Organisation eines Unternehmens in einer Lieferkette für sich genommen als „Gefahrenherd" zu nehmen, um eine unternehmensübergreifende Haftung zu begründen (vgl. Rack CB 2022, 1 (6, 19)), geht daher fehl.

Dieses Ergebnis steht auch im Einklang mit der Einordnung anderer lieferkettenbezogener Sorgfaltspflichten. So sollen zB die Sorgfaltspflichten der EU-Konfliktmaterialien-VO (VO (EU) 2017/821; zu der Konfliktmineralien-VO und ihren Hintergründen s. Voland/Daly JWT 2018, 37) ebenfalls keine Verkehrssicherungspflichten begründen (vgl. Schneider ZIP 2022, 407 (413)). 174

2. Keine Haftung aus *culpa in contrahendo* und sonstigen vertragsähnlichen Vertrauenstatbeständen

Die verpflichtende Abgabe einer Grundsatzerklärung über die Menschenrechtsstrategie eines Unternehmens nach § 6 Abs. 2 kann gleichfalls nicht Grundlage einer Haftung aus vertragsähnlichen Vertrauenstatbeständen sein, da dies entgegen § 3 Abs. 3 S. 1 eine neue Haftung begründen würde (vgl. Spindler ZHR 2022, 67 (102 f.); abl. ferner Fleischer DB 2022, 920 (926); Schall ZGR 2018, 479 (508); Wagner RabelsZ 80 (2016), 717 (777 f.)). Ohnehin ist eine – üblicher Weise allgemein gehaltene – Erklärung eines Unternehmens zur konzernweiten Einhaltung von menschenrechtlichen und sozialen Standards in aller Regel aufgrund des generischen Charakters und mangels einer Fokussierung auf konkrete Personen oder Personengruppen nicht geeignet, überhaupt eine eigene Verantwortlichkeit kraft Hervorrufens eines besonderen Konzernvertrauens zu begründen (Fleischer/Korch DB 2019, 1944 (1951); Fleischer DB 2022, 920 (926); Spindler ZHR 186/2022, 67 (103); aA jedoch Asmussen NJW 2017, 118 (122 f.)). 175

3. Keine Haftung aus Vertrag (mit Schutzwirkung) zugunsten Dritter

Die Grundsatzerklärung gem. § 6 Abs. 2 kommt auch nicht als Grundlage eines Vertrags mit Schutzwirkung zugunsten Dritter in Betracht. Zum einen wäre eine solche Haftung mit dem Regelungsziel des § 3 Abs. 3 S. 1 nicht zu vereinbaren. Zum anderen passt die Figur des Vertrags mit Schutzwirkung zugunsten Dritter nicht auf die Interessenlage der Lieferkette (Graf von Westphalen ZIP 2020, 2421 (2428); ausf. hierzu Hübner, Unternehmenshaftung für Menschenrechtsverletzungen, 2022, S. 178 ff.). Die Hauptleistungspflicht obliegt dem Zulieferer, der gegenüber dem Unternehmen, das die LkSG-Sorgfaltspflichten erfüllen muss, Schuldner ist (Habersack/Ehrl AcP 2019, 155 (192 f.); Schneider NZG 2019, 1369 (1375 f.); Thomale/Murko EuZA 2021, 40 (51 f.)). Der Abnehmer als Gläubiger schuldet jedoch grds. keine Schutzpflichten gegenüber den Arbeitnehmern des Zulieferers oder anderen Dritten (vgl. Spindler ZHR 2022, 67 (103 f.); Heinlein, NZA 2018, 276 (279)). Es fehlt daher schon an der nötigen Leistungsnähe zwischen dem inländischen Unternehmen und dem geschädigten Dritten; eine Leistungsnähe wird aufgrund des Beschäftigungsverhältnisses zwischen geschädigtem Dritten und Zulieferer regelmäßig nur in letzterem Verhältnis gesehen werden können (Gehling/Ott/Steinbrück Anh. § 11 Rn. 78). 176

Ohnehin dürfte regelmäßig allenfalls ein Primäranspruch geschädigter Arbeitnehmer oder Dritter gegen den Lieferanten als Schädiger eingreifen. In diesem Fall ist die Anwendung der Figur des Vertrags mit Schutzwirkung zugunsten Dritter von vornherein ausgeschlossen (Hübner, Unternehmenshaftung für Menschenrechtsverletzungen, 2022, S. 178 ff.; Gehling/Ott/Steinbrück Anh. § 11 Rn. 78; Fleischer DB 2022, 920 (926); Schneider NZG 2019, 1369 (1375); Thomale/Murko EuZU 2021, 40 (51)). Dass Unternehmen durch überobligatorische vertragliche Einrichtung von Kontrollmechanismen entlang ihrer Lieferkette die Voraussetzungen des Vertrags zugunsten Dritter schaffen, obwohl das LkSG dies nicht explizit verlangt, liegt daher fern (diff. wohl Schneider ZIP 2022, 407 (418)). 177

Aufgrund des gesellschaftsrechtlichen Trennungsprinzips (Fleischer/Korch ZIP 2021, 709 (712); Habersack/Ehrl AcP 2019, 155 (194 ff.); Kieninger RIW 2021, 331 (332); Schall ZGR 2018, 479 (488 ff.); Wagner RabelsZ 2016, 717 (761 ff.)) kann schließlich auch das Verschulden von Tochtergesellschaften nicht ohne Weiteres der Konzernobergesellschaft zugerechnet werden (Hübner, Unternehmens- 178 haftung für Menschenrechtsverletzungen, 2022, S. 237 f.; MüKoAktG/Heider AktG § 1 Rn. 47; Hommelhoff ZGR 2019, 379 (400); diff. Schall ZIP 2021, 1241 (1249)). Zwar wird eine Durchbrechung des Trennungsprinzips vereinzelt befürwortet (Weller/Thomale ZGR 2017, 509 (521); Thomale/Hübner JZ 2017, 385 (394 f.); ferner BT-Drs. 17/13916, S. 3; diff. jedoch Thomale/Murko EuZA 2021, 40 (54); zu Recht krit. Bomsdorf/Blatecki-Burgert ZRP 2020, 42 (44 f.); MüKoBGB/Wagner BGB § 823 Rn. 111). Zur Begründung verweisen die entsprechenden Autoren auf – vermeintlich – vergleichbare Beispiele aus der Rechtsprechung des EuGH zur Konzernverantwortlichkeit bei Kartellverstößen (EuGH EuZW 2019, 374 – Skanska; LG Frankfurt a. M. WuW 2019, 600, nachfolgend OLG Frankfurt a. M. NZKart 2021, 461; Kling WRP 2010, 506; MüKoBGB/Wagner BGB § 823 Rn. 111; Kersting ZHR 2018, 8 (31)) und aus der jüngeren Rechtsprechung englischer Gerichte zu Menschenrechtsverletzungen (Bomsdorf/Blatecki-Burgert ZRP 2020, 42 (44 f.) unter Bezugnahme auf Chandler v. Cape plc [2012] EWCA Civ 525; Lungowe v Vedanta Resources plc [2019] UKSC 20). Diese Rechtsgrundsätze lassen sich jedoch nicht ohne Weiteres in das deutsche Konzernrecht übertragen (MüKoBGB/Wagner BGB § 823 Rn. 111 ff. mwN, der darauf hinweist, dass sich die kartellrechtliche Rechtsprechung des EuGH letztlich auf eigene deliktische Sorgfaltspflichten der entsprechenden Konzernobergesellschaft bezieht; so augenscheinlich auch LG Frankfurt a. M. WuW 2019, 600 Ls. 3; ferner Habersack/Zickgraf ZHR 182 (2018), 252 (272 ff.)). Eine Konzernobergesellschaft haftet grds. nicht für die Rechtsgutsverletzungen ihrer Untergesellschaften. Die einheitliche Leitung und unternehmerische Führung durch die Konzernobergesellschaft begründen für sich genommen noch keinen Haftungstatbestand (Blach CCZ 2022, 13 (17 f.); Fleischer/Korch ZIP 2021, 709 (712); BGHZ 81, 311 (317); 166, 84 (98); für Kartellverstöße diff. Kersting ZHR 2018, 8, CB 2019, 225). Eine konzernweite Durchgriffshaftung ist daher nur in eng gefassten Ausnahmefällen möglich (Bomsdorf/Blatecki-Burgert ZRP 2020, 42 (43), diff. Schall ZGR 2018, 472 (490 ff.); aA wohl Kieninger RIW 2021, 331 (332 f.)), etwa bei einer unmittelbaren Einflussnahme der herrschenden Konzernobergesellschaft, jedenfalls dann, wenn sich diese Einflussnahme auf die Schaffung einer Gefahrenquelle und deren Steuerung selbst bezieht (Hübner, Unternehmenshaftung für Menschenrechtsverletzungen, 2022, S. 241 ff.; Habersack/Zickgraf ZHR 182/2018, 252 (295); Wagner RabelsZ 80 (2016), 717 (775 f.); MüKoBGB/Wagner BGB § 823 Rn. 112 f.; krit. Kieninger IPrax 2020, 60 (67)).

179 Mit Blick auf die Ausgestaltung der Pflichten des LkSG als bloße Bemühenspflichten und die ausdrückliche Anordnung des Abs. 3 S. 1 kommt auch die fehlende korporative Kontrolle einer Untergesellschaft grundsätzlich nicht als Anknüpfungspunkt für eine zivilrechtliche Haftung der Konzernobergesellschaft in Betracht (dazu allgemein MüKoBGB/Wagner BGB § 823 Rn. 112 f.).

4. Keine Haftung aufgrund von Richtlinien

180 Eine Haftung für Verstöße gegen Konzernrichtlinien, zB *Codes of Conduct,* scheitert regelmäßig bereits daran, dass diese Richtlinien abstrakt gefasst sind. Sollten sie ausnahmsweise im Einzelfall so konkretisiert sind, dass daraus Fürsorgepflichten erwachsen könnten, erschiene eine Haftung vor dem Hintergrund des § 6 Abs. 2 zwar theoretisch möglich. Letztlich liefe das aber ebenfalls auf eine neuartige Haftung hinaus, die dergestalt bislang nicht existiert und daher gem. § 3 Abs. 3 S. 1 ausgeschlossen ist (Spindler ZHR 2022, 67 (104 f.); Fleischer DB 2022, 920 (926)).

III. Unabhängig bestehende Haftung (§ 3 Abs. 3 S. 2)

181 Auch ohne Heranziehung der Sorgfaltspflichten des LkSG als Verkehrssicherungspflichten kann sich jedoch eine deliktische Haftung für Abnehmer im Anwendungsbereich des LkSG ergeben, wenn es in Lieferketten zu Schädigungen am Produktionsort kommt.

1. Unmittelbare Schädigungen (§ 823 Abs. 1 BGB)

Eine Haftung infolge aktiven Tuns aus § 823 Abs. 1 BGB (oder als Gehilfe aus § 830 Abs. 2 BGB) bleibt möglich (Fleischer DB 2022, 920 (925); Schneider ZIP 2022, 407 (417)). Da bei unmittelbaren Schädigungen die Rechtswidrigkeit indiziert ist und daher nicht auf die Figur der Verkehrssicherungspflichten zurückgegriffen werden muss (MüKoBGB/Wagner BGB § 823 Rn. 22, 448), besteht diese Haftung unabhängig von den Sorgfaltspflichten des LkSG. Als ein haftungsbegründendes unmittelbares Tun oder Unterlassen kann zB eine abnehmerseitige konkrete Weisung in Betracht kommen, durch die es am Produktionsort zu Schädigungen kommt (Schneider ZIP 2022, 407 (417)). **182**

Allerdings schützt § 823 Abs. 1 BGB nur einen begrenzten Kanon an Rechten und Rechtsgütern. Sofern sich die Menschenrechte und Umweltbelange des LkSG nicht unter die explizit benannten Belange in § 823 Abs. 1 BGB fassen lassen, kommen sie nicht als sonstige geschützte Rechte in Betracht (dazu ausführlich Hübner, Unternehmenshaftung für Menschenrechtsverletzungen, 2022, 186 (227 ff.); ferner Habersack/Ehrl AcP 219 (2019), 155 (195); Weller/Kaller/Schulz AcP 216 (2016), 387 (400); weitgehender Weller/Thomale ZGR 2019, 509 (520 f.), zu weitgehend Schall ZGR 2018, 479 (480), der augenscheinlich in einer Menschenrechtsverletzung kraft mittelbarer Drittwirkung derselben regelmäßig ein Delikt nach § 823 Abs. 1 BGB erkennen will). Insoweit besteht keine allgemeine lieferkettenbezogene Verkehrssicherungspflicht (Habersack/Ehrl AcP 2019, 155 (196 ff.); Schneider NZG 2019, 1369 (1372 ff.); Wagner RabelsZ 2016, 717 (766); vgl. auch LG Dortmund IPRax 2019, 317 Rn. 40; aA aber Thomale/Hübner JZ 2017, 385 (393 ff.); Weller/Thomale ZGR 2017, 509 (520 ff.); Thomale/Murko ZVglRWiss 2021, 127 (134 ff.)). Vielmehr muss sich eine Schädigung unmittelbar in einem der von § 823 Abs. 1 BGB geschützten Rechtsgüter niederschlagen (Weller/Kaller/Schulz AcP 216 (2016), 387 (400)). **183**

2. Mittelbare Schädigungen/Haftung aufgrund von Verkehrspflichtverletzungen

Ungeachtet des Umstands, dass die Sorgfaltspflichten des LkSG bereits generell nicht als Verkehrssicherungspflichten heranzuziehen sind (s. § 3 Abs. 3 S. 1 und → Rn. 166 ff.), kommt nur eine Verletzung von eigenen Verkehrssicherungspflichten des Abnehmers als Haftungsgrund für diesen in Betracht. Erforderlich ist mithin, dass das Unternehmen als Abnehmer eigene Verkehrssicherungspflichten verletzt. Als Haftungsgrund käme es daher allenfalls in Betracht, dass das Unternehmen nicht delegierbare Sorgfaltspflichten *(non-delegable duties)* verletzt oder dass es den Zuliefererbetrieb so kontrolliert, dass es ihn faktisch wie einen eigenen, unselbstständigen Betriebsteil führt (Fleischer DB 2022, 920 (925); Späth/Werner CCZ 2021, 241 (250 f.); Schneider ZIP 2022, 407 (412)). **184**

Konzernübergreifende Verkehrssicherungspflichten bestehen nur in Ausnahmefällen. Bei der Feststellung, ob eine Verkehrssicherungspflicht existiert, sind wiederum die allgemeinen Kriterien zur Abwägung bezüglich der Verkehrssicherungspflichten maßgeblich, insbes. Kontrolle und Herrschaft über eine Gefahrenquelle und Schwere des drohenden Schadens (vgl. Fleischer DB 2022, 920 (924)). **185**

Möglich bleibt schließlich, dass die Haftung aufgrund von Verkehrssicherungspflichtverletzungen im Wege der richterlichen Rechtsfortbildung weiterentwickelt wird. Dies darf nicht von § 3 Abs. 3 S. 1 ausgeschlossen sein und ist daher als Teil der vom LkSG unabhängigen Haftung iSd § 3 Abs. 3 S. 2 anzusehen (vgl. Fleischer DB 2022, 920 (922); zu weitgehend Paefgen ZIP 2021, 2006 (2011)). **186**

3. § 831 BGB

186a Eine Haftung des Unternehmens als Geschäftsherr nach § 831 BGB setzt die konkrete Verrichtungsgehilfeneigenschaft der betreffenden Konzerntochter oder des Zulieferers im Einzelfall voraus (Altenschmidt/Helling/Altenschmidt/Helling § 3 Rn. 25). Aufgrund des Rechtsträgerprinzips erfüllen unabhängige Zulieferer und auch Konzerntöchter in der Regel nicht die Eigenschaft eines Verrichtungsgehilfen (Bomsdorf/Blatdecki-Burgert ZRP 2020, 42 (43); Edel/Frank/Heine/Heine BB 2021, 2890 (2893); Hübner, Unternehmenshaftung für Menschenrechtsverletzungen, 2022, S. 293 f.; Kötz ZEuP 2017, 283 (292 ff.); Fleischer/Korch ZIP 2019, 2181 (2182); Spindler ZHR 2022, 67 (96 f.); Gehling/Ott/Steinbrück Anh. § 11 Rn. 58; Paefgen ZIP 2021, 2006 (2008); Weller/Kaller/Schulz AcP 216 (2016), 387 (407.)). Es fehlt typischerweise an der Abhängigkeit von den Weisungen eines Geschäftsherrn, unabhängig davon, ob sie mit dem Unternehmen, für das sie eine bestimmte Aufgabe wahrnehmen, in einem Konzernverhältnis stehen (Fleischer DB 2022, 920 (925); Fleischer/Korch ZIP 2019, 2181 (2188 ff.); Thomale/Murko ZVglRWiss 2021, 127 (134 f.); Schall ZGR 2018, 479 (493 f.), Weller/Kaller/Schulz AcP 216 (2016), 387 (407); ferner BGH NJW 2013, 1002 Rn. 15 f.; zum Erfordernis der Weisungsabhängigkeit des Verrichtungsgehilfen BGH NJW 2009, 1740, Rn. 11; 1966, 1807).

187 Die Übertragung von Aufgaben auf ein bestimmtes Unternehmen innerhalb eines Konzerns dient regelmäßig dem Zweck, durch die selbstständige Erledigung der Aufgabe andere Teile des Konzerns zu entlasten, sodass gerade kein Weisungsverhältnis besteht (BGH NJW 2013, 1002 Rn. 15 f.; Fleischer DB 2022, 920 (923); MüKoBGB/Wagner BGB § 831 Rn. 17; diff. wohl Altenschmidt/Helling/Altenschmidt/Helling Rn. 26; zu weitgehend hingegen BGH GRUR 2012, 1279, Rn. 45 – Das Große Rätselheft, dazu ausf. Hübner, Unternehmenshaftung für Menschenrechtsverletzungen, 2022, 273 (279)). Die Sorgfaltspflichten des LkSG und die Anforderungen, ein Risikomanagement und vertragliche Kontrollmechanismen einzurichten (s. §§ 4, 6 Abs. 4 Nr. 4), ändern daran nichts (Fleischer DB 2022, 920 (926); diff. scheinbar Spindler ZHR 2022, 67 (96 f.)). Denn gerade im Fall einer Pflichtendelegation auf eine Konzerntochter sollen die delegierten Aufgaben und Pflichten von dieser selbständig und nicht weisungsgebunden erfüllt werden (Altenschmidt/Helling/Altenschmidt/Helling Rn. 26 unter Bezugnahme auf BGH NJW 2013, 1002 Rn. 15 f.).

188 Dem Lieferanten, der eigene geschäftliche Interessen verfolgt, fehlt es in der Regel an einem unselbstständigen Tätigwerden als Verrichtungsgehilfe in der Angelegenheit des Geschäftsherrn (Habersack/Ehrl AcP 219 (2019), 155 (193); Altenschmidt/Helling/Altenschmidt/Helling Rn. 25). Die in § 6 Abs. 4 vorgesehenen Präventionsmaßnahmen gegenüber unmittelbaren Zulieferern führen allein noch nicht dazu, dass der Zulieferer als Verrichtungsgehilfe durch Einbindung in eine übergeordnete Organisation angesehen werden kann (Altenschmidt/Helling/Altenschmidt/Helling Rn. 25). Eine Weisungsgebundenheit des (externen) Lieferanten wird nur in Ausnahmefällen vorliegen, etwa wenn aufgrund der faktischen Verhältnisse ein ausländisches Konzernunternehmen oder ein ausländischer Lieferant in den Organisationsbereich des an der Lieferkettenspitze stehenden Unternehmens fällt und auch dessen Weisungen unterliegt. Eine solche Weisungsgebundenheit könnte zB daraus resultieren, dass der Abnehmer den Zuliefererbetrieb so kontrolliert, dass er ihn faktisch wie einen eigenen, unselbstständigen Betriebsteil führt (Hübner, Unternehmenshaftung für Menschenrechtsverletzungen, 2022, S. 273 ff. (292 ff.); Fleischer DB 2022, 920 (925); Fleischer/Korch ZIP 2019, 2181 (2188 ff.); Thomale/Murko ZVglRWiss 2021, 127 (134 f.); Schall ZGR 2018, 479 (493 f.); Gehling/Ott/Steinbrück Anh. § 11 Rn. 59).

189 Lässt man die Einordnung einer Tochtergesellschaft oder eines Lieferanten als Verrichtungsgehilfe iSd § 831 BGB zu, muss jedoch das jeweilige weisungsbefugte Unternehmen die Möglichkeit haben, einen dezentralisierten Entlastungsbeweis im

Konzern zu führen. Dessen Gegenstand ist typischerweise die ausreichende Kontrolle des Verhaltens der Organwalter iRd Überwachung des Verrichtungsgehilfen (Hübner, Unternehmenshaftung für Menschenrechtsverletzungen, 2022, S. 295 ff. (301)).

4. Haftung des Abnehmers gegenüber dem Kunden

Ein Anspruch eines Kunden, der beim Kauf eines Produkts von der Einhaltung der Sorgfaltspflichten des LkSG bei der Produktherstellung ausgeht, kann nicht aus § 823 Abs. 1 BGB entstehen. Denn insoweit fehlt es bereits an einer relevanten Rechtsgutsverletzung des Kunden (vgl. Koch MDR 2022, 1 (5)). Der Kunde hat letztlich nur eine (ggf. unspezifische) Erwartung hinsichtlich der Einhaltung bestimmter Produktionsstandards. **190**

Die Einhaltung der Sorgfaltspflichten kann jedoch grundsätzlich Gegenstand einer **Beschaffenheitsvereinbarung** iSd § 434 Abs. 2 Nr. 1 BGB sein, da es sich um ein Merkmal der Kaufsache handelt, das sich aus der Beziehung der Sache zur Umwelt ergibt (Koch MDR 2022, 1 (5); s. ferner Asmussen NJW 2017, 118 (119 f.); Grunewald NJW 2021, 1777 (1778 f.); Lüttringhaus AcP 219 (2019), 29 (55 ff.); Schirmer ZEuP 2021, 35 (43 ff.)). Dies ist vergleichbar mit der Einordnung von Verstößen gegen *Corporate Social Responsibility*-Kodizes als produktbezogene Faktoren und mögliche Mangelursache (vgl. Koch MDR 2022, 1 (5 f.); wohl zust. Fleischer DB 2022, 920 (927)). IdR wird jedoch keine Beschaffenheitsvereinbarung vorliegen, da aus einer gesetzlichen Pflicht nicht zugleich eine entsprechende vertragliche Vereinbarung folgt (diff. jedoch Grunewald NJW 2021, 1777 (1778 f.)). Eine **konkludente Beschaffenheitsvereinbarung** mag allenfalls vorliegen, wenn ein Unternehmen bspw. auf einem Etikett auf die Einhaltung des LkSG hinweist (Koch MDR 2022, 1 (5 f.); Fleischer DB 2022, 920 (927); Grunewald NJW 2021, 1777 (1778 f.)). **191**

Eine aufgrund einer öffentlichen Äußerung gem. § 434 Abs. 3 Nr. 2 Buchst. b BGB geschuldete Beschaffenheit ist nur anzunehmen, wenn der Verkäufer mit der Einhaltung der Sorgfaltspflichten aktiv wirbt (Paefgen ZIP 2021, 2006 (2012); Koch MDR 2022, 1 (6)) oder sich die Werbung des Herstellers zurechnen lassen muss, wobei § 434 Abs. 3 S. 3 BGB zu berücksichtigen ist (Fleischer DB 2022, 920 (927)). Die Pflichten zur Grundsatzerklärung nach § 6 Abs. 2 und zum Bericht nach § 10 begründen regelmäßig keine erwartbare Eigenschaft gem. § 434 Abs. 3 Nr. 2 Buchst. b BGB, da die Grundsatzerklärung nicht an den Käufer als Adressaten gerichtet ist. Der Verkäufer ist gesetzlich dazu verpflichtet, die Grundsatzerklärung abzugeben; der Kunde soll durch diese nicht beeinflusst werden, zudem ist sie nicht an ihn gerichtet (Fleischer DB 2022, 920 (927); Grunewald NJW 2021, 1777 (1778 f.); Koch MDR 2022, 1 (6)). Die Grundsatzerklärung kann daher nicht zur berechtigten Erwartung des Käufers über bestimmte Eigenschaften führen. Ferner handelt es sich nicht um eine öffentliche Äußerung iSd § 434 Abs. 3 Nr. 2 Buchst. b BGB, weil der Verkäufer durch eine gesetzlich verpflichtete Erklärung – im Unterschied zu auf einen Kaufanreiz abzielender Werbung – **keine Aussage zur Beschaffenheit** treffen will (Grunewald NJW 2021, 1777 (1778 ff.); Koch MDR 2022, 1 (6)). Allenfalls bei gezielter Werbung mit der Einhaltung von CSR-Standards oder der Einhaltung des Sorgfaltspflichtenkatalogs des LkSG könnte ein Käufer als Adressat angesehen werden und ein Sachmangel bestehen (Grunewald NJW 2021, 1777 (1779 f.); Koch MDR 2022, 1 (6)). **192**

5. Organhaftung

a) Innenhaftung

Die Sorgfaltspflichten sind im Rahmen der Legalitätspflicht bei der Führung des Unternehmens zu beachten. Werden aufgrund von Verletzungen des LkSG Bußgelder verhängt, können die Geschäftsführer wegen der Verletzung der Legalitäts- **193** pflicht in Regress genommen werden. Hierin ist keine neue Haftung zu erkennen, die von § 3 Abs. 3 S. 1 ausgeschlossen wäre. Vielmehr ist die Legalitätspflicht Teil der allgemeinen Haftungsregeln (Gehling/Ott/Lüneborg CCZ 2021, 230 (240); Spindler ZHR 2022, 67 (106); Fleischer DB 2022, 920 (927); Rack CB 2022, 1 (28), aA Leuering/Rubner NJW-Spezial 2021, 399 (400); Leuering NZG 2021, 753), wonach die Organe sich selbst legal verhalten und Angestellte überwachen müssen (Paefgen ZIP 2021, 2013 (2016); Rack CB 2022, 1 (28); Gehling/Ott/Steinbrück Anh. § 11 Rn. 83; Weller/Kaller/Schulz AcP 216 (2016), 387 (416 f.)).

194 Jedoch greift der Grundsatz der Haftungskonzentration (§ 93 Abs. 1 S. 2 AktG), sodass organschaftliche Sorgfaltspflichtverletzungen prinzipiell nur zu einer Innenhaftung der Vorstandsmitglieder gegenüber der Gesellschaft führen (Dieckmann ZGR 2020 1039 (1060); Fleischer DB 2022, 920 (928)). Eine Art lieferkettenrechtliche *Business Judgment Rule* gibt es nicht, denn die Beachtung des Sorgfaltsmaßstabs des LkSG ist aufgrund der Legalitätspflicht gerade keine unternehmerische Entscheidung mit Ermessensspielraum, sondern gesetzlich vorgeschrieben (Paefgen ZIP 2021, 2006 (2012 f.); MüKoBGB/Wagner BGB § 823 Rn. 477; Gehling/Ott/Steinbrück Anh. § 11 Rn. 81). Lediglich hinsichtlich der unternehmerischen Ausgestaltung eines angemessenen Risikomanagement-Systems besteht ein derartiger Ermessenspielraum, der den Weg zur *Business Judgment Rule* eröffnet (Gehling/Ott/Steinbrück Anh. § 11 Rn. 81; Spindler ZHR 186/2022, 67 (106)).

195 Zu dem Ergebnis, dass die Sorgfaltspflichten als Teil der Legalitätspflicht zu befolgen sind und ein Verstoß zur Innenhaftung führen kann, kommen auch die Ansichten, die eine Einordnung der Sorgfaltspflichten des LkSG als Verkehrssicherungspflichten vertreten. Anknüpfungspunkt der Innenhaftung ist dann nicht der Verstoß gegen die Sorgfaltspflichten selbst, sondern die Verursachung einer zivilrechtlichen Haftung unter Verstoß gegen die Legalitätspflicht (vgl. Paefgen ZIP 2021, 2006 (2013)).

b) Außenhaftung

196 Eine **deliktische Außenhaftung** kommt nur in Betracht, wenn eine bestehende Verkehrssicherungspflicht vom Organwalter als eigene übernommen wurde (vgl. Fleischer DB 2022, 920 (928); iErg so auch Rack CB 2022, 1 (29 f.), der aber die Sorgfaltspflichten des LkSG auch als Verkehrspflichten einordnet). Die Eigenhaftung des Organs kann daher nicht auf einer Verletzung von Verkehrssicherungspflichten des Unternehmens basieren. Sie kann sich aber aus der Verletzung von Verkehrssicherungspflichten ergeben, die nicht aus der Organrolle resultieren, sondern gegenüber der Allgemeinheit bestehen und jedermann treffen; ferner aus einer persönlichen Garantenpflicht, die das Organ aufgrund besonderer Umstände über seine Organrolle hinausgehend übernommen hat, oder aus der Verletzung von Schutzgesetzen (Spindler/Stilz/Fleischer AktG § 93 AktG, Rn. 317; Staudinger/Schwennicke BGB § 31 Rn. 83; MüKoAktG/Spindler AktG § 93 Rn. 323; vgl. BGH NJW 1996, 1535; NZG 2007, 621; BGHSt 37, 106 – Lederspray; LG Waldshut-Tiengen NJW 2002, 153 (zu § 222 StGB)). Demgegenüber sind die Sorgfaltspflichten der §§ 3 ff. keine unmittelbaren Organpflichten, sondern Unternehmensorganisationspflichten, die Organmitglieder kraft ihrer Legalitätspflicht umsetzen müssen (vgl. Fleischer CCZ 2022, 205 (213); Weller/Kaller/Schulz AcP 216 (2016), 387 (413 f.)).

197 Ob eine Außenhaftung der Organwalter wegen einer Verletzung der **Organisationspflicht** bei Verstößen gegen die Sorgfaltspflichten des LkSG in Betracht kommt, ist unklar, erscheint aber anknüpfend an die Baustoff-Rechtsprechung (vgl. BGH NJW 1990, 976 – Baustoff; dazu krit. Erman/Westermann BGB § 31 Rn. 8; MüKoBGB/Leuschner BGB § 31 Rn. 21; MüKoAktG/Spindler AktG § 93 Rn. 323; Spindler/Stilz/Fleischer AktG § 93 Rn. 316) grds. möglich (befürwortend wohl Paefgen ZIP 2021, 2006 (2014); diff. Fleischer DB 2022, 920 (928); Rack CB 2022, 1 (29); Gehling/Ott/Steinbrück Anh. § 11 Rn. 83). Mit Blick auf die Ausgestaltung der Pflichten des LkSG als Sorgfaltspflichten *des Unternehmens* wird eine Organaußenhaftung jedoch nur im Ausnahmefall überhaupt anzunehmen sein. Die Verkehrssicherungspflichten des einzelnen Organwalters decken sich in der Regel schon nicht mit denen des Unternehmens, da nur Letzteres sich das Wissen, Wollen und Handeln sämtlicher ihrer Organwalter als jeweils eigenes zurechnen lassen muss (Erman/Westermann BGB § 31 Rn. 8). Die objektive Erforderlichkeit von Schutzvorkehrungen zugunsten eines potenziell Geschädigten und der Umstand, dass dem potenziellen Schädiger Maßnahmen zur Gefahrenabwehr nicht nur möglich, sondern auch zumutbar sind, sind zwar notwendige, aber für sich genommen noch nicht hinreichende Bedingung für eine Verkehrssicherungspflicht des potenziellen Schädigers (Dieckmann ZGR 2020, 1039 (1067); MüKoBGB/Wagner BGB § 823, Rn. 453). Vielmehr müsste das Organ selbst unmittelbarer Adressat einer allgemeinen deliktischen Verkehrssicherungspflicht sein (Grüneberg/Sprau BGB § 823 Rn. 48; diff. Gehling/Ott/Steinbrück Anh. § 11 Rn. 83). Daran fehlt es bei den unternehmensbezogenen Sorgfaltspflichten des LkSG im Regelfall (vgl. Fleischer CCZ 2022, 205 (213)).

6. Internationales Privatrecht

Die Geltung der Sorgfaltspflichten des LkSG bestimmt sich, da es sich um öffentlich-rechtliche Pflichten handelt, nach dem **Territorialitätsprinzip** und nicht nach dem Gesellschaftsstatut (Paefgen ZIP 2021, 2006 (2015)). Das Gesetz richtet sich gem. § 1 Abs. 1 S. 1 Nr. 1 an alle Unternehmen, die ihre Hauptverwaltung, Hauptniederlassung, ihren Verwaltungssitz oder satzungsmäßigen Sitz oder unter Umständen auch nur eine Zweigniederlassung im Inland haben – ohne Beachtung der Rechtsform. Demnach werden auch ausländische Gesellschaften mit Verwaltungssitz oder Niederlassung in Deutschland erfasst (vgl. Spindler ZHR 2022, 67 (108); Paefgen ZIP 2021, 2006 (2015)). Die geltenden Regeln des Internationalen Privatrechts bleiben vom LkSG unberührt (vgl. BT-Drs. 19/28649, 53). **198**

a) Erfolgsortanknüpfung, Art. 4 Abs. 1 Rom II-VO

Das Deliktsstatut einer Schädigung innerhalb einer Lieferkette bestimmt sich über Art. 4 Abs. 1 Rom II-VO nach dem Recht des Orts an dem der Schaden eintritt (**Erfolgsort,** *lex loci damni;* vgl. Spindler ZHR 2022, 67 (109); Koch MDR 2022, 1 (4); Schneider ZIP 2022, 407 (417); Rack CB 2022, 1 (27); Klinner IWRZ 2021, 243 (246); Paefgen ZIP 2021, 2006 (2015); Wagner IPrax 2008, 1 (4); Weller/Kaller/Schulz AcP 216 (2016), 387 (393 f.)). Art. 4 Abs. 1 Rom II-VO sieht – im Unterschied zu Art. 7 Nr. 2 Brüssel Ia-VO – bewusst keine Wahlanknüpfung *(Ubiquitätsprinzip)* vor (vgl. BeckGK/Rühl Rom II-VO Art. 4 Rn. 48; MüKoBGB/Junker Rom II-VO Art. 4 Rn. 3). IdR dürfte also ausländisches Sachrecht als Recht des Erfolgsorts zur Anwendung kommen. **199**

Teils wird iS eines vermeintlich besseren Opferschutzes eine grundsätzliche Anknüpfung an den Handlungsort *(lex loci commissi)* über Art. 4 Abs. 3 Rom II-VO befürwortet (so Weller/Thomale ZGR 2017, 509 (524); Thomale/Hübner JZ 2017, 385, (391 f.); Thomale/Murko EuZA 2021, 40 (56 f.); Wendelstein RabelsZ 83 (2019), 111 (131 ff.); dagegen die wohl hM: Habersack/Ehrl AcP 2019 (2019), 155, (183 ff.); Mankowski EWiR 2019, 739 (740); Mansel ZGR 2018, 439 (5457 f.); Ostendorf IPrax 2019, 297 (298); Schneider ZIP 2022, 407 (417 f.); Wagner RabelsZ 80 (2016), 717 (747 f.), Gehling/Ott/Steinbrück Anh. § 11 Rn. 42; Weller/Kaller/Schulz AcP 216 (2016), 387 (394 f.)). Indes hat Art. 4 Abs. 3 Rom II-VO nicht die Funktion, die grundsätzliche gesetzgeberische Entscheidung für eine Anknüpfung an den Erfolgsort zugunsten einer allgemeinen Handlungsortanknüpfung zu korrigieren (Gehling/Ott/Steinbrück Anh. § 11 Rn. 42; Klinner IWRZ 2021, 243 (246); Wagner RabelsZ 80 (2016), 717 (747 f.); Habersack/Ehrl AcP 2019 (2019), 155, (183 ff.); Mankowski EWiR 2019, 739 (740); Ostendorf IPrax 2019, 297 (298)). So besteht schon **kein legitimer Anspruch** eines Staates, Sachverhalte im Gebiet eines anderen Staates grundsätzlich **200** durch eigenes, zwingendes Recht zu regeln (Wagner RabelsZ 80 (2016), 717 (747 f.)). Eine offensichtlich engere Verbindung nach Art. 4 Abs. 3 Rom II-VO zu deutschem Recht als Sitzrecht des dem LkSG unterliegenden Unternehmers wird daher nur bei Vorliegen besonderer Umstände im Einzelfall begründbar sein (Klinner IWRZ 2021, 243 (246); Schneider ZIP 2022, 407 (417 f.); Wagner RabelsZ 80 (2016), 717 (747 f.); Gehling/Ott/Steinbrück Anh. § 11 Rn. 42).

201 Anders ist dies jedoch bei **Umweltschäden** nach Art. 7 Abs. 1 Rom II-VO, denn dort ist neben der grundsätzlichen Anknüpfung an den Erfolgsort des schädigenden Ereignisses (Art. 4 Abs. 1 Rom II-VO) eine fakultative Rechtswahl des Geschädigten zu Gunsten des Rechts des Handlungsortes *(lex loci actus)* zugelassen. Dieses kollisionsrechtliche Gestaltungsrecht soll dem Geschädigten ein hohes Schutzniveau bieten, eine Flucht des emittierenden Schädigers in das Recht eines Staates mit niedrigem Schutzniveau verhindern und ferner der Errichtung von kritischen Anlagen an der Staatsgrenze entgegenwirken (Altenschmidt/Helling/Altenschmidt/Helling Rn. 34; BeckOGK/Huber Rom II-VO Art. 7 Rn. 34; MüKoBGB/Junker Rom II-VO Art. 7 Rn. 21; Leible/Lehmann RIW 2007, 721 (728); Wagner IPRax 2008, 1 (9)).

b) Rechtswahl, Art. 14 Rom II-VO

202 Eine **Rechtswahl** nach Art. 14 Rom II-VO kommt grds. in Betracht. **Im Vorhinein** ist diese jedoch nur möglich, „wenn alle Parteien einer kommerziellen Tätigkeit nachgehen" (Art. 14 Abs. 1 Buchst. b Rom II-VO). Daran wird es bei den durch Menschenrechtsverletzungen geschädigten Arbeitnehmern des ausländischen Lieferanten oder ggf. auch sonstigen Dritten im Regelfall fehlen (vgl. MüKoBGB/Junker Rom II-VO Art. 14 Rom II-VO, Rn. 21 ff.; Gehling/Ott/Steinbrück Anh. § 11 Rn. 46 mit Fn. 100).

203 Eine **nachträgliche Rechtswahl** zu Gunsten deutschen Rechts bleibt denkbar und müsste entweder ausdrücklich erfolgen oder sich mit hinreichender Sicherheit aus den Umständen des Einzelfalles ergeben (Art. 14 Abs. 1 S. 1 Buchst. a, S. 2 Rom II-VO; Habersack/Ehrl AcP 2019 (2019), 155, (189); Ostendorf IPRax 2019, 297 (298); Thomale/Murko EuZA 2021, 40 (56 f.); Weller/Kaller/Schulz AcP 216 (2016), 387 (393 f.)). Erforderlich ist nicht nur eine objektive Bezugnahme auf eine bestimmte Rechtsordnung, sondern auch ein entsprechendes Erklärungsbewusstsein beider Teile, dh auch des Geschädigten (Ostendorf IPRax 2019, 297 (298)). Dass Unternehmen etwa im Wege einer Selbstverpflichtung gleichsam vorauseilend eine nachträgliche Rechtswahl ermöglichen (zur Möglichkeit der Rechtswahl im Vorhinein durch allgemeine Geschäftsbedingungen s. Wagner IPRax 2008, 1 (13 f.)), erscheint indes unwahrscheinlich (Mansel ZGR 2018, 439 (463); Gehling/Ott/Steinbrück Anh. § 11 Rn. 46; iErg wohl auch Weller/Kaller/Schulz AcP 216 (2016), 387 (393 f.)). Ohnehin ist mit Blick auf die Wirkung des § 3 Abs. 3 S. 1 fraglich, ob die Anwendung deutschen Sachrechts für ausländische Geschädigte tatsächlich stets vorteilhaft ist.

c) Sorgfaltspflichten keine zwingenden Eingriffsnormen, Art. 16 Rom II-VO

204 Die Sorgfaltspflichten des LkSG sind keine Eingriffsnormen iSd Art. 16 Rom II-VO (Habersack/Ehrl AcP 2019, 155 (203 ff.); Mansel ZGR 2018, 439 (470 ff.); Spindler ZHR 2022, 67 (111); Altenschmidt/Helling/Altenschmidt/Helling LkSG § 3 Rn. 34; iErg auch Koch MDR 2022, 1 (4); Thomale/Murko EuZA 2021, 40 (57); Mittwoch RIW 2020, 397 (403); Paefgen ZIP 2021, 2006 (2016) Schneider ZIP 2022, 407 (417); Späth/Werner CCZ 2021, 241 (250 f.)). So streitet § 3 Abs. 3 S. 1 gegen die Einordnung der Sorgfaltspflichten als zwingende Eingriffsnormen (vgl. Rack CB 2022, 1 (27)). Denn um als **zwingende Eingriffsnorm** in Betracht zu kommen, müsste einer nationalen Norm in der innerstaatlichen Rechtsordnung eine derartige Bedeutung zukommen, dass ein Abweichen von dem gemäß Art. 4 Rom II-VO anzuwendenden Recht als gerechtfertigt erscheint. Der bloße Charakter einer Norm als zwingendes Recht reicht für diese Qualifikation als Eingriffsnorm für sich genommen noch nicht aus; es muss sich vielmehr um „international zwingendes“ Recht handeln (EuGH EuZW 2019, 134 Rn. 29 ff. – da Silva Martins; EuZW 2013, 956 Rn. 50 – Unamar; BeckOGK/Maultzsch Rom II VO Art. 16 Rn. 10; MüKoBGB/Junker Rom II-VO Art. 16 Rn. 10; Mittwoch RIW 2020, 397 (403)). Dementsprechend können die Sorgfaltspflichten des LkSG, die bereits auf nationaler Ebene keine zivilrechtliche Haftung begründen sollen, auf internationaler Ebene keine weitergehende Wirkung entfalten (vgl. Rühl/Knauer JZ 2022, 105 (110); Spindler ZHR 2022, 67 (112); Wagner RabelsZ 80 (2016), 717 (747 f.); Gehling/Ott/Steinbrück Anh. § 11 Rn. 43).

Auch das **Gesetzgebungsverfahren** (die Fraktion DIE LINKE hatte im Gesetzgebungsverfahren gefordert, Sorgfaltspflichten und Haftungsnormen im LkSG als Eingriffsnormen auszugestalten; dem ist der Gesetzgeber nicht gefolgt. vgl. BT-Drs. 19/30505, 29; dazu Paefgen ZIP 2021, 2006 (2016); Altenschmidt/Helling/Altenschmidt/Helling Rn. 35) und der Vergleich mit dem (inoffiziellen) Entwurf des BMZ aus dem Jahr 2019, der im Unterschied zu dem nunmehr verabschiedeten LkSG noch ausdrücklich eine Verletzung von Sorgfaltspflichten nicht nur zur Grundlage einer zivilrechtlichen Haftung machte, sondern diese auch ausdrücklich zu zwingenden Eingriffsnormen nationalen Rechts bestimmte (vgl. BMZ-Entwurf, § 15 – Zivilrechtliche Haftung, Eingriffsnormen: „Im Rahmen außervertraglicher Haftungsansprüche regeln die Pflichten aus §§ 4 bis 10 die zu beachtenden Sorgfaltsanforderungen zwingend und ohne Rücksicht auf das nach internationalem Privatrecht für das außervertragliche Schuldverhältnis maßgebende Recht.“ S. bereits oben → Rn. 151), belegt, dass die Sorgfaltspflichten des LkSG nach nunmehr gegebener gesetzgeberischer Intention keine zwingenden Eingriffsnormen iSd Art. 16 Rom I-VO sind. 205

d) Sorgfaltspflichten als Sicherheits- und Verhaltensregeln (Art. 17 Rom II-VO)

Die Sorgfaltspflichten des LkSG sind als **Sicherheits- und Verhaltensstandards** iSd Art. 17 Rom I-VO einzuordnen. Einem inländischen Unternehmen kommt daher grundsätzlich eine **Haftungsprivilegierung** nach dem Recht des Handlungsorts zu Gute, soweit es den Sorgfaltspflichten in angemessener Weise entsprochen hat (Ehmann ZVertriebsR 2021, 141 (150 f.); Ehmann/Berg GWR 2021, 287 (291); Paefgen ZIP 2021, 2006 (2015 f.); Rack CB 2022, 1 (28); Rudkowski CCZ 2020, 352 (354); Spindler ZHR 2022, 67 (113); Wagner RabelsZ 80 (2016), 717 (742 f.); diff. Schneider ZIP 2022, 407 (417)). Allerdings muss die Einhaltung des LkSG nicht zwangsläufig enthaftend wirken, da im Rahmen der Angemessenheitsprüfung ein richterlicher Beurteilungsspielraum besteht (Altenschmidt/Helling/Altenschmidt/Helling Rn. 36; Spindler ZHR 2022, 67 (113); iErg so auch Schneider ZIP 2022, 407 (417)). So ist § 3 Abs. 3 selbst keine zwingend zu berücksichtigende Eingriffsnorm iSd Art. 16 Rom II-VO (vgl. Schneider ZIP 2022, 407 (417)). Daher können auf Grundlage des anwendbaren (ausländischen) Sachrechts auch strengere Anforderungen an die Sorgfaltspflichten in der Lieferkette gestellt werden als nach dem LkSG (Spindler ZHR 2022, 67 (113); Schneider ZIP 2022, 407 (417); vgl. auch MüKoBGB/Junker Rom II-VO Art. 17 Rn. 18; Altenschmidt/Helling/Altenschmidt/Helling § 3 Rn. 34). 206

Umstritten ist, ob eine Berücksichtigung der Sorgfaltspflichten als Verhaltenspflichten des Handlungsortsrechts nach Art. 17 Rom II-VO auch **haftungsbegründend** möglich ist (vgl. etwa Fraktionsantrag Bündnis 90/Die Grünen, BT-Drs. 17/13916, S. 2; dagegen zu Recht kritisch Wagner RabelsZ 80 (2016), 717 (742 f.); diff. Ehmann/Berg GWR 2021, 287 (291); ferner Koch MDR 2022, 1 (4); Schmidt/Räntsch ZUR 2021, 387 (393 f.); abl. Mansel ZGR 2018, 439 (465 f.); Mittwoch RIW 2020, 397 (399 f.); Schneider ZIP 2022, 407 (418, Fn. 157); Rack CB 2022, 1 (28); Späth/Werner CCZ 2021, 241 (249 f.); Gehling/Ott/Steinbrück Anh. § 11 Rn. 38.). Danach müssen bei der Beurteilung des Verhaltens des in 207

Anspruch genommenen Unternehmens *„die Sicherheits- und Verhaltensregeln“* berücksichtigt werden, *„die an dem Ort und zu dem Zeitpunkt des haftungsbegründenden Ereignisses in Kraft sind.“* Liegt das haftungsbegründende Ereignis in der Verletzung von Organisationspflichten eines in Deutschland ansässigen Unternehmens, sollen die Sorgfaltspflichten des LkSG als Verhaltenspflichten über Art. 17 Rom II-VO in das anwendbare ausländische Recht zu inkorporieren sein (so Ehmann/Berg GWR 2021, 287 (291) mit dem Hinweis, dass der „Nichtanwendungserlass“ des § 3 Abs. 3 S. 1 eine derartige Haftung nicht ausschließt; krit. Rudkowski CCZ 2020, 352 (354); Mittwoch RIW 2020, 397 (399, Fn. 37); Gehling/Ott/Steinbrück Anh. § 11 Rn. 38). Eine derart extensive Anwendung des Art. 17 Rom II-VO ist jedoch mit dessen Rechtsschutzziel nicht zu vereinbaren. Art. 17 Rom II-VO dient gerade dem Ausgleich von *„Härten der Erfolgsortanknüpfung“* (Wagner IPRax 2008, 1 (5); s. auch jurisPK-BGB/Engel Rom II-VO Art. 17 Rn. 9) und zielt auf einen angemessenen Interessenausgleich ab (vgl. Erwgr. 34 Rom II-VO). Er soll den Schädiger, der die Verhaltensregeln am Handlungsort einhält, vor der Schärfe eines ggf. unbekannten Erfolgsortrechts schützen (Wagner RabelsZ 80 (2016), 717 (742 f.); Rühl/Knauer JZ 2022, 105 (110); Ehmann/Berg GWR 2021, 287 (291); MüKoBGB/Junker Rom II-VO Art. 17 Rn. 16; Gehling/Ott/Steinbrück Anh. § 11 Rn. 38). Diese den Schädiger **begünstigende Wertung** würde unterlaufen, wenn über Art. 17 Rom II-VO eine haftungsbegründende Berücksichtigung der Sorgfaltspflichten des LkSG als Pflicht des ausländischen Deliktsrechts erfolgen könnte (Späth/Werner CCZ 2021, 241 (249 f.); Wagner ZIP 2021, 1095 (1104); Gehling/Ott/Steinbrück Anh. § 11 Rn. 39). Dies liefe zudem der gesetzlichen Wertung des § 3 Abs. 3 S. 1 zuwider, nach dem die Sorgfaltspflichten des LkSG gerade keine haftungsbegründenden Schutzgesetze darstellen (Gehling/Ott/Steinbrück Anh. § 11 Rn. 39; Rühl/Knauer JZ 2022, 105 (110; Wagner ZIP 2021, 1095 (1104 f.); diff. Ehmann/Berg GWR 2021, 287 (291), offenlassend Koch MDR 2022, 1 (4)).

208 Ohnehin wären die Sorgfaltsmaßstäbe des LkSG über Art. 17 Rom II-VO nicht als zwingendes Recht anzuwenden; vielmehr ist iSd gesetzlich geregelten Datumtheorie nur eine **faktische Berücksichtigung** erforderlich, soweit dies angemessen erscheint (jurisPK-BGB/Engel Rom II-VO Art. 17 Rn. 9; Mankowksi EWiR 2019, 739 (740); Mansel ZGR 2018, 439 (468); MüKoBGB/Junker Rom II-VO Art. 17 Rn. 2; Gehling/Ott/Steinbrück Anh. § 11 Rn. 39; Leible/Lehmann RIW 2007, 721 (725), aA scheinbar Schmidt-Räntsch ZUR 2021, 387 (394 f.)). Da die Sorgfaltspflichten des LkSG weitgehend nur Bemühenspflichten darstellen (vgl. Spindler ZHR 2022, 67 (111); allgemein Wagner IPrax 2008, 1, (16)), dürfte in der Praxis eine Schadensursächlichkeit von Verstößen gegen diese regelmäßig kaum zu beweisen sein (vgl. Rühl/Knauer JZ 2022, 105 (111)).

e) Sorgfaltspflichten und *ordre public* (Art. 26 Rom II-VO)

209 Die Sorgfaltspflichten des LkSG werden regelmäßig nicht im Rahmen des *ordre-public*-Vorbehalts gem. Art. 26 Rom II-VO zur Anwendung gelangen, weil kein untragbares Ergebnis vorliegt, solange das ausländische Recht zumindest einen Kern an Haftungsnormen gegen den Zulieferer und damit unmittelbaren Schädiger vorsieht (vgl. Mansel ZGR 2018, 439 (469); Spindler ZHR 2022, 67 (110); Wagner RabelsZ 80 (2016) 717 (748 f.); ZIP 2021, 1095 (1104); iErg auch Thomale/Murko EuZA 2021, 40 (56 f.); Weller/Kaller/Schulz AcP 216 (2016) 387 (394 ff.); aA offenbar Paefgen ZIP 2021, 2006 (2016)).

210 Zwar wird teilweise vertreten, dass deutsches Recht – und damit auch die Sorgfaltspflichten des LkSG – im Rahmen des *ordre public*-Vorbehalts bei der Inanspruchnahme eines inländischen Unternehmens durch einen ausländischen Geschädigten anzuwenden seien. Hierbei wird jedoch verkannt, dass es in diesen Fällen typischerweise nicht darum geht, fremdes Recht abzuwehren, sondern deutschem Recht zu einem kollisionsrechtlich nicht vorgesehen Anwendungsvorrang zu verhelfen (Gehling/Ott/Steinbrück Anh. § 11 Rn. 45; Spindler ZHR 186/2022, 67 (110); Wagner ZIP 2021, 1095 (1104 f.); Weller/Kaller/Schulz AcP

216 (2016), 387 (393 f.)). Eine derartige Anwendung deutschen Sachrechts muss daher auf Ausnahmekonstellationen beschränkt bleiben, in denen das ausländische Statut des Erfolgsorts beim Schutz der Menschenrechte völlig versagt und dies aus deutscher Sicht zu untragbaren Ergebnissen führt, die eine zwingende Korrektur über deutsches Sachrecht gebieten (Gehling/Ott/Steinbrück Anh. § 11 Rn. 45; Spindler ZHR 186/2022, 67 (110); Wagner ZIP 2021, 1095 (1104 f.); weiter gehend jedoch scheinbar Weller/Kaller/Schulz AcP 216 (2016), 387 (394)).

Risikomanagement

4 (1) [1] Unternehmen müssen ein angemessenes und wirksames Risikomanagement zur Einhaltung der Sorgfaltspflichten (§ 3 Absatz 1) einrichten. [2] Das Risikomanagement ist in alle maßgebliche Geschäftsabläufe durch angemessene Maßnahmen zu verankern.

(2) Wirksam sind solche Maßnahmen, die es ermöglichen, menschenrechtliche und umweltbezogene Risiken zu erkennen und zu minimieren sowie Verletzungen menschenrechtsbezogener oder umweltbezogener Pflichten zu verhindern, zu beenden oder deren Ausmaß zu minimieren, wenn das Unternehmen diese Risiken oder Verletzungen innerhalb der Lieferkette verursacht oder dazu beigetragen hat.

(3) [1] Das Unternehmen hat dafür zu sorgen, dass festgelegt ist, wer innerhalb des Unternehmens dafür zuständig ist, das Risikomanagement zu überwachen, etwa durch die Benennung eines Menschenrechtsbeauftragten. [2] Die Geschäftsleitung hat sich regelmäßig, mindestens einmal jährlich, über die Arbeit der zuständigen Person oder Personen zu informieren.

(4) Das Unternehmen hat bei der Errichtung und Umsetzung seines Risikomanagementsystems die Interessen seiner Beschäftigten, der Beschäftigten innerhalb seiner Lieferketten und derjenigen, die in sonstiger Weise durch das wirtschaftliche Handeln des Unternehmens oder durch das wirtschaftliche Handeln eines Unternehmens in seinen Lieferketten in einer geschützten Rechtsposition unmittelbar betroffen sein können, angemessen zu berücksichtigen.

Übersicht

A. Einrichtung eines Risikomanagementsystems zur Einhaltung der Sorgfaltspflichten (Abs. 1)

I. Begriff und Zielsetzung eines Risikomanagementsystems

1 § 4 Abs. 1 S. 1 verpflichtet (vom Anwendungsbereich des LkSG betroffene) Unternehmen, ein Risikomanagement *„zur Einhaltung der Sorgfaltspflichten"* einzurichten. Die Einrichtung eines Risikomanagements wird zugleich unter Nr. 1 des Sorgfaltspflichtenkataloges in § 3 Abs. 1 S. 2 – gleichwertig neben den anderen in § 3 Abs. 1 S. 2 Nr. 2–9 aufgezählten Sorgfaltspflichten – aufgeführt, was der besonderen und **übergeordneten Rolle des Risikomanagements** im Gesamtgefüge des LkSG nicht gerecht wird. Denn bei der Einrichtung eines Risikomanagements handelt es sich nicht um eine Sorgfaltspflicht, die horizontal neben den anderen in § 3 Abs. 1 S. 2 Nr. 2–9 aufgezählten Sorgfaltspflichten (Zuständigkeitsfestlegung, Risikoanalyse, Grundsatzerklärung usw.) steht. Vielmehr steht das Risikomanagement auf einer höheren Metaebene und dient insgesamt – wie es § 4 Abs. 1 S. 1 zutreffend formuliert wird – der Einhaltung der Sorgfaltspflichten. Die operative Umsetzung der LkSG-Sorgfaltspflichten inklusive der ständigen Überwachung dieser bilden somit insgesamt das Risikomanagement. Zutreffender ist daher die in Abs. 4 gewählte Bezeichnung Risikomanagement*system,* denn (erst) das Wort „System" bringt zum Ausdruck, dass die einzelnen Elemente und Prozessschritte aufeinander aufbauen, in ihrer Wirkung voneinander abhängen bzw. sich gegenseitig ergänzen.

2 Ein funktionierendes Risikomanagementsystem (nachstehend auch **„RMS"**) bildet einen **systematischen Ansatz,** Unternehmensrisiken frühzeitig zu erkennen, zu bewerten und zu minimieren. Es stellt folglich **keinen einmaligen Prozess dar,** sondern vielmehr einen sich **wiederholenden Kreislauf,** der sich dynamisch an geänderte Umweltbedingungen anpasst. Dementsprechend heißt auch in der Gesetzesbegründung zum LkSG (BT-Drs. 19/28649, 41) zu Recht: *„Die Sorgfaltspflichten gemäß § 3 sind kein einmaliger Prozess. Sie beinhalten einen sich wiederholenden Kreislauf der verschiedenen, in den §§ 4 bis 10 definierten Verfahrensschritte, die aufeinander aufbauen und sich aufeinander beziehen."* Der Umstand, dass die Gesetzesbegründung diesen zentralen Grundsatz eines funktionierenden Risikomanagementsystems explizit betont, ist ein (weiterer) Beleg dafür, dass der Gesetzgeber die Etablierung eines Risikomanagementsystems zur Minimierung der in § 2 Abs. 2 und 3 genannten Risiken verlangt.

3 Die verpflichtende Umsetzung eines Risikomanagementsystems innerhalb eines Unternehmens stellt keine Besonderheit des LkSG und im Übrigen **kein Novum** dar. Zu verweisen ist etwa auf **§ 4 Abs. 1 GwG, § 25a Abs. 1 KWG** oder **§ 26 VAG,** insbes. aber auf **§ 91 Abs. 3 AktG,** wonach der Vorstand einer börsennotierten Gesellschaft ein im Hinblick auf den Umfang der Geschäftstätigkeit und die Risikolage des Unternehmens angemessenes und wirksames **Risikomanagementsystem** einzurichten hat. Auch der deutsche Corporate Governance Kodex **(DCGK)** stellt in seinem Grundsatz 4 DCGK klar, dass es für einen verantwortungsvollen Umgang mit den Risiken der Geschäftstätigkeit eines angemessenen und wirksamen internen Risikomanagementsystems bedarf. Dabei soll das Risikomanagementsystem auch nachhaltigkeitsbezogene Ziele abdecken (Empfehlung A.3 DCGK). Unter nachhaltigkeitsbezogene Ziele in diesem Sinne fällt auch die Zielsetzung des LkSG, nämlich die **„Verbesserung der weltweiten Menschenrechtslage"** (BT-Drs. 19/28649, 1).

4 Obwohl verschiedene Gesetze die Einrichtung eines Risikomanagementsystems explizit fordern und auch der DCGK ein solches voraussetzt, existiert **keine gesetzliche Legaldefinition** des Begriffs Risikomanagementsystem und auch in der Literatur findet sich keine einheitliche Begriffsklärung (vgl. IDW PS 981

Rn. 5). In der Praxis bewährt und auch in der juristischen Fachliteratur anerkannt (BeckOGK/Fleischer AktG § 91 RN. 48; MüKoHGB/Lange HGB § 289 Rn. 136; eine detailliertere Definition findet sich im DIIR Revisionsstandard Nr. 2 Ziff. 17; IDW PS 981 Rn. 18) ist die betriebs-wirtschaftliche Beschreibung des Begriffs gemäß IDW Prüfungsstandard „Grundsätze ordnungsgemäßer Prüfung von Risikomanagementsystemen" **(IDW PS 981):** Danach ist unter einem Risikomanagementsystem *„die Gesamtheit aller organisatorischen Regelungen und Maßnahmen zur Identifizierung, Bewertung, Steuerung und Kommunikation von Risiken einschließlich der Systemüberwachung"* (IDW PS 981 Rn. 18) zu verstehen.

Das **Ziel eines Risikomanagementsystems** ist es, betroffenen Unternehmen einen strukturierten Umgang mit Risiken in dem Sinne zu ermöglichen, dass das Unternehmen befähigt wird, Risiken möglichst frühzeitig zu erkennen, zu analysieren und durch Mitigationsmaßnahmen zu steuern (vgl. Romeike, Risikomanagement, 2018, S. 9). 5

II. Grundschritte eines Risikomanagementsystems und Verortung im LkSG

Nachstehend sollen – freilich in der gebotenen Kürze – die **Grundschritte** eines klassischen Risikomanagementsystems (s. Abb. 1) erläutert werden (vgl. (exemplarisch) Romeike, Risikomanagement, 2018, S. 38 und Wolke, Risikomanagement, 2. Aufl. 2008, S. 4). IRd Beschreibung der jeweiligen Grundschritte wird die Verortung dieses Grundschritts innerhalb der Sorgfaltspflichten des LkSG dargestellt. Hierdurch soll aufgezeigt werden, dass (erst) das Zusammenwirken aller LkSG-Sorgfaltspflichten das in § 4 Abs. 1 geforderte angemessene und wirksame Risikomanagementsystem bildet (s. Abb. 2). 6

7

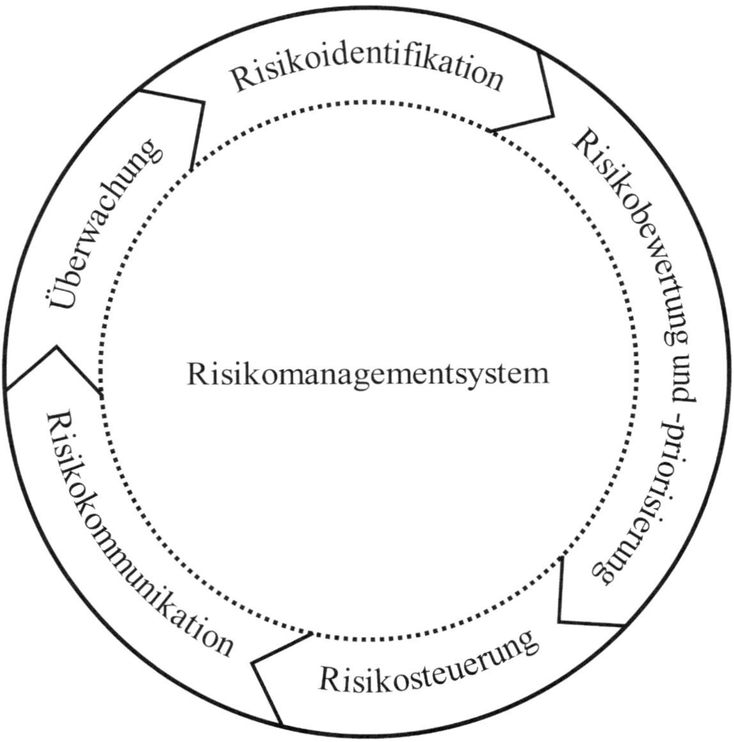

Abb. 1: Grundschritte eines klassischen Risikomanagementsystems

Quelle: Eigene Erstellung

1. Erster Schritt: Risikoidentifikation

a) Beschreibung

7a Die Einrichtung eines Risikomanagementsystems bedarf in einem **ersten Schritt** stets einer **Risikoidentifikation** (§ 5 Abs. 1 spricht hier von **„ermitteln"** von Risiken). Die Risikoidentifikation umfasst die frühzeitige und systematische Ermittlung und Dokumentation von unternehmensindividuellen Risiken (vgl. in: Zenke/Schäfer/Brocke/Koch/Straßer, Risikomanagement, Organisation, Compliance für Unternehmer, 2015, Rn. 31).

8 **Methodisch** wird bei der Ermittlung von Risiken in der Praxis regelmäßig auf (von den Zentralbereichen bzw. Gruppenfunktionen erstellte) **Fragebögen, Audits,** Checklisten und/oder unternehmensspezifische **Risikokataloge** mit exemplarischen Risiken zurückgegriffen. Dadurch ist sowohl ein effizientes Vorgehen als auch gleichzeitig eine Vergleichbarkeit von Risiken gewährleistet. Die Häufigkeit der Anwendung der verschiedenen Methoden richtet sich dabei nach Volatilität einzelner Risiken sowie dem Risikoprofil des Unternehmens.

Darüber hinaus ist ein kontinuierliches konzernweites **Risiko-Reporting** ein wichtiges Instrument der Risikoidentifikation. Ein effektives Risiko-Reporting besteht aus einem periodischen (zB monatlichen oder quartalsweisen) und einem anlassbezogenen Reporting bei besonderen Ereignissen. In Konzernstrukturen erfolgt das Risiko-Reporting aus den einzelnen Legal Entities in der Regel durch – zuvor von den Geschäftsleitungen der Legal Entities festgelegte und idealerweise geschulte – **Risk Owner** und/oder **Risk Manager** (die Bezeichnungen variieren teilweise in der Praxis, nicht selten werden auch Risk Owner und Risk Manager festgelegt, der Risk Manager ist dann regelmäßig derjenige, der auf operativer Ebene die Risiken identifiziert und bewertet, der Risk Owner regelmäßig der Abteilungsleiter oder ein Mitglied der Geschäftsleitung der Legal Entity, der die identifizierten Risiken einer Plausibilitätskontrolle unterzieht). 9

Für die systematische Erfassung und Dokumentation aller für das Unternehmen als relevant erachteten Risiken hat sich in der Praxis die Erstellung eines **Risikoinventars** als **Best Practice** etabliert (vgl. auch die Empfehlung auf S. 12 der BAFA-Handreichung zur Umsetzung der Risikoanalyse nach den Vorgaben des Lieferkettensorgfaltspflichtengesetze). Ownership für das Risikoinventar hat regelmäßig die Abteilung Group Risk Management, also die für das gruppenweite Risikomanagementsystem zuständige Abteilung bei der Konzernmutter. Im Risikoinventar werden sämtliche konzernweiten Risiken dokumentiert, also neben klassischen Risiken aus dem Bereich Risikomanagementsystem bspw. auch Compliance-Risiken, Rechtsrisiken und nichtfinanzielle Risiken. 10

b) Verortung im LkSG: § 5 Abs. 1

Der Teilschritt der Risikoidentifikation ist in § 5 Abs. 1 niedergelegt. Danach sind iRd regelmäßigen Risikoanalyse menschenrechtliche und umweltbezogene Risiken im eigenen Geschäftsbereich sowie bei seinen unmittelbaren Zulieferern ***„zu ermitteln“*** (= zu identifizieren; die Gesetzesbegründung spricht ebenfalls an etlichen Stellen von „identifizieren“ Risiken (vgl. etwa BT-Drs. 19/28649, 47)). Die Risikoidentifikation gewährt dem Unternehmen im Ergebnis einen **umfassenden Einblick** in die **individuelle menschenrechtliche** sowie **umweltbezogene Risikosituation.** Damit wird diesem initialen Prozessschritt eine äußerst wichtige Aufgabe im Gefüge des LkSG-Risikomanagementsystems zuteil. So kann eine Risikobewertung (→ Rn. 13 f.) als darauffolgender Prozessschritt gar nicht vorgenommen werden, wenn zuvor keine unternehmensindividuellen Risiken ermittelt wurden. Daraus schlussfolgernd bestimmt eine durchgeführte Risikoidentifikation erst den inhaltlichen Fokus des gesamten LkSG-Risikomanagementsystems und beeinflusst die Richtung sich anschließender Maßnahmen zur Risikosteuerung (→ Rn. 17 f.). 11

Methodisch kann bei der LkSG-Risikoermittlung grundsätzlich auf die oben (→ Rn. 8 f.) beschriebenen Ansätze der Risikoidentifikation im Rahmen klassischer Risikomanagementsysteme zurückgegriffen werden, die sich in der Praxis bewährt haben (zur Risikoermittlung auch → § 5 Rn. 40 f.). Allerdings sind **zwei Besonderheiten** zu beachten: 12

Erstens: Im Rahmen klassischer Risikomanagementsysteme sind Risiken *sämtliche* (!) Entwicklungen und Ereignisse, die zu negativen Abweichungen von den festgelegten Zielen des Unternehmens führen können (Ghassemi-Tabar DCGK Grundsatz 4 Rn. 44). Eine Eingrenzung auf bestimmte Kategorien von Risiken besteht mithin nicht. Bei der Risikoidentifikation iSd § 5 sind die (**menschenrechtlichen** und **umweltbezogenen**) **Risiken,** die **Gegenstand der Identifikation** (und Bewertung) sind, in § 2 Abs. 2, 3 vorgegeben.

Zweitens: § 2 Abs. 2, 3 beschreiben das (menschenrechtliche und umweltbezogene) Risiko als einen „Zustand, bei dem aufgrund tatsächlicher Umstände mit **hinreichender Wahrscheinlichkeit** ein **Verstoß** gegen eines der folgenden **Verbote**“ droht. Bei dieser Gesetzesformulierung sind zwei Dinge zu beachten:

- Die Formulierung mit dem „Verstoß gegen eines der folgenden Verbote“ hat der Gesetzgeber nur gewählt, um die Anbindung an die völkerrechtlichen Verträge zu gewährleisten bzw. hinreichend zu berücksichtigen. Hinzu kam, dass der Gesetzgeber die Verantwortung der Unternehmen nicht im luftleeren Raum lassen wollte und daher mit der Formulierung „Verstoß gegen […] Verbote“ gearbeitet hat. Nur deshalb hat der Gesetzgeber bspw. von der Formulierung wie „das Risiko, dass Kinder unter 15 Jahren beschäftigt werden“ (§ 2 Abs. 2 Nr. 1), abgesehen. Das eigentliche **Risiko** im Rahmen des § 2 ist aber letztlich der **„Zustand“** (= Beschäftigung eines Kindes unter einem Alter – unabhängig davon, ob ein Verbot existiert). Den Worten „Verstoß“ und „Verbote“ sollte daher iRd Risikoidentifikation keine besondere Bedeutung beigemessen werden.
- Der Begriff der **„hinreichenden Wahrscheinlichkeit“** macht klar, dass rein hypothetische Annahmen nicht als Risiko iSd LkSG gelten (so zurecht auch: HK-LkSG/Gehne/Humbert/Philipp Rn. 7), vielmehr muss sich die Realisierung des Risikos als hinreichend wahrscheinlich darstellen. Das LkSG gibt quasi selbst eine Nichtaufgriffsgrenze vor. Diese ist jeweils anhand der konkreten Umstände des Einzelfalls zu bewerten. Als Grundsatz gilt: Je gewichtiger das potenziell verletzte und von den Verboten des § 2 Abs. 2 geschützte Rechtsgut ist, und je schwerwiegender und unumkehrbarer die potenziellen Folgen für den Verletzten sind, desto geringere Anforderungen sind an die Wahrscheinlichkeit zu stellen und umgekehrt (→ § 2 Rn. 17).

2. Zweiter Schritt: Risikobewertung

a) Beschreibung

13 In einem **zweiten Schritt** sind die identifizierten Risiken einem **Bewertungsprozess** zu unterziehen, dh im Hinblick auf **Eintrittswahrscheinlichkeit** und **Schadenspotenzial** zu bewerten. Es liegt dabei im Ermessen der Geschäftsleitung, ob qualitative (um eine qualitative Bewertung handelt es sich, wenn bspw. das Schadensausmaß auf einer Skala von 1 bis 5 oder durch niedrig, mittel, hoch bewertet wird) oder quantitative (bei einer quantitativen Bewertung wird bspw. die Eintrittswahrscheinlichkeit durch die Angabe von Prozentwerten bewertet) Bewertungsmethoden angewendet werden (in der Unternehmenspraxis begegnet man mitunter unterschiedlichen Definitionen der Begriffe qualitativ und quantitativ. Entscheidend ist letztlich ein plausibler und systematischer Ansatz). Entscheidend ist allein eine konsistente und für sachverständige Dritte nachvollziehbare Bewertung.

b) Verortung im LkSG: § 5 Abs. 2

14 Auch der Prozessschritt der Risikobewertung findet sich im LkSG. Gemäß § 5 Abs. 2 S. 1 sind die identifizierten menschenrechtlichen und umweltbezogenen Risiken angemessen zu ***„gewichten“.*** Mit „gewichten“ meint der Gesetzgeber nichts anderes als „bewerten“, wie sich aus der Gesetzesbegründung ergibt (BT-Drs. 19/28649, 45). Die Wahl der **Bewertungsmethodik** (etwa quantitativ und/oder qualitativ) liegt hierbei im **Ermessen** des Unternehmens (BT-Drs. 19/28649, 45); maßgeblich ist letztlich auch iRd LkSG ein plausibler und systematischer Ansatz zur Risikobewertung. Aus Gründen der Konsistenz und Effizienz empfiehlt sich, auf die Bewertungsmethodik des Compliance Management Systems (nachstehend auch **„CMS“**) oder des klassischen Risk Management Systems (idealerweise sind die Bewertungsmethodik des CMS und RMS im Unternehmen iS eines integrated GRC-Ansatzes ohnehin gleich) aufzusetzen, sofern solche Systeme im Unternehmen vorhanden sind.

15 Hinsichtlich der **Kriterien zur Risikobewertung** verweist § 5 Abs. 2 S. 2 auf § 3 Abs. 2. Die *maßgeblichen* Kriterien hierbei sind – wie die BAFA-Handreichung zur Risikoanalyse zu Recht klarstellt (vgl. S. 12) – die Eintrittswahrscheinlichkeit

und die Schwere der Verletzung, die jeweils einzeln zu bewerten sind. Das erste Kriterium der Risikobewertung im Rahmen des LkSG-Risikomanagementsystems, die **Eintrittswahrscheinlichkeit,** ist identisch mit dem beim klassischen Risikomanagementsystem (→ Rn. 13). Beim zweiten Kriterium existiert ein entscheidender Unterschied: Rahmen der Risikobewertung nach § 5 Abs. 2 S. 1 wird nicht das Schadenspotenzial, also der mögliche Schaden für das Unternehmen betrachtet, sondern die **„Schwere der Verletzung"**, also der mögliche Schaden für die Betroffenen (vgl. § 4 Abs. 4). Entscheidend mithin nicht die sogenannte Outside-In Perspektive, sondern die **Inside-Out Perspektive.**

16 Oftmals ist in der Praxis zur Bewertung einzelner Risiken (vor allem bei Zulieferern) keine valide Datenbasis vorhanden und Bewertungen können nur geschätzt werden. Es ist sowohl dem Gesetzgeber als auch dem BAFA bewusst, dass die **mangelnde Transparenz bzw. Datenbasis** bei Zulieferern (gerade im ersten Jahr der Umsetzung) eines der Kernprobleme bei der Risikoanalyse darstellt. Sie steht daher der Wirksamkeit der Risikoanalyse nicht entgegen. Wichtig ist, dass die mangelnde Datenbasis **nachvollziehbar dokumentiert** wird und das Unternehmen sich in den Folgejahren um bessere Transparenz bemüht.

3. Dritter Schritt: Risikosteuerung

a) Beschreibung

17 Die Ergebnisse der Risikobewertung bilden die Grundlage für die sich anschließende Risikosteuerung. **Risikosteuerungsmaßnahmen** sind alle Maßnahmen, die auf die Reduzierung, Eindämmung oder auch Eliminierung von Risiken abzielen und damit unmittelbar auf die unternehmensindividuelle Risikosituation Einfluss nehmen (Brauweiler, Risikomanagment im Unternehmen, 2. Auflage, 2018, S. 11) Man unterscheidet hierbei regelmäßig zwischen präventiven und reaktiven Maßnahmen: **Präventivmaßnahmen** dienen der Minimierung des Risikos, entweder mit Blick auf Eintrittswahrscheinlichkeit oder Schadensausmaß. Hat sich ein Risiko realisiert, muss das Unternehmen adäquate **reaktive Maßnahmen** ergreifen, um die Verletzung schnellstmöglich und dauerhaft abzustellen.

b) Verortung im LkSG: §§ 6–8

18 Risikosteuerungsmaßnahmen finden sich im LkSG in § 6 und § 7: § 6 verpflichtet zu präventiven Maßnahmen zwecks Minimierung identifizierter Risiken im eigenen Geschäftsbereich (Abs. 3) und bei unmittelbaren Zulieferern (Abs. 4). § 7 sieht reaktive Maßnahmen vor für den Fall, dass Verletzungen bereits eingetreten sind oder unmittelbar bevorstehen.

19 Daneben kann mE auch das **Beschwerdeverfahren** gem. § 8 als Bestandteil des Teilschritts der Risikosteuerung im Rahmen des LkSG-Risikomanagementsystems betrachtet werden. Als Element der Risikosteuerung kann das Beschwerdesystem menschenrechtliche und umweltbezogene Risiken einerseits durch die Möglichkeit einer einfachen Hinweisabgabe proaktiv reduzieren und andererseits bei eingetretenen Verletzungen mit Hilfe der eingegangenen Meldung eine Besserung der Situation durch schnellere reaktiven Abhilfemaßnahmen schaffen. Zudem lässt sich das Beschwerdeverfahren daher als **hybrides Element** zwischen der Risikosteuerung und der Risikoidentifikation verstehen, weil die Hinweisabgabe auch zur Aufdeckung eines grundlegend neuen menschenrechtlichen oder umweltbezogenen Risikos führen könnte, das im Rahmen vorheriger Risikomanagementaktivitäten nicht beleuchtet wurde.

4. Vierter Schritt: Risikokommunikation

a) Beschreibung

20 Die Risikokommunikation stellt einen angemessenen **Informationsfluss im Rahmen des Risikomanagementsystems** sicher. Auf Basis konkreter Zuständigkeiten, Berichtsfrequenzen, Schwellenwerten und Berichtsformaten wird ein standardisierter Prozess eingerichtet. Für eilbedürftige Risikomeldungen wird regelmäßig ein separater Berichtsprozess etabliert, der eine zeitnahe Übermittlung relevanter Informationen an die Geschäftsleitung gewährleistet (vgl. IDW PS 981 Rn. A27). **Ziele** einer **effektiven Risikokommunikation** sind insbes.

- aktuelle und transparente Darstellung der aktuellen Risikosituation,
- Gewährleistung angemessenen Umgangs mit Risiken,
- zeitnahe Kommunikation und Informationsaustausch über Geschäftsbereiche, Standorte und Hierarchieebenen hinweg,
- standardisierter Berichtsprozess auf der Basis konkreter Zuständigkeiten, Periodizitäten, Schwellenwerte und Berichtsformate und
- Sicherstellung einer Ad-hoc-Berichterstattung bei eilbedürftigen Risikomeldungen.

b) Verortung im LkSG: § 4 Abs. 3 S. 2 und § 5 Abs. 3

21 Das Element der Risikokommunikation ist im LkSG an zwei Stellen verortet:

Gem. § 4 Abs. 3 S. 2 hat sich die **Geschäftsleitung** regelmäßig, mind. einmal jährlich, über die Arbeit der zuständigen Person oder Personen zu **informieren.** Mit „Person" oder „Personen" gemeint sind – wie sich aus Abs. 3 S. 1 ergibt – die für die Überwachung des LkSG-Risikomanagementsystems zuständige(n) Person (en), etwa der Menschenrechtsbeauftragte. Die Regelung ist bewusst als „Holschuld" der Geschäftsleitung formuliert. Diese muss für entsprechende Berichtspflichten und Berichtswege innerhalb der Organisation Sorge tragen, damit sie mind. einmal jährlich über den Status Quo und Entwicklungen des LkSG-Risikomanagementsystems informiert wird (näher dazu auch → Rn. 69 f.). Die hinreichende Information der Geschäftsleitung ist zugleich ein zentraler Bestandteil des Elements der Risikokommunikation.

22 Gem. § 5 Abs. 3 muss das Unternehmen dafür Sorge tragen, dass die Ergebnisse der Risikoanalyse intern an die **maßgeblichen Entscheidungsträger,** etwa an den Vorstand oder die Einkaufsabteilung, **kommuniziert** werden. Das ist an sich eine Selbstverständlichkeit, die unmittelbar einleuchtet. Die Risikoanalyse bildet die Basis des Risikomanagementsystems und alle weiteren Sorgfaltspflichten bauen auf den Ergebnissen der Risikoanalyse auf. Daher müssen diese Ergebnisse allen Verantwortlichen im Unternehmen, welche über die Umsetzung weiterer Maßnahmen mitentscheiden, kommuniziert werden. In der Regel sind die relevanten Fachabteilungen und Geschäftsbereiche (zB Einkauf, HR, Corporate Security, Health Safety Environment) ohnehin aktiv an der Umsetzung der Risikoanalyse beteiligt, so dass sich eine gesonderte Kommunikation erübrigt.

5. Fünfter Schritt: Überwachung und Verbesserung

a) Beschreibung

23 Der **letzte Schritt** zur Etablierung eines angemessen und wirksamen Risikomanagementsystems bildet eine **ständige Überwachung** durch prozessintegrierte und prozessunabhängige Kontrollen.

24 Die **prozessintegrierte** Überwachung des Risikomanagementsystems betrifft zB Kontrollen, die Bestandteil des Risikomanagementsystems sind wie etwa das **Vier-Augenprinzip,** aber auch das stichprobenhafte **Testen von Kontrollaktivitäten** auf ihre richtige Durchführung, die **Meldung von Kontrollschwächen**

gemäß den unternehmensinternen Vorgaben und die planmäßige Überwachung von Verbesserungsmaßnahmen zwecks Behebung festgestellter Mängel. Die prozessintegrierten Überwachungsmaßnahmen sind in Abhängigkeit von Komplexität und Bedeutung der jeweiligen Prozesse auszugestalten.

Als **prozessunabhängige Überwachung** versteht man idR die Prüfung durch die **Interne Revision.** Daneben bietet sich hierfür aber auch eine unabhängige **externe Prüfung** bspw. durch einen Wirtschaftsprüfer an. 25

Die Ergebnisse der Überwachungsmaßnahmen (insbes. festgestellte Mängel im Risikomanagementsystem) werden in geeigneter Form an die relevanten Entscheidungsträger berichtet und ausgewertet, damit die erforderlichen Maßnahmen zur **Verbesserung** des Systems und zur Beseitigung von Mängeln ergriffen werden können. 26

b) Verortung im LkSG: § 4 Abs. 3 S. 1, § 6 Abs. 5 S. 1, § 7 Abs. 4 S. 1, § 8 Abs. 5 S. 1

Das LkSG sieht bei verschiedenen Sorgfaltspflichten explizit die jährliche sowie anlassbezogene Überprüfung der Wirksamkeit vor. Dies ist letztlich dem Umstand geschuldet, dass das fortlaufende Monitoring der Wirksamkeit einzelner Prozessschritte innerhalb des Risikomanagementsystems zentrales Element eines wirksamen (LkSG-)Risikomanagementsystems ist. Darüber hinaus verpflichtet § 4 Abs. 3 S. 1 Unternehmen, die Zuständigkeit für die Überwachung des Risikomanagements festzulegen, woraus sich – insoweit selbstverständlich – zugleich die Pflicht ergibt, die Überwachung auch tatsächlich durchzuführen. Vor dem Hintergrund der Regelung des § 4 Abs. 3 S. 1 sind die vorgenannten anderen Regelungen zur Überwachung der Präventionsmaßnahmen (§ 6 Abs. 5 S. 1), Abhilfemaßnahmen (§ 7 Abs. 4 S. 1) sowie des Beschwerdeverfahrens (§ 8 Abs. 5 S. 1) an sich überflüssig. Denn sie gehören zum LkSG-Risikomanagementsystem, welches ohnehin überwacht werden muss. 27

6. Fazit

Als Ergebnis der vorgenommenen Zuordnung der einzelnen Sorgfaltspflichten zu den Grundschritten eines klassischen Risikomanagementsystems ist festzustellen, dass der Anforderungskatalog des **LkSG** alle **grundlegenden Elemente** eines solchen **abbildet.** Die isolierte Betrachtung der Einrichtung des Risikomanagements § 3 Abs. 1 S. 2 Nr. 1 ist folglich nicht sachgemäß, vielmehr lassen sich alle Sorgfaltspflichten des LkSG als Einzelmaßnahmen dem Gesamtkonzept des Risikomanagementsystems zuordnen. Konkreter lässt sich der Sorgfaltspflichtenkatalog als eine strukturierte Aneinanderreihung von Teilschritten, Regeln und Maßnahmen verstehen (s. Abb. 2). 28

29

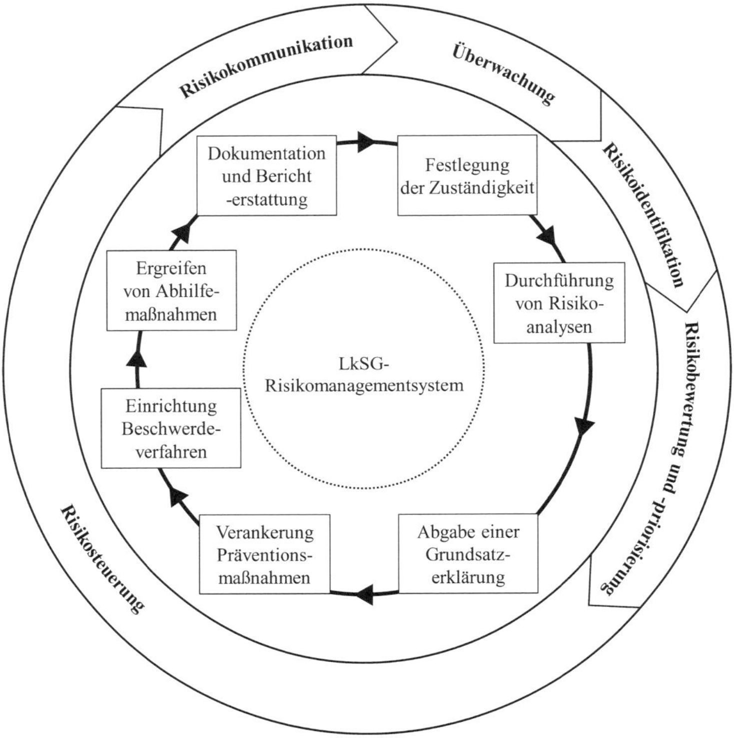

Abb. 2: LkSG-Risikomanagementsystem

Quelle: Eigene Erstellung

30 Das **Zusammenwirken der einzelnen Sorgfaltspflichten** des LkSG führt demnach zu einem ganzheitlichen Lösungsansatz, der den organisierten und strukturierten Umgang mit den gesetzlich erfassten menschenrechtlichen sowie umweltbezogenen Risiken ermöglicht. In diesem Rahmen sind auch die Wechselwirkungen zwischen den verpflichtenden Risikomanagementaktivitäten hervorzuheben, wobei die Gesetzesbegründung zum LkSG hierzu betont, dass die jeweiligen Sorgfaltspflichten aufeinander aufbauende sowie untereinander abhängige Verfahrensschritte darstellen (vgl. BT-Drs. 19/28649, 41). Zuletzt ist anzumerken, dass ein hoher Wirksamkeitsgrad des Risikomanagements nur erreicht werden kann, wenn die Umsetzung aller einzelnen Sorgfaltspflichten auf einem durchgängig hohen qualitativen Niveau erfolgt ist.

III. Integration des LkSG-Risikomanagementsystems in bestehende GRC-Systeme

31 Der Gesetzgeber hat den **Begriff** des Risikomanagements bzw. **Risikomanagementsystems** in § 4 **bewusst gewählt** (und hierbei zumindest auch § 4 GWG als „Vorbild" im Blick gehabt). Allerdings ist der Begriff Risikomanagementsystem im

Kontext des LkSG nicht zu eng und technisch etwa iSd IDW PS 981 (Grundsätze ordnungsmäßiger Prüfung von Risikomanagementsystemen) zu verstehen. Dies wird auch dadurch bestätigt, dass die Gesetzesbegründung im Kontext des § 4 die Compliance-Abteilung (und nicht die Risikomanagement-Abteilung) erwähnt (BT-Drs. 19/28649, 43). Entscheidend ist aus Sicht des Gesetzgebers die Einrichtung eines Systems, welches die zentralen Elemente bzw. Grundschritte der Risikoidentifikation, Risikobewertung, Risikosteuerung, Risikokommunikation und Überwachung im oben (→ Rn. 6–27) aufgezeigten Sinne enthält. Diese Grundelemente sind ebenso in Compliance Management Systemen verankert (s. dazu ausf.: Ghassemi-Tabar/Cordes Vorstand und AR-HdB/Ghassemi-Tabar/Cordes § 16 Rn. 110 ff. mwN).

Aus Sicht der Praxis bzw. der betroffenen Unternehmen bedeutet dies: Sie brauchen (und sollten) bei der Implementierung des LkSG **keine Parallelprozesse** aufbauen. Vielmehr sollten sie aus Gründen der Effektivität und Effizient – soweit sinnvoll möglich – **auf bereits existierende GRC-Systeme** (das Risikomanagementsystem, das interne Kontrollsystem und das Compliance Management System zusammen werden regelmäßig als das GRC-System bezeichnet) **aufsetzen** (Dies entspricht – soweit ersichtlich – auch der einhelligen Auffassung in der Literatur, vgl. Depping/Walden/Walden Rn. 18 f.; HK-LkSG/Gehne/Humbert/Philipp Rn. 9). Wenn auch mit unterschiedlichem Reifegrad dürften nahezu alle Unternehmen in Deutschland mit mehr als 3.000 Arbeitnehmern im Inland zwecks Umsetzung ihrer gesetzlichen Pflichten über GRC-Systeme verfügen: 32

- Für die Geschäftsleitungen **börsennotierter Unternehmen** folgt die Verpflichtung zur Einrichtung eines angemessenen und wirksamen internes Kontrollsystems und Risikomanagementsystems aus **§ 91 Abs. 3 AktG.** Wie bereits oben (→ Rn. 3) erwähnt soll nach der **Empfehlung A.3 DCGK** das interne Kontroll- und Risikomanagementsystem auch **nachhaltigkeitsbezogene Risiken** abdecken; zu diesen Risiken zählen auch die menschenrechts- und umweltbezogenen Risiken nach § 2 Abs. 2, 3.
- **Nicht börsennotierte Aktiengesellschaften** (und SE) müssen gemäß **§ 91 Abs. 2 AktG** zumindest geeignete Maßnahmen zur Früherkennung bestandsgefährdender Entwicklungen (sog. **Risikofrüherkennungssystem**) schaffen (vgl. dazu etwa HML Corporate Compliance/Pelz § 5 Rn. 40; Hölters/Weber/Müller-Michaels AktG § 91 Rn. 5 f.). In der **GmbH** besteht über **§ 1 Abs. 1 StaRuG** faktisch ebenfalls die Pflicht zur Implementierung von Maßnahmen zur Risikofrüherkennung.
- Schließlich ist heute unbestritten, dass die Geschäftsleitungen von Unternehmen – unabhängig von der Gesellschaftsform – verpflichtet sind, ein an der Risikolage des Unternehmens ausgerichtetes **Compliance Management System** zu etablieren (für Aktiengesellschaften: Koch/Koch AktG § 91 Rn. 28; für GmbH: OLG Nürnberg NZG 2022, 1058 Rn. 79; für Personengesellschaften: MAH PersGesR/Rohner § 3 Rn. 6). Die Frage nach der normativen Grundlage der Compliance-Pflicht der Unternehmensleitungen wird unterschiedlich beurteilt, kann für die Praxis jedoch dahinstehen.

Wie gesagt sollten nahezu alle vom Anwendungsbereich des LkSG betroffenen Unternehmen schon aufgrund bestehender gesetzlicher Verpflichtungen entweder über entsprechende CMS-, RMS- und/oder IKS-Abteilungen, zumindest über Maßnahmen, Strukturen und Prozesse verfügen, die sich einem dieser GRC-Systeme (RMS, IKS, CMS) zuordnen lassen. Die einzelnen **GRC-Systeme** sind ohnehin nicht immer trennscharf voneinander abzugrenzen; vielmehr **hängen sie funktional eng zusammen** und **überschneiden sich** teilweise (Ghassemi-Tabar/Ghassemi-Tabar DCGK Grundsatz 5 Rn. 59). 33

Bei der **Implementierung** des LkSG empfiehlt sich daher (zumindest gedanklich) ein Vorgehen in **folgenden Schritten:** 34

(1) **Ist-Analyse:** Im Rahmen einer Ist-Analyse gilt es präzise zu untersuchen, welche Methoden, Maßnahmen, Prozesse, Dokumente und Strukturen im

Unternehmen bereits existieren, auf die bei der Umsetzung des LkSG sinnvoll aufgesetzt werden kann, bspw. (= nicht abschließend) im Rahmen vorhandener GRC-Systeme

- festgelegte **Risk Owner**/Risk Manager in den Legal Entities, Zweigniederlassungen und Betriebsstätten
- definierte Berichtswege und erstellte Berichtstemplates
- definierte **Methodiken** zur Identifikation und Bewertung von Risiken
- bestehender (Supplier) **Code of Conduct,** welcher Menschenrechte und Umweltrisiken bereits adressiert
- etablierte **Business Partner Due Diligence** Prozesse bzw. Prozesse zum Onboarding neuer Lieferanten,
- bestehende **Interne Regularien** (Policies/Richtlinien) zur Bekämpfung von Diskriminierung,
- etabliertes **Whistleblowing-System,** welches intern und extern Hinweise ermöglicht und/oder
- bestehendes **Case Management Handbuch,** das die Aufklärung von Hinweisen regelt und hierbei Regelungen zwecks Sicherstellung der Unabhängigkeit der Aufklärung sicherstellt.

Die Ist-Analyse sollte in der Regel die Entscheidung ermöglichen, in welches der vorhandenen GRC-Systeme das LkSG sinnvoll integriert werden kann. In der **Praxis** zeichnet sich ein **Trend** ab, das LkSG in das **CMS** zu **integrieren** (vgl. zu diesem Ansatz: Joos/Kerckhoff/Ghassemi-Tabar Der Betrieb 2022, 1465). Dies mag verschiedene Gründe haben: Zunächst ist das Whistleblowing-System, auf welches bei der Einrichtung des Beschwerdeverfahrens (§ 8) sinnvoll aufgesetzt werden kann, regelmäßig beim CMS verortet. Vor allem aber dürfte dies daran liegen, dass regelmäßig das CMS das System ist, welches bei Unternehmen (verglichen mit RMS und IKS) regelmäßig den höchsten Reifegrad besitzt.

(2) **Zielbild-Definition:** Parallel zur Ist-Analyse sollte das für die LkSG-Implementierung verantwortliche Projekt-Team das Zielbild iSd Sollzustandes definieren. Zu klärende Fragen sind hierbei beispielsweise:

- Sollen (nur) die **gesetzlichen Mindestanforderungen** erfüllt werden? Oder sollen über die gesetzlichen Anforderungen des LkSG hinaus – etwa mit Blick auf das europäische Lieferkettengesetz, das sich konkretisiert (dazu → § 10 Rn. 12) – auch die Kunden vom Scope der regelmäßigen Risikoanalyse erfasst sein?
- Ob und inwieweit soll in einem **Konzern,** in dem neben der Obergesellschaft auch einzelne Tochtergesellschaften mehr als 3.000 (ab 2024: 1.000) Arbeitnehmer im Inland beschäftigen und somit selbst vom Anwendungsbereich des LkSG erfasst sind, ein eher zentraler Ansatz bei der Umsetzung erfolgen? Es liegt ausweislich der **FAQ zum LkSG** (Frage IV. 7) „*im Ermessen der Obergesellschaft, ob und inwieweit das Risikomanagement bzw. die Sorgfaltsprozesse eines Tochterunternehmens maßgeblich bei ihr oder im Tochterunternehmen verankert wird. Das bedeutet: Die Obergesellschaft kann entweder*
    - o *das Risikomanagement bzw. die Sorgfaltsprozesse* ***zentral ausgestalten,*** *dh Prozesse und Maßnahmen festlegen, diese auf das Tochterunternehmen ausrollen und sich sodann auf eine Überwachungsfunktion beschränken, dh darauf, die Umsetzung der Prozesse und Maßnahmen durch das Tochterunternehmen zu überwachen oder*
    - o *oder sich für eine eher* ***dezentrale Umsetzung*** *entscheiden, dh das Tochterunternehmen kraft ihrer Weisungsbefugnis in die Pflicht nehmen, Maßnahmen und Prozesse zur Umsetzung und Überwachung der Sorgfaltspflichten eigenständig zu konzipieren und zu realisieren.*“

Die Frage, ob und inwieweit ein zentraler Ansatz gewählt wird, muss im Rahmen der Zielbild-Definition geklärt und zwischen der Obergesellschaft und den betroffenen konzernangehörigen Gesellschaften abgestimmt werden.

(3) **Projektplan:** In einem nächsten Schritt sind die Ergebnisse der Ist-Analyse und das Zielbild gegenüberzustellen und hieraus die Lücken zwischen Ist- und Sollzustand abzuleiten **(Gap-Analyse).** Anschließend ist ein Projektplan mit **Milestones** inklusive **Verantwortlichkeiten** und indikativer **Timeline** zur Schließung der Lücken zu erarbeiten.

(4) **Umsetzung:** Abschließend ist mit der Umsetzung des Projektplans zu beginnen. Erfahrungsgemäß ergeben sich im Rahmen der Umsetzung noch etliche Fragen und Problemstellungen, die zuvor nicht antizipiert werden konnten. Dies kann Anpassungen im Projektplan erfordern, wobei der Projektplan ohnehin als lebendes Dokument zu verstehen ist. In der Praxis hat sich auch bewährt, zumindest in der Umsetzungsphase ein **Steering-Committee** einzurichten, welches das Projekt beratend begleitet und im Einzelfall (umstrittene) Entscheidungen trifft, etwa zu einzelnen Verantwortlichkeiten. Die Aufgaben und Kompetenzen des Steering-Committee sollten idealerweise zuvor definiert und dokumentiert werden. Hiervon hängt auch maßgeblich die Besetzung des Committee ab. Die **Besetzung** liegt aber letztlich im Ermessen des Unternehmens; typischerweise gehören dem Steering-Committee die Leiter der involvierten Fachbereiche (zB HR, Einkauf, Compliance), ein Mitglied der Geschäftsleitung sowie der Menschenrechtsbeauftragte an. Auch die Einbindung eines Mitglieds des Aufsichtsrats ist zu erwägen.

Bei den vorstehend beschriebenen vier Schritten handelt es sich nicht um zwingende Prozessschritte bei der LkSG-Implementierung, die sklavisch zu befolgen sind. Vielmehr handelt es sich um gedankliche, logische Schritte, die sich erfahrungsgemäß bei der Implementierung des LkSG in bestehende GRC-Systeme bewährt haben.

IV. Verankerung des Risikomanagements in allen maßgeblichen Geschäftsabläufen (Abs. 1 S. 2)

Das LkSG-Risikomanagementsystem ist in alle maßgeblichen Geschäftsabläufe durch angemessene Maßnahmen zu verankern (§ 4 Abs. 1 S. 2). Die zentrale Frage im Rahmen dieser Vorgabe ist, was mit „Geschäftsabläufen" gemeint ist. Einen ersten Hinweis darauf gibt die Regierungsbegründung zu § 4 Abs. 3 (BT-Drs. 19/28649, 43 (Hervorhebung durch den Autor)). Dort ist die Rede von *„allen maßgeblichen unternehmensinternen* ***Geschäftsabläufen, die voraussichtlich die Risikominimierung beeinflussen*** *können* […]." **35**

Maßgeblich sind demnach die Bereiche im Unternehmen, die durch Konzeption und Implementierung von Maßnahmen und Prozessen relevante LkSG-Risiken minimieren können. Damit wird zugleich klar, dass der Begriff „Geschäftsabläufe" zumindest nicht optimal gewählt ist. Denn darunter versteht man eher die operativen Geschäftsprozesse und Abteilungen. Maßnahmen und Prozesse zur Risikominimierung werden aber auch und vor allem in den Fachabteilungen im Unternehmen (typischerweise also den 2nd-Line Funktionen) konzipiert und in den operativen Einheiten (1st-Line Funktionen) ausgerollt. Im **BAFA-Fragenkatalog** zur Berichterstattung gemäß § 10 Abs. 2, welches seit dem Frühjahr 2023 den Unternehmen als Online-Maske zur Verfügung steht, wird unter **A.31** daher zutreffender auch danach gefragt, *„in welchen maßgeblichen* ***Fachabteilungen/Geschäftsabläufen*** […] *die Verankerung der Menschenrechtsstrategie innerhalb des Berichtszeitraums sichergestellt"* wurde. Per **Multiple Choice** stehen dann folgende Fachabteilungen/Geschäftsabläufe zur Auswahl: **36**

- Personal/HR
- Standortentwicklung/-management
- Umweltmanagement
- Arbeitssicherheit und Betriebliches Gesundheitsmanagement
- Kommunikation/Corporate Affairs
- Forschung und Entwicklung

- Einkauf/Beschaffung
- Zulieferermanagement
- CSR/Nachhaltigkeit
- Recht/Compliance
- Qualitätsmanagement
- Mergers und Acquisitions
- Business Development
- IT/Digitale Infrastruktur
- Community/Stakeholder Engagement
- Revision
- Wirtschaftsausschuss
- (+ Freifeldtext) Sonstige
- In keiner Fachabteilung

37 Mit der vorstehenden Auswahl dürften jedenfalls im Regelfall die „maßgeblichen Geschäftsabläufe“ iSd § 4 Abs. 1 S. 2 abgedeckt sein. Im **Einzelfall** hängt dies natürlich vorrangig von der Größe des Unternehmens sowie davon ab, welche Fachabteilungen im Unternehmen existieren. So sind bspw. nicht in jedem (mittelständischen) Unternehmen eine Abteilung Health Safety Environment, M&A und/oder Umweltmanagement vorhanden.

38 In den maßgeblichen Geschäftsabläufen sind **„angemessene“** Maßnahmen zu verankern. Hierbei ist auf die Angemessenheitskriterien des § 3 Abs. 2 (dazu → § 3 Rn. 38 ff.) abzustellen. Dass die Maßnahmen auch wirksam sein müssen, ist selbstredend, auch wenn das Wirksamkeitskriterium in § 4 Abs. 1 S. 2 nicht explizit aufgeführt wird.

B. Wirksamkeit der Maßnahmen (Abs. 2)

I. Konkretisierung des Wirksamkeitserfordernisses

39 § 4 Abs. 1 verlangt die Einrichtung eines „wirksamen“ Risikomanagementsystem zur Einhaltung der Sorgfaltspflichten. Das **Wirksamkeitserfordernis** bezieht sich somit nicht nur auf das übergeordnete **Risikomanagementsystem,** sondern (an sich selbstverständlich) auch auf die einzelnen **Sorgfaltspflichten.** Dies wird auch dadurch deutlich, dass das Kriterium der Wirksamkeit bei den Präventions- (§ 6 Abs. 5 S. 1) und Abhilfemaßnahmen (§ 7 Abs. 4 S. 1) sowie beim Beschwerdeverfahren (§ 8 Abs. 5 S. 1) explizit Erwähnung findet.

40 Es stellt sich somit die zentrale Frage, was unter Wirksamkeit zu verstehen ist. Hierauf scheint § 4 Abs. 2 eine Antwort zu geben. Wirksam sind danach solche Maßnahmen, *„die es ermöglichen, menschenrechtliche und umweltbezogene Risiken zu erkennen und zu minimieren sowie Verletzungen menschenrechtsbezogener oder umweltbezogener Pflichten zu verhindern, zu beenden oder deren Ausmaß zu minimieren, wenn das Unternehmen diese Risiken oder Verletzungen innerhalb der Lieferkette verursacht oder dazu beigetragen hat.“* Die Regelung beschreibt – wie auch aus der Gesetzesbegründung deutlich wird (BT-Drs. 19/28649, 43: „Das Risikomanagement dient dem Ziel, menschenrechtliche Risiken und Rechtsgutsverletzungen entlang ihrer Lieferketten zu identifizieren, zu verhindern, zu beenden oder zumindest zu minimieren […]“) – eher das übergeordnete **Ziel** des Risikomanagementsystems, als dass sie eine für die Praktische Umsetzung handhabbare Legaldefinition des Begriffs Wirksamkeit enthält.

41 Das Wirksamkeitserfordernisses erfordert mithin eine Konkretisierung. Hierbei kann sowohl auf allgemein anerkannte Standards zu Compliance- und Risikomanagementsystemen (zB IDW PS 980 (CMS) und IDW PS 981 (RMS)) als auch auf das Wirksamkeitsverständnis iRd § 91 Abs. 3 AktG zurückgegriffen werden, der dem Vorstand börsennotierter Gesellschaften die Einrichtung eines (angemessenen und) „wirksamen“ Risikomanagementsystems auferlegt (so bspw. auch Gehling/Ott/Balke Rn. 15). Danach ist zur Bejahung der Wirksamkeit maßgeblich, dass die zwecks Risikominimierung implementierten Grundsätze, Verfahren und Maßnah-

men (Regelungen) von den Verantwortlichen im Rahmen ihrer Zuständigkeit auch entsprechend umgesetzt bzw. eingehalten worden sind (IDW PS 982 Rn. 28; IDW PS 981 Rn. A19.; Koch/Koch AktG § 91 Rn. 37; BeckOGK-AktG/Fleischer AktG § 91 Rn. 59; vgl. auch Fischer/Schuck NZG 2021, 534 (539)). Dies muss – und auch das gehört zum Wirksamkeitserfordernis (!) – im Rahmen turnusmäßiger und anlassbezogener Kontrollen (zumindest stichprobenartig) geprüft werden, denn nur dann lässt sich mit hinreichender Sicherheit eine Aussage darüber treffen, ob die Regelungen tatsächlich „gelebt" werden und es sich nicht um eine reine „Paper Compliance" handelt (BeckOGK/Fleischer AktG § 91 Rn. 59; vgl. in diesem Kontext aber etwa auch Empfehlung A.5 DCGK: Danach gehört zur Wirksamkeit der Governance Systeme ihre prozessunabhängige Überwachung, etwa durch die interne Revision (dazu Ghassemi-Tabar/Ghassemi-Tabar DCGK Empfehlung A.5 Rn. 18). Dementsprechend heißt es auch in der BAFA-Handreichung zur Angemessenheit (s. dort unter Ziff. 2.2 (S. 4/25)):

„Das Gesetz schreibt zudem die Wirksamkeitsüberprüfung in den einzelnen Sorgfaltspflichten expliziz vor. D. h. Unternehmen sind angehalten, regelmäßig zu überprüfen, ob die eigenen Maßnahmen und Prozesse tatsächlich die angestrebte Wirkung erreicht haben, und bei Bedarf Anpassungen vornehmen."

42 Umgekehrt dürfen die **Anforderungen** an die Wirksamkeit der Maßnahmen auch **nicht überspannt werden.** Verlangt wird nicht, dass alles, was rechtlich und tatsächlich möglich ist, um jegliche Risiken auszuschließen, zwingend umgesetzt werden muss. Vielmehr werden – wie sich auch aus dem Angemessenheitsprinzip ergibt – nur gebotene und zumutbare Maßnahmen gefordert (→ § 3 Rn. 45). Hinzu kommt, dass die Sorgfaltspflichten grds. nur eine Bemühenspflicht begründen, menschenrechtliche Verletzungen oder Verstöße gegen umweltbezogene Pflichten zu verhindern, zu beenden oder in ihren Auswirkungen zu minimieren. Schließlich ist die Wirksamkeit der Maßnahmen **ex ante** bei der Planung und Umsetzung der Maßnahme **zu beurteilen** (BAFA-Handreichung zur Angemessenheit Ziff. 2.2 (S. 4/25)). Soweit das Unternehmen daher (ex ante) davon ausgegangen ist und davon ausgehen durfte, seinen Sorgfaltspflichten in wirksamer Weise nachzukommen, *„begründet eine Verletzung einer menschenrechts- oder umweltbezogenen Pflicht daher grundsätzlich nicht die Verletzung der Sorgfaltspflichten aus dem LkSG."* (BAFA-Handreichung zur Angemessenheit Ziff. 2.1 (S. 3/25)). Auch dies steht im Einklang mit allgemein anerkannten Grundsätzen im Rahmen von Compliance- und Risikomanagementsystemen: Aus dem Umstand, dass sich bestimmte Risiken verwirklicht haben, kann nicht zwingend auf die fehlende Wirksamkeit des Systems geschlossen werden (Reg-Begr. zum FISG, BT-Drs. 19/26966, S. 115; Ghassemi-Tabar/Ghassemi-Tabar DCGK Grundsatz 5 Rn. 14; Gehling/Ott/Balke Rn. 15).

II. Notwendigkeit eines Verursachungsbeitrages

43 § 4 Abs. 2 Hs. 2 stellt einschränkend klar, dass Risiken und Verletzungen nur dann adressiert werden müssen, wenn das Unternehmen diese Risiken oder Verletzungen innerhalb der Lieferkette verursacht oder dazu beigetragen hat.

44 **„Verursachen"** bedeutet ausweislich der **FAQ zum LkSG** (Frage VI. 6. (Stand 5.3.2023) – Hervorhebungen durch den Autor),

„dass das Unternehmen das Risiko unmittelbar allein hervorgerufen hat oder durch seine Handlung zu der Entstehung oder Verstärkung des Risikos kausal beigetragen hat.

*Die Schwelle ist erreicht, wenn das Unternehmen durch seine Handlungen mind. zu der Entstehung oder Verstärkung des Risikos **kausal beigetragen** hat, das heißt, wenn die Handlung des Unternehmens nicht hinweggedacht werden kann, ohne dass die konkrete Folge (Entstehung des Risikos) entfällt. Wann ein relevanter Beitrag vorliegt, ist im Einzelfall zu bewerten.*

Mit „beitragen" wird klargestellt, dass auch Fälle erfasst sind, in denen das Unternehmen nicht allein gehandelt hat. Wenn zum Beispiel mehrere Unternehmen bei derselben Fabrik bestellen, dann leistet jedes Unternehmen einen Beitrag. Wie das Unternehmen angemessen auf das Risiko reagiert, hängt maßgeblich von den in § 3 Abs. 2 genannten Kriterien ab.

Ein Unternehmen muss nicht für solche Ereignisse einstehen, die nach der normalen Lebensanschauung eines objektiven, informierten Dritten völlig außerhalb der Erfahrung und Erwartung liegen."

45 Aus den zitierten Ausführungen wird zunächst klar, dass der Gesetzgeber dem Begriff „beitragen" in § 4 Abs. 2 Hs. 2 neben „verursachen" keine eigenständige Bedeutung beimisst, sondern beide Begriffe synonym verwendet. Im Übrigen ist § 4 Abs. 2 Hs. 2 im **Zusammenhang mit § 3 Abs. 2 Nr. 3** zu sehen, wonach sich die angemessene Weise eines Handelns nach der **Art. der Verursachungsbeitrages** des Unternehmens zu dem menschenrechtlichen oder umweltbezogenen Risiko oder zu der Verletzung einer menschenrechtsbezogenen oder einer umweltbezogenen Pflicht bestimmt – Daher ist an dieser Stelle auf die Ausführungen zu § 3 Abs 2 Nr. 3 zu verweisen (→ § 3 Rn. 130 ff.).

C. Zuständigkeiten im Rahmen des LkSG-Risikomanagementsystems (Abs. 3 S. 1)

I. Überblick

46 Gem. § 4 Abs. 3 S. 1 LkSG hat das Unternehmen dafür zu sorgen, dass festgelegt ist, wer innerhalb des Unternehmens dafür zuständig ist, das Risikomanagement zu überwachen, etwa durch die Benennung eines Menschenrechtsbeauftragten. Diese Pflicht muss ausweislich der **FAQ zum LkSG** (Frage VI. 2. (Stand: 5.3.2023)) bereits **bei Inkrafttreten des Gesetzes erfüllt sein,** für Unternehmen mit mehr als 3.000 Arbeitnehmern mithin seit dem 1.1.2023 und für Unternehmen mit mehr als 1.000 Arbeitnehmern zum 1.1.2024. Dies wird – mE gut vertretbar – daraus abgeleitet, dass die Regelung im Perfekt formuliert ist („festgelegt ist"). **Inhaltlich** hat die Regelung bei Lichte betrachtet nur **deklaratorische Bedeutung** und greift im Übrigen zu kurz:

47 Wie oben (→ Rn. 23 f.) dargelegt ist die **kontinuierliche Überwachung** ohnehin ein **zentraler Bestandteil eines wirksamen Risikomanagementsystems.** Auch ohne eine explizite Regelung wären somit die Geschäftsleitungen der vom Anwendungsbereich des LkSG erfassten Unternehmen im Rahmen ihrer Verpflichtung zur Implementierung eines wirksamen LkSG-Risikomanagements angehalten, entsprechende Maßnahmen und Prozesse zu dessen Überwachung zu etablieren und (quasi als Vorschritt) hierfür entsprechende Zuständigkeiten festzulegen. Insofern hat die Regelung nur deklaratorischen Charakter und betont lediglich die zentrale Bedeutung der Überwachungsfunktion.

48 Auf der anderen Seite greift die Regelung zu kurz, weil sie nur die Zuständigkeit für die Überwachung des Risikomanagementsystems adressiert, aber nicht auch die **Zuständigkeiten** für die **operative Umsetzung der Sorgfaltspflichten** innerhalb des LkSG-Risikomanagementsystems (dazu sogleich → Rn. 49 ff.).

II. Eindeutige Aufbau- und Ablauforganisation (Wirksame Delegation)

49 Zur Einrichtung eines angemessenen und wirksamen LkSG-Risikomanagementsystems gehört – wie die FAQ zum LkSG zur Angemessenheit zu Recht klarstellt (s. unter Ziff. 3.1 (S. 11/25)) – die *„klare Festlegung der Zuständigkeiten für die Umsetzung der einzelnen Sorgfaltspflichten (§ 4 Abs. 1 S. 2")*. Der Verweis macht deutlich, dass das BAFA dieses Erfordernis normativ in § 4 Abs. 1 S. 2 verortet, mithin bei der Pflicht zur Verankerung des Risikomanagements in alle maßgeblichen Geschäftsbereiche. Das kann man dogmatisch vertreten, allerdings ergibt es mE Sinn, die Festlegung der Zuständigkeiten für die operative Umsetzung des Risikomanagementsystems und seiner Überwachung gemeinsam iRd § 4 Abs. 3 S. 1 zu behandeln. Die dogmatische Frage der normativen Verortung kann aber für die Praxis letztlich dahinstehen. Denn das Erfordernis der klaren Festlegung von Zuständigkeiten ist unbestreitbar und lässt sich bereits aus zwei allgemeinen Grundsätzen ableiten:

- **Grundvoraussetzung** für ein **wirksames Risikomanagementsystem** ist eine **eindeutige Aufbau- und Ablauforganisation.** Eine Zuordnung eindeutiger Rollen und Verantwortlichkeiten bildet hierfür die Basis (Ghassemi-Tabar/Ghassemi-Tabar DCGK Grundsatz 4 Rn. 42).
- Wenn und soweit die Geschäftsleitung die Umsetzung ihr obliegender Pflichten auf nachgeordnete Ebenen im Unternehmen delegiert, was in der Praxis den Regelfall darstellt, treffen sie gewisse **Organisationspflichten.** Sie hat eine klare Aufteilung und Zuordnung der verschiedenen Aufgabenbereiche im Unternehmen vorzunehmen (Hölters/Weber/Hölters AktG § 93 Rn. 44).

Bei der Festlegung von Zuständigkeiten im Unternehmen gelten die allgemeinen Grundsätze für eine **wirksame vertikale Delegation.** Das bedeutet: Die Geschäftsleitung muss iRd Delegation von Aufgaben auf nachgeordnete Ebenen darauf achten, dass (dazu ausf.: Ghassemi-Tabar/Cordes Vorstand und AR-HdB/Ghassemi-Tabar § 16 Rn. 90 ff.) 50

- **Zuständigkeiten klar** und **eindeutig** zugeordnet werden, also zweifelsfrei bei bestimmten Personen lokalisierbar sind,
- die wahrzunehmenden Aufgaben möglichst **präzise** festgelegt werden,
- ihre Zuweisung **lückenlos** und **überschneidungsfrei** ist, damit sich keiner auf den anderen verlassen kann und
- die Verantwortlichkeiten im Verhältnis zu anderen Abteilungen sowie die **Schnittstellen** klar abgegrenzt sind sowie
- klare **Berichtswege** festgelegt sind.

Über die vorstehenden allgemeinen Kriterien hinaus hat eine wirksame vertikale Delegation folgende Voraussetzungen: 51

- Der Delegationsempfänger muss **sorgfältig ausgesucht** werden, dh, die notwendige Kompetenz sowie die persönliche Eignung und Erfahrung für die übertragene Tätigkeit mitbringen.
- Die Pflichtenübertragung bedarf eines **Delegationsaktes der Geschäftsleitung,** der zu Beweiszwecken dokumentiert werden sollte. Daher empfiehlt sich für die Zwecke der Zuständigkeitsverteilung die Erstellung einer Vorstands- bzw. Geschäftsführer-Vorlage, die von der Geschäftsleitung im Beschlusswege verabschiedet wird.
- Der Delegationsempfänger muss **ordnungsgemäß instruiert** werden.
- Es muss sichergestellt sein, dass dem Delegationsempfänger die für die Aufgabenerledigung **notwendigen (finanziellen und personellen) Ressourcen** zur Verfügung gestellt werden und er die **notwendigen (Überwachungs-)Befugnisse** erhält, mind. Informations-, Auskunfts- und Zugangsrechte sowie ggf. Interventionsrechte, soweit im Einzelfall sinnvoll.

Die **Letztverantwortung** und damit verbunden auch gewisse **Überwachungspflichten** verbleiben zwingend bei der Geschäftsleitung. Die Anforderungen an diese Überwachungspflicht dürfen allerdings nicht überspannt werden. Nach dem allgemein anerkannten **Vertrauensgrundsatz** gilt, dass der Delegierende bei sorgfältiger Auswahl und Einweisung grundsätzlich darauf vertrauen kann, dass der Delegationsempfänger sich im Rahmen seines Pflichtenkreises ordnungsgemäß verhält (BGH NJW 1997, 130; Hölters/Weber/Hölters AktG § 77 Rn. 36; MüKoAktGSpindler AktG § 93 Rn. 153; Schönke/Schröder/Sternberg-Lieben/Schuster StGB § 15 Rn. 151). Eine Pflicht zum Ergreifen spezifischer Kontrollmaßnahmen besteht erst dann, wenn greifbare Anhaltspunkte dafür vorliegen, dass die ordnungs- 52 gemäße Erfüllung der übertragenen Aufgaben nicht mehr gewährleistet ist. Nach alldem erfüllt die Geschäftsleitung ihre Überwachungspflicht, wenn sie – entsprechend der Vorgabe in § 4 Abs. 3 S. 2 (dazu → Rn. 69 ff.) sicherstellt, mind. einmal jährlich (und anlassbezogen) über das Risikomanagementsystem Bericht zu erhalten, den Bericht einer kritischen Würdigung unterzieht und bei Anhaltspunkten für Unregelmäßigkeiten entsprechende Maßnahmen anordnet.

III. Überwachung des Risikomanagements

1. Titel „Menschenrechtsbeauftragter" nicht zwingend

53 Die Geschäftsleitung hat dafür zu sorgen, dass festgelegt ist, wer innerhalb des Unternehmens für die Überwachung des Risikomanagement zuständig ist, etwa durch die Benennung eines Menschenrechtsbeauftragten (§ 4 Abs. 3 S. 1). Wie bereits oben (→ Rn. 23 ff.) erläutert, ist die fortlaufende prozessunabhängige Überwachung (und Verbesserung) zentrale Wirksamkeitsvoraussetzung eines Risikomanagementsystems. Die explizite Vorgabe der Implementierung einer Überwachungsfunktion hat daher nur klarstellende Bedeutung. Die Überwachungsfunktion mit dem Titel **„Menschenrechtsbeauftragter"** zu versehen und sie **unmittelbare der Geschäftsleitung zu unterstellen** wird allerdings – ausweislich der Gesetzesbegründung (BT-Drs. 19/28649, 43: „Die Einrichtung der Stelle eines Menschenrechtsbeauftragten, die unmittelbar der Geschäftsleitung unterstellt ist, ist zu empfehlen.") – **nur empfohlen.** Mit Blick auf die Außenwirkung erscheint der explizite Titel Menschenrechtsbeauftragter für die Überwachungsfunktion durchaus ratsam, zumal damit kein Mehraufwand verbunden ist, da die Überwachungsfunktion ja ohnehin geschaffen werden muss. Zudem ist es sicherlich empfehlenswert, dass die mit der Überwachung betraute Person – auch wenn sie nicht unmittelbar der Geschäftsleitung unterstellt ist – zumindest in ihrer Überwachungsfunktion direkt an die Geschäftsleitung berichtet.

54 Nachstehend wird daher der Einfachheit halber vom Menschenrechtsbeauftragten gesprochen. Sofern die Überwachungsfunktion im Unternehmen diese Bezeichnung nicht hat, gelten die Ausführungen unter → Rn. 55 f. gleichwohl analog auch für sie.

2. Übertragung auf Personenmehrheit zulässig

55 Die Rolle des Menschenrechtsbeauftragten kann – nach Ermessen der Geschäftsleitung – auch auf mehrere Personen verteilt werden. Dies kann angesichts vorhandener Spezialisierungen sinnvoll sein, bspw. wenn der Leiter der Abteilung Umweltmanagement die Rolle mit Blick auf umweltbezogene Risiken übernimmt und die Leiterin HR oder Sustainability die Rolle für menschenrechtliche Risiken. Entscheidend ist, dass die Risiken insgesamt personell erfasst sind, wenn auch durch mehrere Beauftragte. Freilich birgt der Einsatz mehrerer Beauftragter die Gefahr der Verantwortungsdiffusion; die Geschäftsleitung muss – entsprechend den Voraussetzungen einer wirksamen Delegation (→ Rn. 55 f.) – die Zuständigkeiten klar und überschneidungsfrei regeln.

3. Best Practice: Zweigliedriges System

56 Bei unbefangenem Lesen des § 4 Abs. 3 S. 1 könnte – mit Blick auf die Auswahl des Menschenrechtsbeauftragten im Unternehmen – der Eindruck entstehen, der „richtige" Menschenrechtsbeauftragte sei derjenige, der im Unternehmen die operative Leitung für die Umsetzung der Sorgfaltspflichten bzw. des LkSG-Risikomanagementsystems inne hat, mithin auch selbst operativ involviert ist, das Thema LkSG durch die Organisation trägt und somit für die notwendige Sensibilisierung der Mitarbeiter für die relevanten Risiken sorgt. Dies entspricht aber gerade nicht dem Ansinnen des Gesetzgebers. Vielmehr hat der Gesetzgeber eine **Trennung**

der Zuständigkeiten einerseits für die **operative Umsetzung** und andererseits die **Überwachung** des LkSG-Risikomanagements iS eines **zweigliedrigen Systems** aus Umsetzung der Sorgfaltspflichten und Kontrolle derselben im Blick (in diese Richtung zu Recht auch: Harings/Jürgens/Thalhammer CB 2022, 93).

(Nur) Durch diese Trennung zwischen Verantwortung für die operative Umsetzung und Überwachung kann eine wirksame (prozessunabhängige) Kontrolle wirklich zuverlässig sichergestellt und Interessenkonflikte vermieden werden, da der Menschenrechtsbeauftragte unabhängig von den Tätigkeiten ist, die er überwachen soll. Nimmt der Menschenrechtsbeauftragte dagegen gleichzeitig Aufgaben der operativen Umsetzung der Sorgfaltspflichten wahr, würde er sich (zumindest teilweise) selbst überwachen, somit keine unabhängige und damit wirksame Kontrolle gewährleisten. Diese Zweigliedrigkeit ist zwar gesetzlich nicht vorgeschrieben, kann ein wirksames Risikomanagement (§ 4 Abs. 2) aber eher gewährleisten als ein eingliedriger Aufbau und ist daher iS eines **Best Practice** zu bewerten. 57

Nach dem Vorstehenden ist eine **geeignete Fachabteilung,** in der die Überwachungsfunktion bzw. der Menschenrechtsbeauftragte verortet werden könnte, die **interne Revision** bzw. der Leiter Internal Audit. Denn das Ansinnen des Gesetzgebers mit Blick auf die Überwachungsfunktion entspricht der klassischen **3rd-Line** iSd international anerkannten Modells der drei Abwehrlinien (sog. **Three Lines of Defense Model**). Es wurde im **Juli 2020** durch das Institute of Internal Auditors (**IIA;** das IIA mit Sitz in Lake Mary (Florida) ist eine Organisation, die Standards, Leitlinien und Zertifizierungen für den Beruf der Internen Revision entwickelt) **überarbeitet** und wird seitdem unter dem Begriff **„Three Lines Model"** fortgeführt (abrufbar unter: https://www.theiia.org/globalassets/documents/resources/the-iias-three-lines-model-an-update-of-the-three-lines-of-defense-july-2020/three-lines-model-updated-english.pdf (letzter Abruf: 6.3.2023)). Das Three Lines Model beschreibt die drei internen Verteidigungslinien eines Unternehmens gegen Regelverstöße: 58

- Die **operativen Einheiten** bilden die **First Line,** welche die zentrale Verantwortung für die Identifizierung, Beurteilung, Kontrolle sowie entsprechende Minimierung der Risiken im Rahmen des Tagesgeschäfts trägt.
- Die **Second Line** bilden die **Zentralfunktionen** CMS, RMS und IKS welche die in der First Line konzipierten Kontrollen überwachen und bei Bedarf optimieren.
- Die **Interne Revision** als unabhängige Überwachungsinstanz im Auftrag der Geschäftsleitung bildet die **Third Line.** Sie prüft die Wirksamkeit der ersten beiden Linien.

Existiert im Unternehmen keine interne Revision oder kann die interne Revision aus Kapazitätsgründen keine weiteren Aufgaben übernehmen, ist freilich auch die Betrauung einer **anderen Fachabteilung/Person** mit der Rolle des Menschenrechtsbeauftragten denkbar. Handelt es sich um eine Fachabteilung/Person, die zugleich operativ für einzelne Sorgfaltspflichten verantwortlich ist, sollte die Überprüfung dieser Sorgfaltspflicht intern oder extern auf andere Personen ausgelagert werden, um eine Selbstkontrolle zu vermeiden. 59

Beispiel: Die Compliance Abteilung (in Person: der Chief Compliance Officer) trägt nach der internen Zuständigkeitsregelung (dazu → Rn. 49 f.) die operative Verantwortung für das Beschwerdeverfahren (§ 8). Zugleich wurde der Chief Compliance Officer von der Geschäftsleitung zum Menschenrechtsbeauftragten ernannt. In dieser Konstellation sollte die Überwachung des Beschwerdeverfahrens entweder auf eine andere interne Fachabteilung (zB Rechtsabteilung, Internal Audit oder Sustainability Abteilung) oder auf einen externen Berater (zur Zulässigkeit → Rn. 67) mit entsprechender Expertise übertragen werden. 60

4. Keine besonderen Anforderungen

Wie die **FAQ zum LkSG** (Frage VII. 1. (Stand: 6.3.2023) – Hervorhebungen durch den Autor) ausdrücklich klarstellen, sieht das LkSG 61

*„**keine besonderen Anforderungen** vor. Das Unternehmen hat aber die Pflicht, ein wirksames Risikomanagement zu implementieren. In welcher Abteilung bzw. auf welcher Ebene die zuständige(n) Person(en) im Unternehmen angesiedelt wird bzw. werden und welche Qualifikation für den jeweiligen Kontext des Unternehmens geeignet ist, kann das Unternehmen am besten beurteilen.*

*Die für die Überwachung des Risikomanagements zuständige(n) Person(en) **müssen nicht in Deutschland ansässig sein.** Arbeitsort und Arbeitsmittel sind so zu wählen, dass die zuständige(n) Person(en) ihre Befugnisse und Ressourcen wirksam einsetzen kann bzw. können."*

62 Aus den Ausführungen des BAFA folgt letztlich, dass auch mit Blick auf die Übertragung der Überwachungsaufgabe auf den Menschenrechtsbeauftragten die Erfüllung der Anforderungen an eine wirksame vertikale Delegation (→ Rn. 50) erforderlich, aber auch ausreichend ist. Die Geschäftsleitung muss insbes. sicherstellen, dass der Menschenrechtsbeauftragte die zwecks **Erfüllung seiner Überwachungspflicht notwendigen Informationen** binnen angemessener Frist erhält.

5. Effiziente und effektive Aufgabenerfüllung durch den Menschenrechtsbeauftragten

63 Erfahrungsgemäß beschäftigt viele Unternehmen die Frage, wie der ernannte Menschenrechtsbeauftragte seine Überwachungsaufgabe praktisch umsetzen soll. Ein gangbarer und in der Praxis erprobter Weg hierbei ist die Erstellung eines (bspw. Excel-basierten) **Prüfplans** für den Menschenrechtsbeauftragten. Der Prüfplan kann mit **Prüfabschnitten** versehen werden, welche die zu prüfenden Elemente des LkSG-Risikomanagementsystems abbilden (Beispiele für Prüfabschnitte sind Risikoanalyse, Präventionsmaßnahmen und Beschwerdeverfahren). Die einzelnen Prüfabschnitte können sodann in entsprechende Themen eingeteilt und die jeweiligen Themen mit Prüffragen und als Hilfestellung für den Prüfer zusätzlich mit Prüfhinweisen versehen werden.

64 Die Antworten zu jeder Frage innerhalb der Prüfabschnitte sind dann – ggf. mit Hilfe der Prüfhinweise – mit Blick auf die Angemessenheit und Wirksamkeit der abgefragten Maßnahme zu beurteilen und die Ergebnisse entsprechend zu dokumentieren. Als **Fazit** bei den jeweiligen Ergebnissen kann folgende **Kategorisierung** vorgenommen werden:

- **„Feststellung"** = Maßnahme nicht angemessen/wirksam umgesetzt,
- „Empfehlung" = Maßnahme angemessen/wirksam umgesetzt, aber optimierungsbedürftig
- **„keine Beanstandung"** = Maßnahme bestmöglich umgesetzt

65 Sodann sollte der Menschenrechtsbeauftragte die **Prüfungsergebnisse** zusammenfassend **systematisch dokumentieren.**

66 **Risikoanalyse**

#	Thema	Frage	Ergebnis der Prüfung der Angemessenheit & Wirksamkeit	Referenz/ Nachweis	Kommentar	Fazit
5	Konkrete Risikobetrachtung	Sind die Ergebnisse der konkreten Risikobetrachtung angemessen dokumentiert und plausibel? Prüfhinweise: 1. Existiert ein Risikoinventar mit folgenden Mindestangaben: Risikobeschreibung, Verantwortlicher, Gewichtung, Präventions- und Abhilfemaßnahmen. 2. Ist die Gewichtung der Risiken (zumindest) anhand von Schwere der Verletzung und Eintrittswahrscheinlichkeit plausibel und nachvollziehbar? Diese Prüfung kann stichprobenartig erfolgen. Die Anzahl der Stichproben ist abhängig von der Grundgesamtheit und kann dem Reiter "Stichproben" entnommen werden.				

Abb. 3: Ausschnitt aus einem beispielhaften Prüfplan für den Menschenrechtsbeauftragten: Thema „Konkrete Risikobetrachtung" innerhalb des Prüfabschnitts „Risikoanalyse"

6. Externe Unterstützung zulässig

Eine in der Literatur mitunter kontrovers diskutierte Frage war, ob und inwieweit die Überwachungstätigkeit des Menschenrechtsbeauftragten ausgelagert bzw. dieser extern benannt werden darf. Auch diese Frage wurde inzwischen durch die **FAQ zum LkSG** (Frage VII. 1. (Stand: 6.3.2023) – Hervorhebungen durch den Autor) einer Klärung zugeführt. Dort heißt es: 67

> *„Die Zuständigkeit ist „innerhalb" des Unternehmens zu benennen, sodass die Person (en) nicht extern benannt werden kann bzw. können.* ***Unternehmen können sich*** *aber* ***zur Unterstützung*** *der im Unternehmen mit der Aufgabe betrauten Person(en)* ***externer Hilfe bedienen.*** *"*

Die Einschätzung des BAFA ist mE richtig und begrüßenswert. So ist es in der Unternehmenspraxis durchaus nicht unüblich, dass die interne Revision mit Blick auf (einzelne) Governance Systeme mangels interner Kapazitäten (teilweise) durch externe Fachleute durchgeführt wird. 68

D. Informationspflicht der Geschäftsleitung (Abs. 3 S. 2)

Gem. § 4 Abs. 3 S. 2 hat sich die Geschäftsleitung *„regelmäßig, mind. einmal jährlich, über die Arbeit der zuständigen Person oder Personen zu informieren."* Die Formulierung ist bewusst so gewählt, dass sie Geschäftsleitung in die Pflicht genommen wird, weil das Gesetz hier zu Recht eine **„Holschuld" der Geschäftsleitung** sieht. Es ist mithin in der Verantwortung der Geschäftsleitung, in Erfüllung der Pflicht aus § 4 Abs. 3 S. 2 einen entsprechenden Berichtsprozess zu etablieren, der die hinreichende Informationsversorgung über das LkSG-Risikomanagementsystem durch den Menschenrechtsbeauftragten sicherstellt. Dementsprechend wird die Erfüllung dieser Informationspflicht auch im **BAFA-Fragenkatalog** zur Berichterstattung gem. § 10 Abs. 2 wie folgt abgefragt (Frage A1.2 – (Stand: 6.3.2023) – Hervorhebungen durch den Autor): 69

> *„Hat die* ***Geschäftsleitung*** *einen* ***Berichtsprozess etabliert,*** *der gewährleistet, dass sie regelmäßig, mind. einmal jährlich, über die Arbeit der für die Überwachung des Risikomanagements zuständigen Person, informiert wird?"*

Nachdem die vorstehende Frage im Fragebogen **mittels „Häkchen" bestätigt** wurde, hat das Unternehmen per **Freitext-Feld** den **Prozess** zu **beschreiben,** *„der mind. einmal im Jahr bzw. regelmäßig die Berichterstattung an die Geschäftsleitung mit Blick auf das Risikomanagement sicherstellt."* 70

Der vorgenannte Prozess setzt zunächst ein Konzept hinsichtlich der Überwachung des Risikomanagementsystems durch den Menschenrechtsbeauftragten voraus (→ Rn. 63). Zusätzlich empfiehlt sich zwecks Sicherstellung einer vollständigen, systematischen Berichterstattung an die Geschäftsleitung die Erstellung eines **Reporting-Templates.** Die Agenda für ein entsprechendes Template kann bspw. wie folgt aussehen: 71

- Executive Summary
- Priorisierte Risiken im eigenen Geschäftsbereich
- Priorisierte Risiken bei unmittelbaren Zulieferern
- Eingereichte Beschwerden
- Festgestellte Verletzungen und Abhilfemaßnahmen
- Anlassbezogene Risikoanalyse
- Prüfungsfeststellungen und Verbesserungsmaßnahmen
- Entscheidung(en) der Geschäftsleitung
- Nächste Schritte

E. Berücksichtigung der relevanten Interessen (Abs. 4)

72 Gem. § 4 Abs. 4 hat das Unternehmen bei der Einrichtung und Umsetzung seines LkSG-Risikomanagementsystems die Interessen seiner Beschäftigten, der Beschäftigten innerhalb seiner Lieferkette (→ Rn. 73) und derjenigen, die in sonstiger Weise durch das wirtschaftliche Handeln (→ Rn. 74) des Unternehmens oder durch das wirtschaftliche Handeln eines Unternehmens in seinen Lieferketten in einer geschützten Rechtsposition unmittelbar betroffen sein können, angemessen zu berücksichtigen. Die Prozesse und Maßnahmen, mit denen die Berücksichtigung der Interessen der potenziell Betroffenen im Sinne der Vorschrift berücksichtigt werden, sind iRd abschließenden Fragen im **BAFA-Fragenkatalog** zur Berichterstattung gem. § 10 Abs. 2 zu beschreiben.

I. Beschäftigte

73 Das Gesetz spricht von *„seinen"* Beschäftigten (also des betroffenen Unternehmens) und den Beschäftigten innerhalb seiner Lieferkette, was eine unnötige Doppelung ist, weil die Lieferkette gemäß § 2 Abs. 5 S. 2 Nr. 1 auch das Handeln im eigenen Geschäftsbereich umfasst. Ausweislich der **Gesetzesbegründung** (BT-Drs. 19/28649, 44) ist – iS eines effektiven Menschenrechtsschutzes – ***„der Begriff des Beschäftigten weit zu verstehen"*** und erfasst *„auch Selbständige, die einem Unternehmen zuliefern und informell Beschäftigte, zum Beispiel Personen, die nach den jeweils geltenden Gesetzen in Schwarzarbeit tätig sind, die Arbeitsverboten unterliegen oder Scheinselbständige sind."* In den **FAQ zum LkSG** (Frage VII. 2. (Stand 6.3.2023)) wird auch auf solche Beschäftigte hingewiesen, *„die statistisch sowie arbeits- und sozialrechtlich nicht oder unzulänglich erfasst sind oder Arbeitsverboten unterliegen."*

II. In sonstiger Weise vom wirtschaftlichen Handeln des Unternehmens unmittelbar Betroffene

74 § 4 Abs. 4 nennt neben den Interessen der Beschäftigten in der Lieferkette auch das Interesse derjenigen, die in sonstiger Weise durch das wirtschaftliche Handeln des Unternehmens oder durch das wirtschaftliche Handeln eines Unternehmens in seinen Lieferketten in einer geschützten Rechtsposition unmittelbar betroffen sein können. Darunter fallen nach der **Gesetzesbegründung** (BT-Drs. 19/28649, 44) etwa *„**Anwohnerinnen** und **Anwohner** in der Nähe des Unternehmensstandortes"* sowie *„Anwohnende oder Nutzer von Nachbargrundstücken einer Produktionsstätte"*. **Typische Fallkonstellationen** sind nach den **FAQ zum LkSG** (Frage VII. 3. (Stand 6.3.2023)) *„Anwohnerinnen und Anwohner/Gemeinden in der Nachbarschaft von Produktionsstätten (des eigenen Geschäftsbereichs, des unmittelbaren oder mittelbaren Zulieferers), die von der Produktion unmittelbar betroffen sind (z. B. durch umweltschädliche Emissionen/durch Landenteignungen)."*

75 Geschützt werden sollen darüber hinaus „auch **juristische Personen,** Personenvereinigungen oder Gremien, sofern sie vom persönlichen Schutzbereich der Menschenreche gem. § 2 Abs. 1 erfasst sind." (BT-Drs. 19/28649, 44 – Hervorhebungen durch den Autor). Insoweit verweist die Gesetzesbegründung auf eine **„berechtigte Interessenvertretung",** die sich dadurch auszeichnet, „dass sie unabhängig ist und die menschenrechtlichen Interessen von betroffenen Personen in geeigneter Weise wahrnimmt. Hierzu zählen bspw. **Gewerkschaften** und **betriebliche Arbeitnehmervertretungen.**" (BT-Drs. 19/28649, 44 – Hervorhebungen durch den Autor).

76 Die **Betroffenheit** von weiteren Personen kann sich „auch **anlassbezogen** ergeben, zum Beispiel im Rahmen der Aufklärung von Missständen oder sonstigen Vorfällen. In diesem Zusammenhang kann auch der in § 8 vorgesehene **Beschwerdemechanismus** zu neuen Erkenntnissen führen" (BT-Drs. 19/28649, 44 – Hervorhebungen durch den Autor).

Der Begriff des **„wirtschaftlichen Handelns"** ist nach der Gesetzesbegründung (BT-Drs. 19/28649, 44 – Hervorhebungen durch den Autor) „**weit zu verstehen** und erfasst nicht nur die Produktionstätigkeit im engeren Sinne. Darunter fällt zum Beispiel auch die Erschließung oder der Erwerb von Grundeigentum, um darauf geschäftlich tätig zu sein."

III. Angemessene Berücksichtigung der Interessen

Die Berücksichtigung der Interessen der Beschäftigten in der Lieferkette (→ Rn. 73) sowie der in sonstiger Weise vom wirtschaftlichen Handeln des Unternehmens unmittelbar Betroffenen (→ Rn. 74) *„soll dazu beitragen, dass das Unternehmen seine menschenrechtlichen Risiken erkennt, richtig einschätzt und geeignete Präventions- und Abhilfemaßnahmen wählt."* (BT-Drs. 19/28649, 44 – Hervorhebungen durch den Autor) Als Mittel nennt die Gesetzesbegründung (BT-Drs. 19/28649, 44 – Hervorhebungen durch den Autor) *„die **Konsultation** möglicherweise von Rechtsverletzungen betroffener Personen oder ihrer Interessenvertretung."* Nach der Vorstellung des Gesetzgebers soll die Konsultation *„etwa durch einen **direkten Austausch**"* stattfinden, zu dessen Ermöglichung *„der Abbau sprachlicher und anderweitiger Hürden erforderlich sein"* könne. Besonders sei *„auf betroffene vulnerable Personen wie bspw. Migrantinnen und Migranten oder Menschen mit Behinderungen zu achten, die verstärkt in ihren Rechten bedroht sind."* 77

IV. Keine überspannten Anforderungen

(Auch) Im Rahmen der in § 4 Abs. 4 geforderten Berücksichtigung der Interessen betroffener Personen ist das **Prinzip der Angemessenheit** zu berücksichtigen: Das bedeutet 1), *„dass den Unternehmen ein **Ermessens- und Handlungsspielraum** in Bezug auf das Wie der Umsetzung zusteht"* und 2), *„dass von Unternehmen **nichts Unzumutbares** erwartet wird"*. 78

Mit der Vorgabe in § 4 Abs. 4 sind daher **über die angemessene und wirksame Umsetzung der Sorgfaltspflichten hinaus keine gesonderten Anforderungen** verbunden (so zu Recht auch: Depping/Walden/Walden Rn. 127). Gerade bei der ersten regelmäßigen Risikoanalyse werden die Unternehmen erfahrungsgemäß alle Hände voll zu tun haben, Zuständigkeiten für die operative Umsetzung festzulegen, den eigenen Geschäftsbereich zu bestimmen, die Grundgesamtheit der unmittelbaren Zulieferer inklusive notwendiger Informationen für die abstrakte Risikobetrachtung zusammenzutragen, Risikobewertungsmethoden für Eintrittswahrscheinlichkeit und Schwere der Verletzung festzulegen, um nur einige notwendige Schritte zu nennen, die in der Praxis mit Hürden verbunden sind. Eine direkte Konsultation möglicherweise von Rechtsverletzungen betroffener Personen oder ihrer Interessenvertretung dürfte daher jedenfalls im ersten Jahr der LkSG-Umsetzung schlichtweg an der Unternehmensrealität vorbei gehen. Im ersten Jahr der LkSG-Umsetzung (und je nach Größe des Unternehmens und der Komplexität der Lieferantenbeziehungen möglicherweise auch im Folgejahr) dürften die meisten Unternehmen damit beschäftigt sein, überhaupt adäquate Mittel und Wege zu eruieren, um Transparenz in der Lieferkette zu schaffen und die relevanten Personengruppen überhaupt zu identifizieren. 79

Als Prozesse und Maßnahmen zwecks Sicherstellung der Berücksichtigung der Interessen von potenziell betroffenen Personen iSv § 4 Abs. 4 (wie sie im BAFA-Fragenkatalog zur Berichterstattung gem. § 10 Abs. 2 abgefragt werden) genügen mE daher zumindest im ersten Jahr regelmäßig: 80

- Entwicklung einer plausiblen (qualitativen und/oder quantitativen) **Methodik** zur **Bewertung** der **Schwere der Verletzung** im Sinne der Inside-Out Perspektive,
- Wirksames **Beschwerdeverfahren,** mit dem potenziell betroffene Personen ihre Beschwerden einreichen können und effektives Verfahren, um Hinweisen nachzugehen und den Sachverhalt aufzuklären und

• Verfolgen von **NGO-Verlautbarungen** über Menschenrechtsverletzungen mit Blick auf die eigene Lieferkette.

F. Dokumentation

81 Gem. § 10 Abs. 1 ist die Erfüllung der Sorgfaltspflichten nach § 3 unternehmensintern fortlaufend zu dokumentieren. Obwohl das Risikomanagementsystem nach § 4 Abs. 1 – wie oben (→ Rn. 1) dargelegt – eine übergeordnete Bedeutung hat und keine „einfache" Sorgfaltspflicht neben den anderen bildet, bezieht sich das Dokumentationserfordernis auch (oder gerade) auf ihn. Im Rahmen klassischer Risikomanagementsysteme hat sich in der Praxis die Erstellung eines Risikomanagementhandbuchs bewährt, das den gesamten Kreislauf des Systems darstellt. Meines Erachtens bietet sich dementsprechend ein **LkSG-Risikomanagementhandbuch** zwecks Erfüllung der Dokumentationspflicht nach § 10 Abs. 1 an.

G. Verstöße und Bußgelder

82 Die unterlassene Festlegung der Zuständigkeit für die Überwachung des Risikomanagementsystems entgegen § 4 Abs. 3 S. 1 stellt gem. § 24 Abs. 1 Nr. 1 eine Ordnungswidrigkeit dar, die mit einer Geldbuße geahndet werden kann. Die mangelnde Überwachung des Risikomanagements selbst wird in § 24 allerdings nicht adressiert, ebenso wenig wie die unterbliebene Berichterstattung an die Geschäftsleitung. In § 24 Abs. 1 Nr. 4 wird lediglich die nicht (rechtzeitige) Vornahme der Überprüfung der Wirksamkeit der Präventions- und Abhilfemaßnahmen sowie des Beschwerdeverfahrens als Ordnungswidrigkeit qualifiziert.

Risikoanalyse

5

(1) [1] Im Rahmen des Risikomanagements hat das Unternehmen eine angemessene Risikoanalyse nach den Abätzen 2 bis 4 durchzuführen, um die menschenrechtlichen und umweltbezogenen Risiken im eigenen Geschäftsbereich sowie bei seinen unmittelbaren Zulieferern zu ermitteln. [2] In Fällen, in denen ein Unternehmen eine missbräuchliche Gestaltung der unmittelbaren Zuliefererbeziehung oder ein Umgehungsgeschäft vorgenommen hat, um die Anforderungen an die Sorgfaltspflichten in Hinblick auf den unmittelbaren Zulieferer zu umgehen, gilt ein mittelbarer Zulieferer als unmittelbarer Zulieferer.

(2) [1] Die ermittelten menschenrechtlichen und umweltbezogenen Risiken sind angemessen zu gewichten und zu priorisieren. [2] Dabei sind insbesondere die in § 3 Absatz 2 genannten Kriterien maßgeblich.

(3) Das Unternehmen muss dafür Sorge tragen, dass die Ergebnisse der Risikoanalyse intern an die maßgeblichen Entscheidungsträger, etwa an den Vorstand oder an die Einkaufsabteilung, kommuniziert werden.

(4) [1] Die Risikoanalyse ist einmal im Jahr sowie anlassbezogen durchzuführen, wenn das Unternehmen mit einer wesentlich veränderten oder wesentlich erweiterten Risikolage in der Lieferkette rechnen muss, etwa durch die Einführung neuer Produkte, Projekte oder eines neuen Geschäftsfeldes. [2] Erkenntnisse aus der Bearbeitung von Hinweisen nach § 8 Absatz 1 sind zu berücksichtigen.

Übersicht

A. Allgemeines

I. Risikoanalyse als grundlegender Baustein des Risikomanagements

Gem. § 5 Abs. 1 ist iRd Risikomanagements (treffender: Risikomanagementsystems, → § 4 Rn. 1) eine Risikoanalyse nach den Abs. 2–4 durchzuführen. Nicht nur bei der Einrichtung des LkSG-Risikomanagementsystems (§ 4 Abs. 1), sondern auch bei der Einrichtung klassischer Risikomanagementsysteme oder Compliance Management Systeme bildet die Risikoanalyse den Ausgangspunkt und „grundlegenden Baustein" (so ausdr.: BAFA, Risiken ermitteln, gewichten und priorisieren, 2022, S. 4). Denn für alle genannten Systeme gilt der **Grundsatz der Risikoindividualität** (vgl. dazu Ghassemi-Tabar/Cordes Vorstand und AR-HdB/Ghassemi-Tabar § 16 Rn. 52 f.): Sie sind nur dann wirksam, wenn sie passgerecht auf die spezifischen Risiken des Unternehmens zugeschnitten sind. Das individuelle Risikoprofil eines Unternehmens wird von zahlreichen Faktoren beeinflusst wie etwa Unternehmensgröße, Branche, Beschaffungsstruktur, Produkt- und Leistungsportfolio, Komplexität der Ablauf- und Aufbauorganisation, die geographische Präsenz sowie auch die Existenz von Verstößen in der Vergangenheit. Dieses individuelle Risikoprofil zu bestimmen, ist Ziel der Risikoanalyse. 1

Die **Ergebnisse der Risikoanalyse** bilden somit die **zentrale Grundlage** für die **Umsetzung des Risikomanagements.** Dies wird an verschiedenen Stellen sowohl im Gesetz als auch in den BAFA-Handreichungen deutlich: 2

- So heißt es in § 6 Abs. 1: „Stellt ein Unternehmen im Rahmen einer Risikoanalyse nach § 5 ein Risiko fest, hat es unverzüglich angemessene Präventionsmaßnahmen nach den Absätzen 2 bis 4 zu ergreifen." Daraus wird deutlich, dass Präventionsmaßnahmen nur (!) dort umzusetzen sind, wo die Risikoanalyse zu dem Ergebnis gekommen ist, dass „mit hinreichender Wahrscheinlichkeit" (vgl. § 2 Abs. 2, 3, dazu → § 4 Rn. 12) die Gefahr der Realisierung eines menschenrechtlichen oder umweltbezogenen Riskos besteht. 3

Beispiel: § 6 Abs. 4 Nr. 2 sieht als Präventionsmaßnahme gegenüber unmittelbaren Zulieferern die vertragliche Zusicherung des Zulieferers vor, dass dieser die von der Geschäftsleitung des Unternehmens verlangten menschenrechtsbezogenen und umweltbezogenen Erwartungen einhält und entlang der Lieferkette angemessen adressiert. Hierzu müsste das Unternehmen in einem ersten Schritt seine menschenrechtsbezogenen und umweltbezogenen Erwartungen festlegen und anschließend entsprechende vertragliche Regelungen (etwa in den allgemeinen Einkaufsbedingungen oder im Supplier Code of Conduct) entwerfen, die eine 4 vertragliche Zusicherung des Zulieferers enthalten. Die vertragliche Zusicherung ist aber keineswegs nach dem „Gießkannenprinzip" von allen Zulieferern einzuholen, sondern nur von den Zulieferern, bei denen im Rahmen der konkreten Risikobetrachtung (→ Rn. 79 f.) auf Grundlage einer unternehmensindividuellen Beurteilung ein Risiko festgestellt worden ist. Denn aus § 6 Abs. 1 folgt (insoweit selbstverständlich), dass sich Präventionsmaßnahmen nur auf ein konkret identifiziertes Risiko beschränken. Stellt ein Unternehmen etwa bei einem seiner unmittelbaren Zulieferer (nur) das Risiko der Verwendung von Quecksilberverbindungen (§ 2 Abs. 3 Nr. 1) fest, so muss es sich mit zumutbarem Aufwand (= Bemühenspflicht) auch nur um eine vertragliche Zusicherung zur Vornahme von Maßnahmen bemühen, dieses Risiko zu minimieren. Die Zusicherung von Maßnahmen zur Minimierung von Kinderarbeit sind nicht notwendig, wenn und weil ein entsprechendes Risiko im Rahmen der Risikoanalyse nicht festgestellt wurde.

5 • In § 6 Abs. 2 heißt es mit Blick auf die Anforderungen an die **Grundsatzerklärung,** dass die Nennung der festgestellten prioritären menschenrechtlichen und umweltbezogenen Risiken (Nr. 2), ebenso wie die Festlegung der menschenrechtsbezogenen und umweltbezogenen Erwartungen (Nr. 3) ***„auf Grundlage der Risikoanalyse"*** zu erfolgen haben.

6 • In der **BAFA-Handreichung zur Risikoanalyse** nach dem LkSG (S. 4) heißt es, die Ergebnisse der Risikoanalyse seien *„zentral für die übergeordnete strategische und operative Ausrichtung und praktische Umsetzung des Risikomanagements sowie der einzelnen Sorgfaltsprozesse. Die Analyseergebnisse geben dem Unternehmen* ***Aufschluss über die eigene Risikodisposition,*** *sprich, inwiefern und in welchem Ausmaß in der Lieferkette menschenrechtliche und umweltbezogene Risiken auftreten.*"

7 • In der **BAFA-Handreichung Beschwerdeverfahren** nach dem LkSG (S. 4) heißt es, dass das Unternehmen über die Risikoanalyse Erkenntnisse zu *„Personen, die von möglichen Pflichtverletzungen im eigenen Geschäftsbereich oder in der Lieferkette betroffen sind (= potenziell Betroffene)"*, erhält. „*Mit Blick auf das Beschwerdeverfahren sind diese Personen die vorrangige Zielgruppe, der das Verfahren ermöglichen sollte, Hinweise und Beschwerden in Bezug auf mögliche Pflichtverletzungen einzureichen (siehe 3.2). Bei der* ***Einrichtung*** *des eigenen oder bei der Beteiligung an externen* ***Beschwerdeverfahren*** *sollten Unternehmen daher* ***auf die Ergebnisse ihrer Risikoanalyse aufbauen.***"

II. Risikoanalyse im BAFA-Fragenkatalog zur Berichterstattung gem. § 10 Abs. 2

8 Gem. § 10 Abs. 2 hat das Unternehmen jährlich einen Bericht über die Erfüllung seiner Sorgfaltspflichten im vergangenen Geschäftsjahr zu erstellen und spätestens vier Monate nach dem Schluss des Geschäftsjahres auf der Internetseite des Unternehmens zu veröffentlichen. § 12 Abs. 1 sieht vor, dass der Bericht nach § 10 Abs. 2 in deutscher Sprache und elektronisch über einen von der zuständigen Behörde (BAFA) bereitgestellten Zugang eingereicht wird. Es handelt sich bei dem vom Unternehmen auf der Homepage zu veröffentlichenden und dem beim BAFA einzureichenden Bericht mithin um ein und denselben. Wie inzwischen allseits bekannt sein dürfte, wird der genannte Bericht durch Ausfüllen eines vom BAFA bereitgestellten Fragenkatalogs generiert. Der Fragenkatalog wird direkt per **Online-Eingabemaske** zur Verfügung gestellt (ausf. zum Bericht → § 10 Rn. 5 ff.).

9 Vor dem Hintergrund der oben (→ Rn. 1 f.) dargelegten zentralen Bedeutung der Risikoanalyse für das LkSG-Risikomanagementsystem verwundert es nicht, dass der Fragenkatalog des BAFA zur Berichterstattung gemäß § 10 Abs. 2 auch einen Abschnitt mit **Fragen** zu ***„Durchführung, Vorgehen und Ergebnisse der Risikoanalyse"*** enthält. Der Abschnitt enthält folgende vier Fragen zur Risikoanalyse jeweils mit Antwortmöglichkeiten per Multiple Choice und Freitext (dazu auch → § 10 Rn. 79 f.):

10 1) „Wurde im Berichtszeitraum eine regelmäßige (jährliche) Risikoanalyse durchgeführt, um menschenrechtliche und umweltbezogene Risiken zu ermitteln, zu gewichten und zu priorisieren?"

Bei dieser Frage ist per Multiple Choice anzugeben, ob die Risikoanalyse im eigenen Geschäftsbereich und/oder bei unmittelbaren Zulieferern durchgeführt wurde. Wird eine der beiden Möglichkeiten angekreuzt, ist in einem Freitextfeld anzugeben, in welchem Zeitraum die Risikoanalyse durchgeführt wurde sowie das Verfahren der Risikoanalyse zu erläutern.

Wird die Durchführung der jährlichen Risikoanalyse **verneint,** ist dies per **Freitextfeld** zu **begründen.**

2) „Wurden im Berichtszeitraum auch anlassbezogene Risikoanalysen durchgeführt?" 11

Hier sind verschiedene „Ja"-Optionen ankreuzbar, die jeweils einen Anlass beschreiben, zB „Ja, aufgrund substantiierter Kenntnis von möglichen Verletzungen bei mittelbaren Zulieferern" oder „Ja, aufgrund wesentlicher Veränderung der Risikolage etwa durch neue Produkte/Projekte/Erschließung neuer Märkte". Weitere (nicht vorgegebene) Anlässe können per Freitextfeld ergänzt werden. Wird die Durchführung einer anlassbezogenen Risikoanalyse bejaht, sind per Freitextfeld der konkrete Anlass näher zu beschreiben sowie zu erläutern, zu welchen Erkenntnissen die Analyse in Bezug auf eine wesentlich veränderte und/oder erweiterte Risikolage geführt hat und inwiefern Erkenntnisse aus der Bearbeitung von Hinweisen/Beschwerden eingeflossen sind.

Wird die Durchführung einer anlassbezogenen Risikoanalyse **verneint,** ist dies per **Freitextfeld** zu **begründen.** Eine plausible Begründung an dieser Stelle wäre etwa, dass es im Berichtszeitraum weder Anlässe gab, die zu einer wesentlich veränderten oder erweiterten Risikolage in der Lieferkette geführt haben (§ 5 Abs. 4) noch konkrete Anhaltspunkte bekannt wurden, die eine Verletzung menschenrechtlicher oder umweltbezogener Pflichten bei mittelbaren Zulieferern möglich erscheinen ließen (§ 9 Abs. 3).

3) „Welche Risiken wurden im Rahmen der Risikoanalyse(n) konkret ermittelt? Wählen Sie jeweils für den eigenen Geschäftsbereich, den unmittelbaren Zulieferer und den mittelbaren Zulieferer aus." 12

Bei dieser Frage sind per Multiple Choice die einzelnen in § 2 Abs. 2, 3 aufgezählten menschenrechtlichen und umweltbezogenen Risiken anzukreuzen (zB Verbot von Kinderarbeit, Missachtung von Arbeitsschutz und arbeitsbedingten Gesundheitsgefahren usw.).

4) „Wurden die im Berichtszeitraum ermittelten Risiken gewichtet und ggf. priorisiert und wenn ja, auf Basis welcher Angemessenheitskriterien?" 13

Bei dieser Frage können mehrere Antwortmöglichkeiten (Multiple Choice) angekreuzt werden, die jeweils eines der in § 3 Abs. 2 aufgeführten Angemessenheitskriterien enthalten. Mit Blick auf die Wirksamkeit der Risikoanalyse zentral ist ausweislich der BAFA-Handreichung Risikoanalyse (S. 12), dass Eintrittswahrscheinlichkeit und Schwere der Verletzung bei der Gewichtung der Risiken einzeln zu bewerten sind (dazu → Rn. 49 f.). Werden diese beiden Kriterien daher nicht angekreuzt, wird damit praktisch die Fehlerhaftigkeit der Risikoanalyse offengelegt.

Wird mind. ein Angemessenheitskriterium angekreuzt, ist in einem Freitextfeld zu erläutern, wie bei der Gewichtung und ggf. Priorisierung vorgegangen wurde und welche Abwägungen dabei getroffen wurden.

Wird keines der Angemessenheitskriterien ausgewählt, ist dies in einem Freitextfeld zu begründen.

III. Gang der Darstellung

Wie oben (→ Rn. 1 ff.) dargestellt, bildet die Risikoanalyse das Fundament des LkSG-Risikomanagementsystems. Eine fehlerhaft durchgeführte Risikoanalyse stellt daher nicht nur eine Sorgfaltspflichtverletzung dar, die als Ordnungswidrigkeit mit einem Bußgeld geahndet werden kann (vgl. § 24 Abs. 1 Nr. 2). Vielmehr „infiziert" sie auch die anderen Sorgfaltsprozesse, wenn und weil diese auf den 14

Ergebnissen der Risikoanalyse beruhen. Nach alldem sollten Unternehmen der **wirksamen Durchführung der Risikoanalyse größte Aufmerksamkeit widmen.**

15 Das **Ziel der vorliegenden Kommentierung** zu § 5 ist es, den Verantwortlichen in den Unternehmen – in Ergänzung zu den Hinweisen in der BAFA-Handreichung zur Umsetzung einer Risikoanalyse nach den Vorgaben des LkSG (zur Bindungswirkung der Handreichung → § 20 Rn. 2) – **pragmatische Leitlinien** und **Praxishinweise** für eine effiziente und effektive Durchführung der Risikoanalyse an die Hand zu geben. Der Autor hat daher bewusst – anders als andere vorliegende Werke – einen weniger juristischen Ansatz der Kommentierung gewählt. Die **Risikoanalyse** (sowohl im Rahmen des LkSG-Risikomanagements als auch bei klassischen Enterprise Risk Management Systemen und Compliance Management Systemen) ist **nicht primär ein Rechtsthema,** sondern ein Umsetzungsthema. Es bedarf eines Verständnisses für die Aufbau- und Ablauforganisation von Governance Systemen in Unternehmen und idealerweise Erfahrung bei Implementierung, Optimierung und Prüfung entsprechender Systeme.

16 Entsprechend der soeben geschilderten Zielsetzung enthält die nachstehende Kommentierung unter **B.** (→ Rn. 17–93) eine komprimierte **Darstellung der pragmatischen Umsetzung der Risikoanalyse,** die in erster Linie auf dem Wissen des Autors aus der Beratung des Bundesamts für Wirtschaft und Ausfuhrkontrolle **(BAFA)** bei der Entwicklung einer Prüfungsmethode sowie den Erfahrungen aus etlichen Umsetzungsprojekten in Unternehmen verschiedener Branchen und Größen resultiert. Dem schließt sich unter **E.** (→ Rn. 94 ff.) die Erläuterung der **Risikoanalyse anhand des Beispiels EnBW,** kommentiert von Dr. Lothar Rieth (Head of Sustainability, EnBW und Mitglied des Vorstands von econsense) und Manon Messing (Sustainability Manager, EnBW) an. Der dabei idS eines Praxisberichts dargestellte Risikoanalyse-Ansatz mag in Detailfragen von der nachstehend unter B. dargestellten Vorgehensweise abweichen. Dies ist allerdings nur ein eindrucksvoller Beleg dafür, dass es nicht den EINEN Ansatz für eine wirksame Risikoanalyse gibt. Vielmehr führen im sprichwörtlichen Sinne viele Wege nach Rom. Entscheidend ist letztlich ein systematischer und nachvollziehbarer Ansatz.

B. Durchführung der Risikoanalyse

I. Überblick

17 Gem. § 5 Abs. 1 S. 1 hat das Unternehmen im Rahmen des Risikomanagements eine angemessene Risikoanalyse nach den Abs. 2–4 durchzuführen, um die menschenrechtlichen und umweltbezogenen Risiken im eigenen Geschäftsbereich sowie bei seinen unmittelbaren Zulieferern zu ermitteln. Gem. § 5 Abs. 4 S. 1 ist die Risikoanalyse einmal im Jahr sowie anlassbezogen durchzuführen, wenn das Unternehmen mit einer wesentlich veränderten oder wesentlich erweiterten Risikolage in der Lieferkette rechnen muss. Aus dem Vorstehenden ergibt sich, dass **zwei Arten der Risikoanalyse zu unterscheiden** sind: die **jährliche** und die weitere **anlassbezogene** Risikoanalyse (s. auch BAFA, Handreichung Risikoanalyse, S. 6).

18 Die beiden Arten der Risikoanalyse unterscheiden sich vor allem in den Teilen der Lieferkette (s. auch BAFA, Handreichung Risikoanalyse, S. 6): Ausweislich des Wortlauts des § 5 Abs. 1 S. 1 ist die **jährliche Risikoanalyse** im **eigenen Geschäftsbereich** und bei **unmittelbaren Zulieferern** durchzuführen. **Mittelbare Zulieferer** sind vom Scope der jährlichen Risikoanalyse **nicht erfasst.** Dagegen spricht § 5 Abs. 4 S. 1 von der „Risikolage in der Lieferkette". Der Begriff „Lieferkette" ist in § 2 Abs. 5 definiert und umfasst den eigenen Geschäftsbereich, die unmittelbaren Zulieferer sowie die mittelbaren Zulieferer. Hieraus wird (mE vertretbar) abgeleitet, dass sich die **anlassbezogene Risikoanalyse** auf die gesamte Lieferkette bezieht, mithin **auch mittelbare Zulieferer erfasst** (s. auch BAFA, Handreichung Risikoanalyse, Schaubild auf S. 7). Nur der Vollständigkeit halber

sei an dieser Stelle erwähnt, dass das Gesetz neben der anlassbezogenen Risikoanalyse nach § 5 Abs. 4 auch eine anlassbezogene Risikoanalyse nach § 9 Abs. 3 vorsieht. Letztere ist dann durchzuführen, wenn dem Unternehmen tatsächliche Anhaltspunkte für eine Verletzung menschenrechtlicher oder umweltbezogener Pflichten bei mittelbaren Zulieferern vorliegen (dazu → § 9 Rn. 10 ff.); dementsprechend umfasst ihr Scope (nur) die mittelbaren Zulieferer(s. auch BAFA, Handreichung Risikoanalyse, Schaubild auf S. 7).

Nachstehend wird zunächst die jährliche Risikoanalyse im eigenen Geschäftsbereich erörtert (→ Rn. 21 ff.) und anschließend die jährliche Risikoanalyse bei unmittelbaren Zulieferern (→ Rn. 58 ff.). Die separate Darstellung macht Sinn, da sich diese beiden Risikoanalysen – neben dem Scope – auch im Prozess der Risikoidentifikation unterscheiden. Klarstellend sei an dieser Stelle aber dazu gesagt, dass es bei der jährlichen Risikoanalyse im eigenen Geschäftsbereich und bei unmittelbaren Zulieferern mehr Gemeinsamkeiten als Unterschiede gibt und geben muss. Mitunter begegnet man Unternehmen, bei denen die Konzeptionierung und anschließende Durchführung der Risikoanalyse bei unmittelbaren Zulieferern in der Verantwortung vom Einkauf liegt und die Risikoanalyse im eigenen Geschäftsbereich bei der Compliance oder Sustainability Abteilung. Beide Fachbereiche wählen dabei völlig **autarke Ansätze** für die **Risikoanalysen im eigenen Geschäftsbereich** und bei **unmittelbaren Zulieferern** und arbeiten mithin „siloartig" nebeneinander. Dies ist nicht nur unwirtschaftlich, sondern birgt auch die Gefahr der Unwirksamkeit der Risikoanalyse. Denn ein wirksames Risikomanagementsystem setzt eine einheitliche Methodik der Risikobewertung und Priorisierung voraus. 19

Kommunikation ist ein zentraler Bestandteil eines Risikomanagementsystems (→ § 4 Rn. 20) und dementsprechend schreibt § 5 Abs. 3 vor, dass die Ergebnisse der Risikoanalyse intern an die maßgeblichen Entscheidungsträger kommuniziert werden. Diese **Kommunikation** gilt für alle Risikoanalysen (also für die jährliche Risikoanalyse im eigenen Geschäftsbereich und bei mittelbaren Zulieferern sowie für die anlassbezogene Risikoanalyse gem. § 5 Abs. 4) und wird unter **Ziffer V.** (→ Rn. 89 ff.) behandelt. Ein Erfordernis, welches ebenfalls für alle Risikoanalysen gleichermaßen gilt, ist die **Dokumentation,** die unter **Ziffer VI.** (→ Rn. 92 f.) erläutert wird. 20

II. Jährliche Risikoanalyse im eigenen Geschäftsbereich

Jede Risikoanalyse – mithin auch im Rahmen des LkSG-Risikomanagements – besteht aus den beiden Grundschritten der Identifikation (→ Rn. 40 ff.) und Bewertung (→ Rn. 49 ff.) von Risiken (→ § 4 Rn. 7 ff.). Der in § 5 Abs. 2 ebenfalls genannte Schritt der Priorisierung ist – wie unten (→ Rn. 57) noch aufgezeigt wird – optional. Bevor jedoch mit der Risikoidentifikation und damit mit der eigentlichen Risikoanalyse begonnen werden kann, sind einige vorbereitende Maßnahmen notwendig, die sogleich unter → Rn. 22 ff. dargestellt werden. 21

1. Vorbereitende Maßnahmen

a) Bestimmung von Zuständigkeiten

Die erste notwendige Maßnahme bei der Umsetzung des LkSG und damit auch der Risikoanalyse ist die klare und überschneidungsfreie Festlegung von Zuständigkeiten. Zwar erwähnt § 4 Abs. 3 explizit nur die Festlegung der Zuständigkeit für die Überwachung des Risikomanagements. Insoweit handelt es sich aber nur um eine klarstellende Regelung. Denn bereits aus der Verpflichtung zur Einrichtung eines angemessenen und wirksamen Risikomanagementsystem in § 4 Abs. 1 folgt, dass das Unternehmen für eine klare **Aufbau- und Ablauforganisation** zu sorgen hat; die Verpflichtung zur Bestimmung klarer Zuständigkeiten im Sinne einer 22

wirksamen vertikalen Delegation folgt im Übrigen auch aus den allgemeinen Organisationspflichten der Geschäftsleitung (dazu → § 4 Rn. 49 ff.).

23 Die soeben erläuterte Festlegung von Zuständigkeiten ist auch für die Umsetzung der Risikoanalyse anfangs notwendig. Denn einerseits gilt es, die bei der Durchführung der Risikoanalyse anstehenden Aufgaben sinnvoll auf die vorhandenen Ressourcen zu verteilen. Vor allem aber muss – vor dem Hintergrund der unterschiedlichen Risiken in § 2 Abs. 2, 3, die es zu identifizieren und zu bewerten gilt – sichergestellt werden, dass sich nach Möglichkeit die fachlich geeignetsten Mitarbeitenden im Unternehmen den entsprechenden Risiken annehmen. Gerade aufgrund des zuletzt genannten Aspekts zeichnet sich in der Unternehmenspraxis bei der **Umsetzung der Risikoanalyse** folgende **Good Practice** mit Blick auf die **Verteilung der Verantwortlichkeiten** ab:

24 Unerlässlich ist, dass eine Person bzw. **Fachabteilung** im Unternehmen (alternativ: mehrere Personen bzw. Fachabteilungen im Unternehmen im Tandem) die Zuständigkeit für die **Projektleitung** zumindest in der Umsetzungsphase innehaben sollte. Die Projektleitung hat eine übergreifende Koordinationsfunktion im Sinne einer klassischen **PMO-Rolle** (PMO steht für Project Management Office), dh, zu ihren wesentlichen Aufgabenbereichen gehört die Ressourcenplanung, die laufende Überwachung der Projektschritte insbes. mit Blick darauf, dass die im Projektplan definierten Milestones innerhalb der festgelegten Timeline erreicht werden. Die Rolle der Projektleitung bei der LkSG-Umsetzung haben im Unternehmen regelmäßig die Abteilungen Compliance, Risikomanagement oder Sustainability sowie die Einkaufsabteilung. Dass die Einkaufsabteilung – mit Blick auf die Risikoanalyse bei unmittelbaren Zulieferern – stets eine zentrale Rolle bei der LkSG-Umsetzung innehat, leuchtet unmittelbar ein. Erfahrungsgemäß hat es sich bewährt, auch eine Person aus dem Compliance-Office oder (sofern vorhanden) aus der Risikomanagement-Abteilung in der Projektleitung zu haben. Dies liegt schlichtweg daran, dass die beiden genannten Abteilungen mit der Methodik der Risikoanalyse am besten vertraut sind und am besten gewährleisten können, dass bei der LkSG-Risikoanalyse auf die bereits vorhandenen Prozesse und Methodiken aufgesetzt wird. Die **Zuständigkeit für die Bewertungsmethodik** sollte daher idealerweise bei einer dieser Abteilungen liegen.

25 Sodann gilt es – wie bereits oben (→ Rn. 22 f.) erwähnt – die Verantwortung für die relevanten **LkSG-Risiken** den fachlich geeignetsten Mitarbeitern zuzuordnen. Zu diesem Zweck werden die in § 2 Abs. 2, 3 genannten geschützten Rechtspositionen bzw. Risiken in **Risiko-Kategorien geclustert.** Die jeweiligen Kategorien werden sodann der Fachabteilung bzw. Person(en) in der Fachabteilung zugeordnet, die im Tagesgeschäft ohnehin mit den entsprechenden Risiken konfrontiert sind. Offenkundig und naheliegend ist hierbei **bspw.** die Zuordnung der Risikokategorie **Labor Standards (zB § 2 Abs. 2 Nr. 1–8)** zur Fachabteilung **Human Resources** (HR). Im Übrigen hängt die Zuordnung der Risiko-Kategorien vor allem davon ab, welche Fachabteilungen / Fachexperten im Unternehmen existieren; so verfügt nicht jedes Unternehmen (erst recht nicht mittelständische Unternehmen) über eine Fachabteilung Health, Safety, Security & Environment (HSE) oder Umweltmanagement. Die nachstehende Abbildung 1 zeigt eine beispielhafte Darstellung, wie die LkSG-Risiken in Kategorien geclustert werden können sowie eine beispielhafte Zuordnung zu einer Fachabteilung. Die Personen in den entsprechenden Fachabteilungen, denen die Risiken zugeordnet werden, werden regelmäßig als **Risk Owner** oder **Risk Manager** bezeichnet (die Bezeichnung Risk Manager oder Risk Owner ist in Unternehmen recht verbreitet, wird aber nicht einheitlich verwendet. Häufig wird auch der Leiter der entsprechenden Fachabteilung als Risk Manager bezeichnet und der Mitarbeitenden aus derselben Abteilung, der für die operative Umsetzung verantwortlich ist, als Risk Owner).

26

Risikofeld	Konkretes Risiko / Geschützte Rechtsposition	Zuständigkeit (beispielhaft)
Arbeitsrechte	Kinderarbeit (§ 2 Abs. 2 Nr. 1 und 2 LkSG)	HR
	Zwangsarbeit und Sklaverei (§ 2 Abs. 2 Nr. 3 und 4 LkSG)	
	Arbeitszeiten (§ 2 Abs. 2 Nr. 5 LkSG)	
	Koalitionsfreiheit (§ 2 Abs. 2 Nr. 6 LkSG)	
	Ungleichbehandlung (§ 2 Abs. 2 Nr. 7 LkSG)	
	Unangemessener Lohn (§ 2 Abs. 2 Nr. 8 LkSG)	
Umweltschutz	Schädliche Umwelteinflüsse (§ 2 Abs. 2 Nr. 9 LkSG)	Nachhaltigkeitsabteilung oder Umweltmanagement
	Quecksilber (§ 2 Abs. 3 Nr. 1 bis 3 LkSG)	
	Persistente organische Schadstoffe (§ 2 Abs. 3 Nr. 4 und 5 LkSG)	
	Gefährliche Abfälle (§ 2 Abs. 3 Nr. 6 bis 8 LkSG)	
Landrechte	Zwangsräumung (§ 2 Abs. 2 Nr. 10 LkSG)	Rechtsabteilung oder M&A-Abteilung
Sicherheit & Gesundheit	Arbeitssicherheit (§ 2 Abs. 2 Nr. 5 LkSG)	HSE-Abteilung (sofern vorhanden)
Konflikte & Sicherheit	Sicherheitskräfte (§ 2 Abs. 2 Nr. 11 LkSG)	Corporate Security

Abb. 1: Beispielhafte Kategorisierung und Zuordnung der LkSG-Risiken

27 Jedenfalls bei den Unternehmen mit mehr als 3000 Arbeitnehmern im Inland, die bereits seit dem 1.1.2023 in den Anwendungsbereich des LkSG fallen, dürfte es sich in aller Regel um Unternehmen in einer Konzernstruktur handeln. Wenn vorstehend (→ Rn. 25) von der Zuordnung der Risiko-Kategorien zu geeigneten Fachabteilungen im Unternehmen die Rede ist, dann sind damit in **Konzernstrukturen** die bei der Konzernmutter angesiedelten **Gruppen-Funktionen** gemeint, die also ihre Aufgabe gruppenweit wahrnehmen. Dies gilt auch in den Fällen, in denen einzelne (größere) Tochter- oder Enkelgesellschaften über eigene Fachabteilungen (zB HR, Compliance- oder Rechtsabteilungen) verfügen. Mit der Ansiedlung der Zuständigkeiten bei den Gruppenfunktionen kann die Sicherstellung eines einheitlichen Verständnisses, einheitlicher Methoden und Prozesse mit Blick auf das LkSG-Risikomanagementsystem im eigenen Geschäftsbereich am zuverlässigsten gewährleistet werden.

28 Den **Gruppenfunktionen** (genauer: den Risk Managern und/oder Risk Ownern in den Gruppenfunktionen), denen – wie in Abb. 1 (→ Rn. 26) beispielhaft dargelegt – bestimmte Risikokategorien zugeordnet wurden, obliegen im Rahmen der Risikoanalyse und später auch im Rahmen des Risikomanagementkreislaufs insbes. folgende **Aufgaben:**

- Konkretisierung der Risiken aus § 2 Abs. 2 und 3 sowie Erstellung einer Liste (oftmals wird eine solche exemplarische Liste von Risiken zur Risikoidentifikation auch als Risikokatalog bezeichnet. Sie ist nicht zu verwechseln mit der finalen Dokumentation der tatsächlich identifizierten und bewerteten Risiken im Risikoinventar) beispielhafter unternehmensspezifischer Risiken, welche auch von Tochter- und Enkelgesellschaften zur Risikoidentifikation genutzt werden kann (vgl. zum sog. **Risikokatalog** → Rn. 41)
- **Plausibilitätskontrolle** der aus den Tochtergesellschaften/Standorten/Filialen gemeldeten Risiken (→ Rn. 53)
- Gruppenweiter **fachlicher Ansprechpartner** für Fragen zu den ihnen zugeordneten Risiken.

29 Die vorstehend erläuterte Festlegung der Zuständigkeiten sollte klar und überschneidungsfrei sein; hierbei gelten die Anforderungen an eine wirksame vertikale Delegation (zur Festlegung der Zuständigkeiten im Rahmen des LkSG-Risikomanagementsystems → § 4 Rn. 49 ff.). Zur Erfüllung der Dokumentationspflicht nach § 10 Abs. 1 sowie als Nachweis sollte die Zuständigkeitsregelung in einer **Vorstandsvorlage dokumentiert** und anschließend durch **Beschluss der Geschäftsleitung** formal beschlossen werden.

b) Bestimmung des eigenen Geschäftsbereichs

30 Nach der Festlegung von Zuständigkeiten (→ Rn. 22 ff.) folgt die zweite vorbereitende Maßnahme für die Durchführung Risikoanalyse: die Bestimmung des eigenen Geschäftsbereichs. Der eigene Geschäftsbereich ist **in § 2 Abs. 6 definiert,** insofern kann an dieser Stelle auf die dortigen Ausführungen verwiesen werden (→ § 2 Rn. 169 ff.). Die korrekte Bestimmung des eigenen Geschäftsbereichs vor der eigentlichen Risikoanalyse ist deshalb notwendig, weil erst dann feststeht, welche **in- und ausländischen Tochter- und Enkelgesellschaften** im **Scope der Risikoanalyse** sind und eingebunden werden müssen. Die Einbindung bedeutet in einem ersten Schritt, dass für die betreffenden konzernangehörigen Gesellschaften Zuständigkeiten u. a. für die Risikoanalyse festgelegt werden müssen, regelmäßig als sog. **Risk Owner** bzw. **Risk Manager** bezeichnet. Risk Owner bzw. Risk Manager sind gleichwohl nicht nur in den Tochter- und Enkelgesellschaften zu benennen, sondern auch bei den Gruppenfunktionen in der Obergesellschaft (→ Rn. 27 f.). Auch vor dem Hintergrund, dass eine falsche Bestimmung des eigenen Geschäftsbereichs eine nicht korrekte bzw. nicht vollständige Risikoanalyse zur Folge haben kann, welche gemäß § 24 Abs. 1 Nr. 2 eine Ordnungswidrigkeit darstellt und mit einer Geldbuße bis zu fünfhunderttausend Euro (§ 24 Abs. 2 Nr. 2) geahndet werden kann, ist eine angemessene Dokumentation dessen als Nachweis zwingend erforderlich.

31 Die korrekte Bestimmung des eigenen Geschäftsbereichs, mithin die Klärung der Frage, auf welche konzernangehörigen Gesellschaften die Obergesellschaft einen bestimmenden Einfluss ausübt, spielt aber nicht nur für die Risikoanalyse im eigenen Geschäftsbereich eine Rolle. Vielmehr hängt auch der **Scope der Risikoanalyse bei unmittelbaren Zulieferern** maßgeblich davon ab. Denn ausweislich der **Präambel** im **BAFA-Fragenkatalog** zur Berichterstattung gem. § 10 Abs. 2 klargestellt gilt: ***„Unmittelbare Zulieferer von bestimmend beeinflussten konzernangehörigen Gesellschaften sind unmittelbare Zulieferer der Obergesellschaft."***

32 **Beispiel:** Die A GmbH ist die oberste deutsche Gesellschaft eines GmbH-Konzerns mit sechs 100%igen Tochtergesellschaften, auf die sie bestimmenden Einfluss iSv § 2 Abs. 6 S. 3 ausübt. Die A GmbH ist eine nicht operativ tätige Holding mit nur 100 Mitarbeitern. Sie hat dementsprechend nur 50 Lieferanten, mit denen eine direkte Vertragsbeziehung besteht. Die sechs Tochtergesellschaften sind alle operativ tätig, beschäftigen jeweils 500 Arbeitnehmer in Deutschland und haben jeweils ca. 1.000 Lieferanten, mit denen eine direkte Vertragsbeziehung besteht. In diesem Beispiel kommt die A GmbH über die Mitarbeiterzurechnung (§ 1 Abs. 3) auf 3.100 Arbeitnehmer unterfällt damit seit dem 1.1.2023 dem LkSG. Die Tochtergesellschaften sind zwar nicht selbst unmittelbar vom Anwendungsbereich des LkSG erfasst, gehören jedoch aufgrund des bestimmenden Einflusses der A GmbH zu deren eigenem Geschäftsbereich. Für den Scope der von der A GmbH durchzuführenden Risikoanalyse im eigenen Geschäftsbereich bedeutet dies, dass sie alle sechs Tochtergesellschaften umfassen muss. Für den Scope der von der A GmbH durchzuführenden Risikoanalyse bei unmittelbaren Zulieferern bedeutet dies, dass die A GmbH nicht nur 50, sondern insgesamt 6.050 unmittelbare Zulieferer betrachten muss.

c) Schulung der relevanten Personen

33 Die Mitarbeitenden im Unternehmen, denen die Zuständigkeit für die Durchführung der Risikoanalyse übertragen worden ist (dazu → Rn. 22 f.), müssen – je nach fachlichem Vorwissen und Kenntnisstand mit Blick auf die LkSG-relevanten Risiken – zu einem festzulegenden Zeitpunkt geschult werden. Hierbei geht es <u>nicht</u> um die in § 6 Abs. 3 Nr. 3 genannten Schulungen in den relevanten Geschäftsbereichen, die als Präventionsmaßnahme gedacht sind. Vielmehr ist die **Zielsetzung** der hier angesprochene Schulung, die für die Risikoanalyse verantwortlichen Mitarbeitenden zu **befähigen, Risiken** zu **identifizieren** und zu **bewerten.** Danach richtet sich der Inhalt der Schulung: Sie muss den Verantwortlichen

- die in § 2 Abs. 2 und 3 genannten Risiken (inklusive Auffangtatbestand in § 2 Abs. 2 Nr. 12) sowie
- die Risikobewertungsmethodik

erläutern und handhabbar machen. Idealerweise wird den Verantwortlichen anschließend ein Handout sowie der erstellte Risikokatalog (→ Rn. 41) ausgehändigt.

2. Abstrakte Risikobetrachtung

34 S. zunächst → Rn. 66 ff. zum Hintergrund, der praktischen Relevanz und der konkreten Durchführung der abstrakten Risikobetrachtung. Praktisch relevant ist die abstrakte Risikobetrachtung vor allem im Rahmen der Risikoanalyse bei unmittelbaren Zulieferern. Das bedeutet aber nicht, dass sie nicht auch im Rahmen der Risikoanalyse im eigenen Geschäftsbereich im Einzelfall zum Tragen kommen kann. Insoweit kann 1:1 auf die Ausführungen hierzu in der **BAFA-Handreichung zur Umsetzung einer Risikoanalyse** nach den Vorgaben des LkSG (dort S. 13) verwiesen werden. Dort heißt es (Hervorhebungen durch den Autor):

35 *Die „abstrakte Risikobetrachtung ist zwar auch im Rahmen der regelmäßigen Risikoanalyse **im eigenen Geschäftsbereich grundsätzlich zulässig.** Voraussetzung hierfür ist jedoch, dass die vom Anwendungsbereich des LkSG betroffene Gesellschaft so **viele Tochtergesellschaften/Filialen/Standorte** hat, dass eine individuelle Betrachtung aller Töchter/Einheiten (zumindest zunächst) nicht zumutbar erscheint bzw. die Gesellschaft ihren risikobasierten Ansatz plausibel darlegen kann. Die abstrakte Risikobetrachtung dient der Identifizierung von Gesellschaften/Filialen/Standorte im eigenen Geschäftsbereich mit einer erhöhten Risikoexposition für eine konkrete Risikobetrachtung wie sie im Rahmen von Schritt 2 beschrieben wird.*

36 *Wie auch bei den unmittelbaren Zulieferern bedeutet dieses priorisierte Vergehen jedoch nicht, dass diese Gesellschaften/Filialen/Standorte überhaupt nicht mehr vom LkSG-Risikomanagement erfasst sind. Vielmehr hat die berichtspflichtige Gesellschaft gemäß ihrer Pflicht zur Einrichtung eines wirksamen Risikomanagements (§ 4 Abs. 1) dafür Sorge zu tragen, dass die **relevanten Mitarbeiter:innen** in **ausnahmslos** allen vom eigenen Geschäftsbereich umfassten Gesellschaften/Filialen/Standorten für die nach dem LkSG geschützten Rechtspositionen **sensibilisiert** und damit befähigt sind, entsprechende Risiken zu identifizieren und an die hierfür zuständigen Stellen im Konzern zu berichten. Die relevanten Mitarbeiter:innen müssen mithin – bspw. durch Schulungen, E-Learnings, Workshops, Einzelgespräche und Handreichungen – befähigt werden, Menschenrechts- und/oder umweltbezogene Risiken zu erkennen. Darüber hinaus muss im Rahmen eines unternehmens-/konzernweiten Berichtswesens dafür gesorgt sein, dass erkannte Risiken zuverlässig und zeitnah den zuständigen Stellen gemeldet werden. Das Gleiche gilt für die Implementierung eines effektiven Beschwerdemechanismus sowie ggf. für Präventivmaßnahmen, wenn und weil diese auch in den nicht-priorisierten Gesellschaften/Filialen/Standorten sinnvoll Anwendung finden (etwa Richtlinien).*

37 *Gesellschaften, die im Sinne eines risikobasierten Ansatzes zunächst auf eine abstrakte Risikobetrachtung setzen und die konkrete Risikobetrachtung nur bei priorisierten Gesellschaften/Filialen/Standorten durchführen, sind verpflichtet, **schrittweise** zu einer verbesserten Informationslage über den gesamten eigenen Geschäftsbereich zu gelangen und damit den Prozess der konkreten Risikobetrachtung im Rahmen der Risikoanalyse **auf alle Gesellschaften/Filialen/Standorte** im eigenen Geschäftsbereich **auszuweiten.**"*

38 Aus dem Vorstehenden wird deutlich, dass eine abstrakte Risikobetrachtung iRd Risikoanalyse im eigenen Geschäftsbereich nur bei Konzernstrukturen mit einer Vielzahl von bestimmend beeinflussten konzernangehörigen Gesellschaften zulässig sein dürfe. Ein dauerhaftes **„Ausklammern" bestimmter Gesellschaften** ist **in keinem Fall zulässig.** Vielmehr erlaubt die abstrakte Risikobetrachtung hier (nur) ein schrittweises Vorgehen und „entlastet" die Obergesellschaft in größeren Konzernen insoweit, dass sie die Risikoanalyse im eigenen Geschäftsbereich nicht bereits im ersten Jahr bei allen relevanten Gesellschaften durchgeführt haben müssen.

3. Konkrete Risikobetrachtung

39 Nach der abstrakten Risikobetrachtung – soweit sie wie soeben (→ Rn. 34 ff.) erläutert im Rahmen der Risikoanalyse im eigenen Geschäftsbereich ausnahmsweise zulässig ist – folgt als zweiter Schritt die konkrete Risikobetrachtung. Gehören zum eigenen Geschäftsbereich nicht so viele Tochtergesellschaften/Filialen/Standorte, dass eine abstrakte Risikobetrachtung zulässig in Betracht kommt, bildet die konkrete Risikobetrachtung den ersten Schritt der LkSG-Risikoanalyse. Sie besteht aus den **Teilschritten** der **Identifikation** (→ Rn. 40 ff.) und **Bewertung** (→ Rn. 49 ff.) von Risiken (in der BAFA-Handreichung Risikoanalyse (S. 12) wird der Schritt der konkreten Risikobetrachtung wie folgt beschrieben: „Konkrete Ermittlung von Risiken und ihre Gewichtung sowie Priorisierung anhand der in § 3 Abs. 2 genannten Kriterien."). Die genannten Teilschritte unterscheiden sich hinsichtlich Methodik und Prozessablauf im Grundsatz nicht von der Identifikation und Bewertung von Risiken bei klassischen Risikomanagementsystemen oder Compliance Management Systemen (dazu → § 4 Rn. 7 ff.). Insofern muss bei der Identifikation und Bewertung von LkSG-Risiken nicht das sprichwörtliche Rad neu erfunden werden. Vielmehr kann auf in der Praxis bewährte (und im Unternehmen idealerweise bereits vorhandene) Methoden und Vorgehensweisen aufgesetzt werden.

a) Identifikation von Risiken

40 Nicht identifizierten Risiken kann nicht durch entsprechende Präventionsmaßnahmen vorgebeugt werden. Die sachgerechte Risikoidentifikation ist daher der erste und zentrale Schritt der Risikoanalyse und bildet die Grundlage für die Entwicklung eines wirksamen LkSG-Risikomanagementsystems. Dabei geht es um die **Sammlung** aller LkSG-relevanten, mithin der in § 2 Abs. 2 und 3 aufgelisteten Risiken. Im Rahmen der Identifikation sind alle LkSG-Risiken zu dokumentieren, deren Realisierung nicht praktisch ausgeschlossen werden kann, dh ungeachtet ihrer konkreten Eintrittswahrscheinlichkeit oder Schadenswirkung. Es sollte in diesem ersten Teilschritt also bewusst noch **keine Bewertung** einzelner identifizierter Risiken erfolgen.

aa) Erstellung eines Risikokatalogs

41 In der Praxis haben Mitarbeiter:innen, die mit der Risikoidentifikation betraut werden, regelmäßig Schwierigkeiten damit, die im Gesetz häufig recht abstrakt beschriebenen Risiken zu identifizieren (Beispiel: *„Verbot der Herbeiführung einer schädlichen Bodenverunreinigung"*, § 2 Abs. 2 Nr. 9). Die häufigste Frage, die der Autor bei entsprechenden Risikoworkshops hört, ist regelmäßig: „Haben Sie dafür ein Beispiel?". Daher hat sich in der Praxis als **Hilfestellung für die Risikoidentifikation** die Erstellung eines Risikokatalogs bewährt. Dabei geht es darum, idealerweise für jede der in § 2 Abs. 2 und 3 genannten geschützten Rechtspositionen bzw. Risiken **beispielhafte Risikobeschreibungen** zu entwerfen, die im Unternehmen denkbar wären. An diesen beispielhaften Risikobeschreibungen können sich die Mitarbeitenden, denen die Aufgabe der Risikoidentifikation im eigenen Geschäftsbereich übertragen wird, orientieren. Mit der Erstellung eines Risikokatalogs betraut werden regelmäßig die Gruppenfunktionen/Fachabteilungen, denen die festgelegten Risikokategorien zugeordnet worden sind (→ Rn. 27 f.). Die nachfolgende Abbildung zeigt beispielhaft einen Ausschnitt aus einem Risikokatalog.

42

Nr.	Typ	gesetzl. Anknüpfung	Risikobe-zeichnung	Relevanz	Risikobeschreibung	Ursachen	Präventionsmaßnahmen
HR_01	Menschenrechtsrisiko	Kinderarbeit	Kinderarbeit unter 15 Jahren	Ja	Ein Kind unter 15 Jahren arbeitet.	* Kinder können günstiger beschäftigt werden. * Kinder können bestimmte Tätigkeiten besser ausführen. * Es herrscht ein Mangel an Arbeitskräften. * Von Kindern wird weniger Widerstand erwartet.	* Die Altersgrenze der Schulpflicht im jeweiligen Land prüfen. * Im Einstellungsprozess das Alter des Bewerbers prüfen (Ausweis o. Ä.). Bei der legalen Beschäftigung Minderjähriger/Heranwachsender: * Die Angemessenheit der Tätigkeit oder Tätigkeitsstätte für Minderjährige prüfen. * Einen Verantwortlichen als Ansprechpartner und zur Kontrolle der Angemessenheit der Tätigkeit bestimmen. * Enge Absprachen und vertragliche Regelungen mit den Erziehungsberechtigten treffen.
HR_02	Menschenrechtsrisiko	Kinderarbeit	Kinderarbeit während Schulpflicht	Ja	Ein/e Minderjährige/r mit mind. 15 Jahren arbeitet vor Ablauf der Schulpflicht.		
HR_03	Menschenrechtsrisiko	Besonders schlimme Kinderarbeit	Sklaverei bei Kindern	Nein	Ein Kind verrichtet Arbeiten mit hoher körperlicher Belastung, bspw. das Tragen oder Bewegen schwerer Lasten. Arbeiten mit schwerem Gerät.		* Das Recht des Beschäftigungsortes prüfen und anwenden. * Ggf. an internationalen Standards, die über das Recht des Beschäftigungsortes hinaus gehen, orientieren. * Verantwortliche auf persönliche Eignung prüfen und schulen. * Angemessene Vertragsdokumente zur Beschäftigung konzipieren. * Angemessenes Beschwerde- und Hinweisgebersystem implementieren. * Speak-up-Kultur fördern.
HR_04	Menschenrechtsrisiko	Besonders schlimme Kinderarbeit	Sklaverei bei Kindern	Nein	Ein Kind arbeitet unter belastenden Umständen, bspw. mit lauten Maschinen, bei großer Hitze, in Enge oder Dunkelheit.		
HR_05	Menschenrechtsrisiko	Besonders schlimme Kinderarbeit	Sklaverei bei Kindern	Nein	Ein Kind arbeitet unter gefährlichen Umständen, bspw. durch große Maschinen, schwere Gegenstände, Naturgewalten wie Wasser.		
HR_06	Menschenrechtsrisiko	Besonders schlimme Kinderarbeit	Sklaverei bei Kindern	Nein	Ein Kind arbeitet in einem unzumutbaren zeitlichen Umfang oder bekommt keine angemessenen Ruhepausen.		
HR_07	Menschenrechtsrisiko	Besonders schlimme Kinderarbeit	Sklaverei bei Kindern	Ja	Ein Kind arbeitet, ohne dass die Arbeitsbedingungen vertraglich geregelt sind.		

Abb. 2: Ausschnitt aus einem beispielhaften Risikokatalog

Nachstehend werden die in der Praxis **wichtigsten Informationskanäle** zur Risikoidentifikation skizziert, wobei stets mehrere Informationskanäle parallel eingesetzt werden sollten: 43

bb) Risiko-Reporting

Jedes Risikomanagementsystem ist nur so wirksam wie die Berichterstattung zu aktuellen, neuen und veränderten Risiken. Ein wirksam gestaltetes kontinuierliches (ggf. konzernweites) Risiko-Reporting liefert fortwährend Informationen mit Relevanz für die Risikoidentifikation. Risiko-Reporting besteht in der **periodischen** (zB monatlichen oder quartalsweisen) Berichterstattung sowie der **anlassbezogenen** Berichterstattung bei besonderen Ereignissen. **Berichterstatter** sind die Risk Manager bzw. Risk Owner in den Geschäftsbereichen, Tochtergesellschaften, Filialen und Standorten. Die Berichterstattung erfolgt jeweils an die Person, welche die übergeordnete koordinierende Rolle für das LkSG-Risikomanagement hat. 44

Ein **wirksames Risiko-Reporting** sollte folgende Grundvoraussetzungen erfüllen: 45

- eindeutige Festlegung der für das Reporting Verantwortlichen (Berichterstatter und Adressaten) sowie
- klar festgelegte einheitliche Reporting-Ziele und Reporting-Intervalle,
- Schulung und Einweisung der Verantwortlichen
- einheitlich und klar definierte Mess- und Bewertungskriterien für Risiken,
- präzise Festlegung der Kriterien der Ad-hoc-Berichterstattung,
- Verwendung von unternehmensweit einheitlichen Reporting-Formaten,

cc) Fragebogengestützte Informationsgespräche:

Die Risikoidentifikation wird in der Praxis regelmäßig auch mittels fragebogengestützter Informationsgespräche durchgeführt, die mit den Risk Managern/Risk Ownern in allen relevanten Geschäftsbereichen/Tochtergesellschaften/Filialen/Standorten stattfinden. 46

dd) Risiko-Workshops

Ein bewährtes Instrument im Rahmen der Risikoidentifikation und -bewertung sind Risiko-Workshops. Sie führen neben ihrem primären Einsatzzweck (Identifizierung und Bewertung von (neuen) Risiken) stets zu einem verbesserten Risikoverständnis der Beteiligten und zu wichtigen Erkenntnissen über den Zusammenhang 47 verschiedener Einzelrisiken und Risikoparameter. Einsetzbar sind Risiko-Workshops in allen Unternehmensbereichen. Sie können sowohl auf Ebene der Geschäftsleitungen im Rahmen der **Top-down**-Beurteilung von Risiken durchgeführt werden als auch **Bottom-up** auf allen Ebenen darunter. In Abhängigkeit von den gesetzten Zielen können aber auch gemischte Workshops durchgeführt werden.

ee) Beschwerdeverfahren

48 In der **BAFA-Handreichung zur Umsetzung einer Risikoanalyse nach den Vorgaben des LkSG** (S. 4) heißt es zu Recht, dass *„auch Informationen zu Risiken und tatsächlichen Pflichtverletzungen, die durch die Bearbeitung von Hinweisen und Beschwerden gewonnen wurden“,* iRd Risikoanalyse zu berücksichtigen sind. Ein effektives Beschwerdeverfahren ist notwendiger und zentraler Bestandteil einer sachgerechten Risikoidentifikation und damit eines wirksamen LkSG-Risikomanagementsystems. Mitarbeitenden, Zulieferer und vor allem Betroffene sollen auf diese Weise die Möglichkeit erhalten, geschützt Hinweise auf Risiken bzw. Sorgfaltspflichtverstöße in der Lieferkette des Unternehmens zu geben.

b) Bewertung von Risiken

49 Gem. § 5 Abs. 2 S. 1 sind die ermittelten menschenrechtlichen und umweltbezogenen Risiken angemessen zu gewichten. Nach der Risikoidentifikation ist damit die systematische **Risikobewertung** der **nächste Schritt** zur Durchführung einer wirksamen LkSG-Risikoanalyse. Alle im Rahmen der Risikoidentifikation gesammelten (und dokumentierten) LkSG-Risiken müssen hierbei bewertet werden. Hierbei sind gemäß § 5 Abs. 2 S. 2 *„insbes. die in § 3 Absatz 2 genannten Kriterien maßgeblich“,* nämlich:

- Art. und Umfang der Geschäftstätigkeit
- Eintrittswahrscheinlichkeit
- Einflussmöglichkeit
- Schwere der Verletzung nach Grad, Anzahl der Betroffenen und Unumkehrbarkeit
- Verursachungsbeitrag des Unternehmens zu einzelnen Risiken oder Risikobereichen

50 **Ausschlaggebend** für eine wirksame Risikoanalyse ist aber letztlich, dass **Eintrittswahrscheinlichkeit** und **Schwere der Verletzung** <u>einzeln</u> (!) bewertet werden: Wie die BAFA-Handreichung Risikoanalyse (S. 4 Fn. 12) klarstellt, ist das Kriterium „Art. und Umfang der Geschäftstätigkeit“ (dazu → § 3 Rn. 73 f.) übergreifend und mit Blick auf die Vorbereitung der Risikoanalyse zu berücksichtigen, nicht als konkretes Kriterium zur Bewertung und Priorisierung. Das leuchtet unmittelbar ein: Art und Umfang der Geschäftstätigkeit kann bspw. bei der Frage eine Rolle spielen, welche finanziellen und personellen Ressourcen ein Unternehmen aufwenden muss, um für größere Transparenz in der Lieferkette zu sorgen. Hier wird man bspw. von einem DAX-40 Unternehmen mit einem Milliardenumsatz im zweistelligen Bereich größere Bemühungen erwarten als von einem mittelständischen Unternehmen, dessen Umsatz eher im unteren dreistelligen Millionenbereich liegt.

51 Ebenfalls mit Blick auf die Wirksamkeit der Risikoanalyse **zu vernachlässigen** sind **Einflussmöglichkeit** (dazu → § 3 Rn. 90 f.) und **Verursachungsbeitrag** (dazu → § 3 Rn. 131 f.). Denn mit Blick auf die Zielsetzung des LkSG (*„Verbesserung der weltweiten Menschenrechtslage entlang von Lieferketten“*; BT-Drs. 19/28649, 1) und dem Umstand, dass es iRd LkSG-Risikomanagementsystems auf die Interessen der Betroffenen ankommt (vgl. § 4 Abs. 4), können diese beiden Kriterien nicht ausschlaggebend sein. Dies verdeutlicht folgende Überlegung: Sollte ein Unternehmen beschließen, Maßnahmen zur Minimierung jedes in seiner Lieferkette identifizierten Risikos zu ergreifen, unabhängig von einem Verursachungsbeitrag oder der Einflussmöglichkeiten, kann diesem Unternehmen kein Sorgfaltspflichtverstoß angelastet

werden mit dem Argument, es habe diese beiden in § 3 Abs. 2 genannten Kriterien bei der Risikobewertung nicht berücksichtigt. Denn das Unternehmen leistet in diesem Fall sogar mehr als es nach dem Gesetz eigentlich müsste, weil es nicht verursachte Risiken eigentlich gar nicht adressieren müsste (vgl. BT-Drs. 19/28649, 43).

Aus der maßgeblichen Sicht der Betroffenen und somit für eine wirksame Risiko- 52
analyse **erforderlich** ist **allein,** dass **Eintrittswahrscheinlichkeit** und **Schwere der Verletzung** einzeln bewertet werden, „*bspw. mittels einer* ***Skala*** *bzw. einer* ***Heatmap***" (BAFA, Handreichung Risikoanalyse, S. 12). Das sind im Grundsatz genau die beiden Kriterien, die auch bei der Bewertung identifizierter Risiken im Rahmen klassischer Risikomanagementsysteme und Compliance Management Systeme angewendet werden (vgl. BAFA-Handreichung Risikoanalyse, Fn. 17, 18, jeweils mit dem Verweis auf die beiden IDW Standards PS 980 und PS 981). Daher empfiehlt es sich, nach Möglichkeit die im konkreten Unternehmen bereits existierende Methodik zur Bewertung von Compliance-Risiken oder der RMS-Risiken auf die Bewertung von LkSG-Risiken zu übertragen. Hierbei ist jedoch eines zu beachten: Anders als bei der Risikobewertung im Rahmen von Compliance Management Systemen und klassischen Risikomanagementsystemen (dort spricht man von „Schadenspotenzial") geht es nicht um die Bewertung möglicher Schäden für das Unternehmen (sog. **Outside-In Perspektive**), sondern um die Bewertung möglicher Schäden für die Betroffenen (sog. **Inside-Out Perspektive,** → § 4 Rn. 15).

Entsprechend dem **Top-down/Bottom-up-Prinzip** (→ Rn. 45) sollten idea- 53
lerweise unterschiedliche Unternehmensebenen in die Risikobewertung einbezogen werden. Stets sollten die Einschätzungen der am nächsten an den risikorelevanten Prozessen arbeitenden Mitarbeitenden (regelmäßig die Risk Owner) beachtet werden. Daneben sollten etwa die relevanten Bereichs-/Standortleitende oder die Geschäftsleitung der Tochtergesellschaften oder die Gruppenfunktionen (regelmäßig die Risk Manager) einbezogen werden, etwa dergestalt, dass sie eine Plausibilitätskontrolle der von den Risk Ownern vorgenommenen Risikoidentifikation und -bewertung vornehmen.

Für die Wirksamkeit der Risikobewertung ist es essenziell, dass die Risikobewer- 54
tung ***„nachvollziehbar nach einer konsistent angewandten Systematik"*** und für alle Beteiligten konzernweit nach denselben **Bewertungskriterien** für Eintrittswahrscheinlichkeit und Schwere der Verletzung erfolgt. Eine einheitliche Vorgabe der Risikobewertungsmethode macht nicht zuletzt deshalb Sinn, weil eine **Priorisierung** nur dann sinnvoll möglich ist, wenn alle relevanten Risiken nach der gleichen Methode bewertet worden sind.

Üblicherweise wird bei der Risikobewertung iRv Compliance Management 55
Systemen und klassischen Risikomanagementsystemen zwischen Bruttorisiko und Nettorisiko unterschieden: Die Bestimmung der Eintrittswahrscheinlichkeit und Schadenshöhe einzelner Risiken wird zunächst ohne Berücksichtigung der Wirkung und Wirksamkeit etwaiger bereits vorhandener Steuerungsmaßnahmen vorgenommen (sog. **Bruttorisiken**). Sodann wird bei der Bewertung die Wirkung der bereits umgesetzten Steuerungsmaßnahmen zur Minimierung des Risikos mit einbezogen und auf diese Weise das sog. **Nettorisiko** ermittelt. Abhängig von der Höhe des so bestimmten Nettorisikos und dem aus Sicht der Geschäftsleitung vertretbaren Maß an Risikobereitschaft ist die Konzeption und Umsetzung neuer oder die Anpassung bestehender Maßnahmen und Prozesse erforderlich.

Die Risikobewertung sollte unter **fachkundiger Reflektion** und **Moderation** 56
erfolgen. Hier empfiehlt sich die Einbindung des Compliance Office und/oder der Risikomanagement-Abteilung, weil diese Abteilungen mit der Methodik der Risikoanalyse vertraut sind und regelmäßig die größte Erfahrung bei der Risikoanalyse besitzen. Freilich können auch externe Fachleute eingebunden werden.

c) Priorisierung von Risiken

Im Anschluss an die Bewertung erfolgt bei der klassischen Risikoanalyse iRv 57
Compliance Management Systemen oder Risikomanagementsystemen regelmäßig

eine Priorisierung iS einer Staffelung bzw. der Bildung einer Rangordnung der einzelnen Risiken nach Risikointensität, also Eintrittswahrscheinlichkeit und (materielles und immaterielles) Schadenspotenzial. In der Praxis wird dies regelmäßig mit plakativen Lösungen, bspw. einer Heatmap, veranschaulicht. § 5 Abs. 2 S. 1 spricht auch iRd LkSG-Risikoanalyse davon, dass die ermittelten menschenrechtlichen und umweltbezogenen Risiken angemessen zu gewichten *„und zu priorisieren“* sind. Die Priorisierung ist allerdings iRd LkSG-Risikoanalyse **kein zwingender Schritt,** wie sich aus der Gesetzesbegründung klar ergibt. Danach sind die Risiken, *„**wenn notwendig,** zu priorisieren. Auf dieser Grundlage kann das Unternehmen entscheiden, welche Risiken es zuerst adressiert, sollte es nicht in der Lage sein, alle Risiken gleichzeitig anzugehen.“* Sprich: Nur in dem Fall, dass in der Lieferkette des Unternehmens so viele menschenrechtliche und/oder umweltbezogene Risiken bestehen, dass es nicht alle gleichzeitig angehen kann, soll – iS eines risikobasierten Ansatzes – eine Priorisierung vorgenommen werden.

III. Jährliche Risikoanalyse bei unmittelbaren Zulieferern

58 Die vorstehend (→ Rn. 21 ff.) beschriebene Risikoanalyse im eigenen Geschäftsbereich bereitet betroffenen Unternehmen – verglichen mit der bei unmittelbaren Zulieferern – in aller Regel wenig Schwierigkeiten. Dies liegt daran, dass sie sich mit Blick auf Methodik und Prozessablauf nicht wesentlich von der Risikoanalyse im Rahmen des Compliance Management Systems oder des klassischen Risikomanagementsystems unterscheidet. Anders ist dies bei der Risikoanalyse mit Blick auf die unmittelbaren Zulieferer (zum Begriff → § 2 Rn. 186 ff.). Sie stellt erfahrungsgemäß eine der **größten Herausforderungen bei der Umsetzung des LkSG** für Unternehmen dar. Dies hat vor allem **zwei Gründe:**

- Die **große Anzahl** der unmittelbaren Zulieferer – jedes größere mittelständische Unternehmen erreicht schnell eine Anzahl unmittelbarer Zulieferer im fünfstelligen Bereich
- Die **mangelnde Transparenz,** mithin das Fehlen notwendiger Informationen für die Risikoanalyse – oftmals kennen Unternehmen nicht einmal die Produktionsstätten ihrer Zulieferer

59 Mit Blick auf die durchzuführenden Schritte unterscheidet sich die Risikoanalyse bei unmittelbaren Zulieferern gleichwohl nicht von der im eigenen Geschäftsbereich: Auch hier beginnt der Umsetzungsprozess mit vorbereitenden Maßnahmen (dazu sogleich → Rn. 60 f.), gefolgt von der abstrakten (→ Rn. 66 f.) und konkreten Risikobetrachtung (→ Rn. 79 f.).

1. Vorbereitende Maßnahmen

a) Bestimmung von Zuständigkeiten

60 Wie bereits oben (→ Rn. 22) erläutert, ist die klare und überschneidungsfreie Zuordnung von Zuständigkeiten eine der zentralen Voraussetzungen eines wirksamen Risikomanagementsystems und notwendige Vorbereitungsmaßnahme für die Durchführung der Risikoanalyse. Regelmäßig obliegt die Zuständigkeit für die Durchführung der Risikoanalyse aus naheliegenden Gründen bei der **Einkaufs-** bzw. **Procurement-Abteilung.** In Konzernstrukturen sind entsprechende zuständige Personen (Risk Manager/Risk Owner) nicht nur beim zentralen Einkauf der Obergesellschaft zu bestimmen. Denn unmittelbare Zulieferer von bestimmend beeinflussten konzernangehörigen Gesellschaften sind zugleich unmittelbare Zulieferer der Obergesellschaft. Sofern also der Einkauf im Konzern – was erfahrungsgemäß die Regel ist – jedenfalls nicht 100 % zentral gesteuert wird, sind auch in den bestimmend beeinflussten konzernangehörigen Gesellschaften, welche direkte Vertragsverhältnisse mit Lieferanten pflegen, entsprechende **Risk Manager/Risk Owner** zu benennen. Je nach Größe der konzernangehörigen Gesellschaft sowie der Anzahl der direkten Vertragspartner kann der ernannte Risk Manager/Risk

Owner für die direkten Vertragspartner personenidentisch mit dem Risk Manager/ Risk Owner in der Gesellschaft sein, der für die Risikoanalyse im eigenen Geschäftsbereich verantwortlich ist (→ Rn. 22).

Beispiel: Die X AG mit über 3000 Arbeitnehmern in Deutschland hat 2 Tochtergesell- 61 schaften (A GmbH und B GmbH), über die sie bestimmenden Einfluss ausübt. Die A GmbH hat 600 Arbeitnehmer, 2.500 direkte Vertragspartner und eine Einkaufsabteilung mit einem Leiter und 6 Mitarbeitenden. Die B GmbH hat nur 20 Arbeitnehmer, ca. 40 direkte Vertragspartner und keine Einkaufsabteilung. In diesem Beispiel kann es Sinn ergeben, bei der A GmbH einen Risk Manager (zB Mitglied der Geschäftsführung) und einen Risk Owner (fachlich geeigneter Mitarbeitenden) für die Risikoanalyse im eigenen Geschäftsbereich zu benennen sowie daneben einen Risk Manager (Leiter Einkauf) und einen Risk Owner (Mitarbeitenden des Einkaufs) für die Risikoanalyse bei den 2.500 direkten Vertragspartnern, die als unmittelbare Zulieferer der X AG zu qualifizieren sind und daher vom Scope der Risikoanalyse umfasst sind. Hingegen dürfte es bei der B GmbH aufgrund der geringen Mitarbeiterzahl sowie der überschaubaren Lieferantenzahl genügen, nur einen Risk Manager (Mitglied der Geschäftsführung) für die Risikoanalyse sowohl im eigenen Geschäftsbereich als auch bei unmittelbaren Zulieferern zu bestimmen.

b) Überblick über die Beschaffungsstruktur

Ausweislich der Gesetzesbegründung zu § 5 (BT-Drs. 19/28649, 44) sollen sich 62 betroffene Unternehmen in einem ersten Verfahrensschritt einen Überblick über ihre Beschaffungsstruktur verschaffen. Dies könne – so die Gesetzesbegründung weiter – *„in Form eines Risikomappings nach Geschäftsfeldern, Standorten, Produkten oder Herkunftsländern erfolgen."* Dieses Risikomapping, das iRd abstrakten Risikobetrachtung (dazu sogleich → Rn. 66 f.) durchgeführt wird, ist nur dann möglich, wenn i) die Grundgesamtheit aller unmittelbaren Zulieferer bestimmt worden ist und ii) bestimmte Mindestinformationen über diese Zulieferer zusammengetragen worden sind. Diese Mindestinformationen sind in der nachstehenden Abbildung dargestellt.

63

Zulieferer	Relevanz für das LkSG
Eingetragener Firmensitz	Länderrisiken (Indizes)
Betriebs-/Produktionsstätten (falls bekannt)	Länderrisiken (Indizes)
Branche (nach NACE Codes, Level 2)	Industrierisiken (Indizes)
Auftragsvolumen im letzten Geschäftsjahr	Definition der Nichtaufnahmegrenze
Anzahl der Bestellungen im letzten Geschäftsjahr	Qualität der Geschäftsbeziehung (Einflussmöglichkeit/Verursachungsbeitrag)
Datum des Ersteintrags des Lieferanten	Dauer der Geschäftsbeziehung (Einflussmöglichkeit/Verursachungsbeitrag)
Lieferintervall (falls angegeben)	Qualität der Geschäftsbeziehung (Einflussmöglichkeit/Verursachungsbeitrag)

Abb. 3: Notwendige Informationen für die Durchführung des Risikomappings

Aus der vorstehenden Tabelle wird ersichtlich, dass es sich bei den zusammen- 64 zutragenden Informationen um solche handelt, über die das Unternehmen selbst verfügen dürfte. Eine – wie auch immer geartete – Informationsbeschaffung bei den Zulieferern (zB mittels Fragebogen) sollte also in diesem Stadium der Risikoanalyse noch nicht erforderlich sein und bei der Vielzahl der Zulieferer in der Regel auch nicht zumutbar iSd Angemessenheitskriteriums. Für das Zusammentragen der Informationen über die unmittelbaren Zulieferer sind idR die festgelegten Risk Manager/Risk Owner aus dem Einkauf (→ Rn. 60) zuständig.

65 Wie bereits oben (→ Rn. 58) erwähnt, ist die regelmäßig enorme Anzahl der unmittelbaren Zulieferer eine der größten Herausforderungen für Unternehmen bei der Durchführung der Risikoanalyse. Der Gedanke ist daher zumindest nicht fernliegend, dass im Einzelfall ein Unternehmen versucht sein könnte, seine Beschaffungsstruktur so umzugestalten, dass die Zahl der unmittelbaren Zulieferer (signifikant) reduziert wird. Diese potenzielle Gefahr hat offenbar auch der Gesetzgeber erkannt und zur Vorbeugung in § 5 Abs. 1 S. 2 formuliert: In Fällen, in denen ein Unternehmen eine **missbräuchliche Gestaltung** der unmittelbaren **Zuliefererbeziehung** oder ein **Umgehungsgeschäft** vorgenommen hat, um die Anforderungen an die Sorgfaltspflichten im Hinblick auf die unmittelbaren Zulieferer zu umgehen, gilt ein mittelbarer Zulieferer als unmittelbarer Zulieferer. In der Gesetzesbegründung (BT-Drs. 19/28649, 44 unten f.) heißt es dazu: *„Anzeichen für missbräuchliche Gestaltungen oder ein Umgehungsgeschäft sind insbesondere, wenn der zwischen dem Unternehmen und dem unmittelbaren Zulieferer auftretende Dritte keiner nennenswerten eigenen Wirtschaftstätigkeit nachgeht oder keine auf Dauer angelegte Präsenz in Gestalt von Geschäftsräumen, Personal oder Ausrüstungsgegenständen unterhält.“* Eine (jedenfalls theoretisch) naheliegende Konstellation, die demnach wohl auch der Gesetzgeber im Blick hat, ist, dass das Unternehmen eine Einkaufsgesellschaft gründet, auf die sie keinen bestimmenden Einfluss ausübt und sämtliche Verträge mit Lieferanten auf diese überträgt. Dann wäre (nur) die Einkaufsgesellschaft unmittelbarer Zulieferer iSd § 2 Abs. 7 und sämtliche bisherigen unmittelbaren Zulieferer nunmehr mittelbare Zulieferer iS von § 2 Abs. 8. In der Praxis nicht selten anzutreffen sind Unternehmen, die ihre Waren und Dienstleistungen tatsächlich weitestgehend über eine (regelmäßig in Luxemburg sitzende) Einkaufsgesellschaft beziehen, was in erster Linie steuerrechtliche Gründe hat. Jedenfalls sofern – was der Regel entspricht – diese Konstellation bereits bestand, bevor es das LkSG gab, kann von einer missbräuchlichen Gestaltung keine Rede sein. Auch im Übrigen dürfte die praktische Relevanz des § 5 Abs. 1 S. 2 überschaubar sein.

2. Abstrakte Risikobetrachtung

66 Die abstrakte Risikobetrachtung ist aus Sicht der dem LkSG unterfallenden Unternehmen ein zentraler Schritt der Risikoanalyse bei unmittelbaren Zulieferern. Denn in diesem Schritt geht es darum, aus der regelmäßig mind. im mittleren vierstelligen Bereich liegenden Anzahl der Zulieferer mit einem angemessenen und wirksamen Ansatz die sogenannten **Hochrisiko-Zulieferer** zu identifizieren, bei denen potenziell eher mit menschenrechtlichen und umweltbezogenen Risiken zu rechnen ist. Nur so kann das Unternehmen iS eines **risikobasierten Ansatzes** seine Ressourcen zielgerichtet bei **Zulieferern mit einer voraussichtlich erhöhten Risikodisposition** einsetzen. In der BAFA-Handreichung (BAFA, Handreichung Risikoanalyse, S. 14) wir dieser Schritt der Risikoanalyse bewusst als abstrakte „Betrachtung“ (und nicht abstrakte „Analyse“) von Risiken bezeichnet. Denn es werden bei Lichte betrachtet keine Risiken bei Zulieferern analysiert. Vielmehr werden Quellen (zB **Indizes** und **Rankings,** Länderberichte, Berichte von Regierungsorganisationen etc.) betrachtet, in denen wiederum eine Bewertung oder Analyse vorgenommen worden ist. Anhand dieser Quellen werden bspw. mittels typischer Länder- und Branchenrisiken mit Blick auf die nach dem LkSG geschützten Rechtspositionen bzw. Risiken die Zulieferer priorisiert, die anschließend einer näheren Betrachtung unterzogen werden sollen. Bei diesen handelt es sich dann definitionsgemäß um die vom Unternehmen definierten sogenannten Hochrisiko-Zulieferer. Einige für die abstrakte Risikobetrachtung **hilfreiche Quellen** sind im **Anhang II der BAFA-Handreichung** zur Risikoanalyse (S. 20) aufgeführt. In den nachstehenden Tabellen sind weitere hilfreiche Quellen aufgeführt.

67

Menschen-rechtliche Risiken LkSG	Name des Index	Erläuterung	Link zum Index
Kinderarbeit, § 2 Abs. 2 Nr. 1	Children's Rights in the Workplace Index (UNICEF)	Der Index misst Kinderarbeit und menschenwürdige Arbeit für junge Arbeitnehmer, Eltern und Betreuer in verschiedenen Ländern.	https://www.childrensrightsatlas.org/country-data/workplace/
schlimmste Formen der Kinderarbeit, § 2 Abs. 2 Nr. 2 (Sklaverei, Prostitution, Drogenhandel, Schäden der Gesundheit, Sicherheit, Sittlichkeit)	Childhood Index (Save the Children)	Um die Lebenssituation von Kindern weltweit vergleichen zu können, hat Save the Children eine Rangliste entwickelt – den Childhood Index. Der Report fokussiert sich auf die zentralen Rechte aus der Kinderrechtskonvention, die eine intakte Kindheit garantieren: Leben, Gesundheit und Entwicklung, Bildung und Schutz vor Gewalt. Save the Children hat Daten aus 186 Ländern anhand von acht Indikatoren untersucht, die diese zentralen Rechte behindern.	https://www.savethechildren.org/content/dam/usa/reports/advocacy/2021-global-childhood-report.pdf
Sklaverei, § 2 Abs. 2 Nr. 4; Zwangsarbeit, § 2 Abs. 2 Nr. 3	Global Slavery Index (Walk Free Foundation)	Der Indikator gibt die geschätzte Höhe des Vorkommens von Moderner Sklaverei (inklusive Zwangsarbeit) an.	https://www.walkfree.org/global-slavery-index/
Arbeitssicherheit, § 2 Abs. 2 Nr. 5	Occupational safety and health indicators (International Labour Organization)	Sicherheit und Gesundheitsschutz am Arbeitsplatz sind wesentliche Bestandteile einer menschenwürdigen Arbeit. Statistiken über Arbeitsunfälle sind wichtig, um zu beurteilen, inwieweit die Arbeitnehmer vor arbeitsbedingten Gefahren und Risiken geschützt sind. Der Index gibt die Inzidenzrate tödlicher / nicht tödlicher Arbeitsunfälle an.	https://ilostat.ilo.org/topics/safety-and-health-at-work/
Missachtung der Koalitionsfreiheit, § 2 Abs. 2 Nr. 6	ITUC Global Rights Index (Internationaler Gewerkschaftsbund)	Der Indikator zeigt an, in welchen Ländern Gewerkschaften eine Verletzung international anerkannter kollektiver Arbeitsrechte (zB Schutz von Gewerkschafter/-innen, das Recht auf Kollektiv-verhandlungen, das Recht auf Streik) durch Regierungen und Arbeitgeber melden.	https://www.globalrightsindex.org/de/2022

Menschenrechtliche Risiken LkSG	Name des Index	Erläuterung	Link zum Index
Ungleichbehandlung, § 2 Abs. 2 Nr. 7	Global Gender Index (World Economic Forum)	Der Global Gender Gap Index misst den aktuellen Stand und die Entwicklung der Geschlechterparität in vier Schlüsselbereichen (wirtschaftliche Teilhabe und Chancengleichheit, Bildungsniveau, Gesundheit und Überleben sowie politische Teilhabe). Es ist der am längsten bestehende Index, der seit seiner Einführung im Jahr 2006 die Fortschritte bei der Schließung dieser Lücken im Laufe der Zeit verfolgt.	https://www.weforum.org/reports/global-gender-gap-report-2022
Vorenthalten eines angemessenen Lohns, § 2 Abs. 2 Nr. 8	Kaitz-Index (OECD)	Der Kaitz-Index, der 1970 erstellt und nach Hyman Kaitz benannt wurde, ist ein wirtschaftlicher Indikator, der durch das Verhältnis des nominalen gesetzlichen Mindestlohns zum Bruttomedianlohn dargestellt wird. In der „Richtlinie des Europäischen Parlaments und des Rates über angemessene Mindestlöhne in der Europäischen Union" werden 60 % des Bruttomedianlohns als „Richtschnur für die Bewertung der Angemessenheit des Mindestlohns im Verhältnis zum Bruttolohn" angesehen (Erwägungsgrund Nr. 21).	https://stats.oecd.org/Index.aspx?DataSetCode=MIN2AVE
Herbeiführung einer schädlichen Bodenveränderung, Gewässerverunreinigung, Luftverunreinigung, schädlichen Lärmemission oder eines übermäßigen Wasserverbrauchs, § 2 Abs. 2 Nr. 9	Environmental Performance Index (Yale University)	Der Indikator zeigt an, mit welchem Erfolg Länder gegen Umweltbelastungen (zB Luftverschmutzung) vorgehen. Der Indikator misst damit indirekt auch, inwiefern ein Land in der Lage ist, seine Bevölkerung vor negativen Umweltauswirkungen zu schützen, die durch wirtschaftliche Aktivitäten entstehen.	https://epi.yale.edu/

Menschenrechtliche Risiken LkSG	Name des Index	Erläuterung	Link zum Index
Herbeiführung einer schädlichen Bodenveränderung, Gewässerverunreinigung, Luftverunreinigung, schädlichen Lärmemission oder eines übermäßigen Wasserverbrauchs, § 2 Abs. 2 Nr. 9	Chemical Safety Index – Poison control and unintenional poisoning (World Health Organization)	Der Index gibt die Sterblichkeitsrate aufgrund von unbeabsichtigten Vergiftungen an.	https://www.who.int/data/gho/data/themes/topics/indicator-groups/poison-control-and-unintentional-poisoning
Herbeiführung einer schädlichen Bodenveränderung, Gewässerverunreinigung, Luftverunreinigung, schädlichen Lärmemission oder eines übermäßigen Wasserverbrauchs, § 2 Abs. 2 Nr. 9	Water Risk Filter (WWF)	Der WWF Water Risk Filter ist ein praktisches Online-Tool, das es Unternehmen und Investoren ermöglicht, Wasserrisiken in ihren Betrieben, Lieferketten und Investitionen zu untersuchen, zu bewerten und darauf zu reagieren. Es umfasst die Risikokategorien: 1) Wasserknappheit, 2) Überschwemmungen, 3) Wasserqualität und 4) Ökosystemleistungen Zustand. Physical Risk berücksichtigt also, ob zu wenig, zu viel oder unbrauchbares Wasser vorhanden ist und/oder die umliegenden Ökosysteme geschädigt sind, was sich wiederum negativ auf die Ökosystemleistungen des Wassers Dienstleistungen.	https://riskfilter.org/water/explore/countryprofiles
Landrechte, § 2 Abs. 2 Nr. 10	Economic Freedom Index (The Heritage Foundation)	Der Index misst die Auswirkungen von Freiheit und freien Märkten rund um den Globus. Der Index der wirtschaftlichen Freiheit konzentriert sich auf vier Schlüsselaspekte des wirtschaftlichen und unternehmerischen Umfelds, über die Regierungen in der Regel die politische Kontrolle ausüben: Rule of law, Government size, Regulatory efficiency, and Market openness. Die Komponente Property Rights bewertet, inwieweit der	https://www.heritage.org/index/pdf/2023/book/2023_IndexOfEconomicFreedom_FINAL.pdf

Menschenrechtliche Risiken LkSG	Name des Index	Erläuterung	Link zum Index
		rechtliche Rahmen eines Landes es dem Einzelnen erlaubt, Privateigentum zu erwerben, zu halten und zu nutzen, und inwieweit diese Rechte durch klare Gesetze gesichert sind, die von der Regierung wirksam durchgesetzt werden.	

Umweltbezogene Risiken LkSG	Name des Index	Erläuterung	Link zum Index
Handhabung von Quecksilber, § 2 Abs. 3 Nr. 1–3	Global Mercury Emissions by Country and Sector (UN Environment Programme)	Die Datenvisualisierung zu den weltweiten Quecksilberemissionen zeigt Schätzungen der anthropogenen Quecksilberemissionen nach Ländern, Regionen und Industriesektoren.	https://www.unep.org/globalmercurypartnership/resources/factsheet/data-visualiation-global-mercury-emissions-country-and-sector
nicht umweltgerechte Handhabung, Sammlung, Lagerung und Entsorgung von Abfällen, § 2 Abs. 3 Nr. 5	Welt-Abfall-Index (Sensoneo)	Beim Welt-Abfall-Index handelt es sich um eine vergleichende Analyse der Abfallwirtschaft in den 38 Mitgliedsstaaten der Organisation für wirtschaftliche Zusammenarbeit und Entwicklung (OECD). Um die umweltfreundlichsten Länder in Bezug auf die Abfallwirtschaft zu identifizieren, wurde jedem Faktor eine positive oder negative Punktzahl zugeordnet. Alle sich ergebenden Punktzahlen wurden zur besseren Vergleichbarkeit von 0 bis 100 standardisiert. Das Land mit der niedrigsten Punktzahl erhielt den Score 0 und stellt das Land dar, deren Abfallwirtschaft die Umwelt am meisten belastet. Das Land mit der höchsten Punktzahl erhielt den Score 100 und stellt das Land dar, deren Abfallwirtschaft die Umwelt am wenigsten belastet.	https://sensoneo.com/de/welt-abfall-index/

Abb. 4: Indizes inklusive URL zu menschenrechtlichen und umweltbezogenen LkSG-Risiken

Allgemeine Indikatoren	Name des Index	Erläuterung	Link zum Index
	Human Development Index (United Nations)	Der Human Development Index (HDI) der Vereinten Nationen ist ein Indikator für Staaten, der auch als Wohlstandsindikator bezeichnet wird. Der HDI berücksichtigt nicht nur das Bruttonationaleinkommen pro Kopf, sondern ebenso die Lebenserwartung und die Dauer der Ausbildung anhand der Anzahl an Schuljahren, die eine 25-jährige Person absolviert hat, sowie der voraussichtlichen Dauer der Ausbildung eines Kindes im Einschulungsalter. Der Index der HDI ist ein zusammenfassendes Maß für die durchschnittliche Leistung in den Schlüsseldimensionen der menschlichen Entwicklung: ein langes und gesundes Leben, ein hohes Maß an Wissen und ein angemessener Lebensstandard. Der HDI ist das geometrische Mittel der normalisierten Indizes für jede der drei Dimensionen.	https://hdr.undp.org/data-center/human-development-index#/indicies/HDI
	Worldwide Governance Indicators – Voice and Accountability (World Bank)	Der Voice and Accountability Index erfasst die Wahrnehmung des Ausmaßes, in dem die Bürgerinnen und Bürger in der Lage sind, sich an der Wahl ihrer Regierung zu beteiligen, sowie die Meinungsfreiheit, die Vereinigungsfreiheit und freie Medien.	http://info.worldbank.org/governance/wgi/
	Corruption Perception Index (Transparency International)	Der CPI ist der weltweit bekannteste Korruptionsindikator. Der CPI bewertet 180 Länder und Gebiete in der ganzen Welt nach dem wahrgenommenen Grad der Korruption im öffentlichen Sektor. Die Ergebnisse werden auf einer Skala von 0 (sehr korrupt) bis 100 (sehr sauber) angegeben.	https://www.transparency.org/en/cpi/2022
	Worldwide Governance Indicators – Government Effectiveness (World Bank)	Die Government Effectiveness erfasst die Wahrnehmung der Qualität der öffentlichen Dienstleistungen, die Qualität des öffentlichen Dienstes und den Grad seiner Unabhängigkeit von politischem Druck, die Qualität der Politikformulierung und -umsetzung sowie die Glaubwürdigkeit	http://info.worldbank.org/governance/wgi/

68

Allgemeine Indikatoren	Name des Index	Erläuterung	Link zum Index
		des Engagements der Regierung für diese Politik.	
	Fragile States Index (Fund for Peace)	Menschenrechtsverletzungen sind ein charakteristisches Merkmal von fragilen Staaten, da Fragilität häufig mit Gewalt und sozialer Ausgrenzung einhergeht. Staaten werden als fragil bezeichnet, wenn sie zentrale staatliche Aufgaben nicht mehr erfüllen können. Das heißt, dass die Sicherheit und Versorgung der Bevölkerung nicht garantiert werden kann und die Regierungen geltendes Recht nicht oder nur unzureichend durchsetzen können. Der Indikator zeigt an, in welchen Ländern aufgrund hoher staatlicher Fragilität besondere Herausforderungen bestehen.	https://fragilestatesindex.org/
	Childrens Rights in the Community and Environment Index (Unicef)	Der Index misst die Rechte von Kindern in Bezug auf Umweltschutz, Landrechte, Sicherheitsvorkehrungen, Bildung, Gesundheit und Kinderschutz.	https://www.childrensrightsatlas.org/country-data/community-and-environment/

Abb. 5: Allgemeine Indikatoren zur menschen- und umweltrechtlichen Lage der jeweiligen Länder, die den einzelnen Risiken des LkSG nicht spezifisch zuzuordnen sind

69

Risiken LkSG	Name des Index	Erläuterung	Link zum Index
Arbeitssicherheit, § 2 Abs. 2 Nr. 5	**Europe Sustainable Development Report 2022 – Decent work and economic growth** (United Nations)	Der Europe Sustainable Development Report 2022 (4. Ausgabe) wurde von einem Team unabhängiger Forscher des UN Sustainable Development Solutions Network (SDSN) in Zusammenarbeit mit SDSN Europe erstellt. Er baut auf der Methodik des jährlichen Berichts über nachhaltige Entwicklung auf, einschließlich des SDG-Index und der Dashboards, die seit 2016 vom SDSN und der Bertelsmann Stiftung herausgegeben werden. Goal 8: Decent work & economic growth befasst sich mit der Förderung von nachhaltigem, inte-	https://www.sdgindex.org/reports/europe-sustainable-development-report-2022/

Risiken LkSG	Name des Index	Erläuterung	Link zum Index
		grativem und nachhaltigem Wirtschaftswachstum, produktiver Vollbeschäftigung und menschenwürdiger Arbeit für alle.	
Ungleichbehandlung, § 2 Abs. 2 Nr. 7	**Europe Sustainable Development Report 2022 – Gender equality** (United Nations)	Der Europe Sustainable Development Report 2022 (4. Ausgabe) wurde von einem Team unabhängiger Forscher des UN Sustainable Development Solutions Network (SDSN) in Zusammenarbeit mit SDSN Europe erstellt. Er baut auf der Methodik des jährlichen Berichts über nachhaltige Entwicklung auf, einschließlich des SDG-Index und der Dashboards, die seit 2016 vom SDSN und der Bertelsmann Stiftung herausgegeben werden. Goal 5: Gender equality widmet sich der Verwirklichung der Gleichstellung von Geschlechtern und Stärkung der Rolle aller Frauen und Mädchen.	https://www.sdgindex.org/reports/europe-sustainable-development-report-2022/
Vorenthalten eines angemessenen Lohns, § 2 Abs. 2 Nr. 8	**Europe Sustainable Development Report 2022 – No poverty** (United Nations)	Der Europe Sustainable Development Report 2022 (4. Ausgabe) wurde von einem Team unabhängiger Forscher des UN Sustainable Development Solutions Network (SDSN) in Zusammenarbeit mit SDSN Europe erstellt. Er baut auf der Methodik des jährlichen Berichts über nachhaltige Entwicklung auf, einschließlich des SDG-Index und der Dashboards, die seit 2016 vom SDSN und der Bertelsmann Stiftung herausgegeben werden. Goal 1: No poverty widmet sich der Beendigung von Armut in all seinen Formen weltweit.	https://www.sdgindex.org/reports/europe-sustainable-development-report-2022/
Vorenthalten eines angemessenen Lohns, § 2 Abs. 2 Nr. 8	**Europe Sustainable Development Report 2022 – Reduced inequalities** (United Nations)	Der Europe Sustainable Development Report 2022 (4. Ausgabe) wurde von einem Team unabhängiger Forscher des UN Sustainable Development Solutions Network (SDSN) in Zusammenarbeit mit SDSN Europe erstellt. Er baut auf der Methodik des jährlichen Berichts über nachhaltige Entwicklung auf, einschließlich des SDG-Index und der Dashboards, die seit 2016 vom	https://www.sdgindex.org/reports/europe-sustainable-development-report-2022/

Risiken LkSG	Name des Index	Erläuterung	Link zum Index
		SDSN und der Bertelsmann Stiftung herausgegeben werden. Goal 10: reduced inequalities widmet sich der Reduzierung von Ungleichbehandlungen beim Einkommen.	
Herbeiführung einer schädlichen Bodenveränderung, Gewässerverunreinigung, Luftverunreinigung, schädlichen Lärmemission oder eines übermäßigen Wasserverbrauchs, § 2 Abs. 2 Nr. 9	**Europe Sustainable Development Report 2022 – Clean water and sanitation** (United Nations)	Der Europe Sustainable Development Report 2022 (4. Ausgabe) wurde von einem Team unabhängiger Forscher des UN Sustainable Development Solutions Network (SDSN) in Zusammenarbeit mit SDSN Europe erstellt. Er baut auf der Methodik des jährlichen Berichts über nachhaltige Entwicklung auf, einschließlich des SDG-Index und der Dashboards, die seit 2016 vom SDSN und der Bertelsmann Stiftung herausgegeben werden. Goal 6: Clean water and sanitation widmet sich der Sicherstellung der Verfügbarkeit und Nachhaltigkeit von Wasser und sanitären Einrichtungen für alle.	https://www.sdgindex.org/reports/europe-sustainable-development-report-2022/

Abb. 6: Indizes zu den menschenrechtlichen und umweltbezogenen Risiken des LkSG, die ausschließlich Daten für europäische Staaten enthalten

Bezug zu § 2 Abs. 2 und 3	**Quelle**	**Erläuterung**	**Link zur Quelle**	70
Zwangsarbeit, § 2 Abs. 2 Nr. 3	**Report Global Estimates of Modern Slavery** (International Labour Organization)	Die Global Estimates of Modern Slavery konzentrieren sich auf zwei Hauptthemen: Zwangsarbeit und Zwangsheirat. Die Schätzung der Zwangsarbeit umfasst Zwangsarbeit in der Privatwirtschaft, sexuelle Zwangsausbeutung von Erwachsenen und kommerzielle sexuelle Ausbeutung von Kindern sowie staatlich verordnete Zwangsarbeit.	https://www.ilo.org/wcmsp5/groups/public/—dgreports/—dcomm/documents/publication/wcms_575479.pdf	
Missachtung des Arbeitsschutzes, § 2 Abs. 2 Nr. 5 (ungenügende Sicherheitsstandards, Fehlen geeigneter Schutzmaßnahmen, Fehlen von Maßnahmen zur Verhinderung übermäßiger körperlicher und geistiger Ermüdung, ungenügende Ausbildung und Unterweisung)	**DGB-Index** (Deutscher Gewerkschaftsbund)	Der DGB-Index Gute Arbeit ist ein wissenschaftlich fundiertes Instrument zur Messung der Arbeitsqualität aus Sicht der Beschäftigten und stellt eine eigenständige Forschungsleistung des DGB dar, die in Kooperation mit verschiedenen Partnern erbracht wird. Das Projekt wurde mit dem Ziel gestartet, die gewerkschaftlichen Aktivitäten zur Förderung der Arbeitsqualität zu verstärken. Im Mittelpunkt steht das Urteil der Beschäftigten über ihre Arbeitsbedingungen. Daran anknüpfend wurden für den DGB-Index Gute Arbeit Kriterien der Arbeitsqualität entwickelt, die sowohl die Einkommenssituation und die Arbeitsplatzsicherheit berücksichtigen als auch die Ressourcenausstattung der Beschäftigten und ihre (Fehl-)Beanspruchungen durch die Arbeitssituation.	https://index-gute-arbeit.dgb.de/veroeffentlichungen/copy_of_jahresreports	
	MVO Risiko-Check (MVO)	Der CSR Risiko-Check ist ein Online-Tool von MVO zur Einschätzung der lokalen Menschenrechtssituation sowie Umwelt-, Sozial- und Governance-Themen. Der CSR Risiko-Check identifiziert branchen-, produkt- und länderspezifische Risiken. Er informiert über Herausforderungen und Lösungsansätze zu o. g. Themen und weist auf weiterführende Quellen hin. Auf der Grund-	https://www.mvorisicochecker.nl/de	

Bezug zu § 2 Abs. 2 und 3	Quelle	Erläuterung	Link zur Quelle
		lage der getätigten Angaben werden individuell zugeschnittene Informationen zu relevanten Risiken sowie Hinweise zu entsprechenden Abhilfemaßnahmen bereitgestellt.	
	Business & Human Rights Resource Centre	Das Business and Human Rights Resource Centre fördert die Menschenrechte in der Wirtschaft und verfolgen über 10.000 Unternehmen und helfen Missbrauch zu beseitigen. Dabei besteht die Möglichkeit, Berichte nach Ländern, Sektoren und Themen zu filtern. Das Resource Centre speichert dazu Nachrichten und Behauptungen über die Auswirkungen von über 20.000 Unternehmen auf die Menschenrechte. Je nach Verfügbarkeit der Daten reicht die Bandbreite von einer Handvoll Artikel bis zu mehr als einem Jahrzehnt an Nachrichten, Berichten der Zivilgesellschaft und Unternehmensangaben.	https://www.business-humanrights.org/en/
	Human Rights and Business Country Guide (National Action Plans on Business and Human Rights)	Der Guide befasst sich mit den Auswirkungen von Unternehmen auf die Menschenrechte in lokalen Kontexten und stellt die entpsrechenden Risiken nach Ländern dar. Die Länderleitfäden sind Zusammenstellungen öffentlich zugänglicher Informationen von internationalen Institutionen, lokalen Nichtregierungsorganisationen, Regierungsbehörden, Unternehmen, Medien und Universitäten, die einen umfassenden Überblick über die Art. und Weise geben sollen, wie Unternehmen die Menschenrechte in einem lokalen Kontext beeinflussen oder beeinflussen können.	https://globalnaps.org/human-rights-and-business-country-guides/
	Human Rights Watch	Human Rights Watch (HRW) ist eine international tätige NGO, die durch Untersuchungen und Öffentlichkeitsarbeit für die Wahrung der Men-	https://www.hrw.org/de

Bezug zu § 2 Abs. 2 und 3	Quelle	Erläuterung	Link zur Quelle
		schenrechte eintritt. Sie veröffentlicht Berichte zu länderspezifischen Risiken.	
	Fair Wear Foundation	Die Fair Wear Foundation arbeitet mit Marken und Branchenvertretern zusammen, um die Arbeitsbedingungen dort zu verbessern, wo Ihre Kleidung hergestellt wird. Der Großteil der Arbeit der FWF konzentriert sich auf elf Schwerpunktländer, unter anderem Bangladesch, China und Indien. Der Grund dafür ist, dass der Großteil der Produktion der FWF Mitglieder in diesen Ländern stattfindet, wobei die Mitglieder von einer großen Anzahl von Fabriken in diesen Ländern beziehen.	https://factoryguide.fairwear.org/countries/
	Country Reports on Human Rights Practices (U. S. Department of State)	Die jährlichen Länderberichte über die Menschenrechtspraxis befassen sich mit den international anerkannten individuellen, bürgerlichen und politischen Rechten sowie den Arbeitnehmerrechten, wie sie in der Allgemeinen Erklärung der Menschenrechte und in anderen internationalen Übereinkommen niedergelegt sind. Das US-Außenministerium legt dem US-Kongress gemäß dem Foreign Assistance Act von 1961 und dem Trade Act von 1974 Berichte über alle Länder vor, die Hilfe erhalten, sowie über alle Mitgliedstaaten der Vereinten Nationen.	https://www.state.gov/reports/2021-country-reports-on-human-rights-practices/
	Infoportal Menschenrechtliche Sorgfalt (UN Global Compact)	Das Infoportal bietet Instrumente für die Entwicklung eines kontinuierlichen Sorgfaltsprozesses sowie entsprechende Beispiele. Die Ressourcen und Instrumente sind anhand der Elemente menschenrechtlicher Sorgfalt aus den UN-Leitprinzipien für Wirtschaft und Menschenrechte und dem deutschen Nationalen Aktionsplan für Wirtschaft und Menschenrechte geordnet.	https://www.mr-sorgfalt.de/de/vertiefung/

Bezug zu § 2 Abs. 2 und 3	Quelle	Erläuterung	Link zur Quelle
	Office of Child Labor, Forced Labor, and Human Trafficking (OCFT) (Bureau of International Labor Affairs, ILAB)	Das Office of Child Labor, Forced Labor, and Human Trafficking (OCFT) im sog. ILAB des US-Arbeitsministeriums ist weltweit führend im Kampf gegen Arbeitsmissbräuche. Das OCFT bekämpft Kinderarbeit, Zwangsarbeit und Menschenhandel bspw. durch demonstratives Engagement und Führungsrolle in der weltweiten Bewegung zur Beendigung der Kinderarbeit.	https://www.dol.gov/agencies/ilab/our-work/child-forced-labor-trafficking
Verwendung von Quecksilber und Quecksilberverbindungen bei Herstellungsprozessen, § 2 Abs. 3 Nr. 2	**BGR-Preisindex für metallische Rohstoffe** (Bundesanstalt für Geowissenschaften und Rohstoffe, BGR)	Die Rohstoffberatung der BGR präsentiert einen für Deutschland angepassten Rohstoffpreisindex, der fortan in monatlicher Folge eine Rückschau auf die Entwicklungen auf den internationalen Metallmärkten bietet und auf der Internetseite der BGR abrufbar ist.	https://www.bgr.bund.de/DE/Themen/Min_rohstoffe/Produkte/MPI/mpi_inhalt.html
Behandlung von Quecksilberabfällen, § 2 Abs. 3 Nr. 3	**Schadstofffreisetzungs- und -verbringungsregister (PRTR)** (Umweltbundesamt)	Das Schadstofffreisetzungs- und -verbringungsregister (PRTR) liefert einen Überblick über die Einträge von Quecksilber von Industriestandorten sowohl in die Luft als auch in Oberflächengewässer. In Deutschland melden die berichtspflichtigen Industriestandorte jährlich ihre Quecksilberemissionen an das PRTR.	https://thru.de/fileadmin/SITE_MASTER/content/Dokumente/Schadstoffe/Schadstoffe_im_PRTR_Deutschland_Branchen_DEU_latest.pdf

Abb. 7: Quellen, die grundsätzlich zur Risikoanalyse genutzt werden können. Eine quantitative Auswertung und Zuordnung der Informationen zu entsprechenden Ländern ist jedoch ohne Weiteres nicht möglich

71 Die abstrakte Risikobetrachtung kann – ausweislich der BAFA-Handreichung zur Risikoanalyse – nicht nur anhand **länderspezifischer Risiken,** sondern daneben auch anhand **branchenspezifischer Risiken** vorgenommen werden. Allerdings ist zu konstatieren, dass – jedenfalls aktuell – ungleich weniger zuverlässige und praktikable Quellen für eine abstrakte Risikobetrachtung anhand branchenspezifischer Risiken existieren. Vielfach wird (nur) eine öffentlich zugängliche **Studie des BMAS** herangezogen.

72

Bundesministerium
für Arbeit und Soziales

FORSCHUNGSBERICHT
543

Die Achtung von
Menschenrechten entlang
globaler Wertschöpfungsketten

Risiken und Chancen für Branchen der
deutschen Wirtschaft

Juli 2020 ISSN 0174-4992

Abb. 8: Forschungsbericht 543 des Bundesministeriums für Arbeit und Soziales „Die Achtung von Menschenrechten entlang globaler Wertschöpfungsketten. Risiken und Chancen für Branchen der deutschen Wirtschaft“

Eine mögliche Herangehensweise zur **Bestimmung von Hochrisiko-Zuliefe-** 73
rern anhand **branchenspezifischer Risiken** iRd abstrakten Risikobetrachtung kann sein, aufgrund bekannter Umstände innerhalb der Branche von gewissen

Zulieferern eine bewusste Auswahl von Zulieferern aus diesen Branchen zu treffen und als Hochrisiko-Zulieferer zu klassifizieren:

74 **Beispiel:** Wenn ein beträchtlicher Anteil der unmittelbaren Zulieferer eines Unternehmens aus der Textilbranche kommt, kann es sinnvoll sein aufgrund der Kenntnis über das Risiko des Einsatzes von Kindern auf Baumwollfeldern, Spinnereinen oder Nähereien zumindest einen Teil dieser Zulieferer auch innerhalb die konkreten Risikobetrachtung zu berücksichtigen. Selbst wenn allein auf Basis bekannter länderspezifischer Risiken keine Indizien für ein potenziell erhöhtes Risiko besteht, da evtl. keine Informationen über die tatsächlichen Produktionsstätten in risikobehafteten Ländern vorliegen. Man könnte unter allen Zulieferern aus der Textilbranche bewusst diejenigen mit dem höchsten Auftragsvolumen einer konkreten Risikobetrachtung unterziehen unter der Annahme, dass dort jeweils auch der höchste Verursachungsbeitrag vorliegt. Ein weiteres entsprechendes Beispiel einer solch risikobehafteten Branche von Zulieferern stellt auch die Automobilindustrie dar, in der nicht ohne Weiteres mit hinreichender Wahrscheinlichkeit auszuschließen ist, dass auch auf Kinderarbeit zum Rohstoffabbau von Lithium und Kobalt zurückgegriffen wird. Je nach Beschaffungsstruktur des Unternehmens kann also eine solche bewusste Auswahl von Zulieferern anhand von Branchenmerkmalen zusätzlich zur länderspezifischen Betrachtung durchaus sinnvoll sein.

75 Unternahmen können die abstrakte Risikoanalyse unter Verwendung der vorstehend (→ 67 – 72) aufgeführten Quellen selbst intern vornehmen. Viele Unternehmen beauftragen für die abstrakte Risikoanalyse allerdings auch **externe Dienstleister** wie bspw. IntegrityNext, EcoVadis oder Prewave. Entsprechende Anbieter nehmen eine Risikoeinschätzung der unmittelbaren Zulieferer durch Auswertung öffentlich zugänglicher Quellen und/oder durch Self Assessments bei Lieferanten vor. Das ist aus Sicht des Autors ein gangbarer Weg, vorausgesetzt, die Ergebnisse des externen Dienstleisters werden nicht blind übernommen, sondern zumindest einer Plausibilitätskontrolle unterzogen.

76 Nach der abstrakten Risikobetrachtung anhand von länderspezifischen und branchenspezifischen Risiken kann (optional) das **Auftragsvolumen** im letzten Geschäftsjahr mit Blick auf die identifizierten Hochrisiko-Zulieferer betrachtet werden, weil es ausweislich der Gesetzesbegründung (BT-Drs. 19/28649, 22) als Kriterium zur Bewertung des **Einflussvermögens** iSv § 3 Abs. 2 Nr. 2 herangezogen werden kann. Ebenso können die **Länge der Geschäftsbeziehung** sowie die **Lieferintervalle** (zumindest im konkreten Einzelfall) als Kriterien für die Beurteilung des Einflussvermögens oder Verursachungsbeitrags herangezogen werden. Der Prozess der abstrakten Risikobetrachtung einschließlich der Betrachtung der Qualität der Geschäftsbeziehung hin zur konkreten Risikobetrachtung wird in der nachstehenden Abb. illustriert.

77

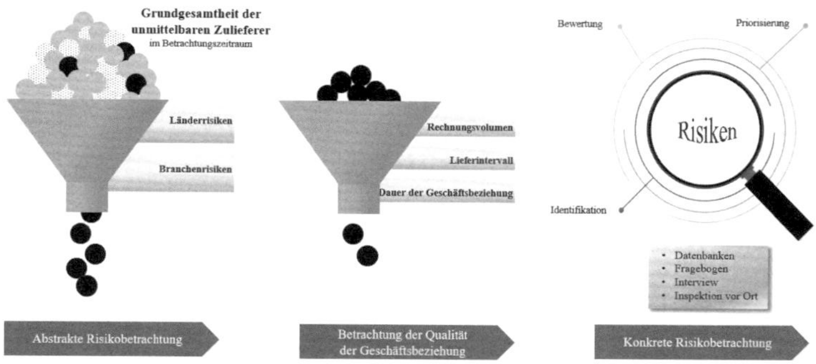

Abb. 9: Prozess der Risikobetrachtung

78 Nach Durchführung der abstrakten Risikobetrachtung steht – ggf. reduziert um diejenigen Zulieferer, bei denen nach Betrachtung der Qualität der Geschäftsbezie-

hung (→ Rn. 76) kein hinreichendes Einflussvermögen besteht – die Anzahl der Hochrisiko-Zulieferer fest, die einer konkreten Risikobetrachtung (→ Rn. 79 ff.) zuzuführen sind.

3. Konkrete Risikobetrachtung

Die konkrete Risikobetrachtung bei den Hochrisiko-Zulieferern enthält im Prinzip dieselben Schritte wie die konkrete Risikobetrachtung im eigenen Geschäftsbereich, nämlich die Identifikation (→ Rn. 80 f.) und Bewertung (→ Rn. 84 f.) von Risiken, aber eben bei den Hochrisiko-Zulieferern. In der Umsetzung besteht gleichwohl ein gravierender Unterschied: Bei Hochrisiko-Zulieferern ist es **ungleich schwieriger** hinreichende Informationen zu erlangen bzw. für eine **hinreichende Transparenz** als notwendige Grundlage für die Risikoidentifikation und -bewertung zu sorgen. **79**

a) Identifikation von Risiken

Zuständig für die Risikoidentifikation sollten aus naheliegenden Gründen die Risk Manager/Risk Owner aus dem Einkauf (→ Rn. 60) sein. Grundsätzlich kann bei der Risikoidentifikation bei unmittelbaren Zulieferern als Hilfestellung auch auf den (für den eigenen Geschäftsbereich) erstellten **Risikokatalog** (→ Rn. 41) zurückgegriffen werden; dieser enthält ja letztlich nur beispielhafte Risikobeschreibungen, die so auch bei unmittelbaren Zulieferern einschlägig sein können. Während es für die Risikoidentifikation im eigenen Geschäftsbereich genügt, die Mitarbeitenden (zB durch Schulungen) für LkSG-Risiken zu sensibilisieren und sodann effektive Informationskanäle zu etablieren (→ Rn. 43 f.), um die Risiken „einzusammeln", genügt dies bei der Risikoanalyse bei unmittelbaren Zulieferern nicht. Denn während die Tatsachengrundlage für die Identifikation von LkSG-Risiken im eigenen Geschäftsbereich bekannt ist (zB Betriebs- und Produktionsstandorte, Anzahl und Mindestalter der Mitarbeitenden, gezahlte Löhne, Arbeitszeiten, verwendete Rohstoffe, interne Regularien usw), müssen entsprechende Informationen mit Blick auf die unmittelbaren Zulieferer erst noch beschafft werden. Oftmals kennen Unternehmen nicht einmal die Arbeitnehmerzahl oder die Produktionsstätten ihrer unmittelbaren Zulieferer. Es **fehlt** mithin an der **für die Risikoidentifikation erforderlichen Transparenz.** **80**

Voraussetzung für die Durchführung einer Risikoidentifikation bei unmittelbaren Zulieferern ist demnach die Beschaffung der erforderlichen Informationen oder – wie es die BAFA-Handreichung zur Risikoanalyse (S. 11) formuliert – die ***„Erhöhung von Lieferkettentransparenz bei Hochrisiko-Zulieferern"***. Das **„Wie"** steht dabei im **Ermessen** des Unternehmens. Die Unternehmen können bspw. öffentlich zugängliche **Datenbanken** und **NGO-Verlautbarungen** auswerten, **Fragebögen** an die Hochrisiko-Zulieferer senden, **informelle Gespräche** bzw. **Interviews** mit (bekannten) Vertretern der unmittelbaren Zulieferer führen und/oder **marktbekannte Anbieter** mit der Informationsbeschaffung beauftragen. Welcher finanzielle und personelle Aufwand hierbei angemessen ist, ist wiederum anhand der Angemessenheitskriterien des § 3 Abs. 2 zu bestimmen, insbes. Art. und Umfang der Geschäftstätigkeit des Unternehmens. So wird man von einem international tätigen DAX-40 Konzern mit einem zweistelligen Milliardenumsatz, der einer Hochrisikobranche angehört (bspw. Textilbranche) einen deutlich höheren Aufwand verlangen können als von einem regional tätigen mittelständischen Unternehmen mit einem Umsatz unter 100 Millionen. **81**

Sollten im Einzelfall trotz hinreichender Bemühungen keine ausreichenden Daten ermittelbar sein, sollte das Unternehmen die **Informationslücken** nachvollziehbar **dokumentieren** und **begründen** sowie entsprechende **Bemühungen** zur Datenbeschaffung **nachweisen** (BAFA, Handreichung Risikoanalyse, S. 14). Es sollte in diesen Fällen mittel- und langfristig versucht werden, für bessere Transparenz bei den entsprechenden Hochrisiko-Zulieferern Sorge zu tragen. **82**

83 Soweit bei Hochrisiko-Zulieferern eine hinreichende Datenlage beschafft werden kann, ist anhand dieser Daten die Risikoidentifikation vorzunehmen. Hierbei gilt das oben (→ Rn. 40) zur Risikoidentifikation im eigenen Geschäftsbereich gesagte entsprechend: IRd Identifikation sind alle LkSG-Risiken zu dokumentieren, deren Realisierung nicht praktisch ausgeschlossen werden kann, dh ungeachtet ihrer konkreten Eintrittswahrscheinlichkeit oder typischerweise zu erwartenden Schwere der Verletzung.

b) Bewertung von Risiken

84 Für die Bewertung der zuvor identifizierten Risiken kann (und sollte) die zwecks Bewertung der Risiken im eigenen Geschäftsbereich entwickelte Risikobewertungsmethode (→ Rn. 49 ff.) verwendet werden. Die identifizierten und bewerteten Risiken sollten von den verantwortlichen Risk Ownern (idealerweise in einem einheitlichen Template) dokumentiert werden. Sodann kann die Dokumentation (optional) von den Risk Managern der jeweiligen konzernangehörigen Gesellschaft einer Plausibilitätskontrolle unterzogen und anschließend an die entsprechende Fachabteilung in der Obergesellschaft, welche für die systematische Dokumentation aller identifizierten und bewerteten Risiken zuständig ist (zur Dokumentation → Rn. 92) übermittelt werden. Wiederum optional können die übermittelten Risiken zuvor auch von den für die jeweilige Risikokategorie zuständigen Gruppenfunktion (→ Rn. 27) noch einmal final auf Plausibilität überprüft werden.

IV. Anlassbezogene Risikoanalyse in der Lieferkette (Abs. 4)

85 Eine anlassbezogene Risikoanalyse in der Lieferkette ist durchzuführen, wenn das Unternehmen mit einer wesentlich **veränderten** oder wesentlich **erweiterten Risikolage** in der Lieferkette rechnen muss. Auslöser für diese anlassbezogene Risikoanalyse nach § 5 Abs. 4 können somit die Einführung eines neuen Produkts, ein neues Projekt, Veränderungen in der Geschäftstätigkeit oder Veränderungen im Geschäftsumfeld sein. Die Festlegung einer konkreten Zuständigkeit im Unternehmen für die Durchführung einer anlassbezogenen Risikoanalyse ist nicht sinnvoll möglich. Denn es existiert regelmäßig keine spezielle (Fach-)Abteilung im Unternehmen, die stets über die vorgenannten Auslöser informiert wird. So wird in Konzernstrukturen bspw. die Einführung eines neuen Produkts jeweils dezentral in den Gesellschaften bzw. Geschäftseinheiten entschieden und nicht zentral. Zur Sicherstellung einer rechtzeitigen und wirksamen anlassbezogenen Risikoanalyse nach § 5 Abs. 4 ist daher unerlässlich, diese durch die konkrete Festlegung eines einheitlichen (Melde-)Prozesses sicherzustellen.

86 Denn Ausgangspunkt einer möglichen anlassbezogenen Risikoanalyse nach § 5 Abs. 4 ist einer der vorgenannten **Auslöser.** Zentrale Wirksamkeitsvoraussetzung für diese anlassbezogene Risikoanalyse ist daher, dass entsprechende Auslöser umgehend der für die Risikoanalyse zuständigen Fachabteilung im Unternehmen gemeldet werden, damit dort unverzüglich die weiteren notwendigen Schritte eingeleitet bzw. weitere relevante Fachabteilungen/Geschäftsbereiche einbezogen werden. Daher sollte fester Bestandteil der Mitarbeiterschulung im Kontext der Risikoanalyse (→ Rn. 33) auch sein, dass die Mitarbeitenden mit dem Prozess der anlassbezogenen Risikoanalyse vertraut gemacht werden und ihnen die Obliegenheit auferlegt wird, jeden relevanten Auslöser umgehend der für die Risikoanalyse zuständigen Fachabteilung zu melden. Diese prüft – ggf. gemeinsam mit anderen Fachabteilungen – die Meldung mit Blick darauf, ob das Unternehmen aufgrund des Auslösers tatsächlich mit einer wesentlich veränderten oder wesentlich erweiterten Risikolage in der Lieferkette (= im eigenen Geschäftsbereich, bei unmittelbaren und/oder mittelbaren Zulieferern) rechnen muss. Ist das Ergebnis negativ, wird dieses Ergebnis nachvollziehbar dokumen-

tiert. Ist das Ergebnis positiv, wird die eigentliche anlassbezogene Risikoanalyse angestoßen und durchgeführt.

Je nachdem, mit welchen (neuen oder veränderten) Risiken im eigenen Geschäftsbereich zu rechnen ist, werden die zuständigen Risk Manager/Risk Owner (→ Rn. 25 und 30) in die Risikoanalyse einbezogen. Ist bei unmittelbaren oder mittelbaren Zulieferern mit neuen oder veränderten Risiken zu rechnen, werden die Risk Manager und Risk Owner aus den zentralen und dezentralen Einkaufsorganisationen (→ 60) hinzugezogen. In der **Methodik** der Identifikation und Bewertung von Risiken unterscheidet sich die anlassbezogene Risikoanalyse nicht von der jährlichen Risikoanalyse, wohl aber im Scope: Bei der anlassbezogenen Risikoanalyse sind auch mittelbare Zulieferer in den Blick zu nehmen. 87

Die **Ergebnisse** der anlassbezogenen Risikoanalyse werden analog zur jährlichen Risikoanalyse **dokumentiert** (→ Rn. 92) und, soweit sich das Bestehen von neuen oder veränderten Risiken und/oder Verletzungen bestätigt, werden auch entsprechende Präventions- und/oder Abhilfemaßnahmen konzipiert und umgesetzt. 88

V. Kommunikation der Ergebnisse der Risikoanalyse (Abs. 3)

Gem. § 5 Abs. 3 hat das Unternehmen dafür Sorge zu tragen, dass die Ergebnisse der Risikoanalyse intern an die maßgeblichen Entscheidungsträger, etwa an den Vorstand oder an die Einkaufsabteilung, kommuniziert werden. Systematisch ist die Regelung m. E. etwas unglücklich in Abs. 3 enthalten; denn die Kommunikation der Ergebnisse betrifft nicht nur die jährliche, sondern auch die **anlassbezogene Risikoanalyse,** die aber erst in Abs. 4 (freilich sind auch die Ergebnisse der anlassbezogenen Risikoanalyse nach § 9 Abs. 3 zu kommunizieren) geregelt ist. 89

Adressat der Regelung ist die **Geschäftsleitung** (Vorstand oder Geschäftsführung) des betroffenen Unternehmens; diese hat letztlich für eine angemessene und wirksame (konzernweite) Risikokommunikation als **zentrales Element** eines **wirksamen Risikomanagementsystems** (dazu → § 4 Rn. 20 ff.) Sorge zu tragen. In erster Linie muss die Geschäftsleitung dafür Sorge tragen, dass sie selbst turnusmäßig und ad hoc eine Risikoberichterstattung erhält. Die LkSG-Risikoberichterstattung kann, muss aber nicht in einem gesonderten Reporting-Prozess erfolgen. Vielmehr bietet es sich an, im Rahmen des bestehenden GRC-Reportings oder des Reportings nichtfinanzieller Risiken an die Geschäftsleitung zugleich auch die LkSG-Risiken zu berichten. 90

Relevante Entscheidungsträger dürften letztlich alle Fachabteilungen/Personen sein, die gemäß der ihnen auferlegten Zuständigkeiten (dazu → § 4 Rn. 49 ff.) auf der Grundlage der Ergebnisse der Risikoanalyse weitere Maßnahmen ergreifen bzw. Sorgfaltsprozesse anstoßen müssen, etwa Konzeptionierung und Umsetzung neuer oder Optimierung bestehender Präventionsmaßnahmen, Aktualisierung der Grundsatzerklärung, Überarbeitung des Schulungsmaterials und/oder bestehender interner Regularien. § 5 Abs. 3 nennt neben dem Vorstand beispielhaft die Einkaufsabteilung. Da letztere bei der Risikoanalyse bei unmittelbaren Zulieferern ohnehin eingebunden sein dürfte, ist sie über die Ergebnisse der Risikoanalyse regelmäßig auch informiert, so dass ein gesonderter Berichtsprozess hier nicht erforderlich sein dürfte. 91

VI. Dokumentation

Gem. § 10 Abs. 1 ist die Erfüllung der Sorgfaltspflichten nach § 3 unternehmensintern fortlaufend zu dokumentieren. Ausweislich § 3 Abs. 1 Nr. 9 handelt es sich hierbei selbst um eine Sorgfaltspflicht. Sie gilt auch und insbes. für die Risikoanalyse (vgl. § 3 Abs. 1 Nr. 3). Es sollte einerseits der **Prozess** der Durchführung der jährlichen und anlassbezogenen Risikoanalysen nachvollziehbar dokumentiert 92 werden. Darüber hinaus müssen die im Wege der konkreten Risikobetrachtung identifizierten und bewerteten **Risiken** „***systematisch dokumentiert*** *werden, zum Beispiel in einem Risikoinventar. Ein* ***Risikoinventar*** *enthält üblicherweise folgende Mindestangaben: Risikobeschreibung, Verantwortlicher, Gewichtung, Präventions- und Abhilfemaßnahmen.*" (BAFA, Handreichung Risikoanalyse, S. 14).

93

–	Typ	gesetzl. Anknüpfung	Risikobezeichnung	Risikobeschreibung	Verantwortlichkeiten		Gesellschaft	Ursachen	Präventionsmaßnahmen	Netto-Risiko		Gesamtrisiko
					Risk Owner	Risk Manager				Eintrittswahrscheinlichkeit	Schwere der Verletzung	
EHS-_13	Menschenrechtsrisiko	Missachtung von Arbeits- und Gesundheitsschutz	Gefahr durch Elektrizität	Arbeiten an Elektroinstallationen müssen ohne ausreichende Sicherheitsvorkehrungen, wie geeignetes Werkzeug, ausgeführt werden.				⋆ Sparen bei Werkzeug oder sonstiger Ausrüstung	⋆ Ggf. an internationalen Standards, die über das Recht des Beschäftigungsortes hinaus gehen, orientieren. ⋆ Verantwortlichkeiten für den Bereich des Arbeitsschutzes definieren. ⋆ Gefährdungsbeurteilungen, die die bezeichneten Gefahren (falls relevant) berücksichtigen, durchführen. ⋆ Auf eine angemessene Ausbildung der Mitarbeiter für ihre jeweilige Tätigkeit achten.	1 – sehr unwahrscheinlich	5 – wesentlich	Hohes Risiko

									⋆ Mitarbeiter ausreichend für Tätigkeiten mit besonderen Gefahren schulen.			
									⋆ Geräte regelmäßig warten und kontrollieren.			
									⋆ Angemessene Schutzkleidung oder weitergehende Schutzausrüstung bereitstellen.			
EHS-_14	Menschenrechtsrisiko	Missachtung von Arbeits- und Gesundheitsschutz	Hohe Umgebungstemperatur	Die Lufttemperatur am Arbeitsplatz ist unzumutbar hoch.				⋆ Langanhaltende Hitzeperiode	⋆ Mitarbeiter zum Tragen der Schutzausr⋆ Das Recht des Beschäftigungsortes prüfen und anwenden.	2 – unwahrscheinlich	2 – niedrig	Niedriges Risiko
								⋆ Extreme klimatische Bedingungen am Beschäftigungsort	üstung verpflichten.			
								⋆ Bauliche Be-				

								günstigung des Aufheizens/keine baulichen Abhilfemaßnahmen (Blechdach, fehlende Lüftung)				
								* Zusätzliche Wärmeerzeugung durch Maschinen				
EHS-_15	Menschenrechtsrisiko	Missachtung von Arbeits- und Gesundheitsschutz	Extreme Hitze	An einer konkreten Arbeitsstätte entstehen sehr hohe Temperaturen.				* Ofen, Grill etc.		3 – möglich	3 – moderat	Mittleres Risiko
								* Hochofen				

Abb. 10: Beispielhafter Ausschnitt aus einem Risikoinventar

C. Durchführung der Risikoanalyse anhand des Beispiels EnBW

I. Einleitung

94 IRd Risikoanalyse iSd LkSG überprüft ein Unternehmen die sozialen und ökologischen Risiken im eigenen Geschäftsbereich sowie in dem des unmittelbaren Zulieferers. Anlassbezogen sieht das Gesetz darüber hinaus auch eine Risikoanalyse in der tieferen Lieferkette vor. Die Risikoanalyse ist der Ausgangspunkt aller im Gesetz vorgesehenen Sorgfaltspflichten. Sie ist Kernbestandteil des Risikomanagements, Grundlage für die Ableitung von Präventions- und Abhilfemaßnahmen, wesentlicher Teil der Berichts- und Dokumentationspflichten und Anknüpfungspunkt für Unternehmen bei Hinweisen über mögliche Verletzungen menschenrechtsbezogener oder umweltbezogener Verletzungen beim mittelbaren Zulieferer über den Beschwerdemechanismus. Die Vorgaben zur Risikoanalyse iSd LkSG orientieren sich dabei eng am Prinzip 18 der Vereinten Nationen Leitprinzipien für Wirtschaft und Menschenrechte (VN Leitprinzipien), obgleich sie in zwei wesentlichen Punkten davon abweicht. Dies betrifft zum einen den Umfang der Risikoanalyse, der im LkSG den Schwerpunkt auf den eigenen Geschäftsbereich und den des unmittelbaren Zulieferers legt sowie auch den umfassenderen materiellen Umfang, da das LkSG in § 2 Abs. 3 auch umweltbezogene Risiken in die Prüfung mit einbezieht.

95 Prinzip 18 VN Leitprinzipien Um die menschenrechtlichen Risiken abzuschätzen, sollten Wirtschaftsunternehmen alle tatsächlichen oder potenziellen nachteiligen menschenrechtlichen Auswirkungen ermitteln und bewerten, an denen sie entweder durch ihre eigene Tätigkeit oder durch ihre Geschäftsbeziehungen beteiligt sind. Dieses Verfahren sollte:

(a) sich auf internes und/oder unabhängiges externes Fachwissen auf dem Gebiet der Menschenrechte stützen;

(b) sinnvolle Konsultationen mit potenziell betroffenen Gruppen und anderen in Betracht kommenden Stakeholdern umfassen, die der Größe des Wirtschaftsunternehmens und der Art. und des Kontexts seiner Geschäftstätigkeit Rechnung tragen

II. Begriffsbestimmung Risiko und Risikoanalyse

96 Im unternehmerischen Kontext wurden unter einer Risikoanalyse bisher vor allem wirtschaftliche Risiken verstanden, also nach innen gerichtete Risiken („outside-in"), die sich auf Basis von Geschäftsaktivitäten, der klassischen Bereitstellung von Produkten und Dienstleistungen, auf die wirtschaftliche und somit finanzielle Stabilität und das potenzielle Wachstum eines Unternehmens beziehen. Diese Risiken sind von den Risiken iSd Lieferkettensorgfaltspflichtengesetzes (LkSG) zu unterscheiden, welche nach außen gerichtet sind („inside-out") und sich auf die Wahrscheinlichkeit des Eintritts der Verletzung eines im Gesetz definierten menschenrechtlichen oder umweltbezogenen Rechtsgutes beziehen.

97 Das Gesetz definiert ein Risiko als ein „Zustand, bei dem aufgrund tatsächlicher Umstände mit hinreichender Wahrscheinlichkeit ein Verstoß gegen ein in § 2 Abs. 2, 3 aufgelistetes Verbot droht". Der Gesetzgeber spricht an dieser Stelle zwar nur von potenziellen (zukünftigen) Risiken, jedoch wird mit Blick auf § 7, wo Abhilfemaßnahmen an erster Stelle für bereits eingetretene Verletzungen von menschenrechts- oder umweltbezogenen Pflichten ergriffen werden müssen, deutlich, dass die Risikoanalyse auch bereits eingetretene nachteilige Auswirkungen auf geschützten Rechtspositionen mit umfasst. Ein Risiko stellt also einen Zustand dar, aufgrund dessen potenzielle oder tatsächliche nachteilige Auswirkungen für die genannten Rechtspositionen von Dritten vorliegen (vgl. auch die Formulierung von Leitprinzip 18 VN-Leitprinzipien).

98 IRd Risikoanalyse gem. § 5 ist ein Unternehmen angehalten ein internes Verfahren bzw. einen Prozess aufzusetzen, welches geeignet ist, nachteilige Auswirkungen auf die in § 2 Abs. 2, 3 geschützten Rechtspositionen zu ermitteln. Das heißt, ein Unternehmen setzt einen geeigneten Prozess auf, um sich ein Bild darüber zu

verschaffen und besser zu verstehen, wie sich die Unternehmenstätigkeiten auf die im Gesetz genannten Rechtsgüter auswirken (vgl. hierzu Kommentar zu Prinzip 18 VN-Leitprinzipien). Dabei soll die Risikoermittlung sowohl die eigene Geschäftstätigkeit umfassen als auch jene des unmittelbaren Zulieferers und bei substantiierter Kenntnisnahme auch die Geschäftsaktivitäten mittelbarer Zulieferer in der tieferen Wertschöpfungskette (→ § 9 Rn. 10 ff.). Die Risikoermittlung der Geschäftsaktivitäten des eigenen Unternehmens und des unmittelbaren Zulieferers bildet die Grundlage dafür, dass ein Unternehmen wirksame Präventions- und Abhilfemaßnahmen identifizieren, priorisieren und ressourceneffizient durchführen kann.

99

Abb. 11: Risikoanalyse als zentrales Element der unternehmerischen Sorgfaltspflichten

III. Scope der Risikoanalyse

Die Risikoanalyse iS von § 5 soll sowohl im eigenen Geschäftsbereich als auch im Geschäftsbereich der unmittelbaren Zulieferer durchgeführt werden. Für die Risikoanalyse gilt hierbei, im Gegensatz zu den Präventions- oder den Abhilfemaßnahmen, dass diese für den eigenen Geschäftsbereich und den Geschäftsbereich des unmittelbaren Zulieferers im selben Umfang durchgeführt werden muss. Für Präventions- oder Abhilfemaßnahmen gibt es hier ein abgestuftes Vorgehen, das zwischen dem eigenen Geschäftsbereich und dem des unmittelbaren Zulieferers bezüg- 100 lich des Umfangs der durchzuführenden Maßnahmen unterscheidet. Grundsätzlich sind für den eigenen Geschäftsbereich erweiterte Anforderungen umzusetzen.

101 Zu beachten ist dabei der Umstand, dass unter den **eigenen Geschäftsbereich,** den das Gesetz in § 2 (6) genauer definiert, auch jene Konzerngesellschaften mit eingeschlossen sind, auf die der **Mutterkonzern** einen bestimmenden Einfluss hat (→ § 2 Rn. 173 ff.). Das erfordert eine gute Abstimmung des Mutterkonzerns mit allen **Tochtergesellschaften,** die unter den eigenen Geschäftsbereich subsummiert werden. Eine große praktische Herausforderung bei der Risikoanalyse ist hier die Sicherstellung eines einheitlichen Umsetzungsansatzes und -niveaus, da insbes. kleine Konzerngesellschaften oftmals nicht über die nötigen Ressourcen und Expertise verfügen ein umfassendes Risikomanagement aufzubauen.

102 In der Regel lassen sich vier Konstellationen unterscheiden:

1. Die Tochtergesellschaft ist selbst durch das LkSG verpflichtet und hat einen eigenen Einkauf.
2. Die Tochtergesellschaft ist selbst durch das LkSG verpflichtet und beschafft über die Konzernmutter
3. Die Tochtergesellschaft ist nicht durch das LkSG verpflichtet und beschafft über die Konzernmutter
4. Die Tochtergesellschaft ist nicht durch das LkSG verpflichtet und hat einen eigenen Einkauf

Im ersten Fall sollte sichergestellt werden, dass die Risikoanalyse der Tochtergesellschaft in ihren prozessualen Grundzügen analog zur Risikoanalyse der Konzernmutter aufgebaut ist, damit letztere die Ergebnisse der Risikoanalyse in ihre Risikoanalyse einfließen lassen kann.

Im zweiten Fall ist die Tochtergesellschaft zwar qua Gesetz verpflichtet eine vollständige Risikoanalyse durchzuführen, kann aber für die Risikoanalyse bezogen auf den unmittelbaren Zulieferer auf die Konzernmutter verweisen, sofern durch einen Regelaustausch zwischen Mutterkonzern und Tochtergesellschaft sichergestellt ist, dass die Tochtergesellschaft eine kontrollierende Instanz bei der Durchführung der Risikoanalyse wahrnimmt und somit ihrer eigenen Sorgfaltspflicht gerecht wird. Ein blinder Verweis auf die Konzernmutter ohne einen direkten und regelmäßigen Austausch mit den Verantwortlichen des Risikomanagements und ohne Nachhalten von Nachweisen, die Rückschlüsse auf belastbares Monitoring der Risikoanalyse der Konzernmutter zulassen, wird nicht ausreichen.

Im dritten und vierten Fall muss die Konzernmutter sicherstellen, dass die gesetzlichen Anforderungen bezogen auf die Risikoanalyse, aber auch bezogen auf die anderen im Gesetz genannten Sorgfaltspflichten, bei der Tochtergesellschaft umgesetzt werden und die Ergebnisse in die eigene Konzernanalyse einfließen. Die Praxiserfahrung hat gezeigt, dass die Erstellung einer Konzernrichtlinie zur Umsetzung der LkSG-Anforderungen, einen sinnvollen Ansatz darstellt. Dies gibt den Tochtergesellschaften einen gewissen Spielraum bei der Umsetzung, stellt aber für die Konzernmutter die Einhaltung von eigenen Standards sicher, die letztendlich eine Einbindung der Ergebnisse der jeweiligen Risikoanalysen der Tochtergesellschaften in eine konzernweite Risikoanalyse ermöglichen. Andernfalls wird es schwer die Ergebnisse der Risikoanalyse zwischen den verschiedenen Einheiten bzw. Gesellschaften eines Konzerns miteinander zu vergleichen und ggf. eine geeignete Priorisierung der Risiken durchführen zu können.

IV. Umgehungsverbot

103 Um sicherzustellen, dass Unternehmen ihre Geschäftsbeziehungen nicht **missbräuchlich** so gestalten, dass sie die Anforderungen bezogen auf ihre Sorgfaltspflicht hinsichtlich der unmittelbaren Zulieferer **bewusst umgehen,** wird explizit darauf verwiesen, dass bei bewusster Erweiterung der eigenen Lieferkette in einem solchen Fall auch der mittelbare Zulieferer als unmittelbarer Zulieferer gewertet wird. Eine solche missbräuchliche Gestaltung kann zum Beispiel vorliegen, wenn zwischen dem Unternehmen und einem unmittelbaren Zulieferer eine Dritte Partei zwischengeschaltet wird, die für sich betrachtet allerdings keiner weiteren wirtschaftlichen Tätigkeit nachgeht als die Geschäfte zwischen einem Unternehmen und dem Zulieferer zu übermitteln. In diesem Fall rückt der Zulieferer nicht auf Tier 2, sondern wird qua Gesetz als Tier 1, also unmittelbarer Zulieferer, gewertet, für den die entsprechenden Sorgfaltspflichten wahrgenommen werden müssen. Wann eine solche missbräuchliche Gestaltung der unmittelbaren Zuliefererbeziehung vorliegt, ist nicht eindeutig aus dem Gesetzestext herauszulesen. Indizien sind

hierfür laut Regierungserklärung (Regierungsbegründung, BT-Drs. 19/28649, zu § 5 Abs. 1)

- Keine nennenswerten eigenen Wirtschaftstätigkeiten des als unmittelbaren Zulieferer auftretenden Dritten
- Keine auf Dauer angelegte Präsenz in Gestalt von Geschäftsräumen, Personal oder Ausrüstungsgegenständen

V. Durchführung der Risikoanalyse im eigenen Geschäftsbereich

In Bezug auf die Ausgestaltung der Risikoanalyse im eigenen Geschäftsbereich sind im LkSG sowie im Kommentar zum Referentenentwurf keine weiteren Vorgaben prozessualer Natur zu finden. Das bedeutet, dass den Unternehmen bei der Wahl der Methodik und Quellen ein höheres Maß an Entscheidungsfreiheit gegeben wird und somit die Risikoanalyse auf die eigenen unternehmensspezifischen Strukturen ausrichten kann (Regierungsbegründung, BT-Drs. 19/28649, zu § 5 Abs. 1). 104

Grundsätzlich ist die Anforderung an eine Risikoanalyse im eigenen Geschäftsbereich so zu verstehen, dass ein Unternehmen Verfahren etablieren muss, um zu erkennen, welche Auswirkungen die eigenen Geschäftsaktivitäten auf die im Gesetz geschützten Rechtspositionen haben. 105

Dabei sind mit Blick auf die menschenrechtlichen Risiken potenziell betroffene Personengruppen im und außerhalb des Unternehmens gemeint, wie zB die eigenen Mitarbeitenden, die an den eigenen Unternehmensstandorten oder den angrenzenden Gemeinden lebenden Anwohnenden sowie alle Personengruppen, die durch Projektaktivitäten des Unternehmens von Auswirkungen betroffen sein können (dazu auch DGCN/DIMR, Perspektiven aus der Unternehmenspraxis 2015, 12 (44)). 106

Wie sich ein Unternehmen der Risikoanalyse im eigenen Geschäftsbereich nähert, hängt im Wesentlichen von der Größe des Unternehmens, von der **Unternehmensstruktur** und von der Wertschöpfungskette ab. Folgende Fragen helfen, für das eigene Unternehmen mehr Transparenz herzustellen, um einen passenden Prozess für die Risikoanalyse im eigenen Geschäftsbereich (aber auch im Geschäftsbereich der unmittelbaren Zulieferer zu planen; eine beispielhafte Auflistung an konkreten Informationen, die sich aus der Risikoanalyse ableiten lassen sollten, findet sich in der BAFA-Handreichung, Risikoanalyse, 4.1): 107

- Handelt es sich um ein Unternehmen mit einem breiten Geschäftsportfolio oder sind die Geschäftsaktivitäten auf einen überschaubaren Aktionsradius begrenzt **(Art und Umfang der Geschäftstätigkeit)?**
- Hat das Unternehmen viele Tochtergesellschaften im In- und Ausland oder ist die Konzernstruktur überschaubar **(Unternehmensstruktur)?**
- Über welche Art. und wie viele unterschiedliche Wertschöpfungsketten verfügt es **(Beschaffungsstruktur)?**

Entsprechend kann die Risikoanalyse prozessual ausgestaltet werden. Einige gute Ansätze und Beispiele, wie die Risikoanalyse im eigenen Geschäftsbereich ausgestaltet werden kann, finden sich im Leitfaden des UN Global Compact Netzwerks in Zusammenarbeit mit dem Deutschen Institut für Menschenrechte werden verschiedene Herangehensweisen beschrieben (vgl. DGCN/DIMR, Perspektiven aus der Unternehmenspraxis 2015, 14 (44)). Eine Hilfestellung und praktische Tipps für die Umsetzung des prozessualen Aufbaus findet sich außerdem in der BAFA-Handreichung zur Risikoanalyse (s. BAFA-Handreichung, Risikoanalyse, 4.2). 108

Insbes. für Unternehmen mit vielen Tochtergesellschaften wird hier ein **dreistufiges Vorgehen** vorgeschlagen. 109

1. Abstrakte Risikobetrachtung

110 In einem ersten Schritt wird für das gesamte Unternehmen inkl. der Tochtergesellschaften eine abstrakte Risikobetrachtung durchgeführt. Das bedeutet, dass ein Unternehmen sich über typische brancheneigene Risiken informiert und die länderspezifischen Risiken identifiziert, die für alle Standorte der Tochtergesellschaften relevant sind. Entsprechende Quellen für diese abstrakte Risikobetrachtung finden sich in der Anlage II der BAFA Handreichung (weitere Beispiele für Quellen → Rn. 24 ff.).

2. Konkrete Risikobetrachtung

111 In einem zweiten Schritt findet die „Plausibilisierung der Ergebnisse der abstrakten Risikobetrachtung" statt. Hierbei werden die Ergebnisse der abstrakten Risikobetrachtung auf den individuellen Unternehmenskontext übertragen, indem geprüft wird, ob die abstrakten Risiken im eigenen Geschäftsbereich tatsächlich vorliegen.

3. Risiko-Mapping für den eigenen Geschäftsbereich

112 Je nach Unternehmensstruktur sowie Anzahl von Tochtergesellschaften und Tätigkeitsstandorten, haben sich in der Praxis zwei Herangehensweisen bewehrt, die im Folgenden kurz skizziert werden:

a) Der einheitliche Ansatz

113 Diese Herangehensweise eignet sich besonders für Unternehmen, die im Wesentlichen in einem Land aktiv sind und sich in ihrem Geschäftsportfolio auf eine überschaubare Anzahl von Kerngeschäftsaktivitäten beschränken. Dies ist zum Beispiel in der Regel der Fall bei einem Energieunternehmen oder einem Textilunternehmen. Ein solches Unternehmen kann das Risiko-Mapping für das gesamte Unternehmen in einem Durchgang vornehmen.

114 Hierbei ist in einem ersten Schritt ein Mapping aller Geschäftsbereiche und -einheiten, die unter den eigenen Geschäftsbereich fallen (→ § 2 Rn. 169 ff.), durchzuführen. Dieser Auflistung werden die identifizierten abstrakten menschenrechtlichen und umweltbezogenen Risiken gegenübergestellt. Das bedeutet, jeder Bereich muss für sich prüfen, ob das jeweilige Risiko für den Bereich relevant sein könnte.

115 Für das Verbot der Missachtung von Arbeitsschutz und arbeitsbedingten Gesundheitsgefahren (§ 2 Abs. 2 Nr. 5) kann das zum Beispiel bedeuten, dass die Abteilung für Arbeitsschutz- und Sicherheit überprüfen muss, ob alle gesetzlichen Anforderungen an den Betriebsstätten eingehalten werden und Bereiche mit erhöhtem Gefahrenpotenzial zusätzlich eine entsprechende OHSAS 18001- bzw. ISO 45001 Zertifizierung mit allen Komponenten, die für die Erhöhung der Sicherheit und der Produktivität am Arbeitsplatz erforderlich sind, vorweisen können.

b) Der kontextspezifische risikobasierte Ansatz

116 Unternehmen, die über ein breites Produktportfolio verfügen oder an vielen (internationalen) Standorten tätig sind, tun sich bei der konkreten Risikoanalyse für den eigenen Geschäftsbereich leichter, wenn sie die Risikoanalyse kontextspezifisch und risikobasiert, zum Beispiel bezogen auf einen Standort oder ein Produkt, durchführen. Dies kann zum Beispiel für Automobilhersteller sowie für größere Chemiehersteller zutreffen.

117 Bei diesem Ansatz wird das oben beschriebene Vorgehen nicht für das gesamte Unternehmen in einem Durchgang, sondern für jeden Produktionsstandort oder Herstellungsprozess einzeln durchgeführt. Zunächst werden nur die Bereiche des Unternehmens betrachtet, für die die abstrakte Risikoanalyse ein erhöhtes und zu

priorisierendes Risiko ergeben hat. Dazu werden in einem ersten Schritt die abstrakten Risiken nach Schwere und Eintrittswahrscheinlichkeit und anschließend anhand der weiteren Einflussfaktoren gem. § 3 Abs. 2 Nr. 1, 2 und 4 gewichtet und priorisiert (ausf. dazu → Rn. 49 ff., 139 ff.).

Dieses Vorgehen hat vor allem mit Blick auf die Wiederholungsprüfung den Vorteil, dass die Risikoanalyse fokussierter und vertiefter für besonders risikobehaftete Standorte oder Produktionszweige durchgeführt werden kann. **118**

Unabhängig von der gewählten Herangehensweise, ist es ratsam das unternehmenseigene Risikomanagement in den Prozess mit einzubeziehen. Hier gibt es in der Regel schon standardisierte Prozesse zur Identifikation von unternehmenseigenen Risiken sowie eine sehr gute Übersicht inklusive relevanter Ansprechpartner der einzelnen Geschäftsbereiche und -einheiten. Darüber hinaus ist das Risikomanagement in der Regel sehr früh in den Aufbau neuer Geschäftsfelder involviert, was eine anlassbezogene Risikoüberprüfung iSd LkSG zu einem sehr frühen Zeitpunkt sicherstellt (zur anlassbezogenen Risikoanalyse → Rn. 32). **119**

Das Ergebnis der konkreten Risikoanalyse für den eigenen Geschäftsbereich sollte stets eine Übersicht iS eines **Risikoinventars** sein, in dem folgende Informationen sauber und nachvollziehbar dokumentiert sind (vgl. dazu BAFA-Handreichung, Risikoanalyse, 4.2): **120**

- Risikobeschreibung inkl. Benennung des Risikos, betroffene Personengruppe, Ort der Realisierung des Risikos, eigener Verursachungsbeitrag zum Risiko;
- Verantwortlicher für das konkrete Risikomanagement;
- Gewichtung und Priorisierung des Risikos;
- Identifizierte Präventions- und Abhilfemaßnahmen.

4. Sukzessive Ausweitung der konkreten Risikoanalyse auf sämtliche Gesellschaften und Geschäftsbereiche

Folgt man dem risikobasierten Ansatz, so bedeutet dies nicht, dass die nichtpriorisierten Risikobereiche außer Acht gelassen werden können und unbearbeitet bleiben. Vielmehr soll mit dem risikobasierten Ansatz sichergestellt werden, dass die begrenzten Ressourcen eines Unternehmens sinnvoll und effizient eingesetzt werden. Das bedeutet, dass mit der Zeit auch alle anderen Unternehmensstandorte, Tochtergesellschaften oder Filialen in die konkrete Risikobetrachtung mit aufgenommen werden müssen, so dass am Ende ein vollständiges und transparentes **Risikoinventar** für das gesamte Unternehmen vorliegt. **121**

VI. Durchführung der Risikoanalyse bei unmittelbaren Zulieferern

IRd Risikoanalyse bei unmittelbaren Zulieferern gilt es für ein Unternehmen zu verstehen, inwieweit die Geschäftstätigkeit eines direkten Zulieferers ein menschenrechtliches oder umweltbezogenes Risiko darstellt. In der Kommentierung des Referentenentwurfs zum LkSG heißt es in Bezug auf die Risikoanalyse, dass ein Unternehmen sich hierzu in einem ersten Schritt einen Überblick über die eigenen Beschaffungsprozesse und über die Struktur und Akteure beim unmittelbaren Zulieferer sowie über wichtige Personengruppen, die von der Geschäftstätigkeit des Zulieferers betroffen sein können, verschaffen soll. Eine wichtige Grundlage dafür ist eine gute Kenntnis der eigenen Wertschöpfungsketten. Nur wenn ein Unternehmen hierüber einen guten Überblick hat, ist es möglich eine differenzierte und belastbare Risikoanalyse durchzuführen, sowohl mit Blick auf den unmittelbaren Zulieferer als auch in Bezug auf die tiefere Lieferkette, wenn Hinweise auf mögliche menschenrechtliche Verletzungen vorliegen (vgl. dazu weiter unten Risikoanalyse beim mittelbaren Zulieferer, → § 9 Rn. 10 ff.). **122**

Da größere Unternehmen mitunter mit mehreren tausend Lieferanten in einer direkten Geschäftsbeziehung stehen, kann eine Risikoanalyse all dieser Lieferanten schnell unübersichtlich werden, unstrukturiert ablaufen und für Dritte kaum nach- **123** vollziehbar sein. Auch ist nicht immer klar, wo der Fokus bei der Überprüfung der direkten Lieferanten liegen soll, das heißt, welche Fragen ein Unternehmen sich bei der Risikoanalyse seiner direkten Lieferanten überhaupt stellen muss. Daher ist es sinnvoll ein vorgelagertes **Risiko-Mapping** iS einer **abstrakten Risikobewertung** durchzuführen und sich zunächst den Risiken auf einer übergeordneten Ebene zu nähern. Cluster, die sich für ein solches vorgelagertes Risiko-Mapping anbieten sind zum Beispiel bestimmte Geschäftsfelder, Standorte, Produkte/Warengruppen oder Herkunftsländer. Darauf aufbauend kann dann im nächsten Schritt die Bewertung eine Ebene tiefer, auf Ebene der einzelnen Lieferanten, durchgeführt werden. Ein solches Vorgehen wird auch in der BAFA-Handreichung zur Risikoanalyse dargestellt (s. dazu auch BAFA-Handreichung, Risikoanalyse, 4.2).

124 Dieses Vorgehen hat mehrere Vorteile. Zunächst einmal ist es immer leichter, vom Abstrakten ins Konkrete zu gehen. Zum anderen sind die Risiken auf Lieferantenebene innerhalb eines Clusters (wie zum Beispiel einer Warengruppe oder eines Beschaffungslandes) in der Regel ähnlich gelagert. Das macht die Bewertung auf Lieferantenebene leichter, da bereits die relevanten Risikotreiber bekannt sind und die richtigen Fragen gestellt werden können. Darüber hinaus können diese Cluster auch schon bei der Lieferantenauswahl iSd gesetzlich vorgesehenen Präventionsmaßnahmen mitgedacht und entsprechende Filter, zum Beispiel durch eine gezielte Lieferantenauswahl, eingebaut werden (→ § 6 Rn. 30). Ein weiterer Vorteil ist, dass die anschließende Prüfung auf Ebene der Bestandslieferanten dann den ermittelten Risiken in den Clustern entsprechend priorisiert werden kann. Lieferanten, die einem priorisierten Risiko-Cluster zugeordnet sind, werden zuerst bewertet, anschließend jene Lieferanten, die den weniger risikobehafteten Clustern zugeordnet sind. So kann nach und nach die gesamte Bestandslieferantenbasis abgearbeitet werden.

1. Abstrakte Risikoanalyse auf Warengruppenebene

125 In der Praxis hat es sich bewährt bei diesem abgestuften Vorgehen zunächst eine abstrakte Risikobewertung auf **Warengruppen,** bzw. **Produktebene** (im Folgenden Warengruppenebene) durchzuführen, da in der Regel auch der Einkauf eines Unternehmens nach Warengruppen unterteilt ist und seltener nach Beschaffungsländern oder Geschäftsfelder (Beispiele für die Durchführung von Risikoanalysen für andere Risiko-Cluster (auf Länderebene, für bestimmte Standorte, mit Fokus auf bestimmte Rechtsgüter) in DGCN/DIMR, Perspektiven aus der Unternehmenspraxis 2015, 18 f., 44).

126 Bei der Durchführung einer Risikoanalyse auf Warengruppenebene sind zunächst neben der Auflistung aller Warengruppen die Experten oder Verantwortlichen für die jeweiligen Warengruppen innerhalb des Unternehmens zu identifizieren. Diese Personen haben in der Regel schon ein sehr gutes Hintergrundwissen zu den jeweiligen Warengruppen und können bei der Warengruppenrisikoanalyse sehr hilfreich sein. Zudem haben sie meistens auch einen guten Überblick und vertiefte Kenntnisse über die Lieferantenbasis innerhalb der Warengruppen und bestenfalls regelmäßigen persönlichen Kontakt zu den Lieferanten, was die spätere Risikobewertung auf Lieferantenebene sehr erleichtert.

127 Das Gesetz gibt mit § 2 Abs. 2, 3 klar vor, welche menschenrechtlichen und umweltbezogenen Rechtspositionen iRd Risikoanalyse genauer betrachtet werden müssen. Ziel der Risikoanalyse auf Warengruppenebene ist es, ein klares Bild darüber zu erhalten,

- ob innerhalb einer Warengruppen potenzielle oder tatsächlich eingetretene Verletzungen mit Blick auf diese Rechtspositionen vorliegen,
- welcher Personenkreis von diesen Verletzungen betroffen sein kann oder betroffen ist und
- auf welcher Ebene der Wertschöpfungskette diese (potenziellen) Verletzungen auftreten.

a) Lieferketten-Mapping

128 Diese Fragen lassen sich am besten durch ein grobes **Lieferketten-Mapping** beantworten (so hat bspw. die Unternehmensberatung Sustainable Links eine Vorlage und begleitende Schulung zur Durchführung eines Mappings der Risiken und bestehenden Prozesse in den jeweiligen Warengruppen entwickelt (Lieferketten-Mapping)). Im Rahmen eines solchen Mappings geht es im Wesentlichen darum, die eigenen Wertschöpfungsketten besser zu verstehen und einen ersten Grad an Transparenz zu schaffen, auf dem dann eine gegebenenfalls tiefere Risikoanalyse aufbauen kann. Folgende Leitfragen helfen mehr Transparenz in den jeweiligen Warengruppen zu generieren:

- Was wird bzw. welche Waren und Dienstleistungen werden eingekauft?
- Welche Komponenten stecken in diesen Waren?
- In welchen Ländern werden diese Komponenten hergestellt?
- Welche Rohstoffe stecken in den Waren?
- In welchen Ländern werden die Vorprodukte bzw. die Rohstoffe gewonnen?

129 Es müssen nicht immer alle Fragen vollständig beantwortet werden und dieses erste grobe **Risiko-Mapping** kann und wird in den meisten Fällen durchaus lückenhaft sein. Wichtig ist es vielmehr einen ersten Überblick zu bekommen, zB in welchen Ländern wichtige Produktionsschritte zu verorten sind. Es ist somit nicht zwingend notwendig alle Wertschöpfungsketten lückenlos nachvollziehen zu können. Schnell wird sich iRd weiteren Recherche herauskristallisieren, ob Risiken eher beim Rohstoffproduzenten, beim direkten Zulieferer oder bei den Sublieferanten (also **mittelbaren Zulieferern**) liegen.

130 Dieses Vorgehen erfordert einen Blick über die Stufe der **direkten Zulieferer** in die tiefere Lieferkette, was zunächst über die Anforderungen des § 5 hinaus geht. Allerdings hat ein Unternehmen im Rahmen seines Risikomanagements gem. § 4 Abs. 4 auch seinen Verursachungsbeitrag für Verletzungen von geschützten Rechtpositionen in der tieferen Lieferkette in einem angemessenen Maß mit zu berücksichtigen. Darüber hinaus ist zu erwarten, dass die Sorgfaltspflichten des EU-Lieferkettengesetzes (Corporate Sustainability Due Diligence (CSDD)) auch mittelbare Zulieferer in die regelmäßige Risikoanalyse mit einbeziehen wird (s. dazu Proposal for EU Corporate Sustainable Due Diligence Directive, 2022). Daher ist es ratsam bereits gegenwärtig bei der Umsetzung der nationalen LkSG-Anforderungen erste erweiterte Schritte in Richtung Lieferketten-Mapping zu gehen.

131

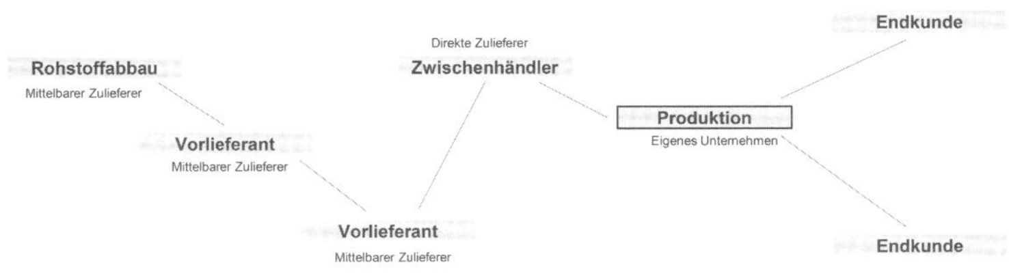

Abb. 12: Beispiel für ein Lieferketten-Mapping iRd abstrakten Risikobetrachtung beim Zulieferer

b) Identifizieren von Risiken auf Warengruppenebene

132 In diesem Schritt findet die eigentliche Identifizierung von Risiken auf Warengruppenebene aufbauend auf dem Lieferketten-Mapping statt. Warengruppe für Warengruppe (andere Clusterung, wie oben beschrieben, möglich), werden die Produkte, die eingekauft werden, nach ihren Risiken analysiert. Dies findet in

einem ersten Schritt zunächst nur für die Endprodukte statt, die eingekauft werden, es ist aber aus oben genannten Gründen auch ratsam, sich die wichtigsten Komponenten und Rohstoffe in der tieferen Wertschöpfungskette anzuschauen, sofern diese bekannt sind.

133 In der Praxis hat es sich bewährt eine **Risikoidentifikation** anhand von zwei Faktoren durchzuführen. Zum einem anhand des Produktes oder des Produkt-Sektors, zum anderen anhand des Landes, in dem das Produkt oder die Komponente hergestellt wird. Beide Faktoren sollten durch das bereits durchgeführte Lieferketten-Mapping bekannt sein. Weitere Faktoren können darüber hinaus bestimmte Charakteristika der Beschäftigten selbst (zB Minderheiten, Armut) oder die Struktur der Lieferkette (zB komplexe Lieferkette, verbunden mit großer Intransparenz) sein. Eine Risikoanalyse anhand der Faktoren Produkt und Land bietet sich aber vor allem deshalb sehr gut an, da es zu diesen beiden Faktoren bereits viele auch öffentlich verfügbare Datenquellen gibt, die regelmäßig aktualisiert werden. Dies erleichtert die Analyse enorm und stellt eine Vergleichbarkeit der identifizierten Risiken mit anderen Warengruppen sicher, die später für eine Gewichtung und Priorisierung der Risiken notwendig ist. Bei der Identifizierung der Risiken ist somit zu Fragen:

- Welche möglichen Risiken sind mit dem eingekauften Produkt verbunden?
- Welche Risiken ergeben sich aus dem Herkunftsland, bzw. der Region, aus der das Produkt stammt?
- Ergibt sich ein bestimmtes Risiko aus der Verknüpfung von Produkt und Herkunftsland?

c) Quellen für Risikobewertung auf Warengruppenebene

134 Die oben skizzierten Fragen lassen sich gut mit Hilfe von öffentlich verfügbaren Quellen wie zum Beispiel Länderindizes oder Produkt- oder Sektorenindizes beantworten. Manche Indizes verknüpfen auch Länder- und Produkt-Risikoindikatoren. Einige Beispiele für solche Indizes sind im Folgenden aufgeführt.

135 Beispiele für öffentlich verfügbare Quellen:

Länderrisikoindizes (Berichte zur Menschenrechtslage:

- Amnesty International (https://www.amnesty.org/en/countries/)
- Human Rights Watch (https://www.hrw.org/world-report/2022)

Produkt- und länderbezogene Risikoindizes:

- CSR Risiko-Check (https://wirtschaft-entwicklung.de/wirtschaft-menschenrechte/csr-risiko-check/)
- Business and Human Rights Resource Centre (https://www.business-humanrights.org/en/)

136 Beispiele für eine vorgelagerte abstrakte Risikobewertung bezogen auf ein klassisches Endprodukt und eine Dienstleistung:

Warengruppe: „Arbeitsschutzkleidung“
Produktionsland: hauptsächlich Bangladesh
Erkannte Risikotreiber: Arbeitssicherheit (hohes Risiko), Arbeitszeiten und Entlohnung, (hohes Risiko) Vereinigungsfreiheit (sehr hohes Risiko)
Quelle: CSR Risiko-Check
Warengruppe: „Baudienstleistungen“
Ort der Leistungserbringung: Deutschland
Erkannte menschenrechtliche Risikotreiber: Arbeitssicherheit (mittleres Risiko), Arbeitszeiten und Entlohnung (hohes Risiko), Diskriminierung (mittleres Risiko)
Quelle: CSR Risiko-Check und Human Rights Watch

137 Weitere zusätzliche öffentlich verfügbare Quellen für die Risikoanalyse hat das BAFA im Anhang II seiner Handreichung zur Risikoanalyse aufgelistet (s. BAFA-Handreichung Risikoanalyse, Anhang II).

138 Zusätzlich zu öffentlich verfügbaren Indizes kann eine einfache Schlagwortsuche im Internet, die erkannte Länderrisiken in Verbindung mit dem jeweiligen Produkt setzt, die Risikobewertung weiter konkretisieren. Darüber hinaus geben einschlägige wissenschaftliche Studien von international anerkannten Forschungseinrichtungen oder Nichtregierungsorganisationen konkrete Hinweise darauf, wie akut, also

wie wahrscheinlich, die identifizierten Risiken in der eigenen Wertschöpfungskette tatsächlich auftreten. Auch ein Screening der Presse- und Medienberichterstattung ist eine gute ergänzende Methode, um die Risiken der eingekauften Produkte und Dienstleistungen besser zu verstehen.

d) Gewichtung und Priorisierung der Risiken

Die ermittelten Risiken sollen angemessen gewichtet und priorisiert werden. **139** Wichtig ist hierbei zu verstehen, dass nicht eine **Gewichtung und Priorisierung** der geschützten Rechtspositionen vorgenommen werden soll, sondern gemäß der Schwere und Dringlichkeit der Ab- und Bearbeitung der Risiken. Alle im Gesetz aufgelisteten Verbote, bzw. Rechtspositionen sind gleichwertig und sollen in ihrer Bedeutung nicht priorisiert werden. In diesem Kontext tritt häufig dennoch die Frage auf, ob menschenrechtliche Risiken gegenüber Umweltrisiken nicht vorrangig zu behandeln sind. Das Gesetz nimmt so eine Priorisierung jedoch explizit nicht vor, insbes. in § 3 Abs. 2 werden menschenrechtliche und umweltbezogene Pflichten gleichgestellt (→ § 3 Rn. 116). Dies lässt sich insbes. damit begründen, dass Verletzungen der im Gesetz genannten umweltbezogenen Verbote in der Regel auch erhebliche und schwer rückgängig zumachende Auswirkungen auf eine große Personengruppen haben können.

Es soll iRd Gewichtung und Priorisierung nicht gefragt werden, ob von einem **140** festgestellten Risiko weitere Präventions- oder Abhilfemaßnahmen abzuleiten sind, sondern vielmehr in welcher Reihenfolge dies zu erfolgen hat (dazu auch Toolbox DIHR 2020, 89 (159)). Somit sollen Unternehmen in die Lage versetzt werden ihre vorhanden Ressourcen möglichst sinnvoll und effizient für die schwerwiegendsten Risiken in ihren Wertschöpfungsketten einzusetzen (Risiken ermitteln und priorisieren, Textilbündnis, 7 (28)). Schon iRd abstrakten Risikoanalyse ist eine Gewichtung und Priorisierung der Risiken nach Maßgabe der Kriterien aus § 3 Abs. 2 sinnvoll. Denn es übersteigt in der Regel die Kapazitäten eines Unternehmens in allen Warengruppen oder Geschäftsfeldern eine vertiefte Risikoanalyse unter Berücksichtigung aller oben beschriebenen Quellen durchzuführen. Es geht daher um die Etablierung eines belastbaren Verfahrens, das für Dritte nachvollziehbar eine Gewichtung und Priorisierung der Risiken darstellt.

Ein guter Zeitpunkt für eine erste Gewichtung und Priorisierung der Risiken ist **141** nach Abschluss des ersten Risiko-Mappings auf vorgelagerter Ebene (abstrakte Risikobetrachtung), zB der Warengruppe oder Standorte, um nur in jenen Bereichen eine vertiefte Risikoanalyse unter Einbezug externer Stakeholder durchzuführen, bei denen Risiken festgestellt wurden, auf die das Unternehmen qua seiner Geschäftstätigkeiten Einflussmöglichkeiten auf die Minderung des Risikos sieht, die Schwere einer potenziellen Verletzung gemessen an Grad, Reichweite und Unumkehrbarkeit als hoch bewertet werden muss und der Eintritt dieser Verletzung als wahrscheinlich bzw. als real eingetreten gewertet wird (vgl. hierzu auch Regierungsbegründung, BT-Drs. 19/28649, zu § 5 Abs. 2).

e) Methodisches Vorgehen

Für die Durchführung der **Gewichtung und Priorisierung** der Risiken bietet **142** sich ein zweistufiges Vorgehen an. In einem ersten Schritt wird eine Bewertung der **Schwere und Eintrittswahrscheinlichkeit** vorgenommen, um diese dann in einem zweiten Schritt den weiteren Angemessenheitskriterien des § 3 Abs. 2 ins Verhältnis zu setzen. Durch diesen zweistufigen Ansatz wird dem Angemessenheitskriterium Nr. 3 „Schwere und Eintrittswahrscheinlichkeit" eine größere Bedeutung beigemessen, was der gemeinen Lesart von Prinzip 24 VN Leitprinzipien entspricht (Prinzip 24 VN-Leitprinzipien „[…] ist es notwendig Prioritäten zu setzten, so sollten Wirtschaftsunternehmen mit denjenigen menschenrechtlichen Auswirkungen den Anfang machen, die am schwersten wären […]").

Um die Schwere eines Risikos zu bestimmen, werden drei Faktoren heran- **143** gezogen (OECD Guidance, OECD 2018, 50 (190)):

- Grad: Wie schwerwiegend ist die Auswirkung des identifizierten Risikos?
- Tragweite: Wie viele Personen sind betroffen? Wie groß ist die potenziell betroffene Bevölkerungsgruppe?
- Unumkehrbarkeit: Wie schwer ist es, den entstanden Schaden wieder gutzumachen, bzw. zu beheben?

144 Die **Eintrittswahrscheinlichkeit** wird bestimmt, indem gefragt wird:

- Wie wahrscheinlich es ist, dass das identifizierte Risiko in eine tatsächliche Verletzung umschlagen kann? Dabei sollten vorhandene Informationen zu tatsächlichen Negativeffekten in der Wertschöpfungskette ausgewertet werden.
- Wie effektiv wirken eventuell schon vorhandene Abhilfemaßnahmen (Mitigation)?

145 Somit ergibt sich folgende Matrix für die Bewertung der Risiken:

Schwere				
	Hoch	C	D	E
	Mittel	B	C	D
	Niedrig	A	B	C
		Niedrig	Mittel	Hoch
Eintrittswahrscheinlichkeit				

Abb. 13: Beispiel einer Bewertungsmatrix für die Bewertungskriterien Schwere und Eintrittswahrscheinlichkeit

146 Mit Hilfe dieser Bewertungstabelle lassen sich Warengruppen/Produkte in **Risikokategorien** nach Schwere und Eintrittswahrscheinlichkeit einordnen (A–E). E und D stellen Kategorien mit hohen bis sehr hohen Risiken dar und sind entsprechend höher gegenüber den Kategorien A–C zu gewichten.

147 Um die vorhandenen Ressourcen möglichst sinnvoll für eine vertiefte Risikobewertung einzusetzen, ist die Schwere und Eintrittswahrscheinlichkeit in einem nächsten Schritt mit den anderen Angemessenheitskriterien aus § 3 Abs. 2 – Art und Umfang der Geschäftstätigkeit, Einflussvermögen und Verursachungsbeitrag **(Einflussfaktoren)** – in Bezug zusetzen (zur Erläuterung der Angemessenheitskriterien → § 3 Rn. 73 ff.). Daraus ergibt sich schließlich eine „absolute Priorität" (Grabosch LkSG 2 Rn. 70 ff.). So wird in der BAFA-Handreichung zur Risikoanalyse im Kapitel zur Priorisierung von Risken deutlich gemacht, dass unter den Einflussfaktoren insbes. ein besonderes Gewicht auf den Einflussfaktor „Art. des Verursachungsbeitrages" (§ 3 Abs. 2 Nr. 4) zu legen ist. Das bedeutet, dass sich ein Unternehmen fragen muss, welchen Beitrag es tatsächlich zum jeweiligen Risiko oder der Verletzung geleitstet hat. Einen Beitrag kann ein Unternehmen laut BAFA-Handreichung zur Risikoanalyse durch eine Handlung oder Unterlassung leisten, die in „irgendeiner Weise die Verletzung einer konkreten Pflicht erlaubt, ermöglicht oder motiviert" (vgl. BAFA-Handreichung, Risikoanalyse, 4.3; BAFA-Handreichung, Anhang I).

148 Ein pragmatischer Ansatz für die **Priorisierung** iRd abstrakten Risikoanalyse kann wie folgt aussehen:

1. Die identifizierten Risiken aus den Risikokategorien E und D aus der Matrix Schwere und Eintrittswahrscheinlichkeit (→ § 3 Rn. 145) werden mit den Einflussfaktoren aus § 3 Abs. 2 Nr. 1, 2, 4 in Verbindung gesetzt (→§ 3 Rn. 73 ff.)

149

Eintritts wahrscheinlichkeit				
	Kategorie E	B	C	D
	Kategorie D	A	B	C
		Niedrig	Mittel	Hoch
Einflussfaktoren: Art und Umfang der Geschäftstätigkeit, Einflussvermögen und Verursachungsbeitrag				

Abb. 14: Beispiel einer Bewertungsmatrix für die Priorisierung von Risiken auf Zuliefererebene

2. Die Risikokategorien C und D sind priorisiert zu bearbeiten, was iRd abstrakten Risikoanalyse eine Vertiefung der Recherche bedeutet.

Dieses Vorgehen ermöglicht eine gestaffelte Bearbeitung der zu priorisierenden Risiken. Wenn die Risiken mit einer hohen Schwere und Eintrittswahrscheinlichkeit (→ Rn. 145) überschaubar in ihrer Zahl sind, können natürlich auch noch weitere weniger schwerwiegende Risiken aus den Kategorien C und B in die Matrix zur absoluten Priorisierung (→ Rn. 149) mit überführt werden. Ansonsten erfolgt die Korrelation mit den Einflussfaktoren zu einem späteren Zeitpunkt, wenn die zu priorisierenden Risiken in Bearbeitung sind. 150

In der Praxis hat es sich bewährt, externe Stakeholder in die weitere Recherche mit einzubeziehen. Dies sind an erster Stelle andere Unternehmen, die auch Produkte oder Dienstleistung aus dieser Warengruppe beschaffen. Im Rahmen eines vertraulichen Austausches können die Ergebnisse und Quellen der Risikoanalysen miteinander verglichen und ergänzt werden und somit schon frühzeitig der Grundstein für eine Unternehmensinitiative oder einen Branchenzusammenschluss gelegt werden, um gemeinsam konkrete Präventions- oder Abhilfemaßnahmen zu erarbeiten. Daneben können Gespräche mit potenziell betroffenen Personengruppen vor Ort geführt werden, was sich in der Praxis immer als sehr hilfreich darstellt, um weitere kontextspezifische Informationen auf sozio-kultureller und lokal-wirtschaftlicher Ebene einzuholen und die bestehende Problematik in ein größeres oftmals sehr komplexes regionales Gesamtbild einordnen zu können. Ergänzend kann für so einen Austausch auch eine Expertenmeinung aus einer wissenschaftlichen Einrichtung oder einer zivilgesellschaftlichen bzw. Nichtregierungsorganisation hinzugezogen werden, die entweder zur jeweiligen Sachlage oder zum risikobehafteten Beschaffungsland eine besondere Expertise vorweisen kann. Zusätzlich können Berichte der deutschen Auslandshandelskammern sowie Berichte der Botschaften vor Ort hilfreiche Ergänzungen für die vertiefte Recherche sein (Webseite der Deutschen Auslandshandelskammer: https://www.ahk.de/). 151

2. Konkrete Risikoanalyse auf Zuliefererebene

Ziel der konkreten Risikoanalyse auf Zuliefererebene ist es, zu erkennen, ob ein direkter Zulieferer durch seine Geschäftsaktivitäten eine im Gesetz geschützte Rechtsposition verletzt oder eine Verletzung hinreichend wahrscheinlich erscheint. Bei der Risikoanalyse auf Zuliefererebene muss unterschieden werden zwischen **Bestandszulieferer,** also jene Zulieferer, mit denen bereits eine Geschäftsbeziehung besteht, und (potenziellen) **Neuzulieferer,** also Zulieferer, mit denen sich ein Unternehmen entweder gerade in Vertragsverhandlungen befindet oder die iRv Ausschreibungen gerade in den Zuliefererpool aufgenommen werden. 152

Für die Risikoanalyse von Bestandszulieferern bietet es sich an nach Warengruppen vorzugehen und dabei entsprechend den Ergebnissen der Warengruppenrisikoanalyse zu priorisieren. Das bedeutet, es werden zunächst die Zulieferer genauer betrachtet, die zu einer Warengruppe mit prioritär zu betrachtenden (hohen) Risiken gehören. Die Ergebnisse der Warengruppenrisikoanalyse liefern dabei wichtige Hinweise darauf, wo iRd Risikoanalyse auf Zuliefererebene besonders aufmerksam hingeschaut werden sollte, um ausschließen zu können, dass der jeweilige Zulieferer durch seine Geschäftsaktivitäten das festgestellte Risiko realisiert. 153

Grundsätzlich gilt, wird ein Zulieferer einer Warengruppe zugeordnet, aus der sich hohe soziale und/ oder ökologischen Risiken ergeben, so ist von dem Zulieferer iRd Risikobewertung mehr zu verlangen als von einem Zulieferer, der sich in einer Warengruppe mit niedrigen Risiken befindet. Natürlich kann es auch vorkommen, dass ein Zulieferer zwei oder mehr Risikogruppen zugeordnet werden kann. In einem solchen Fall sollte sich die Risikoanalyse immer am Ergebnis der risikobehafteteren Warengruppe orientieren. 154

155 **1. Beispiel aus der Rohstoffbeschaffung Kohle aus Südafrika** Die Warengruppenrisikoanalyse hat ergeben, dass im Bereich der Kohlebeschaffung aus Südafrika ein besonders hohes menschenrechtliches Risiko vorliegt. (Zwangsenteignung der lokalen Bevölkerung nahe der Kohlemienen iRd Kohleabbauaktivitäten (vergleiche hierzu Verbot der widerrechtlichen Zwangsenteignung gem. § 2 Abs. 2 Nr. 10).

Dann bedeutet das für die Geschäftspartnerprüfung, dass neben der Abfrage von internationalen Standards iRd unternehmerischen Sorgfaltspflicht (zB VN-Leitprinzipien, OECD-Leitfaden für verantwortungsvolles unternehmerisches Handeln, OECD 2018), insbes. darauf geachtet werden muss, in wie weit ein ausgearbeitetes Umsiedlungsmanagement des Unternehmens vorliegt und ob bei der Planung von Projekten vorherige Anhörungen der lokalen Gemeinschaft iS eines offenen Austausches zwischen dem Kohleproduzenten und der lokalen Bevölkerung stattgefunden hat und ein für alle zugänglicher Beschwerdemechanismus vorliegt. Nicht zuletzt muss geprüft werden, ob gegen den Produzenten konkrete Anschuldigungen bezogen auf Zwangsenteignung vorliegen.

2. Beispiel aus dem Bereich Baudienstleistungen aus Deutschland Die Warengruppenrisikoanalyse hat ergeben, dass im Bereich von Baudienstleistungen in Deutschland ein erhöhtes Risiko im Bereich Arbeitsschutz- und Sicherheit vorliegt (vergleiche hierzu das Verbot der Missachtung des Arbeitsschutzes gem. § 2 (2) Nr. 5).

Dann Bedeutet das für die Geschäftspartnerprüfung, dass neben der Abfrage von internationalen Standards zur unternehmerischen Sorgfaltspflicht insbes. darauf geachtet werden sollte, ob der Geschäftspartner Managementsysteme zum Arbeitsschutz und Arbeitssicherheit vorweisen kann, ob es einen Verhaltenskodex für Mitarbeitenden gibt, der Gesundheitsschutz und Arbeitssicherheit adressiert und ob die Unfallhäufigkeit gemessen wird und regelmäßige Sicherheitstrainings für Baustellenmitarbeitenden durchgeführt werden. Auch eine für alle Mitarbeitenden geltende Arbeitszeitenregelung sollte angefordert werden.

Aus den Beispielen wird deutlich, dass iRd Risikoanalyse auf Zuliefererebene geschaut wird, ob der direkte Zulieferer seinerseits alle notwendigen Nachhaltigkeitskriterien erfüllt, um soziale und ökologische Risiken, die durch seine Geschäftsaktivitäten auftreten können, zu minimieren. Ein besonderer Fokus liegt dabei auf den speziellen Risiken der jeweiligen Warengruppe. Die sich daraus ergebenden Risikoindikatoren sollten für die Bewertung der Zulieferer absolute Pflichtkriterien sein, die der Zulieferer durch Präventionsmaßnahmen seinerseits adressieren muss.

a) Indikatoren für Risikoanalyse auf Zuliefererebene

156 Konkrete Kriterien für die Risikobewertung von Zulieferern gibt das Gesetz nicht vor. In § 5 Abs. 1 ist lediglich die Sprache von menschenrechtlichen und umweltbezogenen Risiken, und damit der Verweis auf die in § 2 (2) und (3) genannten Rechtspositionen und Verbote. Konkrete Kriterien und Indikatoren für die Risikobewertung lassen sich daraus aber nicht ableiten.

157 Hilfreich bei der Risikobewertung von Zulieferern ist die Frage, welche Informationen und Nachweise nötig sind, um menschenrechtliche oder umweltbezogene Risiken iS von § 2 Abs. 2, 3 weitestgehend auszuschließen. Das können Indikatoren sowohl quantitativer als auch qualitativer Natur sein, aus denen sich ableiten lässt, dass der Zulieferer das potenzielle Risiko erkannt hat und intern entsprechende Prozesse aufgesetzt und Maßnahmen ergriffen hat, um diese Risiken in seinem Geschäftsbereich und bei seinen direkten Zulieferern entsprechend seinen Möglichkeiten auszuschließen oder zu minimieren. Es sollten dabei Indikatoren gewählt werden, die zu einem späteren Zeitpunkt auch für die Wirksamkeitsmessung von Präventions- und Abhilfemaßnahmen herangezogen werden können. Um unter den Zulieferern eine Vergleichbarkeit herstellen zu können, ist es zudem wichtig, ein Standardbasis-Set an Indikatoren bei jeder Risikobewertung zu nutzen, welches dann lediglich um Indikatoren ergänzt wird, welche notwendig sind, besondere Risiken einer Warengruppen zu adressieren.

158 Ein solches Standardbasis-Set an **Prüfindikatoren** für die Risikobewertung von Zulieferern könnte wie folgt so aussehen (für weitere Beispiele S. auch DIHR S. 78 ff., weitere Quellen zum Thema Menschenrechtsindikatoren: UN OHCHR, Human Rights Indicators – a guide to measurement and implementation, 2012.

Eine Umfangreiche Auslistung von quantitativen Indikatoren bezogen auf die LkSG-Risiken ist zu finden bei Grabosch LkSG/Grabosch § 2 Rn. 124. Diese Auflistung basiert auf einer Ausarbeitung zu Menschenrechtsindikatoren von econsense (https://econsense.de/aktuelles/neues-econsense-diskussionspapier-menschenrechte-messbar-machen/)):

Standardindikatoren für Risikobewertung nach § 5 LkSG 159

Verbote nach LkSG	Standardindikatoren
Kinderarbeit	Commitment zu ILO Kernarbeitsnormen
Zwangsarbeit und Sklaverei	Commitment zu ILO Kernarbeitsnormen
Arbeitsschutz und -sicherheit	H&S Managementplan, OHSAS 1801 Zertifizierung, Verhaltenskodex für Mitarbeiter, LTIR Berichterstattung
Vereinigungsfreiheit	Commitment zu ILO Kernarbeitsnormen, Vorhandensein von Gewerkschaften
Diskriminierung	Commitment zu ILO Kernarbeitsnormen, Verhaltenskodex für Mitarbeiter inkl. Antidiskriminierungsklausel
Angemessener Lohn	Commitment zu ILO Kernarbeitsnormen
Zwangsumsiedlung und Enteignung	Umsiedlungsrichtlinie, Nachweis für stattgefundene Konsultationen der Bevölkerung
Sicherheitskräfte	Code of Conduot für Sicherheitskräfte
Umweltschutz	Umweltmanagementplan, ISO 14001 Zertifizierung
Lieferkettenmanagement	Lieferantenkodex inkl. Weitergabeklausel

Abb. 15: Beispiel für Standartindikatioren für die Risikobewertung

160 Da das Gesetz den Unternehmen bei der Definition von **Risikoindikatoren** für Zulieferer über die Auflistung der geschützten Rechtgüter hinaus keine weiteren Vorgaben macht, besteht die Gefahr, dass Zulieferer von ihren Downstream-Geschäftspartnern mit unterschiedlichen Risikoindikatoren bewertet werden. Dies erfolgt entweder über Selbstauskunftsfragebögen oder unterschiedliche Lieferantenbewertungs-Datenbanken. Dies stellt die Zulieferer, welche häufig mit vielen Unternehmen gleichzeitig in der Rolle des direkten Zulieferers in einer Geschäftsbeziehung stehen vor teilweise nicht zu bewältigende Herausforderungen, da sie iRd Risikoanalyse von ihren Downstream-Geschäftspartnern mit unterschiedlichem Maß bzw. Maßstäben gemessen werden und unterschiedliche Nachweise iRd Risikobewertung erbringen müssen.

161 Um für die Zulieferer ein „level playing field" herzustellen, wäre es daher zukünftig sinnvoll, dass sich wenigstens innerhalb einer Branche Unternehmen (Endabnehmer und ihre Zulieferer) zusammenschießen und gemeinsame Mindest-

standards für die Risikobewertung von Zulieferern erarbeiten. Somit könnte sichergestellt werden, dass Zulieferer sich auf bestimmte (Branchen-)Standards, wie zum Beispiel der Nachweis bestimmter Zertifikate oder Nachhaltigkeitssiegel, einstellen können und alle Zulieferer die gleiche Chance haben bei einer Risikoanalyse ein gutes Ergebnis zu erzielen und entsprechend für Auftragsvergaben in die Auswahl zu kommen. Darüber hinaus sind einheitliche Standards bei den direkten Lieferanten auf Tier 1-Ebene eine Grundvoraussetzung dafür, dass sich diese Standards auch der tieferen Lieferkette auf Tier n-Ebene mit der Zeit etablieren.

b) Quellen für Risikobewertung auf Lieferantenebene

162 Informationen für die Risikoanalyse auf Lieferantenebene lassen sich grds. in drei Kategorien einteilen:

a) Öffentlich verfügbare Information
b) Originalquellen, direkt vom Zulieferer
c) Datenbanken und Audits

aa) Öffentlich verfügbare Informationen

163 Zu den wichtigsten Quellen für öffentlich verfügbare Informationen zählen die Internetseite des Zulieferers und die veröffentlichten Jahres- und Geschäftsberichte, beziehungsweise, sofern vorhanden, separate Nachhaltigkeitsberichte des Zulieferers. Darüber hinaus ist es sinnvoll durch eine gezielte Schlagwortsuche im Internet nach NGO-Berichten und Presseberichten zu dem Unternehmen im Zusammenhang mit Menschenrechtsverletzungen oder Nichteinhaltung von Umweltstandards zu suchen.

bb) Originalquellen

164 Bei Geschäftspartnern, die sich in einer kritischen Warengruppe wiederfinden oder bei denen so gut wie keine öffentlich verfügbaren Informationen vorliegen, sollten die benötigten Informationen direkt vom Zulieferer selbst eingeholt werden. Dies geschieht in der Regel mit einem **Fragebogen,** der die oben genannten Kriterien beim Zulieferer abfragt. Hier ist zu beachten, dass es mangels einheitlicher Bewertungskriterien für die Risikoanalyse dazu kommen kann, dass an die Zulieferer eine Vielzahl an Fragebögen geschickt wird, die in Umfang und inhaltlicher Ausgestaltung zum Teil sehr stark voneinander abweichen können. Dies kann für die Zuliefererunternehmen zu einem enormen Mehraufwand führen, der diese Unternehmen an ihre kapazitiven Grenzen bringen kann. Daher gilt auch an dieser Stelle die dringende Empfehlung, dass iRv Branchenzusammenschlüssen einheitliche Standards entwickelt werden.

cc) Audits

165 Sofern es sich um einen strategisch wichtigen Geschäftspartner handelt, der einem Risiko-Sektor zugeordnet werden kann, kann es sinnvoll sein, ein **Audit** iRd erweiterten Risikoanalyse entweder selbst durchzuführen oder durch geschulte Prüfungs- und Beratungsunternehmen durchführen zu lassen. In der Praxis hat es sich bewährt bei wichtigen, aber auch potenziell kritischen Geschäftspartnern die Audits im Rahmen eines Vorort-Besuches selbst durchzuführen. Auf Basis vorliegender Verhaltenskodizes und anderer Grundsätze, die die Mindestanforderungen für menschenrechts- und umweltbezogene Mindestanforderungen festlegen, können entsprechende Informationen abgefragt werden. Hier können auch regionale oder produktspezifische Besonderheiten oder geplante Entwicklungsschritte erläutert werden, die das Verständnis für die Herausforderungen bei der Wahrnehmung menschenrechtlicher Sorgfaltspflichten erweitern. Das stärkt die Bindung und das Vertrauen mit dem Geschäftspartner, was die Grundlage für eine gemeinsame Weiterentwicklung des Zulieferers in kritischen Menschenrechts- und Umweltbereichen darstellt. Es bietet sich an die Bedeutung von Audits durch regelmäßige Wiederholungsprüfungen zu erhöhen.

Um die gesammelten Daten und Informationen besser einordnen zu können und auch kritisch zu hinterfragen, ist es grds. ratsam mit strategisch wichtigen Zulieferern oder Zulieferern bei denen Risiken erkannt wurden, in den direkten Austausch zu treten und die Ergebnisse der Risikoanalyse zu besprechen und mit Informationen direkt vom Zulieferer zu ergänzen. Bei Bedarf ist zusätzlich die Konsultation von Experten (zB Menschenrechts- oder Umweltexperten) zur Einordnung der Informationen sinnvoll. 166

c) Gewichtung und Priorisierung der Ergebnisse der Risikoanalyse

Die gesetzliche Anforderung zur Gewichtung und Priorisierung der Risiken ist auch auf Ebene der Risikoanalyse (für eine ausführlichere Darstellung mit Umsetzungsvorschlag zur Gewichtung und Priorisierung → Rn. 17 ff.) der Zulieferer vorzunehmen. Wie bereits oben dargestellt, geht es nicht um eine Bewertung der Risiken an sich, sondern lediglich um eine Priorisierung der gefunden Risiken iS einer effizienten Bearbeitung der Ergebnisse. Dabei ist auf Ebene der Zulieferer neben den in § 3 Abs. 2 genannten Kriterien zur Gewichtung noch ein weiteres Kriterium praxisrelevant, nämlich das der strategischen Bedeutung des Zulieferers für ein Unternehmen. Es kommt nicht selten vor, dass für bestimmte Geschäftsfelder eines Unternehmens nur eine sehr begrenzte Anzahl an Zulieferern zur Verfügung steht. Dies ist insbes. bei neuen Geschäftsfeldern der Fall. Um diese mitunter sehr wichtigen Zulieferer für ein Unternehmen zu halten und entsprechend iSd Gesetzes weiterzuentwickeln, sollte die strategische Bedeutung eines Zulieferers als Kriterium zur Priorisierung unbedingt mitgedacht werden und bereits bei der Risikoanalyse ein Fokus auf diese Zulieferer gelegt werden. 167

VII. Weitere Instrumente zur Risikobewertung

1. Quellen und Risikobewertungs-Tools

Eine weitere sehr hilfreiche **Quelle** für die Risikoanalyse können externe **Risikobewertungs-Tools** darstellen. Der Markt bietet mittlerweile ein breites Angebot an Instrumenten bzw. Tools für die Risikobewertung, die von Dienstleistern aus dem CSR-Sektor angeboten werden. Diese Tools sind in der Regel **Datenbanken,** die dem Nutzer Auskunft über die Nachhaltigkeitsleistung eines Lieferanten geben. Dabei wird meistens mit einem Bewertungs-„Scoring" oder einer Ampellogik gearbeitet, um das Nachhaltigkeitsrisiko des Geschäftspartners darzustellen. Die Kriterien anhand derer ein Unternehmen bewertet wird variieren von Anbieter zu Anbieter etwas. Manche Anbieter haben ein Standardset an Risikokriterien, die sich in der Regel an internationalen Standards, wie den UN-Menschenrechtsabkommen, den Kernarbeitsnormen der Internationalen Arbeitsorganisation (ILO) sowie dem UN Global Compact, den VN Prinzipien für Wirtschaft und Menschenrechte und dem LkSG, orientieren. Andere bieten eine **individualisierte Lösung** an, wo auch Kriterien des eigenen Lieferantenkodexes mit aufgenommen werden können oder die strategische Bedeutung von bestimmten Zulieferern für das eigene Unternehmen. 168

Ein weiterer wesentlicher Unterschied bei solchen Anbietern sind die **Datenquellen** bzw. der Datenbezug. Einige Anbieter arbeiten mit **Fragebögen,** die an die Geschäftspartner verschickt werden. Sie beziehen die Daten also direkt vom jeweiligen Zulieferer, andere Anbieter arbeiten ausschließlich mit öffentlich verfügbaren Daten, die Unternehmen auf ihren **Webseiten** und **Geschäfts- oder Nachhaltigkeitsberichten** zur Verfügung stellen und unterfüttern diese Daten dann mit **länder- und sektorenspezifischen Daten,** aus internationalen Großdatenbanken wie zum Beispiel dem den Country Reports on Human Rights Practices des US State Departments (https://www.state.gov/reports-bureau-of-democracy-human-rights-and-labor/country-reports-on-human-rights-practices/) oder den Children's Rights 169 in the Workplace Index von Unicef (https://www.childrensrightsatlas.org/).Dieser Unterschied ist insofern wichtig, weil er unter Umständen bei der Frage relevant wird, ob eine solche Datenbank überhaupt alle für ein Unternehmen relevanten Zulieferer abdeckt, bzw. sofern nicht alle Zulieferer im System sind, diese ohne größeren Aufwand zeitnah in die Datenbank mit aufgenommen werden können. Bei Anbietern von Datenbanken, die mit Fragebögen arbeiten, kann die Aufnahme neuer Zulieferer länger dauern, oder gar nicht möglich sein, weil das angefragte Unternehmen sich weigert umfangreiche Fragebogen auszufüllen, da der Mehrwert nicht gesehen wird, und die Bearbeitung bei manchen Fragebögen sehr aufwendig sein kann.

170 Grds. sollte eine Methode oder ein Tool gewählt werden, das die Zuliefererbasis fast vollständig abdeckt. Nur so kann eine Gleichbehandlung aller Zulieferer garantiert werden und Zulieferer untereinander bei der Vergabeentscheidung sinnvoll miteinander verglichen werden.

171 Die Vorteile eines solchen Risikobewertungs-Tools liegen auf der Hand. Die sonst sehr aufwendige Risikobewertung auf Lieferantenebene kann bei einer großen Anzahl an Zulieferern sehr herausfordernd, bis unmöglich sein. Gerade in Warengruppen, wo die Risiken moderat sind, ist es daher nicht zwingend notwendig bei jedem Lieferanten eine vertiefte Risikoanalyse vorzunehmen. ISd Effizienz und Ressourcen-Schonung bzw. des geeigneten Einsatzes der verfügbaren Mittel, können solche Risikobewertungs-Tool eine große Erleichterung im Unternehmensalltag darstellen.

2. Anforderungen an ein Instrument zur Risikobewertung

172 Es hat sich gezeigt, dass die Anforderungen an ein geeignetes **Risikobewertungs-Tool** von großen Konzernen bis hin zu kleinen Unternehmen weitestgehend identisch sind. Die folgenden Anforderungen haben sich für viele Unternehmen als wesentlich herausgestellt und können als Anhaltspunkte dienen bei der Suche nach einem geeigneten Anbieter:

- Darstellung von Risiken bezogen auf eine Produktkategorie, die neben der Risikoanalyse auf Lieferantenebene auch eine Risikoindikation auf Warengruppenebene anbietet
- Hohe Abdeckung der Anzahl der eigenen Zulieferer
- Regelmäßige Aktualisierung der Datenbasis, die der Bewertung zu Grunde liegt
- Anzeigen von Sanktionslisten
- Intuitive und mehrsprachige Bedienung, damit dezentral im Unternehmen damit gearbeitet werden kann
- Generierung eines Corrective Action Plans (CAP) für die Weiterentwicklung der Zulieferer, inkl. Speicherung von eingereichten Nachweisen/Zertifikaten der Geschäftspartner
- Gute Integrationsmöglichkeit der Daten mit bestehendem IT-System im Einkauf
- Unkompliziertes Onboarding von Geschäftspartnern, die noch nicht über Tool erfasst sind

173 Einige Anbieter arbeiten in ihre Lieferantenbewertung zusätzlich noch ein Presse- Medienscreening ein, was ein guter zusätzlicher Hinweis auf mögliche Reputationsrisiken sein kann. Darüber hinaus gibt es Anbieter, die sich ausschließlich auf globale medienbasierte Kontroversenscreenings spezialisiert haben. Das bedeutet, dass weltweit die Medienberichterstattung zu einem Unternehmen nach negativer Berichterstattung in Bezug auf soziale, ökologische und Compliance-Risiken gescreent wird und daraus Reputationsrisiken das Unternehmen betreffend ermittelt werden.

3. Make or buy – was kann ein Unternehmen outsourcen, was muss ein Unternehmen selbst machen?

Für Unternehmen, die über eine große Lieferantenbasis verfügen und global tätig sind, kann eine vollständig selbstdurchgeführte Risikoanalyse sehr aufwendig, bis hin zu unmöglich sein. In diesem Fall ersetzt ein Risikobewertungs-Tool eines Dienstleisters nicht die eigene Analyse, kann aber eine sinnvolle Ergänzung zu den bereits etablierten Risikomanagement-Prozessen eines Unternehmens darstellen. Insbesondere dann, wenn ein Risikobewertungs-Tool neben einer Lieferantenbewertung auch eine Risikoindikation auf Warengruppeebene anbietet. 174

Diese Tools bieten in der Regel einen sehr guten ersten Überblick über die Risikoeinordnung von Warengruppen oder Lieferanten und damit sehr wertvolle Anhaltspunkte für die Priorisierung von Risiken und die Entscheidung, wo eine vertiefte Risikoanalyse notwendig ist und wo nicht. Damit können Ressourcen effizienter eingesetzt werden. Solche Instrumente haben aber auch ihre Grenzen und bringen Risiken mit sich. Insbesondere den Austausch mit dem Geschäftspartner zu potenziellen oder bestehenden Risiken kann und sollte so ein Instrument nicht ersetzen. Der direkte Zulieferer ist das Bindeglied in die tiefere Lieferkette. Dies ist vor allem in Risikowarengruppen entscheidend. Über den Aufbau eines Vertrauensverhältnisses zum Geschäftspartner und einen offenen Dialog auch über mögliche Risiken in der tieferen Lieferkette kann zum einen Transparenz in der tieferen Lieferkette hergestellt werden sowie auch erste Kontakte zu mittelbaren Zulieferern. 175

Die Ergebnisse, die die marktgängigen Risikobewertungs-Tools heute bereitstellen, können immer nur eine Indikation für die Notwendigkeit einer vertieften Recherche darstellen, diese aber nicht ersetzen. Erst eine vertiefte Analyse, wie oben beschrieben, ermöglicht ein zuverlässiges Bild über tatsächlich vorliegende Risiken und stellt die Grundlage für belastbare Entscheidungen für die Notwendigkeit von Präventions- oder Abhilfemaßnahmen dar. 176

4. Internes Stakeholdermanagement (Abs. 3)

Die Ergebnisse der Risikoanalyse und die entsprechende Priorisierung müssen intern an die maßgeblichen Entscheidungsträger kommuniziert werden (vgl. dazu § 5 Abs. 3). Maßgeblicher Entscheidungsträger ist in diesem Fall jeder, auf dessen Geschäftsentscheidungen die Ergebnisse der Risikoanalyse Einfluss nehmen. Das sind in der Regel drei Personengruppen in einem Unternehmen: 177

a) Einkäufer und/oder Händler

Für Einkäufer und Händler sind sowohl die Ergebnisse der Risikoanalyse auf Lieferanten- als auch auf Warengruppenebene, die ihren Geschäftsbereich betreffen, relevant, da sie direkt im Austausch mit den Geschäftspartnern stehen und Ausschreibungen und Leistungsbeschreibungen formulieren und daher direkt wesentlichen Risiken adressieren können. Nur wenn die Einkäufer und Händler einen guten Überblick über die jeweiligen Risiken ihres Geschäftsbereichs haben, können sie geeignete Geschäftspartner iSd Präventionsmaßnahmen nach § 6 Abs. 4 Nr. 1 auswählen und für Vergaben präqualifizieren, strategisch wichtige Zulieferer weiterentwickeln und bei den Ausschreibungen für Produkte und Dienstleistungen gezielt Risikoländer oder Produktionsverfahren ausschließen. 178

b) Warengruppenleiter und Sektorenverantwortliche

Für Personen innerhalb des Unternehmens, die die Verantwortung für bestimmte Warengruppen oder Produktsektoren im Einkauf oder im Handel tragen ist die Warengruppenrisikoanalyse von großer Wichtigkeit, um neue Projekte oder Beschaffungsstrategien so auszurichten, dass potenzielle Risiken durch bestimmte 179

Beschaffungsländer oder Produktionsverfahren an den geeigneten Stellen im Beschaffungsprozess minimiert oder gar ausgeschlossen werden können. Dies sollte idealerweise bereits in der Ausschreibung erfolgen.

c) Vorstand

180 Der Vorstand sollte mind. einmal jährlich einen Überblick über die Risiken auf Warengruppenebene erhalten und über besonders risikobehaftete, aber strategisch wichtige Zulieferer informiert werden. Zudem sollte der Vorstand jederzeit umgehend über kritische Ergebnisse informiert werden, die eine anlassbezogene Risikoanalyse hervorgebracht hat. Oft sind mit besonders kritischen Risikoergebnissen Fragen bezogen auf die Beschaffungsstrategien in einer Warengruppe oder die übergeordnete Ausrichtung der Beschaffungsstrategie verbunden. Ergebnisse aus der Risikoanalyse haben unter Umständen auch nicht zu unterschätzende finanzielle und strategische Konsequenzen für ein Unternehmen, neben grundsätzlichen Fragen der nachhaltigen Positionierung eines Unternehmens. Darüber hinaus hat eine negative Berichterstattung zu Fragen der vermeintlichen nicht adäquaten Berücksichtigung von menschenrechtlichen oder umweltbezogenen Risiken das Potential einen negativen Effekt auf die Reputation eines Unternehmens zu nehmen.

181 Zusätzlich sollte der Aufsichtsrat, gerade zu Beginn der Einführung des LkSG, regelmäßig über den Stand der Umsetzung sowie über jene Risiken unterrichtet werden, die für das Unternehmen als Ganzes wesentlich sind. Es bietet sich an, dass jener Ausschuss, der sich mit Fragen des Risikomanagements, im Regelfall der Prüfungsausschuss, ebenso informiert wird.

182 Für das interne Stakeholdermanagement sollten geeignete Berichtsformate entwickelt werden, die einen reibungslosen Informationsfluss gewährleisten und die Grundlage für die BAFA-Berichterstattung bilden.

183 **Beispiel:** Ein Ergebnis der Risikoanalyse auf Warengruppenebene zeigt auf, dass die Beschaffung eines Produkts aus einem bestimmten Land mit Menschenrechtsverletzungen in der tieferen Lieferkette verbunden ist. Der Aufbau alternativer Lieferwege kann für ein Unternehmen, sofern überhaupt möglich, schnell Mehrkosten im zweistelligen Prozentsatz gegenüber dem ursprünglichen Preis bedeuten. Nur durch ein Vorstands-Commitment wäre es in diesem Fall für den Warengruppenverantwortlichen überhaupt möglich, nach alternativen Beschaffungswegen zu suchen. Außerdem kann die Berichterstattung über den Vorwurf von vermeintlichen Menschenrechtsverletzungen über eine breite Medienberichterstattung in klassischen Medien und in den sozialen Medien zu negativen Effekten auf die öffentliche Reputation eines Unternehmens führen. In Ausnahmefällen kann dies auch bei an der Börse gelisteten Unternehmen zu direkten Kursverlusten führen. Daher ist es notwendig, dass alle relevanten Unternehmensakteure (vom Einkauf, über den Investor-Relations-Bereich bis zum Vorstand) eng zusammenarbeiten und nach geeigneten Abhilfemaßnahmen entwickeln, um Schaden vom Unternehmen abzuwenden.

VIII. Wiederholung der Risikoanalyse (Abs. 4)

184 Die Risikoanalyse ist jährlich und anlassbezogen durchzuführen (vgl. § 5 Abs. 4). Die jährliche **Wiederholungsprüfung** sollte von der Person oder dem Personenkreis, die das Risikomanagement verantworten (vgl. § 4 Abs. 3) koordiniert werden. Dies kann in Abhängigkeit von der organisatorischen Aufhängung im Unternehmen im Bereich Risikomanagement, Compliance, in der Nachhaltigkeit, im Einkauf oder an der Schnittstelle zwischen Einkauf und Nachhaltigkeit aufgehängt sein. Als Zeitpunkt für die Wiederholungsprüfung bietet sich der Zeitraum direkt nach der Berichterstattung an das BAFA an, weil dann im Verlauf des Jahres ausreichend Zeit bleibt, um im Anschluss an die Wiederholungsprüfung entsprechende Präventions- und Abhilfemaßnahmen in die Wege zu leiten, bevor der nächste Bericht an das BAFA aussteht und somit eine stetige Weiterentwicklung des Risikomanagements dokumentiert werden kann.

In der Praxis ist es idR nicht leistbar jedes Jahr aufs Neue eine vollständige Risikoanalyse in allen Geschäftsbereichen durchzuführen. Es wird hier daher empfohlen auf bereits durchgeführte Risikoanalysen aufzubauen und iRd regelmäßigen Risikoanalyse den Fokus auf Warengruppen zu legen, in denen bereits Risiken identifiziert wurden und diese bedarfsorientiert zu aktualisieren. 185

IX. Anlassbezogene Risikoanalyse

Bei der Formulierung der **anlassbezogenen Risikoanalyse** orientiert sich das LkSG sehr eng am Kommentar zu Prinzip 18 VN-Leitprinzipien. Demnach soll eine anlassbezogene Risikoanalyse dann durchgeführt werden müssen, wenn für das Unternehmen eine wesentlich veränderte oder wesentlich erweiterte Risikolage in der Lieferkette vorliegt. In der Regierungserklärung zum LkSG wird eine solche Situation dann beschrieben, wenn eine neue Geschäftstätigkeit oder Geschäftsbeziehung aufgenommen werden soll, strategische Entscheidungen oder Veränderungen in der Geschäftstätigkeit, etwa durch einen bevorstehenden Markteintritt, Produkteinführungen oder andere umfassende geschäftliche Veränderungen, anstehen oder durchgeführt wurden. Wichtig ist dabei die Einschränkung, dass eine Pflicht zur Durchführung einer Risikoanalyse nur bei wesentlichen Änderungen besteht, bei denen das Unternehmen mit einer veränderten oder erweiterten Risikolange in der Lieferkette rechnen muss (vgl. Regierungsbegründung, BT-Drs. 19/28649 zu § 5 Abs. 4; die Regierungsbegründung nimmt hier den Wortlaut des Kommentars zu Prinzip 18 VN-Leitprinzipien auf). Das heißt, dass Unternehmen betrachtet nur jene Risiken, die aufgrund der Veränderung der Geschäftstätigkeit offensichtlich sind). 186

Dies kann zum Beispiel der Fall sein, wenn ein neues Produkt eingeführt werden soll, bei dem bekannt ist, dass der dafür benötigte Rohstoff aus einem Konfliktgebiet kommt oder aus einer Region, die bekannt dafür ist, dass die Herstellung des Rohstoffs unter Verletzung von Menschenrechten stattfindet. 187

Ein weiterer vom Gesetz genannter Anlass für die Durchführung einer Risikoanalyse außerhalb des jährlichen Turnus ist durch einen Hinweis zu menschenrechtlichen oder umweltbezogenen Risiken oder Verletzungen gegeben, der über das Beschwerdeverfahren iSv § 8 Abs. 1 eingegangen ist. Ein Unternehmen muss den Hinweisen, die über das Beschwerdefahren eingehen, nachgehen (→ § 8 Rn. 41 ff.). 188

Präventionsmaßnahmen

§ 6 (1) Stellt ein Unternehmen im Rahmen einer Risikoanalyse nach § 5 ein Risiko fest, hat es unverzüglich angemessene Präventionsmaßnahmen nach den Absätzen 2 bis 4 zu ergreifen.

(2) [1]Das Unternehmen muss eine Grundsatzerklärung über seine Menschenrechtsstrategie abgeben. [2]Die Unternehmensleitung hat die Grundsatzerklärung abzugeben. 3Die Grundsatzerklärung muss mindestens die folgenden Elemente einer Menschenrechtsstrategie des Unternehmens enthalten:

1. die Beschreibung des Verfahrens, mit dem das Unternehmen seinen Pflichten nach § 4 Absatz 1, § 5 Absatz 1, § 6 Absatz 3 bis 5, sowie den §§ 7 bis 10 nachkommt,
2. die für das Unternehmen auf Grundlage der Risikoanalyse festgestellten prioritären menschenrechtlichen und umweltbezogenen Risiken und
3. die auf Grundlage der Risikoanalyse erfolgte Festlegung der menschenrechtsbezogenen und umweltbezogenen Erwartungen, die das Unternehmen an seine Beschäftigten und Zulieferer in der Lieferkette richtet.

(3) Das Unternehmen muss angemessene Präventionsmaßnahmen im eigenen Geschäftsbereich verankern, insbesondere:

1. die Umsetzung der in der Grundsatzerklärung dargelegten Menschenrechtsstrategie in den relevanten Geschäftsabläufen,
2. die Entwicklung und Implementierung geeigneter Beschaffungsstrategien und Einkaufspraktiken, durch die festgestellte Risiken verhindert oder minimiert werden,
3. die Durchführung von Schulungen in den relevanten Geschäftsbereichen,
4. die Durchführung risikobasierter Kontrollmaßnahmen, mit denen die Einhaltung der in der Grundsatzerklärung enthaltenen Menschenrechtsstrategie im eigenen Geschäftsbereich überprüft wird.

(4) Das Unternehmen muss angemessene Präventionsmaßnahmen gegenüber einem unmittelbaren Zulieferer verankern, insbesondere:

1. die Berücksichtigung der menschenrechtsbezogenen und umweltbezogenen Erwartungen bei der Auswahl eines unmittelbaren Zulieferers,
2. die vertragliche Zusicherung eines unmittelbaren Zulieferers, dass dieser die von der Geschäftsleitung des Unternehmens verlangten menschenrechtsbezogenen und umweltbezogenen Erwartungen einhält und entlang der Lieferkette angemessen adressiert,
3. die Durchführung von Schulungen und Weiterbildungen zur Durchsetzung der vertraglichen Zusicherungen des unmittelbaren Zulieferers nach Nummer 2,
4. die Vereinbarung angemessener vertraglicher Kontrollmechanismen sowie deren risikobasierte Durchführung, um die Einhaltung der Menschenrechtsstrategie bei dem unmittelbaren Zulieferer zu überprüfen.

(5) [1] Die Wirksamkeit der Präventionsmaßnahmen ist einmal im Jahr sowie anlassbezogen zu überprüfen, wenn das Unternehmen mit einer wesentlich veränderten oder wesentlich erweiterten Risikolage im eigenen Geschäftsbereich oder beim unmittelbaren Zulieferer rechnen muss, etwa durch die Einführung neuer Produkte, Projekte oder eines neuen Geschäftsfeldes. [2] Erkenntnisse aus der Bearbeitung von Hinweisen nach § 8 Absatz 1 sind zu berücksichtigen. [3] Die Maßnahmen sind bei Bedarf unverzüglich zu aktualisieren.

Übersicht

A. Pflicht zur Handlung auf Grundlage der Erkenntnisse der Risikoanalyse (Abs. 1)

In § 6 werden die **Präventionsmaßnahmen** definiert, nach denen die Unternehmen auf Grundlage der Erkenntnisse der Risikoanalyse vorbeugende Maßnahmen zum Schutz vor Verletzungen der menschenrechtsbezogenen und umweltbezogenen Pflichten im eigenen Geschäftsbereich und bei den betroffenen unmittelbaren Zulieferern ergreifen müssen. Die Präventionsmaßnahmenpflicht müssen dabei angemessen (→ § 3 Rn. 38 ff.) und wirksam (→ § 4 Rn. 39 ff.) sein (Begründung zum Gesetzentwurf der Bundesregierung, BT-Drs. 19/28649, 43). Zu den Präventionsmaßnahmen bei mittelbaren Zulieferern → § 9 Rn. 28 ff. 1

Voraussetzung zur Pflicht zu angemessenen Präventionsmaßnahmen ist nach § 6 Abs. 1, dass das Unternehmen **im Rahmen einer Risikoanalyse nach § 5** ein Risiko festgestellt hat. Außerhalb einer Risikoanalyse festgestellte bzw. zur Kenntnis genommene Risiken, etwa iRd Tagesgeschäfts oder durch einen Hinweis über das Beschwerdeverfahrens nach § 8, führen somit – nach dem Wortlaut des § 6 Abs. 1 – nicht zur Pflicht, Präventivmaßnahmen nach § 6 Abs. 2–4 zu ergreifen. Allerdings gehört zu einem wirksamen Risikomanagementsystem nach § 4 Abs. 1, 2 ein **kontinuierliches Risiko-Reporting** auch außerhalb des formalen Prozesses einer Risikoanalyse, mit dem Ziel, Risiken in der Lieferkette möglichst frühzeitig zu erkennen und auf diese angemessen reagieren zu können (vgl. WRW LkSG/E. Wagner/S. Wagner Rn. 610). Daher sind auch solche Risiken, die iRd Risikomanagement-Kreislaufs über die im Unternehmen implementierten Reporting-Wege – insbes. über das Hinweisgeber- bzw. Beschwerdesystem – bekannt werden, entsprechend zu bewerten und ggf. durch adäquate Präventionsmaßnahmen zu minimieren (anders Gehling/Ott/Ott Rn. 3, wonach Präventionsmaßnahmen in diesen Fällen rein vorsorglich ergriffen werden könnten). Ferner sind die so (unterjährig) gewonnenen Erkenntnisse in die jeweils nachfolgende Risikoanalyse nach § 5 einzubeziehen (s. BAFA, Risiken ermitteln, gewichten und priorisieren, S. 4: „[…] Informationen zu Risiken und tatsächlichen Pflichtverletzungen, die durch die Bearbeitung von Hinweisen und Beschwerden gewonnen werden, sollten berücksichtigt werden."). Für die nachfolgend dargestellten, bußgeldbewerten gesetzlichen Präventionspflichten nach § 6 ist nach dem eindeutigen Gesetzeswortlaut indes die Feststellung von Risiken iRd Risikoanalyse Tatbestandsvoraussetzung (wie hier Gehling/Ott/Ott § 6 Rn. 3; Depping/Walden/Walden § 6 Rn. 6; Grabosch LkSG/Grabosch § 5 Rn. 73, 78; HK-LkSG/Gehne/Humbert/Philippi Rn. 2; aA WRW LkSG/E. Wagner/S. Wagner Rn. 674 ff., wonach Präventionsmaßnahmen nach § 6 auch dann unverzüglich ergriffen werden müssten, wenn Risiken außerhalb der Risikoanalyse festgestellt werden). Wird vom Unternehmen im Rahmen einer Risikoanalyse ein Risiko festgestellt, sind die Präventionsmaßnahmen der § 6 Abs. 2–4 **unverzüglich,** also ohne schuldhaftes Zögern zu ergreifen. Dabei sind grundsätzlich **alle Risiken** einzubeziehen. Missverstanden werden könnte insofern die Aussage im Q&A des BMAS zum LkSG, wonach sich die Präventionsmaßnahmen auf die „priorisierten" Risiken bezögen (FAQ zum LkSG X. 1). Zwar sind die iRd Risikoanalyse ermittelten Risiken nach § 5 Abs. 2 angemessen zu gewichten und zu priorisieren (→ § 5 Rn. 139 ff.). Eine **Priorisierung** nach § 5 Abs. 2 und damit eine schrittweise (priorisierte) Bearbeitung der Risiken kommt aber nur dann in Betracht, wenn und soweit das Unternehmen nicht alle Risiken gleichzeitig angehen kann (Begründung zum Gesetzentwurf der Bundesregierung, BT-Drs. 19/28649, 45). In § 6 Abs. 1 wird gerade nicht auf die priorisierten Risiken nach § 5 Abs. 2, sondern auf die ermittelten Risiken nach § 5 Abs. 1 Bezug genommen. Folglich können einmal iRd Risikoanalyse ermittelte Risiken nicht durch die Priorisierung gänzlich ausgeklammert werden, mit dem Ergebnis, dass die Präventionsmaßnahmen allein auf die priorisierten Risiken anzuwenden seien (so aber Gehling/Ott/Ott § 6 Rn. 52). 2

B. Grundsatzerklärung (Abs. 2)

I. Abgabe durch die Unternehmensleitung

3 Nach § 6 Abs. 2 S. 1, 2 muss die Unternehmensleitung – die Feststellung eines Risikos iRd Risikoanalyse vorausgesetzt (→ Rn. 2) – eine **Grundsatzerklärung** über die **Menschenrechtsstrategie** des Unternehmens abgeben.

4 Die Abgabe durch die Unternehmensleitung soll gewährleisten, dass sich die Management- bzw. Leitungsebene des Unternehmens mit der Erklärung klar zu der Unterstützung der Menschenrechtsstrategie positioniert und so eine Selbstverpflichtung des Unternehmens abgibt (so zumindest die Begründung zum Gesetzentwurf der Bundesregierung, BT-Drs. 19/28649, 46; zu den lauterkeitsrechtlichen Folgen fehlerhafter Selbstverpflichtungserklärungen s. Augsburger MMR 2014, 427; Birk GRUR 2011, 196). Die Grundsatzerklärung ist zu **veröffentlichen** und den eigenen Beschäftigten, dem Betriebsrat sowie den unmittelbaren Zulieferern (freilich nur, wenn bei diesen Risiken identifiziert worden sind) zur Kenntnis zu geben (Begründung zum Gesetzentwurf der Bundesregierung, BT-Drs. 19/28649, 46). Die **Sprache** der Grundsatzerklärung wird im LkSG nicht vorgeschrieben. Da die Grundsatzerklärung neben der Öffentlichkeit auch den eigenen Beschäftigen (im In- und Ausland), dem Betriebsrat sowie auch unmittelbaren Zulieferern zur Kenntnis zu geben ist, ist Grundsatzerklärung in der Praxis regelmäßig zumindest in deutscher und in englischer Sprache erforderlich.

5 Die Grundsatzerklärung muss ferner ein in sich geschlossenes, eigenständiges Dokument sein, das die Mindestinhalte nach § 6 Abs. 2 beinhaltet. Bloße Verweise auf andere Dokumente oder eine Gesamtschau verschiedener Dokumente genügen nicht (vgl. FAQ zum LkSG IX. 2).

II. Mindestinhalte

1. Verfahrensbeschreibung (Nr. 1)

6 Die Grundsatzerklärung muss nach § 6 Abs. 2 Nr. 1 eine **Beschreibung des Verfahrens** beinhalten, mit dem das Unternehmen seinen Pflichten nach § 4 Abs. 1 (Einrichtung eines angemessenen und wirksamen Risikomanagements → § 4 Rn. 6 ff.), § 5 Abs. 1 (Angemessene Risikoanalyse → § 5 Rn. 17 ff.), § 6 Abs. 3–5 (Präventionsmaßnahmen im eigenen Geschäftsbereich, gegenüber unmittelbaren Zulieferern und zur Wirksamkeitsüberprüfung → Rn. 13 ff., 29 ff., 41 ff.), sowie den §§ 7–10 (Abhilfemaßnahmen → § 7 Rn. 1 ff., Beschwerdeverfahren → § 8 Rn. 20 ff., Mittelbare Zulieferer → § 9 Rn. 28 ff. und Dokumentation- und Berichtspflicht→ § 10 Rn. 19 ff.) nachkommt.

7 Das Unternehmen muss zumindest die **wesentlichen Maßnahmen** iRd Risikoanalyse nach § 5, der Prävention nach § 6, der Abhilfe nach § 7, des Beschwerdeverfahrens nach § 8, der Sorgfaltspflichten bezogen auf den mittelbaren Zulieferer nach § 9 und der Dokumentations- und Berichtspflicht nach § 10 benennen (vgl. Begründung zum Gesetzentwurf der Bundesregierung, BT-Drs. 19/28649, 46). Ausreichend ist danach, dass das Unternehmen in der Grundsatzerklärung die vorgenannten Maßnahmen bezeichnet und kurz beschreibt, eine ausführliche Detailbeschreibung ist dagegen nicht erforderlich (Wie hier Gehling/Ott/Ott Rn. 29 f.; WRW LkSG/E. Wagner/S. Wagner Rn. 596; Hermann/Rünz DB 2021, 3078 (3083); Depping/Depping/Walden/Walden Rn. 25; aA Dutzi/Schneider/Hasenau DK 2021, 454 (457)).

2. Festgestellte prioritäre Risiken (Nr. 2)

8 Nach § 6 Abs. 2 Nr. 2 muss die Grundsatzerklärung zudem die für das Unternehmen auf Grundlage der Risikoanalyse nach § 5 **festgestellten prioritären menschenrechtlichen und umweltbezogenen Risiken** enthalten. Eine Auflis-

tung aller festgestellten Risiken ist explizit nicht gefordert, vielmehr sind nur die Risiken zu benennen, die nach § 5 Abs. 2 S. 1 priorisiert worden sind (zur Priorisierung → § 5 Rn. 57). Eine Pflicht zur Bezugnahme auf die Übereinkommen und deren expliziter Benennung in der Grundsatzerklärung besteht nicht und ergibt sich auch nicht unter Bezugnahme auf die Gesetzesmaterialien. Die in der Begründung zum Gesetzentwurf der Bundesregierung getroffene Aussage, die Risiken seien in der Grundsatzerklärung unter Bezugnahme auf die in Anlage zum LkSG benannten Übereinkommen zu adressieren (Begründung zum Gesetzentwurf der Bundesregierung, BT-Drs. 19/28649, 46), bezog sind auf den ursprünglichen Gesetzestext zu § 6 Abs. 2 Nr. 2 (vgl. die Begründung zum Gesetzentwurf der Bundesregierung, BT-Drs. 19/28649, 12). Im weiteren Gesetzgebungsverfahren wurde dieser jedoch geändert und die Bezugnahme auf die in der Anlage zum LkSG benannten Übereinkommen in § 6 Abs. 2 Nr. 2 ersatzlos gestrichen (Beschlussempfehlungen und Bericht des Ausschlusses für Arbeit und Soziales zum Gesetzentwurf der Bundesregierung, BT-Drs. 19/30505, 39).

3. Erwartungen des Unternehmens an seine Beschäftigten und Zulieferer (Nr. 3)

Nach § 6 Abs. 2 Nr. 3 muss die Grundsatzerklärung die auf Grundlage der Risikoanalyse erfolgte Festlegung der **menschenrechtsbezogenen und umweltbezogenen Erwartungen** enthalten, die das Unternehmen an seine Beschäftigten und Zulieferer in der Lieferkette richtet. Diese Festlegung ergibt sich nicht aus der Risikoanalyse selbst, sondern muss von den Unternehmen auf Grundlage der Erkenntnisse und Ergebnisse der Risikoanalyse ausgearbeitet und durch die Aufnahme in die Grundsatzerklärung nach § 6 Abs. 2 festgelegt werden. 9

Zu den eigenen **Beschäftigten** iSd § 6 Abs. 2 Nr. 3 zählen auch die Beschäftigten der nach § 2 Abs. 6 S. 3 **einbezogenen Konzerngesellschaften.** Dies ergibt sich daraus, dass die Risikoanalyse nach § 5 Abs. 1 im eigenen Geschäftsbereich durchzuführen und damit die dort ermittelten Risiken auch Risiken bei den nach § 2 Abs. 6 S. 3 einbezogenen Gesellschaften beinhalten. Dementsprechend muss die Erwartungshaltung des Unternehmens auch an deren Beschäftigte gerichtet sein. 10

Die Erwartungen sollen die Risiken im Fokus haben, die iRd Risikoanalyse priorisiert worden sind, und auf deren Minderung und Abwehr gerichtet sein. Des Weiteren sollen die Erwartungen in Grundzügen die Standards oder Maßstäbe festlegen, die ein Unternehmen an sich und an seine Zulieferer anlegt, um die Menschenrechte und umweltbezogenen Pflichten zu achten. Sie sollten ferner so formuliert sein, dass sie als Grundlage für die Entwicklung interner sowie externer Verhaltenskodizes oder Verhaltensrichtlinien dienen können. Zudem sollen klare Vorgaben zur Prävention, Minimierung oder Abhilfe von menschenrechtsbezogenen und umweltbezogenen Risiken enthalten sein (Begründung zum Gesetzentwurf der Bundesregierung, BT-Drs. 19/28649, 46). 11

III. Konzerngrundsatzerklärung

Sind innerhalb eines Konzerns mehrere Konzerngesellschaften nach § 6 Abs. 2 zur Abgabe einer Grundsatzerklärung verpflichtet, kann diese Pflicht durch eine einheitliche **„Konzerngrundsatzerklärung“** durch die Konzernmutter bzw. Obergesellschaft erfüllt werden (FAQ zum LKSG IX. 2). Die Konzerngrundsatzerklärung muss aber in Bezug auf jede einzelne verpflichtete Konzerngesellschaft die Anforderungen des § 6 Abs. 2 genügen, dh die auf Grundlage der Risikoanalyse bei den betreffenden Konzerngesellschaften festgestellten prioritären menschenrechtlichen und umweltbezogenen Risiken darstellen. Sofern die Konzerngesellschaften in unterschiedlichen Branchen oder aber unterschiedlichen Segmenten einer Branche tätig sind, können bei den einzelnen Konzerngesellschaften unterschiedliche Risiken festgestellt worden sein, die in den jeweils anderen Konzern- 12 gesellschaften keine Rolle spielen. In diesem Fall ist eine Differenzierung innerhalb der Konzerngrundsatzerklärung erforderlich, um den unterschiedlichen Risikoprofilen der Konzerngesellschaften angemessen Rechnung zu tragen und so die **konkrete Risikolage der Tochter** (so explizit FAQ zum LKSG IX. 2) adressieren. Soweit die Konzerngrundsatzerklärung danach die gesetzlichen Anforderungen auch hinsichtlich der Konzerntochter erfüllt, können die betreffenden Konzerngesellschaften ihre Pflicht nach § 6 Abs. 2 durch bloße Bezugnahme auf die Konzerngrundsatzerklärung erfüllen (FAQ zum LKSG IX. 2).

C. Verankerung angemessener Präventionsmaßnahmen im eigenen Geschäftsbereich (Abs. 3)

13 Nach § 6 Abs. 3 müssen die Unternehmen – die Feststellung eines Risikos iRd Risikoanalyse vorausgesetzt (→ Rn. 2) – im eigenen Geschäftsbereich (→ § 2 Rn. 169 ff.) **angemessene** (→ § 3 Rn. 47 ff.) und **wirksame** (→ § 4 Rn. 39 ff.) **Präventionsmaßnahmen** verankern. Bei den in § 6 Abs. 3 Nr. 1–4 beschrieben Maßnahmen handelt es sich um **Regelbeispiele** von Präventionsmaßnahmen, die das Unternehmen im eigenen Geschäftsbereich – dem reinen Wortlaut der Regelung nach – stets verankern muss *(„muss […] verankern, insbes. […]“)*. Ausweislich der Handreichung der BAFA zur Angemessenheit steht den Unternehmen dagegen ein **Ermessensspielraum** zu, welche der aufgezählten Maßnahmen sie konkret implementieren, ob sie im Einzelfall andere als die gesetzlich genannten Maßnahmen ergreifen, weil diese wirksamer erscheinen, ob über die im Gesetz genannten Maßnahmen hinaus weitere Maßnahmen erforderlich sind und wie sie gewählte Maßnahmen konkret umsetzen (vgl. BAFA, Handreichung Angemessenheit, S. 18). Sofern das Unternehmen danach von den gesetzlichen Regelbeispielen im Einzelfall abweicht oder diese durch sonstige Maßnahmen ersetzt, muss es dies einschließlich der Gründe für diese Entscheidung nach Maßgabe des § 10 Abs. 1 dokumentieren (→ § 10 Rn. 45).

14 In **Konzernstrukturen** ist die Implementierung der Präventionsmaßnahmen als Teil eines konzernweiten Risikomanagementsystems möglich (Gehling/Ott/Ott Rn. 50), soweit die Konzerngesellschaften dem Unternehmen nach § 2 Abs. 6 S. 3 als eigener Geschäftsbereich zugerechnet werden (→ § 2 Rn. 179 ff.), müssen die Präventionsmaßnahmen des § 6 Abs. 3 auch bei allen so einbezogenen Konzerngesellschaften implementiert werden.

15 Ein Abbruch der Geschäftsbeziehung in analoger Anwendung des § 7 Abs. 3 kommt auch bei sehr hohen Risiken angesichts des klaren Wortlauts sowie der Gesetzessystematik nicht in Betracht (ausf. dazu HK-LkSG/Gehne/Humbert/Philippi § 7 Rn. 65 ff.).

I. Umsetzung der Menschenrechtsstrategie (Nr. 1)

16 Nach § 6 Abs. 3 Nr. 1 sind die in der Grundsatzerklärung dargelegte Menschenrechtsstrategie in den relevanten Geschäftsabläufen umzusetzen. Nach der Gesetzesbegründung soll der Fokus dabei auf den Geschäftsabläufen liegen, die für das Risikomanagement nach § 4 Abs. 1 als maßgeblich (→ § 4 Rn. 35 ff.) identifiziert worden sind (Begründung zum Gesetzentwurf der Bundesregierung, BT-Drs. 19/28649, 46). Dies soll insbes. durch die Entwicklung von **internen und externen Verhaltensvorschriften** (Verhaltenskodizes oder Code of Conduct) und/oder Richtlinien für die einzelnen Geschäftsfelder und Geschäftsabläufe auf Grundlage der in der Grundsatzerklärung enthaltenen Menschenrechtsstrategie sichergestellt werden, die als „goldene“ Standards konkretisiert werden (Begründung zum Gesetzentwurf der Bundesregierung, BT-Drs. 19/28649, 46).

17 In vielen Unternehmen sind solche Verhaltenskodizes bzw. Code of Conduct schon seit langem etabliert und werden häufig auch den Arbeitsverträgen der Arbeitnehmer und der leitenden Angestellten sowie den Vergütungssystemen der Geschäftsführungs- bzw. Vorstandsmitglieder der Unternehmen verankert. Aller-

dings stellt § 6 Abs. 3 Nr. 1 nun mit den Voraussetzungen des § 6 Abs. 2 konkrete Anforderungen auch an die schon bestehenden Verhaltenskodizes, die an diese neuen gesetzlichen Anforderungen angepasst werden müssen.

Ferner erfordert die Umsetzung der Menschenrechtsstrategie auch deren Implementierung in die (regelmäßig schon bestehenden) Compliance-Prozesse des Unternehmens (etwa zu EHS- oder HR-Compliance) einschließlich der Festlegung von Zuständigkeiten und Verantwortlichkeiten sowie die Kommunikation und Schulung der Menschenrechtsstrategie im Unternehmen (eingehend zur Umsetzung im Unternehmen Gehling/Ott/Ott Rn. 59 ff.). 18

II. Entwicklung und Implementierung von Beschaffungsstrategien und Einkaufspraktiken (Nr. 2)

Nach § 6 Abs. 3 Nr. 2 müssen von den Unternehmen geeignete **Beschaffungsstrategien** und **Einkaufspraktiken** entwickelt und implementiert werden, durch die festgestellte Risiken verhindert oder minimiert werden. Eine Pflicht zur Verhinderung von Verletzungen wird durch § 6 Abs. 3 Nr. 1 Hs. 2 nicht begründet. Es wird nur klargestellt, dass die Beschaffungsstrategien und Einkaufspraktiken geeignet sein müssen, um die festgestellten Risiken zu verhindern bzw. zu minimieren. Die Sorgfaltspflichten bei Verletzungen bestimmen sich ausschließlich nach den Abhilfemaßnahmen gem. § 7 Abs. 1 (→ § 7 Rn. 5 ff.). 19

Zudem soll zur unternehmensinternen Verhaltensrichtlinie auch die **Bemühung um Transparenz und Kenntnis der Lieferkette** gehören (Begründung zum Gesetzentwurf der Bundesregierung, BT-Drs. 19/28649, 47). Aus diesem reinen Bemühen kann aber keine Pflicht zur aktiven Erforschung und Offenlegung der eigenen Lieferkette abgeleitet werden, sodass auch die unmittelbaren Zulieferer der Unternehmen nicht durch § 6 Abs. 3 Nr. 2 zur Offenlegung ihrer Zulieferer, also der mittelbaren Zulieferer des Unternehmens verpflichtet sind (eine solche Offenlegungspflicht besteht aber nach der Konfliktmineralien-VO, vgl. Art. 4 Buchst. g Konfliktmineralien-VO, Art. 7 Abs. 2 Konfliktmineralien-VO). 20

Laut der Gesetzesbegründung sollen von den Unternehmen auch die **Lieferzeiten** und die **Einkaufspreise** bei der Entwicklung und Implementierung von Beschaffungsstrategien und **Einkaufspraktiken** einbezogen werden, da diese einen maßgeblichen Einfluss darauf haben, dass menschenrechtsbezogene Risiken minimiert oder verhindert werden (Begründung zum Gesetzentwurf der Bundesregierung, BT-Drs. 19/28649, 46). Gemeint sind damit insbes. die Einhaltung von Arbeitsschutz- und Arbeitszeitvorschriften (→ § 2 Rn. 32 ff.). Danach sollen Lieferfristen (einschließlich von Nachfristen bei Verzugsanmahnungen) so gestaltet werden, dass beim jeweiligen Zulieferer keine menschenrechtsbezogenen Risiken etwa durch Überstunden in exzessiver Form entstehen. 21

Der Gesetzgeber scheint hier von der Vorstellung auszugehen, dass Unternehmen, ggf. sogar in Echtzeit, Einblick in die internen Abläufe ihrer Zulieferer nehmen und darauf unmittelbar Einfluss nehmen könnten, was in aller Regel an der unternehmerischen Praxis schlicht vorbeigeht. Die Aussagen der Gesetzesbegründung zu der Gestaltung von Lieferfristen sind daher in der Regel praktisch nicht umsetzbar und können nur in Ausnahmefällen tatsächlich Anwendung finden. Unklar ist zudem, welche Folgen sich für die Gestaltung von Einkaufspeisen ergeben sollen. Letztlich sind Überstunden unabhängig davon möglich, ob der Zulieferer einen besonders hohen Preis für seine Waren erhält oder einen besonders niedrigen. 22

Schließlich soll auch die Dauer der Vertragsbeziehung einen maßgeblichen Einfluss darauf haben können, ob ein menschenrechtliches Risiko bei einem Zulieferer vermieden oder möglicherweise verstärkt wird (Begründung zum Gesetzentwurf der Bundesregierung, BT-Drs. 19/28649, 46). Auch hier stellt sich die Frage, ob denn nun eine besonders kurze Vertragsdauer die Einflussnahmemöglichkeiten auf den Zulieferer stärkt, weil der Zulieferer sich bewähren muss, um eine Folgebestellung zu erhalten, oder eine besonders lange Vertragsdauer, bei der das 23

Unternehmen während der Laufzeit seinen Einfluss geltend machen kann. Dies kann letztlich nur einzelfallspezifisch beurteilt werden und ist insbes. von der Marktstellung des Zulieferers, der eigenen Marktstellung sowie den allgemeinen Marktgegebenheiten abhängig. Die Einbeziehung der Vertragslaufzeiten erscheint damit bei der Entwicklung von abstrakten Beschaffungsstrategien und Einkaufspraktiken zumindest bei komplexen Einkaufsstrukturen mit einer Vielzahl von Zulieferern kaum möglich oder zielführend.

24 Schließlich sollen Unternehmen unternehmensinterne Richtlinie für die einzelnen Beschaffungsschritte festlegen, welche Vorkehrungen zu treffen sind, um die identifizierten Risiken zu minimieren bzw. diesen vorzubeugen. Zu den Beschaffungsschritten sollen neben der Auftragsplatzierung bei Zulieferer und dem eigentlichen Einkauf u. a. auch schon die Produktentwicklung sowie die Produktionsvorlaufzeiten zählen (Begründung zum Gesetzentwurf der Bundesregierung, BT-Drs. 19/28649, 46).

25 Die danach im Unternehmen entwickelten und implementierten Beschaffungsstrategien und Einkaufspraktiken sind nach Maßgabe des § 10 Abs. 1 zu **dokumentieren** (→ § 10 Rn. 45).

III. Schulungen (Nr. 3)

26 Nach § 6 Abs. 3 Nr. 3 sind die Unternehmen als Teil der Präventionsmaßnahmen im eigenen Geschäftsbereich verpflichtet, Schulungen oder Fortbildungen für die eigenen Beschäftigten durchzuführen. Damit soll sichergestellt werden, dass die eigenen Beschäftigten die Menschenrechtsstrategie sowie entsprechende Verhaltenskodizes und Richtlinien **kennen, verstehen und richtig anwenden.** Als Beispiel wird in der Gesetzesbegründung ausgeführt, dass die Einkäufer so geschult werden sollten, dass sie die verankerten Standards im Tagesgeschäft und in den einzelnen Arbeitsvorgängen anwenden können und in der Lage sind, mögliche Zielkonflikte zwischen Einkauf und Minimierung eines menschenrechtlichen Risikos – zum Beispiel in Form von Lieferzeiten – zu identifizieren und zu adressieren (Begründung zum Gesetzentwurf der Bundesregierung, BT-Drs. 19/28649, 47). Die Schulungspflicht erfasst aber letztlich alle Bereiche, in denen iRd Risikoanalyse nach § 5 ein Risiko festgestellt worden ist (→ § 5 Rn. 34 ff.). Denkbar ist auch eine **Integration** der Schulungen und Fortbildungen nach § 6 Abs. 3 Nr. 3 in die im Unternehmen schon **bestehenden Compliance-Schulungen.** Die Durchführung der Schulungen ist nach Maßgabe des § 10 Abs. 1 zu **dokumentieren** (→ § 10 Rn. 45).

IV. Kontrollmaßnahmen (Nr. 4)

27 Schließlich ist das Unternehmen nach § 6 Abs. 3 Nr. 4 verpflichtet, **risikobasierte Kontrollmaßnahmen** durchzuführen, um die Einhaltung der Menschenrechtsstrategie im eigenen Geschäftsbereich zu überprüfen. Mittels der Kontrollmaßnahmen soll insbes. überprüft werden, ob die Menschenrechtsstrategie in die alltäglichen Unternehmensabläufe integriert ist, und dass die in der Menschenrechtsstrategie festgelegten menschrechts- und umweltbezogenen Erwartungen tatsächlich auch umgesetzt werden. Teil der Kontrolle ist auch die regelmäßige Aktualisierung der zur Implementierung und Umsetzung der Menschenrechtsstrategie entwickelten Verfahrensleitfäden und -vorschriften (Begründung zum Gesetzentwurf der Bundesregierung, BT-Drs. 19/28649, 47).

28 Art. und Umfang der Kontrollmaßnahmen richtet sich nach dem **Angemessenheitsprinzip** des § 3 Abs. 2 (→ § 3 Rn. 47 ff.), sodass sich die **Intensität und Häufigkeit** der Kontrollmaßnahmen sowie die Auswahl der überprüften Unternehmensbereiche an der typischerweise zu erwartenden Schwere der Verletzung, der Umkehrbarkeit der Verletzung und der Wahrscheinlichkeit der Verletzung zu orientieren hat. Allgemeingültige (starre) Vorgaben sieht das LkSG dementsprechend nicht vor, es ist vielmehr in jedem Unternehmen eine **unternehmens-**

spezifische Planung der Kontrollmaßnahmen vorzunehmen, die nach Maßgabe von § 10 Abs. 1 zu **dokumentieren** ist (→ § 10 Rn. 45). So kann ein erhöhter Kontrollbedarf in bestimmten Unternehmensbereichen ergeben, in denen es in der Vergangenheit schon zu Verstößen gekommen ist oder in dem (ggf. besonders viele) neue Mitarbeiter zum Einsatz kommen (Grabosch LkSG/Grabosch § 5 Rn. 87).

D. Verankerung angemessener Präventionsmaßnahmen gegenüber unmittelbaren Zulieferern (Abs. 4)

Stellt das Unternehmen iRd Risikoanalyse nach § 5 ein Risiko bei einem **unmittelbaren Zulieferer** (→ § 2 Rn. 186 ff.) fest, ist es nach § 6 Abs. 4 verpflichtet, **angemessene** (→ § 3 Rn. 47 ff.) und **wirksame** (→ § 4 Rn. 39 ff.) **Präventionsmaßnahmen** gegenüber den betreffenden unmittelbaren Zulieferern zu verankern. Bei den in § 6 Abs. 4 Nr. 1–4 benannten Maßnahmen handelt es sich ausweislich der Gesetzesbegründung um Regelbeispiele für Präventionsmaßnahmen gegenüber einem unmittelbaren Zulieferer, die sowohl in der Vertragsanbahnungsphase als auch in schon bestehenden Geschäftsbeziehungen umzusetzen sind (Begründung zum Gesetzentwurf der Bundesregierung, BT-Drs. 19/28649, 47). Ausweislich der Handreichung der BAFA zur Angemessenheit steht den Unternehmen ein **Ermessensspielraum** zu, ob und welche der Regelmaßnahmen es ergreift (siehe dazu → § 3 Rn. 39 ff.). Soweit das Unternehmen einzelne Regelmaßnahmen nicht ergreift und diese ggf. durch sonstige Maßnahmen ersetzt, ist dies einschließlich der Gründe für diese Entscheidung nach Maßgabe von § 10 Abs. 1 zu **dokumentieren** (→ § 10 Rn. 45). **29**

I. Auswahl von Zulieferern (Nr. 1)

Nach § 6 Abs. 4 Nr. 1 sollen bei der Auswahl eines (potenziellen) unmittelbaren Zulieferers die menschenrechtsbezogenen Erwartungen des Unternehmens berücksichtigt werden. Die Regelung knüpft damit unmittelbar an die Entwicklung und Implementierung von Beschaffungsstrategien und Einkaufspraktiken nach § 6 Abs. 3 Nr. 2 an (→ Rn. 19 ff.). Erforderlich ist damit eine **Lieferantenbewertung** im Hinblick auf (potenzielle) menschenrechtsbezogene und umweltbezogene Risiken, deren Ergebnisse bei der Auswahl der Zulieferer zu berücksichtigen sind. Weitergehende Einzelheiten zu Art. und Inhalt der Lieferantenbewertung oder des Verfahrens der Lieferantenauswahl ergeben sich auf dem Gesetz nicht, sodass den Unternehmen insofern ein breiter Beurteilungs- und Ermessensspielraum zusteht (ebenso Gehling/Ott/Ott Rn. 102). So kann die Lieferantenbewertung – wie dies in Industrieunternehmen gängige Praxis ist – mittels Datenbankauskünften (sog. *„scorecards"*) sowie einer Selbstauskunft des Zulieferers in einem Fragebogen *(„supplier questionaire")* erfolgen. Die Zulieferer werden auf dieser Grundlage zu bestimmten Risikokategorien (bspw. *high risk, medium risk, low risk*) zugeordnet, was in der Regel sowohl bei der Auswahl des Zulieferers als auch bspw. bei der späteren Auditierung des Zulieferers (→ Rn. 41 ff.) Berücksichtigung findet. Eine gesetzliche Anforderung, wonach nur Zulieferer eines bestimmten Risikolevels ausgewählt werden dürfen, schreibt das LkSG nicht vor und liefe wohl auch der grundsätzlichen Zielsetzung des Gesetzes zuwider (Grundsatz *„Befähigung vor Rückzug"*) (→ § 7 Rn. 30). **30**

II. Vertragliche Zusicherungen (Nr. 2)

Nach § 6 Abs. 4 Nr. 2 muss das Unternehmen seine unmittelbaren Zulieferer bei Vertragsschluss verpflichten, die von der Geschäftsleitung des Unternehmens verlangten menschenrechtsbezogenen und umweltbezogenen Vorgaben („Erwartungen") selbst einzuhalten und gegenüber seinen eigenen Zulieferern angemessen zu adressieren. Dabei soll die **vertragliche Zusicherung** des unmittelbaren Zu- **31** lieferers dergestalt vereinbart werden, dass die Anforderungen an den unmittelbaren Zulieferer vom Unternehmen auch nach Vertragsabschluss abhängig von den Ergebnissen einer nach Vertragsschluss gem. § 5 Abs. 4 durchgeführten Risikoanalyse wie auch der Überprüfung der Präventionsmaßnahmen nach § 6 Abs. 5 angepasst werden können (Begründung zum Gesetzentwurf der Bundesregierung, BT-Drs. 19/28649, 47). Zudem → § 5 Rn. 85 ff. und → Rn. 44 ff.

32 In der Praxis erfolgt dies regelmäßig durch die Verpflichtung des Zulieferers zur Unterzeichnung eines sog. **Lieferantenkodex** bzw. **Supplier Code of Conduct,** durch entsprechende Vertragsklauseln in Lieferverträgen oder durch Aufnahme entsprechender Klauseln in die Allgemeinen Einkaufsbedingungen des Unternehmens. Diese genügen den Anforderungen des § 6 Abs. 4 Nr. 2, sofern darin die die von der Geschäftsleitung des Unternehmens verlangten menschenrechtsbezogenen und umweltbezogenen Vorgaben auch tatsächlich benannt werden (vgl. dazu auch Gehling/Lüneborg/Ott CCZ 2021, 230 (236)). Zur Vereinbarkeit mit AGB-Recht → Rn. 38.

33 Dagegen ist die – in Lieferverträgen häufig anzutreffende – Verpflichtung der Vertragsparteien, dass sich jede Vertragspartei an den jeweils eigenen Code of Conduct hält, nicht ausreichend, da der unmittelbare Zulieferer dabei ja gerade nicht auf die von der Geschäftsleitung des Unternehmens verlangten menschenrechtsbezogenen und umweltbezogenen Vorgaben verpflichtet wird. Dies käme nur dann in Betracht, wenn der Code of Conduct des Zulieferers mind. dem Lieferantenkodex des Unternehmens gleichwertige menschenrechts- und umweltbezogenen Vorgaben enthält, was letztlich eine Einzelfallprüfung erfordert und daher in der unternehmerischen Praxis nur im Einzelfall in Betracht kommt.

34 Fraglich ist, ob von § 6 Abs. 4 Nr. 2 weitergehende, über den – in aller Regel allgemein gehaltenen und für alle Zulieferer abstrakt konzipierten – sog. Supplier Code of Conduct hinausgehende, **individuelle vertragliche Zusicherungen** des Zulieferers über spezifische, (ggf. nur) diesen Zulieferer betreffende Vorgaben verlangt werden. Dafür spricht die Gesetzesbegründung, wonach das Unternehmen gegenüber dem Zulieferer vertraglich festlegen soll, welche Vorgaben der Zulieferer bei der Auftragsübernahme beachten muss, um *„bestimmten – in der Risikoanalyse identifizierten – menschenrechtlichen und umweltbezogenen Risiken vorzubeugen oder diese zu minimieren“* (Begründung zum Gesetzentwurf der Bundesregierung, BT-Drs. 19/28649, 47). Allerdings steht auch diese Verpflichtung unter dem Vorbehalt der Angemessenheit (→ § 3 Rn. 47 ff.), sodass eine vertragliche Zusicherung eines unmittelbaren Zulieferers bzgl. spezifischer Risiken nur im Einzelfall in Betracht kommt, insbes. wenn bei dem konkreten unmittelbaren Zulieferer besonders schwerwiegende Risiken drohen (vgl. dazu BAFA, Handreichung Angemessenheit, S. 18 ff., insbes. die Beispiele auf S. 19 f.).

35 Problematisch ist, wie die vertragliche Zusicherung iSd § 6 Abs. 4 Nr. 2 konkret ausgestaltet werden muss, um eine „angemessene“ Adressierung der vom Unternehmen festgelegten menschenrechtsbezogenen und umweltbezogenen Erwartungen entlang der Lieferkette sicherzustellen. So soll nach dem Willen des Gesetzgebers eine Pflicht zur Verankerung sog. **Weitergabeklauseln** mit unmittelbaren Zulieferern bestehen, durch die der unmittelbare Zulieferer verpflichtet wird, die an ihn gerichteten Erwartungen des Unternehmens auch gegenüber seinen eigenen Vertragspartnern und Vorlieferanten durch geeignete vertragliche Regelungen durchzusetzen (Begründung zum Gesetzentwurf der Bundesregierung, BT-Drs. 19/28649, 48). Danach müsste der unmittelbare Zulieferer letztlich auch seine Zulieferer vertraglich verpflichten, die an ihn gerichteten und (ggf. jederzeit) vom Unternehmen abänderbaren Erwartungen einzuhalten. In einer Vielzahl der Fälle wird eine solche Weitergabeklausel aber schon (faktisch) daran scheitern, dass der eigene unmittelbare Zulieferer eine Vielzahl von Kunden hat, die vom unmittelbaren Zulieferer die Durchsetzung und Adressierung eben ihrer jeweils eigenen Erwartungen fordern. Dieser Effekt verstärkt sich, je weiter man die Wertschöpfungskette zurückgeht. Eine generelle Pflicht zur Verankerung von Weitergabeklauseln wäre somit praktisch betrachtet schon nicht durchsetzbar (ebenso

Schmidt EuZW 2021, 273 (274)) und somit in einer Vielzahl der Fälle nicht angemessen. Vielmehr kommt dies nur im Einzelfall in Betracht, wenn dies etwa aufgrund der Schwere der drohenden menschenrechtsbezogenen oder umweltbezogenen Verletzungen und des Einflussvermögens des Unternehmens angemessen iSv § 3 Abs. 2 ist (vgl. auch Gehling/Ott/Ott Rn. 123). Zusätzlich soll auch eine vertragliche Abrede in Betracht zu ziehen sein, wonach der unmittelbare Zulieferer seine Vorprodukte nur von zuvor lizensierten Vorlieferanten beziehen darf (Begründung zum Gesetzentwurf der Bundesregierung, BT-Drs. 19/28649, 48).

Weitergehende vertragliche Verpflichtungen des unmittelbaren Zulieferers können aus Sicht des Unternehmens zweckdienlich sein, um die – im Fall der Verletzung von menschenrechts- oder umweltbezogenen Pflichten – nach § 7 Abs. 2 zu ergreifenden Abhilfemaßnahmen zu ermöglichen. In Betracht kommt insbes. eine vertragliche Verpflichtung des unmittelbaren Zulieferers zur Kooperation bei der Erstellung und Umsetzung eines Abhilfeplans (→ § 7 Rn. 29 f.) sowie das Recht zur zeitweisen Aussetzung (→ § 7 Rn. 27 ff.) oder Beendigung der Geschäftsbeziehung (→ § 7 Rn. 30 ff.; vgl. dazu WRW LkSG/S. Wagner Rn. 2210 ff.). 36

In der Praxis kommt es in einer Vielzahl von Fällen schließlich dazu, dass die unmittelbaren Zulieferer die vom Unternehmen geforderte vertragliche Zusicherung nach § 6 Abs. 4 Nr. 2 schlicht **ablehnen** oder nur in angepasster Form akzeptieren, die nicht mehr den Anforderungen des § 6 Abs. 4 Nr. 2 entspricht (bspw. kein Auditrecht für das Unternehmen). Dem reinen Wortlaut des § 6 Abs. 4 nach („*muss […] verankern, insbes. […]*") wäre denkbar, dass das Unternehmen, sollte es dennoch eine Lieferbeziehung mit dem betreffenden Zulieferer aufbauen oder fortführen, stets eine Präventionspflichten nach § 6 Abs. 4 Nr. 2 verletzt und sich somit einem Bußgeldrisiko aussetzt. Da die Präventionspflicht nach § 6 Abs. 4 unter dem Vorbehalt der Angemessenheit (→ § 3 Rn. 47 ff.), steht kommt auch in diesen Fällen eine Verletzung des Präventionspflicht nur im Ausnahmefall in Betracht, insbes. wenn im Einzelfall ein besonders schwerwiegendes Risiko in Betracht kommt und/oder das Unternehmen sich nicht in angemessener Weise um die Einbeziehung einer vertraglichen Zusicherung bemüht (ebenso WRW LkSG/E. Wagner/S. Wagner Rn. 746 ff.; Gehling/Ott/Ott Rn. 133 ff.). Dabei hat das Unternehmen nach Maßgabe der Angemessenheitskriterien des § 3 Abs. 2 (→ § 3 Rn. 47 ff.) auf die Einbeziehung der vertraglichen Zusicherung hinzuwirken, mithin etwa umso beharrlicher die Einbeziehung zu fordern, desto wahrscheinlicher, schwerwiegender und unumkehrbarer die potenzielle Verletzung ist. Werden mehrjährige Zuliefererverträge geschlossen, spricht die im LkSG angelegte Pflicht zur jährlichen Überprüfung der eigenen Maßnahmen (insbes. nach § 5 Abs. 4, § 6 Abs. 5, → Rn. 44 ff.) dafür, den Zulieferer während des laufenden Vertrages abermals zur Vereinbarung einer vertraglichen Zusicherung aufzufordern. Der Verhandlungsprozess sollte dabei **vollständig dokumentiert** werden, um einerseits den Anforderungen der Dokumentationspflicht nach § 10 Abs. 1 (→ § 10 Rn. 45) nachzukommen und um andererseits – sollte sich das Risiko zu in einer Verletzung realisieren – die eigenen Bemühungen und deren Angemessenheit in einem etwaigen Verwaltungsverfahren (→ § 14 Rn. 38 f.) oder auch zivilgerichtlichen Verfahren (→ § 3 Rn. 151 ff.) hinreichend darlegen zu können. 37

Die Vereinbarung von vertraglichen Zusicherungen iSd § 6 Abs. 4 Nr. 2 in Form einer vom Unternehmen vorgegebenen Fassung begegnet **keinen grundsätzlichen AGB-rechtlichen Bedenken** (ausf. dazu WRW LkSG/S. Wagner Rn. 2141 ff.). Dies gilt insbes. für Vertragsklauseln, in denen das Unternehmen seine Erwartungen an den Zulieferer unter Bezugnahme auf die in § 2 definierten menschenrechtsbezogenen (→ § 2 Rn. 12 ff.) und umweltbezogenen Risiken (→ § 2 Rn. 71 ff.) definiert (ebenso WRW LkSG/S. Wagner Rn. 2177; Depping/Walden/Depping Rn. 72). Sofern die Legaldefinitionen der § 2 Abs. 2, 3 ihrerseits nicht mit dem Bestimmtheitsgebot vereinbar sind (→ § 2 Rn. 2), kann dies unter dem Gesichtspunkt des AGB-rechtlichen Transparenzgebotes nicht zur Unwirk- 38 samkeit einer darauf aufbauenden Vertragsklausel führen (ebenso Depping/Walden/Depping Rn. 72). Die nach dem LkSG verpflichteten Unternehmen können letztlich keine bestimmteren Vorgaben an ihre Zulieferer richten, als sie selbst vom Gesetzgeber durch das LkSG auferlegt bekommen.

III. Nr. 3 – Schulungen und Weiterbildungen

39 Nach § 6 Abs. 4 Nr. 3 müssen **Schulungen und Weiterbildungen** zur Durchsetzung der vertraglichen Zusicherungen des unmittelbaren Zulieferers nach § 6 Abs. 4 Nr. 2 durchgeführt werden. Die Regelung knüpft damit an die Schulungs- und Weiterbildungspflicht im eigenen Geschäftsbereich nach § 6 Abs. 3 Nr. 3 an (→ Rn. 26) und ordnet eine entsprechende Verankerung auch gegenüber den unmittelbaren Zulieferern an. In Betracht kommt insofern zunächst eine vertragliche Verpflichtung des Zulieferers, an einer vom Unternehmen organisierte Schulung mitzuwirken, insbes. indem er seinen Arbeitnehmern die Teilnahme an der Schulung ermöglicht bzw. diese duldet. Soweit die Schulungen im Hinblick auf deren allgemeine Organisation (insbes. Zeitpunkt und rechtzeitige Ankündigung) und Kostentragung keine unangemessene Benachteiligung des Zulieferers darstellt, begegnen entsprechende Abreden keinen AGB-rechtlichen Bedenken (ebenso WRW LkSG/S. Wagner Rn. 2209).

40 Eine Pflicht zur tatsächlichen Durchführung dieser Schulungen und Weiterbildungen durch das Unternehmen selbst ergibt sich aus § 6 Abs. 4 Nr. 3 nicht. Die Durchführung kann somit durch vertragliche Abrede grundsätzlich **dem unmittelbaren Zulieferer auferlegt** werden. Das Unternehmen bleibt dann allerdings dazu verpflichtet, die tatsächliche Durchführung der Schulungen nach Maßgabe des § 6 Abs. 4 Nr. 4 zu kontrollieren. Die Vereinbarkeit einer solchen vertraglichen Abrede über die Übertragung der Schulungs- und Weiterbildungspflicht auf den Zulieferer mit den AGB-rechtlichen Vorgaben unterliegt mitunter strengeren Vorgaben als bei der reinen Mitwirkungs- und Duldungspflicht des Zulieferers (→ Rn. 39). Insofern stellt sich insbes. die Frage, ob eine solche Klausel den Zulieferer unangemessen benachteiligt oder aus Sicht des Zulieferers überraschend iSd § 305c Abs. 1 BGB ist. Gegen die grundsätzliche Unzulässigkeit der vertraglichen Abrede der Übertragung der Schulungs- und Weiterbildungspflicht auf den Zulieferer spricht die gesetzliche Vorgabe aus § 6 Abs. 4 Nr. 2. Wenn die vertragliche Pflicht des Zulieferers, die Erwartungen des Unternehmens nach § 6 Abs. 4 Nr. 2 einzuhalten, gesetzlich angeordnet wird und AGB-rechtlich zulässig ist (→ Rn. 38), kann die vertragliche Übertragung der an die Erwartungshaltung des Unternehmens anknüpfende Schulungs- und Weiterbildungspflicht nach § 6 Abs. 4 Nr. 3 letztlich auch nicht überraschend sein. Der Zulieferer muss die Einhaltung all seiner externen Vertragspflichten schließlich stets durch entsprechende interne Schulung seiner Mitarbeiter sicherstellen. Vertragliche Abreden über die Einhaltung etwa von anwendbaren Geldwäsche- oder Sanktionsgesetzen oder über das Verbot von Bestechungszahlungen sind gängige Praxis im unternehmerischen Rechtsverkehr und setzten stets (ob explizit vertraglich vereinbart oder nicht) die entsprechende interne Schulung der Mitarbeiter der Vertragspartner voraus. Die Übertragung der Schulungspflichten nach § 6 Abs. 4 Nr. 3 darf indes keine unangemessene Benachteiligung des Zulieferers darstellen. Dem Zulieferer sollte daher ein breiter Ermessensspielraum eingeräumt werden, wie und in welchem Rahmen er die Schulung seiner Mitarbeiter durchführt.

IV. Kontrollmaßnahmen (Nr. 4)

41 Nach § 6 Abs. 4 Nr. 4 sind schließlich **angemessene Kontrollmechanismen** mit unmittelbaren Zulieferern zu vereinbaren und **risikobasiert** durchzuführen, um die Einhaltung der Menschenrechtstrategie beim unmittelbaren Zulieferer zu überprüfen. Gemeint ist damit die Einhaltung der menschenrechts- und umweltbezogenen Erwartungen, da der unmittelbare Zulieferer nach § 6 Abs. 4 Nr. 2

allein zu deren Einhaltung zu verpflichten ist. Demgegenüber beinhaltet die Menschenrechtsstrategie nach § 6 Abs. 2 auch interne Prozesse des Unternehmens, auf die der unmittelbare Zulieferer in aller Regel keinen Einfluss hat.

Die Kontrollmaßnahmen können bspw. durch eigene Audits vor Ort oder auch durch beauftragte Dritte erfolgen, insbes. durch die Inanspruchnahme anerkannter Zertifizierungs-Systeme oder Audit-Systeme (Begründung zum Gesetzentwurf der Bundesregierung, BT-Drs. 19/28649, 48). In Betracht kommen aber auch – iS eines gestuften Vorgehens – andere, weniger in die betrieblichen Abläufe des unmittelbaren Zulieferers eingreifende, Kontrollmaßnahmen. So kann bspw. dem unmittelbaren Zulieferer vertraglich auferlegt werden, Informationen zur Umsetzung entsprechender Präventionsmaßnahmen zur Verfügung zu stellen, etwa in Form einer schriftlichen Selbstauskunft oder indem die Leiter betreffender Abteilungen des Zulieferers für ein (remote) durchzuführendes Interview des Unternehmens zur Verfügung stehen. Um eine risikobasierte Kontrolldichte sicherzustellen, können die Erkenntnisse aus den Risikoanalysen und § 5 Abs. 2 herangezogen werden (ebenso Fleischer/Mankowski/Korch § 6 Rn. 122 f.) 42

Allein die Beauftragung Dritter mit der Durchführung von Kontrollmaßnahmen führt ausweislich der Gesetzesbegründung nicht dazu, dass das Unternehmen automatisch seine Sorgfaltspflichten erfüllt (vgl. Begründung zum Gesetzentwurf der Bundesregierung, BT-Drs. 19/28649, 48). Das Unternehmen muss in diesem Fall zumindest prüfen bzw. sicherstellen, dass die gewählten Kontrollmaßnahmen oder Zertifizierungen den Sorgfaltspflichtenrahmen nach dem LkSG auch tatsächlich abdeckt, bspw. also alle menschenrechtsbezogenen und umweltbezogenen Risiken nach dem LkSG abprüft, deren Einhaltung der unmittelbare Zulieferer nach § 6 Abs. 4 Nr. 2 zusichert. 43

E. Überprüfung der Präventionsmaßnahmen (Abs. 5)

Die Wirksamkeit der Präventionsmaßnahmen ist nach § 6 Abs. 5 S. 1 Hs. 1 **einmal jährlich** sowie **anlassbezogen** zu überprüfen und nach § 6 Abs. 5 S. 3, sofern erforderlich, unverzüglich zu aktualisieren. Eine anlassbezogene Überprüfung ist nach § 6 Abs. 5 S. 1 Hs. 2 erforderlich, wenn das Unternehmen mit einer wesentlich veränderten oder wesentlich erweiterten Risikolage im eigenen Geschäftsbereich oder beim unmittelbaren Zulieferer rechnen muss. Das Gesetz benennt als Beispiele hierfür die Einführung neuer Produkte, Projekte sowie neue Geschäftsfelder. Nach der Gesetzesbegründung zählt ferner dazu die Aufnahme neuer Geschäftstätigkeiten etwa durch einen bevorstehenden Markteintritt sowie die Aufnahme neuer Geschäftsbeziehungen. Die Gesetzesbegründung stellt insofern klar, dass die Überprüfung in diesen Fällen schon vor den entsprechenden strategischen Entscheidungen erforderlich ist (vgl. Begründung zum Gesetzentwurf der Bundesregierung, BT-Drs. 19/28649, 48). 44

Eine Pflicht zur anlassbezogenen Überprüfung der Präventionsmaßnahme kann zudem im Fall von **Veränderungen im Geschäftsumfeld** notwendig sein, sofern das Unternehmen aufgrund der Veränderungen der (äußeren) Umstände mit einer veränderten oder erweiterten Risikolage in der Lieferkette rechnen muss (Begründung zum Gesetzentwurf der Bundesregierung, BT-Drs. 19/28649, 48). Schließlich ist eine anlassbezogene Überprüfung der Wirksamkeit der Präventionsmaßnahmen nicht nur bei veränderter Risikolage erforderlich, sondern auch dann, wenn – bspw. aufgrund einer Meldung aus einem Geschäftsbereich – die begründete Sorge besteht, dass **bestehende Präventionsmaßnahmen substanziell hinter den Anforderungen nach § 6 zurückbleiben** und daher optimiert werden müssen. 45

Bei der Überprüfung der Präventionsmaßnahmen sind nach § 6 Abs. 5 S. 2 die aus der Bearbeitung von Hinweisen nach § 8 Abs. 1 und der Durchführung von Streitbeilegungsverfahren nach § 8 Abs. 1 S. 4 (→ § 8 Rn. 41 ff.) gewonnen Erkenntnisse zu berücksichtigen. 46

F. Sanktionen

47 Verstöße gegen die Pflichten Präventionsmaßnahmen nach § 6 Abs. 1 (nach Maßgabe des § 6 Abs. 2–4) zu ergreifen stellen nach § 24 Abs. 1 Nr. 3 Ordnungswidrigkeiten dar, die nach § 24 Abs. 2 Nr. 1 Buchst. a mit einer Geldbuße bis zu 800.000 EUR (Individualperson) bzw. 8 Mio. EUR (Verbandsgeldbußen) geahndet werden können (→ § 24 Rn. 180 f.). Verstöße gegen die Pflicht zur Überprüfung der Präventionsmaßnahmen nach § 6 Abs. 5 S. 1 sowie gegen die Pflicht zur Aktualisierung der Präventionsmaßnahmen nach § 6 Abs. 5 S. 3 sind Ordnungswidrigkeiten nach § 24 Abs. 1 Nr. 4 bzw. Nr. 5, die nach § 24 Abs. 2 Nr. 2 mit einer Geldbuße von bis zu 500.000 EUR (Individualperson) bzw. 5 Mio. EUR (Verbandsgeldbußen) geahndet werden können (→ § 24 Rn. 112 f.). Zu Fragen der zivilrechtlichen Haftung → § 3 Rn. 15 ff.

Abhilfemaßnahmen

7 (1) [1] Stellt das Unternehmen fest, dass die Verletzung einer menschenrechtsbezogenen oder einer umweltbezogenen Pflicht in seinem eigenen Geschäftsbereich oder bei einem unmittelbaren Zulieferer bereits eingetreten ist oder unmittelbar bevorsteht, hat es unverzüglich angemessene Abhilfemaßnahmen zu ergreifen, um diese Verletzung zu verhindern, zu beenden oder das Ausmaß der Verletzung zu minimieren. [2] § 5 Absatz 1 Satz 2 gilt entsprechend. [3] Im eigenen Geschäftsbereich im Inland muss die Abhilfemaßnahme zu einer Beendigung der Verletzung führen. [4] Im eigenen Geschäftsbereich im Ausland und im eigenen Geschäftsbereich gemäß § 2 Absatz 6 Satz 3 muss die Abhilfemaßnahme in der Regel zur Beendigung der Verletzung führen.

(2) [1] Ist die Verletzung einer menschenrechtsbezogenen oder einer umweltbezogenen Pflicht bei einem unmittelbaren Zulieferer so beschaffen, dass das Unternehmen sie nicht in absehbarer Zeit beenden kann, muss es unverzüglich ein Konzept zur Beendigung oder Minimierung erstellen und umsetzen. [2] Das Konzept muss einen konkreten Zeitplan enthalten. 3Bei der Erstellung und Umsetzung des Konzepts sind insbesondere folgende Maßnahmen in Betracht zu ziehen:

1. **die gemeinsame Erarbeitung und Umsetzung eines Plans zur Beendigung oder Minimierung der Verletzung mit dem Unternehmen, durch das die Verletzung verursacht wird,**
2. **der Zusammenschluss mit anderen Unternehmen im Rahmen von Brancheninitiativen und Branchenstandards, um die Einflussmöglichkeit auf den Verursacher zu erhöhen,**
3. **ein temporäres Aussetzen der Geschäftsbeziehung während der Bemühungen zur Risikominimierung.**

(3) [1] Der Abbruch einer Geschäftsbeziehung ist nur geboten, wenn

1. **die Verletzung einer geschützten Rechtsposition oder einer umweltbezogenen Pflicht als sehr schwerwiegend bewertet wird,**
2. **die Umsetzung der im Konzept erarbeiteten Maßnahmen nach Ablauf der im Konzept festgelegten Zeit keine Abhilfe bewirkt,**
3. **dem Unternehmen keine anderen milderen Mittel zur Verfügung stehen und eine Erhöhung des Einflussvermögens nicht aussichtsreich erscheint.**

[2] Die bloße Tatsache, dass ein Staat eines der in der Anlage zu diesem Gesetz aufgelisteten Übereinkommen nicht ratifiziert oder nicht in sein nationales Recht umgesetzt hat, führt nicht zu einer Pflicht zum Abbruch der Geschäftsbeziehung. [3] Von Satz 2 unberührt bleiben Einschränkungen

des Außenwirtschaftsverkehrs durch oder aufgrund von Bundesrecht, Recht der Europäischen Union oder Völkerrecht.

(4) [1]Die Wirksamkeit der Abhilfemaßnahmen ist einmal im Jahr sowie anlassbezogen zu überprüfen, wenn das Unternehmen mit einer wesentlich veränderten oder wesentlich erweiterten Risikolage im eigenen Geschäftsbereich oder beim unmittelbaren Zulieferer rechnen muss, etwa durch die Einführung neuer Produkte, Projekte oder eines neuen Geschäftsfeldes. [2]Erkenntnisse aus der Bearbeitung von Hinweisen nach § 8 Absatz 1 sind zu berücksichtigen. [3]Die Maßnahmen sind bei Bedarf unverzüglich zu aktualisieren.

Übersicht

A. Vorbemerkungen zu den Abhilfemaßnahmen

Die Pflicht zur Ergreifung von Abhilfemaßnahmen nach § 7 stellt eine zentrale Sorgfaltspflicht der Unternehmen zum Schutz menschenrechts- und umweltbezogener Pflichten dar und statuiert eine generelle Reaktions- und Handlungspflicht (Gehling/Ott/Ott Rn. 2). Die besondere Bedeutung der Norm zeigt sich auch in der Sanktionsandrohung, wonach Verstöße gegen die Abhilfemaßnahmepflichten mit Bußgeldern von bis zu 2 Prozent des durchschnittlichen konzernweiten Jahresumsatzes des Unternehmens geahndet werden können (→ Rn. 48 f. und → § 24 Rn. 116 ff.). **1**

Entsprechend dem Grundsatz der **Angemessenheit** sehen die Abhilfemaßnahmen nach § 7 ein **abgestuftes Konzept** vor und sieht unterschiedliche Pflichten für den Fall von Verletzungen im eigenen Geschäftsbereich im Inland (→ Rn. 11 f.), im eigenen Geschäftsbereich im Ausland sowie bei den nach § 2 Abs. 6 S. 3 einbezogenen Konzerngesellschaften (→ Rn. 13 ff.) sowie bei unmittelbaren Zulieferern (→ Rn. 16 ff.) vor. Die Pflicht zur Ergreifung von Abhilfemaßnahmen gilt **verschuldensunabhängig;** Verschulden und Verursachungsbeitrag sind nur bei der Angemessenheit der konkret geforderten Abhilfemaßnahme zu berücksichtigen. **2**

Für die Einleitung und Umsetzung der Abhilfemaßnahmen ist grds. das Leitungsorgan der Gesellschaft (Geschäftsführung bzw. Vorstand) zuständig, das die Pflichten aber nach allgemeinen Grundsätzen delegieren kann (vgl. dazu Gehling/Ott/Ott Rn. 36 f. mwN). **3**

Die Pflicht zu Abhilfemaßnahmen begründet ausweislich der Gesetzesbegründung (Begründung zum Gesetzentwurf der Bundesregierung, BT-Drs. 19/28649, 48) keinen Anspruch eines Geschädigten gegenüber einem Unternehmen, sodass es **4** kein subjektiven Abhilferecht geschädigter Personen gegenüber Unternehmen gibt (wie hier Nietsch/Wiedmann CCZ 2021, 101 (107); Stöbener de Mora/Noll NZG 2021, 1285; Gehling/Ott/Ott Rn. 7; aA Ehmann ZVertriebsR 2021, 141 (148 f.)).

B. Pflicht zu angemessenen Abhilfemaßnahmen (Abs. 1)

I. Feststellung einer eingetretenen oder unmittelbar bevorstehenden Verletzung

5 Voraussetzung für die Ergreifung von Abhilfemaßnahmen ist nach § 7 Abs. 1 S. 1 die **Feststellung einer bereits eingetretenen oder unmittelbar bevorstehende Verletzung** einer menschenrechts- oder umweltbezogenen Pflicht entweder im eigenen Geschäftsbereich oder bei einem unmittelbaren Zulieferer. Die Verletzung einer menschenrechtsbezogenen Pflicht wird in § 2 Abs. 4 S. 1 definiert, die Verletzung einer umweltbezogenen Pflicht in § 2 Abs. 4 S. 2 (→ § 2 Rn. 159).

6 Anders als bei den Präventionsmaßnahmen nach § 6 Abs. 1 (→ § 6 Rn. 2) ist es für die Abhilfemaßnahmen **keine Voraussetzung, dass die Erkenntnisse über die** – bestehenden oder unmittelbar bevorstehenden – Verletzungen iRd **Risikoanalyse erlangt wurden.** Zwar sollen die Unternehmen ausweislich der Gesetzesbegründung „*[m]ithilfe einer Abhilfemaßnahme […] – basierend auf den Erkenntnissen der Risikoanalyse – eine bereits realisierte oder unmittelbar bevorstehende Verletzung einer geschützten Rechtsposition oder einer umweltbezogenen Pflicht beenden oder zumindest minimieren*“ (Begründung zum Gesetzentwurf der Bundesregierung, BT-Drs. 19/28649, 48; Hervorhebung nur hier). Gemeint sein kann damit aber nicht, dass das Unternehmen erst die – ggf. erst ein Jahr später stattfindende (→ § 5 Rn. 58 ff.) – Risikoanalyse abwarten müsste bzw. dürfte, bevor es die Abhilfemaßnahmen ergreift. Dies liefe dem Sinn und Zweck, nämlich der unverzüglichen Beendigung der Verletzung, eindeutig zuwider. Der Weg der Kenntniserlangung ist damit (auch) für die Pflichten des § 7 irrelevant.

7 Was unter dem Begriff der **„unmittelbar bevorstehenden Verletzung“** gemeint ist, wird im Gesetz nicht definiert und ist auch in den Gesetzesmaterialien nicht näher beschrieben. Da das LkSG gerade keine Erfolgs-, sondern nur eine Bemühenspflicht der Unternehmen begründet (→ § 3 Rn. 27 ff.), kommt eine unmittelbar bevorstehende Verletzung wohl nur in Betracht, wenn die Verletzung im konkreten Einzelfall mit hinreichender Wahrscheinlichkeit unmittelbar bevorsteht, ohne dass wesentliche Zwischenschritte erforderlich sind, sodass wegen der **besonderen zeitlichen Nähe** sofortiges Handeln geboten ist. Entsprechend dem Risikobegriff (→ § 2 Rn. 14 ff.) und den Angemessenheitskriterien (→ § 3 Rn. 47 ff.) kommt es für den Grad der Wahrscheinlichkeit nach hier vertretener Ansicht auf die konkret (potentiell) betroffene menschenrechts- oder umweltbezogene Pflicht und die **Schwere der potentiellen Verletzung** an und ist damit **einzelfallspezifisch** zu beurteilen (anders unter Heranziehung des polizei- und ordnungsrechtlichen Gefahrenbegriffs Gehling/Ott/Ott Rn. 16 sowie Depping/Walden/Depping Rn. 8, wonach eine Verletzung mit an Sicherheit grenzender Wahrscheinlichkeit zu erwarten sein muss).

8 Feststellung setzt positive Kenntnis der (ggf. unmittelbar bevorstehenden) Verletzung, mithin also der zugrundeliegenden Umstände, voraus. Fahrlässige Unkenntnis ist dagegen nicht ausreichend (ebenso Gehling/Ott/Ott Rn. 24). Für die Feststellung gelten innerhalb des Unternehmens die allgemeinen **Grundsätze der Wissenszurechnung** (vgl. auch FAQ zum LKSG VI. 13 zur Wissenszurechnung bei der „Substantiierten Kenntnis“ nach § 9 Abs. 3). Demnach wird dem Unternehmen jedenfalls das Wissen der Leitungspersonen des Unternehmens sowie derjenigen Mitarbeiter unterhalb der Leitungsebene zugerechnet, deren Kenntnis bei Beachtung der allgemeinen Informationsweiterleitungs- und Informationsabfragepflichten den im Unternehmen für die Einhaltung der Regelungen des LkSG

zuständigen Stellen verfügbar ist oder hätte verfügbar sein müssen (vgl. nur Koch/Koch AktG § 78 Rn. 27 f. mwN). Fraglich ist, ob bzw. in welchem Maß darüber hinaus aus auch eine **konzernweite Wissenszurechnung** erfolgt. So sind die Grenzen der Konzernwissenszurechnung bislang nicht abschließend geklärt (vgl. nur Koch/Koch AktG § 78 Rn. 29 mwN), nach den Ausführungen des Bundesministeriums für Arbeit und Soziales sollen zumindest bei der „substantiierten Kenntnis“ nach § 9 Abs. 3 *„die Grundsätze der Konzernwissenszurechnung“* Anwendung finden (vgl. FAQ zum LKSG VI. 13), was für eine pauschale Wissenszurechnung innerhalb des gesamten Konzerns spricht. Eine Konzernwissenszurechnung kann indes nur eingeschränkt in Betracht kommen. Zum einen kann eine Zurechnung nur von einer Konzerngesellschaft erfolgen, die nach § 2 Abs. 6 S. 3 in den eigenen Geschäftsbereich des Unternehmens einbezogen ist. Zum anderen müssen besondere Umstände vorliegen, die bei wertender Beurteilung die Wissenszurechnung im konkreten Einzelfall rechtfertigen, indem aufgrund der Konzernorganisation tatsächliche Zugriffsmöglichkeiten auf die infrage stehenden Informationen bestehen, bspw. durch konzernweite Informationspflichten *(„reporting lines“)* oder Personenidentität von Mandatsträgern (ebenso Koch/Koch AktG § 78 Rn. 29).

II. Unverzügliche Abhilfe

Die Abhilfemaßnahmen sind unverzüglich und damit **ohne schuldhaftes Zögern** zu ergreifen. Allgemeingültige Zeitvorgaben ergeben sich weder aus dem Gesetzestext noch aus den Gesetzesmaterialien. Unverzüglichkeit ist letztlich an den Umständen des Einzelfalles zu beurteilen. Erforderlich ist insbes. eine **Sachverhaltsaufklärung** seitens des Unternehmens, um die im konkreten Fall geeigneten, also **angemessene** (→ § 3 Rn. 47 ff.) und **wirksame** (→ § 4 Rn. 39 ff.) Abhilfemaßnahmen ergreifen zu können. 9

III. Umgehungstatbestände

Durch den Verweis in § 7 Abs. 1 S. 2 auf § 5 Abs. 1 S. 2 gilt ein mittelbarer Zulieferer als unmittelbarer Zulieferer, wenn das Unternehmen eine **missbräuchliche Gestaltung** der unmittelbaren Zuliefererbeziehung oder ein **Umgehungsgeschäft** vorgenommen hat, um die Anforderungen an die Sorgfaltspflichten in Hinblick auf den unmittelbaren Zulieferer zu umgehen. Unter den weiteren Voraussetzungen des § 5 Abs. 1 S. 2 (→ § 5 Rn. 65) sind die Abhilfemaßnahmen damit auch gegenüber einem mittelbaren Zulieferer zu ergreifen. 10

IV. Verletzung im eigenen Geschäftsbereich im Inland

Im **eigenen Geschäftsbereich** des Unternehmens **im Inland** müssen die Abhilfemaßnahmen nach § 7 Abs. 1 S. 3 zur **Beendigung der Verletzung** führen. Der Grundsatz der Bemühenspflicht (→ § 3 Rn. 27 ff.) wird hier zugunsten einer **Erfolgspflicht** aufgeweicht. Diese Erfolgspflicht ist letztlich als Ausfluss des Angemessenheitsgrundsatzes nach § 3 Abs. 2 begründet, da das Unternehmen im eigenen Geschäftsbereich in einem so engen Zusammenhang zu dem Risiko steht, dass von ihm erwartet werden kann, die unmittelbar bevorstehende oder bereits eingetretene Verletzung unverzüglich zu beenden (Begründung zum Gesetzentwurf der Bundesregierung, BT-Drs. 19/28649, 48). Bloße Minimierung des Ausmaßes der Verletzung genügt nicht. 11

Diese uneingeschränkte Erfolgspflicht besteht nach § 7 Abs. 1 S. 3 ausschließlich im eigenen Geschäftsbereich des Unternehmens im Inland. Für Verletzungen im eigenen Geschäftsbereich im Ausland sowie bei nach § 2 Abs. 6 S. 3 in den eigenen Geschäftsbereichen einbezogenen Konzerngesellschaften gilt § 7 Abs. 1 S. 4 (→ Rn. 13 ff.). 12

V. Verletzung im eigenen Geschäftsbereich im Ausland und bei konzernangehörigen Gesellschaften

13 Stellt das Unternehmen eine Verletzung **im eigenen Geschäftsbereich des Unternehmens im Ausland** (bspw. bei einer ausländischen Niederlassung des Unternehmens) oder bei einer nach § 2 Abs. 6 S. 3 zum eigenen Geschäftsbereich gehörenden Konzerngesellschaft fest, muss die Abhilfemaßnahme nach § 7 Abs. 1 S. 4 **in der Regel zur Beendigung** der Verletzung führen.

14 Wann ein solcher Regelfall vorliegt bzw. nicht gegeben ist mit der Folge, dass die festgestellte Verletzung nicht beendet werden muss, ist im Gesetz nicht näher geregelt. Aus der Gesetzesgründung folgt allerdings, dass die Anstrengungen des Unternehmens umso größer sein müssen, desto näher es der drohenden oder bereits eingetretenen Verletzung steht und je mehr es dazu beiträgt (Begründung zum Gesetzentwurf der Bundesregierung, BT-Drs. 19/28649, 48). Da das Unternehmen im eigenen Geschäftsbereich insbes. durch Weisungen an die Geschäftsführung der betreffenden ausländischen Geschäftseinheit oder der nach § 2 Abs. 6 S. 3 einbezogenen Konzerngesellschaft zumeist unmittelbar auf deren Geschäftstätigkeit Einfluss nehmen kann, kann die Beendigung einer Verletzung wohl nur **im Ausnahmefall bei besonderen Umständen** unterbleiben, wenn diese auch aufgrund größter Bemühungen durch das Unternehmen nicht beendet werden kann.

15 Fraglich ist allerdings, welche Folgen eine – im Einklang mit § 7 Abs. 1 S. 4 stehende – Nicht-Beendigung einer Verletzung hat. Im Gegensatz zur Nicht-Beendigung einer Verletzung bei einem unmittelbaren Zulieferer (→ Rn. 30 ff.) regelt das LkSG diesen Fall nicht. Denkbar wäre allenfalls eine analoge Anwendung des § 7 Abs. 3 und damit als *ultima ratio* die Geschäftseinstellung (ebenso Gehling/Ott/Ott Rn. 57).

C. Abhilfekonzept beim unmittelbaren Zulieferer (Abs. 2)

16 Liegt eine Verletzung einer menschenrechts- oder umweltbezogenen Pflicht bei einem unmittelbaren Zulieferer vor, sind die Abhilfemaßnahmen nach Maßgabe von § 7 Abs. 2 zu ergreifen. Danach ergibt sich ein **abgestuftes Konzept,** das vorsieht, dass das Unternehmen zunächst darauf hinwirken muss, dass die Verletzung beendet wird (arg. ex § 7 Abs. 2 S. 1 Hs. 1). Kann ein Unternehmen die Verletzung nicht in absehbarer Zeit beenden, muss es unverzüglich ein **Konzept zur Beendigung oder Minimierung des Ausmaßes der Verletzung** nach Maßgabe von § 7 Abs. 2 S. 3, 4 erstellen und umsetzen.

17 Auch die Abhilfemaßnahmen nach § 7 Abs. 2 unterliegen dem Angemessenheitsprinzip (vgl. § 7 Abs. 1 S. 1), sodass dem Unternehmen ein gewisser Ermessenspielraum zusteht, in welcher Art und Weise es die Abhilfemaßnahmepflicht nach § 7 Abs. 2 umsetzt. Im Einzelfall kann daher eine bloße Minimierung des Ausmaßes der Verletzung etwa aufgrund des sehr geringen Verursachungsbeitrages des Unternehmens und der fehlenden Einwirkungsmöglichkeiten des Unternehmens auf den unmittelbaren Verursacher angemessen sein.

18 Die Abhilfemaßnahmepflicht betrifft seinem Wortlaut nach ausschließlich Verletzungen bei einem **unmittelbaren Zulieferer.** Erlangt das Unternehmen Kenntnis von einer Verletzung einer menschenrechts- oder umweltbezogenen Pflicht bei einem mittelbaren Zulieferer, finden die Sorgfaltspflichten des § 9 Abs. 3 Anwendung (→ § 9 Rn. 54 ff.).

I. Keine absehbare Beendigung der Verletzung

19 Ein Abhilfekonzept ist nach dem Wortlaut des § 7 Abs. 2 S. 1 nur dann zu erstellen und umzusetzen, wenn die betreffende Verletzung beim unmittelbaren Zulieferer vom Unternehmen nicht **in absehbarer Zeit** beendet werden kann. Entgegen dem Wortlaut des § 7 Abs. 2 S. 1 kann es aber nicht darauf ankommen,

dass die Verletzung (aktiv) vom Unternehmen beendet wird, sondern darauf, dass die Verletzung – etwa auch durch das eigenständige Handeln des unmittelbaren Zulieferers – beendet wird. Welche Anforderungen an das Merkmal „in absehbarer Zeit“ zu stellen sind, wird im Gesetz nicht definiert und wird auch in den Gesetzesmaterialien nicht erläutert. Aus dem Sinn und Zweck des Gesetzes und Gesetzessystematik folgt aber, dass Bemühungen des Unternehmens, mittels eines Abhilfekonzept eine (noch) andauernde Verletzung zu beenden oder zumindest zu minimieren, nur dann ausbleiben können, wenn für die Erstellung und Umsetzung des Abhilfekonzepts so viel Zeit erforderlich ist, dass bis zu diesem Zeitpunkt die Verletzung schon beendet sein wird. Denn nur in diesem Fall ginge das Abhilfekonzept letztlich ins Leere. Dabei ist wiederum das Prinzip der Angemessenheit nach § 3 Abs. 2 zu beachten, sodass im Zweifelsfall umso eher ein Abhilfekonzept zu erstellen und umzusetzen ist, desto mehr Einflussvermögen das Unternehmen auf den unmittelbaren Zulieferer hat und desto schwerer und unumkehrbarer die eingetretene oder unmittelbar bevorstehende Verletzung ist.

II. Inhalt des Abhilfekonzepts

Die Inhalte des Abhilfekonzepts werden in § 7 Abs. 2 S. 2 und S. 3 definiert. 20
Das Abhilfekonzept muss danach **zwingend einen Zeitplan** enthalten und ist auf die **Beendigung oder Minimierung des Ausmaßes der Verletzung** gerichtet. Die in § 7 Abs. 2 S. 3 benannten Maßnahmen sind dagegen bei der Erstellung und Umsetzung des Abhilfekonzepts nur in Betracht zu ziehen und unterliegen damit den Voraussetzungen der Angemessenheit nach § 3 Abs. 2 (→ § 3 Rn. 47 ff.) und der Wirksamkeit nach § 4 Abs. 2 (→ § 4 Rn. 39 ff.), müssen also nur dann überprüft werden, wenn diese tatsächlich zu einer Beendigung oder Minimierung der Verletzung beitragen. Das Konzept sollte außerdem Erwägungen beinhalten, wann ein Abbruch der Geschäftsbeziehung zu erwägen ist (Begründung zum Gesetzentwurf der Bundesregierung, BT-Drs. 19/28649, 48).

Bei der Erstellung und Umsetzung des Abhilfekonzepts soll in Betracht gezogen 21
werden, die von der Verletzung **betroffenen Personen** bzw., sofern dies nicht möglich ist, alternativ legitime **Interessenvertretungen** wie bspw. Gewerkschaftsvertreter oder zivilgesellschaftliche Organisationen einzubeziehen (Begründung zum Gesetzentwurf der Bundesregierung, BT-Drs. 19/28649, 49). Der Einbeziehung können allerdings vertragliche Pflichten zwischen dem Unternehmen und dem unmittelbaren Zulieferer entgegenstehen, wie bspw. Geheimhaltungspflichten, die eine Weitergabe von Informationen aus oder über die Vertragsbeziehung zwischen Unternehmen und unmittelbarem Zulieferer an Dritte untersagen. Bei der Einbeziehung Dritter bzw. der (für die Einbeziehung ggf. notwendigen) Weitergabe von Informationen an diese Dritten sind ferner insbes. die Regelungen des Datenschutzes und des Geschäftsgeheimnisschutzes zu beachten. Zur vertraglichen Mitwirkungspflichten des Zulieferers → § 6 Rn. 36 ff.

1. Konkreter Zeitplan

Das Abhilfekonzept muss nach § 7 Abs. 2 S. 2 einen **konkreten Zeitplan** 22
enthalten. Welche Anforderungen an den Zeitplan selbst zu stellen sind, außer dass er „konkret“ sein muss, ergibt sich aus § 7 Abs. 2 nicht. Als Teil der Abhilfemaßnahmen muss der Zeitplan letztlich angemessen iSd § 3 Abs. 2 (→ § 3 Rn. 47 ff.) und wirksam iSd § 4 Abs. 2 (→ § 4 Rn. 39 ff.) sein. Der fruchtlose Ablauf des Zeitplans bildet eine der Voraussetzungen für den Abbruch der Geschäftsbeziehung nach § 7 Abs. 3 (→ Rn. 34). Der Zeitplan sollte daher nicht zu eng bemessen sein, um dem Grundsatz „Befähigung vor Rückzug“ und der Beendigung der Geschäftsbeziehung als ultima ratio (→ Rn. 30) gerecht werden zu können.

2. Gemeinsamer Plan mit dem Verursacher

23 Nach § 7 Abs. 2 S. 3 Nr. 1 ist in Betracht zu ziehen, gemeinsam mit dem die Verletzung verursachenden Unternehmen einen **Plan zur Beendigung oder Minimierung der Verletzung** in Betracht zu ziehen. Gemeint ist damit der unmittelbare Zulieferer, da die Regelung des § 7 Abs. 2 allein Verletzungen bei einem unmittelbaren Verursacher erfasst (→ Rn. 16; s. auch die Begründung zum Gesetzentwurf der Bundesregierung, BT-Drs. 19/28649, 48).

24 In der Gesetzesbegründung wird beispielhaft die Einhaltung der Vorgaben aus dem Lieferantenkodex (zB bestimmte Arbeitsschutzstandards einzurichten) benannt (Begründung zum Gesetzentwurf der Bundesregierung, BT-Drs. 19/28649, 49). Dieser Beispielsfall geht insofern fehl, als nicht jeder Verstoß gegen den Lieferantenkodex selbst zugleich einen Verstoß gegen eine menschenrechts- oder umweltbezogene Pflicht darstellt. So führt allein der Verstoß gegen den Lieferantenkodex auch nicht automatisch zu einer Verletzung einer menschenrechts- oder umweltbezogenen Pflicht bzw., darauf aufbauend, zu einer Pflicht des Unternehmens die Abhilfemaßnahmen nach § 7 Abs. 2 zu ergreifen. Der gemeinsam erarbeitete Plan muss also auf die im konkreten Einzelfall tatsächlich vorliegende Verletzung einer menschenrechts- oder umweltbezogenen Pflicht iSv § 2 Abs. 2 wird Abs. 3 sowie deren Beendigung bzw. Minimierung gerichtet sein.

3. Zusammenschluss mit anderen Unternehmen/Brancheninitiativen

25 Das Unternehmen hat nach § 7 Abs. 2 S. 3 Nr. 2 in Betracht zu ziehen, sich mit weiteren Unternehmen, etwa iRv **Brancheninitiativen** und **Branchenstandards** zusammenzuschließen, um so die Einflussmöglichkeit auf den Verursacher zu erhöhen. Durch den Zusammenschluss soll der unmittelbare Zulieferer dazu bewegt werden, die Missstände zu adressieren, die für die Verletzung ursächlich sind (Begründung zum Gesetzentwurf der Bundesregierung, BT-Drs. 19/28649, 49). Jedenfalls aus kartellrechtlicher Sicht handelt es sich hierbei um eine eher ungewöhnliche Regelung. Der Gesetzgeber dürfte mit dieser Formulierung weder Erleichterungen im Hinblick auf die Fusionskontrolle schaffen (hierauf könnte der Begriff „Zusammenschluss" hindeuten), noch eine Art. Ausnahmetatbestand zum Kartellverbot des § 1 GWB bzw. Art. 101 Abs. 1 AEUV einführen. Eine andere Ansicht lässt sich auch nicht aus der Gesetzesbegründung herleiten, die auf S. 32 zu § 7 Abs. 2 Nr. 2 lediglich ausführt:

> *„Der Zusammenschluss mit weiteren Unternehmen, etwa iRv Brancheninitiativen und Branchenstandards kann hilfreich sein, um die Einflussmöglichkeit auf den Verursacher zu erhöhen und diesen zu bewegen, die Missstände zu adressieren, die für die Verletzung ursächlich sind."*

26 Ausnahmen vom **Kartellverbot** sind nur dann möglich, wenn die (Einzel-)Freistellungsvoraussetzungen des Art. 101 Abs. 3 AEUV vorliegen und hier insbes. der Verbraucher an dem entstehenden Gewinn angemessen beteiligt wird (zB durch niedrige Preise). Da das Vorliegen der Voraussetzungen des Art. 101 Abs. 3 AEUV von den Kartellbehörden restriktiv geprüft wird, scheint es fernliegend, dass die Formulierung in § 7 Absatz 2 Nr. 2 eine Aufweichung der Freistellungsvoraussetzungen zum Hintergrund hat. Vielmehr eröffnet § 7 Abs. 2 Nr. 2 als Teil eines Maßnahmenkatalogs lediglich die Möglichkeit, sich als Unternehmen über die jeweiligen Verbände zu organisieren, um den Druck bzw. Einfluss auf (möglicherweise marktstarke oder nur schwer greifbare) Lieferanten zu erhöhen, etwaige Verletzungen der menschenrechts- oder umweltbezogenen Pflichten abzustellen (zB durch eine Ansprache des Lieferanten über den Verband oder vom Verband entwickelte Standardschreiben). Dementsprechend gilt das Kartellverbot des § 1 GWB bzw. Art. 101 Abs. 1 AEUV nach der hier vertretenen Auffassung auch iRd Anwendung des § 7 Absatz 2 Nr. 2 uneingeschränkt fort. Kartellrechtswidrige Absprachen oder der unzulässige Austausch wettbewerbssensibler Informationen

zwischen Wettbewerbern werden auch zukünftig nicht unter dem Deckmantel einer „Branchenlösung“ iSd LkSG kartellrechtskonform. Das LkSG führt andererseits aber auch nicht zu einer Verschärfung des Kartellrechts oder einem höheren Risiko der Unternehmen, sich kartellrechtswidrig zu verhalten. Im Gegenteil, soweit sich ein Unternehmen und seine Mitarbeiter schon bisher kartellrechtskonform verhalten und insbes. auch in der Verbandsarbeit die kartellrechtlichen Grundsätze beachten (bestenfalls abgesichert durch ein entsprechendes Compliance Management System), hat die Einführung des LkSG aus kartellrechtlicher Sicht keine unmittelbaren oder mittelbaren Folgen und führt zu keiner Neubewertung des kartellrechtlichen Risikos (umfassend zum Spannungsverhältnis zwischen Kartellrecht und LkSG WRW LkSG/Denzel/Hertfelder Rn. 1138 ff.).

4. Temporäre Aussetzung der Geschäftsbeziehung

Nach § 7 Abs. 2 S. 3 Nr. 3 hat das Unternehmen schließlich **in Betracht zu ziehen,** die Geschäftsbeziehung zum unmittelbaren Zulieferer **temporär auszusetzen.** Dem Gesetzeswortlaut nach soll dies während der Bemühungen zur Risikominimierung in Betracht kommen. Da die Abhilfemaßnahmen nach § 7 Abs. 2 aber ausdrücklich eine nicht in absehbarer Zeit beendbare und damit weiterhin andauernde Verletzung voraussetzt (→ Rn. 19), hätte § 7 Abs. 2 S. 3 Nr. 3 seinem reinen Wortlaut nach keinerlei Anwendungsbereich. Mit der Regelung kann daher nur die temporäre Aussetzung der Geschäftsbeziehung während einer noch andauernden Verletzung gemeint sein (s. auch die Begründung zum Gesetzentwurf der Bundesregierung, BT-Drs. 19/28649, 49, die ebenfalls auf das Konzept zur Abhilfe einer Verletzung abstellt). 27

Soweit zwischen dem Unternehmen und dem unmittelbaren Zulieferer eine Vertragsbeziehung mit festen Abnahmepflichten besteht, setzt das Aussetzung einer laufenden Geschäftsbeziehung ein entsprechendes vertragliches Recht des Unternehmens voraus. Das gilt für die Durchsetzung von Vertragsstrafen, deren Ausübung nach den Ausführungen der Gesetzesbegründung im Zusammenhang mit der temporären Aussetzung der Geschäftsbeziehung verlangt wird (Begründung zum Gesetzentwurf der Bundesregierung, BT-Drs. 19/28649, 49). Das LkSG beinhaltet kein entsprechendes Recht zum Rücktritt zugunsten des Unternehmens, sondern setzt das Bestehen eines solchen voraus, auch fällt die Aussetzung der Vertragsbeziehung nach § 7 Abs. 2 S. 3 Nr. 3 in aller Regel nicht unter die (in der Praxis häufig vertraglich definierten) Fälle der höheren Gewalt (ebenso Depping/Walden/Depping Rn. 56). 28

Durch die Aussetzung der Geschäftsbeziehung soll der unmittelbare Zulieferer unter Druck gesetzt werden, die noch andauernde Verletzung schnellstmöglich zu beenden. Eine starre **gesetzliche Pflicht** zur Aussetzung der Vertragsbeziehung ergibt sich aus dem Gesetz schon seinem Wortlaut nach *(„[…] in Betracht zu ziehen […]“)* nicht. Allerdings kann sich im Einzelfall die Aussetzung als aus Sicht des Unternehmens **angemessene** Maßnahme darstellen. Dies ist insbes. dann denkbar, wenn das Unternehmen entsprechende vertragliche Rechte hat und die Aussetzung den Gesamtumständen nach zumutbar ist, etwa weil die Unterbrechung der Zulieferungen beim Unternehmen keine Schäden (Produktionsausfälle etc.) nach sich zieht. Ebenso kann es im Einzelfall angemessen sein, die Abnahmemengen auf das vertraglich noch zulässige Maß zu reduzieren, was insbes. auch dann in Betracht kommt, wenn das Unternehmen gerade kein vertragliches Recht zur Aussetzung der Vertragsbeziehung hat (ebenso HK-LkSG/Gehne/Humbert/Philippi Rn. 48). 29

D. Abbruch der Geschäftsbeziehung (Abs. 3)

Als letztes Mittel der Abhilfemaßnahmen sieht § 7 Abs. 3 den **Abbruch der Geschäftsbeziehung** mit dem unmittelbaren Zulieferer vor, wenn die Maßnahmen nach § 7 Abs. 2 zu keiner Abhilfe geführt haben. Die Regelungen in Abs. 2 und Abs. 3 bauen somit aufeinander auf und sollen ausweislich der Gesetzesbegrün- 30 dung die Unternehmen insbes. darin bestärken, zuerst gemeinsam mit den Zulieferern oder innerhalb der Branche nach Lösungen für komplexe und schwierig zu behebende Missstände zu suchen, bevor sie eine Geschäftsbeziehung zu einem unmittelbaren Zulieferer abbrechen. Es gilt der Grundsatz **Befähigung vor Rückzug,** sodass der Abbruch der Geschäftsbeziehung nur dann geboten ist, wenn alle in § 7 Abs. 3 enumerativ benannten Voraussetzungen vorliegen. Der Abbruch der Geschäftsbeziehung soll mit anderen Worten stets ***ultima ratio*** bleiben (Begründung zum Gesetzentwurf der Bundesregierung, BT-Drs. 19/28649, 49; FAQ zum LkSG (Stand: November 2021), XI. 1).

31 Liegen die Voraussetzungen des § 7 Abs. 3 vor, ist das Unternehmen **zum Abbruch der Geschäftsbeziehung verpflichtet.** Eine weitere Prüfung oder Abwägung der Umstände des Einzelfalls – insbes. auch die Folgen des Abbruchs für das Unternehmen – sieht das LkSG nicht vor. Auch beim Abbruch der Geschäftsbeziehung ist allerdings die Zielsetzung des Gesetzes zu beachten, sodass der Abbruch der Geschäftsbeziehung die im Raum stehende Verletzung nicht faktisch noch befeuern soll (→ Rn. 38).

I. Voraussetzungen

1. Sehr schwerwiegende Verletzung (Nr. 1)

32 Es muss eine **Verletzung** einer geschützten Rechtsposition oder einer umweltbezogenen Pflicht vorliegen, die vom Unternehmen als **sehr schwerwiegend** bewertet wird. Fraglich ist insofern schon, ob der Gesetzgeber hier anstelle der menschrechts- und umweltbezogenen bewusst auf die geschützten Rechtspositionen (→ § 2 Rn. 3 ff.) verwiesen hat und, wenn ja, welche Folgen sich daraus ergäben. Da die übrigen Regelungen in § 7 Abs. 1 und Abs. 2 dagegen auf die menschenrechts- und umweltbezogenen Pflichten bezogen sind und Abs. 2 und Abs. 3 nach dem Willen des Gesetzgebers eine Einheit bilden sollen (→ Rn. 20), scheint es sich bei dem Verweis auf die geschützten Rechtspositionen in § 7 Abs. 3 S. 1 Nr. 1 um ein redaktionelles Versehen iRd Gesetzgebungsverfahrens zu handeln (vgl. dazu den Wortlaut von § 2 Abs. 2 in der Begründung zum Gesetzentwurf der Bundesregierung, BT-Drs. 19/28649, 7 sowie die Erläuterungen dazu auf S. 35 und den Wortlaut von § 7, ebenda, S. 13). Der Wortlaut des § 7 Abs. 3 S. 1 Nr. 1 ist daher dahingehend auszulegen, dass eine sehr schwerwiegende Verletzung einer menschenrechts- oder umweltbezogenen Pflicht vorliegen muss.

33 Im Gesetz ist nicht näher geregelt wird, wann eine sehr schwerwiegende Verletzung iSd § 7 Abs. 3 S. 1 Nr. 1 vorliegt. Auch aus den Gesetzesmaterialien ergeben sich dazu keine Hinweise. Nach allgemeinen (verfassungs-)rechtlichen Grundsätzen kann die Schwere der Verletzung nicht allein durch die betroffene menschenrechts- oder umweltbezogene Pflicht katalogartig definiert werden. Dies ergibt sich schon daraus, dass es keine fixe Rangfolge von Menschenrechten gibt, bei der die Verletzung eines Menschenrechts per se weniger schwerwiegend ist als die Verletzung eines anderen. Denkbar ist die Heranziehung der Grundsätze der Angemessenheit nach § 3 Abs. 2, wonach insbes. auf die Folgen der Verletzung und der Unumkehrbarkeit abzustellen ist (→ § 3 Rn. 47 ff.). Letztlich ist eine sorgfältige Prüfung und Entscheidung des Einzelfalls durch das Unternehmen geboten.

2. Keine Abhilfe durch Umsetzung des Abhilfekonzepts (Nr. 2)

34 Weiter muss die Umsetzung der im Konzept erarbeiteten Maßnahmen **nach Ablauf der im Konzept festgelegten Zeit** (→ Rn. 22) **keine Abhilfe** bewirkt haben. Führt die Umsetzung des Abhilfekonzepts also dazu, dass es weder zu einer Beendigung noch zu einer Minimierung der Verletzung kommt, ist der Tatbestand des § 7 Abs. 3 S. 1 Nr. 2 erfüllt.

35 Dem Wortlaut des § 7 Abs. 3 S. 1 Nr. 2 nach bleibt allerdings offen, ob danach erforderlich ist, dass die Verletzung tatsächlich innerhalb der festgelegten Zeit beendet sein muss, mit der Folge, dass der Abbruch der Geschäftsbeziehung auch bei noch andauernden Maßnahmen zur Minimierung der Verletzung geboten wäre. Dagegen spricht, dass der Abbruch der Geschäftsbeziehung ausweislich der Gesetzesbegründung nur als letztes Mittel dienen soll, wenn alle Versuche der Minimierung der Verletzung gescheitert sind (vgl. die Begründung zum Gesetzentwurf der Bundesregierung, BT-Drs. 19/28649, 49, wenngleich dort wohl aufgrund eines Redaktionsversehens die Rede von einer „Risikominimierung" ist). Der Abbruch der Geschäftsbeziehung während einer noch laufenden Maßnahme zur Minimierung der Verletzung liefe der Zielsetzung der Regelung damit zuwider.

3. Keine milderen Mittel und keine Erhöhung des Einflussvermögens (Nr. 3)

36 Schließlich müssen dem Unternehmen nach § 7 Abs. 3 S. 1 Nr. 3 keine anderen – im Vergleich zum Abbruch der Geschäftsbeziehung – milderen Mittel zur Verfügung stehen, um auf den unmittelbaren Zulieferer einzuwirken und eine Erhöhung des Einflussvermögens darf nicht aussichtsreich erscheinen. Dem reinen Wortlaut des § 7 Abs. 3 Nr. 3 ergibt sich damit kein Erfordernis, dass das Unternehmen eine aussichtsreiche Maßnahme zur Erhöhung seines Einflussvermögens auch tatsächlich ergreift. Aus dem Sinn und Zweck der Norm sowie der im LkSG begründeten „Bemühenspflicht" (vgl. nur die Begründung zum Gesetzentwurf der Bundesregierung, BT-Drs. 19/28649, 1) folgt aber, dass das Unternehmen eine ansonsten nach § 7 Abs. 3 vorliegende Pflicht zur Beendigung der Geschäftsbeziehung nicht erfüllt, mit dem Argument, dass eine Erhöhung des Einflussvermögens theoretisch noch möglich sei, obwohl es dazu keinerlei Anstrengungen unternimmt. Als mildere Mittel kommen alle Maßnahmen in Betracht, die dazu beitragen können, die Verletzung zu beenden oder das Ausmaß der Verletzung zu minimieren (Gehling/Ott/Ott Rn. 111).

II. Rechtsfolge

37 Liegen die Voraussetzungen des § 7 Abs. 3 S. 1 vor, ist der Abbruch der Geschäftsbeziehung geboten, das Unternehmen muss die Geschäftsbeziehung zum unmittelbaren Zulieferer also beenden. Das Unternehmen muss also entweder die fortlaufenden Bestellungen beim unmittelbaren Zulieferer einstellen oder einen bestehenden Vertrag mit fortlaufenden Pflichten (zB Liefervertrag) kündigen.

38 Eine weitere Prüfung oder Abwägung der Umstände des Einzelfalls ist dem Wortlaut des § 7 Abs. 3 nach nicht erforderlich oder möglich *(„[…] ist geboten […]")*. Die Beendigung der Geschäftsbeziehung liegt also nicht im Ermessen des Unternehmens (ebenso WRW LkSG/E. Wagner/S. Wagner Rn. 774). In der Literatur wird zum Teil die Ansicht vertreten, dass der Abbruch der Geschäftsbeziehung unterbleiben kann, wenn der Abbruch zu aus der Sicht des Unternehmens unangemessenen Folgen führt, etwa weil das Unternehmen von seiner – zum Zeitpunkt des Abbruchs – einzigen Bezugsquelle für das betreffende Produkt abgeschnitten würde (Gehling/Ott/Ott Rn. 100; Depping/Walden/Depping Rn. 79; WRW LkSG/E. Wagner/S. Wagner Rn. 776). Ein solcher Unternehmensschutz ergibt sich aus dem LkSG nicht, der vielmehr umgekehrt den Schutz der Menschenrechte und Umweltbelange in den Mittelpunkt der Einzelfallabwägung stellt (→ § 3 Rn. 38 ff.). Eine Einzelfallabwägung zugunsten der Unternehmensinteressen können allenfalls im Ausnahmefall in Betracht kommen, etwa wenn der Abbruch der Geschäftsbeziehung im Ergebnis zwingend die Einstellung der betreffenden Geschäftstätigkeit des Unternehmens zur Folge hätte, ohne dass diese Folge im Vorfeld – insbes. während des Abhilfekonzepts nach § 7 Abs. 2 – hätte unterbunden werden können. In Betracht kommt eine Fortführung der Geschäfts-

beziehung trotz Vorliegens der Voraussetzungen des § 7 Abs. 3 zum Schutz der nach dem LkSG geschützten Menschenrechte und Umweltbelange, was insbes. dann der Fall sein kann, wenn durch den Abbruch der Geschäftsbeziehung die in Frage stehenden Verletzungen noch verschärft werden. In diesen Fällen ist eine verantwortungsvolle und damit ggf. schrittweise Abwicklung der Zusammenarbeit geboten (wie hier HK-LkSG/Gehne/Humbert/Philippi Rn. 80; aA Depping/Walden/Depping Rn. 81).

39 Einen Sonderfall bilden schließlich Konstellationen, bei denen das Unternehmen (bzw. dessen einbezogenen Konzerngesellschaften) durch den Abbruch der Geschäftsbeziehung gegen zwingende Regelungen des jeweils anwendbaren nationalen Rechts verstoßen würde. In diesen Fällen kann eine Unmöglichkeit des Abbruchs der Geschäftsbeziehung in Betracht kommen. So beinhaltet das Chinesische „Anti Foreign Sanctions Law" ein generelles Verbot diskriminierenden Maßnahmen auf Grundlage ausländischer Gesetze (s. dazu auch Grabosch LkSG/Grabosch § 5 Rn. 118 ff.), das durch den Abbruch einer Geschäftsbeziehung mit einem unmittelbaren Zulieferer nach § 7 Abs. 3 erfüllt sein könnte. Die Reichweite des Chinesischen „Anti Foreign Sanctions Law" sowie das Spannungsverhältnis zum LkSG ist bislang jedoch noch ungeklärt.

40 Ferner stellt sich die Frage, ob die Kündigung des Vertrages nach den dort (ggf.) vereinbarten Regelungen zur ordentlichen Kündigung erfolgen muss, mit der Folge, dass der Vertrag bis zum ordentlichen Beendigungsdatum fortgeführt wird, oder ob die Pflicht nach § 7 Abs. 3 S. 1 ein außerordentliches Kündigungsrecht begründen kann. Die Frage ist im Einzelfall auf Grundlage des mit dem unmittelbaren Zulieferer geschlossenen Vertrages sowie den danach anwendbaren nationalen gesetzlichen Regelungen zu klären. Soweit deutsches Recht Anwendung findet, kommt – sofern im Vertrag nicht ohnehin ein Kündigungsrecht explizit geregelt ist – eine außerordentliche Kündigung nach § 314 in Betracht.

41 § 7 Abs. 3 S. 1 ordnet kein Bezugs- oder Ausführungsverbot an, sondern allein die Pflicht zur (ordentlichen oder außerordentlichen) Beendigung der Geschäftsbeziehung. In der Zeit zwischen Kündigungserklärung und tatsächlicher Beendigung des Vertrages können damit weiterhin Lieferungen und Leistungen vom unmittelbaren Zulieferer entgegengenommen bzw. von ihm durchgeführt werden.

42 Mit der tatsächlichen Beendigung der Geschäftsbeziehung zum unmittelbaren Zulieferer enden die Pflicht Präventions- oder Abhilfemaßnahmen zu ergreifen oder fortzuführen, da der (dann bisherige) Vertragspartner kein unmittelbarer Zulieferer iSd § 2 Abs. 7 (→ § 2 Rn. 186 ff.) ist.

III. Fehlende Umsetzung oder Ratifikation von Übereinkommen

43 Nach § 7 Abs. 3 S. 2 führt die bloße Tatsache, dass ein Staat eines der in der Anlage zum LkSG aufgelisteten Übereinkommen nicht ratifiziert oder nicht in sein nationales Recht umgesetzt hat, nicht zu einer Pflicht zum Abbruch der Geschäftsbeziehung.

44 Die Regelung ist iRd Gesetzgebungsverfahrens mittels der Beschlussempfehlungen und dem Bericht des Ausschusses für Arbeit und Soziales (BT-Drs. 19/30505) aufgenommen worden und sollte der Klarstellung dienen, dass die Ratifikation von Abkommen und deren Umsetzung ins nationale Recht Sache der Staaten und nicht der Unternehmen ist (Beschlussempfehlungen und dem Bericht des Ausschusses für Arbeit und Soziales, BT-Drs. 19/30505, 40). Dies überrascht schon deshalb, weil der Abbruch einer Geschäftsbeziehung nach § 7 Abs. 3 S. 1 eine materiell-rechtliche Verletzung einer menschenrechts- oder umweltbezogenen Pflicht voraussetzt (→ Rn. 32 f.), die bei einer formell-rechtlichen Nichtratifikation oder Nichtumsetzung per se nicht vorliegen kann. Zum anderen scheint die Regelung auch schlicht fehlerhaft verortet zu sein, da der Umstand der Nichtratifikation oder Nichtumsetzung – wie sich aus den Gesetzesmaterialien ergibt – menschenrechts- oder umweltbewogene Risiken nach sich ziehen können, sodass die Nichtratifikation und deren Folgen für die Risikolage insgesamt zu prüfen und in die Risikoanalyse nach

§ 5 zu integrieren seien (Beschlussempfehlungen und dem Bericht des Ausschusses für Arbeit und Soziales, BT-Drs. 19/30505, 40). Die Frage der Nichtratifikation oder Nichtumsetzung von Übereinkommen ist damit allein eine Frage des Risikomanagements und der Risikoanalyse.

Umgekehrt führt § 7 Abs. 3 S. 2 aber auch nicht dazu, dass eine Geschäftsbeziehung nur deswegen nicht abgebrochen werden muss, weil die konkret vorliegende Verletzung eine Folge der Nichtratifikation oder Nichtumsetzung eines Übereinkommens ist. Denn § 7 Abs. 3 S. 2 stellt allein auf die Nichtratifikation oder Nichtumsetzung ab und ordnet an, dass allein dieser Umstand keine Pflicht zum Abbruch einer Geschäftsbeziehung begründet. Liegen die Voraussetzungen des § 7 Abs. 3 S. 1 vor, ist die Geschäftsbeziehung abzubrechen, ohne dass es einen Unterschied machen würde, ob der Verletzung eine Nichtratifikation oder Nichtumsetzung zugrunde liegt oder nicht. 45

§ 7 Abs. 3 S. 3 stellt schließlich klar, dass etwaig bestehende Einschränkungen des Außenwirtschaftsverkehrs durch oder aufgrund von Bundesrecht, Recht der Europäischen Union oder Völkerrecht von § 7 Abs. 3 S. 2 unberührt bleiben. 46

E. Überprüfung der Abhilfemaßnahmen (Abs. 4)

Nach § 7 Abs. 4 S. 1 ist die Wirksamkeit der Abhilfemaßnahmen einmal jährlich sowie anlassbezogen zu überprüfen, wenn das Unternehmen mit einer wesentlich veränderten oder wesentliche erweiterten Risikolage im eigenen Geschäftsbereich oder beim unmittelbaren Zulieferer rechnen muss, etwa durch die Einführung neuer Produkte, Projekte oder eines neuen Geschäftsfeldes. Erkenntnisse aus der Bearbeitung von Hinweisen nach § 8 Abs. 1 sind bei der Überprüfung zu berücksichtigen, § 7 Abs. 4 S. 2. Bei Bedarf sind die Maßnahmen unverzüglich zu aktualisieren. Die Ausführungen zur Überprüfung der Präventionsmaßnahmen nach § 6 Abs. 4 gelten entsprechend (→ § 6 Rn. 44 ff.). 47

F. Sanktionen

Verstöße gegen die Pflicht nach § 7 Abs. 1 S. 1, unverzüglich Abhilfemaßnahmen zu ergreifen, stellen nach § 24 Abs. 1 Nr. 6 Ordnungswidrigkeiten dar (→ § 24 Rn. 69 ff.), die nach § 24 Abs. 2 Nr. 1 Buchst. b mit einem Bußgeld von bis zu 800.000 EUR (Individualperson) bzw. 8 Mio. EUR (Verbandsgeldbußen) bzw. unter den Voraussetzungen des § 24 Abs. 3 mit bis zu 2 % des durchschnittlichen weltweiten Konzernumsatzes geahndet werden kann (→ § 24 Rn. 116 ff.). Ebenso können Verstöße gegen § 7 Abs. 2 S. 1 bei der Erstellung und Umsetzung eines Abhilfekonzepts gem. § 24 Abs. 2 Nr. 1 Buchst. a, Abs. 3 geahndet werden (→ § 24 Rn. 117). 48

Aus den Regelungen des § 7 Abs. 1 können ausweislich der Gesetzesbegründung keine zivilrechtlichen Ansprüche durch Geschädigte einer Verletzung gegenüber dem Unternehmen geltend gemacht werden (Begründung zum Gesetzentwurf der Bundesregierung, BT-Drs. 19/28649, 48). Zur zivilrechtlichen Haftung im Übrigen → § 3 Rn. 151 ff. 49

Beschwerdeverfahren

8 (1) [1]Das Unternehmen hat dafür zu sorgen, dass ein angemessenes unternehmensinternes Beschwerdeverfahren nach den Absätzen 2 bis 4 eingerichtet ist. [2]Das Beschwerdeverfahren ermöglicht Personen, auf menschenrechtliche und umweltbezogene Risiken sowie auf Verletzungen menschenrechtsbezogener oder umweltbezogener Pflichten hinzuweisen, die durch das wirtschaftliche Handeln eines Unternehmens im eigenen Geschäftsbereich oder eines unmittelbaren Zulieferers entstanden sind. [3]Der Eingang des Hinweises ist den Hinweisgebern zu bestätigen. [4]Die von dem Unternehmen mit der Durchführung des Verfahrens betrauten Per-

sonen haben den Sachverhalt mit den Hinweisgebern zu erörtern. [5] Sie können ein Verfahren der einvernehmlichen Beilegung anbieten. [6] Die Unternehmen können sich stattdessen an einem entsprechenden externen Beschwerdeverfahren beteiligen, sofern es die nachfolgenden Kriterien erfüllt.

(2) Das Unternehmen legt eine Verfahrensordnung in Textform fest, die öffentlich zugänglich ist.

(3) [1] Die von dem Unternehmen mit der Durchführung des Verfahrens betrauten Personen müssen Gewähr für unparteiisches Handeln bieten, insbesondere müssen sie unabhängig und an Weisungen nicht gebunden sein. [2] Sie sind zur Verschwiegenheit verpflichtet.

(4) [1] Das Unternehmen muss in geeigneter Weise klare und verständliche Informationen zur Erreichbarkeit und Zuständigkeit und zur Durchführung des Beschwerdeverfahrens öffentlich zugänglich machen. [2] Das Beschwerdeverfahren muss für potenzielle Beteiligte zugänglich sein, die Vertraulichkeit der Identität wahren und wirksamen Schutz vor Benachteiligung oder Bestrafung aufgrund einer Beschwerde gewährleisten.

(5) [1] Die Wirksamkeit des Beschwerdeverfahrens ist mindestens einmal im Jahr sowie anlassbezogen zu überprüfen, wenn das Unternehmen mit einer wesentlich veränderten oder wesentlich erweiterten Risikolage im eigenen Geschäftsbereich oder beim unmittelbaren Zulieferer rechnen muss, etwa durch die Einführung neuer Produkte, Projekte oder eines neuen Geschäftsfeldes. [2] Die Maßnahmen sind bei Bedarf unverzüglich zu wiederholen.

Übersicht

A. Allgemeines

1 In Ergänzung der anderen Sorgfaltspflichten aus dem LkSG behandelt § 8 die Einrichtung eines Beschwerdeverfahrens als Teil des allgemeinen Risikomanagements (§ 4). Nach § 8 Abs. 1 hat ein Unternehmen dafür zu sorgen, dass ein angemessenes unternehmensinternes Beschwerdeverfahren eingerichtet ist. Die genaue Ausgestaltung und die Anforderungen an ein solches Beschwerdeverfahren regeln neben Abs. 1 S. 2–5 die Abs. 2–4. Die Pflicht zur Einrichtung eines Beschwerdeverfahrens ist **bußgeldbewehrt.** Nach § 24 Abs. 1 Nr. 8 iVm § 24 Abs. 2 Nr. 1 Buchst. a iVm § 30 Abs. 2 S. 3 OWiG kommt ein Bußgeld von bis

zu EUR 800.000,00 bei natürlichen Personen und von bis zu acht Millionen bei juristischen Personen oder Personenvereinigungen in Betracht.

Mithilfe eines Beschwerdeverfahrens können Unternehmensangehörige und Dritte auf menschenrechtliche oder umweltbezogene Risiken sowie auf Verletzungen menschenrechts- oder umweltbezogener Pflichten hinweisen, die durch das wirtschaftliche Handeln eines Unternehmens im eigenen Geschäftsbereich oder eines unmittelbaren Zulieferers entstanden sind. Die Pflicht zur Errichtung eines Beschwerdeverfahrens soll zur **Aufdeckung der genannten Risiken und Verletzungen** beitragen, die sich trotz aller Sorgfaltspflichten wohl nie ganz verhindern lassen. In diesem Kontext ist es wichtig zu verstehen, dass die Meldung eines solchen Risikos oder einer Verletzung nicht ein Scheitern der Menschenrechts- oder Umwelt-Compliance bedeutet. Auch die beste Compliance kann niemals alle Regelverstöße verhindern. Vielmehr spricht es für eine robuste Compliance im Unternehmen, dass Verstöße oder Risiken im Unternehmen mithilfe von Hinweisen aufgedeckt werden und nicht unentdeckt bleiben. Eine hohe Anzahl von Beschwerden zu menschenrechtlichen oder länder-, branchen- oder warengruppenspezifischen Risiken kann zudem Rückschlüsse auf die Anfälligkeit der Geschäftstätigkeit eines Unternehmens zulassen (BAFA Handreichung Angemessenheit S. 9). 2

§ 8 stellt umfangreiche Anforderungen an Inhalt, Ausgestaltung und Implementierung eines LkSG-konformen unternehmensinternen Beschwerdeverfahrens. Es ist zu erwarten, dass in der Vielzahl der Fälle Unternehmen bestehende Meldeverfahren – jedenfalls punktuell – ergänzen oder erweitern müssen. In jedem Fall empfiehlt es sich, die Voraussetzungen von § 8 sorgfältig zu prüfen und notwendige Anpassungen rechtzeitig vorzunehmen. Nicht nur (kleinere) Unternehmen, die bislang über keine Compliance- oder Whistleblower-Hotline verfügen, werden dadurch vor nicht unerhebliche Herausforderungen gestellt. Das BAFA verweist in seiner Handreichung zu § 8 auf weiterführende Links als Hilfestellungen für den angemessenen Umgang mit Beschwerden (BAFA Handreichung Beschwerdeverfahren S. 15). Viele Unternehmen werden zur Überprüfung der Einhaltung der LkSG-Vorgaben eine **Gap-Analyse** durchführen und festgestellte Lücken zwischen einem bereits errichteten Beschwerdemechanismus und den Anforderungen von § 8 schließen; nicht wenige Unternehmen werden vor dem Hintergrund von Abs. 2 eine Verfahrensordnung verfassen und veröffentlichen oder die internen Prozesse auf die Vorgaben des LkSG anpassen müssen, zB durch Kennzeichnung *(„Flag“)* der eingehenden Hinweise als menschenrechts- oder umweltrelevant. Darüber werden sie nach § 10 Abs. 2 berichten. 3

I. Beschwerdeverfahren in der bisherigen Compliance

Beschwerdeverfahren sind in der Compliance nichts Unbekanntes. Gängige Bezeichnungen für Beschwerdeverfahren sind Whistleblower- bzw. Compliance-Hotline oder Hinweisgebersystem. Es handelt sich um einen zentralen **Bestandteil eines jeden Compliance-Management-Systems** (Bay/Hastenrath CMS/Borowa § 4 Rn. 31). Neben anderen klassischen Bausteinen einer Corporate Compliance wie Schulungen, Kodizes oder Monitoring können Meldesysteme das Bußgeldrisiko aus §§ 130, 30 OWiG für ein Unternehmen sowie dessen Geschäftsleitung verringern (vgl. HML Corporate Compliance/Buchert § 42 Rn. 62 f.). Sie stellen ein Frühwarnsystem dar (Eggers/Pawel CB 2022, 339; Depping/Walden/Bürger/Müller Rn. 2; Gehling/Ott/Lüneborg Rn. 2), das im Idealfall Missstände nicht nur beseitigt, sondern verhindert. Dadurch können erhebliche Reputationsschäden für Unternehmen verhindert werden. 4

Das LkSG verlangt von Unternehmen, einen Perspektivenwechsel einzunehmen. Danach stehen die Interessen der eigenen Beschäftigten, der Beschäftigten innerhalb der Lieferkette und derjenigen, die in sonstiger Weise vom wirtschaftlichen Handeln des Unternehmens oder eines Unternehmens in seinen Lieferketten betroffen sein können, im Fokus (BAFA-Handreichung Risikoanalyse S. 8 f.). Inso- 5 fern können auch diese Rechteinhaber davon profitieren, dass ein Hinweis über das Beschwerdeverfahren eine Verletzung von Menschenrechten oder einen Umweltschaden verhindert.

6 In der Ausgestaltung variieren Hinweisgebersysteme. Oftmals gibt es (externe) Ombudsleute oder -stellen, denen gegenüber Meldende eine Anzeige machen können (vgl. dazu Bay/Hastenrath CMS/Borowa § 4 Rn. 119 ff.). So sind Anzeigen anonym oder unter Offenlegung persönlicher Daten möglich. Manche Hotline ist nur für Unternehmensangehörige „geöffnet", während andere Systeme auch für (bestimmte) Dritte eine Beschwerdestelle darstellen. Ferner handelt es sich bei „Hotlines" nicht zwingend um telefonische Meldekanäle. Vielfach wird neben einer Telefonnummer eine E-Mail-Adresse oder eine webbasierte Eingabe bereitgestellt. Schließlich ist zwischen internen und externen Meldungen zu unterscheiden. Personen können unternehmensintern Beschwerden einreichen oder sich an staatliche oder sonstige externe Stellen wenden. Dabei können Niederschwelligkeit und Vertrauen in ein internes Meldesystem dazu beitragen, dass Hinweisgeber von einer externen Meldung absehen (vgl. WRW LkSG/E. Wagner/S. Wagner Rn. 657; Lüneborg DB 2022, 375 (376) mwN). Dies setzt – zumindest in Bezug auf unternehmensangehörige Meldende – eine von der Geschäftsleitung vorgelebte *Speak-up*-Kultur im Unternehmen voraus (vgl. dazu Miege CCZ 2021, 149).

7 Viele Normadressaten dürften bereits vor Inkrafttreten des LkSG ein Beschwerdeverfahren als Bestandteils ihres Compliance-Management-Systems unternehmensintern errichtet haben. Gängig sind Compliance-Hotlines, „Kummerkästen" oder die kommunizierte Möglichkeit, unternehmensintern Beschwerden vorzubringen (etwa beim Vorgesetzten, der Personalabteilung, dem Betriebsrat, der Revision). Daneben gibt es stets die Möglichkeit externen Whistleblowings, etwa die (direkte) Meldung von Missständen bei einer Behörde oder den Nationalen Kontaktstellen für die OECD-Leitsätze (dazu https://www.bmwk.de/Navigation/DE/Themen/themen.html?cl2Categories_LeadKeyword=nationale-kontaktstelle-oecd-leitsaetze; Göpfert/Melles NJW 2022, 2505). Unternehmen, die ein neues Beschwerdeverfahren einrichten wollen, empfiehlt das BAFA, vorher Gespräche mit Dritten zu führen, zB den Beschäftigten von Zulieferern und deren Vertretungen (BAFA Handreichung Angemessenheit S. 23). Davon könne die Ausgestaltung und Zugänglichmachung eines Beschwerdeverfahrens profitieren, etwa durch Identifizierung einer besonders relevanten Zielgruppe bei den Beschäftigten eines Zulieferers.

8 Bislang galt im Arbeitsrecht für Arbeitnehmer der grundsätzliche **Vorrang einer internen Meldung** bzw. Klärung vor einer externen Anzeige (vgl. BAG NZA 2017, 703 (704); Gerdemann RdA 2019, 16 (17); Reuling RdA 2022, 317). Das LkSG schweigt jedoch zur Fragestellung, ob bzw. unter welchen Voraussetzungen die direkte Meldung bei einer Behörde oder einer sonstigen externen Einrichtung zulässig ist. § 7 Abs. 1 S. 1 HinSchG hingegen gibt der hinweisgebenden Person ein Wahlrecht, sich an eine interne oder eine externe Meldestelle zu wenden (vgl. dazu Dilling CCZ 2022, 145 (147)). Es ist zu erwarten, dass sich dieses Wahlrecht gegenüber dem Vorrang einer internen Meldung als allgemeines Prinzip für Beschwerdeverfahren durchsetzen wird. Dies gilt insbesondere, da § 7 Abs. 2 HinSchG es verbietet, Meldungen oder die auf eine Meldung folgende Kommunikation zwischen hinweisgebender Person und Meldestelle zu behindern oder dies zu versuchen. Unter eine solche Behinderung könnte auch der zwingende Vorrang einer internen Meldung gegenüber einer Meldung bei externen Meldestellen fallen. Dennoch dürfen nach Erwgr. 47 Richtlinie **RL (EU) 2019/1937 (sog. Whistleblower-RL)**, auf der das HinSchG beruht, über die es in seinem Anwendungsbereich jedoch hinausgeht) die Unternehmen ihre Mitarbeiter zu einem vorrangig internen Melden jedenfalls „ermuntern".

9 Unabhängig von den angebotenen Meldekanälen wenden sich in der Praxis Hinweisgeber vielfach an die ihnen bekannten oder am geeignetsten Ansprechpartner, zB die Geschäftsleitung (laut Impressum einer Webseite) oder den Chief Compliance Officer (vgl. Lüneborg DB 2022, 375 (380)). Die dadurch begründete Gefahr eines Denunziantentums tritt insofern zurück, als Compliance-Hotlines und

ähnliche Mechanismen etablierter und erforderlicher Bestandteil einer effektiven Compliance und aus der Unternehmenswirklichkeit nicht mehr wegzudenken sind. Dennoch sehen nach wie vor Whistleblower von einer Meldung aus Sorge vor einer Benachteiligung ab. Im Arbeitsrecht erhalten Meldende über **§ 612a BGB** (dem **sog. Maßregelungsverbot**) einen gewissen Schutz (Depping/Walden/Bürger Rn. 77). Danach darf der Arbeitgeber einen Arbeitnehmer bei einer Vereinbarung oder einer Maßnahme nicht benachteiligen, weil der Arbeitnehmer in zulässiger Weise seine Rechte ausübt. Ausgeprägt wird dies durch eine umfangreiche Rechtsprechung (vgl. EGMR NZA 2011, 1269; BVerfG NJW 2001, 3474; BAG NZA 2017, 703; dazu MüKoBGB/Henssler BGB § 626 Rn. 182 ff.; s. auch → Rn. 76 ff.).

II. Regelungen zu und Hintergründe von Beschwerdeverfahren

Es existieren bereits vereinzelt **sektorspezifische Gesetze,** die zum Vorhalten eines Beschwerdeverfahrens verpflichten, so zB § 23 Abs. 6 VAG, § 25a Abs. 1 S. 6 Nr. 3 KWG, 13 Abs. 1 AGG, §§ 84, 85 BetrVG oder § 17 Abs. 2 ArbSchG (dazu Depping/Walden/Bürger Rn. 4 ff.). Mittlerweile kommt als weitere Regelung das HinSchG hinzu, das am 2.7.2023 in Kraft getreten ist und das die Möglichkeit interner und externer Meldestellen vorsieht (s. dazu unten → Rn. 13). Die Voraussetzungen und Inhalte der Beschwerde- und Meldesysteme sind in den einzelnen Gesetzen unterschiedlich ausgestaltet. Mit § 8 gibt es nun eine weitere gesetzliche Grundlage. Gem: A.4 DCGK soll darüber hinaus den Beschäftigten auf geeignete Weise die Möglichkeit eingeräumt werden, geschützt Hinweise auf Rechtsverstöße im Unternehmen zu geben; auch Dritten sollte diese Möglichkeit offenstellen. Der DCGK stellt keine gesetzlichen Pflichten auf – börsennotierte Gesellschaften müssen jedoch jährlich erklären, welcher Empfehlung sie nicht und warum nicht entsprochen haben, sog. *comply or explain* (§ 161 Abs. 1 S. 1 AktG). 10

Das **Bundesamt für Wirtschaft und Ausfuhrkontrolle (BAFA)** hat zum Oktober 2022 eine **Handreichung** „Beschwerdeverfahren nach den Vorgaben des Lieferkettensorgfaltspflichtengesetzes" (BAFA-Handreichung Beschwerdeverfahren) veröffentlicht. Damit kommt es seiner Pflicht aus § 20 S. 1 zur Veröffentlichung branchenübergreifender und -spezifischer Informationen, Hilfestellungen und Empfehlungen zur Einhaltung des LkSG nach. Die Handreichung Beschwerdeverfahren liefert neben Konkretisierungen der Tatbestandsmerkmale des § 8 greifbare Hinweise und Praxisbeispiele und erhöht die Rechtssicherheit für den Rechtsanwender. Unternehmen sollten sich an der Handreichung orientieren, auch wenn sie weder Bindungswirkung erzeugt noch alle Fragen beantwortet und eine abschließende Klärung der Rechtsprechung vorbehalten bleibt. 11

Bezogen auf den Schutz von Menschenrechten finden (staatliche sowie nichtstaatliche außergerichtliche) Beschwerdemechanismen ihren Ursprung in den **UN-Leitprinzipien für Wirtschaft und Menschenrechte** (UN-Leitprinzipien Nr. 27 ff.). UN-Leitprinzip Nr. 29 postuliert, dass Wirtschaftsunternehmen für Einzelpersonen oder lokale Gemeinschaften, die nachteiligen Auswirkungen ausgesetzt sein können, wirksame Beschwerdemechanismen auf operativer Ebene schaffen oder sich an solchen Mechanismen beteiligen sollten, damit Missständen frühzeitig begegnet werden kann und diese unmittelbar wiedergutgemacht werden können. Die Wirksamkeitskriterien für außergerichtliche Beschwerdemechanismen sind in UN-Leitprinzip Nr. 31 aufgezeigt, u. a. sollen sie (a) legitim, (b) zugänglich, (c) berechenbar, (d) ausgewogen, (e) transparent, (f) Rechtekompatibel und (g) eine Quelle kontinuierlichen Lernens sein sowie (h) auf Austausch und Dialog aufbauen (s. dazu auch unten Rn. 86). Viele dieser Grundgedanken finden sich in § 8 wieder. Beschwerdemechanismen sollen es Betroffenen von Menschenrechtsverletzungen ermöglichen, Zugang zu wirksamer **Abhilfe** zu erlangen (UN-Leitprinzip Nr. 25 als grundlegendes Prinzip). Im LkSG erklärt sich so das Zusammenspiel von Abhilfemaßnahmen (§ 7) und Beschwerdeverfahren (§ 8). Das Beschwerdeverfahren eröffnet u. a. Zugang zur Abhilfe und ermöglicht damit die Erfüllung dieser 12

Sorgfaltspflicht (vgl. BAFA Handreichung Beschwerdeverfahren S. 6; WRW LkSG/E. Wagner/S. Wagner Rn. 656; zu den Funktionen von Beschwerdeverfahren im Lichte der UN-Leitprinzipien für Wirtschaft und Menschenrechte vgl. auch Hembach Praxisleitfaden LkSG S. 167).

13 Der europäische Gesetzgeber bezweckt mit der am 16.12.2019 in Kraft getretenen **Whistleblower-Richtlinie** u. a. den Schutz von Whistleblowern vor Diskriminierung und Repressalien. Die Frist zur Umsetzung in nationales Recht im Wege eines Hinweisgeberschutzgesetzes verstrich am 17.12.2021 erfolglos – nicht zuletzt aus politischen Gründen. Am 2.7.2023 trat das HinSchG in Kraft. In § 12 HinSchG findet sich eine gesetzliche Pflicht zur Einrichtung interner Meldestellen, die neben die o. g. gesetzlich vorgesehenen Whistleblowing-Systeme tritt. § 4 HinSchG, der das Verhältnis des HinSchG zu sonstigen Bestimmungen über die Mitteilung von Informationen über Verstöße regelt, nennt das LkSG nicht. Daraus folgt, dass die Verpflichtung zur Einrichtung von Beschwerdeverfahren nach LkSG und HinSchG nebeneinander besteht (Gehling/Ott/Lüneborg Rn. 20). Eine bisweilen kritisierte (vgl. etwa Dilling CCZ 2022, 145 (149) mwN) unterbliebene Abstimmung zwischen dem HinSchG und anderen Whistleblowing-Vorschriften – wie § 8 – ist auch auf (rechts)politische Kontroversen zurückzuführen. Das HinSchG bezieht das Beschwerdeverfahren nach LkSG nicht automatisch in seinen Anwendungsbereich mit ein, es fehlt ein gesetzlicher Verweis. Meldungen nach dem LkSG können aber durchaus auch unter das HinSchG fallen, wenn sie bspw. von Arbeitnehmern abgegeben werden und menschen- oder umweltrechtliche Sachverhalte betreffen, die vom LkSG erfasst sind und bspw. gleichzeitig einen Straftatbestand darstellen (dh, wenn der persönliche und sachliche Anwendungsbereich sowohl des LkSG als auch des HinSchG eröffnet ist). Daher ist bei Aufsetzen des Beschwerdeverfahrens nach dem LkSG und den korrespondierenden Verfahrensabläufen penibel darauf zu achten, wann welche Voraussetzungen des LkSG und des HinSchG erfüllt sein müssen.

14 In § 8 Abs. 4 S. 2 knüpft der deutsche Gesetzgeber an den Schutzzweck der Whistleblower-Richtlinie an und verlangt von Beschwerdeverfahren iSd LkSG, dass diese wirksamen Schutz vor Benachteiligung oder Bestrafung aufgrund einer Beschwerde gewährleisten (s. dazu unter → Rn. 76 ff.). Trotz der Unterschiede im Anwendungsbereich des LkSG und des HinSchG sowie vereinzelt in der Ausgestaltung, ist zu erwarten und zu empfehlen, dass Unternehmen ein integriertes Beschwerdeverfahren einführen bzw. gestalten, das beiden (bzw. weiteren) rechtlichen Vorgaben gerecht wird (Gehling/Ott/Lüneborg Rn. 20 f.; Hembach Praxisleitfaden LkSG S. 176, erwartet hingegen unterschiedliche Kanäle). Parallele Meldekanäle würden deren Akzeptanz und Verständlichkeit und damit auch Zugänglichkeit (§ 8 Abs. 4 S. 2, s. dazu → Rn. 66 ff.) verringern und die Hemmschwelle der potenziell Betroffenen im Zweifel erhöhen (Lüneborg DB 2022, 375 (376); Eggers/Pawel CB 2022, 339 (340)).

15 Beschwerdeverfahren sind ferner Gegenstand von Art. 9 CSDDD-Entwurf (dazu etwa Nietsch/Wiedmann CCZ 2022, 125 sowie Eggers/Pawel CB 2022, 339, die die Vorgaben des LkSG, des HinSchG sowie des CSDDD-Entwurfs einer in Bezug auf Beschwerdeverfahren miteinander vergleichen). Gem. Abs. 1 stellen die Mitgliedstaaten sicher, dass die Unternehmen den Personen und Organisationen nach Abs. 2 (natürliche Personen, Arbeitnehmervertretungen, Organisationen der Zivilgesellschaft) die Möglichkeit einräumen, Beschwerden an das Unternehmen zu richten, wenn diese berechtigte Bedenken hinsichtlich tatsächlicher oder potenzieller negativer Auswirkungen der Geschäftstätigkeit des Unternehmens, ihrer Tochterunternehmen und ihrer Wertschöpfungsketten auf die Menschenrechte und die Umwelt haben. Nach Art. 9 Abs. 3 CSDDD-Entwurf stellen die Mitgliedstaaten sicher, dass die Unternehmen ein Verfahren für die Bearbeitung von Beschwerden nach Abs. 1 einrichten, darunter ein Verfahren für als unbegründet erachtete Beschwerden; Unternehmen haben die betroffenen Arbeitnehmer und Gewerkschaften über diese Verfahren zu unterrichten. Nach Art. 9 Abs. 4 CSDDD-Entwurf stellen die Mitgliedstaaten des Weiteren sicher, dass Beschwerdeführer berech-

tigt sind, (a) angemessene Folgemaßnahmen zu der Beschwerde von dem Unternehmen fordern zu können, bei dem sie eine Beschwerde gemäß Abs. 1 eingereicht haben, und (b) Vertreter des Unternehmens auf geeigneter Ebene zu treffen, um potenzielle oder tatsächliche schwerwiegende negative Auswirkungen, die Gegenstand der Beschwerde sind, zu erörtern. Damit bleibt die Regelung in Art. 9 CSDDD-Entwurf hinter den Vorgaben aus § 8 zurück (vgl. Spindler ZIP 2022, 765 (772)). Freilich steht die konkrete Ausgestaltung der rechtlichen Vorgaben den Mitgliedstaaten frei. Mit Blick auf das LkSG sowie das HinSchG ist davon auszugehen, dass eine deutsche Umsetzung der Corporate Sustainability Due Diligence Directive die bereits heute normierten Maßstäbe nicht mehr verschärfen wird.

III. Verhältnis von § 8 zu anderen Sorgfaltspflichten

Im Sorgfaltspflichtensystem des LkSG haben Hinweise auf menschenrechtliche 16 oder umweltbezogene Risiken sowie auf Verletzungen menschenrechts- oder umweltbezogener Pflichten **Einfluss auf andere Sorgfaltspflichten.** Das BAFA spricht im Zusammenhang mit § 8 von einem „Kernelement der Sorgfaltspflichten" (BAFA Handreichung Beschwerdeverfahren S. 4). Gemeldete Risiken oder Rechtsverstöße können zB aufzeigen, in welchen Regionen oder bzgl. welcher Produktlinie gesteigerte Risiken in der Lieferkette oder dem eigenen Geschäftsbereich bestehen. Dies lässt wiederum Rückschlüsse auf die Angemessenheit anderer Maßnahmen zu, etwa die Gewichtung und Priorisierung identifizierter Risiken aus einer Risikoanalyse (§ 5 Abs. 2) oder Präventionsmaßnahmen wie die Entwicklung und Implementierung geeigneter Beschaffungsstrategien und Einkaufspraktiken (§ 6 Abs. 3 Nr. 2) sowie Schulungen und Weiterbildungen unmittelbarer Zulieferer (§ 6 Abs. 4 Nr. 3). Erkenntnisse aus dem Beschwerdeverfahren unterstützen Unternehmen dabei, ihre Sorgfaltspflichten risikobasiert zu erfüllen. Nach § 5 Abs. 4 S. 2 sind im Rahmen einer **Risikoanalyse** explizit die Erkenntnisse aus der Bearbeitung von Hinweisen nach § 8 Abs. 1 zu berücksichtigen (vgl. auch BAFA Handreichung Angemessenheit S. 15). Andererseits sollen Unternehmen bei der Einrichtung eines Beschwerdeverfahrens auf den Ergebnissen der Risikoanalyse (§ 5 Abs. 1) aufbauen und hieraus mögliche Themen und Zielgruppen für ihr Beschwerdeverfahren ableiten (BAFA Handreichung Beschwerdeverfahren S. 4, 7; BAFA Handreichung Angemessenheit S. 23).

Das BAFA betont **zwei grundlegende Funktionen eines Beschwerdever-** 17 **fahrens: die eines Frühwarnsystems und Zugang zu Abhilfe** (BAFA Handreichung Beschwerdeverfahren S. 6). Beschwerdeverfahren können in ihrer Eigenschaft als Frühwarnsystem bevorstehende Verletzungen abwenden, etwa die Verhinderung eines Arbeitsunfalls bei einem Hinweis auf die unzureichende Schutzausrüstung von Arbeitern. Zudem müssen Unternehmen eingetretene Missstände beseitigen und sicherstellen, dass es nicht zu weiteren Pflichtverletzungen kommt (vgl. § 7). Beide genannten Funktionen gehen ineinander über. So kann die präventive Verhinderung einer Verletzung auch bereits Teil einer Abhilfemaßnahme sein (vgl. § 7 Abs. 1 „unmittelbar bevorsteht"). Des Weiteren erfüllt die Abhilfe selbst eine präventive Funktion, wenn sie Schlimmeres verhindert. Dies verdeutlicht, dass die Sorgfaltspflichten aus dem LkSG fortlaufend ineinandergreifen und sich wechselseitig bedingen bzw. auslösen (vgl. WRW LkSG/E. Wagner/S. Wagner Rn. 656). Die Erfüllung der Sorgfaltspflichten ist zudem keine einmalige Übung. Vielmehr setzt das LkSG voraus, dass Unternehmen kontinuierlich ihre Bemühungen und Prozesse an den gewonnenen Erkenntnissen ausrichten (vgl. auch BAFA Handreichung Angemessenheit S. 18 und 21). Die **Bemühenspflicht** verpflichtet zwar nicht zum Erfolg bestimmter Maßnahmen; sie gibt jedoch Unternehmen auf, sich stets zum Wohle der Rechteinhaber zu verbessern. Dieses Grundverständnis hat wesentlichen Einfluss auf die Beurteilung, ob eine Maßnahme „angemessen" ist (§ 3 Abs. 2, s. dazu auch → Rn. 32 ff.). Die **Angemessenheit** ist fortlaufend zu hinterfragen; ein ursprünglich angemessenes Beschwerdeverfahren bietet keine Gewähr dafür, auch in der Zukunft die Angemessenheitskriterien zu erfüllen. Allerdings wird von Unternehmen auch nichts Unzumutbares erwartet (BAFA Handreichung Angemessenheit S. 3).

18 Des Weiteren hat ein Unternehmen gem. § 10 Abs. 2 S. 2 Nr. 2–4 im **jährlichen Bericht** über die Erfüllung der Sorgfaltspflichten darzulegen, welche Maßnahmen es aufgrund von Beschwerden nach § 8 oder § 9 Abs. 1 (mittelbare Zulieferer) unternommen hat, wie es die Auswirkungen und die Wirksamkeit der Maßnahmen bewertet und welche Schlussfolgerungen es aus der Bewertung für zukünftige Maßnahmen zieht. Das BAFA hat seine Erwartungen an die Berichterstattung zum Beschwerdeverfahren in seiner Veröffentlichung „Fragenkatalog zur Berichterstattung nach § 10 Abs. 2 LkSG" konkretisiert (s. dort S. 24 ff.). Unter anderem sollen Angaben dazu gemacht werden, welche Vorkehrungen ein Unternehmen getroffen hat, um potenziell Beteiligte vor Benachteiligungen oder Bestrafung aufgrund einer Beschwerde zu schützen oder zu welchen Themen Beschwerden beim Unternehmen eingegangen sind.

19 Überdies kann der Hinweis zu einem Risiko oder einer potenziellen Verletzung zu einer **substantiierten Kenntnis** iSv § 9 Abs. 3 führen mit der Folge, dass ein Unternehmen in Bezug auf mittelbare Zulieferer bestimmte Maßnahmen (u. a. Risikoanalyse, Präventionsmaßnahmen und Grundsatzerklärung) ergreifen muss (vgl. Grabosch/Schönfelder AuR 2021, 488 (492)). Hinweise über Meldekanäle stellen einen wichtigen Anwendungsfall einer solchen substantiierten Kenntnis iSd § 9 Abs. 3 dar (Stemberg NZG 2022, 1093 (1097) mwN).

B. Ausgestaltung des Beschwerdeverfahrens (Abs. 1)

20 Gem. § 8 Abs. 1 S. 1 hat das Unternehmen dafür zu sorgen, dass ein angemessenes unternehmensinternes Beschwerdeverfahren nach den Abs. 2–4 eingerichtet ist. Dabei ist zu berücksichtigen, dass auch Abs. 1 S. 2–5 – und nicht nur die Abs. 2–4 – Anforderungen an die Ausgestaltung eines angemessenen Beschwerdeverfahrens stellen. Nach § 24 Abs. 1 Nr. 8 handelt ordnungswidrig, wer vorsätzlich oder fahrlässig entgegen § 8 Abs. 1 S. 1, auch iVm § 9 Abs. 1 (also in Bezug auf die mittelbaren Zulieferer), nicht dafür sorgt, dass ein Beschwerdeverfahren eingerichtet ist.

21 Ein Beschwerdeverfahren setzt ein bestimmtes Maß an **Strukturierung und Formalisierung** voraus. Die bloße Ermunterung der Beschäftigten durch das Management, etwaige Verstöße dem Vorgesetzten zu melden, reicht nicht aus. Auch verlangt das LkSG mehr als das bloße Aufhängen eines Briefkastens. Vielmehr sind folgende exemplarische Bestandteile kennzeichnend für ein formalisiertes Verfahren: die Erläuterung, wann ein Sachverhalt angezeigt werden kann; die Einrichtung, Benennung und Gewährleistung von Meldekanälen; die Beschreibung, wer sich wie, wann und wo melden kann sowie die Darlegung, was nach Eingang einer Meldung passiert; die Gewährleistung von Vertraulichkeit, Anonymität und Datenschutz; die Verschriftlichung. Auch sollte ein Unternehmen sich dazu bekennen, Meldende vor Repressalien (zB Kündigung des Arbeitsverhältnisses) zu bewahren (Abs. 4 S. 2; dazu → Rn. 76 ff.). All dies kann zB Bestandteil einer Compliance-Policy bzw. einer Verfahrensordnung sein (Abs. 2; dazu → Rn. 48 ff.).

I. Anwendungsbereich

22 Der **Anwendungsbereich** eines Beschwerdeverfahrens iSv Abs. 1 ist weit. Es ermöglicht Personen, auf menschenrechtliche und umweltbezogene Risiken sowie auf Verletzungen menschenrechts- oder umweltbezogener Pflichten hinzuweisen, die durch das wirtschaftliche Handeln eines Unternehmens im eigenen Geschäftsbereich oder eines unmittelbaren Zulieferers entstanden sind (zu mittelbaren Zulieferern vgl. § 9 Abs. 1, dazu → Rn. 29).

1. Persönlicher Anwendungsbereich

Als potenzielle Meldende kommt zunächst **jede natürliche Person** in Betracht. 23
Eine persönliche Betroffenheit bzw. eine Beschwer ist nicht erforderlich (*argumentum e contrario* § 14 Abs. 1 Nr. 2); dies unterscheidet den Beschwerdemechanismus nach dem LkSG von anderen Meldeverfahren (zB §§ 84 f. BetrVG, Depping/Walden/Bürger Rn. 5).

Das Gesetz differenziert nicht zwischen unternehmensangehörigen Personen 24
oder außenstehenden **Dritten.** Vielmehr soll ein jeder die Möglichkeit einer Meldung erhalten (Eggers/Pawel CB 2022, 339 (340) mwN). Dies folgt aus einem Vergleich zu § 1 Abs. 1 sowie § 4 Abs. 4, § 6 Abs. 2 Nr. 3, die auf „Arbeitnehmer" bzw. „Beschäftigte" – also unternehmensinterne Personen – abstellen (Depping/Walden/Bürger/Müller Rn. 17). Für Unternehmen kann dies bedeuten, ihre bereits etablierten Meldesysteme für Unternehmensangehörige nun auch für Dritte zu öffnen. Als Dritte kommen dabei Beschäftigte der (un-)mittelbaren Zulieferer, vulnerable Gruppen und Gemeinschaften in der Nähe eines Standorts des Unternehmens (bzw. dessen Lieferanten) sowie zivilgesellschaftliche Organisationen oder Gewerkschaften in Betracht (BAFA Handreichung Beschwerdeverfahren S. 7 mit Beispielen für vulnerable Gruppen auf S. 11, die mitbedacht werden sollten; Rothermel LKSG Rn. 13). Dafür, dass auch **juristische Personen** (**oder andere Zusammenschlüsse** von natürlichen Personen wie zB ein Betriebsrat) Beschwerdeführer iSd § 8 Abs. 1 sein können, sprechen sowohl Wortlaut („Personen") als auch Telos von § 8, der einem möglichst weiten Kreis von Beschwerdeführern die Gelegenheit zum Hinweis geben will. Es reicht eben bereits die Kenntnis von einer Verletzung oder einem Risiko aus; einer Beschwer bedarf es nicht. Das BAFA selbst legt ein weites Verständnis von „Personen" zugrunde, wenn es einer „zivilgesellschaftlichen Organisation" das Recht zur Beschwerde nach § 8 Abs. 1 einräumt (BAFA Handreichung Beschwerdeverfahren S. 7). Eine aA unterstellt, dass „Personen" nur Individuen meinen könne und der Gesetzgeber diese Begrenzung mit Bedacht gewählt habe (Depping/Walden/Bürger/Müller Rn. 20). Vor dem Hintergrund des o. g. Gesetzeszweckes hätte es jedoch für eine solche Verengung des Beschwerdeführerkreises weiterer Anhaltspunkte bzw. Argumente bedurft. Die besondere Prozessstandschaft (§ 11) streitet auch nicht gegen eine Beschwerdemöglichkeit von NGOs oder Gewerkschaften; vielmehr steht es natürlichen Personen frei, etwa aus Angst vor Repressalien, sich an eine Organisation zu wenden mit der Bitte, einen Missstand zu melden, ohne sich selbst dabei zu offenbaren oder (gerichtlich) vertreten zu lassen. Dafür dient § 11. Die gerichtliche Geltendmachung einer Verletzung in einer überragend wichtigen geschützten Rechtsposition gem. § 11 Abs. 1 und die Möglichkeit einer Beschwerde nach § 8 Abs. 1 stehen in keinem Konkurrenzverhältnis zueinander.

Potenzielle Meldende können sich bei der Beschwerde unterstützen oder ver- 25
treten lassen, zB durch eine NGO, einen Rechtsanwalt, den Betriebsrat oder eine sonstige Vertrauensperson (vgl. Grabosch LkSG/Grabosch § 5 Rn. 125; WRW LkSG/E. Wagner/S. Wagner Rn. 653). Auch das BAFA weist auf solche Vertretungsmöglichkeiten bspw. durch eine Gewerkschaft oder eine NGO hin (vgl. BAFA Handreichung Beschwerdeverfahren S. 7).

Da das LkSG bezüglich des persönlichen Anwendungsbereichs des Beschwerde- 26
verfahrens keine Einschränkung vorsieht, keine persönliche Betroffenheit verlangt und nach der Handreichung des BAFA sogar Vertretung zugelassen ist, ist es jetzt für Unternehmen angezeigt, Hinweisgebersysteme für jeden Dritten zu öffnen (vgl. Dilling CCZ 2022, 145). Dies kommt den Unternehmen zugute, da jede Meldung für ein Unternehmen hilfreich sein kann.

2. Sachlicher Anwendungsbereich

27 Nicht nur der Hinweis auf Pflichtverletzungen oder Rechtsverstöße reicht aus, sondern bereits der Hinweis auf ein menschenrechtliches oder umweltbezogenes Risiko. **„Menschenrechtliche“** bzw. **„umweltbezogene Risiken“** sind in § 2 Abs. 2, 3 beschrieben. Dies stellt den **sachlichen Anwendungsbereich** des Beschwerdeverfahrens nach LkSG und damit den **Beschwerdegegenstand** dar. Den menschenrechtlichen und den umweltbezogenen Risiken ist gemein, dass es sich bei einem Risiko um einen Zustand handelt, bei dem aufgrund tatsächlicher Umstände mit hinreichender Wahrscheinlichkeit ein Verstoß gegen eines der (im LkSG) aufgezählten Verbote droht (vgl. § 2 Abs. 2, 3). Dies ist iS einer möglichst umfassenden Verhinderung von Verletzungen menschenrechts- oder umweltbezogener Pflichten. Ein Hinweisgeber muss also den Eintritt einer Verletzung nicht abwarten, wenn er Kenntnis eines Zustands hat, der zu einer Verletzung führen kann. Das Erfordernis einer „hinreichenden Wahrscheinlichkeit“ schränkt insofern den Anwendungsbereich von § 8 Abs. 1 ein. Die Pflichten aus dem LkSG, die sich einer berechtigten Beschwerde nach § 8 Abs. 1 anschließen, setzen voraus, dass der Hinweis insofern qualifiziert ist. Mit anderen Worten: Nicht jeder Hinweis auf eine rein theoretische oder abstrakte Gefahr ist ein tatbestandlicher Hinweis iSv Abs. 1.

28 Der **„eigene Geschäftsbereich“** richtet sich nach § 2 Abs. 6 und erfasst jede Tätigkeit eines Unternehmens zur Erreichung des Unternehmensziels. **„Wirtschaftliches Handeln“** ist – wie zB bei § 4 Abs. 4 – weit zu verstehen und erfasst nicht nur die Produktionstätigkeit im engeren Sinne (vgl. BT-Drs. 19/28649, 44). In der Praxis wird dieses Tatbestandsmerkmal kaum zu einer Einschränkung des Anwendungsbereichs führen; vielmehr kann jedes Handeln (sowie uU ein Unterlassen) eines Unternehmens Anlass für einen Hinweis sein (vgl. WRW LkSG/E. Wagner/S. Wagner Rn. 655). **„Unmittelbarer Zulieferer“** ist in § 2 Abs. 7 legaldefiniert als Partner eines Vertrages über die Lieferung von Waren oder die Erbringung von Dienstleistungen, dessen Zulieferungen für die Herstellung des Produktes des Unternehmens oder zur Erbringung von Dienstleistungen notwendig sind.

29 In Bezug auf **„mittelbare Zulieferer“** wird § 8 durch § 9 Abs. 1 ergänzt (ohne dass es auf eine substantiierte Kenntnis nach § 9 Abs. 3 ankommt). Danach muss ein Unternehmen das Beschwerdeverfahren nach § 8 so einrichten, dass es Personen auch ermöglicht, auf menschenrechtliche oder umweltbezogene Risiken sowie auf Verletzungen menschenrechts- oder umweltbezogener Pflichten hinzuweisen, die durch das wirtschaftliche Handeln eines mittelbaren Zulieferers entstanden sind. Damit ist theoretisch die gesamte Tiefe der Lieferkette erfasst. Die Definition des mittelbaren Zulieferers findet sich in § 2 Abs. 8; es handelt sich um ein Unternehmen, das kein unmittelbarer Zulieferer ist und dessen Zulieferungen für die Herstellung des Produktes des Unternehmens oder zur Erbringung und Inanspruchnahme der betreffenden Dienstleistung notwendig sind.

3. Unternehmensinternes Beschwerdeverfahren

30 **Unternehmensintern** ist ein Beschwerdeverfahren, wenn ein Unternehmen eigene Vorkehrungen dafür trifft, dass Personen auf menschenrechtliche oder umweltbezogene Risiken sowie auf Verletzungen menschenrechts- oder umweltbezogener Pflichten hinweisen können, die durch das wirtschaftliche Handeln eines Unternehmens im eigenen Geschäftsbereich oder eines unmittelbaren Zulieferers entstanden sind. Entscheidend ist, ob ein Unternehmen (oder Konzern) ein Beschwerdeverfahren exklusiv für sich selbst errichtet hat und entsprechende Rahmenbedingungen setzt (zB eine Verfahrensordnung gem. Abs. 2). Nach herrschender Auffassung soll die **Errichtung eines zentralen konzernweiten Beschwerdeverfahrens** – jedenfalls für Tochtergesellschaften, die dem eigenen Geschäftsbereich der Muttergesellschaft nach § 2 Abs. 6 zugerechnet werden – den Anforderungen des LkSG genügen (vgl. FAQ zum LkSG Ziffer XII.1., die ein

argumentum a fortiori zur Möglichkeit der Beteiligung an einem externen Beschwerdeverfahren bilden; Lüneborg DB 2022, 375 (378); Rothenburg/Rogg AG 2022, 257 (264); WRW LkSG/E. Wagner/S. Wagner Rn. 652; Eggers/Pawel CB 2022, 339 (340)). Dies ist richtig und findet mit Abs. 1 eine Stütze in dem Tatbestandsmerkmal „angemessen", das gerade bei Konzernsachverhalten die nötige Flexibilität für das Ergreifen effektiver und effizienter Maßnahmen eröffnet. § 14 HinSchG regelt die Organisationsformen interner Meldestellen; nach der Begründung des Gesetzentwurfs (S. 91) kann in einem Konzern eine Stelle mit den Aufgaben einer internen Meldestelle beauftragt werden, maW kann eine Meldestelle zentral im Konzern angesiedelt werden (Dilling CCZ 2022, 145 (148)). Multinationale Konzern sollten jedoch prüfen, ob lokale Gesetze einer zentralen konzernweiten Lösung entgegenstehen (Eggers/Pawel CB 2022, 339 (341)).

Im Gegensatz zum internen Beschwerdeverfahren kann sich ein Unternehmen 31
an einem externen Hinweisgebersystem beteiligen, das die Voraussetzungen von Abs. 2–4 erfüllt (Abs. 1 S. 6 „stattdessen", s. dazu → Rn. 45 ff.).

II. Angemessenheit

Das Beschwerdeverfahren muss **angemessen** eingerichtet sein. Die Angemes- 32
senheit ist zentraler Erfüllungsmaßstab für alle Sorgfaltspflichten (§ 3 Abs. 1) und Leitmotiv des LkSG. Wie bei den anderen Sorgfaltspflichten führt dieser unbestimmte Rechtsbegriff zu Rechtunsicherheit, ist doch die (fahrlässige) Nichterfüllung einer *Due Diligence* bußgeldbewehrt (§ 24 Abs. 1 Nr. 8 für Beschwerdeverfahren). Gleichzeitig eröffnet das Kriterium der Angemessenheit für Unternehmen Gestaltungs- und Ermessensspielraum (vgl. BT-Drs. 19/28649, 42; WRW LkSG/E. Wagner/S. Wagner Rn. 658), den sie für eine unternehmensspezifische Ausfüllung der Sorgfaltspflichten nutzen können (vgl. BAFA Handreichung Risikoanalyse S. 6, die zudem die konkrete Ausgestaltung einem Zumutbarkeitsvorbehalt unterstellt).

Fraglich ist, ob zur Bestimmung der Angemessenheit eines Beschwerdeverfahrens 33
nach § 8 auf die **Kriterien des § 3 Abs. 2** zurückgegriffen werden kann bzw. muss. Dafür spricht die zentrale Stellung von § 3 Abs. 2 sowie dessen Genese: § 3 Abs. 2 wurde im Gesetzgebungsverfahren als Reaktion auf die zahlreichen kritischen Stimmen eingeführt, die die häufige Verwendung des Tatbestandsmerkmals „angemessen" im LkSG als Verstoß gegen den Bestimmtheitsgrundsatz ansahen (zum Meinungsstreit über einen Verstoß gegen den Bestimmtheitsgrundsatz nach Art. 103 Abs. 2 GG s. Grabosch LkSG/Engel/Schönfelder § 6 Rn. 47). Gegen eine (strikte) Heranziehung von § 3 Abs. 2 streitet jedoch der Wortlaut sowie die Systematik von § 8. Nach Abs. 1 S. 1 muss ein angemessenes unternehmensinternes Beschwerdesystem „nach den Absätzen 2 bis 4 eingerichtet" sein. Daraus kann eigentlich nur folgen, dass – jedenfalls idR – eine **Befolgung der Abs. 1 S. 2–5, Abs. 2–4 zur Angemessenheit eines Beschwerdeverfahrens** führt (ähnl. Depping/Walden/Bürger § 8 Rn. 14). Des Weiteren spricht für diese Sichtweise, dass das Gesetz einen Rückgriff auf § 3 Abs. 2 an anderen Stellen ausdrücklich anordnet (zB § 5 Abs. 1 S. 2), bei § 8 jedoch nicht. Eines solchen Rückgriffs hätte es nicht bedurft, wenn § 3 Abs. 2 ohnehin bei jeder Angemessenheitsprüfung zu berücksichtigen wäre. Zudem liefen die Vorgaben von § 3 Abs. 2 Nr. 2–4 bei der (erstmaligen) Einrichtung von Beschwerdeverfahren weitgehend leer, da sich danach die Angemessenheit eines Handelns zB nach der Schwere einer Verletzung oder nach dem Verursachungsbeitrag zu einem menschenrechtlichen oder umweltbezogenen Risiko oder zu der Verletzung einer menschenrechts- oder umweltbezogenen Pflicht richtet. Bei Beschwerdesystemen dürften diese Kriterien im Zusammenhang mit der Einrichtung eines Beschwerdeverfahrens insofern keine Rolle spielen, als grds. jeder Hinweis – und nicht nur solche, die bspw. eine gewisse Erheblichkeitsschwelle überschreiten – geschützt ist. Dies kann anders zu beurteilen sein, wenn wegen eines menschenrechtlichen Vorfalls ein bestehendes Beschwerdeverfahren angepasst wird; bei schweren Verstößen/erheblichen Risiken kann es zB

angezeigt sein, ein gesondertes Beschwerdeverfahren für einen Teil der Lieferkette vorzuhalten.

34 Selbstverständlich sollten Unternehmen iRd jährlichen bzw. anlassbezogenen Überprüfung der Wirksamkeit und Angemessenheit des Beschwerdeverfahrens (Abs. 5) berücksichtigen, ob bzw. welche menschenrechtlichen oder umweltbezogenen Themen für das Unternehmen zuletzt relevant waren und ob es Defizite des initial eingerichteten Hinweisgebersystems gab bzw. gibt. Nur eine hinreichende Berücksichtigung bildet die Grundlage für die weitere Angemessenheit des Beschwerdeverfahrens. Insofern gilt hier der allgemeine Grundsatz, dass die erforderlichen Anstrengungen eines Unternehmens proportional zum Risikoprofil bzw. zur konkreten Situation des Unternehmens sind. Ebenso richtet sich die Reichweite von § 8 nach den anderen Sorgfaltspflichten (zB Risikoanalyse nach § 5 oder Präventionsmaßnahmen nach § 6; s. dazu → Rn. 16 f.).

III. Bestätigung des Eingangs eines Hinweises (Abs. 1 S. 3)

35 Nach Abs. 1 S. 3 ist der **Eingang des Hinweises** den Hinweisgebenden **zu bestätigen.** In welcher **Form oder Frist** eine solche Eingangsbestätigung zu erfolgen hat oder welchen Inhalt sie haben muss, lässt das LkSG offen. Schon aus Gründen der Dokumentation und Beweisbarkeit empfiehlt sich eine schriftliche Bestätigung. Die elektronische Form (§ 126a BGB) und Textform (§ 126b BGB) bieten sich dabei aus praktischen Gründen gegenüber einer Urkunde nach § 126 BGB an. In Betracht kommen eine Bestätigung per E-Mail, aber auch eine webbasierte Bestätigungsanzeige. Neben einer Eingangsbestätigung sollte – in Ergänzung oder unter Verweis auf die Verfahrensordnung nach Abs. 2 (→ Rn. 48 ff.) – eine Information über die nächsten Schritte, den zeitlichen Verlauf des Verfahrens, über die Rechte der hinweisgebenden Person betreffend Schutz vor Benachteiligung und Bestrafung auf Grund des Verfahrens sowie die Nutzung anderer formeller Beschwerdeverfahren erfolgen (BAFA Handreichung Beschwerdeverfahren S. 9).

36 Analog zur Problematik eines barrierefreien Zugangs zum Beschwerdeverfahren (→ Rn. 72) stellt sich bei der Eingangsbestätigung die Frage, wie zB mit **Sprachbarrieren** oder einem fehlenden E-Mail-Account bzw. Internetzugang des Hinweisgebers umzugehen ist. Unternehmen sollten möglichst die Eingangsbestätigung in der Sprache verfassen, in der ein Hinweis gemacht worden ist. Im Zweifel können Unternehmen jedoch auf Englisch bzw. die Muttersprache des Hinweisgebers – soweit ersichtlich – zurückgreifen. Gibt ein Hinweisgeber keinen E-Mail-Account an, kommt eine Eingangsbestätigung per Brief oder Fax in Betracht. Eine bloß mündliche Eingangsbestätigung sollte *ultima ratio* sein und muss seitens des Unternehmens so dokumentiert werden, dass im Zweifel die Bestätigung des Eingangs eines Hinweises bewiesen werden kann. Eine Dokumentationspflicht folgt ohnehin aus § 10 Abs. 1.

37 Nach **§ 17 Abs. 1 Nr. 1 HinSchG** hat die interne Meldestelle der hinweisgebenden Person den **Eingang einer Meldung nach spätestens sieben Tagen zu bestätigen.** Es sind Sachverhalte denkbar, bei denen Beschwerden nach dem LkSG gleichzeitig auch unter das HinSchG fallen. Vor diesem Hintergrund empfiehlt es sich, die Frist des § 17 Abs. 1 Nr. 1 HinSchG auch für die Rückmeldungen/Eingangsbestätigungen nach dem LkSG zu berücksichtigen. Gleiches gilt für die dreimonatige Rückmeldefrist für inhaltliche Themen nach § 17 Abs. 2 HinSchG. Dies gilt umso mehr, als viele Unternehmen den gleichen Beschwerdekanal für alle Arten von Hinweisen nutzen und somit sicherstellen müssen, dass eine Vielzahl formaler Anforderungen unterschiedlicher Gesetze bereits bei Eingang von Hinweisen eingehalten werden. Eine Sortierung danach, ob ein Hinweis unter das LkSG, das HinSchG und/oder andere Gesetze fällt, erfolgt oft erst in der sich nach Eingang des Hinweises anschließenden Aufarbeitungsphase.

38 Obgleich das LkSG selbst keine starre Rückmeldefrist kennt, ist es Unternehmen also zu empfehlen, möglichst zeitnah, spätestens nach sieben Tagen, den Eingang

zu bestätigen. Anderenfalls droht der Vorwurf, einem Hinweis nicht in der gebotenen zeitlichen Nähe nachgegangen zu sein, so dass eine Verdunkelung droht und eine angemessene Abhilfe (§ 7) schwieriger wird. In der Verfahrensordnung (Abs. 2) können Unternehmen eine etwaige Frist festlegen, sich aber genauso gut darauf beschränken, eine „zeitnahe" Bestätigung anzukündigen. Aus praktischen Gründen ist, wie dargelegt, ein Gleichlauf mit der Siebentagesfrist aus § 17 Abs. 1 Nr. 1 HinSchG in vielen Fällen zu erwarten und empfehlenswert.

Keine Pflicht zur Eingangsbestätigung besteht bei einer **missbräuchlichen Inanspruchnahme** des Beschwerdeverfahrens. Es fehlt bereits an einer geschützten Beschwerde iSv § 8 (BT-Drs. 19/30505, 42) sowie an einem tatbestandlichen „Hinweis" (WRW LkSG/E. Wagner/S. Wagner Rn. 654). Bei einer missbräuchlichen Inanspruchnahme des Hinweisgebersystems handelt es sich zB um eine bewusst falsche Meldung (ggf. zum Zwecke der Diffamierung eines anderen) oder einer Flut von Eingaben mit dem Ziel, Verfahrensabläufe im Unternehmen zu stören. Unternehmen dürften jedoch nur in offenkundigen Fällen gehalten sein, von einem Missbrauch auszugehen und auf eine Eingangsbestätigung (sowie auf die weitere Bearbeitung) zu verzichten. Im Zweifel ist jeder Hinweis ernst zu nehmen und zu bearbeiten. 39

Die Begründung zum Gesetzentwurf verlangt neben der Bestätigung des Eingangs eines Hinweises eine **Dokumentation** (BT-Drs. 19/28649, 49). Dies kann als Verweis auf die (allgemeine) Dokumentationspflicht nach § 10 Abs. 1 verstanden werden, wonach die Erfüllung der Sorgfaltspflichten aus § 3 unternehmensintern fortlaufend zu dokumentieren und mind. sieben Jahre lang aufzubewahren ist. Insofern müssen Unternehmen je nach Art. der Eingangsbestätigung (E-Mail, Internetanzeige etc.) für eine hinreichende Aufbewahrung und Dokumentation Sorge tragen. 40

IV. Erörterung des Sachverhaltes/einvernehmliche Beilegung (Abs. 1 S. 4, 5)

Nach Abs. 1 S. 4 haben die von dem Unternehmen mit der Durchführung des Beschwerdeverfahrens betrauten Personen (Abs. 3, dazu → Rn. 55 ff.) den **Sachverhalt mit den Hinweisgebern zu erörtern** und können ein **Verfahren der einvernehmlichen Beilegung** anbieten (S. 5). Mit der Erörterung des Sachverhalts kann ein Unternehmen Vertrauen in den Prozess (BAFA Handreichung Beschwerdeverfahren S. 9) und die Grundlage für eine effektive Bearbeitung des Hinweises schaffen. 41

Ein Unternehmen muss bestimmte Personen mit der Durchführung des Verfahrens betrauen (vgl. Abs. 3, zu den Anforderungen, die an diese Personen zu stellen sind, → Rn. 55 ff.), also die entsprechenden Zuständigkeiten festlegen (WRW LkSG/E. Wagner/S. Wagner Rn. 663 f., die auch die Benennung eines Beschwerdebeauftragten für sinnvoll erachten, was nach hier vertretener Auffassung allerdings weder erforderlich noch nützlich ist, da gerade in größeren Unternehmen eine Durchführung des Beschwerdeverfahrens auf mehrere Schultern verteilt werden muss und eine derart exponierte Rolle in Konkurrenz zum Menschenrechtsbeauftragten gem. § 4 Abs. 3 treten würde). Diese Aufgabendelegation ist – wie jeder Bestandteil einer Sorgfaltspflichtenerfüllung – zu dokumentieren (§ 10 Abs. 1). 42

Ihrer Erörterungspflicht kommen die mit der Durchführung des Beschwerdeverfahrens betrauten Personen nach, wenn einem Whistleblower ausreichend Gelegenheit gegeben wird, sein Anliegen sowie die Belgleitumstände zum vorgebrachten Hinweis näher auszuführen und Fragen zu stellen. In der inhaltlichen Ausgestaltung der Erörterung sind Unternehmen grds. frei (Depping/Walden/Bürger/Müller § 8 Rn. 32 f.). Neben einer telefonischen Erörterung kommen sowohl ein persönliches Treffen als auch ein schriftlicher Austausch in Betracht. Wichtig ist, dass Unternehmen einem Hinweisgeber niederschwellig das Angebot zur Erörterung des Anliegens machen. Selbstverständlich besteht seitens des Mel- 43 denden keine Pflicht, dieses Angebot anzunehmen. So endet auch die Bearbeitung eines Hinweises nicht etwa damit, dass der Hinweisgeber auf eine Erörterung verzichtet; vielmehr erfolgt eine weitere Untersuchung des Vorgangs. Einem etwaigen Wunsch nach **Anonymität des Hinweisgebers** sollte entsprochen werden (Handreichung Beschwerdeverfahren S. 9, 12; Lüneborg DB 2022, 375 (380 f.); vgl. auch Abs. 4 S. 2 sowie Rothermel LkSG Rn. 18, der anonyme Verfahren im Rahmen einer Erörterung nach Abs. 1 S. 4 für praktisch ausgeschlossen hält). Nach § 16 Abs. 1 S. 4 HinSchG sollte die interne Meldestelle auch anonym eingehende Meldungen bearbeiten. Es besteht indes weder nach dem HinSchG (vgl. § 16 Abs. 1 S. 5 HinSchG) noch nach dem LkSG eine Verpflichtung, anonyme Meldungen zu ermöglichen.

44 Dem Unternehmen bietet die Erörterung eines Sachverhalts die erste (und sehr wertvolle) Gelegenheit, ein mögliches menschenrechtliches oder umweltbezogenes Risiko bzw. die Verletzung einer menschenrechts- oder umweltbezogenen Pflicht aufzuarbeiten. Dies kann Teil bzw. Beginn einer **Abhilfe** (§ 7) sein. Gleiches gilt für das **Angebot einer einvernehmlichen Beilegung** als Bemühen, eine Ordnungswidrigkeit aufzudecken und den Schaden wiedergutzumachen (vgl. BT-Drs. 19/28649, 49 unter Verweis auf § 24 Abs. 4 Nr. 7; BAFA Handreichung Beschwerdeverfahren S. 6 f.). Dies kann zB im Rahmen einer Mediation oder eines Schlichtungsverfahrens geschehen (Depping/Walden/Bürger/Müller Rn. 35 f.). Allerdings ist zu berücksichtigen, dass – trotz einer verfahrensbeendenden einvernehmlichen Beilegung zwischen Hinweisgeber und Unternehmen – das Unternehmen zu weiteren Maßnahmen verpflichtet sein kann, zB Abhilfemaßnahmen gegenüber Beschäftigten eines Lieferanten, Durchführung einer spezifischen Risikoanalyse etc. Zudem führt eine einvernehmliche Beendigung nicht dazu, dass eine durch eine Beschwerde erlangte substantiierte Kenntnis (§ 9 Abs. 3) wieder entfällt. Zu den Facetten der außergerichtlichen Streitbeilegung vgl. die Studie der Europa-Universität Viadrina, Außergerichtliche Beschwerdemechanismen entlang globaler Lieferketten, 2021, S. 268 ff.

V. Externe Beschwerdeverfahren (Abs. 1 S. 6)

45 Statt eines internen Beschwerdeverfahrens können sich Unternehmen an einem entsprechenden **externen Beschwerdeverfahren** beteiligen, § 8 Abs. 1 S. 6. Allerdings ist zu berücksichtigen, dass nach § 12 HinSchG eine Pflicht zur Einrichtung interner Meldestellen für Unternehmen besteht; schon aus diesem Grund werden Unternehmen vielfach eine unternehmensinterne Lösung suchen, die sowohl den Vorgaben des HinSchG als auch des LkSG gerecht wird (vgl. Lüneborg DB 2022, 375 (377); Eggers/Pawel CB 2022, 339 (340)). Die Einrichtung eines internen Meldesystems schließt jedoch nicht die Beteiligung an einem externen Verfahren aus; vielmehr kann sich dies für bestimmte Bereiche der (tieferen) Lieferkette anbieten. Unternehmen müssen dann lediglich die Herausforderung meistern, beide Beschwerdeverfahren durch entsprechende Schnittstellen zu verbinden.

46 Das Wort „stattdessen“ in Abs. 1 S. 6 bezieht sich auf den gesamten Abs. 1 (und nicht nur auf Abs. 1 S. 5). „Entsprechend“ bedeutet, dass auch das externe Verfahren den Anforderungen von § 8 genügen muss (Depping/Walden/Bürger/Müller § 8 Rn. 38). Externe Beschwerdeverfahren iSv Abs. 1 S. 6 zeichnen sich gegenüber unternehmensinternen dadurch aus, dass das Beschwerdeverfahren grds. unabhängig von der Teilnahme eines oder mehrerer Unternehmen existiert („beteiligt“) und von einem oder mehreren Dritten angeboten wird. In Betracht kommen sowohl private Anbieter als auch Branchenverbände (BT-Drs. 19/28649, 49) sowie Unternehmenszusammenschlüsse (vgl. Gehling/Ott/Lüneborg Rn. 11 ff.).

47 Bemerkenswert ist, dass das BAFA offenbar ein unternehmensinternes Beschwerdeverfahren dann nicht für angemessen erachtet, wenn ein Zulieferer eine Vielzahl von Auftraggebern hat (BAFA Handreichung Angemessenheit S. 23). Dies dürfte jedoch in der Praxis häufig der Fall sein. Für die Beschäftigten des Lieferanten sei es

nicht nachvollziehbar, welches konkrete Beschwerdeverfahren sie nutzen sollen. Insofern empfiehlt das BAFA die **Beteiligung an einer regionalen Brancheninitiative.** Damit wirft das BAFA implizit die Frage auf, ob eine Information der Beschäftigten eines Lieferanten über das unternehmenseigene Beschwerdeverfahren überhaupt ausreichen oder ob nur die Beteiligung an einer Brancheninitiative angemessen sein kann. Nach hier vertretener Auffassung kann die Angemessenheit durchaus auch dann zu bejahen sein, wenn in der Lieferkette Zulieferer mit vielen Auftraggebern zusammenarbeiten. Maßgeblich sind die Umstände des Einzelfalls. Im Zusammenspiel mit anderen Maßnahmen, wie zB Trainings von Stakeholdern und einem Lieferantenkodex, kann ein Unternehmen potenzielle Hinweisgeber in der Lieferkette erreichen. Jedes Unternehmen muss für sich beantworten, wie es seinen Sorgfaltspflichten am besten nachkommt. Brancheninitiativen stellen eine Option dar, sind aber nicht zwingend. Es gibt ferner keine Gewähr einer flächendeckenden Existenz von Brancheninitiativen. Unternehmen können auch nicht dazu verpflichtet werden, einer Brancheninitiative beizutreten bzw. sie ins Leben zu rufen. Zudem sind Unternehmen nach anderen Gesetzen – allen voran dem HinSchG – vielfach verpflichtet, einen unternehmensinternen Beschwerdemechanismus vorzuhalten. Daher ist zu erwarten, dass – zunächst – in der Praxis die (alleinige) Beteiligung an einer Brancheninitiative die Ausnahme bildet. Ändern kann sich dies etwa, wenn sich am Markt Branchenlösungen etablieren und Unternehmen Erfahrungen mit der Einhaltung der Sorgfaltspflichten aus dem LkSG gesammelt haben. Die jährliche Wirksamkeits- und Angemessenheitsprüfung (Abs. 5, dazu Rn. 84 ff.) oder ein konkreter Vorfall kann jedoch die Beteiligung an einem externen Beschwerdeverfahren – ggf. in Ergänzung zum bestehenden Mechanismus, etwa bezogen auf eine bestimmte Region oder ein Produktsegment – als Verbesserungsmöglichkeit aufzeigen.

C. Verfahrensordnung (Abs. 2)

Gem. Abs. 2 hat das Unternehmen eine Verfahrensordnung in Textform festzulegen, die öffentlich zugänglich ist. Abzugrenzen ist die Verfahrensordnung von anderen, teilweise unternehmensinternen, teilweise öffentlichen Dokumenten (vgl. dazu auch Gehling/Ott/Lüneborg Rn. 49 ff.). Dazu zählen etwa Compliance Policy, Code of Conduct oder Ethikrichtlinie eines Unternehmens, die – ebenso wie ein Lieferantenkodex oder eine Human Rights Policy (als Grundsatzerklärung nach § 6 Abs. 2) – häufig für Dritte (durch Abruf im Internet) zugänglich sind. Daneben regeln viele Unternehmen iRd Governance ihres Compliance-Management-Systems in einer gesonderten Policy den Umgang mit (internen) Compliancefällen. Es bestehen Schnittmengen zur Verfahrensordnung nach Abs. 2, die in jedem Fall aber als gesondertes (ggf. neues) Dokument öffentlich zugänglich gemacht werden muss. Auch kann auf eine (neu geschaffene) Verfahrensordnung in den o. g. Dokumenten verwiesen werden. 48

Laut Begründung des Gesetzentwurfs muss die Verfahrensordnung „angemessen" sein (BT-Drs. 19/28649, 49). Das Kriterium der Angemessenheit stellt jedoch kein weiteres gesondertes Tatbestandsmerkmal auf, sondern ist deklaratorisch – alle Sorgfaltspflichten sind in angemessener Weise zu erfüllen (§ 3 Abs. 1; BT-Drs. 19/30505, 1). 49

Inhaltlich ist in einer Verfahrensordnung zu beschreiben, wer welche Hinweise wie abgeben kann und was nach Eingang eines solchen Hinweises geschieht. Insofern wird für einen potenziellen Hinweisgeber größtmögliche Transparenz hergestellt, die ein maßgebliches Effektivitätskriterium für ein Beschwerdeverfahren ist (UN-Leitprinzip Nr. 31 (e) zur Transparenz von Beschwerdeverfahren; → Rn. 86). Dies dient dem Hinweisgeberschutz und soll Whistleblowern die Unklarheit und ggf. Sorge nehmen, wie mit einer Eingabe verfahren wird. Eine Verfahrensordnung muss einen vorhersehbaren zeitlichen Rahmen für jede Verfahrensstufe sowie klare Aussagen zu den Arten von Abläufen festlegen (BT-Drs. 19/28649, 49). Unter Beachtung dieser Vorgaben sind Unternehmen in der 50 konkreten Ausgestaltung der Verfahrensordnung frei. Das BAFA stellt an eine Verfahrensordnung folgende Anforderungen: Festlegen eines Zeitrahmens für die einzelnen Schritte des Verfahrens, Kommunikation und Gestaltung in einer verständlichen/für die Zielgruppen relevanten Sprache und Benennung von Zuständigkeiten für das Beschwerdeverfahren (inkl. Angabe von Ansprechpartnern; BAFA Handreichung Beschwerdeverfahren S. 8).

51 Nach der Begründung des Gesetzentwurfs sind die **Zielgruppen** des Beschwerdemechanismus bei der Gestaltung des Verfahrens **zu konsultieren** (BT-Drs. 19/28649, 49). Aufgrund des denkbar weiten Adressaten- und Zielgruppenkreises kann dem zB durch einen Austausch mit NGOs, Arbeitnehmervertretungen (der mittelbaren und unmittelbaren Lieferanten, Depping/Walden/Bürger/Müller Rn. 49) oder ähnlichen Organisationen Rechnung getragen werden. Der Begriff der Zielgruppe ist unscharf (vgl. Gehling/Ott/Lüneborg Rn. 6, die NGOs nicht dazu zählt), sollte aber iS eines effektiven Beschwerdeverfahrens, das sich an einen großen Hinweisgeberkreis richtet (s. dazu → Rn. 24), weit verstanden werden. Ein förmliches Konsultationsverfahren als zwingende Voraussetzung besteht indes nicht; dies hätte der Gesetzgeber ausdrücklich regeln müssen.

52 Bei der Einführung von Beschwerdeverfahren sind überdies die **Mitbestimmungsrechte des Betriebsrats** nach § 87 Abs. 1 Nr. 1, 6 BetrVG zu beachten (vgl. BAG RdA 2009, 318 mAnm Henssler/Schneider; Depping/Walden/Bürger/Müller Rn. 65 ff.; konkret zur Mitbestimmung des Betriebsrats bei der Ausgestaltung einer Verfahrensordnung nach Abs. 2: Sagan/Schmidt NZA-RR 2022, 281 (289)). Ferner ist seit dem 1.1.2023 auf Grundlage des neuen **§ 106 Abs. 3 Nr. 5b BetrVG** der **Wirtschaftsausschuss** über wirtschaftliche Auswirkungen der unternehmerischen Sorgfaltspflichten im Lieferketten gem. dem LKSG (und damit ggf. auch des Beschwerdeverfahrens nach § 8) zu unterrichten (dazu Sagan/Schmidt NZA-RR 2022, 281 (290 f.)).

53 Das Gesetz verlangt nicht, dass eine Verfahrensordnung zwingend in verschiedenen **Sprachen** veröffentlicht wird. Im Geiste eines möglichst barrierefreien bzw. niederschwelligen Zugangs (→ Rn. 66 ff.) ist jedoch international tätigen Unternehmen zu empfehlen, die Verfahrensordnung nicht nur in einer Sprache bereitzustellen. Vielmehr sollten Unternehmen die für den Geschäftsbetrieb gängigen Sprachen abdecken, in jedem Fall Englisch. Aus praktischen Gründen sollte zudem Wert auf eine anschauliche, einfache Sprache gelegt werden, die zur Verständlichkeit und Zugänglichkeit des Beschwerdeverfahrens beiträgt. Wer dies beachtet, erfüllt in vielen Fällen die Pflicht nach Abs. 4 S. 1, wonach Unternehmen in geeigneter Weise klare und verständliche Informationen zur Erreichbarkeit und Zuständigkeit sowie zur Durchführung des Beschwerdeverfahrens öffentlich zugänglich machen müssen (→ Rn. 66 ff.). Vor diesem Hintergrund empfiehlt es sich, in der Verfahrensordnung die von § 8 Abs. 4 S. 1 benannten Informationen mitzuteilen (Gehling/Ott/Lüneborg Rn. 43).

54 **Textform** iSd § 126b S. 1 BGB setzt die Abgabe einer lesbaren Erklärung auf einem dauerhaften Datenträger voraus, in der die Person des Erklärenden genannt ist. Die Verfahrensordnung muss in einer zur dauerhaften Wiedergabe in Schriftzeichen geeigneten Weise vom Unternehmer abgegeben (vgl. BGH NJW 2014, 2857 (2858)) und **öffentlich zugänglich** gemacht werden. In der Praxis kann dies ein Unternehmen erfüllen, indem ein potenzieller Hinweisgeber die Verfahrensordnung eines Unternehmens etwa als Darstellung nebst Erläuterungen auf der Unternehmens-Webseite oder als herunterladbare PDF-Datei abrufen und speichern kann. Eine Veröffentlichung im Intranet, auf das lediglich Arbeitnehmer des Unternehmens Zugriff haben, genügt den Anforderungen an eine öffentliche Zugänglichmachung nicht (Lüneborg DB 2022, 375 (381)). Unternehmen können überdies Lieferanten und sonstige Vertragspartner durch Hinweis auf das Beschwerdeverfahren und die Verfahrensordnung in der Compliance-Richtlinie, dem Lieferantenkodex oder den Allgemeinen Geschäftsbedingungen informieren. Nach Art. 9 Abs. 3 CSDDD-Entwurf hingegen besteht keine Pflicht zur öffentlichen Zugänglichma-

chung; vielmehr reiche eine Unterrichtung der Arbeitnehmer und Gewerkschaften über das Verfahren aus (dazu Nietsch/Wiedmann CCZ 2022, 125 (131)).

D. Mit der Verfahrensdurchführung betraute Personen (Abs. 3)

§ 8 Abs. 3 setzt voraus, dass Personen mit der Durchführung des Verfahrens betraut werden und bestimmte Anforderungen erfüllen wie Unabhängigkeit und Vertraulichkeit. Dies sind zentrale Voraussetzungen für ein angemessenes Beschwerdeverfahren. Nur wenn ein Hinweisgeber seine Meldung in vertrauenswürdigen Händen weiß, wird er überhaupt Meldung erstatten. Insofern trägt Abs. 3 zur Integrität eines Beschwerdeverfahrens bei und dient dem Hinweisgeberschutz. Auch ist zu berücksichtigen, dass nach wie vor Hinweisgeber vielfach das Gespräch mit einer Person suchen und dies zB einer E-Mail oder einem Online-Meldekanal vorziehen (vgl. Passarge CB 2021, 453 (456)). So können lokale Ansprechpersonen nicht nur zur Zugänglichkeit, sondern auch zum Vertrauen eines Hinweisgebers in das Verfahren beitragen (vgl. dazu BAFA Handreichung Beschwerdeverfahren S. 11, mit Bezug auf vulnerable Zielgruppen). 55

Bei den mit der Durchführung des Verfahrens betrauten Personen kann es sich sowohl um unternehmensinterne als auch -externe Personen handeln. Das folgt nicht zuletzt aus der Möglichkeit, das gesamte Beschwerdeverfahren zu externalisieren (Abs. 1 S. 6, → Rn. 45 ff.). Nach Abs. 3 müssen die mit der Durchführung des Verfahrens betrauten Personen Gewähr für **unparteiisches Handeln** bieten, insbes. müssen sie **unabhängig und an Weisungen nicht gebunden** sein. Diese Unabhängigkeit sowie Weisungsungebundenheit beschränken sich auf die Durchführung des Verfahrens. Das bedeutet im Umkehrschluss, dass eine sonstige Weisungsgebundenheit unschädlich ist (iErg so auch Eggers/Pawel CB 2022, 339 (342); Depping/Walden/Bürger/Müller § 8 Rn. 90 f.). Daher können auch Arbeitnehmer des Unternehmens oder Konzerns betraute Personen iSd Abs. 3 sein, ohne zwangsläufig einem Interessenkonflikt ausgesetzt zu sein. Nach anderer Auffassung schließt die Vorgabe nach Abs. 3 S. 1 Arbeitnehmer grds. als „Beschwerdebetraute" aus (Sagan/Schmidt NZA-RR 2022, 281 (288 f.) mwN) mit der Konsequenz, dass Unternehmen nur externe Personen mit der Durchführung des Beschwerdeverfahren betrauen könnten. Diese Sicht verkennt nicht nur die vielfach etablierte Praxis, eigene qualifizierte Beschäftigte des Unternehmens mit der Bearbeitung von Meldungen zu befassen. Sie übersieht auch, dass Arbeitnehmer für einen Teilbereich ihrer Tätigkeit frei von (inhaltlichen/fachlichen) Weisungen iSd § 611a Abs. 1 S. 1 BGB bzw. § 106 GewO sein können. So unterliegen etwa Syndikusrechtsanwälte keinen fachlichen Weisungen, ohne dass deren Eigenschaft als Arbeitnehmer (deshalb) in Zweifel gezogen würde. Gerade bei hochqualifizierten Tätigkeiten ist ein hohes Maß an Selbständigkeit oftmals kennzeichnend (vgl. ErfK/Preis BGB § 611a Rn. 39). Zur Klarstellung und Dokumentation (§ 10 Abs. 1) sollte ein Unternehmen die Weisungsungebundenheit in Bezug auf die Durchführung des Beschwerdeverfahrens arbeitsvertraglich mit den zuständigen Personen regeln. 56

In Betracht für die Durchführung des Beschwerdeverfahrens kommen hinreichend qualifizierte Mitarbeiter der Nachhaltigkeits-, Compliance- oder Rechtsabteilung, aber auch Mitarbeiter der Personalabteilung oder gar ein eigener Fachbereich für „Internal Investigations". Dabei ist zu berücksichtigen, dass eingegangene Hinweise oftmals kross-funktional zu bearbeiten sind. So kann zB die Rechtsabteilung primär zuständig für die Bearbeitung von Meldungen über die Compliance Hotline sein. Handelt es sich bspw. um die Meldung eines menschenrechtlichen Risikos bei einem (unmittelbaren) Zulieferer, wird der Mitarbeiter aus der Rechtsabteilung auf die Unterstützung durch den Einkauf angewiesen sein, da dort Daten des Lieferanten vorhanden sind. 57

Unter anderem sollten die Personen mit den datenschutzrechtlichen Anforderungen aus der DS-GVO bzw. dem BDSG vertraut sein, etwa den Rechten von Betroffenen nach Art. 12 ff. DS-GVO. Das BAFA verlangt zudem, dass die Personen, die Hinweise und Beschwerden bearbeiten, (derart) **angemessen geschult** 58 sein sollten, um die Sachlage und das Verfahren aus Sicht der Hinweisgebenden verstehen und beurteilen zu können (BAFA Handreichung Beschwerdeverfahren S. 9). Insofern empfiehlt sich eine eingehende Unterweisung in die in § 2 Abs. 2 und 3 genannten menschenrechtlichen und umweltbezogenen Risiken.

59 Eines „Beschwerdebeauftragten", vergleichbar einem Datenschutz- oder Geldwäschebeauftragten, bedarf es nicht (→ Rn. 42). Vielmehr will das Gesetz sicherstellen, dass die Personen, die mit Whistleblowern in Kontakt treten und Meldesachverhalte bearbeiten, hinreichend unabhängig sind. Insofern ist es auch unschädlich, wenn ein Unternehmen zahlreiche Personen mit der Durchführung des Verfahrens betraut, sofern die Voraussetzungen von Abs. 3 jeweils erfüllt sind. Daraus folgt auch, dass **keine Personenidentität zum Menschenrechtsbeauftragten** iSd § 4 Abs. 3 S. 1 bestehen muss. Einen gesetzlichen Sonderkündigungsschutz genießen die mit der Durchführung des Verfahrens betrauten Personen nicht (Frank/Edel/Heine/Heine BB 2021, 2165 (2167)).

60 Unparteiischer Umgang mit Meldungen setzt Objektivität voraus. Insofern dürfen die Interessen des Unternehmens nicht den Umgang mit einem Hinweis bestimmen. Vielmehr ist jeder Hinweis neutral und ergebnisoffen zu untersuchen, selbst wenn eine bestimmte (Geschäfts-)Praxis des Unternehmens angeprangert wird. Auch dürfen etwaige Reputationsrisiken für ein Unternehmen, die durch die Aufdeckung eines sensiblen Sachverhalts entstehen können, nicht dazu führen, dass einer Meldung nicht nachgegangen und einer menschenrechtlichen oder umweltbezogenen Verletzung nicht abgeholfen wird. Das BAFA trägt diesem potenziellen Interessenkonflikt Rechnung, indem es vom Unternehmen das Schaffen struktureller Voraussetzungen für unvoreingenommenes Handeln verlangt, wie der arbeitsvertraglichen Verankerung von Weisungsfreiheit bis hin zu vertraglich niedergelegtem Kündigungsschutz der mit der Durchführung des Verfahrens betrauten Personen (BAFA Handreichung Beschwerdeverfahren S. 9). Gerade letzteres ist sehr weitgehend. Eine Qualifizierung, Schulung und die arbeitsvertragliche Verankerung der (zumindest auf diese Tätigkeit bezogenen) Weisungsfreiheit der Investigatoren sollte grds. ausreichen. Zudem besteht Schutz über das arbeitsrechtliche Maßregelungsverbot des § 612a BGB.

61 Aufgabe der mit der Durchführung des Verfahrens betrauten Personen ist es, mit einem Hinweisgeber den Sachverhalt **zu erörtern** und ggf. ein **Verfahren der einvernehmlichen Beilegung** anzubieten (Abs. 1 S. 4, 5; → Rn. 41 ff.). Der Sachverhalt, den ein Whistleblower schildert, ist zentral für das erfolgreiche Durchlaufen des Beschwerdeverfahrens. Insofern ist größter Wert auf diese Verfahrensstufe zu legen. Die Erörterung eines Sachverhalts bietet Gelegenheit, erste Rückfragen zu den Details und Hintergründen zu stellen und etwaige Unklarheiten anzusprechen. Dies kann Missverständnisse beseitigen oder sie gar nicht erst entstehen lassen. Gerade Menschenrechtsverstöße sind äußerst sensible Themen. Insofern kann die Erörterung eines Sachverhalts – unter Beachtung der Objektivität – auch dazu dienen, falsche Vorwürfe zu entlarven oder zB bei reinen Personalthemen den Kontakt zur Personalabteilung herzustellen.

62 Das Angebot eines Verfahrens der einvernehmlichen Beilegung setzt ein gewisses Maß an Entscheidungsbefugnis voraus und kann als Bemühen angesehen werden, eine Ordnungswidrigkeit aufzudecken und den Schaden wiedergutzumachen (vgl. BT-Drs. 19/28649, 49 unter Verweis auf § 24 Abs. 4 Nr. 7). Eine einvernehmliche Beilegung hängt von den Umständen jedes Einzelfalls ab, scheidet aber grds. aus, wenn ein Dritter über Verletzungen oder Risiken berichtet, die (auch) Interessen anderer betreffen.

63 Weiterhin sind die mit der Durchführung des Verfahrens betrauten Personen zur **Verschwiegenheit** verpflichtet (Abs. 3 S. 2). Mit Blick auf die umfassende Dokumentationspflicht (§ 10 Abs. 1) ist dies mit der jeweiligen Person schriftlich zu vereinbaren, bei Arbeitnehmern zB durch Regelung im oder Ergänzung des Arbeitsvertrags. So kann die Frage dahinstehen, ob die allgemeine arbeitsvertragliche Verschwiegenheitspflicht (als Ausfluss der Nebenpflichten aus §§ 611a Abs. 1, 241 Abs. 2 BGB; s. dazu MüKoBGB/Spinner BGB § 611a Rn. 1007 ff.) hinrei-

chend ist. Die Pflicht zur Verschwiegenheit reicht jedoch nur so weit, wie sie rechtlich zulässig ist (Gehling/Ott/Lüneborg Rn. 61). Zu denken ist bspw. an das Spannungsfeld zu Offenlegungspflichten iRv strafrechtlichen Ermittlungs- oder Bußgeldverfahren.

E. Zugänglichkeit, Vertraulichkeit, Schutz vor Benachteiligungen (Abs. 4)

Nach Abs. 4 S. 1 muss ein Unternehmen in geeigneter Weise klare und verständliche Informationen zur Erreichbarkeit und Zuständigkeit sowie zur Durchführung des Beschwerdeverfahrens öffentlich zugänglich machen. Gem. Abs. 4 S. 2 muss das Beschwerdeverfahren für potenzielle Beteiligte zugänglich sein, die Vertraulichkeit der Identität wahren und wirksamen Schutz vor Benachteiligung oder Bestrafung aufgrund einer Beschwerde gewährleisten. 64

Abs. 4 regelt zwei voneinander unabhängige Themenkomplexe. S. 1 betrifft den (öffentlichen) Zugang zu Informationen zum Beschwerdeverfahren. S. 2 verlangt, dass das Beschwerdeverfahren für potenzielle Beteiligte öffentlich zugänglich sein muss. Insofern ergänzen beide Vorschriften Abs. 2, wonach ein Unternehmen eine **Verfahrensordnung** öffentlich zugänglich machen muss (→ Rn. 48 ff.). Wenn ein Unternehmen eine transparente Verfahrensordnung nach Abs. 2 veröffentlicht, etwa auf der Unternehmens-Homepage, werden oftmals die Voraussetzungen von Abs. 4 S. 1 miterfüllt sein. 65

I. Zugang zum Beschwerdeverfahren (Abs. 4 S. 1, S. 2 Hs. 1)

Gem. Abs. 4 S. 1 muss ein Unternehmen in geeigneter Weise klare und verständliche Informationen zur Erreichbarkeit und Zuständigkeit sowie zur Durchführung des Beschwerdeverfahrens öffentlich zugänglich machen. Informationen zur Erreichbarkeit umfassen eine Darstellung der gewählten Eingabekanäle eines Beschwerdeverfahrens (zB E-Mail, Hotline, Plattform). Die Zuständigkeit betrifft die (interne oder externe) Verantwortung zur Bearbeitung einer Beschwerde. Bei der Durchführung des Beschwerdeverfahrens sollten Unternehmen den prozessualen Ablauf nach Eingang einer Beschwerde skizzieren, etwa durch Darstellung/Visualisierung der Zuweisung eines eingegangenen Hinweises an die zuständige Funktion(en) im Unternehmen (zB Rechts- oder Nachhaltigkeitsabteilung, Einkauf, Personalwesen; s. dazu (→ Rn. 57), sog. *Dispatching,* sowie Details zur Dokumentation eines Reports. Daneben können Unternehmen Informationen darüber zur Verfügung stellen, mit welchen Bearbeitungszeiten ein Hinweisgeber (längstens) zu rechnen hat. Auch kann hier genannt werden, worauf es bei der Untersuchung eines Hinweises ankommt, also die plausible und nachvollziehbare Darstellung eines Sachverhalts sowie sich etwaige anschließende Abhilfemaßnahmen. 66

Nutzer des Beschwerdeverfahrens sollen durch eine transparente Verfahrensweise regelmäßig darüber informiert werden, wie mit ihren Informationen verfahren wird, um Vertrauen in die Wirksamkeit des Hinweisgebersystems zu bilden (BT-Drs. 19/28649, 49). Es ist zu erwarten, dass viele Verfahrensordnungen Angaben zur Erreichbarkeit und Zuständigkeit sowie zur Verfahrensdurchführung machen. Natürlich steht es jedem Unternehmen frei, auf das Beschwerdeverfahren über die Verfahrensordnung hinaus hinzuweisen, etwa im Wege einer grafischen Darstellung des Meldeverfahrens. In Betracht kommen insofern ein Internetauftritt, Flyer, die Erwähnung in der Compliance-Policy etc. Im Wesentlichen geht es darum, so viele potenzielle Hinweisgeber wie möglich niederschwellig zu erreichen. 67

Potenziell Beteiligte müssen **Zugang** zum Beschwerdeverfahren haben. Unter Zugang ist die Möglichkeit einer Nutzung des Beschwerdeverfahrens zu verstehen, also eine Meldung machen zu können, die entsprechend der Verfahrensordnung (Abs. 2) bearbeitet wird. Der Zugang muss für **potenzielle Beteiligte** bestehen. Dieser weite Anwendungsbereich knüpft an Abs. 1 S. 2 an. Danach ermöglicht das Beschwerdeverfahren Personen, auf menschenrechtliche und umweltbezogene Ri- 68 siken sowie auf Verletzungen menschenrechts- oder umweltbezogener Pflichten hinzuweisen (→ Rn. 23 ff.). Der Zugang setzt also nicht voraus, dass jemand in seinen Rechten betroffen ist.

69 Der Begriff des **„Beteiligten"** ist nicht so zu verstehen, dass jemand an einer Verletzung oder am Risiko iS eines aktiven Beitrags oder einer subjektiven Betroffenheit beteiligt sein muss. Vielmehr kann **grds. jeder** auf die genannten Verletzungen oder Risiken hinweisen (→ Rn. 24; Lüneborg DB 2022, 375 (379); Rothermel LkSG Rn. 12). Die Begründung des Gesetzentwurfs spricht insofern auch von „potenziellen Nutzern" (BT-Drs. 19/28649, 50). Nicht zuletzt aus praktischen Gründen bietet es sich für Unternehmen an, Hinweisgebersysteme (sei es nach § 8, dem HinSchG oder anderen Rechtsgrundlagen) für alle Arten von Rechts- und Regelverstößen zu öffnen, also auch für die Meldung von Verletzungen interner Vorgaben (Dilling CCZ 2022, 145 (146)).

70 Eine Grenze ist beim **Rechtsmissbrauch** zu ziehen (→ Rn. 39); als missbräuchliche Verwendung des Beschwerdeverfahrens kommt zB eine bewusst falsche Meldung in Betracht sowie eine Flut von Eingaben mit dem Ziel, Verfahrensabläufe zu stören. In diesem Fall muss ein Unternehmen keinen Zugang gewähren. Personen, die das Beschwerdeverfahren lediglich dazu verwenden, andere „anzuschwärzen", verdienen überdies keinen Schutz vor Benachteiligung oder Bestrafung nach § 8 Abs. 4 S. 2 (zum Benachteiligungsverbot → Rn. 76 ff.). Gleiches gilt für den Schutz der Vertraulichkeit (vgl. § 9 Abs. 1 HinSchG, wonach die Identität einer hinweisgebenden Person, die vorsätzlich oder grob fahrlässig unrichtige Informationen über Verstöße meldet, nicht nach dem HinSchG geschützt wird).

71 Nach der Begründung des Gesetzentwurfs ist denjenigen, die im Hinblick auf den Zugang vor besonderen Hindernissen stehen, ausreichend **Unterstützung** zu bieten (BT-Drs. 19/28649, 50; vgl. auch UN-Leitprinzip Nr. 31 zur Zugänglichkeit von Beschwerdeverfahren). Zugangshindernisse können etwa mangelnde Kenntnis des Mechanismus, Sprache, Lese- und Schreibvermögen, Kosten, Standort oder Furcht vor Repressalien sein. Auch hier gilt der Grundsatz, dass sich Unternehmen ernsthaft darum bemühen müssen, möglichst vielen potenziellen Hinweisgebern Zugang zum Beschwerdeverfahren zu gewähren. Es handelt sich um eine **Bemühenspflicht,** die nichts Unmögliches von Unternehmen verlangt (vgl. § 3 Abs. 1: „in angemessener Weise", „mit dem Ziel"; BAFA Handreichung Angemessenheit S. 3). Gerade in weit verzweigten internationalen Lieferketten ist sich dies vor Augen zu führen. Offensichtlich kann nicht gewollt sein, dass in einem Zuliefererbetrieb am Ende der Lieferkette Informationsangebote aller (deutschen) Konzerne gemacht werden, deren unmittelbarer oder mittelbarer Zulieferer ein Betrieb in der tiefen Lieferkette ist. Für Angestellte vor Ort wird vielfach gar nicht nachvollziehbar sein, in wessen Lieferkette sie gerade tätig sind. Dies gilt umso mehr, wenn über § 9 Abs. 1 iVm § 8 auch die Beschäftigten mittelbarer Lieferanten Zugang zu Beschwerdeverfahren erhalten müssen. Vielfach werden daher Unternehmen mithilfe von Brancheninitiativen oder anderen Zusammenschlüssen versuchen, das Vertrauen in Beschwerdeverfahren zu stärken und Hinweisgeber vor Ort zu unterstützen, indem sie sich externen Beschwerdeverfahren anschließen und Zugang dazu geben (vgl. auch BAFA Handreichung Angemessenheit S. 23). Dies kann zu einer deutlichen Steigerung der Effizienz und Effektivität, aber auch Akzeptanz eines Hinweisgebersystems führen. Ebenso können Multi-Stakeholder-Initiativen dazu beitragen, Beschwerdeverfahren einer breiteren Zielgruppe besser zugänglich zu machen (vgl. BAFA Handreichung Beschwerdeverfahren S. 14). Daraus folgt indes nicht der Schluss, dass sich Unternehmen grds. an externen Beschwerdeverfahren (in Form von Brancheninitiativen) beteiligen müssen, um angemessen zu handeln. Auch unternehmensinterne, eigenständige Beschwerdeverfahren können in der tiefen Lieferkette die Voraussetzungen von § 8 erfüllen (→ Rn. 47).

72 Umstritten ist, welche konkreten **Anforderungen an den Zugang** zu stellen sind. Vielfach wird vertreten, dass ein Beschwerdeverfahren iSd § 8 „barrierefrei"

sein muss. Die Begründung des Gesetzentwurfs verlangt insofern, dass Zugang und Nutzung des Mechanismus zu gewährleisten ist, zB durch die Bereitstellung einer barrierefreien Website oder von barrierefreien Beschwerdeformularen und E-Mail-Adressen (BT-Drs. 19/28649, 2, 50). Ob insofern das Angebot mehrerer Beschwerdekanäle (E-Mail, Web-Interface, Hotline – dazu BAFA Handreichung Beschwerdeverfahren S. 8 sowie S. 13 mit Beispielen für Beschwerdekanäle) ausreicht, ist streitig. So wird argumentiert, dass Analphabeten oder Menschen ohne Internet- bzw. Telefonzugang faktisch von der Möglichkeit einer Meldung ausgeschlossen werden könnten (Nietsch/Wiedmann CCZ 2021, 101 (108)). Das BAFA empfiehlt etwa Informationsbroschüren in Comic-Form sowie graphisch aufbereitete Poster (BAFA Handreichung Beschwerdeverfahren S. 12). Zudem stellt sich die praktische Frage, in wie vielen **Sprachen** das Beschwerdeverfahren ausgestaltet sein muss (dazu Depping/Walden/Bürger § 8 Rn. 46 f.). Zur Beantwortung dieser Fragen sollte statt von einer (vollständigen) Barrierefreiheit eher vom Erfordernis eines **niederschwelligen Beschwerdeverfahrens** ausgegangen werden (das BAFA spricht von „möglichst barrierefrei", BAFA Handreichung Beschwerdeverfahren S. 8; iErg so auch Eggers/Pawel CB 2022, 339 (342)). Auch die Begründung des Gesetzentwurfs nennt zwar einerseits Zugangshindernisse wie Defizite im Sprach-, Lese- und Schreibvermögen oder die Furcht vor Repressalien; andererseits erkennt sie mittelbar an, dass solche Hindernisse nicht *per se* einen Gesetzesverstoß begründen, indem sie insofern ausreichende Unterstützung für diejenigen fordert, die vor diesen Hindernissen stehen (BT-Drs. 19/28649, 50). So ist ein Meldeangebot (inkl. Verfahrensordnung) in allen erdenklichen Sprachen nach zutreffender Auffassung weder erforderlich noch praktisch möglich (Gehling/Ott/Lüneborg CCZ 2021, 230 (238)). Diese Ansicht schlägt weiter vor, Beschwerdeverfahren in deutscher und englischer Sprache sowie zusätzlich zumindest schriftliche Meldungen in den Landessprachen der eigenen Geschäftsbetriebe sowie der wesentlichen unmittelbaren Zulieferer zu ermöglichen (Gehling/Ott/Lüneborg CCZ 2021, 230 (238); Stemberg CCZ 2022, 92 (95); Gehling/Ott/Lüneborg Rn. 35). Je nach Größe/Internationalität eines Unternehmens oder im Hinblick auf die Besonderheiten der betroffenen Lieferkette sollte es genügen, ein Beschwerdeverfahren in Englisch sowie den relevanten, gängigen Sprachen anzubieten. Dazu zählen etwa Deutsch, Spanisch, Chinesisch, Japanisch, Französisch, Italienisch, Niederländisch, Portugiesisch und Russisch. Eine besondere Bedeutung kann hier wieder die Risikoanalyse erlangen, aus der sich ergeben kann, in welchen Ländern besondere Risiken und besondere Zielgruppen vorliegen (zur Interdependenz von Risikoanalyse und Beschwerdeverfahren vgl. BAFA-Handreichung Beschwerdeverfahren S. 4 sowie oben Rn. 16). Auch hier gilt der Grundsatz, dass von keinem Unternehmen etwas rechtlich und tatsächlich Unmögliches verlangt werden darf (vgl. BT-Drs. 19/30505, 38). Dies trägt dem Angemessenheitsgrundsatz des LkSG am meisten Rechnung (Lüneborg DB 2022, 375 (380)).

Ein Zugang zum Beschwerdeverfahren setzt voraus, dass potenziell Beteiligte 73
überhaupt **Kenntnis** von dessen Existenz sowie dem wesentlichen Inhalt haben. Unternehmen müssen daher **in geeigneter Weise klare und verständliche Informationen** zugänglich machen. Neben den oben beschriebenen Barrieren wie Sprache, Beschwerdekanal oder der Angst vor Repressalien sollten sich Unternehmen in ihren Lieferketten bemühen, auf den (eigenen oder beigetretenen) Mechanismus aktiv hinzuweisen. Eine klare und verständliche Kommunikation mit geeigneten Hilfsmitteln (zB Internetauftritt mit Erklärvideo, FAQ, Poster, Flyer oder ggf. lokale Kontaktpersonen) kann den Grundstein für ein vertrauenserweckendes Beschwerdeverfahren legen und für Transparenz sorgen (WRW LkSG/E. Wagner/S. Wagner Rn. 660, 662; Eggers/Pawel CB 2022, 339 (342); vgl. auch BAFA Handreichung Beschwerdeverfahren S. 11 f.). Die in diesem Zusammenhang getätigten Investitionen zahlen sich vielfach aus. Rechteinhaber können durch Hinweise Verletzungen zeitnah melden bzw. eine bevorstehende Verletzung (oder Folgebeeinträchtigungen) noch verhindern. Unternehmen bietet eine frühe Mitteilung die Gelegenheit, etwaigen Missständen möglichst bald abzuhelfen (§ 7). Im

Vergleich zu einer externen Meldung (etwa bei der Presse oder einer Behörde) ist die interne, effektive Aufarbeitung daher idR begrüßenswert – auch iSd Betroffenen.

II. Vertraulichkeit der Identität (Abs. 4 S. 2)

74 Bei der Wahrung der **Vertraulichkeit der Identität** knüpft Abs. 4 S. 2 an die in Abs. 3 aufgestellten Anforderungen an die mit der Durchführung des Verfahrens betrauten Personen an (→ Rn. 55 ff.). Nur wenn ein Hinweisgeber seine Daten in sicheren Händen weiß, wird er Vertrauen in das Beschwerdeverfahren haben (Eggers/Pawel CB 2022, 339 (342)). Der Kreis der Personen, die Zugang zu Informationen über die Identität eines Hinweisgebers haben, muss auf ein Minimum beschränkt sein („Need to know"-Prinzip; Depping/Walden/Bürger Rn. 52; Gehling/Ott/Lüneborg Rn. 62). Die Vertraulichkeit der Identität eines Hinweisgebers findet ihre Grenze im rechtlich Zulässigen und wird durch die bestehenden **datenschutzrechtlichen Vorgaben** (vgl. dazu Lüneborg DB 2022, 375 (382); Gehling/Ott/Lüneborg Rn. 63 ff.; Depping/Walden/Bürger/Müller Rn. 57 ff.) ergänzt. Dies betrifft etwa Art. 14 ff. DS-GVO. Danach bestehen Informations- oder Auskunftsrechte sowie das Recht auf Löschung von Daten im Falle einer Anzeige unter Nennung von personenbezogenen Daten eines anderen.

75 §§ 8 f. HinSchG befassen sich mit dem Vertraulichkeitsgebot. Nach § 8 Abs. 1 S. 1 Nr. 1–3 HinSchG sind davon (1.) die hinweisgebende Person, (2.) Personen, die Gegenstand der Meldung sind, und (3.) die sonstigen in der Meldung genannten Personen umfasst. Deren Identität darf ausschließlich den Personen, die für die Entgegennahme von Meldungen oder für das Ergreifen von Folgemaßnahmen zuständig sind, sowie den sie bei der Erfüllung dieser Aufgaben unterstützenden Personen bekannt werden (§ 8 Abs. 1 S. 2 aE HinSchG). Diese Maßstäbe können auf Abs. 4 S. 2 angewendet werden. Wenn sich ein Unternehmen an einem externen Beschwerdeverfahren beteiligt (Abs. 1 S. 6), muss insofern die Vertraulichkeit der Identität von Hinweisgebern durch dieses externe Verfahren gewährleistet sein.

III. Schutz vor Benachteiligung und Bestrafung (Abs. 4 S. 2)

76 Hinweisgeber müssen aufgrund des Beschwerdeverfahrens einen wirksamen **Schutz vor Benachteiligung und Bestrafung** erhalten. Damit spricht das LkSG eine der zentralen rechtlichen und praktischen Herausforderungen von Whistleblowing an. Noch immer werden Hinweisgeber bisweilen als Denunzianten angesehen und seitens mancher Arbeitgeber, Mitarbeitern oder der Öffentlichkeit diffamiert (zum Schutz vor benachteiligenden Handlungen von Nicht-Arbeitgebern: Stemberg CCZ 2022, 92 (98)). Nach § 36 Abs. 1 HinSchG sind gegen hinweisgebende Personen gerichtete Repressalien verboten; dies gilt auch für die Androhung und den Versuch, Repressalien auszuüben. § 36 Abs. 2 HinSchG enthält die Vermutung, dass eine Benachteiligung eine Repressalie (iSv § 36 Abs. 1 HinSchG) ist, wenn eine hinweisgebende Person nach einer Meldung oder Offenlegung eine Benachteiligung im Zusammenhang mit ihrer beruflichen Tätigkeit erleidet.

77 Schutz vor Benachteiligung und Bestrafung müssen in erster Linie die eigentlichen Hinweisgeber erfahren, auch wenn sie – etwa über eine dritte Person oder Organisation – die Meldung nur mittelbar einreichen. Maßgeblich sind die Umstände des Einzelfalls. Dies kann auch zu einer Ausdehnung des Hinweisgeberschutzes auf weitere Personen führen (Gehling/Ott/Lüneborg Rn. 90).

78 Vielfach hält die Sorge vor negativen Konsequenzen Whistleblower von einer Anzeige ab; manche Hinweisgeber wenden sich nur anonym an die Meldestellen. Das ist insofern problematisch, als die Aufklärungsquote von Meldungen bei Preisgabe der Identität des Whistleblowers idR viel höher ist als bei anonymen Anzeigen (dazu Miege CCZ 2021, 149 (150)). Dennoch sollte ein Beschwerdeverfahren für **anonyme Meldungen** geöffnet sein (aA Stemberg CCZ 2022, 92 (96)). Andern-

falls würden Unternehmen auf einen wertvollen Beschwerdeweg verzichten, kommt es doch in erster Linie auf den Eingang einer Meldung und nicht auf eine Offenlegung der Identität eines Hinweisgebers an (vgl. Eggers/Pawel CB 2022, 339 (343); Dilling CCZ 2022, 145 (148 f.) mwN).

Mit **„Benachteiligung und Bestrafung"** sind Repressalien wie Nichtberück- 79
sichtigung bei einer Beförderung oder Gehaltserhöhung, an den Pranger stellen, Bedrohungen oder Mobbing gemeint. In Betracht kommen ferner arbeitsrechtliche Maßnahmen wie Er- oder Abmahnung oder gar Kündigung. Zwar handelt es sich dabei eigentlich nicht um eine Bestrafung, sondern um arbeitsrechtliche Mittel, die den Fortbestand (bzw. als *ultima ratio* die Beendigung) eines Arbeitsverhältnisses betreffen. Der Wortlaut von Abs. 4 S. 2 ist jedoch weit zu verstehen („Benachteiligung"). Die Begründung des Gesetzentwurfs spricht von „Nachteilen" (BT-Drs. 19/28649, 50). Abs. 4 S. 2 begründet keinen durchsetzbaren, einklagbaren Anspruch eines Einzelnen auf Schutz vor Benachteiligung oder Bestrafung; vielmehr richten sich die Pflichten an die Unternehmen, die dem LkSG unterfallen Sagan/Schmidt NZA-RR 2022, 281 (289)). Eine Nichtbeachtung ist bußgeldbewehrt (§ 24 Abs. 1 Nr. 8). § 37 Abs. 1 HinSchG gewährt bei einem Verstoß gegen das Verbot von Repressalien einen Schadensersatzanspruch gegen den Verursacher.

Eine Strafbarkeit wegen **falscher Verdächtigung nach § 164 StGB** kann 80
durch ein Beschwerdeverfahren nach § 8 nicht ausgeschlossen werden, wenn ein Hinweisgeber vorsätzlich den strafrechtlichen Tatbestand verwirklicht. Im Hinblick auf die Offenlegung eines **Geschäftsgeheimnisses** ist auf **§ 5 Nr. 2 GeschGehG** hinzuweisen. Danach können zur Aufdeckung einer rechtswidrigen Handlung oder eines beruflichen oder sonstigen Fehlverhaltens Geschäftsgeheimnisse u. a. offengelegt werden, wenn dies geeignet ist, das allgemeine öffentliche Interesse zu schützen. Insofern sind die Umstände des Einzelfalls zu berücksichtigen, etwa Gewicht und Relevanz des offengelegten Fehlverhaltens (HOK/Ohly GeschGehG § 5 Rn. 46). Geht es um die Aufdeckung menschenrechtlicher Missstände, wird idR ein öffentliches Interesse zu bejahen sein. Im § 6 Abs. 1 HinSchG ist die Zulässigkeit einer Weitergabe oder Offenlegung eines Geschäftsgeheimnisses geregelt.

Abs. 4 S. 2 regelt nicht, auf welche Weise Schutz vor Benachteiligung oder 81
Bestrafung zu gewährleisten ist. Indem der Gesetzgeber verlangt, dass das Beschwerdeverfahren wirksamen Schutz vor Benachteiligung oder Bestrafung aufgrund einer Beschwerde „gewährleisten muss", konkretisiert er die allgemeinere Sorgfaltspflicht zur Errichtung eines Beschwerdeverfahrens. Unternehmen müssen also nicht nur ein Hinweisgebersystem vorhalten; sie müssen auch intern dafür Sorge tragen, dass Whistleblower keine Nachteile wegen eines (gutgläubigen) Hinweises erleiden. In der Literatur wird vertreten, dass es sich bei Abs. 4 S. 2 um ein Verbotsgesetz iSd § 134 BGB handelt (Frank/Edel/Heine/Heine BB 2021, 2165 (2168); Depping/Walden/Bürger/Müller Rn. 85). Dies ist zweifelhaft. Es liegen bereits die (strengen) Voraussetzungen von § 134 BGB nicht vor. Abs. 4 S. 2 stellt Anforderungen an den Inhalt des Beschwerdeverfahrens und richtet sich an das Unternehmen (→ s. Rn. 78); die Vorschrift missbilligt nicht den Inhalt oder Erfolg einer Maßnahme. Zudem greift im Falle einer arbeitsrechtlichen Maßnahme das **Maßregelungsverbot des § 612a BGB** (so wohl auch Sagan/Schmidt NZA-RR 2022, 281 (289)) als Verbotsgesetz iSd § 134 BGB (ErfK/Preis BGB § 612a Rn. 23) mit der Folge, dass zB eine Kündigung als Reaktion auf die Meldung eines Hinweisgebers unwirksam wäre. Demgegenüber regelt § 36 Abs. 1 HinSchG klarer, dass gegen hinweisgebende Personen gerichtete Repressalien verboten sind. Das gilt auch für die Androhung und den Versuch, Repressalien auszuüben.

In der Praxis müssen Unternehmen durch **Richtlinien bzw. Vorgaben sowie** 82
Trainings sicherstellen, dass etwa Vorgesetzte oder Mitarbeiter der Personalabteilung einen Hinweisgeber nicht durch bestimmte Maßnahmen benachteiligen oder „bestrafen". Es konkretisiert sich die Treuepflicht des Arbeitgebers nach § 241 Abs. 2 BGB, sich schützend vor Mitarbeiter zu stellen, die einen Missstand melden. Dies kann auch Fälle von Mobbing betreffen, in denen ein Mitarbeiter wegen eines

Hinweises von seinem Umfeld systematisch angefeindet, schikaniert oder diskriminiert wird.

83 Handelt es sich um einen **externen Whistleblower,** richtet sich die Reichweite der Gewährleistungspflicht nach den Möglichkeiten des Unternehmens. Auch hier gilt der Grundsatz, dass von einem Unternehmen nichts Unmögliches verlangt werden kann. Dies ist sich vor Augen zu führen, wenn das BAFA fordert, auch nach Abschluss des Verfahrens Kontakt zur betroffenen Person zu halten, um sicherzustellen, dass keine Repressalien im Nachgang folgen (BAFA Handreichung Beschwerdeverfahren S. 10). Erstattet etwa der Mitarbeiter eines mittelbaren oder unmittelbaren Lieferanten Anzeige über einen Menschenrechtsverstoß im eigenen Betrieb, kann das Unternehmen nur bedingt Schutz vor Benachteiligung des Mitarbeiters des Lieferanten gewährleisten; es fehlt an einem direkten arbeitsvertraglichen oder sonstigen Schuldverhältnis mit dem Hinweisgeber. Die Einflussnahme auf den Lieferanten wird sich häufig an der Verhandlungsmacht des Unternehmens orientieren. Der Abbruch einer Geschäftsbeziehung zu einem Lieferanten wegen Diffamierung eines Whistleblowers richtet sich nach § 7 Abs. 3 (Abhilfe) und stellt keine Gewährleistung von Schutz vor Benachteiligung oder Bestrafung dar. Vielmehr kommt eine Regelung im Vertrag oder im Lieferantenkodex in Betracht, wonach ein Auftraggeber von seinen Lieferanten den Schutz von Hinweisgebern vor Nachteilen verlangt und dass sie dies an ihre Sub-Lieferanten weitergeben (vgl. § 6 Abs. 4 Nr. 2).

F. Überprüfung (Abs. 5)

84 Nach Abs. 5 ist die **Wirksamkeit** des Beschwerdeverfahrens mind. einmal im Jahr sowie anlassbezogen **zu überprüfen,** wenn das Unternehmen mit einer wesentlich veränderten oder wesentlich erweiterten Risikolage im eigenen Geschäftsbereich oder beim unmittelbaren Zulieferer rechnen muss, etwa durch die Einführung neuer Produkte, Projekte oder eines neuen Geschäftsfeldes. Die Maßnahmen sind **bei Bedarf unverzüglich zu wiederholen,** Abs. 5 S. 2; wie bei § 6 Abs. 5 S. 3 und § 7 Abs. 4 S. 3 ist „wiederholen" indes eher als „aktualisieren" zu verstehen (vgl. auch § 24 Abs. 1 Nr. 5: „aktualisiert"; WRW LkSG/E. Wagner/S. Wagner Rn. 670). Die Nichtbefolgung der Wirksamkeitsüberprüfung (und deren Wiederholung nach Abs. 5 S. 2) sind **bußgeldbewehrt,** § 24 Abs. 1 Nr. 4, 5.

85 Grundlegende Zielsetzung des LkSG ist es, den individuellen Menschenrechtsschutz, die internationale Menschenrechtslage sowie den Schutz der Umwelt zu verbessern (BT-Drs. 19/28649, 23; BAFA Handreichung Angemessenheit S. 4). Das Prinzip der Wirksamkeit ergänzt dabei das Prinzip der Angemessenheit iRd Planung, Umsetzung und Weiterentwicklung der Sorgfaltspflichten (BAFA Handreichung Angemessenheit S. 4). Dies betrifft auch das Beschwerdeverfahren. Aus einer Wirksamkeitsprüfung des Beschwerdeverfahrens lassen sich mitunter Schlüsse auf die Verwendung der eingesetzten Ressourcen sowie die ausreichende Intensität und den Umfang der Bemühungen eines Unternehmens ziehen (BAFA Handreichung Angemessenheit S. 12). Bei der Überprüfung der Wirksamkeit des Beschwerdeverfahrens sind für das BAFA folgende zwei Leitfragen maßgeblich (BAFA Handreichung Beschwerdeverfahren S. 16):

- Inwiefern ermöglicht und ermutigt das Verfahren relevanten Zielgruppen, Hinweise einzureichen, noch bevor eine Pflichtverletzung eingetreten ist?
- Inwiefern trägt das Verfahren dazu bei, Schäden von hinweisgebenden Personen abzuwenden oder angemessene Abhilfemaßnahmen bei tatsächlichen Pflichtverletzungen zu schaffen?

86 An diesen Leitfragen sollten sich Unternehmen orientieren. Zudem können Unternehmen die Effektivitätskriterien der UN-Leitprinzipien für Wirtschaft und Menschenrechte heranziehen, konkret UN-Leitprinzip Nr. 31; das BAFA leitet

daraus folgende Effektivitätskriterien und Leitfragen für deren Überprüfung ab (BAFA Handreichung Beschwerdeverfahren S. 16 f.):

Effektivitätskriterien	Leitfragen für die Überprüfung
Legitim	• Gibt es eine Verfahrensordnung, die den Prozess im Umgang mit Beschwerden klar beschreibt? • Sind klare Zuständigkeiten für die Umsetzung des Verfahrens benannt und wird die Qualifikation der für die Bearbeitung von Beschwerden verantwortlichen Personen durch angemessene Schulungen sichergestellt?
Zugänglich	• Werden Informationen zum Verfahren auf eine Art und Weise bereitgestellt, die an den Kontext und die Zielgruppen angepasst ist? • Schützt das Verfahren hinweisgebende Personen wirksam vor Benachteiligung oder Bestrafung?
Berechenbar	• Enthält die öffentliche Verfahrensordnung Informationen zum vorhersehbaren Zeitrahmen für die einzelnen Verfahrensstufen, zu möglichen Ergebnissen, die erzielt werden können, sowie zur Überwachung der Umsetzung?
Ausgewogen	• Wird die notwendige Unterstützung bereitgestellt, damit die Zielgruppen das Verfahren tatsächlich nutzen können? • Haben die Zielgruppen Zugang zu Fachwissen, Beratung und Informationen, die sie benötigen, um an dem Beschwerdeverfahren auf faire, informierte und respektvolle Weise teilnehmen zu können?
Transparent	• Wird die hinweisgebende Person über das Verfahren hinweg transparent und nachvollziehbar über den Verlauf und erreichte Fortschritte informiert? • Werden Informationen zu über das Verfahren eingegangenen Beschwerden und deren Lösung öffentlich bereitgestellt?

Effektivitätskriterien	Leitfragen für die Überprüfung
Rechte-kompatibel	• Werden Beschwerden zu schwerwiegenden menschenrechts- und umweltbezogenen Pflichtverletzungen priorisiert behandelt und Entscheidungsträgerinnen und -träger im eigenen Unternehmen darüber entsprechend informiert? • Werden Lösungen und Abhilfemaßnahmen im Einklang mit international anerkannten Menschenrechtsstandards entwickelt?
Quelle kontinuierlichen Lernens	• Wird das Verfahren jährlich und anlassbezogen auf seine Wirksamkeit überprüft? • Fließen Erkenntnisse aus der Bearbeitung von Hinweisen in die Anpassung der eigenen Sorgfaltsprozesse?
Dialog-kompatibel	• Wurden wichtige Zielgruppen in der Konzeption und Gestaltung des Verfahrens konsultiert und ihre konkreten Bedürfnisse identifiziert? • Werden Beschwerden mit dialogbasierten Ansätzen bearbeitet? • Werden diejenigen, die Beschwerden eingereicht haben, nach Abschluss des Verfahrens zu ihrer Zufriedenheit mit dem Ablauf und den Ergebnissen befragt?

87 Zudem bieten folgende Leitfragen des BAFA eine Hilfestellung für die Einrichtung eines unternehmensinternen oder die Beteiligung an einem externen angemessenen Beschwerdeverfahren und die Einhaltung der konkreten Verfahrensanforderungen des LkSG (BAFA Handreichung Angemessenheit S. 23):

Aufgabe: *Einrichtung von oder Beteiligung an Beschwerdeverfahren (§§ 8, 9 Abs. 1)*
• Inwiefern wird bei der Einrichtung und Auswahl von Beschwerdeverfahren angesichts der Informationen zur eigenen Risikodisposition und den Ergebnissen der Risikoanalyse (sofern diese bereits vorliegen) abgewogen, welcher Aufwand zielführend und ausreichend ist? o Inwiefern wurden die Ergebnisse der Risikoanalyse und insbes. Informationen zu Kontexten mit (prioritären) Risiken (Länder, Regionen, einzelne Standorte, Branchen) sowie den jeweiligen Zielgruppen des Verfahrens bei der Einrichtung oder Auswahl des Beschwerdeverfahrens berücksichtigt? o Inwiefern wurden die Interessen der Zielgruppen der Verfahren (sprich, der potenziell von Verletzungen betroffenen Gruppen) bei der Einrichtung und Auswahl von Beschwerdeverfahren identifiziert und insbes. mit Blick auf die Zugänglichkeit der Beschwerdeverfahren ausreichend berücksichtigt? o Wie wird sichergestellt, dass diese Zielgruppen über das Beschwerdeverfahren informiert werden?

Aufgabe: *Umsetzung und Überprüfung von Beschwerdeverfahren (§§ 8, 9 Abs. 1)*
• Inwiefern verfügen mögliche Betroffene von Risiken oder Verletzungen, die über die Risikoanalyse oder die Umsetzung bisheriger Präventions- oder Abhilfemaßnahmen identifiziert wurden, über (ausreichenden) Zugang zu einem Beschwerdeverfahren? • Inwiefern werden diejenigen, für die das Verfahren vorgesehen ist, iRd Überprüfung konsultiert? Inwiefern werden Lernerfahrungen aus der Bearbeitung von Beschwerden und den Wirksamkeitsüberprüfungen genutzt, um die vorhandenen Ressourcen zielführender einzusetzen? • Sind Anpassungen oder zusätzliche Ressourcen notwendig? • Wie wird sichergestellt, dass diese Zielgruppen über das Beschwerdeverfahren informiert werden?

Eine aktuelle Herausforderung für Unternehmen ist die Messung ihrer Nachhaltigkeitsbemühungen und -erfolge. Dazu können ***Key Performance Indicators* (KPIs)** hilfreich sein, bei Beschwerdeverfahren etwa die Anzahl eingegangener Hinweise (mit Menschenrechts- oder Umweltbezug), abgeschlossener Verfahren oder der Anteil anonymer Meldungen. Letztlich sind solche Angaben notwendig zur Dokumentation (§ 10 Abs. 1) und Berichterstattung (§ 10 Abs. 2 bzw. unabhängig vom LkSG in der Darstellung einer Compliance-Hotline in der nichtfinanziellen Berichterstattung oder im Nachhaltigkeitsbericht). Darüber hinaus geben sie Aufschluss über Effektivität und Effizienz eines Beschwerdeverfahrens und ermöglichen dessen kontinuierliche Verbesserung. 88

Des Weiteren deckt sich der Inhalt von Abs. 5 im Wesentlichen mit den entsprechenden Regelungen zu anderen Sorgfaltspflichten (§ 6 Abs. 5, 3 7 Abs. 4). Insofern ist auf die entsprechenden Kommentierungen zu verweisen (vgl. dazu auch Korch NJW, 2022, 2065 (2068)). 89

Mittelbare Zulieferer; Verordnungsermächtigung

9 (1) Das Unternehmen muss das Beschwerdeverfahren nach § 8 so einrichten, dass es Personen auch ermöglicht, auf menschenrechtliche oder umweltbezogene Risiken sowie auf Verletzungen menschenrechtsbezogener oder umweltbezogener Pflichten hinzuweisen, die durch das wirtschaftliche Handeln eines mittelbaren Zulieferers entstanden sind.

(2) Das Unternehmen muss nach Maßgabe des Absatzes 3 sein bestehendes Risikomanagement im Sinne von § 4 anpassen.

(3) Liegen einem Unternehmen tatsächliche Anhaltspunkte vor, die eine Verletzung einer menschenrechtsbezogenen oder einer umweltbezogenen Pflicht bei mittelbaren Zulieferern möglich erscheinen lassen (substantiierte Kenntnis), so hat es anlassbezogen unverzüglich

1. **eine Risikoanalyse gemäß § 5 Absatz 1 bis 3 durchzuführen,**
2. **angemessene Präventionsmaßnahmen gegenüber dem Verursacher zu verankern, etwa die Durchführung von Kontrollmaßnahmen, die Unterstützung bei der Vorbeugung und Vermeidung eines Risikos oder die Umsetzung von branchenspezifischen oder branchenübergreifenden Initiativen, denen das Unternehmen beigetreten ist,**
3. **ein Konzept zur Verhinderung, Beendigung oder Minimierung zu erstellen und umzusetzen und**
4. **gegebenenfalls entsprechend seine Grundsatzerklärung gemäß § 6 Absatz 2 zu aktualisieren.**

(4) Das Bundesministerium für Arbeit und Soziales wird ermächtigt, Näheres zu den Pflichten des Absatzes 3 durch Rechtsverordnung im Einvernehmen mit dem Bundesministerium für Wirtschaft und Energie ohne Zustimmung des Bundesrates zu regeln.

Übersicht

A. Einleitung

1 Auf den ersten Blick beschränkt das LkSG die Sorgfaltspflichten nur auf den eigenen Geschäftsbereich und den der unmittelbaren Zulieferer. Jedoch werden mit § 9 diese Pflichten zu einem nicht unerheblichen Maß auch auf die erweiterte und tiefere Lieferkette, nämlich auf mittelbare Zulieferer ausgeweitet. **Mittelbarer Zulieferer** iSd Gesetzes sind all jene Zulieferer eines Unternehmens, die zwar nicht zur Gruppe der direkten Zulieferer gehören, aber deren Zulieferungen für die Herstellung eines Produktes oder zur Erbringung und Inanspruchnahme einer Dienstleistung notwendig sind (vgl. Definition des Mittelbaren Zulieferers in § 2 Abs. 8).

2

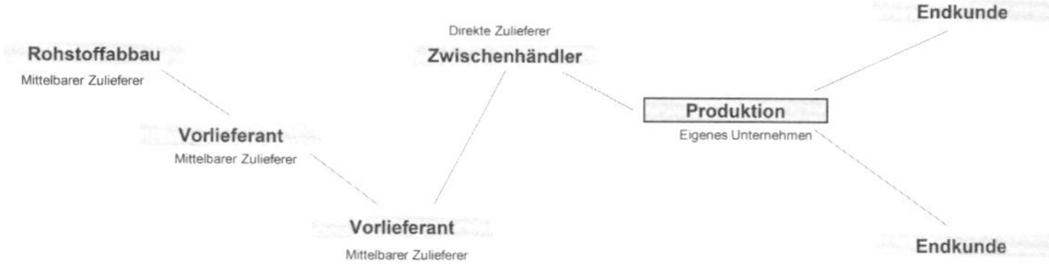

Abb. 1: Beispielhafte Darstellung einer Wertschöpfungskette

Für ein Unternehmen kann bei substantiierter Kenntnis, dh bei tatsächlichen Anhaltspunkten auf Verletzungen von menschenrechtlichen und umweltbezogenen Rechtspositionen, über § 9 Abs. 3 die Pflicht zur Durchführung der in den §§ 5–7 genannten Sorgfaltspflichten auch gegenüber dem mittelbaren Zulieferer entstehen. Die Sorgfaltspflichten, die ein Unternehmen bezogen auf den eigenen Geschäftsbereich und den des unmittelbaren Zulieferers in Form von Standardverfahren in die Geschäftsprozesse integriert, müssen in Bezug auf den mittelbaren Zulieferer nur anlassbezogen durchgeführt werden. Somit wurde im Gesetz eine abgestufte Unternehmensverantwortung nach dem Grad der Einflussmöglichkeit auf die tiefere Lieferkette eingeführt (Rödl & Partner, 14/6/2021, https://www.roedl.de/themen/lieferkettengesetz-lksg-beschlossen-sorgfaltspflichten-unternehmen-zuliefererhaftung)). 3

B. Ausgestaltung des Beschwerdemechanismus

Der **Beschwerdemechanismus** muss nach § 9 Abs. 1 so ausgestaltet werden, 4
dass es Personen auch möglich ist, auf Risiken und Verletzungen entlang der Lieferkette hinzuweisen, die durch das wirtschaftliche Handeln eines mittelbaren Zulieferers auftreten.

Hinweisberechtigte Personen sind dabei, wie auch unter § 8 zum Beschwer- 5
demechanismus dargestellt, nicht nur potenziell oder direkt von menschenrechtsbezogenen oder umweltbezogenen Verletzungen Betroffene, sondern auch nicht direkt betroffene Dritte, die Kenntnis über Verletzungen durch einen mittelbaren Zulieferer oder entsprechenden Risiken haben. Das können neben Privatpersonen auch Vertreter der Zivilgesellschaft, wie zum Beispiel Nichtregierungsorganisationen oder Gewerkschaften aus dem Produktionsland, aus Deutschland oder eben aus jedem anderen Land sein. Die Hinweise können sowohl aus dem Land eingereicht werden, indem das vermeintliche Risiko oder die Verletzung besteht als auch von Dritten aus jedem anderen Land.

Die konkrete Ausgestaltung des Beschwerdemechanismus iS von § 9 wirft aus 6
praktischer Sicht noch weitere Fragen auf, die einer Klärung bedürfen. Die Zugangsmöglichkeiten für den Beschwerdemechanismus müssen nach § 9 Abs. 1 nämlich für einen unbestimmten Personenkreis entlang der gesamten Wertschöpfungskette eines Unternehmens sichergestellt werden. Das bedeutet iSd UN-Leitprinzipien für Wirtschaft und Menschenrechte sowie mit Blick auf den Kommentar zum Referentenentwurf, uneingeschränkte Barrierefreiheit, was in der Praxis insbes. bei sehr komplexen Lieferketten Unternehmen vor große Herausforderungen stellt und nur sehr schwer umsetzbar sein wird.

Wird der Grundsatz der **Barrierefreiheit** eng ausgelegt, muss grds. sichergestellt 7
werden, dass keine Zugangshindernisse zum Beschwerdemechanismus entlang der gesamten Wertschöpfungskette vorliegen. Konkret heißt das, dass Dritte nicht aufgrund mangelnder Kenntnis über das Verfahren des Beschwerdemechanismus, aufgrund von Sprache-, Lese- und Schreibfähigkeiten, von Kosten, ihrem Wohnort oder aus Furcht vor Repressalien daran gehindert sein dürfen, relevante Hinweise oder Beschwerde vorzubringen, für sich selbst oder für andere (vgl. Kommentar zu Prinzip 31 VN-Leitprinzipien Wirtschaft und Menschenrechte sowie Regierungsbegründung, BT-Drs. 19/28649 zu § 9 (1)). Besonders herausfordernd ist dabei aus praktischer Sicht der Umstand, dass insbes. in der tieferen Lieferkette, zB bei der Rohstoffherstellung für bestimmte Produkte und Dienstleistungen, potentielle Hinweisgeber oftmals nicht über die technischen und erweiterten Voraussetzungen verfügen, um zum Beispiel einen **Online-Beschwerdekanal** zu nutzen. Darüber hinaus müsste das Beschwerdeverfahren in allen wesentlichen Sprachen verfügbar sein, die in den jeweiligen Wertschöpfungsketten eines Unternehmens genutzte werden, was wiederum eine vollständige Transparenz aller Wertschöpfungsketten voraussetzen würde.

Es ist offensichtlich, dass individuelle Lösungen iSd § 9 Abs. 1 in ihrer Umset- 8
zung Unternehmen vor nicht unerhebliche Herausforderungen stellen können.

Daher bietet es sich in diesem Fall an, auf **externe Dienstleister** zurückzugreifen, die Beschwerdemechanismen bereitstellen, die im Wesentlichen den Anforderungen aus dem LkSG entsprechen. Folgende Aspekte sollten bei der Auswahl beachtet werden:

- Bereitstellung eines Online-Beschwerdekanals, der in die Unternehmenshomepage integriert werden kann
- Transparente Darstellung des Beschwerdeverfahrens
- Sicherstellung der Anonymität der Hinweisgeber
- Mehrsprachige Darstellung auf der Homepage
- Bereitstellung einer mehrsprachigen Telefonhotline, die aus allen Ländern erreichbar ist

9 Neben einem eigenen **Hinweisgebersystem** kann es perspektivisch sinnvoll sein, sich mit anderen Unternehmen iRv Unternehmensinitiativen zusammenzuschließen und an Hauptproduktionsstandorten und solchen Produktionsstandorten, die hohe menschenrechtliche oder umweltbezogene Risiken aufweisen und wo die technischen Voraussetzungen, für die besonders von den ermittelten Risiken betroffene Personengruppe eingeschränkt sind, lokale Beschwerdestellen zu errichten.

C. Tatsächliche Anhaltspunkte für eine Verletzung menschenrechtsbezogener oder umweltbezogener Pflichten (substantiierte Kenntnis)

10 Sobald einem Unternehmen tatsächliche Anhaltspunkte für eine Verletzung von menschenrechtsbezogenen oder umweltbezogenen Pflichten vorliegen, muss das Risikomanagement entsprechend angepasst werden (§ 9 Abs. 2, 3). Das Gesetz spricht dabei von substantiierter Kenntnis über Risiken oder Verletzungen. Obgleich diese Formulierung als eine Begrenzung der Sorgfaltspflichten zugunsten der Unternehmen zu verstehen ist (gem. der UN-Leitprinzipien für Wirtschaft und Menschenrechte erstrecken sich die Sorgfaltspflichten entlang der gesamten Wertschöpfungskette, beim LkSG nur bei „substantiierter Kenntnis" auch auf mittelbare Zulieferer), so ist die Auslegung dieser Formulierung sehr weit und kann in der praktischen Umsetzung einige Herausforderungen mit sich bringen.

I. Quellen für tatsächliche Anhaltspunkte

11 Das Vorliegen von **tatsächlichen Anhaltspunkten,** die eine Verletzung möglich erscheinen lassen, kann zum Beispiel schon dann gegeben sein, wenn gut recherchierte Berichte von Nichtregierungsorganisationen über schwierige Menschenrechtssituationen in bestimmten Produktionsregionen vorliegen. Aber auch fundierte Berichte von Gewerkschaftsvertretenden, Menschenrechtsexpert/innen oder Umweltaktivist/innen sowie Medienberichte können erweiterte Sorgfaltspflichten bezogen auf mittelbare Zulieferer auslösen, wenn sie dem Unternehmen zur Kenntnis gebracht werden (vgl. BAFA Handreichung Risikoanalyse 3.2 (1)).

12 Weitere relevante Quellen für die Erlangung tatsächlicher Anhaltspunkte sind (vgl. auch FAQ zum LkSG VI Frage 13):

- qualifizierte Meldungen über den Beschwerdemechanismus
- aussagekräftige Erkenntnisse aus der Risikoanalyse (insbes. aus der vorgelagerten abstrakten Risikoanalyse)
- fundierte Erkenntnisse Handreichungen, Falllisten und Datenbanken von Multistakeholder- oder Brancheninitiativen

13 Ausschlaggebend ist, dass diese Informationen in den Herrschaftsbereich des Unternehmens gelangen, also dem Unternehmen zugemutet werden kann, über die betreffende Information Kenntnis zu erlangen (vgl. auch Grabosch LkSG/Grabosch § 2 Rn. 106 ff.).

II. Qualifizierung als substantiierte Kenntnis

Wichtig bei der Kenntnisnahme von Informationen ist eine saubere Abgrenzung von sachfundierten Hinweisen zu vermuteten Risiken und Verletzungen oder Pauschalanschuldigungen gegenüber bestimmten Branchen. Laut Regierungsbegründung liegt dann eine substantiierte Kenntnis vor, wenn die vorliegenden Informationen „überprüfbar" und „ernst zu nehmen" sind. Was konkret unter überprüfbar zu verstehen ist, bleibt allerdings offen. Aus Unternehmenssicht sind Hinweise überprüfbar, wenn sie so konkret, fundiert und aussagekräftig sind, dass eine Nachverfolgbarkeit der Hinweise im Rahmen einer Risikoanalyse problemlos möglich ist und folgende Informationen mit einem zumutbaren Bemühen auf Basis der vorliegenden Hinweise beschafft werden können: 14

- das potenziell verletzte Rechtsgut ist bestimmbar
- der Kreis der potenziell oder tatsächlich betroffenen Personen ist bestimmbar
- der Ort der potenziellen oder tatsächlichen Verletzung ist bestimmbar
- der Zulieferer, von dem die potenziellen oder tatsächlichen Verletzungen ausgehen ist bestimmbar.

Etwas weiter wird substantiierte Kenntnis vom Bundesministerium für Arbeit und Soziales (BMAS) ausgelegt. Hier werden folgende Leitplanken definiert (vgl. FAQ zum LkSG VI Frage 13): 15

- Verletzung muss **offenkundig,** sicher, naheliegend oder auch nur wahrscheinlich sein
- Keine **Verortung der Verletzung** bei einem bestimmten Zulieferer durch vorliegende Informationen notwendig
- Zumutbarkeit der Verortung des Risikos in der eignen Lieferkette anhand von in der Branche anerkannter Methoden (Zumutbarkeit bemisst sich nach dem Angemessenheitsgrundsatz aus § 3 Abs. 2)
- Informationen innerhalb einer Branche, die allen Branchenzugehörigen bekannt sind

Unabhängig davon, ob der weiteren BMAS-Auslegung oder der etwas engeren Auslegung aus Unternehmenssicht gefolgt wird, gilt, dass die Bemühenspflicht um die Verifizierung der vorliegenden Hinweise und Informationen umso größer ist, desto schwerwiegender die vermeintliche Verletzung oder das potenzielle Risiko ist. 16

D. Konsequenzen aus substantiierter Kenntnisnahme

I. Anlassbezogene Risikoanalyse beim mittelbaren Zulieferer

Sobald hinreichend konkrete Anhaltspunkte für ein Risiko bei einem mittelbaren Zulieferer vorliegen, ist als erster Schritt nach Maßgabe von § 9 Abs. 3 Nr. 1 eine Risikoanalyse iS von § 5 durchzuführen. Im Unterschied zu der **regelmäßigen Risikoanalyse,** wie sie bereits im Kapitel zu § 5 beschrieben wurde, handelt es sich hierbei nicht um eine Analyse bzw. Risikorecherche, die alle unter § 2 aufgezählten Rechtspositionen und Verbote in den Blick nimmt, sondern vielmehr um eine **anlassbezogene und vertiefte Risikoanalyse** basierend auf den bereits vorliegenden konkreten Anhaltspunkten. 17

18

Inhaltliche Unterschiede

Risikoanalyse unmittelbarer Zulieferer	Risikoanalyse mittelbarer Zulieferer
Umfassend für **alle geschützte Rechtspositionen** durchzuführen	Nur **bezogen auf konkreten Anhaltspunkt** (i.d.R. eine geschützte Rechtsposition) durchzuführen
Bezieht sich auf den **eigenen Geschäftsbereich** und die **unmittelbaren Zulieferer**	Bezieht sich auf die tiefere Lieferkette **(mittelbare Zulieferer)**

Praktische Unterschiede

Risikoanalyse unmittelbarer Zulieferer	Risikoanalyse mittelbarer Zulieferer
I.d.R. besteht weitgehend **Transparenz über eigenen Geschäftsbereich** und **über unmittelbare Zulieferer**	Oftmals nur **unzureichend Transparenz über die tiefere Lieferkette (mittelbare Zulieferer)**
Informationsbeschaffung für Risikoanalyse i.d.R. **unproblematisch** möglich	**Informationsbeschaffung** für Risikoanalyse oftmals mangels direkter Vertragsbeziehungen **oftmals schwierig**

Abb. 2: Risikoanalyse für unmittelbare und mittelbare Zulieferer

19 Das bedeutet, dass ein Unternehmen zunächst feststellen muss, ob das vermutete Risiko tatsächlich vorliegt, also eine Verletzung des genannten Rechtsguts möglich erscheint oder bereits eingetreten ist.

20 Bereits dieser Schritt kann ein Unternehmen vor nicht unerhebliche Herausforderungen stellen, denn oftmals sind Lieferketten sehr lang und verzweigt und schwer rückverfolgbar. Selbst wenn der mittelbare Zulieferer, von dem das Risiko ausgehen soll, bestimmbar ist, ist es oftmals gar nicht so leicht, herauszufinden, ob dieser mittelbare Zulieferer tatsächlich Teil der Lieferkette ist. Ein Unternehmen hat idR ausschließlich volle Transparenz über seine direkten Zulieferer und kann über diese mit etwas Aufwand erweiterte Transparenz auf der zweiten Stufe in der Lieferkette herstellen (Tier 2). Ob ein mittelbarer Zulieferer in der tieferen Lieferkette, also über Tier 2 hinaus, tatsächlich Teil der eigenen Wertschöpfungskette ist, ist idR schwer herauszufinden.

21 **Trackingsysteme** iSv Blockchain-Lösungen können hier zukünftig einen wichtigen Beitrag zu mehr Transparenz in der Lieferkette leisten. Da diese Technologie sich aber heute häufig noch in Testphasen befinden oder nur für ausgewählte Produkte verfügbar sind und zumeist in den meisten Lieferketten noch nicht vorhanden ist oder Lieferanten Produkte mit Rückverfolgbarkeitsgarantie nur mit hohen Preiszuschlägen anbieten, muss die notwendige Transparenz heute noch klassisch über einen intensiven Austausch mit den Lieferanten erfolgen. Das bedeutet, dass ein Unternehmen entweder selbst über die direkten Lieferanten sukzessive in die tiefere Lieferkette eintaucht oder hierfür entsprechende Dienstleister, zB externe Auditoren, in Anspruch nimmt.

22 Eine wichtige Grundlage für die vertiefte Risikoanalyse stellt das in Kapitel V beschriebene **Lieferketten-Mapping** als Teil der vorgelagerten Risikoanalyse dar (→ § 5 Rn. 128 ff.). Sobald der mittelbare Zulieferer, von dem das Risiko ausgehen soll, tatsächlich als Glied in der eigenen Lieferkette identifiziert wurde, muss über eine vertiefte Risikoanalyse dieses Lieferanten die Wahrscheinlichkeit und die Schwere des möglichen menschenrechtsbezogenen oder umweltbezogenen Verstoßes festgestellt werden. Problematisch ist hierbei, dass idR kein direkter Kontakt mit dem Zulieferer besteht, was die Informationsbeschaffung für die vertiefte Risikoanalyse erschwert. Hinzu können sprachliche Barrieren kommen, da sich die Zulieferer in der tieferen Lieferkette oftmals außerhalb Deutschlands befinden. Insbes. in politisch sensiblen Kontexten kann es schwierig werden, Informationen direkt vom Zulieferer oder durch Dritte zu erhalten, da ein offener Austausch insbes. zu menschenrechtskritischen Themen politisch nicht gewollt und unter

Umständen sogar unterdrückt wird. Ein Austausch mit unabhängigen Vertretern der Zivilgesellschaft und, sofern möglich, mit potenziell Betroffenen, ist idR das Mittel der Wahl, um die über den Beschwerdemechanismus eingegangen Hinweise hinreichend zu verifizieren.

II. Durchführbarkeit und Angemessenheit der Risikoanalyse beim mittelbaren Zulieferer

Insbes. bei der anlassbezogenen Risikoanalyse beim mittelbaren Zulieferer stellt sich die Frage der **Durchführbarkeit** der zu ergreifenden Maßnahmen. Wie oben dargestellt, sind mit der Risikoanalyse in der tieferen Lieferkette erweiterte, nicht unerhebliche Aufwendungen seitens des durchführenden Unternehmens zu leisten. 23

Beispiel einer anlassbezogenen Risikoanalyse in einem politisch sensiblen Kontext 24
Die im Frühjahr 2022 veröffentlichten „Xinjiang Police Files" legen glaubhaft dar, dass es in der Region Xinjiang, China zu schwerwiegenden Menschenrechtsverletzungen in sogenannten Umerziehungslagern kommt. In diesen Lagern werden viele für die deutsche Unternehmen wichtige Rohstoffe und Produktkomponenten hergestellt.

In diesem Fall liegt substantiierte Kenntnis vor und es handelt sich um schwerste Menschenrechtsverletzungen. Entsprechend sind Unternehmen, deren Wertschöpfungsketten potentiell von diesem Sachverhalt betroffen sein können angehalten, eine vertiefte Risikoanalyse durchzuführen, um herauszufinden, ob eine tatsächliche Betroffenheit vorliegt.

Die Praxis hat jedoch gezeigt, dass Recherchen bezüglich der tieferen Lieferkette spätestens beim ersten chinesischen Zwischenhändler mit großen Schwierigkeiten verbunden sind und häufig ins Leere laufen. Lieferketten in China sind idR weit verzweigt und es ist für ein nicht chinesisches Unternehmen schwierig bis unmöglich weitere belastbare und nachvollziehbare Informationen über die tiefere Lieferkette oder gar direkte und auskunftswillige Ansprechpartner in chinesischen Unternehmen zu erhalten. Selbst bei größeren Aufwendungen, wie zum Beispiel dem hinzuziehen von Menschenrechtsexperten, NGOs oder vertieften Gesprächen mit direkten Lieferanten, ist bis dato keine vollständige Transparenz der Lieferkette in China zu erzielen.

Das obige Beispiel macht deutlich, dass es nicht immer möglich ist, eingegangene Hinweise abschließend zu verifizieren. Im Zweifelsfall muss eine Betroffenheit vermutet werden, wenn es nicht eindeutige Hinweise gibt, die eine Betroffenheit ausschließen lassen. Solange ein Unternehmen nachweisen kann, dass es sich um die Herstellung der notwendigen Transparenz angemessen bemüht hat, handelt es dennoch im Einklang mit den gesetzlichen Anforderungen, welche ausdrücklich eine Bemühens- und keine Erfolgspflicht begründen (vgl. FAQ zum LkSG VIII. Frage 4). Die Angemessenheit wird hier zum einen durch die Schwere des vermuteten Risikos oder der Verletzung bestimmt und zum anderen anhand der Einflussfaktoren des Unternehmens zum Risiko, bzw. der Verletzung. 25

Da es sich im oben skizzierten Fall um eine schwere Menschenrechtsverletzung handelt, die bereits eingetreten ist, sind grds. erhöhte Anstrengungen, bei der Risikoanalyse zu unternehmen. Jedoch sind daneben auch die Einflussfaktoren eines Unternehmens auf die konkrete Menschenrechtsverletzung mit einzubeziehen. Daher wird es im oben skizzierten Fall gut begründbar sein, wenn von einer vermuteten Betroffenheit ausgegangen wird, aber keine umfangreichen und Ressourcen aufwendigen Maßnahmen zur absoluten Verifizierung durchgeführt werden. 26

III. Abgleich mit den Ergebnissen der regelmäßigen Risikoanalyse zur Anpassung der Priorisierung und Gewichtung

Jedes Ergebnis der anlassbezogenen Risikoanalyse muss mit den Ergebnissen der regelmäßigen Risikoanalyse abgeglichen werden, um festzustellen, inwiefern eine Anpassung der **Gewichtung und Priorisierung** zu erfolgen hat (zu Gewichtung und Priorisierung von Risiken → § 5 Rn. 49 ff., 139 ff.). Im Ergebnis muss nachvollziehbar sein, ob neue oder veränderte zu priorisierende Risiken vorliegen, aus 27 denen anschließend entsprechende Präventions- und Abhilfemaßnahmen abzuleiten sind (so auch BAFA Handreichung Risikoanalyse 4.2).

E. Durchführung angemessener Präventionsmaßnahmen in der tieferen Lieferkette

28 Nach § 9 Abs. 3 Nr. 2 hat ein Unternehmen basierend auf den Ergebnissen der anlassbezogenen Risikoanalyse angemessene Präventionsmaßnahmen gegenüber dem Verursacher des Risikos zu verankern.

29 Der **Angemessenheit** kommt hierbei eine besondere Bedeutung zu. Denn wie bereits oben dargestellt, sind die Einflussfaktoren eines Unternehmens auf mittelbare Zulieferer, insbes. in der tieferen Lieferkette, oftmals sehr eingeschränkt. Der Begriff des Einflussvermögens des Unternehmens wird in den UN-Leitprinzipien für Wirtschaft und Menschenrechte definiert durch die Möglichkeit eines Unternehmens Veränderungen bei den unrechtmäßigen Praktiken des Schadensverursachers, also dem mittelbaren Zulieferer, herbeizuführen (vgl. Kommentar zu Prinzip 19 UN-Leitprinzipien für Wirtschaft und Menschenrechte). Veränderungen bezogen auf schadensverursachende Praktiken sind meistens für den mittelbaren Zulieferer mit monetärem und nicht-monetärem Ressourcenaufwand verbunden. Da es keine direkte Geschäftsbeziehung zu einem mittelbaren Zulieferer gibt und dieser sich somit auch nicht in einem wirtschaftlichen Abhängigkeitsverhältnis zu einem Unternehmen befindet, das am Ende der Lieferkette steht, ist es für letztere idR schwer, die Geschäftspraktiken des mittelbaren Zulieferers entsprechend zu beeinflussen. Dementsprechend sollte ein Unternehmen, bevor es Präventionsmaßnahmen nach § 9 Abs. 3 Nr. 2 festlegt, sorgfältig analysieren, welchen realistischen Einfluss es auf den mittelbaren Zulieferer hat. Denn nur wenn ein tatsächlicher Einfluss iS eines Verursachungsbeitrags vorliegt, ist ein Unternehmen verpflichtet, mit geeigneten Präventionsmaßnahmen das identifizierte Risiko zu adressieren (s. BAFA Handreichung Risikoanalyse 4.3).

30 Das Gesetz nennt eine Reihe von möglichen **Präventionsmaßnahmen,** die gegenüber dem Verursacher verankert werden können, welche im Folgenden dargestellt werden.

I. Durchführung von Kontrollmaßnahmen

31 **Kontrollmaßnahmen** sind unter Geschäftspartnern ein regelmäßig angewandtes und gut etabliertes Mittel, um die Einhaltung vertraglicher Vereinbarungen zu überprüfen. Anerkannte Maßnahmen sind dabei:

a) Verschicken von Lieferantenselbstauskünften
b) Durchführen von Interviews
c) Durchführen von eigenen (und bei Bedarf externen) Audits

Sinn und Zweck von Kontrollmaßnahmen als Präventionsmaßnahmen gegenüber mittelbaren Zulieferern ist es, neben der Überprüfung der Einhaltung der Sorgfaltspflichten beim mittelbaren Zulieferer, bei diesem ein Bewusstsein für die Bedeutung der geschützten Rechtsgüter zu schaffen sowie für potenzielle menschenrechtsbezogene und umweltbezogene Risiken zu sensibilisieren.

II. Lieferantenselbstauskünfte

32 Das Verschicken von **Selbstauskünften** ist ein geeignetes Mittel, um zeitnah nach dem Erlangen substantiierter Kenntnis über Risiken Kontakt mit dem mittelbaren Zulieferer aufzunehmen und konkrete, sich auf die Ergebnisse der Risikoanalyse und der eingegangenen Hinweise beziehende, Fragen an den mittelbaren Zulieferer zu richten.

33 Nachteilig bei diesem Vorgehen ist jedoch, dass sowohl auf Seite des Versenders als auch auf Seite des Empfängers mit solchen Fragebögen immer auch ein nicht zu

unterschätzender Auswertungs-, beziehungsweise Bearbeitungsaufwand anfällt. Darüber hinaus hat die Praxiserfahrung gezeigt, dass immer auch einige Fragen bei Selbstauskünften nicht ausreichend oder gar unbeantwortet bleiben. Sei es, weil gegebene Antworten nicht schlüssig sind, diese zu ausweichend formuliert wurden oder der Gegenstand und Hintergrund der Fragen schlicht nicht verstanden wurden.

Es ist zu beachten, dass das BMAS in seinen Ausführungen klarstellt, dass eine 34
vom mittelbaren Zulieferer unterschriebene Selbstauskunft nicht automatisch die Erfüllung der Sorgfaltspflicht iS einer geeigneten Präventionsmaßnahme darstellt (s. dazu FAQ zum LkSG X Frage 4). Dementsprechend stellen solche Lieferantenselbstauskünfte immer nur ein erstes Bekenntnis zu menschenrechtlichen und umweltbezogenen Mindeststandards des Lieferanten dar und vermitteln somit nur ein erstes Bild über den mittelbaren Zulieferer und die Situation vor Ort, welches aber keinen Anspruch auf vollständige Einhaltung dieser Standards haben sollte. Sie stellen aber einen guten Startpunkt und eine gute Basis für den weiteren Dialog mit den mittelbaren Zulieferern dar und können die Risikoanalyse bezogen auf die eingegangenen Hinweise sehr gut ergänzen.

III. Durchführen von Interviews

Interviews mit mittelbaren Zulieferern sind ein weiteres Mittel, das iRv Kon- 35
trollmaßnahmen durchgeführt werden kann. Wie bei den Fragebögen, kann auch im Interview direkt und zeitnah auf Hinweise zu Risiken eingegangen werden. Im Gegensatz zum Fragebogen, kann aber durch gezieltes Nachfragen die Qualität und die Vollständigkeit der Antworten verbessert werden und es ergibt sich schnell ein sehr guter Eindruck über die tatsächliche Situation beim mittelbaren Zulieferer und dessen Bewusstsein bezüglich der identifizierten Risiken und Problemsituationen. Der Vorteil bei solchen Interviews ist, dass über den direkten Austausch die Basis für eine weitere vertrauensvolle Zusammenarbeit gelegt werden kann, was für die Durchführung etwaiger weiterer Präventionsmaßnahmen unerlässlich ist, da somit das **Einflussvermögen auf den Zulieferer** gesteigert wird. Es ist jedoch zu beachten, dass es oftmals schwierig sein kann, gleich die richtigen Ansprechpartner beim mittelbaren Zulieferer ausfindig zu machen. Ein Fragebogen kann intern weitergeleitet werden, ein Interview wird nur mit den Personen geführt, die anwesend sind. Umso wichtiger ist es das Interview im Vorfeld gut zu planen und die erwarteten Expertisen der Interviewpartner des Lieferanten im Vorfeld zu kommunizieren. Ein weiterer nicht zu unterschätzender Aspekt kann eine mögliche sprachliche Hürde darstellen. Insbesondere bei Zulieferern aus der tieferen Lieferkette, zum Beispiel in Asien, kann nicht immer erwartet werden, dass die Gesprächspartner verhandlungssicheres Englisch sprechen. Dies führt zu weiteren Informationsverlusten, da die Interviews mit Hilfe von Dolmetschern geführt werden, was nicht nur kostenintensiv ist, sondern Gesprächsinhalte auch verzerren kann und den Vertrauensaufbau ein Stück weit erschwert.

Ob ein Interview zunächst nur virtuell, beziehungsweise telefonisch oder vor 36
Ort stattfindet, muss immer situationsabhängig und mit Blick auf die gegebene Angemessenheit entschieden werden. Handelt es sich um einen strategisch wichtigen Zulieferer oder um schwerwiegende Risiken, sollte stets der vor Ort-Austausch priorisiert werden, da ein persönliches Treffen ein besseres Vertrauensverhältnis aufbaut und das gegenseitige Verständnis für die Anliegen beider Parteien sehr erleichtert.

IV. Audit

Die Durchführung eigener oder bei Bedarf externer **Audits** sind eine weitere 37
Möglichkeit bei der Durchführung von Kontrollmaßnahmen beim Zulieferer. Es ist hierbei jedoch zu beachten, dass stets die Zustimmung des zu auditierenden Unternehmens, also dem mittelbaren Zulieferer, vorliegen muss. Schwierig ist

dabei, dass es idR keine direkte vertragliche Beziehung mit den mittelbaren Zulieferern gibt, in die solche Auditrechte verankert werden könnten. Normalerweise vereinbart ein Unternehmen nur mit seinen direkten Lieferanten Auditrechte. Um dennoch den mittelbaren Zulieferer auditieren zu können, gibt es zwei gängige Möglichkeiten:

1. Einholen eines Einverständnisses zum Audit beim direkt beim mittelbaren Zulieferer.
   Dies setzt eine belastbare Geschäftsbeziehung und einen guten Kontakt zum mittelbaren Zulieferer voraus.
2. Abstimmung und bei Bedarf schriftliche Verständigung mit dem direkten Zulieferer Auditrechte mit seinen direkten Zulieferern zu vereinbaren (das kann zum Beispiel durch eine **Weitergabeklausel** im Lieferantenkodex erfolgen).
   Hierbei hätte ein Unternehmen zwar kein unmittelbares Auditrecht, aber der direkte Zulieferer hätte eines, auf welches Rückgriff bzw. Einfluss genommen werden kann.

F. Unterstützung bei der Vorbeugung und Vermeidung eines Risikos

38 Die konkrete Unterstützung eines mittelbaren Zulieferers zur **Vorbeugung** und **Vermeidung** eines Risikos ist als weitere mögliche Präventionsmaßnahme gegenüber dem mittelbaren Zulieferer im Gesetz genannt. Wenn es bei der Durchführung von Kontrollmaßnahmen primär darum geht, ein Bewusstsein und eine Risikosensibilisierung beim mittelbaren Zulieferer zu schaffen, so geht es bei der **Unterstützungsleistung** primär darum, den mittelbaren Zulieferer zu befähigen proaktiv einem Risiko entgegenzuwirken.

39 Aus Unternehmenssicht hat an dieser Stelle die Frage nach der Angemessenheit eine besondere Bedeutung. Es ist für ein Unternehmen, unabhängig von seiner Größe, nicht möglich bei jedem tatsächlichen Anhaltspunkt zu einem Risiko oder einer Verletzung, bei mittelbaren Zulieferern weltweit gezielte Unterstützungsmaßnahmen zu ergreifen, ganz gleich, wie konkret die eingegangenen Hinweise sind.

40 Die **Schwere und Eintrittswahrscheinlichkeit** des Risikos, bzw. der Verletzung sowie der eigene **Verursachungsbeitrag** sind hier ganz entscheidende Kriterien. Zum einen mit Blick auf die Frage, ob entsprechende Unterstützungsmaßnahmen durchgeführt werden können, zum anderen aber auch mit Blick auf die Frage, welche Unterstützungsmaßnahmen geeignet sind.

I. Unterstützungsmaßnahmen iSv § 9 beim mittelbaren Zulieferer

41 Das Gesetz gibt keine weiteren Hinweise darauf, wie solche **Unterstützungsmaßnahmen** aussehen können, weder in § 9 selbst, noch lässt sich eine Herleitung aus § 6 Abs. 4 konstruieren. Lediglich soll die Maßnahme geeignet sein, einem Risiko vorzubeugen oder dieses zu reduzieren. Unklar ist aus praktischer Sicht, was der Gesetzgeber meint, wenn von **vorbeugenden Maßnahmen** gesprochen wird. Auslöser der Pflicht zur Durchführung von Präventionsmaßnahmen sind tatsächliche Anhaltspunkte (substantiierte Kenntnis) bezogen auf ein Risiko. Das bedeutet, dass ein Unternehmen erst dann entsprechende Maßnahmen ergreifen muss, wenn ein konkretes Risiko identifiziert wurde. Auch eine Verpflichtung zum Ergreifen von Präventionsmaßnahmen nach § 6 besteht erst dann, sofern ein Risiko iSv § 5 festgestellt wurde. Präventionsmaßnahmen iSv § 6 beziehen sich auf den eigenen Geschäftsbereich und den mittelbaren Zulieferer. Vor diesem Hintergrund muss die Erwartungshaltung gegenüber möglicher Unterstützungsmaßnahmen gegenüber einem **mittelbaren Zulieferer,** auf den ein Unternehmen idR sehr viel weniger Einflussvermögen, als auf den unmittelbaren Zulieferer hat, realistisch reduziert werden.

Bei der Wahl der Maßnahmen lässt das Gesetz den Unternehmen Entscheidungsspielraum, da diesbezüglich über die Zielvorgabe (Risikoreduktion) hinaus keine weiteren Vorgaben gemacht werden. Um geeignete **Maßnahmen zu identifizieren,** müssen folgende Aspekte verstanden und miteinander ins Verhältnis gesetzt haben: 42

- das Risiko selbst, inklusive der betroffene Personenkreis
- der mittelbare Zulieferer
- externe Faktoren.

Alle relevanten Informationen zum Risiko selbst, der Schwere und Eintrittswahrscheinlichkeit und dem betroffenen Personenkreis sind Ergebnis der anlassbezogenen Risikoanalyse. 43

Um eine geeignete Präventionsmaßnahme zu identifizieren, ist es darüber hinaus wichtig sich mit dem mittelbaren Zulieferer selbst auseinander zu setzen. Dabei gilt es zu verstehen: 44

- wer beim mittelbaren Zulieferer die Bereiche und Personen sind, die das nötige Einflussvermögen haben, die potenziell nachteiligen Auswirkungen zu mindern
- welches Wissen beim mittelbaren Zulieferer bereits vorliegt, bezogen auf das Risiko und Möglichkeiten zur Reduktion
- welche Kapazitäten beim mittelbaren Zulieferer vorhanden sind, entsprechende Maßnahmen durchzuführen
- ob der mittelbare Zulieferer politischen oder gesetzlichen Zwängen unterliegt, auf die er selbst gar keinen Einfluss hat, deren Zuwiderhandlung aber Sanktionen für den mittelbaren Zulieferer nach sich ziehen könnte.

Relevante **externe Faktoren** für die Identifikation geeigneter Maßnahmen sind: 45

- die Gesetzeslage im Land des mittelbaren Zulieferers
- der politische Kontext, in dem sich der mittelbare Zulieferer befindet
- mögliche weitere Akteure und Rahmenbedingungen, die das Risiko mitbegründen
- vorhandene lokale externe Expertise, zum Beispiel durch Nichtregierungsorganisationen oder Menschenrechts- oder Umweltexperten.

Nur wenn all diese Informationen vorliegen und miteinander in Verbindung gebracht werden, können geeignete Maßnahmen identifiziert werden, die realistisch umsetzbar sind und langfristig Wirkung erzielen. 46

Im Folgenden ist ein Beispiel für eine mögliche **Unterstützungsleistung** aus der Praxis dargestellt, welches unter Beachtung der drei Kriterien Risiko, mittelbarer Zulieferer und externe Faktoren geplant und durchgeführt wurde: 47

Beispiel aus dem Bereich der Rohstoffbeschaffung: Ausgangssituation:

Ein Kohleproduzent in Kolumbien erweitert sein Abbaugebiet, um neue Kohlevorkommen zu erschließen. Dabei ist laut Minenbetreiber die Umsiedlung indigener Bevölkerungsgruppen notwendig. Mit der geplanten Erweiterung des Abbaugebietes entsteht ein stark erhöhtes Risiko, dass es iRd geplanten Umsiedlung auch zu Zwangsumsiedlungen und dem widerrechtlichen Entzug von Land kommt, welches zur Existenzsicherung der indigenen Bevölkerung essenziell ist (zB Wohnen, Jagen, Fischen, religiöse Stätten).

Bespiel für eine Unterstützungsleistung, die sich in der Praxis bewährt hat:

Durchführen von Dialogformaten wie zum Beispiel Runden Tischen. Hierbei werden die Bedürfnisse der indigenen Bevölkerungsgruppen abgefragt und zusammen mit dem Minenbetreiber ein Konzept entwickelt, das auf diese Bedürfnisse eingeht. Am Ende sollte ein für alle Beteiligten guter Kompromiss erarbeitet worden sein. Für die Umsetzung dieses Konzepts wird ein zeitlich realistischer Rahmen festgesetzt, darüber hinaus wird ein Plan zum Monitoring der Umsetzung erarbeitet sowie neutrale Personen zur Umsetzungskontrolle benannt.

Externe Faktoren, wie zum Beispiel eine fragile Sicherheitssituation, sind unbedingt bei der Entwicklung von Konzepten zu Unterstützungsleistungen mitzudenken. Hilfreich und oftmals dringend erforderlich ist dabei der Einbezug von lokalen Experten, die die Situation vor Ort nicht nur realistisch einschätzen können, sondern auch pragmatische Lösungsansätze in den Dialog mit einbringen können. Daher ist ein sogenannter Multistakeholderdialog, welchem neben den Vertretern der indigenen Bevölkerungsgruppe und den Minenbetreibern, auch noch weitere Vertreter der lokalen Zivilgesellschaft (insbes. NGOs und Menschenrechtsexperten) sowie öffentliche Vertreter der Kommune oder der Regierung. Nur so kann sichergestellt werden, dass das erarbeitete Konzept auch langfristig erfolgreich und für alle Parteien befriedigend umgesetzt wird.

II. Umsetzung von branchenspezifischen oder branchenübergreifenden Initiativen

48 Lieferketten können sehr lang und komplex sein. Gerade mit Blick auf die tiefere Lieferkette fehlt es deutschen Unternehmen häufig an Transparenz und Einflussvermögen. Durch die Kooperation mit anderen Unternehmen, die ähnliche Wertschöpfungsketten haben und dieselben Risiken in ihrer tieferen Lieferkette identifiziert haben, kann der unternehmerische Hebel auf mittelbare Zulieferer deutlich vergrößert werden. Entsprechend sieht auch das Gesetz die Umsetzung von **Brancheninitiativen** als weitere Präventionsmaßnahme gegenüber dem mittelbaren Zulieferer vor (ao auch in der BAFA Handreichung Risikoanalyse 4.3). Brancheninitiativen iSd Gesetzes sind Zusammenschlüsse von Unternehmen entweder innerhalb einer Branche oder aber auch branchenübergreifend, mit dem gemeinsamen Ziel der Entwicklung und Umsetzung von Standards zur Wahrnehmung der unternehmerischen Sorgfaltspflicht sowie von geeigneten Präventions- und Abhilfemaßnahmen bei identifizierten Risiken oder Verletzungen. Mitglieder solcher Initiativen sind meistens ausschließlich Unternehmen, die sich am Ende der Wertschöpfungskette befinden. Es gibt aber auch einige gute Beispiele von Brancheninitiativen, die ihren Mitgliederkreis erweitert haben auf **mittelständische Zulieferer** sowie auf **Vertreter der Zivilgesellschaft.** Ein Vorteil eines solchen erweiterten Stakeholderkreises ist es, dass aufgrund der unterschiedlichen Perspektiven der Teilnehmer, der verfügbaren Netzwerke und Kenntnisse Maßnahmen erarbeitet werden, die näher am mittelbaren Zulieferer und der Realität der potenziell Betroffenen dran sind und entsprechend mehr Wirkung entfalten.

49 IRv Unternehmensinitiativen können durch Synergien sinnvoll Ressourcen und Wissen gebündelt werden, was zum einen die Umsetzungslast der einzelnen Unternehmen mindert, zum anderen aber auch die Hebelwirkung auf mittelbare Zulieferer deutlich erhöht. Ein wichtiger Aspekt ist dabei, dass Anforderungen gegenüber dem unmittelbaren und mittelbaren Zulieferer durch Unternehmensinitiativen einheitlich formuliert werden, was für die Zulieferer leichter zu verstehen und umzusetzen ist, als wenn mehrere unterschiedliche Anforderungen an sie gestellt werden. Häufig werden zum Beispiel von Zulieferern unterschiedliche Zertifikate oder Siegel als Nachweise für gewisse menschenrechtliche oder umweltbezogene Standards eingefordert. Dies stellt die Zulieferer oftmals vor große Herausforderungen, weil der Erwerb solcher Siegel und Zertifikate zum einen aufwendig ist und zum anderen idR eine komplexe Anpassung der internen Prozesse voraussetzt. Eine Standardisierung ist somit wünschenswert und kann über branchenspezifische und branchenübergreifende Initiativen erreicht werden.

III. Gezielte Produkt- und Leistungsausschreibungen als weitere nicht im Gesetz genannte Präventionsmaßnahme gegenüber dem mittelbaren Zulieferer

50 Neben den im Gesetz ausdrücklich genannten Präventionsmaßnahmen haben Unternehmen, die sich am Ende der Wertschöpfungskette befinden, noch einen weiteren Hebel auf die tiefere Lieferkette, der auch in der Praxis häufig unterschätzt wird und das ist die Ausgestaltung von **Leistungsbeschreibungen** iRv Ausschreibungen für Produkte und Dienstleistungen im Einkauf.

51 In die Leistungsbeschreibung der Ausschreibungen können neben den klassischen produktspezifischen Angaben, wie zum Beispiel Leistung, Maße, technische Materialeigenschaften, ergänzend auch soziale und ökologische Nachhaltigkeitskriterien mit aufgenommen werden. Solche Kriterien können sich zum einen auf

Produkteigenschaften beziehen, welche durch bestimmte Nachhaltigkeitssiegel oder -zertifikate nachgewiesen werden können, oder aber auch prozessbezogene Kriterien beim Hersteller selbst.

Ein einfaches Beispiel zur Verdeutlichung: **52**

Ein Unternehmen aus der Lebensmittelbranche benötigt den Rohstoff Kaffeebohnen.

Fall 1: In die Ausschreibung wird aufgenommen: 1.000kg Kaffeebohnen

Fall 2: In die Ausschreibung wird aufgenommen: 1.000kg Kaffeebohnen aus Bioanbau mit fairen Löhnen („Fairtrade“, „Living Wages“)

In Fall 1 werden sich vor allem Zulieferer angesprochen fühlen, die Kaffee in der entsprechenden Menge zu bestmöglichen monetären Konditionen anbieten können. Die Zwischenhändler werden ihrerseits nicht zwangsläufig auf zusätzliche soziale oder ökologische Kriterien achten, da dies den Preis erhöht, was sich nachteilig für sie im Vergleich mit den anderen Bietern auswirken würde.

In Fall 2 werden nur Zulieferer auf die Ausschreibung reagieren, die entsprechende Bio- oder Fairtrade-Siegel vorweisen können, also schon bei der Auswahl ihrer Zulieferer auf das Vorhandensein dieser Siegel oder Zertifikate geachtet haben.

An diesem einfachen Beispiel wird deutlich, dass ein Unternehmen schon bei **53** der Formulierung von **Ausschreibungen** darauf achten kann Kriterien in die Leistungsbeschreibung mit aufzunehmen, die Risiken in der tieferen Lieferkette beim mittelbaren Zulieferer vorbeugen. Indem durch den Ausschreibungstext ausschließlich Zulieferer angesprochen werden, die ihrerseits das Vorhandensein von bestimmten sozialen und ökologischen Standards gegenüber ihren Zulieferern zur Voraussetzung einer Geschäftsbeziehung machen.

G. Konzept zur Verhinderung, Beendigung oder Minimierung

Neben der Risikoanalyse und den Präventionsmaßnahmen hat ein Unternehmen **54** nach § 9 Abs. 3 Nr. 3 bei festgestellten Risiken oder Verletzungen auch ein **Konzept zur Verhinderung, Beendigung oder Minimierung** zu erstellen. Diese Regelung wirft aus unternehmerischer Sicht ein paar Fragen auf, die im Folgenden im Lichte der Umsetzbarkeit interpretiert und ausgelegt wurden.

I. Analogie zu § 7 (Abhilfemaßnahmen)

Das Gesetz geht in § 9 Abs. 3 nicht näher auf den Begriff des Konzeptes ein und gibt keine konkretere Erläuterung, wie so ein Konzept ausgestaltet sein muss. Entsprechend der Systematik des Absatz 3 ist allergings davon auszugehen, dass hier ein direkter Bezug zu § 7 (Abhilfemaßnahmen) genommen wird. Dementsprechend sind auch die Kriterien zur Ausgestaltung des Konzeptes aus § 7 Abs. 2 analog für § 9 Abs. 3 heranzuziehen. Somit muss das Konzept neben einem konkreten Zeitplan insbes. folgende Aspekte mit in Betracht ziehen:

- die gemeinsame Ausarbeitung eines Konzepts mit dem mittelbaren Zulieferer, von dem die Verletzung ausgeht
- den Zusammenschluss von branchenspezifischen oder branchenübergreifenden Initiativen, zur Erhöhung der Einflussnahme auf den mittelbaren Zulieferer
- die vorübergehende Aussetzung der Geschäftsbeziehung.

Insbesondere die Punkte a und c sind in der praktischen Umsetzung problema- **55** tisch, denn es ist zu beachten, dass zu dem mittelbaren Zulieferer keine direkte Geschäftsbeziehung besteht.

II. Gemeinsame Ausarbeitung des Konzepts mit dem mittelbaren Zulieferer

Grds. gelten bei der Identifikation für geeignete Abhilfemaßnahmen dieselben **56** Kriterien wie bei der Identifikation von geeigneten Präventionsmaßnahmen, wie sie bereits weiter oben zu § 9 Abs. 3 Nr. 2 ausgeführt wurden (→ § 9 Rn. 41 ff.).

Das **Einflussvermögen** auf den mittelbaren Zulieferer ist idR gering und muss **57** erst aufwendig aufgebaut werden. Da dies sehr zeit- und ressourcenintensiv sein kann, ist auch hier, obgleich im Gesetzestext bei § 9 Abs. 3 Nr. 3 nicht explizit erwähnt, das Prinzip der Angemessenheit zu wahren.

58 **Abhilfemaßnahmen** sind entsprechend der Priorisierung von Verletzungen und Risiken durchzuführen. Mit Blick auf die zu ergreifenden Maßnahmen und Bemühungen bei der gemeinsamen Erstellung eines Abhilfekonzepts müssen neben der Schwere der Verletzung insbes. auch die weiteren Einflussfaktoren aus § 3 Abs. 2 Nr. 1, 2 und 4 mit in Betracht gezogen werden. Demnach müssen die Bemühungen umso umfassender sein, desto schwerer die im Raum stehende Verletzung einer geschützten Rechtsposition ist und desto größer der eigene Verursachungsbeitrag sowie das Einflussvermögen auf den mittelbaren Zulieferer.

III. Die vorübergehende Beendigung der Geschäftsbeziehung

59 Die vorrübergehende **Beendigung der Geschäftsbeziehung,** wie sie unter den Abhilfemaßnahmen gem. § 7 Abs. 2 Nr. 3 genannt ist, ist in Bezug auf den mittelbaren Zulieferer nicht ohne Weiteres analog umzusetzen, da zum mittelbaren Zulieferer kein direktes Vertragsverhältnis besteht. Eine konsequente Umsetzung dieser Anforderung würde bedeuten, dass ein Unternehmen vorübergehend alternative Lieferketten aufbauen müsste, um den mittelbaren Bezug von Waren oder Dienstleistungen von dem mittelbaren Zulieferer weitestgehend auszuschließen, von dem die Verletzung ausgeht. Das ist aber schon deshalb oftmals nicht möglich, da mit den direkten Zulieferern vertragliche Vereinbarungen bestehen und sich **Rücktrittsklauseln,** sofern überhaupt im Vertrag enthalten, idR nur auf einen Vertragsbruch einer der beiden direkten Vertragsparteien beziehen, nicht aber auch auf Verletzungen durch ihre Zulieferer.

IV. Hebelwirkung von Brancheninitiativen

60 Der Zusammenschluss von branchenspezifischen oder branchenübergreifenden Initiativen, zur **Erhöhung der Einflussnahme** auf den mittelbaren Zulieferer ist eine weitere sehr wesentliche Maßnahme, die unter § 7 Abs. 2 als Abhilfemaßnahmen besonders in Betracht zu ziehen ist und auch für die Erarbeitung eines Konzepts zur Abhilfe von Verletzungen durch den mittelbaren Zulieferer aus praktischer Perspektive in einem angemessenen Rahmen sinnvoll erscheint. Gerade bei Verletzungen in der tieferen Lieferkette kann durch eine **Brancheninitiative** der Druck auf die sonst schwer zu erreichenden mittelbaren Zulieferer erhöht werden. Um Abhilfemaßnahmen möglichst sinnvoll zu gestalten ist die Einbindung der Zivilgesellschaft, sowohl Nichtregierungsorganisationen als auch direkt Betroffene, besonders sinnvoll, da über diesen Weg so ein möglichst großes Maß an Wirksamkeit der Maßnahmen sichergestellt wird.

V. Aktualisierung der Grundsatzerklärung

61 Die Aktualisierung der Grundsatzerklärung ist grds. immer unverzüglich zeitnah durchzuführen, sofern eine (…) Risikoanalyse ein weiteres zu priorisierendes Risiko oder eine Verletzung ergeben hat. Entsprechend ist das Risiko, bzw. die Verletzung darzustellen und die durchgeführten und geplanten Präventions- und Abhilfemaßnahmen sind zu benennen (→ § 6 Rn. 3 ff.). In Bezug auf die mittelbaren Zulieferer sind insbes. die Erwartungen an die Akteure in der tieferen Lieferkette exakt zu formulieren. Dabei ist es wichtig, folgende Aspekte in die Grundsatzerklärung mit aufzunehmen:

- **Benennung des Risikos,** bzw. der Verletzung
- **Benennung der Wertschöpfungsstufe** auf der sich das Risiko, bzw. die Verletzung realisiert
- Benennung der **Erwartungshaltung an die mittelbaren Zulieferer** bezüglich der Minderung und Abwehr des Risikos, bzw. der Verletzung
- Benennung **konkreter Maßnahmen,** die zur Minderung und Abwehr des Risikos, bzw. der Verletzung ergriffen wurden.

Dokumentations- und Berichtspflicht

10 **(1) [1]Die Erfüllung der Sorgfaltspflichten nach § 3 ist unternehmensintern fortlaufend zu dokumentieren. [2]Die Dokumentation ist ab ihrer Erstellung mindestens sieben Jahre lang aufzubewahren.**

(2) [1]Das Unternehmen hat jährlich einen Bericht über die Erfüllung seiner Sorgfaltspflichten im vergangenen Geschäftsjahr zu erstellen und spätestens vier Monate nach dem Schluss des Geschäftsjahrs auf der Internetseite des Unternehmens für einen Zeitraum von sieben Jahren kostenfrei öffentlich zugänglich zu machen. [2]In dem Bericht ist nachvollziehbar mindestens darzulegen,

1. ob und falls ja, welche menschenrechtlichen und umweltbezogenen Risiken oder Verletzungen einer menschenrechtsbezogenen oder umweltbezogenen Pflicht das Unternehmen identifiziert hat,
2. was das Unternehmen, unter Bezugnahme auf die in den §§ 4 bis 9 beschriebenen Maßnahmen, zur Erfüllung seiner Sorgfaltspflichten unternommen hat; dazu zählen auch die Elemente der Grundsatzerklärung gemäß § 6 Absatz 2, sowie die Maßnahmen, die das Unternehmen aufgrund von Beschwerden nach § 8 oder nach § 9 Absatz 1 getroffen hat,
3. wie das Unternehmen die Auswirkungen und die Wirksamkeit der Maßnahmen bewertet und
4. welche Schlussfolgerungen es aus der Bewertung für zukünftige Maßnahmen zieht.

(3) Hat das Unternehmen kein menschenrechtliches oder umweltbezogenes Risiko und keine Verletzung einer menschenrechtsbezogenen oder einer umweltbezogenen Pflicht festgestellt und dies in seinem Bericht plausibel dargelegt, sind keine weiteren Ausführungen nach Absatz 2 Satz 2 Nummer 2 bis 4 erforderlich.

(4) Der Wahrung von Betriebs- und Geschäftsgeheimnissen ist dabei gebührend Rechnung zu tragen.

Übersicht

A. Einleitung

1 Die regelmäßige Berichterstattung über die Wahrnehmung der menschenrechtlichen Sorgfaltspflicht durch ein Unternehmen schließt die durch das LkSG vorgeschriebenen Maßnahmen ab. Waren in der Vergangenheit Nachhaltigkeitsangaben vor Einführung der Berichtspflichten aus §§ 289b ff., 315b f. HGB (CSR-Richtlinie-Umsetzungsgesetz – **„CSRRLUmsG“**) eher freiwilliger Natur, so stellt die Berichtspflicht iRd LkSG einen weiteren Baustein in der kontinuierlichen Zunahme von Pflichtangaben von Nachhaltigkeitsinformationen von Unternehmen dar. Nicht nur Umwelt- und Klimaschutzaspekte, sondern auch zunehmend soziale bzw. menschenrechtliche Angaben gehören somit zum Pflichtenkanon der Unternehmensberichterstattung. Wie in der Erläuterung des LkSG-Anwendungsbereichs (§ 1) deutlich wird, ist jedoch im Vergleich zum HGB oder anderen EU-Vorgaben zur Berichterstattung weniger die Rechtsform des Unternehmens, sondern ausschließlich die Anzahl der Mitarbeiter eines Unternehmens für eine Berichtspflicht eines Unternehmens relevant.

2 Die Berichtsvorgaben zur LkSG-Dokumentations- und Berichtspflicht leiten sich dabei primär von der in den **UN-Leitprinzipien für Wirtschaft und Menschenrechte** formulierten Aufforderung an Staaten ab. Staaten sollen von Wirtschaftsunternehmen fordern bzw. es ihnen zur Auflage machen, zu kommunizieren, wie sie ihren menschenrechtlichen Auswirkungen nachkommen (vgl. UN-Leitprinzipien 3 (d)). Die eigentliche **Rechenschaftspflicht von Unternehmen** ist im UN-Leitprinzipien 21 hinterlegt. Hier werden mit Bezug auf Bedenken bzw. Beschwerden von Stakeholdern bereits Eckpunkte umrissen, in welcher Form und Häufigkeit von Unternehmen berichtet werden sollte und Anforderungen zur Bewertung von ergriffenen Maßnahmen und möglicher Schlussfolgerungen formuliert. Im Nationalen Aktionsplan Wirtschaft und Menschenrechte **(„NAP“)** wurde darüber hinaus auch bereits im Dezember 2016 betont, dass Transparenz und Kommunikation elementare Bestandteile menschenrechtlicher Sorgfaltspflicht darstellen (Nationaler Aktionsplan: Umsetzung der UN-Leitprinzipien für Wirtschaft und Menschenrechte (2017), Kapitel 2.2; https://www.auswaertiges-amt.de/blob/297434/8d6ab29982767d5a31d2e85464461565/nap-wirtschaft-menschenrechte-data.pdf). Die nun im LkSG formulierten inhaltlichen Berichtsanforderungen sind Unternehmen somit bereits seit Frühjahr 2021 grds. bekannt wie die genauen Berichtsanforderungen und deren konkrete Abb. aussehen, wurde offiziell jedoch erst im Oktober 2022 per BAFA-Merkblatt vorgestellt (vgl. BAFA-Fragebogen zur Erfüllung der LkSG-Anforderungen, https://www.bafa.de/SharedDocs/Downloads/DE/Lieferketten/anleitung_registrierung_berichtsfragebogen.html;jsessionid=3DD6ED84C43392E66D264213BADC4A20.internet282?nn=1469768, letzter Zugriff 17.5.2023). Erstmalig wurde der BAFA-Fragebogen zur Erfüllung der LkSG-Anforderungen im Oktober 2022 per BAFA-Merkblatt veröffentlicht. Zu beachten ist, dass der im Oktober 2022 per BAFA-Merkblatt veröffentlichte Fragenkatalog vom BAFA überarbeitet und verschlankt wurde, um den Eingabeprozess effizienter zu gestalten. Der überarbeitete Fragenkatalog wurde Ende März 2023 als elektronischer Fragenkatalog veröffentlicht (inkl. Merkblatterläuterung). Anschließend wurde auch eine pdf-Version veröffentlicht, um Unternehmen bei den Vorbereitungen für die Erfüllung der Berichtspflicht zu unterstützen (alle Unterlagen sind auf der zentralen BAFA- Seite zur Berichtspflicht einsehbar, https://www.bafa.de/DE/Lieferketten/Berichtspflicht/berichtspflicht_node.html, letzter Zugriff 31.10.2023).

3 Es ist dabei zu beachten, dass die **LkSG-Berichterstattung** aber nicht nur formellen Anforderungen und zur Erfüllung von Gesetzvorgaben (iS einer Compliance-Orientierung) dienen soll, sondern im besten Falle Informationsgrundlage für einen offenen Dialog mit den Stakeholdern von Unternehmen entlang der Lieferkette darstellt. Im NAP wurde somit bereits der Rahmen für ein Lieferkettengesetz inkl. Berichtspflicht gesetzt. Das vorliegende LkSG mit den durch den

Fragenkatalog präzisierten Berichtsanforderungen macht den Unternehmen nun eine Vielzahl von erweiterten Vorgaben, über die sie bislang weder in dieser Form noch in diesem Umfang und Tiefe regelmäßig kommunizieren mussten.

Prinzip 21 VN Leitprinzipien (Deutsche Übersetzung der VN-Leitprinzipien, https://www.auswaertiges-amt.de/blob/266624/b51c16faf1b3424d7efa060e8aaa8130/un-leitprinzipien-de-data.pdf, letzter Zugriff 30.11.2022) 4

Um darüber Rechenschaft abzulegen, wie sie ihren menschenrechtlichen Auswirkungen begegnen, sollten Wirtschaftsunternehmen bereit sein, dies extern zu kommunizieren, insbes. wenn von betroffenen Stakeholdern oder in ihrem Namen Bedenken vorgebracht werden. Wirtschaftsunternehmen, deren Geschäftstätigkeit oder Geschäftsumfeld das Risiko schwerer menschenrechtlicher Auswirkungen mit sich bringt, sollten formell darüber Bericht erstatten, wie sie diesen Risiken begegnen.

In allen Fällen sollte die Kommunikation:

a) in einer Form und Häufigkeit vorgelegt werden, die den menschenrechtlichen Auswirkungen des Unternehmens entspricht und für die vorgesehene Zielgruppe zugänglich ist;
b) ausreichende Informationen enthalten, um die Angemessenheit der Gegenmaßnahmen eines Unternehmens in Bezug auf die betreffende menschenrechtliche Auswirkung bewerten zu können;
c) weder betroffene Stakeholder oder Mitarbeiter noch legitime geschäftliche Vertraulichkeitserfordernisse Risiken aussetzen.

B. Berichterstattung mit BAFA-Fragebogen

Das LkSG gibt in § 10 Abs. 2 vor, dass Unternehmen einen (eigenständigen) Bericht über die Erfüllung ihrer Sorgfaltspflicht zu erstellen haben. Die Berichte müssen aus sich selbst heraus verständlich sein, also bspw. alle relevanten Angaben zum Unternehmen (zB Firma, Adresse, Anzahl der Arbeitnehmer, vertretungsberechtigte Personen) inklusive einer Kontaktperson für Fragen zum Bericht enthalten. Wie konkret die LkSG-konforme Einhaltung der Berichtspflicht iRd jährlichen Unternehmensberichterstattung eingehalten wird, wird in Teil C (→ Rn. 42 ff.) erläutert. Im Teil B werden zunächst die bisherigen Berichtsanforderungen zu Unternehmen und Menschenrechte bzw. Umweltschutz entlang ihrer Lieferketten vorgestellt, bevor anschließend die Unterschiede zu den neuen erweiterten Berichtsanforderungen gemäß LkSG und deren Übersetzung in den BAFA-Fragebogen erläutert werden. 5

I. Status Quo der Berichterstattung zur menschenrechtlichen Sorgfaltspflicht

1. Vorgaben gemäß der EU-CSR-Richtlinie

Bislang können für berichtspflichtige Unternehmen menschenrechts- und umweltbezogene Themen Pflichtbestandteile der **(Konzern-)Lageberichterstattung** sein, wenn sie sich im abgelaufenen Geschäftsjahr wesentlich auf Geschäftsverlauf, Geschäftsergebnis und Lage des berichtspflichtigen Unternehmens ausgewirkt haben (§ 289 Abs. 3 HGB, § 315 Abs. 1 S. 4 HGB) oder wenn sie Risiken der künftigen Entwicklung für das Unternehmen darstellen (§ 289 Abs. 1 S. 4 HGB, § 315 Abs. 1 S. 5 HGB). Eine umfangreichere Berichtspflicht ergibt sich für Unternehmen hieraus indes nicht. Weiterhin ergibt sich die **Wesentlichkeit berichtspflichtiger Sachverhalte** bislang vor allem aus der wirtschaftlichen Bedeutung bzw. finanziellen Wesentlichkeit für ein Unternehmen, während die Auswirkungen auf die Gesellschaft in Bezug auf Menschenrechts- und Umweltschutz bislang allenfalls mittelbar zu beachten sind. 6

Da nur die wenigsten Unternehmen bislang eine solche Wirkung auf Geschäftsverlauf, Geschäftsergebnis und Lage angenommen haben erfolgte bei den meisten Unternehmen nur eine sehr rudimentäre Berichterstattung zu menschenrechtsbezogenen Themen in der Lageberichterstattung, bei den meisten Unternehmen fanden diese Themen gar nicht statt. Umweltbezogene Themen wurden, sofern sie 7 heutige LkSG-Themen betroffen haben, wie zB den Einsatz von Quecksilber oder anderer persistenter organischer Schadstoffe, als Compliance-Themen meist kaum oder gar nicht iRd Finanzberichterstattung im Lagebericht adressiert.

8 Eine konkrete, umfangreichere Berichtspflicht zu Nachhaltigkeitsthemen besteht mit der Implementierung der CSR-Richtlinie **(„Non-Financial Reporting Directive" [„NFRD"])** ins nationale Recht per CSRRLUmsG für große börsennotierte realwirtschaftliche Unternehmen, Banken und Versicherungen mehr als 500 Mitarbeitern seit 2017 (vgl. Institut der Wirtschaftsprüfer in Deutschland e. V. (IDW); IDW Positionspapier: Pflichten und Zweifelsfragen zur nichtfinanziellen Erklärung als Bestandteil der Unternehmensführung (https://www.idw.de/IDW/Medien/Positionspapier/Downloads-IDW/Down-Positionspapier-Nachhaltigkeit-Nichtfinanzielle-Erklaerung.pdf; Stand: 14.6.2017); BWKOB/Rieth/Schmidt Rn. 19–34): Nach **§ 289c HGB** müssen diese Unternehmen in ihrer nichtfinanziellen Berichterstattung per sog. Nichtfinanzieller Erklärung („NFE") u. a. zum Aspekt **Achtung der Menschenrechte** Angaben machen. Dazu zählen die Nennung der verfolgten Konzepte, einschließlich angewandter Sorgfaltsprozesse (Due-Diligence), den Ergebnissen dieser Konzepte, wesentlichen Risiken sowie den bedeutsamsten nichtfinanziellen Leistungsindikatoren. Bei der Bestimmung berichtspflichtiger Sachverhalte ist nicht nur die wirtschaftliche Bedeutung für das Unternehmen, sondern auch die Auswirkungen auf die Gesellschaft (Mensch und Umwelt) zu beachten (vgl. Corporate Social Responsibility. Die nichtfinanzielle Erklärung nach §§ 289b ff. HGB und ihre Auswirkungen auf die Aktiengesellschaft (https://www.duncker-humblot.de/_files_media/leseproben/9783428583034.pdf)).

9 IRd **NFE** hat die Berichterstattung zu in der Öffentlichkeit in den letzten Jahren bereits breiter diskutierten Themen, etwa zu menschenrechtsbezogenen Risiken entlang von Lieferketten bspw. beim **Rohstoffabbau** bzw. in der **Rohstoffbeschaffung** oder bei der Produktion in der **Textilindustrie** in den letzten Jahren deutlich zugenommen. Hier verweisen betroffene Unternehmen immer stärker auf ihre Verantwortung iSd UN-Leitprinzipien und erläutern ihre gewählten Ansätze. Sie beschreiben ausgewählte menschenrechtlichen Risiken entlang der Lieferkette, insbes. wenn Leib und Leben von Mitarbeitern in Abbaugebieten von Rohstoffen oder in Produktionsstätten von Textilien bedroht oder eingeschränkt ist oder es zu gravierenden Umweltauswirkungen kommt.

2. Aktuelle Entwicklungen iRd neuen EU-CSR-Richtlinie zu einer europäischen Richtlinie zu unternehmerischen Sorgfaltspflichten

10 Dies aktuell bestehenden Berichtspflichten gemäß NFRD werden durch die seit 2021 stattfindende Überarbeitung der CSR-Richtlinie (zukünftig **„Corporate Sustainability Reporting Directive" [„CSRD"]**) abgelöst (vgl. Finale CSRD nach Verabschiedung durch Rat der EU und EU-Parlament; https://data.consilium.europa.eu/doc/document/PE-35–2022-INIT/de/pdf; Schmotz/Lanfermann WPg 2022, 1216; BWKOB/Rieth/Schmidt Rn. 35–46). Mit den EU-Standards zur Nachhaltigkeitsberichterstattung European Sustainability Reporting Standards **(„ESRS")** wird die Pflichtberichterstattung über Nachhaltigkeitsthemen von Unternehmen ab **dem Geschäftsjahr 2024 für Großunternehmen mit mehr als 500 Mitarbeiter (analog zum NFRD-Scope)** inhaltlich erheblich ausgeweitet und konkretisiert (https://ec.europa.eu/info/law/better-regulation/have-your-say/initiatives/13765-European-sustainability-reporting-standards-first-set_en, letzter Zugriff 31.10.2023 – die finalen Texte in den 24 EU-Amtssprachen sind am unteren Ende der Seite zu finden. So sind auf Basis der Vorarbeiten der eingesetzten **EFRAG**-Arbeitsgruppe vier Offenlegungspflichten **(„Disclosure Requirements")** im Bereich Soziales und Menschenrechte vorgesehen, insbes. ESRS S 1-S 3 zielen in die gleiche Richtung wie die LkSG-Vorgaben (u. a. Menschenrechtsrisiken für Mitarbeiter im eigenen Geschäftsbericht, der Mitarbeiter von Zulieferern und von Anwohnern), bezogen auf die umweltbezogenen Risiken sind insbes. die ESRS E2 zu Abfällen relevant (vgl. Übergabe der ESRS-

Standards an die EU-Kommission am 23.11.2022, https://efrag.org/News/Public-387/EFRAG-delivers-the-first-set-of-draft-ESRS-to-the-European-Commission?AspxAutoDetectCookieSupport=1, letzter Zugriff 30.11.2022). Ab dem Geschäftsjahr 2025 wird auch der Kreis der berichtspflichtigen Unternehmen erheblich ausgeweitet, auf dann wohl alle großen Unternehmen (große Kapitalgesellschaften und große Unternehmen von öffentlichen Interesse) iSv § 267 HGB. Kapitalmarktorientierte kleinere und mittlere Unternehmen (KMU) ab 2026 (vgl. Finale Fassung der CSRD vom 14.12.2022, für CSRD-Anwendungsbereich, S. Artikel 5: https://eur-lex.europa.eu/legal-content/DE/TXT/?uri=uriserv%3AOJ.L_.2022.322.1.0015.01.DEU&toc=OJ%3AL%3A2022%3A322%3ATOC, letzter Zugriff 31.1.2023). Die finale Umsetzung in deutsches Recht ist noch nicht erfolgt, auch lag bis Ende Oktober 2023 noch kein Referentenentwurf zur CSRD-Umsetzung vor. Eine finale Umsetzung muss bis Juli 2024 erfolgen, 18 Monate nach Verabschiedung der CSRD (5.1.2023).

11

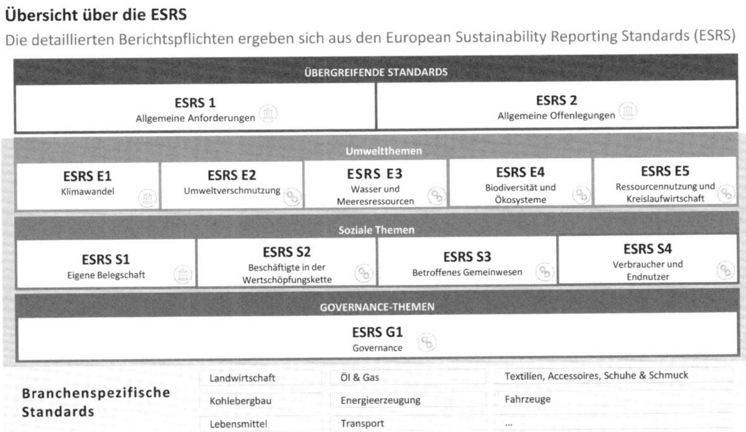

Abb. 1: Übersicht der Nachhaltigkeitsstandards gemäß CSRD

(vgl. für eine Übersicht der neuen EU-Nachhaltigkeitsstandards gemäß CSRD, DRSC Briefing-Paper zu den European Sustainability Reporting Standards (ESRS); https://www.drsc.de/app/uploads/2022/11/221124_DRSC_Briefing_Paper_ESRS.pdf, letzter Zugriff 30.11.2022)

Im Trilogverfahren arbeiten Rat, Parlament und Kommission seit Juni 2023 an 12
einem Kompromiss für die Richtlinie zu unternehmerischen Sorgfaltspflichten(der **Corporate Sustainability Due Diligence Directive [„CSDDD"]**; vgl. weitere Infos zu CSDDD Corporate sustainability due diligence: https://commission.europa.eu/business-economy-euro/doing-business-eu/corporate-sustainability-due-diligence_en und Änderungsvorschlägen des EU-Parlaments https://www.europarl.europa.eu/doceo/document/TA-9-2023-0209_EN.html, 15.7.2023). Es bleibt abzuwarten, wie entsprechende per LkSG eingeführte Berichtspflichten für Unternehmen in Deutschland nach Inkrafttreten der CSDDD-Vorgaben ausgestaltet sein werden. Aktuelle Entwürfe (vgl. Entwurf zu Art. 11 Abs. 1 CSDDD) deuten darauf hin, dass die entsprechenden Transparenzpflichten grds. durch die Berichtspflichten aus der CSR-Richtlinie (in Deutschland umgesetzt in §§ 289b ff., 315b f. HGB) erfüllt werden (können). Vor allem scheint hiernach vorgesehen, dass die entsprechenden Angaben grds. nicht in einem eigenständigen Bericht, sondern

iRd Nachhaltigkeitsberichterstattung gemacht werden. Die Veröffentlichung eines eigenständigen Berichts auf der Website, wie sie iRd LkSG erwartet wird, ist demnach nur für Unternehmen vorgesehen, die nicht in den Anwendungsbereich der CSR-Richtlinie fallen. Nach Art. 11 Abs. 2 CSDDD soll die EU-Kommission allerdings auch noch zusätzliche delegierte Rechtsakte zur Konkretisierung der Berichtspflichten erarbeiten.

13 Es ist wünschenswert, dass diese zukünftigen delegierten Rechtsakte konsistent sind mit menschenrechtsbezogenen Berichtspflichten aus den ESRS. Allerdings erscheint zum gegenwärtigen Zeitpunkt fraglich, ob eine über die Anforderungen aus CSR-Richtlinie und ESRS hinausgehende Berichterstattung in die Nachhaltigkeitsberichterstattung nach CSR-Richtlinie integriert werden kann.

3. Menschenrechte in der EU-Taxonomie-Berichterstattung

14 Auch in der neu eingeführten Taxonomie-Berichterstattung müssen Unternehmen, die zur handelsrechtlichen nichtfinanziellen Berichterstattung verpflichtet sind, für das Geschäftsjahr 2022 erstmals um Angaben zu „ökologisch nachhaltigen" (Taxonomiekonformen) Umsatzerlösen, Capex und Opex ergänzen (vgl. ausführlich EnBW/Deloitte, Fallstudie zur EU-Sustainable-Finance-Taxonomie; EnBW/Deloitte, Fallstudie zur EU-Sustainable-Finance-Taxonomie 2.0, https://www.enbw.com/media/bericht/bericht-2020/downloads/broschuere-eu-taxonomie.pdf; BWKOB/Rieth/Schmidt Rn. 47–109). Hierfür ist eine Analyse aller Wirtschaftsaktivitäten eines Unternehmens entsprechend einem umfangreichen Klassifikationskatalogs der EU-Kommission vorzunehmen (vgl. Delegierte Verordnung (EU) 2021/2139 der Kommission vom 4. Juni 2021 zur Ergänzung der Verordnung (EU) 2020/852 des Europäischen Parlaments und des Rates durch Festlegung der technischen Bewertungskriterien, anhand deren bestimmt wird, unter welchen Bedingungen davon auszugehen ist, dass eine Wirtschaftstätigkeit einen wesentlichen Beitrag zum Klimaschutz oder zur Anpassung an den Klimawandel leistet, und anhand deren bestimmt wird, ob diese Wirtschaftstätigkeit erhebliche Beeinträchtigungen eines der übrigen Umweltziele vermeidet (ABl. 2021 L 442, 1)). Unter anderem ist hier die Einhaltung von **Minimum Safeguards** (Mindestschutz) für **Arbeitssicherheit** und **Menschenrechte** zu gewährleisten. Art. 18 Taxonomie-VO fordert hierfür Verfahren, um sicherzustellen, dass die OECD-Leitsätze für multinationale Unternehmen und die UN-Leitprinzipien für Wirtschaft und Menschenrechte, einschließlich der Grundprinzipien und Rechte aus den acht Kernübereinkommen, die in der Erklärung der Internationalen Arbeitsorganisation über grundlegende Prinzipien und Rechte bei der Arbeit festgelegt sind, und aus der Internationalen Charta der Menschenrechte, befolgt werden (die EU Sustainable Finance Platform hat darüber hinaus Empfehlungen zur Implementierung der Minimum Safeguards verfasst, 11.10.2022, https://finance.ec.europa.eu/system/files/2022-10/221011-sustainable-finance-platform-finance-report-minimum-safeguards_en.pdf, letzter Zugriff 30.11.2022). Bei der Umsetzung der Verfahren gilt der Grundsatz „Vermeidung erheblicher Beeinträchtigungen" **(„do no significant harm"),** dh, dass eine Wirtschaftsaktivität dann als taxonomiekonform gilt, wenn sie einen wesentlichen Beitrag zu mind. einem von insgesamt sechs Umweltzielen (zB Klimaschutz) leistet, ohne dass eine erhebliche Beeinträchtigung der anderen vorliegt und diesen zuwiderläuft (für Details der DNSH-Regeln s. Art. 17 Taxonomie-VO).

15 Im Raum steht ferner die Ergänzung der bisher auf wesentliche Beiträge zu einem der sechs EU-Umweltziele ausgerichteten Taxonomie um eine **soziale Taxonomie –** dieses Vorhaben scheint allerdings von der EU-Kommission derzeit, vermutlich auch vor dem Hintergrund der Bemühungen um die CSDDD und dem aktuellen Schwerpunkt auf die ökologische Taxonomie, nicht mit Nachdruck verfolgt zu werden (vgl. Vorschlag der Sustainable Finance Plattform für eine Soziale Taxonomie, 28.2.2022: https://finance.ec.europa.eu/system/files/2022-08/220228-sustainable-finance-platform-finance-report-social-taxonomy_en.pdf, letzter Zugriff 30.11.2022).

4. Menschenrechte in GRI-Berichterstattung

Menschenrechtliche Sorgfaltspflichten waren ferner bereits vor Einführung der o. g. Berichtspflichten Gegenstand von freiwillig anzuwendenden Berichtsstandards für die Nachhaltigkeitsberichterstattung, wie den Vorgaben der **Global Reporting Initiative („GRI“).** Erstmals 2011 nach Verabschiedung der UN-Leitprinzipienien wurde iRd Einführung der 3.1-Version des GRI-Berichtsleitfaden explizit Menschenrechte als Berichtselemente adressiert (vgl. Neuerung der GRI-Berichtsleitfaden von 3.0- zu 3.1.-Version: http://greeneconomypost.com/gri-3-1-guidelines-explained-15380.htm, letzter Zugriff 30.11.2022). Diese wurden iRd Weiterentwicklung der Empfehlungen zu GRI-Standards stetig weiter ausdifferenziert und die Anforderungen steigen kontinuierlich weiter an. Mit der Veröffentlichung der GRI Universal Standards 2021 wurden Menschenrechtsthemen in die Standardanforderungen (Universal Standards) aufgenommen (vgl. GRI-Universal Standards, https://www.globalreporting.org/standards/standards-development/universal-standards/, letzter Zugriff 15.12.2022). So gibt es bei der neuesten Standardversion (Version 2021) drei verpflichtende Angaben zu Menschenrechten (vgl. Überarbeitung der GRI-Standards, 2021-Version.FAQ, https://www.globalreporting.org/search/?query=Universal+Standards, letzter Zugriff 15.12.2022). Dazu zählen die Berichterstattung zur **Menschenrechts-Policy** des Unternehmens (Disclosure 2–22 ff) und deren Anwendungsbereich, die **Sorgfaltsprüfung** und etwaige **Abhilfemaßnahmen.** Auch sollten bei wesentlichen Themen, die sich auf die Menschenrechte auswirken, die Auswirkungen beschrieben und den Prozess zu deren Ermittlung offengelegt werden. 16

5. Ausblick auf die Berichterstattung zu Menschenrechten

Es bleibt abzuwarten, wie sich die in der Folge beschriebene LkSG-Berichterstattung im Kontext der Veränderungen auf europäischer und globaler Ebene (s. auch in Vorbereitung befindliche ISSB-Standards; vgl. ISSB-Standards, zunächst liegt beim ISSB der Schwerpunkt auf klimabezogenen Angaben, aber menschenrechtsbezogene Angaben sind zukünftig auch geplant, https://www.drsc.de/projekte/issb_im_ueberblick/; https://www.ifrs.org/groups/international-sustainability-standards-board/#about, letzter Zugriff, 15.12.2022) entwickelt und wie kompatibel die einzelnen Berichtsanforderungen zukünftig zueinander sind, ggf. wird es in den kommenden Jahren zu einer Flurbereinigung bei den Nachhaltigkeitsstandards kommen. 17

Im Raum steht zudem die grundsätzliche Frage, ob zukünftig (ab 2024) die Berichtspflicht zu menschenrechtsbezogenen Sorgfaltspflichten in die Geschäfts- und Lageberichtberichterstattung integriert wird, oder ob hier eine parallele zusätzliche Berichterstattung entstehen wird. So kann es sein, dass der im Folgenden vorgestellte BAFA-Fragebogen ggf. sogar hinfällig ist, sobald die EU-Richtlinien (CSRD und CSDDD) konkretisiert und verabschiedet sind, wenn und weil dann ein einheitliches Berichtssystem für alle europäischen Staaten erstellt werden müsste, um eine Vergleichbarkeit zwischen den Unternehmen herstellen zu können. Unabhängig von diesen Entwicklungen ist die inhaltliche Ausarbeitung der LkSG-Herausforderungen eine gute Vorbereitung auf die Vorgaben der in Aussicht stehenden EU-Richtlinien. 18

II. Berichtspflicht und Bearbeitung des BAFA-Fragebogens

Nach § 10 Abs. 2 haben Unternehmen jährlich über die Erfüllung der Sorgfaltspflichten aus dem LkSG im vergangenen Geschäftsjahr zu berichten und den Bericht spätestens vier Monate nach Ende des Geschäftsjahres auf der Internetseite des Unternehmens für einen Zeitraum von sieben Jahren kostenfrei öffentlich zugänglich machen. In diesem Bericht ist nachvollziehbar mind. darzulegen, 19

1. ob und falls ja, welche menschenrechtlichen und umweltbezogenen Risiken oder Pflichtverletzungen das Unternehmen identifiziert hat,
2. was das Unternehmen zur Erfüllung seiner Sorgfaltspflichten unternommen hat,
3. wie das Unternehmen die Auswirkungen und Wirksamkeit der ergriffenen Maßnahmen bewertet und
4. welche Schlussfolgerungen es aus dieser Bewertung für künftige Maßnahmen zieht.

20 Hat das Unternehmen keine menschenrechtlichen oder umweltbezogenen Risiken iSd LkSG identifiziert, hat es dies im Bericht plausibel darzulegen. Die vorstehend unter 2.–4. aufgeführten Angaben sind dann nicht erforderlich.

21 Die Berichtspflichten des § 10 Abs. 2 werden durch den BAFA-Fragenkatalog konkretisiert.

22 Bei der derzeitigen Dynamik der Weiterentwicklung der Nachhaltigkeitsberichterstattung bleibt es nicht aus bzw. hat es sich fast schon zur Regel entwickelt, dass viele Fragen der Interpretation und Umsetzung erst kurz vor Inkrafttreten neuer Vorgaben geklärt werden. So verhält es sich auch bei der Implementierung der Berichtspflicht des LkSG nach § 10 Abs. 2.

1. BAFA-Fragebogen als de facto Pflichtinstrument

23 Die Erstellung (§ 10 Abs. 2) bzw. die Einreichung (§ 12 Abs. 1) des Berichts erfolgt durch Ausfüllen des BAFA-Fragebogens, den das BAFA im Frühjahr 2023 als elektrischen Fragebogen und als pdf-Version zur Verfügung gestellt hat. Dieser Fragebogen soll Unternehmen als Ersteller, wie auch dem BAFA als Kontrollinstanz, die Umsetzung bzw. Überprüfung des Berichts erleichtern. Gleichzeitig wird damit gleichzeitig – wie häufig bspw. von Nachhaltigkeitsratingagenturen und Investoren gefordert – ein höheres Maß an Vergleichbarkeit in der Analyse und Bewertung der Nachhaltigkeitsperformance (bei der Wahrnehmung ihrer menschenrechtlichen Sorgfaltspflicht) von Unternehmen ermöglichen. Es wird daher vom BAFA erwartet bzw. den Unternehmen nahegelegt wird, den BAFA-Fragebogen zu nutzen, um darzulegen wie den LkSG-Sorgfaltspflichten entsprochen wird. Außerdem erläutert das BAFA auf seiner Homepage, dass durch die vollständige und wahrheitsgemäße Beantwortung des Fragebogens sowie die Veröffentlichung des dann generierten Berichts auf der Internetseite des Unternehmens die Unternehmen ihrer Berichtspflicht nach § 10 Abs. 2 nachkommen (https://www.bafa.de/DE/Lieferketten/Berichtspflicht/berichtspflicht_node.html, letzter Zugriff 31.10.2023). Und es ist daher auszugehen, dass sich hier eine etablierte Praxis herausbilden wird, vor allem iSd Effizienz, Vergleichbarkeit und Rechtssicherheit.

24 Die Nutzung des BAFA-Fragebogens ist quasi, somit **verpflichtend,** das BAFA sieht die Zurverfügungstellung eines Fragebogens das zentrale Instrument bei der Umsetzung der gesetzlichen Anforderungen durch Unternehmen an (BAFA-Fragenkatalog zur Berichterstattung – Vorwort – https://www.bafa.de/SharedDocs/Downloads/DE/Lieferketten/lksg_berichtspflicht_fragebogen.pdf?_blob=publicationFile&v=2, letzter Zugriff 31.10.2023). De facto wird sich der BAFA-Fragebogen damit als Umsetzungsstandard etablieren.

2. Bearbeitung des BAFA-Fragebogens

25 Es ist somit davon auszugehen, dass sämtliche betroffene Unternehmen den BAFA-Fragebogen nutzen werden, um die Umsetzung ihrer Sorgfaltspflichten abzubilden. Dafür spricht insbesondere, dass das BAFA im Vorwort des Fragebogens betont, dass vom Unternehmen „keine Angaben über das Gesetz [LkSG] hinaus" zu tätigen sind.

26 Der finale Fragebogen vom Frühjahr 2023 differenziert zwischen Pflichtfragen, welche zwingend zu beantworten sind, und Ergänzungsfragen, die in Abhängigkeit zu den jeweiligen Antworten auf Pflichtfragen zu beantworten sind. Als dritte

Kategorie gibt es noch dynamische Folgefragen, die sich aus bestimmten Frage- und Antwortkonstellationen ergeben können (s. Einführung zum BAFA-Fragebogen, S. 1). IRd oben (→ Rn. 2) erwähnten **Überarbeitung des Fragenkatalogs** wurden sämtliche Fragen, die auf **freiwillige Angaben** abzielten, **entfernt.** (Auch) Dadurch ist der finale Fragenkatalog (signifikant) kürzer als die ursprüngliche Fassung vom Oktober 2022.

3. Unternehmen und ihre Bemühenspflicht

Grundlage und Maßstab bei der Bewertung der eingereichten Fragebögen, bildet das im Gesetzentwurf explizit erwähnte Prinzip der **Bemühenspflicht** bei der Erfüllung der Sorgfaltspflicht durch Unternehmen (vgl. § 3 (s. dazu → Rn. 28, 32)). Dies gilt auch für die Dokumentation der Maßnahmen, deren Umsetzung nicht von einer **Erfolgspflicht** gekennzeichnet sein muss. Im Mittelpunkt des LkSG soll, wie im Gesetzesentwurf bereits formuliert, ein **klarer, verhältnismäßiger und zumutbarer gesetzlicher Rahmen** zur Erfüllung der menschenrechtlichen Sorgfaltspflicht durch Unternehmen stehen (Gesetzesentwurf für ein Gesetz über die unternehmerischen Sorgfaltspflichten in Lieferketten vom 19.4.2021, https://dserver.bundestag.de/btd/19/286/1928649.pdf, letzter Zugriff 30.11.2022). Es ist zu erwarten, dass sich dieser wahrscheinlich als Maßstab für Unternehmen bei der Entwicklung und Durchführung von Maßnahmen, wie auch für das BAFA bei der Bewertung der LkSG-Berichtsanforderungen durch Unternehmen herauskristallisieren wird (vgl. ursprüngliche Aussagen im Vorwort des Merkblatts zum BAFA-Fragebogen, Version Oktober 2022). Unternehmen sind daher stets aufgefordert zu zeigen, dass sie alles iRd **Zumutbaren** getan haben, um ihren Pflichten gerecht zu werden, selbst wenn nicht alle Anforderungen bei der Erstabgabe oder bei der zukünftigen Bearbeitung vollumfänglich erfüllt werden. In den „Fragen und Antworten" des BMAS wird daher auch explizit erwähnt, dass es sich bei der Übernahme der menschenrechtlichen Sorgfaltspflicht um eine **Bemühenspflicht,** und nicht um eine Erfolgspflicht oder eine Garantiehaftung handelt (vgl. https://www.csr-in-deutschland.de/DE/Wirtschaft-Menschenrechte/NAP/Unternehmerische-Sorgfaltspflicht/Erwartungen-der-Bundesregierung/art-erwartungen-der-bundesregierung.html, letzter Zugriff 30.11.2022, → § 3 Rn. 28 ff.). 27

Vielmehr soll die Ausgestaltung und Umsetzung der jeweiligen menschenrechtlichen Sorgfaltspflichten angemessen in bestehende Unternehmensprozesse integrierbar sein. Gemäß dem **Prinzip der Angemessenheit** soll auch die Berichterstattung keine unverhältnismäßigen bürokratischen Belastungen verursachen. Die Sorgfaltspflichten richten sich daher nach **Größe der Unternehmen, der Art. des Produkts oder der Dienstleistung, ihrer Position in der Liefer- und Wertschöpfungskette, dem potenziellen Risiko menschenrechtlich besonders nachteiliger Auswirkungen sowie dem Kontext der Geschäftstätigkeit.** Diese Aussagen bilden die Richtschnur für die Bearbeitung aller Bausteine des Gesetzes. In Abhängigkeit von diesen Aspekten kann dies auch einen Einfluss auf die Detailtiefe der Berichterstattung haben. 28

Zugriff auf Informationen von mittelbaren Zulieferern in autokratischen Kontexten 29
So können Unternehmen aufgrund substantiierter Kenntnis per sorgfältig recherchiertem Bericht einer zivilgesellschaftlichen Organisation oder von Presseorganen darauf hingewiesen worden sein, dass bei der Produktion eines wichtigen Teilprodukts, zB in der Automobilfertigung oder bei der Textilproduktion in Tier 3 aufwärts, das Risiko von Menschenrechtsverletzungen besteht. Aufgrund eingeschränkter Besichtigungs- und/oder Auditierungsmöglichkeiten bedingt durch eine autoritär geführte Regierung sowie rechtlicher Beschränkungen kann der Zugang zu weiteren Informationen für Unternehmen eingeschränkt sein.

In diesen Fällen müssen neben der Beschreibung der Risiken, insbes. die Anstrengungen für die Einholung von Informationen nachvollziehbar beschrieben werden. Hier kann auf Gespräche mit unmittelbaren Zulieferern, den Austausch mit Auditierungsunternehmen über den Umfang und Tiefe möglicher Audits verwiesen und auf Länderberichte des Auswärtigen Amts o.ä zu den Einschränkungen der Bewegungsfreiheit vor Ort verwiesen werden.

III. Einführungsphase und kontinuierliche Weiterentwicklung

30 Im LkSG ist implizit ein **Lern- und Weiterentwicklungsmechanismus** bei Unternehmen vorgesehen, dh es wird davon ausgegangen, dass Unternehmen über Zeit robuste Prozesse und Strukturen etablieren, so dass sich auch die Aussagekraft der Berichtsinhalte stetig verbessert.

31 Gerade in den ersten Berichtsjahren durchlaufen Unternehmen bei der Einführung neuer verbindlicher Berichtsanforderungen eine **intensive Lernkurve.** Das BAFA verweist in diesem Zusammenhang darauf, dass plausiblen Erläuterungen und Darstellungen etwaiger noch nicht abgeschlossener bzw. noch nicht fest etablierter Prozesse und Strukturen Rechnung getragen wird. ISd Bemühenspflicht wird Unternehmen empfohlen, den jeweils aktuellen Stand der Maßnahmenentwicklung abzubilden, auch wenn die Anforderungen des LkSG noch nicht vollumfänglich erfüllt sind, ohne dass davon auszugehen ist, dass dies bereits, insbes. in den ersten Jahren, Zwangs- und Bußgeldrelevante Folgen haben wird.

32 Der BAFA-Fragebogen trägt den Unwägbarkeiten und Herausforderungen der Neueinführung einer Berichtspflicht mit flexibel gestaltbaren Antwortabgabe in vielen Teilen Rechnung. So wurden auch bei **geschlossenen Fragen** mit vorgegebenen Antwortoptionen **Freitextfelder** ergänzt, die es Unternehmen erlauben, besondere Umstände bzw. Rahmenbedingungen zu erläutern, aufgrund derer eine vollständige Berichterstattung von Einzelaspekten ggf. im ersten Berichtsjahr auch noch nicht möglich ist. Dies betrifft insbes. Prozesse, Strukturen und Inhalte, die bis zum gegenwärtigen Zeitpunkt nicht in der geforderten granularen Form berichtet werden können. Auf diesem Wege wird Berichterstellern insbes. im ersten Berichtsjahr ermöglicht, sorgfältig belastbare Systeme aufzubauen und diese über Zeit weiterzuentwickeln. Im besten Fall erleichtert eine übersichtliche Ausgestaltung des elektronischen Fragebogens die Bearbeitung des Fragebogens, näheres bis auf weiteres bleibt abzuwarten.

IV. Eigenständige Berichtspflicht für Unternehmen und ihre Tochterunternehmen

33 Alle Unternehmen, die mit ihrer eigenen Arbeitnehmerzahl im Inland 3.000 Arbeitnehmer überschreiten (ab 2024 1.000 Arbeitnehmer) sind verpflichtet, einen eigenständigen Bericht zu erstellen und zu veröffentlichen, dh die Fragen des Berichtsfragebogens vollständig zu beantworten und den so generierten Bericht auf ihrer Internetseite zu veröffentlichen. Dies gilt auch, wenn beide Gesellschaften zum selben Konzern gehören, bspw. die Konzernmutter und ein Tochterunternehmen, die jeweils die Schwelle von 3.000 Arbeitnehmern im Inland überschreiten. Hierbei sind jedoch ausweislich der **FAQ zum LkSG** (Frage IV. 7. (Stand 27.2.2023, vgl. https://www.csr-in-deutschland.de/DE/Wirtschaft-Menschenrechte/Gesetz-ueber-die-unternehmerischen-Sorgfaltspflichten-in-Lieferketten/FAQ/faq.html#doc977f9a9d-bfdd-4d31-9e31-efab307ceee6bodyText4, letzter Zugriff, 31.10.2023)) folgende Besonderheiten zu beachten, und zwar **unabhängig** davon, ob die **Obergesellschaft** einen **bestimmenden Einfluss** iSv § 2 Abs. 6 S. 3 auf das Tochterunternehmen **ausübt oder nicht:**

34 Obergesellschaft und Tochterunternehmen haben **jeweils** einen **eigenständigen Bericht** beim Bundesamt für Wirtschaft und Ausfuhrkontrolle (BAFA) vorzulegen. Sie müssen jeweils die **Fragen des Berichtsfragebogens vollständig beantworten.** Jeder Bericht muss eigenständig nachvollziehbar und aus sich heraus verständlich sein. Übernommene Inhalte, die aus dem jeweils anderen Bericht (ggf. mit Anpassungen) kopiert werden, sind zulässig, soweit die Einhaltung der Sorgfaltspflichten in beiden Unternehmen plausibel dargestellt ist. So kann es bspw. sinnvoll sein, dass ein Tochterunternehmen seine Obergesellschaft bevollmächtigt, seinen Bericht beim BAFA einzureichen. Wie bei der Anfertigung einer Grundsatzerklärung kann auf auf die jeweiligen Geschäftsbereiche des Tochterunterneh-

mens verwiesen werden (vgl. Ausführungen zur Grundsatzerklärung, → § 6 Rn. 3 ff.). Die Verantwortlichkeit des berichtspflichtigen Unternehmens für die Einreichung des Berichts bleibt davon unberührt. Zudem muss jedes Unternehmen selbst den Bericht auf seiner **Internetseite veröffentlichen.**

Im Einzelfall und zu spezifischen, abgrenzbaren Teilen der Sorgfaltspflichten 35 kann auch ein zusammenfassender, aussagekräftiger **Verweis auf den LkSG-Bericht eines anderen konzernangehörigen Unternehmens zulässig** sein. Dies ist zB denkbar hinsichtlich der Anforderungen an die für das Beschwerdeverfahren zuständigen Personen. Auch in diesem Fall müssen aber die o. g. Voraussetzungen erfüllt sein, dh der Bericht muss eigenständig nachvollziehbar und aus sich heraus verständlich sein und die Einhaltung der Sorgfaltspflichten im berichtspflichtigen Unternehmen plausibel darstellen. Pauschalverweise oder Verweise ohne zusammenfassende Inhaltsangabe erfüllen diese Voraussetzung nicht.

C. Eckpunkte und strukturierte Umsetzung der Berichtspflicht

I. Form und Einreichung des Berichts

Der Gesamtbericht entsteht aus der Zusammenstellung der per BAFA-Fragebo- 36 gen gegebenen Antworten. Das BAFA hat eine Online-Eingabemaske bzw. einen elektronischen Fragebogen zur Verfügung gestellt, über die der Bericht erstellt und eingereicht wird (https://www.bafa.de/DE/Lieferketten/Berichtspflicht/berichtspflicht_node.html, letzter Zugriff 31.10.2023).

Im ursprünglichen Vorwort des Fragebogens, verfasst durch den BAFA-Präsiden- 37 ten des BAFA, wurde die Erwartungshaltung des BAFA an Unternehmen hinterlegt. Es wird u. a. Mach- und Umsetzbarkeit des LkSG betont und nicht die Überforderung von Unternehmen das Ziel ist, sondern, dass grds. auch in der Berichterstattung ein kontinuierlicher Verbesserungsprozess angestrebt wird. Unabhängig ob für Unternehmen die verkürzte oder vollständige Berichtspflicht zutreffend ist, werden zunächst Stammdaten zum berichtenden Unternehmen abgefragt (→ Rn. 57 ff.): Hierbei werden Aussagen zum Namen des Unternehmens, Rechtsform, Adresse, und Handelsregisternummer sowie Registergericht verlangt. Darüber hinaus die Information auf welches Berichtsjahr sich der Bericht bezieht. Um den Anwendungsbereich zu klären, werden zudem Fragen zur Anzahl der Arbeitnehmer und zu den vertretungsberechtigten Personen (gemeint sind mutmaßlich inhaltliche Ansprechpartner für die vom Unternehmen gemachten Angaben) abgefragt.

Hiernach wird anhand der Frage zu festgestellten Risiken und/oder Verletzun- 38 gen die BerichtsArt. bestimmt. Sollte ein Unternehmen im Berichtszeitraum weder Risiken noch Verletzungen festgestellt haben, gelangt es direkt zum Abschnitt **„Verkürzte Berichtspflicht“.** Die verkürzte Berichtspflicht dürfte für die überwiegende Mehrzahl der Unternehmen kaum praktische Relevanz haben, da es eher unwahrscheinlich ist, dass ein Unternehmen in der Lieferkette nicht zumindest ein Risiko für die nach dem LkSG geschützten Rechtspositionen feststellt (bspw. Diskriminierung im eigenen Geschäftsbereich oder beim unmittelbaren Zulieferer). In der Regel dürften Unternehmen daher in der Online-Eingabemaske zum Abschnitt **„Vollständiger Berichtsfragebogen“** landen, um dort ihrer **vollständigen Berichtspflicht** nachzukommen. Der vollständige Berichtsfragebogen besteht aus folgenden Elementen bzw. Abschnitten:

- A – Strategie und Verankerung
- B – Risikoanalyse und Präventionsmaßnahmen
- C – Feststellungen von Verletzungen und Abhilfemaßnahmen
- D – Beschwerdeverfahren
- E – Überprüfung des Risikomanagements

Da der Fragebogen aus geschlossenen (inkl. Mehrfachauswahlmöglichkeiten – 39 Multiple Choice-) und offenen Fragen besteht, haben Unternehmen umfassende Möglichkeiten, auch per Freitextfeld zusätzliche Erläuterungen zu ergänzen, auch was die Nichtbeantwortung durch vertrauliche Informationen **(Betriebs- und Geschäftsgeheimnisse)** betrifft (zu Betriebs- und Geschäftsgeheimnissen → Rn. 115 ff.).

40 Den Unternehmen bleibt es darüber hinaus frei, per erweiterten Layout, ohne Änderungen an den Inhalten, die Inhalte bspw. als pdf-Dokument für die unternehmenseigene **Internetseite** leserfreundlich aufzubereiten.

41 Der Bericht ist in **deutscher Sprache** zu verfassen (§ 12 Abs. 1). Für weitere nicht der deutschen Sprache mächtigen Stakeholder ist es ggf. zu empfehlen, den Bericht freiwillig in englischer Sprache, und sofern notwendig und sinnvoll, mit Blick auf die eigenen Geschäftsgebiete in weiteren Sprachen zu verfassen. Verpflichtend ist dies jedoch nicht. Gleichwohl wird für viele international aufgestellte Unternehmen die Berichtserstellung zunächst mutmaßlich in englischer Sprache erfolgen bevor abschließend ein Bericht in deutscher Sprache erstellt und eingereicht wird.

II. Jährliche Berichterstattung nach Schluss des Geschäftsjahres

42 Der Bericht bzw. der BAFA-Fragebogen ist **jährlich zu verfassen** und **elektronisch einzureichen.** Unternehmen sind angehalten, die **Angaben geschäftsjahresbezogen** zu machen. Dies ermöglicht auch die **Verknüpfung der Berichterstattung** mit anderen verpflichtenden Formen der Nachhaltigkeitsberichterstattung, wie bspw. die Berücksichtigung der Vorgaben der EU-Taxonomie bei der Einhaltung der Mindestanforderungen in den Bereichen Governance, Menschen- und Arbeitnehmerrechte („minimum safeguards"), den NFRD bzw. zukünftig den CSRD-Anforderungen.

43 Da die LkSG-Berichtspflichten eine Schnittmenge mit den Berichtspflichten nach § 289c HGB bzw. nach der Taxonomie-Verordnung aufweisen, wird sich die LkSG-Umsetzung auch in der handelsrechtlichen nichtfinanziellen Berichterstattung niederschlagen. Eine vollständige Aufnahme der Berichterstattung nach § 10, insbes. eine Aussage zur Erfüllung der Sorgfaltspflichten aus dem LkSG, in die handelsrechtliche nichtfinanzielle Berichterstattung, erscheint tendenziell nicht zulässig, aufgrund unterschiedlicher Adressaten, Zielsetzung, Berichtsvorgaben und Wesentlichkeitsschwellen für die jeweilige Berichterstattung.

44 Der Bericht ist spätestens **vier Monate nach dem Ende des Geschäftsjahres** einzureichen (§ 12 Abs. 2). Dies entspricht den Offenlegungsvorgaben für die Finanzberichterstattung von börsennotierten Unternehmen, ist jedoch deutlich kürzer als die Offenlegungsfrist von zwölf Monaten für nicht-börsennotierte Unternehmen. Entspricht das Berichtsjahr, wie bei den meisten Unternehmen dem Kalenderjahr, so hat die Einreichung bis zum 30. April des jeweiligen (Folge-)Jahres zu erfolgen (s. Sonderregelungen für das erste Berichtsjahr → Rn. 48).

Beispiel 1: Börsennotiertes Unternehmen – per Bilanzpressekonferenz Bei Kapitelmarktorientierten Unternehmen wird die Veröffentlichung des Geschäftsberichts i. d. R. durch eine Bilanzpressekonferenz begleitet, die üblicherweise in den Monaten März und April erfolgt. Es ist zu empfehlen, den BAFA-Fragebogen zeitnah und im besten Fall zeitgleich, wie auch andere Berichte bspw. Impact Reports zu Grünen Anleihen iRd Bilanzpressekonferenz zu veröffentlichen (vgl. Handlungsanleitung zum Kernelement Berichterstattung des Branchendialogs Automobilindustrie: Handlungsanleitung zum Kernelement Berichtserstattung, S. 8, https://www.csr-in-deutschland.de/SharedDocs/Downloads/DE/NAP/Branchendialoge/handlungsanleitung-grundsatzerklaerung.pdf;jsessionid=011F074F4A9795F47442DB29BC002FA8.delivery1-master?__blob=publicationFile, letzter Zugriff 30.11.2022). Dies bedeutet, dass der Bericht spätestens am gleichen Tag auf der BAFA-Internetplattform eingereicht wird. Damit zeigt ein Unternehmen an, dass der BAFA-Fragebogen im gleichen Standard-Berichtszyklus auf Basis belastbarer Prozesse erstellt wurde.

Parallel sollte der BAFA-Fragebogen auf der Unternehmensinternetseite verfügbar sein. Es ist ggf. zu empfehlen, auf der unternehmenseigenen Internetseite zusätzliche Informationen zu veröffentlichen, um den Adressaten ggf. notwendige Kontextinformationen sowie die wesentlichen Informationen lesergerecht und ohne Vorhandensein von detailliertem Rechtswissen zusammengefasst darzustellen (Handlungsanleitung zum Kernelement Berichterstattung des Branchendialogs Automobilindustrie: Handlungsanleitung zum Kernelement Berichtserstattung, S. 7, https://www.csr-in-deutschland.de/SharedDocs/Downloads/DE/NAP/Branchendialoge/handlungsanleitung-grundsatzerklaerung.pdf;jsessionid=011F074F4A9795F47442 DB29BC002FA8.delivery1-master?__blob=publicationFile, letzter Zugriff 30.11.2022).

In den ersten Berichtsjahren kann der BAFA-Fragebogen zeitunabhängig von Abschluss und Lagebericht eingereicht und veröffentlicht werden, um auf die Besonderheiten der Information hinzuweisen.

III. Fortlaufende Dokumentation und Aufbewahrung

Unternehmen müssen ihre **Aktivitäten** iRd LkSG-Umsetzung **fortlaufend dokumentieren** (§ 10 Abs. 1 S. 1). Diese Dokumentation bspw. der Verantwortlichkeiten und bei den regelmäßig zu aktualisierenden Risikoanalysen bilden die Grundlage zur Befüllung des BAFA-Fragebogens. Auch besteht so die Möglichkeit, dass Unternehmen kurzfristig zu ihren Aktivitäten zur Wahrnehmung ihrer menschenrechtlichen Sorgfaltspflicht gegenüber dem BAFA und anderen interessierten Stakeholdern auskunftsfähig sind. Die Dokumentation bildet zuletzt auch die Grundlage für die Unternehmensführung, nachzuweisen, dass sie ihren LkSG-Sorgfaltspflichten angemessen und wirksam nachgekommen ist und kann im Falle von (vermuteten) Verstößen ihrer Exkulpation iS einer Entlastung oder Schuldbefreiung dienen. 45

Die **Dokumentation** ist für den Zeitraum von **mind. sieben Jahren** ab dem Zeitpunkt ihrer Erstellung **aufzubewahren** (§ 10 Abs. 1 S. 2). Es bietet sich daher an, die Dokumente zu **digitalisieren** und archivieren, so dass diese unabhängig von Personalwechseln und unternehmensbezogenen Umstrukturierungen für diesen Zeitraum verfügbar sind. Zu diesem Zweck sollten ferner **Berichtszuständigkeiten, Berichtswege** und **Berichtselemente** in eindeutigen **Berichtshandbüchern („Reporting Manuals")** definiert werden, sodass der Aufstellungsprozess reproduzierbar und im Zeitablauf konsistent ist (zur Regelung der Zuständigkeiten → § 4 Rn. 46). 46

IV. Prüfung des Berichts durch das BAFA und Nachbesserungsverlangen

Das BAFA kann nach inhaltlicher Prüfung der Berichterstattung gem. § 13 Abs. 2 **Nachbesserungen der Berichterstattung** hinsichtlich der identifizierten menschenrechtlichen und umweltbezogenen Risiken oder Verletzungen, Maßnahmen zur Erfüllung seiner Sorgfaltspflichten, zur Bewertung der Auswirkungen und Wirksamkeit der Maßnahmen sowie daraus folgenden Schlussfolgerungen für künftige Maßnahmen fordern bzw. Nachbesserungen hinsichtlich der Angaben, dass keine Risiken oder Verletzungen identifiziert wurden (zum Nachbesserungsverlangen → § 13 Rn. 11 f.). 47

Für alle **Berichte,** die **zwischen dem 1.1.2023 und dem 1.6.2024** beim BAFA einzureichen und auf der Internetseite der Unternehmen zu veröffentlichen sind, gilt ausweislich der **FAQ zum LkSG** (Frage XIII. 2. (Stand: 27.2.2023)) folgendes: 48

> *„Das BAFA wird erstmalig zum Stichtag 1. Juni 2024 das Vorliegen der Berichte sowie deren Veröffentlichung nachprüfen. Auch wenn die Übermittlung eines Berichts an das BAFA und dessen Veröffentlichung nach dem LkSG bereits vor diesem Zeitpunkt fällig war, wird das BAFA die Überschreitung der Frist nicht sanktionieren, sofern der Bericht zum 1. Juni 2024 beim BAFA vorliegt. Bei Einreichung eines solchen Berichts ab dem 1. Juni 2024 kann das BAFA die fehlende bzw. verspätete Einreichung/Veröffentlichung anmahnen und ggfs. sanktionieren. Für Berichte, deren Einreichungsfrist am bzw. nach dem 1. Juni 2024 endet, gelten keine Besonderheiten. Das BAFA kann unmittelbar deren nicht bzw. nicht rechtzeitige Einreichung (und Veröffentlichung) anmahnen und ggfs. sanktionieren.*
>
> *Unternehmen, die vor dem 1. Juni 2024 berichten, kann das BAFA iRd Berichtsprüfung nach § 13 LkSG bei Bedarf lediglich Hinweise geben, wie den Anforderungen des § 10 Abs. 2 und 3 LkSG in Folgeberichten Rechnung getragen werden sollte. Von Nachbesserungsverlangen bzgl. inhaltlicher Mängel dieser Berichte sieht das*

BAFA ab. Für die ab dem 1. Juni 2024 eingereichten Berichte wird das BAFA ggf. erforderliche Nachbesserungen nach § 13 LkSG verlangen, wenn die Anforderungen nach § 10 Abs. 2 und 3 LkSG nicht erfüllt werden und hierzu bei Verstößen ggfs. Sanktionen aussprechen.

Die Erfüllung der übrigen Sorgfaltspflichten gemäß der §§ 4 bis 10 Abs. 1 LkSG sowie deren Kontrolle und Sanktionierung durch das BAFA, für welche auch Angaben aus einem Bericht Anlass geben können, werden von dieser Stichtagsregelung nicht berührt.“

V. Öffentlicher, kostenfreier Zugang

49 Der aktuelle Bericht bzw. der BAFA-Fragebogen sind ab dem erstmaligen Zeitpunkt der Veröffentlichung im Jahr 2024 frei zugänglich auf der Internetseite des Unternehmens einzustellen.

50 Es bietet sich an, den BAFA-Fragebogen auf der Internetseite eines Unternehmens auf den Nachhaltigkeitsseiten eines Unternehmens oder alternativ bspw. auf etwaigen Unterseiten Compliance oder Einkauf zu platzieren und entsprechende Verweise zu setzen, so dass die Informationen für Rechteinhaber und andere Interessierte gut auffindbar sind. Außerdem empfiehlt sich den BAFA-Fragebogen iRd Geschäftsberichterstattung zu verweisen bzw. zu verlinken.

51 **Übersicht der Anforderungen an die Offenlegung der Berichterstattung**

	NAP	**CSR-RUG**	**LkSG**
Berichtspflicht	nein, aber Empfehlung für Unternehmen, deren Geschäftstätigkeit ein besonders hohes Risiko nachteiliger Auswirkungen birgt	ja, für kapitalmarktorientierte Unternehmen, Kreditinstitute und Versicherungen bei Erfüllung bestimmter Größenkriterien	ja, für Unternehmen ungeachtet ihrer Rechtsform – Ab 2023: Unternehmen, die mindestens 3.000 Arbeitnehmer*innen in Inland beschäftigen; ins Ausland entsandte Arbeitnehmer*innen sind erfasst. – Ab 2024 beträgt der Schwellenwert 1.000 Arbeitnehmer*innen.
Ort der Veröffentlichung	frei wählbar	Internetseite des Unternehmens und/oder als Teil des bzw. zusammen mit dem Lagebericht im Bundesanzeiger	Internetseite des Unternehmens und elektronische Übermittlung an das Bundesamt für Wirtschaft und Ausfuhrkontrolle
Format	frei wählbar	optional Integration in den Lagebericht – gesonderter Abschnitt im Lagebericht – Integration in bestehendes anderes Berichtsformat – gesonderter Bericht	gesonderter Bericht

	NAP	CSR-RUG	LkSG
Möglichkeit der Integration in bestehende Berichte	gegeben	gegeben	nicht gegeben
Turnus	anlassbezogen und regelmäßig	jährlich	jährlich
Zeitpunkt und Dauer der Veröffentlichung	anlassbezogen	spätestens vier Monate nach dem Abschlussstichtag und mindestens für zehn Jahre	spätestens vier monate nach dem Schluss des Geschäftsjahrs und für sieben Jahre

Abb. 2: Vergleich NAP, CSR-RUG und LkSG

(vgl. Handlungsanleitung zum Kernelement Berichterstattung des Branchendialogs Automobilindustrie: Handlungsanleitung zum Kernelement Berichtserstattung, S. 14, https://www.csr-in-deutschland.de/SharedDocs/Downloads/DE/NAP/Branchendialoge/handlungsanleitung-grundsatzerklaerung.pdf;jsessionid=011F07-4F4A9795F47442DB29BC002FA8.delivery1-master?__blob=publicationFile, letzter Zugriff 30.11.2022).

Zusammenfassend sind die Anforderungen des LkSG somit deutlich konkreter **52** gefasst und schränken somit die Freiheitsgrade von Unternehmen in der Berichterstattung im Vergleich zur bisherigen freiwilligen Berichterstattung nach UNGP, NFRD und GRI deutlich ein. Gleichzeitig wird, und dies ist positiv hervorzuheben, den Nutzern der Zugriff und die Durchsicht bzw. Lektüre auf relevante und wesentliche Informationen deutlich erleichtert.

D. Inhaltliche Anforderungen an den Bericht

Im BAFA-Fragebogen werden alle wesentlichen Sorgfaltspflichten von Unter- **53** nehmen abgefragt. Unternehmen sollen auf Basis einer angemessenen Risikoanalyse nachvollziehbar Auskunft darüber geben, ob und welche menschenrechtlichen und umweltbezogenen Risiken oder Verletzungen ein Unternehmen identifiziert hat. Außerdem welche Maßnahmen es zur Erfüllung seiner Sorgfaltspflichten unternommen hat, angefangen über das Verfassen einer Grundsatzerklärung, über Präventions- bis hin zu Abhilfemaßnahmen, die ggf. auch auf Basis von validen Beschwerden ergriffen wurden (s. dazu → § 6 Rn. 13 ff., 29 ff.; → § 7 Rn. 5 ff., 16 ff., 30 ff.). Unternehmen werden zudem aufgefordert, die Auswirkungen und die Wirksamkeit der Maßnahmen zu bewerten. Abschließend soll dargelegt werden, welche Schlussfolgerungen es aus dieser Bewertung gezogen hat.

Mit der vollständigen und wahrheitsgemäßen Beantwortung dieser Teilaspek- **54** te iRd Fragebogens werden die inhaltlichen Anforderungen an den Bericht erfüllt.

I. Stammdaten

55 Der BAFA-Fragebogen beginnt mit Angaben zur berichtenden Organisation.

56 Damit das BAFA eine effiziente und sorgfältige Untersuchung der Wahrnehmung der Sorgfaltspflicht durchführen kann, ist eine umfassende und vollständige Beantwortung der Stammdaten inkl. freiwilliger Angaben zur Unternehmens- und Beschaffungsstruktur daher (sehr) zu empfehlen.

II. Verkürzte vs. vollständige Berichtspflicht

57 Grundsätzlich wird davon ausgegangen, dass Unternehmen den gesamten Fragebogen ausfüllen, dh neben den Stammdaten den vollständigen Berichtsfragebogen beantworten. So wird zur Feststellung der Berichtsart, **ob die verkürzte Berichtspflicht** oder die **vollständige Berichtspflicht** zutreffend ist, abgefragt, ob im Berichtszeitraum ein menschenrechtliches oder umweltbezogenes Risiko bzw. eine Verletzung einer menschenrechts- oder umweltbezogenen Pflicht durch das Unternehmens festgestellt wurde. (s. auch Form und Einreichung des Berichts → Rn. 36 ff.).

1. Verkürzte Berichtspflicht

58 Nur wenn iRd Risikoanalyse (gem. § 5) keine menschenrechtlichen oder umweltbezogenen Risiken sowie keine Verletzungen entsprechender Pflichten festgestellt werden, sind keine weiteren Ausführungen erforderlich. Hierfür ist eine plausible Darlegung dessen erforderlich. Davon ist im Regelfall bei den meisten Unternehmen nicht auszugehen. Selbst wenn keine explizite nachweisbare oder vermutete Verletzung vorliegt, dürften bei den allermeisten Unternehmen potenzielle Risiken entlang der Lieferkette bezogen auf Missachtung des Arbeitsschutzes, der Koalitionsfreiheit oder der Diskriminierung bestehen.

59 Sollten keine Risiken oder Verletzungen vorliegen, erfordert dies zunächst die explizite Verneinung der Frage, ob im Berichtszeitraum ein menschenrechtliches oder umweltbezogenen Risiko oder eine Verletzung einer menschenrechts- und umweltbezogenen Pflicht festgestellt wurde. Hierzu sind zudem per Freitext vertiefende Angaben machen.

60 Wird die Frage nach festgestellten Risiken verneint, sind **(plausible) Angaben zum Zeitraum sowie den wesentlichen Schritten der regelmäßigen Risikoanalyse**, und auch zu **Beschwerdeverfahren** zu tätigen. Außerdem ist darzulegen, ob Interessen potenziell betroffener Personen angemessen berücksichtigt wurden.

61 Bezogen auf die Risikoanalyse wird es erforderlich, aber auch ausreichend sein, die internen und externen Quellen iRd abstrakten Risikobetrachtung sowie die Methodik der Identifikation, Bewertung und ggf. Priorisierung iRd konkreten Risikoanalyse zu beschreiben.

62 Mit Blick auf die Berücksichtigung von potenziell betroffenen Personen in der Risikoanalyse ist bei auffälligen Warengruppen, die auf Basis **belastbarer Informationsquellen,** wie Länder-Updates von staatlichen Quellen, NGO-Reports und oder Medienanalysen aktuell oder in der jüngsten Vergangenheit Erwähnung fanden, zu prüfen, ob ausgewählte Personengruppen, wie zB Mitarbeiter, Anwohner oder indigene Gruppen besonders betroffen sind. Hier könnten dann über Gewerkschaften, lokalen oder internationale NGOs Zusatzinformationen eingeholt werden. Auch anlassbezogene Risikoanalysen können auf Basis ähnlicher Quellen ausgelöst werden.

63 Analog verhält es sich bei der Analyse der Ergebnisse der Hinweise aus Beschwerdeverfahren, die idR von Unternehmen nach unterschiedlichen Kategorien unterschieden werden. Auch hier ist der Beleg zu erbringen, dass keine LkSG-bezogenen Risiken berührt sind.

Von Unternehmen, die im Berichtszeitraum weder Risiken noch Verletzungen einer Pflicht mit Menschenrechts- oder Umweltbezug festgestellt haben, werden zudem **erweiterte Angaben zur Unternehmens- und Beschaffungsstruktur** nachgefragt, die jedoch im generierten BAFA-Bericht nicht veröffentlicht werden. Es entsteht bei dieser Übung der Eindruck, dass sich das jeweilige Unternehmen nochmals abschließend darüber bewusstwerden soll, ob tatsächlich weder Risiken noch Verletzungen mit Menschenrechts- oder Umweltbezug bestehen. Sollte dies tatsächlich der Fall sein, dann werden folgende weiteren Elemente abgefragt: 64

1. **Listung aller Branchen des eigenen Geschäftsbereichs** nach NACE Sektorklassifizierung
2. **Liste aller verbundenen Unternehmen** auf die ein bestimmender Einfluss (§ 2 Abs. 6 S. 2) ausgeübt wird (inkl. Anzahl der Arbeitnehmer, Hauptsitz, Standorte im Ausland, Branchen und Wertschöpfungsbereiche)
3. sowie allgemeine **Angaben zur Beschaffungsstruktur** (inkl. Produktionsländer, Gesamtanzahl unmittelbarer Zulieferer, für das Geschäftsmodell relevante Warengruppen und Rohstoffe).

Für alle drei Elemente ist die Vorbereitung von Tabellen zu empfehlen, so dass die Befüllung der Freitext- sowie Single- und Multiple-Choice-Fragen ohne weiteren Zusatzaufwand möglich ist. Die zusätzliche Bereitstellung eines Merkblatts zum Fragebogen in pdf-Format durch das BAFA erleichtert die Vorbereitungsschritte. (vgl. https://www.bafa.de/SharedDocs/Downloads/DE/Lieferketten/lksg_berichtspflicht_fragebogen.html?nn=1469768, letzter Zugriff 24.8.2023). Für die Zuordnung der **NACE-Sektorklassifizierung** ist ein einfacher Abgleich mit den NACE-Codes auf der NACE-Internetseite erforderlich (vgl. https://nacev2.com/de, letzter Zugriff 30.11.2022). So bietet sich eine Auflistung der Informationen über eine Tabelle an, mit den verbundenen Unternehmen je Zeile und den entsprechenden Kriterien per Spalte. 65

2. Vollständige Berichtspflicht

Sollte **mind. ein menschenrechts- oder umweltbezogenes Risiko oder eine entsprechende Verletzung** festgestellt werden, so ist der vollständige Berichtsfragebogen auszufüllen. Dieser umfasst Angaben zu den fünf Teilaspekten **Strategie und Verankerung, Risikoanalyse und Präventionsmaßnahmen, Feststellungen von Verletzungen und Abhilfemaßnahmen, Beschwerdeverfahren und Überprüfung des Risikomanagements.** 66

Es ist davon auszugehen, dass eine Vielzahl von Unternehmen aufgrund ihrer Beschaffungsstruktur Rohstoffe und/oder Waren aus Ländern beziehen, bei denen zumindest potenziell menschenrechts- oder umweltbezogene Risiken bestehen. Daher dürfte die deutliche Mehrheit der Unternehmen über 3.000 Mitarbeiterinnen direkt im Berichtsjahr 2023 der vollständigen Berichtspflicht unterliegen. Insbesondere dürfte dies für jene Unternehmen gelten, die von bestimmten **Rohstoffen,** wie bspw. Kohle, Gas oder Kupfer oder seltene Erden für ihr Geschäftsmodell abhängig sind, da sie diese Rohstoffe aus Ländern beziehen bei denen besonders häufig menschenrechts- und umweltbezogene Risiken im Abbau oder im Transport bestehen. Dies trifft bspw. für eine Vielzahl an Branchen zu, die Rohstoffe aus dem afrikanischen, den südamerikanischen und (ost-)asiatischen Kontinents beziehen (vgl. https://wirtschaft-entwicklung.de/wirtschaft-menschenrechte/csr-risiko-check/, letzter Zugriff, 30.11.2022. 67

III. Darlegung wesentlichen Sorgfaltspflichten

Für die Berichterstattung über die Erfüllung der LkSG-Sorgfaltspflichten sieht der BAFA-Fragebogen fünf Teilkapitel vor: 68

A. Strategie und Verankerung

B. Risikoanalyse und Präventionsmaßnahmen
C. Feststellungen von Verletzungen und Abhilfemaßnahmen
D. Beschwerdeverfahren
E. Überprüfung des Risikomanagements

69 Grundsätzlich ist bei der Beantwortung dieser Teilaspekte zu beachten, dass es sich häufig um Ja/Nein-Fragen **(Single Choice)** handelt. Teilweise besteht anstelle einer Single Choice-Option die Möglichkeit, ein **„Häkchen"** an eine vorformulierte Antwort mit einer **Bestätigung** zu setzen (Beispiel: „*Es wird bestätigt, dass die Geschäftsleitung einen Berichtsprozess etabliert hat* […]"). Sollten die entsprechenden LkSG-Anforderungen nicht erfüllt sein, müssen die Fragen explizit verneint werden bzw. dürfte kein Häkchen an die Bestätigung gesetzt werden. In diesen Fällen ist jeweils per Freitext eine **nachvollziehbare Begründung** anzugeben (vgl. https://www.csr-in-deutschland.de/SharedDocs/Downloads/DE/NAP/Branchendialoge/handlungsanleitung-berichterstattung.pdf?__blob=publicationFile, S. 8, letzter Zugriff 30.11.2022). So können bspw. gerade zu Beginn der Berichterstattung bestimmte Prozesse im Unternehmen noch nicht etabliert oder Verantwortungsträger noch nicht benannt sein. Es ist davon auszugehen, dass das BAFA insbes. bei verneinten Fragen eine vertiefte Überprüfung vornimmt, wenn und weil dies zumindest indiziert, dass das betreffende Unternehmen die entsprechenden Sorgfaltspflichten nicht oder zumindest nicht angemessen und wirksam umgesetzt hat.

70 Zudem ist zu beachten, dass der BAFA-Fragebogen insbes. innerhalb der Teilkapitel B. und C. zwischen Maßnahmen im **eigenen Geschäftsbereich** und bezogen auf die **unmittelbaren Zulieferer** und die **mittelbaren Zulieferer** unterscheidet, wobei Angaben zu letzterem bekannterweise nur bei substantiierter Kenntnis zu tätigen sind.

71 Außerdem sind bei ausgewählten Fragen in den Teilkapiteln C. bis E. grds. Angaben zur **Wirksamkeit der Prozesse** abzugeben. Im Glossar zum BAFA-Fragebogen wird in diesem Zusammenhang erwähnt, dass die Wirksamkeit der Bewertungsmaßstab für das Risikomanagement und die Umsetzung der Sorgfaltspflichten zur Verbesserung der internationalen Menschenrechtslage darstellt. Etwas konkreter bedeutet dies, dass iRd Wirksamkeitskontrolle Unternehmen über die Einrichtung geeigneter Verfahren regelmäßig den Erfolg der ergriffenen Maßnahmen zu überprüfen haben (vgl. https://www.csr-in-deutschland.de/SharedDocs/Downloads/DE/NAP/Branchendialoge/handlungsanleitung-berichterstattung.pdf?__blob=publicationFile, letzter Zugriff, 30.11.2022).

1. Strategie und Verankerung (Teilkapitel A)

72

A1	Überwachung des Risikomanagements und Verantwortung der Geschäftsleitung
A2	Grundsatzerklärung über die Menschenrechtsstrategie
A3	Verankerung der Menschenrechtsstrategie innerhalb der eigenen Organisation

73 Im ersten Teilkapitel A1 werden die Namen und Funktionen der für die Überwachung des Risikomanagementsystems zuständigen Person(en) abgefragt (s. dazu → § 4 Rn. 46 ff.). Sollte diese Zuständigkeit nicht festgelegt sein, muss dies in einem Freitextfeld begründet werden.

74 Sodann ist zu bestätigen, dass die Geschäftsleitung einen Berichtsprozess etabliert hat, der iSd § 4 Abs. 3 eine regelmäßige Berichterstattung an sie gewährleistet. Hierbei ist in einem Freitextfeld der entsprechende Prozess zu beschreiben (dazu → § 4 Rn. 69 f.).

75 Im zweiten Teilkapitel A2 steht die Darlegung von wesentlichen Informationen zur Grundsatzerklärung (§ 6 Abs. 2) im Mittelpunkt. So muss ihre Existenz bestä-

tigt werden, das (aktuelle) Dokument hochgeladen und der entsprechende Link angegeben werden.

Sodann ist zu bestätigen, dass die Grundsatzerklärung gegenüber Beschäftigten, ggf. dem Betriebsrat, den unmittelbaren Zulieferern, bei denen iRd Risikoanalyse ein Risiko festgestellt wurde und der Öffentlichkeit kommuniziert wurde. In einem Freitext muss anschließend beschrieben werden, wie die Grundsatzerklärung an die jeweils relevanten Zielgruppen kommuniziert wurde. Im eigenen Geschäftsbereich dürfte hierbei eine Mitteilung per E-Mail oder auf der Intranetseite genügen. Gegenüber der Öffentlichkeit sollte die Grundsatzerklärung grds. als kommuniziert gelten, wenn diese auf der Homepage abgerufen werden kann. Eine Kommunikation gegenüber unmittelbaren Zulieferern sollte nur bei solchen Zulieferern zu erfolgen, bei denen konkrete Risiken festgestellt worden sind. Hier ist es ratsam, wenn der Link zu der entsprechenden Seite im Internet in den Einkaufsbedingungen oder der Einkaufsbestellung („Purchase Order") klar sichtbar enthalten ist. Wenn noch weitere Zielgruppen über die Grundsatzerklärung direkt informiert werden, so sollte dies hier auch beschrieben werden. 76

Zukünftig, dh ab dem zweiten Bericht, muss zudem noch erläutert werden, ob die Grundsatzerklärung im Berichtszeitraum aktualisiert wurde, und warum ggf. Aktualisierungen vorgenommen wurden. 77

Im dritten Teilkapitel A3 muss angegeben werden, in welchen maßgeblichen Fachabteilungen/Geschäftsabläufen die Verankerung der Menschenrechtsstrategie innerhalb des Berichtszeitraums sichergestellt worden ist. Es können per Multiple Choice-Eintrag bis zu 19 Fachabteilungen/Geschäftsabläufe angeklickt werden, von Personal/HR bis zum Wirtschaftsausschuss. Letztlich geht es bei dieser Frage darum, welche Fachabteilungen/Geschäftsabläufe bei der Umsetzung des LkSG eingebunden wurden und damit Teil des LkSG-Risikomanagements sind. Wird keine der genannten Fachabteilungen/Geschäftsabläufe angeklickt, ist dies in einem Freitextfeld zu begründen. Dies deutet darauf hin, dass wenn bspw. weder der Einkauf noch HR, die Rechts- oder Compliance-Abteilung eingebunden sind, dies ein Indiz dafür sein kann, dass keine wirksame Umsetzung des LkSG erfolgt ist. 78

2. Risikoanalysen und Präventionsmaßnahmen (Teilkapitel B)

79

B1	Durchführung, Vorgehen und Ergebnisse der Risikoanalyse
B2	Präventionsmaßnahmen im eigenen Geschäftsbereich
B3	Präventionsmaßnahmen bei unmittelbaren Zulieferern
B4	Präventionsmaßnahmen bei mittelbaren Zulieferern
B5	Kommunikation der Ergebnisse
B6	Änderung der Risikodisposition

Im ersten Teilkapitel B1 werden von Unternehmen Angaben zur Durchführung bzw. dem Vorgehen sowie den Ergebnissen der **regelmäßigen Risikoanalyse** erwartet. Bei **anlassbezogenen Risikoanalysen** ist der genaue Anlass für die Durchführung per Multiple Choice anzugeben (s. dazu → § 5 Rn. 186 f.). Im Fokus steht auch die genaue Benennung, welcher der zehn menschenrechts- und drei umweltbezogenen Risiken im eigenen Geschäftsbereich, bei unmittelbaren Zulieferern und ggf. bei mittelbaren Zulieferern iRd Risikoanalysen konkret ermittelt wurden. Abschließend ist per Multiple Choice anzugeben, ob bei der Risikoanalyse eine Gewichtung und ggf. Priorisierung vorgenommen und auf Basis welcher Angemessenheitskriterien. 80

In den Teilkapiteln B2+B3+B4 wird zunächst nach den **priorisierten Risiken** im eigenen Geschäftsbereich, bei unmittelbaren und mittelbaren Zulieferern ge- 81 fragt. Per **Multiple Choice** ist das konkrete Risiko zu nennen sowie das **Land,** in dem das Risiko auftritt.

82 Anschließend wird – wieder durch **Multiple Choice** – anzugeben, welche **Präventionsmaßnahmen** im eigenen Geschäftsbereich, bei unmittelbaren und mittelbaren Zulieferern zur Minimierung der festgestellten Risiken umgesetzt wurden (s. dazu → § 6 Rn. 13 ff., 29 ff.). Die umgesetzten Maßnahmen sind sodann in einem **Freitextfeld** zu **spezifizieren** und hierbei auch zu erläutern, inwieweit die Maßnahmen **angemessen** und **wirksam** sind.

83 Die Antworten zu den konkreten Risiken ergeben sich durch die Ergebnisse des (in der Regel bestehenden) Risikomanagements im eigenen Geschäftsbereich. Hier müssen jedoch im Vergleich zu früher entsprechende **Positivmeldungen** formuliert werden, auch wenn keine menschenrechts- und umweltbezogenen Risiken vorliegen. Das ist die Grundlage dafür, dass bspw. angegeben werden kann, dass keine Risiken im eigenen Geschäftsbereich bestehen. Dies könnte bei einer Vielzahl der Unternehmen der Fall sein, die bspw. nur Standorte in der Europäischen Union haben. Bei den unmittelbaren Zulieferern bietet es sich an sich auf die Ergebnisse der abstrakten und konkreten Risikoanalyse zu beziehen. So können die festgestellten Risiken mind. auf Warengruppen- und noch besser auf Lieferantenebene zugeordnet werden, so dass die Präventionsmaßnahmen direkt adressiert und umgesetzt werden können und im Nachgang auch dokumentiert werden können. **Software-Tools** unterstützen den Prozess bei Bedarf über anwenderfreundliche Lösungen. Auch können hier gleichzeitig auch Prozesse zur Prüfung der Wirksamkeit angedockt werden. Analog sollen die Ergebnisse in B4 auch für die mittelbaren Zulieferer abgebildet werden.

84 Im Teilkapitel B5 wird dargelegt, welche internen Entscheidungsträger die Ergebnisse der Risikoanalyse informiert wurden. Über ein **„Häkchen"** kann die vorformulierte Antwort bestätigt werden, dass die Ergebnisse der Risikoanalyse an die maßgeblichen Entscheidungsträger kommuniziert wurde. Sollten diese LkSG-Anforderungen nicht erfüllt sein, muss dies separat begründet werden.

85 Im Teilkapitel B6 soll dezidiert auf mögliche **Veränderungen in der prioritären Risikosetzung** hingewiesen werden. Grundsätzlich kann hier zukünftig gut abgelesen werden, ob es Veränderungen zum Vorjahr gegeben hat. Dieses Teilkapitel steht daher mutmaßlich in den Folgejahren stärker im Mittelpunkt der Bearbeitung durch Unternehmen.

3. Feststellungen von Verletzungen und Abhilfemaßnahmen (Teilkapitel C)

86

C1	Feststellungen von Verletzungen und Abhilfemaßnahmen im eigenen Geschäftsbereich
C2	Feststellungen von Verletzungen und Abhilfemaßnahmen bei unmittelbaren Zulieferern
C3	Feststellungen von Verletzungen und Abhilfemaßnahmen bei mittelbaren Zulieferern

87 In Abgrenzung zur Risikoanalyse und zu den Präventionsmaßnahme geht es bei der Analyse der Verletzungen um die **Feststellung von Verletzungen** und das **Ergreifen von konkreten Abhilfemaßnahmen** (s. dazu → § 7 Rn. 5 ff., 16 ff., 30 ff.).

88 Für die Feststellung von Verletzungen einer menschenrechts- oder umweltbezogenen Pflicht im eigenen Geschäftsbereich, bei unmittelbaren Zulieferern oder mittelbaren Zulieferern sind in den Teilkapitel C1, C2 und C3 Angaben zu tätigen, wobei jeweils das **Verfahren zur Feststellung** genannt werden muss, außerdem der Ansatz beschrieben werden, welche **Abhilfemaßnahmen** ergriffen wurden

und ihre **Wirksamkeit** dargestellt werden. Im Mittelpunkt steht die Frage, in welchen Themen Verletzungen im eigenen Geschäftsbereich festgestellt wurden, dies sind bezogen auf die menschenrechts- und umweltbezogenen Risiken per Multiple Choice anzugeben.

Außerdem ist zu prüfen, ob die Maßnahmen eingeleitet und ob die Verletzung(en) beendet werden konnte(n). Falls diese nicht beendet werden konnten, können weitere Angaben getätigt werden, welche erweiterten Maßnahmen ergriffen wurden, ob diese einen Einfluss auf die Beendigung hatten. 89

Abschließend soll von Unternehmen auch noch geprüft werden, ob die identifizierte Verletzung Einfluss auf die Anpassung bzw. Ergänzung von bestehenden Präventionsmaßnahmen hat. 90

Für mögliche Verletzungen im **eigenen Geschäftsbereich** sind idR **Informationen aus Hinweisgebersystemen** bzw. **Beschwerdeverfahren** gute Anhaltspunkte. Für Verletzungen bei unmittelbaren Zulieferern können **Studien** von Think Tanks oder der Zivilgesellschaft wie auch allgemein **investigative Analysen Dritter** zB auch von Medien eine gute Grundlage bilden. Zur belastbaren Feststellung von Verletzungen aber auch ob die Abhilfemaßnahmen wirkungsvoll sind zu einer Beendigung führen sind **Beauftragungen von internen Revisionsstellen** im eigenen Geschäftsbereich oder von **externen Auditoren** für die Feststellung zudem bei Zulieferern ggf. sinnvoll. 91

Es wird grds. für Unternehmen eine hohe Herausforderung darstellen, insbes. **Verletzungen entlang der Lieferkette bei Zulieferern definitiv zu festzustellen.** Hier gilt es für Unternehmen insbes. in politisch sensiblen Kontexten Angaben mit Augenmaß zu tätigen, um keine direkten oder indirekten negativen Konsequenzen für die eigenen Geschäftstätigkeit zu erfahren und ggf. stärker eigene Bewertungen zunächst bei den Antworten zu Risiken zu verorten bis abschließende Bewertungen von Verletzungen belastbar getätigt werden können (vgl. dazu Risikoanalyse und Präventionsmaßnahmen). 92

Bei mittelbaren Zulieferern gestaltet sich die Erhebung der genannten Angaben und das Ergreifen der Maßnahmen nochmals als ungleich schwieriger, von der Feststellung der Verletzungen, über das Ergreifen und Umsetzen geeigneter Maßnahmen und der Prüfung der Wirksamkeit. 93

4. Beschwerdeverfahren (Teilkapitel D)

94

D1	Einrichtung oder Beteiligung an einem Beschwerdeverfahren
D2	Anforderungen an das Beschwerdeverfahren
D3	Umsetzung des Beschwerdeverfahrens

Bezogen auf das **Beschwerdeverfahren** werden unter D1 per Multiple Choice Angaben zur Art. des Beschwerdeverfahrens verlangt, ob es sich um **eigenes** oder um ein **externes Verfahren** handelt, oder welche Kombinationsform (s. dazu → § 8 Rn. 20 ff.). Im Mittelpunkt steht die Frage (per Multiple Choice Angabe), welche Akteure **Zugang zum Beschwerdeverfahren** haben, die eigenen Arbeitnehmer für den eigenen Geschäftsbereich und Arbeitnehmer bei den unmittelbaren und mittelbaren Zulieferern, aber auch andere Akteure wie Gemeinschaften in der Nähe von Unternehmensstandorten oder externe Stakeholder wie NGOs und Gewerkschaften. Außerdem wird nachgefragt, wie der Zugang zum Verfahren für die genannten Gruppen sichergestellt wird. Angefangen beim Zugang, über Informationen zur Erreichbarkeit bis hin zu Informationen zum Prozess. Außerdem muss die **Verfahrensordnung** öffentlich – im Regelfall per Internetseite – verfügbar sein. 95

In D2 werden die Angaben zu den Zuständigkeiten für ein unabhängiges Verfahren erwartet, ebenso Angaben zu getroffenen Vorkehrungen zum **Schutz po-** 96

tenziell Beteiligter vor einer Benachteiligung oder Bestrafung. Hier sind Fragen der **Vertraulichkeit der Identität von Hinweisgebenden** bedeutsam.

97 Bei Fragen zur Umsetzung des Beschwerdeverfahrens in D3 sind genaue Angaben zu tätigen, **ob und wie viele Beschwerden eingegangen sind, außerdem Angaben zur Anzahl, Inhalt, Dauer und Ergebnis der Verfahren.** Ein weiterer wichtiger Aspekt ist auch hier die Konkretisierung per Multiple Choice Angabe zu welchen menschenrechts- und umweltbezogenen Themen Beschwerden eingegangen sind. Auf der Basis sollen zudem Angaben gemacht werden, welche Erkenntnisse aus den eingegangenen Beschwerden für die Anpassung des Risikomanagements gezogen wurden.

5. Überprüfung des Risikomanagements (Teilkapitel E)

98 Abschließend werden Angaben zum Prozess zur **Gesamtbewertung des Risikomanagement** abgefragt. Zur Erinnerung: beim Risikomanagement handelt es sich um den Gesamtkomplex an Strukturen, Prozessen, Vorgaben und Maßnahmen zur Identifikation und zum Umgang mit menschenrechtlichen und umweltbezogenen Risiken und Verletzungen mit dem Ziel diesen vorzubeugen oder sie zu minimieren und zu beenden (s. dazu → § 4 Rn. 46 ff.). Es handelt es sich somit um eine Gesamtbewertung der Wahrnehmung der menschenrechtlichen Sorgfaltspflicht durch ein Unternehmen im eigentlichen Sinne.

99 Gemäß Fragebogen sollen alle **Teilaspekte der Sorgfaltspflicht auf ihre Angemessenheit und Wirksamkeit** regelmäßig überprüft werden. Im Fragebogen ist bezogen auf das Berichtsjahr jeweils per Multiple Choice anzugeben, welche Bereiche des Risikomanagement geprüft wurden. Explizit als Auswahl genannt werden sieben Bereiche:

- Ressourcen und Expertise
- Prozess der Risikoanalyse und Priorisierung
- Präventionsmaßnahmen
- Abhilfemaßnahmen
- Beschwerdeverfahren
- Berücksichtigung der Interessen potenziell Betroffener
- Dokumentation

100 Es soll dargelegt werden, wie die Aspekte der **Angemessenheit und Wirksamkeit** geprüft werden. Beide Teilaspekte erfordern eine jeweils **unternehmensindividuelle Auslegung.** Aufgrund der Unterschiedlichkeit der Unternehmen bezogen auf die Sektoren und Geschäftsmodelle einerseits und aufgrund der mannigfaltigen Auslegungsmöglichkeiten der beiden Teilaspekte andererseits wird es bei diesen Teilaspekten unter Umständen zwischen Unternehmen und ihren Stakeholdergruppen mit großer Wahrscheinlichkeit zu Unstimmigkeiten in der Bewertung geben. Die fehlende Praxiserfahrung auf Seiten der Unternehmen bei der ganzheitlichen Wahrnehmung der Sorgfaltspflichten wie auch der umfassenden Berichtserstellung, aber auch der erstmaligen Prüfung der Berichte auf Seiten des BAFAs wird daher zu Beginn zu höheren Unsicherheitsgraden auf beiden Seiten führen. Es ist daher davon auszugehen, dass sich erst in einigen Jahren ein Mindeststandard bezogen auf die Überprüfung des Risikomanagements und die Interpretation von Angemessenheit und Wirksamkeit herauskristallisieren wird.

a) Angemessenheit

101 Ein System ist angemessen, wenn die Grundsätze und Maßnahmen geeignet sind, mit hinreichender Sicherheit sowohl Risiken für wesentliche Regelverstöße rechtzeitig zu erkennen als auch solche Regelverstöße zu verhindern (vgl. IDW PS 980 Rn. 17, 20).

102 **Kriterien der Angemessenheit** beschreiben die angemessene Weise des unternehmerischen Handelns, dass den vorgeschriebenen Sorgfaltspflichten genügt. Diese richtet sich nach den vier bekannten Kriterien zur Bestimmung der Angemessen-

heit (vgl. § 3 Abs. 2; s. dazu → Rn. 38 ff.). So ist erstens Art. und **Umfang der Geschäftstätigkeit** des Unternehmens zu berücksichtigen. Darüber hinaus zweitens der **Grad des Einflussvermögens** eines Unternehmens. Drittens die erwartende **Schwere der Verletzung bzw. die Umkehrbarkeit der Verletzung** und der **Wahrscheinlichkeit der Verletzung** sowie viertens der **Art. des Verursachungsbeitrag** des Unternehmens.

Es gilt hier die gleiche Form der Überprüfung vorzunehmen wie bei der Risikoanalyse, dh es gilt abschließend die **Verhältnismäßigkeit der ergriffenen Vorkehrungen und Maßnahmen** durch das Unternehmen selbst zu überprüfen. In Abhängigkeit von der Art. und Umfang des Unternehmens ist bspw. zu prüfen, ob **ausreichend Ressourcen** bereitgestellt wurde, und ob ein **adäquater Prozess der Risikoanalyse** aufgestellt wurde. 103

Indizien hierfür sind wie in klassischen Risikomanagement- bzw. IKS-System die klare **Benennung von Verantwortlichkeiten und Zuständigkeiten** sowie ein klar definierter Prozess per Flusschart, das die einzelnen unternehmensinternen Teilschritte auflistet. Bei den Präventions- und Abhilfemaßnahmen sollten bei den **wichtigsten Rohstoffen und Warengruppen** bei den das **Einflussvermögen** bspw. iSd Marktmacht besonders hoch ist umfangreichere und detailliertere Präventions- und Abhilfemaßnahmen vorgenommen werden. Auch dort wo der **unternehmerische Verursachungsbeitrag** zB beim unmittelbaren Zulieferer durch die Form der Vertragsgestaltung bezogen auf die einzelnen Teil-Anforderungen besonders hoch ist, sollten erweiterte Abhilfemaßnahmen, wie zB Schulungen präventiv oder Abhilfeprojekte reaktiv vorgenommen werden. Bei den Bereichen Beschwerdeverfahren und Einbeziehung der Interessen potenziell Betroffener gilt es insbes. darzulegen, dass ausreichend Vorkehrungen getroffenen wurden, dass einerseits alle **Betroffenen unabhängig von Herkunft und Kultur, die vom Unternehmen bereitgestellten Verfahren nutzen können** und dass das Unternehmen bei ausgewählten Risiken, bspw. mit hohem Verursachungsbeitrag besondere Anstrengungen unternommen wurden die Betroffenen direkt in Kontakt zu treten, in dem bspw. in den Abbau- oder Produktionsländern vor Ort Anlaufstellen eingerichtet werden. Dies kann vom Unternehmen selbst oder im Verbund mit anderen Unternehmen erfolgen. Auch die **Dokumentation** sollte fortlaufend optimiert – iSv Umfang und Standardisierung – werden. Dabei gilt es auf Unternehmensseite abzuwägen, welche **Vorkenntnisse die Bearbeiter** mitbringen und auch welche **crossfunktionale Expertise** aus den Bereichen Einkauf und Menschenrechte/ Umweltschutz vorhanden sein sollte. 104

b) Wirksamkeit

Ein System ist wirksam, wenn die Grundsätze und Maßnahmen in den laufenden Geschäftsprozessen von den hiervon Betroffenen nach Maßgabe ihrer Verantwortung zur Kenntnis genommen und beachtet werden (vgl. IDW PS 980 Rn. 21; s. dazu → § 4 Rn. 41). 105

Der Aspekt der Wirksamkeit wird an verschiedenen Stellen im Kontext von Präventions- und Abhilfemaßnahmen erwähnt (§ 6 Abs. 5 und § 7 Abs. 4). Gem. § 4 Abs. 1 S. 1 sind Unternehmen dazu verpflichtet, ein **angemessenes und wirksames Risikomanagement** zur Einhaltung der Sorgfaltspflichten einzurichten. Wirksam sind demnach solche Maßnahmen, die es **ermöglichen, menschenrechtliche und umweltbezogene Risiken zu erkennen und zu minimieren** sowie Verletzungen menschenrechtsbezogener oder umweltbezogener Pflichten zu verhindern, zu beenden oder deren Ausmaß zu minimieren, wenn das Unternehmen diese Risiken oder Verletzungen innerhalb der Lieferkette verursacht oder dazu beigetragen hat (§ 4 Abs. 2). Im Gleichlauf mit der Gesetzesbegründung der Bundesregierung bedeutet „verursachen" grundsätzlich, dass das Unternehmen das Risiko unmittelbar allein hervorgerufen hat oder durch seine Handlung zu der Entstehung bzw. Verstärkung (kausal) beigetragen hat. Bezogen auf die Lieferkette des Unternehmens kann das Risiko demnach beim Unternehmen selbst, dh im 106 eigenen Geschäftsbereich, bei einem unmittelbaren Zulieferer oder einem mittelbaren Zulieferer liegen. Soweit die Theorie, und insofern besteht weitestgehend Einigkeit. Bei der Anwendung dieser Kriterien wird es auf eine pragmatische und für alle Parteien nachvollziehbare Anwendung ankommen, damit das Risikomanagement kontinuierlich weiterentwickelt werden kann.

107 Die **Wirksamkeit der Präventionsmaßnahmen und die Wirksamkeit der Abhilfemaßnahmen** ist **einmal im Jahr sowie anlassbezogen zu überprüfen,** wenn das Unternehmen mit einer wesentlich veränderten oder wesentlich erweiterten Risikolage im eigenen Geschäftsbereich oder beim unmittelbaren Zulieferer rechnen muss (vgl. § 6 Abs. 5 S. 1, § 7 Abs. 4 S. 1). Dies kann in etwa durch die Einführung neuer Produkte, neuer Projekte oder eines neuen Geschäftsfeldes. Erkenntnisse aus der Bearbeitung von Hinweisen iRd Beschwerdeverfahrens der Fall sein.

108 Die größte Herausforderung besteht bei der Einrichtung belastbarer Verfahren, um iRd Wirksamkeitskontrolle, regelmäßig den **Erfolg der ergriffenen Maßnahmen** zu überprüfen. So wird bspw. in der Handlungsanleitung des Branchendialog Automobilindustrie in abstrakter Form dargelegt, dass es das Ziel der Verfahren ist, festzustellen, ob Präventionsmaßnahmen die Schwere und Eintrittswahrscheinlichkeit von Risiken beseitigen oder vermindern und Maßnahmen zur Abhilfe und Wiedergutmachung den entstandenen menschenrechtlichen Schäden entgegenwirken, um sie zu beenden oder zumindest zu mindern und sie wiedergutmachen (vgl. Handlungsanleitung zum Kernelement Maßnahmen und Wirksamkeitskontrolle S. 36, https://www.csr-in-deutschland.de/SharedDocs/Downloads/DE/NAP/Branchendialoge/handlungsanleitung-ma%C3%9Fnahmen.pdf?__blob=publicationFile, letzter Zugriff 15.12.2022).

109 Letztlich geht es bei der Wirksamkeitskontrolle um ein wichtiges Instrument, dass die **Zusammenhänge zwischen Maßnahmen und menschenrechtlichen Auswirkungen** hilft besser zu verstehen, den Fortschritt der eigenen Bemühungen zu überwachen sowie Sorgfaltsprozesse kontinuierlich zu verbessern. Es geht somit um die Aspekte, die das Unternehmen selbst beeinflussen kann.

110 Wichtiges Hilfsmittel für Unternehmen, um die Wirksamkeit im Kontext menschenrechtlicher Sorgfaltspflichten zu verstehen, ist die **Wahl passender Indikatoren.** Hier geht es um Wirkungs- von Ergebnisindikatoren ab: Dabei können qualitative und quantitative Indikatoren helfen. In der Analyse von Nachhaltigkeitsmaßnahmen hat sich die Bewertung gemäß der **iooi-Methode** Erkenntnisfortschritte etabliert, ohne dass sich diese als allgemeingültige Folie zur Bewertung durchgesetzt hat. IRd iooi-Methode (iooi steht für input – output – outcome – impact) messen die ausgewählten meist quantitative Menschenrechtsindikatoren die durchgeführten Aktivitäten oder Ergebnisse (sogenannte Inputs, Outputs oder Outcomes) von Maßnahmen, bieten Unternehmen aber auch nützliche Anhaltspunkte für die Wirksamkeit auf die Situation und der Risikominimierung und Abhilfe bei bereits vorliegenden Verletzungen (Impact) (vgl. Einführung zur iooi-Methode, Corporate Citizenship planen und messen mit der iooi-Methode, https://www.bertelsmann-stiftung.de/de/publikationen/publikation/did/corporate-citizenship-planen-und-messen-mit-der-iooi-methode, letzter Zugriff 15.12.2022).

111 Mithilfe der iooi-Logik werden die Unterschiede zwischen **ergebnis- und wirkungsorientierten Indikatoren** deutlicher. Diese Logik liegt vielen Ansätzen zur Wirkungsmessung zugrunde und wird zunehmend von Unternehmen genutzt, um ihre sozialen, ökologischen und ökonomischen Auswirkungen zu messen und zu steuern. Der Input bezieht sich idR auf das eingesetzte Material, Geld und Zeit für eine Maßnahme. Der Output auf die unmittelbaren Ergebnisse bei den Akteuren vor Ort. Der Outcome auf die mittelbaren Ergebnisse bei den Akteuren vor Ort. Abschließend soll dadurch ein Impact, sprich eine Wirkung auf die Gesamtsituation der Rechteinhaber erfolgen.

112 Unternehmen können verschiedenste **qualitative und/oder quantitative Indikatoren** definieren, die für die jeweilige spezifische Situation am ehesten passen

und die messen, was tatsächlich erreicht werden soll. Auch wenn es in der Praxis bisher **nur wenige standardisierte Indikatoren zur menschenrechtlichen Wirkungsmessung gibt,** gilt es, Indikatoren zu definieren, die nicht nur die reine Aktivität messen, sondern welchen Fortschritt Unternehmen bei Ihren Zielen erreicht haben. Es wird daher empfohlen für die festgelegten Maßnahmen zur Prävention, Abhilfe und Wiedergutmachung Ziele zu definieren, um das eigene Engagement für die Achtung der Menschenrechte deutlich zu machen, Verbindlichkeit herzustellen und die Nachverfolgbarkeit des Umsetzungsstandes der Maßnahmen zu ermöglichen. Diese Ziele und den Fortschritt, den er auf diesem Weg erreicht haben, sollte an die entsprechenden internen Gremien sowie Führungsebenen kommuniziert und auch in der externen Berichterstattung per BAFA-Fragebogen veröffentlicht werden. Dies kann etwa in Form von Kennzahlen und ergänzenden Erläuterungen geschehen.

c) Schlussfolgerungen

Zur Überwachung der Angemessenheit gehört auch, dass bereits **eingetretene** 113
Regelverstöße zeitnah an die zuständige Stelle im Unternehmen zu berichten sind, damit die notwendigen Konsequenzen für eine Verbesserung des Systems getroffen werden (vgl. IDW PS 980 Rn. 17, 20).

Unternehmen sind aufgefordert, im Rahmen eines **kontinuierlichen Verbes-** 114
serungsprozesses alle Kernaspekte der menschenrechts- und umweltschutzbezogenen Sorgfalt regelmäßig zu überprüfen und im Dialog mit allen internen und externen Stakeholdern zu überarbeiten.

E. Betriebs- und Geschäftsgeheimnisse (Abs. 4)

§ 10 Abs. 4 bestimmt, dass iRv § 10 der **Wahrung von Betriebs- und Ge-** 115
schäftsgeheimnissen gebührend Rechnung zu tragen ist, wobei Referenz und Reichweite dieser Regelung dem Wortlaut nicht eindeutig zu entnehmen sind (→ Rn. 122). Im Regierungsentwurf waren diese Vorgaben in Abs. 4 noch als S. 2 direkt an die Regelungen über den von den verpflichteten Unternehmen zu veröffentlichenden Bericht – jetzt in Abs. 2 geregelt – angefügt, während sie in der endgültigen Fassung nunmehr allein in Abs. 4 stehen.

Adressaten der Vorschrift sind – wie für den § 10 insgesamt – die Unternehmen 116
selbst; ihnen obliegt insofern die Einschätzung, welche Informationen im Zusammenhang mit den Sorgfaltspflichten aus dem LkSG als Betriebs- und Geschäftsgeheimnis einzuordnen sind (→ Rn. 117 f.). Für die Unternehmen ist damit die mitunter nicht einfache **Abwägung zwischen schützenswerten Informationen als Betriebs- und Geschäftsgeheimnis** und der **Erfüllung ihrer Berichtspflicht** nach § 10 Abs. 2–3 sowie ihrer **Dokumentationspflicht** nach § 10 Abs. 1 vorzunehmen. Die Einordnung, ob ein schützenswertes Betriebs- und Geschäftsgeheimnis vorliegt, ist **gerichtlich voll überprüfbar** (BVerwG NVwZ 2016, 1014 Rn. 25 (zum IFG)); ein behördlicher Beurteilungsspielraum besteht folglich nicht. Ob es sich bei den nach § 10 durch die sorgfaltspflichtigen Unternehmen anzugebenden Informationen um schützenwerte Betriebs- und Geschäftsgeheimnisse handelt, muss sich demnach anhand **objektiv feststellbarer Tatsachen** bemessen können; die Unternehmen sollten also nicht pauschal sensible Informationen zu Betriebs- und Geschäftsgeheimnissen deklarieren und so ihre Pflichten nach § 10 teilweise umgehen.

I. Begriffsbestimmung

1. Betriebs- und Geschäftsgeheimnis

Das LkSG selbst enthält **keine Legaldefinition** eines Betriebs- und Geschäfts- 117
geheimnisses. Als Maßstab könnten daher unterschiedliche gesetzliche Referenzen herangezogen werden. Aus dem Verwaltungsrecht kommt eine Bezugnahme auf den

jeweils geläufigen Geheimnisbegriff etwa aus dem Informationsfreiheitsgesetz (IFG), dem Umweltinformationsgesetz (UIG) oder der VwGO (in Bezug auf § 99 Abs. 1 S. 2 VwGO) in Betracht. Nach dem vom BVerfG und BVerwG in stRspr vertretenen Begriffsverständnis handelt es sich bei einem **Betriebs- und Geschäftsgeheimnis im verwaltungsrechtlichen Sinne** um alle auf **ein Unternehmen bezogenen Tatsachen, Umstände und Vorgänge,** die **nicht offenkundig,** sondern nur einem **begrenzten Personenkreis** zugänglich sind und an deren **Nichtverbreitung** der Rechtsträger ein **berechtigtes Interesse** hat (BVerwG BeckRS 2013, 54393 Rn. 10). Ein solches Interesse ist dann anzunehmen, wenn die Offenlegung der Information geeignet ist, **exklusives technisches** oder **kaufmännisches Wissen** den Konkurrenten zugänglich zu machen und so die **Wettbewerbsposition des Unternehmens** nachteilig zu beeinflussen (BVerwG BeckRS 2013, 54393 Rn. 10). Betriebsgeheimnisse beziehen sich dabei im Wesentlichen auf das technische Wissen, Geschäftsgeheimnisse auf die kaufmännische Seite des Unternehmens. Derartige Betriebs- und Geschäftsgeheimnisse können etwa Ertragslagen, Geschäftsbücher, Kundenlisten, Bezugsquellen, Marktstrategien, Unterlagen zur Kreditwürdigkeit, Kalkulationsunterlagen, Patentanmeldungen und sonstige Entwicklungs- oder Forschungsprojekte umfassen (Landmann/Rohmer UmweltR/Reidt/Schiller UIG § 9 Rn. 20–21). Wenngleich das Informationsfreiheitsrecht mit der Herausgabe amtlicher Informationen eine andere Stoßrichtung als der § 10 verfolgt, liegt die **Übertragung dieses höchstrichterlich ausgeformten, wettbewerbsrechtlich orientierten Begriffsverständnisses** auf den § 10 Abs. 4 nahe.

118 Zusätzlich ist dahingehend das 2019 in Kraft getretene **Geschäftsgeheimnisgesetz** (GeschGehG), das die Geheimnisschutz-RL umsetzt und erstmals eine gesetzliche Definition des Geschäftsgeheimnisbegriffs enthält, zu bedenken. Der in § 2 Nr. 1 GeschGehG geregelte Geschäftsgeheimnisbegriff stellt im Vergleich zum bisherigen verwaltungsrechtlichen Verständnis an die Einordnung als Geschäftsgeheimnis insofern weitergehende Ansprüche, als dass die betreffende Information Gegenstand von **angemessen Geheimhaltungsmaßnahmen** durch den rechtmäßigen Inhaber sein muss (§ 2 Nr. 1 Buchst. b) GeschGehG).

119 Zwar hebt § 1 Abs. 2 GeschGehG ausdrücklich hervor, dass öffentlich-rechtliche Vorschriften zur Geheimhaltung, Erlangung, Nutzung oder Offenlegung von Geschäftsgeheimnissen vorgehen und dies nach der Gesetzesbegründung auch für abweichende Definitionen in öffentlich-rechtlichen Vorschriften gelten soll (BT-Drs. 19/4724, 23). Eine solche abweichende Definition besteht aber zum einen im LkSG nicht, zum anderen hat das BVerwG mit Blick auf das IFG und den § 99 VwGO erklärt, dass die Begriffsbestimmung des GeschGehG „jedenfalls mit zu berücksichtigen" sein sollte (BVerwG NVwZ 2020, 1368 (zum IFG); NVwZ 2020, 715 (zu § 99 Abs. 1 VwGO)), ohne aber ausdrücklich zum Verhältnis zwischen GeschGehG und Verwaltungsrecht Stellung zu beziehen (krit. dazu Römling NVwZ 2022, 463).

120 Inwieweit zukünftig also der Geschäftsgeheimnisbegriff nach dem GeschGehG auch im öffentlichen Recht – und konkret im LkSG – heranzuziehen ist und eine schützenwerte Information nach dem LkSG folglich Gegenstand aktiver Geheimhaltungsmaßnahmen sein muss, bleibt abzuwarten.

121 Unternehmen dürften sich für eine plausible Einstufung relevanter Informationen als Betriebs- oder Geschäftsgeheimnis iSd § 10 Abs. 4 aber jedenfalls an dem Begriffsverständnis des GeschGehG mitsamt den dazugehörigen weitergehenden Anforderungen orientieren können.

2. „Gebührend Rechnung tragen"

122 Nach § 10 Abs. 4 ist den als Betriebs- und Geschäftsgeheimnis definierten Informationen **„gebührend Rechnung"** zu tragen. Was dies in Bezug auf die Einstufung konkreter Informationen genau bedeutet, lassen das Gesetz und auch die Gesetzgebungsmaterialien offen. Vor dem Hintergrund des Schutzzwecks von § 10 Abs. 4 wird deutlich, dass eine **Abwägung** zwischen dem erforderlichen

Schutz der als geheim einzustufenden Informationen und den Verpflichtungen aus § 10 vorzunehmen ist, auch wenn kein ausdrücklicher Abwägungsvorbehalt in die Regelung aufgenommen wurde (WRW LkSG § 4 Rn. 719 S. 198). In welchem Verhältnis diese potenziell schutzwürdigen Informationen zu den Verpflichtungen aus § 10 Abs. 1–3 stehen, muss dabei jeweils im Einzelfall durch die verpflichteten Unternehmen bewertet werden – insbes. mit Blick auf die Anforderungen an den Bericht nach § 10 Abs. 2, der inhaltlich richtig, ausführlich und nachvollziehbar sein und so einer Plausibilitätskontrolle standhalten muss (BT-Drs. 19/28649, 52). Gerade in Bezug auf die Ausgestaltung der Lieferkette – insbes. hinsichtlich der Informationen über unmittelbare oder mittelbare Zulieferer – kann dies im Einzelfall zu schwierigen Abgrenzungsentscheidungen führen (WRW LkSG § 4 Rn. 719 S. 197; Ehman/Berg GWR 2021, 287 (290)).

II. Reichweite des § 10 Abs. 4

Mit Blick auf die Formulierung von § 10 Abs. 4 fragt sich, auf was sich die **123** Wahrung der Betriebs- und Geschäftsgeheimnisse hinsichtlich des Regelungsgehalts von § 10 **beziehen soll.** Der Wortlaut von Abs. 4 spricht davon, dass den einschlägigen Geschäftsgeheimnissen „dabei" gebührend Rechnung zu tragen ist. Was genau von diesem „dabei" aber umfasst ist – insbes. ob sowohl die Dokumentationspflicht (Abs. 1) als auch die Berichtspflicht (Abs. 2, 3) gemeint sind – bedarf daher der Auslegung.

Auch wenn sich die Gesetzesbegründungen zum Regierungsentwurf dahingehend **124** nicht ausdrücklich äußert, können die Materialien des Gesetzgebungsprozess aufschlussreich sein. Im Regierungsentwurf war in Abs. 4 die Regelung über Geschäfts- und Betriebsgeheimnisse als S. 2 noch in direktem Zusammenhang mit den Anforderungen an die Veröffentlichung des Berichts – die nunmehr in § 10 Abs. 2 aufgenommen sind – gefasst. In dieser Version war die Verknüpfung zwischen der Wahrung der Betriebs- und Geschäftsgeheimnisse und dem zu veröffentlichenden Bericht bzw. der Berichtspflicht ersichtlich. Nicht zwingend ist allerdings allein deshalb der systematische Schluss, dass dieses Verständnis so auch für die endgültige Fassung gilt und die gebührende Wahrung der Betriebs- und Geschäftsgeheimnisse daher auf den Bericht iSd § 10 Abs. 2 beschränkt ist. Vielmehr lässt sich anbringen, dass die Regelungen über die Veröffentlichung des Berichts und die Wahrung der Betriebs- und Geschäftsgeheimnisse nunmehr **bewusst voneinander getrennt** geregelt sind und letzteres daher allgemein für **den gesamten § 10** – also **einschließlich der Dokumentationspflicht nach Abs. 1** – Geltung finden soll.

Betrachtet man den Schutzzweck der Regelungen, ließe sich eine Beschränkung **125** der Vorgaben aus § 10 Abs. 4 auf die Berichtspflicht nach § 10 Abs. 2 wohl begründen – Sinn und Zweck der gebührenden Berücksichtigung von Geschäfts- und Betriebsgeheimnissen ist die schützenswerte wirtschaftliche Stellung des nach dem LkSG verpflichtenden Unternehmens. Dieser Schutzzweck ist in der Tat von der nicht öffentlichen Dokumentation entsprechender Geschäfts- und Betriebsgeheimnisse iSd § 10 Abs. 1 nicht im gleichen Maße berührt, wie der für sieben Jahre öffentlich zugänglich zu machende Bericht nach § 10 Abs. 2, 3. Zugang zu der Dokumentation nach Absatz 1 soll nur die zuständige Behörde – das BAFA – haben können; anders als der nach § 10 Abs. 2 zu erstellende Bericht ist diese Dokumentation nicht zur Veröffentlichung bestimmt. Gegenüber dem BAFA – so wird vertreten – sei aber eine schützenwerte wirtschaftliche Position des Unternehmens nicht betroffen. Diesen Gedanken verfolgt auch der Gesetzgeber in der Gesetzesbegründung, wonach die Dokumentation nach § 10 Abs. 1 ausschließlich als Grundlage für die öffentlich-rechtliche Durchsetzung der Sorgfaltspflichten diene und für die Öffentlichkeit daher nicht zugänglich sei. Aus diesem Grund könne die Dokumentation auch sensible Informationen enthalten, die Geschäfts- und Betriebsgeheimnisse berührten (BT-Drs. 19/28649, 51).

Schon allein anhand dieser Erwägungen den gebührenden Schutz von Geschäfts- **126** und Betriebsgeheimnissen nicht auf die Dokumentation iSd § 10 Abs. 1 zu erstrecken, überzeugt jedoch nicht. Denn zunächst ist nicht davon auszugehen, dass im Verhältnis zwischen Vollzugsbehörde und verpflichtetem Unternehmen grds. kein Geheimhaltungsinteresse mit Blick auf sensible Geschäftsinformationen besteht. Zwar mag naturgemäß mit Blick auf einen online einsehbaren Bericht iSd § 10 Abs. 2 ein offenkundiges und insofern höheres Bedürfnis an den Schutz sensibler Informationen bestehen. Daraus allerdings abzuleiten, dass im Verhältnis zur Behörde gar kein schützenwertes Geheimhaltungsinteresse (und -bedürfnis) bestehen kann, entspricht so nicht der Lebenswirklichkeit – dass sensible Informationen mit Wettbewerbsrelevanz grds. so weit wie möglich als Unternehmensinterna bewahrt werden sollen, dürfte zunächst unabhängig davon gelten, welcher Dritte Kenntnis über diese entsprechenden Informationen bekommt. Zudem besagt die Gesetzesbegründung lediglich, dass die Dokumentation nach § 10 Abs. 1 sensible Informationen, die Geschäfts- und Betriebsgeheimnisse berühren, enthalten **kann** (BT-Drs. 19/28649, 51) – dass diese die entsprechenden Informationen aber auch enthalten muss und deshalb eine gebührende Wahrung von Geschäfts- und Betriebsgeheimnissen iSd § 10 Abs. 4 für die Dokumentation grds. nicht gilt, lässt sich dem Gesetzeswortlaut und auch den Gesetzgebungsmaterialien nicht zwingend entnehmen. Dies gilt umso mehr – insbes. vor dem Hintergrund der umweltbezogenen Sorgfaltspflichten nach § 2 Abs. 3 (→ § 2 Rn. 71 f.) – mit Blick auf den in § 3 UIG geregelten **Anspruch auf Zugang zu Umweltinformationen iSd § 2 Abs. 3 UIG.** Ein entsprechender Antrag auf Zugang zu solchen Umweltinformationen, **über die eine informationspflichtige Stelle gem. § 2 Abs. 4 S. 1 UIG verfügt,** ist nach § 9 Abs. 1 Nr. 3 Var. 1 UIG abzulehnen, soweit durch diese Bekanntgabe Betriebs- oder Geschäftsgeheimnisse zugänglich gemacht würden – es sei denn, der Betroffene hat zugestimmt oder das **öffentliche Interesse an der Bekanntgabe überwiegt.** Diese danach im konkreten Einzelfall vorzunehmende behördliche Abwägungsentscheidung zwischen öffentlichem Informationsinteresse und individuellem Geheimhaltungsinteresse (Landmann/Rohmer UmweltR/Reidt/Schiller UIG § 9 Rn. 1) kann zu dem Ergebnis führen, dass die gem. § 10 Abs. 1 dokumentierten Informationen eben gerade nicht in jedem Fall auf die Vollzugsbehörde beschränkt bleiben, sondern ggf. einer breiteren Öffentlichkeit zugänglich gemacht werden (müssen). Unter diesem Gesichtspunkt dürfte auf Seiten der Unternehmen erst recht das Interesse bestehen, die nach § 10 Abs. 1 dem BAFA als Vollzugsbehörde des LkSG und zugleich informationspflichtiger Stelle iSd § 2 Abs. 1 Nr. 1 UIG zur Verfügung zu stellenden Informationen mit Blick auf etwaige Betriebs- und Geschäftsgeheimnisse begrenzen zu können.

III. Anwendbarkeit auf Maßnahmen der risikobasierten Kontrolle nach § 14 ff.

127 Die Einordnung der Reichweite des § 10 Abs. 4 (→ Rn. 123 f.) hat Auswirkung auf die Einschätzung, inwieweit dieser auch iRd Regelung über die risikobasierte Kontrolle nach den § 14 ff. Berücksichtigung finden muss. Diese Vorgaben über das behördliche Tätigwerden nehmen die Sorgfaltspflichten nach den §§ 3–10 Abs. 1 in den Blick; nach dem Wortlaut ausdrücklich nicht davon umfasst sind daher die Berichtspflichten gem. § 10 Abs. 2, 3.

128 Systematisch besteht also eine Verknüpfung zwischen der Einschätzung hinsichtlich der Reichweite von § 10 Abs. 4 mit Blick auf die Dokumentationspflicht nach § 10 Abs. 1 und dem Bezugsrahmen für die risikobasierte Kontrolle. Da sich die Regelung des § 10 Abs. 4 über die gebührende Wahrung der Geschäfts- und Betriebsgeheimnisse grds. auch auf die unternehmensinterne Dokumentationspflicht nach § 10 Abs. 1 beziehen dürften, sind die Vorgaben auch mit Blick auf die Regelungen der §§ 14 ff. zu beachten. Adressat des § 10 Abs. 4 sind allerdings die Unternehmen selbst, während die Vorschriften über die risikobasierte Kontrolle das behördliche Tätigwerden regeln und sich damit an die Vollzugsbehörde wenden. Der § 10 Abs. 4 iRd risikobasierten Kontrolle greift insofern nur mittelbar.

Abschnitt 3. Zivilprozess

Besondere Prozessstandschaft

11 (1) Wer geltend macht, in einer überragend wichtigen geschützten Rechtsposition aus § 2 Absatz 1 verletzt zu sein, kann zur gerichtlichen Geltendmachung seiner Rechte einer inländischen Gewerkschaft oder Nichtregierungsorganisation die Ermächtigung zur Prozessführung erteilen.

(2) Eine Gewerkschaft oder Nichtregierungsorganisation kann nach Absatz 1 nur ermächtigt werden, wenn sie eine auf Dauer angelegte eigene Präsenz unterhält und sich nach ihrer Satzung nicht gewerbsmäßig und nicht nur vorübergehend dafür einsetzt, die Menschenrechte oder entsprechende Rechte im nationalen Recht eines Staates zu realisieren.

Übersicht

A. Einleitung

Die Vorschrift zur Prozessstandschaft steht in einem eigenen Gesetzesabschnitt („Abschnitt 3 – Zivilprozess"). Die Überschrift „Zivilprozess" verdeutlicht, dass es nicht um materielle zivilrechtliche Ansprüche und ebenso wenig um verwaltungsgerichtliche Streitigkeiten oder Streitigkeiten zu Bußgeldern vor den ordentlichen Gerichten, sondern allein um das Zivilverfahren geht. 1

In dem ersten „geleakten" Gesetzentwurf zum LkSG war noch vorgesehen, dass Betroffene ihre Rechte im Wege zivilrechtlicher (Schadensersatz-) Klagen aufgrund eines besonderen, LkSG-spezifischen Anspruchs vor deutschen Gerichten geltend machen können (§ 15 des Entwurfs des Bundesministeriums für wirtschaftliche Zusammenarbeit vom 1. Februar 2019 für ein sog. „Stammgesetz zur Regelung menschenrechtlicher und umweltbezogener Sorgfaltspflichten in globalen Wertschöpfungsketten" sah unter der Überschrift „Zivilrechtliche Haftung, Eingriffsnorm" folgenden Wortlaut vor: „Im Rahmen außervertraglicher Haftungsansprüche regeln die Pflichten aus §§ 4 bis 10 die zu beachtenden Sorgfaltsanforderungen zwingend und ohne Rücksicht auf das nach internationalem Privatrecht für das außervertragliche Schuldverhältnis maßgebende Recht."). Diese Möglichkeit hatte jedoch zu erheblicher Kritik und intensiven politischen Diskussionen innerhalb der Bundesregierung geführt (vgl. Dohmen, Lieferkettengesetz, Stand: 20.10.2022, https://www.sueddeutsche.de/wirtschaft/lieferkettengesetz-hubertus-heil-gerd-mueller-entwurf-1.5104713; Mumme, Kompromiss in letzter Sekunde, Stand: 20.10.2022, https://www.tagesspiegel.de/wirtschaft/bundesregierung-einigt-sich-doch-noch-auf-lieferkettengesetz-6858181.html; Münch, Durchbruch bei Lieferkettengesetz: Koalition legt Streit bei, Stand: 20.10.2022, https://rsw.beck.de/aktuell/daily/meldung/detail/durchbruch-bei-lieferkettengesetz-koalition-legt-streit-bei; Otto, Ministerien einigen sich auf Lieferkettengesetz, Stand: 20.10.2022, https://www.zeit.de/wirtschaft/2021-02/lieferkettengesetz-bundesregierung-minister-einigung-menschenrechte-bussgeld-haftungsregeln). Im Wege eines Kom- 2 promisses einigte sich das Kabinett letztlich darauf, dass es keinen neuen Anspruch, aber eine erleichterte prozessuale Durchsetzung der Rechte vor deutschen Gerichten geben soll.

3 Aus diesem Grund ordnet § 11 eine – im deutschen Zivilprozessrecht zuvor unbekannte (Deutscher Bundestag, Wissenschaftliche Dienste, WD 7 – 3000 – 040/21, 27.4.2021, S. 14 ff.) – besonderen Fall der gesetzlichen Prozessstandschaft an, *„die lediglich die wirksame Ermächtigung des Betroffenen voraussetzt"* (Deutscher Bundestag, BT-Drs. 19/28649, Gesetzesbegründung zum LkSG, S. 51 (im Folgenden: Gesetzesbegründung)). Da es sich um eine ausdrücklich normierte gesetzliche Prozessstandschaft handelt, ist die Erfüllung weiterer Voraussetzungen der gewillkürten Prozessstandschaft nicht erforderlich (Deutscher Bundestag, Wissenschaftliche Dienste, WD 7 – 3000 – 040/21, 27.4.2021, S. 16). Dies soll nach der gesetzgeberischen Intention eine Durchsetzung von Ansprüchen erleichtern, die aufgrund der Verletzung einer *„überragend wichtigen Rechtsposition aus § 2 Absatz 1 LkSG"* entstehen (Ehmann ZVertriebsR 2021, 141 (151)). Eine in ihren Rechten betroffene Person soll *„zur gerichtlichen Geltendmachung ihrer Rechte einer inländischen Gewerkschaft oder Nichtregierungsorganisation die Ermächtigung zur Prozessführung erteilen"* können (§ 11 Abs. 1).

4 Einige Autoren äußern die Sorge, dass die besondere Prozessstandschaft in der Rechtspraxis dazu missbraucht werden könnte, medialen Druck auf Unternehmen auszuüben und so zu versuchen, diese in einen Vergleich zu zwingen, obwohl an sich keine Erfolgsaussichten bestehen (Keilmann/Schmidt WM 2021, 717 (723); Spindler ZHR 2022, 67 (107); Stöbener de Mora/Noll NZG 2021, 1285 (1287)). Ferner erscheint es nach dem Wortlaut möglich, dass Prozessstandschafter in fremdem Namen Schadensersatz- und Rechtsverfolgungskosten geltend machen, diese aber selbst behalten und sich somit finanzieren (Stöbener de Mora/Noll NZG 2021, 1285 (1287); Wagner ZIP 2021, 1095 (1101)).

5 Der Richtlinienvorschlag der Europäischen Kommission betreffend Sorgfaltspflichten von Unternehmen (Commission Proposal for a Directive of the European Parliament and of the Council on Corporate Sustainability Due Diligence and amending Directive (EU) 2019/1937, COM(2022) 71 final, 23.2.2022 – sog. Corporate Sustainability Due Diligence Directive, kurz: CSDDD; im Folgenden: CSDDD-Entwurf) sieht zwar eine (über § 3 Abs. 3 hinausgehende) zivilrechtliche Haftung für Sorgfaltspflichtenverstöße vor (→ § 3 Rn. 156 f.), überlässt die wirksame prozessuale Durchsetzung derartiger Ansprüche letztlich dem nationalen Recht, sodass § 11 auch insoweit Bedeutung erlangen könnte.

B. Prozessstandschaftsverhältnis

I. Betroffener

6 Betroffener iSd § 11 Abs. 1 ist jeder, der in einer *„überragend wichtigen geschützten Rechtsposition aus § 2 Absatz 1 LkSG"* verletzt ist. Somit ist es erforderlich, dass die Person, die sich eines Prozessstandschafters bedienen möchte, in eigenen Rechten oder Rechtsgütern verletzt ist und diese individuelle Verletzung geltend macht.

1. Leib, Leben und Menschenrechte (§ 2 Abs. 1)

7 Konkrete Rechtsgüter, die eine *„überragend wichtige geschützte Rechtspositionen aus § 2 Absatz 1"* darstellen, sind jedenfalls Leib und Leben (Gesetzesbegründung S. 5). Offen ist, ob auch weitere Menschrechte als *„überragend wichtige geschützte Rechtspositionen"* angesehen werden können (DAV-Ausschüsse NZG 2021, 546 (553); Keilmann/Schmidt WM 2021, 717 (723); Schneider ZIP 2022, 407 (417); Spindler ZHR 2022, 67 (107); Wagner/Ruttloff NJW 2021, 2145, (2150)). Die Gesetzesbegründung, nach der die gewählte Formulierung keinen Bewertungsunterschied zwischen einzelnen Menschrechten ausdrücken soll, spricht insoweit für ein breites

Verständnis (Gesetzesbegründung S. 52; Wagner/Ruttloff NJW 2021, 2145 (2150)).

Allerdings verdeutlichen Gesetzeswortlaut und -begründung auch, dass nur individuelle Rechte im Wege der Prozessstandschaft geltend gemacht werden können. So geht der Wortlaut davon aus, dass nur eine Person, die eine Verletzung eigener Rechte geltend macht, einen Prozessstandschafter bestellen kann. Dies unterstreicht die Gesetzesbegründung: „*Der* Kreis der *Betroffenen, die auf diese Weise ihre Prozessführungsbefugnis übertragen können, wird durch den Verweis auf die überragend wichtigen Rechtspositionen aus § 2 Absatz 1, etwa Leib oder Leben, eingeschränkt. Diese Bedeutung wird durch den Wortlaut in § 11 Absatz 1 ausdrücklich klargestellt.*" Und ferner: „*Vielmehr soll dem Umstand Rechnung getragen werden, dass nur ein Teil der in § 2 Absatz 1 in Bezug genommenen Menschenrechte im Wege einer Prozessstandschaft geltend gemacht werden kann.*" (Gesetzesbegründung S. 52). 8

Vor diesem Hintergrund ist davon auszugehen, dass es um Verletzungen von subjektiven Rechten geht, die zu einem Schaden an Rechtsgütern geführt haben (idS wohl auch Wagner ZIP 2021, 1095 (1103)). Daher dürfte eine abstrakte Rüge unzureichender Arbeitsschutzstandards – ohne dass diese zu einer Verletzung geführt haben – im Wege der Prozessstandschaft ausscheiden. Auch erscheint es zweifelhaft, ob eine Geltendmachung von Verletzungen der Koalitionsfreiheit im Wege der Prozessstandschaft in Betracht kommt. 9

2. Umweltbezogene Verletzungen (§ 2 Abs. 3)

Aufgrund des ausdrücklichen Verweises auf § 2 Abs. 1 (Menschenrechte) kommen Verletzungen von Umweltbelangen aus § 2 Abs. 3 nicht als „*überragend wichtige geschützte Rechtsposition*" in Betracht. Sie können daher nicht im Wege der Prozessstandschaft geltend gemacht werden (Wagner/Ruttloff NJW 2021, 2145 (2150)). 10

II. Prozessstandschafter: Inländische Gewerkschaft oder Nichtregierungsorganisation

§ 11 Abs. 1 ermöglicht eine Prozessstandschaft durch Gewerkschaften und Nichtregierungsorganisationen; diese können die Ansprüche Betroffener nach entsprechender Ermächtigung in eigenem Namen geltend machen (Gesetzesbegründung S. 52). 11

Die Hürden zur Durchsetzung von Ansprüchen sollten nach der gesetzgeberischen Intention niedrig gehalten werden, um Betroffenen einen wirksamen Zugang zur Durchsetzung ihrer Rechte zu ermöglichen (Ehmann ZVertriebsR 2021, 141 (151)). Daher solle es zB ausreichen, dass die Ermächtigung zur Prozessführung formlos und auch durch konkludentes Handeln erteilt wird (Gesetzesbegründung S. 53; Ehmann ZVertriebsR 2021, 141 (151)). 12

Aus einer Zusammenschau der Abs. 1, 2 ergibt sich, dass der Prozessstandschafter parteifähig sein (§ 50 ZPO) und einen Sitz in der Bundesrepublik Deutschland haben muss. Zudem darf er nicht gewerbsmäßig handeln und der Einsatz für die Rechtspositionen aus § 2 Abs. 1 oder entsprechende Rechte im nationalen Recht eines Staates darf nicht nur vorübergehend sein (Gesetzesbegründung S. 52 f.). Insbes. mit den beiden letztgenannten Voraussetzungen soll eine Kommerzialisierung der Vertretung von Interessen Betroffener vermieden werden. 13

Zur Parteifähigkeit von Gewerkschaften führt die Gesetzesbegründung aus, dass diese gem. § 50 Abs. 2 ZPO als nicht rechtsfähige Vereine unbeschränkt parteifähig seien. Körperschaftlich organisierte Untergliederungen von Gewerkschaften seien nach allgemeinen Grundsätzen aktiv parteifähig (Gesetzesbegründung S. 52). Zwar geht die Gesetzesbegründung auch auf die Parteifähigkeit von Arbeitgebervereinigungen ein. Da jedoch Rechte Betroffener (u. a. von Arbeitnehmern) im Mittelpunkt des § 11 stehen, ist nicht ersichtlich, in welchen Fällen eine Arbeitgebervereinigung als Prozessstandschafter in Betracht kommen könnte. Insbes. sieht § 11 14 nicht vor, dass auch auf Seiten eines beklagten Unternehmens eine Prozessstandschaft in Betracht kommt.

15 Die Parteifähigkeit von NGOs gem. § 50 ZPO müsse laut Gesetzesbegründung das betreffende Gericht im Einzelfall von Amts wegen prüfen (Gesetzesbegründung S. 53). Die Parteifähigkeit als Voraussetzung für den Klageerfolg muss spätestens im Zeitpunkt der letzten mündlichen Verhandlung gegeben sein. Als Prozesshandlungsvoraussetzung müsste die Parteifähigkeit zwar bereits im Zeitpunkt der Vornahme der jeweiligen Prozesshandlung vorliegen, jedoch werden Mängel rückwirkend geheilt, zB wenn die Partei parteifähig wird oder kraft rügeloser Einlassung (BGHZ 51, 27 (29); MüKoZPO/Lindacher/Hau ZPO § 50 Rn. 51).

16 Die Beschränkung auf inländische Gewerkschaften und Nichtregierungsorganisationen widerspricht der Niederlassungs- und Dienstleistungsfreiheit innerhalb der Europäischen Union (Stöbener de Mora/Noll NZG 2021, 1285 (1287)). IS einer europarechtskonformen Auslegung wird der Anwendungsbereich daher jedenfalls auf in Europa niedergelassene Gewerkschaften und Nichtregierungsorganisationen auszuweiten sein, sofern im Übrigen eine Parteifähigkeit (§ 50 ZPO) vorliegt (die Parteifähigkeit von ausländischen Parteien richtet sich wegen Art. 7 Abs. 1 S. 1 EGBGB nach deren Heimatstatut, vgl. Musielak/Voit/Weth ZPO § 50 Rn. 28; ferner BGH NJW 1986, 2194; LG Hamburg BeckRS 2017, 129489 Rn. 21).

C. Sachlicher Anwendungsbereich

17 § 11 begründet lediglich eine Prozessstandschaft, nicht jedoch zugleich eine Haftungsgrundlage (Rack CB 2022, 1 (5)). Eine zivilrechtliche Haftung für die Verletzung der Pflichten aus dem LkSG ist gem. § 3 Abs. 3 S. 1 weitgehend ausgeschlossen (→ § 3 Rn. 160 ff.). Der Anwendungsbereich des § 11 erfasst jedoch die nach § 3 Abs. 3 S. 2 verbleibende Haftung, da er ansonsten leerliefe (Spindler ZHR 2022, 67 (107)). Mit Blick auf die Schaffung einer (erweiterten) zivilrechtlichen Haftungsgrundlage im CSDDD kann § 11 weitere Bedeutung erlangen, da eine strengere Haftung und damit auch weitgehendere Durchsetzungsmöglichkeiten vom CSDDD unberührt bleiben sollen (s. Art. 22 CSDDD-Entwurf und Begründung, S. 18 ff., 21).

I. Zivilrechtliche Haftung nach deutschem Recht

18 Im deutschen Recht kommen insbes. allgemeine deliktische Anspruchsgrundlagen in Betracht (Klinner IWRN 2021, 243 (246)), die im Wege der Prozessstandschaft geltend gemacht werden können. Die betroffene Person muss also einen eigenen zivilrechtlichen Anspruch nach deutschem Recht haben, den sie von einer inländischen Gewerkschaft oder NGO geltend machen lässt (Gesetzesbegründung S. 39; Stöbener de Mora/Noll NZG 2021, 1285 (1286)).

19 Als Grundlage für einen solchen Anspruch kommt prinzipiell § 823 Abs. 1 BGB in Betracht, wegen § 3 Abs. 3 S. 1 jedoch nur insoweit, als Rechtspositionen nach § 2 Abs. 1 unmittelbar verletzt werden (Fleischer DB 2022, 920 (925); Schneider ZIP 2022, 407 (417)). Da bei unmittelbaren Schädigungen die Rechtswidrigkeit indiziert ist und deshalb nicht auf die Figur der Verkehrspflichten zurückgegriffen werden muss (MüKoBGB/Wagner § 823 Rn. 22, 448), ist diese Haftung unabhängig von den Sorgfaltspflichten des LkSG, zB wenn es durch abnehmerseitige konkrete Weisungen am Produktionsort zu Schädigungen kommt (Schneider ZIP 2022, 407 (417)).

20 Eine (mittelbare) Verletzung von Verkehrspflichten kann als Haftungsgrund in Betracht kommen, wenn der Abnehmer eigene Verkehrspflichten oder nicht delegierbare Sorgfaltspflichten *(non-delegable duties)* verletzt oder dieser den Zuliefererbetrieb so kontrolliert, dass er ihn faktisch wie einen eigenen, unselbstständigen Betriebsteil führt (Fleischer DB 2022, 920 (925)).

21 Insoweit ist ferner eine Gehilfenhaftung nach § 830 Abs. 2 BGB denkbar, wenn auf Seiten des Unternehmers positive Kenntnis oder eine bewusste Verweigerung der Kenntnisnahme von schweren Menschenrechtsverletzungen vorliegt (Schneider ZIP 2022, 407 (417)). Schließlich bleibt eine Haftung aufgrund einer richterlichen Rechtsfortbildung von Verkehrspflichten möglich (→ § 3 Rn. 160 ff.; Fleischer DB 2022, 920 (922)).

Keine Anspruchsgrundlage bildet § 823 Abs. 2 BGB iVm §§ 3 ff. Denn das LkSG ist nach der Gesetzesbegründung kein Schutzgesetz iSd § 823 Abs. 2 BGB, so dass eine unmittelbare oder entsprechende Anwendung des § 823 Abs. 2 BGB ausscheidet (Gesetzesbegründung S. 39; Stöbener de Mora/Noll NZG 2021, 1285 (1286)). **22**

II. Haftung nach ausländischem Zivilrecht

Eine Haftung aufgrund ausländischen Zivilrechts (als Recht des Schadensorts; BeckOGK/Rühl Rom II-VO Art. 4 Rn. 48; MüKoBGB/Junker Rom II-VO Art. 4. Rn. 3; Koch MDR 2022, 1 (4); Rack CB 2022, 1 (27); Schneider ZIP 2022, 407 (417)) kann ebenfalls Grundlage einer Prozessstandschaft sein. Nach der Gesetzesbegründung sollten die geltenden Regeln des Internationalen Privatrechts von der Möglichkeit der Prozessstandschaft unberührt bleiben (Gesetzesbegründung S. 53). Damit hat der Gesetzgeber gebilligt, dass Ansprüche nach ausländischem Recht vor deutschen Gerichten verfolgbar sein sollen (Koch MDR 2022, 1 (4)). **23**

Kollisionsrechtlich (Art. 4 Abs. 1 Rom II-VO) unterliegen deliktische Ansprüche grds. dem Recht des Staates, in dem der jeweilige Schaden eintritt (Erfolgsort). Zwar besteht aufgrund der Ausweichklauseln (Art. 4 Abs. 2, 3 Rom II-VO) die Möglichkeit einer ausnahmsweisen Anknüpfung an das Recht eines anderen Staates, wenn Schädiger und Geschädigter dort ihren gewöhnlichen Aufenthalt haben oder wenn die unerlaubte Handlung eine offensichtlich engere Verbindung mit einem anderen Staat aufweist (Art. 4 Abs. 3 Rom II-VO; dazu MüKoBGB/Junker Rom II-VO Art. 4. Rn. 6). Ob eine derartige Ausnahme in Betracht kommt, ist Tatfrage (Klinner IWRN 2021, 243 (246)). **24**

III. Verwaltungsrechtliche Ansprüche

Umstritten ist die Möglichkeit einer verwaltungsrechtlichen Prozessstandschaft (Spindler ZHR 2022, 67 (107); Wagner ZIP 2021, 1095 (1101)). Zwar könnte der Wortlaut des § 11 Abs. 1 dahingehend verstanden werden, dass Betroffene auch in Verfahren vor den Verwaltungsgerichten einen Prozessstandschafter bestellen können. Denn § 11 Abs. 1 stellt generisch auf eine *„gerichtliche Geltendmachung"* (Gesetzesbegründung S. 52; Spindler ZHR 2022, 67 (107); Wagner ZIP 2021, 1095 (1101)) ab – und somit nicht allein auf das Zivilprozessrecht. **25**

Gegen eine Erstreckung auf die Verwaltungsgerichtsbarkeit spricht aber zum einen die Gesetzessystematik. So findet sich § 11 in dem eigenen Abschnitt 3 „**Zivil**prozess". Zum anderen verdeutlicht die Gesetzesbegründung, dass der Gesetzgeber eine Prozessstandschaft nur im Zivilprozess vorgesehen hat. Dies folgt etwa daraus, dass für die Frage der Parteifähigkeit allein auf ZPO-Vorschriften verwiesen wird (Gesetzesbegründung S. 52; Wagner ZIP 2021, 1095 (1101)). **26**

Für die verwaltungsprozessuale Geltendmachung ist insbes. die Vorschrift des § 14 als *lex specialis* vorrangig. Dort ist das Antragsrecht geregelt, mit dem ein Tätigwerden des BAFA ausgelöst werden soll. Für die prozessuale Geltendmachung dieses Rechts und die Durchsetzung behördlicher Maßnahmen sind dementsprechend ebenfalls die Vorgaben aus §§ 14 ff. vorrangig zu beachten. Diese enthalten jedoch gerade keinen Hinweis auf eine Prozessstandschaft (→ § 14 Rn. 30). **27**

Vorbemerkung zu §§ 12 ff.

1 Abschnitt 4 des LkSG regelt die „Behördliche Kontrolle und Durchsetzung“. Der Gesetzgeber hat sich nach langen internen Diskussionen (vgl. Dohmen, Lieferkettengesetz, Stand: 20.10.2022, https://www.sueddeutsche.de/wirtschaft/lieferkettengesetz-hubertus-heil-gerd-mueller-entwurf-1.5104713; Otto, Ministerien einigen sich auf Lieferkettengesetz, Stand: 20.10.2022, https://www.zeit.de/wirtschaft/2021-02/lieferkettengesetz-bundesregierung-minister-einigung-menschenrechte-bussgeld-haftungsregeln; Mumme, Kompromiss in letzter Sekunde, Stand: 20.10.2022, https://www.tagesspiegel.de/wirtschaft/bundesregierung-einigt-sich-doch-noch-auf-lieferkettengesetz-6858181.html; Münch, Durchbruch bei Lieferkettengesetz: Koalition legt Streit bei, Stand: 20.10.2022, https://rsw.beck.de/aktuell/daily/meldung/detail/durchbruch-bei-lieferkettengesetz-koalition-legt-streit-bei) dazu entschieden, für die Einhaltung der materiellen Pflichten des Gesetzes weniger zentral auf zivilrechtliche Klagen zu setzen. Stattdessen soll primär der Staat selbst dafür sorgen, dass Unternehmen ihre Sorgfaltspflichten erfüllen.

2 Zwar kommt bei Verstößen gegen das LkSG eine allgemeine zivilrechtliche Haftung, etwa nach in- oder ausländischen deliktsrechtlichen Regeln, in Betracht (→ § 3 Rn. 181; s. § 3 Abs. 3 S. 2). Diese kann prozessual durch die in § 11 vorgesehene Prozessstandschaft deutscher Gewerkschaften und Nichtregierungsorganisationen ggf. erleichtert durchgesetzt werden. Eine spezifische, allein auf Verletzungen des LkSG ausgerichtete zivilrechtliche Haftung, die entsprechend gerichtlich durchgesetzt werden könnte, hat der Gesetzgeber jedoch explizit ausgeschlossen (→ § 3 Rn. 160; S. § 3 Abs. 3 S. 1).

3 Da die allgemeine zivilrechtliche Haftung für die Durchsetzung des LkSG folglich nur begrenzt wirksam ist, liegt der Schwerpunkt in der behördlichen Kontrolle, Vollzugsaktivität und Sanktionierung. Ein Vorteil dieses Ansatzes gegenüber einer (rein) zivilrechtlichen Durchsetzung besteht darin, dass die zuständige Behörde Kompetenz aufbauen und eine (Entscheidungs-)Praxis entwickeln kann, welche idR zu einer gewissen Vorhersehbarkeit und somit zu einem höheren Maß an Rechtssicherheit führt. Zudem ist für die Überprüfung der behördlichen Maßnahmen nur ein erstinstanzliches Gericht zuständig und nicht, wie im Zivilprozess, potenziell viele – je nach den Streitparteien und den einschlägigen Regelungen über die örtliche Zuständigkeit. Auch dies kann zu mehr Klarheit und Rechtssicherheit beitragen.

4 Als zuständige Behörde sieht § 19 Abs. 1 S. 1 das Bundesamt für Wirtschaft und Ausfuhrkontrolle (BAFA) vor, das dafür 65 neue Vollzeitstellen erhalten soll (→ § 19 Rn. 1; s. Gesetzesbegründung S. 2, 25). Dies erscheint indes angesichts der umfangreichen Aufgaben der Behörde als zu wenig und es ist zu erwarten, dass in künftigen Haushaltsperioden eine signifikante Erhöhung erfolgen wird.

5 In der Gesetzesbegründung heißt es in der einleitenden Bemerkung zu Abschnitt 4, dass die behördliche Kontrolle und Durchsetzung zwei Säulen von unterschiedlicher Prüfbreite und -tiefe habe: zum einen die Überprüfung der Berichtspflicht und zum anderen die Kontrolle der Implementierung der übrigen Pflichten nach dem LkSG.

6 In Ergänzung zur Überprüfung der Berichtspflicht (§§ 12, 13) und der risikobasierten Kontrolle (§§ 14–18) kann das BAFA jedoch auch Unternehmen durch die Verhängung von Bußgeldern sanktionieren (§ 24). Darüber hinaus trifft das BAFA auch die – im deutschen Verwaltungsrecht unübliche – Pflicht, die Unternehmen mittels branchenübergreifender oder branchenspezifischer Informationen, Hilfestellungen und Empfehlungen bei der Anwendung des LkSG zu unterstützen.

7 Somit kann das BAFA sowohl präventiv als auch repressiv tätig werden, wobei der Schwerpunkt in der Vermeidung und Beendigung von Sorgfaltspflichtverlet-

zungen liegt (vgl. Frank/Edel/Heine/Heine BB 2021, 2165 (2170); Seibt/Vesper-Gräske CB 2021, 357 (360)).

Insgesamt sind die Aufgaben und Befugnisse des BAFA sehr weitgehend und vielschichtig. Daher äußern einige Autoren, dass sich das BAFA zu einem „Menschenrechts-Aufsichtsamt" oder einer „Bundesanstalt für Menschenrechtsaufsicht" – vergleichbar der einflussreichen und bedeutenden – Bundesanstalt für Finanzdienstleistungsaufsicht entwickeln könnte (s. Kamann/Irmscher NZWiSt 2021, 249 (251) mit Verweis auf Ehmann und DAV; Burgi ZH 22022, 779 (782)). 8

Auch der Entwurf für eine Richtlinie über unternehmerische Sorgfaltspflichten, den die Kommission nach langen internen Auseinandersetzungen im Februar 2022 vorgelegt hat (Commission Proposal for a Directive of the European Parliament and of the Council on Corporate Sustainability Due Diligence and amending Directive (EU) 2019/1937, COM(2022) 71 final, 23.2.2022 – sog. Corporate Sustainability Due Diligence Directive, kurz: CSDDD; im Folgenden: CSDDD-Entwurf), enthält Regelungen zur behördlichen Kontrolle und Durchsetzung. Er sieht vor, dass die Mitgliedstaaten jeweils eine oder mehrere zuständige Behörden benennen, Art. 17 CSDDD-Entwurf. Diese Behörden sollen verschiedene Befugnisse eingeräumt bekommen, Art. 18 CSDDD-Entwurf. Die Befugnisse ähneln stark denjenigen unter dem LkSG. Sie umfassen u. a. das Recht, Informationen zu verlangen oder Untersuchungen durchzuführen (s. Art. 18 Abs. 1 CSDDD-Entwurf). Solche Untersuchungen können die Behörden von Amts wegen durchführen oder aufgrund substantiierter Bedenken, die Dritte an die Behörde herantragen (s. Art. 18 Abs. 2 CSDDD-Entwurf; zur Definition substantiierter Bedenken s. Art. 19 CSDDD-Entwurf). Wenn die Behörde Missstände feststellt, soll sie u. a. deren Beendigung anordnen können (s. Art. 18 Abs. 4 UAbs. 1, Abs. 5 CSDDD-Entwurf). In der Regel sollen derartige Anordnungen aber erst ergehen, wenn das Unternehmen zunächst selbst die Möglichkeit zur Heilung eingeräumt bekommt (s. Art. 18 Abs. 4 UAbs. 1 CSDDD-Entwurf). Zusätzlich – und ohne die Heilung abwarten zu müssen – soll die Behörde auch Bußgelder verhängen können (s. Art. 18 Abs. 5 CSDDD-Entwurf). Sollte die CSDDD beschlossen werden, würde die Umsetzung in deutsches Recht wahrscheinlich durch Anpassung des LkSG erfolgen. Das BAFA könnte weiterhin die zuständige Behörde sein und insbes. die Instrumente der behördlichen Kontrolle und Durchsetzung ließen sich ohne größere Änderungen beibehalten. Der Vorteil des behördlichen Tätigwerdens gegenüber einem (reinen) zivilrechtlichen Ansatz besteht darin, dass das Handeln einer Behörde zu einer einheitlichen Praxis führen und somit besser einschätzbar werden kann. Zudem ist für die Überprüfung der behördlichen Maßnahmen nur ein erstinstanzliches Gericht zuständig und nicht, wie im Zivilprozess, potenziell viele je nach den Streitparteien und den einschlägigen Regelungen über die örtliche Zuständigkeit. 9

Abschnitt 4. Behördliche Kontrolle und Durchsetzung

Unterabschnitt 1. Berichtsprüfung

Einreichung des Berichts

12 (1) Der Bericht nach § 10 Absatz 2 Satz 1 ist in deutscher Sprache und elektronisch über einen von der zuständigen Behörde bereitgestellten Zugang einzureichen.

(2) Der Bericht ist spätestens vier Monate nach dem Schluss des Geschäftsjahres, auf das er sich bezieht, einzureichen.

A. Einleitung

1 Eine wesentliche Voraussetzung für eine effektive behördliche Kontrolle ist das Vorhandensein aussagekräftiger Informationen. Daher sieht der Gesetzgeber vor, dass das BAFA nicht nur die öffentlichen Jahresberichte prüfen soll, sondern auch Zugang zu der internen Dokumentation der Unternehmen erlangen kann (s. insbes. § 10 Abs. 1, § 16 Abs. 2, § 17 sowie Gesetzesbegründung S. 51).

2 Allerdings dienen die Informationen nicht allein der behördlichen Kontrolle. Vielmehr tragen sie zu dem mind. ebenso wichtigen Ziel der Transparenz bei, welches zB in Prinzip 21 UN-Leitprinzipien (s. Geschäftsstelle Deutsches Global Compact Netzwerk, Leitprinzipien für Wirtschaft und Menschenrechte – Umsetzung des Rahmens der Vereinten Nationen „Schutz, Achtung und Abhilfe") verankert ist. Dieses Gebot sollen Unternehmen durch öffentliche Berichterstattung über ihre Governance-Maßnahmen, ihre Erkenntnisse aufgrund von Risikoprüfungen und ihre Maßnahmen zum Schutz der durch das LkSG erfassten menschenrechts- und umweltbezogenen Belange erfüllen.

3 Um diese beiden Ziele zu erreichen, regelt § 10 Abs. 2 S. 1, wann und wo die an die Öffentlichkeit gerichteten Jahresberichte zu veröffentlichen sind (spätestens vier Monate nach Geschäftsjahresende; auf der Internetseite des Unternehmens). Der Mindestinhalt der Jahresberichte ergibt sich aus § 10 Abs. 2 S. 2, Abs. 3. Damit das BAFA jedoch nicht alle Internetseiten der unter das LkSG fallenden Unternehmen „durchsuchen" muss, sieht § 12 ergänzend vor, in welcher Form und wann der Jahresbericht direkt dem BAFA zur Verfügung gestellt werden muss. § 13 führt aus, wie die Prüfung der Jahresberichte durch das BAFA erfolgen soll.

B. Art und Weise der Einreichung (Abs. 1)

4 Abs. 1 regelt, in welcher Form der für die Öffentlichkeit bestimmte Jahresbericht (s. § 10 Abs. 2 S. 1) bei dem BAFA einzureichen ist. Damit dient die Vorschrift dazu, dem BAFA einen einfachen Zugang zu den Jahresberichten zu verschaffen. Dies schont Ressourcen, weil das BAFA die Berichte nicht selbst auf den Internetseiten der Unternehmen recherchieren muss; zugleich kann die Effizienz des behördlichen Handelns gesteigert werden.

5 Der Verweis auf den *„Bericht nach § 10 Abs. 2 S. 1"* verdeutlicht, dass dem BAFA derselbe Jahresbericht zur Verfügung gestellt werden soll wie der Öffentlichkeit. Die Übermittlung an das BAFA hat in deutscher Sprache und elektronisch über einen von der BAFA bereitgestellten Zugang (zu finden unter https://www.bafa.de/DE/Lieferketten/Berichtspflicht/berichtspflicht_node.html, abgerufen am 30.10.2023) zu erfolgen. Näheres zum Verfahren der Einreichung nach § 12 soll eine noch zu erlassende Rechtsverordnung gem. § 13 Abs. 3 Nr. 1 regeln. In der Praxis wird der Bericht nach § 10 Abs. 2 automatisch anhand des Fragebogens generiert, so dass exakt dieser automatisch erstellte Bericht veröffentlicht

werden muss. Angesichts des zugrunde liegenden einheitlichen Fragebogens sollte Identität mit dem Bericht bestehen, der an das BAFA zu übermitteln ist.

In der Gesetzesbegründung heißt es zur Konkretisierung, dass das 6

> *„Verfahren und die Eingabemasken […] so auszugestalten [sind], dass sich der Aufwand für Unternehmen beim Ausfüllen der Eingabemasken entsprechend verringert, wenn sie keine Risiken festgestellt haben und deshalb nur eine kurze Erklärung abgeben müssen."*

Diese Formulierung zeigt, dass Unternehmen den Jahresbericht nicht frei gestalten und als Datei an das BAFA übersenden können. Vielmehr wird eine gesonderte Eingabe anhand (elektronischer) Formulare erforderlich sein.

Im Oktober 2022 veröffentlichte das BAFA dazu einen „Fragenkatalog zur Berichterstattung" (vgl. BAFA, Lieferkettensorgfaltspflichtengesetz (LkSG) – Fragenkatalog zur Berichterstattung gemäß § 10 Abs. 2 LkSG, Stand: 22.11.2022). Dieser enthält auf 24 Seiten eine Übersicht von sowohl verbindlichen Berichtsfragen als auch Fragen, deren Beantwortung auf freiwilliger Basis erfolgt. Diese Fragen sind unterschiedlich formuliert (offen, geschlossen – zT mit Freitextfeld zur Erläuterung – oder als Multiple Choice; ergänzt werden diese Fragen um ein Vorwort, eine Präambel und ein Glossar). Zur Erläuterung führt das BAFA auf seiner Internetseite aus, dass mind. die folgenden Punkte als nachvollziehbar dargelegt gälten, wenn alle Fragen des Fragebogens vollständig und wahrheitsgemäß durch ein Unternehmen beantwortet würden: 7

1. Ob und falls ja, welche menschenrechtlichen und umweltbezogenen Risiken oder Verletzungen einer Sorgfaltspflicht das Unternehmen identifiziert hat.
2. Was das Unternehmen unter Bezugnahme der im Gesetz beschriebenen Pflichten unternommen hat (§§ 4–9), dazu zählen die Elemente der Grundsatzerklärungen (§ 6) sowie die Maßnahmen, die das Unternehmen aufgrund von Beschwerden (§§ 8, 9) getroffen hat.
3. Wie das Unternehmen die Auswirkungen und die Wirksamkeit der Maßnahmen bewertet.
4. Welche Schlussfolgerungen es aus der Bewertung für zukünftige Maßnahmen zieht.

Damit erfülle die vollständige und wahrheitsgemäße Beantwortung des Fragebogens die inhaltlichen Anforderungen an einen Bericht gem. § 10 Abs. 2 S. 2. Falls keine menschenrechtlichen oder umweltbezogenen Risiken sowie keine Verletzungen entsprechender Pflichten festgestellt würden und sofern dies im Bericht plausibel dargelegt werde, seien keine weiteren Ausführungen erforderlich. Der Bericht kann mittlerweile elektronisch eingereicht werden (s. BAFA, Lieferketten – Berichtspflicht, https://www.bafa.de/DE/Lieferketten/Berichtspflicht/berichtspflicht_node.html, abgerufen am 30.10.2023). 8

Die klare Aussage, dass das Ausfüllen des Fragebogens die Berichtspflicht nach § 10 Abs. 2 erfülle, verdeutlicht das Verständnis des BAFA, dass die Benutzung der Eingabemaske verpflichtend sein solle (dieses Verständnis bestätigen auch das Bundesministerium für Wirtschaft und Klimaschutz sowie das Bundesministerium für Arbeit und Soziales in ihrem gemeinsamen Schreiben vom 23.12.2022 an verschiedene Verbände. Dort führen sie aus: *„Darüber hinaus wird das BAFA mittels einer digitalen Eingabemaske Unternehmen eine klare Orientierung geben, um entsprechend der gesetzlichen Vorgaben und effizient berichten zu können. Die Eingabemaske wird so bald wie möglich veröffentlicht und den anwenderfreundlichen und aufwandsarmen Prüfansatz verdeutlichen."*). Dementsprechend ist zu erwarten, dass sich in der Praxis die Unternehmen an den Fragebogen halten und sowohl den von ihnen veröffentlichten als auch den an das BAFA übermittelten Bericht entsprechend ausgestalten. Zwar lässt der gesetzliche Wortlaut nicht eindeutig einen Zwang zur Nutzung des Fragebogens erkennen. Eine gesetzgeberische Anpassung wäre aber möglich, falls Unternehmen abweichen würden. Jedenfalls dann wäre eine einheitliche Form der Berichterstattung in jedem Fall geboten. Für die Veröffentlichung können jedoch einige Fragen, die Betriebs- und Geschäftsgeheimnisse betreffen oder enthalten könnten, ausgelassen werden (s. zB die Angaben zur Unternehmens- und Beschaf- 9 fungsstruktur im verkürzten Bericht (bei Nichtvorliegen von Risiken), BAFA, Lieferkettensorgfaltspflichtengesetz (LkSG) – Fragenkatalog zur Berichterstattung gemäß § 10 Abs. 2 LkSG, Stand: 22.11.2022, S. 7, Abschnitt C.).

10 Abs. 1 schreibt iÜ explizit auch vor, dass der Bericht in Deutsch sein muss. In § 10 Abs. 2 S. 1 findet sich keine vergleichbare Vorgabe. Daher stellt sich die Frage, ob der für die Öffentlichkeit bestimmte Bericht auch in einer anderen leicht verständlichen Sprache publiziert werden könnte, das BAFA hingegen wegen der Amtssprache stets eine deutsche Fassung benötigt. Berücksichtigt man, dass unter das LkSG auch ausländische Unternehmen fallen können, sofern sie eine deutsche Zweigniederlassung mit mind. 3.000 (ab 2024: 1.000) Beschäftigten haben, wäre die Möglichkeit, den Jahresbericht insbes. in Englisch veröffentlichen zu können, zu begrüßen. Dies ist indes nach dem klaren Gesetzeswortlaut nicht vorgesehen. Auch wenn es den Fragebogen zusätzlich in englischer, französischer und spanischer Sprache geben soll, müssen die Antworten zwingend in Deutsch gegeben werden.

11 Für die Zulassung zumindest einer anderen Sprache (namentlich Englisch) könnte auch sprechen, dass die Unternehmen ggf. noch weitere Berichtspflichten, etwa unter der Richtlinie über Nachhaltigkeitsberichterstattung (vgl. Entwurf der Europäischen Kommission vom 30.6.2022 zur Corporate Sustainability Reporting Directive, 2021/0104 (COD), abrufbar unter: https://www.consilium.europa.eu/media/57644/st10835-xx22.pdf) – evtl. iVm oder neben der Taxonomie-Verordnung (vgl. Verordnung (EU) 2020/852 des Europäischen Parlaments und des Rates vom 18. Juni 2020 über die Einrichtung eines Rahmens zur Erleichterung nachhaltiger Investitionen und zur Änderung der Verordnung (EU) 2019/2088 (ABl. 2020 L 198, 13, ber. 2022 ABl. L 156, 159)) erfüllen müssen. Dafür würde es helfen, wenn alle Berichte in einer Sprache verfasst werden könnten und nicht zwingend ins Deutsche zu übersetzen wären. Da jedoch § 12 Abs. 1 vorsieht, dass der Bericht an das BAFA in deutscher Sprache sein muss, kann auch der an die Öffentlichkeit gerichtete Bericht in Deutsch publiziert werden. Sofern das Unternehmen daneben weitere Berichte veröffentlicht – sei es freiwillig (zB Nachhaltigkeits- oder Responsible-Business-Berichte) oder verpflichtend (etwa gemäß den Vorgaben zur nichtfinanziellen Berichterstattung) – müssen diese anderen Berichte entsprechend erkennbar sein (→ § 10 Rn. 6 ff.).

C. Frist für die Einreichung (Abs. 2)

12 Gem. Abs. 2 ist der Bericht spätestens vier Monate nach dem Schluss des Geschäftsjahres, auf das er sich bezieht, bei dem BAFA einzureichen. Die Fristberechnung richtet sich nach § 31 VwVfG, der auf die Bestimmungen der §§ 187–193 BGB verweist (Gehling/Ott/Fluck Rn. 12). Der Zugang erfolgt, wie der allgemeine Zugang einer Willenserklärung, wenn der Bericht derart in den Machtbereich des Empfängers gelangt ist, dass dieser davon Kenntnis erlangen kann (Knack/Henneke/Schliesky VwVfG § 3a Rn. 56; NK-VwVfG/Schulz VwVfG § 3a Rn. 91 ff.). Das Übermittlungsrisiko trägt das Unternehmen (HK-LkSG/Vogel Rn. 6).

13 Der Wortlaut ähnelt der Regelung in § 10 Abs. 2 S. 1 Hs. 2. Dort ist vorgesehen, dass der an die Öffentlichkeit gerichtete Jahresbericht spätestens vier Monate nach Geschäftsjahresende auf der Internetseite des Unternehmens zu publizieren ist. Zwar enthält § 10 Abs. 2 S. 1 nicht die Konkretisierung, dass es sich um vier Monate nach Ende desjenigen Geschäftsjahres handelt, auf das der Bericht sich bezieht. Nach Sinn und Zweck, zeitnahe Transparenz zu schaffen, ist aber davon auszugehen, dass insofern kein Unterschied in der Sache beabsichtigt ist. Dies bestätigt auch die Gesetzesbegründung zu § 10 Abs. 2, der zufolge sich die Berichtspflicht auf das vergangene Geschäftsjahr bezieht (vgl. Gesetzesbegründung S. 52). Die ersten Berichte müssen daher im Jahr 2024 veröffentlicht und dem BAFA übermittelt werden (so auch FAQ zum LkSG Ziff. XIII. 2 und XIII. 5; vgl. Ritz/Werner, DB 2023, 125 (127)). Allerdings haben das Bundesministerium für Wirtschaft und Klimaschutz sowie das Bundesministerium für Arbeit und Soziales

in einem gemeinsamen Schreiben vom 23.12.2022 an verschiedene Verbände ausgeführt:

> *„So wird das BAFA erst zum Stichtag 1. Juni 2024 prüfen, ob Unternehmen ihre Berichte für die bis dahin abgelaufenen Geschäftsjahre vorgelegt haben. Eventuelle Fristüberschreitungen werden somit nicht geahndet.“*

Das BAFA bietet sogar für vor der Frist eingereichte Berichte nach Bedarf Hinweise zur Berichterstattung an. Die Hinweise gelten für Folgeberichte, sodass diesen Unternehmen im ersten Jahr ein „Freischuss“ zugestanden wird (Birkefeld/Schäfer ZLR 2023, 25 (34)).

D. Sanktionen

Eine nicht ordnungsgemäße oder verspätete Einreichung stellt gem. § 24 Abs. 1 Nr. 12 eine Ordnungswidrigkeit dar. Diese kann mit einer Geldbuße in Höhe von bis zu 100.000 EUR geahndet werden, § 24 Abs. 2 S. 1 Nr. 3. 14

Behördliche Berichtsprüfung; Verordnungsermächtigung

13

(1) Die zuständige Behörde prüft, ob
1. der Bericht nach § 10 Absatz 2 Satz 1 vorliegt und
2. die Anforderungen nach § 10 Absatz 2 und 3 eingehalten wurden.

(2) Werden die Anforderungen nach § 10 Absatz 2 und 3 nicht erfüllt, kann die zuständige Behörde verlangen, dass das Unternehmen den Bericht innerhalb einer angemessenen Frist nachbessert.

(3) Das Bundesministerium für Arbeit und Soziales wird ermächtigt, durch Rechtsverordnung im Einvernehmen mit dem Bundesministerium für Wirtschaft und Energie ohne Zustimmung des Bundesrates folgende Verfahren näher zu regeln:
1. das Verfahren der Einreichung des Berichts nach § 12 sowie
2. das Verfahren der behördlichen Berichtsprüfung nach den Absätzen 1 und 2.

A. Einleitung

Die Veröffentlichung der Jahresberichte im Internet ermöglicht es allen Stakeholdern, die Maßnahmen der Unternehmen zum Schutz von Menschenrechten und Umweltbelangen kritisch zu prüfen. Infolge dieser Prüfung können Betroffene, Nichtregierungsorganisationen oder zB auch Wettbewerber öffentliche Bedenken und Kritik äußern. Darüber hinaus kommt unter Umständen auch die Einleitung eines behördlichen Verfahrens auf Antrag gem. § 14 Abs. 1 Nr. 2 in Betracht (→ § 14 Rn. 9 ff.). 1

Neben eine solche kritische Überwachung durch die interessierte Öffentlichkeit – ggf. verbunden mit einem „naming and shaming“ – tritt gem. § 13 auch die behördliche Berichtsprüfung. Zuständig ist gem. § 19 Abs. 1 S. 1 das BAFA. Das Berichtsprüfungsverfahren ist ein selbstständiges Verwaltungsverfahren iSv § 9 VwVfG. Es soll v. a. sicherstellen, dass die Berichte rechtzeitig und formal ordnungsgemäß vorliegen. Damit trägt sie auch zur Herstellung gleicher Wettbewerbsbedingungen bei, weil sich kein Unternehmen durch Unterlassen der Berichterstattung einer Kontrolle entziehen können soll. 2

§ 13 regelt dafür die Grundlagen der Berichtsprüfung und möglicher Reaktionen im Falle von (vermeintlich) verspäteten oder defizitären Berichten. Weitere Konkretisierungen können gemäß Abs. 3 Nr. 2 durch Rechtsverordnung erfolgen. 3

B. Umfang der Berichtsprüfung (Abs. 1)

4 Absatz 1 definiert den Umfang der Berichtsprüfung durch die Behörde.

5 Gem. Nr. 1 muss das BAFA prüfen, ob der Bericht nach § 10 Abs. 2 S. 1 vorliegt. Das ist der Jahresbericht, den ein dem LkSG unterfallendes Unternehmen auf seiner Internetseite veröffentlichen muss. Die Unternehmen müssen für die Erstellung des Berichts den Fragebogen nach § 10 Abs. 2 S. 1 ausfüllen und auf die Datenbank des BAFA hochladen (vgl. § 12), um dem BAFA eine einfache Kenntnisnahme ohne erheblichen Rechercheaufwand zu ermöglichen. Vor diesem Hintergrund ist Nr. 1 so zu verstehen, dass das BAFA prüft, ob der Jahresbericht durch Ausfüllen und Hochladen des Fragebogens innerhalb von vier Monaten nach Geschäftsjahresende an das BAFA übermittelt wurde.

6 Die inhaltliche Kontrolle ist in Nr. 2 vorgesehen. Danach muss das BAFA prüfen, ob die Anforderungen nach § 10 Abs. 2 S. 2 und Abs. 3 eingehalten sind. § 10 Abs. 2 S. 2 Nr. 1 verlangt zunächst die Information darüber, ob und – falls ja – welche menschenrechtlichen und umweltbezogenen Risiken oder Verletzungen einer menschenrechtsbezogenen oder umweltbezogenen Pflicht das Unternehmen identifiziert hat. Hat das Unternehmen keine Risiken oder Verletzungen festgestellt und kann es dies plausibel darlegen, reicht diese Angabe; weitere Ausführungen sind dann nicht erforderlich (§ 10 Abs. 3). Kommen hingegen Risiken oder Verletzungen in Betracht, müssen mind. die zusätzlichen Informationen aus § 10 Abs. 2 Nr. 2–4 in dem Bericht enthalten sein. Das Unternehmen hat also darzulegen, was es, unter Bezugnahme auf die in den §§ 4–9 beschriebenen Maßnahmen, zur Erfüllung seiner Sorgfaltspflichten unternommen hat, wie es die Auswirkungen und die Wirksamkeit der Maßnahmen bewertet und welche Schlussfolgerungen es aus der Bewertung für zukünftige Maßnahmen zieht.

7 Welche Angaben in dem Bericht im Einzelnen erforderlich sind, hat das BAFA in seinem „Fragenkatalog zur Berichterstattung" (vgl. BAFA, Lieferkettensorgfaltspflichtengesetz (LkSG) – Fragenkatalog zur Berichterstattung gemäß § 10 Abs. 2 LkSG, Stand: 22.11.2022) veröffentlicht (→ § 10 Rn. 49 ff. und → § 12 Rn. 7 f.). Zu dessen Erläuterung führt das BAFA auf seiner Internetseite zudem aus, dass keine weiteren Informationen erforderlich sind, wenn keine menschenrechtlichen oder umweltbezogenen Risiken sowie keine Verletzungen entsprechender Pflichten festgestellt werden (s. BAFA, Lieferketten – Berichtspflicht, https://www.bafa.de/DE/Lieferketten/Berichtspflicht/berichtspflicht_node.html, abgerufen am 6.12.2022). In diesem Fall sieht der Fragebogen eine „verkürzte Berichtspflicht" vor, die nur Auskunft darüber verlangt, (i) ob für den Berichtszeitraum Zuständigkeiten für die Überwachung des Risikomanagements festgelegt waren, (ii) dass kein menschenrechtliches oder umweltbezogenes Risiko und keine entsprechende Verletzung festgestellt wurden und (iii) welche Struktur das Unternehmen aufweist (vgl. BAFA, Lieferkettensorgfaltspflichtengesetz (LkSG) – Fragenkatalog zur Berichterstattung gemäß § 10 Abs. 2 LkSG, Stand: 22.11.2022, S. 2 ff.).

8 Nach dem Wortlaut der Nr. 2 muss das BAFA nur prüfen, ob die Anforderungen aus § 10 Abs. 2 S. 2, Abs. 3 eingehalten, also die erforderlichen Informationen enthalten sind. Hingegen ist keine Prüfung der Richtigkeit der Angaben vorgesehen. Das BAFA muss also nicht proaktiv nachvollziehen, ob etwa alle identifizierten menschenrechtlichen Risiken auch tatsächlich in dem Bericht enthalten sind oder ob die ergriffenen Maßnahmen wahrheitsgemäß wiedergegeben sind. Eine solche inhaltliche Prüfung wäre praktisch in „flächendeckender" Vollständigkeit auch nicht möglich. Sollte das BAFA hingegen Zweifel an der Richtigkeit von Angaben haben, kann es im Rahmen einer risikobasierten Kontrolle nach den §§ 14 f. – insbes. unter Geltendmachung seiner Befugnisse zur Informationsbeschaffung (vgl. zB § 17) – weitere Unterlagen anfordern und die Informationen miteinander abgleichen. Nach einer Ansicht übersteige der BAFA-Fragebogen teilweise seine Kompetenzen, welche sich lediglich aus § 10 Abs. 2 S. 2 ergeben (Wüstemann BB 2023,363 (365)).

§ 13 Abs. 1 enthält keine klare Aussage dazu, ob die Prüfung für jedes Unternehmen in jedem Jahr erfolgen muss oder ob Stichproben ausreichen können. Für eine regelmäßige Prüfung spricht, dass über § 13 sichergestellt sein soll, dass die Unternehmen tatsächlich regelmäßig und pünktlich ihre Berichte veröffentlichen. Dementsprechend sieht § 13 Abs. 2 auch die Möglichkeit (und Pflicht) zur Nachbesserung innerhalb einer angemessenen Frist vor. Um eine solche Nachbesserung anzuordnen, muss das BAFA zunächst das Vorliegen eines Berichts geprüft haben. **9**

Zwar geht das BAFA davon aus, dass es auch Stichproben durchführen wird. In dem Vorwort zu seinem Fragenkatalog heißt es dementsprechend: **10**

> In einer älteren Version des Fragenkatalogs zur Berichterstattung von 2022 hieß es im Vorwort:
>
> *„Die aktualisierte Version des Fragenkatalogs enthält diese Aussage nicht mehr in dieser Form.*
>
> *Ohnehin dürfte sich diese Aussage aber nur auf die inhaltliche Kontrolle bezogen haben, nicht auf die Prüfung, ob der Bericht überhaupt (rechtzeitig) eingereicht wurde. […]"*

Diese Aussage dürfte sich aber ohnehin nur auf die inhaltliche Kontrolle beziehen, nicht auf die Prüfung, ob der Bericht überhaupt (rechtzeitig) eingereicht wurde. Mit anderen Worten ist zu erwarten, dass das BAFA das Vorliegen des Berichts jährlich prüft, eine inhaltliche Befassung hingegen auch nur stichprobenweise vornehmen kann, um darauf ggf. weitergehende Maßnahmen der risikobasierten Kontrolle zu stützen. So könnte ein Bericht eine risikobasierte Kontrolle auslösen, wenn das BAFA (im Rahmen einer inhaltlichen Stichprobe) Unstimmigkeiten feststellt (bspw. wenn ein weltweit produzierendes Unternehmen aus der Textilbranche angibt, keinerlei Risiken mit Blick auf Kinderarbeit zu haben). **11**

C. Nachbesserungsverlangen (Abs. 2)

Falls ein Unternehmen aus Sicht des BAFA die Anforderungen nach § 10 Abs. 2, 3 nicht erfüllt, kann das BAFA verlangen, dass das Unternehmen den Bericht innerhalb einer angemessenen Frist nachbessert. Eine solche Aufforderung durch das BAFA stellt einen Verwaltungsakt iSd § 35 S. 1 VwVfG dar (Gehling/Ott/Fluck Rn. 9). Die gesetzte Nachbesserungsfrist muss angemessen sein (so in der Gesetzesbegründung S. 53). Vor dem Hintergrund, dass die Frist zur Berichterstattung und zur Einreichung spätestens vier Monate nach Ende des Geschäftsjahres endet, wird davon ausgegangen, dass auch die Frist zur Nachbesserung höchstens vier Monate betrage, wohl aber sogar deutlich kürzer sein sollte (Gehling/Ott/Fluck Rn. 12; HK-LkSG/Vogel Rn. 7). Zwar insinuiert der Begriff „nachbessern", dass überhaupt ein Bericht vorhanden sein muss, der allerdings aus Sicht des BAFA nicht den Mindeststandards entspricht und daher aufzuwerten ist. Aus dem Verweis auf § 10 Abs. 2 insgesamt – und nicht nur auf S. 2 – könnte man hingegen schlussfolgern, dass es nicht nur um inhaltliche Verbesserungen geht. Vielmehr könnte die Vorschrift auch so zu verstehen sein, dass das BAFA eine Frist setzen kann, damit das Unternehmen überhaupt einen Bericht vorlegt, sofern dies nicht innerhalb von vier Monaten nach Geschäftsjahresende geschehen ist (so auch Gehling/Ott/Fluck Rn. 11; sinngemäß ebenso HK-LkSG/Vogel Rn. 6). **12**

Gegen die Aufforderung zur Nachbesserung als belastender Verwaltungsakt ist die Anfechtungsklage bzw. ein Widerspruch des Unternehmens zulässig (Gehling/Ott/Fluck Rn. 13; HK-LkSG/Vogel Rn. 8). **13**

Kommt das Unternehmen einem Nachbesserungsverlangen innerhalb der gesetzten Frist nicht nach, kann das BAFA gem. § 24 Abs. 1 Nr. 13, Abs. 2 S. 1 Nr. 2 eine Geldbuße verhängen. Da die verspätete oder formal ungenügende Veröffentlichung des Jahresberichts ebenfalls mit einer Geldbuße geahndet werden kann (s. § 24 Abs. 1 Nr. 10–12), stellt sich die Frage, ob das BAFA erst den erfolglosen **14**

Fristablauf abwarten muss, ehe es zu dieser Sanktion greift. Aus § 24 ergibt sich kein entsprechender Hinweis. Auch könnte man argumentieren, dass das BAFA die Nachbesserung nicht zwingend ermöglichen muss, sondern lediglich verlangen „kann". Letztlich kommt es auf eine fehlerfreie Ermessensausübung sowohl iRd Nachbesserung als auch bei der Bußgeldverhängung an. Bei eher kleinen Defiziten und Verspätungen oder bei geforderten Nachbesserungen zu Punkten, deren rechtliche Grundlagen unklar sind, spricht der iRd Ermessensausübung zu beachtende Verhältnismäßigkeitsgrundsatz indes dafür, dass nur bei ausbleibender oder ungenügender Nachbesserung eine Geldbuße in Betracht kommen sollte.

D. Verordnungsermächtigung (Abs. 3)

15 Die Einzelheiten zu den Verfahren der Einreichung des Berichts bei dem BAFA und der Prüfung des Berichts durch das BAFA kann das Bundesministerium für Arbeit und Soziales (BMAS) durch Rechtsverordnung regeln. Dafür ist das Einvernehmen des Bundesministeriums für Wirtschaft und Energie, aber nicht die Zustimmung des Bundesrates erforderlich.

16 Abs. 3 weist die „Federführung" dem BMAS zu. Das erscheint sachgerecht, da es iRd LkSG zu großen Teilen um Arbeitsbedingungen und soziale Auswirkungen geht. IÜ hat der Gesetzgeber ohnehin ein weites Ermessen bei der Auswahl des zuständigen Ministeriums (s. zB BeckOK GG/Uhle GG Art. 80 Rn. 12 mwN).

17 Die Einvernehmensregelung stellt sicher, dass Rechtsverordnungen nur mit Zustimmung des BMWK erlassen werden dürfen. Das spiegelt die politische Bedeutung (§ 19 Abs. 1 S. 2, 3; Brouwer CCZ 2022, 137 (138)) und die politischen „Lager" bei Erarbeitung des LkSG wider. Denn iRd Gesetzgebungsprozesses trat das BMAS als eher progressive, fordernde Seite auf, wohingegen das BMWK unter Verweis auf die Interessen der Wirtschaft zu weitgehende Pflichten und Haftungsregelungen des LkSG verhindern wollte.

18 Die Verordnungsermächtigung trat bereits mit Wirkung vom 23.7.2021 in Kraft. In den Fragen und Antworten zum Lieferkettengesetz (FAQ zum LkSG) auf der Internetseite des BAFA heißt es jedoch, dass aktuell kein Erlass entsprechender Rechtsverordnungen geplant sei (FAQ zum LkSG Ziff. XVI. 3).

Unterabschnitt 2. Risikobasierte Kontrolle

Behördliches Tätigwerden; Verordnungsermächtigung

14 (1) Die zuständige Behörde wird tätig:

1. von Amts wegen nach pflichtgemäßem Ermessen, um die Einhaltung der Pflichten nach den §§ 3 bis 10 Absatz 1 im Hinblick auf mögliche menschenrechtliche und umweltbezogene Risiken sowie Verletzungen einer menschenrechtsbezogenen oder einer umweltbezogenen Pflicht zu kontrollieren und Verstöße gegen Pflichten nach Buchstabe a festzustellen, zu beseitigen und zu verhindern;

2. auf Antrag, wenn die antragstellende Person substantiiert geltend macht, infolge der Nichterfüllung einer in den §§ 3 bis 9 enthaltenen Pflicht in einer geschützten Rechtsposition verletzt zu sein oder

3. dass eine in Buchstabe a genannte Verletzung unmittelbar bevorsteht.

(2) Das Bundesministerium für Arbeit und Soziales wird ermächtigt, durch Rechtsverordnung im Einvernehmen mit dem Bundesministerium für Wirtschaft und Energie ohne Zustimmung des Bundesrates das Verfahren der risikobasierten Kontrolle nach Absatz 1 und den §§ 15 bis 17 näher zu regeln.

Übersicht

A. Einleitung

Die §§ 14–18 finden sich in Unterabschnitt 2 „Risikobasierte Kontrolle". § 14 regelt, wann das BAFA tätig wird. §§ 15–17 führen aus, wie das BAFA tätig werden kann und § 18 statuiert Duldungs- und Mitwirkungspflichten der betroffenen Unternehmen. 1

Das Thema „risikobasierte Kontrolle", das laut der Überschrift zu Unterabschnitt 2 die Klammer für alle dort befindlichen Regelungen bilden soll, wird in der Verordnungsermächtigung des § 14 Abs. 2 und dann erst wieder in § 19 Abs. 2, mithin in Unterabschnitt 3, explizit erwähnt. Laut der Gesetzesbegründung bedeutet dieser Ansatz, dass das BAFA nicht lediglich stichprobenartige Kontrollen vornehmen, sondern sich zunächst auf Fälle mit den schwersten Risiken für die in § 2 Abs. 2, 3 genannten Menschenrechte und Umweltbelange konzentrieren soll (Gesetzesbegründung S. 56). Ferner deutet die Gesetzesbegründung darauf hin, dass das BAFA ein behördeninternes Prüfkonzept aufstellen muss, um den risikobasierten Ansatz in die Praxis umzusetzen (Gesetzesbegründung S. 56). Dabei ist es laut der Gesetzesbegründung denkbar, dass das BAFA einen Teil seiner Ressourcen darauf verwendet, den substantiierten Hinweisen Dritter nachzugehen oder dass es turnusmäßig bestimmte Branchen in den Blick nimmt, welche ihrer Natur nach besondere Risken für Menschenrechte und umweltbezogene Pflichten bergen (Gesetzesbegründung S. 56). Nähere Hinweise zur Gewichtung der Risiken enthalten der Gesetzeswortlaut und die Gesetzesbegründung nicht. ISd Rechtssicherheit erschiene es sinnvoll, wenn das BAFA eine vergleichbare Risikogewichtung anwenden würde, wie das LkSG sie von den Unternehmen verlangt. Damit gäbe es einen einheitlichen Standard und die Unternehmen könnten die Erwartungen des BAFA sowie dessen Vollzugstätigkeit besser einschätzen. Die Vorgaben an die Unternehmen zur Gewichtung und Priorisierung von Risiken ergeben sich insbes. aus § 5 Abs. 2 iVm § 3 Abs. 2. Danach müssen die Unternehmen Art und Umfang ihrer Geschäftstätigkeit, ihr Einflussvermögen, die Schwere, Unumkehrbarkeit und Wahrscheinlichkeit von Verletzungen sowie ihren Verursachungsbeitrag berücksichtigen (s. dazu auch BAFA, Risiken ermitteln, gewichten und priorisieren: Handreichung zur Umsetzung einer Risikoanalyse nach den Vorgaben des Lieferkettensorgfaltspflichtengesetzes, S. 19 und passim; Sagan/Schmidt NZA-RR 2022, 281 (282)). Zwar sind dabei unternehmensspezifische Umstände zu berücksichtigen. Diese können aber ebenso relevant sein, wenn das BAFA konkrete Unternehmen kontrolliert. 2

Ziel speziell von § 14 soll es sein, zum Schutz von Individualinteressen – neben dem Allgemeininteresse – beizutragen (Gesetzesbegründung S. 54). 3

Der Entwurf der Europäischen Kommission für eine Richtlinie über die Sorgfaltspflichten von Unternehmen im Hinblick auf Nachhaltigkeit (Corporate Sustainability Due Diligence Directive – CSDDD) ähnelt dem LkSG insofern, als er auch behördliche Maßnahmen zur Durchsetzung der Pflichten unter der Richtlinie vorsieht. Diese treten neben das ebenfalls angelegte Klagerecht. Gem. Art. 18 CSDDD-Entwurf kann die Behörde – vergleichbar mit den Regelungen in § 14 Abs. 1 – sowohl ex officio als auch aufgrund der Mitteilung begründeter Bedenken (s. dazu Art. 19 CSDDD-Entwurf) tätig werden. Sie kann u. a. Untersuchungen 4 durchführen, die Unternehmen zur Abhilfe verpflichten oder selbst einstweilige Maßnahmen ergreifen.

B. Behördliches Tätigwerden (Abs. 1)

I. Tätigwerden ex officio (Nr. 1)

5 Nach Abs. 1 Nr. 1 wird das BAFA von Amts wegen tätig, um – Buchst. a) – die Einhaltung der Sorgfaltspflichten nach den §§ 3–10 Abs. 1 im Hinblick auf mögliche menschenrechtliche und umweltbezogene Risiken oder Verletzungen zu kontrollieren und – Buchst. b – Verstöße gegen die Sorgfaltspflichten nach den §§ 3–10 Abs. 1 festzustellen, zu beseitigen und zu verhindern.

6 Der ausdrückliche Hinweis in Nr. 1 darauf, dass das BAFA nach pflichtgemäßem Ermessen tätig werden muss, bedeutet, dass das BAFA ein Entschließungsermessen hat, also über das „Ob" eines Tätigwerdens entscheiden kann. Ferner hat das BAFA auch ein Auswahlermessen hinsichtlich der Form des Tätigwerdens (das „Wie"). Bei der Ausübung dieses Ermessens hat das BAFA insbes. die durch das LkSG geschützten Belange nach § 2 Abs. 2, 3 sowie deren Bedeutung für die Lieferkette und für die betroffenen Personen im Einzelfall in den Blick zu nehmen (vgl. Gesetzesbegründung S. 54).

7 Das Tätigwerden von Amts wegen kann durch konkrete Anhaltspunkte zu Verstößen, etwa durch Medienberichte, Hinweise in dem Jahresbericht eines Unternehmens oder Meldungen von NGOs ausgelöst werden. Das BAFA ist aber auch frei darin, „anlasslos" zu handeln und zB Unternehmen in besonders risikobehafteten Sektoren (zB Textil, Rohstoffe) oder mit Betriebsstätten oder Tochtergesellschaften in risikobehafteten Regionen zu prüfen. Im Hinblick auf die geringe Zahl an Stellen, die laut Gesetzesbegründung für die Anwendung des LkSG geschaffen werden sollen (65 Vollzeitstellen), wird das BAFA gerade iRd Prävention sehr selektiv vorgehen und die größten Risiken priorisieren müssen.

8 Dabei soll das BAFA nach dem Willen des Gesetzgebers präventive aufsichtsrechtliche Zwecke zum Schutz der in § 2 Abs. 2, 3 betroffenen Rechtspositionen und Gemeinwohlbelange verfolgen und nicht lediglich ein Bußgeldverfahren vorbereiten (vgl. Gesetzesbegründung S. 54).

II. Tätigwerden auf Antrag (Nr. 2)

9 Die deutlich größere Rolle dürfte in der Praxis das Tätigwerden auf Antrag spielen. Gem. Nr. 2 wird das BAFA tätig, wenn die antragstellende Person substantiiert geltend macht, dass sie infolge der Nichterfüllung einer unternehmerischen Sorgfaltspflicht nach §§ 3–9 in einer geschützten Rechtsposition verletzt wurde oder dass eine solche Verletzung unmittelbar bevorsteht.

10 Sind diese formalen Voraussetzungen an den Antrag nach § 14 Abs. 1 Nr. 2 erfüllt, reduziert sich das Entschließungsermessen des BAFA auf Null, dh, es ist verpflichtet, tätig zu werden (vgl. Gesetzesbegründung S. 54). Lediglich die Wahl der zu ergreifenden Mittel liegt dann noch in seinem Ermessen (vgl. Gesetzesbegründung S. 54). Diese Herangehensweise wird in der Praxis regelmäßig dazu führen, dass es zu einem sogenannten *„private public enforcement"* kommen wird, wonach Privatpersonen das BAFA mit Hilfe des Mechanismus des § 14 Abs. 1 Nr. 2 dazu bringen können, gegen Unternehmen wegen einer möglichen Nichterfüllung der Sorgfaltspflichten vorzugehen (so auch Kamann/Irmscher NZWiSt 2021, 249 (251); Sagan/Schmidt NZA-RR 2022, 281 (282)).

1. Antragserfordernis; Inhalt und Form des Antrages

11 Zunächst ist ein Antrag erforderlich. Aus diesem muss die substantiierte Geltendmachung einer Pflichtverletzung nach §§ 3–9 sowie die deshalb eingetretene oder drohende Verletzung einer geschützten Rechtsposition hervorgehen

(→ Rn. 12 ff.). Ferner ist es erforderlich, dass die antragstellende Person individualisierbar ist. Andernfalls könnte das BAFA nicht die Möglichkeit einer Rechtsverletzung prüfen und auch die Ergebnisse seines Handelns nicht teilen. Darüber hinaus dürfte es grds. notwendig sein, dass das Unternehmen, das angeblich die Pflichtverletzung begangen haben soll, benannt wird. Zum einen kann diese Information zur Substantiierung beitragen. Zum anderen müsste das BAFA andernfalls „auf gut Glück" ausforschende Untersuchungen gegen Unternehmen einleiten, die aber unter Umständen keinen Bezug zu der antragstellenden Person aufweisen. Allerdings wäre es zu weitgehend, eine korrekte Firmenangabe zu verlangen. Vielmehr sollte es iSd Substantiierung ausreichen, wenn das Unternehmen oder die Unternehmensgruppe erkennbar ist.

Zur Form des Antrages äußert sich das Gesetz nicht. Aus Gründen der Klarheit 12 und Nachweisbarkeit wäre es sinnvoll, wenn der Antrag stets in schriftlicher oder elektronischer Form gestellt werden müsste. Da dies jedoch nicht geregelt ist, besteht keine Basis für ein entsprechendes Erfordernis und es dürfte auch eine formlose, zB mündliche Antragstellung in Betracht kommen.

Allerdings verlangt das BAFA, dass Beschwerden (gemeint sind „Beschwerden", 13 also Anträge, nach § 14, wie sich zum einen aus der Datenschutzerklärung und zum anderen aus der Trennung von gesonderten Ausführungen über die geforderten Beschwerdemechanismen von Unternehmen gem. § 8 ergibt (zu Letzteren gibt es einen separaten Link)) stets elektronisch einzureichen sind. So heißt es auf der Website des BAFA:

> *„Die Beschwerde können Sie nur mit dem verlinkten Online-Formular einreichen."*

Ferner verlangt das BAFA zur Form der Beschwerde / des Antrags nach § 14 Abs. 1 Nr. 2:

> *„Mit Ihrer Beschwerde müssen Sie ein Unternehmen, welches aus Ihrer Sicht eine Verletzung verursacht hat, eindeutig benennen. Bei ausländischen Unternehmen muss dieses Unternehmen ein Zulieferer eines deutschen Unternehmens sein. Den Sachverhalt der Verletzung müssen Sie nachvollziehbar und möglichst umfassend schildern."*

(s. BAFA, Beschwerde einreichen, abrufbar unter: https://www.bafa.de/DE/Lieferketten/Beschwerde_einreichen/beschwerde_einreichen_node.html. Das Online-Formular ist ebenda abrufbar). Das BAFA räumt die Möglichkeit ein, das online zur Verfügung gestellte Antragsformular in vier Sprachen auszufüllen (Deutsch, Englisch, Französisch oder Spanisch).

2. Antragsbefugnis

Der Gesetzeswortlaut des § 14 Abs. 1 Nr. 2 verlangt für die Antragsbefugnis, 14 dass eine (unmittelbar bevorstehende) eigene Verletzung in Rechtspositionen aufgrund der Verletzung von LkSG-Pflichten substantiiert geltend gemacht werden kann. Die antragstellende Person muss also zu dem durch die Sorgfaltspflichten aus §§ 3–9 geschützten Personenkreis gehören.

Hingegen ist es nicht erforderlich, dass die antragstellende Person die deutsche 15 Staatsangehörigkeit hat, in Deutschland lebt oder – bei juristischen Personen – ihren Sitz in Deutschland hat oder nach deutschem Recht gegründet wurde.

a) Eigene Rechts(guts)verletzung

Die erste Voraussetzung bezieht sich auf eine Verletzung individueller „geschützter 16 Rechtspositionen". Der Begriff der geschützten Rechtsposition ist in § 2 Abs. 1 legal definiert und bezieht sich nur auf Menschenrechte (s. den Verweis auf die ausschließlich menschenrechtlichen Abkommen in § 2 Abs. 1 iVm Anlage Nr. 1–11).

Der Antragsteller kann nicht Rechte Dritter geltend machen. Dies folgt aus dem 17 Wortlaut von Nr. 2 Buchst. a, der eine Geltendmachung des „Verletztseins" verlangt. Zwar findet sich diese Formulierung in Buchst. b nicht wieder. Allerdings spricht der enge systematische Zusammenhang zwischen Buchst. a und Buchst. b dafür, dass es auch bei unmittelbar bevorstehenden Verletzungen auf die individuelle Betroffenheit des Antragstellers ankommt (so auch Depping/Walden/Kaufmann/Böhm Rn. 30). Damit scheidet eine Antragstellung im Interesse Dritter aus. Somit können etwa Gewerkschaften oder NGOs nicht anstelle von (angeblich) Geschädigten den Antrag stellen. Dies bestätigt auch ein Vergleich zu der Prozessstandschaft in § 11. Bei dieser kommt ein Handeln anstelle Dritter in Betracht, aber nur in dem eng begrenzten Rahmen eines zivilgerichtlichen Vorgehens. Allerdings kann die antragstellende Person durch Dritte unterstützt werden (zB Hilfe bei Sammlung von Beweisen, Formulierung des Antragsschreibens, Übersetzungen, etc).

18 Darüber hinaus können laut Gesetzesbegründung auch juristische Personen, Personenvereinigungen oder Gremien von den Wirtschaftsaktivitäten eines Unternehmens betroffen sein,

> *„sofern sie vom persönlichen Schutzbereich der Menschenrechte gemäß § 2 Abs. 1 erfasst sind"*

(vgl. Gesetzesbegründung S. 54). Dies spricht dafür, dass juristische Personen dann selbst antragsbefugt sind, wenn sie geltend machen können, in ihren eigenen Rechten verletzt zu sein. Eine solche Selbstbetroffenheit könnte bspw. bei Gewerkschaften dann vorliegen, wenn die Sorgfaltspflichtverletzung zu einer Verletzung der Koalitionsfreiheit nach § 2 Abs. 2 Nr. 6 führt.

19 Hingegen liegt eine Selbstbetroffenheit nicht vor, wenn ein Unternehmen evtl. gegen eines oder mehrere der in § 2 Abs. 3 aufgeführten Umweltabkommen verstößt und eine Umweltorganisation diesen Verstoß geltend macht. Denn zum einen erfasst der Begriff der geschützten Rechtsposition nur menschenrechtliche Abkommen. Zum anderen verfolgt die Organisation zwar den Schutz der Umwelt, eine Verletzung der genannten Abkommen verletzt sie aber nicht in ihren eigenen Rechten als Organisation. Im Ergebnis ist das Tätigwerden auf Antrag daher allein auf den Schutz von Menschenrechten gerichtet, die allerdings auch Umweltbezüge aufweisen können (s. § 2 Abs. 2 Nr. 9).

20 Wann eine Verletzung unmittelbar bevorsteht, führen weder der Wortlaut noch die Begründung des LkSG aus. Wegen der Verwendung von „unmittelbar" und der Gleichstellung mit eingetretenen Verletzungen muss es sich jedoch um eine konkrete Gefahr handeln, die bei ungehindertem Kausalverlauf mit hinreichender Wahrscheinlichkeit direkt, also ohne verschiedene Zwischenschritte oder Eventualitäten zu einer Verletzung der antragstellenden Person führt. Die Einwirkung des schädigenden Ereignisses muss folglich bereits begonnen haben (ebenso Depping/Walden/Kaufmann/Böhm Rn. 22).

b) Aufgrund von Verstößen gegen das LkSG

21 Darüber hinaus setzt § 14 Abs. 1 Nr. 2 voraus, dass die Rechts(guts)verletzung auf dem Verstoß gegen die Pflichten aus §§ 3–9 basiert. Es reicht also nicht aus, dass ein Antragsteller etwa geltend macht, dass Arbeitsschutzstandards nicht eingehalten sind (vgl. § 2 Abs. 2 Nr. 5). Vielmehr muss diese Nichteinhaltung kausal aus einer Verletzung von LkSG-Pflichten hervorgehen, also bspw. der ungenügenden Kontrolle und Durchsetzung von Arbeitsschutzmaßnahmen bei unmittelbaren Zulieferern trotz entsprechender Einflussmöglichkeiten.

22 Der Verweis auf die §§ 3–9 ist in verschiedener Hinsicht nicht eindeutig. So führt bspw. § 3 Abs. 1 S. 2 Nr. 9 als Sorgfaltspflicht auch die Dokumentation und Berichterstattung gem. § 10 auf. Diese ist jedoch aus der Bezugnahme in § 14 Abs. 1 Nr. 2 – anders als in Nr. 1 – ausgenommen. Insofern ist der Verweis in Nr. 2 auf §§ 3–9 als lex specialis anzusehen, so dass klar ist, dass Verletzungen der Dokumentationspflichten nicht zum Gegenstand eines Antrages gem. Nr. 2 gemacht werden können. Das überzeugt auch, weil kaum vorstellbar ist, wie die Verletzung von Dokumentationspflichten individuelle (Menschen-)Rechte beeinträchtigen sollte. Allerdings ist nicht ausgeschlossen, dass das BAFA einen entsprechenden Antrag zum Anlass nimmt, um Ermittlungen von Amts wegen auf

Grundlage von Nr. 1 aufzunehmen. Auch der Verweis auf § 3 Abs. 3 führt nicht weiter, da dort die zivilrechtliche Haftung, nicht aber eine Sorgfaltspflicht geregelt ist. Wahrscheinlich ging es dem Gesetzgeber v. a. um § 3 Abs. 2 und die Klarstellung, dass die Angemessenheitskriterien selbstverständlich bei der Bewertung des unternehmerischen Verhaltens infolge eines Antrages zu berücksichtigen sind. Ebenso wenig passt der Verweis auf die Verordnungsermächtigung in § 9 Abs. 4.

c) Substantiierte Geltendmachung

Schließlich verlangt die Antragsbefugnis, dass die eigene Rechtsverletzung infolge von Verstößen gegen das LkSG substantiiert geltend gemacht wird. 23

Das LkSG selbst enthält nur wenige Anhaltspunkte für die Frage, ab wann eine potenzielle Rechtsverletzung hinreichend substantiiert geltend gemacht wurde. Die Ausführungen in der Gesetzesbegründung deuten jedoch darauf hin, dass an die Substantiierung keine zu hohen Anforderungen gestellt werden (s. auch Wagner/Ruttloff NJW 2021, 2145 (2150)). Denn dort heißt es, dass die Antragsbefugnis gegeben ist, 24

> *„wenn zumindest möglich oder nicht von vorneherein auszuschließen ist, dass die Verletzung einer Rechtsposition infolge einer Sorgfaltspflichtverletzung gegeben ist oder eine solche Verletzung unmittelbar bevorsteht."*

(vgl. Gesetzesbegründung S. 54). Die Darlegungslast hierfür trägt die antragstellende Person, wobei die Möglichkeit der Rechtsverletzung bzw. ihres unmittelbaren Bevorstehens

> *„in dem nach den etablierten Grundsätzen erforderlichen Maß geltend zu machen ist."*

(vgl. Gesetzesbegründung S. 54). Eine Erläuterung, auf welche „etablierten Grundsätze" hier abgestellt werden soll, bleibt die Gesetzesbegründung indes schuldig.

Der Wortlaut in der Gesetzesbegründung, der auf die Möglichkeit einer Rechtsgutsverletzung abstellt, lässt jedoch deutliche Parallelen zu der sog. Möglichkeitstheorie erkennen, mit der iRd § 42 Abs. 2 VwGO eine Befugnis zur Erhebung von Anfechtungs- und Verpflichtungsklagen im Verwaltungsprozessrecht ermittelt wird. Danach genügt keine bloße Behauptung der Rechtsverletzung; zugleich ist es aber auch nicht erforderlich, dass der Kläger eine tatsächliche Rechtsverletzung nachweist oder schlüssig darlegt. Vielmehr muss der Kläger Tatsachen vorbringen, die eine Verletzung in eigenen Rechten als möglich erscheinen lassen (vgl. BVerwG NVwZ 2014, 1675, Rn. 18; 1997, 994). Hingegen ist eine Klage nach der Rechtsprechung des Bundesverwaltungsgerichts zumindest dann unzulässig, 25

> *„wenn offensichtlich und nach keiner Betrachtungsweise die vom Kläger behaupteten Rechte bestehen oder ihm zustehen können."*

(vgl. BVerwGE 18, 154 (157); 36, 192 (199 f.); 44, 1 (3); 65, 167 (171); BVerfGE 83, 182 (196)).

Übertragen auf die Antragsbefugnis gem: § 14 Abs. 1 Nr. 2 bedeutet dies, dass die antragstellende Person anhand von Tatsachen die Möglichkeit darlegen muss, dass sie durch eine Sorgfaltspflichtverletzung in einer bestehenden und ihr zustehenden Rechtsposition verletzt sein könnte oder dass diese Verletzung unmittelbar bevorsteht. Dabei können an die Substantiierung der (drohenden) Rechtsgutsverletzung strengere Anforderungen gestellt werden als an die Darlegung der Sorgfaltspflichtverletzung und der Kausalität. Denn der antragstellenden Person dürfte es in aller Regel schwerfallen, Einblicke in die unternehmerische Organisation zu erlangen, um genügend Hinweise auf eine Sorgfaltspflichtverletzung zu sammeln, die für die Rechtsgutsverletzung kausal ist (s. auch Depping/Walden/Kaufmann/Böhm Rn. 25 f.). 26

In diesem Zusammenhang gibt der Gesetzgeber in der Begründung noch zwei Beispiele, in denen eine Rechtsgutsverletzung regelmäßig möglich erscheint (und somit substantiiert geltend gemacht werden könnte). Zum einen dürfte der Antrag idR dann substantiiert sein, 27

„wenn nicht ausgeschlossen werden kann, dass die antragstellende Person als Beschäftigte oder Beschäftigter des zu überprüfenden Unternehmens oder dessen unmittelbaren oder mittelbaren Zulieferers in ihren Rechten verletzt wurde oder eine solche Verletzung bevorsteht."

(vgl. Gesetzesbegründung S. 54). Zum anderen sollen auch solche Personen erfasst sein, die in sonstiger Weise mit den wirtschaftlichen Tätigkeiten des zu überprüfenden Unternehmens oder einem seiner unmittelbaren und mittelbaren Zulieferer betroffen sind (vgl. Gesetzesbegründung S. 54). Hierunter fallen laut der Gesetzesbegründung insbes.

„Anwohnende, die etwa durch Umweltverschmutzungen in ihren durch dieses Gesetz geschützten Rechtspositionen verletzt werden."

(vgl. Gesetzesbegründung S. 54).

28 Hingegen soll es nicht ausreichen,

„wenn die Betroffenheit in einer menschenrechtlich geschützten Rechtsposition offensichtlich nur zufällig mit einem Bezugspunkt zum Unternehmen oder seiner Lieferkette koinzidiert."

(vgl. Gesetzesbegründung S. 54). Dieser Ausschluss greift allerdings nur unter engen Voraussetzungen ein, wie die Verwendung von *„offensichtlich"* und *„koinzidiert"* zeigt. Da auf Basis von Nr. 2 ein Tätigwerden des BAFA ausgelöst werden soll, ist davon auszugehen, dass es aus Sicht des BAFA evident sein muss, dass nur ein zufälliger Bezug zwischen einem Unternehmen und einer Menschenrechtsverletzung vorliegt.

3. Rechtsfolge: Pflicht des BAFA zum Tätigwerden

29 Hat die antragstellende Person eine (unmittelbar drohende) Verletzung ihrer Rechtsposition geltend gemacht, muss das BAFA tätig werden, dh das Entschließungsermessen ist auf Null reduziert. Dies folgt zum einen daraus, dass der einleitende Halbsatz von Abs. 1 lautet: *„Die Behörde wird tätig…"*. Es handelt sich also dem Wortlaut nach nicht um ein Ermessen, weil nicht von „kann" oder „soll" tätig werden die Rede ist. Zum anderen fehlt in Nr. 2 – anders als in Nr. 1 – der Hinweis auf ein Einschreiten „nach pflichtgemäßem Ermessen". Bei systematischer und grammatikalischer Auslegung wird daher deutlich, dass der Gesetzgeber dem BAFA in Nr. 2 nicht die Möglichkeit einräumen wollte, über das „Ob" seines Handelns frei zu entscheiden. Dies bestätigt auch die Gesetzesbegründung, in der es heißt

„Wird ein Antrag gestellt, der die Voraussetzungen von Abs. 1 Nr. 2 erfüllt, muss die Behörde tätig werden."

(vgl. Gesetzesbegründung S. 54).

30 Hingegen bleibt es bei dem Ermessen des BAFA hinsichtlich der Art. seines Tätigwerdens, also der Wahl der Mittel (s. auch dazu Gesetzesbegründung S. 54).

31 Die Aufklärung des Sachverhalts ist Aufgabe des BAFA. Dies folgt bereits aus dem allgemeinen Amtsermittlungsgrundsatz (vgl. § 24 VwVfG). Dementsprechend muss die antragstellende Person auch nur die Möglichkeit einer Rechtsverletzung substantiiert vortragen, nicht aber Beweise oder eine vollständig ausermittelte Akte liefern (s. auch Gesetzesbegründung S. 54: *„Dem gegenübergestellt kann die Darlegung der Sorgfaltspflichtverletzung als solche nicht Voraussetzung für ein Antragsrecht sein. Das Antragsrecht bezweckt gerade, das Vorliegen der Sorgfaltspflichtverletzung durch die Behörde im Wege der Amtsermittlung untersuchen zu lassen."*).

4. Rechtsschutz

a) Antragstellende Personen

32 Nach der Gesetzesbegründung soll denjenigen Personen der Verwaltungsrechtsweg offenstehen, die einen Antrag auf Tätigwerden des BAFA gem. § 14 Abs. 1

Nr. 2 stellen (so der ausdrückliche Hinweis in der Gesetzesbegründung S. 55). Dieser Hinweis dient evtl. zur Klarstellung darüber, dass das Tätigwerden auf Antrag keine bloße Verfahrenshandlung iSv § 44a VwGO darstellen soll, sondern eine Maßnahme mit eigenständiger Bedeutung darstellt (so aber wohl Gehling/Ott/Fluck Rn. 25).

Eine Prozessstandschaft sieht der Wortlaut des § 14 nicht vor. Sie ergibt sich auch nicht aus der Gesetzesbegründung. Eine entsprechende Anwendung des § 11 scheidet aus, da sich diese Norm in dem Abschnitt 3 „Zivilprozess" befindet und nach der Gesetzesbegründung auch für zivilgerichtliche Verfahren, nicht Verwaltungsprozesse vorgesehen ist (→ § 11 Rn. 25 ff.). 33

Sofern das BAFA trotz eines substantiierten Antrags ein Tätigwerden explizit ablehnt, kommt zunächst ein Widerspruch nach § 68 Abs. 2 VwGO und, sofern dieser erfolglos bleibt, eine Versagungsgegenklage nach § 42 Abs. 1 Var. 2 VwGO auf Aufhebung dieser Entscheidung und Tätigwerden in Betracht. Da das LkSG keine weiteren Regelungen des Verwaltungsverfahrens vorsieht, gelten die allgemeinen verwaltungsrechtlichen Grundsätze. Dementsprechend ist ein Widerspruchsverfahren gem. §§ 68 ff. VwGO durchzuführen (die Ausnahme des § 68 Abs. 1 S. 2 Nr. 1 VwGO findet keine Anwendung, weil es sich bei dem BAFA um eine Bundesoberbehörde, nicht eine oberste Bundesbehörde handelt; s. auch Schoch/Schneider/Dolde/Porsch VwGO § 68 Rn. 15). 34

Falls das BAFA schlicht untätig bleibt, ohne ein Handeln explizit abzulehnen, kommt auch eine Untätigkeitsklage in Betracht (s. Depping/Walden/Kaufmann/Böhm Rn. 31; da es nicht zwingend erforderlich ist, dass das BAFA über sein Tätigwerden mittels Verwaltungsakts entscheidet, dürfte idR die allgemeine Leistungsklage statthaft sein). Vermutlich zur Vermeidung von (vorschnellen) Klagen weist das BAFA auf seiner Website vorsorglich darauf hin, dass es jeder Beschwerde gründlich nachgehe und dass deshalb seine Prüfung voraussichtlich etwas Zeit in Anspruch nehmen werde (s. BAFA, Beschwerde einreichen, abrufbar unter: https://www.bafa.de/DE/Lieferketten/Beschwerde_einreichen/beschwerde_einreichen_node.html). 35

Da das Entschließungsermessen des BAFA auf Null reduziert ist, kann die Klage darauf gerichtet sein, dass das BAFA sich des Antrags annimmt und nach fehlerfreiem Ermessen die nach § 15 geeigneten und erforderlichen Anordnungen und Maßnahmen trifft, um Verstöße gegen die Sorgfaltspflichten festzustellen, zu beseitigen und zu verhindern. 36

Ein Antrag auf eine bestimmte Maßnahme dürfte idR jedoch nicht statthaft sein, weil das BAFA weiterhin ein Auswahlermessen hinsichtlich der Art des Einschreitens hat. Die Klage müsste daher auf Tätigwerden unter ermessensfehlerfreier Wahl der betreffenden Mittel gerichtet sein. 37

b) Unternehmen

Gegen Maßnahmen des BAFA steht betroffenen Unternehmen grds. der Verwaltungsrechtsweg offen. Sollte das BAFA ex officio oder auf Antrag tätig werden und Maßnahmen gegen ein Unternehmen ergreifen, kommt idR – nach erfolgloser Durchführung eines Vorverfahrens (§ 68 Abs. 1 VwGO; die Ausnahme des § 68 Abs. 1 S. 2 Nr. 1 VwGO findet keine Anwendung, weil es sich bei dem BAFA um eine Bundesoberbehörde, nicht eine oberste Bundesbehörde handelt; s. auch Schoch/Schneider/Dolde/Porsch VwGO § 68 Rn. 15) – eine Anfechtungsklage in Betracht. 38

Gegen die Verhängung von Bußgeldern können die Unternehmen Einspruch einlegen und anschließend vor den ordentlichen Gerichten eine Klärung herbeiführen (vgl. § 68 OWiG). 39

C. Verordnungsermächtigung (Abs. 2)

Abs. 2 enthält eine Verordnungsermächtigung zur Ausgestaltung des Verfahrens der risikobasierten Kontrolle. 40

41 Adressat der Ermächtigung ist das Bundesministerium für Arbeit und Soziales (BMAS). Dieses muss im Einvernehmen mit dem Bundesministerium für Wirtschaft und Energie handeln, dh, Letzteres muss seine Zustimmung zu dem Verordnungsvorschlag des BMAS geben. Eine Zustimmung des Bundesrates ist hingegen nicht erforderlich. Dies überzeugt, weil das Verfahren der risikobasierten Kontrolle im Wesentlichen von dem BAFA zu betreiben ist, mithin von einer Bundesoberbehörde. Daher sind Länderinteressen nicht in spezifischer Weise betroffen (die Gesetzgebungskompetenz des Bundes folgt aus Art. 74 Abs. 1 Nr. 1 GG (Bürgerliches Recht) sowie aus Art. 74 Abs. 1 Nr. 11 GG (Recht der Wirtschaft); vgl. Gesetzesbegründung S. 24).

42 Inhalt der potenziellen Rechtsverordnung kann es sein, das Verfahren der risikobasierten Kontrolle nach § 14 Abs. 1 und den §§ 15–17 näher zu regeln. Die Normenverweise verdeutlichen, dass es um Details zur Antragstellung, zu Anlässen für ein Einschreiten von Amts wegen und zur Wahl und Ausgestaltung der Befugnisse gehen kann.

43 Im Rahmen einer solchen Rechtsverordnung könnten insbes. nähere Regelungen zur Gewährleistung eines einheitlichen, diskriminierungsfreien Tätigwerdens des BAFA oder zur Festlegung besonders risikogeneigter Branchen, in denen das BAFA primär tätig wird, getroffen werden (näher dazu Depping/Walden/Kaufmann/Böhm Rn. 34 f.). Ferner kommen zB Konkretisierungen zu Beweismitteln, Anhörungen oder zur Ermessenslenkung des BAFA in Betracht. Hingegen dürfte es über den gem. Art. 80 Abs. 1 S. 2 GG maßgeblichen Inhalt der Ermächtigung hinausgehen, wenn in der Rechtsverordnung auch ein Informationsaustausch mit anderen deutschen oder europäischen Behörden geregelt würde (iErg ähnl. Gehling/Ott/Fluck Rn. 45). Denn ein solcher Austausch würde den Anwendungsbereich von § 14 Abs. 1, §§ 15–17 überschreiten, da diese Normen das Verhältnis zwischen Behörde, Unternehmen und – in § 14 Abs. 1 – Antragsteller regeln, aber keine Aussagen zu weiteren Behörden enthalten.

44 Die Verordnungsermächtigung trat bereits mit Wirkung vom 23.7.2021 in Kraft. In den Fragen und Antworten zum Lieferkettengesetz (FAQ zum LkSG) heißt es jedoch, dass aktuell kein Erlass entsprechender Rechtsverordnungen geplant sei (s. FAQ zum LkSG Ziff. XVI. 3).

Anordnungen und Maßnahmen

15 **[1] Die zuständige Behörde trifft die geeigneten und erforderlichen Anordnungen und Maßnahmen, um Verstöße gegen die Pflichten nach den §§ 3 bis 10 Absatz 1 festzustellen, zu beseitigen und zu verhindern.**
[2] Sie kann insbesondere
1. **Personen laden,**
2. **dem Unternehmen aufgeben, innerhalb von drei Monaten ab Bekanntgabe der Anordnung einen Plan zur Behebung der Missstände einschließlich klarer Zeitangaben zu dessen Umsetzung vorzulegen und**
3. **dem Unternehmen konkrete Handlungen zur Erfüllung seiner Pflichten aufgeben.**

Übersicht

A. Einleitung

§ 15 enthält zugleich eine Aufgaben- und Befugniszuweisung an das BAFA. Die Aufgaben ergeben sich aus S. 1. Danach hat das BAFA die Aufgabe, Verstöße gegen die Sorgfaltspflichten des LkSG festzustellen, zu beseitigen und/oder zu verhindern. Zur Erfüllung dieser Aufgaben finden sich sowohl in § 15 S. 1, 2 als auch in weiteren Normen des LkSG (zB § 13 Abs. 2, §§ 16, 17) Befugnisse des BAFA. 1

Innerhalb des § 15 enthält S. 1 zum einen die generellen Vorgaben für die zu verfolgenden legitimen Ziele und zur Verhältnismäßigkeit des Vorgehens. Zum anderen stellt er in generalklauselartiger Form eine Befugnisnorm dar. S. 2 konkretisiert diese Vorgaben und listet in nicht abschließender Form einige konkrete Befugnisse des BAFA auf. Für deren Ausübung gelten auch die Anforderungen der legitimen Ziele und Verhältnismäßigkeit. Denn der Wortlaut („insbesondere") verdeutlicht, dass S. 2 auf den Vorgaben des Satzes 1 aufbaut. 2

Der generalklauselartige Charakter der Befugnis aus S. 1 räumt dem BAFA eine weitgehende Flexibilität hinsichtlich der Art seines Handelns ein. Um jedoch die Grundsätze der Wesentlichkeit/des Parlamentsvorbehalts (vgl. DHS/Grzeszick GG Art. 20 Rn. 101; BeckOK GG/Huster/Rux GG Art. 20 Rn. 105 f.; Jarass/Pieroth/Jarass GG Art. 20 Rn. 71) und der Bestimmtheit (vgl. DHS/Grzeszick GG Art. 20 Rn. 58, 65; BeckOK GG/Huster/Rux GG Art. 20 Rn. 182; Jarass/Pieroth/Jarass GG Art. 20 Rn. 82; MKS/Sommermann GG Art. 20 Rn. 289) nicht zu verletzen, sollte § 15 S. 1 verfassungskonform dahingehend ausgelegt werden, dass die Maßnahmen nicht erheblich einschneidender sind als die ausdrücklich in § 15 S. 2 und §§ 16 ff. geregelten (zur verfassungsrechtlichen Zulässigkeit einer solchen Generalklausel und eventuellen Einschränkungen s. auch WRW LkSG/Ruttloff/Hahn § 9 Rn. 1431). 3

Mithilfe dieser Befugnisse kann das BAFA zum einen gesetzeswiederholende Verfügungen erlassen, die die Pflicht des LkSG noch einmal klarstellen und dem betroffenen Unternehmen vor Augen führen. Zum anderen kann das BAFA auch rechtsgestaltende Verwaltungsakte erlassen, um einen bestimmten Erfolg (durch Tätigwerden des Unternehmens) zu erreichen (s. WRW LkSG/Ruttloff/Hahn § 9 Rn. 1430). 4

Die Formulierung von § 15 verdeutlicht, dass das BAFA – neben dem in § 14 Abs. 1 Nr. 1 geregelten Entschließungsermessen – auch ein Auswahlermessen hat. S. 2 bringt dies deutlich durch die Verwendung von „kann" zum Ausdruck. Da S. 2 der Konkretisierung von S. 1 dient, ist auch S. 1 trotz des weniger klaren Wortlauts („trifft", nicht „kann treffen", aber auch nicht „muss treffen") ebenfalls als Ermessensvorschrift zu verstehen (so auch Depping/Walden/Kaufmann/Böhm § 14 Rn. 9 f.). 5

Zur Durchsetzung dieser Maßnahmen kann das BAFA zu Zwangsmaßnahmen nach dem Verwaltungsvollstreckungsgesetz des Bundes greifen. Für das Zwangsgeld enthält § 23 eine Sondervorschrift gegenüber § 11 Abs. 3 VwVG. Diese schließt aber keine anderen Zwangsmaßnahmen aus; ein solcher Ausschluss hätte vielmehr ausdrücklich angeordnet werden müssen. 6

Auch der CSDDD-Entwurf sieht behördliche Befugnisse vor. Gem. Art. 18 Abs. 2, 3 CSDDD-Entwurf kann die Behörde zunächst Untersuchungen durchführen. Nach Abs. 5 CSDDD-Entwurf soll es den nationalen Behörden zudem möglich sein, die Beendigung von Verstößen, die Unterlassung von Wiederholungen sowie Abhilfemaßnahmen anzuordnen, Bußgelder zu verhängen und vorläufige Maßnahmen zu ergreifen, um das Risiko eines schweren und nicht wiedergutzumachenden Schadens zu vermeiden. 7

B. Generalklausel zur Feststellung, Beseitigung und Verhinderung von Verstößen (S. 1)

8 S. 1 bestimmt, dass das BAFA als zuständige Behörde (s. § 19 Abs. 1 S. 1) Anordnungen und Maßnahmen ergreifen darf, um Verstöße gegen die Pflichten nach den §§ 3–10 Abs. 1 festzustellen, zu beseitigen und zu verhindern. Diese Maßnahmen müssen geeignet und erforderlich, mithin verhältnismäßig sein. Die Anforderungen der Verfolgung legitimer Ziele in verhältnismäßiger Weise gelten für die Ausübung aller Befugnisse. Innerhalb des § 15 verdeutlicht dies die Verwendung von „insbesondere" in S. 2, aus der hervorgeht, dass S. 2 der Konkretisierung von S. 1 dient.

I. Anordnungen und Maßnahmen

9 Mit Anordnungen kann das BAFA ein Unternehmen auffordern, selbst eine bestimmte Handlung vorzunehmen oder ein Verhalten zu unterlassen. In der Regel werden derartige Anordnungen Verwaltungsakte gegenüber dem Unternehmen darstellen. Der Gesetzeswortlaut lässt Anordnungen häufig dadurch erkennen, dass einem Unternehmen ein Verhalten „aufgegeben" wird.

10 Beispiele für entsprechende Anordnungen enthalten § 15 S. 2 Nr. 2, 3 (→ Rn. 33 ff., 39 ff.).

11 Maßnahmen sind eigene, aktive Handlungen des BAFA, wie zB die in § 15 S. 2 Nr. 1 vorgesehene Ladung von Personen oder das in § 16 geregelte Betreten von Geschäftsräumen sowie die dortige Einsichtnahme und Prüfung von Unterlagen. Die Maßnahmen können mit dem (konkludenten) Erlass eines Verwaltungsaktes einhergehen.

12 § 15 enthält damit die Verwaltungsaktsbefugnis zur Durchsetzung der im LkSG geregelten Pflichten (so auch Gehling/Ott/Fluck Rn. 2). Auf Maßnahmen und Anordnungen in Gestalt von Verwaltungsakten findet das VwVfG Anwendung. Folglich muss das BAFA vor Ergreifen entsprechender Maßnahmen oder Anordnungen grds. eine Anhörung des Betroffenen durchführen (so auch Depping/Walden/Kaufmann/Böhm § 15 Rn. 9 f.). Darüber hinaus legt die Anwendbarkeit des VwVfG nahe, dass das BAFA im Wege eines öffentlich-rechtlichen Vertrages gem. §§ 54 ff. VwVfG tätig werden kann. Dieses Vorgehen könnte sich bei Einigkeit mit dem zu verpflichteten Unternehmen über die ermittelten Tatsachen und Abhilfemaßnahmen anbieten (s. Gehling/Ott/Fluck Rn. 11).

13 Gem. § 18 müssen die Unternehmen, deren Inhaber und Vertreter die Maßnahmen des BAFA dulden.

II. Ziel der Anordnungen und Maßnahmen: Feststellung, Beseitigung oder Verhinderung von Verstößen

14 Bei Ausübung seiner Befugnisse muss das BAFA das Ziel verfolgen, Verstöße gegen die Sorgfaltspflichten des LkSG festzustellen, zu beseitigen und/oder zu verhindern. Dies kann als Aufgabenzuweisung an das BAFA verstanden werden.

15 Zur Umschreibung der in den Blick zu nehmenden Sorgfaltspflichten verweist § 15 S. 1 auf die §§ 3–10 Abs. 1. Dieser Verweis ist in verschiedener Hinsicht nicht eindeutig. Beispielsweise regelt etwa § 3 Abs. 3 keine Sorgfaltspflicht, sondern enthält eine Klarstellung zur zivilrechtlichen Haftung. § 3 Abs. 1 listet die Pflichten nur auf, die in den §§ 4 ff. erst konkretisiert werden. § 9 Abs. 4 statuiert ebenfalls keine Sorgfaltspflicht, sondern eine Verordnungsermächtigung.

16 Die Aufgabentrias – Feststellung, Beseitigung, Verhinderung – verdeutlicht, dass das BAFA Ermittlungs-, Abhilfe- und Präventivmaßnahmen ergreifen kann. Dabei geht es jedoch nicht zwingend um die Beseitigung oder Verhinderung von menschenrechtlichen Risiken oder Verletzungen. Vielmehr stehen die Sorgfaltspflichten der Unternehmen im Vordergrund. Deren Einhaltung soll sichergestellt werden

können. Dies kann zwar (mittelbar) auch dazu beitragen, dass Risiken und Gefahren für oder Verletzungen von menschenrechtlichen und umweltbezogenen Belangen verhindert oder beendet werden. Das BAFA kann aber selbst dann zu Anordnungen und Maßnahmen greifen, wenn kein Risiko für Menschenrechte und Umweltbelange droht. So zeigt bspw. der Verweis auf § 10 Abs. 1 (Dokumentationspflicht), dass auch rein formale Pflichtverletzungen verfolgt werden können. Gleichermaßen könnte das BAFA etwa gegen eine fehlende Grundsatzerklärung (§ 6 Abs. 2) vorgehen, selbst wenn das Unternehmen sonst alle Maßnahmen ergriffen hat und/oder keine erheblichen Risiken für Menschenrechte verursacht. Allerdings folgt aus dem Verhältnismäßigkeitsgrundsatz und dem risikobasierten Ansatz, dass das BAFA sich primär auf materielle und nicht rein formelle Verstöße konzentrieren sollte (idS auch Grabosch LkSG/Engel/Schönfelder § 6 Rn. 34).

III. Verhältnismäßigkeit der Anordnungen und Maßnahmen: Geeignetheit und Erforderlichkeit

17 Die Anordnungen und Maßnahmen des BAFA müssen geeignet und erforderlich sein. Damit bringt S. 1 das Gebot der Verhältnismäßigkeit zum Ausdruck, welches das BAFA bei seinem gesamten Handeln zu beachten hat. Dies folgt ohnehin bereits aus dem Rechtsstaatsprinzip (vgl. DHS/Grzeszick GG Art. 20 Rn. 114; BeckOK GG/Huster/Rux GG Art. 20 GG Rn. 194; Jarass/Pieroth/Jarass GG Art. 20 Rn. 118; Sachs/Sachs GG Art. 20 Rn. 150; Dreier/Schulze-Fielitz GG Art. 20 Rn. 182; MKS/Sommermann GG Art. 20 Rn. 314), wird durch S. 1 aber noch einmal – gleichsam vor die Klammer gezogen – explizit bestätigt.

18 **Geeignet** ist eine Anordnung oder Maßnahme dann, wenn sie den mit ihr verfolgten Zweck tatsächlich fördert. Hingegen ist es nicht geboten, dass der Zweck der Maßnahme umfassend, optimal und sicher erreicht wird (vgl. BeckOK GG/Huster/Rux GG Art. 20 GG Rn. 194.1).

19 **Erforderlichkeit** liegt vor, wenn keine gleich geeignete Maßnahme in Betracht kommt, die weniger intensiv in die Rechte des betroffenen Unternehmens eingreift (vgl. DHS/Grzeszick GG Art. 20 Rn. 115; BeckOK GG/Huster/Rux GG Art. 20 Rn. 196; Jarass/Pieroth/Jarass Art. 20 Rn. 119; Sachs/Sachs GG Art. 20 Rn. 152; Dreier/Schulze-Fielitz GG Art. 20 Rn. 183).

20 Auch wenn S. 1 die Angemessenheit oder Verhältnismäßigkeit im engeren Sinne nicht explizit erwähnt, ist sie nach allgemeinen rechtsstaatlichen Grundsätzen auch sicherzustellen. Dementsprechend darf der mit der Maßnahme verfolgte Zweck nicht außer Verhältnis zu dem erreichbaren Nutzen stehen. Daraus folgern einige Autoren zutreffend, dass gerade bei kleineren und mittleren Unternehmen auch die finanziellen und personellen Kapazitäten zu berücksichtigen seien (s. Depping/Walden/Kaufmann/Böhm Rn. 13; Weis/Zimmermann AVR 2020, 424 (461)).

21 Der **Grundsatz der Verhältnismäßigkeit** kann es zB verlangen, dass das BAFA dem Unternehmen nur eine Anordnung (unter Fristsetzung) erteilt, statt selbst (sofort) mit einer Maßnahme einzugreifen oder gar Verwaltungszwang anzuwenden.

22 Darüber hinaus spricht der Grundsatz der Verhältnismäßigkeit dafür, dass das BAFA idR zunächst gemeinsam mit dem Unternehmen Maßnahmen entwickelt, um Verletzungen der Sorgfaltspflichten zu vermeiden oder zu beseitigen, anstatt direkt Bußgelder zu verhängen. Insofern kann das BAFA das Unternehmen zB verpflichten, gem. § 15 S. 2 Nr. 2 einen Plan zur Behebung von Missständen zu erstellen (vgl. Grabosch LkSG/Engel/Schönfelder § 6 Rn. 35 f.).

23 Zudem stehen die Grundsätze der Verhältnismäßigkeit und der risikobasierten Kontrolle einem Vorgehen gegen rein formale Verstöße oder Verletzungen von Sorgfaltspflichten, die keinerlei Risiken für Menschenrechte oder Umweltbelange begründen, regelmäßig entgegen (s. auch Grabosch LkSG/Engel/Schönfelder § 6 Rn. 34; WRW LkSG/Ruttloff/Hahn § 9 Rn. 1432). Gleichermaßen können Ermittlungsmaßnahmen ohne jeglichen Risikoanlass unverhältnismäßig und damit ermessenfehlerhaft sein (s. Depping/Walden/Kaufmann/Böhm § 15 Rn. 16 mwN).

C. Konkretisierung der Generalklausel (S. 2)

24 Als – nicht abschließende – Konkretisierung der Generalklausel in S. 1 enthält S. 2 eine Maßnahmen- und zwei Anordnungsbefugnisse.

I. Ladung von Personen (Nr. 1)

25 Ausweislich der Gesetzesbegründung besteht das Ziel einer Ladung von Personen darin, Verstöße gegen die Pflichten nach den §§ 3–10 Abs. 1 zu ermitteln (vgl. Gesetzesbegründung S. 55).

26 Eine solche Ladung ist im allgemeinen Verwaltungsverfahren nach VwVfG nicht vorgesehen. Es handelt sich daher um eine weitergehende Befugnis, die dem BAFA die investigative Ermittlung von (drohenden) Verletzungen der Sorgfaltspflichten erleichtern soll.

27 Die Ladung kann mit Zwangsmitteln, insbes. Zwangsgeld, durchgesetzt werden (→ § 15 Rn. 6).

28 Die Befugnis zur Ladung wird durch die weitere, in § 17 geregelte Befugnis des BAFA ergänzt, von der geladenen Person die Auskünfte und Unterlagen zu verlangen, die das BAFA zur Durchführung der ihm durch dieses Gesetz oder aufgrund dieses Gesetzes übertragenen Aufgaben benötigt. Allerdings findet diese Befugnis ihre Grenze in Auskunftsverweigerungsrechten der Betroffenen aus § 17 Abs. 3 oder anderen gesetzlichen Regelungen („nemo tenetur"-Grundsatz).

29 Weder der Wortlaut noch die Begründung des § 15 S. 2 Nr. 1 konkretisiert, welche Personen das BAFA laden kann. Daher ist von einem weiten Verständnis auszugehen, das aber nur natürliche Personen umfasst. Neben den Mitgliedern von Vorstand, Geschäftsführung oder Aufsichtsorgan eines Unternehmens kommen bspw. auch der Menschenrechtsbeauftragte, Einkäufer, Produktions- und Betriebsleiter vor Ort etc. in Betracht. Leistet der Adressat der Ladung nicht Folge, kann die Maßnahme vollstreckt werden. Die Vollstreckung kann bereits bei der Ladung nach § 13 VwVG angedroht werden.

30 Die Kostentragung bei der Ladung von Beteiligten durch das BAFA richtet sich mangels ausdrücklicher Regelung im LkSG nach dem allgemeinen Verwaltungsverfahrensrecht. § 26 Abs. 3 S. 2 VwVfG sieht für Zeugen und Sachverständige in entsprechender Anwendung des JVEG eine Entschädigung vor, womit der Staat die Kosten zu tragen hat. Allerdings betrifft diese Regelung nur die eigentlichen (Reise-)Kosten. Im Umkehrschluss folgt daraus, dass der mit der Mitwirkung verbundene Zeitaufwand für Beteiligte nicht entschädigungsfähig ist (vgl. BeckOK VwVfG/Herrmann VwVfG § 26 Rn. 44; Schoch/Schneider/Schneider VwVfG § 26 Rn. 27; SBS/Kallerhoff/Fellenberg VwVfG § 26 Rn. 49).

31 Die Möglichkeit einer Vorladung der Beteiligten, die ausschließlich durch Bild- und Tonübertragung erfolgt, ist weder im LkSG noch im allgemeinen Verwaltungsverfahrensrecht vorgesehen. Zwar haben sich die Forderungen nach einem solchen Verfahren per Videokonferenz im Zuge der Corona-Pandemie gemehrt, doch fehlt es an einer ausdrücklichen gesetzlichen Regelung, die nach der überwiegenden Meinung erforderlich ist (vgl. zur Entscheidungsfindung der kommunalen/bezirklichen Hauptorgane per Videokonferenz Siegel LKV 2020, 529 (535)).

32 Es stellt sich die Frage, ob das BAFA auch gegenüber Personen, die einen Antrag auf Tätigwerden des BAFA gem. § 14 Abs. 1 Nr. 2 gestellt haben, oder gegenüber (vermeintlichen) Opfern von Menschenrechtsverletzungen die Ladung anordnen kann. Der Wortlaut könnte dies zulassen, doch spricht die Gesetzessystematik dagegen. Zum einen muss eine antragstellende Person gem. § 14 Abs. 1 Nr. 2 eine mögliche Rechtsverletzung nur substantiiert geltend machen. Es ist dort gerade nicht vorgesehen, dass sie konkrete Beweise vorlegen oder zur Aufklärung beitragen muss. In ähnlicher Weise sieht § 17 Abs. 1 S. 2 vor, dass sich die Auskunfts- und

Herausgabepflicht geladener Personen auch auf Informationen zu verbundenen Unternehmen und Zulieferern erstrecken kann. Dies sind jedoch Informationen, die regelmäßig nur das Unternehmen bzw. dessen Repräsentant, nicht jedoch eine (eventuell) geschädigte Person hat. Gleichermaßen setzen die Angaben aus § 17 Abs. 2 eine Kenntnis von Unternehmensinterna voraus.

II. Vorlage eines Plans zur Behebung von Missständen (Nr. 2)

Nr. 2 enthält eine Anordnungsbefugnis. Diese greift ein, um „Missstände" zu beheben. Das legt nahe, dass Nr. 2 nur im Falle bereits eingetretener Verletzungen von Sorgfaltspflichten in Betracht kommt, nicht aber zur Ermittlung oder Prävention (somit liegt eine Einschränkung der Aufgabentrias aus S. 1 (→ § 15 Rn. 8 ff.) vor). 33

Mit einer Anordnung nach Nr. 2 soll dem Unternehmen – iSd Verhältnismäßigkeit (idS auch WRW LkSG/Ruttloff/Hahn § 9 Rn. 1437) – selbst die Möglichkeit eingeräumt werden, Compliance mit den einschlägigen Sorgfaltspflichten (wieder) herzustellen, anstatt unmittelbar mit behördlichen Abhilfemaßnahmen oder Bußgeldern durchzugreifen. 34

Der Wortlaut der Nr. 2 spricht nur davon, dass das BAFA dem Unternehmen aufgibt, einen Plan zu erstellen. Allerdings kann es in der Praxis sinnvoll sein, dass das BAFA mit dem Unternehmen bei der Erstellung des Plans zusammenarbeitet. Denn so kann das BAFA sowohl klar kommunizieren, welche Missstände es sieht, als auch wie es sich deren Behebung vorstellt. Eine derartige Kooperation von Anfang an kann effektiver sein als später erforderlich werdende Nachbesserungsmaßnahmen. 35

Die Erstellung eines Plans hat innerhalb von drei Monaten zu erfolgen. Das Gesetz sieht nicht ausdrücklich eine Fristverkürzung oder -verlängerung vor. Allerdings steht § 15 insgesamt im Ermessen des BAFA. Wenn das BAFA also entscheiden kann, ob es überhaupt einen Abhilfeplan verlangt, dann dürfte es erst recht im Ermessen des BAFA liegen, von der Frist in Nr. 2 abzuweichen. Dies gilt jedenfalls dann, wenn das BAFA, zB angesichts der Komplexität des Problems oder der begrenzten Ressourcen des Unternehmens, eine längere Frist einräumen möchte. Eine kürzere Frist dürfte hingegen häufig unverhältnismäßig sein. Etwas anderes kann indes dann gelten, wenn wegen eingetretener Pflichtverletzungen eine unmittelbare Gefahr für Menschenrechte droht oder sich realisiert hat. In derartigen Fällen kann eine dreimonatige Planung (mit zusätzlichen, anschließenden Umsetzungsfristen) zu lang sein, um effektiven Schutz zu ermöglichen. Daher könnte – anstelle der (sofortigen) Anordnung konkreter behördlicher Maßnahmen, insbes. auf Grundlage von § 15 S. 2 Nr. 3 – als milderes Mittel die Erstellung eines Plans innerhalb kürzerer Frist verlangt werden (sinngemäß auch Depping/Walden/Kaufmann/Böhm Rn. 29). 36

Über die Frist zur Erstellung der Planung hinaus, sieht Nr. 2 vor, dass der Plan selbst Fristen zu seiner Umsetzung enthalten muss. Es sind also konkrete Maßnahmen einschließlich klarer Zeitvorgaben zu deren Erreichung („Milestones") vorzusehen. Dies soll dem BAFA die Überprüfung erleichtern, ob das Unternehmen den Plan ordnungsgemäß umsetzt. Sofern die „Milestones" nicht erreicht werden, kann das BAFA weitergehende Maßnahmen anordnen oder ergreifen, insbes. auf Basis von § 15 S. 2 Nr. 3. 37

Wenn das Unternehmen der Anordnung zur Erstellung eines Abhilfeplans nicht nachkommt, kann das BAFA eine Geldbuße in Höhe von bis zu 5 Mio. EUR verhängen (vgl. § 24 Abs. 1 Nr. 13, Abs. 2 S. 1 Nr. 2, S. 2 iVm § 30 Abs. 2 S. 3 OWiG). Falls das Unternehmen zwar einen Plan erstellt, aber nicht fristgemäß innerhalb von drei Monaten, kommt ebenfalls eine Geldbuße in Betracht. Sofern der Plan jedoch den inhaltlichen Anforderungen des BAFA entspricht und die Verzögerung nicht zu (zusätzlichen) Schäden für Menschenrechte oder Umweltbelange geführt hat, sind diese Umstände mindernd bei der Bußgeldbemessung zu berücksichtigen. Hingegen stellt sich die Frage, ob ein Bußgeld nach § 24 Abs. 1 38

Nr. 13 auch dann verhängt werden kann, wenn das Unternehmen den Plan innerhalb von drei Monaten im Einklang mit den Vorgaben des BAFA erstellt hat, aber die in dem Plan vorgesehenen Maßnahmen nicht oder nicht innerhalb der vorgesehenen Zeiträume umsetzt. Einerseits könnte man argumentieren, dass es im Ergebnis keinen Unterschied macht, ob ein Unternehmen keinen Maßnahmenplan vorlegt oder einen solchen Plan zwar vorlegt, aber nicht umsetzt. Andererseits gilt der Bestimmtheitsgrundsatz aus Art. 103 Abs. 2 GG. Danach markiert der mögliche, aus der Sicht des Normadressaten zu bestimmende Wortsinn des Gesetzes die „äußerste Grenze zulässiger richterlicher Interpretation" (s. etwa BVerfG NJW 2022, 1160 Rn. 97 mwN). Der Wortlaut des § 15 S. 2 Nr. 2, auf den die Bußgeldvorschrift des § 24 Abs. 1 Nr. 13 verweist, sieht nur die fristgerechte Erstellung eines Plans vor, regelt aber nicht dessen Umsetzung. Daher kann die Nichterreichung von „Milestones" nicht durch ein Bußgeld auf Basis von § 24 Abs. 1 Nr. 13 sanktioniert werden.

III. Aufgabe konkreter Handlungen (Nr. 3)

39 Gem. S. 2 Nr. 3 kann das BAFA dem Unternehmen *„konkrete Handlungen zur Erfüllung seiner Pflichten aufgeben"*. Um welche Handlungen es dabei geht, spezifizieren Gesetzeswortlaut und -begründung nicht. Die Begründung führt lediglich aus, dass die Maßnahmen zur Feststellung, Beseitigung oder Verhinderung von Verstößen geeignet und erforderlich sein müssen (vgl. Gesetzesbegründung S. 55). Dieser Hinweis auf ein legitimes Ziel und dessen verhältnismäßige Verfolgung ist jedoch redundant, da sich die entsprechenden Anforderungen aus S. 1 ergeben, der – wie das Wort „insbesondere" zeigt – durch S. 2 lediglich konkretisiert wird.

40 Das BAFA kann unter anderem dann auf Grundlage von S. 2 Nr. 3 eingreifen, wenn ein Unternehmen seinen nach S. 2 Nr. 2 aufgestellten Plan nicht innerhalb der darin vorgesehenen Zeiträume vollumfänglich umsetzt. Dann kann das BAFA dem Unternehmen konkrete Handlungen aufgeben, die zur Erreichung der Milestones beitragen.

41 Auch darüber hinaus können die Sorgfaltspflichten des LkSG durch die Anordnung von Maßnahmen durchgesetzt werden. So kann das BAFA etwa anordnen, dass eine verantwortliche Person bestellt wird, die die Aufgaben wahrnimmt, welche das Gesetz für den Menschenrechtsbeauftragten vorsieht. Ferner kann das BAFA von dem Unternehmen verlangen, bestimmte Maßnahmen zur (Verbesserung der) Risikoanalyse, -prävention oder -beendigung zu ergreifen. Hingegen kann die Ernennung eines Sonderbeauftragten mit Geschäftsführungsbefugnissen (zB eines „Monitors") nicht auf Nr. 3 gestützt werden, weil es dafür einer konkreten, detailliert ausgestalteten Rechtsgrundlage bedürfte (zum Ganzen auch WRW LkSG/Ruttloff/Hahn § 9 Rn. 1438).

42 Die angeordneten Maßnahmen müssen hinreichend bestimmt sein, um mit Mitteln des Verwaltungsvollstreckungsgesetzes durchgesetzt werden zu können (hingegen ist ein Verstoß gegen Anordnungen nach Nr. 3 nicht bußgeldbewehrt; § 24 Abs. 1 Nr. 13 verweist vielmehr nur auf § 15 S. 2 Nr. 2). Die Vorgabe bestimmter Maßnahmen kann unter Umständen in unternehmerische (Organisations-) Entscheidungen eingreifen oder sich auf Vertragsbeziehungen (mit Zulieferern) auswirken. Die entsprechenden Eingriffe in die Berufs- und allgemeine Handlungsfreiheit müssen iRd Verhältnismäßigkeitsprüfung sorgfältig beachtet und in die entsprechende Abwägung eingestellt werden (dazu auch Depping/Walden/Kaufmann/Böhm Rn. 35).

43 Da gerade Anordnungen im Hinblick auf Zulieferer Auswirkungen auf die Vertragsbeziehungen zwischen dem betreffenden Unternehmen und dessen Zulieferer haben können, sollten behördliche Eingriffe (zB als „force majeure") in der Vertragsgestaltung vorsorglich berücksichtigt werden (so auch Depping/Walden/Kaufmann/Böhm § 15 Rn. 3). Zudem ist bei (bestehenden) Verträgen das LkSG und dessen behördliche Durchsetzung iRd Auslegung der Vertragspflichten zu berücksichtigen. So kann eine behördliche Anordnung etwa dazu führen, dass einer

Vertragspartei ein bestimmtes Verhalten unmöglich wird oder dass ein außerordentlicher Kündigungsgrund vorliegt.

D. Rechtsschutz

Sofern das BAFA durch (konkludenten) Verwaltungsakt handelt, kann sich das betreffende Unternehmen mit Widerspruch und Anfechtungsklage zur Wehr setzen. Diese Rechtsbehelfe haben grds. aufschiebende Wirkung (§ 80 Abs. 1 VwGO). Allerdings kommt bei eingetretenen oder unmittelbar drohenden Menschenrechtsverletzungen die Anordnung des Sofortvollzugs nach § 80 Abs. 2 S. 1 Nr. 4 VwGO in Betracht. **44**

Falls eine Maßnahme des BAFA lediglich Realhandeln ohne Verwaltungsaktcharakter iSv § 35 VwVfG darstellt, wäre dagegen in aller Regel mit der allgemeinen Leistungsklage (in Gestalt der Unterlassungsklage) vorzugehen. **45**

Vorbemerkung zu §§ 16–18

A. Aufbau und Bedeutung der §§ 16 ff.

1 Die Regelungen der §§ 16–18 sind nach der Vorstellung des Gesetzgebers Bestandteil eines auf zwei Säulen fußenden, sehr umfangreichen Kontrollinstrumentariums und flankieren auf diese Weise das durch das LkSG geschaffene Pflichtenprogramm (RegE, BT-Drs. 19/28649, 53). Dass eine solche Kontrolle erforderlich ist, zeigen erste Erfahrungswerte aus anderen europäischen Ländern, die bereits länger über entsprechende Lieferkettengesetze verfügen. So hat eine Evaluation in Frankreich, wo das *loi de vigilance* bereits im März 2017 in Kraft trat (zum französischen loi de vigilance überblicksartig Gutachten des Wissenschaftlichen Dienstes des Deutschen Bundestages (Az. WD7-3000-102/16); vertiefter Rühl FS Windbichler, 2020, 1413, 1417 ff.; Kutscher-Puis ZVertriebsR 2020, 174; Rühmkorf ZGR 2018, 410 (422 ff.); Nasse ZEuP 2019, 774), ergeben, dass 25 % der Unternehmen nicht über einen Sorgfaltsplan verfügen (Helck BB 2021, 1603 (1604)), ähnlich wie er in §§ 5, 10 vorgesehen ist (zur geringen Erfolgsquote des Nationalen Aktionsplans für Wirtschaft und Menschenrechte s. RegE, BT-Drs. 19/28649, 1 f.; Spindler ZHR 186/2022, 69 (72); krit. zum LkSG aus deutscher Perspektive Nietsch/Wiedmann CCZ 2021, 101 (109); Ekkenga/Erlemann ZIP 2022, 49 („nutzlose Gängelung gesetzestreuer Unternehmen“)).

2 Die **erste Säule der Kontrollbefugnisse** ist in den §§ 12 f. verortet und hat die Überprüfung der Berichtspflicht nach § 10 zum Gegenstand. Nach der Regierungsbegründung ist damit eine breit angelegte Kontrolle verbunden, die sich aber von ihrer Wirkung für die betroffenen Unternehmen als wenig eingriffsintensiv darstellt (RegE, BT-Drs. 19/28649, 53).

3 Die **zweite Säule der Kontrollbefugnisse** ist in den §§ 14–18 niedergelegt. Die darin abgefassten behördlichen Befugnisse gehen in ihrer Eingriffsintensität deutlich weiter – insbes. als die allgemeine verwaltungsverfahrensrechtliche Mitwirkungs*last* in § 26 Abs. 2 VwVfG („sollen“; Schoch/Schneider/Schneider VwVfG § 26 Rn. 32) – und umfassen die Kontrolle aller weiteren Pflichten des LkSG in §§ 3–10 Abs. 1 (vgl. § 16 Nr. 2). Damit sind in erster Linie die Primärpflichten zur Unternehmensorganisation gemeint (§§ 3–9) sowie in zweiter Linie die diesen Primärpflichten nachgelagerten (sekundären) Dokumentationspflichten (vgl. § 10 Abs. 1).

B. Sachverhalte mit Auslandsberührung

4 Eine wichtige Einschränkung für Kontroll- und Durchsetzungsmaßnahmen des BAFA sieht der Gesetzgeber (naturgemäß) für **Auslandssachverhalte** vor, da diese nur iRd geltenden Völkerrechts vollzogen werden können, worauf der Gesetzgeber ausdrücklich hinweist (BT-Drs. 19/28649, 53). Insofern können sich aber durchaus entsprechende Anhaltspunkte für länderübergreifende Maßnahmen ergeben, denn § 2 Abs. 5 S. 2 umfasst im eigenen Geschäftsbereich des Unternehmens alle Schritte einer Lieferkette im In- *und* Ausland (§ 2 Abs. 5 S. 2 Nr. 1). Die Lieferkette erstreckt sich auf die vollständige Tätigkeit des Unternehmens (§ 2 Abs. 6 S. 1) und zwar mit jeder Tätigkeit, „unabhängig davon, ob sie an einem Standort im In- *oder* Ausland vorgenommen wird“ (§ 2 Abs. 6 S. 2) und auch dann, wenn die Tätigkeit in konzernzugehörigen Gesellschaften erfolgt (§ 2 Abs. 6 S. 3). Selbst Zweigniederlassungen ausländischer Unternehmen (vgl. § 13d HGB) fallen in den Anwendungsbereich des LkSG (§ 1 Abs. 1 S. 2 Nr. 1; Spindler ZHR 186/2022, 69 (73)).

5 Insoweit ist aber bspw. von *Thalhammer* kritisiert worden, dass es unklar sei, ob sich die Rechte aus § 16 auch auf im Ausland befindliche Betriebsgrundstücke

bezögen (DÖV 2021, 825 (832)). Bei genauerer Betrachtung erweist sich diese Kritik aber als unberechtigt. Maßnahmen deutscher Behörden nach §§ 16–18 als Verwaltungsmaßnahmen im Ausland können nämlich abseits eines Amtshilfeersuchens des BAFA als deutscher Aufsichtsbehörde (§ 19 Abs. 1 S. 1) oder einer etwaigen Internationalen Rechtshilfe im Rahmen eines Ordnungswidrigkeitenverfahrens (vgl. § 1 Abs. 2 IRG) ohne Zustimmung des ausländischen Staats nicht vollzogen werden (zum Internationalen Ordnungswidrigkeitenrecht allg. Krenberger/Krumm/Krenberger/Krumm OWiG § 5 Rn. 15 ff.; zur Unterscheidung von Amts- und Rechtshilfe am Beispiel von Steuerstraf- und Steuerordnungswidrigkeitenrecht Klein/Jäger AO § 385 Rn. 27–29), soweit dies mit einem Einsatz deutscher Behördenmitarbeiter vor Ort im Ausland verbunden ist. Insoweit stehen Hoheitsakte deutscher Behörden im Ausland grds. völkerrechtlich im Widerspruch zum **Grundsatz der Gebietshoheit,** da dem ausländischen Staat die ausschließliche Zuständigkeit zum Erlass von Hoheitsakten auf dem von ihm beherrschten Territorium zusteht (dazu am Beispiel des IT-Outsourcings in Offshore-Regionen Söbbing/Weinbrenner WM 2006, 165 (169)).

Im Internationalen Öffentlichen Recht ist in diesem Kontext von der sog. **„Einseitigkeit des Internationalen Verwaltungsrechts“** die Rede, wonach auf der Basis von § 1 als einseitiger Kollisionsnorm lediglich die Frage beantwortet wird, wann inländisches Recht anwendbar ist. Liegen infolge des Grundsatzes der Gebietshoheit die Voraussetzungen für die Anwendung des LkSG nicht vor, ist das BAFA nicht befugt, sein Handeln im Ausland auf die dortigen Ermächtigungsgrundlagen zu stützten, da das jeweilige öffentliche Recht nur das Handeln der eigenen, nicht aber ausländischer Staatsorgane legitimiert (so im Kontext des WpÜG Ekkenga/Kuntz WM 2004, 2427 (2435 f.) mwN; Bälz/Kuntz VersR 2005, 310). Mithin können das BAFA und seine Behördenvertreter nur aufgrund des hiesigen öffentlichen Rechts Maßnahmen ergreifen, die dann wiederum auch nur auf deutschem Staatsgebiet wirken (so in anderem Kontext mit paralleler Problemstellung (§ 44 KWG) Söbbing/Weinbrenner WM 2006, 165, (169)). 6

Es kommt hinzu, dass in manchen Ländern, wie bspw. der Schweiz, der Grundsatz der Gebietshoheit zudem sogar strafrechtlich geschützt ist, mit der Folge, dass sich Mitarbeiter ausländischer Behörden ggf. strafbar machen können (Söbbing/Weinbrenner WM 2006, 165 (169) unter Hinweis auf Art. 269, 271, 299 schw. StGB), wenn sie ohne Zustimmung des ausländischen Staates auf dessen Hoheitsgebiet hoheitlich tätig werden und dort gegenüber Unternehmen auf der Grundlage von §§ 16 ff. agieren. 7

Die zuständige ausländische Behörde kann es dem BAFA freilich gestatten, selbst Prüfungen vor Ort durchzuführen oder im Wege der Amtshilfe selbst entsprechende Auskünfte einholen (hierzu am Beispiel des Bankenaufsichtsrechts Zerwas/Hanten WM 1998, 1110 (1116) zu Prüfungen der BaFin auf britischem Staatsgebiet mit Gestattung der FSA) bzw. Besichtigungen und/oder – ggf. mit deren Unterstützung vor Ort – Prüfungen für diese durchführen. Zur Abmilderung dürfte daher ein entsprechender Anreiz bestehen, vertraglich insbes. mit konzernexternen Zulieferern entsprechende Vereinbarungen vorzusehen (zum konzernexternen Outsourcing und den gesellschaftsrechtlichen Wirkungen und Grenzen derartiger Vereinbarungen über Zutrittsrechte Weinbrenner, Konzernexternes Outsourcing und Risikovorsorge, 2009, 393 ff., 413 ff., 415 ff.). Hierzu werden die Unternehmen ihre Zulieferer verpflichten müssen, entsprechende Pflichten im Zweifel vertraglich an die von ihnen eingeschalteten Subunternehmer weiterzureichen (aus der Perspektive des LkSG Spindler ZHR 186/2022, 67 (105 f.); allgemein im Kontext des Outsourcings Weinbrenner, Konzernexternes Outsourcing und Risikovorsorge, 2009, 437 ff.). 8

C. Abgrenzung von Verwaltungs- und Ordnungswidrigkeitenverfahren

I. Doppelrolle des BAFA

9 Das BAFA ist einerseits als zuständige Behörde zur verwaltungsrechtlichen Vollziehung des LkSG berufen, wie sich aus § 19 Abs. 1 S. 1, §§ 14 ff. ergibt. Andererseits obliegt dem BAFA auch die Verfolgung von Ordnungswidrigkeiten nach § 24 (vgl. § 24 Abs. 5). Damit kommt dem BAFA eine doppelfunktionale Rolle zu, die aber auch andernorts im ganzen Verwaltungsrecht anzutreffen und nicht unüblich ist, wie entsprechende Regelungen für die BaFin, die Finanzbehörden (§ 386 Abs. 1 S. 2 AO) oder das Bundeskartellamt zeigen, die zugleich zum verwaltungsverfahrensrechtlichen Vollzug, aber auch für etwaige Bebußungen zuständig sind oder die – wie die Finanzbehörden – sogar zur Strafverfolgung bestimmter Straftaten berufen sind (§ 386 Abs. 2 AO, §§ 400 f. AO).

10 Gerade im Grenzbereich von Verwaltungs- und Ordnungswidrigkeitenverfahren verlangt dies aber (auch) vom BAFA ein besonderes Fingerspitzengefühl bei der genauen Abgrenzung der Verfahren, sowohl im Interesse des Betroffenen bzw. der betroffenen Unternehmen, die in einem besonders grundrechtssensiblen Bereich betroffen sind, aber auch im ureigenen Interesse der Behörde, um spätere Beweisverwertungsprobleme zu vermeiden (instruktiv aus diesem Problemkreis jüngst BVerfG NJOZ 2022, 373 Rn. 50 ff.).

II. Abgrenzung der Verfahrensarten und Verbot der Rollenvertauschung

11 Während die Ermittlungsbefugnisse aus §§ 16 f. dem BAFA nur im Verwaltungsverfahren zustehen und damit zu rein präventiven Zwecken, nämlich der Einhaltung der Verpflichtungen aus dem LkSG eingesetzt werden dürfen, sind die in § 24 normierten Regelungen dem Ordnungswidrigkeitenverfahren zuzuordnen. Zwischen beiden Verfahren kann und muss deutlich unterschieden werden, was verwaltungsverfahrensrechtlich im Übrigen bereits aus § 2 Abs. 2 Nr. 2 VwVfG folgt. Zwar ist das Ordnungswidrigkeitenverfahren ebenfalls ein besonderes verwaltungsbehördliches Verfahren, aber das BAFA agiert dort im repressiven und damit erheblich grundrechtsintensiveren Bereich. Kann das BAFA im Verwaltungsverfahren nur mittels Verwaltungszwang nach § 23 iVm mit den Regelungen des VwVG etwaige Verpflichtungen zwangsweise durchsetzen, eröffnet § 46 Abs. 1 OWiG in weiten Teilen das strafprozessuale Zwangsinstrumentarium der StPO (→ § 24 Rn. 152 ff.). Daher wird das BAFA nicht umhinkommen, auch behördenintern zwischen den Abteilungen organisatorisch strikt zu trennen, die das Verwaltungsverfahren und denen, die das Ordnungswidrigkeitenverfahren betreiben (so für die BaFin im Bereich der Wertpapieraufsicht zu Recht Canzler/Hammermeier AG 2014, 53 (59)). Insoweit entfaltet bereits hier das Verbot der Rollenvertauschung, auf das sogleich noch einzugehen ist, organisationsrechtliche Vorwirkungen (→ Vor §§ 16–18 Rn. 12).

12 Dass die beiden Verfahrensarten sehr eng miteinander verbunden sein und auch parallel geführt werden können (Seibt/Vesper-Gräske CB 2021, 357 (361)), hat gleichwohl auch der Gesetzgeber erkannt und mit § 17 Abs. 3 ein entsprechendes Auskunftsverweigerungsrecht bereits im Verwaltungsverfahren geschaffen (→ § 17 Rn. 17 ff.). Dies verdeutlicht, dass der Gesetzgeber gewillt ist, auch bereits im Verwaltungsverfahren rechtsstaatliche Garantien aus dem repressiven Bußgeldverfahren zu gewährleisten. Mit der vorgenannten Doppelfunktion geht einher, dass es dem BAFA versagt ist, seine verfahrensrechtlichen Rollen eigenmächtig zu verändern, nämlich verwaltungsrechtlich zu handeln, um dem Betroffenen damit seine strafprozessualen Rechte zu verwehren, obwohl in Wahrheit längst ein Anfangsverdacht für eine Ordnungswidrigkeit besteht. Dieses sog. **Verbot der Rollenver-**

tauschung ist u. a. aus dem Aufsichtsrecht des WpHG bekannt und dort bereits seit langem in Rechtsprechung und Literatur etabliert (VGH Kassel BeckRS 2015, 49367 Rn. 24 f.; Canzler/Hammermeier AG 2014, 53 (59); Fuchs/Waßmer WpHG § 40 Rn. 6; krit. zum eigenständigen Wert dieses Prinzip im Anwendungsbereich des WpHG ASM/Spoerr WpHG § 121 Rn. 18). Auch das BVerfG hat etwa im Kontext der Zutrittsrechte nach § 17 HwO der Sache nach – ohne es so zu bezeichnen – auf das Verbot der Rollenvertauschung rekurriert und im Ergebnis ausgeführt, dass die Behörde bei Vorliegen eines Anfangsverdachts einer Ordnungswidrigkeit nicht verwaltungsrechtlich handeln darf, indem sie auf der Grundlage von Zutrittsrechten Sachverhaltsaufklärung betreibt, sondern strafprozessual handeln und einen Durchsuchungsbeschluss beantragen muss (BVerfG NVwZ 2007, 1049 (1051)). Sind dem BAFA ausreichend Tatsachen bekannt, die die Annahme eines Anfangsverdachts (→ § 24 Rn. 152) begründen (unrichtig daher ASM/Spoerr WpHG § 121 Rn. 19, die einen hinreichenden Tatverdacht verlangen), dann können verwaltungsrechtliche Befugnisse nur noch unter Beachtung strafprozessualer Regeln stattfinden, die in diesem Sinne im Verwaltungsverfahren Vorwirkung entfalten.

Gleichwohl bleibt eine gewisse Schutzlücke bestehen, auf die *Spoerr* in anderem Kontext zu Recht hingewiesen hat (ASM/Spoerr WpHG § 121 Rn. 20). In nicht wenigen Fällen richten sich die entsprechenden Verwaltungsverfahren wegen eines Verstoßes gegen das LkSG gegen Unternehmen. Besteht ein Anfangsverdacht (→ § 24 Rn. 152) für eine Verbandsgeldbuße aufgrund einer Ordnungswidrigkeit nach § 24, steht zwar zumindest den Organen ein Auskunftsverweigerungsrecht zu, da der juristischen Person nach der Rechtsprechung des BVerfG aufgrund der Verwurzelung der Auskunftsverweigerung in der Menschenwürdegarantie selbst kein Auskunftsverweigerungsrecht zusteht (BVerfG NJW 1997, 1841 (1843)). Jedoch bleiben, worauf *Spoerr* zu Recht hinweist, zahlreiche Mitarbeiter aus dem Verband weiter auskunftspflichtig, so dass durchaus eine entsprechende Schutzlücke zu konstatieren ist (ASM/Spoerr WpHG § 121 Rn. 20). 13

Zu den Folgen des Verfahrenswechsels und zur Abgrenzung von Durchsuchung und Zutrittsrechten → § 16 Rn. 40 ff. und zur Frage des Auskunftsverweigerungsrechts → § 17 Rn. 17 ff. 14

Betretensrechte

16 Soweit dies zur Wahrnehmung der Aufgaben nach § 14 erforderlich ist, sind die zuständige Behörde und ihre Beauftragten befugt,

1. **Betriebsgrundstücke, Geschäftsräume und Wirtschaftsgebäude der Unternehmen während der üblichen Geschäfts- oder Betriebszeiten zu betreten und zu besichtigen sowie**
2. **bei Unternehmen während der üblichen Geschäfts- oder Betriebszeiten geschäftliche Unterlagen und Aufzeichnungen, aus denen sich ableiten lässt, ob die Sorgfaltspflichten nach den §§ 3 bis 10 Absatz 1 eingehalten wurden, einzusehen und zu prüfen.**

Schrifttum: Thalhammer, Das umstrittene Lieferkettensorgfaltspflichtengesetz – Ein juristischer Blick auf Kritik aus Zivilgesellschaft, Wirtschaft und Politik, DÖV 2021, 825; Thiel, Auskunftsverlangen und Nachschau als Instrumente der Informationsbeschaffung iRd Gewerbeaufsicht, GewA 2001, 403; Voßkuhle, Behördliche Betretungs- und Nachschaurechte, DVBl. 1994, 611.

Übersicht

A. Übersicht

1 Die Befugnis in § 16, mit der dem BAFA als nach § 19 zuständiger Behörde das Recht eingeräumt wird, Grundstücke und Geschäftsräume der Unternehmen zu betreten und Unterlagen bzw. Aufzeichnungen iSd § 16 einzusehen und zu prüfen, hat vergleichbare Regelungen aus dem besonderen Wirtschaftsverwaltungsrecht (Thiel GewA 2001, 403 (406)), wie zum Beispiel in § 44 Abs. 1 S. 3 KWG, § 6 Abs. 11 S. 1 WpHG, § 40 Abs. 2 S. 1 WpÜG, § 17 Abs. 2 S. 1 HwO, § 111 Abs. 2 HwO, 29 Abs. 2 S. 1 GewO, zum Vorbild. Entgegen Hembach (Praxisleitfaden LkSG S. 188) ist § 54g UrhG keine vergleichbare Zutrittsregelung zu § 16; da es sich bei dem dort geregelten Recht um einen schuldrechtlichen Nebenanspruch zum Vergütungsanspruch aus § 54c UrhG handelt; bei Verwehrung des Zutritts ist der Rechtsweg zu beschreiten (BVerfG BeckRS 2007, 28243). Derartige verwaltungsrechtliche Nachschaurechte sind gängige behördliche Instrumente der Informationsbeschaffung, die dem BAFA letztlich die zur Durchführung der risikobasierten Kontrolle erforderlichen Amtsermittlungsbefugnisse an die Hand geben. Die amtliche Überschrift, die insoweit verkürzend formuliert ist und nur auf „Betretensrechte" Bezug nimmt, gibt damit den Inhalt der Vorschrift auf den ersten Blick unvollständig wieder. Insoweit ist aber in anderem Zusammenhang anerkannt, dass das Zutrittsrecht ein Besichtigungsrecht umfasst (Jarass BImSchG § 52 Rn. 41), da ein Zutritt ohne Möglichkeit zur Besichtigung wirkungslos wäre.

2 § 16 gewährt dem BAFA, dem auch in anderen Arbeitsfeldern Zutrittsrechte zustehen (vgl. § 23 Abs. 2 S. 2, Abs. 3 AWG), und seinen Beauftragten (→ § 16 Rn. 7 ff.) zum einen Zutritts- und Besichtigungsrechte (vgl. § 16 Nr. 1, → § 16 Rn. 32 ff.) und zum anderen Einsichts-/Prüfungsrechte (vgl. § 16 Nr. 2, → § 16 Rn. 53 ff.). Die Rechte des BAFA aus § 16 sind nicht bußgeldbewehrt, können aber mittels Zwangsgeld durchgesetzt werden (§ 23). Ein vergleichbares Abwehrrecht, wie es das Gesetz mit dem Auskunftsverweigerungsrecht in § 17 Abs. 3 S. 1 hinsichtlich der in § 17 Abs. 1 normierten Auskunftsverpflichtung vorsieht, besteht gegenüber den in § 16 normierten Zutritts- und Besichtigungsrechten nicht (so zu § 29 GewO: BeckOK GewO/Meßerschmidt GewO § 29 GewO Rn. 27 unter Hinweis auf VGH München GewA 2006, 34 (36)). Im Nachgang ist eine verwaltungsrechtliche Kontrolle der erfolgten Maßnahmen ohne Weiteres möglich (→ § 16 Rn. 59).

B. Regelungsgegenstand

3 Mit den in § 16 genannten Rechten werden dem BAFA ausschließlich verwaltungsrechtliche Befugnisse eingeräumt (mit Auditierungsrechten, wie sie aus der Kunden – Zuliefererbeziehung bekannt sind, haben diese Rechte daher wenig gemein (so aber Frank/Edel/Heine/Heine BB 2021, 2165 (2170))). *Präventive* Durchsuchungsbefugnisse, wie sie aus den Landespolizeigesetzen (zB §§ 38 f. HSOG), dem früheren Kartell(-verwaltungs)recht (§ 59 Abs. 4 GWB aF, zum früher rein verwaltungsrechtlichen Charakter der Durchsuchung nach § 59 GWB aF, der im Kartellordnungswidrigkeitenverfahren nicht anwendbar war (Bechtold/

Bosch/Bechtold/Bosch GWB, 9. Auflage 2018, § 59 Rn. 2), vgl. Immenga/Mestmäcker/Wirtz GWB § 59 Rn. 1, 56f.; anders nunmehr § 82b GWB iVm §§ 59, 59b GWB, Bechtold/Bosch/Bechtold/Bosch GWB § 59 Rn. 2) oder dem Bankenaufsichtsrecht bekannt sind (vgl. § 44c Abs. 3 KWG; § 6 Abs. 12 WpHG (zum präventiven Charakter von § 6 Abs. 11 WpHG s. Schwark/Zimmer/Zetzsche/Lehmann WpHG § 6 Rn. 8/70: „Gefahrenabwehrrecht"), § 16 Abs. 3 KAGB (WBA KAGB § 16 Rn. 1 („gewerbepolizeiliche Befugnisse")), stehen dem BAFA damit **nicht** zu (so am Beispiel des MiLOG Maschmann NZA 2014, 929 (935); unrichtig daher Spindler ZHR 186/2022, 67 (93), der der Auffassung ist, dass die Anordnungsbefugnisse des BAFA mit „umfangreichen Durchsuchungsrechten und Auskunfts- und Herausgabepflichten nach § 17 flankiert" würden). (Repressive) Durchsuchungen können lediglich im Rahmen eines Ordnungswidrigkeitenverfahrens nach § 24 erfolgen (§ 46 Abs. 1 OWiG, §§ 102f. StPO). Dieses liegt ebenfalls in der Hand des BAFA, dem insoweit eine Doppelfunktion zukommt (§ 24 Abs. 5).

Der Zweck von Maßnahmen nach § 16 besteht also nicht darin, Beweismittel für ein Ordnungswidrigkeitenverfahren zu beschaffen, sondern darin, die **Einhaltung der Pflichten der §§ 3–10 zu überprüfen** (am Beispiel des WaffG VG Stuttgart BeckRS 2012, 47295) **und damit letztlich diesbezügliche Sachverhaltsermittlung zu betreiben** (zu allgemein daher HK-LkSG/Sangi/Gafus Rn. 5). Zu den Folgen eines Wechsels vom Verwaltungs- in das Ordnungswidrigkeitenverfahren → § 16 Rn. 42ff. Die Rechte des BAFA aus § 16 haben daher ihren besonderen Ursprung zum einen in der Aufgabenstellung, die dem BAFA in § 14 zugewiesen ist und zum anderen in der Stellung des Unternehmens in Bezug auf das sie nach §§ 3–10 treffende Pflichtenprogramm. Zu dem daraus folgenden Begründungskonnex bzw. der Beschränkung des Zutritts-/Einsichtsrechts → § 16 Rn. 40ff. Ob entsprechendes Material, das auf diese Weise generiert wurde, in einem späteren Ordnungswidrigkeitenverfahren verwertet werden kann, ist damit noch nicht beantwortet (→ § 17 Rn. 23ff., 27, 29ff.). 4

C. Verfassungsrechtliche Rahmenbedingungen

Die verwaltungsrechtliche Nachschau durch das BAFA bewegt sich im verfassungsrechtlich sensiblen Bereich des Art. 13 GG, dessen Schutzbereich vom Grundsatz her nicht nur Wohn-, sondern auch Geschäfts- und Betriebsräume umfasst (BVerfG NJW 1971, 2299). Jedoch schützt das Grundrecht aus Art. 13 Abs. 1 GG Geschäftsräume nur in abgeschwächter Form. Insofern geht das BVerfG in ständiger Rechtsprechung davon aus, dass ein Verstoß gegen Art. 13 Abs. 1 GG im Fall von verwaltungsrechtlichen Nachschaurechten dann nicht vorliegt, wenn sie auf einer besonderen gesetzlichen Grundlage beruhen, der Zutritt einem erlaubten Zweck dient und für die Zweckerreichung erforderlich ist (grundlegend und instruktiv zu den verfassungsrechtlichen Rahmenbedingungen Voßkuhle DVBl. 1994, 611). 5

Weiterhin muss aus der gesetzlichen Regelung Zweck, Gegenstand und Umfang des Zutritts erkennbar sein und das Recht zum Betreten der Räume muss auf solche Zeiten begrenzt sein, in denen diese üblicherweise ohnehin betrieblich genutzt werden (BVerfG NJW 1971, 2299 (2300)). Diesen verfassungsrechtlichen Vorgaben genügt die gesetzliche Regelung in § 16, die mit der Überprüfung der Einhaltung der Pflichten der §§ 3-10 ohne Weiteres einen erlaubten Zweck verfolgt und zur Zweckerreichung – wie auch andernorts im besonderen Verwaltungsrecht – erforderlich ist. Die entsprechende zeitliche Limitierung enthalten §§ 16 Nr. 1, 2, die auch Zweck, Gegenstand und Umfang des Zutritts gesetzlich festlegen. Die Ausübung der Rechte aus § 16 Nr. 1, 2 stellt weder eine Durchsuchung iSv Art. 13 Abs. 2 GG (zur näheren Abgrenzung des Zutrittsrechts von der (präventiven/repressiven) Durchsuchung vertieft → § 16 Rn. 40ff.) noch eine Beschränkung iSv Art. 13 Abs. 7 GG dar (so auch HK-LkSG-Sangi/Gafus Rn. 4). Keine entsprechenden Probleme stellen sich mangels Eingriff in den Fällen, in 6 denen der Berechtigte der behördlichen Nachschau und Besichtigung ohne Druck oÄ freiwillig zustimmt (Voßkuhle DVBl. 1994, 611 (614)).

D. Zuständige Behörde und ihre Beauftragten (§ 16)

7 Die Zutritts- und Besichtigungsrechte stehen zum einen dem BAFA und seinen Repräsentanten (§ 19 Abs. 1 S. 1) selbst zu; die Behörde kann aber auch alternativ Dritte mit der Vornahme entsprechender Handlungen beauftragen (vgl. § 16). Auf dieser Grundlage können als Beauftragte ohne Weiteres andere Behördenvertreter (zB Zoll, Polizei, Umwelt-/Naturschutzbehörden) auf mündlicher / schriftlicher Basis oder auf Grundlage einer Verwaltungsanweisung eingesetzt werden (Erbs/Kohlhaas/Stöckel/Müller-Walter BNatSchG § 52 Rn. 7), was sich teils bereits aus dem entsprechenden Sachzusammenhang der umweltbezogenen Pflichtenstandards in § 2 Abs. 3 Nr. 1-8, Abs. 4 S. 2 erschließt.

8 Problematisch ist dabei, ob damit auch die Befugnis einhergeht, **private Dritte** als Beauftragte iSv § 16 einzusetzen. Insoweit vertreten *Lutz-Bachmann u. a.* unter Hinweis auf die Rspr. des OLG Frankfurt a. M. (NJW 2020, 696) zur Verkehrsüberwachung durch Private, der Einsatz Privater als Beauftragter iSv § 16 sei „aufgrund der Eingriffsintensität in Art. 12 GG" abzulehnen (Lutz-Bachmann/Götz/Wengenroth BB 2021, 906, (912 mit Fn. 37)). Richtig ist insoweit, dass bspw. auch im Naturschutzrecht vertreten wird, die Zutrittsrechte der Naturschutzbehörden (vgl. § 52 Abs. 2 S. 1 BNatSchG) könnten nicht von Privaten ausgeübt werden, weil dies eine gesetzlich nicht vorgesehene Beleihung voraussetze (Erbs/Kohlhaas/Stöckel/Müller-Walter BNatSchG § 52 Rn. 7).

9 Andernorts ist diese Einschaltung Dritter, die bspw. für die BaFin tätig werden dürfen, allerdings auch großzügiger geregelt (vgl. § 4 Abs. 3 FinDAG: „Einschaltung anderer Personen und Einrichtungen") und verdeutlicht, dass – abseits der ohnehin von anderen Behörden zu leistenden Amtshilfe – dort bspw. Sachverständige und/oder andere private Institutionen (zB Wirtschaftsprüfer) ohne Weiteres beauftragt werden können (so am Beispiel des § 4 Abs. 3 FinDAG; Nomos-BR/Laars FinDAG § 4 Rn. 5). Insoweit ist aufgrund des breiten Spektrums an Pflichten in § 2 durchaus auch die Einschaltung privater Sachverständiger als sachgerecht anzusehen (zum Einsatz von Beratungsunternehmen und Wirtschaftsprüfungsgesellschaften im Bereich der Human Rights Due Diligence s. Bälz BB 2021, 648 (653)). Die vielgestaltige Expertise wird nämlich innerhalb der Behörde nicht immer und für alle Industriezweige vorliegen, so dass das BAFA absehbar auf externe Expertise angewiesen sein wird. Der in der Regierungsbegründung vorgesehene Personalbestand ist, gemessen am Kreis der betroffenen Unternehmen und Zulieferer, vergleichsweise gering (BT-Drs. 19/28649, 2: 65 Vollzeitstellen).

10 Entgegen *Lutz-Bachmann u. a.* erscheint der Hinweis auf die Entscheidung des OLG Frankfurt a. M., die iÜ – anders als hier – den *repressiven* Bereich der Verkehrsüberwachung betrifft, bereits deshalb als verfehlt, weil die *vollständige* Wahrnehmung der Rechte gem. §§ 16 ff. – anders als in der Entscheidung des OLG Frankfurt a. M., bei der Privatpersonen zu Hilfspolizeibeamten nach § 99 HSOG bestellt wurden – überhaupt nicht in Rede steht. Insofern ist gegen die Einschaltung und Nutzung der Expertise privater Dritter überhaupt nichts einzuwenden, wie auch das OLG Frankfurt a. M. in der sog. Lauterbach-Entscheidung dargelegt hat, solange die Behörde selbst „Herrin des Verfahrens" bleibt (OLG Frankfurt a. M. NStZ 2017, 588).

11 Insbes. im Zusammenhang mit den umweltbezogenen Plichten des LkSG können sich, worauf der *DAV* zutreffend hingewiesen hat (Deutscher Bundestag, Ausschuss für Arbeit und Soziales, Ausschussdrucksache 19(11)1136, 144), Überschneidungen zur Tätigkeit von Umwelt- und Naturschutzbehörden ergeben. Haben insoweit bereits entsprechende Prüfungen anderer Behörden stattgefunden, hat das BAFA sorgfältig zu prüfen, ob und inwieweit nochmalige / weitergehende Prüfungshandlungen erforderlich sind oder ob ein Rückgriff auf die bereits bei diesen Behörden vorliegenden Unterlagen und Prüfungsergebnisse ausreichend ist.

E. Adressatenkreis des § 16

Der Adressatenkreis von § 16 umfasst Unternehmen iSv § 1 sowie bestimmte Konzernunternehmen. **12**

I. Unternehmen iSv § 1

Die Rechte aus § 16 stehen dem BAFA gegenüber dem „Unternehmen" zu, ohne dass dies – bspw. im RegE – näher spezifiziert ist. Insofern liegt es allerdings nahe, dass Unternehmen iSv § 1 Abs. 1 gemeint sind. Damit sind zunächst rechtsformunabhängig inländische (§ 1 Abs. 1 S. 1 Nr. 1) sowie ausländische Unternehmen mit einer Zweigniederlassung (§ 13d HGB) in Deutschland erfasst (§ 1 Abs. 1 S. 2 Nr. 1). **13**

Unklar ist, ob die Rechte aus § 16 auch dann bestehen, wenn noch nicht feststeht bzw. die Maßnahme erst der Feststellung dient, ob der Anwendungsbereich des LkSG für das betreffende Unternehmen eröffnet ist. Dies wird teilweise verneint (HK-LkSG/Sangi/Gafus Rn. 9), was freilich in der Praxis entsprechenden Schutzbehauptungen der betroffenen Unternehmen Tür und Tor öffnet (so völlig zutreffend und naheliegend zu § 29 Abs. 4 GewO: Landmann/Rohmer GewO/Marcks GewO § 29 Rn. 15). Anders als § 17 Abs. 2 Nr. 1 sieht jedoch § 16 dies – im Unterschied zur Verdachtsprüfung mittels Nachschaurechten in § 29 Abs. 4 GewO – nicht ausdrücklich vor. Gleichwohl ist eine Beschränkung auf Auskunftsrechte zur Verdachtsprüfung auch in anderem Kontext bekannt (§ 52 Abs. 6 GwG), wo aber unrichtige Auskünfte zumindest bußgeldbewehrt sind (§ 56 Abs. 1 Nr. 73 GwG). **14**

II. Konzernunternehmen – bestimmender Einfluss iSv § 2 Abs. 6 S. 3

Der Gesetzgeber schweigt sich darüber aus, ob und inwieweit auch Konzernunternehmen von dem Zutrittsrecht umfasst sind. Das ist zunächst unproblematisch für die verbundene Unternehmen, die selbst in den Anwendungsbereich des LkSG fallen (Rohenburg/Rogg AG 2022, 257 (260); dazu aus dem Blickwinkel von Konzernsachverhalten Ott/Lüneborg/Schmelzeisen DB 2022, 238), auch wenn dies zu einer „mehrfachen Pflichtenstellung im Konzern führt" (so Nitsch/Wiedmann NJW 2022, 1 (7)). Es fragt sich aber, was mit anderen Gesellschaften in verbundenen Unternehmen der Fall ist. **15**

Die Lieferkette iSd Gesetzes erfasst nämlich in verbundenen Unternehmen gemäß § 2 Abs. 6 S. 3 auch solche **Konzernunternehmen,** auf die die Obergesellschaft einen **bestimmenden Einfluss** ausübt; diese zählen gem. § 2 Abs. 6 S. 3 zum Geschäftsbereich der Obergesellschaft. Es liegt insofern nahe, dass die Zutritts- und Nachschaurechte sich (wenigstens) auf den vollständigen Geschäftsbereich des Unternehmens beziehen. Würden die Kontrollrechte nicht den Geschäftsbereich umfassen, so könnte die Einhaltung der Pflichten gem. §§ 3 ff. nicht einmal im Geschäftsbereich des Unternehmens iSv § 1 vollständig kontrolliert werden, was der Intention des Gesetzgebers zuwiderlaufen dürfte. Die einzuhaltenden Sorgfaltspflichten beziehen sich nämlich gem. § 3 Abs. 1 auf die Lieferkette iSd Gesetzes, die wiederum gem. § 2 Abs. 5 S. 2 Nr. 1 den eigenen Geschäftsbereich des Unternehmens umfasst. Hiergegen lässt sich nicht einwenden, dass § 17 Abs. 1 S. 2 die Auskunftspflicht auf verbundene Unternehmen erweitert, denn diese Regelung geht mit dem Verweis auf den Oberbegriff der verbundenen Unternehmen in § 15 AktG weiter als die Regelung in § 2 Abs. 6 S. 3, die lediglich auf Konzernunternehmen Bezug nimmt (→ § 17 Rn. 4 ff.). Im Grunde handelt es sich bei der Regelung in § 2 Abs. 6 S. 3 um eine gesetzliche Fiktion, da der Geschäftsbereich des Unternehmens der Obergesellschaft auf diese Weise – unter gesellschaftsrechtlich fragwürdiger Überwindung des Trennungsprinzips (Kubis/Tödtmann Vorstand-HdB/Hettich/Charnitzky § 14 Rn. 285) – um den von bestimmten Kon- **16** zernunternehmen erweitert wird. Zur Ausübung von Zutrittsrechten bei Zulieferern → § 16 Rn. 27 ff.; zum völkerrechtlichen Konflikt bei der Ausübung von Zutrittsrechten bei Auslandsgesellschaften → Vor §§ 16 ff. Rn. 4 ff.

17 Der Gesetzgeber hat diese Erweiterung in § 2 Abs. 6 S. 3 erst spät im Gesetzgebungsverfahren iRd Beschlussempfehlungen des Ausschusses für Arbeit und Soziales eingeführt (Deutscher Bundestag, Beschlussempfehlung und Bericht des Ausschusses für Arbeit und Soziales, BT-Drs. 19/30505, 38), nachdem iRd Ausschussanhörung entsprechende Vorschläge, u. a. von Seiten der *„Initiative Lieferkettengesetz"* (Deutscher Bundestag, Ausschuss für Arbeit und Soziales, Ausschussdrucksache 19(11)1136, 78 f.; ähnlich die Stellungnahme von Krajewski, Ausschuss für Arbeit und Soziales, Ausschussdrucksache 19(11)1136, 93) auf Einbeziehung von „Tochterunternehmen" bzw. „Tochtergesellschaften" erfolgt waren (aus der Praxis zu derartigen Fallgestaltungen bei Umweltverstößen Kieniger IPRax 2020, 60 (66 f.)).

18 Verlangt wird zur Ermittlung eines bestimmenden Einflusses die Vornahme einer Gesamtschau, die „alle wirtschaftlichen, personellen, organisatorischen und rechtlichen Bindungen zwischen Tochter- und Muttergesellschaft im Zusammenhang gewichtet und umfasst" (Deutscher Bundestag, Beschlussempfehlung und Bericht des Ausschusses für Arbeit und Soziales, BT-Drs. 19/30505, 38). Warum der Gesetzgeber meint, eigens hervorheben zu müssen, dass sich dies von Fall zu Fall unterschiedlich darstellen kann, erschließt sich ebenso wenig wie der Hinweis, dass die Einflussnahme rechtlich möglich sein soll (Deutscher Bundestag, Beschlussempfehlung und Bericht des Ausschusses für Arbeit und Soziales, BT-Drs. 19/30505, 38), was eigentlich einer Selbstverständlichkeit gleichkommt.

19 Mit dieser Wendung des „bestimmenden Einflusses" und der Einbeziehung von bestimmten Tochtergesellschaften in den lieferkettenrechtlichen Geschäftsbereich der Obergesellschaft setzt sich der Gesetzgeber zunächst über das **Trennungsprinzip** des deutschen Gesellschaftsrechts hinweg (so im Kontext des LkSG: Kubis/Tödtmann Vorstand-HdB/Hettich/Charnitzky § 14 Rn. 285; Koch AktG § 1 Rn. 21; Koch AktG § 76 Rn. 35k), ohne hierfür Gründe anzuführen. Auch vermischt sich in der Begründung der Oberbegriff des verbundenen Unternehmens mit dem der Konzerngesellschaft, wobei zwischen beiden Begriffen nur teilweise Übereinstimmung besteht (Nitsch/Wiedmann NJW 2022, 1 (6)). Eine bloße Abhängigkeit iSv § 17 AktG scheint dem Gesetzgeber daher nicht genügt zu haben (Nitsch/Wiedmann NJW 2022, 1 (6)), der offenkundig nicht auf den Begriff des „beherrschenden Einflusses" zurückgegriffen hat.

20 Insofern liegt keine „neue Kategorie" vor (so aber Gehling/Ott/Lüneborg CCZ 2021, 230 (233), sondern der Gesetzgeber greift mit § 2 Abs. 6 S. 3 und dem dortigen Terminus des „bestimmenden Einflusses" im Grunde auf **kartellrechtliche Regelungsvorbilder** (in diese Richtung auch Nitsch/Wiedmann NJW 2022, 1 (6)), wie in § 81a Abs. 1 GWB nF (§ 81 Abs. 3a GWB aF), zurück (s. auch die Regelung aus der Zusammenschlusskontrolle in § 37 Abs. 1 Nr. 2 GWB, auf die Kubis/Tödtmann Vorstand-HdB/Hettich/Charnitzky § 14 Rn. 286 hinweisen), auch wenn er nicht ausdrücklich hierauf Bezug nimmt. Auf die dort ergangene Rechtsprechung kann daher unter Berücksichtigung etwaiger Besonderheiten aus dem LkSG zurückgegriffen werden.

21 In den weiteren Gesetzesmaterialien zum LkSG werden die „Übernahme von Verantwortung für die Steuerung von Kernprozessen im Tochterunternehmen" (Deutscher Bundestag, Beschlussempfehlung und Bericht des Ausschusses für Arbeit und Soziales, BT-Drs. 19/30505, 38), Doppel-/Mehrfachmandate bzw. personelle Überschneidungen auf „(Geschäfts-)Führungsebene" (Deutscher Bundestag, Beschlussempfehlung und Bericht des Ausschusses für Arbeit und Soziales, BT-Drs. 19/30505, 38), „konzernweite Compliance-Systeme" (Deutscher Bundestag, Beschlussempfehlung und Bericht des Ausschusses für Arbeit und Soziales, BT-Drs. 19/30505, 38) sowie „die Ausübung eines bestimmenden Einflusses auf das Lieferkettenmanagement der Tochtergesellschaft" (so die teils zirkuläre Begründung in der Beschlussempfehlung und dem Bericht des Ausschusses für Arbeit und Soziales,

BT-Drs. 19/30505, 38) als Beispiele für einen bestimmenden Einfluss angeführt (Deutscher Bundestag, Beschlussempfehlung und Bericht des Ausschusses für Arbeit und Soziales, BT-Drs. 19/30505, 38). Weniger aussagekräftig erscheinen die weiteren angeführten Beispiele, wenn dort zu unspezifisch von der „Einflussnahme über die Gesellschafterversammlung" oder von einer „entsprechenden Rechtskonstellation, in der die Möglichkeit der Einflussnahme angelegt sei" (Beschlussempfehlung und Bericht des Ausschusses für Arbeit und Soziales, BT-Drs. 19/30505, 38), gesprochen wird.

Im Grunde geht es dem Gesetzgeber doch um die Fälle, in denen die Toch- **22** tergesellschaft ihr Marktverhalten nicht autonom bestimmt, sondern „im Wesentlichen Weisungen der Muttergesellschaft befolgt" (so auch RefE des BMJV zum VerSanG vom 20.4.2020 S. 83 zum Begriff des bestimmenden Einflusses in § 7 Abs. 1 Nr. 1 VerSanG-E).

Begrifflich ist damit – auch wenn das Gesetz insoweit keine Vorgabe enthält – **23** letztlich nichts anderes als die Zusammenfassung unter einheitlicher Leitung gemeint (§ 18 Abs. 1 AktG; Nitsch/Wiedmann NJW 2022, 1 (6); weitergehend Spindler ZHR 186/2022, 67 (76): über einheitliche Leitung hinausgehend). Einbezogen sind danach beherrschende Konzernober- und Zwischengesellschaften (BeckOK OWiG/Henn GWB § 81a Rn. 2) gegenüber Konzerntochter-/Konzernenkelgesellschaften (VGR AG 2020, 618 (625)).

Erfasst sind neben (nahezu) 100%-Beteiligungen (so aus dem Kartellrecht: **24** LMRKM/Meyer-Lindemann GWB § 81 Rn. 75; Knott/Zagrosek ZIP 2019, 2385 (2392); zum LkSG ähnl. Deutscher Bundestag, Beschlussempfehlung und Bericht des Ausschusses für Arbeit und Soziales, BT-Drs. 19/30505, 37) auch geringere Beteiligungshöhen, wenn weitere Möglichkeiten der Einflussnahme hinzutreten (Deutscher Bundestag, Beschlussempfehlung und Bericht des Ausschusses für Arbeit und Soziales, BT-Drs. 19/30505, 38: „hohe Mehrheitsbeteiligung nur Anhaltspunkt"). Erforderlich ist, dass die Verflechtung derart eng ist, dass eine einheitliche Leitung nicht nur möglich ist, sondern auch tatsächlich praktiziert wird (RegE 9. GWB-Novelle, BT-Drs. 18/10207, 89; Immenga/Mestmäcker/Biermann GWB § 81 Rn. 349). Ausdruck eines bestimmenden Einflusses können entsprechende Berichtspflichten der Tochtergesellschaften (Bunte/Raum GWB § 81 Rn. 167) oder der Auftritt der Muttergesellschaft als Koordinierungs- und Leitungsinstanz (RegE 9. GWB-Novelle, BT-Drs. 18/10207, 89) sein, wenn sie den Schluss zulassen, dass die Tochtergesellschaft trotz eigener Rechtspersönlichkeit ihr Marktverhalten nicht mehr autonom bestimmt (RegE 9. GWB-Novelle, BT-Drs. 18/10207, 89). Nicht ausreichend ist es, wenn einzelne (wesentliche) Bereiche Gegenstand der einheitlichen Leitung sind (Nietsch/Wiedmann NJW 2022, 1 (7)). Maßgeblich für die Frage des bestimmenden Einflusses ist die im Einzelfall geschaffene Organisationsstruktur (zB mittels Doppelmandaten; so zum LkSG Deutscher Bundestag, Beschlussempfehlung und Bericht des Ausschusses für Arbeit und Soziales, BT-Drs. 19/30505, 37) und die praktizierte Arbeitsweise in der Unternehmensgruppe, so dass – in Abweichung von dem vorstehend geschilderten Vertikalverhältnis – auch von Schwester- oder anderen Gesellschaften ein solcher Einfluss ausgehen kann, wenn diese *de facto* als Konzernmuttergesellschaft anzusehen sind (RegE 9. GWB-Novelle, BT-Drs. 18/10207, 90). Diese Schwellen werden zu Recht nicht als niedrig angesehen (Immenga/Mestmäcker/Biermann GWB § 81 Rn. 349). Nicht umfasst sind jedoch dezentral geführte Konzerne (Spindler ZHR 186/2022, 67 (76); Nietsch/Wiedmann NJW 2022, 1 (6 f.)).

Welches Dilemma die Einbeziehung von Konzerngesellschaften, die nicht selbst **25** unter das LkSG fallen, für die Muttergesellschaft bedeutet, zeigt sich daran, dass sich entsprechende Pflichtverstöße, die zur Verletzung von umwelt- oder menschenrechtsbezogenen Pflichten iSv § 2 führen, letztlich nur mittels effektiver konzernweiter Compliance-Programme vermeiden lassen. Diese fordert auch der Gesetzgeber zum LkSG (Beschlussempfehlung und Bericht des Ausschusses für Arbeit und Soziales, BT-Drs. 19/30505, 37). Diese Compliance-Programme verdeutlichen aber gerade, dass eine entsprechende Leitungsmacht gegenüber der Tochtergesellschaft besteht, so dass sie zu einer Erweiterung des Geschäfts- und Pflichtenbereichs für die Obergesellschaft führen (Mäger/von Schreitter NZKart 2017, 264 (271); Bunte/Raum GWB § 81 Rn. 167).

26 Der Nachweis des bestimmenden Einflusses kann nicht auf widerlegbare Vermutungen gegründet werden (s. zur sog. Akzo-Vermutung im EU-Kartellrecht bereits für das deutsche Kartellordnungswidrigkeitenrecht krit.: RegE 9. GWB-Novelle, BT-Drs. 18/10207, 90) sondern muss den deutschen Vorgaben genügen (im Verwaltungsprozess § 108 Abs 1 VwGO; im Ordnungswidrigkeitenverfahren muss der bestimmende Einfluss den deutschen strafprozessualen Vorgaben genügen und damit zur vollen tatrichterlichen Überzeugung feststehen), wobei die richterliche Überzeugungsbildung freilich mittels Rückgriff auf Erfahrungssätze gebildet werden kann (RegE 9. GWB-Novelle, BT-Drs. 18/10207, 90 mwN am Beispiel des Rückschlusses von der Höhe des Anteilsbesitzes auf das Vorliegen einer wirtschaftlichen Einheit; Bunte/Raum GWB § 81 Rn. 167; sehr krit. LMRKM/Meyer-Lindemann GWB § 81 Rn. 85: „hohle Pflichtübung“).

III. Einbindung (un)mittelbarer Zulieferer?

27 Was die Erstreckung der Zutrittsrechte über die Unternehmensgrenze angeht, vertreten *Frank u. a.* die Auffassung, dass die Zutrittsrechte aus § 16 dem BAFA „analog zu den aus Lieferbeziehungen bekannten und branchenüblichen Auditierungsrechten von Kunden eines Zulieferers“ zustünden (Frank/Edel/Heine/Heine BB 2021, 2165 (2170)). Was zunächst als plastische Beschreibung erscheint, erweist sich bei näherem Hinsehen als nicht zutreffend. Zum einen werden auf diese Weise ohne Not privatrechtlich vereinbarte Zutrittsrechte mit verwaltungsrechtlichen Befugnissen vermischt. Zum anderen sind unmittelbare und mittelbare Zulieferer von den Zutrittsrechten nach § 16 nach dem insoweit klaren Wortlaut nur umfasst, sofern sie ihrerseits in den Anwendungsbereich des LkSG fallen (anders Thalhammer DÖV 2021, 825 (832), die insoweit – wenig überzeugend – eine unklare Regelung sieht).

28 Denn anders als § 17 Abs. 1 S. 2, der die Auskunfts- und Herausgabepflichten auch auf Auskünfte ***über*** verbundene Unternehmen iSv § 15 AktG und unmittelbare bzw. mittelbare Zulieferer (vgl. § 2 Abs. 7, 8) erstreckt, sofern entsprechende vertragliche Vereinbarungen oder gesellschaftsrechtliche Rechte bestehen, nimmt § 16 lediglich das Unternehmen und seinen Geschäftsbereich (vgl. § 1 Abs. 1, § 2 Abs. 6) in die Pflicht. § 17 Abs. 1 S. 2 berechtigt ebenso nicht zu entsprechenden Auskunftsverlangen direkt gegenüber (unmittelbaren/mittelbaren) Zulieferern, sondern nur zu entsprechenden Verlangen gegenüber dem Unternehmen, die sich thematisch auf den Zulieferer beziehen.

29 Zwar könnte man aus § 17 Abs. 1 S. 2*a maiore ad minus* darauf schließen, dass auch das Einsichts- und Prüfungsrecht als weniger stark eingreifende Maßnahme auch Zulieferer umfasst, sofern – wie in § 17 Abs. 1 auch – entsprechende Zutrittsrechte vertraglich vereinbart worden sind. Hiergegen spricht aber Folgendes: Zum einen lässt die gesonderte gesetzliche Anordnung erkennen, dass der Gesetzgeber unternehmensübergreifende verwaltungsrechtliche Befugnisse gesondert anordnen muss. Würden etwaige Rechte automatisch neben dem Unternehmen auch seine Zulieferer umfassen, hätte es dieser Anordnung in § 17 Abs. 1 S. 2 nicht bedurft. Des Weiteren spricht gegen eine Einbindung, dass Zulieferer nicht zum Geschäftsbereich des Unternehmens gehören (vgl. § 2 Abs. 5 Nr. 2, 3, Abs. 6).

30 Schließlich ist aus den vergleichbaren Sonderregeln der § 25b Abs. 3, 4, 4a KWG iVm § 44 Abs. 1 S. 1 H. 2 KWG, § 80 Abs. 6 S. 1 WpHG iVm § 25b KWG sowie § 32 Abs. 2 S. 1, 2 Nr. 3 VAG, wonach Auskunfts-, Zugangs- und Prüfungsrechte der BaFin gegenüber Auslagerungsunternehmen durch Outsourcing-Maßnahmen nicht tangiert werden dürfen, ersichtlich, dass aufsichtsrechtliche Kontrollbefugnisse der ausdrücklichen gesetzlichen Anordnung bedürfen. Entsprechende Regelungen sieht das LkSG für Kontrollen durch das BAFA bei Zulieferern nicht vor.

IV. Einbindung sonstiger Dritter

Abseits dessen bestehen die Befugnisse aus § 16 erst recht nicht gegenüber sonstigen **Dritten** (zB Steuerberatern, Wirtschaftsprüfern), um dort Unterlagen des Unternehmens zu prüfen. Derartige Rechte kann die Behörde nur im (repressiven) Verfahren nach § 24 und den zugehörigen strafprozessualen Regeln unter gesonderten Voraussetzungen ausüben (§ 46 Abs. 1 OWiG, § 103 StPO). 31

F. Das Zutritts- und Besichtigungsrecht (§ 16 Nr. 1)

Das BAFA und seine Beauftragten sind befugt, die in § 16 genannten Örtlichkeiten zu betreten und zu besichtigen. Dies kann ohne vorherige Ankündigung sowie ohne besonderen Anlass geschehen (→ § 16 Rn. 49). § 16 Nr. 1 umfasst (selbstredend) auch das Befahren der Betriebsgrundstücke mittels Einsatzfahrzeugen, wenn es der Anlass der Maßnahme gebietet (so zu § 52 Abs. 1 BNatSchG: Erbs/Kohlhaas/Stöckel/Müller-Walter BNatSchG § 52 Rn. 8). 32

I. Örtlichkeiten iSv § 16 Nr. 1

Zu den Örtlichkeiten zählt das Gesetz insbes. die **Geschäftsräume** und **Betriebsgrundstücke** der Unternehmen. Darüber hinaus gehören nach dem Wortlaut **Wirtschaftsgebäude** zu den Örtlichkeiten, die das BAFA betreten kann (§ 16 Nr. 1 Alt. 3). Der Begriff der Wirtschaftsgebäude ist aus dem Steuerrecht und dort aus dem Bereich der Land- und Forstwirtschaft bekannt (vgl. § 158 S. 1 Abs. 3 Nr. 2 BewG). Hierunter fallen nach *dortigem* Verständnis bspw. Ställe, Scheunen, Schuppen, Gewächshäuser, Arbeitsräume, Kesselhäuser, Lagerräume, Werkstätten, Maschinen- und Geräteschuppen oder Kelleranlagen sowie zugehörige Büros (Rössler/Troll/Eisele BewG § 158 Rn. 12). Die Notwendigkeit dieses zusätzlichen Rechtsbegriffs der Wirtschaftsgebäude erschließt sich nicht recht. Auch die Gesetzesbegründung schweigt sich darüber aus, warum es dieses zusätzlichen Rechtsbegriffs bedurft hat, sind doch die eingangs genannten Räumlichkeiten bei entsprechendem Bezug zum Unternehmen ohne Weiteres auch unter den Begriff des Geschäftsraumes iwS zu subsumieren. 33

Auf die rechtliche Grundlage für die Nutzung der Örtlichkeiten kommt es nicht an, sondern darauf, wer – ggf. als Eigentümer, Mieter oder Pächter oder auf sonstiger vertraglicher Grundlage – Eigentümer und/oder Besitzer und damit Inhaber der tatsächlichen Gewalt hinsichtlich der fraglichen Räumlichkeiten ist. Selbst wenn die vertragliche Grundlage nichtig sein oder unwirksam werden sollte (zB durch Anfechtung), hindert dies entsprechende Maßnahmen des BAFA nicht, da die Innehabung der *faktischen* Verfügungsgewalt entscheidend ist. 34

Was die von der Vorschrift umfassten Räumlichkeiten angeht, so ist nach dem Sinn und Zweck der Vorschrift auch das Betreten und Besichtigen von Fahrzeugen oder gar Schiffen umfasst. Diese sind zwar vom Wortlaut des § 16 Nr. 1 – anders als etwa der im Wortlaut explizit anders gefasste § 52 Abs. 2, 4 BNatSchG für das Besichtigungsrecht der Naturschutzbehörden – trotz der Einbeziehung umweltbezogener Risiken in § 2 Abs. 3 nicht ausdrücklich umfasst. Jedoch ist nicht recht nachvollziehbar, warum Geschäftsräume auf Schiffen nicht umfasst sein sollen (zB Fischfang/-produktion auf Schiffen); dass dort gravierende menschenrechtliche Verstöße vorkommen können, ist durchaus bekannt (zu Menschenrechtsverletzungen im Fischereisektor, vgl. die Stellungnahme der EJF, Ausschuss für Arbeit und Soziales, Ausschussdrucksache 19(11)1086, 173, 177-180 mit außereuropäischen Fallbeispielen). Gleiches gilt für Fahrzeuge, die im Geschäftsbereich des Unternehmens eingesetzt werden, und wo Nachweise über die Handhabung von Arbeitszeit und Ruhepausen aufgefunden werden können (vgl. zB § 2 Abs. 2 Nr. 5 Buchstabe c). Im Ordnungswidrigkeitenverfahren sind auf der Grundlage von § 46 35

Abs. 1 OWiG, § 102 StPO („sonstige Räume“) die Durchsuchung derartiger Bereiche in jedem Fall möglich.

II. Übliche Geschäfts- und Betriebszeiten

36 Die Rechte des BAFA sind ausweislich des Wortlauts des § 16 Nr. 1, 2 jeweils auf die **üblichen Geschäfts- und Betriebszeiten** begrenzt, wobei die Geschäftszeit die Öffnungszeit und die Betriebszeit die regelmäßige Arbeitszeit der Arbeitnehmer pp. umfasst, was je nach Branche erhebliche Unterschiede aufweisen kann (Erbs/Kohlhaas/Stöckel/Müller-Walter BNatSchG § 52 Rn. 9). In zeitlicher Hinsicht dürfen der Zutritt und die Einsichtnahme den Zeitraum nicht überschreiten, der zur Einsichtnahme in die Unterlagen und Vornahme der Prüfungshandlung erforderlich ist. Dauert die Maßnahme länger als die Geschäftszeit des Unternehmens, sind aber die Prüfungshandlungen noch nicht abgeschlossen, oder stört die Maßnahme den Geschäftsbetrieb, kann es aus Gründen der Verhältnismäßigkeit angezeigt sein, ein Herausgabeverlangen nach § 17 Abs. 1, 2 zu stellen, um die weitere Prüfung an Amtsstelle fortzusetzen.

37 Eine Besichtigung kommt nach dem Grundsatz der Verhältnismäßigkeit erst dann in Betracht, wenn mildere Mittel, wie bspw. eine Informationsverschaffung im Wege der Auskunft und/oder Dokumentvorlage nach § 17, keinen Erfolg versprechen oder keine abschließende Klärung ermöglichen (HKT/Knörr HwO § 17 Rn. 19 unter Hinweis auf VGH Kassel GewA 2009, 247; VGH Mannheim GewA 2009, 246). Das kann zum Beispiel dann der Fall sein, wenn sich aus der Anzeige eines Whistleblowers oder aus anderen Quellen Anhaltspunkte für eine Verschleierung des Sachverhalts ergeben, denn dann muss die Behörde bei Stellung eines Auskunftsverlangens ggf. mit einem Verlust der Informationen rechnen.

38 Im Ergebnis wird mit der gesetzlichen Regelung also nicht auf das einzelne Unternehmen und dessen individuelle Handhabung der Betriebs- und Arbeitszeiten abgestellt, sondern vielmehr zur Ermöglichung einer gleichförmigen Anwendung auf die allgemein üblichen Geschäftszeiten innerhalb der jeweiligen Branche (so bereits BVerfG NJW 1971, 2299 zu handwerklichen Besichtigungsrechten). Ob die Räume auch dem Publikumsverkehr zugänglich sind, ist ohne Belang (so zu § 17 HwO: Nomos-BR/Detterbeck HwO § 17 Rn. 4.). Auch die Untersagung des Zutritts durch den Hausrechtsinhaber hindert die Wahrnehmung der Rechte aus § 16 Nr. 1 nicht (Erbs/Kohlhaas/Stöckel/Müller-Walter BNatSchG § 52 Rn. 10), im Zweifel muss der Zutritt mit den Mitteln des unmittelbaren Zwangs unter Einschaltung der Polizeibehörden im Wege der Amtshilfe durchgesetzt werden. Anders hat die Rechtsprechung nur bei offensichtlich unzumutbaren Maßnahmen entschieden (OVG Münster GewA 1978, 366, 367).

39 Außerhalb dieser Geschäfts-/Betriebszeiten ist lediglich eine **Notfallbefugnis** des BAFA zum Betreten und Besichtigen der Geschäftsräume anzuerkennen, soweit dies zur Verhinderung akuter Gefahren erforderlich ist. Ein Zutrittsrecht für Geschäftsräume, die zugleich als Wohnungen dienen, ist gesetzlich nicht vorgesehen und hätte aufgrund des Zitiergebots eine gesonderte Regelung erfordert (vgl. etwa § 29 Abs. 2 S. 2 GewO; BVerfG NJW 1971, 2299). Praktisch sind hingegen insbes. im Anwendungsbereich dieses Gesetzes durchaus Fallgestaltungen denkbar, in denen sich die Schlafstätten auch auf dem Betriebsgelände bzw. in unmittelbarer Nähe zur Arbeitsstätte befinden, so dass eine ausdrückliche Regelung auf jeden Fall *de lege ferenda* empfehlenswert ist.

III. Abgrenzung von Durchsuchungsmaßnahmen

40 Nicht zuletzt um die Maßnahme von (repressiven) Durchsuchungen abzugrenzen (Voßkuhle DVBl. 1994, 611 (615)), die unter Richtervorbehalt stehen (§ 46 Abs. 1 OWiG, §§ 102 f., 105 Abs. 1 StPO), gestattet § 16 **nicht** die ziel- und zweckgerichtete Sachverhaltsermittlung bzw. das ebensolche Suchen nach Informationen, die das Unternehmen von sich aus nicht offenlegen bzw. vorlegen oder gar

verheimlichen will (BVerfG NJW 1979, 1539 zu § 758 ZPO; VG Stuttgart BeckRS 2012, 47295 (Ls. 2. mwN)). Insoweit hilft es auch nicht weiter, wenn die Befugnisse des BAFA in § 16 als „durchsuchungsähnliche Vorort-Kontrolle" (so aber Gehling/Ott/Lüneborg CCZ 2021, 230 (239); WRW LkSG/Skoupil § 10 Rn. 1618) oder „faktische Durchsuchung" (Kamann/Irmscher NZWiSt 2021, 249 (252)) bezeichnet werden (mit weiteren Beispielen aus der älteren Rechtsprechung und Literatur Voßkuhle DVBl. 1994, 611 (615 mit Fn. 68)), da auf diese Weise Zutritts- und Besichtigungsrechte einerseits und Durchsuchung bzw. Sicherstellung/Beschlagnahme andererseits ohne Not vermischt werden (vgl. beispielhaft zur sorgfältigen Trennung zwischen Durchsuchung und behördlicher Nachschau am Beispiel des WaffG VG Stuttgart BeckRS 2012, 47295 (Ls. 2.)). Betretungs- und Besichtigungsrechte stellen gerade keine Durchsuchungen dar (unrichtig daher Spindler ZHR 186/2022, 67 (93), der gar davon spricht, dass die Anordnungsbefugnisse des BAFA mit „umfangreichen Durchsuchungsrechten und Auskunfts- und Herausgabepflichten nach § 17 LkSG flankiert" würden). Präventiv hat das BAFA überhaupt keine Durchsuchungsbefugnisse, sondern allenfalls repressiv iRd Ordnungswidrigkeitenverfahrens (→ § 16 Rn. 3) und dürfen folglich auch nicht in dieser Weise ausgeübt werden.

Als problematisch können sich mithin solche Fallgestaltungen erweisen, in denen eine Nachschau in eine Durchsuchung „umschlägt", wenn die zunächst vorgenommene Nachschau Erkenntnisse erbringt, die einen Anfangsverdacht begründen oder die Beamten nunmehr Schränke, Türen oder Behältnisse (gewaltsam) öffnen (so plastisch Voßkuhle DVBl. 1994, 611; 1994, 615; → § 16 Rn. 44). Alleine aus der bloßen Zutrittsverweigerung folgt ohne Hinzutreten weiterer Tatsachen kein Anfangsverdacht einer Ordnungswidrigkeit; die Behörde ist im Zweifel auf die ihr zustehenden Zwangsbefugnisse gem. § 23 angewiesen. Die Zutrittsverweigerung stellt auch keine Ordnungswidrigkeit gem. § 24 dar. Die fehlende Mitwirkung kann allerdings bei einer späteren Bußgeldbemessung negativ ins Gewicht fallen (§ 24 Abs. 4 S. 4 Nr. 7). 41

Im eigenen Interesse und zur Vermeidung von späteren Problemen bei der Verwertbarkeit ist das BAFA gehalten, genau zu dokumentieren, ab wann und warum das Stadium eines Anfangsverdachts einer Ordnungswidrigkeit nach § 24 oder gar einer Straftat (zB §§ 232b, 233, 299 ff., 331 ff., 324 ff. StGB; Depping/Walden/Handel § 24 Rn. 149 Momsen/Willumat, KriPot 2019, 323 ff.) vorliegt, da weitere Maßnahmen je nach Stoßrichtung des Anfangsverdachts die Hinzuziehung der Polizeibehörden oder bei bestimmten Zwangsmaßnahmen die Einschaltung des Ermittlungsrichters erfordern können, etwa wenn bestimmte Unterlagen ausschließliche Relevanz für ein Ordnungswidrigkeitenverfahren haben (§ 46 Abs. 1 OWiG, §§ 94, 98 StPO) bzw. die Beantragung eines Durchsuchungsbeschlusses erforderlich ist (§ 46 Abs. 1 OWiG, §§ 102 f., 105 StPO). Kommt eine Straftat in Betracht, ist auch die Hinzuziehung der Staatsanwaltschaft geboten, selbst wenn zusätzlich eine Ordnungswidrigkeit nach § 24 in Betracht kommt (vgl. § 21 OWiG; dazu BeckOK OWiG/Sackreuther OWiG § 21 Rn. 7 iVm § 19; zu den möglichen Problemen des Strafklageverbrauchs in dieser Situation s. OLG Braunschweig BeckRS 2014, 19751). 42

Handelt die Behörde aber auf verwaltungsrechtlicher Basis und führt eine Nachschau durch, obwohl in Wahrheit aber bereits ein Anfangsverdacht einer Ordnungswidrigkeit oder gar Straftat besteht (so die Fallgestaltung bei BVerfG NJOZ 2022, 373 Rn. 55 ff.), so verstößt sie gegen das **Verbot der Rollenvertauschung** (→ Vor §§ 16–18 Rn. 11 ff.). Unter Verstoß hiergegen erfolgte verwaltungsrechtliche Zutrittsmaßnahmen stehen daher im Widerspruch zu Art. 13 Abs. 2 GG, wie das BVerfG bereits im Kontext des § 17 HwO entschieden (so BVerfG NVwZ 2007, 1049 (1051), wo der Verdacht einer Ordnungswidrigkeit gem. §§ 117 f. HwO bestand und die Behörde eine Nachschau vornahm) und auf die strikte Trennung von Zutritts- und Besichtigungsrechten einerseits und Durchsuchungen andererseits hingewiesen hat (BVerfG NVwZ 2007, 1049 (1051) unter Hinweis auf BVerfG NJW 1971, 2299). Es besteht nämlich der Verdacht, dass die verwaltungs- 43 rechtliche Nachschau dann zumindest auch der Sachverhaltsaufklärung im Ordnungswidrigkeitenverfahren dient (BVerfG NVwZ 2007, 1049 (1051)). Insofern muss eine Durchsuchung als solche offengelegt werden und darf nicht „unter dem Deckmantel einer allgemeinen Kontrolle erfolgen" (Mosbacher JuS 2016, 706 (709)). Was die Verwertbarkeit angeht, so sind im Ordnungswidrigkeitenverfahren solche Beweismittel, die in anderen (zB verwaltungsrechtlichen) Verfahren **rechtmäßig** erlangt worden sind, nach Maßgabe der § 46 Abs. 1, 2 OWiG, § 161 Abs. 3 StPO (Grundsatz des hypothetischen Ersatzeingriffs; zur Anwendbarkeit von § 161 StPO im Ordnungswidrigkeitenverfahren KK-OWiG/Lampe OWiG § 46 Rn. 55), zwar grds. verwertbar, wenn sie strafprozessual zulässig hätten gewonnen werden können (BGH NStZ-RR 2016, 176 zur Frage der Verwertbarkeit von Beweismitteln im Strafverfahren, die im Zuge von präventiv-polizeilichen Durchsuchungen rechtmäßig gewonnen worden sind). Insofern ist allerdings zu berücksichtigen, dass bestimmte qualifizierte Verstöße gegen den Richtervorbehalt, bspw. bei einer Durchsuchung (§ 46 Abs. 1 OWiG, § 105 Abs. 1 StPO), ein Beweisverwertungsverbot nach sich ziehen können (BGH NJW 2007, 2269 (2273): „bewusste Missachtung oder gleichgewichtig grobe Verkennung des Richtervorbehalts")).

44 Zeigt sich bei einer ursprünglich rein verwaltungsrechtlichen Zutrittsmaßnahme *ad hoc* der Anfangsverdacht einer Ordnungswidrigkeit, kann gem. § 46 Abs. 1 OWiG, § 98 Abs. 1 S. 1 StPO eine Beschlagnahme durch Mitarbeiter des BAFA erfolgen (zur Frage der Eilkompetenz der Verwaltungsbehörde KK-OWiG/Lutz OWiG Vor §§ 53 ff. Rn. 85 iVm Rn. 129 ff.) oder bereits anwesende Polizeibeamte können auf dieser Grundlage eine Beweissicherung vornehmen. Dieser Verfahrenswechsel ist in jedem Fall offenzulegen und zu dokumentieren und ggf. sind Belehrungen auszusprechen. Ein weiteres Verfahren nach § 16 ist dann allerdings schwerlich möglich, so dass im Zweifel unter Einschaltung des richterlichen Eildienstes ein entsprechender richterlicher Durchsuchungsbeschluss zu ergehen hat (§ 46 Abs. 1, 2 OWiG, § 102 StPO). Die Inanspruchnahme der Eilkompetenz der Verfolgungsbehörde ist sorgfältig abzuwägen, insbes. ob deren Voraussetzungen im Ordnungswidrigkeitenverfahren auch unter Berücksichtigung des erheblichen Eingriffs wirklich vorliegen (§ 46 Abs. 1, 2 OWiG, § 105 StPO; dazu aus dem Blickwinkel des OWiG-Verfahrens KK-OWiG/Lutz OWiG Vor §§ 53 ff. Rn. 85 iVm Rn. 129 ff.); entsprechende Begleitumstände, die diese Befugnis begründen, müssen in jedem Fall sorgfältig dokumentiert werden.

45 Damit ist es dem BAFA, das auf der Grundlage von § 16 vorgeht, aber gerade verwehrt, „durchsuchungsähnlich" nach Art. eines „Rundumblicks" (so plastisch VG Stuttgart BeckRS 2012, 47295 (Ls. 2.)) zu agieren und das Unternehmen zum Zwecke des „allgemeinen Suchens" (VG Stuttgart BeckRS 2012, 47295 (Ls. 2.)) zu betreten oder gar „planmäßig Verborgenes zutage zu fördern" (VG Stuttgart BeckRS 2012, 47295 (Ls. 2.)), da dies – obwohl überhaupt nicht repressiv tätig - auf eine Ausforschungsmaßnahme bzw. „Ermittlungen ins Blaue" oder gar gesetzlich nicht vorgesehene „Abschreckungsmaßnahmen" hinauslaufen würde. Auch die anlasslose Vorort-Kontrolle, die zulässig ist (→ § 16 Rn. 32), stellt keine Durchsuchung idS dar, weil damit noch nichts über die Art und Weise der Vorort-Kontrolle gesagt ist. Soweit und solange die Behördenvertreter die vorstehenden Vorgaben einhalten und nicht aktiv und nach eigenem Gutdünken nach Unterlagen suchen oder Räume bzw. Behältnisse öffnen (lassen), liegt weiter eine Maßnahme nach § 16 und keine Durchsuchung vor. In tatsächlicher Hinsicht kommt es mithin maßgeblich auf die konkrete Handhabung vor Ort an: Lassen sich die Behördenvertreter vor Ort bspw. Unterlagen vorlegen, um diese dort nach Vorlage zu prüfen, liegt weiter eine Maßnahme nach §§ 16, 17 vor. So gehandhabte Zutritts- und Besichtigungsrechte unterstehen – anders als (präventive sowie repressive) Durchsuchungen – folglich auch nicht dem Richtervorbehalt (vgl. Art. 13 Abs. 2 GG) und stellen auch keine Durchsuchungen in diesem Sinne dar. IÜ stellt ein behördlicher Zutritt nicht deshalb eine Durchsuchung dar, weil dem Behördenvertreter beim Betreten der Geschäftsräume Dinge bekannt werden, die „offen zutage liegen, die der Inhaber lieber vor den Behörden geheim halten möchte" (plastisch BVerwG NJW 2006, 2504 (2505)).

Insoweit geht auch der Hinweis u. a. des *BDI* fehl, mangels richterlichen Beschlusses sei das Grundrecht auf Schutz der Betriebs- und Geschäftsräume nach Art. 13 GG verletzt (zitiert nach Kamann/Irmscher NZWiSt 2021, 249 (252 mit Fn. 42)). Die im besonderen Verwaltungsrecht weit verbreiteten Zutritts- und Besichtigungsrechte sind nämlich nach ständiger Rechtsprechung des BVerfG verfassungsrechtlich unbedenklich, wenn – wie hier – bestimmte Vorgaben eingehalten werden (dazu bereits → § 16 Rn. 5 f.). Diese Zutritts- und Besichtigungsrechte werden auch dann nicht zu Durchsuchungen, wenn man die weiteren Befugnisse des BAFA aus §§ 17 f. hinzunimmt (anders ohne weitergehende Begründung Kamann/Irmscher NZWiSt 2021, 249 (252): „kritische Kumulation, die einen Verstoß gegen Art. 13 GG nahelegt"; Lutz-Bachmann/Vorbeck/Wengenroth BB 2021, 906 (912): „faktische Durchsuchung mit durchgeführten Spontanbefragungen und Sicherstellungen von Unterlagen"), die der Behörde Auskunfts- und Vorlagerechte einräumen und den Betroffenen Duldungs- und Mitwirkungspflichten auferlegen. Diese Rechte werden im besonderen Verwaltungsrecht regelmäßig mit etwaigen Zutritts-/Besichtigungsrechten kombiniert (vgl. § 17 Abs. 1 S. 1, 2, Abs. 2 S. 1 HwO, § 22 Abs. 1 Abs. 2 GastG, § 29 Abs. 1, Abs. 2 S. 1 GewO, 44 Abs. 1 KWG), ohne dass dies in der Gesamtschau dazu führt, dass eine Durchsuchung vorliegt. 46

Die Ausübung von Zutrittsrechten wird auch dann nicht zur Durchsuchung im Rechtssinne, wenn die Behörde zuvor Hinweise oder Anträge nach § 14 Abs. 2 erhalten hat (anders (ohne überzeugende Argumentation) Hembach Praxisleitfaden LkSG S. 189. Der dortige Hinweis auf BVerfG NVwZ 2007, 1049 verfängt nicht, weil dort eben bereits ein Anfangsverdacht einer Ordnungswidrigkeit vorlag (vgl. BVerfG NVwZ 2007, 1049 (1051))). Alleine aus dem Umstand der Sachverhaltsermittlung folgt selbstredend weder, dass automatisch ein Anfangsverdacht einer Ordnungswidrigkeit nach § 24 vorliegt, noch dass die vorstehend geschilderten Rahmenbedingungen aus § 16 überschritten worden sind. Dass das BAFA verpflichtet ist, den Sachverhalt zu ermitteln, folgt bereits aus dem verwaltungsrechtlichen Untersuchungsgrundsatz (§ 24 Abs. 1 VwVfG). Im repressiven Bereich hat das BAFA lediglich zu handeln, wenn schon aus dem Hinweis ein Anfangsverdacht einer Ordnungswidrigkeit vorliegt. 47

Gemessen an diesen Vorgaben ist das BAFA auf die entsprechenden Räumlichkeiten beschränkt, in denen relevante Tätigkeiten mit Bezug zu dem Pflichtenkatalog der §§ 3–10 durchgeführt werden. Diese Räumlichkeiten kann die Behörde auf der Grundlage der entsprechenden nicht-öffentlichen (internen) Berichte gem. § 10 Abs. 1 in Erfahrung bringen, die die BAFA gem. § 16 Nr. 2 einsehen, prüfen und ggf. nach § 17 Abs. 1, 2 Nr. 2 herausverlangen kann, um bspw. ihre Prüfungsbefugnisse nach § 13 Abs. 1 Nr. 2 auszufüllen (Begr. RegE, BR-Drs. 239/21, 55 („informatorische Grundlage für die öffentlich-rechtliche Durchsetzung der Sorgfaltspflichten"); zu den Parallelen zur HGB-Berichterstattung und einem etwaigen „Copy/Paste" Lutz-Bachmann/Götz/Wengenroth BB 2021, 906 (909, 911)), denn die §§ 12 f. beziehen sich nur auf den ohnehin öffentlichen Bericht gem. § 10 Abs. 2. Erste Eindrücke (so auch die Vorstellung des Gesetzgebers im RegE, BR-Drs. 239/21, 55) dürfte insoweit dieser Bericht gem. § 10 Abs. 2, der dem BAFA zu übermitteln ist (§§ 12 f.), innerhalb der vorgesehenen Grenzen gleichwohl vermitteln (vgl. § 10 Abs. 4). 48

Das BAFA ist berechtigt, das Unternehmen **ohne besonderen Anlass** und **ohne vorherige Anmeldung oder Mitteilung** zu betreten (Lutz-Bachmann/Götz/Wengenroth BB 2021, 906, (912)). Ein solches Verständnis ist auch von der grundsätzlichen Aufgabenzuweisung gedeckt, die dem BAFA explizit Kontrollbefugnisse zuweist (§ 14 Abs. 1 Nr. 1 Buchst. a). Dass der Gesetzgeber eine gesonderte Anmeldung nicht für erforderlich gehalten hat, zeigen andere Rechtsbereiche, wo vor Zutritt eine entsprechende Information der Betroffenen vorgesehen ist (vgl. § 99 Abs. 1 S. 2 AO; anders bspw. die Umsatzsteuer-Nachschau gem. § 27b UStG, der eine entsprechende Soll-Vorschrift zur Benachrichtigung nicht 49 vorsieht). Selbst im Kontext von § 99 Abs. 1 S. 2 AO ist anerkannt, dass eine Anhörung unterbleiben kann, wenn der Zweck der Maßnahme gefährdet würde (FG Niedersachsen EFG 1994, 182; Tipke/Kruse/Seer AO § 99 Rn. 13, der eine entsprechende Anwendung von § 197 Abs. 1 S. 1 Hs. 2 AO vorschlägt), so dass dies erst Recht im vorliegenden Kontext vertretbar erscheint und zwar aus dem naheliegenden Grund, damit sich die Behörde mittels unangekündigter Nachschau einen unverfälschten Eindruck vor Ort machen kann. Insofern sind überraschende sowie anlasslose Kontrollen möglich und geboten (diese schließt auch BVerwG NJW 1988, 1278 (1279) explizit nicht aus), um die Einhaltung der Pflichten aus §§ 3–10 zu überwachen. Ob entsprechende Kontrollen mit dem eingeplanten Personal auf breiter Front praktisch zu erwarten sind, ist eine andere Frage. Auf europäischer Ebene erwägt die Kommission jedoch, dass die Nachschau im Regelfall nur nach vorheriger Ankündigung erfolgen können soll, wenn nicht die Ankündigung die Wirksamkeit der Untersuchung beeinträchtigt (§ 18 Abs. 3 S. 1 des Vorschlags für eine Richtlinie des europäischen Parlaments und des Rates über die Sorgfaltspflichten von Unternehmen im Hinblick auf Nachhaltigkeit und zur Änderung der Richtlinie (EU) 2019/1937 COM(2022) 71). Es fragt sich zwar, wann dies nicht der Fall sein soll. Gleichwohl bleibt die weitere Entwicklung abzuwarten.

50 IRd konkreten Zutritts für nicht dem Publikumsverkehr unterliegenden Räumlichkeiten ist es – aus Gründen des Hausrechts und als Ausprägung des Verhältnismäßigkeitsgrundsatzes – nach der Rechtsprechung des BVerwG **grds. erforderlich,** vor dem Betreten die Geschäfts-/Betriebsleitung, eine von diesen benannte Person oder hilfsweise bei Unerreichbarkeit einen anwesenden Mitarbeiter des Unternehmens (BVerwG NJW 1988, 1278) davon in Kenntnis zu setzen, dass von dem Zutrittsrecht Gebrauch gemacht wird und sich entsprechend zu legitimieren (BVerwG NJW 1988, 1278 (1979); missverständlich (zu § 44 KWG) und zu weitgehend Schwennicke/Auerbach/Schwennicke KWG § 44 Rn. 16, der eine Mitteilung an die Geschäftsleitung für erforderlich hält, um dieser die Teilnahme zu ermöglichen). Weiterführende Angaben über den näheren Zweck der Maßnahme sind auf der Grundlage der vorgenannten Informationsverpflichtung nicht erforderlich (BVerwG NJW 1988, 1278 (1979)), da sie die Kontrolle verzögern und Missbräuche geradezu herausfordern würden (ähnl. BVerwG NJW 1988, 1278 (1979)). Insofern genügt es auch vollkommen, wenn ein Vertreter der Behörde diese Vorgaben insgesamt für alle teilnehmenden Beamten erfüllt, während andere Behördenvertreter mit dem Zutritt beginnen.

51 Gebietet allerdings der Kontrollzweck eine vollkommen unangekündigte Maßnahme ohne eine derartige Anmeldung, bspw. bei entsprechenden Verdachtsmomenten, die fortgesetzte Verstöße gegen das LkSG nahelegen, dass die Unternehmensleitung involviert ist, oder bspw. aufgrund der Mitteilung zB eines Whistleblowers oder entsprechender Organisationen (BT-Drs. 19/28649, 55 aE; „antragsstellende Person", vgl. § 14 Abs. 1 Nr. 2) entsprechende Verdeckungsmaßnahmen drohen, so kann auch ein sofortiges Betreten ohne Anmeldung verhältnismäßig und rechtmäßig sein (so zu fortgesetzten Verstößen gegen das Nachtbackverbot OVG Hamburg NVwZ-RR 1992, 134 (135)). Aufgrund der Besonderheit der jeweiligen Kontrolle kann das Zutrittsrecht auch das Öffnen verschlossener Türen und Behältnisse umfassen (Soschinka/Heller NVwZ 2009, 993 (995) zum WaffG), ohne dass sich hierdurch der Charakter der Maßnahme ändert.

52 Von dem Recht zur Nachschau ist ebenfalls **nicht** das (repressive) Recht auf Beschlagnahme von Unterlagen umfasst (Thiel GewA 2001, 403 (406)), iRd präventiven Tätigkeit hat die Behörde auf die Rechte aus § 17 Abs. 1 zurückzugreifen (→ § 17 Rn. 11 ff.). Beschlagnahmen sind insoweit nur im Verfahren nach § 24 möglich. Die Durchsuchung von Personen (vgl. § 46 Abs. 1 OWiG, § 102 StPO) ist gleichfalls nicht in diesem präventiven Rahmen der Nachschau gestattet (Thiel GewA 2001, 403 (406)), sondern allenfalls im repressiven Ordnungswidrigkeitenverfahren nach § 24 unter den weiteren Voraussetzungen der § 46 Abs. 1 OWiG, §§ 102 f. StPO möglich.

G. Die Einsichts- und Prüfungsrechte (§ 16 Nr. 2)

Das Einsichts- und Prüfungsrecht ergänzt und flankiert – wie auch in anderen verwaltungsrechtlichen Rechtsgebieten – die Kontrollbefugnisse des BAFA aus § 16 Nr. 1 und das Auskunftsrecht gem. § 17 Abs. 2 Nr. 2. Der Behörde steht damit nicht nur ein bloßes Recht auf Inaugenscheinnahme zu (Thiel GewA 2001, 403 (406)), sondern das Einsichtsrecht erstreckt sich nach dem Gesetzeswortlaut auf *geschäftliche* Unterlagen und Aufzeichnungen, aus denen sich die Einhaltung der Pflichten aus §§ 3–10 Abs. 1 erkennen lässt. Der Sache nach ist ein weites Verständnis zugrunde zu legen, so dass in diesem Kontext auf entsprechende *geschäftliche* E-Mail-Kommunikation, Vermerke, Arbeitsanweisungen, Gesprächsnotizen, Schriftverkehr, Vertragsunterlagen und Aufzeichnungen, aber auch sonstige nach handels- oder steuerrechtlichen Vorschriften für 10 Jahre vorzuhaltenden Unterlagen (§§ 238 f., 257 HGB, §§ 140, 146, 147 AO; zur elektronischen Buchführung im Ausland s. Roderburg/Richter IStR 2016, 456; Weinbrenner DStR 2009, 2082) zurückgegriffen werden kann. Umfasst sind inhaltlich insbes. Unterlagen der Unternehmensführung (zB Vorstandsprotokolle, Beschlussvorlagen, Vermerke), der Internen Revision (Prüfvermerke; Revisionsberichte), der Rechtsabteilung (zB interne/externe Rechtsgutachten, Vermerke, Stellungnahmen), des Controllings oder anderer Abteilungen (zB Unterlagen zur Risikovorsorge und zum Risikomanagement [§ 91 Abs. 2, Abs. 3 AktG]; Unterlagen aus der Abschlussprüfung; umweltrechtliche Genehmigungen, Kommunikation mit (Umwelt-)behörden, Sachverständigenberichte). Ein Zugriff auf *private* (E-Mail)Kommunikation bzw. Unterlagen von Führungskräften und Mitarbeitern ist hingegen nur im Ordnungswidrigkeitenverfahren unter den dort geltenden Voraussetzungen zulässig (§ 46 Abs. 1 OWiG, §§ 102 ff. StPO). Hierdurch sowie durch die Zielrichtung unterscheiden sich die Rechte aus § 16 von repressiven Maßnahmen im Ordnungswidrigkeitenverfahren. **53**

Ein besonderer Schutz für Unterlagen (insbes. Interviewprotokolle) aus freiwilligen unternehmensinternen Untersuchungen besteht, entgegen Forderungen aus der Praxis (Stellungnahme des BDI vom 11.5.2021, abgedruckt in: Deutscher Bundestag, Ausschuss für Arbeit und Soziales, Ausschussdrucksache 19(11)1136, 38-39), im Verwaltungsverfahren nicht. Zur Frage der Beschlagnahmefähigkeit im Ordnungswidrigkeitenverfahren → § 24 Rn. 152 ff., 155 f. **54**

Erforderlich ist stets, dass ein entsprechender inhaltlicher Konnex zum Pflichtenprogramm nach §§ 3 ff. besteht. Dies ist abseits der vorgenannten Beispielsfälle auch und insbes. für solche Dokumente, Fotos, Video- und Audioaufnahmen anzunehmen, die den verantwortlichen Stellen von eigenen Mitarbeitern oder solchen von Konzerngesellschaften oder Dritten (Lieferanten, Konkurrenten, NGOs oder Privatpersonen) übergeben werden und auf denen Verstöße gegen menschenrechtsbezogene oder umweltbezogene Pflichten dokumentiert sind. **55**

Keinen Unterschied macht es für das Recht aus § 16 Nr. 2, wie die Information im Unternehmen abgelegt, gespeichert bzw. vorgehalten wird (elektronische-/ Papierunterlagen, Bild- oder Audiodateien, Fotos, Negative, Microfiches usw.). **56**

Ein Mitnahmerecht ist in § 16 nicht geregelt; hier ist das BAFA auf freiwillige Herausgabe oder eine Vorlageanordnung nach § 17 Abs. 1 angewiesen. Die Anfertigung von Kopien ist möglich, nicht aber auf Kosten des Unternehmens, da dies, anders als etwa in § 44 Abs. 1 S. 1 Hs. 1 KWG, § 15 Abs. 1 Nr. 1 FinDAG, nicht vorgesehen ist und daher nicht verlangt werden kann (BeckOK GewO/Meßerschmidt GewO § 29 Rn. 15.1; Landmann/Rohmer GewO/Marcks GewO § 29 Rn. 15). Die Anfertigung von Kopien auf Kosten des BAFA ist freilich möglich. **57**

Auch von einer Anordnung der Unentgeltlichkeit einer Auskunftserteilung hat der Gesetzgeber, anders als in § 29 Abs. 1 GewO, in § 17 ohne Not abgesehen. **58**

H. Rechtschutz

59 Das Betreten der Geschäfts- und Betriebsräume kann – anders als das Auskunftsverlangen nach § 17 (→ § 17 Rn. 39) – einen Realakt darstellen, wenn sich die Tätigkeit in einem rein tatsächlichen Handeln erschöpft; im Regelfall wird jedoch eine entsprechende Duldungsverfügung ausdrücklich oder konkludent die entsprechenden Zutritts- und Besichtigungsrechte konkretisieren (Voßkuhle DVBl. 1994, 611 (619 f.)). Der Realakt ist im Wege der Feststellungsklage (§ 43 VwGO), die *vorherige* Prüfungsanordnung im Wege des Widerspruchs und der Anfechtungsklage, ggf. im einstweiligen Rechtsschutz überprüfbar. Das Widerspruchsverfahren entfällt nicht gem. § 68 Abs. 1 S. 2 Nr. 1 VwGO, da das BAFA lediglich Bundesoberbehörde ist (HK-LkSG/Sangi/Gafus Rn. 23). Nach Durchführung und Beendigung der Nachschau erledigt sich die Duldungsverfügung, so dass eine verwaltungsgerichtliche Kontrolle im Wege der Fortsetzungsfeststellungsklage möglich ist (Voßkuhle DVBl. 1994, 611 (620 mit Fn. 125)).

Auskunfts- und Herausgabepflichten

17 **(1) [1] Unternehmen und nach § 15 Satz 2 Nummer 1 geladene Personen sind verpflichtet, der zuständigen Behörde auf Verlangen die Auskünfte zu erteilen und die Unterlagen herauszugeben, die die Behörde zur Durchführung der ihr durch dieses Gesetz oder aufgrund dieses Gesetzes übertragenen Aufgaben benötigt. [2] Die Verpflichtung erstreckt sich auch auf Auskünfte über verbundene Unternehmen (§ 15 des Aktiengesetzes), unmittelbare und mittelbare Zulieferer und die Herausgabe von Unterlagen dieser Unternehmen, soweit das auskunfts- oder herausgabepflichtige Unternehmen oder die auskunfts- oder herausgabepflichtige Person die Informationen zur Verfügung hat oder aufgrund bestehender vertraglicher Beziehungen zur Beschaffung der verlangten Informationen in der Lage ist.**

(2) Die zu erteilenden Auskünfte und herauszugebenden Unterlagen nach Absatz 1 umfassen insbesondere

1. die Angaben und Nachweise zur Feststellung, ob ein Unternehmen in den Anwendungsbereich dieses Gesetzes fällt,
2. die Angaben und Nachweise über die Erfüllung der Pflichten nach den §§ 3 bis 10 Absatz 1 und
3. die Namen der zur Überwachung der internen Prozesse des Unternehmens zur Erfüllung der Pflichten nach den §§ 3 bis 10 Absatz 1 zuständigen Personen.

(3) [1] Wer zur Auskunft nach Absatz 1 verpflichtet ist, kann die Auskunft auf solche Fragen verweigern, deren Beantwortung ihn selbst oder einen der in § 52 Absatz 1 der Strafprozessordnung bezeichneten Angehörigen der Gefahr strafgerichtlicher Verfolgung oder eines Verfahrens nach dem Gesetz über Ordnungswidrigkeiten aussetzen würde. [2] Die auskunftspflichtige Person ist über ihr Recht zur Verweigerung der Auskunft zu belehren. [3] Sonstige gesetzliche Auskunfts- oder Aussageverweigerungsrechte sowie gesetzliche Verschwiegenheitspflichten bleiben unberührt.

Schrifttum: Bärlein/Pananis/Rehmsmeier, Spannungsverhältnis zwischen der Aussagefreiheit im Strafverfahren und den Mitwirkungspflichten im Verwaltungsverfahren, NJW 2002, 1825; Gabriel, Das Auskunftsverweigerungsrecht im Wirtschaftsverwaltungsrecht, NVwZ 2020, 19.

Übersicht

A. Überblick

1 Zur weiteren Flankierung der Kontrollrechte des BAFA gesteht der Gesetzgeber der Behörde – in Abweichung von § 26 Abs. 2, 3 VwVfG – die in § 17 verankerten Auskunfts- und Vorlagerechte zu, die, wie das Zutritts- und Prüfungsrecht in § 16 und die Duldungs- und Mitwirkungsverpflichtung in § 18, typischerweise als Mittel zur Effektivierung verwaltungsbehördlicher Kontrolle vorgesehen werden (vgl. § 29 Abs. 1 GewO, § 44 Abs. 1 KWG, § 17 Abs. 1 HwO, § 52 Abs. 1 BNatSchG, § 44 Abs. 2 LFGB).

2 Die Unternehmen sind nicht von sich aus verpflichtet, sich zu erklären oder Dokumente vorzulegen; vielmehr setzt § 17 Abs. 1 S. 1 ein entsprechendes konkludentes oder ausdrückliches Informationsverlangen voraus. Die Auskunftserteilung ist von den Unternehmen auch nicht, anders als etwa in § 29 Abs. 1 GewO, unentgeltlich zu erbringen. Hiervon hat der Gesetzgeber anscheinend, trotz der immanent wichtigen gesetzlichen Zielsetzung, ohne Not abgesehen.

3 Die Verpflichtung zur Auskunft ist, anders als in anderen Gesetzen (vgl. § 29 Abs. 1 GewO, § 146 Abs. 2 Nr. 4 GewO, § 8 Abs. 2 Nr. 3 Buchst. a SchwarzArbG, § 69 Abs. 3 Nr. 24 BNatSchG), nicht bußgeldbewehrt und erst recht nicht strafbewehrt, da das BAFA iRd Verwaltungsverfahrens, welches es mit der Ausübung der Kontrollbefugnisse durchführt (vgl. § 9 VwVfG, § 24), mangels gesetzlicher Regelung nicht zu den Behörden iSd § 153 StGB zählt (vgl. § 27 Abs. 1 VwVfG). Der Gesetzgeber bleibt damit hinter entsprechenden Regelungen in anderen Gesetzen deutlich zurück; möglich bleibt freilich eine entsprechende Zwangsgeldandrohung. Nicht vom Anwendungsbereich der Norm umfasst sind freilich auch freiwillige Auskünfte, die die Behörde ohne Weiteres – bei personenbezogenen Daten nach entsprechendem Hinweis hierauf – erheben kann (Thiel GewA 2001, 403 (404)).

B. Persönlicher Anwendungsbereich

4 Die Verpflichtung zur mündlichen oder schriftlichen Auskunft und Vorlage trifft in erster Linie gem. § 17 Abs. 1 S. 1 – wie auch in §§ 16, 18 – das Unternehmen (→ § 16 Rn. 3 ff.) sowie – insoweit abweichend von §§ 16, 18 – die nach § 15 S. 2 Nr. 1 geladenen Personen (→ § 15 Rn. 25 ff.). Der (unmittelbare oder mittelbare)

Zulieferer ist von § 17 Abs. 1 S. 1 nicht umfasst, sofern er nicht selbst unter den Anwendungsbereich des LkSG fällt. Der Personenkreis nach § 15 S. 2 Nr. 1 umfasst nach dem Wortlaut der Norm nicht nur Personen aus dem Geschäftsbereich des Unternehmens, sondern auch Dritte, wie bspw. Hinweisgeber, sofern sich diese namentlich offenbaren. Auch Personen aus verbundenen Unternehmen, die selbst nicht in den Anwendungsbereich des LkSG fallen, sowie aus dem Unternehmen des unmittelbaren oder mittelbaren Zulieferers sind an sich von dem insoweit unbeschränkten Wortlaut des § 15 S. 2 Nr. 1, auf den § 17 Abs. 1 S. 1 Bezug nimmt, umfasst. Gleichwohl kann von § 15 S. 2 Nr. 1 nicht der (unmittelbare oder mittelbare) Zulieferer gemeint sein. Wenn dieser schon von § 17 Abs. 1 S. 1 (iVm § 15 S. 2 Nr. 1) umfasst wäre, hätte es der einschränkenden Anordnung in § 17 Abs. 1 S. 2 nicht bedurft, der anordnet, dass Auskünfte über mittelbare oder unmittelbare Zulieferer umfasst sind (in diese Richtung wohl auch Depping/Walden/Kaufmann/Böhm Rn. 12). Selbst wenn man diesen Personenkreis umfasst ansähe, würde sich die Auskunftsverpflichtung des Personenkreises nach § 15 S. Nr. 2 nur darauf erstrecken, was dieser Personenkreis der Behörde im Rahmen seiner vertraglichen Befugnisse zur Verfügung stellen darf (§ 17 Abs. 1 S. 2).

5 Unternehmensinterne Hinweisgeber, die von der Behörde vorgeladen werden, können arbeitsrechtlich aufgrund der gesetzlichen Auskunftsverpflichtung nicht sanktioniert werden. Wenn schon die Informationsweitergabe im Rahmen interner Hinweisgebersysteme sanktionslos bleibt (§ 8 Abs. 4 S. 2; Frank/Edel/Heine BB 2021, 2165 (2168)), muss dies erst recht der Fall sein, wenn dies bei behördlichen Auskunftsersuchen geschieht. Ob der Arbeitnehmer daher vorher das interne Hinweisgebersystem genutzt hat oder sich direkt an die Behörde gewandt hat, ist ohne Belang (so Frank/Edel/Heine BB 2021, 2165 (2168) unter Hinweis auf Art. 10 Whistleblower-RL).

6 Der Gesetzgeber erstreckt diese Verpflichtung in § 17 Abs. 1 S. 2 auf Unterlagen und Auskünfte ***über*** verbundene Unternehmen iSv § 15 AktG sowie (unmittelbare und mittelbare) Zulieferer (§ 2 Abs. 7, 8). Die ausdrückliche gesetzliche Bezugnahme auf verbundene Unternehmen war deshalb erforderlich, weil § 1 Abs. 3 lediglich iRd Bestimmung des Anwendungsbereichs auf die Arbeitnehmerzahl auch bei verbundenen Unternehmen Bezug nimmt und sich die Einbeziehung verbundener Unternehmen in den Anwendungsbereich damit nicht ohne Weiteres aus § 1 ergibt. Auch § 2 Abs. 6 S. 3 bezieht nur Unternehmen iSv § 18 AktG ein (→ § 16 Rn. 12 ff., 23).

7 § 17 Abs. 1 S. 2 schränkt diese Verpflichtung insoweit ein, dass nur solche Informationen herausgegeben werden müssen, die bei dem fraglichen Unternehmen entweder vorliegen oder die diese auf vertraglicher Basis beschaffen können. Damit ist insbes. das herrschende Unternehmen verpflichtet, etwaige gesellschaftsrechtliche Weisungsrechte, zum Beispiel aufgrund eines Beherrschungsvertrages (vgl. § 308 Abs. 1 S. 1 AktG) zur Informationsbeschaffung zu nutzen, wenngleich Tochtergesellschaften im Vertragskonzern ohnehin zur Information verpflichtet sind (Koch AktG § 308 Rn. 13; Koch AktG § 311 Rn. 36d; zu Informationsansprüchen des herrschenden Unternehmens auch Mader WM 2015, 2074 (2075 ff.)). Ob das Gesetz dem Unternehmen auch eine Informationsbeschaffungspflicht aufbürdet, die sie nach Weisung zum Nachteilsausgleich im Konzern verpflichtet (§ 311 Abs. 1 AktG; zu diesem Problempunkt aus aktienrechtlicher Sicht Koch AktG § 311 Rn. 36b; zur Frage des Vorliegens eines Nachteils aufgrund Informationsweitergabe sowie zur Ausgleichsfähigkeit auch Mader WM 2015, 2074 (2076 f.)), ist gesetzlich nicht ausdrücklich geregelt. Jedenfalls kann das Unternehmen aufgrund der Duldungs- und Mitwirkungspflichten in § 18 S. 1 eine Informationsweitergabe nicht von einer Zug-um-Zug-Kostenübernahme oder -erstattung abhängig machen, da entsprechende Befugnisse des BAFA sonst erheblich ausgehöhlt werden könnten. Liegt keine Konzernverbindung vor, ist das Unternehmen nach § 17 Abs. 1 verpflichtet, aufgrund bestehender vertraglicher Auskunftsklauseln Informationen bei den Zulieferern einzuholen.

8 Abseits bestehender vertraglicher Verpflichtungen stellt sich die Frage, ob das Unternehmen verpflichtet ist, entsprechende Vorgaben zu schaffen, mithin ob das Unternehmen nicht nur eine Informations*verschaffungspflicht* trifft, sondern auch eine Pflicht zur Begründung und Vereinbarung vertraglicher Pflichten, soweit diese noch nicht bestehen. Das Gesetz ist in dieser Hinsicht jedoch eindeutig und stellt nach dem Wortlaut nur auf die Verpflichtung zur Nutzung *bestehender* und nicht auf die Verpflichtung zur Etablierung neuer und/oder erweiterter Vertragsvereinbarungen ab. Auch der Gesetzgeber war der Auffassung, dass sich die Verpflichtung nur auf zur Verfügung stehende Informationen bezieht sowie auf solche, die aufgrund bestehender „rechtlicher Verbindungen" beschafft werden können (RegE, BT-Drs. 19/28649, 55).

9 Ob der Gesetzgeber mit dieser Formulierung eine glückliche Hand bewiesen hat, muss bezweifelt werden, da die Möglichkeit zur Informationsbeschaffung damit alleine davon abhängen könnte, dass das Unternehmen aus eigenem Antrieb oder anderer Motivation entsprechende vertragliche Verpflichtungen zur Auskunft in den Vertragswerken verankert hat. Auch unter dem Gesichtspunkt der Mitwirkungspflichten, die das Gesetz in § 18 S. 1 statuiert, können die Unternehmen, die in den Anwendungsbereich des Gesetzes fallen, nicht zum Abschluss entsprechender vertraglicher Vereinbarungen verpflichtet werden.

10 Hat die Behörde (ohne weiteres Zutun) entsprechende Informationen von dem fraglichen Personenkreis erlangt, ohne das entsprechende vertragliche Regelungen iSv § 17 Abs. 1 S. 2 bestanden, führt dies regelmäßig nicht dazu, dass diese verwaltungsrechtlich oder in einem späteren Ordnungswidrigkeitenverfahren unverwertbar sind.

C. Inhaltlicher Umfang der Auskunfts- und Vorlagepflicht (§ 17 Abs. 1, 2)

11 Erforderlich ist stets ein entsprechender innerer Zusammenhang zu den Aufgaben, die dem BAFA durch das LkSG mit den Kontrollbefugnissen in §§ 12 ff. übertragen worden sind. Ob die Auskünfte oder Unterlagen hierfür benötigt werden, hängt vom Zweck der Auskunft ab, und ist wie der an anderer Stelle verwendete Begriff der Erforderlichkeit (zB § 29 Abs. 1 GewO) voll verwaltungsrechtlich überprüfbar; der Behörde steht insoweit kein Ermessensspielraum zu (Landmann/Rohmer GewO/Marcks GewO § 29 Rn. 7).

12 Was die inhaltliche Ausgestaltung des Auskunfts- und Vorlagerechts in § 17 Abs. 2 angeht, schweigt sich der Gesetzgeber, der im RegE schlicht den Gesetzeswortlaut wiederholt, aus (RegE, BT-Drs. 19/28649, 56). Die Verpflichtung bezieht sich beispielhaft („insbesondere") auf die in der Folge in § 17 Abs. 2 Nr. 1–3 näher spezifizierten Unterlagen. Soweit aber ein Konnex zu Vorgaben des LkSG besteht, kann auch Auskunft über andere Umstände verlangt werden.

I. Nachweise gem. § 17 Abs. 2 Nr. 1 (Anwendungsbereich des LkSG)

13 Zunächst umfasst § 17 Abs. 2 Nr. 1 Nachweise darüber, ob ein Unternehmen in den Anwendungsbereich des Gesetzes fällt (§ 17 Abs. 2 Nr. 1; dazu Nietsch/Wiedmann NJW 2022, 1; zur Anwendbarkeit auf ausländische Zweigniederlassungen, Tochtergesellschaften mit Inlandssitz sowie Zwischenholdings und ausländischen Obergesellschaften s. Valdini BB 2021, 2955, (2956 ff.)). Der Verwaltungssitz im Inland (§ 1 Abs. 1 S. 1 Nr. 1 Alt. 3) bzw. die inländische Zweigniederlassung (§ 1 Abs. 1 S. 2 Nr. 1; eingefügt auf Initiative des Ausschusses für Arbeit und Soziales, BT-Drs. 19/30505, 6) können von der Behörde ohne Weiteres auf der Grundlage entsprechender Handelsregistereintragungen selbst bestimmt werden (vgl. § 13 Abs. 1 HGB); der Hauptverwaltungssitz (§ 1 Abs. 1 S. 1 Nr. 1 Alt. 1), der nicht zwingend, aber idR mit der gem. § 10 GmbHG, § 37 Abs. 3 Nr. 1 AktG anzumeldenden inländischen Geschäftsanschrift übereinstimmen wird und damit dem Handelsregister zu entnehmen ist, kann, ebenso wie die Hauptniederlassung,

ggf. aus öffentlich zugänglichen Quellen oder eigenen Unternehmensveröffentlichungen bzw. Abschlussberichten entnommen werden. Sind entsprechende Unterlagen oder Auskünfte öffentlich zugänglich, wird ein entsprechendes Auskunftsverlangen idR unverhältnismäßig sein. Im Zweifel, zB bei nicht eindeutigen, widersprüchlichen oder lückenhaften Angaben, kann sich die Behörde den Gesellschaftsvertrag oder andere Dokumente vorlegen lassen.

14 Zur Bestimmung der fraglichen Arbeitnehmerschwellenwerte (§ 1 Abs. 1 S. 1 Nr. 2, Abs. 1 S. 2 Nr. 2) benötigt das BAFA entsprechende Angaben der Unternehmen. Hierzu zählen bspw. Übersichten, aus denen sich sämtliche konzernzugehörige Gesellschaften ergeben, um die für die Berechnung der Arbeitnehmerzahl relevanten Gesellschaften ermitteln zu können (§ 1 Abs. 3), sowie in aller Regel in der Personalabteilung vorgehaltener Übersichten über die bei den fraglichen Gesellschaften beschäftigten Arbeitnehmer. Weiterhin sind Angaben erforderlich, ob es sich bei den fraglichen Arbeitnehmern um Leiharbeitnehmer handelt, die nur bei dem Entleiherunternehmen berücksichtigt werden und damit ggf. heraus- oder hinzuzurechnen sind (§ 1 Abs. 2).

II. Nachweise über die Erfüllung der Pflichten nach den §§ 3–10 Abs. 1 (§ 17 Abs. 2 Nr. 2)

15 Die nach § 17 Abs. 2 Nr. 2 vorzulegenden Auskünfte bzw. Nachweise beinhalten letztlich die eigentlichen materiellen Vorlagepflichten hinsichtlich des gesetzlichen Pflichtenprogramms. Die Verpflichtung in § 17 Abs. 2 Nr. 2 ist insoweit parallel zum Einsichtsrecht des BAFA gem. § 16 Nr. 2 ausgestaltet (→ § 16 Rn. 53 ff.).

III. Benennung der zur Erfüllung der in den §§ 3–10 Abs. 1 Pflichten zuständigen Überwachungspersonen (§ 17 Abs. 2 Nr. 3)

16 Weiterhin sind die Unternehmen gehalten, das zuständige Überwachungspersonal hinsichtlich der Pflichten aus den §§ 3–10 Abs. 1 namhaft zu machen. Dazu gehören typischerweise neben den gesetzlichen Organen der Gesellschaft (Vorstand, Aufsichtsrat bzw. Geschäftsführung) oder dem Menschenrechtsbeauftragten bzw. anderer Unternehmensbeauftragter insbes. die Mitglieder der Abteilungen zur Risikovorsorge, der Internen Revision und ggf. des Controllings oder entsprechender Fachabteilungen. Auf diese Weise wird das BAFA in die Lage versetzt, seine Kontrollmaßnahmen aus §§ 16, 17 Abs. 2 Nr. 2 auszuüben, Nachbesserungen zu verlangen und etwaige Besichtigungen, Prüfungen, Auskunftsverlagen bzw. Dokumentvorlagen vorzubereiten.

D. Auskunftsverweigerungsrecht (§ 17 Abs. 3 S. 1)

17 Der Gesetzgeber hat das Auskunftsverweigerungsrecht in § 17 Abs. 3 S. 1 nach dem Vorbild des § 55 StPO ausgestaltet und billigt dem Verpflichteten das Recht zu, die Auskunft nach § 17 Abs. 1 zu verweigern, sofern er sich selbst oder einen Angehörigen iSv § 55 Abs. 1 StPO der Gefahr der Verfolgung in einem straf- bzw. ordnungswidrigkeitenrechtlichen Verfahren aussetzt (zur strafrechtlichen Verfolgungsgefahr im Kontext von Sachverhalten des LkSG s. Momsen/Willumat, KriPot 2019, 323). Auf diese Weise wird der verfassungsrechtlich in Art. 2 Abs. 1 GG, Art. 1 Abs. 1 GG sowie im Rechtsstaatsprinzip (Art. 20 Abs. 3 GG) verankerte Grundsatz umgesetzt, dass sich niemand selbst belasten muss (*„nemo tenetur se ipsum accusare"*; dazu sowie zur Konfliktlage des Zeugen MüKoStPO/Maier StPO § 55 Rn. 1–4; speziell im Kontext des Wirtschaftsverwaltungsrechts Gabriel NVwZ 2020, 19).

18 Soweit das Auskunftsverweigerungsrecht in der Literatur als systemfremd und die Gefahrenabwehr behindernd kritisiert wird (vgl. dazu im Kontext von § 29 Abs. 3 GewO: BeckOK GewO/Meßerschmidt GewO § 29 Rn. 27.1 mwN), überzeugt dies nicht, sondern wird der Verflechtung der entsprechenden Rechtsgebiete gerecht.

Das Auskunftsverweigerungsrecht soll vermeiden, dass der Betroffene in die seelische Zwangslage gelangt, die von ihm oder einem Angehörigen begangene Straftat (zB im Kontext des LkSG gem. §§ 232b, 233, 299 ff., 331 ff., 324 ff. StGB; Depping/Walden/Handel § 24 Rn. 149) oder Ordnungswidrigkeit zu offenbaren und diese entsprechender Verfolgung auszusetzen (KK-StPO/Bader StPO § 55 Rn. 1). Unerheblich ist (selbstverständlich), welche Straftat oder Ordnungswidrigkeit in Rede steht oder gar mit welcher Strafe oder Geldbuße zu rechnen ist. Mit § 17 Abs. 3 S. 1 hat sich der Gesetzgeber gegen andernorts geäußerte Vorschläge entschieden, die stattdessen einer grds. unbeschränkten Auskunft den Vorzug geben und die spätere Verwertung im Ordnungswidrigkeiten- oder Strafverfahren limitieren wollten (so im gewerberechtlichen Kontext des § 29 Abs. 3 GewO Thiel GewA 2001, 403 (405); zum (sehr viel weitergehenden) Verwendungsverbot gem. § 97 Abs. 1 S. 3 InsO grundlegend BVerfG NJW 1981, 1431 (sog. Gemeinschuldnerentscheidung); WJS WirtschaftsStrafR-HdB/Pelz 9. Kapitel Rn. 494 ff. **19**

I. Anwendungsbereich der Auskunftsverweigerung

1. Entstehung des Auskunftsverweigerungsrechts

Der Gesetzgeber hat aufgrund der engen Verquickung von verwaltungsbehördlichem Verfahren einerseits und Ordnungswidrigkeitenverfahren andererseits, die beide in der Zuständigkeit des BAFA liegen (§ 19, Abs. 1 S. 1, § 24 Abs. 5 S. 1), erkannt, dass Regelungen zum Schutz der Betroffenen erforderlich sind. Das Auskunftsverweigerungsrecht entsteht in dem Augenblick, in dem die Behörde ein Ordnungswidrigkeitenverfahren gem. § 24 gegen eine natürliche Person bzw. ein Verfahren gem. § 30 OWiG gegen die juristische Person bzw. Personenvereinigung einleitet (§§ 46 Abs. 1 OWiG, 444 Abs. 1 S. 1, Abs. 2 StPO; zu den Folgen der Einleitung BeckOK OWiG/Meyberg OWiG § 30 Rn. 114) oder Maßnahmen unternimmt, die den Rückschluss auf eine solche Einleitung zulassen (vgl. § 397 Abs. 1 AO). Da der Verband die Stellung eines Beschuldigten bzw. Betroffenen erhält, steht ihm ein einfachgesetzlich normiertes Schweigerecht zu (§ 444 Abs. 2 S. 2, § 426 Abs. 2, § 163a Abs. 3 S. 2, § 136 Abs. 1 S. 2), da das BVerfG die Ausweitung des Grundsatzes der Selbstbelastungsfreiheit aus Art. 2 Abs. 1 GG, Art. 1 Abs. 1 GG auf juristische Personen abgelehnt hat (BVerfG NJW 1997, 1841 (1843 f.); kritisch hierzu Meyer-Goßner/Schmitt StPO § 136 Rn. 7b). Infolgedessen steht den zur Vertretung befugten Organen ein Recht zur Auskunftsverweigerung zu (Meyer-Goßner/Schmitt StPO § 136 Rn. 7b; BeckOK OWiG/Meyberg OWiG § 30 Rn. 114; Minoggio wistra 2003, 121; unrichtig (und teilweise unter Vermischung mit der Frage der Erstreckung der Auskunftsverweigerung auf die Unterlagenvorlage) Hembach Praxisleitfaden LkSG S. 190). **20**

Voraussetzung ist das Vorliegen eines Anfangsverdachts, so dass mithin Tatsachen vorliegen müssen, auf deren Grundlage es möglich erscheint, dass die fragliche Ordnungswidrigkeit begangen worden ist. Da das BAFA – wie zahllose wirtschaftsverwaltungsrechtlich tätige Behörden – eine Doppelfunktion einnimmt, weil es sowohl auf präventiver Grundlage, zB der §§ 14 ff., aber auch auf repressiver Grundlage gem. § 24 agieren kann, kann es sich als problematisch darstellen, wann die Ausübung verwaltungsrechtlicher Nachschau- und Auskunftsbefugnisse in die Wahrnehmung repressiver Tätigkeiten umschlägt → § 16 Rn. 40 ff. **21**

2. Reichweite der Auskunftsverweigerung und Pflichten nach §§ 16, 18

Das Auskunftsverweigerungsrecht besteht nur gegenüber einem Auskunftsverlangen nach § 17 Abs. 1, nicht aber gegenüber der Ausübung von Zutritts- oder Besichtigungsrechten nach § 16 (so zu § 29 Abs. 3 GewO: Landmann/Rohmer **22**

GewO/Marcks GewO § 29 Rn. 12) oder den Duldungs- und Mitwirkungspflichten in § 18 (so zu § 29 Abs. 3 GewO: Erbs/Kohlhaas/Ambs/Lutz GewO § 29 Rn. 12; VG Stuttgart GewA 2001, 127), denn insbes. Letztere sind auf reine Hilfstätigkeiten bezogen (→ § 18 Rn. 1) und im Zuge der Ausübung von Zutritts- und Besichtigungsrechten werden den Unternehmen – anders als bei der Auskunfts- und Dokumentvorlage – überwiegend passive Duldungspflichten abverlangt (so zu § 29 Abs. 3 GewO: EWW/Winkler GewO § 29 Rn. 27). Aufgrund dieses Umstandes ist nicht ganz zu Unrecht der Einwand vorgebracht worden, dass das Auskunftsverweigerungsrecht den Betroffenen nur scheinbar schütze und die Behörde einfach auf eine Informationsbeschaffung ausweichen könne, der das Auskunftsverweigerungsrecht nicht entgegen gehalten werden kann (Thiel GewA 2001, 403 (405)). Unter diesem Gesichtspunkt wäre dem Betroffenen in der Tat mit einem im Gegensatz zum Verwertungsverbot sehr viel weitergehenden *Verwendungs*verbot, wie es auch im Kontext der insolvenz- und steuerrechtlichen Mitwirkungspflichten (§ 97 Abs. 1 S. 3 InsO, § 393 Abs. 2 AO) und anschließenden Straf-/Ordnungswidrigkeitenverfahren besteht, eher gedient gewesen. Ein Verwertungsverbot, wie es insoweit von Teilen der verwaltungsrechtlichen Literatur gefordert wird (Thiel GewA 2001, 403 (405)), genügt dem kaum, ist damit doch nur die Auskunft als solche umfasst, während das Verwendungsverbot Fernwirkung entfaltet und auch die Ermittlung weiterer Beweisquellen untersagt, auf die sich Hinweise in der Auskunft finden (Pauka NZI 2020, 1072).

3. Auskunftsverweigerung, Verpflichtung zur Dokumentvorlage und Verwertbarkeit im Ordnungswidrigkeitenverfahren

23 Im repressiven Bereich kann bei Betroffenen im Fall eines *Zeugnis*verweigerungsrechts kein Zwang zur Herausgabe von Unterlagen angewendet werden (§ 24, § 46 Abs. 1 OWiG, § 95 Abs. 2 S. 2 StPO, §§ 52 f. StPO; Meyer-Goßner/Schmitt/Köhler StPO § 95 Rn. 10). Besteht für den Betroffenen ein Auskunftsverweigerungsrecht gem. § 46 Abs. 1 OWiG, § 55 StPO, findet § 95 Abs. 2 S. 2 StPO entsprechende Anwendung (Meyer-Goßner/Schmitt/Köhler StPO § 95 Rn. 10; KK-StPO/Greven StPO § 95 Rn. 6; weitergehend (schon keine Herausgabepflicht) Rogall Beweismittel S. 157 f.). Das ist mit Blick auf den Grundsatz der Selbstbelastungsfreiheit ohne Weiteres akzeptabel, weil der Beschuldigte im Ordnungswidrigkeitenverfahren lediglich die richterlich angeordnete Durchsuchung oder die Anordnung einer Beschlagnahme dulden muss und hiergegen mit der einfachen Beschwerde vorgehen kann (§ 46 Abs. 1 OWiG, § 304 StPO).

24 Im rein verwaltungsbehördlichen Verfahren ist der Betroffene nach umstrittener, wenngleich in der verwaltungs- und verfassungsrechtlichen Rechtsprechung und Literatur – auch zum LkSG (ohne Begründung pauschal bejahend Gehling/Ott/Fluck Rn. 53; Depping/Walden-Kaufmann/Böhm Rn. 11 f.; krit. Insbes. mit Blick auf Art. 6 Abs. 1 EMRK: HK-LkSG-Sangi/Gafus Rn. 24 ff.) – überwiegenden Auffassung gleichwohl **nicht berechtigt,** unter Berufung auf § 17 Abs. 3 **auch die Vorlage von Unterlagen zu verweigern.** In der Literatur wird teilweise das Verweigerungsrecht auch auf die Vorlage von Unterlagen bezogen (Gabriel NVwZ 2020, 19 (20 f.); vgl. zu § 29 Abs. 3 GewO: Erbs/Kohlhaas/Ambs/Lutz GewO § 29 Rn. 12; ebenso im Kontext des § 52 Abs. 3 BNatSchG: BeckOK UmweltR/Gläß BNatSchG § 52 Rn. 13; Landmann/Rohmer UmweltR/Gellermann BNatSchG § 52 Rn. 10, der aber zusätzlich noch – wenig überzeugend – auch die auf reine Hilfstätigkeiten beschränkte Mitwirkungspflichten vom Recht auf Auskunftsverweigerung umfasst sieht. AA ohne Begründung (zu § 52 BImSchG) BeckOK UmweltR/Schwertner BImSchG § 52 Rn. 31). Für diese zuletzt genannte Auffassung spricht, dass sich die Vorlagepflicht von der auf reine Hilfstätigkeit beschränkten Mitwirkungspflicht durch ihren entsprechend gesteigerten materiellen Gehalt durchaus unterscheidet. Sowohl aus der Auskunft als auch aus den Unterlagen ist das BAFA in der Lage, einen Sorgfaltspflichtenverstoß nach dem LkSG abzuleiten. Insoweit kann es nicht darauf ankommen, ob sich die entsprechende Gefahr in der mündlichen Äußerung oder der Vorlage von Unterlagen mit entsprechendem Inhalt manifestiert.

Zwischen Verwaltungsverfahren einerseits und Ordnungswidrigkeitenverfahren andererseits bestehen gleichwohl erhebliche Unterschiede, die eine unterschiedliche Behandlung rechtfertigen können. **25**

Gegen eine entsprechende Übertragung der Rechte aus § 17 Abs. 3 auf die Verpflichtung zur Vorlage von Dokumenten spricht zum einen der **Wortlaut** des § 17 Abs. 3, der unmissverständlich nur auf die Auskunftsverpflichtung, nicht aber auf die Verpflichtung zur Dokumentvorlage Bezug nimmt. Auch aus dem **Gesetzgebungsverfahren** sind keine Anhaltspunkte dafür ersichtlich, dass der Gesetzgeber – in seiner allerdings teilweise durchaus spärlichen Gesetzesbegründung – eine Erstreckung des Auskunftsverweigerungsrechts auf Unterlagen befürwortet hat (BT-Drs. 19/28649, 56). Die Herausgabepflicht aus § 17 Abs. 1 ähnelt strukturell der Vorlage- und Prüfungsmöglichkeit aus § 16 Abs. 1 Nr. 2, für die – **systematisch** konsistent – § 17 Abs. 3 ebenfalls *nicht* zur Anwendung kommt. **26**

Auch der **Sinn und Zweck** der Auskunftsverweigerung gebietet *im Verwaltungsverfahren* aufgrund der unterschiedlichen grundrechtlichen Implikationen keine völlige Gleichbehandlung von Auskunfts- und Herausgabepflicht. Denn die unterschiedliche Zielrichtung von Auskunft und Dokumentübergabe eröffnet die Berücksichtigung der unterschiedlichen grundrechtlichen Positionen: So geht das BVerfG in stRspr davon aus, dass gesetzliche Auskunfts- und Vorlagepflichten nicht den Kernbereich der Selbstbelastungsfreiheit tangieren und daher vorzulegende Dokumente unter Einschränkung der Selbstbelastungsfreiheit des Betroffenen verwertet werden können (vgl. jüngst BVerfG NJOZ 2022, 373 (375) (zu § 9 Abs. 4 GGBefG); BVerfG Beschl. v. 7.9.1984 – 2 BvR 159/84 Rn. 3 f. (zu § 4 Abs. 4 FPersG); weitere Nachweise bei Gabriel NVwZ 2020, 19 (20) mit Fn. 25). Überzeugend ist insoweit der Hinweis darauf, dass der durchaus vorhandene Eingriff, der in der Vorlage von Dokumenten zu erblicken ist, verfassungsrechtlich aufgrund des Schutzes **überragend wichtiger Allgemeinwohlbelange** – wie hier dem Schutzzweck des LkSG – **gerechtfertigt** sein können, weil es sich um einen **verhältnismäßigen Eingriff** handelt (BVerfG NJOZ 2022, 373 (375) (zu § 9 Abs. 4 GGBefG)). Insoweit stehen sich nämlich im Anwendungsbereich des LkSG mit der auch aus Art. 1 GG abgeleiteten Menschenwürde des zur Vorlage verpflichteten Betroffenen und der von Menschenrechts- oder Umweltverstößen betroffenen Personen Belange gegenüber, die im Bereich des **präventiven** Verwaltungshandelns durchaus einer Abwägung zugänglich sind. Dem liegt der aus Sicht der Verwaltungsbehörde nachvollziehbare Gedanke zugrunde, dass eine Gefahrenabwehr bzw. Aufsicht ohne entsprechende Befugnisse kaum wirksam vorgenommen werden kann, wenn es der Betroffene mit der Geltendmachung einer potenziellen Selbstbelastung in der Hand hat, die Herausgabe von Unterlagen zu verweigern (Bärlein/Pananis/Rehmsmeier NJW 2002, 1825 (1828)). Der Abgrenzung präventiven und repressiven Handeln kommt danach erhebliche Bedeutung zu (→ § 16 Rn. 40 ff.). **27**

Wenig überzeugend ist in diesem Kontext hingegen der Hinweis darauf, dass lediglich eine mittelbare Belastung des Betroffenen bestehe und etwaige Dokumente erst seitens der Behörde eingesehen und ausgewertet werden müssten (OLG Hamm NZV 1992, 159 (160)), denn das Eingreifen der Selbstbelastungsfreiheit kann nicht davon abhängen, ob die Behörde das belastende Material in der Auswertung findet oder nicht in der Lage dazu ist. Auch der Hinweis darauf, dass eine Selbstbezichtigung durch Dokumentenherausgabe, anders als durch Aussage, keine vergleichbar entwürdigende Komponente beinhalte (VG Berlin NJW 1988, 1105 (1107); in diese Richtung auch OLG Hamm NZV 1992, 159 (160)), überzeugt hinsichtlich der Zwangslage wenig, wenn man bedenkt, dass der Betroffene ggf. „sehenden Auges“ belastendes Material über sich bzw. Angehörige selbst heraussuchen und übergeben muss. Es macht eben einen Unterschied, ob den Behördenvertretern bloß der Zutritt zu gewähren ist oder entsprechende Maßnahmen zu dulden sind bzw. Hilfstätigkeiten zu erbringen sind, wie etwa das Beseitigen von Hindernissen oder die Stellung von Schutzkleidung. **28**

Damit ist noch keine Aussage darüber getroffen, ob auf diese Weise im Verwaltungsverfahren erlangte Unterlagen im Ordnungswidrigkeitenverfahren verwer- **29** tet werden können. In der bereits erwähnten Gemeinschuldnerentscheidung hat das BVerfG verlangt, dass ein Verwertungsverbot für das Strafverfahren erforderlich sei, damit eine verwaltungsrechtliche *Verpflichtung zur Aussage* verfassungsgemäß sei (BVerfG NJW 1981, 1431; 2005, 352 (zu § 393 Abs. 2 AO)). Für *Aufzeichnungs- und Vorlagepflichten* hat das BVerfG demgegenüber wiederholt entschieden, dass diese den Kernbereich der Selbstbelastungsfreiheit auch dann nicht berühren, wenn die Unterlagen zur Ahndung von Ordnungswidrigkeiten verwendet werden (so explizit BVerfG NJOZ 2022, 373 Rn. 55 (zu § 9 Abs. 4 GGBefG); BeckRS 2010, 50089 Rn. 41 (zu § 393 Abs. 2 AO)). Auch einen Verstoß gegen Art. 6 EMRK sieht das BVerfG in diesen Fällen nicht (BVerfG BeckRS 2010, 50089 Rn. 41 aE mwN (zu § 393 Abs. 2 AO)).

30 Das deckt sich jedenfalls nicht in dieser Allgemeinheit mit der Rechtsprechung des EGMR (krit. auch HK-LkSG-Sangi/Gafus Rn. 26). Zwar ist *einerseits* anerkannt, dass eine pauschale Anwendung von Art. 6 EMRK auf verwaltungsrechtliche Mitwirkungspflichten nicht angezeigt ist (MüKoStPO/Gaede EMRK Art. 6 Rn. 332), insbes. wenn entsprechende Unterlagen im Verwaltungsverfahren verwendet werden und nicht in einem Strafverfahren (EGMR NJW 2003, 3041 (3043) – Knauth/Deutschland – zur Verwendung von Unterlagen der Stasi-Unterlagen Behörde in einem arbeitsrechtlichen Verfahren). Auch nimmt der EGMR die Trennung von Verwaltungsverfahren einerseits und Straf-/Ordnungswidrigkeitenverfahren andererseits hin, verpflichtet die Staaten aber zur Einhaltung entsprechender Verfahrensgarantien (EGMR NJW 2002, 499 Rn. 70 – J. B./Schweiz). Insoweit kann es für die Annahme eines solchen Zusammenhangs nicht bereits genügen, dass die Zuständigkeit des BAFA doppelfunktional ausgestaltet ist, da sich alleine aus der Zuständigkeitsverteilung noch keine Rückschlüsse für das konkret in Rede stehende Behördenhandeln und erst recht nicht für die Einhaltung entsprechender Verfahrensgarantien ergeben. *Andererseits* erkennt der EGMR eine Vorwirkung der entsprechenden strafprozessualen Verfahrensgarantie aus Art. 6 EMRK für das Verwaltungsverfahren an, wenn ein ausreichend enger Zusammenhang mit einem Straf- oder Ordnungswidrigkeitenverfahren erkennbar ist (EGMR Entsch. v. 5.4.2012 – 11663/04 – Rn. 43 – Chambaz, zitiert nach Karpenstein/Mayer/Meyer EMRK Art. 6 Rn. 146; MüKoStPO/Gaede EMRK Art. 6 Rn. 332 f.). Auch hierfür kann es, wie ausgeführt, nicht auf die Doppelzuständigkeit des BAFA alleine ankommen, sondern es kommt auf die konkrete Handhabung der verfahrensrechtlichen Garantien an. Insoweit hat der EGMR bspw. in der Verpflichtung zur Halternennung in straßenverkehrsrechtlichen Verfahren vom Grundsatz her keine entsprechende Entwertung des Schweigerechts gesehen und dies selbst dann nicht, wenn diese Verpflichtung bußgeldbewehrt ist (EGMR NJW 2008, 3549 (3552 f.) – O'Halloran u. Francis/Vereinigtes Königreich; Karpenstein/Mayer/Meyer EMRK Art. 6 Rn. 147 mwN).

31 Diese Rechtsprechung des EGMR stellt eine nachdrückliche Mahnung an das BAFA dar, den aus dem deutschen Wirtschaftsverwaltungsrecht bekannten Grundsatz des Verbots der Rollenvertauschung zu beachten. Das bedeutet, dass das BAFA nicht mehr verwaltungsrechtlich zur Dokumentvorlage auffordern kann, wenn bereits Anhaltspunkte für eine Ordnungswidrigkeit vorliegen bzw. die Behörde Verfahrenshandlungen vornimmt, die einen entsprechenden Rückschluss zulassen. Wird dieses Verbot der Rollenvertauschung eingehalten und den Betroffenen auf diese Weise ihre verfahrensrechtlichen Garantien nicht vorenthalten, spricht daher einiges dafür, dass auch die Vorgaben des EGMR in dieser Hinsicht eingehalten werden (so auch HK-LkSG/Sangi/Gafus Rn. 27).

II. Umfang der Auskunftsverweigerung: Fragen iSv § 17 Abs. 3 S. 1

32 Der zur Auskunft Verpflichtete kann nicht nur – wie der Wortlaut der Norm suggeriert – die Antwort auf konkrete Fragen verweigern, sondern muss auch anlässlich einer zusammenhängenden Schilderung oder dergleichen keine Angaben machen, die den in Rede stehenden Personenkreis betreffen (KK-StPO/Bader

StPO § 55 Rn. 3, 8). Liegen die Voraussetzungen nur für Teilbereiche einer Frage oder Schilderung vor, ist nur insoweit eine Berechtigung zur Aussageverweigerung anzuerkennen und iÜ eine vollständige Auskunft erforderlich. Damit das Verweigerungsrecht geltend gemacht werden kann, muss die Gefahr bestehen, dass die auskunftspflichtige Person – wie bei § 55 StPO auch – sich durch die (wahrheitsgemäße) Auskunft wegen einer vor der Auskunft bereits begangenen Straftat oder Ordnungswidrigkeit verfolgt wird (BGH NJW 2006, 785; Meyer-Goßner/Schmitt StPO § 55 Rn. 4). Nicht ausreichend ist, dass erst die Auskunft zur Tatverwirklichung führt (BGH NJW 2006, 785; Meyer-Goßner/Schmitt StPO § 55 Rn. 4). Denn in der Angabe von Betriebs- oder Geschäftsgeheimnissen gegenüber dem BAFA im Rahmen eines Auskunftsverlangens liegt kein Offenbaren (→ § 17 Rn. 38). Anders als in § 384 ZPO ist es nicht ausreichend, wenn die Auskunft zu bloß vermögensrechtlichen Nachteilen oder zur Offenbarung von Geschäfts-/Betriebsgeheimnissen führt oder dem genannten Personenkreis zur Unehre gereicht (KK-StPO/Bader StPO § 55 Rn. 7). Soweit die Aussage die Gefahr der Strafverfolgung für eine vor der Vernehmung im Ausland begangene Tat nach ausländischem Recht begründet, berechtigt dies zur Auskunftsverweigerung (BGH NStZ 2019, 539; Meyer-Goßner/Schmitt StPO § 55 Rn. 5), was im Kontext des LkSG durchaus relevant werden kann.

III. Angehörige iSv § 17 Abs. 3 S. 1, § 55 Abs. 1 StPO

Zum Kreis der Angehörigen iSv § 17 Abs. 3 S. 1 zählen die in § 52 Abs. 1 Nr. 1 **33**
–3 StPO genannten Personen wie Ehegatten oder Lebenspartner (unabhängig vom Bestand der Ehe/Lebenspartnerschaft), Verlobte und Verwandte oder Verschwägerte in gerader Linie sowie solche Personen, die mit der auskunftsverpflichteten Person in der Seitenlinie bis zum dritten Grad verwandt oder bis zum zweiten Grad verschwägert sind oder waren (vgl. § 52 Abs. 1 Nr. 3 StPO; zum Umfang ausf. MüKoStPO/Percic StPO § 52 Rn. 4–16).

IV. Erlöschen des Auskunftsverweigerungsrechts

Das Auskunftsverweigerungsrecht erlischt, wenn keine Verfolgungsgefahr mehr **34**
besteht, etwa weil eine (umfassende) rechtskräftige Verurteilung vorliegt oder wenn ein entsprechendes Verfolgungshindernis besteht (zB Verjährung; Strafunmündigkeit). Die Einstellung gem. § 170 Abs. 2 StPO mangels hinreichendem Tatverdacht lässt das Auskunftsverweigerungsrecht unberührt, weil die Ermittlungen bei Vorliegen entsprechender Tatsachen jederzeit bis zur Grenze der Verjährung wieder aufgenommen werden können. Gleiches gilt bei rechtskräftigem Freispruch, wenn die Möglichkeit zur Wiederaufnahme zuungunsten des Betroffenen besteht (KK-StPO/Bader StPO § 55 Rn. 4).

V. Belehrungspflicht gem. § 17 Abs. 3. S. 2 und Folgen eines Verstoßes

Über das Auskunftsverweigerungsrecht nach § 17 Abs. 3 S. 1 ist der Betroffene – **35**
wie etwa auch in § 22 Abs. 1 S. 4 ArbSchG – durch das BAFA zu belehren, was der Gesetzgeber, anders als bspw. in § 5 Abs. 1 S. 2 SchwarzArbG, § 17 Abs. 3 HwO, explizit in § 17 Abs. 3 S. 2 und insoweit auch im Einklang mit § 55 Abs. 2 StPO vorgesehen hat. Damit besteht jedenfalls im Anwendungsbereich des LkSG eine allgemeine Rechtspflicht zur Belehrung über das Auskunftsverweigerungsrecht. Die Belehrung kann entweder zu Beginn der Auskunftserteilung erfolgen, spätestens aber dann, wenn Anhaltspunkte für eine Selbstbelastung bestehen.

Die Auskunftsverpflichtung in § 17 Abs. 1 ist ihrerseits nicht bußgeldbewehrt **36**
nach § 24. Das ist rechtsstaatlich insgesamt zu begrüßen. Insoweit ist der Verpflichtete im Anwendungsbereich des LkSG nicht in der gleichen misslichen Situation, wie es bspw. nach § 5 Abs. 1 Nr. 1 SchwarzArbG zur Auskunft ver-

pflichtete Personen sind. Nach § 5 Abs. 1 Nr. 1 SchwarzArbG zur Auskunft verpflichtete Personen laufen ohne ausdrückliche Berufung auf das Aussageverweigerungsrecht Gefahr, wegen einer Ordnungswidrigkeit wegen Nichterteilung der Auskunft belangt zu werden (§ 8 Abs. 2 Nr. 3 Buchst. a SchwarzArbG), da die Auskunftsverpflichtung dort bußgeldbewehrt ist und die dortigen Behörden nicht zu einer entsprechenden Belehrung über das Auskunftsverweigerungsrecht verpflichtet sind (dazu OLG Bamberg GewA 2013, 212, wo ein Bußgeld trotz fehlender Belehrung mangels Berufung hierauf verhängt und in der Rechtsbeschwerde bestätigt wurde).

37 Erfolgt entgegen der gesetzlichen Verpflichtung in § 17 Abs. 3 S. 2 keine Belehrung, so hat dies zunächst ein Verwertungsverbot zur Folge, so dass die in der Folge erhaltene Auskunft bzw. die vorgelegten Dokumente **nicht** für ein etwaiges Straf- oder Ordnungswidrigkeitenverfahren verwertet werden können (Erbs/Kohlhaas/Ambs/Lutz GewO § 29 Rn. 13). Ein Verwertungsverbot wegen unterbliebener Belehrung greift jedoch dann nicht ein, wenn sich der Betroffene nach den Umständen des Einzelfalls, zB aufgrund seiner beruflichen Kenntnisse, über die Aussagefreiheit auch ohne Belehrung bewusst war (BGH NJW 1992, 1463). Spontanäußerungen sind – wie im Ermittlungsverfahren – auch hier ohne entsprechende Belehrung verwertbar (so zu § 29 Abs. 3 GewO: Erbs/Kohlhaas/Ambs/Lutz GewO § 29 Rn. 12), gleiches gilt für informatorische Befragungen. Verwaltungsrechtlich dürfen die unter Verstoß gegen die Belehrungspflicht erlangten Informationen trotzdem verwendet werden (so VGH München NVwZ 2003, 495 (496) bzgl. gewerberechtlicher Maßnahmen; ebenso Erbs/Kohlhaas/Ambs/Lutz GewO § 29 Rn. 13; vertieft Thiel GewA 2001, 403 (405)), was mit dem Grundsatz der effektiven Gefahrenabwehr begründet wird.

VI. Weitere gesetzliche Auskunfts-, Aussage- oder Verschwiegenheitspflichten (§ 17 Abs. 3 S. 3)

38 Nach § 17 Abs. 3 S. 3 bleiben weitere gesetzliche – nicht aber vertragliche – Auskunftsverweigerungsrechte (zB § 102 AO), Aussageverweigerungsrechte (zB nach § 52 StPO) oder Verschwiegenheitsverpflichtungen (§ 93 Abs. 1 S. 3 AktG, § 404 AktG, § 43 GmbHG iVm § 85 GmbHG) unberührt. Der Gesetzgeber zum LkSG schweigt sich über die näheren Hintergründe in der Gesetzesbegründung zum LkSG aus (BT-Drs. 19/28649, 56), hat sich insoweit aber offenbar von § 6 Abs. 3 S. 3 WpHG inspirieren lassen. Ausweislich der dortigen Gesetzesbegründung hatte der Gesetzgeber zum WpHG u. a. die Verschwiegenheitsverpflichtung des Rechtsanwalts aus § 43 Abs. 2 BRAO sowie des Abschlussprüfers in § 323 HGB vor Augen (BT-Drs. 15/3174, 30 (linke Spalte)). Der Rechtsanwalt hat die entsprechenden Voraussetzungen darzutun, dass ihm entsprechende Informationen als Anwalt anvertraut wurden (VGH Kassel WM 2013, 416 (419)). Der Abschlussprüfer ist jedoch seit der Einfügung von § 323 Abs. 5 HGB nF durch das FISG in 2021 verpflichtet, Straf- oder Ordnungswidrigkeiten der zuständigen Staatsanwaltschaft bzw. Ordnungswidrigkeiten der zuständigen Behörde zu melden, so dass dieser sich insoweit gerade nicht auf seine Verschwiegenheitspflicht berufen kann (§§ 323 Abs. 1, Abs. 5 HGB nF). Eine Berufung auf § 85 GmbHG oder § 404 AktG gegenüber dem BAFA scheidet ebenso aus, da bei der Erfüllung gesetzlicher Pflichten gegenüber Behörden schon keine tatbestandsmäßige Offenbarung vorliegt (NSH/Beurskens GmbHG § 85 Rn. 13; aA (fehlende Rechtswidrigkeit) Henssler/Strohn/Servatius GmbHG § 85 Rn. 8 sowie Henssler/Strohn/Raum AktG § 404 AktG Rn. 9). Auch Geschäftsgeheimnisträger können entgegen Stöbener de Mora/Noll NZG 2021, 1285 (1287) (ohne Begründung) kein Auskunftsverweigerungsrecht gegenüber dem BAFA geltend machen, da insoweit die Ausnahme des § 1 Abs. 2 GeschGehG für Auskunftsverpflichtungen gegenüber Behörden eingreift. Erst recht genügt es nicht für eine Entziehung von der Auskunftsverpflichtung, wenn lediglich zwischen Gesprächspartnern Verschwiegenheit zugesichert wurde (so VG Frankfurt NJW-RR 1998, 625 (626) zu § 16 Abs. 4 WpHG aF).

E. Rechtsschutz

Das Auskunftsverlangen stellt regelmäßig einen Verwaltungsakt dar (BVerwG NVwZ 2012, 1123 (1124)), der selbständig mit Widerspruch und Anfechtungsklage angefochten werden kann. Zur Vermeidung eines entsprechenden Suspensiveffekts kann das BAFA die sofortige Vollziehbarkeit anordnen (§ 80 Abs. 2 S. 1 Nr. 4 VwGO). 39

Duldungs- und Mitwirkungspflichten

18 **[1] Die Unternehmen haben die Maßnahmen der zuständigen Behörde und ihrer Beauftragten zu dulden und bei der Durchführung der Maßnahmen mitzuwirken. [2] Satz 1 gilt auch für die Inhaber der Unternehmen und ihre Vertretung, bei juristischen Personen für die nach Gesetz oder Satzung zur Vertretung berufenen Personen.**

A. Einleitung

Mit § 18 S. 1 – über die Soll-Regelung in § 26 Abs. 2 S. 1, 2 VwVfG hinausgehend – hat der Gesetzgeber **Duldungs- und Mitwirkungspflichten** der Unternehmen statuiert. Diese Verpflichtungen aus § 18 sind als solche nicht gem. § 24 bußgeldbewehrt, wohl aber vereinzelt andere Verpflichtungen iRd Verwaltungsverfahrens (zB § 13 Abs. 2, § 15 S. 2 Nr. 2, → § 18 Rn. 13 ff.). 1

Nach § 18 S. 1 hat das Unternehmen als Adressat dieser Verpflichtung bereits *kraft Gesetzes* – und nicht erst aufgrund einer Duldungsanordnung (so am Beispiel des Zutrittsrechts nach § 16 Abs. 2 S. 1/S. 2 IfSG: VG Würzburg BeckRS 2016, 53734) – etwaige Maßnahmen des BAFA zu dulden. Die überwiegend auf passives Verhalten gerichtete Duldungsverpflichtung impliziert insbes. das Unterlassen jedweder Störung, unnötiger Verzögerung und Behinderung amtlicher Maßnahmen (so zu § 44 LFGB: Streinz/Meisterernst/Holle LFGB § 44 Rn. 6). 2

Die auf aktives Tun gerichtete **Mitwirkungspflicht** umfasst – ähnlich wie die Unterstützungspflicht bspw. in § 44 Abs. 1 LFGB – gleichwohl nur Hilfs-/Unterstützungstätigkeiten (so zu § 44 LFGB: Zipfel/Rathke LebensmittelR/Rathke LFGB § 44 Rn. 19), wie sich *a maiore ad minus* aus den spezielleren Verpflichtungen zur Auskunft bzw. Dokumentvorlage in § 17 Abs. 1 ergibt. Der Betroffene wird auf diese Weise selbstredend weder zum Verwaltungshelfer noch als Teil der Verwaltung nach außen tätig. 3

In zeitlicher Hinsicht sind sowohl die Duldungs- als auch die Mitwirkungspflicht im Interesse einer effektiven Überwachung der Pflichten aus dem LkSG *unverzüglich* und damit ohne schuldhaftes Zögern zu leisten (so zu § 44 Abs. 1 LFGB, der selbst – anders als die Auskunftsverpflichtung in § 44 Abs. 2 LFGB – kein Unverzüglichkeitserfordernis im Wortlaut der Norm statuiert, OVG Münster BeckRS 2018, 9713 Rn. 18 mwN). 4

B. Pflichtenkatalog (§ 18 S. 1)

Die im Gesetz verankerte Duldungs- und Mitwirkungspflicht korrespondiert ausweislich des Wortlauts von § 18 S. 1 mit den Befugnissen des BAFA, wobei das Gesetz – anders als bspw. in § 9 Abs. 2 S. 3 GGBefG, § 4 Abs. 5 S. 5 FPersG, § 44 Abs. 1 LFGB – nicht klar umschreibt, auf welche behördlichen Befugnisse sich dies genau bezieht. Aufgrund der systematischen Stellung könnte man der Auffassung sein, dass sich die Duldungs- und Mitwirkungsverpflichtung lediglich auf Maßnahmen nach §§ 16 ff. bezieht. Hiergegen spricht jedoch zum einen, dass die Duldungspflicht zum einen bereits die Kehrseite jedenfalls der speziell geregelten Befugnisse des BAFA ist (so zu den Vorgängernormen des § 29 GewO, die entsprechende – mittlerweile wieder gestrichene – Duldungspflichten enthielt, s. 5

Landmann/Rohmer GewO/Marcks GewO § 29 Rn. 18; ebenso zu § 44 LFGB: Zipfel/Rathke LebensmittelR/Rathke LFGB § 44 LFGB Rn. 16) und zum anderen der Wortlaut des § 18 S. 1 sich auf alle Maßnahmen des BAFA bezieht. Maßnahmen iSv § 18 S. 1 sind daher die behördlichen Erklärungen bzw. Handlungen des BAFA gegenüber dem Unternehmen, mithin insbes. Pflichten aus § 13 Abs. 2, §§ 15–17.

6 Aus § 24 Abs. 1 Nr. 13, wonach nur die Pflichten aus § 13 Abs. 2, § 15 S. 2 Nr. 2 bußgeldbewehrt sind, kann wiederum nicht abgeleitet werden, dass sich auch die Pflichten aus § 18 S. 1 nur auf die Pflichten in § 13 Abs. 2, § 15 S. 2 Nr. 2 beziehen. Dies folgt weder aus dem insoweit uneingeschränkten Wortlaut des § 18 S. 1, noch ist es aus systematischen Gründen zwingend. Die Duldungs- und Mitwirkungsverpflichtung aus § 18 S. 1 dient insbes. der Effektivierung etwaiger Zutritts- und weiterer Kontrollrechte des BAFA. Es ist insoweit nicht erkennbar, dass der Gesetzgeber diese Rechte weniger stark ausgestalten wollte. Dafür spricht auch, dass das Zwangsgeld nach § 23 insoweit ohne Einschränkung gegenüber den für das Unternehmen handelnden Personen verhängt werden kann.

I. Inhalt der Duldungsverpflichtung

7 Die Verpflichtung zur Duldung von Maßnahmen dient der Effektivierung der behördlichen Überwachung (Nomos-BR/Boch LFGB § 44 Rn. 1) und kann durch Verwaltungsakt – ggf. auch konkludent mittels Auskunfts-/Vorlageverlangen nach § 17 oder der Ankündigung bestimmter Maßnahmen (so zu § 44 KWG: Schwennicke/Auerbach/Schwennicke KWG § 44 Rn. 17) – näher bestimmt und individualisiert werden (Voßkuhle DVBl. 1994, 619). Die Pflicht aus § 18 S. 1 umfasst sowohl das Unterlassen vorbereitender Störungen, die eine später stattfindende Maßnahme behindern (zB durch das Verschließen von Räumen oder Schränken, das Zustellen von Türen oder das Verlegen bzw. Vernichten von Dokumenten), als auch die Behinderung laufender Maßnahmen. Insoweit ist das Unternehmen gehalten, den Zugang zum Unternehmensgelände selbst und den darauf befindlichen Räumlichkeiten zu ermöglichen, etwaige Türen, Gitter oÄ zu öffnen und den Zutrittsbereich ausreichend zu beleuchten (so zum Zutrittsrecht nach der Handwerksordnung BeckOK HwO/Leisner HwO § 17 Rn. 13; am Beispiel von § 44 LFGB: Streinz/Meisterernst/Holle LFGB § 44 Rn. 6 f.). Das Unterlassen jeglicher Behinderungen umfasst auch, die unverzügliche Kontrolle zB eines Raumes zu ermöglichen (Streinz/Meisterernst/Holle LFGB § 44 Rn. 6).

II. Inhalt der Mitwirkungsverpflichtung

8 Die Verpflichtung zur Mitwirkung umfasst je nach Einzelfall bspw. die Stellung der für das jeweilige Unternehmen erforderlichen Schutzkleidung, sei es aus Gründen der Hygiene oder zum Eigenschutz vor Unfällen für die Beamten, die Bereitstellung von Strom sowie die ausreichende Beleuchtung der Örtlichkeiten, die Öffnung der Räume oder das Beseitigen von Hindernissen, die Vermeidung unnötiger Wartezeiten, Umwege oder sonstiger Erschwernisse, je nach Größe des Unternehmens die Stellung von Transportmöglichkeiten für Unterlagen sowie eines Unternehmensmitarbeiters mit entsprechenden Ortskenntnissen und Weisungsbefugnissen, der die Behördenmitarbeiter begleitet und andere Mitarbeiter ggf. zur Duldung und Unterstützung anweisen kann (Beispiele nach Zipfel/Rathke LebensmittelR/Rathke LFGB § 44 Rn. 19; Streinz/Meisterernst/Holle LFGB § 44 Rn. 6 f.). Ist eine Begleitung nicht möglich, muss der Unternehmensinhaber auf andere Weise (zB mittels Weisung) sicherstellen, dass die Maßnahmen geduldet und unterstützt werden (OVG Greifswald LMRR 2009, 97).

9 Eigene Untersuchungshandlungen bürdet das Gesetz den Unternehmen damit freilich nicht auf, sondern verlangt lediglich, dass diese störungsfrei und reibungslos ermöglicht werden (ähnl. Streinz/Meisterernst/Holle LFGB § 44 Rn. 6).

Gleichwohl ist das BAFA auf etwaige offensichtliche Fehlannahmen (zB Verwechselung von Unterlagen; Übersehen zugehöriger Räumlichkeiten) hinzuweisen (Streinz/Meisterernst/Holle LFGB § 44 Rn. 8). Eine weitergehende Unterstützung dergestalt, dass entsprechende Dokumente in den Räumen des BAFA vorzulegen sind, ist hingegen weder auf der Grundlage der Mitwirkungspflicht in § 18 S. 1 noch der Herausgabeverpflichtung nach § 17 Abs. 1 angezeigt (HKT/Knörr HwO § 17 Rn. 17, 18 unter Hinweis auf BayObLG GewA 1983, 387). Die Verhinderung der Vorlage ist freilich schon auf der Grundlage der Duldungspflicht aus § 18 Abs. 1 unzulässig (so zum Zutrittsrecht nach der Handwerksordnung BeckOK HwO/Leisner HwO § 17 Rn. 13 unter Hinweis auf VG München GewA 1995, 77 f.), was aber im Grunde schon aus der Herausgabeverpflichtung in § 17 Abs. 1 folgt. **10**

Angesichts der vorstehenden Ausführungen vermag auch die im Gesetzgebungsverfahren geäußerte Pauschalkritik insbes. der Arbeitgeberverbände, wonach die „staatliche Verfolgungspflicht" auf das Unternehmen abgewälzt werde oder die Unternehmen gezwungen seien, gegen sich selbst oder ihre Zulieferer zu ermitteln (so aber ohne nähere Begründung Stellungnahme des BDI v. 12.5.2021 sowie Stellungnahme des BDA v. 12.5.2021, Ausschuss für Arbeit und Soziales, Ausschussdrucksache 19(11)1136, 38 f., 69; Stöbener de Mora/Noll NZG 2021, 1285 (1287)), nicht zu überzeugen. Sie verkennt einerseits, dass Mitwirkungspflichten kein neues und von der Rechtsprechung ein nicht in Zweifel gestelltes Instrument der Überwachung im Wirtschaftsverwaltungsrecht darstellen. Andererseits übersieht diese Kritik, dass bereits keine materielle Ermittlungspflicht seitens des Unternehmens besteht, so dass von einer derartigen Abwälzung nicht die Rede sein kann. **11**

Die Mitwirkungspflicht steht für die Betroffenen im Spannungsfeld zum Recht auf Selbstbelastungsfreiheit, den das Gesetz lediglich in § 17 Abs. 3 normiert hat. Daraus ist gefolgert worden, dass ein entsprechendes Auskunftsverweigerungsrecht auf die Mitwirkungspflicht in § 18 S. 1 zu erstrecken sei. Begründet wird dies entweder mit einer entsprechenden Anwendung von § 17 Abs. 3 bzw. mit einem Rückgriff auf Art. 2 Abs. 1 GG, Art. 1 GG iVm dem Rechtsstaatsprinzip. Hiergegen ist vorzubringen, dass der Gesetzgeber iRv § 18 wie auch von § 16 offensichtlich bewusst von einer entsprechenden Regelung, wie sie § 17 Abs. 3 vorsieht, abgesehen hat (→ § 17 Rn. 23 ff.). **12**

C. Erstreckungsklausel (§ 18 S. 2)

§ 18 S. 2 erstreckt die Pflichten bei Gesellschaften auf die zur Vertretung berufenen Personen bzw. bei Unternehmen auf deren Inhaber und ihre Vertreter. Soweit der Gesetzgeber davon ausgeht, dass § 18 S. 2 die Anordnung aus § 18 S. 1 „gesellschaftsrechtlich vermittle", um bei Verstößen gegen behördliche Anordnungen eine etwaige Bußgeldbewehrung auch auf die zur Vertretung berufenen Personen zu erstrecken (BT-Drs. 19/28649, 56), ist ein solches Erfordernis weder aus ordnungswidrigkeiten- noch aus verwaltungsverfahrensrechtlicher Sicht erforderlich. **13**

Eine solche Verpflichtung kann bereits deshalb nicht für Anordnungen nach §§ 16–18 S. 1 gelten, weil Verstöße gegen §§ 16 f. selbst nicht gem. § 24 bußgeldbewehrt sind. Verstöße gegen die Duldungsverpflichtung in § 18 S. 1 selbst sind, anders als bspw. in §§ 44, 56 Abs. 3 Nr. 10 KWG, ebenfalls **nicht bußgeldbewehrt.** Nach § 24 Abs. 1 Nr. 13 sind lediglich Zuwiderhandlungen gegen andere behördliche Vorgaben abseits der §§ 16–18, namentlich Anordnungen nach § 13 Abs. 2 bei Verstoß gegen Nachbesserungsanordnungen im Zusammenhang mit der Berichtspflicht aus §§ 10 Abs. 2, 3 sowie Verstöße gegen Anordnungen nach § 15 S. 2 Nr. 2, bußgeldbewehrt. **14**

Soweit § 24 daher entsprechende Verstöße iRd Verwaltungsverfahrens vereinzelt sanktioniert, kommt bereits auf der Grundlage von § 9 OWiG eine entsprechende bußgeldrechtliche Erstreckung der Verantwortlichkeit auf natürliche Personen in Betracht, die Vertretungs-, Leitungs- oder Inhaberbefugnisse iSd Norm wahrnehmen. Einer gesonderten Regelung, die mit § 18 S. 2 überdies den in § 9 Abs. 2 **15**

OWiG benannten Personenkreis außen vor lässt (zutr. HK-LkSG/Sangi/Gafus Rn. 6) und zudem systematisch abseits von § 24 an falscher Stelle verortet wäre, hätte es insoweit wegen § 9 OWiG nicht bedurft.

16 Aber auch aus verwaltungsverfahrensrechtlicher Sicht hat die Regelung in § 18 S. 2 lediglich deklaratorische Bedeutung (HK-LkSG/Sangi/Gafus Rn. 4). Ob der Gesetzgeber damit den Fall vor Augen hatte, dass eine Maßnahme gegenüber einem im Ausland ansässigen Unternehmen nicht zugestellt bzw. vollstreckt werden kann (so aber HK-LkSG/Sangi/Gafus Rn. 4 aE), ist daher wenig wahrscheinlich. Zum einen ist eine Vollstreckung im Ausland im Wege der Amtshilfe möglich und zum anderen kann das BAFA bei juristischen Personen bzw. Personenvereinigungen auf die gesetzlichen Vertreter zugreifen. Insoweit ergibt sich bereits aus § 11 Abs. 1 Nr. 1 Alt. 2, Nr. 2 VwVfG, dass auch juristische Personen bzw. rechtsfähige Personenvereinigungen beteiligungsfähig sind und gem. § 12 Abs. 1 Nr. 3 VwVfG durch ihre gesetzlichen Vertreter handeln.

Unterabschnitt 3. Zuständige Behörde, Handreichungen, Rechenschaftsbericht

Zuständige Behörde

19 **(1) [1] Für die behördliche Kontrolle und Durchsetzung nach diesem Abschnitt ist das Bundesamt für Wirtschaft und Ausfuhrkontrolle zuständig. [2] Für die Aufgaben nach diesem Gesetz obliegt die Rechts- und Fachaufsicht über das Bundesamt dem Bundesministerium für Wirtschaft und Energie. [3] Das Bundesministerium für Wirtschaft und Energie übt die Rechts- und Fachaufsicht im Einvernehmen mit dem Bundesministerium für Arbeit und Soziales aus.**

(2) Bei der Wahrnehmung ihrer Aufgaben verfolgt die zuständige Behörde einen risikobasierten Ansatz.

A. Das BAFA

1 Das Bundesamt für Wirtschaft und Ausfuhrkontrolle (kurz: BAFA) ist eine Bundesoberbehörde mit Hauptsitz in Eschborn, Hessen. Die für die Überwachung des LKSG zuständige Zweigstelle hat ihren Sitz in Borna. Hauptaufgabe des BAFA ist die Ausfuhrkontrolle und die Prüfung genehmigungspflichtiger Exporte. Daneben ist das BAFA für die Aufsicht über Wirtschaftsprüfer und die öffentliche fachbezogene Aufsicht über die Wirtschaftsprüferkammer zuständig (Internetauftritt abrufbar unter: https://www.bafa.de/DE/Home/home_node.html).

B. Rechts- und Fachaufsicht

2 Die Rechts- und Fachaufsicht wird durch das Bundesministerium für Wirtschaft und Klimaschutz (vormals das Bundesministerium für Wirtschaft und Energie) („BMWK“) im Einvernehmen mit dem Bundesministerium für Arbeit und Soziales („BMAS“) ausgeübt. Diese beiden Ministerien waren – neben dem Entwicklungshilfeminsterium – die maßgeblichen Akteure beim Entwurf des LkSG. Während die Rechtsaufsicht darauf beschränkt ist, die Rechtsmäßigkeit des Verwaltungshandels zu überprüfen, ist Fachaufsicht auch die Aufsicht über die Zweckmäßigkeit des Handelns der beaufsichtigten Behörde (vgl. hier zu Prölss/Dreher/Redenz VAG § 2 Rn. 4 f.). Das bedeutet, dass die beaufsichtigende Behörde nicht nur nachträglich tätig werden kann, sondern auch steuernd auf das BAFA einwirken kann (näher zu den Instrumenten der Fachaufsicht: BMI https://www.verwaltung-innovativ.de/SharedDocs/Kurzmeldungen/DE/2008/20080515_neu_grundsaetze_zur_ausuebung_von_fachaufsicht.html (zuletzt abgerufen am 28.2.2023)).

Wie stark das BMWI in die Abläufe des BAFA eingreifen wird, wird sich erst im Laufe der Zeit ergeben. In den öffentlichen Ausschreibungen des BAFA zur inhaltlichen Übersetzung der gesetzlichen Anforderungen in Prüfanforderungen für die Behörde war eine enge Abstimmung mit dem BMWK und dem BMAS jedenfalls bereits vorgesehen. 3

Das BMAS betreut auch die FAQ zum LkSG (abrufbar unter: https://www.csr-in-deutschland.de/DE/Wirtschaft-Menschenrechte/Gesetz-ueber-die-unternehmerischen-Sorgfaltspflichten-in-Lieferketten/FAQ/faq.html (zuletzt abgerufen am 28.2.2023)), eine regelmäßig aktualisierte Liste von Fragen und Antworten, die den Unternehmen eine erste Richtschnur in der Umsetzung des LkSG geben sollte. 4

C. Risikobasierter Ansatz

Bei der Wahrnehmung seiner Aufgaben hat das BAFA einem risikobasierten Ansatz zu folgen. Das Risiko kann wie im gesamten LkSG nur aus der Perspektive potenziell Betroffener einzuschätzen sein. Das bedeutet, dass die Behörde in Ausübung ihrer Rechte im Blick haben muss, welche Handlungen und Anweisungen die menschenrechtliche und umweltbezogene Lage im Geschäftsbereich der Unternehmen oder in ihren Lieferketten tatsächlich verbessern kann. 5

Die Formulierung von § 19 Abs. 2 liest sich so, als gelte dies für alle Aufgaben des BAFA. Die Anforderungen an die Berichtsprüfung nach § 13 Abs. 1 und den Rechenschaftsbericht der Behörde nach § 21 lassen jedoch wenig bis gar keinen Spielraum in der Umsetzung. 6

Der risikobasierte Ansatz erstreckt sich mithin auf das Verlangen einer Berichtsnachbesserung nach § 13 Abs. 2, das Tätigwerden nach § 14 Abs. 1, die Anordnung von Maßnahmen nach § 15, die Ausübung von Betretensrechten nach § 16 und die Veröffentlichung von Informationen und Hilfestellungen nach § 20. 7

Dies geht auch aus der Regierungsbegründung hervor (BT-Drs. 19/28649, 56). Demnach ist der risikobasierte Ansatz „vor allem relevant, wenn die Behörde von Amts wegen tätig wird". Die genaue Ausgestaltung hängt von zu schaffenden behördeninternen Vorgaben ab. 8

Die Gesetzesbegründung gibt ein Beispiel für die risikobasierte Einteilung von Ressourcen: Ein Teil soll auf die Verfolgung substantiierter Hinweise Dritter verwendet werden, während mit den übrigen Mitteln turnusmäßige Überprüfungen besonders risikobehafteter Branchen vorgenommen werden (BT-Drs. 19/28649, 56). 9

Diese Ressourcenverteilung würde die umfassendste Quelle des BAFA zur Einschätzung von Risiken bei Unternehmen und ihren Zulieferern außer Acht lassen. Denn die nach § 12 iVm § 10 Abs. 2 einzureichenden Berichte, die wie bereits gezeigt nach § 13 Abs. 1 ohnehin zu überprüfen sind, werden das konkrete Risikoprofil des Unternehmens besser beschreiben können als abstrakte Branchenüberblicke. Sollten die Informationen unvollständig sein, kann die Behörde die Nachbesserung verlangen (→ § 13 Rn. 12). Sie kann aber auch – gerade, wenn die eingereichten Informationen darüber hinaus Hinweise auf ein unzureichendes Riskmanagement geben – von ihren übrigen Rechten Gebrauch (§ 14 ff.) machen und eine anlassbezogene Prüfung einleiten. Das BAFA selbst sieht wohl ebenfalls die Berichte als wichtige Quelle für die risikobasierte Kontrolle an (Vorwort zum Fragenkatalog zur Berichterstattung gemäß § 10 Abs. 2 iVm § 12 LkSG, abrufbar unter: https://www.bafa.de/DE/Lieferketten/Berichtspflicht/berichtspflicht_node.html;jsessionid=6C7846119CB45ABBD9CADCED3AED635E.intranet241 (zuletzt abgerufen am 23.5.2023)). 10

Daneben sind natürlich auch anlassunabhängige Stichproben oder die dauerhafte Kontrolle besonders risikoreicher oder volkswirtschaftlich relevanter Unternehmen denkbar. Die Ausgestaltung des risikobasierten Ansatzes wird auch nicht statisch sein können. Im Laufe der Zeit werden sich sowohl die Behörde als auch die verpflichteten Unternehmen an die Umsetzung des LkSG gewöhnen. Damit einhergehen muss dann eine Überprüfung und ggf. Anpassung der BAFA-internen 11

Vorgaben zum risikobasierten Ansatz, um veränderten Berichts- und Risikostrukturen Rechnung zu tragen.

Handreichungen

20 **[1] Die zuständige Behörde veröffentlicht branchenübergreifende oder branchenspezifische Informationen, Hilfestellungen und Empfehlungen zur Einhaltung dieses Gesetzes und stimmt sich dabei mit den fachlich betroffenen Behörden ab. [2] Die Informationen, Hilfestellungen oder Empfehlungen bedürfen vor Veröffentlichung der Zustimmung des Auswärtigen Amtes, insofern außenpolitische Belange davon berührt sind.**

A. Informationen der Behörde

I. Zielsetzung und mögliche Bindungswirkung

1 Die Handreichungen des BAFA sollen Unternehmen bei der Umsetzung ihrer Sorgfaltspflichten unterstützen (BT-Drs. 19/28469, 56). Die Veröffentlichung von unterstützenden Informationen scheint allerdings nicht ausschließlich durch das BAFA zu erfolgen (→ Rn. 9). Die Erarbeitung der Informationen soll in enger Abstimmung mit den in der Sache zuständigen Bundesministerien und Behörden stattfinden (die Regierungsbegründung nennt bespielhaft das Umweltbundesamt für die umweltbezogenen Pflichten).

2 Die Rechtsnatur und insbes. die Auswirkungen der Handreichung werden im Gesetz nicht näher beschrieben. Es handelt sich um nicht rechtsverbindliche Informationen (BeckOK LkSG/Krüger Rn. 7; Grabosch LkSG/Engel/Schönfelder § 6 Rn. 56 sprechen von „Handlungsanweisungen", was mit Blick auf den Inhalt der veröffentlichen Handreichungen nicht ganz präzise ist). Faktisch werden die in den Handreichungen veröffentlichen Informationen für viele Unternehmen die entscheidende Konkretisierung des LkSG und seiner vielen unbestimmten Rechtsbegriffe sein (WRW LkSG/Ruttloff/Wagner § 9 Rn. 1382 sprechen insoweit von einer „dokumentierten Behördenmeinung"; Grabosch LkSG/Engel/Schönfelder § 6 Rn. 56). Dies gilt insbes. mit Blick auf die Vermeidung behördlicher Intervention im Unternehme, die selbst dann mit erheblichem Aufwand verbunden ist, wenn sich im Nachhinein herausstellt, dass der (von den Handreichungen) abweichende Ansatz des Unternehmens den Sorgfaltspflichten gerecht wird (BeckOK LkSG/Krüger Rn. 9).

3 Teilweise wird angenommen, dass das BAFA in Ausübung der Überprüfung der Sorgfaltspflichtserfüllung durch die Veröffentlichung der Informationen eingeschränkt sei (Fleischer CCZ 2022, 205 (207); HK-LkSG/Johann Rn. 1). Dies ist aber erstens mit Blick auf den Abstraktionsgrad der Handreichung mind. unwahrscheinlich, da keine konkreten Sachverhalte und Umstände beschrieben werden, unter die sich ein sorgfaltspflichtiges Unternehmen einordnen könnte (Depping/Walden/Kaufmann/Böhm Rn. 13). Zweitens gibt es weder eine turnusmäßige Überprüfung noch eine Frist, innerhalb derer eine Handreichung ihre Gültigkeit in jedem Falle behält. Dadurch, dass jederzeit Handreichungen überarbeitet werden können (vgl. dazu die Situation zu den BMAS-FAQ Rn. 9) ist es schwer, eine Bindungswirkung aufgrund schutzwürdigen Vertrauens anzunehmen. Diese Bewertung kann sich **im Laufe der kommenden Jahre** wandeln, wenn sich eine gelebte Verwaltungspraxis etabliert, auf die sich die Unternehmen stützen können (WRW LkSG/Ruttloff/Hahn § 9 Rn. 1382).

II. Handreichungen

1. Risikoanalyse

4 Die Handreichung zur Umsetzung einer Risikoanalyse nach den Vorgaben des Lieferkettensorgfaltspflichtengesetzes erläutert die Unterschiede zwischen jährlichen und anlassbezogenen Risikoanalysen und den darin abzudeckenden Themen.

5 Ferner gibt sie Hinweise, wie die Risikoanalyse vorbereitet werden kann.

6 Wichtigste Information werden die in Punkt 4.2 der Handreichung genannten Schritte der Risikoanalyse sein. Diese sind jeweils angegeben für den eigenen Geschäftsbereich, unmittelbare Zulieferer und mittelbare Zulieferer. Hier finden sich detailreiche Vorgaben, wie die Umsetzung und die ergebnishafte Aufbereitung der Risikoanalyse auszusehen haben. (vgl. näher zur Risikoanalyse → § 5 Rn. 17 ff.).

2. Beschwerdeverfahren

7 Die Handreichung „Beschwerdeverfahren nach den Vorgaben des Lieferkettensorgfaltspflichtengesetzes" konkretisiert die Anforderungen des § 8 und gibt Hilfestellungen für die Ausgestaltung eines internen Beschwerdeverfahrens oder die Beteiligung an einem externen Beschwerdeverfahren. Darüber hinaus werden auch Effektivitätskriterien für die Wirksamkeitsüberprüfung nach § 8 Abs. 5 genannt. (vgl. näher zum Beschwerdeverfahren → § 8 Rn. 32 ff.).

3. Angemessenheit

8 Die Handreichung „Das Prinzip der Angemessenheit nach den Vorgaben des Lieferkettensorgfaltspflichtengesetzes" (https://www.bafa.de/SharedDocs/Downloads/DE/Lieferketten/handreichung_angemessenheit.html (zuletzt abgerufen am 23.5.2023)) erläutert die in § 3 Abs 2 genannten Angemessenheitskriterien (→ § 3 Rn. 47 ff.). Dabei werden für die einzelnen Sorgfaltspflichten jeweils Fragenkataloge vorgeschlagen, anhand derer ein verpflichtetes Unternehmen überprüfen kann, ob es die Pflichten angemessen umgesetzt hat. Da es bei der Erfüllung der Pflichten einen Ermessensspielraum gibt, können die Fragebögen nur als Hilfestellung und nicht als abschließende Empfehlung verstanden werden.

III. Sonstige Informationen

9 Das BMAS veröffentlicht bereits seit 2021 auf seiner Homepage CSR in Deutschland Fragen und Antworten zum Lieferkettengesetz (FAQ; https://www.csr-in-deutschland.de/DE/Wirtschaft-Menschenrechte/Gesetz-ueber-die-unternehmerischen-Sorgfaltspflichten-in-Lieferketten/FAQ/faq.html (zuletzt abgerufen am 28.2.2023)). Diese werden von BWMK, BMAS und BAFA gemeinsam erarbeitet und regelmäßig aktualisiert und sollten bei der Auslegung des Gesetzes mit beachtet werden (zur Einordnung der FAQ als Handreichung: dafür Brouwer CCZ 2022, 137 (138); dagegen Fleischer CCZ 2022, 205 (207)), insbes. solange es noch keinen Best-practice-Ansatz für die LkSG gibt.

10 Eine Bindungswirkung der FAQ lässt sich aufgrund ihrer Natur nicht ableiten (aA Fleischer CCZ 2022, 205 (207)). Die FAQ werden in unregelmäßigen (aber mitunter sehr kurzen) Abständen aktualisiert. Die dabei eingepflegten Änderungen sind mitunter so tiefgreifend, dass Monitoring der Änderungen sinnvoll ist, um Änderungen der Behördenpraxis frühzeitig zu erkennen.

11 Aufbauend auf den NAP-Branchendialoge, soll das BMAS „branchenübergreifende Handlungsanweisungen" veröffentlichen, die auch die Anforderungen des LkSG abdecken sollen (https://www.bafa.de/DE/Lieferketten/Ueberblick/ueberblick_node.html (zuletzt abgerufen am 28.2.2023)).

B. Beteiligung des Auswärtigen Amtes (S. 2)

12 Bei S. 2 handelt es sich lediglich um eine verwaltungsinterne Vorgabe, die für die unternehmerische Praxis keine weitere Relevanz hat.

Rechenschaftsbericht

21 **(1) [1]Die nach § 19 Absatz 1 Satz 1 zuständige Behörde berichtet einmal jährlich über ihre im vorausgegangenen Kalenderjahr erfolgten Kontroll- und Durchsetzungstätigkeiten nach Abschnitt 4. [2]Der Bericht ist erstmals für das Jahr 2022 zu erstellen und auf der Webseite der zuständigen Behörde zu veröffentlichen.**

(2) Die Berichte sollen auf festgestellte Verstöße und angeordnete Abhilfemaßnahmen hinweisen und diese erläutern sowie eine Auswertung der eingereichten Unternehmensberichte nach § 12 enthalten, ohne die jeweils betroffenen Unternehmen zu benennen.

A. Zielsetzung

1 Der Zielrichtung des Rechenschaftsberichts des BAFA ist nicht ganz eindeutig. Auf der einen Seite kann der Rechenschaftsbericht als Kommunikationsmittel gegenüber der Bevölkerung und Zivilgesellschaft verstanden werden, um die eigenen Bemühungen für die menschenrechtliche und umweltbezogene Lage in den Lieferketten darzustellen. Auf der anderen Seite könnte der Bericht auch eine herausragende Quelle für die verpflichteten Unternehmen sein, um sich über mögliche neue branchenspezifische Probleme oder die Verwaltungspraxis des BAFA zu informieren. Wie genau der Bericht ausgestaltet wird und welchen Funktionen er gerecht wird, liegt im Ermessen des BAFA.

B. Mindestinhalte

2 § 21 Abs. 1 und 2 legt einige Mindestinhalte vor, die der Bericht in jedem Fall aufgreifen muss. Dies sind:

- Erfolgte Kontroll- und Durchsetzungsmaßnahmen
- Festgestellte Verstöße
- Angeordnete Abhilfemaßnahmen
- Eine Auswertung der eingereichten Unternehmensberichte nach § 12

3 Dabei sollen die jeweils betroffenen Unternehmen nicht genannt werden. Insofern ist davon auszugehen, dass es sich um eine (zB nach Branchen sortierte) aggregierte Darstellung der Berichtsinhalte handeln wird. Nur so wird eine Identifikation einzelner Unternehmen auszuschließen sein. Ferner wird es nur durch die aggregierte Darstellung möglich, alle verpflichteten Unternehmen mit vertretbarem Aufwand in den Bericht aufzunehmen.

C. Folgen des Berichts

4 Die verpflichteten Unternehmen werden den Rechenschaftsbericht in jedem Fall nach relevanten Informationen durchsuchen müssen. Insbes. könnten branchenbezogene Erkenntnisse eine substantiierte Kenntnis iSv § 9 Abs. 3 begründen. Ebenso könnten sich Informationen zu Verstößen und Abhilfemaßnahmen finden, die eine Neubewertung der bisherigen Ergebnisse der Risikoanalyse nahelegen. Im Extremfall mag der Rechenschaftsbericht sogar zur Einleitung einer anlassbezogenen Risikoanalyse nach § 5 Abs. 4 führen.

D. Berichtsturnus

Der Bericht des BAFA muss einmal jährlich erfolgen. Nach § 21 Abs. 1 S. 2 ist der erste Bericht bereits für das Jahr 2022 zu erstellen. Da es sich bei den Berichtsinhalten um eine Rückschau handelt kann der Bericht auch erst im auf den Berichtszeitraum folgenden Kalenderjahr erfolgen. Da die Berichtspflicht für die Unternehmen erst für Geschäftsjahre im Kalenderjahr 2023 gilt, wird es für 2022 noch keine Berichtsauswertung geben können. Ebenso sind Verstöße und angeordnete Abhilfemaßnahmen bisher nicht möglich. Daher wird sich der Bericht vermutlich mit den Vorbereitungshandlungen des BAFA auf eine zukünftige Kontrolle der LkSG-Konformität befassen. 5

Für den Berichtszeitraum 2023 (also den ersten „vollständigen" Rechenschaftsbericht des BAFA) wurde in den FAQ zum LkSG Ziff. XIII. Nr. 2 klargestellt, dass das BAFA erstmalig zum Stichtag 1.6.2024 das Vorliegen der Unternehmensberichte nach § 12 und deren Veröffentlichung nach § 10 Abs. 2 prüfen wird. Diese Verlängerung der an sich in § 12 Abs. 2 eindeutig geregelten Frist soll den sorgfaltspflichtigen Unternehmen entgegenkommen. Für den Rechenschaftsbericht des BAFA wird dies vermutlich bedeuten, dass auch der Bericht für den Berichtszeitraum 2023 auf dieselben Informationen beschränkt bleiben wird, wie der Bericht über 2022. Die FAQ halten zwar fest, dass die Durchsicht der Berichte und auch daraus folgende Sanktionierungen von Sorgfaltspflichtverstößen weiterhin möglich sind (FAQ zum LkSG Ziff. XIII. Nr. 2). Doch ist eine inhaltliche Prüfung der Berichts weit aufwändiger als die Überprüfung, ob ein Bericht überhaupt eingereicht wurde. Somit wird wohl erst der Rechenschaftsbericht für den Berichtszeitraum 2024 sämtliche im Gesetz genannten Informationen (→ Rn. 2) enthalten. 6

Abschnitt 5. Öffentliche Beschaffung

Ausschluss von der Vergabe öffentlicher Aufträge

22 **(1) Von der Teilnahme an einem Verfahren über die Vergabe eines Liefer-, Bau- oder Dienstleistungsauftrags der in den §§ 99 und 100 des Gesetzes gegen Wettbewerbsbeschränkungen genannten Auftraggeber sollen Unternehmen bis zur nachgewiesenen Selbstreinigung nach § 125 des Gesetzes gegen Wettbewerbsbeschränkungen ausgeschlossen werden, die wegen eines rechtskräftig festgestellten Verstoßes nach § 24 Absatz 1 mit einer Geldbuße nach Maßgabe von Absatz 2 belegt worden sind. [2]Der Ausschluss nach Satz 1 darf nur innerhalb eines angemessenen Zeitraums von bis zu drei Jahren erfolgen.**

(2) 1Ein Ausschluss nach Absatz 1 setzt einen rechtskräftig festgestellten Verstoß mit einer Geldbuße von wenigstens einhundertfünfundsiebzigtausend Euro voraus. 2Abweichend von Satz 1 wird

1. **in den Fällen des § 24 Absatz 2 Satz 2 in Verbindung mit § 24 Absatz 2 Satz 1 Nummer 2 ein rechtskräftig festgestellter Verstoß mit einer Geldbuße von wenigstens eine Million fünfhunderttausend Euro,**
2. **in den Fällen des § 24 Absatz 2 Satz 2 in Verbindung mit § 24 Absatz 2 Satz 1 Nummer 1 ein rechtskräftig festgestellter Verstoß mit einer Geldbuße von wenigstens zwei Millionen Euro und**
3. **in den Fällen des § 24 Absatz 3 ein rechtskräftig festgestellter Verstoß mit einer Geldbuße von wenigstens 0,35 Prozent des durchschnittlichen Jahresumsatzes vorausgesetzt.**

(3) Vor der Entscheidung über den Ausschluss ist der Bewerber zu hören.

Übersicht

A. Kontext der Norm

I. Spezialgesetzlicher Ausschlussgrund zur Durchsetzung des LkSG

1 § 22 schafft einen spezialgesetzlichen Ausschlussgrund vom Vergabeverfahren außerhalb des GWB für qualifizierte Verstöße gegen die gesetzlich definierte unternehmerische Sorgfaltspflicht. Dem Ausschluss von der Vergabe öffentlicher Aufträge kommt damit neben der Bußgeldvorschrift des § 24 zentrale Bedeutung für die **Durchsetzung der Pflichten nach dem LkSG** zu. Mit Blick auf die strenge Rechtsfolge des § 22 als „Soll-Ausschluss“ innerhalb eines angemessenen

Zeitraums von bis zu drei Jahren kann dieser je nach Abhängigkeit des betroffenen Unternehmens von öffentlichen Aufträgen sogar schwerer wiegen als das wegen eines Verstoßes gegen die Sorgfaltspflicht verhängte Bußgeld nach § 24.Wie die anderen spezialgesetzlichen Ausschlussgründe wird § 22 als fakultativer Ausschlussgrund in den Katalog des § 124 Abs. 2 GWB aufgenommen.

Unter Berücksichtigung von § 1 Abs. 1 sind die **unternehmerischen Sorgfaltspflichten nach § 3** nach hier vertretener Auffassung (die nachfolgenden Ausführungen geben allein die persönliche Auffassung des Autors wieder) grundsätzlich nicht auf die öffentliche Beschaffung anzuwenden, dh, es ergeben sich regelmäßig keine unmittelbaren Auswirkungen der unternehmensbezogenen gesetzlichen Pflichten nach § 3 auf die Ausgestaltung des Vergabeverfahrens. Auftraggeber iSd § 98 GWB trifft in der Konsequenz daher auch keine Verpflichtung, die Sorgfaltspflicht iRd von Ihnen vergebenen öffentlichen Aufträge auszuüben. Maßgeblich hierfür ist der Unternehmensbegriff des § 1 Abs. 1, der laut der Gesetzesbegründung, der – rechtsformunabhängig – ein unternehmerisches Tätigwerden *am Markt* iS einer funktionalen Begriffsauslegung voraussetzt (Gesetzesbegründung zum LkSG, BT-Drs. 19/28649, 33). Allein der Einkauf von Leistungen im Rahmen eines durch die Regeln des Vergaberechts determinierten Vergabeverfahrens erfüllt diese Bedingung bei zutreffender Auslegung jedenfalls nicht. Zwar handelt es sich auch beim Vergabeverfahren um ein wettbewerbliches Verfahren. Das streng formalisierte Verfahren lässt aber gerade keinen Raum für unternehmerische Entscheidungen im engeren Sinn. Stattdessen stellt § 22 sicher, dass die Beachtung der unternehmerischen Sorgfaltspflichten auch iRd öffentlichen Beschaffung Berücksichtigung findet. Erfolgt der Einkauf dagegen zum Zwecke einer darüber hinausgehenden unternehmerischen Betätigung (insbes. bei Sektorenauftraggebern), kann sich daraus die Anwendung der Pflichten nach § 3 ergeben (FAQ zum LkSG Ziffer III Nr. 6 (Stand: 4.7.2023)). Bei der etwaigen Umsetzung der Sorgfaltspflichten (zB Präventionsmaßnahmen im Hinblick auf den unmittelbaren Zulieferer nach § 6 Abs. 4) iRd einzelnen Stufen des Vergabeverfahrens sind dann die Vorgaben des (europäischen) Vergaberechts einzuhalten (zum Auftragsbezug → Rn. 5 ff.). 2

II. Nationaler Aktionsplan Wirtschaft und Menschenrechte

Die Erwartungen an den Beitrag der öffentlichen Beschaffung zur Verwirklichung politisch relevanter, strategischer Ziele, die über den Zweck der reinen Deckung des öffentlichen Bedarfs hinausgehen, sind mit der Modernisierung des Vergaberechts 2016 deutlich gestiegen. Das betrifft insbes. auch die **Berücksichtigung menschenrechtlicher Aspekte** in der Lieferkette. Bundesweite Regelungen zur verpflichtenden Berücksichtigung einer entsprechenden menschenrechtlichen Sorgfaltspflicht in der Beschaffung fehlten aber bislang. Mit dem Nationalen Aktionsplan Wirtschaft und Menschenrechte 2016 – 2020 (NAP Wirtschaft und Menschenrechte, abrufbar unter (Stand: 27.11.2021): https://www.bundesregierung.de/breg-de/service/publikationen/nationaler-aktionsplan-wirtschaft-und-menschenrechte-735164) hat die Bundesregierung auch im Hinblick auf die öffentliche Beschaffung Maßnahmen festgelegt. Insoweit heißt es: 3

> *„Die Bundesregierung wird prüfen, inwiefern in einer zukünftigen Überarbeitung verbindliche Mindestanforderungen im Bereich Menschenrechte im Vergaberecht festgeschrieben werden können, die von teilnehmenden Unternehmen die Einhaltung der Sorgfaltspflicht einfordert. Sie wird einen Stufenplan erarbeiten, wie dieses Ziel erreicht werden kann."*

Die Regelung des § 22 steht in Zusammenhang zu dem Auftrag des NAP Wirtschaft und Menschenrechte. Dazu werden im LkSG einerseits **allgemeinverbindliche unternehmensbezogene Mindeststandards** im Bereich der menschenrechtlichen Sorgfaltspflichten definiert. Andererseits stellt die vergaberechtliche Regelung des § 22 sicher, dass Unternehmen bei rechtskräftig festgestellten Verstößen gegen die menschenrechtliche Sorgfaltspflicht vom Vergabeverfahren grds. 4

ausgeschlossen werden („Soll-Vorschrift"). Diese „Zweiteilung" ist sinnvoll, da die Feststellung entsprechender Verstöße durch eine externe Behörde mit eigenen Kompetenzen (s. § 16) außerhalb des einzelnen Vergabeverfahrens die Auftraggeber entlastet und zur Rechtssicherheit beiträgt. Darüber hinaus wird damit den im EU-Vergaberecht liegenden Grenzen der erforderlichen Verbindung zum Auftragsgegenstand Rechnung getragen, die den Spielraum für die Berücksichtigung einer menschenrechtlichen Sorgfaltspflicht auf den verschiedenen Stufen des Vergabeverfahrens deutlich einschränken (→ Rn. 6).

III. Berücksichtigung menschenrechtlicher Aspekte in der öffentlichen Beschaffung

5 Das modernisierte Vergaberecht hebt die Möglichkeiten zur Berücksichtigung strategischer Ziele als **vergaberechtlichen Grundsatz** deutlich hervor, soweit die in § 97 Abs. 3 GWB genannten Aspekte der Qualität und der Innovation sowie soziale und umweltbezogene Aspekte betroffen sind. Entsprechende Vorgaben können – unabhängig von der Neuregelung des § 22 – auch weiterhin auf allen Stufen des Vergabeverfahrens, dh iRv Leistungsbeschreibung, Eignung, Zuschlag oder Ausführungsbedingungen gemacht werden. Das umfasst auch Vorgaben zu menschenrechtlichen Aspekten, die insbes. von dem Merkmal „sozial" erfasst werden (BeckOK VergabeR/Marx GWB § 97 Abs. 3 Rn. 10).

6 Eine maßgebliche Grenze wird durch das EU-Vergaberecht allerdings insoweit gezogen, als sämtliche Anforderungen, die ein Auftraggeber in einem Vergabeverfahren stellt, einen **ausreichenden Bezug zum Auftragsgegenstand** (vgl. etwa Art. 42 Abs. 1 UAbs. 2 EU-Öffentliche-AuftragsvergabeRL) aufweisen müssen. Erwgr. 97 EU-Öffentliche-AuftragsvergabeRL stellt klar, dass damit

> *„Kriterien und Bedingungen bezüglich der allgemeinen Unternehmenspolitik [ausgeschlossen sind], da es sich dabei nicht um einen Faktor handelt, der den konkreten Prozess der Herstellung oder Bereitstellung der beauftragten Bauleistungen, Lieferungen oder Dienstleistungen charakterisiert. Daher sollte es öffentlichen Auftraggebern nicht gestattet sein, von Bietern eine bestimmte Politik der sozialen oder ökologischen Verantwortung zu verlangen."*

Anforderungen im Hinblick auf eine allgemeine Förderung menschenrechtlicher Belange im Zusammenhang mit Unternehmensaktivitäten ist damit vergaberechtlich grds. ein Riegel vorgeschoben. Vor diesem Hintergrund ist es einem Auftraggeber – unabhängig von § 22 – zwar nicht verwehrt, bestimmte auftragsbezogene Elemente einer menschenrechtlichen Sorgfaltspflicht selbständig von Unternehmen einzufordern. Die Abgrenzung, welche Anforderung als unternehmensbezogen bzw. auftragsbezogen anzusehen ist, kann dabei freilich im Einzelfall Schwierigkeiten bereiten. Das gilt umso mehr deshalb, als die Verbindung zum Auftragsgegenstand unterschiedlich charakterisiert sein muss, je nachdem ob die Anforderungen im konkreten Vergabeverfahren als Bestandteil der Leistungsbeschreibung, Eignungs- bzw. Zuschlagskriterien oder als Ausführungsbedingung gestellt werden.

7 Bereits nach bisheriger Rechtslage kommt bei einer konkret nachgewiesenen Verletzung der ILO-Kernarbeitsnormen ein Ausschluss des betroffenen Unternehmens nach § 124 Abs. 1 Nr. 1 GWB in Betracht (Gesetzesbegründung zum Gesetz zur Modernisierung des Vergaberechts, BT-Drs.18/6281, 105). Mit Blick auf Schwierigkeiten des erforderlichen Nachweises konkreter Verstöße kommt der Vorschrift bislang allerdings kaum praktische Relevanz zu. Das gilt insbes. auch deshalb, da sich die ILO-Kernarbeitsnormen in ihrem Pflichtenkreis primär an die Unterzeichnerstaaten richten und daher kaum konkrete Pflichten für Unternehmen enthalten (MüKoWettbR/Pauka/Krüger GWB § 124 Rn. 10).

IV. Verhältnis zum EU-Recht

Die europäischen **Vergaberichtlinien** (s. etwa Art. 57 EU-Öffentliche-AuftragsvergabeRL) **regeln abschließend die Gründe für einen Ausschluss** vom Vergabeverfahren, die sich auf die berufliche Eignung beziehen (EuGH NZBau 2009, 607 Rn. 20 – Assitur). Diese werden in Deutschland in den § 123 Abs. 1, 4 GWB, § 124 Abs. 1 GWB umgesetzt. Eine Erweiterung der sich auf die berufliche Eignung beziehenden Ausschlussgründe auf Ebene der Mitgliedstaaten ist damit grds. nicht möglich (Beck VergabeR/Opitz GWB § 123 Rn. 11; Beck VergabeR/Opitz GWB § 124 Rn. 8). Vor diesem Hintergrund ist die Vorschrift des § 22 als **Unterfall** bzw. Konkretisierung des europarechtlich als Ausschlussgrund vorgesehenen **Verstoßes gegen geltenden umwelt-, sozial- und arbeitsrechtlichen Verpflichtungen** (Art. 57 Abs. 4 Buchst. a EU-Öffentliche-AuftragsvergabeRL) bzw. der **schweren beruflichen Verfehlung** (Art. 57 Abs. 4 Buchst. c EU-Öffentliche-AuftragsvergabeRL), umgesetzt in § 123 Abs. 1 Nr. 1, 3 GWB, zu sehen (so auch Jungkind/Raspé/Terbrack DK 2021, 445 (452)). Entsprechendes wird im Hinblick auf die sonstigen außerhalb des GWB geregelten spezialgesetzlichen Ausschlussgründe, auf die § 124 Abs. 2 GWB ebenfalls verweist, vertreten (Beck VergabeR/Opitz GWB § 124 Rn. 118). 8

Zu berücksichtigen ist insoweit auch, dass § 22 als „Soll-Vorschrift" eine **strengere Rechtsfolge** vorsieht als die Vergaberichtlinien bzw. die Umsetzungsvorschriften im GWB für die schwere berufliche Verfehlung bzw. Verstöße gegen geltende umwelt-, sozial- und arbeitsrechtlichen Verpflichtungen, die jeweils als „Kann-Vorschriften" ausgestaltet sind. Dies lässt sich europarechtskonform auf den Wortlaut der Richtlinie (Art. 57 Abs. 4 UAbs. 1 EU-Öffentliche-AuftragsvergabeRL) stützen, der es Mitgliedstaaten sogar erlaubt, einzelne oder sämtliche fakultativen Ausschlussgründe als zwingende auszugestalten (vgl. BeckOK VergabeR/Friton GWB § 124 Rn. 9.1). Davon ist eine Ausgestaltung als „Soll-Vorschrift" *de maiore ad minus* mitumfasst. 9

B. Anwendungsbereich und Tatbestandsvoraussetzungen

Der Wortlaut von § 22 ist an andere spezialgesetzlich geregelte Ausschlussgründe außerhalb des GWB, etwa § 19 MiLoG, angelehnt. Das betrifft nicht nur den persönlichen Anwendungsbereich der Norm, der sowohl öffentliche Auftraggeber als auch Sektorenauftraggeber, nicht aber Konzessionsgeber, umfasst, sondern auch das Anknüpfen an der Verwirklichung eines Bußgeldtatbestands. Dabei wurde der Wortlaut an die neue vergaberechtliche Systematik angepasst, so dass der Ausschluss längstens „bis zur nachgewiesenen Selbstreinigung" und nicht mehr bis zur „Wiederherstellung der Zuverlässigkeit" möglich ist. 10

I. Anwendungsbereich

Normadressaten sind in Anlehnung an andere spezialgesetzlich geregelte Ausschlussgründe allein **öffentliche Auftraggeber** nach § 99 GWB sowie **Sektorenauftraggeber** nach § 100 GWB. Im Hinblick auf Sektorenauftraggeber sind sowohl öffentliche (§ 100 Abs. 1 Nr. 1 GWB) als auch private Auftraggeber (§ 100 Abs. 1 Nr. 2 GWB) erfasst, wobei letztere nach § 6 Abs. 1 WRegG keinen Zugriff auf das Wettbewerbsregister erhalten und daher auf andere Informationsquellen, etwa Eigenerklärungen der Bewerber bzw. Bieter, zur Prüfung des Ausschlusses angewiesen sind. 11

Konzessionsgeber werden dagegen nicht genannt und fallen folglich nicht unmittelbar in den persönlichen Anwendungsbereich der Norm. Das ändert allerdings nichts daran, dass auch bei der Konzessionsvergabe ein Ausschluss desjenigen Unternehmens in Betracht kommt, bei dem ein rechtskräftiger Verstoß gegen das LkSG nach Maßgabe von § 22 Abs. 2 festgestellt worden ist. Der Ausschluss richtet sich dann als Unterfall der schweren beruflichen Verfehlung (→ Rn. 8 f.) 12

nach den allgemeinen Regeln des § 124 Abs. 1 Nr. 3 GWB iVm § 154 Nr. 2 GWB (vgl. Ziekow/Völlink/Stolz GWB § 124 Rn. 56 in Bezug auf die entsprechende Regel im SchwarzArbG).

13 Der Ausschlussgrund nach § 22 ist nicht an das Erreichen eines bestimmten Auftragswertes gebunden. Folglich kommt ein Ausschluss analog zu den sonstigen spezialgesetzlichen Ausschlussgründen auch bei Vergabeverfahren unterhalb der maßgeblichen **Schwellenwerte** nach § 106 GWB in Betracht. Eine Abfragepflicht des Wettbewerbsregister ergibt sich nach§ 6 Abs. 1 WRegG zwar erst ab Auftragswerten von mind. 30.000 EUR. Auch darunter findet § 22 aber grds. Anwendung.

II. Tatbestandsvoraussetzungen

14 Voraussetzung für den Ausschluss nach § 22 ist ein rechtskräftig verhängtes Bußgeld, das bestimmte, in § 22 Abs. 2 konkretisierte, Bußgeldschwellen erreicht. Soweit die Vorschrift unmittelbar an eine rechtskräftige Bußgeldentscheidung anknüpft, können von vorherein nur solche Unternehmen von dem Ausschlussgrund erfasst werden, die in den **persönlichen Anwendungsbereich des LkSG** nach § 1 Abs. 1 fallen und als solche mind. 3.000 bzw. ab dem 1.1.2024 mind. 1.000 Mitarbeiter beschäftigen.

1. Rechtskräftig festgestellter Verstoß gegen unternehmerische Sorgfaltspflicht

15 Für den Ausschluss erforderlich ist, dass gegen das betreffende Unternehmen eine rechtskräftige Bußgeldentscheidung wegen eines Verstoßes gegen bestimmte Normen des LkSG vorliegt. Diese werden nach § 24 Abs. 5 iVm §§ 35, 36 Abs. 1 Nr. 1 OWiG vom Bundesamt für Wirtschaft und Ausfuhrkontrolle (BAFA) verhängt. Das Kriterium der Rechtskraft bildet eine **transparente und rechtssichere Entscheidungsgrundlage** für Auftraggeber, die über den Ausschluss zu befinden haben. Das erscheint umso konsequenter, als der Ausschluss bei Vorliegen der Tatbestandsvoraussetzungen den Regelfall *(„Soll-Vorschrift")* darstellt und darüber hinaus eine Eintragung ins Wettbewerbsregister erfolgt. Bis auf eine Ausnahme im Bereich von Kartellordnungswidrigkeiten knüpfen Eintragungen ins Wettbewerbsregister ausschließlich an rechtskräftige Entscheidungen an, § 2 Abs. 1 WRegG.

16 Während des **Rechtsbehelfsverfahrens** gegen Entscheidungen des BAFA, kann der Ausschluss auf Basis von § 22 nicht erfolgen. Vielmehr ist – so lange die Rechtskraft des Bußgeldentscheidung noch nicht vorliegt – allenfalls ein Ausschluss nach dem **Auffangtatbestand des § 124 Abs. 1 Nr. 3 GWB** denkbar, der keinen rechtskräftigen Verstoß voraussetzt, sondern lediglich eine „*nachweisliche* schwere berufliche Verfehlung". Ob die Voraussetzungen für einen Ausschluss nach § 124 Abs. 1 Nr. 3 GWB tatsächlich vorliegen, ist dann eine Frage des jeweiligen Einzelfalls. Möglich erscheint dies bspw. dann, wenn das Unternehmen den (schweren) Verstoß eingeräumt hat oder dieser unbestritten ist, wobei eine entsprechende Dokumentation erforderlich ist (vgl. Beck VergabeR/Opitz GWB § 124 Rn. 43 f.).

17 Nicht jeder rechtskräftig festgestellte Verstoß gegen die im LkSG geregelte unternehmerische Sorgfaltspflicht führt zu einem Ausschluss nach § 22. Von vornherein ausgenommen sind gemäß § 22 Abs. 2 Bußgeldentscheidungen nach § 24 Abs. 2 Nr. 3 wegen minder schwerer Verstöße, die mit einer Geldbuße bis zu einer Höchstgrenze von 100.000 EUR belegt werden können. Dabei handelt es sich um **Verstöße gegen die Dokumentations- und Berichtspflicht** nach § 10 bzw. betreffend die (rechtzeitige) Einreichung des Berichts nach § 12 (vgl. § 24 Abs. 2 Nr. 3 iVm § 24 Abs. 1 Nr. 9–12). Der Großteil der nach dem LkSG bebußten Verstöße kann, bei Erreichen der in § 22 Abs. 2 genannten Bußgeldschwellen, demnach grds. zu einem Ausschluss führen.

2. Erreichen differenzierter Bußgeldschwellen

18 Für einen Ausschluss ist das Erreichen der in § 22 Abs. 2 festgelegten Bußgeldschwellen erforderlich. Damit soll sichergestellt werden, dass nur **schwerwiegende Verstöße** gegen das LkSG zu einem Ausschluss führen (Gesetzesbegründung zum LkSG, BT-Drs. 19/28649, 57). Damit wird sowohl den europarechtlichen Vorgaben Rechnung getragen, nach der für einen Ausschluss grds. eine „*schwere* Verfehlung" erforderlich ist (Art. 57 Abs. 4 Buchst. c. EU-Öffentliche-AuftragsvergabeRL). Gleichzeitig werden mit Blick auf die gegenüber § 124 GWB strengere Rechtsfolge Wertungswidersprüche zu § 124 Abs. 1 Nr. 3 GWB vermieden.

a) Keine bloßen Formverstöße

19 Von vornherein nicht einbezogen werden Verstöße gegen die **Dokumentations- und Berichtspflicht nach §§ 10, 12,** die nach § 24 Abs. 2 Nr. 3 in die Kategorie mit dem geringsten Bußgeldrahmen bis 100.000 EUR fallen.

b) Orientierung an Ausschöpfung des Bußgeldrahmens

20 Welche Bußgeldhöhe im konkreten Fall für einen Ausschluss erreicht sein muss, regelt § 22 Abs. 2 in Abhängigkeit von der Ausschöpfung des jeweils maßgeblichen Bußgeldrahmens. Mit dem vom Gesetzgeber verfolgten differenzierten Ansatz sollen so jeweils nur die Verstöße erfasst werden, die einen besonderen Unwertgehalt aufweisen. Entsprechend den Regelungen in § 24 Abs. 2 und 3 zur Bestimmung des Bußgeldrahmens legt § 22 Abs. 2 **vier relevante Bußgeldschwellen** fest. Dabei richtet sich der jeweils anwendbare Bußgeldrahmen einerseits nach dem verwirklichten Verstoß – das LkSG unterscheidet hier zwischen drei unterschiedlichen „Unwert-Kategorien" – und andererseits nach dem Täter bzw. dessen Umsatz. Hintergrund für die Unterscheidung nach dem Täter ist, dass das Ordnungswidrigkeitenrecht für Verbandstaten, die einer Personenvereinigung bzw. juristischen Person zugerechnet werden können, eine Verzehnfachung des Bußgeldrahmens vorsieht, § 30 Abs. 2 S. 3 OWiG iVm § 24 Abs. 2 S. 2. Bei Unternehmen mit einem Jahresumsatz von mehr als 400 Mio. EUR ist bei besonders schweren Verstößen sogar ein Bußgeld iHv von bis zu 2 % des Jahresumsatzes möglich. Die Bestimmung der maßgeblichen Bußgeldschwelle kann angesichts der Vielzahl der hierfür relevanten Kriterien und der Verweistechnik in den §§ 22, 24 im Einzelfall schwierig sein. Zur Identifizierung der Schwelle muss dabei sowohl der Täter (einschließlich seines Umsatzes) als auch der der Bußgeldentscheidung zugrundeliegende Verstoß betrachtet werden.

21 Die anwendbaren Bußgeldschwellen rangieren **von 35 % bis 17,5 % bezogen auf die Ausschöpfung** des jeweiligen Höchstsatzes. Dabei sinkt die prozentual für den Ausschluss erforderliche Ausschöpfung, je höher die maximale Geldbuße nach dem anwendbaren Bußgeldrahmen ausfällt. Das ist insoweit konsequent, als sich in den jeweiligen Höchstsätzen bereits der durch den Gesetzgeber typisierte Unwertgehalt widerspiegelt. Anders gesprochen erschiene es unbillig, für die „schwere Unwert-Kategorie" dieselbe prozentuale Ausschöpfung (dh in absoluten Zahlen eine deutliche höhere Geldbuße) zu verlangen wie für die mittlere Kategorie.

- Der **gesetzlich vorgesehene Grundfall** in **§ 22 Abs. 2 S. 1** verlangt ein verhängtes Mindestbußgeld iHv **175.000 EUR.** Fällt das Bußgeld geringer aus, kommt ein Ausschluss auf Grundlage von § 22 Abs. 1 unabhängig von Bußgeldtatbestand und Täter nicht Betracht. Da § 22 Abs. 2 S. 2 Nr. 1–3 jeweils höhere Bußgeldschwellen für Verstöße vorsehen, die einer Personenvereinigung bzw. juristischen Person zugerechnet werden können, und Einzelunternehmer mit Blick auf § 1 Abs. 1 nur ausnahmsweise in den Anwendungsbereich des Gesetzes fallen, dürfte die praktische Relevanz des Grundfalls sehr begrenzt sein. Ab Erreichen der Schwelle wird das betroffene Unternehmen gemäß dem ergänz-

ten § 2 Abs. 1 WRegG in das Wettbewerbsregister eingetragen. Die Bußgeldschwelle entspricht einer Ausschöpfung des Bußgeldrahmens von 35 %.
- **§ 22 Abs. 2 S. 2 Nr. 1** sieht für Verbandstaten der „mittleren Unwert-Kategorie" nach § 24 Abs. 2 S. 1 Nr. 2 eine Bußgeldschwelle in Höhe von **1.500.000 EUR** vor. Die Bußgeldschwelle entspricht einer Ausschöpfung des Bußgeldrahmens von 30 %.
- **§ 22 Abs. 2 S. 2 Nr. 2** sieht für Verbandstaten der „schweren Unwert-Kategorie" nach § 24 Abs. 2 S. 1 Nr. 2 eine Bußgeldschwelle in Höhe von **2.00.000 EUR** vor. Die Bußgeldschwelle entspricht einer Ausschöpfung des Bußgeldrahmens von 25 %
- Für Unternehmen mit einem Jahresumsatz von mehr als **400 Mio. EUR** sieht **§ 22 Abs. 2 S. 2 Nr. 3** wegen unterlassener Abhilfemaßnahmen nach § 7 eine Bußgeldschwelle von **0,35 % des durchschnittlichen Jahresumsatzes** vor. Die Bußgeldschwelle entspricht einer Ausschöpfung des Bußgeldrahmens von 17,5 %.

c) Tatmehrheit

22 Ausgehend vom Wortlaut der Vorschrift, der im Hinblick auf das Überschreiten der Bußgeldschwelle an *den* rechtskräftigen Verstoß (im Singular) anknüpft, ist nach hier vertretener Auffassung auf den **einzelnen Verstoß** abzustellen. Ein Ausschluss nach § 22 Abs. 1 ist demnach nur dann einschlägig, wenn ein einzelner Verstoß gegen eine der in § 24 Abs. 1 genannten Vorschriften für sich genommen die gesetzlich definierten Schwellen überschreiten. Soweit einem Bußgeldbescheid mehrere Verstöße, die nach § 20 OWiG zueinander im Verhältnis der Tatmehrheit stehen, kann es demnach nicht auf die Gesamtgeldbuße ankommen, sondern auf die einzeln festgesetzten Geldbußen.

3. Ausschlussrelevante Verstöße

23 Für einen Ausschluss in Betracht kommen Verstöße gegen folgende Teilaspekte der unternehmerischen Sorgfaltspflicht:

a) Mittlere Unwert-Kategorie (§ 24 Abs. 2 S. 1 Nr. 2)

24
- Keine Festlegung von Zuständigen für Risikomanagement (Benennung eines Menschenrechtsbeauftragten), § 4 Abs. 3 S. 1
- Mangelhafte oder nicht rechtzeitige Risikoanalyse, § 5 Abs. 1 S. 1 bzw. § 9 Abs. 3 Nr. 1
- Wirksamkeitsüberprüfung von Präventionsmaßnahmen, Abhilfemaßnahmen oder des Beschwerdeverfahrens nicht oder nicht rechtzeitig durchgeführt, § 6 Abs. 5 S. 1, § 7 Abs. 4 S. 1 bzw. § 8 Abs. 5 S. 1
- Maßnahmen betreffend Prävention, Abhilfe oder Beschwerdeverfahren nicht oder nicht rechtzeitig aktualisiert, § 6 Abs. 5 S. 3, § 7 Abs. 4 S. 3 bzw. § 8 Abs. 5 S. 2
- Zuwiderhandlung gegen vollziehbare Anordnungen, § 13 Abs. 2 bzw. § 15 S. 2 Nr. 2

b) Schwere Unwert-Kategorie (§ 24 Abs. 2 S. 1 Nr. 1)

25
- Präventionsmaßnahme nicht bzw. nicht rechtzeitig, § 6 Abs. 1
- Konzept nicht bzw. nicht rechtzeitig erstellt oder umgesetzt, § 9 Abs. 3 Nr. 3
- Beschwerdeverfahren nicht eingerichtet, § 8 Abs. 1 S. 1 (iVm § 9 Abs. 1)
- Abhilfemaßnahmen nicht bzw. nicht rechtzeitig ergriffen, § 7 Abs. 1 S. 1
- Konzept zur Abhilfe nicht bzw. nicht rechtzeitig erstellt oder umgesetzt, § 7 Abs. 2 S. 1

C. Rechtsfolgen

I. Eintragung ins Wettbewerbsregister

26 Ab einem rechtskräftig verhängten Bußgeld iHv 175.000 EUR wegen eines Verstoßes gegen das LkSG wird das betroffene Unternehmen gemäß dem neu eingefügten § 2 Abs. 1 Nr. 4 WRegG (Art. 3 Gesetz über die unternehmerischen Sorgfaltspflichten in Lieferketten v. 16.7.2021 (BGBl. 2021 I 2959)) in das beim Bundeskartellamt geführte Wettbewerbsregister eingetragen. Für die Eintragung ist das Bundesamt für Wirtschaft und Ausfuhrkontrolle (BAFA) als mitteilungspflichtige Behörde iSd § 4 Abs. 1 S. 1 WRegG verantwortlich. Das Wettbewerbsregister dient der **Information von Auftraggebern über die einem Unternehmen zurechenbaren Rechtsverstöße,** die einen Ausschluss vom Vergabeverfahren rechtfertigen können (vgl. § 1 Abs. 2 WRegG). Die Eintragung in das Wettbewerbsregister hat keinen automatischen Ausschluss zur Folge. Die Entscheidung darüber trifft nach § 6 Abs. 5 WRegG allein der Auftraggeber in eigener Verantwortung auf Basis der im Wettbewerbsregister enthaltenen und ggf. ergänzender Informationen nach Maßgabe der vergaberechtlichen Vorschriften, dh insbes. unter Berücksichtigung der Natur des Ausschlussgrundes (zwingender, fakultativer oder „Soll-Ausschluss") bzw. im konkreten Verfahren vorgetragener Selbstreinigungsmaßnahmen. Eingetragen in das neue Register werden in erster Linie schwere Rechtsverstöße, die einen zwingenden Ausschlussgrund nach § 123 Abs. 1 und Abs. 3 GWB darstellen. Daneben werden auch einige fakultative Ausschlussgründe, neben Kartellordnungswidrigkeiten insbes. spezialgesetzlich geregelte Ausschlussgründe eingetragen. Vor der Eintragung in das Wettbewerbsregister hat eine Anhörung des betroffenen Unternehmens zu erfolgen (→ Rn. 34).

27 Die Beschränkung bei der Eintragung auf Fälle von Bußgeldern ab 175.000 EUR entspricht der Bußgeldschwelle in § 22 Abs. 2 S. 1. Für Fälle unterhalb dieser Bußgeldhöhe kommt ein Ausschluss nach § 22 Abs. 1 a priori nicht in Betracht (→ Rn. 19 ff.). Umgekehrt gilt allerdings, dass ein Auftraggeber bei der Eintragung eines Unternehmens in das Wettbewerbsregister nicht automatisch davon ausgehen kann, dass ein Ausschluss nach § 22 mit Blick auf die differenzierten Bußgeldschwellen in Abs. 2 gerechtfertigt wäre. Konkret muss der Auftraggeber auf Basis der ihm im Zuge der nach § 6 Abs. 1 WRegG (verpflichtenden) Abfrage des Registers mitgeteilten Informationen genau prüfen, ob die maßgeblichen Bußgeldschwellen überschritten sind. Damit nehmen Eintragungen aufgrund von Verstößen gegen die unternehmerische Sorgfaltspflicht eine **Sonderrolle gegenüber den übrigen eintragungsrelevanten Verstößen** ein: Kann der Auftraggeber grundsätzlich davon ausgehen, dass die Tatbestandsvoraussetzungen für einen Ausschluss bei entsprechender Eintragung vorliegen, ist dies bei eingetragenen Verstößen gegen das LkSG gerade nicht der Fall. Damit kommt der eigenverantwortlichen Prüfung des Ausschlusses durch den Auftraggeber nach § 6 Abs. 5 S. 1 WRegG hier besondere Bedeutung zu.

28 Die **Löschung aus dem Wettbewerbsregister** erfolgt nach § 7 Abs. 1 S. 3 WRegG spätestens drei Jahre nach Unanfechtbarkeit der Bußgeldentscheidung nach § 24. Der Zeitraum deckt sich mit dem zulässigen Ausschlusszeitraum nach § 22 Abs. 1 S. 2 (→ Rn. 31 ff.). Vor Ablauf der drei Jahre hat das betroffene Unternehmen gem. § 8 WRegG die Möglichkeit, einen Antrag auf vorzeitige Löschung zu stellen und gegenüber dem Bundeskartellamt Selbstreinigungsmaßahmen nachzuweisen (→ Rn. 37 ff.). Unabhängig davon aus welchem der beiden Gründe eine Löschung aus Register erfolgt, hat diese nach § 7 Abs. 2 S. 1 WRegG zur Folge, dass der zur Eintragung führende Verstoß gegen die unternehmerische Sorgfaltspflicht nicht mehr zur Rechtfertigung eines Ausschlusses vom Vergabeverfahren herangezogen werden darf.

II. „Soll-Ausschluss“

29 Bei Vorliegen der Tatbestandsvoraussetzungen einschließlich des Überschreitens der maßgeblichen Bußgeldschwellen nach § 22 Abs. 2 *soll* das Unternehmen von dem Vergabeverfahren ausgeschlossen werden. Damit entspricht die Regelung in ihrer Rechtsfolge den sonstigen spezialgesetzlichen Ausschlussgründen in § 21 AEntG, § 19 MiLoG und § 21 SchwarzArbG. Es handelt sich um einen Fall des **gebundenen Ermessens,** wobei die Rechtsfolge des Ausschlusses nach den allgemeinen Regeln den Regelfall darstellt (Schoch/Schneider/Geis VwVfG § 40 Rn. 26). Das Absehen von einem Ausschluss ist somit nur in atypischen Ausnahmefällen zulässig. Möchte der Auftraggeber ein Unternehmen trotz Vorliegens der Tatbestandsvoraussetzungen des § 22 nicht ausschließen, ist eine besondere Begründung erforderlich und entsprechend zu dokumentieren (vgl. zu den sonstigen spezialgesetzlichen Ausschlussgründen: Ziekow/Völlink/Stolz GWB § 124 Rn. 55).

30 Von einem Ausschluss ist in entsprechender Anwendung von § 123 Abs. 5 GWB, der unmittelbar nur für die dort geregelten zwingenden Ausschlussgründe gilt, *jedenfalls* dann abzusehen, wenn dies aus **zwingenden Gründen des öffentlichen Interesses** geboten ist oder ein Ausschluss **offensichtlich unverhältnismäßig** wäre. Daran wird deutlich, dass der Grund für das Absehen von dem Ausschluss sowohl in einem dringenden öffentlichen Bedarf an dem Angebot des betroffenen Unternehmens als auch in den konkreten Umständen des Verstoßes bzw. des Nachtatverhaltens liegen kann. Die EU-Öffentliche-AuftragsvergabeRL verweist in Erwgr. 100 EU-Öffentliche-AuftragsvergabeRL insoweit auf „dringend benötigte Impfstoffe oder Notfallausrüstungen“, die nur von einem Wirtschaftsteilnehmer käuflich erworben werden können. Da es sich bei § 22 allerdings nicht um einen zwingenden Ausschlussgrund, sondern um eine „Soll-Vorschrift“ handelt, ist der Maßstab weniger streng, so dass Auftraggeber hier tendenziell über mehr Flexibilität zugunsten eines Nicht-Ausschlusses verfügen. Die besondere Betonung der Angemessenheit des Ausschlusszeitraums bedeutet zusätzlichen Spielraum für den Auftraggeber (→ Rn. 33). Nicht ausreichend sind allerdings auch hier bloße Praktikabilitätserwägungen oder der Umstand, dass das betroffene Unternehmen den günstigsten Preis geboten hat (Gesetzesbegründung zum Vergaberechtsmodernisierungsgesetz, BT-Drs.18/6281, S. 105; BeckOK VergabeR/Friton GWB § 123 Rn. 50).

III. Ausschlusszeitraum

31 Ein Ausschluss ist nach § 22 Abs. 1 S. 2 grds. nur innerhalb eines angemessenen Zeitraums von bis zu drei Jahren zulässig. Die Höchstfrist entspricht der allgemeinen Regelung zum zulässigen Zeitraum für fakultative Ausschlussgründe nach § 126 Nr. 2 GWB. Dabei weicht der Wortlaut in § 22 Abs. 1 S. 2 geringfügig von den übrigen spezialgesetzlich geregelten Ausschlussgründen ab, indem der Ausschluss dogmatisch zutreffend nicht *für* sondern *innerhalb* des Zeitraums erfolgen soll. Damit verdeutlicht der Gesetzgeber, dass die Entscheidung über den Ausschluss jeweils konkret bezogen auf das einzelne Vergabeverfahren iRd eingeschränkten Ermessensspielraums des Auftraggebers (→ Rn. 28) getroffen werden muss. Insbesondere soll die Vorschrift **keine Vergabesperre** (vgl. BT-Drs. 19/30505, 44; von Wietersheim jurisPR-VergR 9/2021 Anm. 1; aA offenbar: Wagner/Rutloff NJW 2021, 2145 (2151)) erlauben, deren Zulässigkeit infolge des Vergaberechtsmodernisierungsgesetzes ohnehin fraglich ist (vgl. Müller-Wrede GWB/Radu GWB § 126 Rn. 7). Der Ausschluss hat daher jeweils in Bezug auf das individuelle Vergabeverfahren unter Berücksichtigung der maßgeblichen Umstände des Einzelfalls einschließlich der Prüfung etwaiger, zwischenzeitlich ergriffener Selbstreinigungsmaßnahmen zu erfolgen. Innerhalb des Zeitraums kann ein Ausschluss aber beliebig oft erfolgen (BT-Drs. 19/30505, 44).

Die Vorschrift schweigt zum **Bezugspunkt für den Fristablauf.** In der Zusammenschau mit § 22 Abs. 1 S. 1, der als Voraussetzung für den Ausschluss eine rechtskräftige Bußgeldentscheidung verlangt, ist es ausgehend vom Wortlaut naheliegend, den Zeitpunkt der Rechtskraft als den Fristlauf auslösendes Ereignis zugrunde zu legen. Dagegen lässt sich freilich einwenden, dass es sich bei § 22 um einen Unterfall des fakultativen Ausschlussgrundes nach § 124 Abs. 1 Nr. 1, 3 GWB handelt. Demnach wäre für den Fristablauf nach § 126 Nr. 2 GWB bzw. der zugrundeliegenden Richtlinienvorschrift des Art. 57 Abs. 7 S. 2 EU-Öffentliche-AuftragsvergabeRL nur ein Ausschlusszeitraum von max. drei Jahren gerechnet ab dem „betreffenden Ereignis" zulässig (ebenfalls krit. im Hinblick auf § 98c AufenthG: Beck VergabeR/Opitz GWB § 126 Rn. 21). Worin das betreffende Ereignis bei den Auffangtatbeständen der § 124 Abs. 1 Nr. 1, 3 GWB konkret besteht, ist nicht eindeutig geklärt (s. etwa BeckOK VergabeR/Friton GWB § 126 Rn. 13 ff.). Anknüpfend an die Rechtsprechung des EuGH NZBau 2018, 768 spricht in richtlinienkonformer Auslegung einiges dafür, als fristauslösendes Ereignis auf das Datum der Bußgeldentscheidung, nicht der Rechtskraft abzustellen. 32

Der Wortlaut der Vorschrift spricht dafür, dass im Einzelfall auch ein **kürzerer Zeitraum als drei Jahre *angemessen*** sein kann. Anders als die übrigen spezialgesetzlichen Ausschlussgründe eine Höchstfrist mit der Einschränkung der Angemessenheit des Ausschlusszeitraums. Letztlich spiegelt sich darin der Grundsatz der Verhältnismäßigkeit wider (Beck VergabeR/Opitz GWB § 126 Rn. 9; zu den offenen Fragen in diesem Zusammenhang: BeckOK VergabeR/Friton GWB § 126 Rn. 6 ff.), unter dessen Berücksichtigung der Auftraggeber in Einzelfällen von dem Ausschluss absehen kann, gerade wenn der Tatzeitraum bereits länger zurückliegt. 33

IV. Anhörung

§ 22 Abs. 3 regelt explizit eine Verpflichtung zur Anhörung des Unternehmens vor seinem Ausschluss. Damit entspricht die Vorschrift den übrigen spezialgesetzlich geregelten Ausschlussgründen. Im Hinblick auf die im GWB geregelten Ausschlussgründe, ist die Pflicht zur Anhörung dagegen nicht gesondert geregelt. Diese ergibt sich aus dem Grundsatz der Verhältnismäßigkeit (OLG München BeckRS 2021, 4761). Grundsätzlich ist dem Unternehmen dabei die Möglichkeit zu geben, die Vorwürfe zu widerlegen (vgl. auch HK-VergabeR/Kaufmann GWB § 123 Rn. 78). Da ein Ausschluss nach § 22 eine rechtskräftige Bußgeldentscheidung voraussetzt, dürfte der Anhörung in erster Linie Relevanz im Hinblick auf den **Nachweis von Selbstreinigungsmaßnahmen** zukommen (→ Rn. 37 ff.). Daneben hat das Unternehmen die Möglichkeit darzulegen, warum in der konkreten Situation von dem **Regelfall eines Ausschlusses** („Soll-Ausschluss") abgewichen werden soll, etwa weil dieser im Einzelfall unverhältnismäßig wäre (→ Rn. 29 f.). 34

Die Anhörung erfolgt grds. durch **vorherige Aufforderung des Auftraggebers.** Eine gesonderte Aufforderung des Auftraggebers dürfte entbehrlich sein, wenn das betroffene Unternehmen bereits von sich aus substanzielle Angaben zu den Umständen der Verwirklichung des Ausschlussgrundes bzw. etwaigen Selbstreinigungsmaßnahmen gemacht hat. 35

Unabhängig davon sieht das Wettbewerbsregistergesetz eine Anhörung des Unternehmens vor seiner **Eintragung in das Wettbewerbsregister** vor, § 5 Abs. 1 WRegG. Danach ist das Unternehmen über den Inhalt der geplanten Eintragung zu informieren und kann innerhalb von zwei Wochen Stellung beziehen, wobei es dabei ausweislich von § 5 Abs. 1 S. 2 WRegG in erster Linie um die Richtigkeit der dem Bundeskartellamt mitgeilten Daten geht. 36

D. Selbstreinigung

§ 22 Abs. 1 S. 1 stellt klar, dass die Regeln über die Selbstreinigung nach § 125 GWB Anwendung finden. Damit wird ein Ausschluss bereits vor Ablauf der Dreijahresfrist in S. 2 unzulässig, wenn das betroffene Unternehmen eine erfolgreiche 37

Selbstreinigung nachweist. Die Selbstreinigung bezeichnet Maßnahmen, die ein Unternehmen ergreift, um seine **Integrität wiederherzustellen und eine Begehung von Straftaten oder schweres Fehlverhalten in der Zukunft zu verhindern** (Gesetzesbegründung zum Vergaberechtsmodernisierungsgesetz, BT-Drs.18/6281, 126). Mit einer erfolgreichen Selbstreinigung fällt der Anlass für einen Ausschluss weg und das betroffene Unternehmen ist zum Vergabeverfahren wiederzuzulassen. Das Institut der Selbstreinigung ist als besondere Ausprägung des Verhältnismäßigkeitsgrundsatzes (EuGH NZBau 2020, 308) seit der Reform des europäischen Vergaberechts ausdrücklich in den EU-Vergaberechtlinien geregelt (vgl. etwa Art. 57 Abs. 6 EU-Öffentliche-AuftragsvergabeRL). Es findet auf sämtliche Ausschlussgrunde Anwendung, die an einem vorangegangen Fehlverhalten anknüpfen (BeckOK VergabeR/Friton GWB § 125 Rn. 3). Im Sektorenbereich gilt dies aufgrund der Verweisnorm in § 142 GWB.

38 Die Selbstreinigung richtet sich auch bei Verstößen gegen das LkSG **nach den allgemeinen Regeln.** Dazu muss das Unternehmen nach § 125 GWB nachweisen, dass es

1. für jeden durch eine Straftat oder ein Fehlverhalten verursachten Schaden einen Ausgleich gezahlt oder sich zur Zahlung eines Ausgleichs verpflichtet hat,
2. die Tatsachen und Umstände, die mit der Straftat oder dem Fehlverhalten und dem dadurch verursachten Schaden in Zusammenhang stehen, durch eine aktive Zusammenarbeit mit den Ermittlungsbehörden und dem öffentlichen Auftraggeber umfassend geklärt hat, und
3. konkrete technische, organisatorische und personelle Maßnahmen ergriffen hat, die geeignet sind, weitere Straftaten oder weiteres Fehlverhalten zu vermeiden.

39 Grundsätzlich gelten im Hinblick auf die vergaberechtliche Selbstreinigung keine Besonderheiten. Gelingt dem betroffenen Unternehmen der Nachweis, dass ausreichende Selbstreinigungsmaßnahmen ergriffen wurden, hat es einen Anspruch auf Wiederzulassung zum Vergabeverfahren. Es handelt sich dabei um eine gebundene Entscheidung (HK-VergabeR/Kaufmann GWB § 125 Rn. 53). Welche Maßnahmen konkret erforderlich sind, ist stark vom jeweiligen Einzelfall abhängig und richtet sich insbes. nach der Schwere und den besonderen Umständen des in Rede stehenden Fehlverhaltens, vgl. § 125 Abs. 2 GWB bzw. § 8 Abs. 4 S. 1 WRegG. Bei der Bewertung der Maßnahmen besteht auf Tatbestandsseite ein Beurteilungsspielraum (Gesetzesbegründung zum Vergaberechtsmodernisierungsgesetz, BT-Drs.18/6281, 126), wobei dies insbes. für die Prognoseentscheidung im Hinblick auf die Vermeidung künftigen Fehlverhaltens relevant ist (§ 125 Abs. 1 Nr. 3 GWB). Bezüglich der in § 125 Abs. 1 S. Nr. 1 GWB genannten Schadensausgleichspflicht ist zu beachten, dass die Pflichten iRd Selbstreinigung nicht über **die allgemeine zivilrechtliche Haftung** hinausgehen, vgl. § 3 Abs. 3. Die Anforderungen an die Pflicht zum Schadensausgleichs sind im Detail umstritten und einzelfallabhängig. Unstrittig ist aber, dass damit das Recht des betroffenen Unternehmens auf gerichtliche Klärung eines streitigen Schadensersatzanspruches (und die hierfür erforderliche zivilprozessuale Verteidigung) nicht beschränkt werden soll (Ziekow/Völlink/Stolz GWB § 125 Rn. 6; Gesetzesbegründung zum Vergaberechtsmodernisierungsgesetz, BT-Drs. 18/6281, 126). Gerade im Zusammenhang mit Verstößen gegen die unternehmerische Sorgfaltspflicht dürften unter Berücksichtigung der offenen rechtlichen Fragen bezüglich der Reichweite des Haftungsausschluss nach § 3 Abs. 3 und der zu erwartenden Schwierigkeiten auf tatsächlicher Ebene bei der Feststellung eines kausal entstandenen Schadens einen absoluten Ausnahmefall darstellen.

40 Nach den allgemeinen Regeln kann das Unternehmen die Selbstreinigung entweder gegenüber dem Auftraggeber im konkreten Vergabeverfahren nachweisen oder beim Bundeskartellamt einen **Antrag auf vorzeitige Löschung aus dem Wettbewerbsregister** stellen (vgl. § 125 Abs. 1 S. 1 GWB). Soweit das betroffene Unternehmen die Selbstreinigungsmaßnahmen in einem konkreten Vergabeverfahren darlegt, gilt die Entscheidung des Auftraggebers über die Wiederzulassung nur im Hinblick auf das jeweilige Verfahren. Andere Auftraggeber sind daran nicht gebunden und auch die Eintragung im Wettbewerbsregister bleibt erhalten (sinnvoll ist regelmäßig eine parallele Mitteilung der ergriffenen Selbstreinigungsmaßnahmen an das Bundeskartellamt nach § 3 Abs. 2 WRegG). Stellt das betroffene Unternehmen dagegen einen Antrag beim Bundeskartellamt auf vorzeitige Löschung aus dem Wettbewerbsregister, entfaltet die Entscheidung zugunsten einer Löschung Bindungswirkung gegenüber Auftraggebern, die in der Folge den Verstoß gegen das LkSG nicht mehr zur Begründung eines Ausschlusses heranziehen dürfen, § 8 WRegG iVm § 7 Abs. 2 S. 2 WRegG. Bei dem Antrag auf vorzeitige Löschung sind außerdem die vom Bundeskartellamt veröffentlichten Leitlinien (abrufbar unter (Stand: 27.11.2021): https://www.bundeskartellamt.de/SharedDocs/Publikation/DE/WettbewReg/Leitlinien_vorzeitige_Loeschung.pdf?__blob=publicationFile&v=6) nach § 8 Abs. 5 WRegG sowie ergänzend die „Praktischen Hinweise" (abrufbar unter (Stand: 27.11.2021): https://www.bundeskartellamt.de/SharedDocs/Publikation/DE/WettbewReg/Praktische_Hinweise_Vorzeitige_Loeschung.pdf?__blob=publicationFile&v=7%20) zu beachten, die die Anforderungen an den Antrag in formaler und inhaltlicher Hinsicht weiter konkretisieren.

E. Rechtsschutz

Rechtsfehler bei der Anwendung von § 22 können wie bei anderen Ausschluss- **41**
gründen im Rahmen eines vergaberechtlichen Nachprüfungsverfahrens nach §§ 160 ff. GWB geltend gemacht werden. Als Unterfall der Ausschlussgründe in § 124 Abs. 1 Nr. 1, 3 GWB kommt der Vorschrift bieterschützende Wirkung iSv § 97 Abs. 6 GWB (vgl. zu Voraussetzung des Bieterschutzes: Ziekow/Völlink/Ziekow GWB § 97 Rn. 110) zu. Zu unterscheiden sind zwei Konstellationen.

- Rechtsschutz des ausgeschlossenen Unternehmens gegen den erfolgten Ausschluss
- Rechtsschutz eines Konkurrenten wegen des nicht erfolgten Ausschlusses desjenigen Unternehmens, dem der Auftraggeber den Zuschlag zu erteilen beabsichtigt.

Rechtsschutz kann in beiden Konstellationen nach den §§ 160 ff. GWB begehrt werden (zu den Einzelheiten: HK-VergabeR/Kaufmann GWB § 123 Rn. 79 f.).

Abschnitt 6. Zwangsgeld und Bußgeld

Zwangsgeld

23 Die Höhe des Zwangsgeldes im Verwaltungszwangsverfahren der nach § 19 Absatz 1 Satz 1 zuständigen Behörde beträgt abweichend von § 11 Absatz 3 des Verwaltungsvollstreckungsgesetzes bis zu 50 000 Euro.

A. Einführung und Charakter des Zwangsgeldes

1 Zwangsgelder sind reine Beugemittel und haben keinen Straf- oder Bußgeldcharakter, da sie kein vergangenes Unrecht ahnden, sondern ein in der Zukunft liegendes Handeln oder Unterlassen herbeiführen sollen (HK-VerwR/Lemke VwVG § 11 Rn. 1). Das Zwangsgeld stellt damit ein *verschuldensunabhängiges* Beugemittel dar (BFH BeckRS 1980, 22005325). Sie können, da Art. 103 Abs. 3 GG insoweit nicht einschlägig ist, neben Geldbußen nach § 24 verhängt werden (§ 13 Abs. 6 S. 1 VwVG, zur Möglichkeit der Wiederholung von Zwangsgeldern s. § 13 Abs. 6 S. 2 VwVG).

2 Die in einer ersten Fassung des RefE noch (ohne Begründung) vorgesehene Verwendungsbestimmung für Buß- und Zwangsgelder, die zur Förderung menschenrechtlicher Sorgfalt in der globalen Wirtschaft eingesetzt werden und vom Bund aus eigenen Mitteln in gleicher Höhe aufgestockt werden sollten (§ 26 RefE LkSG v. 15.2.2021, S. 19), ist bereits im endgültigen RefE – ebenfalls ohne Begründung – „sang- und klanglos" gestrichen worden (RefE LkSG vom 28.2.2021). Ob diese Regelung tatsächlich richtige Anreizstrukturen gesetzt hätte, mag – trotz einer gewissen Sympathie – bezweifelt werden (so mit Recht Kamann/Irmscher NZWiSt 2021, 249 (255): „Moral-Bonus der Verfolgungsbehörden").

B. Voraussetzungen und Höhe des Zwangsgeldes

3 Während nach § 11 Abs. 3 VwVG die Festsetzung eines Zwangsgeldes von bis zu 25.000 EUR vorgesehen ist, hat der Gesetzgeber in § 23 den entsprechenden Betrag zwar auf 50.000 EUR verdoppelt. Bereits im Gesetzgebungsverfahren war dieser Betrag jedoch als viel zu niedrig kritisiert worden, um eine effektive Durchsetzung zu erzwingen (Stellungnahme des DGB vom 12.5.2021, Ausschuss für Arbeit und Soziales, Ausschussdrucksache 19(11)1136, 55). In der Tat reicht das nunmehr im Gesetz vorgesehene Zwangsgeld an die möglichen Zwangsgelder anderer Aufsichtsbehörden bei weitem nicht heran (vgl. § 17 Abs. 1 S. 4 FinDAG: bis zu 2,5 Mio. EUR; § 46 S. 4 WpÜG: bis zu 500.000 EUR; § 86a S. 2 GWB nF: bis zu 5 % des im vorausgegangenen Geschäftsjahr erzielten durchschnittlichen weltweiten Tagesgesamtumsatzes). Ob der vorgesehene Höchstbetrag des LkSG daher – gemessen an den Zielen des LkSG – angemessen ist, mag daher mit Recht bezweifelt werden.

4 Zwangsgelder, die zB für die Pflicht zur Auskunft (EWW/Winkler GewO § 29 Rn. 18) oder Dokumentvorlage (FG Sachsen BeckRS 2010, 23028876 zu § 332 Abs. 2 S. 2 AO) verhängt werden können, müssen zuvor angedroht werden (vgl. § 13 Abs. 1 S. 1 VwVG; VGH Kassel WM 2015, 1900 zu § 44c KWG iVm § 17 FinDAG) und zB bei Anforderung mehrerer Urkunden für jede einzelne Verpflichtung getrennt ergehen (FG Sachsen BeckRS 2010, 23028876(zu § 332 Abs. 2 S. 2 AO). Das Zwangsgeld ist in bestimmter Höhe anzudrohen und festzusetzen (§ 13 Abs. 5 VwVG, § 14 S. 1 VwVG). Bei der Androhung muss die Höhe nach pflichtgemäßem Ermessen und insbes. unter Berücksichtigung der wirtschaftlichen Verhältnisse des Betroffenen bestimmt werden (VGH Kassel WM 2015, 1900 zu § 44c KWG iVm § 17 FinDAG). In die Abwägung fließen weiterhin die Bedeu-

tung der Angelegenheit sowie das wirtschaftliche Interesse des Betroffenen an der Aufrechterhaltung des rechtswidrigen Zustandes sowie die Intensität seines Widerstandes mit ein (BeckOK VwVfG/Deusch/Burr VwVG § 11 Rn. 13). Der Höchstbetrag des Zwangsgeldes darf in aller Regel nur unter besonderen Voraussetzungen verhängt werden, die regelmäßig nur bei besonders hartnäckiger Weigerungshaltung bzw. im Wiederholungsfall gegeben sein werden (vgl. § 13 Abs. 6 VwVG; EAS/Troidl VwVG § 11 Rn. 8d). Die in § 23 festgesetzte Grenze von 50.000 EUR gilt für das jeweilige Zwangsgeld und kann bei Kumulierung mehrerer Zwangsgelder überschritten werden (VGH Kassel NVwZ-RR 2014, 505 zu § 17 FinDAG; EAS/Troidl VwVG § 11 Rn. 8d). Ist aber für das einzelne Zwangsgeld die Grenze des § 23 überschritten, so ist das Zwangsgeld insgesamt – und nicht nur hinsichtlich des den Höchstbetrag übersteigenden Teils (so aber VGH Mannheim NVwZ-RR 1997, 765) – nicht vollstreckungsfähig und zwar auch dann nicht, wenn die Grundverfügung bestandskräftig ist (Gehling/Ott/Schmelzeisen Rn. 14; VGH Mannheim NVwZ-RR 1997, 765).

C. Rechtsschutz

Zwangsgelder sind Verwaltungsakte, die mit Widerspruch und Anfechtungsklage angefochten werden, welchen aufschiebende Wirkung zukommt, da Zwangsgelder nicht unter § 80 Abs. 2 Nr. 1 VwGO fallen (BeckOK VwVfG/Deusch/Burr VwVG § 11 Rn. 17). Auch ihre Androhung kann mit Widerspruch und Anfechtungsklage angefochten werden, wenngleich diese mangels spezialgesetzlicher Anordnung für das BAFA als Bundesbehörde aufschiebende Wirkung hat, da der Bund von § 80 Abs. 2 S. 1 Nr. 3 VwGO, anders als die Landesgesetzgeber, keinen Gebrauch gemacht hat. Erforderlich ist also die Anordnung des Sofortvollzuges nach § 80 Abs. 2 S. 1 Nr. 4 VwGO (BeckOK VwVfG/Deusch/Burr VwVG § 13 Rn. 38). Ist der Grundverwaltungsakt bestandskräftig, können nur noch Androhung oder Festsetzung des Zwangsgeldes angegriffen werden (vgl. § 18 Abs. 1 S. 3 VwVG). 5

Bußgeldvorschriften

24 **(1) Ordnungswidrig handelt, wer vorsätzlich oder fahrlässig**

1. **entgegen § 4 Absatz 3 Satz 1 nicht dafür sorgt, dass eine dort genannte Festlegung getroffen ist,**
2. **entgegen § 5 Absatz 1 Satz 1 oder § 9 Absatz 3 Nummer 1 eine Risikoanalyse nicht, nicht richtig, nicht vollständig oder nicht rechtzeitig durchführt,**
3. **entgegen § 6 Absatz 1 eine Präventionsmaßnahme nicht oder nicht rechtzeitig ergreift,**
4. **entgegen § 6 Absatz 5 Satz 1, § 7 Absatz 4 Satz 1 oder § 8 Absatz 5 Satz 1 eine Überprüfung nicht oder nicht rechtzeitig vornimmt,**
5. **entgegen § 6 Absatz 5 Satz 3, § 7 Absatz 4 Satz 3 oder § 8 Absatz 5 Satz 2 eine Maßnahme nicht oder nicht rechtzeitig aktualisiert,**
6. **entgegen § 7 Absatz 1 Satz 1 eine Abhilfemaßnahme nicht oder nicht rechtzeitig ergreift,**
7. **entgegen**
   a) § 7 Absatz 2 Satz 1 oder
   b) § 9 Absatz 3 Nummer 3
   ein Konzept nicht oder nicht rechtzeitig erstellt oder nicht oder nicht rechtzeitig umsetzt,
8. **entgegen § 8 Absatz 1 Satz 1, auch in Verbindung mit § 9 Absatz 1, nicht dafür sorgt, dass ein Beschwerdeverfahren eingerichtet ist,**
9. **entgegen § 10 Absatz 1 Satz 2 eine Dokumentation nicht oder nicht mindestens sieben Jahre aufbewahrt,**

10. entgegen § 10 Absatz 2 Satz 1 einen Bericht nicht richtig erstellt,
11. entgegen § 10 Absatz 2 Satz 1 einen dort genannten Bericht nicht oder nicht rechtzeitig öffentlich zugänglich macht,
12. entgegen § 12 einen Bericht nicht oder nicht rechtzeitig einreicht oder
13. einer vollziehbaren Anordnung nach § 13 Absatz 2 oder § 15 Satz 2 Nummer 2 zuwiderhandelt.

(2) [1] Die Ordnungswidrigkeit kann geahndet werden

1. in den Fällen des Absatzes 1
   a) Nummer 3, 7 Buchstabe b und Nummer 8
   b) Nummer 6 und 7 Buchstabe a

   mit einer Geldbuße bis zu achthunderttausend Euro,
2. in den Fällen des Absatzes 1 Nummer 1, 2, 4, 5 und 13 mit einer Geldbuße bis zu fünfhunderttausend Euro und
3. in den übrigen Fällen des Absatzes 1 mit einer Geldbuße bis zu hunderttausend Euro.

[2] In den Fällen des Satzes 1 Nummer 1 und 2 ist § 30 Absatz 2 Satz 3 des Gesetzes über Ordnungswidrigkeiten anzuwenden.

(3) [1] Bei einer juristischen Person oder Personenvereinigung mit einem durchschnittlichen Jahresumsatz von mehr als 400 Millionen Euro kann abweichend von Absatz 2 Satz 2 in Verbindung mit Satz 1 Nummer 1 Buchstabe b eine Ordnungswidrigkeit nach Absatz 1 Nummer 6 oder 7 Buchstabe a mit einer Geldbuße bis zu 2 Prozent des durchschnittlichen Jahresumsatzes geahndet werden. [2] Bei der Ermittlung des durchschnittlichen Jahresumsatzes der juristischen Person oder Personenvereinigung ist der weltweite Umsatz aller natürlichen und juristischen Personen sowie aller Personenvereinigungen der letzten drei Geschäftsjahre, die der Behördenentscheidung vorausgehen, zugrunde zu legen, soweit diese Personen und Personenvereinigungen als wirtschaftliche Einheit operieren. [3] Der durchschnittliche Jahresumsatz kann geschätzt werden.

(4) [1] Grundlage für die Bemessung der Geldbuße bei juristischen Personen und Personenvereinigungen ist die Bedeutung der Ordnungswidrigkeit. [2] Bei der Bemessung sind die wirtschaftlichen Verhältnisse der juristischen Person oder Personenvereinigung zu berücksichtigen. [3] Bei der Bemessung sind die Umstände, insoweit sie für und gegen die juristische Person oder Personenvereinigung sprechen, gegeneinander abzuwägen. [4] Dabei kommen insbesondere in Betracht:

1. der Vorwurf, der den Täter der Ordnungswidrigkeit trifft,
2. die Beweggründe und Ziele des Täters der Ordnungswidrigkeit,
3. Gewicht, Ausmaß und Dauer der Ordnungswidrigkeit,
4. Art der Ausführung der Ordnungswidrigkeit, insbesondere die Anzahl der Täter und deren Position in der juristischen Person oder Personenvereinigung,
5. die Auswirkungen der Ordnungswidrigkeit,
6. vorausgegangene Ordnungswidrigkeiten, für die die juristische Person oder Personenvereinigung nach § 30 des Gesetzes über Ordnungswidrigkeiten, auch in Verbindung mit § 130 des Gesetzes über Ordnungswidrigkeiten, verantwortlich ist, sowie vor der Ordnungswidrigkeit getroffene Vorkehrungen zur Vermeidung und Aufdeckung von Ordnungswidrigkeiten,
7. das Bemühen der juristischen Person oder Personenvereinigung, die Ordnungswidrigkeit aufzudecken und den Schaden wiedergutzumachen, sowie nach der Ordnungswidrigkeit getroffene Vorkehrungen zur Vermeidung und Aufdeckung von Ordnungswidrigkeiten,
8. die Folgen der Ordnungswidrigkeit, die die juristische Person oder Personenvereinigung getroffen haben.

(5) [1]Verwaltungsbehörde im Sinne des § 36 Absatz 1 Nummer 1 des Gesetzes über Ordnungswidrigkeiten ist das Bundesamt für Wirtschaft und Ausfuhrkontrolle. [2]Für die Rechts- und Fachaufsicht über das Bundesamt gilt § 19 Absatz 1 Satz 2 und 3.

Schrifttum: Bülte, Blankette und normative Tatbestandsmerkmale, JuS 2015, 769; Cornelius, Anforderungen des Parlamentsvorbehalts an unionsrechtsakzessorische Strafblankette, NStZ 2017, 682; Kamann/Irmscher, Das Sorgfaltspflichtengesetz – Ein neues Sanktionsrecht für Menschenrechts- und Umweltverstöße in Lieferketten, NZWiSt 2021, 249; Lutz-Bachmann/Vorbeck/Wengenroth, Menschenrechte und Umweltschutz in Lieferketten – der Regierungsentwurf eines Sorgfaltspflichtengesetzes, BB 2021, 906 ff.; Mitsch, Lieferkettengesetz und Ordnungswidrigkeitenrecht, NZWiSt 2021, 409; Nordhues, Die Haftung der Muttergesellschaft und ihres Vorstandes für Menschenrechtsverletzungen im Konzern, Diss., Baden-Baden, 2019; Pielow, Über die Berücksichtigung der poena naturalis im Ordnungswidrigkeitenrecht, wistra 2020, 10; Thalhammer, Das umstrittene Lieferkettensorgfaltspflichtengesetz – Ein juristischer Blick auf Kritik aus Zivilgesellschaft, Wirtschaft und Politik, DÖV 2021, 825; Zimmermann/Weiss, Völker- und verfassungsrechtliche Parameter eines deutschen Lieferkettengesetzes, AVR 58 (2019), 424.

Übersicht

A. Aufbau und Struktur der Vorschrift

§ 24 normiert als einzige Sanktionsvorschrift des LkSG einen Tatbestand zur Ahndung von Ordnungswidrigkeiten. Der Gesetzgeber hat die Norm als **abstraktes Gefährdungsdelikt** formuliert (Mitsch NZWiSt 2021, 409 (410); WRW LKSG/Skoupil § 10 Rn. 1528). Die Gesetzgebungskompetenz des Bundes für die Ordnungswidrigkeiten in § 24 beruht auf Art. 74 Abs. 1 Nr. 1 GG, der auch das Ordnungswidrigkeitenrecht umfasst (BVerfG NJW 1968, 1083 (1084); 1969, 1619 1

(1622); zu den weiteren Fragen der Gesetzgebungskompetenz des Bundes zum Erlass des LkSG Zimmermann/Weiss AVR 58/2019, 424 (438 ff.)). Mit § 24 hat der Gesetzgeber eine Hybridvorschrift, bestehend aus Elementen klassischer Ordnungswidrigkeiten einerseits, die in § 24 Abs. 1 niedergelegt sind, und Elementen der Verbandsgeldbuße andererseits (§ 24 Abs. 3), geschaffen, die wiederum die klassischen Regeln in § 30 OWiG teils erheblich modifizieren.

2 Die Ordnungswidrigkeiten in § 24 ergänzen das weitere verwaltungsrechtliche Instrumentarium der §§ 16 ff. und ermöglichen es, wegen verschiedenen Verstößen gegen Pflichten nach §§ 3 ff. Geldbußen zu verhängen. Eigene strafrechtliche Vorschriften enthält das LkSG – anders als nach ursprünglicher Planung (Scherf/Kampffmeyer/Gailhofer/Krebs/Hartmann/Klinger, Umweltbezogene und menschenrechtliche Sorgfaltspflichten als Ansatz zur Stärkung einer nachhaltigen Unternehmensführung (Abschlussbericht 138/2020), S. 85 f. (abrufbar unter https://www.umweltbundesamt.de/sites/default/files/medien/1410/publikationen/2020-07-15_texte_138-2020_umweltbezogene-sorgfaltspflichten_0.pdf; abgerufen am 28.1.2023)) – selbst bei gravierenden Menschenrechtsverletzungen nicht, was nicht ganz zu Unrecht auf Kritik gestoßen ist (vgl. insoweit die Diskussionsbeiträge bei Schwemmer ZGR 2022, 623 (624)), aber durch den Abschreckungseffekt der vorgesehenen (umsatzbezogenen) Geldbußen und der weiteren Folgen jedenfalls auf der Verbandsebene aufgewogen wird; diese werden jedoch teils als „drakonisch" bezeichnet (Gehling/Ott/Lüneborg CCZ 2021, 230 (237); ähnl. Nietsch/Wiedmann CCZ 2021, 101 (109): „außerordentlich hart"; offenbar folgend Rothermel LkSG Rn. 26). Die allgemeinen strafrechtlichen Regeln kommen selbstredend auch im Kontext des LkSG zur Anwendung (zB §§ 232b, 233, 299 ff., 331 ff.; 324 ff. StGB; Depping/Walden/Handel Rn. 149; Momsen/Willumat, KriPoZ 2019, 323 ff.) und können entsprechende Ordnungswidrigkeiten überlagern (vgl. § 21 OWiG; dazu BeckOK OWiG/Sackreuther OWiG § 21 Rn. 7 iVm Rn. 19; zu den möglichen Problemen des Strafklageverbrauchs in dieser Situation s. OLG Braunschweig BeckRS 2014, 19751). Ansonsten kommen auf § 24 die Vorschriften des OWiG zur Anwendung (vgl. § 2 OWiG).

3 Der Gesetzgeber hat in **§ 24 Abs. 1** die einzelnen Ordnungswidrigkeiten zusammengefasst, deren vorsätzliche oder fahrlässige Begehung bei natürlichen Personen nach **§ 24 Abs. 2 S. 1** – abweichend von § 17 Abs. 1 OWiG – mit den gestaffelten Geldbußen **zwischen 100.000,00 EUR und 800.000,00 EUR** geahndet werden können. Die einzelnen Ordnungswidrigkeiten in § 24 Abs. 1 sind fast überwiegend als sog. **echte Unterlassungsdelikte** ausgestaltet (Mitsch NZWiSt 2021, 409 (411)) (Ausnahme: § 24 Abs. 1 Nr. 9 Alt. 2, Abs. 1 Nr. 13; Mitsch NZWiSt 2021, 409 (411)) (ungenau daher Depping/Walden/Handel Rn. 3). In der Sache zeichnet sich die Gesetzesbegründung zu § 24 durch einen ausgeprägten Minimalismus aus, was die künftige Handhabung nicht eben erleichtern wird.

4 Für die Ordnungswidrigkeiten nach **§ 24 Abs. 2 Nr. 1, 2** hat der Gesetzgeber aufgrund der betroffenen, international anerkannten Menschenrechte als Schutzgüter die Anwendung des § 30 Abs. 2 S. 3 OWiG angeordnet (RegE, BT-Drs. 19/28649, 58), mit der Folge, dass sich für juristische Personen und Personenvereinigungen das Höchstmaß der entsprechenden Geldbußen auf **bis zu 5 Mio. bzw. 8 Mio. EUR** verzehnfacht (§ 24 Abs. 2 S. 2 iVm 24 Abs. 2 Nr. 1, 2). In den Fällen des § 24 Abs. 2 Nr. 3 beträgt das Höchstmaß für natürliche und juristische Personen bis zu 100.000 EUR. Der Vorschrift kommt auf diese Weise auch eine nicht zu unterschätzende generalpräventive Wirkung für Unternehmen zu, die durch das „Schreckgespenst der Rechtsfolgenseite" (vgl. den Dikussionsbericht bei Schwemmer ZGR 2022, 624) von etwaigen Verstößen abgehalten und zur Einhaltung der Vorschriften angehalten werden sollen.

5 § 24 Abs. 3 verknüpft das LkSG – ohne klarstellenden Hinweis (berechtigte Kritik insoweit bei Mitsch NZWiSt 2021, 409 (412)) – mit § 30 OWiG und schafft insoweit Sonderregeln. Keine Schwierigkeiten resultieren daraus, dass § 30 OWiG auf dem Rechtsträgerprinzip basiert, während der Wortlaut von § 1 Abs. 1 S. 1 das

Unternehmen verpflichtet. Ausweislich der Gesetzesbegründung dient nämlich der rechtsformneutrale Begriff des Unternehmens lediglich als Oberbegriff, während Pflichtenadressat des LkSG die juristische Person oder die rechtsfähige Personengesellschaft ist (RegE, BT-Drs. 19/28649, 33).

Gem. **§ 24 Abs. 3** kann bei juristischen Personen (vgl. § 30 Abs. 1 Nr. 1 OWiG) oder Personenvereinigungen (vgl. § 30 Abs. 1 Nr. 2, 3 OWiG) mit einem Jahresumsatz über **400 Mio. EUR** über § 24 Abs. 2 S. 2, § 30 Abs. 2 S. 3 OWiG hinaus bei Ordnungswidrigkeiten nach § 24 Abs. 2 Nr. 1 Buchst. b eine umsatzbezogene Geldbuße iHv **2 % des durchschnittlichen Jahresumsatzes** verhängt werden (vgl. § 24 Abs. 3). Damit enthält das *deutsche* Verbandssanktionenrecht mit § 24 Abs. 3 erstmals eine umsatzbezogene Regelung zur Verbandsgeldbuße (Kubiciel jurisPR-StrafR 07/2021, Anm. 1 unter Hinweis auf das europarechtlich fundierte Datenschutzrecht (Art. 83 Abs. 4–6 DS-GVO). Auch das insoweit ebenfalls europarechtlich fundierte WpHG (§ 120 Abs. 17–19 WpHG) kennt umsatzbezogene Geldbußen für Unternehmen, vgl. auch → § 24 Rn. 118), wie sie der Gesetzgeber zuvor bereits in dem in der 19. Legislaturperiode angestrebten, aber letztlich der Diskontinuität anheimgefallenen Verbandssanktionengesetz vorgesehen hatte (§ 9 Abs. 2 VerSanG-E; so auch Kubiciel jurisPR-StrafR 7/2021 Anm. 1; s. RegE VerSanG, BT-Drs. 19/23568, 13 iVm 74 f.). Dass dieser Abschnitt – wie auch im Kontext des VerSanG – Kritik auf sich ziehen würde, war absehbar (→ § 24 Rn. 10 ff., 116). Der Sache nach – dies wird aufgrund der vorstehenden Äußerungen deutlich – handelt es sich bei § 24 Abs. 3 um eine Spezialregelung zu § 30 Abs. 2 OWiG. Auf diese Weise wird die Diskussion um einen etwaigen – aus dem Kartellrecht bereits bekannten – Bußgeldregress für Geschäftsleiter neue Nahrung erhalten (so die Einschätzung des Diskussionsberichts bei Schwemmer ZGR 2022, 632 (624); zum Bußgeldregress im Kartellrecht jüngst Heyers WuW 2022, 413; abl. OLG Düsseldorf NZG 2023, 1279). 6

§ 24 Abs. 4 (iVm § 17 Abs. 3 OWiG) sieht Zumessungsregeln vor und gibt vor, inwieweit die vorgenannten Höchstrahmen ausgeschöpft werden können, womit der Gesetzgeber abermals eine Regelungstechnik aus dem nicht umgesetzten Verbandssanktionengesetz aufgreift (vgl. § 15 Abs. 3 VerSanG-E; so auch Kubiciel jurisPR-StrafR 7/2021 Anm. 1; RegE VerSanG, BT-Drs. 19/23568, 15 iVm 81–83) und für Ordnungswidrigkeiten anpasst. 7

§ 24 Abs. 5 bestimmt schließlich, dass das BAFA über § 19 Abs. 1 S. 1 hinaus auch die sachlich zuständige Verwaltungsbehörde iSv § 36 Abs. 1 Nr. 1 OWiG für die Verfolgung und Ahndung von Ordnungswidrigkeiten ist (vgl. § 35 OWiG) und damit die Bußgeldkompetenz – in Abgrenzung von Staatsanwaltschaft und Gericht – innehat. Die Rechts- und Fachaufsicht ist parallel zu § 19 Abs. 1 S. 2, 3 ausgestaltet (→ § 19 Rn. 2 ff.). Die im Regierungsentwurf veranschlagten 65 Vollzeitstellen waren bei dem vorgesehenen Prüfungsprogramm bereits so knapp bemessen, dass das BAFA bei Eröffnung der neuen Außenstelle in Borna, wo das LkSG umgesetzt werden soll, zu den bereits besetzten 57 Stellen 44 weitere Stellen ab 2023 in Aussicht gestellt hat (Pressemitteilung des BAFA vom 10.12.2022 (abrufbar unter https://www.bafa.de/SharedDocs/Pressemitteilungen/DE/Bundesamt/2022_16_borna.html; abgerufen am 17.2.2023)). 8

§ 24 genügt in seinen sanktionsrechtlichen Grundstrukturen den Vorgaben in **Art. 20 Abs. 1 Richtlinien-Entwurf der Europäischen Kommission** vom 23.2.2022 (Richtlinie des europäischen Parlaments und des Rates über die Sorgfaltspflichten von Unternehmen im Hinblick auf Nachhaltigkeit und zur Änderung der Richtlinie (EU) 2019/1937 COM(2022) 71 final), der den Mitgliedstaaten vorgibt, wirksame, verhältnismäßige und abschreckende Sanktionen für Verstöße zu schaffen. Gleiches gilt für die Zumessungsregeln in Art. 20 Abs. 2 des Richtlinien-Entwurfs (vgl. § 24 Abs. 4) sowie die umsatzbezogene Geldbuße, Art. 20 Abs. 3 Richtlinien-Entwurf (vgl. § 24 Abs. 3). Ob weitere materielle Tatbestände aufzunehmen sein werden (vgl. Art. 15 Abs. 1 Richtlinien-Entwurf), bleibt abzuwarten. 9

B. Verfassungsrechtlicher Rahmen – Blankettnorm und Art. 103 Abs. 2 GG

10 Bei den in § 24 formulierten Ordnungswidrigkeiten handelt es sich um **Blankettnormen** mit einer dreistufigen, statischen Verweisungskette, die zunächst eine *zweistufige Binnen-* und sodann eine *einstufige Außenverweisung* (Bülte JuS 2015, 769 (770 f.)) enthält.

11 Aus der Praxis sind, was aufgrund der erheblichen umsatzbezogenen Geldbußen in § 24 Abs. 3 zu erwarten war, erhebliche Zweifel an der Bestimmtheit dieser Regelung angemeldet worden (Kamann/Irmscher NZWiSt 2021, 249 (253 ff.); Lutz-Bachmann/Vorbeck/Wengenroth BB 2021, 906 (911 ff.)). Wie ernst derartige Zweifel zu nehmen sind, zeigt jedenfalls das Schicksal der Ordnungswidrigkeitenregelung im französischen Lieferkettengesetz (rechtsvergleichend zum deutschen LkSG und französischen Loi de Vigilance Querenet-Hahn/Babet CB 2022, 351), der im Rahmen einer präventiven Normenkontrolle des französischen Verfassungsrats *(Conseil constitutionnel)* vom 23.3.2017 Unbestimmtheit attestiert wurde (Hoffberger AVR 55/2017, 465 (472 ff.); Nordhues, Haftung 272, 297 ff., 305 f.) mit der Folge, dass sie ersatzlos entfiel (Nordhues, Haftung 272; unrichtig mE Hoffberger AVR 55/2017, 465 (474), die der Auffassung ist, dass der französische Gesetzgeber nach wie vor die Verhängung eines Bußgeldes vorsehe, wobei es sich bei näherer Betrachtung von Art. L. 225-102-4. II. um die Möglichkeit zur Verhängung eines Zwangsgeldes (l'astreinte) handeln dürfte (so auch die Übersetzung von Nordhues, Haftung 273, 275)). Bei näherer Betrachtung gibt das Verdikt des französischen Verfassungsrats für die deutsche Bußgeldregelung jedoch inhaltlich nur wenig her, da der Vorwurf der Unbestimmtheit iRd französischen Bußgeldsanktion deshalb erfolgte, weil das Gesetz überhaupt keinen konkretisierenden Bußgeldtatbestand ohne inhaltliche Verhaltensvorgabe formulierte. Der Wortlaut in Art. L. 225-102-4. – I. Abs. 3 s. 1 lautete in der freien deutschen Übersetzung wie folgt: „Der Richter kann die Gesellschaft zu einer Geldbuße (amende civile) bis 10 Millionen Euro verurteilen" (zitiert nach Krebs VerfBlog 2017/3/29, abrufbar unter https://verfassungsblog.de/wirtschaft-und-menschenrechte-die-loi-rana-plaza-vor-dem-franzoesischen-conseil-constitutionnel/; ähnl. Nordhues, Haftung 273 f. (französischer Originaltext) 276 (freie deutsche Übersetzung). Die weitere Regelung sah vor, dass der Betrag bei Vorliegen eines Schadens verdreifacht werden konnte (so richtig Kutscher-Puis ZVertriebsR 2020, 174 (177)). Insoweit kann man sich des Eindrucks nicht erwehren, dass dieser von Seite der Kritiker allenthalben vorgebrachte Verweis von dem Wunsch getragen zu sein scheint, dass dieser Entscheidung gewissermaßen Ausstrahlungswirkung für das deutsche Recht zukommt. Jedoch ist der Wortlaut beider Regelungen nicht ansatzweise vergleichbar, so dass die französische Regelung und die hierzu ergangene Rechtsprechung aus rechtsvergleichender Sicht wenig ergiebig für § 24 ist (vgl. nochmals Nordhues, Haftung, 2019, 273 aE, 276).

12 Zunächst nimmt § 24 Abs. 1 in den einzelnen Ordnungswidrigkeitentatbeständen *dynamisch* auf die im LkSG selbst formulierten, unternehmerischen Pflichtenstandards der §§ 3 ff. Bezug **(1. Stufe).** Durch die in den jeweiligen unternehmerischen Pflichtenstandards niedergelegten Verpflichtungen wird erkennbar, welche Handlungsweise der Gesetzgeber bebußen möchte. Wie tief der Gesetzgeber mit den in §§ 3 ff. normierten Sorgfaltspflichten in das gesellschaftsrechtliche Pflichtengefüge eingreift, verdeutlicht § 3 Abs. 1 Nr. 1–9, der überblicksartig Aufschluss über die ausformulierten Pflichten in §§ 4–10 gibt, auf die wiederum § 24 Abs. 1 in den einzelnen Ordnungswidrigkeiten Bezug nimmt. Beispielhaft ist dies an § 24 Abs. 1 Nr. 6 zu demonstrieren, aus dem selbst nicht ersichtlich wird, welche Abhilfemaßnahmen der Gesetzgeber von dem Rechtsanwender verlangt; ein Rückgriff auf § 7 Abs. 1 gibt einen ersten Aufschluss über den ordnungswidrigkeitenrechtlichen Tatbestand und insbes. darüber, wie die Abhilfemaßnahmen auszusehen haben. Erst in der Zusammenschau mit weiteren gesetzlichen Regelungen

des LkSG sowie völkerrechtlichen Abkommen ist der vollständige Ordnungswidrigkeitentatbestand ersichtlich. Das Pflichtengefüge der §§ 4–10 hat indes einen weitergehenden Bezugspunkt, nämlich die in § 2 im einzelnen aufgeführten menschenrechtlichen und umweltbezogenen Sorgfaltspflichten **(2. Stufe),** die sich wiederum aus den im Einzelnen aufgeführten, *statisch* (ebenso Thalhammer DÖV 2021, 825 (832)) – zu erkennen an der in das Gesetz aufgenommenen Fundstelle des jeweiligen Abkommens – mittels Außenverweisung (Bülte JuS 2015, 769 (771)) in Bezug genommenen völkerrechtlichen Abkommen speisen (§ 2 Abs. 1, 3 iVm Anlage Nr. 1–12; **3. Stufe**). Letztlich weist der Ordnungswidrigkeitentatbestand in § 24 damit Bezugspunkte innerhalb und außerhalb des LkSG auf.

Der Rechtsanwender ist damit gezwungen, über drei Verweisungsstufen das bußgeldbewehrte Verhalten zu ermitteln. Die mit diesem Suchlauf verbundenen Schwierigkeiten sind, wie sonst im Ordnungswidrigkeitenrecht auch, am **Bestimmtheitsgrundsatz** in Art. 103 Abs. 2 GG zu messen (BVerfG NJW 1993, 581; 2010, 754 Rn. 15; ausf. zu den verfassungsrechtlichen Anforderungen an die Bestimmtheit des Lieferkettengesetzes Zimmermann/Weiss AVR 58/2020, 424 (440 ff.)). Kontrollmaßstab für Blankettnormen sind damit zwei im Bestimmtheitsgrundsatz zum Ausdruck kommende Prinzipien, nämlich das **Demokratieprinzip** und der **Parlamentsvorbehalt.** Die Exekutive alleine darf nicht darüber entscheiden, welches Verhalten bußgeldbewehrt ist, sondern der Gesetzgeber muss derartige Festlegungen selbst treffen (Cornelius NStZ 2017, 682 (683 f.); dazu auch BVerfG NVwZ-RR 2020, 569 Rn. 71 ff.; NJW 2016, 3648 Rn. 35 f.). **13**

Damit ist keineswegs etwaigen Verweisungsnormen *per se* eine Verfassungswidrigkeit zu attestieren, jedoch muss der Adressat bereits aus dem Wortlaut selbst erkennen können, welches Verhalten inkriminiert ist (keine Selbstentmachtung und keinen Verstoß gegen das Demokratieprinzip sah auch BGH NJW 1996, 3220 (zur Strafvorschrift in § 71 BNatSchG)). Das BVerfG hat insoweit anerkannt, dass dies auch bei Verweisungen der Fall ist, solange diese für den Rechtsanwender eindeutig und lückenlos sind (BVerfG NVwZ-RR 2020, 569 Rn. 778 ff.; Zimmermann/Weiss AVR 58/2020, 424 (442)). Ausreichend ist auch, dass der Regelungsgehalt mittels Anwendung der klassischen Auslegungsmethoden ermittelbar ist (BVerfG BeckRS 1963, 103702 Rn. 29; NVwZ-RR 2020, 569 Rn. 77; Zimmermann/Weiss AVR 58/2020, 429 (442)). **14**

Dass völkerrechtliche Vereinbarungen insoweit das Fundament für europäische und nationale Regelungen darstellen, die schließlich in deutsche Ordnungswidrigkeiten münden, ist kein Novum des LkSG. Lange bekannt ist dieses Regelungskonzept bspw. aus dem Artenschutzrecht, wo das Washingtoner Artenschutzabkommen die Grundlage für zahllose europäische Verordnungen darstellt, die wiederum ihren Niederschlag u. a. im deutschen Straf- und Ordnungswidrigkeitenrecht gefunden haben (vgl. §§ 69, 71 BNatSchG). Insoweit bleibt festzuhalten, dass der Gesetzgeber mit dem LkSG und den zugehörigen Ordnungswidrigkeiten in § 24 nicht nur seine völkerrechtlichen Verpflichtungen aus den in der Anlage zu § 2 Abs. 1, 3 genannten Abkommen zum Schutz der darin genannten Rechtsgüter erfüllt (ähnl. am Beispiel des Washingtoner Artenschutzabkommen BGH NJW 1996, 3220; so auch zum LkSG Ambos VerfBlog 2021/8/03, 1 (Ls. 2) (abrufbar unter https://verfassungsblog.de/neun-thesen-zum-lieferkettensorgfaltspflichtgesetz/, letzter Abruf am 23.5.2023); eine völker- und verfassungsrechtliche Verpflichtung zum Erlass des LkSG bejahend Zimmermann/Weis AVR 58/2020, 424 (425); ebenso hinsichtlich einer völkerrechtlichen Verpflichtung Krajewski VerfBlog 2020/6/05, 4 ff. (abrufbar unter https://verfassungsblog.de/voelkerrechtliche-verpflichtung-der-bundesrepublik-zum-erlass-eines-lieferkettengesetzes/, letzter Abruf am 23.5.2023)), sondern auf diese Weise auch tatbestandlich bestimmte Regelungen geschaffen hat (Zimmermann/Weiß AVR 58/2020, 424 (448 ff.)). Es ist nicht zu erkennen, dass diese Verstöße von dem Verständnis und der Auslegung des jeweiligen Kulturkreises abhingen, sondern der Gesetzgeber hat – jedenfalls abseits von § 2 Abs. 2 Nr. 12 (von Kamann/Irmscher NZWiSt 2021, 249 (254) als „Angstklausel“ bezeichnet) – in § 2 Abs. 2 im Einzelnen aufgeführt, an welche Menschenrechts- und Umweltverstöße er anknüpft (so zu **15**

Recht Thalhammer DÖV 2021, 825 (832) entgegen Bomsdorf/Blatecki-Burgert ZRP 2020, 42 (43)). Des Weiteren – und dies unterscheidet § 24 in entscheidender Weise von der französischen Bußgeldregelung – knüpft der deutsche Gesetzgeber die Bußgeldbewehrung nicht in erster Linie an den menschen- oder umweltrechtlichen Sorgfaltsverstoß selbst an (gegen einen pauschalen Verweis auf die Einhaltung der Menschenrechte Zimmermann/Weiß AVR 58/2020, 424 (446 ff.)), sondern an die Nicht- oder Schlechterfüllung eigener Überwachungsmaßnahmen des Unternehmens in Bezug auf diesen Sorgfaltsverstoß (so auch die Forderung von Nordhues, Haftung 312). Wenn insoweit schon in § 8 Abs. 6 Nr. 1 VStGB der Verweis auf konkrete Abkommen im strafrechtlichen Kontext ausreichend bestimmt ist, genügt dies erst Recht im hiesigen Kontext (so zu Recht Zimmermann/Weiß AVR 58/2020, 424 (449)).

16 Auf diese Weise erreicht der Gesetzgeber das Ziel der Einzelfallgerechtigkeit, weil er einerseits der Vielgestaltigkeit unternehmerischen Handelns in den verschiedenen Größen von Gesellschaften, den branchenspezifischen Besonderheiten sowie den verschiedenen Gesellschaftsformen, und andererseits der Vielgestaltigkeit menschen- und umweltrechtlicher Verstöße Rechnung trägt, ohne ausreichende Bestimmtheit zu verlieren.

17 Angesichts dessen ist es verfassungsrechtlich unter Bestimmtheitsgesichtspunkten nicht zu beanstanden (ähnl. Thalhammer DÖV 2021, 825 (832)), dass der Gesetzgeber die Liste der völkerrechtlichen Abkommen in Anlage 2 zu § 2 Abs. 1, 3 eingefügt hat, anstatt diese in den Normtext aufzunehmen (BVerfG NVwZ-RR 2020, 569 Rn. 78 f.; NJW 2016, 3648 Rn. 42); insoweit ist nicht erkennbar, warum für spezifisch mit Fundstelle benannte völkerrechtliche Verträge etwas anderes gelten sollte als für andere Verweisungsnormen (so auch für die Verweise auf völkerrechtliche Verträge im Rahmen des LkSG bejahend Zimmermann/Weiss AVR 58/2020, 424 (443) mwN; ähnl. am Beispiel des Washingtoner Artenschutzabkommen für Strafnormen des § 71 BNatSchG: BGH NJW 1996, 3220). Die mit der Verweisung verbundene Vereinfachung ist nach der Rechtsprechung des BVerfG verfassungsrechtlich unbedenklich, wenn der Gesetzgeber sie sich – wie hier – im Wege statischer Verweisung in der Fassung bei Erlass des LkSG zu eigen macht (BVerfG NJW 2016, 3648 Rn. 43). Von dem – sach-/fachkundigen (BVerfG NVwZ-RR 2020, 569 Rn. 97; Zimmermann/Weiss AVR 58/2020, 429 (444)) – Normadressaten wird dann verlangt, dass er sich den Regelungsgehalt durch Zusammenlesen der Normen der entsprechenden Verweisungskette selbst erschließt (BVerfG NVwZ-RR 2020, 569 Rn. 96; Zimmermann/Weiss AVR 58/2020, 429, (443)). Die entsprechenden Abkommen sind dem Rechtsanwender infolge der ordnungsgemäßen Veröffentlichung der Zustimmungsgesetze im Bundesgesetzblatt ohne Weiteres zugänglich (Thalhammer DÖV 2021, 825 (832)).

18 Ein zentraler Anhaltspunkt für das Verständnis der in den §§ 3 ff. niedergelegten Pflichten und damit auch für etwaige Ordnungswidrigkeiten werden für die Unternehmenspraxis künftig die vom BAFA bereits veröffentlichten Handreichungen sein (vgl. § 20; → § 24 Rn. 37 f.; BAFA, Handreichung Angemessenheit 2022; BAFA, Handreichung Beschwerdeverfahren, 2022; BAFA, Handreichung Risikoanalyse, 2022. Zu diesen Handreichungen Ritz/Werner DB 2023, 125). Weitere Anhaltspunkte liefert die vorhandene Auslegungspraxis der für die Auslegung der völkerrechtlichen Verträge – rechtlich nicht bindend – zuständigen Gremien (RegE, BT-Drs. 19/28649, 34; hierauf hinweisend Kamann/Irmscher NZWiSt 2021, 249 (253): „best practice"). Gesetzliche „Safe Harbour"-Regelungen enthält das LkSG nämlich selbst nicht (so völlig zutr. Kamann/Irmscher NZWiSt 2021, 249 (253) unter Hinweis auf BT-Drs. 19/28643, 4).

C. Schutzgut von § 24 Abs. 1

19 Welches Schutzgut mit den Ordnungswidrigkeiten in § 24 geschützt werden soll, geht aus der Regierungsbegründung nicht hervor. Im Grunde geht es dem Gesetzgeber – ähnlich wie bei § 130 OWiG – um einen vorgelagerten, gesellschaftsrecht-

lich eingebetteten organisatorischen Schutz durch eine iSv § 3 ausgestaltete Unternehmensorganisation (so zu § 130 OWiG: KK-OWiG/Rogall OWiG § 130 Rn. 16 mwN) bzw. „Ordnung im Betrieb" (so BGH NJW 1994, 1801 (1803); BeckOK OWiG/Beck OWiG § 130 Rn. 11; anders KK-OWiG/Rogall OWiG § 130 Rn. 16) hinsichtlich einer Organisation, die die in § 2 Abs. 2 genannten menschenrechtlichen Risiken und die in § 2 Abs. 4 genannten umweltbezogenen Risiken berücksichtigt, ohne dass diese selbst in den Rang unmittelbarer Schutzgüter des § 24 erhoben werden. Ein Individualschutz ist seitens des Gesetzgebers zum LkSG nicht gewollt. Insoweit ist zwar noch nicht im RegE, aber im späteren Gang des Gesetzgebungsverfahrens ausdrücklich klargestellt worden, dass eine Haftung nach § 823 Abs. 2 BGB ausgeschlossen ist (BT-Drs. 19/30505, 39; Paefgen ZIP 2021, 2006 (2010); Wagner/Ruthloff NJW 2021, 2145 (2150); Dohrmann CCZ 2021, 265 (271); aA (allerdings noch zum RegE) Harings/Jürges RdTW 2021, 297 (301 f.); Beckers ZfPW 2021, 220 (249); Kieninger ZfPW 2021, 252 (254)). Folglich scheidet eine solche Haftung, ähnlich wie nach Auffassung der Rechtsprechung bei § 130 OWiG (so im Grundsatz BGH NJW 1994, 1801 (1803 f.); zu dieser Entscheidung sowie zum Streitstand und den Gegenmeinungen Wessing/Dann Korruptionsverfahren/Böhme § 13 Rn. 101 ff.), auch im vorliegenden Kontext aus.

D. Einzelne Ordnungswidrigkeiten (Abs. 1)

Die einzelnen Tatbestände sind gegliedert nach den unterschiedlichen objektiven Verstößen gegen die organisatorischen Vorgaben in den §§ 3 ff., deren Einhaltung der Gesetzgeber auf diese Weise flankieren möchte. 20

I. Echte Unterlassungsdelikte

Bei den Tatbeständen, die fast durchweg auf die teilweise oder vollständige Nichterfüllung bzw. nicht rechtszeitige Erfüllung bestimmter organisatorisch geprägter Sorgfaltspflichten abstellen, handelt es sich überwiegend um **echte Unterlassungsdelikte** (Ausnahme: § 24 Abs. 1 Nr. 9 Alt. 2, Abs. 1 Nr. 13; Mitsch NZWiSt 2021, 409 (411)), mit der Folge, dass eine Garantenstellung gem. § 8 OWiG nicht erforderlich ist (Mitsch NZWiSt 2021, 409 (411)). Der **Versuch einer Ordnungswidrigkeit** kann mangels gesetzlicher Anordnung in § 24 **nicht** geahndet werden (§ 13 Abs. 2 OWiG), so dass nur die vollendete Tat der Ahndung unterliegt. 21

II. Räumlicher Geltungsbereich des § 23 – Gebietsgrundsatz

Trotz der zahlreichen Berührungspunkte an Umstände, die sich außerhalb der BRD zutragen, ist der räumliche Anwendungsbereich des LkSG nur für solche Taten eröffnet, die im Geltungsbereich des OWiG und damit im Inland begangen werden (vgl. § 5 OWiG). Von der sog. Vorbehaltsklausel für Auslandstaten in § 5 OWiG hat der Gesetzgeber in § 24 keinen Gebrauch gemacht (Mitsch NZWiSt 2021, 409; KK-OWiG/Rogall OWiG § 5 Rn. 32 mit Beispielen und weiteren Nachweisen). Vergleichbare Regelungen, wie sie in §§ 5 ff. StGB für Auslandstaten gelten, existieren darüber hinaus nicht (Mitsch NZWiSt 2021, 409). 22

Wann eine Inlandstat vorliegt, ergibt sich sowohl für Begehungs- als auch für Unterlassungsordnungswidrigkeiten aus § 7 Abs. 1 Alt. 1, 2 OWiG; das Gesetz knüpft weiter an den tatsächlichen bzw. den vorgestellten Erfolgsort (§ 7 Abs. 1 Alt. 3, 4 OWiG) bzw. den Ort der tatsächlichen bzw. vorgestellten Tatbestandsverwirklichung an (§ 7 Abs. 2 OWiG). Die Mehrzahl der einzelnen Ordnungswidrigkeiten in § 24 Abs. 1 knüpft an Unterlassungen an (→ § 24 Rn. 21) und daher an den Ort, an dem der Täter hätte tätig werden müssen (§ 7 Abs. 1 Alt. 2 OWiG). Sind insoweit mehrere Handlungsoptionen denkbar, kann nur auf die zurückgegriffen werden, die im Inland hätte vorgenommen werden müssen. Ist nur eine Handlung im Ausland zur Schadensbeseitigung pflichtgemäß, kann diese nicht bebußt wer- 23 den, weil deutsches Ordnungswidrigkeitenrecht auf Taten an ausländischen Tatorten nicht anwendbar ist (Mitsch NZWiSt 2021, 409 (410)).

III. Täterkreis des § 24

24 Weder § 24 Abs. 1 noch die zugehörige Gesetzesbegründung legen genau fest, wer in persönlicher Hinsicht von der Regelung umfasst ist, sondern mit der Wendung „wer" wird – wie in anderen Bußgeldvorschriften auch – offen und allgemein den Kreis der in Betracht kommenden Täter und Beteiligten festgelegt. Aber bei § 24 handelt es sich nicht um ein Allgemeindelikt, wie etwa die fahrlässige Tötung oder Körperverletzung (§§ 222, 229 StGB) oder zB die falsche Namensangabe in § 111 OWiG, die von jedermann begangen werden können. Eine Beteiligung hieran wäre alleine auf der Grundlage von § 14 OWiG zu lösen. Der Gesetzgeber ist hingegen in § 24 an dieser Stelle nicht stehen geblieben, sondern hat eine genauere Pflichtenzuschreibung durch die Bezugnahme auf die Pflichten des LkSG vorgenommen.

1. Rechtsträgerprinzip und Inhaber des Unternehmens

25 Der Pflichtenkatalog des LkSG ist nämlich, dies ist den einzelnen Pflichten der §§ 3 ff. zu entnehmen, rechtsformneutral an die „Unternehmen" gerichtet. Das Unternehmen selbst kann jedoch, auch wenn sich die §§ 3 ff. auf es beziehen, nicht Täter des § 24 sein. Das LkSG nimmt das Unternehmen in die Pflicht, konkret verpflichtet wird nach Vorstellung des Gesetzgebers aber der hinter dem Unternehmen stehende Rechtsträger des Unternehmens (BT-Drs. 19/28649, 33). Weder das Unternehmen noch der **Rechtsträger des Unternehmens** – also die juristische Person oder Personenvereinigung – kann aber täterschaftlich eine Ordnungswidrigkeit nach § 24 Abs. 1 OWiG begehen. Hieraus ist daher zu Recht der Schluss gezogen worden, dass nur der **Inhaber des Unternehmens** gemeint sein kann (Mitsch NZWiSt 2021, 409 (410 f.)).

26 Die Bußgeldandrohung in § 24 Abs. 1, die an verschiedene Verstöße gegen die Sorgfaltspflichten der §§ 3 ff. anknüpft, trifft nur **natürliche Personen,** während die **juristischen Personen und rechtsfähigen Personengesellschaften** lediglich als Adressaten von **Verbandsgeldbußen** in Betracht kommen (§ 30 Abs. 1 OWiG ggf. iVm §§ 24 Abs. 3, 4). Der Einzelkaufmann bzw. das einzelkaufmännisch organisierte Unternehmen kann nicht Adressat einer Verbandsgeldbuße sein, was bereits § 30 Abs. 1 OWiG und damit aus allgemeinen Regeln folgt (statt vieler BeckOK OWiG/Meyberg OWiG § 30 Rn. 20; Eidam wistra 2003, 447 (449, re. Sp.)).

2. Verantwortlichkeit gem. § 9 OWiG: Sanktionslücke?

27 Wen aus dem Kreis der natürlichen Personen eine ordnungswidrigkeitenrechtliche Verantwortung trifft, ist aufgrund der rechtspraktisch regelmäßig anzutreffenden Arbeitsteilung und Delegationsvielfalt von höchstem praktischen Interesse, gerade bei Unternehmen, die aufgrund der Vielzahl der Arbeitnehmer in den Anwendungsbereich des LkSG fallen (vgl. § 1 Abs. 1 S. 1 Nr. 2, S. 3). Mit § 9 Abs. 1 OWiG eröffnet der Gesetzgeber im Kontext von § 24 zunächst den **Zugriff auf den Inhaber des Unternehmens,** weil diese Eigenschaft ein **besonderes persönliches Merkmal** konstituiert (andere Beispiele aus dem OWiG: § 29 StVZO (Halter des KfZ) oder § 130 OWiG (Inhaber des Unternehmens); aus dem Kernstrafrecht zB Arbeitgeber iSv § 266a StGB) und eine kriminalpolitisch unerwünschte Sanktionslücke schließt (so bereits die Regierungsbegründung zum (zwischenzeitlich wieder außer Kraft getretenen) EGOWiG, BT-Drs. 5/1319, 62 (re. Sp.); vgl. auch FK-KartellR/Achenbach GWB § 81 Rn. 209: „juristisches Patt"). Beginge der Vorstand einer AG eine Ordnungswidrigkeit nach § 24 Abs. 1 und gäbe es § 9 Abs. 1 Nr. 1 OWiG nicht, würde die AG als Rechtsträger des

Unternehmens nicht zur Verantwortung gezogen, weil diese selbst nur durch ihre Organe handeln kann und der Vorstand ebenfalls nicht, weil er nicht Adressat des § 24 wäre (so allg. bereits Többens NStZ 1999, 1 (2); ebenso OLG Jena GewA 2004, 414 mwN). Dies verhindert § 9 OWiG, wonach § 24 unter bestimmten weiteren Voraussetzungen auf Organe, deren Mitglieder und Vertreter (§ 9 Abs. 1 OWiG) sowie Beauftragte (§ 9 Abs. 2 OWiG) zur Anwendung kommt (Többens NStZ 1999, 1 (5); FK-KartellR/Achenbach GWB § 81 Rn. 209).

a) Leitungspersonen (§ 9 Abs. 1 OWiG)

Aus dem Kreis der natürlichen Personen kommen zunächst die **Leitungspersonen** juristischer Personen (des öffentlichen Rechts und des Privatrechts) in Betracht, wie bereits **§ 9 Abs. 1 OWiG** anordnet. Neben Vorständen von Aktiengesellschaften, Vereinen, Stiftungen und Genossenschaften zählen hierzu insbes. Geschäftsführer von GmbHs oder im Abwicklungsstadium die Liquidatoren (vgl. **§ 9 Abs. 1 Nr. 1 OWiG;** weitere Beispiele bei KK-OWiG/Rogall OWiG § 9 Rn. 43 f.), weiter sind auch vertretungsberechtigte Gesellschafter, zB Komplementäre einer KG oder – je nach gesellschaftsvertraglicher Ausgestaltung (vgl. § 714 BGB, § 105 Abs. 3 HGB) – die Gesellschafter einer oHG oder GbR (vgl. **§ 9 Abs. 1 Nr. 2 OWiG**) umfasst. Ausgenommen sind jedoch die Überwachungsorgane, wie etwa der (fakultative) Aufsichtsrat oder Beirat, die allenfalls unter § 30 Abs. 1 Nr. 5 OWiG gefasst werden (KK-OWiG/Rogall OWiG § 30 Rn. 84; BeckOK OWiG/Meyberg OWiG § 30 Rn. 52), oder gar Mitglieder der Gesellschafterversammlung (KK-OWiG/Rogall OWiG § 9 Rn. 43; MüKoStGB/Radtke StGB § 14 Rn. 79; Schönke/Schröder/Perron/Eisele StGB § 14 Rn. 16 f.). Die Mitglieder der Überwachungsorgane können aber über § 14 OWiG verantwortlich sein (Cramer FS Stree/Wessels, 1993, 563, 565). 28

Bei **mehrgliedrigen Organen** kommt **§ 9 Abs. 1 Nr. 1 Alt. 2 OWiG** zum Tragen. Bei *Begehungs*delikten – relevant für § 24 Abs. 1 Nr. 9 Alt. 2, Abs. 1 Nr. 13 (Mitsch NZWiSt 2021, 409 (411)) – entlastet eine interne Geschäftsverteilung des fraglichen Bereichs an andere Organmitglieder nicht (BGH NJW 1990, 2560 – Lederspray; OLG Düsseldorf NStZ 1981, 265; OLG Koblenz LMRR 1986, 64). Stehen aber, wie bei § 24 fast durchweg Unterlassungstaten in Rede, so stellt sich die Frage, wer bei interner Aufgabenteilung verantwortlich ist. Insoweit ist der Grundsatz der Allzuständigkeit eingeschränkt, wenn eine spezielle Aufgabenteilung vorliegt (BeckOK OWiG/Valerius OWiG § 9 Rn. 25 f. mwN). Hier kann sich das unzuständige Organ vom Grundsatz darauf verlassen, dass das zuständige Organ die ihm obliegenden Pflichten erfüllt (OLG Düsseldorf NStZ-RR 2002, 178; OLG Naumburg NZV 1998, 41 (42)) und handelt selbst nicht pflichtwidrig (Göhler/Thoma OWiG § 9 Rn. 15), wenn die fragliche Handlung unterlassen wird. Eine Überwachungspflicht besteht jedoch dann, wenn sich dem unzuständigen Organmitglied etwas Anderes aufdrängen musste (zB wegen Verstößen aus der Vergangenheit bzw. wegen vorangegangener allgemeiner Nachlässigkeiten) oder es gar positive Kenntnis von dem entsprechenden Mangel hatte (OLG Düsseldorf NStZ-RR 2002, 178; OLG Naumburg NZV 1998, 41 (42)). 29

Der idR unterhalb der Leitungsebene angesiedelte Menschenrechtsbeauftragte (vgl. § 4 Abs. 3 S. 1) fällt daher infolge der ihm zugeschriebenen Überwachungsfunktion hinsichtlich des Risikomanagements (vgl. § 3 Abs. 1; Ruttloff/Wagner/Hahn/Freihoff CCZ 2022, 20 (25 f.)) nicht unter § 9 Abs. 1 Nr. 1 Alt. 1 OWiG, sondern unter § 9 Abs. 2 Nr. 2 OWiG (→ § 24 Rn. 32 f.). Anders ist nur zu entscheiden, wenn die Aufgabe des Menschenrechtsbeauftragten oder des Chief Sustainability Officer dezidiert auf Leitungsebene angesiedelt ist, was der Gesetzgeber ausdrücklich zulässt (BT-Drs. 19/28649, 43 spricht nur eine Empfehlung zur Ansiedlung unterhalb der Geschäftsführung aus), aber zur Folge hat, dass die fragliche Leitungsperson über § 9 Abs. 1 Nr. 1 OWiG als Täter der OWiG in Betracht kommt. Das folgt entgegen Rutloff/Wagner/Hahn/Freihoff (CCZ 2022, 20 (24 f.) nicht aus der Gesetzesbegründung (BT-Drs. 19/28649, 43), da dort 30 lediglich ausgeführt ist, dass „am Unternehmensstandort in allen maßgeblichen unternehmensinternen Geschäftsabläufen…Zuständigkeiten zu verankern sind, um die Erfüllung der Sorgfaltspflichten zu überwachen, etwa im Vorstand, in der Compliance-Abteilung oder im Einkauf." Dass der Menschenrechtsbeauftragte in diesen Abteilungen verankert werden kann, ist dort gerade nicht ausgeführt. Denn mit der Verankerung im Einkauf wäre er einer operativen Abteilung zugeordnet, was seiner Überwachungsaufgabe widerspräche.

b) Beauftragte (§ 9 Abs. 2 OWiG)

31 Damit ist der persönliche Anwendungsbereich aber nicht erschöpft, wie § 24 Abs. 4 S. 4 Nr. 4 verdeutlicht und wonach es noch andere Täter abseits des Leitungspersonals geben muss.

32 Eine erhebliche Erweiterung dieses Personenkreises bewirkt **§ 9 Abs. 2 OWiG,** der auch die Beauftragten des Unternehmens zu möglichen Adressaten einer Geldbuße nach § 24 Abs. 1 macht. Hier sind insbes. solche Beauftragte zu nennen, die mit der **vollständigen oder teilweisen Leitung** des Betriebs/Unternehmens betraut sind **(§ 9 Abs. 2 S. 1 Nr. 1 OWiG/§ 9 Abs. 2 S. 2 OWiG),** wie Betriebsleiter, Prokuristen oder Generalbevollmächtigte. Unter **§ 9 Abs. 2 S. 1 Nr. 2, S. 2 OWiG** fallen solche Personen, die **eigenständig mit Aufgaben des Inhabers des Betriebes/Unternehmens betraut sind** (KK-OWiG/Rogall OWiG § 9 Rn. 90; HK-OWiG/Kleemann, OWiG § 9 Rn. 40), was im Bereich der §§ 3 ff. zB der Compliancebeauftrage, der Chief Sustainability Officer (zur Unterscheidung vom Menschenrechtsbeauftragten Ruttloff/Wagner/Hahn/Freihoff CCZ 2022, 20 (26); Rutloff/Wagner/Reisch/Skoupil CB 2021, 364; 2021, 425) oder insbes. auch im Kontext des LkSG der Menschenrechts- und/oder Umweltschutzbeauftragte (WRW LkSG/Skoupil § 10 Rn. 1569; iErg zutr: Hembach Praxisleitfaden LkSG S. 194) oder andere Betriebsbeauftragte mit Bezug zu Aufgaben nach dem LkSG sein können (vgl. den Überblick bei Grabosch LkSG/Grabosch § 5 Rn. 33 ff.). Mitglieder des Aufsichtsrates oder anderer Überwachungsorgane fallen auch nicht hierunter (BeckOK OWiG-Valerius OWiG § 9 Rn. 40), sondern – wie bereits erwähnt – nur unter § 30 Abs. 1 Nr. 5 OWiG (KK-OWiG/Rogall OWiG § 30 Rn. 84; BeckOK OWiG/Meyberg § 30 OWiG Rn.). Die Mitglieder der Überwachungsorgane können aber über § 14 OWiG verantwortlich sein (Cramer FS Stree/Wessels, 1993, 563, 565).

33 Hiergegen wird insbes. hinsichtlich des Menschenrechtsbeauftragten vorgebracht, diesem fehle die nach § 9 Abs. 2 S. 1 Nr. 2 OWiG erforderliche Entscheidungshoheit bzw. Verantwortlichkeit, weil die Wahrnehmung von operativem Geschäft mit seiner Rolle als unabhängiger Überwacher nicht vereinbar sein (Harings/Jürgens/Thalhammer CB 2022, 93 (95)). Zunächst kommt es einerseits auf die arbeitsvertragliche Regelung an, der sicher indizielle Bedeutung zukommt und die erster Zugriff des BAFA bei dieser Frage sein wird. Andererseits ist entscheidend die konkret in Rede stehende Arbeitswahrnehmung des Menschenrechtsbeauftragten (Gehling/Ott/Schmelzeisen Rn. 14 f.; Depping/Walden/Handel Rn. 14), selbst wenn dabei arbeitsvertragliche oder gar handelsrechtliche Befugnisse überschritten werden (vgl. § 9 Abs. 3 OWiG).

3. Verantwortlichkeit gem. § 14 OWiG

34 Abseits des Leitungspersonals und der ihm gleichgestellten Personen kommt jede andere natürliche Person aus dem Unternehmen als sog. Beteiligte einer Ordnungswidrigkeit (§ 14 Abs. 1 OWiG) in Betracht. Dass dem so ist, folgt aus § 14 Abs. 1 OWiG und dem dort niedergelegten **Einheitstäterprinzip,** wonach nicht nur der unmittelbare Täter (§ 14 Abs. 1 S. 1 OWiG), sondern auch alle weiteren Beteiligten ordnungswidrig handeln und auch solche Personen als Beteiligte einer Ordnungswidrigkeit verantwortlich sind, die nicht die Voraussetzungen der Zurechnungsnormen in § 9 Abs. 1, 2 OWiG erfüllen (§ 14 Abs. 1 S. 2 OWiG; Mitsch

NZWiSt 2021, 409 (411)). Gemeint sind die sogenannten Anstifter und Gehilfen, so dass nicht nur Organmitglieder mit Überwachungsfunktionen, wie etwa Aufsichtsrats- oder Beiratsmitglieder, sondern auch Personal abseits der Leitungsorgane aus dem Bereich der einschlägigen, mit den Pflichten nach §§ 3 ff. in Berührung kommenden Abteilungen (zB Controlling, Interne Revision, Einkauf) vom persönlichen Anwendungsbereich des § 24 Abs. 1 umfasst sein kann (Mitsch NZWiSt 2021, 409 (411)).

4. Verantwortlichkeit gem. § 130 OWiG

Als weiteren Baustein der bußgeldrechtlichen Verantwortungs- und Haftungstroika (Begriff nach Többens NStZ 1999, 1 (2)) nimmt § 130 OWiG den Inhaber des Betriebs bzw. Unternehmens für Aufsichtspflichtverletzungen in die bußgeldrechtliche Verantwortung. In diesen Fällen ist wiederum über § 30 OWiG der Durchgriff auf den Unternehmensträger möglich, gegen den eine Verbandsgeldbuße verhängt werden kann, da § 130 OWiG als Anknüpfungstat fungiert. Damit trägt der Gesetzgeber dem Umstand Rechnung, dass Straftaten oder Ordnungswidrigkeiten infolge von Aufgabendelegation durchaus auch unterhalb der Leitungsebene bzw. des Personenkreises von § 30 Abs. 1 Nr. 1–5 OWiG begangen werden können. Die Norm verhindert, dass der Inhaber des Betriebes/Unternehmens sich durch Delegationsmaßnahmen von den entsprechenden Aufsichtspflichten freizeichnet. § 130 OWiG ist damit Sonderdelikt, dass sich – wie § 24 – über § 9 Abs. 1, 2 OWiG an den Inhaber richtet. Tatbestandsmäßig ist nach § 130 Abs. 1 S. 1 OWiG das vorsätzliche oder fahrlässige Unterlassen von Aufsichtsmaßnahmen, die erforderlich sind, um Zuwiderhandlungen gegen Pflichten zu vermeiden, die den Inhaber treffen und deren Verletzung mit Strafe oder Geldbuße bedroht ist, wenn eine solche Zuwiderhandlung begangen wird, die durch gehörige Aufsicht verhindert oder wesentlich erschwert worden wäre. Den Aufsichtsmaßstab bei Delegation legt § 130 Abs. 1 S. 2 OWiG fest, da zu den erforderlichen Aufsichtsmaßnahmen auch die Bestellung, sorgfältige Auswahl und Überwachung von Aufsichtspersonen gehört. Mit Blick auf die vorstehenden Ausführungen zu §§ 9, 14 OWiG (→ § 24 Rn. 27 ff.) ist jedoch die Subsidiaritätsklausel des § 130 OWiG zu beachten, denn § 130 OWiG stellt einen Auffangtatbestand dar; der nicht zur Anwendung kommt, wenn der Inhaber an der Tat selbst als Täter oder Teilnehmer iSd StGB oder im Wege der Beteiligung gem. § 14 OWiG beteiligt war oder über § 9 OWiG die Pflichten des Inhabers zu erfüllen hat (KK-OWiG/Rogall OWiG § 130 Rn. 125). Daher ist im Anwendungsbereich des § 24, der die Plichten des Unternehmens über § 9 OWiG weiter erstreckt, regelmäßig eine Verantwortlichkeit nach § 130 OWiG nicht gegeben (so auch Mitsch NZWiSt 2021, 409 (410 f.)). **35**

IV. Vorsatz – Fahrlässigkeit – Irrtümer

1. Vorsatz/Fahrlässigkeit

Neben vorsätzlicher – auch bedingt vorsätzlicher – Tatbegehung hat das Gesetz in § 24 Abs. 1 ausdrücklich auch fahrlässiges Handeln jeder Form und jeden Grades mit Geldbuße bedroht, was gesonderter Anordnung bedurfte (vgl. § 10 OWiG). Für die Definitionen von Vorsatz (vgl. statt vieler BeckOK OWiG/Valerius OWiG § 10 Rn. 4 ff.) und Fahrlässigkeit (vgl. statt vieler BeckOK OWiG/Valerius OWiG § 10 Rn. 24 ff.) gelten keine Besonderheiten. **36**

2. Bedeutung der Handreichungen und Veröffentlichungen des BAFA (Handreichungen, FAQs)

Das BAFA ist gem. § 20 S. 1 dazu berufen, der – infolge der bestehenden Unsicherheiten sehnsüchtig darauf wartenden (zur bestehenden erheblichen Ver- **37** unsicherung Hembach Praxisleitfaden LkSG S. 179) – Praxis „Informationen, sowie Hilfestellungen und Empfehlungen zur Einhaltung des LkSG" an die Hand zu geben, was die Behörde bislang insbes. mit Handreichungen und FAQs getan hat. Sowohl Handreichungen als auch FAQs sind aus der Praxis bekannt und in Deutschland nicht neu; auch andere Behörden veröffentlichen Informationen sowie Stellungnahmen, wie etwa die BaFin (zB die MaRisk; zu deren Rechtsnatur Kasiske ZIS 2013, 257 mwN (norminterpretierende Verwaltungsvorschriften; vgl. dazu Rotsch Criminal Compliance/Momsen § 26 Rn. 18 ff.) oder die ESMA Fragen und Antworten (Veil ZBB 2018, 151). Rechtlich verbindlich sind die Handreichungen des BAFA bzw. die FAQs zwar nicht (HK-LkSG/Neuhöfer Rn. 34), was einerseits aus § 20 S. 1 („Empfehlungen") sowie andererseits der Vergleich zu § 89 Abs. 2 AO zeigt (zum Vergleich mit § 89 AO überzeugend Depping/Walden/Kaufmann/Böhm § 20 Rn. 13).

38 Für das Ordnungswidrigkeitenverfahren ist jedoch festzuhalten, dass die Behörde kaum einen fahrlässigen Verstoß gegen eine der Ordnungswidrigkeiten des § 24 im Ergebnis wird annehmen können, sofern die Vorgaben aus den Handreichungen eingehalten worden sind. Insoweit fehlt es, wenn man nicht bereits eine objektive Tatbestandsmäßigkeit verneint, wenigstens an einem subjektiv vorwerfbaren Pflichtenverstoß, denn es ist nicht einzusehen, warum der Betroffene über besseres Wissen als die zuständige Behörde selbst verfügen soll. Selbst wenn das BAFA seine Auffassung aufgrund besserer Erkenntnisse ändern würde, wäre wenigstens eine Verfahrensweise nach § 47 OWiG naheliegend, da dem Betroffenen aus der Meinungsänderung kein Nachteil erwachsen kann.

3. Irrtümer

39 Soweit etwaige Irrtümer auftreten, ist § 11 OWiG einschlägig, wobei der Tatbestandsirrtum nach § 11 Abs. 1 OWiG, der Verbotsirrtum nach § 11 Abs. 2 OWiG zu behandeln ist. Insbes. der Tatbestandsirrtum führt zum Ausschluss der Vorsatztat, lässt aber eine Ahndung wegen fahrlässiger Tatbegehung, die § 24 Abs. 1 ausdrücklich anerkennt, unberührt (zur Abgrenzung von Tatbestands- und Verbotsirrtum BeckOK OWiG/Valerius OWiG § 11 Rn. 57 ff.). Bei den hier überwiegend in Rede stehenden echten Unterlassungsdelikten (→ § 24 Rn. 3/21) ist daher zu konstatieren, dass es für die Bejahung eines Unterlassungsvorsatzes nicht ausreicht, allgemein und ohne weiteres konkretes Mitbewusstsein die in § 24 Abs. 1 geforderte Verpflichtung zu unterlassen, da dies ansonsten nicht von einem „unrechtsneutralen Alltagbewusstsein" zu unterscheiden wäre (so KK-OWiG/Rengier OWiG § 11 Rn. 34). Insoweit ist für die Annahme von Unterlassungsvorsatz erforderlich, dass auf Seiten des Täters ein konkretes Mitbewusstsein vorliegt, mit der Vornahme eigener Handlungen die Verwirklichung von § 24 Abs. 1 verhindern zu können (so KK-OWiG/Rengier OWiG § 11 Rn. 34). Ist dies nicht der Fall, kommt eine fahrlässige Ordnungswidrigkeit nach § 24 Abs. 1 in Betracht. Wer hingegen durch behördliche Auskunftsersuchen nach § 17, anlässlich von Zutritts-/Prüfungsmaßnahmen nach § 16 oder aufgrund anderer Hinweise (zB nach § 13) von der fraglichen Sorgfaltspflicht weiß, sich aber irrtümlich nicht als handlungspflichtig ansieht, handelt vorsätzlich, unterliegt aber einem ggf. vermeidbaren Gebotsirrtum (§ 11 Abs. 2 OWiG; s. KK KK-OWiG/Rengier OWiG § 11 Rn. 35 mwN aus der Rspr.). Soweit im Einzelfall ein solcher Unterfall des Verbotsirrtums in Betracht kommt, bleibt darauf hinzuweisen, dass für Verantwortliche von Unternehmen, deren Geschäftsbereich mit Lieferketten und entsprechenden Verstößen gegen menschenrechts- oder umweltbezogene Pflichten in Berührung kommt, eine Verpflichtung besteht, sich mit den einschlägigen Vorschriften des LkSG vertraut zu machen. Ob aufgrund etwaiger Wertungsfragen ein vorsätzlicher Verstoß aufgrund des Zweifelsgrundsatzes ausscheidet, bleibt Tatfrage und ist pauschalen Erwägungen nur schwer zugänglich (zu weitgehend daher Mitsch (NZWiSt 2021, 409 (411)), der pauschal konstatiert, dass eine vorsätzliche Tatbegehung aufgrund der Wertungsfragen im Bereich der objektiven Tatbestände „oft" ausscheiden werde). Insbes. bei großen Unternehmen, die schon seit Jahren global mit zahllosen Lieferketten tätig sind, liegt es nahe, dass diese zB aufgrund früherer freiwilliger Selbstverpflichtungen in diesem Bereich, mit menschenrechtlichen Problematiken in der Lieferkette bereits in breiterem Umfang als Klein- und mittelständische Unternehmen vertraut sind.

V. Einzelne Tatbestände des § 24 Abs. 1 Nr. 1–13

1. § 24 Abs. 1 Nr. 1 („entgegen § 4 Absatz 3 Satz 1 nicht dafür sorgt, dass eine dort genannte Festlegung getroffen ist")

Nach § 24 Abs. 1 Nr. 1 wird bebußt, wer nicht dafür sorgt, dass eine Festlegung nach § 4 Abs. 3 S. 1 getroffen wird. Damit sind im Kern die Geschäftsführung bzw. der Vorstand des Verbandes in die Pflicht genommen, eine Person zu bestimmen, die ihrerseits das nach dem LkSG einzurichtende Risikomanagement zu überwachen hat (§ 3 Abs. 1 S. 2 Nr. 2, § 4 Abs. 3). Nach § 4 Abs. 3 S. 1 kann dies durch Einsetzung eines sog. Menschenrechtsbeauftragten geschehen, was aber nicht verpflichtend ist. Soweit die in dieser Hinsicht nicht eben begründungsstarke Regierungsbegründung eine unmittelbare Anbindung an die Geschäftsführung lediglich *empfiehlt* (RegE, BT-Drs. 19/28649, 43), bleibt zu konstatieren, dass dies – in Abweichung von § 7 Abs. 1 S. 3 GwG (Frank/Edel/Heine BB 2021, 2165 (2167)) – folglich nicht verpflichtend ist (vgl. aber Ruttloff/Wagner/Hahn/Freihoff CCZ 2022, 20 (22), die bei Abweichungen eine faktisch erhöhte Rechtfertigungslast sehen). **40**

Die Mitglieder der Unternehmensleitung sind ebenfalls nicht gehindert, diese Aufgaben alternativ einem Mitglied der Geschäftsführung bzw. des Vorstandes selbst zu übertragen. Wird keine Festlegung getroffen, bleibt jedes Mitglied der Geschäftsführung kraft Gesamtverantwortung verantwortlich. Die Ausübung dieser Funktion kann nach entsprechendem Entscheid der Geschäftsführung ohne Weiteres auch durch die Complianceabteilung erfolgen. Tauglicher Täter kann über § 14 OWiG aber auch ein Mitglied des Aufsichtsrats oder Beirats sein, der die Unternehmensführung kontrolliert und damit ebenfalls dafür Sorge zu tragen hat, dass die vom Gesetz geforderte Festlegung nach § 4 Abs. 3 S. 1 getroffen wird (→ § 24 Rn. 28). Nicht von der Bußgeldbewehrung umfasst ist die Errichtung eines Risikomanagementsystems als solchem, denn § 4 Abs. 3 S. 1 setzt dessen Existenz voraus (vgl. §§ 91 Abs. 2, 3 AktG). **41**

Die Gesetzesbegründung zu § 4 Abs. 3 S. 1 geht weiter davon aus, dass „in allen maßgeblichen unternehmensinternen Geschäftsabläufen, die voraussichtlich die Risikominimierung beeinflussen können, Zuständigkeiten zu verankern sind, um die Erfüllung der Sorgfaltspflichten zu überwachen" (RegE, BT-Drs. 19/28649, 43) und benennt hierzu beispielhaft neben dem Vorstand die Compliance-Abteilung und den Einkauf. Das hat zur Folge, dass auch die in anderen Unternehmensebenen festzulegenden Zuständigkeiten von der Bußgeldbewehrung umfasst sind, mit der Folge, dass auch Abteilungsleiter der fraglichen Abteilungen als taugliche Täter über § 14 OWiG in Betracht kommen. Abseits der Leitungsebene sind hingegen entsprechende Zuständigkeiten zur Festlegung nicht verankert, wie auch in anderem Kontext § 7 Abs. 5 S. 5 GwG oder Art. 4 Buchst. c Konfliktmineralien-VO verdeutlichen, die eine sehr enge Anbindung an die (oberste) Führungsebenen für die jeweiligen Beauftragten statuieren. **42**

Darüber hinaus fragt es sich, ob der Verpflichtung in § 4 Abs. 3 S. 1 insbes. bei **Konzernsachverhalten** auch für die Tochtergesellschaften, die in den Anwendungsbereich des LkSG fallen, bereits dann genüge getan ist, wenn in der Obergesellschaft eine entsprechende Festlegung getroffen worden ist (Ruttloff/Wagner/Hahn/Freihoff CCZ 2022, 20 (23)). Dies ist abzulehnen, worauf Ruttloff/Wagner/Hahn/FreihoffCCZ 2022, 20 (23) u. a. mit Blick auf die Regelung im GwG zum Geldwäschebeauftragten zu Recht hinweisen. Der Geldwäschebeauftragte ist mit dem Menschenrechtsbeauftragten strukturell nicht vergleichbar und der Gesetz- **43** geber hat entsprechende Regelungen zu Konzernbeauftragten, wie sie aus dem BImSchG bekannt sind (§ 4 5. BImSchV), im LkSG nicht vorgesehen (Ruttloff/Wagner/Hahn/Freihoff CCZ 2022, 20 (23)).

44 Ein vollständiges **Outsourcing** dieser Überwachungsaufgabe ist unzulässig und ebenfalls bußgeldbewehrt, da es einer vollständig unterlassenen Festlegung gleichkommt. Das Gesetz verlangt nämlich eine Festlegung dahingehend, wer *innerhalb* des Unternehmens für die Überwachung zuständig ist (§ 4 Abs. 3 S. 1; so auch § 3 Abs. 1 S. 2 Nr. 2: betriebs*interne* Zuständigkeit; Ruttloff/Wagner/Hahn/Freihoff CCZ 2022, 20 (22)). Der Gesetzgeber hat die Möglichkeit des Outsourcings gesehen, wie § 8 Abs. 1 S. 6 oder § 7 Abs. 5 S. 1 GwG zeigen (Ruttloff/Wagner/Hahn/Freihoff CCZ 2022, 20 (24), hiervon aber im Kontext von § 4 Abs. 3 S. 1 abgesehen. Hätte der Gesetzgeber eine Verlagerung dieser Aufgabe nach außen für zulässig erachtet und vertraglich abgesicherte Kontrollmechanismen zugunsten der Aufsichtsbehörde für ausreichend erachtet, hätte er dies, wie im banken- und versicherungsaufsichtsrechtlichen Kontext geschehen (zB § 25b KWG, § 80 Abs. 6 WpHG, § 32 Abs. 2 VAG), entsprechend angeordnet, was aber unterblieben ist. Von dieser Sichtweise geht zwischenzeitlich auch das BAFA in den auf der Homepage veröffentlichten FAQs aus (FAQ zum LkSG VII. 1.). Dass der Menschenrechtsbeauftrage oder die entsprechende andere intern eingesetzte Stelle sich auch externer Hilfe bedienen können, ist selbstredend zulässig (FAQ zum LkSG VII. 1.; ebenso zu Recht Ruttloff/Wagner/Hahn/Freihoff CCZ 2022, 20 (24)) und von der Regelung in § 24 Abs. 1 Nr. 1 unberührt.

45 Nur die vollkommene Unterlassung einer entsprechenden Festlegung fällt unter § 24 Abs. 1 Nr. 1, nicht jedoch die nicht rechtzeitige Umsetzung einer entsprechenden Festlegung, was aus einem Umkehrschluss zu § 24 Abs. 1 Nr. 2 folgt, der bspw. die nicht rechtzeitige Umsetzung entsprechender Maßnahmen betrifft. Ausreichend ist daher, wenn entsprechend konkrete Maßnahmen unumstößlich auf den Weg gebracht sind (zB per Beschluss der Geschäftsführung), so dass es nicht genügt, wenn sich die Pläne „noch in der Schublade" befinden. In zeitlicher Hinsicht muss damit aufgrund der Übergangsfrist spätestens mit Inkrafttreten des Gesetzes begonnen worden sein. Die Geldbuße bei Verstößen beträgt gem. § 24 Abs. 2 S. 1 Nr. 2 max. 500.000 EUR. Der Bußgeldrahmen kann für juristische Personen bzw. Personenvereinigungen gem. § 24 Abs. 2 S. 2 iVm § 30 Abs. 2 S. 3 OWiG verzehnfacht werden.

46 Verstöße der Geschäftsleitung gegen die Informationspflicht aus § 4 Abs. 3 S. 2 betreffend die Arbeit zB des Menschenrechtsbeauftragten sind nicht bußgeldbewehrt (ebenso Gehling/Ott/Schmelzeisen Rn. 20).

2. § 24 Abs. 1 Nr. 2 („entgegen § 5 Absatz 1 Satz 1 oder § 9 Absatz 3 Nummer 1 eine Risikoanalyse nicht, nicht richtig, nicht vollständig oder nicht rechtzeitig durchführt,")

47 § 24 Abs. 1 Nr. 2 betrifft die Durchführung einer Risikoanalyse zur Feststellung der menschenrechtlichen und umweltbezogenen Risiken im Unternehmen selbst und bei unmittelbaren Zulieferern (§ 5 Abs. 1 S. 1) sowie anlassbezogen beim mittelbaren Zulieferer (§ 9 Abs. 3 Nr. 1). Erfasst sind die Fälle, in denen eine solche Analyse nicht, nicht richtig, nicht vollständig oder nicht rechtzeitig durchgeführt wird. Wenn dem – teilweise reichlich pauschal – Unbestimmtheit entgegengehalten wird (so zB WRW LkSG/Skoupil § 10 Rn. 1539 (ohne eigenen Auslegungs-/Bestimmungsversuch)), überzeugt dies nur bedingt. Wie diesen Alternativen in § 24 Abs. 1 Nr. 2, die in der Gesetzesbegründung nicht näher inhaltlich spezifiziert bzw. konturiert werden, zu entnehmen ist, geht das Gesetz offensichtlich von einer graduellen Differenzierung aus, die vom schwersten denkbaren Verstoß der vollständigen Unterlassung („nicht") bis hin zum leichtesten Verstoß (inhaltlich richtige, aber nicht rechtzeitige Analyse) zahllose Abstufungen aufweist (so zum GwG: Herzog/Barreto da Rosa GwG § 56 Rn. 7). Auch innerhalb einer nicht

vollständigen Analyse sind zahllose Differenzierungen denkbar. Es liegt nahe, dass diese Differenzierungen sich auch in der späteren Bemessung des Bußgeldes niederschlagen (so zum GwG: Herzog/Barreto da Rosa GwG § 56 Rn. 7; vgl. § 24 Abs. 4 S. 4 Nr. 4; → § 24 Rn. 133).

Von einem **vollkommenen Unterlassen** ist auszugehen, wenn das Unterneh- 48
men selbst die Analyse überhaupt nicht durchführt, was den schwersten denkbaren Verstoß darstellt. **„Nicht richtig"** iSv § 24 Abs. 1 Nr. 2 ist die Analyse dann, wenn sie inhaltliche Fehler aufweist, sei es, weil unrichtige Tatsachen oder weil unrichtige Bewertungen bzw. Prognosen oder Annahmen getroffen werden. Mit Blick auf Art. 103 Abs. 2 GG und der insoweit gebotenen restriktiven Auslegung kann nicht jede auch noch so kleine Unrichtigkeit in der Risikoanalyse zu einem Bußgeld führen, sondern der Bußgeldbewehrung unterfallen nur **evidente** Unrichtigkeiten (ähnl. WRW LkSG/Skoupil § 10 Rn. 1540: „lediglich eindeutige Verstöße"). Fehler oder Unrichtigkeiten ohne entsprechende Außenwirkungen werden sich gerade in der Anfangszeit des LkSG entweder auf der Grundlage des Opportunitätsprinzips bzw. bei entsprechender Kooperation mit geringfügigen Bußgeldern lösen lassen.

„Nicht vollständig" ist die Analyse, wenn sie bspw. zentrale Bereiche des 49
Unternehmens oder eines unmittelbaren Zulieferers bzw. ein Tätigkeitsfeld des Unternehmens unberücksichtigt lässt oder – praktisch gerade bei einer Vielzahl von Zulieferern entlang der Wertschöpfungskette erheblich relevanter – einen Zulieferer vollständig außen vorlässt.

Die Fristen zur Durchführung der Analyse legen § 5 Abs. 4 S. 1 bzw. § 9 Abs. 3 50
S. 1 fest, so dass dies als Maßstab für die **Rechtzeitigkeit** iSv § 24 Abs. 1 Nr. 2 heranzuziehen ist. Die **jährliche Risikoanalyse gem. § 5 Abs. 4 S. 1 Alt. 1** ist entsprechend der geübten Praxis ohne Weiteres bestimmbar, solange ein entsprechender Turnus nachweislich festgelegt ist (→ § 5 Rn. 184).

Die **anlassbezogene Analyse** (vgl. § 5 Abs. 4 S. 1 Alt. 2, § 9 Abs. 3 S. 1 51
(→ § 5 Rn. 85 ff., → § 9 Rn. 17 ff.) hat stattzufinden, wenn eine wesentliche Veränderung oder Erweiterung der Risikolage eingetreten ist, wobei das Gesetz selbst beispielhaft die Einführung neuer Produkte oder Projekte oder eines neuen Geschäftsfeldes nennt. Das kann bei Veränderung der eigenen Geschäftsgrundsätze (Begr. RegE LkSG, BT-Drs. 19/28649, 45), der Aufnahme neuer vertraglicher Beziehungen zu einem unmittelbaren oder mittelbaren Zulieferer (so offenbar – etwas kryptisch – Begr. RegE LkSG, BT-Drs. 19/28649, 45) oder bei sonstigen Veränderungen im Marktumfeld der Fall sein (zB grundlegende Veränderungen der politischen Lage im Zuliefererland), so dass auch Umstände eine Risikoanalyse auslösen können, die vollständig außerhalb des Unternehmens und seiner Zulieferer liegen.

Ebenso hierunter fallen die Akquise neuer Produktionsstätten im In-/Ausland 52
sowie der (teilweise) Verkauf bestehender Geschäftsfelder/-sparten pp., da hierdurch bestehende Risiken neu entstehen oder ein anderes Gewicht erhalten können. Hier wird für die Bußgeldbemessung u. a. eine wesentliche Rolle spielen, ob die entsprechenden Berichts-/Informations- und Kommunikationswege im Unternehmen etabliert bzw. effektiv ausgestaltet sind und praktisch auch gelebt werden, damit eine solche „wesentliche Veränderung/Erweiterung der Risikolage" festgestellt und entsprechend zeitnah angegangen werden kann.

Weitere Informationsquellen des Unternehmens können bspw. aus der eigenen 53
Risikovorsorge herrühren (zB aus dem unternehmenseigenen Beschwerdeverfahren gem. § 8; so Begr. RegE LkSG, BT-Drs. 19/28649, 45), aber auch aus Erkenntnissen bzw. Prüfungen der Internen Revision oder der Compliance-Abteilung. Von außen können entsprechende Erkenntnisse aber durchaus auch aus Anzeigen außenstehender Dritter oder NGOs herrühren. Die Durchführung der Risikoanalyse muss hier – anders als nach § 9 Abs. 3 – aufgrund der anderen Ausgangslage nicht unverzüglich durchgeführt werden. § 9 Abs. 3 verlangt die substantiierte Kenntnis (→ § 24 Rn. 54) von einer möglichen Verletzung einer geschützten Rechtsposition. Der zeitliche Reaktionsrahmen verkürzt sich im Anwendungs-

bereich des § 5 Abs. 4, je eher menschenrechtliche oder umweltbezogene Risiken bekannt werden oder auftreten können bzw. je eher sich ein entsprechender potenzieller Schadenseintritt manifestiert. § 5 Abs. 4 verlangt bereits dann eine Veränderung der Risikoanalyse, wenn mit einer wesentlichen Veränderung gerechnet werden muss, was zeitlich lange vor einer entsprechenden Verwirklichung liegen kann.

54 Die anlassbezogene Analyse bei mittelbaren Zulieferern ist **unverzüglich** und damit ohne schuldhaftes Zögern durchzuführen (§ 9 Abs. 3, § 121 BGB), wobei bei den Ermittlungen der Fokus darauf liegen wird, ob – relevant für Tatbestandsmäßigkeit – und vor allem aber zu welchem genauen Zeitpunkt – relevant für Bußgeldhöhe – dem Unternehmen „substantiierte Kenntnis" über entsprechende Verletzungen nachzuweisen sein wird (→ § 9 Rn. 3 ff.). Eine substantiierte Kenntnis liegt nach der Regierungsbegründung bereits dann vor, wenn tatsächliche Anhaltspunkte dafür vorliegen, dass eine Verletzung menschenrechtlicher oder umweltbezogener Sorgfaltspflichten möglich erscheint (Begr. RegE LkSG, BT-Drs. 19/28649, 50).

55 Die gegen § 24 Abs. 1 Nr. 2 erhobenen verfassungsrechtlichen Zweifel wegen mangelnder Bestimmtheit des Rechtzeitigkeitsbegriffs vermögen nicht durchzudringen (Scherp/Friedrich CB 2022, 51 (52 ff.)). Soweit *Scherp/Friedrich* vorbringen, dass mit dem Begriff der Unverzüglichkeit zur Ausfüllung der Rechtzeitigkeit ein unbestimmter Rechtsbegriff gegen einen weiteren ausgetauscht werde, überzeugt dies wenig. Der Begriff ist in § 121 BGB legaldefiniert und rechtsgebietsübergreifend in unzähligen Gesetzen vom GG (zB Art. 104 Abs. 2 GG), über Polizeigesetze bis zum StGB (zB § 142 Abs. 2 StGB aE, § 142 Abs. 3 S. 1 StGB, § 331 Abs. 3 StGB) gebräuchlich. Dass der Maßstab sich nur im Einzelfall anhand der fraglichen Situation mit entsprechendem subjektivem Einschlag bestimmen lässt, liegt in der Natur der Sache (unterschiedliche Unternehmensgröße, unterschiedlich schwere Risikolagen usw.). Die Vorgabe starrer Fristen ist insoweit wenig sachgerecht, so dass je nach Unternehmensgröße und Art. bzw. Ausmaß des Risikos unterschiedliche Zeiträume noch als rechtzeitig anzusehen sind.

Insofern hat das auch das BVerfG diesen Begriff im Kontext von Freiheitsentziehungen dahingehend konturiert, dass eine nachzuholende richterliche Entscheidung dann unverzüglich erfolgt sei, „wenn sie ohne jede Verzögerung, die sich nicht aus sachlichen Gründen rechtfertigen lässt, erfolgt" (BVerfG NVwZ 2016, 1079). Wenn schon in diesem Kontext der Begriff bestimmbar ist, liegt eine Unbestimmtheit im vorliegenden Kontext fern: Insofern mag im Kontext des LkSG objektiv ein sofortiges Handeln wünschenswert erscheinen (dh „so schnell wie infolge der objektiven Gegebenheiten möglich" (Jauernig/Berger BGB § 859 Rn. 2), aber dies ist nicht einmal zivilrechtlich gefordert (anders daher im Vergleich zu § 121 BGB die Regelung in § 859 Abs. 2 BGB; Jauernig/Mansel BGB § 121 Rn. 3). Es können sich mithin subjektiv unvermeidbare Verzögerungen ergeben, die ein späteres Handeln immer noch rechtzeitig erscheinen lassen (plastische Beispiele nennt BVerfG NVwZ 2016, 1079 (zu Art. 104 Abs. 2 GG)), etwa wenn eine Verifizierung aufgrund des politischen Systems im Zielland nicht möglich ist (vgl. beispielhaft → § 9 Rn. 10 ff.).

56 Eine entsprechende Kenntnis der Geschäftsleitung ist in jedem Fall ausreichend, aber auch andere Täter iSd § 9 OWiG kommen in Betracht, wenn diese Kenntnis über Umstände erhalten, die eine Analysepflicht auslösen, entsprechende Informationen aber bspw. nicht weiterleiten. Die Geldbuße bei Verstößen beträgt gem. § 24 Abs. 2 S. 1 Nr. 2 max. 500.000 EUR. Der Bußgeldrahmen kann für juristische Personen bzw. Personenvereinigungen gem. § 24 Abs. 2 S. 2 iVm § 30 Abs. 2 S. 3 OWiG verzehnfacht werden.

3. § 24 Abs. 1 Nr. 3 („entgegen § 6 Absatz 1 eine Präventionsmaßnahme nicht oder nicht rechtzeitig ergreift“)

Nach § 24 Abs. 1 Nr. 3 kann bebußt werden, wer nicht oder nicht rechtzeitig eine Präventionsmaßnahme gem. § 6 Abs. 1 ergreift. 57

§ 6 Abs. 1 setzt nach seinem Wortlaut zunächst voraus, dass im Rahmen einer Risikoanalyse nach § 5 ein menschenrechtliches oder umweltbezogenes Risiko im eigenen Geschäftsbereich oder bei einem unmittelbaren Zulieferer festgestellt wird. Ist das der Fall, muss das Unternehmen gem. § 6 Abs. 1 **unverzüglich** und damit ohne schuldhaftes Zögern (§ 121 Abs. 1 BGB; → § 24 Rn. 54 ff.) die aufeinander aufbauenden (angemessenen) Präventionsmaßnahmen nach §§ 6 Abs. 2–4 ergreifen (→ § 6 Rn. 3 ff., 13 ff., 29 ff.). Mit dem Kriterium der Angemessenheit hat der Gesetzgeber ein ausfüllungsbedürftiges Merkmal in das Gesetz (§ 3 Abs. 2; → § 3 Rn. 38 ff.) aufgenommen, das mittels der Handreichung des BAFA konkretisiert worden ist (BAFA, Handreichung Angemessenheit, 2022; zu diesen Handreichungen Ritz/Werner DB 2023, 125 (126)). 58

Idealtypisch existiert bereits vor dem Risikoeintritt eine Grundsatzerklärung (§ 6 Abs. 2) und etwaige darauf aufbauende und organisatorische Maßnahmen im eigenen Geschäftsbereich bzw. dem der unmittelbaren Zulieferer sind bereits entworfen oder ergriffen worden (§ 6 Abs. 3, 4). Bei den zu ergreifenden Maßnahmen iSv § 6 Abs. 3, 4, die nicht abschließend aufgezählt sind („insbesondere“), kommen auch solche in Betracht, die zwar nicht ausdrücklich benannt sind, aber mit den genannten „Regelbeispielen“ sachlich vergleichbar sind (aA Gehling/Ott/Schmelzeisen Rn. 36: Verstoß gegen Bestimmtheitsgebot). 59

Damit ist aber als Minimalforderung festzuhalten, dass entsprechende Präventionsmaßnahmen von dem Unternehmen zB per Beschluss der Unternehmensleitung messbar angegangen worden sein müssen. Nicht ausreichend ist es jedoch, entsprechende Maßnahmen nur auf dem Papier anzugehen, vielmehr müssen die Maßnahmen und ihre Umsetzung weiter vorangetrieben werden. Es ist jedoch nicht erforderlich, dass die Maßnahmen im eigenen Geschäftsbereich und insbes. in Zusammenarbeit mit dem unmittelbaren Zulieferer vollständig umgesetzt sein müssen. Entsprechende Verhandlungen insbes. mit einem unmittelbaren Zulieferer sind jedenfalls mit den vom Gesetz geforderten Ergebnissen (zB Durchführung [! – *nicht* Planung] von Schulungen/Weiterbildungen gem. § 6 Abs. 4 Nr. 3 oder der Erhalt vertraglicher Zusicherungen gem. § 6 Abs. 4 Nr. 3) kaum *ad-hoc* umsetzungsfähig und bergen eine nicht zu unterschätzende Verhandlungsmacht für unmittelbare Zulieferer, was dem Unternehmen und seinen Verhandlungsführern unter dem Blickwinkel von § 24 Abs. 1 Nr. 3 nicht zum Nachteil gereichen darf. Ergriffen iSd Gesetzes ist eine Präventionsmaßnahme spätestens dann, wenn das Unternehmen alles aus seinem Blickwinkel Erforderliche veranlasst hat, um die nach § 6 Abs. 1 iVm § 6 Abs. 2–4 erforderlichen Maßnahmen umzusetzen. Wer bereits am Verhandlungstisch sitzt, hat diese Maßgabe erfüllt. 60

Anders als in § 24 Abs. 1 Nr. 2 sind damit zwar nicht die Tatbestandsvarianten der „nicht richtigen“ bzw. nicht vollständigen“ Ergreifung bußgeldbewehrt; gleichwohl ist es vom Wortlaut gedeckt, von einer Nichtergreifung auszugehen, wenn etwaige Maßnahmen derart unrichtig bzw. unvollständig und damit auch unangemessen iSv § 6 Abs. 1 sind, dass sie einer Nichtergreifung gleichkommen (Depping/Walden/Handel Rn. 44). 61

Bußgeldrechtlich verantwortlich zur Pflichterfüllung sind in letzter Instanz die Geschäftsleitung bzw. der Vorstand (§ 9 Abs. 1 Nr. 1, 2 OWiG) sowie gem. § 14 Abs. 1 OWiG die für sie zuständigen Überwachungsorgane, aber auch mit der konkreten Umsetzung im Unternehmen betraute Instanzen, denen iW die Verantwortung für die rechtzeitige Umsetzung zukommt. Schlagen aber unmittelbare Zulieferer selbst objektiv sachgerechte Vertragsangebote aus oder brechen Verhandlungen ohne sachgerechten Grund, zB zur Erzeugung wirtschaftlichen Drucks, ab, scheidet dennoch eine ordnungswidrigkeitenrechtliche Verantwortlichkeit der 62

Zulieferer unter dem Gesichtspunkt der Mittäterschaft bzw. Nebentäterschaft gem. § 14 OWiG aus, da auch als Nebentäter nur Normadressaten in Betracht kommen (KK-OWiG-Rengier OWiG § 14 Rn. 104 f.), hieran fehlt es aber auf Seiten des Zulieferers, da sich § 24 nicht an sie, sondern das Unternehmen wendet (→ § 16 Rn. 13 ff.).

63 Die Geldbuße bei Verstößen beträgt gem. § 24 Abs. 2 S. 1 Nr. 1 max. 800.000 EUR. Der Bußgeldrahmen kann für juristische Personen bzw. Personenvereinigungen gem. § 24 Abs. 2 S. 2 iVm § 30 Abs. 2 S. 3 OWiG verzehnfacht werden.

4. § 24 Abs. 1 Nr. 4 („entgegen § 6 Absatz 5 Satz 1, § 7 Absatz 4 Satz 1 oder § 8 Absatz 5 Satz 1 eine Überprüfung nicht oder nicht rechtzeitig vornimmt,“)

64 Nach § 24 Abs. 1 Nr. 4 kann bebußt werden, wenn die an verschiedenen Stellen des Gesetzes geforderten Pflichten zur jährlichen bzw. anlassbezogenen Überprüfung der Wirksamkeit der Präventionsmaßnahmen (§ 6 Abs. 5 S. 1), der Wirksamkeit der Abhilfemaßnahmen (§ 7 Abs. 4 S. 1) oder der Wirksamkeit des Beschwerdeverfahrens (§ 8 Abs. 5 S. 1) nicht oder nicht rechtzeitig durchgeführt werden.

65 Tatbestandsmäßig iSv **§ 24 Abs. 1 Nr. 4 Alt. 1** ist damit zunächst das vollständige Unterbleiben der vom Gesetz jeweils geforderten Überprüfung. In diesem Zusammenhang ist zu beachten, dass der Gesetzgeber – anders als bspw. in § 24 Abs. 1 Nr. 2 – die in der Sache fehlerhafte und damit unrichtige Überprüfung offenbar als nicht tatbestandsmäßig ansieht. In diesem Zusammenhang ist wie folgt zu unterscheiden: Die offenkundig inhaltlich untaugliche Überprüfung ist nicht nur unrichtig, sondern steht dem vollständigen Unterbleiben gleich. Kleinere Unrichtigkeiten führen hingegen nicht zu einer Ordnungswidrigkeit nach § 24 Abs. 1 Nr. 4. Die Überprüfung kann weiterhin Aktualisierungspflichten auslösen, für deren Befolgung § 24 Abs. 1 Nr. 5 einschlägig ist.

66 Die jährliche und damit iSd § 24 Abs. 1 Nr. 4 Alt. 2 **rechtzeitige *jährliche* Überprüfung** ist nicht an ein bestimmtes Datum geknüpft, sondern hat turnusmäßig im Kalender- oder Geschäftsjahr zu erfolgen. Die ***anlassbezogene* Überprüfung** knüpft an eine wesentlich veränderte bzw. wesentlich erweiterte Risikolage an, die sich aber nicht zwingend realisiert haben muss. In zeitlicher Hinsicht verlangt das Gesetz – anders als bei § 24 Abs. 1 Nr. 5 – zwar keine unverzügliche Überprüfung. Hat das Unternehmen Kenntnis von den die anlassbezogene Überprüfung begründenden Umständen, ist gleichwohl kein übermäßiges Zuwarten möglich. Bereits im Vorfeld, wenn mit einer solchen Lage gerechnet werden muss, hat eine Überprüfung stattzufinden, wobei das Gesetz selbst sowie die Gesetzesbegründung jeweils entsprechende, aber nicht abschließende Beispielsfälle aufführen (vgl. § 6 Abs. 5 S. 1, § 7 Abs. 4 S. 1, § 8 Abs. 5 S. 1; Begr. RegE LkSG, BT-Drs. 19/28649, 48). Hier kann bei Einführung neuer Produkte oder Erschließung neuer Geschäftsfelder nicht erst nach Abschluss der Einführung bzw. der Erschließung mit der Überprüfung begonnen werden. Liegen Hinweise aus dem Beschwerdeverfahren vor, sind diese zu berücksichtigen (§ 6 Abs. 5 S. 2 iVm § 8 Abs. 1). Im Grunde bleibt dem Unternehmen bei anlassbezogener Überprüfung nach Kenntnisnahme der Umstände nur die Karenzzeit zur konkreten Planung bzw. Ausgestaltung der jeweiligen Prüfung. Die Vorgabe starrer Fristen ist hier nicht sachgerecht (anders Depping/Walden/Handel Rn. 49: „in der Regel 1–2 Monate“), so dass je nach Unternehmensgröße und Art bzw. Komplexität des Anlasses unterschiedliche Zeiträume noch als rechtzeitig anzusehen sind. An dieser Stelle wären Leitlinien wünschenswert, die aber auch die jüngste Handreichung des BAFA zum Beschwerdeverfahren nicht enthält (vgl. Handreichung Beschwerdeverfahren, 2022, S. 16 f.).

67 Zeigt sich kurz nach einer jährlichen Überprüfung ein anlassbezogener Mangel, so bedeutet die kurz zuvor durchgeführte Untersuchung nicht notwendig, dass eine

erneute Überprüfung unterbleiben kann, insbes. dann, wenn der konkrete Anlass einen Mangel bzw. eine Unzulänglichkeit in der jährlichen Überprüfung offenlegt. Besteht ein derartiger Zusammenhang nicht, so kann aber durchaus auf eine erneute Überprüfung verzichtet werden, wenn sich aus dem Anlass keine Anhaltspunkte für eine Veränderung ergeben und auf eine bloße vollständige Wiederholung ohne neuen Mehrwert hinauslaufen würde. Derartige Prüfungen erscheinen verzichtbar. Verstöße gegen die jeweiligen Aktualisierungspflichten in der Folge werden auf der Grundlage von § 24 Abs. 1 Nr. 5 in gleicher Höhe bebußt. Ist schon die Überprüfung als solche unterblieben, wird regelmäßig auch keine Aktualisierung vorgenommen worden sein, so dass sich ggf. entsprechende weitere Ordnungswidrigkeiten ergeben. Diese stehen als Unterlassungsdelikte zwar in Tatmehrheit. Da aber letztlich mit der zusätzlichen Verwirklichung von § 24 Abs. 1 Nr. 5 eine Unrechtsvertiefung erfolgt, tritt bei gleichzeitigem Verstoß von § 24 Abs. 1 Nr. 4 und § 24 Abs. 1 Nr. 5 die Tat nach § 24 Abs. 1 Nr. 4 im Wege der mitbestraften Vortat zurück. Die Geldbuße bei Verstößen beträgt gem. § 24 Abs. 2 S. 1 Nr. 2 max. 500.000 EUR. Der Bußgeldrahmen kann für juristische Personen bzw. Personenvereinigungen gem. § 24 Abs. 2 S. 2 iVm § 30 Abs. 2 S. 3 OWiG verzehnfacht werden.

5. § 24 Abs. 1 Nr. 5 („entgegen § 6 Absatz 5 Satz 3, § 7 Absatz 4 Satz 3 oder § 8 Absatz 5 Satz 2 eine Maßnahme nicht oder nicht rechtzeitig aktualisiert“)

Ein Verstoß gegen das Aktualisierungsgebot gemäß § 24 Abs. 1 Nr. 5 hängt eng mit den Pflichten aus § 24 Abs. 1 Nr. 4 zusammen und wird nicht selten mit ihnen zusammentreffen (→ § 24 Rn. 67). Sind bei der jährlichen oder anlassbezogenen Überprüfung der Präventionsmaßnahmen (§ 6 Abs. 5 S. 3), Abhilfemaßnahmen (§ 7 Abs. 4 S. 3) oder des Beschwerdeverfahrens (§ 8 Abs. 5 S. 2) Mängel oder Unzulänglichkeiten bekannt geworden, verpflichtet das Gesetz zur Ergreifung von Aktualisierungs-/Anpassungsmaßnahmen; diese sind *unverzüglich,* mithin ohne schuldhaftes Zögern (§ 121 Abs. 1 BGB) zu ergreifen (→ § 24 Rn. 54f.). Geschieht dies nicht oder nicht unverzüglich und damit nicht rechtzeitig, kann eine Geldbuße bis max. 500.000 EUR verhängt werden. Während § 6 Abs. 5 S. 3 und § 7 Abs. 4 S. 3 von Aktualisierung sprechen, ist in § 8 Abs. 5 S. 2 – anders als noch im RefE (RefE des BMAS vom 28.2.2021, S. 12) – aus Gründen „sprachlicher Präzisierung“ von Wiederholung die Rede (BT-Drs. 19/30505, 41), ohne dass dies auch Niederschlag in § 24 Abs. 1 Nr. 5 gefunden hätte (Gehling/Ott/Schmelzeisen Rn. 43 („de lege ferenda Klarstellung wünschenswert“)). Der Gesetzgeber hat damit sprachlich jedoch hinreichend deutlich und ohne Verstoß gegen Art. 103 Abs. 2 GG zum Ausdruck gebracht, dass eine Wiederholung der Prüfung der Wirksamkeit des Beschwerdeverfahrens gem. § 8 Abs. 5 S. 2 der Aktualisierung gleichsteht (Gehling/Ott/Schmelzeisen Rn. 41 ff.; so auch iErg Depping/Walden/Handel Rn. 53). Der Bußgeldrahmen kann für juristische Personen bzw. Personenvereinigungen gem. § 24 Abs. 2 S. 2 iVm § 30 Abs. 2 S. 3 OWiG verzehnfacht werden. 68

6. § 24 Abs. 1 Nr. 6 („entgegen § 7 Absatz 1 Satz 1 eine Abhilfemaßnahme nicht oder nicht rechtzeitig ergreift“)

Werden Abhilfemaßnahmen nach § 7 Abs. 1 S. 1 nicht oder nicht rechtzeitig ergriffen, kann nach § 24 Abs. 1 Nr. 6 ein Bußgeld verhängt werden, und zwar eines aus der höchsten Kategorie von bis zu 800.000 EUR (§ 24 Abs. 2 S. 1 Nr. 1 Buchst. b). Betroffen sind Pflichtverletzungen im eigenen Geschäftsbereich oder bei einem unmittelbaren Zulieferer, die bereits eingetreten sind oder die unmittelbar bevorstehen (→ § 7 Rn. 5ff.). Im eigenen Geschäftsbereich *im Inland* verpflichtet der Gesetzgeber dazu, dass die Abhilfemaßnahme zur Beendigung der Verlet- 69 zung und damit zum Erfolg führen muss (§ 7 Abs. 1 S. 3; → § 7 Rn. 11 f.). Im eigenen Geschäftsbereich *im Ausland* und im Geschäftsbereich gem. § 2 Abs. 6 S. 3 muss die Abhilfemaßnahme idR zur Beendigung der Verletzung führen (§ 7 Abs. 1 S. 4; vgl. zur Bestimmung des Regelfalls → § 7 Rn. 13 ff.).

70 Der Bußgeldrahmen kann für juristische Personen bzw. Personenvereinigungen gem. § 24 Abs. 2 S. 2 iVm § 30 Abs. 2 S. 3 OWiG verzehnfacht werden. Die Ordnungswidrigkeit nach § 24 Abs. 1 Nr. 6 zählt auch neben § 24 Abs. 1 Nr. 7 Buchst. a zu den beiden Ordnungswidrigkeiten, bei denen Verbandsgeldbußen gem. § 24 Abs. 3 gegen juristischen Personen oder Personenvereinigungen ab 400 Mio. EUR durchschnittlichem Jahresumsatz umsatzbezogen verhängt werden können. In diesen Fällen beträgt die mögliche umsatzbezogene Verbandsgeldbuße gem. § 24 Abs. 3 S. 1 bis zu 2% des durchschnittlichen Jahresumsatzes (→ § 24 Rn. 116 ff.).

71 Gegen diese und andere Bußgeldnormen aus der Kategorie des § 24 Abs. 2 S. 1 Nr. 1 sind, nicht zuletzt auch wegen der möglichen exorbitanten Bußgeldhöhe, Vorwürfe dergestalt erhoben worden, die Norm sei zu unbestimmt (Lutz-Bachmann/Vorbeck/Wengenroth BB 2021, 906 (912); ähnl. Kamann/Irmscher NZWiSt 2021, 249 (254)), wobei zur Begründung nicht etwa auf die Unbestimmtheit der Regelung in § 7 Abs. 1, sondern die der zugrundeliegenden Kataloge in § 2 Abs. 2, 4 bzw. der in der Anlage benannten völkerrechtlichen Verträge abgehoben wird (Lutz-Bachmann/Vorbeck/Wengenroth BB 2021, 906 (912)). Hieraus folgt aber keine Unbestimmtheit iSv Art. 103 Abs. 2 GG (→ § 24 Rn. 10 ff.).

72 Ist eine Verletzung einer geschützten Rechtsposition eingetreten oder steht diese *unmittelbar* bevor (→ § 7 Rn. 7), hat das Unternehmen unverzüglich und damit ohne schuldhaftes Zögern (§ 121 Abs. 1 BGB; → § 24 Rn. 54 f.) *angemessene* Abhilfemaßnahmen zu ergreifen. Eine Verletzung steht unmittelbar bevor, wenn die Rechtsgutsverletzung so nah ist, dass sie „mit den Händen zu greifen ist" bzw. bis zu ihrem Eintritt keine wesentlichen Zwischenschritte mehr erforderlich sind. Betroffen von der Verpflichtung in § 24 Abs. 1 Nr. 6 iVm § 7 Abs. 1 S. 1 ist – wie auch bei § 24 Abs. 1 Nr. 3 – der eigene Geschäftsbereich und der von unmittelbaren Zulieferern (vgl. § 7 Abs. 1 S. 1).

73 Es wird an dieser – wie auch an anderer – Stelle besonders deutlich, vor welchem Balance-Akt der Gesetzgeber stand, nämlich zum einen die unternehmerische bzw. branchenspezifische Vielgestaltigkeit auf der einen Seite zu respektieren und zum anderen die Vielgestaltigkeit möglicher Menschenrechtsverletzungen auf einen organisatorischen Mindestnenner zu bringen. Welche Risiken jeweils bestehen, weiß das Unternehmen aufgrund der Risikoanalyse nach § 5 Abs. 1 S. 1 sowie der Vorbereitung der Grundsatzerklärung nach § 6 Abs. 2 Nr. 2, in der dies entsprechend niederzulegen ist.

74 Insofern hilft der pauschale Verweis auf die sog. Auffangklausel in § 2 Abs. 2 Nr. 12 nicht weiter (von Kamann/Irmscher NZWiSt 2021, 249 (254) als „Angstklausel" bezeichnet; derartige Polemik ist im vorliegenden Kontext fehl am Platze), um eine Unbestimmtheit der Norm zu begründen. Das Unternehmen kann im Zuge einer sorgfältigen Analyse nämlich durchaus bestimmen, ob in „*besonders* schwerwiegender Weise" in geschützte Rechtspositionen eingegriffen wird und damit Verstöße der höchsten bzw. schwersten Kategorie im eigenen Geschäftsbereich auftreten. Damit meint der Gesetzgeber im Grunde „tickende Zeitbomben", die einer sorgsamen Risikoanalyse eigentlich kaum entgehen können.

75 Was die Wahl der zu ergreifenden Mittel angeht, besteht freilich ein unbestreitbarer Spielraum, den das Gesetz aufgrund der branchentypischen Spezifika und den unterschiedlichen Unternehmensgrößen kaum anders als mit „angemessen" beschreiben konnte (vgl. § 3 Abs. 2; → § 3 Rn. 38 ff.). Das BAFA hat kürzlich zum Prinzip der Angemessenheit, eine Handreichung herausgegeben (BAFA, Handreichung Angemessenheit 2022). Angemessen ist die Reaktion, die der ordentliche Kaufmann in einem vergleichbaren Unternehmen (Größe, Branche) in einer entsprechenden Risikosituation aus *ex-ante* Sicht an Mindestmaßnahmen ergreifen würde und konnte. Das BAFA umschreibt diese Kriterien in seiner Handreichung

mit den Stichworten „Art und Umfang der Geschäftstätigkeit" (zum Kriterium Art und Umfang der Geschäftstätigkeit im Rahmen der Angemessenheitsprüfung vgl. BAFA, Handreichung Angemessenheit, 2022, S. 7) sowie „Einflussvermögen" (zum Kriterium des Einflussvermögens vgl. BAFA, Handreichung Angemessenheit, 2022, S. 7). Als weitere Kriterien zur Beurteilung der Angemessenheit sind nach der Handreichung des BAFA die „Schwere und Eintrittswahrscheinlichkeit" der Pflichtverletzung sowie die „Art des Verursachungsbeitrages" anzusehen (s. dazu jeweils BAFA, Handreichung Angemessenheit, 2022, S. 8). Die Maßnahme bleibt auch dann *ex-ante* angemessen, wenn sie ex-post aus nicht vorhersehbaren Gründen nicht zum gewünschten Ziel führt. Gerade bei wertungsabhängigen Begriffen wie dem der Angemessenheit werden insoweit auch nicht selten Irrtümer in Betracht kommen, die ggf. zum Vorsatzausschluss führen können (so allgemein (ohne Bezug zu § 24 Abs. 1 Nr. 6) Mitsch NZWiSt 2021, 409 (411)).

7. Verstöße nach § 24 Abs. 1 Nr. 7 Buchst. a, b

a) § 24 Abs. 1 Nr. 7 Buchst. a („entgegen § 7 Absatz 2 Satz 1 ein Konzept nicht oder nicht rechtzeitig erstellt oder nicht oder nicht rechtzeitig umsetzt")

§ 24 Abs. 1 Nr. 7 Buchst. a knüpft thematisch an § 24 Abs. 1 Nr. 6 an, betrifft **76** aber nur die Risikosituation beim unmittelbaren Zulieferer und dabei auch nur solche Risiken, die sich verwirklicht haben. Unmittelbar bevorstehende Risiken sind – anders als nach § 24 Abs. 1 Nr. 6 iVm § 7 Abs. 1 S. 1 – nicht von der Bußgeldandrohung erfasst.

Kann das eingetretene menschenrechts- oder umweltbezogene Risiko nach § 7 **77** Abs. 1 S. 1 bei einem unmittelbaren Zulieferer nicht in absehbarer Zeit beendet werden, ist gem. § 7 Abs. 2 S. 1 unverzüglich (und damit ohne schuldhaftes Zögern, § 121 Abs. 1 BGB) ein *Minimierungs- oder Beendigungs*konzept – keines zur Beseitigung (!) – zu erstellen und umzusetzen. Der Gesetzgeber verlangt an zwingendem Inhalt lediglich einen entsprechenden Zeitplan; die Planung einer Exit-Strategie ist bereits fakultativ. Geschehen Erstellung oder Umsetzung nicht oder nicht rechtzeitig, kann nach § 24 Abs. 1 Nr. 7 Buchst. a ein Bußgeld aus der höchsten Kategorie von bis zu 800.000 EUR verhängt werden (§ 24 Abs. 2 S. 1 Nr. 1 Buchst. b), um den entsprechenden Arbeitsdruck zu erzeugen. Der Bußgeldrahmen kann für juristische Personen bzw. Personenvereinigungen gem. § 24 Abs. 2 S. 2 iVm § 30 Abs. 2 S. 3 OWiG verzehnfacht werden. Die Ordnungswidrigkeit nach § 24 Abs. 1 Nr. 7 Buchst. a – nicht die nach § 24 Abs. 1 Nr. 7 Buchst. b – zählt auch neben § 24 Abs. 1 Nr. 6 zu den beiden Ordnungswidrigkeiten, bei denen Verbandsgeldbußen gem. § 24 Abs. 3 bei juristischen Personen oder Personenvereinigungen ab 400 Mio. EUR durchschnittlichem Jahresumsatz umsatzbezogen verhängt werden können. Gegen diese (und andere Bußgeldnormen aus der Kategorie des § 24 Abs. 2 S. 1 Nr. 1) sind wohl – wie bereits ausgeführt (→ § 24 Rn. 71 ff.) – nicht zuletzt auch wegen der exorbitanten Bußgeldhöhe Vorwürfe dergestalt erhoben worden, die Norm sei zu unbestimmt (Kamann/Irmscher NZWiSt 2021, 249 (254): „prima facie Bestimmtheitszweifel"), was aber nicht der Fall ist (→ § 24 Rn. 10 ff., 71 ff.).

Ein Konzept ist ***nicht* errichtet,** wenn es entweder vollständig fehlt oder wesent- **78** liche Inhalte fehlen. Es genügt folglich nicht, in der Situation des § 7 Abs. 2 (eingetretene Verletzung!) lediglich „am Reißbrett" ein entsprechendes Konzept zu erstellen, sondern dieses muss bestimmte Mindestanforderungen enthalten. Der Gesetzgeber verlangt an zwingendem Inhalt zunächst (formal) einen entsprechenden Zeitplan; die Planung einer Exit-Strategie ist in der Gesetzesbegründung bereits als Soll-Bestimmung ausformuliert (Begr. RegE LkSG, BT-Drs. 19/28649, 48). Daher sind etwaige inhaltliche Vorgaben, wie sie das Gesetz in § 7 Abs. 3 vorsieht, nicht als inhaltliche Mindestanforderungen im vorgenannten Sinne anzusehen. (Beispielhafte) Maßnahmen sind nach dem Wortlaut von § 7 Abs. 2 S. 3

Nr. 1–3 in Betracht zu ziehen, die in der Gesetzesbegründung weiter – wenngleich dort (widersprüchlich) als Soll-Vorgaben – ausformuliert sind (Begr. RegE LkSG, BT-Drs. 19/28649, 48 f.).

79 Ein Konzept ist ***nicht* umgesetzt,** wenn die darin vorgesehenen Maßnahmen entweder vollständig oder in wesentlichen Teilen nicht angewendet werden.

80 Hat das Unternehmen allerdings mit dem unmittelbaren Zulieferer keine entsprechenden vertraglichen Vereinbarungen treffen können, gereicht ihm dies nicht zum Nachteil mit Blick auf § 24, da das Gesetz keinen Erfolg der Bemühungen verlangt. Jedoch muss das Unternehmen die in seiner Macht stehenden organisatorischen Maßnahmen sowie die nach dem vorhandenen vertraglichen Instrumentarium möglichen Maßnahmen erwägen. § 24 bebußt unzureichende organisatorische Regelungen bzw. bestimmte unzureichende Maßnahmen, nicht aber in der Vergangenheit schlecht geführte Vertragsverhandlungen, die dem Unternehmen nun in der konkreten Risikosituation nicht das optimale, *ex-post* nunmehr wünschenswerte vertragliche Handlungsinstrumentarium bieten.

81 **Nicht rechtzeitig** ist das Minimierungskonzept erstellt bzw. umgesetzt, wenn ein schuldhaftes Zögern vorliegt (§ 121 Abs. 1 BGB; → § 24 Rn. 54), wobei an die Rechtzeitigkeit je nach Schwere des eingetretenen Schadens (zB Art der Verletzung, Zahl der betroffenen Personen) strengere Anforderungen zu stellen sind. Jedoch verbieten sich starre zeitliche Regeln, denn es nützt nichts, wenn ohne ausreichende/sachgerechte Information ein Minimierungskonzept erstellt wird, das später wieder bereits absehbar abgeändert werden müsste. Insofern kann es je nach Sachlage auch noch rechtzeitig sein, zunächst erste vorbereitende Schritte einzuleiten, und ggf. parallel weitere Informationen einzuholen, um auf dieser Basis dann weitergehende Maßnahmen zu ergreifen.

b) § 24 Abs. 1 Nr. 7 Buchst. b („entgegen § 9 Absatz 3 Nummer 3 ein Konzept nicht oder nicht rechtzeitig erstellt oder nicht oder nicht rechtzeitig umsetzt“)

82 § 24 Abs. 1 Nr. 7 Buchst. b komplettiert die Regelungen in § 24 Abs. 1 Nr. 6, 7 Buchst. a und betrifft die Situation beim mittelbaren Zulieferer (§ 2 Abs. 8; → § 2 Rn. 191 f.). Erlangt das Unternehmen substantiierte Kenntnis (→ § 9 Rn. 10 ff.) von einer möglichen Verletzung einer geschützten Rechtsposition oder einer umweltbezogenen Pflicht bei einem mittelbaren Zulieferer, so ist es u. a. verpflichtet gem. § 9 Abs. 3 Nr. 3 ein Konzept zur Minimierung und Vermeidung der vorgenannten Verletzung zu erstellen und umzusetzen. Geschehen Erstellung oder Umsetzung nicht oder nicht rechtzeitig (→ § 24 Rn. 54), kann eine Bebußung erfolgen. Substantiierte Kenntnis iSv § 9 Abs. 3 soll nach der Regierungsbegründung vorliegen, wenn tatsächliche Anhaltspunkte vorliegen, die eine Verletzung im vorgenannten Sinne als möglich erscheinen lassen (→ § 9 Rn. 10 ff.; Begr. RegE LkSG, BT-Drs. 19/28649, 50).

83 Tatsächliche Anhaltspunkte können sich aus internen Quellen (Beschwerdeverfahren nach § 8 (Begr. RegE LkSG, BT-Drs. 19/28649, 50), Whistleblower-Systeme oder andere Eingaben) speisen oder aus externen Informationsquellen stammen, wie etwa Berichten, zB von NGOs oder Privatpersonen. Soweit die Gesetzesbegründung davon ausgeht, dass bereits die Zugehörigkeit zu einer problematischen Branche oder frühere Verstöße letztlich Anlass für ein Tätigwerden begründen sollen (Begr. RegE LkSG, BT-Drs. 19/28649, 50), vermag dies aus sich selbst heraus keine Verpflichtung zum Tätigwerden iSv § 9 Abs. 3 zu begründen, da ansonsten die Branchenzugehörigkeit einen Generalverdacht begründen würde bzw. frühere Verstöße zur fortlaufenden Konzepterstellung „in Endlosschleife“ zwingen würden. Das kann alleine für eine Bebußung nicht ausreichend sein. Frühere Verstöße begründen sicherlich eine Verpflichtung zur erhöhten Wachsamkeit und Fokussierung, aber es braucht aktuelle Anhaltspunkte für ein erneutes Tätigwerden.

Die Geldbuße bei Verstößen beträgt gem. § 24 Abs. 2 S. 1 Nr. 1 max. 800.000 EUR. Der Bußgeldrahmen kann für juristische Personen bzw. Personenvereinigungen gem. § 24 Abs. 2 S. 2 iVm § 30 Abs. 2 S. 3 OWiG verzehnfacht werden. 84

Der Gesetzgeber geht davon aus, dass die Erstellung des Konzepts entsprechend § 7 Abs. 2 zu erfolgen hat (Begr. RegE LkSG, BT-Drs. 19/28649, 51), so dass auf die vorstehenden Ausführungen zu § 24 Abs. 1 Nr. 7 Buchst. a verwiesen werden kann (→ § 24 Rn. 76 ff.). 85

8. § 24 Abs. 1 Nr. 8 („entgegen § 8 Absatz 1 Satz 1, auch in Verbindung mit § 9 Absatz 1, nicht dafür sorgt, dass ein Beschwerdeverfahren eingerichtet ist")

Nach § 24 Abs. 1 Nr. 8 kann bebußt werden, wer entgegen § 8 Abs. 1 S. 1 sowie iVm § 9 Abs. 1 nicht dafür sorgt, dass ein Beschwerdeverfahren eingerichtet ist. Gem. **§ 8 Abs. 1 S. 1** muss das Beschwerdeverfahren den Anforderungen des § 8 Abs. 2–4 genügen und so ausgestaltet sein, dass Personen, die durch wirtschaftliche Tätigkeit im eigenen Geschäftsbereich des Unternehmens oder durch wirtschaftliche Tätigkeit eines unmittelbaren Zulieferers *unmittelbar* in einer geschützten Rechtsposition verletzt sein können, und Personen, die Kenntnis von einer möglichen Rechtsverletzung einer geschützten Rechtsposition oder einer umweltbezogenen Pflicht haben, auf diese menschenrechtsbezogenen und umweltbezogenen Risiken oder Verletzungen hinweisen können. Weiterhin muss das Beschwerdeverfahren gem. **§ 9 Abs. 1** so ausgestaltet sein, dass auch Personen, die aufgrund der Tätigkeit eines mittelbaren Zulieferers in einer geschützten Rechtsposition verletzt sein können, und Personen, die Kenntnis von einer möglichen Verletzung einer geschützten Rechtsposition oder einer umweltbezogenen Pflicht haben, auf diese Verletzung hinweisen können. 86

Auch wenn der Wortlaut des § 24 Abs. 1 Nr. 8 unglücklich lediglich auf § 8 Abs. 1 S. 1 und damit die Verpflichtung zur Errichtung eines unternehmens*internen* Beschwerdeverfahrens Bezug nimmt, genügt die Beteiligung an einem externen Beschwerdeverfahren, was sich bereits aus § 8 Abs. 1 S. 6 ergibt. Auch der Gesetzgeber ging davon aus, dass der Anschluss an ein Beschwerdeverfahren eines Branchenverbandes ausreichend ist (zu dieser Wahlmöglichkeit Begr. RegE LkSG, BT-Drs. 19/28649, 49). Ist dies aber möglich, so ist erst Recht die Einbindung in ein konzernweites Beschwerdeverfahren möglich und zulässig (überzeugend Rothenburg/Rogg AG 2022, 259 (264)), wovon auch das BAFA selbst ausgeht (FAQ zum LkSG XII. 1.). Es muss auch kein ausschließlich auf das LkSG zugeschnittenes Beschwerdeverfahren installiert werden; ausreichend ist die Einbindung in ein bestehendes anderes und nunmehr entsprechend nach den Bedürfnissen des LkSG angepasstes Beschwerdeverfahren. 87

Was die Errichtung des Beschwerdeverfahrens gem. § 8 Abs. 1 S. 1 angeht, so ist bereits fraglich, ob nur das vollständig fehlende (interne oder externe) Beschwerdeverfahren eine Ordnungswidrigkeit auslöst oder ob auch bei teilweisen Unzulänglichkeiten eine Bebußung möglich ist, so etwa, wenn entgegen § 8 Abs. 1 S. 1, Abs. 2 keine Verfahrensordnung existiert, entgegen § 8 Abs. 1 S. 1, Abs. 3 kein unparteiischer Ombudsmann zur Durchführung des Beschwerdeverfahrens eingesetzt wird oder entgegen § 8 Abs. 1 S. 1, Abs. 4 die Erreichbarkeiten pp. der Beschwerdestelle nicht ausreichend öffentlich zugänglich gemacht werden. Letzteres ist gerade bei einem weltweiten und umfangreichen Zulieferernetz durchaus mit praktischen Schwierigkeiten und Herausforderungen verbunden, wie für jedes Land sichergestellt sein soll, dass die Beschwerdestelle für Betroffene ausreichend zugänglich ist (Wagner/Ruthloff NJW 2021, 2145 (2149)), und zwar auch in den Fällen, bei denen Betroffene keinen Zugang zum Internet haben oder nicht des Lesens/Schreibens mächtig sind. 88

89 Die Gesetzesbegründung ist insoweit wenig ergiebig, als sie nur davon spricht, dass gegen die „Pflicht zur Einrichtung *eines* Beschwerdeverfahrens“ (Hervorhebung durch Verf.) verstoßen wird (Begr. RegE LkSG, BT-Drs. 19/28649, 57). Daraus könnte man den Schluss ziehen, dass nur dann eine Ordnungswidrigkeit vorliegt, wenn überhaupt kein Beschwerdeverfahren eingerichtet ist. Hiergegen spricht zunächst der Wortlaut der Regelung in § 24 Abs. 1 Nr. 8, denn entgegen § 8 Abs. 1 S. 1 ist auch dann kein Beschwerdeverfahren eingerichtet worden, wenn eben eine der vorgenannten teilweisen Unzulänglichkeiten vorliegt. Weiter spricht hierfür aus systematischen Gründen die Regelung in § 24 Abs. 4 Nr. 7, denn der Gesetzgeber hebt ausdrücklich hervor, dass bereits das Angebot einer einvernehmlichen Streitbeilegung mildernde Wirkung iRd Bußgeldbemessung entfalten kann (Begr. RegE LkSG, BT-Drs. 19/28649, 49). Das macht aber ersichtlich nur dann Sinn, wenn das Beschwerdeverfahren den vollständigen Anforderungen der § 8 Abs. 1 S. 1 iVm § 8 Abs. 2–4 genügt, denn eine Milderung kann nicht für ein teilweise unvollständiges Beschwerdeverfahren gewährt werden.

90 Die Geldbuße bei Verstößen der geschilderten Art. beträgt gem. § 24 Abs. 2 S. 1 Nr. 1 max. 800.000 EUR. Der Bußgeldrahmen kann für juristische Personen bzw. Personenvereinigungen gem. § 24 Abs. 2 S. 2 iVm § 30 Abs. 2 S. 3 OWiG verzehnfacht werden.

9. § 24 Abs. 1 Nr. 9 („entgegen § 10 Absatz 1 Satz 2 eine Dokumentation nicht oder nicht mindestens sieben Jahre aufbewahrt“)

91 Verstöße gegen die Verpflichtung zur Aufbewahrung der internen Dokumentation über die Erfüllung der Sorgfaltspflichten gem. § 10 Abs. 1 S. 2 können gebußt werden. Die Verpflichtung zur Erstellung der Dokumentation ergibt sich aus § 10 Abs. 1 S. 1. Diese Unterlagen müssen ab Erstellung, dh ggf. auch schon vor Ablauf des jährlichen Berichtszeitraums, für mind. sieben Jahre aufbewahrt werden. Etwaige Verstöße werden bspw. durch Mitteilungen eines Whistleblowers oder iRd Wahrnehmung behördlicher Zutritts- und Besichtigungsrechte (§ 16), aber auch bei behördlichen Auskunftsersuchen (§ 17) festgestellt werden können. Inhaltliche Fehler bei der Erstellung fallen unter § 24 Abs. 1 Nr. 10 (→ § 24 Rn. 94 ff.). Zu den Dokumenten iSv § 10 Abs. 1 S. 2 zählen bspw. Unterlagen des Risikomanagements oder Berichte der Internen Revision über die Erfassung und Behandlung menschenrechtlicher oder umweltbezogener Risiken.

92 Erstellt das Unternehmen unter Verstoß gegen § 10 Abs. 1 S. 1 überhaupt keine Dokumentation, so wird teilweise vertreten, dass dies keine Ordnungswidrigkeit iSv § 24 Abs. 1 Nr. 9 darstelle (so Depping/Walden/Handel Rn. 65 f., der lediglich die Möglichkeit zur Verhängung von Zwangsgeldern im Verwaltungsverfahren sieht). Dem ist nicht zu folgen. Zwar verweist § 24 Abs. 1 Nr. 9 nicht auf § 10 Abs. 1 S. 1, der zur Dokumentation anhält. Jedoch liegt sprachlich ohne Verstoß gegen Art. 103 Abs. 2 GG auch dann keine aufbewahrte Dokumentation vor, wenn diese zuvor überhaupt nicht erstellt worden ist (so auch Gehling/Ott/Schmelzeisen Rn. 52). Es wäre auch systematisch inkonsistent, wenn der Gesetzgeber Aufbewahrungsverstöße über § 24 Abs. 1 Nr. 9, inhaltliche Fehler über § 24 Abs. 1 Nr. 10 und weitere formale Fehler über § 24 Abs. 1 Nr. 11 bebußt, aber den schwersten Fehler, nämlich dass gar keine Dokumentation erfolgt, außen vorgelassen hätte. Dass der Gesetzgeber Unternehmen insoweit für ihre vollständige Untätigkeit iRv § 24 Abs. 1 Nr. 9 privilegieren wollte, ist nicht zu erkennen.

93 Die Geldbuße bei Verstößen beträgt für natürliche und juristische Personen bzw. Personenvereinigungen gem. § 24 Abs. 2 S. 1 Nr. 3 max. 100.000 EUR. § 30 Abs. 2 S. 3 OWiG ist nicht anzuwenden.

10. § 24 Abs. 1 Nr. 10 („entgegen § 10 Absatz 2 Satz 1 einen Bericht nicht richtig erstellt")

Inhaltliche Fehler, die die Mindestanforderungen bei der Erstellung des externen Berichts nach § 10 Abs. 2 S. 1 über die Erfüllung der Sorgfaltspflichten betreffen, können nach § 24 Abs. 1 Nr. 10 bebußt werden; für formale Fehler gilt § 24 Abs. 1 Nr. 11. Auch wenn § 24 Abs. 1 Nr. 10 nur auf § 10 Abs. 2 S. 1 und damit der Sache nach auf die in § 24 Abs. 1 Nr. 11 benannten Formalverstöße Bezug nimmt, ergeben sich die inhaltlichen Anforderungen an den Bericht aus § 10 Abs. 2 S. 2 Nr. 1–4. Der Bericht ist auch dann zu erstellen, wenn keine Risiken oder Pflichtverletzungen festgestellt worden sind (§ 10 Abs. 3). Ob eine inhaltliche Falschangabe vorliegt, ist Tatfrage, wobei nicht jeder kleine inhaltliche Fehler, sondern mit Blick auf Art. 103 Abs. 2 GG allenfalls *evidente* Fehler bebußt werden können. 94

Da sich in der Sache Überschneidungen je nach Größenklasse – insbes. mit der nichtfinanziellen Erklärung großer Kapitalgesellschaften (vgl. insbes. § 289b HGB, § 289c Abs. 2 Nr. 4, Abs. 3 Nr. 4 HGB) – ergeben können (Wagner/Ruthloff NJW 2021, 2145 (2148)), ist die Übernahme entsprechender Passagen aus dieser Erklärung – die freilich nicht einmal durch den Abschlussprüfer überprüft wird (§ 317 Abs. 2 S. 4 HGB) – unschädlich (Lutz-Bachmann/Vorbeck/Wengenroth BB 2021, 906 (911)). Andererseits gilt es entsprechenden „Greenwashing-Praktiken" vorzubeugen (dazu im Zusammenhang mit § 289c HGB mit entsprechenden Beispielen Ekkenga/Schirrmacher/Schneider NJW 2021, 1509 (1511 f.)), denn wenn entsprechende Schönfärbereien in inhaltlich falsche oder grob verzerrende Darstellungen münden, kann eine Ordnungswidrigkeit nach § 24 Abs. 1 Nr. 10 vorliegen. 95

Die Geldbuße bei Verstößen beträgt für natürliche und juristische Personen bzw. Personenvereinigungen gemäß § 24 Abs. 2 S. 1 Nr. 3 max. 100.000 EUR. § 30 Abs. 2 S. 3 OWiG ist nicht anzuwenden. 96

11. § 24 Abs. 1 Nr. 11 („entgegen § 10 Absatz 2 Satz 1 einen dort genannten Bericht nicht oder nicht rechtzeitig öffentlich zugänglich macht")

Macht das Unternehmen den nach § 10 Abs. 2 abzufassenden *externen* Bericht nicht oder nicht rechtzeitig öffentlich zugänglich, können die hierfür verantwortlichen Leitungspersonen bebußt werden. Nicht umfasst davon ist die interne Dokumentationsverpflichtung nach § 10 Abs. 1, die nach der Vorstellung des Gesetzgebers nicht zugänglich sein soll (Begr. RegE LkSG, BT-Drs. 19/28649, 50) und damit nicht der Veröffentlichung gem. § 10 Abs. 4 S. 1 unterliegen kann. Der externe Bericht ist für jedes Geschäftsjahr abzufassen und auf der Homepage kostenlos elektronisch zur Verfügung zu stellen. Da ein gesonderter Bericht ausweislich der Gesetzesbegründung zwar wünschenswert, aber nicht zwingend vorgeschrieben ist (Begr. RegE LkSG, BT-Drs. 19/28649, 52 („Für die Zwecke dieses Gesetzes soll ein gesonderter Bericht erstellt werden"); anders entgegen der Gesetzesbegründung Wagner/Ruthloff NJW 2021, 2145 (2148) ohne nähere Darlegung), genügt die Einstellung eines weitergehenden Unternehmensberichts mit dem entsprechenden Passus zu § 10. Erstellt das Unternehmen gar keinen Bericht, so liegt ein Fall des § 24 Abs. 1 Nr. 11 Alt. 1 vor (zur Paralleldiskussion bei § 24 Abs. 1 Nr. 9: → § 24 Rn. 92). 97

Die Frist in § 10 Abs. 4 S. 1 ist parallel zu der Frist in § 12 Abs. 2, der die Frist zur Berichtseinreichung beim BAFA betrifft, ausgestaltet und beträgt vier Monate nach Schluss des Geschäftsjahres (zur Abweichung des Geschäftsjahres vom Kalenderjahr: → § 24 Rn. 101). Von der Bußgeldbewehrung betroffen sind aber auch Verstöße gegen den gesetzlichen Zeitraum von sieben Jahren, für den der Bericht 98 gem. § 10 öffentlich bereitgestellt werden muss (§ 10 Abs. 4 S. 1). Zwar könnte man aufgrund des Vergleichs zu § 24 Abs. 1 Nr. 9, der ausdrücklich Verstöße gegen die zeitlich gleiche Aufbewahrungsverpflichtung hinsichtlich der internen Dokumentation bebußt und dabei explizit auf die ebenfalls siebenjährige Aufbewahrung abstellt, der Auffassung sein, dass § 24 Abs. 1 Nr. 11, wo ein entsprechender Passus fehlt, keine vergleichbare Anforderung stellt.

99 Aber es ist ersichtlich nicht vom Sinn und Zweck der Dokumentationspflichten gedeckt, die auch explizit eine entsprechende externe Transparenz und Kontrolle durch Dritte abseits der behördlichen Kontrolle ermöglichen soll (Begr. RegE LkSG, BT-Drs. 19/28649, 52), wenn der einmal fristgerecht veröffentlichte Bericht nach Ablauf zB eines Geschäftsjahres wieder von der Homepage entfernt wird. Auf diese Weise ist nämlich kein Vergleich mit Vorjahren bspw. bei der Behebung entsprechender jahresübergreifender Risiken möglich. Die entsprechende Dokumentationspflicht wäre ausgehöhlt, könnte der Bericht nach Belieben wieder entfernt werden, wenn er zuvor nur einmal pflichtgemäß veröffentlicht worden ist. Wird der Bericht daher vor Ablauf von sieben Jahren von der Homepage genommen, so liegt daher ein Fall von § 24 Abs. 1 Nr. 11 Alt. 1 vor.

100 Die Geldbuße bei Verstößen beträgt für natürliche und juristische Personen bzw. Personenvereinigungen gem. § 24 Abs. 2 S. 1 Nr. 3 max. 100.000 EUR. § 30 Abs. 2 S. 3 OWiG ist nicht anzuwenden.

12. § 24 Abs. 1 Nr. 12 („entgegen § 12 einen Bericht nicht oder nicht rechtzeitig einreicht")

101 § 24 Abs. 1 Nr. 12 betrifft die unterlassene oder nicht rechtzeitige Einreichung des Berichts nach § 10 Abs. 2 S. 1 beim BAFA. Die Frist zur Einreichung, die für die Rechtzeitigkeit der Einreichung iSd § 24 Abs. 1 Nr. 12 maßgeblich ist, ist § 10 Abs. 2 zu entnehmen, der eine 4-Monatsfrist nach Ablauf des Geschäftsjahres statuiert. Danach kommt es auf das Geschäftsjahr an, das regelmäßig dem Gesellschaftsvertrag zu entnehmen ist. Dieser kann auch ein vom Kalenderjahr abweichendes Geschäftsjahr zulassen (Abweichungen sind nach hM nur durch Satzungsregelung möglich, vgl. MHLS/Hoffmann/Bartlitz GmbHG § 53 Rn. 167; Koch AktG § 23 Rn. 3), welches dann auch für die Einhaltung der Frist des § 10 Abs. 2 maßgeblich ist. Insoweit kommt es also auf das individuell für das jeweilige Unternehmen festgelegte Geschäftsjahr an.

102 Inhaltliche Berichtsfehler fallen nicht unter § 24 Abs. 1 Nr. 12, sondern unter § 24 Abs. 1 Nr. 10. Wird der Bericht nicht in deutscher Sprache abgefasst, steht dies dem vollständigen Unterlassen der Einreichung gleich. Relevant kann dies bspw. für inländische Zweigniederlassungen ausländischer Unternehmen werden, die in den Anwendungsbereich des LkSG fallen (§ 1 Abs. 1 S. 2). Eine entsprechende Klarstellung sieht das Gesetz insoweit zwar anders als in § 244 HGB – ebenfalls bußgeldbewehrt (vgl. § 334 Abs. 1 Nr. 1 Buchst. a HGB) – für das LkSG nicht vor, ergibt sich aber sinngem. aus § 184 S. 1 GVG; die Verwendung einer „lebenden Sprache", wie sie für die Buchführung ausreichend ist (§ 239 Abs. 1 S. 1 HGB), genügt nicht und eine entsprechende Erleichterung ist so auch nicht für das LkSG vorgesehen.

103 Die Geldbuße bei Verstößen beträgt für natürliche und juristische Personen bzw. Personenvereinigungen gem. § 24 Abs. 2 S. 1 Nr. 3 max. 100.000 EUR. § 30 Abs. 2 S. 3 OWiG ist nicht anzuwenden.

13. §§ 24 Abs. 1 Nr. 13 („einer vollziehbaren Anordnung nach § 13 Absatz 2 oder § 15 Satz 2 Nummer 2 zuwiderhandelt")

104 Verstöße gegen vollziehbare Anordnungen des BAFA gem. § 13 Abs. 2 oder § 15 Abs. 2 Nr. 2 können ebenfalls bebußt werden. § 13 Abs. 2 bezieht sich auf die Pflicht des Unternehmens zur Berichterstattung gem. § 10 und ermöglicht es der Behörde, Nachbesserungen unter *angemessener* Fristsetzung anzuordnen (→ § 13 Rn. 12 ff.), wenn entweder überhaupt kein jährlicher Bericht vorliegt (§ 10 Abs. 2 S. 1) oder die inhaltlichen Anforderungen in § 10 Abs. 2 S. 2 Nr. 1–3 nicht erfüllt werden. Ein Zuwiderhandeln iSv § 24 Abs. 1 Nr. 13 liegt u. a. vor, wenn entweder die Nachbesserung nicht fristgerecht erfolgt oder die inhaltlichen Nachbesserungsanforderungen nicht oder nicht vollständig umgesetzt werden. Die Frist zur Nachbesserung beträgt max. vier Monate, da bereits der ursprüngliche Bericht spätestens vier Monate nach Ende des Geschäftsjahres vorliegen muss (vgl. § 10 Abs. 2 S. 1; → § 13 Rn. 12); vertretbar ist auch die Vorgabe einer kürzeren Frist, da die Frist des § 10 Abs. 2 S. 1 für die vollständige Erstellung und nicht bloß die Nachbesserung vorgesehen ist.

§ 15 S. 2 Nr. 2 knüpft an das vollständige Pflichtenprogramm der Unternehmen **105** nach §§ 3–10 Abs. 1 an (§ 15 Abs. 1). Nach § 15 Abs. 1 kann das BAFA die geeigneten und erforderlichen Anordnungen treffen, um etwaige Verstöße gegen §§ 3–10 Abs. 1 nach Eintritt zu beseitigen bzw. deren Eintritt zu verhindern. Die Bußgeldregelung in § 24 Abs. 1 Nr. 13 Alt. 2 knüpft nun konkret nur an eine spezielle behördliche Maßnahme an. Das BAFA kann nämlich dem Unternehmen gem. § 15 S. 2 Nr. 2 aufgeben, binnen drei Monaten ab Bekanntgabe der Anordnung einen Plan zur Behebung der Missstände vorzulegen, der klare Angaben zur zeitlichen Umsetzung vorsieht. Ein Zuwiderhandeln iSv § 24 Abs. 1 Nr. 13 liegt u. a. vor, wenn der fragliche Plan nicht fristgerecht binnen der 3-Monatsfrist vorgelegt wird oder, wenn inhaltliche Fehler vorliegen. Solche sind bspw. dann gegeben, wenn der Plan keine zeitlichen Vorgaben trifft. Führt der Fristverstoß aber zu keinem weitergehenden Schaden, ist dieser Umstand bußgeldmindernd zu berücksichtigen (→ § 15 Rn. 38). Setzt das Unternehmen den entsprechenden Plan nicht um, kann kein Bußgeld nach § 24 Abs. 1 Nr. 13 verhängt werden, da § 15 S. 2 Nr. 2 nur die Planerstellung als solche betrifft (→ § 15 Rn. 38). Insoweit überrascht es, dass das Gesetz anscheinend auf den zeitlichen Rahmen mehr Wert legt als auf die klare personelle Zuordnung etwaiger Aufgaben. Etwaige Verstöße gegen die Umsetzung können aber – je nachdem welche Pflicht der §§ 3 ff. betroffen ist – von den anderen Tatbeständen des § 24 Abs. 1 umfasst sein.

Die Geldbuße bei Verstößen beträgt gem. § 24 Abs. 2 S. 1 Nr. 2 max. **106** 500.000 EUR und kann bei Verbandsgeldbußen gem. §§ 24 Abs. 2 S. 2 iVm § 30 Abs. 2 S. 3 OWiG verzehnfacht werden.

E. Bußgeldrahmen (§ 24 Abs. 2)

Auf der Rechtsfolgenseite sieht der Gesetzgeber in § 24 Abs. 2 S. 1 für Indivi- **107** dualpersonen gestaffelte Geldbußen (vgl. § 1 Abs. 1 OWiG) vor, die je nach organisatorischer Vorgabe von max. 100.000 EUR (§ 24 Abs. 2 S. 1 Nr. 3), 500.000 EUR (§ 24 Abs. 2 S. 1 Nr. 2) bis zu 800.000 EUR betragen können (§ 24 Abs. 2 S. 1 Nr. 1). Bei Verbandsgeldbußen können diese über § 24 Abs. 2 S. 2 iVm § 30 Abs. 2 S. 3 OWiG auf 5 Mio. EUR bzw. 8 Mio. EUR verzehnfacht werden. Die Geldbuße – einzige Hauptrechtsfolge des OWiG (vgl. § 1 Abs. 1 OWiG) – kann auf der Vollstreckungsebene – anders als die Geldstrafe (vgl. § 43 StGB: Ersatzfreiheitsstrafe) nur mit Erzwingungshaft beigetrieben werden (max. 6 Wochen, §§ 96 f. OWiG).

Bei Fahrlässigkeitstaten halbieren sich die vorgenannten Höchstmaße, da § 24 **108** Abs. 2 keine Unterscheidung im Höchstmaß zwischen vorsätzlicher und fahrlässiger Begehung vorsieht (§ 17 Abs. 2 OWiG). Die Bestimmung des Bußgeldes hat für Individualpersonen auf der Grundlage von § 17 Abs. 3 OWiG zu erfolgen. Vorgaben wie in § 24 Abs. 4 hat der Gesetzgeber insoweit nicht vorgesehen. Es ist naheliegend, dass neben allgemein üblichen Kriterien, wie den wirtschaftlichen Verhältnissen des Betroffenen bei – wie hier iRd LkSG – nicht geringfügigen Ordnungswidrigkeiten (§ 17 Abs. 3 S. 2 OWiG), auf die (verschuldeten) Auswirkungen des Verstoßes, die vom Täter verfolgten Absichten (insbes. finanzielle Motive) und die Schwere der eingetretenen Folgen abzustellen ist sowie ob und ggf. wie der Betroffene an der Aufklärung mitgewirkt und Schadensausgleich betrieben hat (WRW LkSG/Skoupil § 10 Rn. 1587 f.).

109 Auf erhöhte Mindestmaße, wie sie bspw. § 9 Abs. 2 VerSanG-E für Verbände vorsah, hat der Gesetzgeber im Anwendungsbereich des LkSG sowohl in § 24 Abs. 2 als auch § 24 Abs. 3 verzichtet, was mind. misslich ist, so dass das gesetzliche Mindestmaß von 5 EUR (§ 17 Abs. 1 OWiG) (jedenfalls theoretisch) Anwendung findet. Für Verbandsgeldbußen gibt § 24 Abs. 4 genauere Vorgaben zur Bemessung (→ § 24 Rn. 127 ff.).

I. Maximaler Bußgeldrahmen bis 800.000 EUR (§ 24 Abs. 2 S. 1 Nr. 1)

110 Den maximalen Bußgeldrahmen von bis zu 800.000 EUR kann das BAFA bei Individualpersonen insbes. bei Verstößen gegen Pflichten zum Ergreifen von Präventions- und Abhilfemaßnahmen verhängen. Die insoweit relevanten Pflichten sieht der Gesetzgeber augenscheinlich als organisatorische Kernpflichten an, auf die besonderes Augenmerk zu richten ist. Bei Verbandsgeldbußen kann das Höchstmaß über § 24 Abs. 2 S. 2 iVm § 30 Abs. 2 S. 3 OWiG auf bis zu 8 Mio. EUR verzehnfacht werden.

111 Im Einzelnen geht es um folgende Verpflichtungen:

- § 24 Abs. 2 S. 1 Nr. 1 Buchst. a iVm § 24 Abs. 1 Nr. 3 iVm § 6 Abs. 1
  - ➢ Ergreifung einer Präventionsmaßnahme
- § 24 Abs. 2 S. 1 Nr. 1 Buchst. a iVm § 24 Abs. 1 Nr. 7 Buchst. b iVm § 9 Abs. 3 Nr. 3
  - ➢ Erstellung und Umsetzung eines Konzepts zur Minimierung / Vermeidung einer Sorgfaltspflichtverletzung (mittelbarer Zulieferer)
- § 24 Abs. 2 S. 1 Nr. 1 Buchst. a iVm § 24 Abs. 1 Nr. 8 iVm § 8 Abs. 1 S. 1 oder § 9 Abs. 1
  - ➢ Einrichtung eines Beschwerdeverfahrens
- § 24 Abs. 2 S. 1 Nr. 1 Buchst. b iVm § 24 Abs. 1 Nr. 6 iVm § 7 Abs. 1
  - ➢ Ergreifung einer Abhilfemaßnahme
- § 24 Abs. 2 S. 1 Nr. 1 Buchst. b iVm § 24 Abs. 1 Nr. 7 Buchst. a iVm § 7 Abs. 2 S. 1
  - ➢ Erstellung und Umsetzung eines Konzepts zur Minimierung / Vermeidung einer Sorgfaltspflichtverletzung (unmittelbarer Zulieferer)

II. Bußgeldrahmen bis 500.000 EUR (§ 24 Abs. 2 S. 1 Nr. 2)

112 Mit dem zweithöchsten Bußgeldrahmen von bis zu 500.000 EUR kann das BAFA bei Individualpersonen insbes. Verstöße gegen weitere vom Gesetzgeber als wichtig angesehene Pflichten bei der Einrichtung des Risikomanagements iwS ahnden. Bei Verbandsgeldbußen kann das Höchstmaß über § 24 Abs. 2 S. 2 iVm § 30 Abs. 2 S. 3 OWiG auf bis zu 5 Mio. EUR verzehnfacht werden.

113 Im Einzelnen geht es um folgende Verpflichtungen:

- § 24 Abs. 2 S. 1 Nr. 2 iVm § 24 Abs. 1 Nr. 1 iVm § 4 Abs. 3 S. 1
  - ➢ Bestimmung eines Beauftragten zur Überwachung des Risikomanagements
- § 24 Abs. 2 S. 1 Nr. 2 iVm § 24 Abs. 1 Nr. 2 iVm § 5 Abs. 1 S. 1 oder § 9 Abs. 3 Nr. 1
  - ➢ Durchführung einer Risikoanalyse
- § 24 Abs. 2 S. 1 Nr. 2 iVm § 24 Abs. 1 Nr. 4 iVm § 6 Abs. 5 S. 1 [Präventionsmaßnahmen] oder § 7 Abs. 4 S. 1 [Abhilfemaßnahmen] oder § 8 Abs. 5 S. 1 [Beschwerdeverfahren]
  - ➢ Durchführung einer Wirksamkeitsüberprüfung
- § 24 Abs. 2 S. 1 Nr. 2 iVm § 24 Abs. 1 Nr. 5 iVm § 6 Abs. 5 S. 3 [Präventionsmaßnahmen] oder § 7 Abs. 4 S. 3 [Abhilfemaßnahmen] oder § 8 Abs. 5 S. 2 [Beschwerdeverfahren]
  - ➢ Vornahme einer Aktualisierung

- § 24 Abs. 2 S. 1 Nr. 2 iVm § 24 Abs. 1 Nr. 13 iVm § 13 Abs. 2 iVm § 10 Abs. 2, 3 [Berichtsanforderungen] oder § 15 S. 2 Nr. 2 [Vorlage eines Beseitigungsplanes]
  ➢ vollziehbare Anordnung in Bezug auf Berichtsanforderungen sowie die Verpflichtung zur Vorlage eines Beseitigungsplanes

III. Bußgeldrahmen bis 100.000 EUR (§ 24 Abs. 2 S. 1 Nr. 3)

Zu den Tatbeständen, die bei natürlichen Personen mit max. 100.000 EUR **114** geahndet werden können, zählen die Ordnungswidrigkeiten in § 24 Abs. 1 Nr. 9, 10, 11, 12, die im Wesentlichen die verschiedenen (formalen) Dokumentations- und Berichtserfordernisse des LkSG abdecken. Die Regelung des § 30 Abs. 2 S. 3 OWiG gilt für sie explizit nicht (vgl. § 24 Abs. 2 S. 2).

Im Einzelnen geht es um folgende Verpflichtungen: **115**

- § 24 Abs. 2 S. 1 Nr. 3 iVm § 24 Abs. 1 Nr. 9 iVm § 10 Abs. 1 S. 2
  ➢ Aufbewahrung des Berichts über die Erfüllung der Sorgfaltspflichten
- § 24 Abs. 2 S. 1 Nr. 3 iVm § 24 Abs. 1 Nr. 10 iVm § 10 Abs. 2 S. 1
  ➢ Erstellung eines Berichts über die Erfüllung der Sorgfaltspflichten
- § 24 Abs. 2 S. 1 Nr. 3 iVm § 24 Abs. 1 Nr. 11 iVm § 10 Abs. 4 S. 1
  ➢ Öffentliche Zugänglichmachung des Berichts nach § 10
- § 24 Abs. 2 S. 1 Nr. 3 iVm § 24 Abs. 1 Nr. 12 iVm § 12
  ➢ Einreichung des Berichts nach § 10 beim BAFA

F. Umsatzbezogene Geldbuße (§ 24 Abs. 3)

Mit der umsatzbezogenen Geldbuße hat der Gesetzgeber – wenn auch undeutlich – eine Regelung geschaffen, die § 30 Abs. 2 OWiG modifiziert bzw. ergänzt (Lutz-Bachmann/Vorbeck/Wengenroth BB 2021, 906 (912)). **116**

I. Einleitung

Bei juristischen Personen oder Personenvereinigungen von bestimmter Größe hat sich der Gesetzgeber dazu entschlossen, die *Verbandsgeldbuße* bei den Pflichtverstößen gegen Abhilfemaßnahmen im eigenen Geschäftsbereich sowie beim unmittelbaren Zulieferer (§ 24 Abs. 3, Abs. 1 Nr. 6, 7 Buchst. a iVm § 7) nicht an den Höchstmaßen des § 24 Abs. 2 S. 2 zu orientieren (RegE LkSG, BT-Drs. 19/28649, 58), sondern hat ein eigenes, umsatzbezogenes Höchstmaß festgelegt. Bei diesen Ordnungswidrigkeiten, die der Gesetzgeber zu den schwersten Verstößen zählt, kann die Geldbuße bis zu 2% des durchschnittlichen Jahresumsatzes der letzten drei Geschäftsjahre, die der Behördenentscheidung vorausgehen, betragen. **117**

Mit der Regelung in § 24 Abs. 3 hat sich der Gesetzgeber von bereichsspezifischen Sonderregelungen, zB aus dem Kartell- (dazu im Überblick BeckOK OWiG/Meyberg § 30 OWiG Rn. 97) Datenschutzrecht (Art. 83 Abs. 4–6 DS-GVO; Kubiciel jurisPR-StrafR 7/2021, Anm. 1; vertieft zum Bußgeldrisiko nach der DS-GVO sowie den möglichen Verbandsgeldbußen Schmitt ZGR 2021, 559) oder dem WpHG (§ 120 Abs. 17–19 WpHG), die bereits den Umsatz als Bestimmungsgröße heranziehen, inspirieren lassen und diese zum Vorbild für die nunmehr getroffene Regelung im LkSG genommen. Auch der Entwurf eines Verbandssanktionengesetzes sah eine umsatzbezogene Bestimmung explizit nur der Verbands*sanktion* – insoweit anders als § 24, der den Ahndungs- und Abschöpfungsteil umfasst – vor (§ 9 Abs. 2 VerSanG-E; so auch Kubiciel jurisPR-StrafR 7/2021 Anm. 1; s. RegE VerSanG, BT-Drs. 19/23568, 13 iVm 74 f.), die dem Gesetzgeber aber ebenfalls als Vorbild diente. **118**

Der Gesetzgeber hat es insoweit nicht mehr für nötig befunden, für die Einführung einer umsatzbezogenen Verbandsgeldbuße eine Begründung anzugeben (RegE LkSG, BT-Drs. 19/28649, 58). Die Vorschrift ist Ausdruck einer allgemei- **119** nen Gerechtigkeitserwägung, die für den Gesetzgeber zum LkSG selbstverständlich gewesen zu sein scheint (Köllner NZI 2020, 60 (62); ReGE VerSanG, BT-Drs. 19/23568, 74). Dieser Gerechtigkeitserwägung liegt der Gedanke zugrunde, dass wirtschaftlich starke Verbände die starren Grenzen des § 30 Abs. 2 OWiG in ihre Überlegungen als „hinnehmbares Risiko" einkalkulieren (Begr. ReGE VerSanG, BT-Drs. 19/23568, 74). Mit der Anbindung an den Umsatz will der Gesetzgeber weiter die Ahndungsempfindlichkeit und den Abschreckungseffekt erhalten, indem stärker an die wirtschaftliche Leistungsfähigkeit angeknüpft wird (so zu § 9 Abs. 2 VerSanG-E Begr. ReGE VerSanG, BT-Drs. 19/23568, 75). Ob dies erreicht wird, muss die weitere Entwicklung zeigen (zu pessimistisch Sachoulidou NJOZ 2021, 353 (358) zu § 9 Abs. 2 VerSanG-E). Ein weiterer Nebeneffekt dieser Betrachtungsweise ist, dass der Gesetzgeber auf diese Weise Vermögensverschiebungen im Konzern zumindest unattraktiver macht (so zu § 9 Abs. 2 VerSanG-E Begr. ReGE VerSanG, BT-Drs. 19/23568, 75 mwN; → § 24 Rn. 123 ff.).

120 Soweit *Lutz-Bachmann/Vorbeck/Wengenroth* gegen die umsatzbezogene Geldbuße in § 24 Abs. 3 vorbringen, sie führe zu einem Ungleichgewicht bzw. Wertungswiderspruch bei kleinen Verstößen von „großen Welt-Konzernen", die unter die Vorschrift subsumiert würden, und schwerwiegenderen Verstößen von klein- und mittelständischen Unternehmen (so Lutz-Bachmann/Vorbeck/Wengenroth BB 2021, 906 (913)), stellt dies die Dinge geradezu auf den Kopf. Zum einen ist der Konzern als solcher mangels Rechtssubjektsqualität nicht bebußungsfähig, sondern Gegenstand der Bebußung in § 24 Abs. 3 ist die einzelne juristische Person oder Personenvereinigung als solche; die Umsatzbestimmung erfolgt unter Berücksichtigung der als Einheit operierenden juristischen Personen und Personenvereinigungen (§ 24 Abs. 3 S. 2). Zum anderen ist aus dem klassischen Verbandssanktionenrecht bereits seit Jahren bekannt, dass die dortigen zumeist starren Bußgeldrahmen zu einem erheblichen Ungleichgewicht in umgekehrter Richtung führen, da die dort niedergelegten Summen von größeren bzw. finanzstarken Unternehmen ohne spürbaren präventiven Effekt bezahlt werden und klein- und mittelständische Unternehmen demgegenüber übermäßig belastet werden. Diese ungerechtfertigte Besserstellung war eine der zentralen Gründe für den Vorschlag für ein neues Verbandssanktionengesetz (statt vieler Baur/Holle ZRP 2019, 186 mit weiteren instruktiven Beispielen).

II. Umsatzbestimmung (§ 24 Abs. 3 S. 2, 3)

121 Die Orientierung am Umsatz ist insoweit erheblich kritisiert worden, da – jedenfalls im LkSG – eine Orientierung am Gewinn (hierfür Kamann/Irmscher NZWiSt 2021, 249 (255); Kubiciel jurisPR-StrafR 7/2021 Anm. 1) oder Schadenspotenzial sachgerechter sei (so Thüsing ZRP 2021, 97 (98)) und der weltweite Umsatz nichts über die „wirtschaftliche Potenz" aussage (Lutz-Bachmann/Vorbeck/Wengenroth BB 2021, 906 (913)). Richtig ist insoweit der Hinweis auf den in den in der Tat bestehenden Wertungswiderspruch, dass die im Kontext des LkSG mögliche Bebußung deutlich die Beträge übersteigt, die bei strafrechtlichen Anknüpfungstaten (instruktiv Krajewski/Oehm/Saage-Maaß/Oehm S. 177 ff.; Krajewski/Oehm/Saage-Maaß/Kaleck S. 83 ff.; Saage-Maaß/Leifker BB 2015, 2499 (zur strafrechtlichen Geschäftsherrenhaftung); Momsen/Willumat, KriPoZ 2019, 323) möglich wären (Lutz-Bachmann/Vorbeck/Wengenroth BB 2021, 906 (913); Kubiciel jurisPR-StrafR 7/2021 Anm. 1).

122 Insoweit hilft der Verweis auf § 17 Abs. 4 OWiG wenig weiter (so aber Thüsing ZRP 2021, 97 (98)), da dort der Abschöpfungsteil der Verbandsgeldbuße in Rede steht, während es bei der Geldbuße in § 24 Abs. 2, 3 um den Ahndungsteil der Verbandsgeldbuße geht. Die Höchstbeträge in § 24 Abs. 2 S. 2, Abs. 3 können aber nach § 17 Abs. 4 OWiG überschritten werden, wenn der wirtschaftliche Vorteil höher ist. Insbes. mit Blick auf die in § 24 Abs. 4 S. 2 vorgesehene Berücksichtigung der wirtschaftlichen Verhältnisse erscheint diese Kritik überzogen, denn die Umsatzorientierung ist nur der Ausgangspunkt und § 24 Abs. 4 S. 2 ermöglicht die Berücksichtigung der tatsächlichen Ertragslage (→ § 24 Rn. 129).

123 Erfasst sind gem. § 24 Abs. 3 S. 2 **juristischen Personen oder Personenvereinigungen** ab einem durchschnittlichen Jahresumsatz von mehr als 400 Mio. EUR, wobei dieser aus dem **weltweiten Umsatz** aller natürlichen/juristischen

Personen bzw. Personenvereinigungen der letzten **drei Geschäftsjahre,** die der Behördenentscheidung vorausgehen, gebildet wird, soweit diese eine **wirtschaftliche Einheit** konstituieren (RegE LkSG, BT-Drs. 19/28649, 58). Mit der Bezeichnung **„Personenvereinigung“,** die aus § 30 OWiG entnommen ist, hat der Gesetzgeber – mangels anderer Alternativen – die nichtrechtsfähigen Vereine sowie die rechtsfähigen Personengesellschaften iSv § 30 Abs. 1 Nr. 2, 3 OWiG zusammengefasst (Mitsch NZWiSt 2021, 409 (412)). Den Begriff der **wirtschaftlichen Einheit** hat der Gesetzgeber selbst nicht näher definiert. Es liegt nahe, dass der Gesetzgeber, der schon in § 2 Abs. 6 S. 3 auf kartellrechtliche Regelungsvorbilder zurückgegriffen hat (s. dazu bereits → § 16 Rn. 15 ff.), dies auch in § 24 Abs. 3 S. 2 getan hat. Es kommt daher zunächst auf die Ausübung eines bestimmenden Einflusses an (dazu ausführlich unter → § 16 Rn. 15 ff.; Nietsch/Wiedmann NJW 2022, 1 (6)). Ein Blick in die Materialien zum – wortgleichen – § 9 Abs. 2 S. 2 VerSanG-E verdeutlicht zudem, dass der Gesetzgeber damit die Zusammenfassung derjenigen Rechtsträger versteht, die mit dem zu bebußenden Verband in einem Konzernverbund unter einheitlicher Leitung stehen (vgl. § 18 AktG; RegE VerSanG, BT-Drs. 19/23568, 75 unter Hinweis auf BGH NJW 2013, 1972 (1974)).

Auf der Grundlage von § 24 Abs. 3 erfolgt selbstredend nur eine Zurechnung **124**
des Umsatzes dieser Gesellschaften, nicht aber eine Erstreckung der Verantwortung für begangene Ordnungswidrigkeiten auf diese Gesellschaften, die zur Umsatzbestimmung bei dem von der Geldbuße betroffenen Verband mit herangezogen werden (Gehling/Ott/Schmelzeisen Rn. 89). Diese Berücksichtigung anderer Gesellschaften bei der Bemessung des Jahresumsatzes des zu bebußenden Unternehmens kann freilich einerseits zu gewissen Friktionen führen, die iRv § 24 Abs. 4 bei der Bemessung in die Überlegungen einzustellen sind. Andererseits beugt die Zugrundelegung des konzernweiten Umsatzes in diesem Zusammenhang immer wieder anzutreffenden Vermögensverschiebungen auf andere Konzerngesellschaften vor und flankiert so die – immer noch unzureichende – Regelung in § 30 Abs. 2a OWiG, die wenigstens einige Rechtsnachfolgetatbestände in den Anwendungsbereich einbezieht und der Bebußung zuführt (vgl. zur sog. „Wurstlücke“ als Initialzündung für die Schaffung des § 30 Abs. 2a OWiG die damalige Pressemitteilung des BKartA WuW 2016, 610, mit der sich ein Unternehmen mittels Verschmelzung einer Verbandsgeldbuße in dreistelliger Millionenhöhe entzog. Zu den verbleibenden, allseits bekannten Lücken des § 30 Abs. 2a OWiG s. BT-Drs. 17/11053, 22; Göhler//Thoma OWiG § 30 Rn. 38e aE; Wiedmann/Funk BB 2015, 2627 (2628 ff.); Dannecker/Dannecker/Müller ZWeR 2013, 417 (430 f.)).

Wie schon bei § 9 Abs. 2 S. 2 VerSanG-E hat der Gesetzgeber auch in § 24 **125**
Abs. 3 S. 2 bei der Ermittlung des **durchschnittlichen Jahresumsatzes** als Referenzgröße vorgesehen, dass der fragliche Umsatz der letzten **drei Geschäftsjahre** zugrunde zu legen ist, um eine Verzerrung durch Sondereffekte in die eine oder andere Richtung zu vermeiden (so zu § 9 Abs. 2 VerSanG-E RegE VerSanG, BT-Drs. 19/23568, 75).

Verbleibende Unsicherheiten bei der Ermittlung des Umsatzes begegnet der Ge- **126**
setzgeber mit der – auch andernorts in diesem Zusammenhang bekannten (vgl. § 81 Abs. 4 S. 4 GWB aF; § 81c Abs. 5 S. 2 GWB nF) – Möglichkeit zur **Schätzung** (§ 24 Abs. 3 S. 3). Dies entbindet das BAFA freilich nicht von der Verpflichtung zur Ermittlung der tatsächlichen Schätzgrundlagen, auf deren Basis dies dann erfolgt.

G. Bemessung der Verbandsgeldbuße (§ 24 Abs. 4)

Wie die Zumessung der Geldbuße bei juristischen Personen und Personenver- **127**
einigungen – genauer: der Ahndungsteil der Verbandsgeldbuße – im Detail zu erfolgen hat, hat der Gesetzgeber anhand von acht – **nicht abschließenden** („insbesondere“) – **Einzelkriterien** dargestellt (§ 24 Abs. 4 S. 4 Nr. 1–8), die sich teilweise überschneiden bzw. auch ohne weitere gesetzliche Regelung aus § 17 Abs. 3 OWiG ergeben. Die Gesetzesbegründung ist über weitere Details der Regelung mehr als spärlich formuliert. Jedoch hat sich der Gesetzgeber offensicht-

lich abermals vom Gesetzesentwurf des Verbandssanktionengesetzes inspirieren lassen, der eine nahezu wortgleiche Regelung für die Verbands*sanktion* vorsah (§ 15 Abs. 3 VerSanG-E; so auch Kubiciel jurisPR-StrafR 7/2021 Anm. 1; RegE VerSanG, BT-Drs. 19/23568, 15 iVm 81–83; s. für einen bereichsspezifischen Katalog auch Art. 83 Abs. 2 DS-GVO, der aber bereichsspezifisch infolge europarechtlicher Vorgaben modifiziert worden ist). Auch dies verdeutlicht, dass es dem Gesetzgeber an dieser Stelle um den Ahndungsteil der Verbandsgeldbuße ging. Dass die Geldbuße das Ergebnis eines Abwägungsprozesses der für und gegen die juristische Person/Personenvereinigung sprechenden Umstände ist, ist allerdings eine Selbstverständlichkeit und hätte keiner erneuten gesetzlichen Regelung bedurft (§ 24 Abs. 4 S. 3). Der aus dem Strafrecht bekannte **Rechtsgedanke des Doppelverwertungsverbotes** (§ 46 Abs. 3 StGB) findet – trotz der unterschiedlichen Anknüpfungspunkte bei der Strafzumessung in StGB (individuelle Schuld) und OWiG (iW (zu den auch im OWiG vorhandenen subjektiven Zumessungskriterien sogleich unter § 24 Abs. 4 S. 4 Nr. 1, 2) Bedeutung der OWiG; KK-OWiG/Mitsch OWiG § 17 Rn. 32) – im Anwendungsbereich des OWiG sinngemäße Anwendung. Danach dürfen Umstände, die Voraussetzung für die Erfüllung des Bußgeldtatbestandes in § 24 Abs. 1 sind, nicht noch einmal bei der Bemessung des Bußgeldes herangezogen werden (BeckOK OWiG/Sackreuther OWiG § 17 Rn. 38; KK-OWiG/Mitsch OWiG § 17 Rn. 32). Bei § 24, der als abstraktes Gefährdungsdelikt formuliert ist, kann daher der Eintritt einer konkreten Gefahr bzw. eines Schadens – nicht hingegen die abstrakte Gefahr – ohne Verstoß gegen das Doppelverwertungsverbot berücksichtigt werden, soweit diese dem Täter vorwerfbar sind (BeckOK OWiG/Sackreuther OWiG § 17 Rn. 41).

I. Bedeutung der Ordnungswidrigkeit (§ 24 Abs. 1 S. 1)

128 Ausgangspunkt der Überlegungen ist die Bedeutung der Ordnungswidrigkeit (§ 24 Abs. 1 S. 1), die an **objektiven Kriterien** zu messen ist und die sich an den vom LkSG in § 24 Abs. 2, 3 vorgegebenen Bußgeldrahmen orientiert (KK-OWiG/Mitsch OWiG § 17 Rn. 35). Die Regelung entspricht der § 17 Abs. 3 S. 1 Alt. 1 OWiG (dazu statt vieler KK-OWiG/Mitsch OWiG § 17 Rn. 35 ff.; BeckOK OWiG/Sackreuther OWiG § 17 Rn. 40 ff.). Die insoweit einzustellenden Kriterien finden sich teils im Katalog des § 24 Abs. 4 S. 4 Nr. 1–8, zu dem insoweit Überschneidungen bestehen; für den Grundtatbestand bleibt daher nur abseits des vorgenannten Kataloges Raum (Gehling/Ott/Schmelzeisen Rn. 131).

II. Wirtschaftliche Verhältnisse (§ 24 Abs. 4 S. 2)

129 Zunächst löst sich der Gesetzgeber von der umsatzbezogenen Betrachtung in § 24 Abs. 3, wenn die **wirtschaftlichen Verhältnisse** in den Vordergrund gerückt werden (vgl. § 24 Abs. 4 S. 2). Entscheidend ist insoweit die Situation **im Zeitpunkt der Bußgeldentscheidung** durch das BAFA (KK-OWiG/Mitsch OWiG § 17 Rn. 85). Das entspricht dem geltenden Recht bei der Bestimmung der Verbandsgeldbuße (so bereits Begr. RegE VerSanG, BT-Drs. 19/23568, 80 unter Hinweis auf OLG Frankfurt a. M. BeckRS 2012, 10887). Die Berücksichtigung der wirtschaftlichen Verhältnisse dient offensichtlich als Korrektiv für die umsatzbezogene Bestimmung des Höchstmaßes in § 24 Abs. 3 (so RegE VerSanG, BT-Drs. 19/23568, 80). Der Verweis auf den Gewinn ist insoweit zutreffend, greift aber zu kurz (so aber Kamann/Irmscher NZWiSt 2021, 249 (255)), denn für die Bestimmung der Ertragslage sind von den selbstredend zu berücksichtigenden Einnahmen vermögensrechtliche Verpflichtungen abzuziehen (RegE VerSanG, BT-Drs. 19/23568, 80). Das Anlagevermögen sowie etwaige (abschöpfungsfähige) Gewinne aus der Tat bleiben unberücksichtigt (vgl. RegE VerSanG, BT-Drs. 19/23568, 80; Lange CCZ 2020, 265 (272)). Bei Beherrschungs-/Gewinnabführungsverträgen ist die wirtschaftliche Leistungsfähigkeit der Muttergesellschaft, die eine Geldbuße als Verlust übernehmen muss, zu berücksichtigen (vgl. RegE VerSanG,

BT-Drs. 19/23568, 80 mwN aus dem Kartellbußgeldrecht). Zu berücksichtigen ist insoweit insbes., ob aus der Geldbuße eine Existenzgefährdung resultiert (hierzu aus dem Blickpunkt des Kartellrechts Palzer NZI 2012, 67), Arbeitsplätze abgebaut werden müssen oder der Verband Insolvenz anmelden muss (vgl. RegE VerSanG, BT-Drs. 19/23568, 80; angesichts dessen erweist sich die Kritik, es handle sich bei der Verbandsgeldbuße um eine „verfassungswidrige Sippenhaft" (Reuter ZIP 2018, 2298 (2305)) als deplatziert und überzogen). Spiegelbildlich kann eine besonders gute Ertragslage aus Gründen der Spezialprävention auch eine Erhöhung des Bußgeldes rechtfertigen (Depping/Walden/Handel Rn. 106). Bei umsatzstarken Unternehmen ist auf die Gewinnmarge abzustellen, um diese Unternehmen durch eine nur umsatzbezogene Betrachtung nicht zu benachteiligen (Cordes/Wagner NZWiSt 2020, 215 (218)).

III. Einzelkriterien des § 24 Abs. 4 S. 4

1. Individualvorwurf (§ 24 Abs. 4 S. 4 Nr. 1)

§ 24 Abs. 4 S. 4 Nr. 1 verdeutlicht, dass einerseits der Umfang durch die Vorwürfe gegenüber der Leitungsperson bestimmt wird und andererseits aber zwischen dem Vorwurf gegenüber dem Individualtäter und dem gegenüber des Verbandes zu unterscheiden ist (RegE VerSanG, BT-Drs. 19/23568, 81 unter Hinweis auf BGH NStZ-RR 2008, 13 (15)). In gewisser Weise erscheint § 24 Abs. 4 S. 4 Nr. 1 mit seinem *subjektiven* Fokus auf den Individualtäter deplatziert (so Mitsch NZWiSt 2021, 409 (412)). Immerhin sollen ja die für und gegen den *Verband* sprechenden Umstände abgewogen werden (§ 24 Abs. 4 S. 3; **Verbandsbezug;** ähnl. zur Parallelregelung im VerSanG Knauer NStZ 2020, 441 (443)). Gleichwohl verdeutlicht dies aber, dass das, was den Individualtäter ggf. entlastet (zB Duldung durch den Verband; Ott/Lüneborg NZG 2019, 1361 (1363)) oder belastet (zB bewusste Umgehung des vorhandenen Unternehmensregelwerks), den Verband aber spiegelbildlich be- bzw. entlasten kann (so zu § 15 Abs. 3 VerSanG-E Begr. RegE VerSanG, BT-Drs. 19/23568, 81). Abseits von § 17 Abs. 2 ist weiterhin eine Differenzierung anhand der **verschiedenen Fahrlässigkeits- und Vorsatzabstufungen** (Leichtfertigkeit/einfache Fahrlässigkeit bzw. bedingter/direkter Vorsatz) möglich (vgl. iE KK-OWiG/Mitsch OWiG § 17 Rn. 60). Zu schärferer Bebußung kann auch ein unverhältnismäßiger Leistungsdruck und ein überzogenes Gewinnstreben führen (so zu § 15 VerSanG-E Rotsch/Mutschler/Grobe CCZ 2020, 169 (171)). Stellung und Funktion des Individualtäters können daher ebenfalls Einfluss auf die Verbandsgeldbuße haben (so völlig zu Recht auch Mitsch NZWiSt 2021, 409 (412)). Gleichsam können aber individuelle Umstände, die den Vorwurf der Ordnungswidrigkeit verschärfen, auch in der Unternehmensorganisation ihre (Mit-)Ursache haben (wie zB bei unklarer Verantwortlichkeitenregelung oder zu laschen Kontrollen), und damit den Vorwurf auch für den Verband verschärfen. Mildernd ist die freiwillige Aufgabe der Ordnungswidrigkeit als Nachtatverhalten des Individualtäters zu berücksichtigen und damit iRd Unterlassungstaten von § 24 Abs. 1 die Erfüllung der jeweils geforderten Sorgfaltspflicht. Zum Nachtatverhalten des Verbandes s. § 24 Abs. 4 S. 4 Nr. 7; → Rn. 139 ff. **130**

2. Individuelle Beweggründe (§ 24 Abs. 4 S. 4 Nr. 2)

Das eng mit § 24 Abs. 4 S. 4 Nr. 1 verbundene, ebenfalls *subjektive* Kriterium sieht vor, die Beweggründe und Ziele des Täters zu berücksichtigen, wobei hier – wie bei § 24 Abs. 4 S. 4 Nr. 1– ebenfalls nur die **verbandsbezogenen Umstände** zu berücksichtigen sind (so zu § 15 Abs. 3 VerSanG-E Begr. RegE VerSanG, BT-Drs. 19/23568, 81). Bußgelderhöhend wirkende **verwerfliche Beweggründe** können ein entsprechendes Gewinnstreben oder eine besondere Rücksichtslosigkeit oder Gleichgültigkeit sein, während mildernd demgegenüber wirkt, wenn **nachvollziehbare Gründe,** wie etwa eine wirtschaftliche Notlage vorgebracht **131** werden kann (Depping/Walden/Handel Rn. 114). Sind zB aus Kostendruck im Unternehmen zum Beispiel Präventionsmaßnahmen nach § 6 hinausgezögert worden, so kann dies den Individualtäter entlasten, aber wiederum für den Verband schärfend zu berücksichtigen sein, wenn darin eine allgemeine Haltung, die auch andernorts im Verband anzutreffen ist, zum Ausdruck kommt (angelehnt an § 15 Abs. 3 VerSanG-E Begr. RegE VerSanG, BT-Drs. 19/23568, 81 f.).

3. Gewicht, Ausmaß und Dauer der Ordnungswidrigkeit (§ 24 Abs. 4 S. 4 Nr. 3)

132 Mit diesen Kriterien will der Gesetzgeber sicherstellen, dass die Bedeutung der Ordnungswidrigkeit richtig erfasst und berücksichtigt wird. Zunächst kann hier nach dem **Grad des Verstoßes** (minder schwer, schwer und – mit Blick auf § 7 Abs. 3 Nr. 1 – sehr schwerwiegend), der **Dauer des Verstoßes** (kurze, mittlere und lange Zeiträume), der **Zahl der betroffenen Personen** und der von diesen **erlittenen Folgen** bzw. des Umfangs der Tatbeiträge bei verschiedenen involvierten Personen unterschieden werden (BeckOK DatenschutzR/Holländer DS-GVO Art. 83 Rn. 32). Hierher gehören auch und insbes. die Folgen der Unternehmensfehlorganisation auf die menschenrechts- und umweltbezogene Situation. Insoweit liegt kein Verstoß gegen das Doppelverwertungsverbot vor (Gehling/Ott/Schmelzeisen Rn. 150). So wird es zum Beispiel darauf ankommen, wie genau sich die Menschenrechtsverstöße etwa durch das nicht rechtzeitige Ergreifen von Abhilfemaßnahmen fortsetzen oder verschlimmern konnten. Bei Umweltverstößen kann die räumliche Ausbreitung relevant sein sowie die Tatsache, ob bestimmte Folgen für die Gesundheit von betroffenen Anwohnern oder Mitarbeitern hätten vermieden werden können.

4. Art der Ausführung, Anzahl und Position der Täter (§ 24 Abs. 4 S. 4 Nr. 4)

133 Dieses Merkmal, das an § 15 Abs. 3 S. 2 Nr. 4 VerSanG-E bzw. § 46 Abs. 2 StGB angelehnt ist, umschreibt die Einzelheiten der **Ausführung der Ordnungswidrigkeit** sowie die **Zahl der Täter** und deren **Position im Unternehmen** als relevante Zumessungskriterien. Abstufungen sind insoweit auf der Grundlage der entsprechenden Tatbestandsalternativen möglich, da es einen Unterschied macht, ob eine Maßnahme nicht, nicht richtig, nicht vollständig oder nicht rechtzeitig ergriffen wird (vgl. § 24 Abs. 1 Nr. 2). Im Weiteren sind die Anzahl und Positionen der Täter zu berücksichtigen, mithin wie viele Personen aus dem höchsten Führungskreis (vgl. § 30 Abs. 2 OWiG) oder anderen Hierarchieebenen involviert waren, denn je mehr Führungskräfte involviert sind, desto eher zeugt dies von einer entsprechenden negativen Unternehmenskultur. Werden im Vorfeld Verschleierungsmaßnahmen („missbräuchliche Gestaltungen") ergriffen, um ein Unternehmen aus dem Kreis der unmittelbaren Zulieferer herauszunehmen (vgl. § 5 Abs. 1 S. 2 und § 7 Abs. 1 S. 2), ist dies regelmäßig deutlich bußgelderhöhend zu berücksichtigen. Hierher gehören auch solche (bußgelderhöhenden) Fallgestaltungen, bei denen behördliche Aufklärungsbemühungen pp., auch im Verwaltungsverfahren (§§ 16 ff.), aktiv behindert bzw. torpediert werden; lediglich passives Verhalten ist mit Blick auf den Grundsatz der Selbstbelastungsfreiheit unschädlich (BeckOK DatenschutzR/Holländer DS-GVO Art. 83 Rn. 43).

5. Auswirkungen der Ordnungswidrigkeit (§ 24 Abs. 4 S. 4 Nr. 5)

134 Dieses aus § 15 Abs. 3 S. 2 Nr. 5 VerSanG-E übernommene Merkmal erfasst die konkreten Folgen der Tat abseits des Verbands und damit die unmittelbaren bzw. außertatbestandlichen Folgen der Verbandsfehlorganisation für die von den Menschenrechts- und Umweltverstößen betroffenen Personen. Die Folgen der Tat

für den Verband selbst werden von § 24 Abs. 4 S. 4 Nr. 8 erfasst (ähnl. auch § 15 Abs. 3 VerSanG-E Begr. RegE VerSanG, BT-Drs. 19/23568, 82).

6. Vorausgegangene Ordnungswidrigkeiten, getroffene Vorkehrungen zur Aufdeckung und Vermeidung (§ 24 Abs. 4 S. 4 Nr. 6)

Ist der Verband zuvor noch nicht nach § 30 OWiG bebußt worden, ggf. auch iVm § 130 OWiG, fällt dies mildernd ins Gewicht, während bereits verhängte Verbandsgeldbußen schärfend zu berücksichtigen sind. In der Sache reicht nicht jede beliebige Ordnungswidrigkeit, sondern es ist ein sachlich-inhaltlicher Zusammenhang erforderlich, der aber bei objektiv völlig verschiedenen Tatbeständen auch allein auf subjektiven Komponenten beruhen kann (OLG Stuttgart BeckRS 2019, 2528 Rn. 8; KK-OWiG/Mitsch OWiG § 17 Rn. 77; BeckOK OWiG/Sackreuther OWiG § 17 Rn. 72). **135**

Soweit *Knauer* an anderer Stelle kritisiert hat, dass sich die Ordnungswidrigkeit, für die der Verband verantwortlich ist, in der Ordnungswidrigkeit der Leitungsperson erschöpfe (so zur Sanktionierung in § 15 Abs. 3 VerSanG-E Knauer NStZ 2020, 441 (443)), überzeugt dies nur bedingt, wenn man den selbständigen Zumessungsakt bei der Bemessung vorangegangener Verbandsgeldbußen berücksichtigt. Sind bereits ähnliche Verstöße mit gleichem oder höherem Schweregrad bebußt worden, lässt dies den Rückschluss auf eine mangelnde Unrechtseinsicht zu (so zu Art. 83 DS-GVO: BeckOK DatenschutzR/Holländer DS-GVO Art. 83 Rn. 37), mit der Folge, dass dieser Umstand bußgelderhöhend zu berücksichtigen ist. **136**

Zu berücksichtigen sind auch die Vorkehrungen, die der Verband zur Vermeidung und Aufdeckung von Ordnungswidrigkeiten ergriffen hat. Mit dem Begriff der Vorkehrungen geht der Gesetzgeber über das nach § 130 OWiG geforderte Aufsichtsmaß hinaus. Auch wenn der Gesetzgeber sich nicht des kartellrechtlichen Regelungsvorbildes in § 81d Abs. 1 S. 2 Nr. 4 GWB bedient hat, sind selbstredend nur angemessene und wirksame Vorkehrungen zu berücksichtigen (Seibt/Vesper-Gräske CB 2021 357 (362)). Dass ein *effizientes* Compliance-System bei der Bemessung der Verbandsgeldbuße mildernd zu berücksichtigen ist, hatte der BGH bereits 2017 entschieden (BGH BeckRS 2017, 114578 Rn. 118). Damit können dem Verband auch solche Compliance- und Risikomanagementmaßnahmen zugutekommen, die nicht von den §§ 3–10 gefordert werden (vgl. auch § 24 Abs 4 S. 4 Nr. 7). **137**

Wie das Compliance-System konkret auszugestalten ist, dazu macht der Gesetzgeber keinerlei Vorgaben, alleine die Effizienz und Angemessenheit ist maßgeblich (so zu § 15 VerSanG-E Rotsch/Mutschler/Grobe CCZ 2020, 169 (171)). Die Tatbegehung selbst spricht nicht notwendig gegen die Wirksamkeit des bestehenden Compliance-Systems; es ist insoweit ein Allgemeinplatz, dass selbst das beste Compliance-System nicht die Begehung von Ordnungswidrigkeiten verhindern kann (RegE VerSanG, BT-Drs. 19/23568, 82). Bei wirksamer Compliance hat daher trotz der Ordnungswidrigkeit eine substantielle Milderung zu erfolgen, während Mängel in der Compliance, die bei Beseitigung die Tat verhindert hätten, schärfend zu berücksichtigen sind (RegE VerSanG, BT-Drs. 19/23568, 82). Durch die Beteiligung von Leitungspersonen iSv § 30 Abs. 2 OWiG, insbes. der obersten Leitungsebene, wird zudem regelmäßig deutlich, dass bestehende Vorkehrungen nur als Feigenblatt dienten, so dass eine Milderung regelmäßig ausscheidet (RegE VerSanG, BT-Drs. 19/23568, 82). Schärfend ist zu berücksichtigen, wenn Compliance „nur auf dem Papier" betrieben wurde (so plastisch zu § 15 VerSanG-E Rotsch/Mutschler/Grobe CCZ 2020, 169 (177)), da es an der Ernsthaftigkeit der Vorkehrungen bzw. Bemühungen fehlt. **138**

7. Nachtatverhalten (§ 24 Abs. 4 S. 4 Nr. 7)

139 Mit den Bemühungen iRd Aufklärung der Ordnungswidrigkeit, den Bemühungen um Schadenswiedergutmachung sowie der nachträglichen Implementierung von Compliance-Regelungen beschreibt der Gesetzgeber das mildernd zu berücksichtigende, weil von Einsicht zeugende Nachtatverhalten aus Sicht des Verbandes (vgl. auch § 15 Abs. 3 S. 2 Nr. 7 VerSanG-E). An dieser Stelle ist die eigenständige Offenlegung der Tat ebenso zu nennen wie der Schadensausgleich oder die Beseitigung organisatorischer Defizite im Bereich der Compliance, insbes. solcher, die ursächlich für die Tat waren (RegE VerSanG, BT-Drs. 19/23568, 82 f.). Hierher gehört ebenfalls die *ernsthaft* (und nicht nur vordergründig als „Lippenbekenntnis") betriebene Kooperation mit dem BAFA bei der Tataufklärung sowie die Durchführung von Internal Investigations, die wesentlich zu einer Abkürzung behördlicher Ermittlungen beitragen kann. Insbesondere die Einführung eines Compliance-/Hinweisgebersystems sind auch in der Rechtsprechung des BGH als Milderungsgründe bei der Bemessung von Verbandssanktionen anerkannt (BGH NZWiSt 2018, 379; BeckRS 2022, 13180 Rn. 30).

8. Tatfolgen für den Verband (§ 24 Abs. 4 S. 4 Nr. 8)

140 Was die sog. **poena naturalis** für das Kernstrafrecht in § 60 StGB ist, existiert im Ordnungswidrigkeitenrecht so in vergleichbarer Form nicht (zur poena naturalis im Kontext der Verbandsgeldbuße Pielow wistra 2020, 10 (13)). Gleichwohl sieht der Gesetzgeber für ähnlich gelagerte Fälle in § 24 Abs. 4 S. 4 Nr. 8, die im Ordnungswidrigkeitenrecht ohne Weiteres denkbar sind, eine Milderungsmöglichkeit vor, wenn nicht in diesen Fällen nach § 47 OWiG verfahren wird (Pielow wistra 2020, 10, (12 f.)). Insoweit kann der Verband von den Folgen der Ordnungswidrigkeit in manchen Fällen überhaupt nicht und in anderen Fällen unterschiedlich stark selbst negativ betroffen sein. Hierher gehören Fälle, in denen bspw. durch einen Organisationsmangel und einen entsprechenden Umweltverstoß Eigenschäden auf Seiten des Verbandes entstanden sind (unmittelbare Einbußen), die eine Milderung als sachgerecht erscheinen lassen. Weitere zu berücksichtigende Folgen für den Verband können in einer **medialen Vorverurteilung** bzw. **Reputationsfolgen** zu sehen sein oder einem **Ausschluss von der Vergabe öffentlicher Aufträge** (vgl. § 22), der grds. ab einem Bußgeld von 175.000 EUR in Betracht kommt (§ 22 Abs. 2 S. 1). Aber auch wirtschaftliche Einbußen bis hin zur Existenzgefährdung (Begr. RegE VerSanG, BT-Drs. 19/23568, 83) (mittelbare Einbußen) können eine Milderung rechtfertigen. Führen sie zB zur Insolvenz, entfällt das Bebußungsbedürfnis ganz.

IV. Abschöpfungsteil der Verbandsgeldbuße

141 Es ist auffällig, dass der Gesetzgeber sich merklich darüber ausschweigt, auf welchen Wegen eine Vermögensabschöpfung betrieben werden soll, und dies obwohl der Abschöpfungsteil einer Verbandsgeldbuße oftmals den weitaus größten Anteil der Verbandsgeldbuße ausmacht (Beispiele bei Baur/Holle ZRP 2019, 186 mit Fn. 5; Theile/Petermann JuS 2011, 496). Die Anwendung der Grundsätze nach § 17 OWiG, die der Gesetzgeber lediglich iRd Begründung des Berichts des Ausschusses für Arbeit und Soziales anordnet (RegE LkSG, BT-Drs. 19/28649, 58), verdeutlicht, dass zum einen zum (teils umsatzbezogenen) *Ahndungsteil* der sonst weder im Gesetz noch in der Gesetzesbegründung erwähnte *Abschöpfungsteil* hinzuzurechnen ist und zum anderen, dass dieser im Zweifel gem. § 17 Abs. 4 OWiG, § 30 Abs. 3 OWiG das gesetzliche Höchstmaß übersteigen kann (Lutz-Bachmann/Vorbeck/Wengenroth BB 2021, 906 (913)). Mit der Geldbuße wird der wirtschaftliche Vorteil entzogen; dieser stellt den Mindestumfang des Bußgelds dar (KK-OWiG/Mitsch OWiG § 17 Rn. 112; KK-OWiG/Rogall OWIG § 30

Rn. 141, 143 f.). Zugrunde zu legen ist das Nettoprinzip, wobei – auch rechtlich missbilligte – Aufwendungen abzugsfähig sind, die zur Erlangung des Vorteils aufgewendet wurden (vgl. BGH NStZ 2023, 359 mwN; OLG Frankfurt a. M. BeckRS 2023, 8472; zu möglichen Aufwendungen BeckOK OWiG/Meyberg OWiG § 30 Rn. 100 ff.). Ob alternativ zur Verfahrensweise nach § 17 Abs. 4 OWiG auch eine Einziehung nach § 29a OWiG möglich ist, steht nach überwiegender Auffassung der Obergerichte im Ermessen der Behörde (vgl. OLG Oldenburg BeckRS 2021, 30235 Rn. 6; aA OLG Frankfurt a. M. NZWiSt 2020, 495, das ohne weitere Begründung ein Stufenverhältnis zwischen § 17 Abs. 4 OWiG und § 29a OWiG sieht; hiergegen überzeugend OLG Oldenburg BeckRS 2021, 30235).

In der Sache ist bei einer etwaigen Abschöpfung aber zu beachten, was § 24 Abs. 1 bebußt: Es wird nicht der Menschenrechts- oder Umweltverstoß als solcher bebußt, sondern der Verstoß gegen Sorgfaltspflichten, die bestimmte organisatorische Maßnahmen in Bezug auf etwaige Menschenrechts- oder Umweltverstöße verlangen. Gegen diese Pflichten der §§ 3 ff. kann daher auch verstoßen werden, ohne dass es zwingend zu einer Verletzung eines der in § 2 genannten Rechtsgüter kommt (Schäfer ZLR 2022, 23 (25); Koch MDR 2022, 1 Rn. 12). 142

Daher scheidet im Anwendungsbereich des LkSG im Regelfall eine Abschöpfung der unter Verstoß gegen Menschenrechte erwirtschafteten Gewinne oder eine Abschöpfung zB der ersparten Entsorgungsaufwendungen im Fall von Umweltverstößen aus, sondern die Abschöpfung im Kontext des LkSG knüpft an die Kosten an, die der Verband erspart, weil er die Sorgfaltspflichten der §§ 3 ff. nicht einhält, an die § 24 die Verhängung einer Ordnungswidrigkeit knüpft (Mitsch NZWiSt 2021, 409 (412)). Anders kann hingegen dann zu entscheiden sein, wenn die ergriffenen Maßnahmen bei einer Tat nach § 24 Abs. 2 Nr. 6 entgegen § 7 Abs. 1 S. 3, 4 nicht zur Beendigung der Verletzung führen oder das Unternehmen entgegen § 7 Abs. 2 Nr. 3, Abs. 3 einen an sich gebotenen (temporären) Abbruch der Geschäftsbeziehungen nicht vornimmt (allgemein ebenso Gehling/Ott/Schmelzeisen Rn. 126). Entgegen dieser Prämisse erwirtschaftete Gewinne sind ab dem hypothetischen Beendigungszeitpunkt abzuschöpfen. 143

H. Verfahren und Rechtschutz

I. Verfahrenseinleitung – Opportunitätsprinzip

Die Einleitung eines Ordnungswidrigkeitenverfahrens sowohl nach § 24 als auch nach § 30 OWiG steht im pflichtgemäßen Ermessen des BAFA (vgl. § 47 Abs. 1 S. 1 OWiG). 144

Das **Legalitätsprinzip** kommt **nicht** zur Anwendung. Entsprechende Forderungen nach einer Anwendung des Legalitätsprinzips sind im Vorfeld des LkSG erhoben worden (Initiative Lieferkettengesetz.de, Rechtsgutachten zur Ausgestaltung eines Lieferkettengesetzes, S. 59), haben aber zu Recht kein Gehör gefunden. Dies bereits deshalb, weil im Anwendungsbereich des § 24 Ordnungswidrigkeiten in Rede stehen, wenngleich nicht übersehen werden darf, dass durchaus bei bestimmten Handlungsweisen Straftaten im Raum stehen können (vgl. dazu Momsen/Willumat, KriPoZ 2019, 323); Wissenschaftlicher Dienst des Deutschen Bundestages, Die Uiguren in Xinjiang im Lichte der Völkermordkonvention (Az. WD2-3000-027/21), 1 ff.). 145

Zu welchen Folgen die Einführung des Legalitätsprinzips führen würde, ist bereits im Vorfeld des Verbandssanktionengesetzes diskutiert worden (vgl. § 24 Abs. 1 VerSanG-E iVm § 152 Abs. 2 StPO), das sich damit gegen eine Konturierung von § 47 OWiG durch entsprechende Ermessensleitlinien entschieden hatte (vgl. etwa für das Steuerordnungswidrigkeitenverfahren Nr. 104 AStBV (St) 2023). Bei Ordnungswidrigkeiten, wie sie § 24 enthält, wäre es aber auch bei Umsetzung des Verbandssanktionengesetzes bei der Geltung des § 30 OWiG verblieben, der für Ordnungswidrigkeiten als Anknüpfungstaten beibehalten worden wäre. Inso- 146 weit waren Ordnungswidrigkeiten schon keine tauglichen Verbandstaten iSd Verbandssanktionengesetzes (vgl. § 1 Abs. 1 Nr. 3 VerSanG-E).

147 Das Legalitätsprinzip in § 152 Abs. 2 StPO konstituiert bekanntlich für die Staatsanwaltschaft eine Verfolgungspflicht, von der sie aus Zweckmäßigkeitserwägungen nur aufgrund besonderer Regelungen abweichen kann (für den Bereich der Verbandssanktionen s. bereits Nr. 180a RiStBV). Liegt ein Anfangsverdacht vor, muss die Staatsanwaltschaft ein Ermittlungsverfahren einleiten. Das Legalitätsprinzip ist nicht nur prozessual durch das Klageerzwingungsverfahren sowie in Teilen durch die Befugnis zur Neben-/Privatklage (§§ 172 ff. StPO, aber auch §§ 394 Abs. 1 Nr. 6 StPO, 374 Abs. 1 Nr. 5a, 7 und 8 StPO), sondern auch straf- (§§ 258a StGB, 344 StGB) und haftungsrechtlich (Art. 34 GG, § 839 BGB) abgesichert. Ob es dieser strafprozessualen Flankierung der ohnehin bestehenden gesellschaftsrechtlichen Verpflichtungen zur Risikovorsorge sowie zur Ergreifung von Compliance-Maßnahmen, gewissermaßen dem gesellschaftsrechtlichen „Legalitätsprinzip" (Meyer DB 2015, 1063 („Verpflichtung zur Einhaltung aller einschlägigen Regelungen im Unternehmen"); Uwe H. Schneider/S. H. Schneider ZIP 2007, 2061: „Binsenweisheit") (vgl. zB § 91 Abs. 2 AktG, § 93 Abs. 1 AktG, § 43 GmbHG; s. a. § 25a KWG, § 80 WpHG) auch bei Verbandssanktionen wirklich bedarf, wird teils kritisch hinterfragt. Dies jedoch teils zu Unrecht, da das gesellschaftsrechtliche Haftungsregime in der Vergangenheit jedenfalls keine ausreichende Abschreckungswirkung entfaltet hat und der Großteil der Verbandsgeldbußen in der Vergangenheit auf den Abschöpfungsteil entfielen.

148 Nach der Idealvorstellung des Gesetzgebers zum VerSanG sollte mit der Einführung des Legalitätsprinzips sichergestellt werden, dass „das geltende Recht gleichmäßig und regelmäßig zur Anwendung kommt" (RefE VerSanG, S. 59, 4. Absatz). Weiter konstatierte der Entwurf zum VerSanG eine „uneinheitliche Verfolgungspraxis, die zu einer nicht hinnehmbaren Ungleichbehandlung führe (hiergegen Salzmann/Klöckler BB 2020, 922 (924)). Ob und wie Verbände bei Straftaten ihrer Leitungspersonen sanktioniert werden, dürfe weder von regionalen Besonderheiten noch von Unterschieden in der personellen Ausstattung und Auslastung von Polizei und Justiz abhängen" (RefE VerSanG, S. 55, 2. Absatz. In gewissem Widerspruch dazu Hoven/Wimmer/Schwarz/Schumann NZWiSt 2014, 201 (210): „ressourcenschonende Erledigung umfangreicher Verfahrenskomplexe in Wirtschaftsstrafsachen mittels § 153a StPO ohne Prangerwirkung"). Für die Einführung des Legalitätsprinzips sprach seinerzeit ohne Weiteres der Gedanke, dass „die Verantwortung nicht länger nur auf Einzelne abgeschoben werden dürfe" (FAZ v. 17.6.2020, S. 18). Diese Abkehr vom Prinzip des (individuellen) „Bauernopfers", das bisweilen allzu gerne vorgeschoben wird, hin zur Unternehmensverantwortlichkeit war und ist ohne Weiteres zu befürworten.

149 Zur Begründung der Einführung des Legalitätsprinzips verwies der Gesetzgeber zum VerSanG auf entsprechende Vorarbeiten in der Literatur (Kutschaty ZRP 2013, 74; Hoven/Wimmer/Schwarz/Schumann NZWiSt 2014, 201 (209); Kubiciel NZWiSt 2016, 178 (179); Krems ZIS, 2015, 5 (6)). Insofern musste mit Verwunderung zur Kenntnis genommen werden, dass der Gesetzgeber zum VerSanG selbst offenbar über das bisherige Fallaufkommen keine eigene Aussage zu treffen vermochte. So führte der Referentenentwurf zum VerSanG nämlich aus, dass aufgrund der nur lückenhaften statistischen Erfassung keine verlässliche Aussage darüber getroffen werden könne, in welchem Umfang die Verfolgungsbehörden von der Möglichkeit der §§ 30, 130 OWiG Gebrauch gemacht haben (RefE VerSanG, S. 70 (vorletzter Absatz)). Wie sich dies mit der Feststellung einer uneinheitlichen Verfolgungspraxis vertrug, die der Gesetzgeber an anderer Stelle konstatierte (RefE VerSanG, S. 59, 4. Absatz), erschloss sich kaum. Der Gesetzgeber schien daher an dieser Stelle schlicht die Feststellungen von anderer Stelle übernommen zu haben und dies obwohl auch von namhafter Seite die Wirksamkeit des bisherigen Instrumentariums der §§ 30, 130 OWiG attestiert wurde (Schünemann ZIS 2014, 1 (14 f.)).

150 Auch das weitere Vorgehen des Gesetzgebers war in dieser Hinsicht jedenfalls kritisch zu hinterfragen, da das VerSanG in weiten Teilen die Opportunitätsvor-

schriften der StPO in das VerSanG transponierte (§§ 35 f. VerSanG-E), mit denen das Legalitätsprinzip durchbrochen werden konnte, was angesichts der erwarteten Verfahrenszuwächse auch in jeder Hinsicht sachgerecht war. Es war und ist aber bereits aus der Anwendungspraxis der strafprozessualen Opportunitätsvorschriften im Individualstrafrecht bekannt, dass angesichts der dort eingeräumten Handlungsspielräume mit einer gleichmäßigen bundesweiten Anwendungspraxis kaum zu rechnen ist (krit. bereits Baur/Holle ZRP 2019, 186 (187); ähnl. Rotsch/Mutscheler/Grobe CCZ 2020, 169, (175). Nimmt man die teils erheblichen regionalen Unterschiede bei der Strafzumessung im Individualstrafrecht in den Blick (sehr plastisch am Beispiel des Steuerstrafrechts Bilsdorfer NJW 2019, 1499 mwN; Baur/Holle ZRP 2019, 186 (188) mwN), war mit einer gleichförmigen Anwendungspraxis auch im Anwendungsbereich des VerSanG ernsthaft nicht zu rechnen. Die Folge wäre dann eine allenfalls vereinheitlichte Einleitungs-, aber keinesfalls eine vereinheitlichte Abschluss- oder gar Ahndungspraxis gewesen. Insofern wären aller Voraussicht nach mit dem VerSanG im Ergebnis wohl am Ende die gleichen Ergebnisse erzielt worden, wie schon unter Geltung des Opportunitätsprinzips in § 47 Abs. 1 OWiG.

Die Beibehaltung des **Opportunitätsprinzips** im Anwendungsbereich des 151 LkSG ermöglicht es, insbes. in der Anfangszeit, die Einleitung von Ordnungswidrigkeitenverfahren sowie die Verhängung von Bußgeldern mit Augenmaß zu gestalten; hierzu hat der Gesetzgeber die Behörde explizit aufgerufen, wenn er iRv Einleitung und Abschluss des Verfahrens an die Anwendung des Verhältnismäßigkeitsprinzips appelliert (Begr. RegE LkSG, BT-Drs. 19/28649, 57). Dies kann bspw. dergestalt umgesetzt werden, dass dem Unternehmen stattdessen ein Plan zur Beseitigung aufgegeben wird (§ 15 Abs. 1 Nr. 2).

II. Ermittlungsbefugnisse

Mit der Verweisung auf die StPO, das GVG sowie das JGG in § 46 Abs. 1 152 OWiG ist das BAFA in der Lage, zahlreiche Ermittlungsbefugnisse der StPO auszuüben, von denen die **Durchsuchung** beim Beschuldigten (§ 102 StPO) und beim Dritten (§ 103 StPO) sowie die **Beschlagnahme** (§ 98 StPO; nicht: Postsendungen, vgl. § 46 Abs. 3 S. 1 OWiG) und die Vorschriften über die **Vernehmung von Zeugen** die zentralen Vorschriften darstellen. Voraussetzung für Durchsuchung und Beschlagnahme ist das Vorliegen eines sog. **Anfangsverdachts** (§ 46 Abs. 1 OWiG, § 152 Abs. 2 StPO). Dieser niedrigschwellige Verdachtsgrad ist dann gegeben, wenn zureichende tatsächliche Anhaltspunkte (und nicht bloß Vermutungen, vage Anhaltspunkte oder gar Spekulationen) vorliegen, dass ein Verstoß gegen eine der Ordnungswidrigkeiten des § 24 vorliegt. Eine vorherige Anhörung vor einer Durchsuchung erfolgt nicht (§ 46 Abs. 1 OWiG, § 33 Abs. 4 StPO).

Soweit in der Praxis teils gefordert wird, dass das BAFA vor einer Durchsuchung 153 auf die Rechte in §§ 16, 17 als milderes Mittel zurückgreift (WRW LkSG/Skoupil § 10 Rn. 1618), kann hiervor strafprozessual nur gewarnt werden, da sich das BAFA dann dem Vorwurf aussetzen wird, gegen das Verbot der Rollenvertauschung zu verstoßen (→ Vor § 16 Rn. 11 ff., → § 16 Rn. 40 ff.). In geeigneten Fällen kann die Behörde statt einer Durchsuchung, insbes. bei Dritten, auf Auskunfts- und Vorlageersuchen nach der StPO zurückgreifen.

Keine Anwendung finden im Ordnungswidrigkeitenverfahren die Vorschriften 154 der StPO über freiheits*entziehende* Maßnahmen (vgl. iE § 46 Abs. 3 S. 1 StPO), wohl aber freiheits*beschränkende* Maßnahmen, wie die Identitätsfeststellung (§ 46 Abs. 1 OWiG, §§ 163b, 163c StPO) oder die Vorführung des Betroffenen und von Zeugen. Möglich ist aufgrund der in § 24 vorgesehenen Höchstbuße von über 15.000 EUR auch eine Bestandsdatenauskunft nach § 46 Abs. 1, 4a OWiG, § 100j StPO.

Ergebnisse interner Untersuchungen unterliegen nicht in jedem Fall einem 155 Beschlagnahmeschutz nach § 97 Abs. 1 Nr. 3 StPO (umfassend zum Meinungsstand MHdB GesR VII/Ghassemi-Tabar/Wenzl Rn. 123–131). Ein Beschlagnahmeschutz besteht jedenfalls aber ab dem Zeitpunkt, in dem gegen das Unternehmen ein Ordnungswidrigkeitenverfahren eingeleitet worden ist oder es als Einziehungsbeteiligter angehört worden ist (MHdB GesR VII/Ghassemi-Tabar/Wenzl Rn. 149). Der Schutz des § 97 Abs. 1 Nr. 3 StPO besteht dann für solche Unterlagen, die zur Verteidigung des Unternehmens im Rahmen einer internen Untersuchung betreffend den konkreten Tatvorwurf angefertigt werden (MHdB GesR VII/Ghassemi-Tabar/Wenzl Rn. 149). Aus § 160a StPO ergibt sich nichts Anderes, da gem. § 160a Abs. 5 StPO die Regelung in § 97 StPO unberührt bleibt (MHdB GesR VII/Ghassemi-Tabar/Wenzl Rn. 125 mwN). Abseits dessen wird in der Literatur und Rechtsprechung unterschiedlich beurteilt, wann eine beschuldigtenähnliche Stellung des Unternehmens vorliegt, mit der dann ein Beschlagnahmeschutz gem. § 97 Abs. 1 Nr. StPO einhergeht (dazu ausf. MHdB GesR VII/Ghassemi-Tabar/Wenzl Rn. 123–150a). Das BVerfG hat es jedenfalls verfassungsrechtlich nicht beanstandet, dass das LG München I hierfür die bloße Möglichkeit einer Straftat oder Aufsichtspflichtverletzung einer Leitungsperson nicht für ausreichend erachtete und stattdessen einen „hinreichenden Verdacht" forderte (BVerfG NJW 2018, 2385 Rn. 72 ff., 92 ff.). Nicht ausreichend ist daher auch die in vorauseilendem Gehorsam eingeleitete interne Ermittlung, wenn das Unternehmen bloß mit einem Ordnungswidrigkeitenverfahren rechnet; sie führt nicht dazu, dass entsprechende Untersuchungsergebnisse beschlagnahmefrei bleiben.

156 Das BAFA kann zwar auf **Antrag einer Person** gem. **§ 14 Abs. 1 Nr. 2** tätig werden und in der Folge auch ein Ordnungswidrigkeitenverfahren einleiten, jedoch besteht für Dritte keine Möglichkeit, letzteres oder die Verhängung eines Bußgeldes zu erzwingen. Im Anwendungsbereich des § 24 findet bei einer Verfahrenseinstellung gem. § 46 Abs. 1 OWiG, § 170 Abs. 2 StPO **kein Klageerzwingungsverfahren** nach den §§ 171 ff. StPO statt (§ 46 Abs. 3 S. 2 StPO). Antragssteller nach § 14 Abs. 1 Nr. 2 haben daher grds. keinen Anspruch auf Bescheidung mit Gründen gem. § 171 StPO (KK-OWiG/Lutz OWiG Vor § 53 Rn. 176). Auch eine Beteiligung von Verletzten ist im Ordnungswidrigkeitenverfahren nicht vorgesehen (§ 46 Abs. 3 S. 4 Hs. 1 OWiG). Insbesondere die Geschädigten von Menschenrechts-/Umweltverletzungen haben daher – abseits etwaiger Eingabemöglichkeiten gem. § 14 Abs. 1 Nr. 2 – insoweit keine weitergehende förmliche Handhabe im Bußgeldverfahren oder sich anschließenden gerichtlichen Verfahren. Ihnen bleibt freilich insoweit die Möglichkeit zur sachlichen Dienstaufsichtsbeschwerde, über die gem. § 19 Abs. 1 S. 2 das Bundesministerium für Wirtschaft und Energie entscheidet.

157 Eine andere Frage ist, ob den Geschädigten von Menschenrechts-/Umweltverletzungen **Akteneinsichtsrechte** zustehen, da § 46 Abs. 3 S. 4 Hs. 2 OWiG, § 406e StPO insoweit eine Rückausnahme vorsieht (allg. dazu (und bejahend) HK-OWiG/Gassner OWiG § 46 Rn. 14; KK-OWiG/Lampe OWiG § 46 Rn. 47a ff.). Für § 406e StPO gilt derselbe Verletztenbegriff, wie für § 172 StPO, was für die unmittelbar von der Ordnungswidrigkeit in Körper, Eigentum und Vermögen geschädigten zu bejahen ist (KK-OWiG/Lampe OWiG § 46 Rn. 47a). Da § 24 selbst nicht auf Menschenrechts- und Umweltverstöße abstellt, sondern letztlich auf die Verletzung von Pflichten über die Unternehmensorganisation in Bezug auf derartige Verstöße, sind die Geschädigten von Menschenrechts-/Umweltverletzungen insoweit aber schwerlich als Verletzte anzusehen. Verlangt man für das Akteneinsichtsrecht, dass die fragliche Norm Schutzgesetz iSv § 823 Abs. 2 BGB ist (HK-OWiG/Gassner OWiG § 46 Rn. 14), führt dies ebenfalls nicht weiter, da der Gesetzgeber insbes. den Sorgfaltspflichten explizit den Charakter eines Schutzgesetzes abgesprochen hat (vgl. auch § 3 Abs. 3 S. 1) und klargestellt hat, dass die Durchsetzung und Sanktionierung im Verwaltungsverfahren und mit den Mitteln des Ordnungswidrigkeitenrechts erfolge (BT-Drs. 19/30505, 39; Paefgen ZIP 2021, 2006 (2010); Wagner/Ruthloff NJW 2021, 2145 (2150); Dohrmann CCZ 2021, 265, 271; aA (allerdings noch zum RegE) Harings/Jürges RdTW 2021, 297 (301); Beckers ZfPW 2021, 220 (249); Kieninger ZfPW 2021, 252 (254)). Damit ist auch § 24 selbst nicht als Schutzgesetz anzusehen.

Eine **Bescheidung** des Betroffenen findet nach Maßgabe von § 46 Abs. 1 OWiG, § 170 Abs. 2 StPO statt, so dass dieser im Regelfall eine formlose Mitteilung über die Tatsache der Einstellung des Verfahrens erhält. Im Ausnahmefall kann anders zu entscheiden sein, wenn ein besonderes Interesse an der Bescheidung erkennbar ist und andere schutzwürdige Interessen nicht entgegenstehen (KK-OWiG/Lutz OWiG Vor § 53 Rn. 176). 158

Ausgeschlossen sind auch Maßnahmen, die ihrerseits der Bekämpfung besonders exponierter Straftaten – solche von „herausgehobener Bedeutung" (§§ 163e, 163f StPO) – dienen und insoweit an eine Katalogtat anknüpfen, wie etwa die **Telekommunikationsüberwachung** (§§ 100a, 100b StPO iVm § 46 Abs. 3 OWiG) oder die **Verkehrsdatenauskunft** (§ 100g StPO, § 46 Abs. 3 OWiG). 159

III. Abschluss des Bußgeldverfahrens

Das Verfahren wird durch den Erlass eines Bußgeldbescheides abgeschlossen (vgl. zu den Mindestanforderungen § 66 OWiG); eine Veröffentlichung des Bußgeldbescheides ist gesetzlich, anders als bspw. in § 53 Abs. 5 GWB und entgegen Forderungen im Vorfeld des LkSG, die eine Veröffentlichung des bestandskräftigen Bußgeldbescheides mit Gründen – und damit eine Art. über § 146 Abs. 2 Nr. 3, Nr. 4 GewO hinausgehendes „naming" and „shaming" (Kamann/Irmscher NZWiSt 2021, 249 (250)) – gefordert hatten (Initiative Lieferkettengesetz.de, Rechtsgutachten zur Ausgestaltung eines Lieferkettengesetzes, S. 59), nicht vorgesehen (zu einer entsprechenden Regelung im Verbandssanktionengesetz s. auch § 14 VerSanG-E (vgl. BT-Drs. 19/23568, 78 f.); dazu krit. Sachoulidou NJOZ 2021, 353 (359 f.)). 160

Kann der Tatnachweis nicht erfolgen, ist das Verfahren nach § 46 Abs. 1 OWiG, § 170 Abs. 2 StPO einzustellen (Vorrang der Legalitätseinstellung). Ansonsten ist eine Einstellung aus Opportunitätsgründen möglich (§ 47 Abs. 1 OWiG); von der Zahlung eines Geldbetrages darf die Einstellung nicht abhängig gemacht werden (§ 47 Abs. 3 OWiG), so dass eine Einstellung des Verfahrens nach dem Vorbild von § 153a StPO im Anwendungsbereich des OWiG ausscheidet. 161

IV. Rechtsschutz gegen Bußgeldbescheide

1. Einspruch und Zwischenverfahren

Gegen einen durch das BAFA erlassenen Bußgeldbescheid können die Betroffenen binnen 2 Wochen **Einspruch** einlegen (§ 67 Abs. 1 OWiG). Im Zwischenverfahren nach § 69 OWiG kann die Behörde auf den zulässigen Einspruch erneut in die Sachprüfung einsteigen (vgl. i. e. § 69 OWiG). Bleibt sie bei ihrer Entscheidung, wird die Akte dem Amtsgericht übersandt, in dessen Bezirk die Verwaltungsbehörde ihren Sitz hat (§ 68 Abs. 1 OWiG); dieses ist zur Entscheidung über den Einspruch berufen. Da das **BAFA** seinen **Hauptsitz in Eschborn** hat, ist das **AG Frankfurt a. M.** zuständig. Daran ändert – jedenfalls derzeit – auch der Umstand noch nichts, dass die Bearbeitung des LkSG an der neu geschaffenen **Außenstelle** im sächsischen **Borna** erfolgt (Pressemitteilung des BAFA vom 10.12.2022 (abrufbar unter https://www.bafa.de/SharedDocs/Pressemitteilungen/DE/Bundesamt/2022_16_borna.html; abgerufen am 17.2.2023)). Werden etwaige Bußgeldbescheide von der Außenstelle erlassen, so ist für die Bestimmung des Sitzes der Verwaltungsbehörde iSv § 68 Abs. 1 S. 1 OWiG grds. der Hauptsitz entscheidend, es sei denn, der Außenstelle ist die Verfolgung und Ahndung von Ordnungswidrigkeiten als eigenständiger Behörde zugewiesen (BGH NStZ-RR 2019, 256; 2017, 256). Maßgeblich hierfür ist nicht der Auftritt der Behörde nach außen, sondern ob die Übertragung der Aufgaben an die Außenstelle als eigenständige Behörde erfolgt ist, entweder im Gesetz selbst (§ 36 Abs. 1 Nr. 1 OWiG) oder im Wege der Rechtsverordnung (vgl. § 36 Abs. 2, Abs. 3 OWiG). Da der Gesetzgeber im LkSG keine Regelung getroffen oder entsprechende Rechtsverordnung erlassen hat, was 162 wünschenswert gewesen wäre, bleibt es bei der Zuständigkeit des AG Frankfurt a. M. aufgrund des Hauptsitzes des BAFA in Eschborn (so im aufsichtsrechtlichen Kontext zB § 6 Abs. 12 S. 6, Abs. 13 S. 3 WpHG für Durchsuchungen und Beschlagnahmen der BaFin).

163 Zuständig ist beim AG eine **Abteilung für Bußgeldsachen** (§ 46 Abs. 7 OWiG). Die Ermächtigung in § 68 Abs. 3 OWiG, die eine Gerichtszuständigkeit entsprechend des Tatortes begründet und von der Hessen u. a. für Ordnungswidrigkeiten nach dem StVG Gebrauch gemacht hat (vgl. §§ 55 f. HessJuZuV), kommt für das LkSG ohnehin nicht zum Tragen, da das BAFA eine Bundes- und keine Landesbehörde ist.

2. Gerichtliches Verfahren vor dem AG und Rechtsbeschwerdeverfahren

164 Beim AG Frankfurt a. M. entscheidet der Einzelrichter (§ 68 Abs. 1 OWiG); die Verfahrensweise entspricht der nach einem Einspruch gegen einen Strafbefehl (§ 71 Abs. 1 OWiG). Für eine etwaige Hauptverhandlung gilt gem. § 71 Abs. 1 OWiG die StPO mit den Modifikationen, die §§ 73 ff. OWiG vorsehen. Das Gericht kann durch Beschluss ohne Hauptverhandlung entscheiden (vgl. i. e. § 72 Abs. 1 OWiG, § 84 Abs. 2 S. 2 OWiG), andernfalls durch Urteil.

165 Gegen die Entscheidung des Amtsgerichts ist nach § 79 Abs. 1 Nr. 1 OWiG die **Rechtsbeschwerde** als zulässiges Rechtsmittel möglich, da das Bußgeld in aller Regel den Betrag von 250,00 EUR übersteigen wird. Über die Rechtsbeschwerde entscheidet auf Vorlage der Generalstaatsanwaltschaft ein **Bußgeldsenat des Oberlandesgerichts Frankfurt a. M.** (§ 46 Abs. 7 OWiG, § 79 Abs. 3 S. 1 OWiG, § 121 Abs. 1 Nr. 1 Buchst. a GVG), der bei Geldbußen bis 5000 EUR mit einem Richter (§ 80a Abs. 1 OWiG) und bei Geldbußen über 5000 EUR mit drei Berufsrichtern einschließlich des Vorsitzenden besetzt ist (§ 80a Abs. 2 Alt. 1 OWiG).

V. Verbandsgeldbußen

1. Verfahren

166 Über die Verhängung von Verbandsgeldbußen entscheidet, wenn die Anknüpfungstaten nach § 24 von Leitungspersonen iSv § 30 Abs. 1 OWiG begangen wurden, im **verbundenen Verfahren** die Verwaltungsbehörde (§ 88 Abs. 1 OWiG). Sie entscheidet in einem einheitlichen Bußgeldbescheid über die Ordnungswidrigkeit gegen die Leitungsperson und die Verbandsgeldbuße gegen die juristische Person bzw. Personenvereinigung, die dadurch zur Nebenbeteiligten wird (zu den Einspruchsmöglichkeiten BeckOK OWiG/Beck OWiG § 88 Rn. 21 ff.).

167 Zweigniederlassungen, zB auch solche ausländischer Unternehmen, fallen zwar ab bestimmten Arbeitnehmerzahlen im Inland in den Anwendungsbereich des LkSG (vgl. § 1 Abs. 1 S. 2; zum insoweit noch anderslautenden RegE BT-Drs. 19/28649, 33 f.; Keilmann/Schmidt WM 2021, 717; zu den nunmehr umgesetzten Änderungsvorschlägen des Ausschusses für Arbeit und Soziales, BT-Drs. 19/30505, 6, 35), sie selbst können aber nicht bebußt werden, da § 30 Abs. 1 OWiG insoweit nicht anwendbar ist und eine Erweiterung des Anwendungsbereichs von § 30 OWiG, wie sie zB § 120 Abs. 25 S. 2 WpHG, § 332 Abs. 9 S. 2 VAG, § 56 Abs. 6e S. 2 KWG, § 59 KWG im aufsichtsrechtlichen Verbandsgeldbußensonderrecht für bestimmte Zweigniederlassungen statuieren (diese und weitere Beispiele nach KK-OWiG/Rogall OWiG § 30 Rn. 33), im LkSG gesetzlich nicht vorgesehen ist. Bebußt werden kann aber der ausländische Rechtsträger; auf ihn kann § 30 Abs. 1 OWiG bei Inlandstaten ohne Weiteres angewendet werden (dazu KK-OWiG/Rogall OWiG § 30 Rn. 33; BeckOK OWiG/Meyberg OWiG § 30 Rn. 28 f.; OLG BeckRS 2001, 30223683). Dies macht freilich nur Sinn, wenn

entsprechendes Inlandsvermögen des ausländischen Rechtsträgers vorhanden ist, wie etwa Beteiligungen an anderen Unternehmen, Guthaben auf Bankkonten, Fuhrpark oder Warenlager.

Unter den Voraussetzungen des § 30 Abs. 4 OWiG kann die Verbandsgeldbuße im **selbständigen Verfahren** gegen die juristische Person oder Personenvereinigung festgesetzt werden, wenn die Ordnungswidrigkeit gegen die Leitungsperson aus Opportunitätsgründen nicht verfolgt wird. Dies ist bei Ordnungswidrigkeiten als Anknüpfungstaten im Fall des § 47 OWiG möglich (KK-OWiG/Rogall OWiG § 30 Rn. 173), bei Einstellungen gem. § 46 Abs. 1 OWiG iVm § 170 Abs. 2 StPO aus tatsächlichen Gründen wegen mangelndem Tatnachweis fehlt es an einer Anknüpfungstat, die auch im selbständigen Verfahren vorliegen muss. Bestehen **rechtliche** Verfolgungshindernisse (vgl. § 30 Abs. 4 S. 3 Hs. 1 OWiG), ist ein selbständiges Verfahren ebenfalls nicht möglich; nicht hierher gehört etwa der Tod des Individualtäters, da in diesem Fall eines tatsächlichen Verfolgungshindernisses trotz Einstellung gem. § 46 Abs. 1 OWiG iVm § 170 Abs. 2 StPO ein selbständiges Verfahren möglich bleibt (BeckOK OWiG/Meyberg OWiG § 30 Rn. 132). Liegen die Voraussetzungen des § 30 Abs. 4 OWiG vor, setzt das BAFA als Verwaltungsbehörde die Verbandsgeldbuße im **selbständigen Verfahren** durch selbständigen Bußgeldbescheid fest (§ 88 Abs. 2 OWiG), der die juristische Person bzw. Personenvereinigung genau bezeichnen muss und genau ausführen muss, dass sich der Bescheid gegen die juristische Person/Personenvereinigung und nicht gegen die Leitungsperson richtet (BeckOK OWiG/Meyberg OWiG § 30 Rn. 139). Ausgeführt werden muss, dass eine Leitungsperson iSv § 30 Abs. 1 OWiG die Ordnungswidrigkeit nach § 24 begangen hat (zu den Anforderungen an den selbständigen Bußgeldbescheid in Fällen dieser Art. OLG Hamburg NStZ-RR 1998, 370 (371)). Namentlich bekannt sein muss diese Person nicht, solange feststeht, dass die Anknüpfungstat von einem oder mehreren tauglichen Täter(n) iSv § 30 Abs. 1 OWiG begangen wurde (sog. **anonyme Verbandsgeldbuße;** KK-OWiG/Rogall OWiG § 30 Rn. 119 f. mit Einzelfällen). Der Bußgeldbescheid gegen die juristische Person/Personenvereinigung ist keine Grundlage zur Bebußung der Leitungsperson selbst (BeckOK OWiG/Meyberg OWiG § 30 Rn. 139; BayObLG NVwZ 1994, 310 (311)), für diese ist ein gesonderter Bußgeldbescheid erforderlich. Wird das Verfahren trotzdem gegen die Leitungsperson alleine auf der Grundlage des gegen die Gesellschaft gerichteten Bußgeldbescheides geführt, ist das gerichtliche Verfahren einzustellen, da es an einer Verfahrensvoraussetzung, nämlich dem Erlass eines Bußgeldbescheides gegen die Leitungsperson selbst fehlt (BeckOK OWiG/Meyberg OWiG § 30 Rn. 139; OLG Dresden NStZ 1997, 348 (349)). 168

2. Rechtsschutz

Für den Rechtsschutz gegen die erlassenen Bußgeldbescheide gegen juristische Personen bzw. Personenvereinigungen gelten keine Besonderheiten (→ § 24 Rn. 162 ff.). 169

VI. Weitere Rechtsfolgen (Vergaberecht, Gewerbe- und Wettbewerbsregister)

Ab einer rechtskräftigen Geldbuße von mind. 175.000 EUR können Unternehmen für bis zu drei Jahre von der Vergabe öffentlicher Aufträge ausgeschlossen werden (§ 22 Abs. 1, 2 S. 1). Damit liegt das LkSG deutlich unter bspw. § 21 Abs. 1 S. 1 SchwarzArbG, wo bereits ab 2.500,00 EUR ein Ausschluss möglich ist. **Vor Rechtskraft** sind entsprechende Ausschlüsse nicht möglich, mag die Beweislage noch so eindeutig sein (anders § 21 Abs. 1 S. 2 SchwarzArbG). Abweichend davon legt § 22 Abs. 2 S. 2 Nr. 1–3 höhere Bußgeldschwellen fest, ab denen erst die Rechtsfolge des § 22 Abs. 1 eingreift (→ § 22 Rn. 18 ff.), dort auch zur Möglichkeit der Selbstreinigung → § 22 Rn. 37 ff. sowie den Löschungsfristen → § 22 Rn. 40). Zusätzlich zu den von § 22 statuierten Rechtsfolgen sind weitere 170 vergaberechtliche Konsequenzen möglich (vgl. die fakultativen Ausschlussgründe in § 124 Abs. 1 GWB); § 22 bleibt von diesen vergaberechtlichen Folgen unberührt (§ 124 Abs. 2 GWB). Weitere Ausschlüsse, zB von der Außenwirtschaftsförderung, wie im Gesetzgebungsverfahren noch gefordert (Stellungnahme der Initiative Lieferkettengesetz v. 12.5.2021, Materialien des Ausschusses für Arbeit und Soziales, Ausschussdrucksache 19(11)1136, 82), sieht das LkSG nicht vor.

171 Eintragungen in das Gewerberegister sind bei Geldbußen über 200,00 EUR gegenüber Vertretern iSv § 9 OWiG möglich (§ 149 Abs. 2 Nr. 3 Buchst. a GewO); Entscheidungen sowie zugehörige Tatsachen teilt das BAFA bzw. das zuständige Gericht der Gewerbebehörde mit (§ 149 Abs. 3 S. 1 GewO).

172 Rechtskräftige Bußgeldentscheidungen nach § 24 Abs. 1, bei denen das BAFA mind. ein Bußgeld iHv 175.000 EUR verhängt hat, führen weiterhin zu einer Eintragung in das Wettbewerbsregister (§ 2 Abs. 1 Nr. 4 WRegG). Diese Grenze harmoniert mit den Vorgaben in § 22 Abs. 2 S. 1, was bei den viel höheren Schwellenwerten in § 22 Abs. 2 S. 2 für bestimmte Ordnungswidrigkeiten nicht der Fall ist. Hier wäre eine entsprechende Harmonisierung wünschenswert gewesen. Entsprechende Meldungen an das Wettbewerbsregister hat das BAFA vorzunehmen (§ 4 Abs. 1 WRegG).

I. Verjährung

173 Ordnungswidrigkeiten nach § 24 verjähren aufgrund des Höchstmaßes in § 24 Abs. 2 in drei Jahren (§ 31 Abs. 2 Nr. 1 OWiG). Dies ist, insbes. wenn Ermittlungen im (außereuropäischen) Ausland erfolgen sollen, auch unter Berücksichtigung von § 31 Abs. 3 S. 1 OWiG mehr als knapp bemessen. Verjährungsunterbrechende Maßnahmen sind u. a. die erste Vernehmung des Betroffenen und jede Beschlagnahme-/Durchsuchungsanordnung (§ 33 Abs. 1 Nr. 1, Nr. 4 OWiG). Im Verfahren über die Verbandsgeldbuße muss die Verjährung nur im selbständigen Verfahren eigenständig unterbrochen werden (§ 33 Abs. 1 S. 2 OWiG), weil die Bezugstat, die erst das selbständige Verfahren eröffnet, aus tatsächlichen oder rechtlichen Gründen nicht verfolgt wird (Näher KK-OWiG/Ellbogen OWiG § 33 Rn. 105). Im verbundenen Verfahren ist die Verjährung im Verbandsgeldbußenverfahren akzessorisch zur Ordnungswidrigkeit als Bezugstat zu beurteilen, weil § 30 OWiG insoweit keinen eigenen Bußgeldtatbestand darstellt (KK-OWiG/Rogall OWiG § 30 Rn. 251).

J. Vermögensarrest (§ 30 Abs. 6 OWiG)

174 Die Vollstreckung einer etwaigen Verbandsgeldbuße verspricht nur Aussicht auf Erfolg, wenn entweder sichergestellt ist, dass der Verband im Vollstreckungsfall über ausreichend liquide Mittel bzw. Vermögenswerte (vorzugsweise) im Inland verfügt oder rechtzeitig entsprechende Sicherungsmaßnahmen ergriffen werden sind.

175 Mit Erlass des Bußgeldbescheides – und damit nach Abschluss eines möglicherweise langen Verfahrens – ist gem. § 30 Abs. 6 OWiG die Möglichkeit eröffnet, einen Vermögensarrest zur Sicherung der Geldbuße bei Gericht (§ 46 Abs. 1 OWiG, § 111j Abs. 1 StPO) zu beantragen. Was zur Vermeidung von Rechtsnachfolgen und Vermögensverschiebungen gedacht war (LMRKM/Meyer-Lindemann GWB § 81 Rn. 140), führt in der Praxis bei denjenigen, die solche Ziele verfolgen, genau zum Gegenteil, nämlich dass bis zu dem fraglichen Zeitpunkt längst alle erforderlichen Maßnahmen getroffen worden sind. Immerhin besteht die (theoretische) Möglichkeit, dass auch das BAFA als Verwaltungsbehörde bei Gefahr im Verzug gem. § 46 Abs. 1 OWiG, § 111j Abs. 2 StPO tätig wird und entsprechende Vermögensarreste erlassen kann, die dann aber gerichtlicher Bestätigung bedürfen. Mangels entsprechender Kenntnisse wird es dazu allenfalls im Ausnahmefall kommen (zur kartellrechtlichen Praxis des BKArtA im Wege von Schutzschriften bei den jeweils zuständigen Amtsgerichten etwaige Umstrukturierungen abzufragen, s. Mühlhoff NZWiSt 2013, 321 (328)).

Die weitere Voraussetzung eines Arrestgrundes ist zwar seit der Reform der strafrechtlichen Vermögensabschöpfung weggefallen (vgl. § 111d Abs. 2 StPO aF iVm § 917 ZPO). Gleichwohl erfordert das Übermaßverbot, das seinen Niederschlag in § 111e Abs. 2 StPO nF gefunden hat („zur Sicherung der Vollstreckung"), dass ein Sicherungsbedürfnis besteht (zum alten Recht und der neuen Rechtslage Löwe/Rosenberg/Johann StPO § 111e Rn. 11 ff.). **176**

Anordnungsgründe können gleichwohl vorliegen, wenn die Gefahr besteht, dass Vermögensgegenstände innerhalb des Konzerns auf andere Unternehmen übertragen werden und damit die rechtliche Zuordnung verändert wird (so BeckOK OWiG/Meyberg OWiG § 30 Rn. 139c). Sind Maßnahmen ergriffen worden, um die Haftungsgrundlage für die Verbandsgeldbuße zu manipulieren oder entfallen zu lassen (vgl. § 30 Abs. 2a OWiG; Vermögensübertragungen im Wege des Asset-Deals), liegen derartige Anzeichen jedoch regelmäßig vor (so zu § 30 OWiG bereits BGH NJW 2014, 3258). Weitere Anhaltspunkte können sich aus der der Verbandssanktion zugrundeliegenden Tat ergeben, wenn die Umstände der Tatbegehung gesteigerte Anhaltspunkte für eine manipulative und betrügerische Verschleierung des Vermögens hergeben (BeckOK OWiG/Meyberg OWiG § 30 Rn. 139c). **177**

Dass derartige Regelungen, mit denen der Staat dem in diesem Bereich anzutreffenden „Katz-und-Maus-Spiel" Herr zu werden versucht, nur bedingt erfolgversprechend sind, zeigt sich daran, dass (wieder) zuerst im Kartellrecht (§ 81a GWB aF/§ 81e GWB nF) und dann im geplanten § 7 VerSanG-E mit der Ausfallhaftung neuartige Konzepte erprobt werden, um dem „gestalterischen Wagemut" Einhalt zu gebieten (zur kartellrechtlichen Ausfallhaftung Baur NZKArt 2018, 76). **178**

Anlage (zu § 2 Absatz 1, § 7 Absatz 3 Satz 2)

Übereinkommen

1. Übereinkommen Nr. 29 der Internationalen Arbeitsorganisation vom 28. Juni 1930 über Zwangs- oder Pflichtarbeit (BGBl. 1956 II S. 640, 641) (ILO-Übereinkommen Nr. 29)
2. Protokoll vom 11. Juni 2014 zum Übereinkommen Nr. 29 der Internationalen Arbeitsorganisation vom 28. Juni 1930 über Zwangs- oder Pflichtarbeit (BGBl. 2019 II S. 437, 438)
3. Übereinkommen Nr. 87 der Internationalen Arbeitsorganisation vom 9. Juli 1948 über die Vereinigungsfreiheit und den Schutz des Vereinigungsrechtes (BGBl. 1956 II S. 2072, 2071) geändert durch das Übereinkommen vom 26. Juni 1961 (BGBl. 1963 II S. 1135, 1136) (ILO-Übereinkommen Nr. 87)
4. Übereinkommen Nr. 98 der Internationalen Arbeitsorganisation vom 1. Juli 1949 über die Anwendung der Grundsätze des Vereinigungsrechtes und des Rechtes zu Kollektivverhandlungen (BGBl. 1955 II S. 1122, 1123) geändert durch das Übereinkommen vom 26. Juni 1961 (BGBl. 1963 II S. 1135, 1136) (ILO-Übereinkommen Nr. 98)
5. Übereinkommen Nr. 100 der Internationalen Arbeitsorganisation vom 29. Juni 1951 über die Gleichheit des Entgelts männlicher und weiblicher Arbeitskräfte für gleichwertige Arbeit (BGBl. 1956 II S. 23, 24) (ILO-Übereinkommen Nr. 100)
6. Übereinkommen Nr. 105 der Internationalen Arbeitsorganisation vom 25. Juni 1957 über die Abschaffung der Zwangsarbeit (BGBl. 1959 II S. 441, 442) (ILO-Übereinkommen Nr. 105)
7. Übereinkommen Nr. 111 der Internationalen Arbeitsorganisation vom 25. Juni 1958 über die Diskriminierung in Beschäftigung und Beruf (BGBl. 1961 II S. 97, 98) (ILO-Übereinkommen Nr. 111)
8. Übereinkommen Nr. 138 der Internationalen Arbeitsorganisation vom 26. Juni 1973 über das Mindestalter für die Zulassung zur Beschäftigung (BGBl. 1976 II S. 201, 202) (ILO-Übereinkommen Nr. 138)
9. Übereinkommen Nr. 182 der Internationalen Arbeitsorganisation vom 17. Juni 1999 über das Verbot und unverzügliche Maßnahmen zur Beseitigung der schlimmsten Formen der Kinderarbeit (BGBl. 2001 II S. 1290, 1291) (ILO-Übereinkommen Nr. 182)
10. Internationaler Pakt vom 19. Dezember 1966 über bürgerliche und politische Rechte, (BGBl. 1973 II S. 1533, 1534)
11. Internationaler Pakt vom 19. Dezember 1966 über wirtschaftliche, soziale und kulturelle Rechte (BGBl. 1973 II S. 1569, 1570)
12. Übereinkommen von Minamata vom 10. Oktober 2013 über Quecksilber (BGBl. 2017 II S. 610, 611) (Minamata-Übereinkommen)
13. Stockholmer Übereinkommen vom 23. Mai 2001 über persistente organische Schadstoffe (BGBl. 2002 II S. 803, 804) (POPs-Übereinkommen), zuletzt geändert durch den Beschluss vom 6. Mai 2005 (BGBl. 2009 II S. 1060, 1061)
14. Basler Übereinkommen über die Kontrolle der grenzüberschreitenden Verbringung gefährlicher Abfälle und ihrer Entsorgung vom 22. März 1989 (BGBl. 1994 II S. 2703, 2704) (Basler Übereinkommen), zuletzt geändert durch die Dritte Verordnung zur Änderung von Anlagen zum Basler Übereinkommen vom 22. März 1989 vom 6. Mai 2014 (BGBl. II S. 306/307)

Sachverzeichnis

Die **fett gesetzten Zahlen** verweisen auf den jeweiligen Paragrafen des Werkes, die mageren auf die entsprechenden Randnummern.

B